兰州年鉴

LANZHOUNIANJIAN 2022

（总第15卷）

兰 州 市 人 民 政 府　　主 办
兰州市地方志编纂委员会办公室　　编

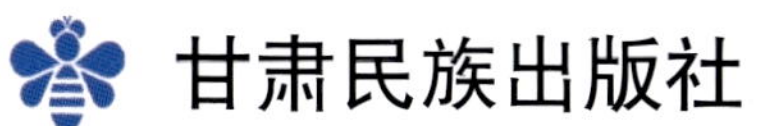

兰州市地图

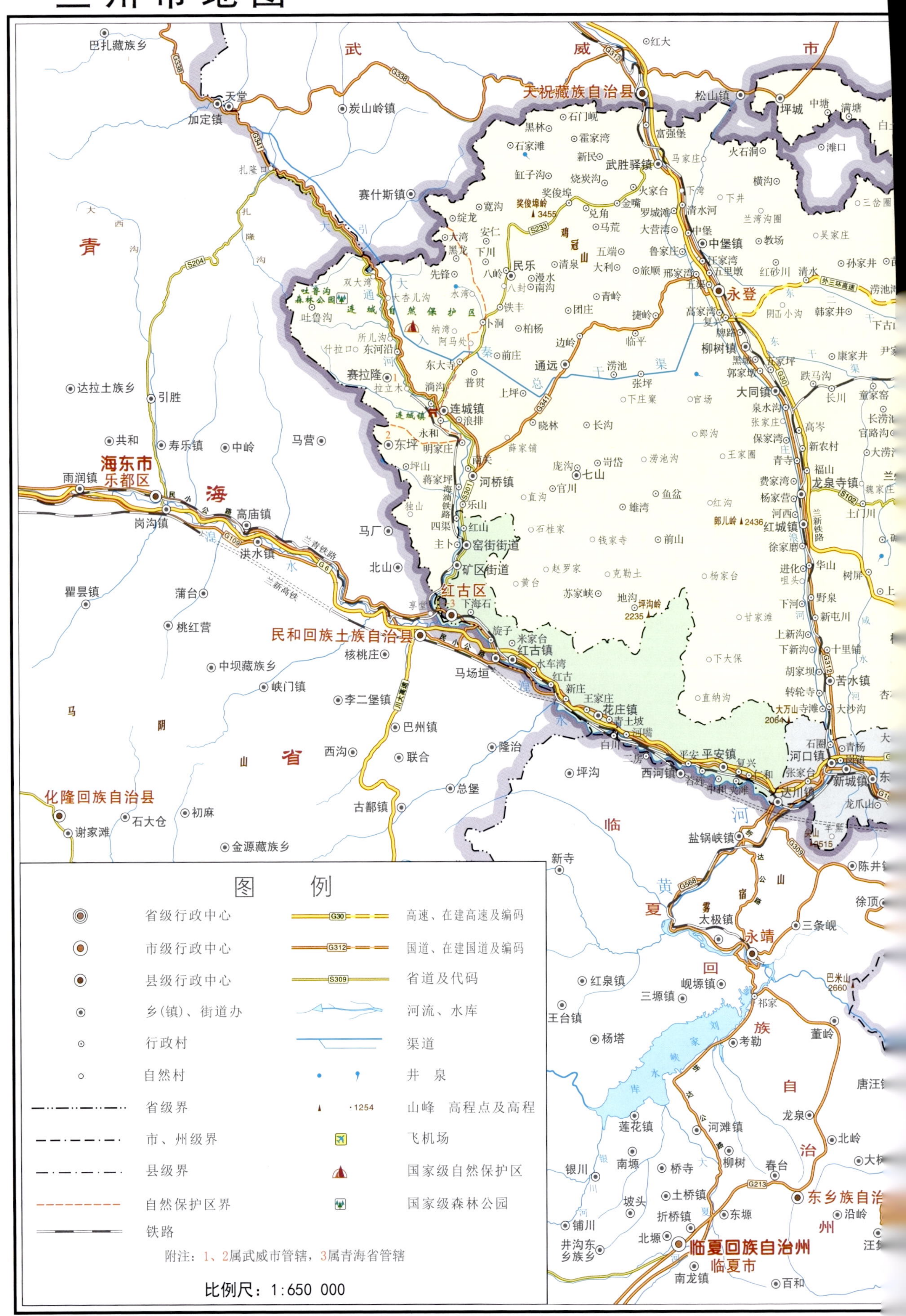

审图号：甘S(2022)6201002

图书在版编目（CIP）数据

兰州年鉴. 2022 / 兰州市地方志编纂委员会办公室编. -- 兰州 : 甘肃民族出版社, 2022.8
ISBN 978-7-5421-5744-7

Ⅰ. ①兰… Ⅱ. ①兰… Ⅲ. ①兰州—2022—年鉴
Ⅳ. ①Z524.21

中国版本图书馆CIP数据核字(2022)第152116号

书　　名：兰州年鉴（2022）
作　　者：兰州市地方志编纂委员会办公室　编
责任编辑：陈晓蕊
封面设计：兰州志鉴印务设计中心
出版发行：甘肃民族出版社
地　　址：兰州市城关区读者大道568号　730030
联系电话：0931-2131268 (编辑部)　　0931-2131216 (发行部)
印　　刷：兰州银声印务有限公司
开　　本：889毫米×1194毫米　1/16　印张：37.75　插页：20
字　　数：1122千
版　　次：2022年11月第1版　　2022年11月第1次印刷
印　　数：1~1500册
书　　号：ISBN 978-7-5421-5744-7
定　　价：268.00元

兰州市地方志编纂委员会

（《兰州年鉴》编辑委员会）

《兰州年鉴2022》编辑部

撰稿人供稿人名单

（按年鉴稿顺序排）

张　琛　穆晓娟　闫举龙　王言斌　刘晨龙　张尚堂　王　艳
武小桢　山瑞彬　阎先顺　王文涛　钱焕玉　刘牧升　牛彦东
周晓霞　詹玉辉　崔丽虹　杨雅文　徐静斌　杜亮泽　张晓艳
赵紫楠　兰俊菲　李友文　高启程　刘延涛　高　丙　何丹天
肖　红　张轩宁　李雅婧　王柏华　赵　玲　陈　震　鲁东林
顾丽婷　吴让利　孙国延　许长彪　李红明　李彦雄　李文涛
李　杨　王德凯　王汝勃　刘青梅　娄光明　于　伟　赵宇亮
杜　简　刘铝锋　付桂林　张　弛　杨　磊　王明杰　许文鹏
景昱清　蒿　荣　李宗林　席天宝　许金煜　杨　莉　张斌辉
张晓龙　田　鹏　孙凤涛　贾海刚　王　涛　王　伟　杨　文
李芬娥　马若菱　唐仲虎　王财基　贺　欢　孟　拯　翟柯帆
闫国成　孔佑花　杨　飞　张　钰　郭吉惠　崔　军　杨玉山
赵　悦　后宏伟　黄　杰　路有为　刘斯敏　陈彦任　李　萍
裴少伟　金倡宇　郁万虎　杨雍梅　张立生　胡相龙　金彦红
何　杰　王晓琴　付晓东　王发鑫　余国先　李春亮　牟怡洁
钟　芳　陈学义　翟　丹　王　川　王鹏飞　梁云鹏　康立中
颜喜增　赵弘宇　殷秀梅　何彩霞　完颜鹏　牛重钦　任　翔
张　慧　王发强　刘占爱　魏明雪　高　尚　刘　璇　周建翔
周志强　沈　瑜　马文龙　王　琳　陈晓强　杨进安　马晓娟
牛广文　李　静　张　婷　常秀芝　刘博扬　刘　婧　吕香茹
苏文力　强小龙　王晓昱　魏静姝　高　玲　闫龙龙　刘　杰
张生晓　彭　程　牛淑梅　吴永升　刘　冰　张　健　赵文娟
钟　潇　蒋晓蓉　王晓蓉　马玉花　周学海　满自文　魏周延

数字兰州 2021

SHUZILANZHOU

总面积	13085.6 平方千米
户籍总人口	336.28 万人
城镇人口	248.34 万人
乡村人口	87.94 万人
常住人口	438.43 万人
全市年平均气温	8.6°C
全市年平均降水量	250.8 毫米
全市地区生产总值	3231.29 亿元
第一产业增加值	62.52 亿元
第二产业增加值	1113.91 亿元
第三产业增加值	2054.86 亿元
全市一般公共财政预算收入	276.73 亿元
全市一般公共财政预算支出	484.59 亿元
工业增加值	886.6 亿元
社会消费品零售总额	1757.74 亿元
接待国内外游客	6936.1 万人次
旅游业总收入	593.5 亿元
房地产开发房屋施工面积	5668.76 万平方米
房地产开发房屋竣工面积	438.67 万平方米
商品房销售面积	804.69 万平方米
金融机构人民币各项存款余额	9525.4 亿元
金融机构人民币各项贷款余额	14060.26 亿元
城镇居民人均可支配收入	43244 元
城镇居民家庭恩格尔系数	30.9%
农村居民人均可支配收入	16191 元
农村居民家庭恩格尔系数	32.8%
保险业保费收入	147.18 亿元
股票总市值	1413.52 亿元
专利授权量	11426 件
普通高等教育在校生	58.96 万人
中等职业教育在校生	3.58 万人
普通高中在校生	6.3 万人
普通初中在校生	10.68 万人
普通小学在校生	25.38 万人
医疗卫生机构	2305 个
卫生技术人员	4.49 万人
病床位	3.34 万张
公共图书馆	8 个
文化馆、艺术馆	9 个
博物馆、纪念馆	29 个
货运量	16580.55 万吨
客运量	5268.07 万人次
电信业务总量	86.52 亿元
邮政业务总量	17.69 亿元
移动电话用户	616.18 万户
固定互联网宽带用户	230.47 万户
4G 移动电话用户	297.05 万户
5G 移动电话用户	271.77 万户

黄河之滨夜景

黄河楼

黄河之滨　摄影 / 高英杰

黄河之滨　摄影 / 高英杰

黄河之滨　摄影／高英杰

兰州奥体中心

兰州
年鉴
2022
LANZHOU NIANJIAN

榆中县马坡乡梯田

皋兰软儿梨

安宁白凤桃

红古鑫源现代农业夏黑葡萄

红古鑫源现代农业阳光玫瑰

金城美食

红古区新农村建设

红古区湟兴村

安宁堡文旅休闲步行街

贤后街一角

阳明巷美食街

高原夏菜

6 月 17 日，召开市直机关“两优一先”表彰会议

6 月 16 日，兰州市城关区“光荣在党 50 年”纪念章颁发启动仪式

9 月 1 日，市地方志办主任高生军在省委 17 楼会议厅为省委党史学习教育领导小组办公室成员、省委宣传部部机关干部等做《长征》的讲座

5 月 21 日，市审计局干部职工开展“学党史 听党话 感党恩 跟党走”党史学习教育现场学习

市政府办公室参加庆祝中国共产党成立100周年合唱比赛获得一等奖

全市离退休干部书画展在兰州市金城盆景园举行

市机关事务管理局举办庆祝中国共产党成立100周年党史知识竞赛

6月10日，市委直属机关工委为在党50年老党员颁发纪念章

城关区铁路西村街道居安社区党委书记（社区主任）方鹏（中），在小区疫情防控工作中给社区专干现场作具体安排

城关区张掖路街道山字石社区党委书记（社区主任）杨静（右二）带社区专干在市场卡口点做疫情防控“一扫三查”

志愿者市政府合作交流办张浩、市林业局刘宏在小区疫情防控一线执勤

疫情防控期间，社会应急救援队伍开展环境消杀志愿服务

10 月 23 日，兰州市妇联在小西湖街道向基层一线防疫人员送去慰问物资

七里河区柳家营社区 74 岁退役军人、共产党员王群立在疫情防控期间做志愿者

80 岁老共产党员、退休老军人、“警民老班长”志愿者服务队队长徐启生（右一）在疫情防控山字石社区早市卡口点执勤

市人大办公室 73 岁老党员、退役军人杨新喜在通渭路市委家属院小区进行“一扫三查”

10 月 23 日，兰州市重离子医院改造为新冠患者定点救治医院投入使用

10 月 26 日，甘肃卫生职业学院开展第二次全校核酸检测

兰州理工大学全员核酸检测现场

11 月 19 日，欢送援兰抗疫平凉市医疗队

11 月 16 日，欢送援兰抗疫白银市医疗队

编辑说明

一、《兰州年鉴》是兰州市人民政府主办、兰州市地方志编纂委员会办公室主编的综合性年度资料性文献，逐年出版，公开发行。创刊于 2007 年，《兰州年鉴 2022》为第 15 卷。

二、《兰州年鉴 2022》坚持以马克思列宁主义、毛泽东思想、邓小平理论、“三个代表”重要思想、科学发展观、习近平新时代中国特色社会主义思想为指导，坚持辩证唯物主义和历史唯物主义的立场、观点和方法，紧紧围绕市委、市政府中心工作，突出时代特色和地方特色，客观、系统、全面真实地记录兰州市自然、政治、经济、文化、社会、生态文明等方面的基本情况，真实地反映兰州市新特征、新变化、新发展和历史进程，为社会各界读者了解和研究兰州市提供基本资料。

三、《兰州年鉴 2022》采用类目体编辑法，除特载、专文、专记、大事记和统计公报外，主体内容分为类目、分目和条目 3 个层次。共设类目 35 个，分目 158 个，条目 1384 个，条目标题均加【 】。卷首和正文使用图片 241 幅，为方便读者检索，卷前设目录，卷末设索引。

四、《兰州年鉴 2022》记述时间为 2021 年 1 月 1 日 –12 月 31 日。为突出年鉴的时效性，对个别首次在年鉴中记载的行业、事业或工作其历史情况略作上溯。

五、《兰州年鉴 2022》所载稿件信息和图片资料由市辖各县区、市直各部门、单位和有关中央、省属驻兰州单位相关人员撰写和提供，并经各供稿单位领导审定。由于有些部门、单位未提供资料和稿件，致使本卷有所缺漏。

六、《兰州年鉴 2022》所有数据均经各供稿单位审核；反映全市国民经济和社会发展的统计数据采用兰州市统计局公布的 2021 年兰州市国民经济社会发展统计公报。

特 载

专 文

专 记

大事记

市情概貌

兰州概貌

“强省会”资源优势

机构编制管理

政策研究

机要和保密

信　访

涉台事务

党史工作

老干部工作

党校（行政学院）教育培训

网络安全和信息化

兰州市人民代表大会

重要会议

兰州市残疾人联合会

兰州市红十字会

法 治

立法工作

政法及综治工作

法治政府建设

公 安

检 察

法 院

经济管理与监督

自然资源管理

市场监督管理

国有资产监督管理

统　计

审　计

金城海关

公共资源交易服务管理

林草业

水 务

应急管理

应急工作

地 震

气 象

消防救援

城市建设与管理

城市建设

城市管理与执法

城市公共交通

城市供水

城市燃气

城市供电

城市供热

兰州黄河风情线大景区管理委员会

住房公积金管理

生态环境保护·绿化

环境保护

黄河流域兰州段生态环境保护

园林绿化

南北两山绿化

交通·邮政·通信

公路运输

铁　路

民用航空

轨道交通

黄河水运

铁路枢纽建设

邮政运营与管理

电信通信

移动通信

联通通信

经贸·经合·民营经济

商务贸易

外资外贸

银行保险监督管理

兰州银行

中国农业银行股份有限公司兰州分行

中国农业发展银行甘肃省分行营业部

招商银行兰州分行

中国人寿保险股份有限公司兰州市分公司

教育·科学技术

学校教育

校外教育

社会教育

在兰高校

科学技术

社会科学

文广·新闻·旅游

文 化

报社工作

广播电视

档案事业

地方志工作

旅　游

卫生健康·体育

卫生健康

体　育

民族·宗教

民族事务

宗教工作

社会民生

社会保险

安宁区

西固区

红古区

榆中县

永登县

皋兰县

人物与荣誉榜

人　物

荣誉榜

法规文件

地方法规

政府规章

附　录

索　引

在中国共产党兰州市第十四次代表大会上的报告

甘肃省委常委 兰州市委书记 朱天舒

（2021年12月10日）

同志们：

现在，我代表中国共产党兰州市第十三届委员会向大会作报告。

中国共产党兰州市第十四次代表大会，是在踏上第二个百年奋斗征程新的赶考之路、深入落实习近平总书记“七一”重要讲话精神、学习贯彻党的十九届六中全会精神政治氛围中召开的一次接续奋斗、砥砺前行的重要会议。大会的主题是：高举习近平新时代中国特色社会主义思想伟大旗帜，全面贯彻党的十九大和十九届二中、三中、四中、五中、六中全会精神，响应党中央伟大号召，从党的百年奋斗重大成就和历史经验中传承继续前进的智慧和力量，统筹发展和安全，立足新发展阶段，完整、准确、全面贯彻新发展理念，构建新发展格局，坚守初心使命，坚定群众路线，坚持系统观念，坚决扛起“先发力、带好头”的使命担当，广泛凝聚积极力量，着力重振兰州制造，聚精会神、奋斗追赶，系统推进兰州实现高质量发展。

一、过去五年的工作成就

市第十三次党代会以来的五年，是兰州发展进程中充满艰辛应对挑战、顶住压力负重前行的五年，是多重困难交织叠加、攻坚作为战胜考验的五年，是政治生态深度修复、城市发展自信全面回归的五年。五年来，在习近平新时代中国特色社会主义思想的科学指引下，在习近平总书记殷殷嘱托的激励感召下，在党中央和省委的坚强领导下，市委团结带领全市党员干部群众迎难而上、开拓奋进，全面建成小康社会，圆满完成“十三五”规划目标任务，顺利推进“十四五”规划实施，为开启全面建设社会主义现代化新征程奠定了坚实基础。

（一）全面校准为民初心使命，政治生态深度修复。始终把增强“四个意识”、坚定“四个自信”、做到“两个维护”落实到具体行动上，坚决修复严重受损的政治生态，全面起底和整改党的十八大以来全市政治生态方面存在的问题，从思想上、源头上、制度上防范和杜绝各类整改问题反弹反复。高质量召开专题民主生活会和组织生活会，广泛开展警示教育，推动全市各项事业始终沿着正确方向前进。扎实开展“两学一做”学习教育、“不忘初心、牢记使命”主题教育、党史学习教育，实施习近平新时代中国特色社会主义思想培训教育计划，举办市委理论学习中心组学习会议90次，及时跟进学习习近平总书记最新重要讲话和指示批示精神，系统总结贯彻落实习近平总书记关于“兰州要在保持黄河水体健康方面先发力、带好头”重要指示精神的实践成效。坚持把整改中央和省级各类巡视督察检查反馈问题作为检验“两个维护”的重大政治考验，动真碰硬推进生态环境、宗教工作、扫黑除恶、脱贫攻坚等反馈问题整改落地见效。全面加强各级领导班子建设，实施年轻干部“五个一百”培养提升计划，全市各级领导班子结构进一步优化、干部队伍素质整体提升。统筹推进各领域党支部标准化建设，深入实施“四抓两整治”，基层党组织政治功能不断增强。严格执行中央八项规定及其实施细则精神，深入开展“治顽疾、转作风、提效能”专项行动，清理规范“一票否决”和签订责任状事项，持续为基层减负，“四风”弊端得到有效治理。出台加强对“一把手”和领导班子监督的实施办法，十三届市委巡察工作实现全覆盖，严肃查处一批侵害群众利益的不正之风和腐败问题，反腐败斗争取得压倒性胜利并全面巩固。机构编制、机要保密、老干部、对台、侨务、党史、档案等工作取得新进步。全力支持人大及其常委会依法履职，出台加强和改进新时代人大工作、人大代表工作的意见，制定修订兰州市大气污染防治条例等地方性法规26部，立法数量质量居全省前列，加大专项监督、专题询问力度，人大监督刚性和实效不断增强。深入推进多党合作和协商民主建设，政协协商向基层延伸在全省率先实现全覆盖，政协提案工作经验在全国交流推广，一批调研视察成果和建议案转化为全市发展举措。群团组织桥梁纽带作用进一步发挥，全过程人民民主的良好政治局面不断巩固发展。

（二）坚定推进重振兰州辉煌，经济发展稳健向好。坚持以新发展理念为引领，着力构建现代产业体系，经济总量和质量实现双提升。制定支持重振兰州制造配套政策，实施规模以上工业企业倍增计划，选择重点企业推广产业链链主制度，引进和建成一批强龙头、补链条、聚集群的重大产业项目，战略性新兴产业占GDP比重达到16%。现代特色农业提质增效，中药材、玫瑰、百合等特色产业向基地化、标准化、规模化转型，高原夏菜“东去西进南下”远销国内20多个城市和粤港澳大湾区，成为最具竞争力的“甘味”农产品。推进现代服务业提档升级，布局建成兰州中心、兰州新区瑞岭国际等新型商务综合体，促进消费转型升级，兰州“假日夜经济”活跃度一度高居全国第三。金融业发展活力不断增强，兰州市连续五年荣获“省长金融奖”，兰州新区获批国家绿色金融改革创新试验区，兰州银行A股首发通过审核。坚持创新驱动发展主导战略，出台促进科技创新“50条”等配套政策，深入实施重点人才项目、重大技术攻关专项“揭榜挂帅”，加快建设国家自主创新示范区，重离子加速器实现产业化，高新技术企业总数五年内翻了两番多，科技进步贡献率提升至60.4%，研发经费投入强度达到2.12%，兰州正式迈入国家创新型城市行列，成为全国15个创新策源地城市之一。兰州新区、高新区、经开区、国际陆港、榆中生态创新城引领全市高质量发展的主战场作用更加凸显，8个县区形成优势互补、错位联动的协调发展态势。重点领域和关键环节改革稳步推进，圆满完成市县两级机构改革，养老服务等改革模式得到中央改革办宣传推广，服务承诺“四办四清单”管理制度受到国务院通报表扬，改革的突破和先导作用得到有效发挥。深度融入“一带一路”建设，加快建设国家陆港型、商贸服务型物流枢纽载体城市和国家跨境电商综合试验区，不断优化完善综合保税区、国际航空港、铁路口岸开放平台功能，“兰州号”国际货运班列常态化运营，兰州作为国家向西开放的重要战略平台作用日益凸显。

（三）聚心聚力创建文明城市，文化自信不断增强。坚持以创建全国文明城市为总抓手，坚决扛起举旗帜、聚民心、育新人、兴文化、展形象的使命任务，城市文化软实力大幅提升，全市人民思想上的团结统一更加巩固。严格落实意识形态工作责任制，出台20余项意识形态领域制度文件，稳妥推进市属媒体体制机制改革，扎实开展网络空间“清朗”行动，在全省率先实现新时代文明实践中心、所、站三级全覆盖，常态化开展社会主义核心价值观主题宣传教育“十大创建行动”，涌现出以全国劳动模范何琪功、全国公安系统二级英雄模范刘兰香等为代表的一批模范人物，崇德向善、见贤思齐的社会风尚日益深入人心。精心组织庆祝中华人民共和国成立70周年和中国共产党成立100周年系列活动，各类宣传舆论阵地主旋律更加响亮、正能量更加强劲。大力弘扬中华优秀传统文化，

历时4年编纂出版《兰州通史》，推出纪录片《决战兰州》等一批优秀文艺作品，本土电影《丢羊》荣获中国电影最高荣誉华表奖，纪念改革开放40周年献礼片《雪葬》在人民大会堂首映。深入挖掘保护红色资源，加快推进兰州战役纪念馆整体提升改造，推动以《大豆谣》为代表的兰州红色教科书进课堂，引导新时代兰州"黄河少年"传承红色基因、健康快乐成长。培育《百姓讲堂》《金城讲堂》等文化惠民品牌，乡镇（街道）、村（社区）综合性文化服务中心实现全覆盖。精心打造马拉松公园等主题公园，成功举办首届市民运动会，开放运营市全民健身中心，加快推进奥体中心建设，双金赛事"兰马"品牌价值和知名度在全国排名跃升至第四位。兰州创意文化产业园成功入围国家级文化产业示范园区，白塔山综合提升改造、"读者印象"精品街区等重点项目加快实施，兰州老街、黄河楼、水墨丹霞、野生动物园等一批旅游景区启动运营，高水平举办黄河文化旅游节、黄河之滨音乐节等节会，旅游人数和旅游总收入连续四年增幅在20%以上，跻身"中国最具文旅投资价值城市"行列。精心打造"感知兰州"海外推广、"一带一路"城际交流等外宣品牌，成功承办第八届中国—中亚合作论坛，兰州对外影响力、美誉度大幅提升。

（四）统筹推动"精致兰州"建设，社会大局和谐稳定。科学编制国土空间总体规划和重点片区城市设计、城市"双修"等专项规划，积极推进行政区划调整，城市发展空间布局进一步优化。扎实推进78个十五分钟生活圈建设，改造老旧小区486个，修建城市主干路107条，打通疏解路50条，新增公共停车泊位5.19万个，南绕城高速、S103盐什公路、宝兰客专、兰渝铁路等一批公路、铁路干线建成通车，中川机场三期扩建工程加快建设，轨道交通1号线一期建成运营，2号线一期工程进入机电安装和装饰装修阶段，荣获国家公交都市建设示范城市称号。第二水源地建成通水，兰州水质清净指数在36个重点城市中排名第一。持续开展交通秩序、城乡环境、背街小巷、户外广告、门头牌匾、架空线缆等专项治理，城市环境面貌发生根本性变化。实施30万大学生留兰创业就业行动，全市常住人口较第六次全国人口普查增加74.3万人。全面落实就业优先政策，城镇新增就业45万人，建成全省首个人力资源服务产业园。实施棚户区改造项目

100个、惠及9.4万户30多万人。持续扩大教育资源供给，新建改扩建中小学校和幼儿园172所，新增学位11.9万个，义务教育阶段大班额全面消除，兰州新区职教园区成为"技能甘肃"引领示范区。大力推进健康兰州建设，市第一人民医院综合门诊楼建成投用，市中医院、市妇幼保健院、市口腔医院等建设项目加快推进。建成兰州市人防基本指挥所。持续深化平安兰州建设，深入推进全国市域社会治理现代化、社会治安防控体系建设标准化城市等试点工作，刑事、治安案件发案数连续5年下降，连续3年获得"平安甘肃建设优秀市"称号。政法队伍教育整顿取得显著成效，"固魂铸剑"专项行动深入开展。扫黑除恶专项斗争三年攻坚战果丰硕，市民安全感和满意度连年提升。积极推进全面依法治市，市法院家事审判工作、市检察院"公益诉讼+智慧检务"工作走在全国前列。深入开展国家食品安全示范城市创建，获批国家市场监管重点实验室，全国质量强市示范城市创建工作通过国家验收。扎实做好各领域隐患排查整治，安全生产4项指标逐年下降。一举成功创建全国民族团结进步示范市，在宗教界创新开展"党亲国好法大"教育实践活动，民族团结、宗教和谐、社会稳定的良好局面不断巩固。蝉联全省、全国双拥模范城"九连冠"。

（五）系统落实"先发力、带好头"，生态环境持续改善。坚持把保护生态环境作为"国之大者"，深入学习贯彻习近平生态文明思想，坚定推进黄河流域生态保护和治理，实施兰州市黄河流域生态保护和高质量发展规划，建立重大储备项目库，建成黄河干流兰州段防洪治理工程，扎实推进河洪道生态治理、城市生态水系和城区污水处理厂提标扩容等项目建设，高标准完成黄河风情线景观美化亮化，实现核心区20千米健身步道全线贯通，打造"夜游黄河"旅游品牌，"黄河之滨也很美"成为城市最亮丽新名片。坚决打好蓝天、碧水、净土保卫战，空气质量主要污染物浓度持续下降，2020年空气优良天数历史性突破300天，达到312天，创国家实行新标评价以来最好成绩，荣登"2020中国蓝天百强城市榜"第6位。四级河湖长履职步入常态，持续深化河湖"清四乱"专项行动，城区黑臭水体基本消除，黄河兰州段出境水质综合评价稳定达到Ⅱ类，确保了"一河净水送下游"。积极推进土壤污染治理修复试点和农业面源污染治理，城区生活垃圾无害化处理率达到100%，农药化肥使用量持续5年减量，土壤环境保持总体稳定。全面开展大规模国土绿化行动，南北两山生态屏障功能不断强化，有序推动兰州新区生态修复和水土流失综合治理、榆中县植被恢复、永登县沙化草原治理等项目，梯次推进"省门第一道"绿化提升，改造提升九州台、金城公园等一批生态文化景区，建成开放彭家坪都市文化休闲公园西区，完成营造林68.8万亩，新增改造城市绿地592.2公顷，国家园林城市创建成果不断扩大。积极创建国家节水型城市，全市用水总量、万元GDP用水量、万元工业增加值用水量持续下降。培育发展绿色生态产业，积极倡导绿色低碳生活，顺利通过国家节能减排财政政策综合示范城市绩效考核，生态文明建设水平持续提升。

同志们！精准脱贫是决胜全面建成小康社会必须打好的三大攻坚战之一。五年来，我们认真学习贯彻习近平总书记关于扶贫工作重要论述，坚持把打赢脱贫攻坚战作为头等大事和第一民生工程。研究出台精准脱贫推进全面小康社会建设"1+21"方案，精准推进转移就业脱贫、易地搬迁脱贫等"七个一批"脱贫举措，确保做到不漏一户、不落一人。坚持把发展特色产业作为治本之策，实施五大特色产业精准扶贫三年计划，加快发展扶贫车间、乡村旅游等多元富民产业。聚焦提升脱贫质量，实行挂牌督战，先后开展"3+3"筛查冲刺清零行动、"3+1"冲刺清零后续行动、"5+1"专项提升行动，上下联动补齐危房改造、安全饮水等突出短板，坚决攻克最后的贫困堡垒。充分发挥社会主义制度集中力量办大事的显著优势，累计整合投入扶贫资金70多亿元。5976名驻村帮扶队员和第一书记始终同贫困群众想在一起、干在一起。天津市东丽区、宝坻区、宁河区3个对口帮扶区和全国台联始终同我们并肩作战、携手攻坚。广大民营企业和社会各行各业勇于担当、积极作为，推动形成专项扶贫、行业扶贫、社会扶贫互为补充的大扶贫格局。从城关、西固、安宁区抽调150名优秀干部，对口帮扶西和县、东乡县、礼县，为全省决胜脱贫攻坚贡献了兰州力量。通过艰苦奋战，全市现行标准下31.79万农村贫困人口全部脱贫，256个建档立卡贫困村全部退出，4个贫困县区全部摘帽，区域性贫困得到解决，历史性消除绝对贫困，实现金城大地的历史巨变，在兰州发展史上留下了浓墨重彩的壮丽篇章。这是全市人民的光荣，是兰州全体党员干部的集体荣誉！

同志们！2020年，突如其来的新冠肺炎疫情，不仅是一场危机，更是一场考验。面对来势汹汹的疫情，我们坚决听从习近平总书记指挥和党中央号令，第一时间建立统一调度、上下联动、联防联控的指挥、工作和责任体系，坚决落实"外防输入、内防反弹"措施，持续筑牢交通站场、基层社区、公共场所、社会维稳"四道防线"。严格抓好排查检测、医疗救治、物资保障、保供稳价、治安联防等重点工作，最大限度保护了群众生命安全和身体健康。因时因势调整分区分级防控策略，在全省率先实现复工复产，推动防控工作由应急性超常规防控向常态化防控转变。高质量完成境外航班回国人员集中隔离留观国家任务。有效处置焦家湾冷冻厂进口冷链食品新冠病毒核酸检测阳性事件，成功抵御国内局部地区聚集性疫情扩散风险。坚持动态优化、及时完善、持续加固疫情防控方案，全面提升疫情自我防护、发现、追踪、处置能力，充分运用疫情监控大数据，加强监测和源头管控，有序推进疫苗接种，加快构建群体免疫屏障。坚决有力打赢"10·18"疫情防控遭遇战、总体战，深入开展"兰州战'疫'后市域善治"大讨论。在抗疫斗争中，全市各级党组织充分发挥"主心骨"作用，436万兰州人民守望相助、风雨同舟、众志成城，广大医务人员白衣为甲、逆行出征、舍生忘死，党员干部驻守一线、昼夜值守、连续奋战，凝聚起了敢于斗争、勇于胜利的强大精神力量。通过疫情防控大战大考，各级领导班子和领导干部应急处突能力进一步增强，城市应急管理、公共卫生、基层治理体系进一步完善，社会治理法治化、科学化、精细化水平进一步提升，为推进城市治理体系和治理能力现代化奠定了坚实基础、明确了发力方向。

同志们！五年的奋斗历程刻骨铭心，五年的发展成就砥砺初心。这是以习近平同志为核心的党中央定向领航、亲切关怀的结果，是省委坚强领导、悉心指导的结果，得益于历届市委班子凝心聚力、接续奋斗，得益于全市各级党组织和广大党员干部群众同心同德、奋进奋发，得益于各民主党派、无党派人士和社会各界团结一致、积极进取。在此，我代表中共兰州市第十三届委员会，向所有关心、支持、参与兰州改革发展和现代化建设事业的同志们、朋友们，表示衷心的感谢，致以崇高的敬意！

二、五年奋斗的基本共识

人心是最大的政治，共识是奋进的动力。过去五年，面对多重不利因素相互叠加的复杂环境，兰州之所以能够交出一份经得起历史检验的"政治答卷"，最根本的是在习近平新时代中国特色社会主义思想指引下，按照党中央决策部署和省委工作要求，市委总揽全局、协调各方、推进落实。同时，在实践实干中深化了对应对风险挑战、做好兰州工作的认识。

（一）重振兰州辉煌是凝聚城市发展力量的广泛共识。2019年7月，市委十三届十一次全会审时度势提出重振"兰州制造"战略，吹响了重振"兰州辉煌"的奋进号角。近年来，我们紧紧扭住重振兰州辉煌这条生命线，经过探索实践确立了以主城四区为"核心"、新区和榆中为"两翼"、远郊县区为"多点"的"一心两翼多点"城市空间发展总体布局。着力重振兰州制造，初步构建起多元支撑、稳定可靠的"四梁八柱"工业产业体系。举全市之力推进全国文明城市创建工作，奏响全城共创、全民参与的"大合唱"，历经15年不懈努力，历史性摘得"全国文明城市"桂冠，受到省委、省政府通报嘉奖，极大提升了兰州人民的城市自信心、归属感和荣誉感。积极抢抓历史机遇寻求突围，全面融入国家战略谋求发展，探索走出了一条符合新时代兰州发展阶段性特征、体现西部省会城市高质量发展要求的新路子，全市经济实力、科技实力、综合竞争力和人民生活水平跃上新台阶，在科技创新、产业发展的一些领域正在重归兰州应有的位次、重塑兰州应有的自信。实践证明，兰州是一座曾经创造辉煌并且能够不断创造新辉煌的城市。新的征程上，我们要始终高擎团结大旗，继续画好重振兰州辉煌这个最能唤醒兰州人民记忆、激励兰州人民斗志的最大同心圆，打牢思想基础、增进社会认同、强化民意支撑，广泛凝聚推动新时代兰州发展的前进力量。

（二）加快生态修复是贯彻"先发力、带好头"的首要任务。党的十八大以来，习近平总书记就甘肃生态环境保护多次作出重要指示批示，明确要"卸下GDP的紧箍咒，套上生态环保的紧箍咒"。2019年8月，习近平总书记视察甘肃期间，实地察看黄河治理和生态保护情况，盛赞“黄河之滨也很美”，作出“兰州要在保持黄河水体健康方面先发力、带好头”的重要指示。五年来，我们牢记习近平总书记殷殷嘱托，倍加珍视“兰州蓝”这张来之不易的城市名片，坚定不移推进生态文明建设。全面打好污染防治攻坚战，坚决有力推进生态环境突出问题整改，持续强化生态保护和修复治理，健全完善生态环境保护长效机制。综合施策倒逼产业转型升级和经济结构调整，全市生态环境质量稳中趋好，PM2.5年均浓度下降为34微克/立方米，在北方省会城市中排名第一，黄河兰州段干支流水质达标率100%，以实际行动彰显了“先发力、带好头”的兰州担当。实践证明，山水林田湖草沙冰是生命共同体，是相互依存、紧密联系的有机生态圈，加强生态治理要在全局中考量、以整体观念推进。新的征程上，我们要贯彻落实好“先发力、带好头”，必须把加快全域生态修复摆在首要位置，坚定落实黄河国家战略，统筹好生产、生活、生态三者关系，构建综合治理、依法治理、系统治理、源头治理的制度体系，努力走出一条生态优先、绿色低碳的高质量发展之路。

（三）建强基层组织是持续推进政治建设的基础工程。基础不牢，地动山摇。五年来，我们全面落实《中国共产党支部工作条例》，坚持把抓重大任务落实作为检验基层党组织政治功能和组织力的“试金石”，让党旗在急难险重工作一线高高飘扬。在决战脱贫攻坚中，坚持“给钱给物，不如建个好支部”，在贫困村成立脱贫攻坚特别党小组，持续选派驻村第一书记和工作队，深入推进抓党建促脱贫攻坚、促乡村振兴。在基层治理中，“党建+网格”实践取得初步成效。在疫情防控斗争中，建立临时党组织288个、党员先锋队（突击队）2888个、党员先锋岗3139个、党员志愿者服务队1784个，动员市区两级2万余名机关党员驻守社区，将组织优势转化为疫情防控的“硬核”战斗力。圆满完成县乡村领导班子换届工作，基层党组织领导班子结构和整体功能得到优化，为推动党中央和省委决策部署在基层落地见效提供了强有力的政治和组织保证。实践证明，加强党的政治建设，基层组织是关键、是保障，必须建强支部堡垒，真正使各领域基层党组织成为宣传党的主张、贯彻党的决定、领导基层治理、团结动员群众、推动改革发展的坚强战斗堡垒。新的征程上，我们要认真吸收“支部建在连上”伟大创举的营养剂，坚持“一切工作到支部、一切工作靠支部”，以坚强的党支部有效凝聚群众向心力，持续锻造党员战斗性，坚定做到平常时候看得出来、关键时刻站得出来、危难关头豁得出来，团结带领全市人民在现代化建设新征程上奋勇前进。

（四）促进共同富裕是有序衔接脱贫攻坚的目标路径。消除贫困、改善民生、逐步实现共同富裕，是社会主义的本质要求，是全体人民的共同愿望，也是新发展阶段的重大政治任务。五年来，我们全力以赴打赢打好脱贫攻坚战，深入开展“百企帮百村”“先富帮后富、共同奔小康”“人大代表在行动”“政协委员助推帮扶”等社会扶贫活动。广大民营企业家和社会各界帮助贫困村发展富民产业、兴办公益事业，有力促进了农村产业发展壮大、集体经济持续增收。坚持保基本、兜底线，逐年稳步提高城乡低保标准，城市低保标准高于全国、西北和全省平均水平。贫困群众收入大幅增长、生产生活条件明显改善，为实施乡村振兴战略奠定了坚实基础，也标志着兰州在实现城乡共同富裕的道路上迈出了重要一步。实践证明，促进共同富裕是一个循序渐进、持之以恒的历史过程，脱贫摘帽只是在现行标准下消除了绝对贫困，只有推进巩固拓展脱贫攻坚成果同乡村振兴有效衔接，推动减贫战略和工作体系平稳转型，才能朝着共同富裕目标扎实迈进。新的征程上，我们必须更好满足人民日益增长的美好生活需要，把推进城乡融合、实现乡村振兴作为为兰州人民谋幸福的着力点，在攻坚作为、主动创为、协同共为、奋发有为中探索共同富裕的“兰州实践”，持续改善人民生活品质，努力让全市人民的获得感、幸福感、安全感更加充实、更有保障、更可持续。

（五）善于攻坚破难是锤炼干部队伍能力的实践要求。难题是锤炼干部能力的“磨刀石”和提高工作水平的“练兵场”。五年来，面对世界百年未有之大变局加速演进和网络安全的挑战，我们坚持正确政治方向，及时有效处置了一批重大难题和风险挑战，保持了社会大局和谐稳定。面对城市安全领域各种风险隐患，坚持底线思维，科学沉着应对“11·3”兰海高速兰临段重大交通事故、七里河区非洲猪瘟疫情、2018年防汛抢险救灾、布鲁氏菌抗体阳性事件等突发事件，全力保障了广大群众生命和财产安全。面对发展中积累的各种历史遗留问题，坚持“必须理旧账”，集中攻坚化解房屋产权登记发证、城区交通拥堵、基础教育资源配置等民生领域历史积累问题。面对城市竞争不断加剧，着力优化营商环境、深化重点领域改革、构建开放新格局，持续增强城市发展活力。实践证明，面对外部复杂环境和改革发展稳定艰巨任务，干部能力是否跟得上，关系兰州事业成败、关乎兰州发展全局。新的征程上，我们要在危机中育先机、于变局中开新局，必须更加注重干部队伍能力建设和实践锻炼，尤其是要着力提高破解难题、化解矛盾、应对风险的能力，引导各级干部在经风雨、见世面中长才干、壮筋骨，练就担当作为的铁肩膀、真本事，争做可堪大用、能担重任的栋梁之才。

在总结成绩和经验的同时，必须清醒地看到，我们的工作中还存在一些不足和短板，也面临不少困难和挑战。主要是：贯彻落实“在保持黄河水体健康方面先发力、带好头”的重要指示还缺乏系统观念，在完整、准确、全面贯彻新发展理念上还有差距；集中攻坚化解房屋产权登记发证、城区交通拥堵、公共服务资源配置等民生领域历史积累问题，仍然滞后于社会各方的诉求期待，不稳定因素伴生叠加，社会治理和应急管理亟待补强短板；营商环境作为城市核心竞争力，有待进一步优化完善，企业开办和经营、项目要素保障、工程建设项目审批、中小企业融资、政府采购、招标投标等领域的堵点痛点难点还没有对标对表破解；全市防范和化解财政金融风险，面临更加严苛的政策条件和融资环境，部分市属融资平台到期债务风险突出，给全市域安全发展和老百姓安享民生带来隐患。对这些问题，我们将高度重视，采取系统性措施果敢坚定加以解决。

三、今后五年的发展重点

发展是解决一切问题的基础和关键。我们要系统推进兰州实现高质量发展，必须更加坚定自觉地把新发展理念完整、准确、全面贯彻到经济社会发展全过程和各领域。完整，就是要充分认识新发展理念是一个整体，科学把握五大发展理念内在的深刻联系。准确，就是要结合兰州在西部大开发、黄河国家战略实施和兰西城市群建设中面临的形势和任务，准确把握新发展理念在新发展阶段的内涵要义和实践要求。全面，就是要统筹兼顾、协同发力推进新发展理念在重振兰州辉煌实践中全面落实，努力实现“十四五”规划的多目标动态平衡。今后五年，要着力重振兰州制造，聚力攻坚突破，引领兰州发展格局战略转型。

（一）紧紧盯住“碳中和、补短板”新兴技术，建设创新示范城市。碳中和、补短板类新兴技术是根本性创新技术，具有影响未来经济和社会发展的潜力，是兰州持续建设创新策源地城市的重点领域和方向。必须顺应全球新一轮科技革命和产业变革趋势，抢抓碳达峰碳中和发展历史机遇，坚持高水平科技自立自强，着力建设兰州国家自主创新示范区和兰白科技创新改革试验区，支撑全域生态修复，驱动重振兰州制造。

坚定推进“兰白两区”创新发展。充分发挥多区联动的政策叠加优势，推进兰州高新区与榆中生态创新城融合发展，建设新型军民融合创新平台，服务“兰白两区”创新发展，支撑兰西城市群创新合作。加快推进兰州大科学装置自主创新，全面推动兰州生物产业系统布局。做大做强兰州科技创新园，协同创新链、产业链、供应链、价值链，增进“兰白两区”和兰西城市群科技金融、产业政策、公共研发平台的深度合作。

持续建设综合性国家科学中心。坚定贯彻习近平总书记在甘肃视察时的重要指示要求，推进落实中科院兰州分院座谈会精神，依托中科院在兰院所、兰州空间技术物理研究所和兰州大学等高校院所，加快建设干旱生境作物学国家重点实验室、兰州中子工程应用综合研究设施等一批创新中心，加强碳中和技术国际合作，推出更多重大原创性科技成果。着力建设吸引和集聚人才平台，加快形成兰州战略支点和雁阵格局。

全面构建绿色制造创新体系。聚焦碳中和技术装备、新能源创新链等绿色制造创新体系，全力推进红古区窑街煤电资源能化共轨综合利用、九州绿能循环经济产业园、兰州新区新型动力电池等项目建设。充分发挥兰州新区绿色金融改革创新试验区政策优势，推进绿色金融服务创新，推进完善碳交易市场，超前谋划建设氢交易市场，着力构建绿色金融有效支持的体制机制，推动兰州制造向绿色制造体系价值链中高端跃升。

突出培育“单项冠军”创新集群。研究出台促进单项冠军企业创新发展的政策措施，重点对属于制造业关键基础材料、核心零部件、专用高端产品的企业在技改、融资、研发等方面予以扶持。充分借鉴发达地区先进经验，引导和支持申联疫苗等有实力、有潜力的企业发展成为更具创新力的单项冠军企业。注重总结推广企业创新发展的成功经验和经营模式，引领和带动更多企业走科技领军企业创新发展路径。

系统营造开放包容创新环境。引导和支持在兰高校科研院所建设与科研创新相适应的政策制度体系，系统营造“兰州创新”氛围。完善科技金融、知识产权保护服务体系。建立创新尽职免责机制，厚植鼓励创新、宽容失败的创新环境。下大气力全方位健全人才引进、发现、培养、评价、激励机制和服务保障体系，留住和吸引更多青年人才在兰创造创新创业。实施全民科学素质行动计划，营造热爱科学、崇尚创新的社会氛围。

(二)全面推进“全市域、深融合”协同振兴，融入协调发展格局。坚定贯彻落实《关于建立健全城乡融合发展体制机制和政策体系的意见》，体系化推进全域城乡融合、产城融合、产教融合发展，促进城乡要素自由流动、平等交换和公共资源合理配置，加快构建更加有序的区域协调发展新机制。

修编国土空间规划构建城市发展新格局。充分运用第三次国土调查数据成果，突出全域生态修复，构建全域生态安全格局，保持黄河水体健康。突出全域城乡融合，推动生产、生活、生态有机协同发展。突出全域底线管控，划定三条控制线，适度进行未利用地开发建设。突出全域现代治理，提升公共服务均等化水平。突出产业空间保障，严控中心城区人口规模，推动产城产教融合。突出生态文旅发展，塑造兰州魅力空间体系。突出综合交通支撑，深入推进城乡交通运输一体化建设，提升兰州在国家新发展格局中的开放通道枢纽地位。

支持兰州新区协同建设共同富裕先行区。严格执行新区新版国土空间规划，以生态空间布局引领产业发展格局，推进装备制造、生物医药、精细化工与新一代信息技术深度融合，加快构建与国家级新区现代化建设相适应的集群创新、生态治理、高标准农田开发保护、城乡融合发展模式。推动兰州新区与皋兰县深度融合发展，跟进学习浙江高质量发展建设共同富裕示范区经验，增强人口集聚和承载能力，构建生态保护与产业升级协调共进、居民收入与经济发展协调并进的体制机制，探索在新区高质量发展过程中同步整体先行共同富裕的有效路径。

坚持开放合作加快建设榆中生态创新城。积极借鉴深圳等特区、新区开发建设经验，充分发挥市场配置资源的决定性作用，统筹生态创新城产业布局和整体开发运营，推进与高新区、榆中县全面融合发展。支持兰州大学、西北民族大学、兰州财经大学等高校建设发展，实施外联内畅快速通道和综合交通配置工程，加快推进科创中心、佛慈中医药康养小镇等项目建设，着力构建产业创新体系。加大兴隆山自然保护区管护力度，大力推进生态修复治理和植树造林，实施宛川河等洪道治理工程，优先推进兰州副中心生态体系建设，持续增强生态创新城的韧性和魅力。

立足提升服务功能统筹建设精致兰州生活圈。巩固拓展全国文明城市创建成果，围绕打造十五分钟精致生活圈，实施新型智慧城市精致行动，着力推动教育、卫生、文化等公益性服务项目提标扩面。改造中山路，提升白塔山，建设“网红中山桥”版精致兰州生活圈。实施小街巷线缆入地工程，着力推进物业服务标准化建设，扩大城区环卫规范精细作业覆盖面，完善垃圾分类处理体系建设。实事求是借鉴文明城市创建监测评价方法，推进开展季度调查评价，不断提升“生活圈”治理能力现代化水平。

有效衔接脱贫攻坚全域建设城乡融合示范镇。严格落实“四个不摘”要求，健全防止返贫动态监测和精准帮扶机制，对标后评估办法补齐短板弱项，推进巩固拓展脱贫攻坚成果同乡村振兴有效衔接。大力发扬脱贫攻坚精神，持续深化东西部协作，扎实开展“万企兴万村”兰州行动，探索可持续的社会动员模式支持乡村振兴建设。加快县域经济高质量发展，坚持系统推动整乡(镇)振兴，全域规划建设城乡融合示范镇，重点打造甘味树屏、红色和平、梨韵什川、生态伏龙坪、共同体西园、桃乡安宁堡、古渡河口、低碳窑街等一批城乡融合新典范。

(三)持续贯彻“先发力、带好头”重要嘱托，构建绿色产业体系。坚持把习近平总书记关于“兰州要在保持黄河水体健康方面先发力、带好头”的重要嘱托作为兰州各项工作的总纲领总遵循,坚持绿色转型主攻方向,依托绿色制造创新体系,着力构建兰州制造绿色产业体系,促进经济社会发展全面绿色转型。

巩固拓展污染防治攻坚成果。加快实施北方地区冬季清洁取暖项目,强力推进氮氧化物减排重大工程治理和挥发性有机物深度治理,加强细颗粒物和臭氧协同控制,力争“十四五”末PM2.5年均浓度下降至30微克/立方米。深入开展黄河兰州段工业污染企业和入河排污口专项整治,加快实施雷坛河、呢嘛沙沟等流域综合治理项目。全面落实河湖长制、林长制。系统推进兰州新区北部防护林带建设,加强土壤污染防治、风险管控和治理修复,推进城乡人居环境综合整治,加快美丽兰州建设进程。

发展精致农业促进乡村振兴。聚焦农牧复合型精致农业新技术新产业新业态新模式,依据新版国土空间规划,深度推进山水林田湖草沙冰生态体系治理,因地制宜发展“甘味”产业。积极引导农村合作组织向“党支部+合作社”转型,支持红古区、永登县、皋兰县、榆中县创建国家农村产业融合发展示范园。认真落实粮食安全党政同责工作要求,坚决扛起粮食安全重任。着力打造榆中生态创新城种业小镇,谋划建立中草药“种质资源库”。系统构建农村电商平台和物流体系,加快补齐农村客货运输和邮政寄递短板,为实现乡村振兴注入数字动能。

着力构建绿色制造产业体系。聚焦新材料、新食品、新能源、新算力产业集群,加快推进兰州石化特种丁腈橡胶、德福高档电解铜箔等项目,推动新材料集群创新发展。谋划发展超高压食品、航天食品、特医食品。大力发展氢能、生物质能,加快构建新能源汽车产业布局。全面加强与中国电子、华为公司等企业的信创产业合作,推进算力、算法、算据产业融合发展。同时,积极培育壮大绿色石油化工、先进装备制造、高端生物医药等支柱产业,重塑“四梁八柱”绿色制造产业体系。

全面发展知识城市服务产业。聚焦建设知识城市,全面开展城市体检,持续推进更新改造,加快兰州老工业基地城市向知识城市转型。强化大数据基础设施等新基建支撑,融入沿海和沿长江经济带,逐步提升服务产业能力。推动中国市政工程西北设计研究院、中铁第一勘察设计院等“兰州设计”集群发展。联合国防大学,与兰州大学合作共建城市安全研究院,推动城市安全服务产业在兰州系统集成。做强兰州新区国家西北区域应急救援中心,着力构建全天候、系统性、现代化城市安全运行服务产业体系。

持续建设生态旅游“黄河福道”。立足“兰州幸福基础设施+高质量发展经济带”定位,全域规划建设黄河风情线大景区。打造黄河安澜行洪、黄河母爱共享、黄河生态造福的“黄河福道”。充分发挥“黄河母亲”城市雕塑文化影响力,筹办黄河母亲节和“母爱”主题国际雕塑节,谋划建设黄河母亲“会客厅”,着力构建人与自然生命共同体、铸牢中华民族共同体意识。挖掘南北两山生态文化内涵,加快推进四库全书等生态型精致景区开发,让“黄河城市、精致兰州”持续“先发力、带好头”。

今后五年,我们还必须坚定不移抢抓国家“双碳”战略重要机遇期,协同推进西固石化产业区有机更新,加快推进兰州石化百万吨乙烯“减油增化”技改工程和智能工厂建设,发展高端合成橡胶、聚乙烯和丙烯产业链。系统规划兰州石化提高新能源消纳权重,稳步实现产城融合、“双碳”平衡、安全运行,全面打造兰州石化产业绿色发展实践范例。

(四)充分发挥“枢纽型、西向度”地理优势,打造开放战略支点。兰州最突出的优势在区位、最大的潜力在开放。要充分发挥“联络四域、襟带万里”优势,全面用好“一带一路”最大机遇,加快构建内外兼顾、陆海联动、向西为主、多向并进的开放新格局,系统打造国家“双循环”新发展格局的战略支点。

系统重塑综合交通枢纽比较优势。加快G30连霍高速清水驿至忠和段、中通道等36条国省高速和干线公路建设,持续完善城区道路网和环城公路网。推进兰州火车站综合改造,有序衔接宝兰高铁通道,优化地铁规划,有效衔接城市公共交通,打造多线支撑的轨道交通运输网络。推动中川机场三号航站楼航空枢纽工程按期投入运营,统筹一号、二号航站楼功能,提升中川机场货运功能,拓展夏官营机场通航功能,加快打造西部航空运输枢纽。继续争取国家支持,持续推进黄河城市段公交化通航能力建设。

加快构建高水平开放型经济体系。持续提升国际货运班列运营规模和质量,突出南亚通道、“中吉乌”通道、西部陆海新通道多式联运“兰州号”特色，统筹国际陆港与中川北站铁路口岸平台，打造国际货运班列回程集结分拨兰州中心。争取获批中国（甘肃）自贸区兰州片区。加快发展航空物流、航空制造、航空职教等临空产业，创建国家级临空经济示范区。突出适老康养消费品、安全环保装备等产业，建设“两种资源”进出口加工基地。扎实推进跨境电子商务综合试验区建设。突出国际化方向，推进兰洽会服务创新、业态创新，打造西部重要会展城市。

协同推进数据资源互联互通共享。落实全国一体化算力网络国家枢纽节点（甘肃）建设工作，争取获批建设国家级互联网骨干直联点，打造区域信息汇聚中心。支持兰州鲲鹏适配和创新中心、长城紫晶蓝光存储、“一带一路”润泽（兰州）国际信息港等项目加快建设，带动云计算、区块链、大数据等新算力产业集群化发展。推动“一带一路”沿线客户数据“西数东算”和国内东部地区客户数据“东数西算”协同发展。以数据互联互通共享提升兰州数字经济开放度。依托数字化基础设施，加强友城合作，推进人文交流，增进民心相通，进一步提升兰州国际交往影响力。

精准建设营商环境实践样本城市。继续争取国家发改委等相关部门指导支持，复制推广先行城市先进营商环境实践做法，坚持用营商环境18个一级指标、87个二级指标引领政府职能转变、完善市场经济机制，力戒营商环境评价工作中的“答题主义”。统筹市政务服务管理局和大数据管理局职能资源，推进行政审批业务和网络系统集成整合，加强可视化监管，打造工程建设项目审批“最快城市”。持续深化“放管服”改革，全面推行“小兰帮办”“不来即享”服务模式，积极引导企业家利用商会、协会等平台共同维护营商环境，着力打造优化营商环境的“兰州实践样本”。

（五）统筹解决“不平衡、不充分”主要矛盾，促进共享兰州辉煌。共享发展的目的是一切为了人民。兰州推进落实黄河流域生态保护和高质量发展战略，必须在高水平开放中促进自主创新，带动“充分”；在全市域协调中夯实绿色基础，推动“平衡”，切实保障重振兰州辉煌发展成果更多更公平惠及全市人民。

促进人人共享发展环境。推动城乡教育均衡发展，促进德智体美劳全面发展，为提高受教育程度、增强发展能力创造更加普惠的教育环境。着力建设竞争有序的市场环境、透明高效的营商环境、公平正义的法治环境、诚实守信的社会环境，畅通向上流动更

加公平的通道环境。大力弘扬劳模精神劳动精神工匠精神，争做新时代最美奋斗者，鼓励产教融合，倡导终身学习，积极引领通过勤劳创新致富，形成人人参与的发展环境。

系统推进城市有机更新。全面开展雁滩区域城市更新试点示范行动。加快推进城镇老旧小区改造，统筹推进伏龙坪、华林坪、五星坪等片区综合改造提升，促进低收入群体共享“精致兰州”发展成果。多渠道增加保障性住房供给，集中攻坚化解住宅历史遗留“登记难”问题，深入开展重点区域消防安全隐患集中排查整治，更好满足市民安居需求。综合运用交通组织优化、重要节点工程、路网功能完善等措施，实现全市交通出行环境“一年改善、两年改良、三年改变”。

深入实施健康兰州行动。深化医疗、医保、医药联动改革，加快推进市公共卫生应急救治中心等重点项目建设，推动医疗资源区域均衡布局。完善疾病预防控制体系，落实常态化疫情防控措施，织牢基层公共卫生防护网。推动全民健身与全民健康深度融合发展，构建公平可及的全生命周期健康服务体系。全面推进虚拟养老服务体系智慧化升级，系统推动中医药“医康养”资源进社区。抓好三孩政策及配套措施落实，促进人口长期均衡发展。

构建共同富裕精神家园。全域推进新时代文明实践中心建设，强化社会主义核心价值观引领，持续推进社会信用体系建设，加强网络文明建设，共建网上精神家园。推进“互联网+教育”，在落实“双减”中增进“黄河少年”精神生活。发展公共文化事业，完善公共文化服务体系。修复再现兰州“老八景”，打造黄河楼、水墨丹霞、读者印象等兰州“新八景”。凝聚社会各界智慧，构建市标、市花、市树、市歌等具有新时代内涵的城市标识体系，进一步彰显知识城市的独特人文魅力。

探索创新基层共治机制。充分发挥基层党组织“主心骨”功能，统筹企业、居民、社会组织和驻区单位优势资源，构建基层治理信息化协同平台，全面落实“双报到”制度。联合党代表、人大代表、政协委员、退役军人、离退休老干部等力量，建立健全党工委引领、社会化共建、社区化共治、邻里式共享的社区建设工作委员会运行机制，弘扬志愿服务精神，建设人人有责、人人尽责、人人享有的社会治理共同体。

织密社会保障兜底网络。坚持尽力而为量力而行，加强基础性、普惠性、兜底性民生保障网络建设，完善兜底救助体系，促进基本公共服务均等化。改革分配体制，倡议三次分配，统筹推进扶老、助残、救孤、济困、慈善等福利事业发展，积极促进社会各阶层各方面团结合作，更好践行社会责任。更加注重对低收入群体和特定人群特殊困难的精准帮扶，牢牢守住建设“精致兰州”的民生保障和社会稳定底线。

四、坚持系统加强政治建设

办好兰州的事情，根本在政治生态，核心在创新人才，关键在干部队伍。必须坚持以党的政治建设为统领，坚持党史学习教育常态化，发挥政治指南针作用，把政治标准和政治要求贯穿党的各项建设始终。严守政治纪律和政治规矩，不断提高政治判断力、政治领悟力、政治执行力，持续推动全面从严治党向纵深发展，引领保障兰州现代化建设行稳致远。

（一）坚持系统加强新时代理论武装。充分运用党的百年奋斗历程积累的思想建党、理论强党政治优势，持续学懂弄通做实习近平新时代中国特色社会主义思想。深刻领悟习近平总书记对甘肃重要讲话和指示精神，系统学习经济、政治、法律、文化、社会、管理、生态、国际等各方面重要论述，真正做到学思用贯通、知信行统一。认真总结党内集中教育的经验做法，建立健全不忘初心、牢记使命的政策制度体系，引导广大党员干部持续校准为民初心、洗礼担当本心、增强重振信心、聚焦发展重心，坚持不懈锤炼忠诚干净担当的政治品格。

（二）坚持系统落实意识形态责任制。坚持线上线下协同发力、内容阵地同步建设，深化市级媒体改革，推动媒体深度融合发展，建强市（县）级融媒体中心，构建高效安全的舆论传播新矩阵。加强新闻媒体、互联网、学校等意识形态阵地建设和管理，牢牢掌握意识形态工作领导权。健全完善重大舆情和突发事件舆论引导机制，有效防范化解意识形态领域重大风险。加强网信工作领导，走实网上群众路线，营造清朗网络空间，坚决维护网络和网络意识形态安全。培养意识形态人才，加强传播能力建设，扩大兰州“朋友圈”，讲好中国故事兰州篇章。

（三）坚持系统推进全过程人民民主。认真学习贯彻习近平总书记中央人大、政协工作会议重要讲话精神，坚定站稳党始终代表最广大人民根本利益的政治立场，始终把体现人民利益、反映人民意愿、维护人民权益、增进人民福祉落实到全面依法治市全过程。建立健全党代表、人大代表、政协委员履职尽责机制，促进全民“八五”普法教育，持续扩大人民有序政治参与，全力推动人大代表之家（工作站）、协商议事室与“社工委”机制有效衔接，确保真正听到人民声音，及时回应人民期待，努力形成“人人都起来负责”的全过程人民民主氛围。

（四）坚持系统贯彻总体国家安全观。贯彻习近平法治思想，自觉构建贯彻总体国家安全观的战略支点，统筹发展和安全，继续推进实施“三大攻坚战”，实现高质量发展与高水平安全平衡互动。建立以安全生产为基础的综合性、全方位、系统化的城市安全发展体系，积极防范化解建筑工程、道路交通、地质灾害等领域风险，突出化解城市财政金融风险，全面提高城市本质安全水平。坚持和发展新时代“枫桥经验”，推进新冠肺炎疫情防控机制创新转化为社会治理机制，推动扫黑除恶常态化，依法治理民族宗教事务，用心用情做好信访工作，建设更高水平的平安兰州。

（五）坚持系统做实“我为群众办实事”。认真总结党史学习教育“我为群众办实事”实践活动的经验做法，引导广大党员干部牢记党的性质宗旨，始终坚定为兰州人民谋幸福、为兰州事业谋发展的使命担当，继续全面诊治城市不畅“堵心病”，纵深推进城市绿化“强弱项”，有效供给城市教育“急盼事”，着力提升城市管理“绣花功”，积极应对城市人口“老龄化”，推动为群众办实事常态化、制度化，努力在办实办好一件件老百姓操心事、烦心事中守护兰州发展江山、守好兰州发展民心。

（六）坚持系统建设政治生态“兰州蓝”。始终把政治监督摆在首位，率先推动对市委“一把手”和领导班子的监督，真正把权力关在制度的笼子里，示范推进各级领导班子监督机制建设，做到监督常在、形成常态。支持人大及其常委会依法行使职权，创造性开展立法、监督等工作。着力提高政治协商、民主监督、参政议政水平，更好凝聚共识。充分发挥工会、共青团、妇联等人民团体作用，把各自联系的群众紧紧凝聚在党的周围。不断完善大统战工作格局，巩固和发展最广泛的爱国统一战线，努力营造风清气正、力争上游的政治生态“兰州蓝”。

（七）坚持系统培养攻坚型干部人才。全面贯彻新时代党的组织路线，统筹加强干部队伍育选管用，注重在急难险重任务中磨砺识别干部，选用敢于直面矛盾、勇于动真碰硬、善于攻坚破难的干部。坚持党管人才，实施年轻干部人才“五个一百”培养提升计划，继续抓好换届后县乡村领导班子跟进式培养培训。加强贯彻“三新一高”监督，坚持严惩腐败和严密制度、严格要求、严肃教育紧密结合，坚决纠治学风、文风、会风、作风、家风。真正锻造一支信念坚定、对党忠诚，实事求是、担当作为，坚持原则、敢于斗争，严守规矩、本领过硬的攻坚型干部人才队伍。

同志们！人一我十接续奋斗，团结共进重振辉煌！“两个一百年”奋斗目标历史交汇的坐标方位指引我们聚精会神奋进新的征程，党的百年光辉历程孕育的精神谱系、重大成就和历史经验激励我们奋斗追赶重振兰州辉煌，“先发力、带好头”的殷殷嘱托鞭策我们只争朝夕系统推进兰州实现高质量发展。让我们更加紧密地团结在以习近平同志为核心的党中央周围，在省委坚强领导下，始终同人民站在一起、想在一起、干在一起，矢志不渝将兰州蓝图绘到底，以优异成绩迎接党的二十大胜利召开！

兰州市人民代表大会常务委员会工作报告

——2021年12月22日在兰州市第十七届人民代表大会第一次会议上

兰州市人民代表大会常务委员会主任 张建平

各位代表：

我受市十六届人大常委会委托，向大会报告工作，请予审议。

过去五年工作的回顾

过去五年，在市委的坚强领导下，市人大常委会坚持以习近平新时代中国特色社会主义思想为指导，全面贯彻党的十九大和十九届历次全会精神，深入落实习近平法治思想、习近平总书记关于坚持和完善人民代表大会制度的重要思想以及在中央人大工作会议上的重要讲话、对甘肃重要讲话和指示精神，坚持党的领导、人民当家作主、依法治国有机统一，圆满完成市十六届人大各项任务，为推动兰州经济社会发展和民主法治建设作出了积极努力。五年来，共召开常委会会议40次，制定修订地方性法规26部，开展视察、检查和调研695次、专题询问5次，听取审议“一府一委两院”工作报告161个，作出决议、决定57项，任免国家机关工作人员545人次。

一、始终坚持党的领导，确保正确政治方向

五年来，常委会毫不动摇坚持党对人大工作的全面领导，旗帜鲜明讲政治，切实增强“四个意识”，坚定“四个自信”，做到“两个维护”，确保人大工作始终沿着正确方向勇毅前行。

（一）保持理论清醒增强思想自觉。坚持把学习贯彻习近平新时代中国特色社会主义思想作为首要政治任务，深入开展“两学一做”学习教育、“不忘初心、牢记使命”主题教育、党史学习教育，严格落实党组理论学习中心组学习、常委会会前学习制度，全面学习贯彻习近平法治思想、习近平总书记关于坚持和完善人民代表大会制度的重要思想，及时跟进学习习近平总书记最新重要讲话和指示批示精神，深入贯彻落实党的十九大和十九届历次全会精神，引导常委会组成人员、机关干部强化理论武装、指导工作实践。五年来，共召开党组理论学习中心组学习会议68次，常委会集中学习40次，举办读书班2期。

（二）坚定对党忠诚增强政治自觉。始终把政治建设摆在首位，坚决执行《党委（党组）落实全面从严治党主体责任规定》，每半年召开1次专题会议部署推进全面从严治党工作。制定向市委请示报告制度，及时就重要会议、重点工作、重大事项向市委请示报告133次，召开党组会议93次，落实市委批示99件，确保

市委主张按照法定程序转化为全市人民的共同意志。市委高度重视人大工作，先后召开市委人大工作会、全市县乡人大工作和建设推进会、市委人大代表工作会，审议出台加强新时代人大工作、加强和改进人大监督工作、代表工作等方面的指导性文件6个，为全市各级人大依法履职、担当尽责强化了保障、增添了信心。

（三）恪守责任担当增强行动自觉。深入贯彻落实习近平总书记对甘肃重要讲话和指示精神，紧扣重振兰州辉煌这一生命线谋划和推进人大工作，聚焦打赢打好三大攻坚战、重振兰州制造、乡村振兴等全市重点任务，深入开展“找准工作切入点、紧盯目标促落实”“谁不把群众的事当事、我们就拿谁来说事”等专项监督工作，推动党中央和省、市委决策部署有效贯彻落实。常委会领导班子成员坚决扛起脱贫攻坚、疫情防控、文明城市创建、重点项目建设包抓责任，靠前指挥，强化督导，纾困解难。五年来，班子成员深入基层调研400多次，为联系乡镇、村（社区）和企业协调解决各类问题500多个。常委会机关荣获全省脱贫攻坚先进集体。

二、始终突出立法重点，确保有效务实管用

五年来，常委会深入学习贯彻习近平法治思想，紧跟时代步伐，紧扣发展实际，紧贴群众期盼，深入推进科学立法、民主立法、依法立法，努力实现良法善治。

（一）围绕重点领域科学立法。坚持党对立法工作的领导，把系统观念贯穿到立法工作全过程，充实立法项目库，因需应时、统筹有序开展立法工作，将党中央和省、市委决策部署贯彻到立法工作全过程和制定的法规中。深入贯彻落实习近平总书记关于“兰州要在保持黄河水体健康方面先发力、带好头”的重要指示，制定《兰州市黄河风情线大景区保护管理条例》，成为沿黄9省区首部落实黄河国家战略的地方性法规，用法治方式确保“一河净水送下游”。制定修订大气污染防治、机动车排气污染防治等法规，对《连城国家级自然保护区条例》等涉及生态环境保护的12部法规集中修改，用法治力量助推生态文明建设。

（二）扩大公众参与民主立法。坚持为民立法，广泛征求立法项目建议，将代表建议中涉及的立法事项优先列入立法计划，实行法规开题会制度，先后制定城乡规划管理、城镇燃气管理、公共汽车客运管理、物业管理、气象灾害防御、中小学生人身伤害事故预防与处理等法规，开展公共卫生领域法规修订工作，用法律武器维护人民权益。坚持开门立法，在立法工作实践中体现全过程人民民主，深化与5所高校立法研究咨询基地的合作，密切与35名立法咨询专家、13个基层立法联系点的联系，做到凡立法必公开征求社会各方面意见、必邀请立法咨询专家到会发表意见、必采纳立法联系点建议，不断夯实立法的民意基础。五年来，共组织立法咨询专家参与立法活动500余人次，征求到社会各方面意见建议2500余条。

（三）维护法治统一依法立法。深入贯彻立法法，依照法定权限和程序开展立法活动，确保每一项立法符合宪法精神、遵循立法原则。对涉及生态环境保护、公共卫生管理、优化营商环境等方面的地方性法规集中开展专项清理13次，对环境噪声污染防治、粮食流通监督、市政设施管理等5部地方性法规开展立法后评估，完成规范性文件审查备案258件，有力维护法治统一和权威。提升立法队伍专业化水平，举办地方立法、规范性文件备案审查培训班5期。召开立法工作座谈会，不断强化对立法工作的总结，我市立法工作经验两次在全省交流，人民网以《兰州市地方立法“精细化”渐进之路》为题进行了深度宣传报道。

三、始终加大监督力度，确保经济社会发展

五年来，常委会围绕中心、服务大局，紧扣实际、关注民生，坚持正确监督、有效监督、依法监督，着力提升民意“契合度”，奋力推动兰州高质量发展。

（一）坚持目标导向正确监督。加强规划计划执行情况监督，对“十三五”规划实施情况专项检查、中期评估，对“十四五”规划专题调研、依法审查，召开稳增长、防范和化解政府性债务风险、民营企业发展等专题座谈会7次，听取审议“六稳”“六保”工作、循环经济发展、招商引资等32项工作情况报告，推动“十三五”收好官、“十四五”开好局。加强预算决算审查和国有资产管理监督，开展全口径预算审查、全过程预算监管，对预算法贯彻实施情况进行专项检查，听取审议财政绩效评价、国有资产管理等20项工作情况报告，在全省率先做到市县两级预算联网监督。加强法律法规贯彻实施情况监督，对我市贯彻实施安全生产

法等37部法律法规的情况进行执法检查，紧扣法律规定，突出法律责任，查找短板弱项，强化问题整改，推动法律法规贯彻实施。加强执法司法工作监督，听取审议依法行政、家事审判、公益诉讼、扫黑除恶等17项工作情况报告，对法院执行难、检察机关侦查监督等10项工作进行视察监督，受理督办群众来信来访3593人次，促进"一府一委两院"依法行政、依法监察、公正司法。

（二）坚持问题导向有效监督。强化大气、水、土壤污染防治立体化监督，持续对中央生态环境保护督察反馈问题整改、农业面源污染防治、固体废物处理、城区污水收集治理、医疗废物污水处理等15项工作进行视察监督，助力打赢蓝天、碧水、净土保卫战，污染防治专项监督工作在省委、省政府考核中取得"零失分"的最优成绩。强化城市规划、建设、管理多层次监督，持续对城乡规划、轨道交通建设、第二水源地建设、城市管理综合执法、线缆入地、畅交通、黄河干流兰州段防洪治理、城市垃圾分类、第三次全国土地调查等13项工作进行视察监督，助力"精致兰州"建设。强化民生保障全方位监督，持续对入园难入园贵、义务教育均衡发展、稳就业保就业、医疗保障体系建设、养老服务体系建设、住房及棚户区改造、农村人居环境整治等22项工作进行视察监督，推动解决了一批人民群众急难愁盼问题。

（三）坚持效果导向依法监督。坚持监督的定位和原则，依照法定职责、限于法定范围、遵循法定程序开展监督工作，每次常委会会议有侧重点、有针对性听取"一府一委两院"专项工作报告，实现了本届人大常委会听取审议政府部门工作报告全覆盖。聚焦监督的指向和重点，科学确定监督议题，对三大攻坚战、民营企业发展、水源地保护、农村饮水工程建设、城市建设管理等经济社会发展中的重点、难点事项，采取连续式监督、链条式监督、跟踪式监督、联动式监督等方式问绩问效，让监督形成闭环。连续三年听取审议审计查出问题整改情况报告，督促审计查出的1379个问题有效整改。创新监督的形式和方法，强化刚性监督，制定专题询问办法，围绕人民群众高度关注的水污染防治、学前教育、养老服务等深度开展专题询问5次并进行满意度测评，向市政府相关部门转交63个方面、137条整改意见。综合运用多种形式开展监督，对常委会决议决定、审议意见、执法检查报告落实情况跟踪问效，专题听取落实情况报告。五年来，向"一府一委两院"转交158个方面、480余条审议意见。

四、始终发挥代表作用，确保人民当家作主

五年来，常委会始终坚持和尊重代表主体地位，不断提升服务质量，全力支持和保障代表依法履职，充分发挥人大代表在发展全过程人民民主中的重要作用。

（一）优化代表履职保障。持续提升代表履职能力，举办代表培训班7期、890人次。深化"两联系"制度，常委会组成人员每人联系1—2个"人大代表之家"、7—8名市人大代表，350名市人大代表就地就近联系312个村、社区。将省、市人大代表组建为15个代表专业小组分领域开展活动，扩大代表对常委会和专委会工作的参与。五年来，共组织代表参加视察、检查和调研1600余人次，邀请市本级基层人大代表列席常委会会议140人次。高标准建成113个"人大代表之家"、368个"人大代表工作站"，延伸代表履职"触角"，全市"人大代表之家（站）"接待选民6.4万余人次，收集意见建议1.3万余条。服务和保障代表依法履职的做法得到省人大常委会的充分肯定，在全省加强和改进代表工作座谈会上交流了经验。

（二）强化代表建议办理。修订完善代表建议、批评和意见处理办法，健全"会前调研提出、会中集中整理、会后统一交办"机制。深入开展"重点建议督办月"活动，每年与省列、市列为民兴办实事紧密衔接，围绕群众最期盼、最关注的事项确定10件以上代表建议重点督办，年底专项听取代表建议办理工作情况报告，从点上着力、面上推进，促进代表建议办得实、效果好。围绕提升代表建议办理质量开展深度调研，走访21家承办单位了解具体情况、提出对策建议。加强与代表的沟通联系，及时向代表反馈意见，市十六届人大一次会议以来收到的1180件代表建议全部办复，一批群众关心关注的热点问题得到有效解决，代表满意率达到95%以上。

（三）实化代表作用发挥。制定规范代表履职活动办法，建立健全考核管理、履职报告、评价激励、经费支出等制度机制，支持和保障代表依法履职。深入开展"脱贫攻坚人大代表在行动""疫情防控人大代表

在一线”“为人民办好事就一定要办好大走访”，各级人大代表响应号召、尽锐出战，尽其所能贡献自己的力量，用实际行动诠释履职为民的责任担当。五年来，全市各级人大代表协调落实脱贫项目1200余个，涉及资金超过10亿元；资助贫困家庭学生1017名，49名学生得到结对帮扶；在疫情防控中捐资捐物、减免商铺租金5300多万元。涌现出全国劳动模范尹建敏、全国敬老模范钱其峰、全国社会服务先进个人董小涛、民进中央全国抗击新冠肺炎疫情先进个人张建忠等一批模范代表，10名代表荣获全省脱贫攻坚先进个人。

五、始终加强自身建设，确保工作再上台阶

五年来，常委会准确把握“四个机关”定位，全面加强自身建设，提升政治站位，发扬斗争精神，坚持守正创新，强化日常管理，为依法履职提供坚实保障。

（一）抓责任落实带队伍。严格履行管党治党政治责任和意识形态工作责任制，制定责任清单，签订目标责任书，召开推进会、约谈会24次，开展警示教育85次，压紧压实责任链条，严肃党内政治生活，推动全面从严治党向纵深发展。常委会领导班子带头贯彻落实中央八项规定及其实施细则精神，扎实开展“治转提”“四察四治”“基层减负年”“我为群众办实事”等活动，全面校准初心使命，持续改进工作作风，力戒形式主义、官僚主义。加强人大干部队伍建设，强化思想淬炼、政治历练、实践锻炼、专业训练，机关干部爱岗敬业、主动作为，积极参与脱贫攻坚、疫情防控、文明城市创建等工作，树立了新时代人大干部忠诚务实担当的良好形象。

（二）抓能力提升夯基础。强化集中学习培训，组织全市各级人大开展“学讲话、强本领”系列活动，开设“一月两讲”课堂，举办宪法、民法典等各类专题培训班14期，常委会组成人员、机关干部、全市人大工作者履职能力有效提升。深化人大理论研究和宣传，召开纪念地方人大常委会设立40周年座谈会，在兰州大学设立地方人大理论研究基地，连续举办四届全市人大工作理论研讨会，开展“助力‘十四五’开好局起好步”主题征文活动。五年来，完成重点调研课题53项，在《中国人大》《人民之声报》《兰州日报》“人民之声专栏”、今日头条App等刊登理论文章130余篇，各类媒体宣传报道人大工作700余次。

（三）抓制度建设促规范。健全民主制度，丰富民主形式，完成民主法制领域改革任务29项。规范工作程序，完善会议组织，修订制定常委会议事规则、专门委员会规则、工作部门职责和地方立法、依法监督、代表工作、党的建设、机关管理等方面制度115项，议事质量和工作效率不断提高。健全与“一府一委两院”、市政协以及上下级人大之间的联系机制，密切工作协同，强化工作合力，开展全市各级人大特色创新工作评比活动，遴选出计划预算“三审制”等17个特色亮点工作推广运用。建立目标责任管理、重点任务分解、跟踪督办落实机制，实行年计划、月调度、周推进运行模式，保证常委会机关运转平稳有序、工作高效有力。

各位代表，2021年是中国共产党成立100周年，是“十四五”发展开局之年。一年来，常委会坚决贯彻落实党中央和省、市委决策部署，善谋善为、尽职尽责，推动人大各项工作不断进步。一是强化政治引领。积极开展建党百年庆祝活动，建立“不忘初心、牢记使命”长效机制，扎实推进党史学习教育，深入学习贯彻习近平总书记“七一”重要讲话和党的十九届六中全会、中央人大工作会议精神。全面贯彻落实市委人大代表工作会议精神和市委指示要求。指导机关党组全面完成市委巡察反馈问题整改21项。二是强化法治保障。审议《兰州市供水条例》《兰州市轨道交通条例》《兰州市市政工程设施管理条例》《兰州市道路交通安全管理若干规定》《兰州市客运出租汽车管理条例》等法规5部，审查备案规范性文件44件，召开城市安全发展立法座谈会，对城市安全、养老服务等6个立法项目开展调研。三是强化监督支持。听取审议城镇住宅历史遗留“登记难”问题、义务教育“双减”政策落实、反腐败国际追逃追赃等工作情况报告29个，对我市贯彻实施英雄烈士保护法、农产品质量安全法等6部法律法规的情况进行执法检查，围绕“十四五”规划实施、重点项目建设等开展视察、检查和调研180余次，对10件民生实事跟踪督办。四是强化换届指导。深入贯彻落实党中央和省、市委对县乡两级人大换届选举工作的部署要求，召开工作会议，制定工作方案，成立8个工作指导组，督促指导县乡人大做好选区划分、选民登记、提名推荐、依法选举等各项工作，共选出市人大代表341名、县区人大代表1809名、

乡镇人大代表3717名。五是强化代表工作。认真落实市委关于加强和改进新时代全市人大代表工作的意见，制定代表培训规划和履职计划。召开全市人大代表工作总结推进会，通报表彰40名履职优秀市人大代表、16个先进“人大代表之家(站)”。建成代表履职服务、议案建议办理平台，启用人大代表选举选民登记系统，登记选民283.32万人。组织十七届市人大代表初任培训和视察调研，积极准备议案建议。

各位代表！五年来，市十六届人大常委会在历届常委会打下的坚实基础上，忠诚为党分忧，忠实为民履职，各项工作有了新的提升，这是习近平新时代中国特色社会主义思想科学指引的结果，是市委坚强领导的结果，是常委会组成人员、全体代表和全市各级人大共同努力的结果，是“一府一委两院”主动配合的结果，是市政协及社会各界和全市人民大力支持的结果。在此，我谨代表市十六届人大常委会，向所有关心、支持和帮助人大工作的同志们、朋友们，表示衷心的感谢，并致以崇高的敬意！

在回顾总结本届常委会工作的同时，我们也清醒地认识到工作中还存在一些薄弱环节，立法质量需要进一步提高，监督力度需要进一步加大，代表工作需要进一步提升，自身建设需要进一步加强。这些要在今后的工作中予以重视。

五年工作的体会

各位代表，市十六届人大常委会已任期届满。经过五年来的履职实践，我们深切体会到：

——坚持党的领导是做好新时代人大工作的根本政治保证。五年来，我们坚定坚持党对人大工作的全面领导，旗帜鲜明讲政治，在立法工作中贯彻党的决策，在监督工作中落实党的要求，在代表工作中体现党的主张，严格落实向市委请示报告制度，确保党的路线方针政策得到有效贯彻执行。迈向新征程，必须把党的领导贯穿于人大工作各方面全过程，坚持以习近平新时代中国特色社会主义思想统揽人大工作，确保人大工作始终沿着正确政治方向前进。

——坚持人民至上是做好新时代人大工作的核心价值追求。五年来，我们认真践行以人民为中心的发展思想，把低保就业、学前教育、养老服务、医疗保障等民生事项列入重要工作议题，推动解决人民群众的操心事、烦心事、揪心事。迈向新征程，必须守护兰州发展江山、守好兰州发展民心，站稳人民立场，走好群众路线，始终同人民群众想在一起、站在一起、干在一起，大力推进全过程人民民主在兰州的生动实践，努力实现为人民群众谋幸福的使命担当。

——坚持精准立法是做好新时代人大工作的基本方法原则。五年来，我们深入贯彻全面依法治国基本方略，坚持科学立法、民主立法、依法立法，紧扣发展所需、民生所盼，聚焦重点领域精细化立法，着力提升立法质量和效率，不断夯实市域社会治理的法治基础。迈向新征程，必须坚定不移走中国特色社会主义法治道路，筑法治之基、行法治之力、积法治之势，自觉做法治兰州建设的崇尚者、践行者和推动者。

——坚持强化监督是做好新时代人大工作的法定职责使命。五年来，我们深刻把握人大监督的定位和原则，聚焦监督的指向和重点，在监督中支持、支持中监督，确保法律法规有效实施，确保行政权、监察权、审判权、检察权正确行使，确保人民权益得到维护。迈向新征程，必须围绕全市大局，回应群众关切，丰富监督形式，延伸监督链条，增强人大监督的政治效果、法律效果和社会效果，让人大监督更有力度、更具权威。

——坚持代表主体是做好新时代人大工作的重要依靠力量。五年来，我们始终尊重代表主体地位，引导代表充分发挥来自人民、植根人民的特点优势，倾听民声、反映民意、汇聚民智、凝聚民力，让人大为民初心成色更足、底色更亮。迈向新征程，必须坚持代表主体地位，做到民有所呼、我有所应，丰富人大代表联系群众的内容和形式，更加用心用情服务保障代表依法履职，使发挥代表作用成为人民当家作主的重要体现和实现全过程人民民主的主体力量。

——坚持守正创新是做好新时代人大工作的内在动力源泉。五年来，我们主动顺应新形势新任务，深刻把握人大工作规律特点，积极探索体现人大优势、发挥人大作用的方法机制，推进人民代表大会制度在兰州形成生动实践。迈向新征程，必须更好坚持和完善人民代表大会制度，积极探索推进全过程人民民主的实现形式，不断推动人大工作与时俱进、完善发展，努力打造让党组织放心、人民群众满意的政治机关、地方国家权力机关、工作机关、代表机关。

今后五年工作的建议

未来五年，是迈向第二个百年奋斗目标新征程、全力推进"十四五"规划落实的关键时期。市第十四次党代会对今后五年的发展方向、工作思路、重点任务进行了全面部署，明确提出"聚精会神、奋斗追赶，系统推进兰州实现高质量发展"的奋斗目标。人大事业是薪火相传、接续奋斗的伟大事业，即将选举产生的市十七届人大常委会肩负着新时代赋予人大工作的历史重任，必将在系统推进兰州实现高质量发展的新征程上大有可为、大有作为。在此，对下一步工作提出建议，总的思路是：高举习近平新时代中国特色社会主义思想伟大旗帜，全面贯彻党的十九大和十九届历次全会精神，始终坚持党的领导、人民当家作主、依法治国有机统一，统筹发展和安全，立足新发展阶段，完整、准确、全面贯彻新发展理念，构建新发展格局，认真落实市第十四次党代会精神，坚守初心使命，坚定群众路线，坚持系统观念，依法履职尽责，主动担当作为，发挥人大作用，大力发展全过程人民民主，为系统推进兰州实现高质量发展贡献力量。

一是更加注重政治引领，在坚持党的领导上要有新气象。坚持以习近平新时代中国特色社会主义思想统揽人大工作，深入贯彻落实中央人大工作会议精神，毫不动摇坚持党对人大工作的全面领导，召开市委人大工作会议，出台加强和改进人大工作的意见。坚持以政治建设为统领全面加强人大党的建设，不断提高政治判断力、政治领悟力、政治执行力，忠诚拥护"两个确立"，增强"四个意识"、坚定"四个自信"、做到"两个维护"，自觉在思想上政治上行动上同以习近平同志为核心的党中央保持高度一致。

二是更加注重厉行法治，在强化法治保障上要有新进展。深入学习贯彻习近平法治思想，推动宪法法律全面贯彻实施，加强备案审查工作，维护宪法法律权威。强化立法主导，坚持科学立法、民主立法、依法立法，高质量推进重点领域、新兴领域立法，弘扬社会主义核心价值观，注重民生保障，加快城市安全发展、文明行为促进、养老服务等立法进程，更好发挥地方立法实施性、补充性、试验性作用，为系统推进兰州实现高质量发展提供有力法治保障。

三是更加注重精准监督，在服务发展大局上要有新作为。围绕市第十四次党代会提出的建设创新示范城市、融入协调发展格局、构建绿色产业体系、打造开放战略支点、促进共享兰州辉煌等发展重点，实行正确监督、有效监督、依法监督，加强对计划和预算决算的审查，加强对老年人权益保障法、《兰州市黄河风情线大景区保护管理条例》等法律法规实施情况的检查，加强对常态化扫黑除恶、打击电信网络诈骗等工作的监督，深入开展视察调研、专题询问，为重振兰州辉煌凝聚力量。

四是更加注重联系群众，在发挥代表作用上要有新突破。积极探索推进全过程人民民主的实现形式，支持和保障代表更好依法履职，丰富代表联系人民群众的内容和形式，完善"双联系"制度，高质量运行"人大代表家(站)"，健全代表履职网络平台，开展代表履职网格化试点工作，实行民生实事项目人大代表票决制，有效保证人民群众的知情权、参与权、表达权、监督权，更好发挥人大代表联系人民群众的重要桥梁作用。

五是更加注重强基固本，在加强自身建设上要有新提升。围绕"四个机关"全面加强自身建设，准确把握人大政治属性、法律定位、职责作用，制定人民代表大会议事规则，提升议事质量，完善会议程序，更好履行宪法法律赋予的职责。贯彻落实新时代党的建设总要求，推动全面从严治党向纵深发展，打造政治坚定、服务人民、尊崇法治、发扬民主、勤勉尽责的人大队伍。强化政治理论、法律法规、业务知识学习培训，加强管理运行，密切工作协同，整体提升人大工作质量和水平。

各位代表，盛世凯歌勇毅行，奋楫扬帆启新程！让我们更加紧密地团结在以习近平同志为核心的党中央周围，在市委的坚强领导下，聚精会神、奋斗追赶，为系统推进兰州实现高质量发展交出人民满意的"人大答卷"，以优异成绩迎接党的二十大胜利召开！

兰州市人民政府工作报告

——2021年12月21日在兰州市第十七届人民代表大会第一次会议上

兰州市市长　张伟文

各位代表：

现在，我代表市人民政府向大会报告工作，请予审议，并请政协委员和其他列席人员提出意见。

一、过去五年工作回顾

市十六届人大一次会议以来的五年，是兰州发展进程中极不平凡的五年。五年来，面对错综复杂的发展形势，在省委、省政府和市委的坚强领导下，在市人大、市政协的监督支持下，全市上下坚持以习近平新时代中国特色社会主义思想为指导，深入贯彻党的十九大和十九届二中、三中、四中、五中、六中全会精神，全面落实习近平总书记对甘肃重要讲话和指示精神，时刻牢记习近平总书记的殷殷嘱托，立足新发展阶段，完整、准确、全面贯彻新发展理念，构建新发展格局，推动高质量发展，以“先发力、带好头”的政治自觉和行动自觉，统筹推进疫情防控和经济社会发展，经受住史无前例的疫情大考，夺取脱贫攻坚战的全面胜利，如期全面建成小康社会，实现了“十三五”规划顺利收官和“十四五”规划良好开局，经济社会发展取得新成就，为全面建设社会主义现代化新兰州奠定了坚实基础。

五年来，经济实力持续攀升。预计地区生产总值从2016年的2207.4亿元增加到2021年的3244亿元，年均增长5.5%；社会消费品零售总额从1263.3亿元增加到1756亿元，年均增长6.8%；一般公共预算收入从215.5亿元增加到258亿元，年均增长3.7%；城乡居民人均可支配收入分别从29661元、10391元增加到43364元、16117元，年均增长7.9%和9.2%。

五年来，发展动能明显增强。科技进步贡献率由2016年的53.1%提升到2020年的60.4%，高新技术企业数量五年内翻了两番多。完成“三化”改造项目51个，新增专精特新“小巨人”企业8个，战略性新兴产业增加值占生产总值的比重达到16%。新引进银行、保险、证券等金融机构16家，金融业增加值占生产总值的比重达到14.5%。旅游接待人数从5342万人次增长到8200万人次，旅游综合收入从448亿元增长到600亿元。

五年来，城市品质显著提升。兰渝铁路、轨道交通1号线一期等一批重大工程相继建成，中川机场三期扩建、黄河流域兰州白塔山段综合提升改造等一批重大项目开工建设，奥体中心、万达茂等城市新地标拔地而起，水墨丹霞、野生动物园、黄河楼等特色景区投入运营，黄河之滨音乐节等系列活动成功举办，城市形象品质发生根本性变化，常住人口较第六次全国人口普查增加74.3万人，先后荣获全国文明城市、国家园林城市、全国民族团结进步示范市、全国双拥模范城"九连冠"等荣誉。

五年来，农村面貌焕然一新。累计投入扶贫资金70多亿元，打赢脱贫攻坚战，4个贫困县区全部摘帽、256个贫困村全部出列、31.79万贫困人口全部脱贫，彻底解决了区域性贫困问题，全面消除绝对贫困，顺利接续乡村振兴，农业农村发展实现历史性突破。

五年来，生态环境不断改善。牢记习近平总书记"兰州要在保持黄河水体健康方面先发力、带好头"的嘱托，持续打好蓝天、碧水、净土保卫战，空气质量优良率从2016年的66.4%提高到2021年的82%，黄河兰州段出境水质综合评价稳定达到Ⅱ类，城区生活垃圾无害化处理率达到100%，完成造林绿化59.5万亩，新增城市绿地592.2公顷，森林覆盖率提高到15.5%。

五年来，民生事业加快发展。累计新增城镇就业45万人，输转农村劳动力138万人。开建棚户区改造项目100个，惠及群众9.4万户、30多万人。招聘同工同酬教师3376名，新建改扩建中小学和幼儿园172所，增加学位11.9万个，义务教育阶段大班额全部消除。市中医院、口腔医院、妇幼保健院异地新建项目主体完工。房屋产权登记发证等民生领域历史积累问题得到有效解决。

即将过去的2021年，经济社会发展主要目标任务全面完成，预计地区生产总值增长7%，其中第一产业增加值增长7%，第二产业增加值增长7.7%，第三产业增加值增长6.7%；固定资产投资增长6%；社会消费品零售总额增长7%；一般公共预算收入同口径增长7.7%；城乡居民人均可支配收入分别增长8%和10%；居民消费价格累计上涨3%以内。经济发展呈现出稳步增长的良好态势，这是各方面接续努力、久久为功的结果。

五年来，我们主要做了以下工作：

（一）积极应对各种风险挑战，保持了经济稳定增长。主动适应经济发展新常态，着眼推动高质量发展，确立"守三线、抓项目、提升首位度"的工作方针，科学务实抓好经济运行调度，有效应对新冠疫情、经济下行等风险挑战，扎实做好"六稳"工作，全面落实"六保"任务，地区生产总值迈上3000亿元台阶，对全省高质量发展贡献第一。坚持把项目建设、招商引资作为经济发展的核心工作和顶级工作来抓，创新实行项目管理手册制度和"两真四有"精准招商，实施项目建设考核奖励机制，累计引进国药集团年产20亿剂重组新冠疫苗生产车间、海亮集团15万吨高性能铜箔材料加工、60万千瓦牧光互补发电等产业项目974个，完成到位资金2610亿元，建成运营宝方10万吨超高功率石墨电极国产线等一批重点项目。加大向上争取支持力度，先后获批兰白国家自主创新示范区、5G试点城市、国家跨境电子商务综合试验区、国家陆港型物流枢纽等国家和省上政策平台31个，争取各类资金300多亿元。成功争取到北方地区冬季清洁取暖项目，获中央支持资金21亿元。经济发展增长极作用进一步凸显，兰州新区生产总值年均增长16.7%，增速在国家级新区中位居前列；高新区、经开区生产总值分别达到321.2亿元、356.9亿元，年均增长11%和8%；榆中生态创新城建设全面铺开，科创中心等重点项目有序推进，城市基础框架和产业基底逐步夯实。各县区形成优势互补、错位联动的协调发展态势。

（二）致力构建现代产业体系，加快了结构调整步伐。充分发挥老工业基地优势，着力重振"兰州制造"，加快传统产业改造和新兴产业培育，三次产业结构持续优化，一产保持基本稳定，二产占比三分之一，三产拉动作用进一步增强。坚持以科技创新赋能高质量发展，扎实推进兰白国家自主创新示范区和兰白科技创新改革试验区建设，建成运营兰州科技创新园，兰州成功迈入国家创新型城市行列，成为全国15个创新策源地城市之一，兰州新区入选"科创中国"试点园区。制定出台支持重振"兰州制造"配套政策，实施规模以上工业企业倍增计划，推广产业链链主制度，新增规模以上工业企业60家，工业经济的带动能力显著增强。现代服务业提档升级，完成流通领域现代供应链体系试点城市建设，启动实施京东亚洲一号（兰州）智能电商产业基地项目，建成运营兰州新区空铁海公多式联运示范工程，加快发展电子商务、网络医疗、云旅游等新兴消费，电商交易规模达到1700亿元，年均增长14.8%。文化旅游产业加快发展，打造望河亭、中山铁桥等热门旅游打卡地，"假日夜经济"活跃度高居全国前列，旅游人数和旅游总收入连续五年增幅超过20%,跻身“中国最具文旅投资价值城市”行列。

(三)深入推进“精致兰州”建设,打造了城市靓丽名片。坚持以精致理念引领城市发展,加强规划建设管理工作,由表及里改变城市的外在形象和内在品质,人民日报专题报道《精致兰州“绣”出来》。精益编制市县两级国土空间总体规划,精准划定“三条控制线”,精心制定兰州新区国土空间总体规划和重点片区城市设计、74个“多规合一”实用性村庄规划等专项规划,精细推进城市居住社区建设补短板行动计划,城市“成长坐标”进一步确立。加大基础设施建设力度,兰合铁路、中兰铁路、傅家窑至苦水公路等重大项目开工建设,第二水源地建成通水,轨道交通2号线一期工程进入机电安装和装饰装修阶段。扎实推进78个“十五分钟精致生活圈”建设,改造老旧小区842个,加装电梯1109部,建成智慧安防小区312个,新建改造供热、供气、供水管线873千米,打通疏解路50条,新增公共停车泊位5.2万个,获评“国家公交都市建设示范城市”。深入推进精致项目创建活动,巩固全域无垃圾治理成果,整治城区小街巷架空线缆等市容“六乱”问题。加快铺开智慧政务、智慧交通等场景应用,兰州获评全国5G网络速率最佳城市。全面做好黄河文章,谋划实施“读者印象”精品街区等一批提品质项目,高标准完成黄河风情线景观美化亮化,实现核心区20千米健身步道全线贯通,打造“夜游黄河”品牌,“黄河之滨也很美”的城市名片愈发靓丽。

(四)全面加快农业农村发展,奠定了乡村振兴基础。全力攻克最后的贫困堡垒,推动巩固拓展脱贫攻坚成果同乡村振兴有效衔接。实施现代丝路寒旱农业优势特色产业三年倍增行动计划,建成高标准农田14.5万亩,新增高原夏菜、百合、玫瑰等特色农产品种植面积20.2万亩,建设省市现代农业产业园13个,打造“甘味”品牌30个,高原夏菜远销国内20多个城市和粤港澳大湾区。永登县苦水镇、武胜驿镇和榆中县园子岔乡入选全国“一村一品”示范乡镇,皋兰县什川镇入选国家运动休闲小镇、长坡村入选全国乡村特色产业化示范村。扎实推进乡村建设行动,建成引洮一期榆中配套工程和33项农村饮水安全巩固提升工程,开展4个省级乡村建设示范乡镇和56个示范村创建工作,实施农村危房改造、农房抗震改造4514户,新建“四好农村路”2614.3千米,榆中县、皋兰县分别获评全国“四好农村路建设示范县”“城乡交通运输一体化示范县”。推进农村人居环境改善工程,建成省市级美丽乡村示范村215个。农村改革扎实推进,农村“三变”、集体林权制度等改革成果持续拓展,集体经济“空壳村”全部消除,集体土地(宅基地)使用权及农房所有权确权登记发证全面完成。

(五)着力抓好生态环境保护,擦亮了绿色发展底色。深入贯彻习近平生态文明思想,全面落实黄河流域生态保护和高质量发展国家战略,编制实施兰州市黄河流域生态保护和高质量发展规划,建成黄河干流兰州段、湟水河等一批生态治理工程,开展河湖“清四乱”专项行动,完成七里河安宁、雁儿湾、盐场等污水处理厂提标改扩建,黄河兰州段干支流各考核断面水质连续100%达标,确保了“一河净水送下游”。纵深推进大气污染防治,巩固扩大“兰州蓝”成果,实施兰铝电厂、西固热电等重点企业超低排放和低氮改造,顺利完成国电兰州热电“上大压小”异地搬迁,PM2.5浓度下降到34微克/立方米,首次实现历史性达标。全面抓好土壤污染治理修复试点和农业面源污染治理,土壤环境保持总体稳定。积极开展大规模国土绿化行动,有序实施南北两山植被修复、“省门第一道”绿化美化等生态工程,新建改造九州台、彭家坪休闲公园等生态文化景区,国家园林城市创建成果不断扩大。推动绿色低碳发展,培育绿色生态产业,顺利通过国家节能减排财政政策综合示范城市绩效考核,清洁能源消费比重提高到44.3%。

(六)持续深化改革扩大开放,激发了市场动力活力。完成市县两级政府机构改革任务。全面深化“放管服”改革,对照营商环境评价指标体系,聚焦重点领域和关键环节补短板、强弱项,营商环境便利度大幅提升,服务承诺“四办四清单”管理制度受到国务院通报表扬。深入推进工程建设项目审批制度改革,完善一体化在线政务服务平台,“小兰帮办”荣获甘肃最具影响力服务品牌,“小兰之家”被评为智慧中国“2021高质量发展营商环境特色50强”。扎实开展国有企业改革三年行动,加快市属国有企业市场化转型,国资国企运营效率和抗风险能力不断增强。兰州金控公司挂牌运营,国芳集团、庄园牧场主板上市,兰州银行A股首发通过审核。完善要素资源配置机制,全省首宗“标准地”在兰州新区成功出让。积极融入共建“一带一路”，与义乌、日喀则等市州签署战略合作框架协议，与克孜勒苏自治州共建“中吉乌”国际多式联运新通道，累计发运“兰州号”国际货运班列1184列47280车、货值133.8亿元。中川国际机场获批“第五航权”，开通国际货运包机航线15条。加快兰西城市群建设，与域内城市签订科技合作、医保互认等协议，积极推进一体化发展。成功举办第八届中国—中亚合作论坛、国际田联路跑大会、第十一届国家综合防灾减灾与可持续发展论坛等高规格会议，城市影响力和知名度进一步提升。

（七）用心用力保障改善民生，增进了人民群众福祉。践行以人民为中心的发展思想，持续加大民生投入，破解民生难题，市级财政累计用于民生支出749.2亿元，为民兴办实事73件。严格落实粮食安全责任制，建成现代粮食产业园，粮食安全保障能力不断提升。城乡居民低保、基础养老金和医保财政补助标准持续提高，社会救助、社会福利、优抚安置等工作有效开展。启动实施公共卫生应急救治中心项目，医疗机构检查检验结果互认全面落实。围绕办好人民满意的教育，统筹资源配置，加大投入力度，有效解决了群众关心的师资短缺、学位紧缺、入园难、择校热、大班额等问题。大力发展职业教育，兰州新区职教园区建成院校7所、入驻师生10万人，成为“技能甘肃”引领示范区。深入开展《百姓讲堂》等文化惠民活动，红色儿童剧《大豆谣》选送中央党史学习教育创新案例。国家体育消费城市试点工作积极推进，市九运会顺利举办。人防体系建设全面加强。深化“平安兰州”建设，扎实开展全国市域社会治理现代化试点等工作，西固区荣获2017—2020年度“平安中国”建设示范县。沉着应对处置新冠疫情、“11·3”兰海高速兰临段重大交通事故、2018年防汛抢险救灾等突发事件，全力保障了广大群众生命财产安全。

（八）不断加强政府自身建设，提升了政府治理效能。全面加强政府系统党的政治建设，深入开展“两学一做”学习教育、“不忘初心、牢记使命”主题教育、党史学习教育，坚持不懈学懂弄通做实习近平新时代中国特色社会主义思想，在赓续党的精神血脉、传承党的优良传统中持续转变工作作风，努力把务实重行、真抓实干贯穿政府工作全过程。着力加强法治政府建设，全面推行“双清零”管理、限时办结等制度，自觉接受各方监督，认真落实市政府向市人大及其常委会报告工作制度，提请市人大常委会审议地方性法规26件，制定修改政府规章17件、废止27件，办理市人大代表意见建议1180件、政协提案2092件。严格落实党风廉政建设责任制，健全廉政风险防范机制，强化审计监督和社会监督，持之以恒纠治“四风”，“三公”经费支出下降30.9%。

同时，统计调查、气象、地震、档案、供销、慈善、公积金、机关事务、项目评审、社会科学、公共资源交易等工作扎实推进，工会、共青团、妇联、工商联、残联、侨联等群团组织桥梁纽带作用充分发挥，为全市经济社会发展作出了积极贡献。

各位代表！面对今年10月中旬突袭的新冠疫情，在党中央国务院、省委省政府和市委的坚强领导下，我们立即启动应急响应机制，迅速调整疫情防控策略，全城动员、全民参与，联防联控、群防群治，完成六轮大规模核酸检测，一个潜伏期内切断了传播链条，一个月内清零了中风险地区，45天内治愈了全部确诊患者，适时复工复产、复商复市、复学复课，及早转入常态化防控，取得了这场疫情防控遭遇战的重大胜利。在这场战“疫”中，436万兰州人民众志成城、团结一心，广大医护人员白衣执甲、逆行出征，社区工作者无私奉献、昼夜值守，公安干警闻令而动、忠诚履职，退役军人和民兵不褪本色、坚守一线，各级干部冲锋在前、勇挑重担，省内兄弟市州全力支援、并肩作战，一同汇聚起了战胜疫情的磅礴力量。那些刻骨铭心的日日夜夜，那些紧张急促的时间刻度，清晰记录了这座城市的无怨无悔和无惧无畏，充分诠释了兰州担当和兰州力量，更加坚定和鼓舞了全市人民奋进新征程的自信与勇毅。

各位代表！回顾过去五年工作，我们步履坚实、收获满满。这是习近平新时代中国特色社会主义思想科学指引的结果，是省委、省政府和市委坚强领导的结果，是市人大、市政协和社会各界监督支持的结果，是全市各级各部门各方面和广大干部群众共同努力的结果。在这里，我代表市人民政府，向各位代表、政协委员和全市各族人民，向各民主党派、工商联、各人民团体和社会各界人士，向离退休老同志，向驻兰解放军、武警官兵、公安干警和消防救援队伍指战员，向所有关心、支持和参与兰州建设发展的同志们、朋友们致以崇高的敬意和衷心的感谢！

各位代表！在总结过去五年成绩和工作的同时，我们也清醒认识到，全市经济社会发展还存在一些不平衡不充分的问题。受内外部环境影响，经济持续稳定向好的基础不够牢固，稳增长仍然面临较大压力；规模以上工业企业数量偏少，先进制造业和现代服务业发展不足，新兴产业成长不快，调结构增动能的任务还很艰巨；市属国有企业发展动能不足，融资能力弱，债务压力大，亟需加快转型发展；城市治理存在薄弱环节，完善城市交通、城市管网和推进城市更新等工作与群众期待还有差距；营商环境还不够优化，资源要素配置效率还不够高，民营经济发展活力和规模实力有待增强；应对重大突发公共事件能力尚有欠缺，基层治理体系和治理能力现代化水平仍需提高；一些干部责任意识、担当意识、攻坚意识不够强，工作本领还不能完全跟上发展变化的节奏。对此，我们将坚持问题导向，采取有力措施，认真加以解决。

二、今后五年目标任务

观大势，看兰州，今后五年我市仍将处于重要的发展窗口期和战略机遇期。随着共建“一带一路”、碳达峰碳中和、新时代推进西部大开发形成新格局、黄河流域生态保护和高质量发展、兰西城市群建设等重大国家战略以及省上“强省会”行动战略的深入实施，将给兰州带来宝贵机遇，蓄积向高质量发展跃升的强大动能。前不久召开的市第十四次党代会，为未来五年发展擘画了蓝图，发出“聚精会神、奋斗追赶，系统推进兰州实现高质量发展”的总动员，新一届市政府将坚决把思想和行动统一到中央和省市委决策部署上来，勇挑重担、争先进位，奋力谱写新时代兰州高质量发展新篇章。

今后五年政府工作的总体要求是：高举习近平新时代中国特色社会主义思想伟大旗帜，全面贯彻党的十九大和十九届二中、三中、四中、五中、六中全会精神，响应党中央伟大号召，从党的百年奋斗重大成就和历史经验中传承继续前进的智慧和力量，统筹发展和安全，立足新发展阶段，完整、准确、全面贯彻新发展理念，构建新发展格局，坚守初心使命，坚定群众路线，坚持系统观念，扛起“先发力、带好头”的使命担当，落实“强省会”行动战略，更加注重创新驱动发展、更加注重重振“兰州制造”、更加注重城乡融合发展、更加注重城市功能优化、更加注重补短板强弱项、更加注重生态绿色优先、更加注重深化改革开放、更加注重改善生活品质、更加注重提升治理效能，广泛凝聚积极力量，聚精会神、奋斗追赶，系统推进兰州实现高质量发展。

今后五年与“十四五”时期基本契合，我们将更加自觉把新发展理念完整、准确、全面贯彻到经济社会发展各领域全过程，坚持稳中求进工作总基调，把牢“守三线、抓项目、提升首位度”的工作方针，锲而不舍，久久为功，实现经济社会发展稳中提质，推动重振兰州辉煌进入快车道。守三线“企稳”，就是将地区生产总值增速置于全国、全省和西北片区六个省会城市“三个维度”中去比较，只有站在全国平均线上才能缩小东西部差距，只有站在全省平均线上才能扛起省会城市责任，只有站在西北片区六个省会城市的平均线上才能在市场配置资源的竞争中体现兰州的主动作为。抓项目“求进”，就是将项目建设作为抓经济发展的核心工作，作为补基础设施和民生短板，以及调产业结构的重要支撑，只有坚持不懈、坚韧不拔、坚定不移抓项目，不断补短板、强弱项、调结构，不断增加市场主体，才能实实在在地体现兰州的发展进步。首位度“提升”，就是兰州作为省会城市，资源禀赋和各方面条件是全省最优的，必须责无旁贷落实“强省会”行动战略，在全省高质量发展上先发力、带好头，提升省会城市贡献率，也只有实现首位度的稳步提升才能体现兰州的使命和担当。

今后五年经济社会发展的主要目标是，在全面完成“十四五”目标任务的基础上，力争到2026年地区生产总值达到4000亿元以上，当好全省高质量发展的排头兵；科技创新对发展的驱动力明显增强，高新企业和规上工业企业数量较“十三五”末实现翻番，“四梁八柱”工业产业体系基本形成，产业结构更加优化；城市功能品质进一步提升，乡村振兴迈出坚实步伐，城乡发展更加协调；蓝天、碧水、净土保卫战成果持续巩固，生态文明建设取得明显成效，经济社会发展加快全面绿色转型；对外开放水平不断提高，重点领域改革深入推进，发展环境持续改善优化；城乡居民人均可支配收入分别达到56000元和21000元，民生福祉不断增强，共同富裕取得明显进展。围绕以上目标，我们将重点抓好五个方面工作。

（一）聚焦产业结构调整这个紧迫任务，在建设创新示范城市上取得新突破。顺应全球新一轮科技革命和产业革命趋势，紧盯“碳中和、补短板”新兴技术，坚持高水平科技自立自强，加快建设兰白国家自主创新示范区和兰白科技创新改革试验区，推进兰州大科学装置自主创新，争取建设国家技术转移中心，推动政策、技术、人才、资金等创新要素聚集，全面提升科技创新和成果转化能力。构建以需求为导向的科技创新体系，引导在兰高等院校、科研机构和各类企业聚焦重振“兰州制造”，建设国家重点实验室和工程技术中心，开展联合攻关，推出更多原创性科技成果，驱动兰州制造向产业链中高端跃升。坚持以绿色转型为主攻方向，深入实施高新技术企业倍增行动和规模以上工业企业倍增计划，做大先进石化、装备制造、生物医药、绿色冶金产业规模，发展新材料、新食品、新能源、新算力产业集群，推进绿色金融服务创新，建立绿色制造工业体系。围绕建设知识城市，全面发展知识型服务产业，促进研发设计、现代物流、文化旅游、绿色金融、商务会展等服务业蓬勃兴起，提升兰洽会办会层次，努力建设全国重要的物流枢纽中心、区域金融中心、研发设计中心、商贸会展中心。

（二）聚焦统筹城乡融合这个根本路径，在融入协调发展格局上取得新突破。系统推动全域城乡融合、产城融合、产教融合发展，促进城乡要素自由流动、平等交换和公共资源合理配置，构建更加有序的区域协调发展新机制，全面推进“全市域、深融合”协同振兴。科学布局生产生活生态空间，优化主城四区功能品质，支持兰州新区协同建设共同富裕先行区，加快建设榆中生态创新城，统筹推进远郊县区发展，形成“一心两翼多点”城市发展功能布局。增强城市发展的系统性协调性，建成北绕城、中通道、兰合铁路、中川机场三期扩建等重大骨干工程，健全内畅外联立体交通网络，完善覆盖城乡的市政和信息基础设施体系，同步发展路衍经济，提高城市综合承载能力。深入推进“精致兰州”建设，促进全国文明城市迈上更高水平，系统开展城市有机更新，完善城市“十五分钟精致生活圈”功能，全域规划打造黄河风情线大景区，充分挖掘释放以“黄河母亲”为代表的文化影响力，让黄河之滨更加美。巩固拓展脱贫攻坚成果，全面实施乡村振兴战略，加快发展县域、镇域和村集体经济，规划建设城乡融合示范镇，扎实开展乡村建设行动，逐步建立完善的城乡公共服务体系，努力走好新时代城乡融合发展之路。

（三）聚焦生态文明建设这个战略决策，在推进绿色发展上取得新突破。持续贯彻“先发力、带好头”重要嘱托，全面落实黄河流域生态保护和高质量发展战略，坚持尊重自然、顺应自然、保护自然，有序推进黄河中上游生态修复及水土流失综合治理示范区建设，构建黄河安澜行洪、黄河母爱共享、黄河生态造福的“黄河福道”。配合实施“南水北调”西线工程。巩固拓展大气污染防治成果，深入推进氮氧化物减排重大工程和挥发性有机物治理，加强细颗粒物和臭氧协同控制，力争六项污染物指标全面达标，PM2.5年均浓度控制在30微克/立方米以内，优良天数比例达到87.5%。加强土壤污染防治、风险管控和治理修复，推进城乡人居环境综合整治，保障土壤安全。开展大规模国土绿化，持续增加城市绿量。聚焦“双碳”目标，深化节能减排，推进清洁生产，推广使用清洁能源，加快发展循环经济，形成绿色生产生活方式，让“兰州蓝、金城绿、黄河清”成为一道美丽风景。

（四）聚焦共建“一带一路”这个最大机遇，在打造开放战略支点上取得新突破。充分发挥“枢纽型、西向度”地理优势，更加积极主动融入共建“一带一路”，加快兰西城市群建设，系统构建内外兼顾、陆海联动、向西为主、多向并进的开放新格局，着力打造国家“双循环”新发展格局的战略支点。构建高水平开放型经济体系，持续提升国际货运班列运营规模和质量，突出南亚通道、“中吉乌”通道、西部陆海新通道多式联运“兰州号”特色，打造国际货运班列回程集结分拨中心。协同推进数据资源互联互通共享，加快丝绸之路信息港建设，推动“一带一路”沿线客户数据“西数东算”和国内东部地区客户数据“东数西算”协同发展，建设国家级互联网骨干直联点。发挥兰州新区综合保税区平台作用，探索开展服务贸易创新试点，创建国家临空经济示范区，配合省上争取中国（甘肃）自由贸易试验区。继续深化“放管服”改革，推进行政审批业务和网络系统集成整合，推行“小兰帮办”“不来即享”服务模式，打造工程建设项目审批“最快城市”。

建立覆盖企业全生命周期、高效便捷的服务体系，力争在市场准入、审批服务、市场监管等方面形成与国际接轨的体制机制，打造一流营商环境。我们将通过更高水平的“引进来”和更大步伐的“走出去”，重构“联络四域、襟带万里”的开放格局，让兰州从内陆城市走向开放前沿。

（五）聚焦推动共同富裕这个本质要求，在促进共享发展成果上取得新突破。坚持发展为了人民、发展成果由人民共享，统筹解决“不平衡、不充分”主要矛盾，提高发展的平衡性、协调性、包容性，营造全民共享的发展环境。协调处理效率与公平的关系，落实国家分配制度，千方百计提高城乡居民收入。实施积极就业政策，为群众创造更多更充分的创业就业机会。促进教育公平优质均衡发展，深入开展“健康兰州”行动，实施社会服务设施兜底线工程、全民健身设施补短板工程，强化住房供给保障，完善社会救助体系，推动公共服务均等化。系统解决“一老一小”问题，加快养老服务体系建设，落实“三孩”政策，促进人口长期均衡发展。统筹推进法治兰州、法治政府、法治社会一体建设，探索创新基层共治机制，建立健全社区建设工作委员会，推进市域社会治理现代化。持续提升城市文化品位和市民文化素养，构建具有新时代内涵的城市标识体系，用文化涵养城市文明，构建共同精神家园。统筹发展和安全，健全社会治安立体防控、现代城市灾害防治和突发事件应急体系，切实防范经济风险、社会风险、疫情风险和自然风险，筑牢城市安全防线，增强人民群众的获得感、幸福感和安全感。

三、2022年工作安排

2022年经济社会发展任务繁重，我们将坚持稳字当头、稳中求进，紧紧抓住“强省会”行动战略机遇，统筹兼顾，突出重点，扎实做好各项工作。经济社会发展主要预期目标是：地区生产总值增长7%；第一产业增加值增长6%；第二产业增加值增长7%，其中，规模以上工业增加值增长8.5%，建筑业增加值增长5%；第三产业增加值增长8%；固定资产投资增长7%；社会消费品零售总额增长6%；一般公共预算收入增长5%；城镇居民人均可支配收入增长7%；农村居民人均可支配收入增长8.5%；居民消费价格指数涨幅控制在3%以内；单位生产总值能耗和主要污染物排放完成国家和省上下达的控制目标。围绕实现上述目标，重点抓好以下六个方面的工作：

（一）坚持以创新驱动加快产业转型升级，着力构筑高质量发展的根本支撑。突出科技创新引领作用，促进创新链与产业链双向互融，加快构建现代产业体系。

强化创新平台建设。坚定推进“兰白两区”发展，依托在兰高校院所，加快建设甘肃先进计算中心、干旱生境作物国家重点实验室等科研平台，争取实施一批基础性、牵引性科技项目，争创综合性国家科学中心。支持企业和高校院所自主设立产业技术研究院和科技创新工作站，重点建设先进制造、生物医药等领域科技企业孵化器和众创空间。发挥兰州科技大市场、兰州科技成果转移转化中心服务功能，畅通创新成果转化通道，促进创新和产业、科技和市场精准对接。

提升自主创新能力。完善科技金融、知识产权保护服务体系。落实创新攻关“揭榜挂帅”制度。实施创新引领企业培育行动，开展科技型中小企业和专精特新“小巨人”企业培育计划，培育高新技术企业80家以上。促进科技资源开放共享，加强与北京中关村、上海张江等方面交流合作，打造新型研发平台。依托军工企业与重点高校共建企业创新联合体。践行全域“大人才观”，实施全民科学素质行动计划，健全人才引进、发现、培养、评价、激励机制和服务保障体系，让更多英才创业金城、圆梦兰州。

聚力重振“兰州制造”。深入实施规模以上工业企业倍增计划，催化熟化一批工业项目，新增规上工业企业60家。加快推进兰石化产业链延伸、红古区窑街煤电资源能化共轨综合利用、九州绿能循环经济产业园、宝武碳业10万吨负极材料生产基地、海亮集团年产15万吨高性能铜箔材料等重大带动性项目。扎实开展“上云用数赋智”行动，加强与华为、海康威视等企业深度合作，推进工业互联网创新中心建设，创建省级以上工业设计中心3户、数字车间6户。实行产业链链主制度，扶持制造业关键基础材料、核心零部件、专用高端产品等领域企业加快发展，打造海默科技、兰州生物所等一批“单项冠军”企业。

全面升级服务产业。坚持线上线下一起抓，提质传统消费，培育新兴消费，办好各类促消费活动，促进消费市场全面复苏。加快建设兰州环球港、陇汇广场等商贸综合体，建成投运兰州万达茂。强化城乡高效配送，实施圆通兰州智创园等物流项目，建成兰州鲜冷链集配供应物流基地，全市物流总额增长6%。申报市场采购贸易试点城市，打造区域(特色)消费中心城市。推动渤海银行等金融机构入驻，发展碳交易市场，谋划氢交易市场，构建绿色金融服务体系。促进中国市政工程西北设计研究院、中铁第一勘察设计院等“兰州设计”集群发展。加快做大文旅产业，推进石佛沟、白塔山、仁寿山等生态型精致景区开发，筹划举办黄河母亲节和“母爱”主题国际雕塑节，增强黄河城市影响力，提升文旅产业竞争力，力争全年旅游人数和旅游收入分别增长45%和40%。

(二)坚定不移做大做强新兴增长极，着力增强高质量发展的带动能力。充分发挥功能平台作用，激发内生动力，提升发展能级，带动全市加快高质量发展。

支持兰州新区率先发展。立足国家赋予的战略定位，对标前沿政策大胆先行先试，着力打造集成改革先行区。聚焦建设国家新型工业化产业示范基地，高标准承接东中部产业转移，壮大装备制造、化工、新材料、数据信息等优势产业集群，启动建设10平方千米光气产业园，构建“风光储能”全产业链条。深化区港联动一体化发展，加快航空口岸、铁路口岸和多式联运示范工程建设，做大临空、通道和保税经济。推动国家产城融合型城市建设，打造国家一流职教基地，建设国家生态文明示范区，积极承接全省避险搬迁和生态移民安置，在全省先行探索推进共同富裕有效路径。

推动高新区和经开区扩能提质。高新区持续做大生物医药、智能制造、新材料三大主导产业，建成运营航天真空装备制造基地、国家生物医药产业基地创新园(三期)、北欧离岸创新中心等产业项目，加快实施中国生物兰州科技健康产业园、国家癌症西北区域医疗中心等重大项目，支持兰州空间物理研究所、西脉记忆合金等企业打造国家制造业中心，新建各类创新平台20个以上，新增高新技术企业30家以上、科技型中小企业100家以上。经开区全力抓好生态修复与产业发展示范区建设，推进起步区综合开发，建设主干道路5条，实施咸水沟治理工程，引进水电装备、清洁能源等产业项目，新建省级以上研发平台2个，新增高新技术企业10家。

加快榆中生态创新城建设。突出规划引领，依托兰州大学、西北民大等重点高校，统筹产业布局和整体开发。强化与高新区、榆中县一体发展，实施外联内畅快速通道和综合交通配套工程，推进污水处理厂、知识产权转化产业园等项目，落子布局人工智能和数字经济、无人驾驶技术与设备、新生态技术、种业小镇等前沿产业。推动夏官营机场开展通用航空业务。推进生态修复和造林绿化，抓好小流域综合治理，夯实城市绿心发展基础。

统筹其他园区竞相发展。持续完善兰州国际陆港铁路集装箱、口岸、保税、多式联运、智慧陆港五大功能，加快建设中国智能骨干网(甘肃)申通枢纽中心，启动实施多式联运物流园，抓好尼泊尔海外物流园区建设，争取设立乌兹别克斯坦海外贸易代表处，与中白产业园强化上下游产业链对接，巩固提升物流仓储功能，增强货物集散分拨辐射能力。坚持因地制宜、优势互补，加快推进九州、连海、和平、三川口、树屏等园区错位发展，持续完善生产生活配套设施，清理低效闲置用地，推广标准厂房，在审批、土地、融资等方面放权让利，开展“亩产论英雄”综合评价，梯度培育优质企业。

(三)坚定走好城乡融合发展之路，着力夯实高质量发展的坚实基础。加快推进以人为核心的新型城镇化，优化提升城市功能品质，实施乡村振兴战略，着力重塑新型城乡关系。

纵深推进“精致兰州”建设。编制上报国土空间总体规划，建成国土空间基础信息平台和实施监督系统。抢抓国家继续实施积极的财政政策和稳健的货币政策、适度超前开展基础设施投资的强刺激机会，精心谋划项目，加大争取力度，着力补上城市基础设施短板。加快推进中川机场三期、中兰客专等重点项目，实施南绕城高速出入口拓展工程，抓好G30清水驿至忠和段、清傅公路、沈阿公路建设，启动黑石至什川、水阜至草场街、皋兰至青白石快速通道和南河道“扩一建三”桥梁工程，争取轨道交通2号线一期工程试运营，申报轨道交通第二期建设规划。全面开展“城市体检”，实施西固全域、雁滩区域等城市有机更新项目，加快伏龙坪、华林坪、五星坪等片区综合改造提升。新建黄河兰州城区段航运工程。开展路网功能完善、交通组织优化等“七大行动”，打通疏解路6条，新增停车泊位5000个。巩固扩大全国文明城市创建成果，持续开展背街小巷、地下通道等专项治理，实施路灯智慧化改造，全方位查找诊治城市易发细小问题，净化美化市容环境。加快新型基础设施建设，深化5G场景推广应用，提高城市智能化运行水平。

着力发展壮大县域经济。加强全域统筹，扎实推进榆中新型城镇化示范县和皋兰国家数字乡村试点县建设，推动永登创建全域城乡融合发展示范县，加快红古资源枯竭型城市高质量发展。扶持县域发展壮大特色产业，坚持“一县一园区”打造产业集群，提高县域自主发展能力。做好县城补短板强弱项工作，促进公共服务设施提标扩面。实施建制镇功能提升工程，加强青城、什川、苦水、河口等特色小镇建设，推进水磨沟区域整体开发，打造县域经济发展标杆。

全面加快乡村振兴步伐。落实“四个不摘”要求，健全防止返贫监测和精准帮扶机制，对标“后评估”办法补齐短板弱项，确保“三类户”精准识别、应纳尽纳、动态清零。持续深化东西部协作，扎实开展“万企兴万村”兰州行动，动员各方力量支持乡村振兴。持续推进现代丝路寒旱农业优势特色产业三年倍增行动计划，加快现代农业产业园建设，打造“一百五十”特色农业产业集群。推进农业多功能开发和标准化建设，发展休闲农业、乡村旅游等新业态，创建乡村休闲农业精品园区5个，培育市级以上农业产业化龙头企业16家。扎实开展乡村建设行动，持续完善农村基础设施，推进生活污水处理、垃圾处理、农户集中供水全覆盖，新建市级美丽乡村示范村5个。深化农业农村各项改革。加强农村基层社会治理，开展村级议事协商试点，发挥村规民约规范作用，培育文明乡风，提高乡村善治水平。

（四）全面加强生态环境保护治理，着力擦亮高质量发展的鲜明底色。践行黄河国家战略，落实“双碳”目标，以更高标准打好蓝天、碧水、净土保卫战，持续改善生态环境，推动绿色转型。

深入打好污染防治攻坚战。坚决整改中央和省上环保督察反馈问题，强化监管执法，推进污染协同治理。聚焦保持黄河水体健康，落实河湖长制，推进黄河兰州段水土流失治理和防洪提升工程，持续实施入河排污口排查整治专项行动，加快宛川河、雷坛河、呢嘛沙沟等小流域生态环境修复治理。深入打好蓝天保卫战，开展“散乱污”企业等综合整治，强化机动车排气污染治理和低空面源管控，力争PM2.5年均浓度控制在33微克/立方米以内。加快建设工业废弃物资源化利用及无害化处置项目，完善联动监管机制，严格农用地分类管理和建设用地污染管控，保持土壤环境稳定安全。

持续实施重大生态工程。全面实行林长制，加强兴隆山、连城等自然保护区管护，继续推进“三北”防护林、天然林保护、退化草原生态修复等林草重点工程，完成林草生态修复9.5万亩。抓好街区行道树补植等绿化工程，创建星级公园4个，打造精品园林街区13条。持续推进“省门第一道”、南北两山生态建设及文化保护综合治理。

加快推动绿色低碳发展。制定出台碳达峰、碳中和“1+N”政策体系，落实能耗总量和强度“双控”，严格“两高”项目准入，对石油化工、有色冶金、煤电、建材等重点行业企业实施专项督察和能效提升计划。推进重点行业清洁生产和绿色化改造，加快发展光伏、氢能、生物质能等清洁能源，谋划开发碳汇项目，加强“城市矿产”利用，构建绿色产业循环发展体系。推广装配式建筑和新型建材，推动新建绿色建筑占比不低于75%。开展绿色生活创建行动，健全垃圾分类体系，加快形成绿色生产生活方式。

（五）立足构建新发展格局不断深化改革开放，着力激发高质量发展的动力活力。坚持以改革解难题、以开放促合作，不断增创发展新优势，努力在构建新发展格局中占据一席之地。

深化重点领域改革。完善财政管理体制，改进预算管理和控制，全面建立跨年度预算平衡机制。着力培植地方税源，加快智慧税务建设，完善税收征管机制。进一步加强政府债务管理，有序化解存量，坚决遏制增量。稳慎化解企业债务，确保不发生系统性、区域性金融风险。拓展多元融资渠道，加强公共资源市场化运作和配置，用好政府专项债券和产业基金，创新方式撬动社会资本。深入实施国企改革三年行动，抓好混合所有制改革，推进融资平台公司“撤并转”，培育AAA级信用平台企业。深化要素市场化配置改革，强化“要素跟着项目走”机制，开展批而未供土地清理处置专项行动，健全完善国有建设用地二级市场，推广工业用地“标准地”出让制度。

建设营商环境样本城市。持续深化“放管服”改革，精准实施减税降费、资金直达、放宽市场准入等政策举措，打造全国优化营商环境“兰州实践样本”。充分用好项目建设管理手册，健全前期攻坚、团队服务、三个清单等工作机制，加快项目落地建设速度。全面推行“一键联办、一站通办”，实现80%以上民生事项集成办理，90%以上高频事项一网通办、异地可办，100%工程建设事项全程网办。切实抓好“双随机、一公开”监管，提升事中事后管理效能，营造公平公正的市场环境。坚持把招商引资作为顶级工作来抓，“两真四有”精准招商，力争引进产业项目200个以上，完成招商引资省外到位资金1000亿元以上、增长8%。

强化区域交流合作。推进兰西城市群建设，实施湟水河—大通河交汇段生态环境综合治理等项目，共建甘青合作创新示范区。依托国际互联网数据专用通道，加快实施兰州鲲鹏生态创新适配中心、长城紫晶蓝光存储等重点项目，推进国家一体化算力网络枢纽节点甘肃主承载地建设，构建绿色数据产业集群，打造区域信息汇聚中心。谋划开展沿黄城市文化交流及研学活动，促进文旅资源共建共享。办好第28届兰洽会等大型展会，推动模式创新、服务提质，取得更多合作成果。

积极拓展对外贸易。大力发展枢纽经济、口岸经济，完善兰州新区综合保税区、中川国际航空港、跨境电子商务综合试验区等平台功能，发挥特殊口岸作用，打造义乌—兰州双循环联动枢纽，推动内外贸易融合发展。扩大兰州新区铝期货交割库品种和规模，带动有色金属精深加工产业高端化发展。推动兰石化、兰石集团等企业走出去，加强与“一带一路”沿线国家和地区产能合作。培育外贸新业态，做好外贸外资企业跟踪服务，常态化运行“兰州号”国际货运班列。新增外贸企业90家以上，实现进出口总额增长12%。

（六）围绕促进共同富裕切实保障和改善民生，着力共享高质量发展的奋斗成果。持续加大民生投入，抓好民生保障，多渠道扩大民生服务供给，让发展成果更多更公平惠及全市人民。

加快发展社会事业。开展高校毕业生基层成长计划和创业引领行动，新增城镇就业7.6万人，登记失业率控制在4.5%以内。健全多层次社会保障体系，强化社保兜底稳定功能。进一步扩大基本养老和普惠托育覆盖面，制定实施“三孩”配套措施。全面落实“双减”政策，支持基础教育优质均衡发展，鼓励高中阶段学校多样化发展，推进智慧教育示范区建设。健全基层公共卫生服务体系，加快建设公共卫生应急救治中心，强化“互联网+医疗健康”服务，提升应对突发公共卫生事件能力。广泛开展全民健身，实施黄河国家文化公园和兰州文化艺术中心项目，建设体育公园4个，建成运营兰州奥体中心，办好兰州马拉松赛和第十五届省运会。促进房地产业健康发展，推进政策性保障住房建设，筹建保障性租赁住房3000套。持续化解国有土地上已售城镇住宅历史遗留“登记难”问题。

创新推进市域治理。扎实开展市域社会治理现代化试点工作，坚持和发展新时代“枫桥经验”，发挥“社工委”机制和平台优势，强化网格化管理，提升基层治理能力。强化“民呼我应”工作机制，打通联系服务群众的“最后一公里”，及时解决群众合理诉求。严厉打击电信网络诈骗、非法集资等各类犯罪活动。常态化开展扫黑除恶斗争。打好新时代禁毒人民战争。以“雪亮工程”为载体，打造“视频一张网、信息一张图”，建设全国社会治安防控体系标准化城市。

全力维护安全稳定。创建安全发展示范城市，提升城市本质安全水平。毫不放松抓好常态化疫情防控，统筹用好“社工委、爱卫会、公卫会”力量，压紧压实“四方责任”，完善细化常态化精准防控机制，强化群众自我防护意识和公民责任意识，有序完成新冠疫苗接种工作，坚决防输入、防反弹。健全粮食安全保障体系，落实最严格的耕地保护制度，强化“米袋子”“菜篮子”负责制，加快建设成品粮储备中心和救灾物资储备库。坚决落实“四个最严”要求，不断加大食品药品安全监管力度，创建国家食品安全示范城市。积极推进天然气管线联网成片，做好城市储气调峰，提高应急电力保障能力。完成市县两级应急管理综合行政执法改革，做好自然灾害综合风险普查、地质灾害综合整治，增强应急处突能力。深化国防教育，做好复转军人优抚工作，争创全国双拥模范城“十连冠”。今年将继续为民兴办10件民生实事。

四、全面加强政府自身建设

新一届政府将坚持以政治建设为统领，深入推进政府职能转变，不断提高政府治理体系和治理能力现代化水平，切实增强履职本领，建设人民满意的政府。

（一）要以坚定的信念对党忠诚。坚持旗帜鲜明讲政治，自觉拥护“两个确立”，切实增强“四个意识”、坚定“四个自信”、做到“两个维护”，始终在思想上政治上行动上同以习近平同志为核心的党中央保持高度一致。着力强化理论武装，巩固拓展党史学习教育成果，持续学懂弄通做实习近平新时代中国特色社会主义思想，做到学思用贯通、知信行统一。始终胸怀“两个大局”、心系“国之大者”，不断提高政治判断力、政治领悟力、政治执行力，全面贯彻落实中央大政方针和省委、省政府及市委决策部署，确保政令畅通、令行禁止。

（二）要以刚性的要求依法行政。强化法治政府建设，坚持依法治市、依法执政、依法行政共同推进，充分运用法治思维和法治方式履职尽责，让厉行法治成为政府工作的自觉。严格落实重大行政决策程序，加强重要领域立法，深入开展“八五”普法，严格规范公正文明执法，积极推进政务公开，让权力在阳光下运行。抓好数字政府建设，深入推进“互联网+”监管，优化革新政府治理流程和方式，提升依法行政效能。践行全过程人民民主，自觉接受人大法律监督和工作监督、政协民主监督、监委专责监督，主动接受社会监督、舆论监督，高质量办好人大代表意见建议和政协提案。

（三）要以如磐的初心勤政为民。全面校准为民初心使命，走好新时代群众路线，加强调查研究，深入基层了解群众所思所想所盼，察实情、办实事、求实效。坚持人民主体地位，尊重人民首创精神，创新群众工作载体，推动人大代表之家、协商议事室同“社工委”机制有效衔接，真正问计于民、问需于民、问政于民。认真总结党史学习教育经验做法，推动为群众办实事常态化、制度化，用心用情办好一件件老百姓的操心事、烦心事，以看得见、摸得着的变化回应群众关切。

（四）要以过硬的本领真抓实干。扎实推进学习型政府建设，强化干部培训，增强向上对接争取、谋划实施项目的本领，敢于跟好的比、与强者争、同快的赛、向高处攀，不断提高推动高质量发展的能力。坚持“底数清、情况明、方法对、措施实”的工作方法，培育严谨细致的工作作风，提高专业素养和业务水平，做到对每一项工作心中有数、手中有招。始终把抓落实作为政府工作的生命线，健全重点工作清单制度和责任分解机制，加大政务督查督办和“双清零”管理力度，拿成果说话、用实绩交卷。全面提高工作效率，对看准的事情紧抓快干、一抓到底，对部署的工作雷厉风行、马上就办，绝不拖泥带水打折扣。

（五）要以高度的自觉廉洁从政。落实全面从严治党要求，始终把纪律和规矩挺在前面，强化重点领域廉政风险防控，统筹加强公共资金、国有资产、国有资源和领导干部经济责任、生态环境保护责任审计监督和专项整治，努力消除权力设租寻租空间。落实“过紧日子”的要求，以收定支、量入为出，做到压一般、保重点，把有限的资金用到促发展、保民生上。严格落实中央八项规定及其实施细则精神和廉洁自律各项规定，常态化开展廉政警示教育，对作风问题抓早抓小、防微杜渐，驰而不息纠治“四风”，营造风清气正的干事创业环境。

各位代表！接过历史的“接力棒”，跑好时代的新征程，我们责任重大、使命光荣。让我们更加紧密地团结在以习近平同志为核心的党中央周围，高举习近平新时代中国特色社会主义思想伟大旗帜，在省委、省政府和市委的坚强领导下，埋头苦干、勇毅前行，聚精会神、奋斗追赶，坚定落实“强省会”行动战略，系统推进兰州实现高质量发展，奋力谱写兰州全面建设社会主义现代化事业的崭新篇章，以优异成绩迎接党的二十大和省第十四次党代会胜利召开！

附件1

2022年市委市政府为民兴办实事

1. 实施扩大教育资源和落实“双减”政策项目。新建改扩建中小学和幼儿园10所，新增学位1.2万个，免除市属义务教育阶段家庭经济困难学生参加课后延时服务收费，对相关学校课后延时服务经费给予补助。

2. 实施职业技能培训项目。面向全市各类企业职工和脱贫人口、登记失业人员、就业困难人员、零就业家庭成员、退役军人、残疾人等重点群体开展职业技能培训5万人次以上。

3. 实施医疗卫生保障能力提升项目。改造升级市一院、市中医院发热门诊，购置救护车6辆，为市辖区在册的3480名失独家庭成员购买综合保险，为三年内未参加过“两癌”检查的21510名农村妇女免费检查。

4. 实施小游园增量提质项目。新建改建小游园20个。

5. 实施冬季清洁取暖项目。改造农户63850户，低氮改造城区燃气锅炉1610蒸吨，建成天然气管网110千米，改造和新建供热管网400千米，新增清洁取暖面积200万平方米。

6. 实施社会保障兜底项目。提高全市6.5万名城乡低保、5000名特困救助供养对象基本生活保障标准，购买“和谐金城”民生综合保险，为全市60岁及以上户籍老年人购买意外伤害保险，在27个街道（乡镇）建设综合养老服务中心。

7. 实施老旧空间治理项目。改造老旧小区300个、加装电梯445部，建设智慧安防小区300个。

8. 实施文体惠民项目。承办甘肃省第十五届运动会（含残运会），组织开闭幕式展演和大众组比赛，开展文化惠民演出16场。

9. 实施农村公路提升项目。重点养护600千米、新改建100千米。

10. 实施基层社会治理智慧平台项目。完善丰富“小兰帮办”应用内容，增强“小兰帮办”便民服务功能。

附件2

有关名词解释

【三化】即高端化、智能化、绿色化。

【守三线】即守好“地区生产总值增速不低于全国平均水平、在西北片区六个省会城市中力争上游、在全省经济发展中发挥压舱石作用”三条线的目标参照系。

【六稳】即稳就业、稳金融、稳外贸、稳外资、稳投资、稳预期。

【六保】即保居民就业、保基本民生、保市场主体、保粮食能源安全、保产业链供应链稳定、保基层运转。

【两真四有】即招真商、真招商，招商有功、招商有责、招商有序、招商有方。

【三条控制线】即生态保护红线、永久基本农田、城镇开发边界三条控制线。

【多规合一】即将国民经济和社会发展规划、城乡规划、土地利用规划、生态环境保护规划等多个规划融合到一个区域上，实现一个市县一本规划、一张蓝图，解决现有各类规划自成体系、内容冲突、缺乏衔接等问题。

【十五分钟精致生活圈】即居民步行15分钟可达的范围内，配备生活所需的基本服务功能和公共生活空间。

【六乱】即乱堆放、乱泼倒、乱涂画、乱停放、乱摆占、乱悬挂。

【四好农村路】 即建好、管好、护好、运营好农村公路。

【农村“三变”改革】 即农村资源变资产、资金变股金、农民变股东改革。

【河湖“清四乱”】 即清理整治河湖管理范围内乱占、乱采、乱堆、乱建等突出问题。

【放管服】 即简政放权、放管结合、优化服务。

【标准地】 即工业项目用地出让时,提前确定容积率、建筑系数、行政办公及生活服务设施用地所占比重、项目固定资产投资强度、土地产出率、土地税收等六项指标,作为土地供应条件,写入土地出让公告,一次性告知土地竞买人。竞买人参与竞买土地即视为接受出让公告中的各项条件,承诺按照指标进行设计、建设、生产并接受监督检查,相关行业主管部门按预先提供的标准进行审查办理和监管。项目的竣工、投产实行分阶段验收管理,项目达产验收前,项目用地不得转让。

【第五航权】 即市场准入授权国允许承运人的定期国际航班在授权国下载来自第三国的客、货,或从授权国装载客、货飞往第三国。该航权是扩展国际航线网络和发展全球市场的重要途径之一,被业界誉为“最丰富、最具有经济实质意义”的航权。

【两学一做】 即学党章党规、学系列讲话,做合格党员。

【双清零】 即管理清零和流程清零,是针对工作推进落实过程中出现的典型问题,主动自责自省、自我纠过,分析推进不畅、落实不力的根本性、深层次原因,从管理上、流程上制定和采取可行的纠正措施保证问题得到有效解决,并举一反三,避免类似问题再次发生,逐步实现从事后问题处理向事前预防管理转变。

【四风】 即形式主义、官僚主义、享乐主义和奢靡之风。

【“三公”经费】 即政府部门人员因公出国(境)、公务车购置及运行、公务招待需要的经费。

【四梁八柱】 即先进石化、装备制造、生物医药、绿色冶金四大优势产业和航空航天、新材料、新能源、核燃料、新型建材、节能环保、食品加工、烟草制品八大支柱产业。

【“一心两翼多点”城市发展功能布局】 即以城关、七里河、西固、安宁主城四区为“核心”,兰州新区和榆中生态创新城为“两翼”,远郊红古区、永登县、皋兰县为“多点”的发展布局。

【六项污染物】 即PM2.5、PM10、二氧化硫、二氧化氮、臭氧、一氧化碳。

【双碳】 即碳达峰与碳中和,我国力争2030年前实现碳达峰、2060年前实现碳中和。

【西数东算】 即将“一带一路”中亚地区国家的数据调度到拥有“一带一路”国际互联网通道优势的兰州处理。

【东数西算】 即搭建东西部算力供需对接平台,把东部的数据流动到西部存储、计算,优化我国东中西部算力资源协同发展格局。

【上云用数赋智】 “上云”即探索推行普惠型的云服务支持政策,“用数”即在更深层次推进大数据的融合运用,“赋智”即加大对企业智能化改造的支持力度,特别是推进人工智能和实体经济的深度融合。

【扩一建三】 即扩宽S601接S353-1号道路洪道桥,新增张苏滩路接瑞德大道、飞雁街接财经路、S633号路接B690号路三座洪道桥。

【城市体检】 即对城市发展阶段特征及国土空间总体规划实施效果定期进行分析和评价。

【七大行动】 即交通秩序改善、交通组织优化、路网功能完善、公交及慢行系统服务提升、停车管理优化、智慧交通畅通、交通用地协同。

【四个不摘】 即摘帽不摘责任、摘帽不摘政策、摘帽不摘帮扶、摘帽不摘监管。

【三类户】 即五保户、低保户、贫困户。

【“一百五十”特色产业集群】 “一百”即一个百亿级产业集群(高原夏菜100亿级“好中优”优势产业集群);“五十”即五个十亿级产业集群(生猪、肉牛、肉羊50亿级现代特色养殖产业集群,百合、玫瑰40亿级“独一份”特色产业集群,休闲农业、一二三产融合40亿级特色产业集群,马铃薯、中药材为主的30亿级“好中优”新兴产业集群,特色瓜果、小杂粮等15亿级“特中特”特色产业集群)。

【“两高”项目】 即高耗能、高排放项目。

【城市矿产】 即在工业化和城镇化过程中产生和蕴藏于废旧机电设备、电线电缆、通讯工具、汽车、家电、电子产品、金属和塑料包装物以及废料中,可循环利用的钢铁、有色金属、贵金属、塑料、橡胶等资源。

【三个清单】 即固定资产投资项目清单、重大项目清单、重大前期项目清单。

【双随机一公开】 即在监管过程中随机抽取检查对象,随机选派执法检查人员,抽查情况及查处结果及时向社会公开。

【双减】 即有效减轻义务教育阶段学生过重作业负担和校外培训负担。

【新时代“枫桥经验”】 即浙江省诸暨市枫桥镇干部群众20世纪60年代初创造的“枫桥经验”不断创新发展,形成新时代践行党的群众路线、推进基层治理现代化的新经验,主要内容是在开展社会治理中实行“五个坚持”,坚持党建引领,坚持人民主体,坚持自治、法治、德治“三治融合”,坚持人防、物防、技防、心防“四防并举”,坚持共建共享。

【社工委】 即党工委引领、社会化共建、社区化共治、邻里式共享的社区建设工作委员会。

【雪亮工程】 即以县、乡、村三级综治中心为指挥平台、以综治信息化为支撑、以网格化管理为基础、以公共安全视频监控联网应用为重点的“群众性治安防控工程”。

【四方责任】 即疫情防控中属地、部门、单位和个人的责任。

【四个最严】 即最严谨的标准、最严格的监管、最严厉的处罚、最严肃的问责。

【两个确立】 即确立习近平同志党中央的核心、全党的核心地位,确立习近平新时代中国特色社会主义思想的指导地位。

【两个大局】 即世界百年未有之大变局和中华民族伟大复兴战略全局。

中国人民政治协商会议
兰州市第十四届委员会常务委员会工作报告

——2021年12月20日在政协兰州市第十五届委员会第一次会议上

市政协主席 李宏亚

各位委员：

我受政协兰州市第十四届委员会常务委员会委托，向大会报告工作，请予审议。

一、过去五年工作回顾

十四届市政协任期的五年，是我市全面建成小康社会、推进高质量发展的五年，也是市政协主动担当、履职尽责的五年。五年来，在中共兰州市委的坚强领导下，市政协常委会坚持以习近平新时代中国特色社会主义思想为指导，全面贯彻中共十九大和十九届二中、三中、四中、五中、六中全会精神，致力发扬民主和增进团结相互贯通、建言资政和凝聚共识双向发力，不断深化政协协商民主建设，扎实履行政治协商、民主监督、参政议政职能，努力围绕中心、服务大局，为助推兰州高质量发展作出了积极贡献，续写了我市人民政协事业发展的新篇章。

（一）不断强化政治引领，共同思想政治基础更加牢固

以政治建设为统领，坚持不懈用习近平新时代中国特色社会主义思想武装头脑、指导实践、推动工作，增强“四个意识”、坚定“四个自信”、做到“两个维护”，带领党员干部、引领各界委员，努力提高政治判断力、政治领悟力、政治执行力，不断夯实团结奋斗的共同思想政治基础。

准确把握政协性质定位，确保正确政治方向。不断强化政治意识，始终不渝坚持党的领导，牢牢把握“努力成为坚持和加强党对各项工作领导的重要阵地、用党的创新理论团结教育引导各族各界代表人士的重要平台、在共同思想政治基础上化解矛盾和凝聚共识的重要渠道”的根本准则，深入贯彻“把党中央决策部署和对政协工作要求落实下去，把海内外中华儿女实现中华民族伟大复兴的智慧力量凝聚起来”的根

本要求，准确把握人民政协作为统一战线组织、多党合作和政治协商机构、发扬人民民主重要形式的性质定位，组织带领全市各级政协组织、各界政协委员自觉在宪法法律和政协章程范围内开展工作，紧紧围绕市委市政府中心工作和全市发展大局，以扎实有效的工作，切实担负起新时代人民政协的重大责任，确保全市政协工作始终沿着正确的方向不断发展、不断进步。

切实加强理论学习，持续深化理论武装。把学习贯彻习近平新时代中国特色社会主义思想作为首要政治任务，深入学习贯彻习近平总书记关于加强和改进人民政协工作的重要思想、习近平总书记对甘肃重要讲话和指示精神，高质量开展“两学一做”学习教育、“不忘初心、牢记使命”主题教育、党史学习教育等党内集中教育。坚持以党组理论学习中心组为引领，党组会议、常委会议、主席会议为主干，支部学习、委员培训、青年理论学习小组学习为基础的多层次、相配套、全覆盖的学习制度，通过研讨交流、辅导讲座、领导讲党课、利用学习平台加强自学等有效方式，读原著、学原文、悟原理，深钻细研、对标思考，不断加深对习近平新时代中国特色社会主义思想理论体系、精神实质和科学方法的理解和掌握，努力做到学思用贯通、知信行统一，切实把思想和行动统一到中央和省委、市委的重大决策部署上来。五年来，共开展党组理论学习中心组和集体学习156次，干部和政协委员专题培训、辅导讲座78场，开展以支部、专委会、界别为单位的学习活动1200多次，以理论大学习、思想大武装推动政协工作大提升。

全面落实主体责任，扎实推进政协党建。深入贯彻落实党中央关于加强新时代人民政协党的建设工作的意见精神，报请市委出台《实施意见》，在全国政协党建工作座谈会上交流我市政协党建工作经验，召开市、县区政协党建工作座谈会，扎实推进全市政协系统党的建设。严格落实全面从严治党主体责任，充分发挥党组在政协工作中的领导核心作用、基层党组织的战斗堡垒作用、政协组织中共产党员的先锋模范作用。落实“党的组织对党员委员全覆盖、党的工作对政协委员全覆盖”的要求，经市委批准设立市政协机关党组，切实加强市政协机关党的建设。深入推进党风廉政建设，坚持对党员干部从严教育、管理、监督，规范党内政治生活，严守政治纪律政治规矩，营造良好政治生态。从政协实际出发，扎实开展形式主义、官僚主义专项整治等活动。加强党支部标准化建设，市政协机关建成三个示范性党支部，获市直机关先进党支部等称号。

不断加强政治引领，努力筑牢共同思想政治基础。把加强思想政治引领作为履职的中心环节，切实发挥政协发扬民主、参与国是、团结合作重要平台作用，扎实做好凝聚共识、争取人心、汇聚力量的工作。市委高度重视政协工作，先后下发了进一步加强政协工作、推进政协协商民主建设、加强政协民主监督、加强政协党的建设、加强和完善基层协商民主5个《实施意见》，并于2017年、2020年两次召开市委政协工作会议。市委常委会定期听取政协工作汇报，市委领导对政协建议及时作出批示，指导政协工作不断提质增效。市政协始终坚持、紧紧依靠市委的领导，认真落实请示报告制度，及时请示重大事项、报告重点工作、反映重要情况，制定年度协商计划报请市委常委会会议审定制度，出台党外知识分子政治引领与教育工作等制度，组织带领全市政协各级组织和广大政协委员自觉胸怀“两个大局”、心系“国之大者”，紧紧围绕全市中心工作履职尽责，做到市委中心工作推进到哪里，政协履职就跟进到哪里，建言助力就体现到哪里，切实把党的主张转化为思想共识和行动自觉。

（二）始终坚持服务大局，助推改革发展成效不断增强

把促进发展作为履行职能的第一要务，紧紧围绕市委市政府中心工作和全市经济社会发展的重大问题，深度调研、重点攻关、集中协商、献计出力，在推进兰州重振辉煌的生动实践中发出协商好声音、作出政协新贡献。

调研视察献良策。以全力助推发展为己任，每年选取一批事关全市改革发展的重大问题开展调研视察，形成高质量履职成果，发挥了建真言、谋良策、出实招的作用。先后围绕黄河流域兰州段生态保护和高质量发展、榆中生态创新城建设、黄河风情线改造提升、兰州新区开发建设、文化旅游业发展、交通拥堵治理、营商环境改善等重大发展问题，深入调查研究，向市委市政府提出意见建议。其中，2017年围绕发展非公有制经济、治理交通拥堵等工作开展调研视察，多项建议被采纳；2018年关于黄河风情线改造提升、传统产业转型升级等报告建议，分别被纳入市政府相关工作计划；2019年关于加快榆中生态创新城发展的《建议案》，为榆中生态创新城规划建设提供了重要参考，关于改善营商环境的《建议案》，得到市政府重视和采纳；2020年开展的“促进黄河流域兰州段生态保护和高质量发展”的调研及《建议案》，市委市政府主要领导作出批示，相关思路和建议被吸收进《黄河流域（兰州段）生态保护和高质量发展规划》。关于城市应急管理、疾控体系建设等调研建议，都被实际工作参考、采纳。2021年进一步围绕“先发力、带好头”的要求，开展“兰州南部山区林业生态治理”“民族团结示范市创建”“发展石化产业集群”“发展农业特色优势产业”“发展乡村旅游业”“开展爱国卫生运动”等重点调研视察，助力兰州高质量发展，市委市政府领导对相关调研报告和建议案作出批示，省委常委、市委书记朱天舒对“民族宗教界社会组织如何更好地发挥社会作用”的报告专门作出批示，要求相关部门研究借鉴。五年来，共开展84项重点调研视察，市委市政府领导对调研视察报告和建议案作出47次批示。关于促进黄河流域生态保护、脱贫攻坚、旧城改造等方面的履职成果，得到全国政协肯定并在《人民政协报》专题报道。

专题协商建真言。充分发挥政协协商的作用，形成了全体会议集中协商、专题议政会议深度协商、月协商座谈会重点协商的协商议政格局。十四届市政协共召开全体会议5次，常委会会议20次，主席会议35次，对全市发展规划、政府工作报告、计划财政和法检两院报告、政协调研视察报告和建议案进行充分协商讨论，各界委员畅抒己见，党政领导倾听意见，共商发展大计。利用全会大会发言集中展示全市政协系统议政建言成果，共开展5场大会发言，21个政协组织、70多名政协委员的280项议政建言成果、近2000条意见建议通过现场发言和书面交流，反映给党政领导和实际工作部门，内容涵盖经济社会发展和民生建设方方面面，产生积极的社会影响。召开9次专题议政性常委会会议，围绕重大决策进行深度协商，提出200多条意见建议，多方助力党政决策。建立月协商座谈会制度，开展70多次月专题协商，组织政协委员、专家学者同实际工作者面对面交流协商，有效助推各项重点工作。各类专题协商都紧贴实际工作，既突出生态保护、区域发展、产业振兴等重大发展问题，又关注各类民生热点难点，内容实、观点新、建议准，既有针对性，又有可操作性，有效推进了协商于决策之前和决策实施之中。

抗击疫情聚合力。坚决扛起疫情防控政治责任，先后三次发出倡议，号召全市各级政协组织和政协委员积极投身抗疫斗争。全体委员、各级干部迅速响应，1710多人下沉一线，医疗卫生界委员冲锋在前，各界委员和党员志愿者助力社区严防死守，经济界委员带头复工复产。政协领导深入一线慰问、调研、督导，帮助解决困难，积极承担加强社会面流动性管控重任，协助分析研判疫情防控形势，动员政协委员、民主党派成员、民营经济代表人士以及各商会、企业发挥优势，宣传政策、凝聚共识，捐款捐物、配送物资，群策群力做好防控工作。据不完全统计，全市政协委员累计捐款2600多万元、减免租金1500万元、捐赠价值1800多万元的防疫设备、药品和其他防控物资。先后组织开展“加强我市城市应急管理”“加强我市疾控体系建设”等重点调研，督办“进一步加强我市冷链食品管理”“推动生物医药产业高质量发展”等重点提案，政协委员和各界人士报送《建立疫情应急物资储备制度》《鼓励企业有序复工复产》等130多篇社情民意信息，许多建议转化为科学防控的务实举措。刊登、播发100多篇新闻报道，及时宣传政策、报道政协抗疫工作，《一群人温暖一座城》《医药卫生界政协委员战疫纪实》等委员抗击疫情事迹，被各大媒体登载。邀请书画家创作抗疫作品，开展网上巡展，汇聚抗疫合力。在严峻考验面前，全市各级政协组织和广大政协委员全力投入疫情防控阻击战，展现了责任担当，发挥了政协系统在夺取“双胜利”中的应有作用。

融入大局促发展。主动向市委请示汇报，加强与市政府沟通协调，积极参与脱贫攻坚、企业纾困、文明城市创建、项目督导、招商引资等工作，助力发展、服务群众。真帮扶助脱贫。把脱贫攻坚帮扶作为重大政治责任，担好皋兰县精准扶贫精准脱贫组长单位职责。市政协领导对口包抓，机关干部结对帮扶，各界委员助力发展经济、开展科技教育文化扶贫，形成帮扶合力。先后选派11名干部长期驻村帮扶，市政协驻村干部受到省、市脱贫攻坚先进个人表彰，市政协机关驻村工作队、市政协机关先后获得“全省脱贫攻坚先进集体”称号。解难题促纾困。深入开展“千企万商大走访”“千企调研纾困”“市级领导干部包抓推进重大项目”“联动调研企业”等活动，主席会议成员深入200多个企业、建设项目、学校、科研单位和商会，了解情况、反映诉求，多方协调解决问题。尽全力助创建。积极投身创建全国文明城市工作，引导政协委员通过道德引领、创新创业等实际行动，培养文明风尚。承担13个街道、90个社区的包抓任务，常态化进社区开展志愿服务活动。开展法治宣传、书画文化等活动，为我市成功创建全国文明城市作出了贡献。

（三）不断强化履职为民，服务群众作用更加凸显

始终坚持把实现好、维护好、发展好人民群众的根本利益作为出发点和落脚点，围绕协助市委市政府解决好民生问题，开展大量体察民情、反映民意、服务群众的工作。

调研民生问题，献计民生事业。抓住群众关心的生态治理、交通出行、上学入园、看病就医、旧城改造、食品安全、社保养老、文化体育、公共服务、农村人居环境等问题，深入开展实地调研，向市委市政府提出可行的意见建议。持续关注群众反映强烈的择校热、大班额、入园难、断头路、停车难，以及老旧楼院上下楼难、取暖供热难等问题，听取群众意见，与实际工作部门协商，提出针对性的意见，助力市委市政府出台和实施教育资源均衡配置、发展学前教育、打通断头路、建设停车场、增设老旧楼院电梯等民生建设重大决策，受到群众欢迎。多方关注失地农民、进城务工人员、残疾人、失独家庭等困难群众生产生活问题，提出相关建议，得到重视和采纳。在开展的84项重点调研中，涉及民生事业的达40多项，充分发挥了多方服务群众、助力改善民生的作用。

下沉基层履职，真情服务群众。组织引导各界政协委员下沉基层开展协商议事和履职活动，政协委员深入到街道社区、田间地头、千家万户，围绕群众急难愁盼的问题，通过协商、沟通、反映群众诉求等形式，为基层群众提供多元化、精细化、个性化的协商服务，一大批涉及群众切身利益的问题得到各方重视和有效解决，既有生产发展、城市管理、基础设施、环境治理、道路交通等问题，也有物业管理、冬季取暖、用水用电、环境卫生、邻里矛盾等群众生产生活中的大事小情。政协委员主动在基层群众、生产生活一线中体察民情、协商议事、建言献策，同基层干部、各界群众共同助力优化基层决策，初步形成了联系基层、服务群众的常态化机制和“群策群力谋发展、排忧解难惠民生、化解矛盾聚人心、基层治理促和谐”的生动局面。

倾听群众诉求，反映社情民意。加强政协社情民意信息工作，支持和引导政协各参加单位、各级政协组织、各界政协委员深入体察民情，及时反映群众诉求，提出解决建议。五年来，共征集社情民意信息610多篇，向省政协和市委市政府报送重点社情民意信息和《政协委员建言》288期，有效发挥了反映群众意愿、优化政府决策的作用。其中《关于切实解决高龄人群和病残人士办事难的建议》《进一步减轻税费负担促进中小型物流企业发展的建议》《推动我省传统产业转型升级的建议》等20多篇社情民意信息分别被全国政协和省委、省政府、省政协采用，社情民意信息工作一直在全省市州政协名列第一，得到省政协充分肯定。向市委市政府报送的《关于优先解决三类老人养老问题的建议》《关于加快解决名校办分校师资缺口的建议》《关于筹建牛肉面文化博览馆的建议》等20多项委员建言，引起高度重视，市委、市政府领导作出批示，政府部门及时推进落实见效。

（四）努力推进工作创新，协商民主实践更加丰富

遵循习近平总书记“有事好商量，众人的事情由众人商量”等重要指示精神，采取有效措施拓宽协商渠道、丰富协商形式、提高协商实效，切实保障政协委员和各界人士的知情权、表达权、参与权、监督权，把全过程人民民主落实到政协协商民主实践中。

不断健全完善协商民主工作机制。按照中央关于推动人民政协制度更加成熟更加定型的要求和程序合理、环节完整的原则，对市政协工作制度、工作规则、工作流程进行系统梳理和集中修订，制定了专题协商、界别工作、委员履职管理等方面的32项制度，修订了调查研究、提案工作、社情民意、团结联系、政协宣传、专委会工作等方面的101项制度和工作规则，扩大制度的覆盖面，提高可操作性，广泛、多层、制度化的协商格局进一步形成。公开征集提案线索，多方征求协商议题，邀请群众参与协商交流，与群众共同开展基层协商，畅通群众走进政协、政协走进群众的渠道，推进全过程人民民主建设。探索形成了“党政点题、群众出题、委员荐题、自主命题”相结合的选题机制，专委会会议、主席会议、常委会会议审题机制，使协商更符合党政所需、群众所盼、政协所能，更加务实、有效。

大力推进政协协商向基层延伸。贯彻落实省政协推进政协协商向基层延伸工作的要求，报请市委出台《意见》、成立领导小组。探索“党委领导、政协搭台、多方参与、服务群众”的工作机制，按照省政协关于乡镇（街道）委员工作站、协商议事会、协商议事室“三位一体”和政协领导力量、专委会、委员“三个下沉”的要求，指导全市114个乡镇（街道）和1158个村（社区）搭建协商平台，在全省率先实现全覆盖。配合省政协下沉我市的312名委员、组织全市两级政协1700多名委员，深入基层开展协商议事。还在20多家企事业单位搭建协商平台，开展协商议事。协调财政拨付专项资金支持基层协商工作，协调推动将乡镇（街道）委员工作站站长增选为县区政协委员，理顺协商工作机制。市政协班子各成员对口包抓一个县区、两个乡镇（街道）和部分村（社区），县区政协领导也都下沉基层包抓指导。在开展会议协商的同时，从基层实际出发，积极采取沟通协商、楼院协商、网络协商，推广“委员之家”、社情民意联系点、政协委员接待日、委员专家组，丰富工作方式手段。从2020年7月份启动以来，全市共开展政协基层协商议事2250多场（次），委员其他基层履职活动1200多次，打造了党委政府的好帮手、人民群众的连心桥、委员履职的新平台，有效发挥了人民政协在基层治理中的作用。2021年7月，全省政协协商向基层延伸工作观摩推进会在兰州举行，现场观摩、总结交流我市的做法经验，省政协党组书记、主席欧阳坚，省委常委、市委书记朱天舒亲自带队观摩指导，详细查看我市政协基层协商平台搭建和工作开展情况，给予充分肯定。上海、江苏、内蒙古等省市区和省内20多个市（州）、县（区）政协来我市考察交流。

不断加强提案办理协商。制定提案办理协商、提高提案质量等意见和办法，推进提案全程协商、多方协商、开放协商。公开征集提案线索，不断丰富提案内容、提高针对性。加强遴选、审查把关和提案督办，完善提案跟踪落实反馈等机制，提高工作水平。以精简数量、提高质量为目标，探索开展提案“提质瘦身”工作，在全国政协相关会议上交流经验。协助市政府建立“市长负责制”提案办理机制，加强主席会议成员督办重点提案工作，建立政协专委会督办重点提案制度。十四届一次会议以来，共征集委员提案2324件，立案2092件，主席会议成员领衔督办重点提案55件，在政府部门全力配合下，历年提案全部按期办复，其中关于推进战略性新兴产业发展、促进非公有制经济发展、建设兰西城市群等一大批提案建议，得到有效落实，产生了良好的经济社会效益。2021年7月，在全国地方政协提案工作经验交流座谈会上交流了我市的做法和经验。

加强和改进民主监督工作。贯彻中央和省委关于加强政协民主监督的意见精神，报请市委出台《实施意见》。探索监督性调研的新途径，开展精准扶贫监督性调研，提出针对性建议，市委常委会会议专题听取市政协汇报，《人民政协报》做了《“软监督”怎样取得“硬成效”》的专题报道。连续两年开展营商环境监督性调研，省市领导作出推进落实的批示。开展委员民主评议工作，组织政协委员对政务服务窗口单位进行民主评议，提出意见建议，窗口单位根据评议意见积极改进作风、提高效能。开展提案双向评议工作，构建了提案者、承办单位、提案工作机构三方参与的沟通协商交流工作机制，使提案监督进一步落到实处。推荐政协委员担任廉政建设监督员、行风监督员和特约检察员、监察员、审计员等，发挥了促进政府工作、推进改革发展的作用。

（五）坚持凝心聚力，大团结大联合氛围更加浓厚

紧紧围绕习近平总书记关于人民政协要发挥统一战线组织功能的重要指示精神，坚持大团结大联合，广泛凝聚人心、汇聚力量，努力寻求最大公约数、画出最大同心圆。

展现时代风采，凝聚正能量。围绕改革开放40周年、中华人民共和国成立70周年、人民政协成立70周年、中国共产党成立100周年等重大节庆，开展形式多样、喜庆祥和的庆祝活动、纪念活动、理论研讨活动，着力增强凝聚力向心力。召开全市政协系统庆祝新中国和人民政协成立70周年座谈会，组织政协委员和各族各界人士回顾历史、畅谈感想、憧憬未来。协助举办全省政协系统“我和我的祖国，我和我们的政协”

大型联欢会、“讴歌新时代聚力新征程”系列书画摄影展。深入学习党史、新中国史、改革开放史、社会主义发展史，学习统一战线历史、人民政协历史，用党的创新理论团结教育各族各界代表人士。举办庆祝建党100周年系列活动，开展重温入党誓词、颁发“光荣在党50年”纪念章、“百年华章·风雨同舟”书法美术作品展等丰富多彩的活动，展现人民政协时代风采，凝聚爱党、爱祖国、爱政协的正能量。结合党史学习教育，开展调研建言办实事、基层协商解难题、督办提案促落实、社情民意解民忧、服务企业促发展等八大实践活动，为群众兴办实事136件，有效发挥了服务群众、凝聚人心的作用。

加强团结合作，共促同心同向。落实党组成员联系民主党派、工商联制度，党员委员联系党外委员制度，走访看望党外委员制度、谈心谈话制度，倾听意见、宣传政策、协调关系。注重发挥党外代表人士在协商议政中的作用，重点安排党外代表人士在政协例会上发表意见，多方组织党外代表人士参加调研视察、协商议政活动，凝聚智慧，增强合力。做好政协民族宗教和港澳台侨工作，促进宗教和顺、社会和谐、民族和睦。定期走访慰问宗教界人士和信教群众，帮扶少数民族困难群众，积极参与创建民族团结进步示范市、民族团结进步宣传月等活动，向少数民族群众和信教群众宣传党的民族政策和宗教工作方针，围绕铸牢中华民族共同体意识、发展民族经济等问题，开展调研视察和协商讨论。充分发挥港澳台侨界委员和人士的作用，深入宣传“一国两制”方针和“九二共识”原则，维护祖国统一。发挥法律界委员作用，深入基层群众中宣传《民法典》，助力建设平安兰州、法治兰州。组织民族宗教界、港澳台侨界委员和“三胞”亲属参加调研视察、学习交流、参观考察活动，激发他们热爱兰州、建设兰州的热情。引导委员发挥自身在界别群众中的影响力，做好释疑解惑和帮难解困工作，引领各界群众形成心往一处想、劲往一处使的强大合力。

建立联动机制，增强工作合力。全力配合全国政协和省政协来兰开展调研视察、考察指导等工作，认真完成省政协交办的各项工作任务，积极参加全国政协和省政协组织的协商议政等工作。在省政协各类专题协商中重点发言20多次，特别是围绕黄河流域生态保护、兰西城市群建设、城市应急管理等问题提出意见建议，得到重视和支持，起到了省会城市政协的带头作用。协调市上将“协商民主”职能纳入全市乡镇街道机构设置方案，指导县区政协完善机构、充实力量，推进市、县区政协履职联动。协助外地政协来兰开展生态治理、产业发展、文化建设、乡村振兴和基层协商工作等调研考察，相互交流、取长补短。与黄河流域城市政协共同开展“大河上下”书画名家精品展，以文化交流助推黄河流域生态治理和高质量发展，与“一带一路”沿线城市政协共同开展“翰墨同心”书画文化交流活动，共促“一带一路”建设。

（六）破解“两个薄弱”，自身建设活力不断迸发

深入贯彻习近平总书记关于重点解决市县政协基础工作薄弱、人员力量薄弱问题的重要指示精神，把提高履职能力作为关键，加强自身建设，筑牢履职基础。

加强机关建设，完善机构充实力量。深入贯彻落实中央和省委、市委政协工作会议精神，主动适应新形势、新任务、新要求，加强自身建设，补短板、强弱项，筑牢工作基础，有效破解“两个薄弱”。着力健全机构、充实力量，研究梳理全市县区政协和市政协机关在编制机构、工作力量等方面存在的薄弱环节，向市委专题汇报，在市委高度重视下，市、县区政协增设了部分急需的工作机构，有效充实了力量，解决了长期影响工作的硬件建设方面的问题。努力建强队伍、提升素质，不断深化对政协机关和政协工作规律的认识，切实加强政协机关的政治、思想、组织、纪律、作风建设，把制度建设贯穿其中，有效提升机关工作水平。加强干部队伍建设，组织班子成员和机关干部参加全国政协和省、市调训，参加各类网上教育、辅导讲座，推荐、选派机关干部到全国政协、省政协和农村基层、街道社区挂职锻炼，进一步提升机关干部的能力素质。

加强联络服务，发挥委员主体作用。采取多种形式加强委员学习。探索委员培训新途径，组织全市政协委员赴全国政协干部培训中心开展高层次培训，并采取外出培训与市内培训相结合的方式，在市内组织专题培训，五年来共举办大型委员培训班7期，专题辅导45场，界别参观学习50多次，实现了政协委员轮训全覆盖。进一步加强委员管理，在赴外培训班成立临时党支部，充分发挥中共党员委员的带头示范作用。加强政协委员联络管理，成立委员工作专门机构，开展委员履职量化考评、常委提交履职报告和大会述职。改进政协网站，改造提案系统，进一步完善大会发言、协商会议、提案、社情民意、基层协商议事等平台，为委员履职提供良好条件。疫情防控、脱贫攻坚、文明城市创建、民主评议、特邀监督等工作，都发挥委员特长、挖掘委员资源，多角度发挥委员主体作用。

加强政协宣传理论和文史工作，把握意识形态主动权。构建报刊、网站、专题片、画册、手机客户端等立体宣传网。通过各大报刊做好深度宣传，近年来在人民政协报、民主协商报、兰州日报等媒体刊登政协报道400多篇。编发《诤友》《学习参考资料》52期，加大宣传力度。在政协网站、手机客户端快速发布理论政策知识、工作动态、议政建言成果，用好网络阵地。落实意识形态工作责任制，召开意识形态工作会议，积极做好舆情引导、网络安全、新媒体平台监管和保密工作，牢牢把握意识形态主动权。推进信息化建设，建成远程视频会议系统，开发移动履职平台，打造线上线下立体履职模式。加强理论研究，积极参加省政协举办的理论研讨和征文活动，开展“陕甘边革命历史暨南梁精神研究”“加强和改进市县政协工作”“人民政协协商制度机制”等课题研究，参与“一带一路”交流合作文化论坛的研讨交流。发挥政协文史工作存史资政、团结育人的作用，拍摄电视专题片、编印文史资料专辑，征集留存珍贵史料，五年来共征集编纂珍贵文史资料110多篇，征编《甘肃七十年改革发展建设纪事》史料，整理出版兰州文史资料选辑《兰州非物质文化遗产》《兰州牛肉面文化》，组织拍摄的地方文化名人专题片《刘尔炘》，首次入围中国纪录片学院奖，把兰州政协文史工作推向了新的高度。

十四届市政协已经圆满完成使命。五年来所取得的新成绩、新进展，是中共兰州市委正确领导的结果，是市人大、市政府及全市各方面大力支持的结果，是各党派团体、各族各界人士热情参与、积极奉献的结果，也是全体政协委员和机关干部恪尽职守、辛勤工作的结果。在此，我代表十四届市政协常委会，向为政协工作付出心血和汗水的全体委员和各界人士致以崇高敬意！向多年来关心支持政协工作的领导和同志们表示衷心感谢！

十四届市政协虽然取得了一定成绩，但与新形势新任务相比，与市委的要求和各界群众的期望相比，工作中还存在一些薄弱环节，主要是围绕中心推动建言资政和凝聚共识双向发力还有待进一步加强，政协协商的广度、深度还有待进一步拓展、深化，委员主体作用和专委会基础性作用还需要进一步发挥，政协协商向基层延伸的成效还需要进一步提升等。对此，我们将高度重视，采取有效措施切实改进提高。

二、五年来工作的主要体会

十四届市政协继承和发扬历届政协的优良传统，不断深化对人民政协事业特点和规律的认识，努力研究新情况、解决新问题，在实践中积累了许多有益经验。

（一）坚持党的领导，是政协工作的根本保证。在市委的坚强领导下，市政协党组充分发挥在政协工作中的领导核心作用，以习近平新时代中国特色社会主义思想为指导，坚决贯彻落实党中央方针政策和省委、市委决策部署，增强“四个意识”、坚定“四个自信”、做到“两个维护”。实践证明，人民政协只有始终坚持党的领导，不断加强党的建设，才能牢牢把握正确的政治方向，确保党的决策部署不折不扣贯彻落实到政协全部工作之中，才能有效履行政协职能，在实践中提质增效、创新发展，不断展现新作为、作出新贡献。

（二）围绕中心、服务大局，是政协工作的基本原则。促进发展是政协工作的第一要务。常委会坚持紧紧围绕兰州经济社会发展的战略目标、主要任务、政策措施来谋划思路、推进工作，紧紧围绕群众所盼、党政所需、政协所能，建真言、谋良策、出实招、聚合力，引导各界委员知情参政、献计出力、助推发展。实践证明，只有围绕发展大局，贴紧中心工作，才能找准政协用力方向，建言建到点子上，帮忙帮到需要处。

（三）关注民生、履职为民，是政协工作的价值取向。常委会重视发挥政协委员联系广泛的优势，坚持通过调研视察、提案协商、反映社情民意、开展民主评议等多种形式，有效开展倾听民声、反映民意、化解民忧、集中民智的工作。实践证明，人民政协只有坚持为民宗旨，切实做到政为民议、言为民建、策为民献、力为民出，才能始终保持同人民群众的血肉联系，真正成为党和政府联系人民群众的桥梁纽带。

（四）增进团结、发扬民主，是政协工作的永恒主题。常委会致力于推进大团结大联合，不断密切与民主党派、工商联和无党派人士的联系，主动加强与各界人士的联谊合作，着力推进基层群众有序政治参与。实践证明，团结和民主是政协工作的生命所系，爱国统一战线是政协工作的职能所在，只有紧紧围绕团结和民主两大主题履行各项职能，才能切实发挥好专门协商机构作用，推动各党派团体和各族各界人士实现思想上的共同进步。

（五）广泛协商、凝聚共识，是政协工作的中心任务。常委会坚持有事好商量、众人的事情由众人商量，把协商贯穿于政协履职的全过程，积极搭建协商平台，完善协商机制，推动政协协商与基层协商有效衔接，拓展基层群众参与政协协商渠道，大力推进平等协商、真诚协商、务实协商。实践证明，坚持有事多商量、遇事多商量、做事多商量，才能协调关系、化解矛盾、理顺情绪、增进团结，凝聚起最广泛的共识，汇聚起团结奋斗的磅礴力量。

（六）与时俱进、开拓创新，是政协工作的不竭动力。常委会立足自身性质和特点，坚持解放思想、实事求是、与时俱进，紧紧围绕发挥专门协商机构作用，努力推动政协工作的内容、形式、方法和机制创新。实践证明，人民政协只有“品修于内，质彰于外”，以科学态度彰显工作品质，以创新精神提高履职水平，才能在视野上求“精锐”，工作上求“精道”，成果上求“精品”，不断提升政协工作实效。

三、对新一届政协工作的建议

市政协第十四届委员会任期届满，新一届政协常委会即将产生。未来五年，是系统推进兰州实现高质量发展的关键时期，市第十四次党代会提出了全面迈向新征程的奋斗目标，描绘了重振兰州辉煌的宏伟蓝图，发出了“聚精会神、奋斗追赶，系统推进兰州实现高质量发展”的动员令，市政协肩负的使命光荣，承担的责任重大，履职的前景广阔。我们坚信，在新的征途上，新一届市政协一定能抓住新机遇、展现新作为、作出新贡献。现就今后政协工作提出几点建议：

（一）坚持党的领导，强化政治引领。始终把坚持党对人民政协的全面领导作为根本政治原则，强化政治引领，团结带领各党派团体和各族各界人士，按照全市协同攻坚“一盘棋”的要求，胸怀“两个大局”，心系“国之大者”，增强“四个意识”、坚定“四个自信”、做到“两个维护”，不断巩固团结奋斗的共同思想政治基础。始终把旗帜鲜明讲政治贯彻到政协工作全过程和各方面，以加强党的建设为引领，充分发挥政协党组把方向、管大局、保落实作用，不断提高政治判断力、政治领悟力、政治执行力，确保中央和省委、市委决策部署在政协全面贯彻落实。始终把理论武装摆在突出位置，组织广大政协委员和机关干部，深入学习习近平新时代中国特色社会主义思想，深入学习党的十九届六中全会精神，深刻领悟百年党史蕴含的为民初心，准确把握中央和省委、市委各项决策部署，着力在学懂弄通做实上下功夫，做到深学深悟、常学常新，自觉用党的创新理论武装头脑、指导实践、推动工作。

（二）坚持围绕中心，服务改革发展。要精心谋事。锚定“先发力、带好头”和重振兰州辉煌的目标，紧紧围绕市第十四次党代会确定的工作思路和重要举措，围绕兰州建设创新示范城市、融入协调发展格局、构建绿色产业体系、打造开放战略支点等重点任务和重大问题，深入调查研究，为市委市政府科学决策提供有益参考。要潜心干事。立足新发展阶段，贯彻新发展理念，融入新发展格局，自觉把政协工作置于全市发展大局之中，充分发挥市政协领导班子引领作用和政协委员主体作用，积极投身重点工作，积小成为大成，以干事促发展。要专心成事。准确把握新时代人民政协的性质定位，依照《政协章程》开展工作。健全完善政协协商民主制度机制，融协商、监督、参与、合作于一体，聚焦改革发展重点、社会治理难点、群众关注热点，丰富履职形式，强化履职效果。

（三）坚持履职为民，增进民生福祉。按照统筹解决“不平衡、不充分”主要矛盾，促进共享兰州辉煌的要求，建真言、谋良策、出实招、作贡献。多谋为民之策。把民生问题作为履职的重点，着眼促进人人共享发展环境、城市有机更新、实施健康兰州行动、构建共同富裕精神家园、织密社会保障网络等领域，紧紧围绕教育、就业、医疗、文化建设、社会保障等事关人民群众切身利益的重大民生问题，积极建言献策，努力提出更有针对性、前瞻性、操作性的意见建议。多办利民之事。坚持协商于民、协商为民，推动政协协商与社会治理相结合，着力破解群众的难事、烦事、揪心事。综合利用提案、社情民意信息等形式，倾听群众呼声，反映群众诉求。多行惠民之举。引导政协委员和各界人士，紧盯群众需求，及时开展送政策、送科技、送卫生、送文化、送法律等活动，帮助群众解决生产生活中的困难和问题，为群众办实事、解难事、做好事。

(四)坚持团结民主，汇聚发展合力。深化协商民主。切实担负起专门协商机构的职能，协助党委政府落实协商于决策之前和决策实施之中的各项机制，更加灵活地运用会议协商、专题协商、对口协商、界别协商、提案办理协商等形式，增强网络议政、远程协商实效，形成有事好商量、众人的事情由众人商量的良好氛围。加强合作共事。发挥人民政协作为党委政府联系群众、团结各界的桥梁纽带作用，大力支持和保障各民主党派、工商联、无党派人士结合自身优势，通过政协平台协商议政，使协商过程成为发扬民主、集思广益、统一思想、凝聚共识的过程，营造团结同心、合作共事好局面。增进团结和谐。充分发挥政协联系面广、代表性强、包容度大的优势，广交深交党外朋友，落实好联系走访等制度，做好政协民族宗教工作和港澳台侨工作，协助党委政府做好理顺情绪、化解矛盾、释疑解惑的工作。进一步加强同非公有制经济人士、新的社会阶层人士的团结联系，探索网络统战工作，奏响“协作曲”，扩大“朋友圈”，努力画出重振兰州辉煌最大“同心圆”。推动上下协同。主动接受省政协工作指导，积极配合开展相关工作。加强对县区政协的联系指导，推进协同履职，增强工作合力。加强对外交流合作，积极宣传推介兰州。加强政协理论研究、文化文史工作，发挥特色优势，增强文化自信，促进城市文脉延续、历史文化传承。

(五)推进履职延伸，助力基层治理。重心下移、资源下沉。积极参与探索创新基层共治机制，持续推进政协协商向基层延伸，深入贯彻落实省政协和市委的安排部署，结合“社工委”运行机制和“市域善治”理念，进一步搭建好多层次基层协商平台，完善制度规则，优化流程设计，逐步形成一整套科学、规范、务实的基层协商议事制度机制。进一步发挥政协委员的作用，继续推进“三个下沉”，做好委员参与基层协商的组织协调和跟踪考核，健全委员履职小组，挖掘潜力、发挥优势，激发委员的主动性、积极性。丰富手段、创新方式。从基层实际出发，积极探索群众喜闻乐见的协商方式，做好会议协商，做实现场协商、沟通协商、网络协商，推广委员之家、社情民意联系点、委员接待日、委员专家组等好做法。扎实工作，提升实效。进一步深入基层、贴近群众，倾听群众意见，引导群众有序参与民主协商，把基层协商平台“靠群众很近”的优势切实转化为人民政协“与群众很亲”的履职阵地，为落实市委“小事不出村”“矛盾不上交”的要求探索有效的方法路径，推进我市政协协商向基层延伸工作不断取得新进展。

(六)坚持强基固本，加强自身建设。持续推进全面从严治党。认真贯彻新时代党的建设总要求，不断加强政协系统党建工作。进一步加强政协宣传工作，严格落实意识形态工作责任制。认真落实全面从严治党主体责任和“一岗双责”，持续加强党风廉政建设和机关作风建设，深入贯彻中央八项规定精神，全力打造清正廉洁、担当作为的政协机关。持续优化委员服务管理。突出委员主体作用，按照“懂政协、会协商、善议政，守纪律、讲规矩、重品行”的要求，创新学习培训机制，加强委员履职考评，督促做好“委员作业”，切实提升委员“四种能力”，激发委员履职热情。发挥专委会基础性作用，健全工作机制，拓展工作形式，提高专委会工作质量和水平。强化界别“纽带”功能，加强工作指导，突出界别特色，推动界别履职常态化、多样化、组织化。持续提升机关工作效能。弘扬孺子牛、拓荒牛、老黄牛精神，充分发挥党支部战斗堡垒作用和党员先锋模范作用，注重在实践中培养锻炼干部，引导机关干部以精益求精、尽职尽责的精神和态度扎实做好各项工作，努力形成聚精会神奋斗追赶的良好局面。

各位委员，蓝图已经绘就，奋进正当其时。让我们更加紧密地团结在以习近平同志为核心的中共中央周围，在中共兰州市委的坚强领导下，在“人一我十接续奋斗、团结共进重振辉煌”的新征程中，埋头苦干，勇毅前行，为系统推进兰州实现高质量发展作出新的更大的贡献，以优异成绩迎接党的二十大胜利召开！

兰州市人民检察院工作报告

——2021年12月22日在兰州市第十七届人民代表大会第一次会议上

兰州市人民检察院检察长　柳小惠

各位代表:

现在,我代表兰州市人民检察院向大会报告工作,请予审议,并请政协委员和列席人员提出意见。

过去五年工作的回顾

过去五年,在市委和上级检察院的坚强领导下,在市人大及其常委会的有力监督下,在市政府、市政协及社会各界的大力支持下,全市检察机关坚持以习近平新时代中国特色社会主义思想为指导,认真贯彻落实习近平法治思想、党的十九大和十九届二中、三中、四中、五中、六中全会精神,把坚持党的绝对领导贯穿检察工作始终,不断增强"四个意识"、坚定"四个自信"、做到"两个维护",以"两个确立"统一思想行动,深入践行"讲政治、顾大局、谋发展、重自强"总体要求和"两聚焦一结合"工作思路,以高度的政治自觉、法治自觉、检察自觉,忠实履行法律监督职责,用心为大局服务,用情为人民司法,各项检察工作取得长足发展。

一、发挥检察职能作用,积极服务经济社会高质量发展

深化服务大局"六项重点工作",助力打赢疫情防控阻击战,在护航高质量发展中体现检察担当。

——**坚决维护国家政治安全和社会稳定**。落实总体国家安全观,深入推进更高水平的平安兰州建设。坚决打击危害国家安全、危害公共安全犯罪,起诉5015人。依法严惩严重暴力、盗抢骗、黄赌毒、电信网络诈骗等侵害群众生命财产安全犯罪,起诉11496人。办理了受害群众达1200余人、涉案资金4.4亿余元的赵某等83人特大电信诈骗案,省人民医院"伤医案"等一批社会关注度高的刑事案件,有效维护国家安全、社会安定、人民安宁、网络安靖。

——**决战决胜扫黑除恶专项斗争**。强化精准打击,百分之百提前介入涉黑涉恶案件引导侦查取证,从严从快批捕555人,起诉991人;监督立案19人、纠正漏捕漏诉漏罪269人,改变定性125人,确保"是黑恶犯罪一个不放过、不是黑恶犯罪一个不凑数"。严厉打击黑恶犯罪集团35个,犯罪团伙47个,"村霸""路霸""菜霸"等恶势力17个,起诉"保护伞"11人,提出财产刑量刑建议343人,向重点行业领域制发检察建议73份,坚决铲除黑恶势力滋生土壤。持续巩固专项斗争成果,建立长效机制17项,常态化扫黑除恶斗争稳中有进。市检察院被甘肃省扫黑除恶专项斗争领导小组表彰为全省先进单位。

——**积极助力打赢脱贫攻坚战**。依法打击破坏农业生产、危害农村稳定、侵害农民权益犯罪,起诉1411人。开展侵害农民工权益犯罪专项立案监督,支持起诉76件,帮助929名农民工讨回欠薪1693万元。西固区检察院办理的王某、陈某拒不支付劳动报酬案入选全国典型案例。将司法救助与精准脱贫有效衔接,依法快速返还扶贫领域涉案财物580.3万元,向因案致贫返贫的121名群众发放司法救助金344.43万元,让更多受害家庭感受到司法温度。

——**着力深化生态环境司法保护**。用"检察蓝"守护"生态绿",共建人与自然和谐共生的精致兰州。践行"专业化监督+恢复性司法+社会化治理"生态检察工作机制,依法严惩破坏环境资源犯罪,起诉160人;办理生态环资领域公益诉讼案件789件,发出诉前检察建议677件,起诉46件。推行"河长+检察长"协作机制,持续开展"携手清四乱,保护母亲河"等专项行动48项,监督清理被污染水域4679.8亩,清理非法占用河道155.7千米,整改拆除违法建筑19519平方米,推动"兰州要在保持黄河水体健康方面先发力、带好头"指示要求落地落实。

——**努力促进优化营商法治环境**。制定落实优化营商环境十六条措施，创新开展企业合规案件办理等七个“小专项”活动，努力让法治成为最好的营商环境。严厉打击破坏企业生产经营的各类违法犯罪，起诉2525人。在全省率先建立“涉民企刑事案件经济影响评估机制”，依法不批捕384人、不起诉379人，将司法活动对企业生产经营的负面影响降至最低。持续深化“维护民企权益、优化营商环境”专项行动，走访民营企业12907家，帮助解决涉法问题265个，倾心为企业纾困解难。

——**深度参与反腐败斗争和社会治理**。建立完善监检衔接机制，牵头制定《关于进一步加强监察机关与检察机关办理职务犯罪案件协调配合的若干规定》，提前介入监委调查案件159件，提起公诉256人。立案侦查司法工作人员侵犯公民权利、损害司法公正犯罪12件21人，坚决清除司法队伍中的害群之马。发出社会治理类检察建议206件，积极融入共建共治共享社会治理新格局，皋兰县检察院对检察建议“案件化”办理的做法在全省推广。开展普法宣讲1868场次，推动提升全民法治意识。

——**弘扬抗疫精神，依法履职战疫**。建立快速反应机制，从严从快办理涉疫案件44件90人。开展公益诉讼“益民”专项行动，促进市场保供稳价。全市853名干警下沉社区参与联防联控，市检察院42名党员干警主动请缨成立“抗疫突击队”，进驻黄河家园中风险封控小区连续作战14天，以实际行动书写兰州抗疫故事检察篇章。

二、提升法律监督质效，全力维护司法公正和权威

持续更新司法理念，全面推进“四大检察”，为法治兰州建设积极贡献力量。五年来，批准逮捕各类犯罪嫌疑人16694人，提起公诉27459人；对刑事、民事、行政诉讼活动中违法情形监督2301件次；立案办理公益诉讼案件1323件，社会公平正义更加彰显。

——**着力做优刑事检察**。牢固树立整体质效意识，“案—件比”优化为1∶1.1。落实认罪认罚从宽制度，适用率升至87.56%，确定刑量刑建议采纳率升至97. 2%。践行“少捕慎诉慎押”司法政策，不批捕4919人，不起诉4048人。加强刑事诉讼监督，紧盯执法不严、司法不公问题，监督立案178件、监督撤案170件，追捕追诉1583人；对确有错误的刑事裁判提出抗诉63件；发挥“派驻+巡回”检察优势，依法纠正减刑、假释、暂予监外执行不当783人，纠正脱管漏管125人。刑事检察案件质量指标全省领先，主要做法在全省检察机关作经验交流。

——**努力做强民事检察**。强化精准监督理念，办理各类民事诉讼监督案件1716件，对确有错误的民事生效裁判提出抗诉和再审检察建议145件，对648件不符合条件的监督申请不予支持，维护审判权威。对民事审判、执行活动违法情形提出检察建议496件。开展民间借贷、房屋买卖等领域虚假诉讼专项监督，办理案件36件，均获法院支持改判，办案量和采纳率居全省第一。

——**逐步做实行政检察**。发挥“一手托两家”功能，既维护司法公正，又促进依法行政。办理各类行政检察监督案件615件，五年内办案量增长了3.6倍。开展食药安全、国土资源领域行政非诉执行专项监督，办理案件142件，发出检察建议258件，采纳率97.67%。开展行政争议实质性化解专项行动，化解行政争议144件，市检察院被最高检评为“加强行政检察监督促进行政争议实质性化解”专项活动优秀组织单位。

——**全面做好公益诉讼检察**。充分发挥检察官公共利益代表作用。查办民事公益诉讼案件89件、行政公益诉讼案件1196件，起诉71件。积极稳妥拓展案件范围，办理文物保护、消防安全、网络空间治理等新领域公益诉讼案件250件。把诉前实现维护公益目的作为最佳司法状态，履行诉前程序1183件，促使94%的公益损害问题在诉前妥善解决。榆中县检察院办理的兴隆山烈士纪念设施保护一案入选全国典型案例。公益诉讼检察工作稳居全省前列。

三、办好检察为民实事，努力满足人民群众司法新需求

坚持以人民为中心，推出“检察为民办实事”举措275项，用更优检察履职保障人民安居乐业，人民群众获得感和满意度明显提升。

——**倾心守护“舌尖上”“脚底下”安全**。深入开展食品药品安全“四个最严”专项行动，依法起诉危害

食药安全犯罪42件59人，针对校园周边、网络平台等存在的食药安全隐患，发出检察建议196件，让群众吃得更放心。开展“公益诉讼守护美好生活”专项行动，以窨井盖为切入点排查市政设施隐患，发出检察建议49件，让群众出行更安全。

——**全力看护老百姓“钱袋子”**。坚决遏制电信网络诈骗高发态势，批捕583人，起诉499人。坚持依法严惩涉众型经济犯罪与风险化解、追赃挽损并重，办理了“今金贷”非法集资案、“好小仔”非法吸收公众存款案等重大案件，为群众挽回经济损失13.9亿元。

——**将心比心办好群众信访**。畅通“信、访、网、电”诉求渠道，依托12309检察服务中心，受理来信来访6665件，全部做到“7日内程序性回复、3个月内办理过程或结果答复”。打造新时代“枫桥经验”兰州检察版，落实首办责任制、检察长接访、领导包案督办等制度，推行律师参与化解和代理信访案件，强化释法说理，坚持以法为据、以理服人、以情感人，促成案件当事人和解、息诉罢访568件，努力实现政治效果、社会效果、法律效果相统一。

——**细心呵护未成年人健康成长**。严厉打击侵害未成年人合法权益犯罪，起诉544件846人。坚持“教育、感化、挽救”的方针，对涉罪未成年人不批捕372人、不起诉377人。不断凝聚未成年人保护合力，探索制发督促监护令72份，努力让家庭监护不缺位。举办“法治进校园”宣讲1290场，86名检察官兼任中小学法治副校长，促进提升未成年人学法守法用法能力，积极维护校园安全稳定。开发全省首个未成年人强制报告网上应用平台，创新建成未成年人司法社会服务中心、兰州市青少年法治教育心理干预基地和未成年人观护帮教基地，在落实“捕诉监防教”一体化工作机制中创出了“兰州经验”，城关区检察院被最高检授予“全国青少年维权岗”。

四、持续深化改革创新，不断增强检察工作内生动力

扎实推进改革“精装修”，为检察工作增动力、添活力。

——**深化落实司法改革任务**。全面完成市县两级院内设机构重塑性改革，检察职能配置进一步优化，改革后机构总数减少35%，“四大检察”“十大业务”法律监督新格局落地见效。全面实行检察官、检察辅助、司法行政三类人员分类管理制度，专业化建设进一步加强，一线办案力量增加27.5%。全面深化司法责任制改革，完善检察官权责清单，实现检察官遴选、动态调整常态化，实行入额院领导列席同级法院审委会、带头办案情况定期通报制度，把“谁办案谁负责”落到实处。

——**逐步优化检察人员管理**。在全省率先实现检察三类人员业绩考核全覆盖。把业绩考核与案件质量评价指标等重点工作相挂钩，通过动态调整考核指标，激励检察人员不断提高办案质效，将“司法责任终身制”落实落细。把考评结果作为检察人员奖惩、晋升、调整职务职级的重要依据，真正让干多干少、干好干差不一样。最高检张军检察长在甘调研期间，对市检察院抓实业绩考核的做法给予充分肯定。

——**有效推进智慧检务建设**。成立公益诉讼调查指挥中心，创新开展大数据研判与衔接平台建设，做法入选全国首批检察改革典型案例。建成电子数据实验室、视听资料实验室，通过检验鉴定，为160余件案件侦破、定罪量刑提供了有力技术支撑，2件入选全国技术性证据审查典型案例。灵活应用远程视频接访、远程提审、“云听证”等信息技术手段，做到了办案防疫两不误。

五、不断加强自身建设，着力打造高素质检察队伍

加快推进检察队伍“革命化、正规化、专业化、职业化”建设，以过硬本领守初心、担使命。

——**加强思想政治建设**。坚持以党的政治建设为统领，推进“两学一做”学习教育常态化制度化，扎实开展“不忘初心、牢记使命”主题教育、党史学习教育和政法队伍教育整顿，不断筑牢政治忠诚。严格执行《中国共产党政法工作条例》，自觉向市委和省检察院请示报告工作273次，不折不扣把党委和上级院决策部署落到实处。严格落实意识形态工作责任制，两级院党组专题研究意识形态工作122次，建立健全意识形态工作联席会议等制度机制126项；严守意识形态阵地，坚决维护检察领域意识形态安全。

——**加强业务素能建设**。突出专业化建设，对检察人员分层分类开展“订单式”培训，举办业务研讨、

学比练赛、岗位练兵等活动258次，市检察院被国家检察官学院确定为“教学实践示范基地”。发挥示范引领作用，创设“青年干警导师制”，培树“兰州检察之星”，形成争先创优良好氛围。

——**加强纪律作风建设**。坚持全面从严治党、全面从严治检，扎实开展“治转提”“三纠三促”“四察四治”“作风建设年”“固魂铸剑”等行动，推进纪律作风明显好转。坚持严管就是厚爱，充分运用监督执纪“四种形态”，防止干预司法“三个规定”记录报告521件，开展系统内巡察、检务督察16次，工作约谈6953人次，提醒、告诫约谈207人次，给予纪律处分22人，确保检察队伍纯洁性。

六、自觉接受监督制约，保证检察权在阳光下运行

牢固树立“监督者更要接受监督”的理念，确保检察权始终在法治轨道上公正行使。

——**自觉接受人大和民主监督**。深入贯彻中央人大工作会议精神，向人大及其常委会报告工作和事项140次，落实代表、委员意见建议198条。邀请1834名人大代表、政协委员和人民监督员、特约检察员视察工作、评议案件，零距离接受监督。

——**自觉接受履职制约**。对公安机关提请复议复核的97件不批捕、不起诉案件，严格依法重新审查，改变原决定5人。对诉判不一、疑难复杂案件逐案评查，落实司法责任。强化内部制约监督，开展案件质量评查12643件次，倒逼检察官以“求极致”精神办好每一起案件。

——**自觉以公开促公正**。深化检务公开，公开案件程序性信息39696条、法律文书23665份、重要案件信息15685件，受理辩护与代理预约5027件，举办“检察开放日”95次，举行新闻发布会17场，组织检察听证951件，努力让公平正义可触可感可信。

五年来，我们坚持抓党建、带队建、促业务，党建工作取得新进步。市检察院机关党建工作连续12年考核获得优秀等次。26个集体和44名个人被记功表彰，55个集体和80名个人获得省级以上奖励。

五年来，我们完整、准确、全面贯彻新发展理念，积极践行社会主义核心价值观，精神文明建设取得新成绩。市检察院被评为“全国文明单位”“全国节约型公共机构示范单位”“全国公共机构能效领跑者”。

五年来，我们坚持以办案为中心，检察业务工作实现新突破。在2020年全省考核排名中跃居第一，创历史新高。有48件案件入选全国、全省检察机关典型案例；6件案件入选全省十大优质案件。“法治进校园”巡讲、特赦检察、检务保障等12项重点工作受到最高检表彰；公益诉讼、跨区域检察协作等7项工作受到市委市政府、省检察院主要领导批示肯定；检察新闻宣传等17项工作在全国、全省作经验交流。

五年来，我们坚持服务基层、打牢基础，基层检察院建设迈上新台阶。市检察院被授予“全国检察机关基层检察院建设”组织奖，城关区检察院被评为“全国模范检察院”“全国先进基层检察院”，安宁区检察院被授予全国检察机关“文明接待示范窗口”称号，城关区、西固区检察院被授予全国检察机关“文明接待室”称号。

五年来，我们积极传播检察好声音、弘扬法治正能量，检察新闻宣传收获新成效。在省级以上报刊发表文章648篇，拍摄“三微”作品121部，获省级以上奖项18个。其中，《公益诉讼在身边》荣获全国检察机关微动漫十佳作品奖，微电影《风吹薪火传》荣获中央政法委“第四届平安中国”十大微电影奖，《阳光透过的夏天》荣获第八届亚洲微电影艺术节“金海棠奖”。

各位代表，五年来，全市检察工作发生深刻变革、取得喜人成绩。我们深切体会到，坚持党的绝对领导是做好检察工作最根本的保证；为大局服务、为人民司法是检察机关必须担负的职责使命；强化法律监督职责是维护司法公正的必然要求；推进改革创新是检察工作实现高质量发展的动力源泉；加强检察队伍建设是适应新形势新任务做好各项检察工作的根本保证。全市检察工作的发展进步，离不开市委的坚强领导，离不开市人大的有力监督，离不开市政府的大力支持，离不开市政协和社会各界的热忱关心帮助。在这里，我代表全市检察机关和全体检察干警表示衷心感谢！

在总结成绩的同时，我们也清醒地认识到，全市检察工作还存在一些问题和不足。一是检察工作服务经济社会高质量发展、融入市域社会治理的举措和成效有待加强。二是法律监督质效需要进一步提升，民事、行政检察仍然存在短板。三是检察队伍素能还

不能完全适应新时代要求。对此,我们将在各方关心支持下认真加以改进。

今后五年的工作思路和2022年主要任务

今后五年,全市检察工作的总体思路是:高举习近平新时代中国特色社会主义思想伟大旗帜,全面贯彻党的十九大和十九届二中、三中、四中、五中、六中全会精神,响应党中央伟大号召,从党的百年奋斗重大成就和历史经验中传承继续前进的智慧和力量,始终坚持党的绝对领导,以兰州检察自身高质量发展服务保障全市经济社会高质量发展为中心,聚焦"十四五"时期法律监督阶段性特征,绘好兰州检察发展新蓝图;聚焦"先发力、带好头"指示精神,升级"业绩、队伍双一流"新目标;聚焦检察为民宗旨,满足人民群众对司法公正新需求;聚焦省会城市责任担当,培育检察工作新亮点,为重振兰州辉煌、系统推进兰州实现高质量发展提供更加有力的司法保障。

一是坚定不移坚持党的绝对领导。进一步增强"四个意识",坚定"四个自信",切实把"两个确立"转化为做到"两个维护"的思想自觉、政治自觉、行动自觉。深入学习贯彻习近平法治思想,把学习成果转化为做好检察工作的强大动力。持续推动《中国共产党政法工作条例》落地落实,确保检察工作始终沿着正确方向砥砺前行。

二是坚定不移服务全市中心大局。深刻领会市第十四次党代会精神,准确把握"十四五"时期我市发展面临的新形势、新任务、新要求,聚焦实现经济社会高质量发展、满足群众对美好生活的新需要、建设更加美丽宜人的黄河之滨等重点任务,充分发挥检察职能作用,努力建设更高水平的平安兰州、法治兰州、和谐兰州。

三是坚定不移履行法律监督职责。积极践行新时代司法理念,全面落实《中共中央关于加强新时代检察机关法律监督工作的意见》,持续用力做优刑事检察、做强民事检察、做实行政检察、做好公益诉讼检察,不断巩固、提升、优化法律监督质效。

四是坚定不移深化检察改革创新。持续深化司法体制综合配套改革,自觉推进执法司法制约监督体系改革,充分发挥业绩考核"指挥棒""风向标""助推器"作用,大力推进跨区域检察协作,不断优化创新检察管理,持之以恒解难题、答新题。

五是坚定不移打造过硬检察队伍。强化教育培训和业务实训,提升检察人员综合素能和办案水平。巩固主题教育、党史学习教育、政法队伍教育整顿和"固魂铸剑"行动成果,推动全面从严治党向纵深发展,努力锻造一支党和人民信得过、靠得住、能放心的检察铁军。

各位代表,进入新发展阶段、踏上新的征程,在市委和省检察院的正确领导下,全市检察机关将深入贯彻落实习近平法治思想,忠实履行宪法法律赋予的职责,坚决落实本次会议精神,更加自觉接受监督,奋力谱写新时代兰州检察高质量发展新篇章,以优异成绩迎接党的二十大胜利召开!

兰州市中级人民法院工作报告

——2021年12月22日在兰州市第十七届人民代表大会第一次会议上

兰州市中级人民法院代院长　申怀吉

各位代表：

现在，我代表市中级人民法院向大会报告工作，请予审议，请政协委员和列席同志提出意见。

五年工作回顾和2021年主要工作

2017年以来，全市法院在市委坚强领导、人大依法监督、政府、政协和社会各界关心支持下，在省法院的有力指导下，坚持以习近平新时代中国特色社会主义思想为指导，深入学习贯彻党的十九大和十九届二中、三中、四中、五中、六中全会精神，坚决落实习近平总书记对甘肃重要讲话和指示精神，立足审判，抗击疫情、服务发展、维护稳定、坚守正义，各项工作有了新的进步。

五年来，全市法院受理各类案件414983件，结案375342件，与上一个五年相比分别上升141.99%和128.34%；法官年人均结案175件，同比上升124.36%。市中院受理各类案件62022件，结案57824件，同比分别上升67.46%和61.74%。

一、始终把服务大局作为第一使命，坚决贯彻党中央和省市委重大决策部署

——**坚决打赢扫黑除恶专项斗争**。贯彻依法严惩方针，三年来，全市法院一审审结涉黑恶案件89件844人，二审审结51件415人，五年以上重刑率达44.8%。依法审理“2·12”特大套路贷案件，严惩“彭亮”等涉黑、“常进元”等村霸黑恶势力，净化了社会风气。强力推进“黑财清底”，坚决铲除黑恶势力经济基础，依法判处追缴、罚没财产3701.38万元，执行到位金额2082.64万元。积极参与重点行业专项整治，推动堵漏建制、长效常治，发送司法建议122份。在专项斗争中，全市法院4个集体、6名个人受到省部级以上表彰。

——**持续优化法治化营商环境**。牢固树立“法治是最好的营商环境”理念，主动对接兰西城市群高质量发展司法需求，出台《服务保障兰西城市群高质量协同发展司法合作实施意见》，与西宁中院建立司法协作机制。成立兰州知识产权法庭，制定《完善产权保护实施意见》，推行知识产权案件“三审合一”审判模式，审结知识产权案件3134件，其中7个案例入选最高人民法院“知识产权保护典型案例”。建立常态化破产处置府院联动机制，审结破产重整和强制清算案件68件，化解不良债权12.89亿元，一批企业通过司法重整再现希望和活力。

——**全力服务脱贫攻坚与乡村振兴**。把脱贫攻坚和乡村振兴作为重要政治任务，全市法院联系帮扶村16个，选派17名干警驻村蹲点，筹措帮扶资金305.36万元，加强基层组织建设，改善村容村貌，扶持产业发展，开展技能培训600余人次，发放“天平奖学金”10.2万元。紧扣决战决胜脱贫攻坚战，审理“三农”案件482件，保护低收入群体合法权益，服务保障乡村振兴战略。

——**圆满完成涉军停偿工作**。加强军地协调配合，依法办理涉军停偿案件76件。案件当天立案，当天送达，统一裁判尺度，严格控制司法鉴定周期，采取“先腾退、再补偿”措施，简易案件15日内执结。发挥联席协调机制作用，保护各方当事人合法权益及社会公众利益，取得了“停得住、停得稳、停得好”的效果。

——**依法保障疫情防控**。坚决落实市委部署，精心制定防控方案，及时调整诉讼活动，组织干警1934人次下沉社区参与疫情防控，依法审理涉疫案件24件。开通互联网法庭，推行“云调解”“云审判”，全市法院在线立案21306件，线上庭审1447件。服务统筹疫情防控和经济社会发展，综合运用绿色通道、活封活扣、跟踪服务等方式，保障中小微企业恢复经营、持

续发展。

二、始终把审判执行作为第一要务，坚持依法履行法定职能

——**依法严惩刑事犯罪，构建平安兰州**。牢固树立总体国家安全观，贯彻宽严相济刑事政策，审结刑事案件25024件。严惩严重影响群众安全感的犯罪，审结杀人、抢劫、绑架等暴力犯罪案件1065件，判处十年以上有期徒刑、无期徒刑、死刑(含死缓)314人。依法严惩涉众型经济犯罪，审结非法吸收公众存款、集资诈骗、金融诈骗、电信网络诈骗等犯罪案件342件。高压惩治腐败，审结贪污、贿赂等职务犯罪案件640件。强化人权司法保障，对8135名社会危害程度较轻的犯罪分子依法判处缓刑、管制或单处附加刑，371名被告人免于刑事处罚，59名被告人依法宣告无罪。审结减刑、假释、暂予监外执行等案件6835件，特赦案件62件；开展近三十年“减假暂”案件排查整治，共评查案件58896件，依法纠正11件，坚决查处“纸面服刑”“提钱出狱”现象，确保刑罚执行公开、公正。

——**妥善审理民商事纠纷，构建和谐兰州**。坚持以人民为中心发展思想，审结民商事案件216695件。发挥司法定纷止争作用，审结婚姻家庭、赡养、继承等家事案件25714件。服务经济发展新常态，鼓励市场交易，维护经济秩序，审结股权转让、决议效力、利润分配、合同票据等案件587件。促进社会诚信，规范市场行为，审结买卖、租赁、承揽合同纠纷等案件47333件。助推房地产市场健康发展，构建和谐物业关系，审结建筑工程、房地产、物业服务合同纠纷等案件15113件。规范借贷行为，维护金融秩序，审结金融借款、民间借贷等案件42812件。

——**积极化解行政争议，构建法治兰州**。坚持支持与监督并重，审结行政诉讼案件2746件，审查非诉行政执行案件2409件。依法支持旧城改造和重大民生工程，妥善审理征地拆迁等纠纷案件221件。服务“放管服”改革，妥善审理行政许可、行政登记等案件165件。完善府院联动机制，加大协调力度，推进行政争议实质性化解。落实行政机关负责人出庭应诉制度，发布行政审判白皮书，建立司法与行政沟通协调机制，发送司法建议11条。审结国家赔偿案件223件，规范公权、救济私权。

——**依法严格公正执行，构建诚信兰州**。围绕“基本解决执行难”目标，开展三年专项行动，强化执行措施，规范执行行为，执结案件113679件，到位金额465.64亿元。盯紧“3+1”核心指标，出台《从源头上综合治理执行难问题实施意见》，与23家单位建立执行联席会议制度，强力解决执行难。优化执行权运行机制，创建“执行110”，推动执行指挥中心实体化运行。制定“执转破”实施意见，2件“执行不能”案件移送破产审查。聚焦“切实解决执行难”目标，常态化开展涉民生、涉党政机关等案件执行行动，发布失信被执行人22007人次，限制消费和出境51213人次，司法拘留3442人次，追究刑事责任48人，让被执行人“一处失信、处处受限”。坚持善意文明执行理念，慎用查封、变价等措施，确保企业生产经营、资金流通不中断，坚决杜绝“办了一个案子，垮了一个企业”的现象发生。

三、始终把人民权益作为第一选择，全面贯彻以人民为中心发展思想

——**用情用力保障民生**。审理教育、就业、医疗、住房等民生案件650件，织密民生司法保障网。广泛开展送法进校园活动，防范、减少校园欺凌事件，保护未成年人健康成长。优化家事审判方式，推行婚姻冷静期、心理测评干预、案后跟踪回访等制度，审结婚姻家庭案件25714件。与公安、妇联等部门建立反家暴协作机制，发出人身安全保护令36份。构建“恢复性司法实践+社会化综合治理”工作机制，回应群众对绿水青山的美好向往，审结环境资源刑事案件249件，公益诉讼案件5件。常态化开展根治欠薪行动，审结劳动争议案件4985件，为农民工追薪3665.95万元。为经济困难当事人依法缓、减、免诉讼费186.63万元，发放司法救助金636万元，让人民群众切身感受到司法温暖。

——**做深做细便民机制**。深化一站式诉讼服务体系建设，实现诉讼服务网和12368诉讼服务热线全覆盖；建成移动微法院，提供跨域立案、网上缴费、评估鉴定、财产保全等线上服务，努力实现群众诉讼“一站通办、一网通办、一号通办、一次通办”，当事人足不出户即可完成“全流程”诉讼。全市法院网上立案21306件、跨域立案650件、线上调解10475件、网上庭

审1447件。

——**落实落细多元解纷**。深化“分调裁审”，落实繁简分流机制，全面推行简案快审、繁案精审，用调解、速裁和简易程序结案160646件，占结案数的66.5%，平均审限缩短21天，让公平正义“再提速”。坚持把非诉纠纷解决机制挺在前面，邀请调解组织、调解员调处矛盾纠纷13509件，基层法院司法确认1929件；办理中央和省市交办信访案件760件，从源头减少诉讼增量。

——**有力有序司法公开**。用好司法公开四大平台，公开裁判文书17.53万份，审判流程信息413.69万条，庭审直播1.91万场，让诉讼活动更加透明。加强与媒体的沟通交流，利用新闻发布会、“一网三微”等平台发布法院信息7654条，多举措、多层面、立体式反映法院工作动态，满足群众知情权、参与权和监督权。

四、始终把改革创新和智慧法院建设作为第一动力，不断推进法院工作高质量发展

——**全面落实司法责任制**。推进人员分类管理，坚持员额向办案一线倾斜，全市法院先后6批遴选员额法官427名。推进内设机构改革，内设机构缩减35.65%。组建新型审判团队，突出办案单元优势，优化审判资源配置。法官年人均结案175件，院庭长办案占结案数的23.36%，院庭长办理疑难复杂案件成为常态。

——**全力推进诉讼制度改革**。推进以审判为中心的刑事诉讼制度改革，落实“三项规程”，提高证人、鉴定人、侦查人员出庭作证率和案件当庭宣判率，从源头上预防冤假错案的发生。推进认罪认罚从宽制度改革，审结认罪认罚案件6203件，占同期已结案件的25.1%。推进人民陪审员制度改革，提请任命人民陪审员574名，人民陪审员参审案件30934件，占一审普通程序的55%。

——**全新构建审判管理体系**。细化审判权责清单，压实院庭长审判监督管理职责，完善“四类案件”识别监管机制，确保监督制约覆盖审判执行全流程、全领域。推行类案检索初步过滤、专业法官会议研究咨询、审判委员会讨论决定的法律适用分歧解决机制。强化二审、再审的监督、纠错功能，审结二审案件27048件、再审案件494件。依法接受检察机关法律监督，邀请检察长列席审判委员会116次，审结抗诉案件50件，共同推进司法公正。

——**全速推动智慧法院建设**。开启“互联网＋审判”新模式，建成科技法庭153套，远程提审法庭10个，实现网上开庭、网上证据交换。依托全国法院统一送达平台，线上精准送达诉讼文书，智能送达成功率达到96.34%，大幅缩短送达时间。全面实现网上办公办案、电子卷宗随案同步生成和电子档案自动编目。累计投资1.4亿元，建成“减刑假释办案系统”“司法数据集中管理系统”“案件难度系数标准、计算体系和配套系统”等220余个信息化项目，为领导决策和案件管理提供依据。引入法信、智审语音转写、文书智能校对、OCR图文识别等辅助办案系统，为法官提供信息检索、文书纠错等智能服务，向信息化要质量、要效率。

五、始终把队伍建设作为第一基础，着力打造过硬法院队伍

——**更加注重思想政治建设**。始终把党的政治建设摆在首位，认真学习习近平新时代中国特色社会主义思想，深入贯彻习近平法治思想，扎实开展“两学一做”“不忘初心、牢记使命”和党史学习教育，引导干警增强“四个意识”、坚定“四个自信”、做到“两个维护”。坚持党对法院工作的绝对领导，重大事项主动向党委报告，紧紧依靠党委领导推进法院工作。严格落实意识形态工作责任制，维护司法领域意识形态安全。加强党支部标准化建设，切实提升基层党组织战斗力、凝聚力。

——**更加注重司法能力建设**。持续深化司法人才培树工程，树好选人用人“风向标”。拓展线上＋线下培训，与兰州大学等高校建立“院校法律人才交流共建机制”，举办、参加《民法典》等各类专题培训班，对重点岗位干警全覆盖、多轮次进行培训。开展法官论坛、庭审观摩、裁判文书评比等活动，提高法官庭审、裁判技能。注重司法研究，先后有12件案例、3篇调研报告、6篇学术论文在省级以上评选中获奖。

——**更加注重纪律作风建设**。贯彻全面从严主基调，认真开展“三个以案”警示教育和“三个规定”专项整治。认真接受、全力配合省法院司法巡查和市委巡察工作，整改问题落地见效。不断强化底线意识，

常态化开展司法巡查、审务督察，对司法腐败零容忍，全市法院共诫勉谈话9人，给予党纪政务处分37人，移送司法机关5人，着力营造风清气正的政治生态。

各位代表，自觉接受监督，是司法为民、公正司法的重要保障。五年来，自觉接受人大依法监督和政协民主监督，坚持大会报告和专项报告制度，向市人大常委会专题报告量刑规范化建设、基本解决执行难问题、优化法治营商环境、扫黑除恶专项斗争、司法体制改革等工作情况，邀请代表委员视察法院、旁听庭审，办结代表建议5件、委员提案20件，有力促进了司法公正，帮助法院解决了很多实际困难和问题。

各位代表，五年来，全市法院工作发生深刻变革，实现长足进步。为民司法理念牢固树立，审判体系和审判能力现代化加快推进，司法体制改革和智慧法院建设取得重要进展，开放动态透明便民的阳光司法机制愈加完善，立案难得到根本解决，“基本解决执行难”目标如期实现，一站式诉讼服务体系初步建成，司法公信力逐年提高。五年来，全市法院共有42个集体、61名个人获得省部级以上表彰；2个党支部荣获“市直机关示范性党支部”荣誉称号；2020年市法院荣获省级精神文明单位荣誉称号。五年来，我们深切体会到，坚持党的领导是全市法院坚定道路与方向，保持立场与本色，践行初心与使命的最根本保证；坚持习近平法治思想的科学指引，是全市法院立足新时代新要求，推动高质量发展，不断赢得新胜利的最根本遵循；坚持公平正义、司法为民，是全市法院践行以人民为中心发展思想，切实让人民群众感受到公平正义，提升社会安全感、生活幸福感、司法获得感的本质要求；坚持服务大局、改革创新，是全市法院立足“两个大局”，胸怀“国之大者”，构建更高水平法治兰州、平安兰州的重要使命。全市法院工作的发展进步，来源于习近平法治思想的科学指引，来源于党中央和省市委的坚强领导，来源于全市法院干警扎实工作和辛勤付出，来源于人大有力监督，政府、政协和社会各界的关心支持帮助。在此，向大家致以诚挚的敬意和衷心的感谢！

各位代表，2021年，面对严峻复杂形势和前所未有挑战，全市法院始终把党的政治建设摆在首位，紧紧围绕市委中心工作履职尽责。这一年，我们坚持讲政治与讲法治相统一。认真学习贯彻习近平法治思想，不断增强“四个意识”、坚定“四个自信”、做到“两个维护”。制定意识形态责任清单，以落实党内各项基本生活制度为抓手，充分发挥党组领导核心作用和党支部战斗堡垒作用。这一年，我们坚持抓办案与战疫情“两不误”。1至11月份受理各类案件117809件，再创历史新高，结案84896件，同比分别上升30.0%和31.3%；法官人均结案199件，收案数、法官人均结案数位居全省法院前列。市中院1至11月份受理各类案件13861件，结案10462件，同比分别上升10.7%和9.6%。备受社会关注的兰州杀医案罪犯杨某某依法执行死刑。常态化开展扫黑除恶斗争，审结一审案件5件22人，二审案件13件199人，执结黑财到位12.3亿元。在疫情出现反弹后，全市法院干警积极配合，主动作为，快速审理相关案件，为战胜疫情贡献了兰法力量。这一年，我们坚持护发展与惠民生同推进。制定“办理破产”“保护中小投资者”“执行合同”评价指标提升实施方案，审理了全省首例房地产企业破产清算案，审结的两例植物新品种权纠纷案件分别入选中国外商投资企业协会优质品牌保护50大案例和最高人民法院种业知识产权司法保护10大典型案例。这一年，我们坚持强队伍与提能力“双提升”。全面启用防止干预司法“三个规定”记录平台，定期组织司法巡查，零容忍惩治司法腐败。深入开展党史学习教育、队伍教育整顿和“固魂铸剑”行动，收到各类线索694件，核查办结690件，给予党纪政务处分15人。围绕7类问题制定整改措施50项，修订完善制度150余项，组织“为民办实事”活动400余场，彰显活动成效。

同时，我们也清醒认识到，全市法院工作还存在一些问题和短板：一是司法理念、司法能力、工作机制等与新时代形势发展和人民需求相比还有一定差距，围绕中心服务大局的思路和举措针对性、实效性需进一步提升；二是案结事未了、案结权益兑现不了，审判执行的效果与人民群众的司法期盼还有差距；三是司法责任制综合配套改革仍需深化创新，法官职业保障和智慧法院建设有待完善加强；四是案多人少的矛盾尤为突出。2021年，员额法官人均收案已达276件，特别是城关区法院和兰州新区法院，法官人均收案近500件，超负荷工作成为常态；五是队伍建设任重道远，人员老化、队伍断层、人才流失等问题较为突出，法官助理达不到审判团队配比要求，书记员待遇偏低，队伍不够稳定；六是个别干警司法作风不正、司法行为不规范问题依然存在，内部监督机制还需进一步健全完善等。对这些问题，我们将采取有力措施，切实加以解决。

今后五年工作思路和2022年主要任务

今后五年，是在胜利实现第一个百年奋斗目标基础上，接续奋斗迈向基本实现社会主义现代化的第一个五年，是全面落实“十四五”规划的五年，是聚精会神、奋斗追赶，系统推进兰州实现高质量发展的五年。全市法院将以习近平新时代中国特色社会主义思想为指导，全面贯彻党的十九大和十九届二中、三中、四中、五中、六中全会精神，深入践行习近平法治思想，积极响应党中央伟大号召，从党的百年奋斗重大成就和历史经验中传承继续前进的智慧和力量，坚持司法为民、公正司法工作主线，紧紧围绕“让人民群众在每一个司法案件中感受到公平正义”的目标，坚决贯彻党中央和省市委决策部署，立足新发展阶段，完整、准确、全面贯彻新发展理念，构建新发展格局，突出执法办案、自身建设两个关键，以抓重点、补短板、塑品牌为路径，以优化司法理念、司法效能、司法管理、司法形象为着力点，加快推进全市法院审判体系和审判能力现代化，为重振兰州辉煌营造安全的政治环境、稳定的社会环境、公正的法治环境和优质的服务环境。

2022年，全市法院的主要任务是：

一、坚定不移忠诚担当，着力提升政治建设水平。始终坚持以习近平法治思想武装头脑、指导实践、推动工作，认真贯彻执行《中国共产党政法工作条例》，牢牢坚持党对法院工作的绝对领导，严格执行重大事项请示报告制度，不折不扣贯彻落实党中央、省市委决策部署；善于从政治高度发现问题、解决问题，不断提高政治判断力、政治领悟力、政治执行力，确保法院工作始终沿着正确道路前进。

二、坚定不移服务大局，全力保障高质量发展。认真贯彻落实市第十四次党代会和市委经济工作会议精神，围绕市委中心工作增强司法应对，依法妥善审理民商事案件，进一步优化民营经济、中小微企业和个体工商户发展环境；加大对关键核心技术知识产权司法保护力度，完善知识产权侵权惩罚性赔偿制度；贯彻落实“先发力、带好头”重要嘱托和黄河国家战略，积极主动服务保障兰州绿色发展和生态环境治理，为重振兰州辉煌作出应有的贡献。

三、坚定不移公正司法，努力提高执法办案能力。紧紧围绕“努力让人民群众在每一个司法案件中感受到公平正义”目标，履职尽责满足人民群众更高司法需求。常态化开展扫黑除恶斗争，严惩非法集资、电信诈骗、网络诈骗等涉众型侵害群众利益的犯罪；全面贯彻落实《民法典》，妥善审理劳动、就业、教育、医疗、养老、住房等事关群众切身利益案件；积极稳妥化解行政争议；巩固基本解决执行难成果，持续加大执行力度，规范执行行为，切实解决执行难问题。

四、坚定不移改革创新，积极推进智慧法院建设。深化以审判为中心的刑事诉讼制度改革，继续探索家事审判机制建设，完善审判委员会、专业法官会议制度，加大繁简分流、分调裁审和一站式诉讼服务体系建设；深化智慧法院建设，完善互联网司法模式，努力创造更高水平的数字正义。

五、坚定不移从严治院，全面锻造高素质法院队伍。巩固深化队伍教育整顿成果，持续开展“固魂铸剑”行动，固化“忠诚、法治、公正、精神、纯洁”之魂，铸牢“政治、业务、责任、纪律、作风”之剑，不断夯实队伍根基；牢固树立“严管就是厚爱”理念，持续改进司法作风，层层传递严的总基调，层层建立严的制度，努力打造信念坚定、执法为民、敢于担当、清正廉洁的法院队伍。

各位代表，“努力让人民群众在每一个司法案件中感受到公平正义”是我们矢志不渝的奋斗目标。全市法院将在市委的坚强领导下，认真落实本次大会决议，不忘初心、牢记使命，埋头苦干、勇毅前行，奋力开创全市法院工作新局面，为系统推进兰州实现高质量发展作出新的更大贡献，以优异成绩迎接党的二十大胜利召开！

兰州市庆祝中国共产党成立100周年

2021年是中国共产党成立100周年。兰州市认真落实中央和省委有关部署要求，精心谋划组织，广泛搭建各层次载体平台，广泛开展内容丰富、主题鲜明、形式多样的庆祝活动，使全市广大党员干部群众深刻感受到党的百年丰功伟绩，在信仰的旗帜下汲取奋进力量。

一、精心谋划部署推进，分类制定重点活动

成立由市委主要领导任组长，市政府、市人大、市政协主要领导和市委副书记任副组长，市委常委为成员的活动领导小组，具体负责全市庆祝活动的总体部署和统筹安排，协调推进各项工作任务。下设领导小组办公室和表彰慰问、宣传工作、党史学习教育、安全维稳4个专责小组，由市委办公室、市委组织部、市委宣传部、市委政法委作为牵头部门，按照各自工作职责协调推进各项工作任务，确保全市庆祝活动有序有效开展。制定《兰州市庆祝中国共产党成立100周年活动方案》，明确11项重点工作，在广泛征求各部门意见的基础上，对各级各类庆祝活动进行统筹整合、精细分类，策划设计涵盖理论研究、优秀党员故事拍摄、群众性活动、主题活动、思政工作、爱国主义和国防教育、社会宣传、新闻宣传、表彰慰问、文化等领域的多层次庆祝活动。

二、推进党史学习教育，积极为群众解难事办实事

把党史学习教育作为庆祝中国共产党成立100周年重要活动内容，成立市委党史学习教育领导小组，组建领导小组办公室，制定印发《关于开展党史学习教育的实施方案》，统筹协调推进党史学习教育工作。全市13.78万人次县处级及以上党员领导干部，400.94万人次党员，通过理论学习、现场教学、读书班、研讨会等多种形式，开展专题学习27.58万次，配发党史学习教育指定书籍15万套。抽调300余人组成各级各类宣讲团，深入县区部门、基层一线开展专题宣讲4300余场，受众30余万人次。制定印发《兰州市开展“我为群众办实事”实践活动实施方案》，推动全市各级各部门围绕保障基本民生需求、巩固拓展脱贫攻坚成果、优化营商环境、推进治理体系和治理能力现代化、完善政策措施、提升数字化智能化服务水平等8大方面，为群众帮办实事176.67

万件。

向11名新中国成立前入党的农村老党员和未享受离退休待遇的城镇老党员，各发放一次性生活补助金5000元。对党龄达到50周年、一贯表现良好的20107名党员颁发纪念章。“七一”前夕下拨经费563.6万元，走访慰问获得党内功勋荣誉表彰党员、生活困难党员、老党员、老干部和烈士遗属、因公殉职党员干部家属4765名。积极开展推先选优命名表彰工作，1名优秀共产党员和1名优秀党务工作者受到全国表彰；16名优秀共产党员、9名优秀党务工作者、14个先进基层党组织受到全省表彰；表彰全市优秀共产党员、优秀党务工作者各100名、先进基层党组织100个。

三、深入挖掘红色资源，打造红色教育现场平台

召开全市各级爱国主义教育基地工作推进会，组织专门力量开展专题调研督导，精心打造红色教育现场教学平台。八路军兰州办事处纪念馆、兰州市档案馆、兰州烈士陵园等爱国主义教育基地立足工作实际，深挖红色资源，推出《革命先驱张一悟》《红色花木兰何子友》《兰州空战》《百名抗战人物故事》等红色主题视频、课件，收集整理反映兰州红色历史档案266套(件)，整理出版《兰州战役战史图集》和92名烈士事迹《英名录》，策划举办《兰州大决战》、“走进档案守初心——兰州红色记忆展”等主题展览。特别是八路军兰州办事处纪念馆创新推出沉浸式实景剧《红色驿站》、情景剧《自古英雄多患难 岂徒我今然》，先后在酒泉路旧址、甘南路旧址演出，取得良好的社会反响。4月4日，在兰州市烈士陵园举办纪念“卫国戍边英雄”陈红军专题活动，中央广播电视总台新闻频道进行50分钟的现场直播，网上点击浏览量2.21亿人次。年内，全市各级党政机关、单位团体先后组织干部群众150余万人次，前往各爱国主义教育基地开展主题党日、主题班队会、现场教学等红色教育活动1.8万余场次。

四、动员群众广泛参与，开展“永远跟党走”主题活动

制定《兰州市庆祝中国共产党成立100周年组织开展“永远跟党走”群众性主题宣传教育活动实施方案》，明确28项重点任务，策划设计10大类43项主题活动。“庆祝中国共产党成立100周年·我忆兰州好”2021兰州千场惠民文艺演出、市直机关红歌合唱比赛、庆祝建党100周年大型无人机展演、“学党史、颂党恩、跟党走——红色文化进校园”“传承红色基因 清明祭英烈”主题教育、党史学习教育学习资料展示、“新时代·新思想”全市党史宣讲大赛、“童心永向党、阳光下成长”兰州市中小学生庆祝中国共产党成立100周年艺术展演活动暨第七届中小学艺术节等一系列庆祝活动顺利举办。扶持创作推出本土红色题材儿童剧《大豆谣》《海力布》等庆祝中国共产党成立100周年优秀文艺作品。

五、广泛开展宣传教育，营造浓厚的社会氛围

整合重点路段公益广告牌和楼体亮化、沿街户外电子屏、公交出租车载LED屏以及灯箱展板、灯杆道旗、立体花坛等各类宣传阵地载体4.78万个，广泛布设播放党史学习教育宣传标语口号。推出“一条红船”“一路红色公交”“一列主题地铁”3个特色移动宣传阵地。挑选重点路段运营的公交车20辆，全车装涂为100周年红色主题。在东方红广场主席台布设60米巨幅宣传标语口号。在重点路段、城市地标、公园等设计制作城市小品55个。开展“百年大党 光辉历程”——中国共产党党史系列巡回展览，设计制作党的历次代表大会、兰州红色阵地、革命英雄人物事迹展板92块，在东方红广场、张掖路步行街等重点区域进行巡回展览。把南滨河路中山桥至宁卧庄宾馆段(包含黄河风情线)打造为“红色宣传一条街”，有效扩大社会影响力，提升干部群众参与度。

(钱焕玉)

兰州市党史学习教育

2021年2月，党史学习教育开展以来，中共兰州市委按照党中央统一部署和省委具体安排，认真履行政治责任，牢牢把握“学史明理、学史增信、学史崇德、学史力行”的目标要求，坚持把党史学习教育作为推进党的自我革命的重大举措、筑牢党员干部理想信念的重要契机、推动事业持续健康发展的难得机遇，系统谋划推进、周密组织实施，全市1.14万个党组织上下联动，25.15万名党员干部全身心投入，有力推动学习教育取得预期成效，达到“学党史、悟思想、办实事、开新局”的目的。

一、组织有力，在对标对表中明确责任狠抓落实

把党史学习教育作为贯穿全年的一项重大政治任务，坚持高标准、严要求，扎实推进各项任务落实。市委第一时间成立领导小组，组建专门工作机构，建立健全运行机制，迅速部署全市党史学习教育工作。各县区各部门各单位立即跟进启动，成立相应工作机构，强化组织领导，逐级传导压力。期间，市委常委会先后召开16次会议，研究部署重点工作，特别是朱天舒书记到任当天，就专门听取党史学习教育进展情况，研究重点任务，指导学习教育工作。组建18个市委巡回指导组，开展3轮次全覆盖督导，推动学习教育向纵深发展。中央第九指导组先后2次来兰调研学习教育情况，对城关区白银路街道甘家巷社区基层治理模式、城关区虚拟养老院建设等经验做法给予充分肯定，并向中央党史学习教育领导小组办公室推荐，在全国推广。省委第一巡回指导组对全市8个县区、36个部门单位进行现场督查指导，有力推进全市党史学习教育顺利开展。

二、突出重点，在学习百年党史中感悟思想伟力坚定理想信念

坚持把学习习近平新时代中国特色社会主义思想作为首要政治任务，突出习近平总书记党史学习教育动员大会重要讲话、“七一”重要讲话和党的十九届六中全会精神等学习内容，系统研学指定书目，贯通学习三个历史决议，深刻领悟党的百年奋斗历史经验，不断增强“先发力、带好头”的信心和决心。市委常委先后开展集体学习31次，撰写体会文章61篇，示范引领全市13.78万人次县处级及以上党员领导干部，400.94万人次党员，开展各种形式专题学习27.58万次。组建市委宣讲团、百人宣讲团、青年讲师团、“两优一先”宣讲团等宣讲队伍，深入基层开展分众式、互动式宣讲4300余场，教育引导全市广大党员干部群众深刻领悟“中国共产党为什么能、马克思主义为什么行、中国特色社会主义为什么好”，进一步增强忠诚拥护“两个确立”、坚决做到“两个维护”的思想自觉和行动自觉。

三、深化成效，在严肃党内政治生活中锤炼党性改进作风

坚持把党史学习教育和过好组织生活、政治生活相结合，紧扣党史学习教育主题，认真做好“三会一课”、主题党日、民主评议等规定动作。按照把自己摆进去、把职责摆进去、把工作摆进去的要求，严肃召开专题民主生活会、组织生活会。全市党员干部通过学习研讨、征求意见、谈心谈话、对照检查等环节工作，认真盘点参加学习教育的收获，仔细检视查找差距和不足，深刻剖析问题产生的根源，严肃进行批评和自我批评，经受了一次严格、规范、高质量的党内政治生活锻炼，收到了相互启发、相互提醒、共同提高的效果。2022年1月6日，省委书记、省人大常委会主任尹弘到会指导兰州市委常委会党史学习教育专题民主生活会，并强调要持续从党的百年历史中汲取智慧力量，努力在全省高质量发展上走在前、作标杆，为兰州市巩固拓展党史学习教育成果明确目标和方向。全市各级党组织严格按照党中央、省委和市委规定要

求，深入查摆问题，扎实推进整改，认真召开专题民主生活会，切实把党性锤炼的效果体现到改进作风、履职尽责、干事创业的方方面面。

四、聚焦主题，在庆祝党的百年华诞浓厚氛围中提振人心鼓舞士气

坚持把庆祝建党100周年宣传教育作为贯穿全年的工作主线，紧紧围绕“七一”庆祝大会、十九届六中全会等重要时间节点，精心策划开展“永远跟党走”群众性主题宣传教育、“四史”宣传教育等重点活动。组织全市各级新闻媒体累计刊发庆祝建党100周年、党史学习教育等新闻稿件35万条，总访问量突破6.1亿人次。编发专报、简报256篇，被中央、省委采用82篇，推送稿件的质量和数量综合排名全省第一。整合利用各类宣传载体，大力营造浓厚氛围，打造推出“一条红船”“一路红色公交”“一列主题地铁”三个特色移动宣传阵地。“七一”期间，中央电视台《新闻联播》《东方时空》等主要栏目对兰州主题灯光秀进行专题报道、现场直播，先后播发《甘肃兰州 光耀母亲河 万众心向党》等重点稿件10余篇，各平台总观看量突破1090.5万人次，大力唱响共产党好、社会主义好、改革开放好、伟大祖国好的时代主旋律，生动展现在中国共产党的领导下兰州各项事业蓬勃发展的历史成就。

五、深挖资源，在接受红色教育中赓续血脉传承基因

深入挖掘利用八路军兰州办事处纪念馆、兰州战役纪念馆等本土红色资源，制作推出《革命先驱张一悟》《红色花木兰何子友》《百名抗战人物故事》等主题视频、课件，收集整理反映兰州红色历史档案266套件，整理出版《兰州战役战史图集》和92名烈士事迹《英名录》，推出“兰州大决战”“兰州红色记忆”等主题展览，全市开展红色主题教育1.8万余场次，受众150余万人次。出版发行地方史志《兰州通史》，精心创作推出儿童剧《海力布》、纪录片《兰州“八办”记忆》等优秀主题文艺作品，交响合唱组曲《南梁颂》在国家大剧院成功首演。把红色题材儿童剧《大豆谣》作为学习教育重要载体，全方位做好宣传推广，举办“开学第一课”主题活动，中央、省市各级媒体累计刊发相关稿件400余篇，线上点击量近1亿人次。大力宣传英雄人物，举办纪念“卫国戍边英雄”陈红军专题活动，在全社会营造赓续红色血脉、传承红色基因的良好氛围。

六、践行宗旨，在办好为民实事中守牢初心开创新局

坚持把“我为群众办实事”实践活动作为党史学

4月9日，市政府办公室党员干部赴会宁开展“接受革命传统教育，传承红色基因”党史学习教育实践活动

习教育的重要内容，把担使命、开新局作为学习教育的落脚点。市委专门制定印发实施方案，明确4项目标要求，提出8个方面内容，梳理实施完成46个重点惠民项目，围绕省委书记尹弘对兰州“五个方面”工作要求，兴办养老、医疗、住房等实事项目925项，全市各级党组织和党员干部累计帮办实事79.22万件，各类平台热线受理97.45万件，出台各类惠民政策机制3913项，在办实办好一件件老百姓操心事、烦心事中守护兰州发展江山、守好兰州发展民心。特别是在“10·18”新冠肺炎疫情以来，全市各级党组织把守护人民生命安全和身体健康作为最大实事，充分发挥基层党组织战斗堡垒作用、党员先锋模范作用、党员领导干部表率作用，市委市政府主要领导连续37天参加省、市视频调度会，并深入定点治疗医院、集中隔离点和街道、社区等基层一线协调解决具体问题，创新探索出七里河区西园街道“民警、民兵、民宗”联勤作战模式，拓展推广“小兰帮办”智能化政务服务平台功能，精准发挥“社工委”机制，不断加强退役军人志愿服务社会协同，有力推进社会管控，实现在一个潜伏期内有效阻断疫情蔓延的总体目标，使疫情防控一线成为锤炼党员干部的“练兵场”，中央第九指导组将兰州市成功经验向全国进行推广。各级党员干部用实际行动践行初心使命，得到党性政治锻炼，为实施“强省会”行动战略、重振兰州辉煌积蓄更强社会动力、夯实更强基层力量。

党史学习教育过程中，全市党员干部认真学习党的光辉历史，深刻领会党的百年奋斗历史经验，充分汲取蕴含其中的丰厚经验养分，思想受到深刻触动、灵魂经受深刻洗礼，拥护“两个确立”的政治自觉进一步坚定，守初心担使命的思想自觉进一步增强，担当作为、开创新局的信心进一步提振，干部群众真切感受到了学习教育带来的新气象、新变化。2022年将深入贯彻落实习近平总书记对党史学习教育的重要指示精神和在省部级主要领导干部学习贯彻党的十九届六中全会精神专题研讨班开班式上的重要讲话精神，按照中央和省委有关工作要求，认真总结这次党史学习教育的成功经验，积极探索建立常态化、长效化制度机制，不断巩固深化学习教育成果，引导全市各级党组织和广大党员把党史学习教育作为终身课题，大力弘扬伟大建党精神，不断增强历史自觉、坚定历史自信、把握历史主动，聚精会神、奋斗追赶，以新担当新作为系统推进兰州实现高质量发展。

（刘牧升）

坚决打赢疫情防控遭遇战 全力保障人民群众生命安全

——兰州市卫生健康委员会“10·18”抗击新冠肺炎纪实

疫情就是命令，防控就是责任。10月18日，兰州市发生新冠肺炎疫情后，市卫健委深入贯彻落实中央、省市决策部署，始终坚持人民至上、生命至上，把疫情防控当作头等大事、重中之重来抓，坚决扛起疫情防控政治责任和主体责任，采取果断有力措施，以最快速度、最严标准、最实举措，尽快阻断疫情传播链条，全力守护人民群众生命安全和身体健康。

——保持政令高效畅通。在疫情处置全流程、各环节中始终突出一个“快”字，做到出手快、响应快、决策快、处置快，确保应急响应和处置措施跑在病毒的前面。10月24日，兰州市新冠肺炎疫情联防联控领导小组第一时间作出决定，将原来的“一办十一组”调整为“一办十三组”，对领导小组机构人员及工作职责进行再调整、再充实，并在相关工作组下设若干工作专班，在市联防联控领导小组统一指挥调度下开展工作，形成指挥有力、上下协同、高效顺畅的疫情防控指挥体系。严格落实日报告、零报告制度，做到组织领导、工作机制、人员队伍、经费保障、物资储备“五个到位”，压紧靠实属地、部门、单位、个人的“四方责任”，严格落实有疫情防控指南、有防控管理制度和责任人、有适量防护物资储备、有属地医疗卫生力量指导支持、有隔离场所和转运安排准备等措施的“五有要求”，广泛宣传防控政策，构筑起联防联控、群防群治的严密防线。同时，坚持平急结合，不断完善系统化、常态化社区疫情防控体系，成立市县乡村(社区)四级爱国卫生运动委员会1194个，成立村(社区)公共卫生委员会1085个，将公共卫生宣传、发动、服务功能延伸到基层治理的神经末梢。

——全面提升核酸检测能力。核酸检测是落实“早发现、早报告、早诊断、早隔离”的关键一环。兰州市及时制定印发《兰州市新冠病毒核酸检测工作方案》，成立采样质控、检测质控、混管阳性等9个专班，建立由市委常委任组长、市政府分管领导任副组长和区县联防办、市卫健委等单位为成员的核酸检测调度指挥体系，统筹调配一切力量分区域、分时段开展大规模核酸检测，最大限度控制疫情扩散蔓延。市域内单日最大检测量44.9万管，根据检测规模，科学划定检测范围，适时调整布局采样点，协调配备采样员1.7万余人，建立“定楼、定人、定单、定点、定时”采样机制，优化采、送、检、报各环节流程，全力加快核酸检测筛查进度，确保2小时内转运、重点人群6小时内反馈结果。全市完成6轮大规模核酸检测，筛查阳性病例

74例。

——**着力加强流调溯源效能**。围绕检测和流调两个关键，坚持"逢阳必报、逢阳即报、接报即查、先管后查"原则，充分发挥"三公(工)"(公安、工信、公卫)融合效应，第一时间开展重点人群、重点场所排查和管控。不断配齐配强市县流调队伍力量，市级流调队伍20支58人，县级流调队伍65支433人，一旦出现阳性病例，第一时间精准锁定，按照"同住、同餐、同行、同事、同学、同乘、同伴、同游、同工、同厕"的"十同"范围，全面彻底排查阳性病例的密接和次密接人员，从速从快从严进行集中隔离管控，在最短时间内切断传播链。

——**科学精准救治患者**。严格按照传染病医院标准，依托兰州市重离子医院，仅用48小时完成市第二人民医院雁滩分院改造组建分定点医疗救治医院工作，配备救治床位667张，投入使用163张，其中ICU病区19张、简易ICU病区24张。组建由呼吸、感染、重症、影像等专业专家组成的医疗救治专家指导组，为定点医院配备医护人员296人(含省级三甲医疗团队5支178人)和院感染科、消杀及后勤人员300余人。根据最新版《新冠肺炎诊疗方案》，坚持"四集中"(集中患者、集中专家、集中资源、集中救治)原则，采取"一人一团队、一患一方案"的方式，坚持同质化、规范化诊疗，用40天时间实现137例确诊病例清零。截至12月2日，市第二人民医院雁滩分院累计收治患者139例(含2例无症状感染者)，全部治愈出院。定点康复医院累计收治患者139例(兰州市85例，其中56例康复出院，1例转回白银市定点康复医院进行治疗；兰外54例，均转回户籍所在市州定点康复医院进行治疗)。同时，坚持救治与康复同步走，用36小时改造完成市级定点康复医院，共设置4层病区，配套91间病房234张病床，协调兰大一院组成专家团队及护理团队，全面负责出院病例康复治疗，所有患者经过康复治疗后病愈出院。

——**全程闭环隔离转运**。根据国家和省市相关政策规定，会同相关部门制定印发《兰州市集中隔离点到期人员解除隔离工作指引》，严格做好解除集中隔离人员闭环管理工作，解除前严格落实"双采双检""人物同检"，交接时集中隔离点与居住地转运工作人员履行交接签字，社区与解除集中隔离人员签订《居家健康监测承诺书》，规范落实居家健康监测相关责任，坚决杜绝失管失控，全程做到闭环管控。另外，全面扎实做好定点医院医护、行政、后勤等人员闭环管理工作，先后制定《兰州市第二人民医院雁滩分院工作人员健康监测管理办法》《隔离点医护及相关人员隔离转运方案》等指导性文件，建立"点位长"制负责制，实行单人单间、专车接送，做到全程闭环管理、无缝衔接。

——**筑牢夯实院感防控**。为全面加强院感防控工作，多次召开专题会议安排部署，及时跟进印发《关于强化疫情期间院感防控培训工作的通知》《关于加强疫情期间医疗机构院感防控工作的补充通知》等指导性文件，围绕预检分诊、发热门诊管理、封控小区人员就医保障、重点人员闭环管理、核酸检测和质量控制、患者及医护管理、监督管理等方面提出"九个切实加强"，同步开展"线上+线下"培训会，有效降低医疗卫生机构内部传播风险。同时，抽调院感防控和监督人员组成专项督查组，紧盯医疗机构、重点场所等风险领域，扎实开展拉网式排查行动，全方位阻断病毒传播途径，筑牢夯实院感防控"篱笆墙"。

——**筑牢"外防输入"坚固防线**。加强第一入境地隔离期满返兰人员闭环管控。建立境外隔离期满人员返兰工作专班，目的地所在县区落实专人专车接回、7天单人单间居家健康监测、期间2次上门核酸检测等措施，严格执行点对点闭环管理，最大程度降低传播风险。全力做好国内中高风险区来兰返兰人员排查管控。高风险区来兰返兰人员严格落实14天集中隔离；中风险地区来兰返兰人员查验48小时核酸检测证明，落实14天居家健康监测，确保落地不失控、途中不漏管。坚持人、物、环境同防，按照"首接检、批覆盖、抽样查"的原则，对进入总仓的进口冷链食品及其包装进行抽样检测，对从业人员每周进行不少于1次的核酸检测全覆盖。坚持疫苗接种与疫情防控两不误，全年完成12岁及以上人群第2剂次接种325.695万人，占接种任务(308.48万人)的105.58%；18岁及以上人群加强针接种5.8万人，占任务(15.9068万人)的36.48%；3~11岁人群第1剂次接种33.5334万人，占第1剂次接种任务的94.15%，完成全程接种23.686万人，占全程接种任务的70%。

(牛彦东)

1月

1日 自本月1日起，兰州住房公积金贷款职工及配偶可用月公积金缴存额冲抵每月还款额。

2日 兰州新区举行卫生应急队伍成立仪式暨2021年新冠肺炎疫情防控应急演练。

4日至5日 中共兰州市委十三届十四次全会暨市委经济工作会议召开。

5日 兰州市开启“大数据+河长制”河湖生态管理新模式。

8日 兰州市人民政府与杭州海康威视数字技术股份有限公司签订战略合作协议——建设西北地区智慧城市运营区域总部，助力兰州数字经济发展和智慧城市建设。

9日 九三学社兰州市委员会第七届第五次全委(扩大)会议召开。

10日 兰州市举行庆祝首个中国人民警察节升警旗仪式。

11日—14日 中国人民政治协商会议兰州市第十四届委员会第五次会议召开。

12日—15日 兰州市第十六届人民代表大会第五次会议召开。

14日 17时21分在甘肃兰州市榆中县附近(北纬36.06度，东经104.05度)发生3.6级地震。震源深度16千米，震中距离兰州市城关区约20千米。

15日 第三届全国石油和化学工业先进集体、劳动模范、先进工作者表彰大会在北京召开，西北永新集团有限公司风电及防腐涂料创新团队获全国石油和化学工业先进集体，西北永新涂料有限公司销售总监王志获全国石油和化学工业劳动模范。

18日 兰州市联防联控领导小组办公室印发《兰州市农村地区新冠肺炎疫情防控工作方案》，要求全市各区县、各部门、各单位把农村地区疫情防控作为重中之重，坚持常态化精准防控和局部应急处置有机结合，严防农村地区聚集性疫情发生，坚决守牢农村地区疫情防线。

18日—26日 市委老干部局对市属841名离休干部、担任过地级实职的退休干部和已故离休干部无固定收入遗属及红军遗孀进行走访慰问，发放慰问金161.6万元。对101名长期在异地居住和异地安置的离休干部及已故离休干部无固定收入遗属采取上门走访慰问和电话视频云慰问的方式，传达组织的关心和问候，发放慰问金20.2万元。

21日 农工党兰州市六届五次全委(扩大)会议召开。

22日 兰州市爱国主义教育专家委员会成立暨专家委员聘任仪式举行。

23日 首都科技发展战略研究院和中国社会科学院城市与竞争力研究中心共同发布的《中国城市科技创新发展报告2020》显示，兰州市跻身中国289个地级及以上城市科技创新发展指数50强，排名第46；位居省会与副省级及以上城市科技创新发展指数排名第28。

是日 兰州警备区党委八届三次全体扩大会议召开。

是日 西北师范大学获批2项国家留学基金委高水平人才国际合作培养项目。

24日 兰州市首家物流服务业国家级标准化试点——甘肃苏宁物流有限公司承担的国家级服务业标准化试点项目通过验收。

26日 兰州市交通运输委员会与西宁市交通运输局、海东市交通运输局共同签署了一系列合作框架协议。合作推进兰西城市群交通运输一体化发展。

29日 生态环境部办公厅发布通报，兰州市生态环境局获得“2020年全国固定污染源排污许可全覆盖工作中表现突出集体”荣誉称号。

2月

1日 全国工商联办公厅发布通报，表彰2019—2020年度全国“四好”商会，兰州市丽水商会、兰州市莆田商会等商会榜上有名。

是日 第7届甘肃省人民政府质量奖及质量奖提名奖拟获奖名单向社会公示，兰州佛慈制药股份有限公司、兰州市城关区虚拟养老院在列。

3日 兰州市政务服务工作被命名为第一批全省法治政府建设示范项目。

是日 中兰客专兰州新区南站站房工程和南站市政配套工程正式开工建设，工程计划2022年4月建成。

4日 兰州开展“情暖金城稳岗留工”十大专项服务行动，百人以上外省员工留兰过年企业可获补10万元。

5日 教育部公布第二批基础学科拔尖学生培养计划2.0基地名单，兰州大学物理学拔尖学生培养基地入选。

7日 中国共产党兰州市第十三届纪律检查委员会第六次全体会议召开。

是日 科技部火炬中心公布2020年度国家高新区评价结果，兰州高新区在全国169家高新区中综合排名分别位列第65名，较上年排名分别上升5位。

9日 兰州榆中供热服务中心首创研发的“分布式动态平衡技术在集中供热系统中的应用研究”技术获得中国生产力促进中心协会“中国好技术”称号。

21日 《兰州晚报》联合公益心、小草爱心、爱心驿站、中华志愿者协会兰州救援分队等全市百名青年志愿者公祭“卫国戍边英雄”陈红军烈士。

是日 兰州市政务服务中心24小时自助服务区正式对外开放，旨在向企业和群众提供24小时自助业务办理，实现政务服务由8小时向全天候24小时“不打烊”的跨越。

23日 兰州市方舟救援志愿服务队获得中宣部第6批全国学雷锋活动示范点称号。

24日 兰石集团云平台建设案例入选国务院国资委优秀典型，系甘肃省唯一入选案例。

是日 市政府与四平市考察团举行座谈会，双方围绕农产品批发市场建设、现代物流发展等项目，进一步深化交流合作，实现互利共赢，携手推动两地经济社会发展。

是日 兰州石化工业视频智能应用平台上线试运行，成为中国石油首家实现“全域覆盖、全网共享、全时可用、全程可控、融合通信”工业视频智能应用平台的地区公司。

25日 全国脱贫攻坚总结表彰大会在北京人民大会堂隆重召开。兰州市永登县扶贫开发办公室党组书记、主任王有泉，榆中县扶贫开发办公室党组书记、主任王国福获得“全国脱贫攻坚先进个人”荣誉称号。

3月

1日 教育部正式批复同意甘肃省3所高校转设更名。其中，兰州财经大学陇桥学院转设为兰州工商学院；兰州理工大学技术工程学院转设为兰州信息科技学院；兰州交通大学博文学院转设为兰州博文科技学院。

3日 市委召开全市党史学习教育动员大会，强调要牢牢把握“学史明理、学史增信、学史崇德、学史力行”的目标要求，高标准高质量推动党史学习教育，做到学党史、悟思想、办实事、开新局，努力谱写全面建设现代化中心城市新篇章。

4日 兰州经济技术开发区高技术转化应用示范基地在工业和信息化部“国家新型工业化产业示范基地发展质量”评定中被评为三星。

9日 兰州经济技术开发区在商务部公布的2019年度综合考评结果中，较上年度提升38位，在全国218个国家级经开区中排名第138位，在全省4个国家级经开区中综合排名第一。

12日 全国妇联发布《关于表彰全国城乡妇女岗位建功先进个人、先进集体的决定》，兰州新区市场监管局企业注册登记监督管理科、红古区税务局荣获全国巾帼文明岗称号；兰大一院生殖医学专科医院荣获全国巾帼建功先进集体称号。

是日 兰州市进口冷链食品监管总仓启用二维码追溯系统。

16日 兰州市召开重大项目集中开工复工动员大会，集中开工复工21个项目，总投资741亿元，年度计划投资119亿元，吹响了项目开复工的“冲锋号”。

17日 23时30分，兰州市永登县（北纬36.4度，东经103.18度）发生2.3级地震，震源深度11千米。

21日 市委市政府印发《兰州市巩固深化全国文明城市创建成果三年行动计划（2021—2023年）》的通知，对巩固深化兰州市全国文明城市创建成果，建立健全常态长效机制等作出具体安排部署。

22日 共青团兰州市委十六届六次全委（扩大）会议召开。

24日 兰州市在第8届中国城市物流大会暨2021科技物流大会上获得“2020年中国物流最具投资价值城市奖”荣誉称号。

25日 从3月22日起，兰州市新冠病毒疫苗群体接种工作全面展开，至25日首批20400剂新冠病毒疫苗已经全部接种完毕。

27日 “庆祝中国共产党成立100周年·我忆兰州好”2021兰州“个十百千”惠民工程演出季拉开帷幕。

是日 兰州科技创新园盛大开园，该园位于兰州轨道交通东岗车辆段内，已签约引进网易公司、中软国际、速云科技、北京力控等50余家知名科技型企业入驻，其中70%以上为省外优质企业，华为、海康威视、京东云、今日头条等一批知名企业正在入驻洽谈之中。

29日 在全国扫黑除恶专项斗争总结表彰大会上，兰州市公安局获得“全国扫黑除恶专项斗争先进集体”称号，是全省唯一获此殊荣的公安机关。

31日 国家发改委公布2020年新认定及全部国家企业技术中心名单，兰州市航空工业兰州飞行控制有限责任公司上榜。

是日 在兰州万达影城1号厅举办由兰州市委宣传部主导，兰州市文学艺术界联合会、兰州浩发影视传媒有限公司联合出品的甘肃首部体育励志题材电影《足球·少年》首映式。11月17日，该影片在央视电影频道黄金档首映。

是月 兰州奥体中心1场3馆（体育场、综合馆、游泳馆、网球馆）4个单体的主体结构工程通过验收。

是月 兰州市在全省首家推出商业补充医疗保险“金城·惠医保”。

4月

2日 省委常委、市委书记李荣灿带队在北京拜会科技部副部长李萌，汇报兰州市科技创新工作情况，并就建设兰州综合性国家科学中心事宜进行座谈。

7日 在中国森林体闲养生体验峰会上，兰州吐鲁沟国家森林公园被认定为2020年“中国森林养生基地”，全国仅22家。

9日 兰州市和西宁市在兰州签订《兰州—西宁城市群人力资源合作协议书》，就全面建立两市人力资源市场协作伙伴关系、建立就业服务共享机制等13个方面达成合作共识。

是日 中国田径协会、中央广播电视总台体育青少年节目中心公布2021年“奔跑中国”马拉松系列活动入选赛事名单，兰州国际马拉松赛成功入选。

12日 中川国际机场环线铁路项目启动建设，线路全长14千米，对满足旅客安全、高效、便捷、优质出行需求，对完善兰州中川国际机场集疏运体系，打造区域综合交通枢纽具有重要意义。

13日 甘肃省工商联发布2020年甘肃省民营企业50强榜单，兰州市19家民营企业上榜，其中正威（甘肃）铜业科技有限公司位居榜首。

14日 兰州市科技局与西宁

市科技局签订《深化科技战略合作协议》。

15日 兰州市人民政府与甘肃公航旅集团举行城市更新合作框架协议签约仪式，双方将在城市基础设施建设、城市更新改造、智慧社区创建等方面进入更深层次合作。

16日 兰州市城关区甘家巷社区、红古区下窑社区入选全省首批“幸福家园”工程。

17日 第38届兰州桃花旅游节在安宁仁寿山生态文化旅游景区开幕。本届节会以“永远跟党走——相约桃花源　筑梦新征程”为主题，激励和动员广大党员群众牢记使命，不懈奋斗。

21日 在第5届中国国家旅游年度颁奖盛典上兰州市喜获“2020年中国国家年度臻选旅游城市”荣誉称号。

24日 在第4届国际旅游年会上，兰州市获得“最美国际文化旅游名城”称号。

27日 兰州制定推出“户政服务新十条”，将审批权限再下放、服务措施再升级、办理时限再压缩，为广大群众提供更加便利高效的户政服务。

28日 兰州市轨道交通有限公司被中华全国总工会授予“全国五一劳动奖状”荣誉，为全省5家获奖单位之一。

29日 省河长制办公室印发《关于2020年度河长制工作考核结果的通报》，兰州市2020年度河湖长制考核结果为优秀等次，多项考核指标位居全省前列。

是月 在甘肃省人民医院等11家定点医疗机构启动兰州市职工医保按疾病诊断相关分组(DRG)支付方式改革试点工作，全市所有二级及以上医疗机构参与。

是月 甘肃省委常委、兰州市委书记李荣灿调任湖北省委常委、组织部部长。

5月

1日 兰州市调整城乡居民基本医疗保险政策——住院报销比例统一上调5%。

是日 兰州水墨丹旅游景区模拟开园运营，接待游客逾3万人。

10日 兰州高新区围绕做实做好“高”和“新”两篇文章，着重聚焦主导产业精准招商，并做好中国生物西北地区科技健康产业园以及兰州生物制品所P3实验室和新冠疫苗项目的落地，引进生物医药批签发中心建设，谋划生物安全等级P4实验室及生物安全产业相关项目。

11日 第11届国家综合防灾减灾与可持续发展论坛在兰州举办。期间，兰州市分别与西安市、西宁市、银川市签订《西北省会城市应急联动工作备忘录》，与西宁市、白银市、海东市、定西市、海北藏族自治州、临夏回族自治州、海南藏族自治州、黄南藏族自治州签订《兰西城市群应急联动工作备忘录》，建立跨区域应急协调联动工作机制。

12日 兰州市2021年民族团结进步宣传月活动启动仪式暨创建全国民族团结进步示范市推进会在市民广场举行。

14日 沉淀了64年历史的兰州市动物园闭园。

是日 《甘肃省关于构建绿色金融体系的意见第三方评估报告》正式发布，兰州新区以9276分的得分位居全省第一。

17日 兰州市人民政府与义乌市人民政府在义乌市签署战略合作框架协议，双方将在打造双循环联动枢纽、中欧班列集拼集运模式、公铁联运国际货运班列、两地国家物流枢纽协同合作、复制推广国际贸易单一窗口铁路运输项目和市场采购贸易方式等方面加强交流合作。

是日 “庆祝中国共产党成立100周年·我忆兰州好”2021兰州“个十百千”惠民工程演出季——“黄河儿女中华情”大型音乐会在兰州音乐厅精彩上演。

17日 “希望的热土——2021阿里巴巴乡村致富大会”在兰州举行，阿里将从科技振兴、产业振兴和人才振兴三个方面向甘肃等省份推出助力乡村振兴的“热土计划”。

18日 兰洽会组委会确定第27届“兰洽会”主题省为陕西省，届时将举办陕西省“一带一路”建设经贸合作交流会、在甘投资企业代表座谈会等活动，深化省际产业合作，共同构建新发展格局。

同日 西北地区第一个有色金属期货交割库——兰州新区上海期货交易所铝期货指定交割仓库，首张标准仓单在甘肃国通大宗商品供应链管理股份有限公司正式实现交割。

19日—20日 由兰州市人民

政府、兰州新区管理委员会主办，北京朗泰华科技发展中心承办的高危行业生产安全风险感知技术峰会在兰州新区举办。

20日 根据《甘肃省省长金融奖评选办法》，省政府决定对2020年金融工作成绩突出的35家单位、5个市州政府授予省长金融奖，其中兰州市人民政府榜上有名。

21日 甘肃省“义乌—兰州—莫斯科”中欧班列从甘肃（兰州）国际陆港驶出，发往俄罗斯莫斯科，标志着甘肃省发展枢纽经济、通道经济、口岸经济，融入“一带一路”建设取得新突破。

24日 在第2届甘肃品牌论坛上，兰州市政务服务中心“小兰帮办”作为2021年“甘肃好品牌——最具影响力服务品牌”精彩亮相、受到表彰，为兰州市政务服务品牌创建工作再添殊荣。

25日 在西宁科技大市场组织召开由兰州市科学技术局、西宁市科学技术局联合主办的“西宁—兰州科技成果转移转化对接会”，线上线下同步发布来自中国科学院兰州化学物理研究所、兰州理工大学、青海大学、青海省农林科学院、亚洲硅业（青海）股份有限公司等多家高校、科研院所、企业的科研成果800余项。

27日 市统计局发布兰州市第7次全国人口普查公报，公报显示，兰州市常住人口4359446人，与2010年第6次全国人口普查时的3616163人相比，增加743283人，年平均增长189%。

是日 “一带一路”金城兰州沿湘之行城际文化交流专场推介在长沙举行。

28日 兰州市乡村振兴局举行挂牌仪式。

6月

1日 兰州市对台交流基地挂牌仪式在市博物馆举行，这是兰州首次设立对台交流基地。

2日 兰州市首部原创大型交响乐《大河交响曲》在兰州音乐厅首演，填补甘肃省迄今为止没有完整乐章交响曲的空白。

是日 兰州新冠疫苗单日接种量突破20万剂次，全市累计接种第1剂次12882万人。

3日 第2批“科创中国”试点城市（园区）名单公布，兰州新区成功入选。

4日 兰州新区开通的“金边—兰州—拉合尔—金边”和“金边—兰州—加德满都—金边”2条国际货运航线成功获批“兰州—拉合尔”“兰州—加德满都”第五航权，这是中川国际机场首次获批第五航权的货运航线。

7日 甘肃组工网发布消息，近日，甘肃省委决定，朱天舒任兰州市委委员、常委、书记、中共兰州新区工作委员会第一书记（兼）。

9日 兰州城市学院、中国移动甘肃公司、甘肃建筑科学研究院、兰州市大数据管理局等合作成立的兰州智慧城市研究院在兰州城市学院校本部正式揭牌。

10日 国务院批准第5批国家级非物质文化遗产代表性项目名录和国家级非物质文化遗产代表性项目名录扩展项目名录，兰州牛肉面制作技艺榜上有名。

12日 兰州市与融创中国控股有限公司签订战略合作框架协议，双方将在会议会展及城市综合服务、康养度假、投资运营、项目开发等领域开展深度合作。

13日 华能永登坪城45兆瓦分散式风电项目开工，总投资28亿元，这是兰州首个分散式风电项目，运行期年上网电量约976386万千瓦时，每年可节约标准煤约283万吨。

15日 兰州市各通信基础企业完成5G SA(独立组网)的割接升级，兰州市已实现5G SA覆盖，标志着兰州市已正式迈入5G SA商用新时代。

是日 兰州、西宁两市工信局在兰州举办兰西城市群制造业企业供应链合作座谈交流暨签约活动。

是日 “端午节”期间，兰州接待游客总人数34856万人次，同比增长4831%，实现旅游综合收入约29874亿元，同比增长3635%。

16日 兰州市“光荣在党50年”纪念章颁发启动仪式在城关区举行。

19日 国家发改委官方平台刊文，肯定兰州新区以绿色金融为抓手、支持民营企业高质量发展的做法。

26日 兰州短视频产业园揭牌，来自省内外的40余家高校、企事业单位、政府职能部门成为首批入驻单位，与产业园签订战略合作协议或合作备忘录，将共同打造兰州短视频产业“最强大脑”，赋能数字经济新业态。

28日 兰州首个保障性租赁住房建设项目——兰州科技创新园二期项目如期启动，该项目计划建设保障性租赁住房148万平方米，共2340套，投资约146亿元。

29日 兰州市首批“乡村就业工厂”揭牌仪式在七里河区举办，甘肃爽口源生态科技股份有限公司、兰州众心农林科技有限公司和兰州米家山百合有限责任公司等公司被认定为兰州市首批“乡村就业工厂”。

是日 由人民出版社出版的5卷本《兰州通史》在兰州宁卧庄宾馆举行首发仪式。

30日 晚上，为庆祝中国共产党成立100周年，兰州用灯光和无人机扮靓城市夜空，为党的生日献上璀璨光影华美的祝福。在现场，600架无人机翱翔天空，照亮璀璨的兰州之夜，无人机在遥控下变换着各种队形和字样，表达对党的生日祝福。

7月

1日 市委办、市政府办印发《兰州市扶贫开发志》《兰州市全面小康志》编纂工作指导方案的通知，成立由市委、市政府主要领导任主任的编纂委员会。

2日 财政部等四部委联合印发《关于修改完善2021年北方地区冬季清洁取暖项目实施方案的通知》，明确《兰州市冬季清洁取暖项目》纳入中央财政支持范围，将连续3年共计下达21亿元资金进行支持。

是日 兰州市县乡两级人大换届选举工作会议召开，对县乡两级人大换届选举工作作出具体安排。

4日 “我和我的祖国——中国科学家精神主题展”全国巡展（甘肃站）在兰州启动。展览以新时代中国科学家精神为主线，集中展示我国几代科技工作者爱国奉献、求实创新、协同育人的崇高精神。

5日 兰州至永靖至临夏高速公路工程可行性研究报告获批。该项目路段全长125.69千米，建设总投资242.22亿元，建设工期4年。

7日 兰州市对小型及微型客车尾号限行措施做出调整，缓解城市道路交通拥堵，减轻机动车尾气污染。

8日 第27届中国兰州投资贸易洽谈会开幕式暨丝绸之路合作发展高端论坛在兰州举行。本届“兰洽会”以“开放、开发、合作、发展”为宗旨，以“深化经贸合作，共建绿色丝路”为主题，采用线上线下相结合方式举办。

是日 黄河流域高质量发展高峰论坛暨第27届“兰洽会”兰州市招商引资项目签约仪式举行，共签约省市列合同项目143个，签约总额99423亿元。

9日 兰州生物制品研究所重组新型冠状病毒疫苗生产车间项目开工，该项目占地面积6586平方米，总建筑面积32836平方米，总投资约1620亿元。项目建成后将具备20亿剂/年的重组新冠疫苗生产能力，有效弥补西北新冠疫苗短板，更好服务国家抗疫大局。

12日 兰州市启动实施“技能强企、技能稳岗、技能在线、技能振兴、技能逐梦、技能创业、技能就业、技能项目、动态清零、质量提升”十大行动，提高职工岗位适应力和企业核心竞争力。

13日 兰州市与郑州市、合肥市、延安市3地签订《粮食安全合作备忘录》，全面落实国家粮食安全战略，维护区域粮食安全。

15日 《甘肃省中小企业发展环境评估报告》发布。兰州市在全省市（州）综合评分与排名中位列第一。

16日 兰州中川国际机场三期扩建市政配套工程全面开工建设，预计2022年建成投用。

20日 兰州天华院设计制造的年产30万吨聚丙烯聚合反应器交付使用，标志着全国首台/套鲁姆斯工艺聚丙烯聚合反应器完成并实现国产化，填补了国内聚丙烯反应设备设计制造的空白。

22日 水利部公布全国第4批节水型社会达标建设县（区）名单，兰州市永登县、皋兰县、榆中县等榜上有名。

23日 中国化工学会2021年度科学技术奖评选结果正式揭晓。兰州石化凭借高抗冲、高模量、高流动共聚聚丙烯平台技术及车用系列产品荣获科技进步一等奖。

28日 兰州市推出规模以上工业企业倍增计划，2025年底全市规模以上工业企业力争达到700户以上。

29日 2021中国·兰州(榆中)高原夏菜新品博览会在榆中县"中国·兰州江湾兴隆博览园"举办,全面展示兰州高原夏菜产业发展取得的丰硕成果,展出全国蔬菜行业发展新技术、新产品、新应用。

30日 交通运输部正式命名兰州市为"公交都市建设示范城市"。

8月

1日 甘肃首个5G联合创新中心在兰州正式建成使用。该中心聚焦5G、大数据、区块链等技术在教育、生活、政务、医疗、工业等领域的深度应用,以未来社会、未来家庭、未来工作场景为展示面,让人们切身体验各种前沿的5G应用科技。

2日 兰州芭蕾舞团在庆祝中国共产党成立100周年大型情景史诗《伟大征程》组织排演中作出突出贡献,获文化和旅游部通报表扬。

3日 文化和旅游部发布第3批全国乡村旅游重点乡村名单和第1批全国乡村旅游重点镇(乡)名单,兰州市榆中县小康营乡浪街村入选。

4日 工业和信息化部公布第3批专精特新"小巨人"企业名单,兰州助剂厂有限责任公司上榜,这是兰州新区化工园区首个获得国家专精特新"小巨人"企业称号的企业。

6日 交通运输部、公安部、商务部正式命名兰州市为"绿色货运配送示范城市"。

7日 舟曲县首批60户289名避险搬迁群众入住兰州新区,开启幸福美好新生活,标志着舟曲地质灾害避险搬迁正式拉开序幕。

8日 旅游信息融合处理与数据权属保护文化和旅游部重点实验室在兰州大学揭牌成立。

10日 兰州市通过国家公交都市建设示范工程验收申请,获得"国家公交都市建设示范城市"称号。

11日 省委书记、省人大常委会主任尹弘在兰州市、兰州新区就"一带一路"建设工作进行专题调研。

是日 上午开始,兰州市出租汽车驾驶员统一进行核酸检测。第一轮全行业核酸检测为期3天。甘肃省中医院作为核酸检测点,检测巡游出租车驾驶员13695人次,网约出租车驾驶员1007人次。

14日 兰州市丝路黄河文化博物馆建设项目、甘肃省博物馆扩建项目、兰州市青城古镇非遗馆建设项目、甘肃省文物考古研究所区域考古标本库房4项目入选甘肃文化保护传承利用"十四五"储备项目库。

15日 兰州市工伤预防五年行动计划正式实施,全面保障劳动者职业健康权益,提高工伤保险保障水平,推动实现工伤预防工作系统治理、高效管理。

16日 兰州市科技计划项目"城市废弃食用油脂智能收运与资源化再利用模式研究与示范"项目通过验收,主城4区废弃食用油脂产生点全面纳入防控体系。

17日 赛迪顾问城市经济研究中心发布《2021中国城区经济高质量发展白皮书暨2021赛迪百强区》,兰州市城关区位居全国百强区第53位,比上年提升5位。

是日 《兰州市全面小康建设志》《兰州市扶贫开发志》编纂工作推进会暨培训会召开,全市170余名撰稿人参加,标志着编纂工作正式启动。

是日 市政府召开全市《扶贫开发志》《全面小康建设志》工作推进会暨编纂工作培训会,140余人参加,副市长魏旭昶、市政府秘书长段廷智指导会议并讲话。

25日 中共兰州市委与西北师范大学共同举办《解放兰州》大型浮雕展暨创作座谈会,赓续红色血脉、传承红色基因,讲好发生在陇原大地上的红色故事。

是日 "唱响红色歌谣·传承红色精神"儿童剧《大豆谣》教育活动在兰州市烈士陵园举行,迎接兰州解放72周年纪念日,缅怀革命先烈,传承红色基因。

26日 甘肃省人民政府印发《关于加快建立健全绿色低碳循环发展经济体系的实施方案》,向全省推广红古国家"城市矿产"示范基地典型模式。

30日 省科技厅发布《关于甘肃省2021年第六批入库科技型中小企业名单的公告》,兰州市兰州精细化工、节能环保工程等77家企业入围。

31日 兰州经济技术开发区管委会与中国电建集团签订战略

合作协议。引入中国电建资金、人才、技术与管理等优势，推进生态修复与产业发展示范区产城融合、城乡融合、区域开发、连片开发，为经开区转型升级和高质量发展贡献力量。

9月

1日 商务部、国家市场监管总局公布全国首批15个商贸流通标准化专项试点城市，兰州市在列。

3日 新建中卫至兰州铁路甘肃段控制性工程——尖山隧道顺利贯通，标志着中兰铁路甘肃段最后一条隧道贯通，至此甘肃段“四隧一桥”主体工程全部完成，为全线开通运营奠定坚实基础。

是日 “兰石工业互联网平台”获得华为鲲鹏应用创新大赛全国总决赛铜奖，成为全国唯一一家在本届赛事中获奖的工业领域企业。

6日 国家市场监督管理总局认定兰州市食品药品检验检测研究院为国家市场监管重点实验室。该重点实验室是全国市场监管领域唯一一家以食品中农药兽药残留监控为研究内容的重点实验室。

是日 长城紫晶西北运营中心落户兰州科技创新园，将建设蓝光光盘生产线和大数据存储系统生产线，助力智慧城市建设。

8日 兰州西宁两地医保互认合作协议签约仪式在兰州举行。此举标志兰西城市群两地医保互认各项具体措施工作正式启动。

是日 兰州新区秦川园区成功入选国家第2批先进制造业和现代服务业融合发展试点区域，试点期限为2年。

9日 整合西北师范大学知行学院、兰州石化职业技术学院、甘肃能源化工职业学院办学资源设置的公办本科层次职业技术大学——兰州石化职业技术大学在兰州新区校区揭牌成立。

10日 第2届未来空间技术高峰论坛在兰州宁卧庄宾馆开幕。论坛邀请到60余位知名专家，重点围绕天基信息网络技术、先进空间动力技术、真空与先进表面工程技术及基础前沿理论等进行交流研讨，为航空航天事业进步和兰州高质量发展贡献智慧和力量。

是日 水利部监督组一行8人对兰州市水行政执法工作开展监督检查。

15日 “万企兴万村”兰州行动推进大会在兰州新区举行。

19日 兰州市第9届运动会在西固体育场开幕。12个代表团千余名运动员代表参加开幕式。

22日 生态环境部公示第5批国家生态文明建设示范区和“绿水青山就是金山银山”实践创新基地拟命名名单，兰州新区在列。

24日 兰州市第9届运动会闭幕式在兰州音乐厅举行。

25日 兰州市与新疆克孜勒苏州共建“中吉乌”国际多式联运新通道暨班列开行仪式在甘肃（兰州）国际陆港举行，首趟班列从兰州陆港始发，经伊尔克什坦口岸出境，最终运抵乌兹别克斯坦。

是日 中国企业500强榜单在吉林长春发布，兰州新区商投集团以681亿元的营业收入，首次跻身中国企业500强，位列304位，是兰州市本土培育的首个进入中国企业500强的企业。

26日 位于皋兰县忠和镇的兰州野生动物园开园试运营。

是日 兰州中川国际机场三期扩建工程空管工程项目正式开工。该项目位于甘肃省兰州市中川国际机场，是全国空管分局（站）有史以来建设规模最大，投资金额最多的空管建设项目，创造了多项分局（站）建设第一，项目被列入国家“一带一路”和甘肃省重点工程。

是月 兰州市在全省率先开展中医药日间诊疗服务试点工作。

10月

8日 兰州市被国家医保局确定为“十四五”全民医疗保障规划实施联系点，是唯一入选的省会城市。

是日 同程旅游大数据报告显示兰州市在“十一”黄金周期间排名国内旅游热门目的地第5位，黄河楼、水墨丹霞、兰州老街、兰州野生动物园等景点成为热门打卡地。

是日 兰州老街和兰州新区中川小镇上榜第一批甘肃省旅游休闲街区名单。

9日 党史学习教育中央第9指导组在兰州市调研指导工作。

10日 兰州市第4届特殊奥林匹克运动会在安宁区培黎小学开幕，8支参赛队伍100余名特奥运动员参加比赛。

13日 “陕甘川宁毗邻城市文化旅游（兰州）推介会”在兰州开幕，展示和推介陕甘川宁毗邻城市富集的文旅资源、精品线路和优惠政策。

14日 兰州市全面启动第52届“世界标准日”宣传活动，向企业、社区、学校及群众广泛宣传标准化工作，助推全市高质量发展。

15日—17日 第8届中国—中亚合作论坛以线上线下相结合的方式在兰州举办。

17日 在第14届全国运动会柔道项目男子90公斤级比赛中，代表甘肃出战的兰州市选手巴图额尔敦摘得铜牌。

18日 兰州市5G+工业互联网展示对接会议在金果海港国际宴会中心召开。

是日 兰州市报告新冠病毒核酸检测检出阳性人员1例。

19日 兰州市6个社区获得国家卫生健康委、全国老龄办命名的“2021年全国示范性老年友好型社区”称号。

是日 兰州市共报告6例新冠病毒核酸检测阳性人员（自17日起），疫情有反弹扩散的趋势，防控工作面临较大压力。

是日 晚上，省委书记、省疫情联防联控领导小组组长尹弘在兰州市调研指导疫情防控工作，看望一线医务工作者和防控人员。

20日 兰州市启动第1轮大规模核酸检测工作，排查潜在风险人员，全力保障人民群众生命安全和身体健康。

是日 兰州市作为全国第2批推广应用城市，开始申领和使用电子驾驶证。电子驾驶证在全国范围内有效，可以在办理交管业务、接受执法检查时出示使用。

23日 省委书记、省疫情联防联控领导小组组长尹弘在兰州市检查指导疫情防控工作，深入了解联防联控工作机制运行情况，研究部署下一步疫情防控重点工作。

是日 从外地调配的7座移动核酸检测方舱实验室全部投入使用，每座方舱日检测能力1.5万管，兰州市单人份日最大核酸检测量达到50万管，核酸检测速度大幅提高。

是日 依托兰州重离子医院组建的兰州市新冠疫情定点救治医院已严格按照传染病医院标准完成“三区两通道”装修改造，可随时收治患者。

24日 省委书记、省疫情联防联控领导小组组长尹弘在兰州重离子医院检查指导患者救治工作，看望一线医护人员。

25日 首批新冠肺炎确诊患者由兰州市肺科医院顺利转运至兰州市第二人民医院雁滩分院（兰州重离子医院）接受进一步治疗。

28日—29日 中共中央政治局委员、国务院副总理孙春兰在兰州调研指导疫情防控工作，听取甘肃省、兰州市级前方工作组情况汇报，实地考察兰州市第二人民医院雁滩分院、市公安局指挥中心、市疾控中心、丽舍情园小区、兰州实验小学核酸采样点，看望一线医护人员和防控工作者。

29日 新建兰州至张掖三四线铁路武胜驿隧道顺利贯通，标志着该项目建设取得重大进展。

30日 省委书记、省疫情联防联控领导小组组长尹弘在兰州调研疫情防控措施落实情况，实地督导核酸监测、小区封控、保供稳价等工作。

11月

1日 交通运输部网站发布《关于拟公布第二批多式联运示范工程通过验收项目名单的公示》，显示甘肃“一带一路”国际物流大通道保障基地兰州新区空铁海公多式联运示范工程等20个项目达到创建标准，拟联合国家发展改革委对上述项目做出验收合格并授予“国家多式联运示范工程”称号的决定。

2日 兰州新区商投集团综保区国贸公司正式获批大中型客车出口资质，成为甘肃省第4家拥有该资质的企业。

3日 省委书记、省疫情联防联控领导小组组长尹弘在兰州调研督导疫情防控工作，督导检查封控区管理、居民生活服务保障等工作。

是日 在北京举行的2020年度国家科学技术奖励大会上，兰州市西固区合水北路的天华化工机械及自动化研究设计院有限公司的复杂原料百万吨级乙烯成套技术研发及工业应用项目获国家科学技术进步一等奖。

是日 2020年度国家科学技术奖励大会在人民大会堂举行，以兰州交通大学为第四完成单位、闫浩文教授为第四完成人的“智能化地图综合与多尺度级联更新关键技术及应用”获国家科技进步二等奖。

4日 兰州市人民政府与甘肃省建设投资(控股)集团有限公司签订战略合作框架协议，双方将发挥各自优势，进一步加强长期全面深度合作，建立长期化的合作机制，实现地企共同发展。

5日 第8届全国道德模范表彰活动在京举行。兰州市尹建敏、於若飞2人被授予第8届全国道德模范提名奖。

是日 国家花卉改良中心兰州新区月季繁育基地正式挂牌。

6日 兰州新区黄河上游生态修复水源涵养示范园区项目二期——乡村振兴产业园陈家井邓家沟土地开发整理及高标准农田建设项目开建。

12日 农业农村部办公厅公布《全国农村创业园区(基地)目录(2021)》，兰州新区现代农业示范园首次成功入选国字号园区(基地)。

是日 中国中车集团有限公司向兰州市捐款1000万元，全力支持兰州抗击新冠肺炎疫情。

14日 省委书记、省疫情联防联控领导小组组长尹弘在兰州市调研疫情防控和生产生活秩序恢复工作。

15日 兰州公交集团多措并举稳步有序恢复线路运营。第一阶段(11月15日—11月21日)：日均出车1800台以上，日客运量可控范围40万至60万(站点常备10%应急车辆)。第二阶段(11月22日—11月28日)：日均出车2100台以上，日客运量可控范围60万至80万，应对七里河区、西固区、安宁区线下复课出行需求(站点常备10%应急车辆)。第三阶段(11月29日起)：满负荷释放线路运力，日均出车2600台以上，日客运量可控范围80万至110万，应对城关区及全市大、中、小院校全面线下复课出行需求。第四阶段：全面释放所属线路运力运量，最大限度释放高峰线路运能，密切关注兰州市各大、中、小院校途经重点线路，持续全天候现场监测，优化调整发车频次、缩短发车间隔，精准灵活调整运力配比，保证各线路均衡有序运转。

16日 国家发展改革委、国家公共信用信息中心召开2021年全国信用信息共享平台、信用门户网站和全国中小微企业融资综合信用服务平台建设观摩视频会议，会上宣布了获奖城市名单。兰州市信用信息共享平台被授予“特色性平台网站”称号。这是兰州市连续四届获此殊荣。

是日 位于兰州市的高校取消弹性工作制，恢复正常上班，22日开始有序恢复线下教育教学活动和堂食。

是日 上午，支援兰州防疫的外地(白银等)诊疗团队离兰欢送仪式在白云宾馆举行。此次送别的诊疗团队由34人组成。其中，27人来自白银市部分医疗机构；5人来自兰大二院；甘肃省人民医院和甘肃省第三人民医院各有1位医护人员。

18日 兰州市博物馆被甘肃省社会科学界联席会评为“甘肃省社会科学普及示范基地”并授牌。

是日 全市医疗机构有序恢复正常诊疗工作——患者就诊时无须持有核酸检测阴性证明。

是日 兰州市逐步有序恢复省内班线运营，网络售票同步起售。

19日 兰州市全面开展新冠病毒疫苗加强针和3至11岁人群新冠疫苗接种工作。

是日 上午，支援兰州防疫的外地(平凉)核酸检测支援队离兰欢送仪式在名城广场举行。

是日 2021年抗击疫情物资发放活动暨兰物应急志愿服务队公益消杀启动仪式在大数据局三维数字服务中心门前举行。

22日 随着城关区五泉街道兰山村社区铁路机务段家属院的解封，兰州市封控管理小区清零。

23日 全国扫黑办第28特派督导组下沉兰州市开展督导，召开工作汇报会，详细了解常态化开展扫黑除恶斗争进展情况。特派督导组组长林鲁波出席并讲话，省委常委、兰州市委书记朱天舒主持会议。特派督导组将在兰州市进行为期4天的实地督导。

24日 兰州市文化馆被国家文旅部公布为第5次全国文化馆评估定级“国家一级文化馆”。

25日 兰州市医保开通特殊疾病长期门诊网上申办业务(试行)。

26日 兰州市召开专题会

议，进一步研究解决全市历史遗留问题，确保全市历史遗留问题稳步消化、顺利解决，不断提升群众的幸福感、获得感。

27日 满载布料、纱线、鞋帽等货品的中亚国际班列驶出东川铁路物流中心，将从霍尔果斯口岸出境，途经哈萨克斯坦，最终抵达乌兹别克斯坦，货重约120吨，货值约198万美元。这是自新冠肺炎疫情以来从兰州陆港开行的第5列国际班列，标志着兰州陆港国际班列恢复正常运营。

29日 兰州市政务服务中心恢复正常运行，46个窗口部门以及市不动产、市医保中心、市公安局出入境管理处、公积金中心四个专业大厅的844项政务服务事项全面恢复线下办理。

是日 城关区各级各类学校将开始分批复课。具体安排为：普通高中、初中毕业年级于11月29日恢复，普通高中、初中非毕业年级于11月30日恢复，小学于12月1日恢复，幼儿园和特教学校于12月6日恢复。

30日 兰州市科技局推荐的兰州金川科技园“超高纯铜镍钴产业关键制备技术开发”、甘肃海基生物“新冠智能识别工具系统平台”等13项“兰州好技术”荣登2020年度“中国好技术”榜单。该榜单由中国生产力促进中心协会发布，兰州市获奖数占全国获奖总数（163项）的8%、全省获奖总数（17项）的76%。

12月

3日 兰州住房公积金管理中心与济南、太原、呼和浩特、郑州、西安、西宁、银川等公积金中心签订《黄河流域城市住房公积金高质量发展战略合作协议》。《合作协议》围绕建立长效工作机制、信息共享应用机制、互认互贷机制、服务标准提升机制、政策研究机制、人才教育机制六个方面内容，推动黄河流域公积金系统实现信息共享、政策协同和优势互补，合力加强公积金制度体系建设，强化住房公积金风险防控，推动区域标准化服务体系建设。12月7日《人民日报》对此作了专题报道。

6日 城关区384所学校181112名学生全面复课。

10日—12日 中国共产党兰州市第十四届代表大会胜利召开。10日开幕式在甘肃省委党校大礼堂举行，406名党代表出席会议，12日胜利闭幕。

13日 中国国民党革命委员会兰州市第八次代表大会召开。

是日 中国民主促进会兰州市委员会第八次代表大会召开。

是日 中国农工民主党兰州市第七次代表大会召开。

是日 九三学社兰州市第八次代表大会召开。

16日 中国民主同盟兰州市第九次代表大会召开。

是日 中国民主建国会兰州市第十四次代表大会召开。

是日 兰州市被国家民委命名为第9批全国民族团结进步示范区示范单位。

是日 新建时速200千米兰州至合作铁路全线开工建设动员大会上午在甘南州夏河县举行。

19日 兰州市人民政府与江海证券有限公司签订战略合作框架协议。

20日 中国人民政治协商会议兰州市第十五届委员会第一次会议在宁卧庄宾馆大礼堂开幕。

21日 兰州市第十七届人民代表大会第一次会议在兰州大剧院开幕。

27日 兰州—西宁科技成果转移转化对接会暨兰州市智力成果转化集市启动仪式在两市线上线下同步举办，活动征集兰州、西宁两地科技成果356项，促成合作签约成果转化项目技术合同额1060万元。

是日 乌兹别克斯坦塔什干中国甘肃海外仓揭牌仪式在甘肃（兰州）国际陆港举行。

28日 兰石集团获评国家级智能制造示范工厂。

市情概览

兰州概貌

【位置面积】 兰州市位于北纬35°34′20″～37°07′07″,东经102°35′58″～104°34′29″,地处甘肃省中部,是中国陆地的几何中心。北部和东北部毗邻白银市的白银区、景泰县、靖远县;东部和南部与白银市的会宁县、定西市的安定区、临洮县及临夏回族自治州的永靖县相邻;西南部和西部与青海省民和县相连;西北部与武威市的天祝藏族自治县相连。全市总面积1.31万平方千米,市区面积1631.6平方千米。

【建置沿革】 兰州历史悠久,旧石器时代晚期,兰州市就有先民居住。夏商周时期,为羌戎居地。秦始皇三十三年(前214年)在置陇西郡榆中县(今东岗镇一带),为兰州市境最早的行政建置。汉武帝元狩二年(前121年)置金城县(今西固城附近),属陇西郡,得名于“金城汤池”之义。汉武帝元鼎六年(前111年)置令居县(今永登县城附近),在河桥镇置浩亹县。汉宣帝神爵二年(前60年),在今红古区花庄一带置允街县。西汉在今永登县苦水镇置枝阳县。汉昭帝始元六年(前81年),置金城郡,始领6县,后增至13县,今兰州市境有允街、浩亹、令居、枝阳、金城、榆中6县。十六国时期,前赵、后赵、前凉、前秦、后秦、西秦、后凉、南凉、北凉等占领或相互争夺过金城郡,其中西秦苑川郡曾建都于兰州(今榆中县境)。隋文帝开皇元年(581年),置兰州,领金城郡。置兰州总管府,为军事建置。唐代,兰州领五泉、广武、狄道3县。唐代宗广德元年(763年),吐蕃占领兰州,一直到北宋仁宗时期。宋仁宗景祐三年(1036年),西夏在今永登县红城镇置卓罗和南监军司,并占领兰州。宋神宗元丰四年(1081年)收复兰州,宋与西夏隔黄河对峙。宋高宗绍兴元年(1131年),金占领兰州。元太宗六年(1234年),蒙古占领兰州、金州。明太祖洪武二年(1369年),徐达攻取兰州,降兰州为兰县、金州为金县,属临洮府。洪武五年(1372年),改庄浪州为庄浪卫,属陕西行都司。明惠帝建文元年(1399年),肃王移藩兰县,加强了明朝的统治。明宪宗成化十三年(1479年),升兰县为兰州。清圣祖康熙五年(1666年),陕甘分省,兰州为甘肃省会。清世宗雍正三年(1725年),改庄浪卫为平番县,属凉州府。清高宗乾隆三年(1738年),临洮府移兰州,改称兰州府,兰州改为皋兰县。兰州府领狄道州、河州、皋兰县、渭源县、靖远县、金县。乾隆二十九年(1764年),陕甘总督移驻兰州,管辖今陕西、甘肃、宁夏、青海、新疆。1913年,并兰州府、巩昌府为兰山道,领皋兰、金县等15县;平番县属甘凉道。1919年,改金县为榆中县。1928年,改平番县为永登县。1936年，甘肃划为7个行政督察区，皋兰县直属于省，榆中县、永登县为第一行政督察区所辖。1941年7月1日，将皋兰县城区及近郊16平方千米地面划出，成立兰州市，此后，市区面积不断扩大。1949年7月26日，中共中央批准，中共中央西北局决定设立兰州市（地级市），为甘肃省省会。1949年8月26日，兰州市解放。1950年，兰州市辖9个区和皋兰县，区以序数命名。榆中县属定西专区，永登县属武威专区。1953年，国家把兰州市列为全国重点建设城市，市区面积扩大为450平方千米。1955年，又扩大为540平方千米，辖城关等8个区。1958年，市区扩大为9688平方千米，辖城关等7个区，永登县划入兰州市，改为永登区。1962年，面积缩小为2914平方千米。1963年，恢复永登县，划归武威专区。1970年4月，永登县、榆中县划入兰州市。1985年10月，白银区划出兰州市升格为省辖地级市。

【行政区划】 2021年底，兰州市设置城关、七里河、西固、安宁、红古5区，永登、皋兰、榆中3县，辖14乡，47镇，53个街道办事处，433个社区，731个村。与上年相比较，增加1个行政村（皋兰县西岔镇增设新康村）。

2021年兰州市行政区划设置情况一览表

单位：个

县区名称	街道办事处	乡	镇	社区	村民委员会
城关区	26	0	0	157	18
七里河区	9	1	5	80	59
西固区	7	1	5	71	40
安宁区	8	0	0	56	0
红古区	3	0	4	22	34
永登县	0	3	15	26	240
榆中县	0	9	11	13	268
皋兰县	0	0	7	8	72
合计	53	14	47	433	731

2021年兰州市各县区街道、乡、镇行政区划表

县区名称	街道办事处、乡、镇名称	所辖社区、村
城关区	临夏路街道办事处	雷坛河、木塔巷、桥门、付家巷、静安门、西城巷、绣河沿7个社区
	张掖路街道办事处	大众巷、贡元巷、曹家厅、陇西路、山字石、金塔巷6个社区
	白银路街道办事处	正宁路、安定门、徐家巷、西北新村、甘家巷5个社区
	伏龙坪街道办事处	前街、后街、杨家沟3个社区，头营、二营、三营、民族、卓家沟、红沟6个村
	酒泉路街道办事处	中街子、张家园、南稍门、杨家园、畅家巷5个社区
	广武门街道办事处	光辉村、新华巷、黄河沿、民勤街、广后街、大教梁、南城根7个社区
	东岗西路街道办事处	农民巷东、农民巷西、平凉路、天水路、东岗西路、一只船6个社区
	皋兰路街道办事处	郑家台、詹家拐子、榆中街、耿家庄、王家庄、周家庄6个社区
	渭源路街道办事处	兰州大学、科技街、南昌路、南河新村、定西路、宁卧庄6个社区
	雁南街道办事处	滩尖子村、大雁滩村、沙洼河村、张苏滩村、滩尖子、大雁滩、沙洼河、张苏滩、雁宁路、天庆嘉园、南河11个社区
	雁北街道办事处	小雁滩村、宋家滩村、雁滩大桥、雁滩路、雁西路5个社区
	盐场路街道办事处	穆柯寨、盐场堡、小沟坪、草场街村、盐场堡村、上川村、亭子村7个社区，石门沟1个村

县区名称	街道办事处、乡、镇名称	所辖社区、村
城关区	草场街街道办事处	庙滩子、大砂坪、草场街、亚太、五一山、砂坪村6个社区
	靖远路街道办事处	徐家湾村、金城关、白塔山、靖远路、西李家湾、朝阳村、九州大道、九州中路、徐家湾9个社区
	团结新村街道办事处	红星巷、定西南路、天水南路、团结新村、天平街、定西二支路6个社区
	铁路东村街道办事处	铁路新村、何家庄、铁路东村、和政东街4个社区
	铁路西村街道办事处	西村、居安、和政西街、牟家庄东、牟家庄北、牟家庄南6个社区
	五泉街道办事处	五泉村、闵家桥、禄家巷、力行新村、和平新村、兰山村6个社区
	火车站街道办事处	红二村、红三村、车站、红山根、红山根东路、红西村6个社区
	拱星墩街道办事处	五里铺村、拱星墩村、范家湾村、段家滩村、东岗东路、拱星墩后街、五里铺东、五里铺西、段家滩东、段家滩西10个社区
	嘉峪关路街道办事处	嘉峪关北路、嘉峪关西路、五里铺、嘉峪关路、排洪南路、排洪沟6个社区
	焦家湾街道办事处	焦家湾东、嘉峪关东、焦家湾、焦家湾南4个社区
	东岗街道办事处	店子街村、东岗镇村、桃树坪、新兴、振兴、雁儿湾、深沟桥、欣欣嘉园8个社区，大洼山、长洼山2个村
	青白石街道办事处	天麓山、云麓山2个社区，碱水沟、大浪沟、石沟、马家沟、青山、白道坪、上坪、杨家湾、青石湾9个村
	高新区街道办事处	均家滩、南面滩、骆驼滩3个社区
	雁园街道办事处	高滩村、北面滩村、刘家滩村、中河、雁东、雁滨、科教城7个社区
七里河区	秀川街道办事处	郑家庄中心坪、穴崖子、秀川、崔家崖、大滩、马滩、银滩花园、郑家庄新、营门滩9个社区
	土门墩街道办事处	河湾堡、土门墩、西津西路、兰通、建西西路5个社区
	西站街道办事处	建西东路、西客站、小西坪、西站东路、西站西路、三角线、武威路、机车厂8个社区
	西园街道办事处	下西园、上西园、林家庄、雷坛河西街、五星坪、工林路、柏树巷、华林山、华林坪、文化宫10个社区
	西湖街道办事处	理工大、兰工坪北街、骆驼巷、梁家庄、小西湖东街、小西湖西街、建工中街、瓜州路、西津桥9个社区
	建兰路街道办事处	建兰路、健康路、王家堡、吴家园、吴家园西街、兰石6个社区
	龚家湾街道办事处	龚家坪西路、龚家坪东路、民乐路、龚家坪北路、武山路、丽苑6个社区
	晏家坪街道办事处	中院、北院、南院、铁路院、西院5个社区
	敦煌路街道办事处	光华街、任家庄街东、任家庄街西、柳家营、郑家庄、金港城、西津7个社区
	魏岭乡	小山口、柳树湾、龙池、白家岘、海家岭、沈家岭、绿化、晏家洼8个村
	黄峪镇	王官营、宋家沟、赵李家洼、中庄、陶家沟、鲁家、张家岭、蒋家湾、尖山、邵家洼、王家庄11个村
	西果园镇	晏家坪、南站2个社区，西津、周家山、堡子、王家坪、上岭、柴家河、西果园、草源、上果园、青岗、鹞子岭、袁家湾、湖滩13个村
	阿干镇	大水子、石门沟、高林沟、中街、烂泥沟、民意6个社区，阿干、坪岭、琅峪、深沟掌、马泉、马场、大沟、大水子8个村
	八里镇	八里窑、岘口子、西园、华林路4个社区，后五泉、五里铺、崖头、八里窑、二十里铺、花寨子、侯家峪、清水营、东果园、岘口子10个村
	彭家坪镇	彭家坪、龚家湾新、彭家坪东路3个社区，王家堡、任家庄、蒋家坪、彭家坪、土门墩、西坪、牟家坪、贾家山、石板山9个村
安宁区	培黎街道办事处	向阳、建宁路、培黎、师大、甘铝5个社区
	安宁西路街道办事处	水挂庄、交大、阳光、万里、兰飞、长风、枣林路、费家营8个社区
	银滩路街道办事处	农大、石磊庄、上庄、前庄、宝兴庄、李家庄、乱庄、葛家巷道、银滩路、营门滩10个社区
	刘家堡街道办事处	福兴南、幸福里、马家庄、成苑、刘家堡、太和6个社区
	孔家崖街道办事处	水挂庄（涉农）、廖家庄、刘家庄、王家庄、孔家崖、科苑6个社区
	十里店街道办事处	桥头、南街、和平、园艺、保安堡、黄河家园、洄水湾7个社区
	安宁堡街道办事处	桃林路、桃林、河涝坡、东街、南门、黄家滩、东门、红艺、河山郡、金安东10个社区
	沙井驿街道办事处	齿轮厂、元台子、西沙、景宜家园4个社区

县区名称	街道办事处、乡、镇名称	所辖社区、村
西固区	西固城街道办事处	西固中路北、西固中路南、合水中路、合水北路、玉门街北、玉门街南、清水桥、兰棉厂、牌坊路9个社区
	先锋路街道办事处	三姓庄、庄浪东路东、庄浪东路西、省建四公司、花园小区、兰平玻璃厂东区、兰平玻璃厂西区、南山、东苑、文化、幸福、山丹街东路、公园路东13个社区
	福利路街道办事处	兰化22街区、兰化25街区、兰化26街区、公园路西、红星、庄浪西路、福利西路、兰铝、山丹街、天鹅湖、福利路11个社区
	四季青街道办事处	管辖西固巷、合水南路、桃园、古城、四季青、马耳山、福源小镇、兰西铁苑8个社区，杏胡台、光月山2个村
	陈坪街道办事处	西固东路、西固中路、福利东路、小坪、陈官营、新滩、东湾、蓝馨花园、福利东路南、天庆新城10个社区，范家坪、孟家山2个村
	西柳沟街道办事处	古浪路、月牙桥、化工街、西柳沟、上坎5个社区，张家大坪、柴家台2个村
	临洮街道办事处	临洮街中街、临洮街后街、临洮街北街、临洮街前街、清水街、康乐路、寺儿沟7个社区
	金沟乡	小金沟、杨家咀、熊子湾、马家山4个村
	达川镇	达川1个社区，岔路、河咀、吊庄、幸福、上车5个村
	河口镇	河口1个社区，河口、八盘、青杨、石圈、岗镇、咸水、大滩、张家台8个村
	柳泉镇	中坪、东坪、西坪、岸门、漫坡头5个村
	东川镇	东川、新安路2个社区，东河湾、下车、马泉、坡底下、梁家湾、龙爪山6个村
	新城镇	河口南、新维路、新城街、新冶路4个社区，下川、园艺、新联、新合、青春、青石台6个村
红古区	窑街街道办事处	和平、团结、下街3个社区，红山、大砂、上街3个村
	矿区街道办事处	山根、新跃、跃进、下窑、二坪台5个社区
	华龙街道办事处	复兴、华龙、龙源、龙盛、龙兴、振兴6个社区，下海石1个村
	红古镇	红古1个社区，旋子、王家口、米家台、薛家、水车湾、红古、新建、新庄8个村
	海石湾镇	火车站、大通路、西苑3个社区，海石、虎头崖2个村
	花庄镇	花庄、白土路2个社区，王家庄、洞子、北山、柳家、青土坡、河嘴、花庄、苏家寺、湟兴9个村
	平安镇	平安台、张家寺2个社区，平安、若连、上滩、中和、张家寺、夹滩、复兴、仁和、岗子、新安、河湾11个村
榆中县	小康营乡	王保营、上彭家营、洪亮营、刘家营、孟家庄、郭家营、李家营、翟家湾、南北关、红寺、永红、窑坡、小康营、浪街、深沟子、徐家峡、范家山17个村
	清水驿乡	东古城、太子营、天池峡、清水、岘坪、赵家岔、杨河、苏家堡、建家营、方家沟、柳树湾、红坪、王家湾、稠泥河、杨家山、孟家山16个村
	中连川乡	刘家岘、陡泉湾、岂坪、黄蒿湾、高家渠、高窑沟、大湾、撒拉沟、中连川、野韭川、鞑靼窑、中庄窠12个村
	园子岔乡	万羊、青碾、小岔、柏木、大岘、金营6个村
	上花岔乡	百禄、上花岔、平湾、王湾、大岔、黑虎子6个村
	哈岘乡	宣家岔、哈岘、仁和、柳树、杨岘、纪尔、张湾7个村
	马坡乡	高家湾、孙家湾、打磨沟、茨坪、小水子、斜路山、大滩、旋马滩、尖山、马莲滩、上庄、阳山、白家堡、旧庄沟、河湾、马坡、窑沟、哈班岔、羊上、羊下、后沟、张家寺、太平沟23个村
	龙泉乡	水家坡、张家窑、大坪、李家岔、骡子滩、花寨子、武家庄、银川、水泉湾、庙咀、杨家咀、洞口12个村
	韦营乡	李家坪、韦家营、郭家沟、武家窑、黄家岔、全家岔、孙家岔7个村
	连搭镇	马家山、麻家寺、秦启营、朱家沟、薛家营、孙家坡、魏家营、乔家营、麻启营、连搭、朱典营、金家营、胡家营、张家坪、魏家沟、寇家沟、肖家咀、石头沟18个村
	新营镇	清水沟、黄坪、祁家河、八门寺、红土坡、刘家湾、桦岭、罗景、窝子湾、杨家营、寨子、新营、谢家营13个村
	贡井镇	套岔岘、贡马井、吕家岘、大坪山、石台、地湾、古坝、崖头岭、佐堤9个村
	甘草店镇	三墩营、西村、东村、果园、项家堡、钱家坪、咸水岔、车道岭、唐家岔、克涝、蔡家沟、郭家湾、好地岔13个村

县区名称	街道办事处、乡、镇名称	所辖社区、村
榆中县	夏官营镇	高墩营、大兴营、詹家营、彭家营、化家营、孙家营、双店子、敬家山、接驾咀、过店子、太平堡、高家崖、夏官营、红柳沟、中河堡、彭家湾、郝家湾17个村
	城关镇	栖云北路、一悟路、兴隆路、文成路、朝阳路、文昌路6个社区，周前、龚家庄、三角城、丁官营、兴隆山、南坡湾、杨家庄、南关、下汉、东湾、城关、北关、大营、金家圈、李家庄、上蒲家、朱家湾、分豁岔18个村
	高崖镇	砂河、关门口、高崖、新窑坡、马家集、小营子、李家磨、裴家岔、树梓沟、马家咀、湖滩11个村
	青城镇	青城、苇茨湾、城河、新民、瓦窑、红岘、三合、上坪、下坪、东滩、红湾、大园子、建亭、改地14个村
	金崖镇	高沿坪、苑川欣城2个社区，大涝池、大耳朵、黄家庄、郭家庄、火家店、金崖、永丰、古城、梁家湾、齐家坪、陆家崖、张家湾、窦家营、寺隆沟、邴家湾、瓦子岘、豆家岘17个村
	定远镇	西平路、金科路2个社区，骆驼巷、冯湾、歇驾咀、董家湾、定远、张老营、蒋家营、猪咀岭、安家营、矿湾、邓家营、陈家沟、水岔沟、转咀子14个村
	和平镇	牡丹园、柳沟河、大青山3个社区，范家营、马家山、豆家山、路口、邵家泉、直沟门、陈家庄、大水洞、方家泉、桑园子、西坪、东坪、袁家营、蔡子山、和平、沈家河、祁家坡、高营18个村
永登县	坪城乡	白土咀、满塘、中塘、坪城、歇地沟、横沟、高家湾、火石洞、英鸽咀9个村及未移交天祝的长山河、井儿沟、三岔、小砂沟4个村
	民乐乡	细沟、普贯、前庄、卜洞、铁丰、柏杨、八岭、玉泉、西川、清泉、红岭、南沟、漫水、中川、先锋、井滩、黑龙、绽龙、下川、安仁、小有、宽沟、大湾23个村
	七山乡	庞沟、长沟、官川、苏家峡、地沟、前山、鱼盆、雄湾、岢岱9个村
	通远镇	牌楼、晓林、上坪、边岭、团庄、青岭、临平、捷岭、张坪、涝池10个村
	柳树镇	复兴、牌路、涧沟、柳树、营儿、黑城、山岑、李家湾、康家井、韩家井、孙家井、清水、红砂川、教场14个村
	城关镇	东街、西街、南街、北街、新城区5个社区，北街、南街、北灵观、高家湾、五渠、满城6个村
	武胜驿镇	屯沟湾1个社区，武胜驿、富强堡、新民、霍家湾、道顺、黑林、石门岘、聂家湾、火家台、金嘴、烧炭沟、向阳、兑角、奖俊埠、三庄、缸子沟、兰草、马荒、石家滩、五端、长丰、大利、旅顺23个村
	中堡镇	金城、北坪台2个社区，五里墩、塘土湾、中堡、汪家湾、清水河、罗城滩、大营湾、何家营、鲁家庄、邢家湾10个村
	中川镇	西槽、彩虹城、瑞岭、兰石家园、宗家梁、保税区、祥和景苑、新舟、方家坡、栖霞、经纬印象、新安、吉利家园、瑞利14个社区，西槽、何家梁、华家井、廖家槽、陈家井、赖家坡、兔墩、宗家梁、芦井水、平岘、方家坡、倒水塘、元山、北坪、红玉、周家梁、尖山庙、史喇口、陈家梁19个村
	连城镇	铁家台1个社区，浪排、连城、东河沿、淌沟、丰乐、永和、牛站、明家庄8个村
	河桥镇	南关、连铝2个社区，河桥、南关、马莲滩、团结、马军、乐山、七里、蒋家坪、四渠、鳌塔、主卜11个村
	红城镇	宁朔、永安、华山、徐家磨、野泉、下河、进化、凤山、玉山9个村
	上川镇	黄茨滩、红井槽、五联、砂梁墩、甘露池、四泉、古联、达家梁、祁联、苗联、天山、涝池滩、下古山、上古山、东昌15个村
	树屏镇	树屏、上滩、毛茨、刘家湾、东沟、杏花、崖头、哈家嘴8个村
	大同镇	郭家墩、王家坪、北同、南同、泉水沟、高岑、安山、新农村、青寺、保家湾、贾家场、跌马沟、长川13个村
	苦水镇	周家庄、大沙沟、寺滩、苦水街、转轮寺、沙湾、胡家坝、大路、十里铺、下新沟、上新沟、新屯川12个村
	秦川镇	小横路1个社区，五道岘、炮台、尹家庄、西小川、保家窑、华家井、胜利、六墩、源泰、石门沟、小横路、新园、建新、振兴、薛家铺、榆川、龙西、东川、新昌、西昌、红星21个村
	龙泉寺镇	福山、瑞芝、胡家湾、龙泉、水槽沟、河西、杨家营、费家湾、童家窑、长涝池、大涝池、花园、碱柴井、土门川、官路沟、深沟16个村
皋兰县	石洞镇	城北、城中、城南、三川口4个社区，庄子坪、东湾、中堡、魏家庄、蔡河、豆家庄、文山、涧沟、明星、丰水、阳洼窑11个村
	忠和镇	盐池1个社区，忠和、崖川、丰登、平岘、六合、盐池、罗官、水源8个村
	九合镇	中心、九合、兰沟、高山、钱家窑、头沟、李家沟、三坪、朱家井、曹家湾、金沙村11个村
	什川镇	上车、长坡、南庄、北庄、上泥湾、下泥湾、河口、打磨沟、接官亭9个村
	黑石镇	白坡、石青、大横、三和、黑石、和平、白崖、中窑、星湾、红柳、新地11个村
	水阜镇	彬草、涝池、砂岗、水阜、燕儿坪、长川、老鹳7个村
	西岔镇	文曲、火家湾、山子墩3个社区，岘子、团庄、漫湾、陈家井、西岔、铧尖、段家川、五墩、四墩、火家湾、中川、山字墩、赵家铺、窝窝井、新康村15个村

【地形地貌】 兰州市位于陇西黄土高原的西部,是青藏高原向黄土高原的过渡地区。境内大部分地区为海拔1500~2500米黄土覆盖的丘陵和盆地。石质山地是祁连山的余脉,分布在市境的南北两侧。榆中县南部和永登县西北部的石质山地海拔都在3000米以上,其中马啣山海拔3670米、奖俊埠山主峰海拔3455米、兴隆山海拔3021米,自然植被垂直分布,有云杉林、油松林、辽东栎林、山杨林,以及灌丛。兰州地势西部和南部高,东北低,黄河自西南流向东北,横穿全境,切穿山岭,形成峡谷与盆地相间的串珠形河谷。峡谷有八盘峡、柴家峡、桑园峡、大峡、乌金峡等;盆地有新城盆地、兰州盆地、泥湾—什川盆地、青城—水川盆地等。还有湟水谷地、庄浪河谷地、苑川河谷地、大通河谷地等。

兰州呈南北两山夹峙地形,市区东西狭长,约30千米,南北最窄处,仅5000米左右。平均海拔1530米到1580米。

【气候状况】 兰州属温带大陆性气候,冬无严寒,夏无酷暑。气象灾害主要有干旱、暴雨洪涝、冰雹、大风等。2021年,年内冷暖起伏大,入春偏早。全市平均气温6.9℃~11.4℃之间,全年平均气温偏高。年降水量163.1~298.6毫米之间,全市年平均总降水量250.8毫米,较历年偏少57.9毫米。全年平均雨(雪)日数(降水量≥0.1毫米)兰州62天、榆中81天、皋兰54天、永登97天。平均总日照时数2330.1小时。年平均风速1.8米/秒,无霜期172天。全市平均相对湿度52.1%。

【自然资源】 兰州市矿产资源以煤炭及非金属矿为主,优势矿产主要有煤、石灰岩、石英岩、建筑用砂石等。至2021年底,发现和查明各类矿产37种,其中能源矿产2种,为煤炭和地热。煤炭资源12处。其中,大型4处;小型8处。资源储量686750千吨。地热小型1处,资源储量2160万立方米。非金属矿产主要为水泥用灰岩,冶金用石英岩,电石用灰岩,水泥配料用黄土、黏土,玻璃用石英砂、芒硝等。其中,水泥用灰岩13处,大型3处、中型1处、小型9处,资源储量315021千吨;电石用灰岩15处,全为小型,资源储量54411千吨;冶金用石英岩8处,大型1处,小型7处,资源量57452千吨;水泥配料用黄土1处,为小型,资源储量400千吨;水泥配料用黏土(红土)3处,均为小型,资源储量9601千吨;水泥配料用板岩中型1处,资源储量27670千吨;玻璃用石英砂小型3处,资源储量986千吨。芒硝中型1处,资源储量2026千吨。矿泉水中型1处,资源储量50立方米/日。砂石土类矿产资源丰富,分布及开采主要在永登县、皋兰县和榆中县。

全市有耕地390.63万亩。其中,水田0.23万亩;水浇地122.23万亩;旱地268.17万亩。永登县、榆中县耕地面积较大,占全市耕地的78.21%。种植园用地26.93万亩,其中果园16.04万亩。永登县、皋兰县园地面积较大,占全市园地的69.69%。林地222.12万亩。永登县、榆中县林地面积较大,占全市林地的85.47%。草地1065.42万亩。其中,天然牧草地48.93万亩;人工牧草地0.01万亩;其他草地1016.48万亩。草地主要分布在永登县、皋兰县、榆中县,占全市草地的90.38%。湿地5.73万亩,主要分布在榆中县、永登县,占全市湿地的87.18%。城镇村及工矿用地112.49万亩,其中城市用地35.15万亩。风景名胜及特殊用地3.58万亩。水域及水利设施用地13.4万亩,其中水库水面0.61万亩;永登县、皋兰县、榆中县水域面积较大,占全市水域的70.82%。

全市有国家级公益林150.19万亩。有单株古树名木439株、古树群5处。全市森林覆盖率13.93%,森林蓄积量369.75万立方米,草原综合植被覆盖度55.02%。

有陆生野生脊椎动物4纲28目83科427种。其中,两栖纲1目3科5种;爬行纲2目6科14种;鸟纲19目56科331种;哺乳纲6目18科77种。有国家重点保护动物82种(哺乳类17种;鸟类65种)。其中,国家I级保护动物17种(哺乳类6种,鸟类11种);国家II级保护动物65种(哺乳类11种,鸟类54种)。列入中国红色名录CR(极危)级别5种,EN(濒危)级别7种,VU(易危)级别13种,NT(近危)级别16种。

市境内拥有全国重点文物保护单位10处(包括长城),其中文物建筑7处,分别为五泉山建筑群、八路军兰州办事处、兰州府城隍庙、金天观、鲁土司衙门旧址、红城感恩寺和青城古民居。省级文物保护单位40处，市县级文物保护单位109处，各类文物遗存点861处（古遗址458处；古建筑204处；古墓葬67处；近现代重要史迹和代表性建筑111处；石窟寺及石刻15处；其他6处）。博物馆29家，藏品18987件。国家级非遗保护项目4个、省级非遗保护项目36个，国家级非遗保护基地4个。A级景区30家，其中4A级景区7家，分别是：兰州兴隆山景区、兰州青城古镇景区、兰州水车博览园景区、兰州市安宁区仁寿山生态文化旅游景区、兰州市皋兰县什川世界第一古梨园景区、兰州市永登县兰州吐鲁沟公园景区、兰州市七里河区石佛沟景区。

【人口民族】 截至2021年年底，全市常住人口438.43万人，比上年末增加1.25万人。全市户籍人口336.28万人，比上年末增加2.28万人。其中，城镇人口248.34万人；乡村人口87.94万人。

境内除无基诺族外，其余54个少数民族都有。少数民族人口227690人。其中，男性115078人；女性112612人。人口超过500人的少数民族16个。

有未定族称人口201人。其中，男性100人，女性101人。

外国人加入中国籍17人。其中，男性6人，女性11人。

人口超过500人的民族及人口数

单位：人

民族	合计	男	女
蒙古族	3543	1717	1826
回族	132564	67413	65151
藏族	24824	11503	13321
维吾尔族	2312	1011	1301
苗族	1928	1075	853
彝族	1375	784	591
壮族	1781	794	987
布依族	583	300	283
满族	7867	4025	3842
侗族	686	370	316
土家族	3294	1799	1495
哈萨克族	583	284	299
东乡族	38689	20204	18485
土族	3085	1536	1549
撒拉族	566	290	276
裕固族	595	260	335
合计	224275	113365	110910

少数民族人口分布情况表

单位：人

分布地区	小计	男	女
城关区	73427	37431	35996
七里河区	61750	31745	30005
西固区	10200	5376	4824
安宁区	19591	9566	10025
红古区	13730	6995	6735
永登县	10779	5030	5749
皋兰县	2073	1260	813
榆中县	20116	9343	10773
兰州新区	16024	8332	7692
合计	227690	115078	112612

（周晓霞 崔丽虹 詹玉辉 许静斌）

“强省会”资源优势

【区位优势】 **丝路明珠** 兰州自古以来就是“津渡四境、关通八方”的军事要塞，秦朝时设榆中县，西汉时设金城县，东汉时设金城郡，五胡十六国的西秦曾建都兰州。西汉名将霍去病两次从兰州渡黄河北击匈奴，将河西走廊纳入中原王朝版图，由李息在今兰州西固区修筑城池，以“金城汤池”之意而名金城。隋朝改金城郡为兰州，置总管府，兰州因之得名。早在2000年前，西汉张骞经兰州出使西域，开辟了贯穿亚欧大陆、连接东西方的丝绸之路，使兰州成为丝绸之路的交通要道、“茶马互市”，在沟通和促进中西方经济文化交流中发挥了重要作用。班超出使西域、法显和玄奘取经求法、达摩传播禅宗、鸠摩罗什译经传佛，都在兰州留下历史的印记。

黄河之都 兰州是黄河唯一穿城而过的省会城市，黄河流经市域150.7千米，其中城区47.5千米。沿河而建的兰州水车与荷兰风车齐名；中山铁桥是第一座横跨黄河的铁桥，被称为“天下黄河第一桥”；黄河母亲雕塑是黄河文化和中华民族母亲形象的代表，是全国最美的城市雕塑之一。百里黄河风情线是全国最长的市内滨河公园和最大的城市带状公园，被誉为“兰州外滩”。皋兰县什川古梨园被吉尼斯认证为“世界第一古梨园”，永登县连城镇和红城镇，榆中县青城镇和金崖镇是国家级历史文化名镇，永登县苦水镇被国家文化和旅游部评为2018—2020年度中国民间文化艺术之乡。青城镇城河村入围第一批中国传统村落名录。西固区河口镇河口村被评为中国历史文化名村。皋兰县上车村、榆中县浪街村分别入选第2批、第3批全国乡村旅游重点村，榆中县李家庄村入选2020中国最美丽休闲乡村。两山对峙、大河中流，多样化的自然景观，造就了得山独厚、得水独秀的独特城市魅力，是中国最受欢迎10大避暑城市之一和游客数量增长最快的十大“网红城市”之一，2020年跻身全国热搜城市第4位，成为疫情后全国旅游市场复苏幅度领先城市和中国旅游产业影响力年度夜游城市，入选第一批国家文化和旅游消费试点城市，城市的影响力和美誉度持续提升。兰州治理大气污染经验做法在全国得到推广，打造的“兰州蓝”城市名片，在巴黎世界气候大会上获得“今日变革进步奖”。2019年8月21日，习近平总书记在甘肃视察黄河兰州段生态治理保护工作时，盛赞“黄河之滨也很美”，已经成为最响亮的城市新名片。兰州先后荣获国家园林城市、全省民族团结进步示范市，特别是2020年荣膺全国文明城市称号，受到省委、省政府通报嘉奖，同时蝉联全国双拥模范城“九连冠”。2021年，兰州入围“艾里缇斯”奖，被评为“最美国际文化旅游名城”。

开放门户 自汉唐以来，兰州就是丝绸西去、天马东来的交通要道和商埠重镇。近年来，兰州市坚持把融入“一带一路”建设作为最大机遇，聚焦建设大平台、构建大通道、形成大枢纽、发展大产业，不断完善综合保税区、国际航空港、国际陆港、铁路口岸功能，获批运行粮食、肉类、水果、冰鲜水产品等特殊商品进口指定口岸，兰州汽车整车口岸作为甘肃首个汽车进口口岸通过验收，获批设立全国跨境电商综合试验区，建成西北最大的跨境电商监管平台，挂牌运营西北首家铝期货指定交割仓库，在英国、俄罗斯、巴基斯坦、哈萨克斯坦等国家设立海外保税仓，甘肃（兰州）国际陆港2018年被国家指定为向尼泊尔开放的3个陆港之一，2019年获批建设陆港性国家物流枢纽主枢纽。“兰州号”中欧、中亚、南亚和西部陆海新通道国际货运班列实现常态化运营，开行密度和返程频次逐步增大。2021年，兰州市被确定为全国首批15个商贸流通标准化专项试点城市。连续成功举办9届的兰州国际马拉松赛，晋级为国际田联金标和中国田协金牌“双金”赛事，高规格承办在亚洲首次召开的国际田联路跑会议，作为丝绸之路经济带核心节点城市的区位优势更加凸显，已由内陆腹地一跃成为国家向西开放的前沿阵地和重要门户。

【交通优势】 兰州处于大西北的“十字路口”，座中四联、承东启西，是全国9大物流区域、10大物流通道和21个全国性物流节点城市之一，有西北地区最为密集的铁路网，是新亚欧大陆桥和我国面向中亚、西亚开放的战略通道。陇海、兰新、兰青、包兰等8条铁路干线和京藏、连霍、连珠高速等5条国家高速公路交会于此，兰州铁路编组站和兰州西客站是我国西部最大的路网型铁路编组站和客运枢纽，世界一次性建设里程最长的高速铁路从兰州直通新疆，宝兰高铁、兰渝铁路建成通车后，打通了兰州与中东部和大西南的快速交通联结通道，已成为连接“一带”与“一路”的黄金支点。兰州中川国际机场是西北地区的重要航空港，2021年，机场运力累计33家，累计开通航点108座，执行客运航线203条；货运航线7条（国际航线5条）；累计执飞航空公司37家（含5家货运航空公司）；运输起降10.13万架次，旅客吞吐量1217.12万人次，货邮吞吐量7.31万吨。旅客吞吐量在全国40家大型机场中排名第26位，在全国31个省市、自治区、直辖市城市中排名第22位。兰州中川国际机场三期扩建工程已于2020年9月9日开工建设，总投资335.5亿元，预计2023年完工，扩建后国际航线将达到30余条、按满足2030年旅客吞吐量3800万人次、货邮吞吐量30万吨目标设计。

【工业优势】 兰州是全国最早接受近代工业文明的城市之一，陕甘总督左宗棠督甘兴办“洋务”，1872年底创办的兰州制造局（即兰州通用机械厂）是中国最早的近代机械工业厂家。1880年9月创办的兰州机器纺呢局是中国第一个毛纺织企业，是洋务运动中清政府官办最早的机器毛纺织厂，在近代中国乃至亚洲工业史上具有重要意义。新中国成立后，兰州被国家确定为重点建设的工业基地之一，在“一五”“二五”“三线建设”期间，布局建设了被誉为共和国长子的兰炼、兰化等一批大中型企业，创造了共和国工业领域许多“中国第一”和“中国之最”，成为国家重要的石油化工基地、生物制药基地和装备制造基地，脑膜炎、麻疹等部分人体疫苗和猪口蹄疫等动物疫苗生产技术和产量在全国处于领先和主导地位。近两年工业固定资产投资持续保持20%以上的增速。特别是2012年获批建设的范围面积约1744平方千米，规划控制面积821平方千米，核心区规划建设面积246平方千米的西北第1个、国家第5个国家级新区兰州新区，已建成200平方千米城市框架，初步形成先进装备制造、绿色化工、新材料、生物医药等十大产业集群，获批建设国家绿色金融改革创新试验区、国家先进装备制造高新技术产业化基地、国家新型工业化产业示范基地，已累计引进产业项目860余个、总投资4600余亿元，绿色化工园区正在朝着全省首个千亿级化工园区的目标加速迈进，兰州新区作为国家重要的产业基地和承接产业转移示范区的集聚效应日益凸显，经济增速连续多年领跑19个国家级新区，2019、2020年连续两年获评“中国（区域）最具投资营商价值新区”。2021年，获评“2020十大最具投资吸引力新区”，入选“科创中国”试点城市。面向“十四五”，市委市政府提出重振“兰州制造”战略，坚定不移走制造强市之路，坚持“改旧”和“育新”并重，保持制造业比重稳步提升，着力构建绿色制造产业体系，积极打造先进石化、装备制造、生物医药、绿色冶金四大优势产业集群，培育壮大航空航天、新材料、新能源、核燃料、新型建材、节能环保、食品加工、烟草制品八大支柱产业集群，构建起多元支撑、稳定可靠的现代工业产业体系。

【科教人才优势】 兰州是国家重要的科研教育基地，拥有2个国家级开发区——兰州高新技术产业开发区、兰州经济技术开发区，2014年经科技部同意开展兰白科技创新改革试验区建设试点，2018年经国务院批准建设全国第19个、欠发达地区首个国家自主创新示范区。境内拥有以中国科学院兰州分院为代表的各类科研机构1200余家，以兰州大学为代表的高等院校30所，独立科学研究与技术服务业事业单位66家，以重离子加速器为代表的国家级重点实验室7个、国家实验室1个、省部共建国家重点实验室2个；拥有国家级企业技术中心8个、国家级工程技术研究中心3个、省级重点实验室92个、省级工程技术研究中心69个；两院院士39名（人事关系在兰17名，外聘院士22名）、享受政府特殊津贴专家48名；人才密度和综合科技实力居全国大中城市中上游水平。近年来，兰州把创新驱动发展作为全市主导战略，把科技创新作为引领经济高质量发展的第一动力，不断促进发展动能接续转换，2019年底，通过国家科技部创新型试点城市验收，标志着兰州市已正式进入国家创新型城市行列。连续3年成为全国15个创新策源地城市之一，2021年创新策源地城市排名第14位。2021年新认定高新技术企业131家，全市高新技术企业累计681家，科技进步贡献率60.4%，战略性新兴产业增加值占GDP比重16.5%。兰州空间技术物理研究所主持完成的“空间电推进综合测试技术及应用”获得国家科技进步二等奖；甘肃蓝科石化高新装备股份有限公司参与完成的“400万吨/年煤间接液化成套技术创新开发及产业化”和天华化工机械及自动化研究设计院有限公司参与完成的“复杂原料百万吨级乙烯成套技术研发及工业应用”获得国家科技进步一等奖。

【文化底蕴】 兰州距今已有2200余年的建城史，考古探测发掘的史前文化遗存有184处，源远流长的黄河文化、丝路文化、中原文化、西域文化在这里交相辉映。兰州文化瑰宝众多，有文溯阁《四库全书》、宋本《淳化阁帖》、宋刻本《汉隽》、元刻本《事类赋》、明刻本《艺文类聚》、清铜活字印本《古今图书集成》等，都是历代书目中极为罕见的珍本。太平鼓、高高跷、黄河水车制作技艺、兰州鼓子是国家级非物质文化遗产保护项目。青城西厢小调为国家级非物质文化遗产保护项目。《读者》杂志被誉为“中国人的心灵读本”，是“中国期刊第一品牌”。《丝路花雨》《大梦敦煌》等国家舞台艺术精品书写了“文化兰州”的新篇章。本土电影《丢羊》获中国电影最高荣誉华表奖，《丢心》获第74届威尼斯电影节“聚焦中国·青年电影人计划”最佳影片奖。红色题材儿童剧《大豆谣》，获第10届中国儿童戏剧节“优秀展演剧目”奖，入选“戏剧中国”线上展演优秀剧目。原创话剧《八步沙》被中宣部、文旅部、中国文联列为“庆祝中国共产党成立100周年优秀舞台艺术作品展演”进京展演剧目。

（市委办市 市地方志办）

“五位一体”建设

【政治建设】 捍卫“两个确立”，持续加强党的政治建设。坚持旗帜鲜明讲政治，着力加强对党忠诚教育，教育引导全市各级领导班子和干部队伍增强党性意识，坚定捍卫“两个确立”、坚决做到“两个维护”。突出加强理论武装。坚持不懈用党的创新理论凝心聚魂，深入实施习近平新时代中国特色社会主义思想培训计划，扎实开展党的十九届五中、六中全会精神学习培训，教育引导广大党员干部不断增强政治判断力、政治领悟力、政治执行力。着力加强换届后村级班子跟进式培养培训，村（社区）“两委”换届完成后，及时对新一届村（社区）“两委”班子成员进行全覆盖任职培训。制定下发《基层干部主题培训行动计划实施方案》，市县两级先后举办专题培训班174期，培训基层干部1.71万人次。严肃党内政治生活。着力加强和规范党内政治生活，督导416个县级单位领导班子按时高质量召开2021年度民主生活会，指导10106个基层党组织召开组织生活会和开展民主评议党员工作，切实增强政治性、时代性、原则性、战斗性。着力推进基层组织生活提质增效，充分运用甘肃党建信息化平台监测功能，调度指导全市各级党组织100%按时开展组织生活，及时约谈提醒基层党组织负责人180余人次，督促广大党员在经常性政治体检中锤炼党性、固本培元。着力提升政治素质。始终把政治标准放在首位，认真落实《甘肃省领导班子和领导干部政治素质考察办法》，对政治素质测评得分低于90分的2个领导班子、37名市管领导干部取消年度考核评优资格。综合运用巡察检查、暗访督查、提醒督办等方式，对干部遵守政治纪律和政治规矩、担当履职等情况进行监督，着力推动中央和省市委部署要求落到实处。健全完善干部考核制度体系，及时修订《兰州市县区领导班子和领导干部年度考核办法》等7个办法，按30%～52%的权重增加高质量发展考核指标，牵引带动各级领导干部提升政治素质，增强履职能力。

（杜亮泽）

【经济建设】 把“稳增长”作为经济发展的头等大事，强化经济形势分析，精准研判、综合施策，扎实做好“六稳”工作，全面落实“六保”任务，全市经济实现稳定增长，首次连续三个季度获得全省经济增长“贡献奖”，在全省高质量发展中的首位度不断提升，为开启全面建设社会主义现代化新征程奠定了坚实基础。

夯实经济基础，推进重点项目建设。全市谋划实施项目1363个、总投资9717亿元，市列重大项目120个、总投资3389亿元。其中，续建项目687个，全部复工；新建项目676个，手续办结659个，办结率97.5%，开工648个，开工率95.9%，创历史同期最高水平。交通方面，兰州市综合交通枢纽课题研究编制完成，兰州市轨道交通2号线一期工程完成主体结构，兰州至张掖三四线铁路、G312清水驿至傅家窑段公路、兰州中川国际机场三期扩建工程等项目加快建设，兰州国际空港规划编制及审批加快推进。水利方面，湟水河兰州市西固段防洪治理工程、庄浪河兰州市西固段防洪治理工程、大通河永登段防洪治理工程项目加快建设。能源方面，争取到兰州市冬季清洁取暖项目，完成2020—2021年冬季清洁取暖评估工作。建成兰州市天然气输配工程（调峰储气供气站）。330千伏输变电项目加快推进。建成投运3个城市电网项目（330千伏2个，110千伏1项）和6个农村电网项目。17万千瓦风电存量项目建设加快实施（永登坪城4.5万千瓦建成投运，皋兰8万千瓦和榆中4.5万千瓦开工建设）。资金争取，争取到中央预算内资金项目75个，下达资金14.9亿元；申请专项债券项目40个，下达专项债券资金60.5亿元。争取黄河流域生态保护和高质量发展专项奖补资金2.64亿元。

调整产业结构，突出创新赋能增效。重振“兰州制造”加快实施。加快构筑“四梁八柱”工业产业体系，出台振兴制造业实施方案及配套政策，实施振兴兰州制造暨产业链链长制三年行动计划，确立产业链链主企业47户，在12个重点产业链实施延链补链强链行动。实施规模以上工业企业倍增计划，建成年产20亿剂重组新冠疫苗生产车间，成为国家新冠疫苗重要的科研生产基地，全年新增规上工业企业60户。推进传统产业“三化”改造，实施“三化”改造项目153个，中车兰州机车整体搬迁工艺提升等51个项目建成投运。印发《兰州市2021年十大生态产业工作要点》《兰州市2021年十大生态产业工作要点责任清单》，梳理2021年十大生态产业各领域项目315个，总投资1752.59亿元，年度计划投资256.12亿元。服务业提档升级。编制完成“十四五”成品油分销体系和车用天然气加气站发展规划、“十四五”现代服务业、生活性服务业和生产性服务业规划，印发《兰州市国家物流枢纽建设2021年工作要点》，开展商贸服务型枢纽申报，商贸服务型枢纽建设方案完成国家专家评审。完成2021年粮食进口关税配额申报和再申报，以及2022年粮食进口关税配额申报。加快发展“夜经济”，兰州老街、黄河楼等夜景多次登陆央视，兰州“假日夜经济”活跃度高居全国第3。创建全域旅游示范区，启动运营水墨丹霞、兰州野生动物园等景区，主要景区(点)纳入文旅部黄河主题国家级旅游线路，获评“最美国际文化旅游名城”，全年接待游客人数和旅游综合收入分别增长49%和46%。加快打造“金融之城”，建设运行“兰州信易贷”平台，开源证券、平安证券开业运营，兰州银行首发A股上市顺利通过，连续五年获得“省长金融奖”，全市实现直接融资163.3亿元。全面完成流通领域现代供应链体系和城乡高效配送专项行动试点建设，获批建设全国商贸流通专项试点城市，获评绿色货运配送示范城市，全年电商交易规模增长9%。现代农业加快推进。深入研究兰州市全域城乡融合发展路径，制定《创建第二批国家全域城乡融合发展试验区实施方案》，出台《兰州市关于实现巩固拓展脱贫攻坚成果同乡村振兴有效衔接的意见》，制定《2021年易地扶贫搬迁后续扶持工作要点》《2021年易地扶贫搬迁后续扶持工作重点项目清单》，通过特色种养、产业园区、扶贫车间、乡村旅游、资产收益分红等多种措施，确保易地扶贫搬迁工作全部如期落实到位。持续推进陇南文县对口支援工作。

着眼区域协调发展，持续壮大功能平台。兰州新区发展提质加速。全面实施“335+X”产业倍增行动，高标准推进绿色化工园区、城市矿产和表面处理产业园等重点产业园区建设。新引进产业项目155个，巨化含氟新材料、海亮铜箔、宝武负极材料等一批投资过百亿的重大项目相继落地。率先开展“标准地”改革试点，获评“十大最具投资吸引力新区”。兰州新区秦川园区获评国家先进制造业和服务业融合示范区，中川北站物流园获评省级功能示范区。国家绿色金融改革试验区加快建设，全省首家“绿金通”上线运营。高新区发展势头强劲。启动建设兰州高新区与北欧协同创新中心，加大创新创业服务机构引进力度，申报国家级绿色园区，大力培育科技型企业，高新技术企业达到410家。中农威特生物医药产业基地、省科学院高技术产业园、兰州国家生物产业基地创新园(二期)、航天真空装备产业园等重点项目加快建设。经开区发展扩容增效。全面推进皋兰生态修复与产业示范区开发建设，编制起步区控制性详细规划、市政基础设施和生态修复专项规划。完成皋兰生态修复与产业发展示范区起步区342.8亩国有建设用地使用权公开出让，探索“拿地即开工”模式，道路、生态修复综合治理等基础配套项目加速推进。全年新增入库规上工业企业10家、限上商贸企业16家。兰州陆港平台优势持续增强。铁路口岸东川作业区、汽车整车进口口岸、冷链市场全面建成运营，保税物流中心(B型)、多式联运物流园即将投运，建设标准库区23万平方米，78家实力物流企业入驻。成功举办“义乌—兰州—莫斯科”中欧班列发运仪式，南亚班列被命名为“国家多式联运示范工程”，“中吉乌”国际货运班列实现双向贯通。甘肃(兰州)国际陆港连续4年被评为全国优秀物流园区。榆中生态创新城建设稳步推进。统筹产业谋划和整体开发，全面完成周边面山提质增效绿化项目，完成绿化1.7万亩。建成科创中心，夏纬七路(一期)达到通车标准，有序推进污水处理厂、万家庄水厂等市政配套项目，城市“骨架”渐次拉开。县域经济协调发展。印发《关于推进兰州经济技术开发区高质量发展的实施方案》《兰州市贯彻落实推进园区加快发展若干措施的实施方案》《兰州市开发区2021年度工作要点》，配合省发改委做好省级园区年度考核工作。

制定《兰州市加快推进县域经济高质量发展实施方案》，分析县域经济发展现状及趋势，明确县域范围和发展方向。

激发发展活力，纵深推进改革开放。持续优化营商环境。制定优化营商环境培训学习、联席会商、评测工作、督察督办、信息报送和交流研讨等6项工作制度，建立“1+18”指标提升政策体系，印发营商环境领域政策文件180余件，出台优化营商环境社会监督员管理办法、督导办法和评价考核办法，对市级各指标部门、各县区进行考核，将评价结果纳入全市绩效考核目标体系，形成“以评促改，以评促优”营商环境评价的良好氛围。研发运行兰州市优化营商环境评价分析系统平台，编制《兰州市营商环境评价报告（2020）》和《2021年评价填报手册》，组织10次指标培训，全面提升全市优化营商环境工作人员业务水平。参照国家优化营商环境评价内容，对全市市直相关部门和县区进行营商环境指标模拟测评、专项督查、回访企业、满意度测评等相关自评工作。制定印发《兰州市2021年国家营商环境评价工作实施方案》，推动国家评价填报工作规范化、制度化。启动建设全国优化营商环境实践样本城市，制定《兰州市打造全国优化营商环境实践样本城市实施方案》，从18个一级指标中筛选15个指标作为样本指标，全面推进全国优化营商环境实践样本城市打造工作。深化重点领域改革。继续深化“放管服”改革，落实“一企一策”问题解决、惠企政策不来即享、网上24小时“不打烊”服务等工作机制，高标准、高水平优化政务服务，“小兰帮办”获得“甘肃好品牌—最具影响力服务品牌”称号。建成运行工程建设项目审批管理系统，审批时限由154个工作日压减至14~77个工作日。实施国有企业改革三年行动，13家国有企业完成改制重组。推进要素市场化配置改革，完善自然资源资产交易平台，提高土地、劳动力、资本、技术、数据等要素配置水平。稳步推进农村改革，全市确权农户24.55万户，确权面积339.64万亩，发放农村土地承包经营权证24.31万本。全面完成企事业单位公务用车制度改革和行业协会商会与行政机关脱钩改革。全面扩大对外开放。综合保税区、国际航空港、铁路口岸、国际通信专用通道等形成立体化开放平台，兰州航空口岸首次开通定期国际货运航线，2条国际货运航线获批第五航权，“兰州号”国际货运班列开行密度、发运列数持续增大，新开通“德国—兰州”巴斯夫化工品、“拉脱维亚—兰州”公铁海多式联运等中欧班列和“新区制造”定制中亚班列，完成汽车整车进口首单业务，跨境电商综试区建设初见成效，全年发运班列250列、增长23.8%。成功举办第8届中国—中亚合作论坛。

2021年，全市实现地区生产总值3231.29亿元，经济总量稳居全省第一位，增长6.1%，两年平均增长4.2%。分产业看，第一产业增加值62.52亿元，增长7.4%。第二产业增加值1113.91亿元，增长5.6%。其中，工业增加值完成886.6亿元，增长6.7%；建筑业增加值228.47亿元，增长1.6%。第三产业增加值2054.86亿元，增长6.4%。固定资产投资增长7.7%。社会消费品零售总额1757.74亿元，增长7.1%。一般公共预算收入276.71亿元，增长12%。其中，税收收入202.83亿元，增长15.2%；非税收入73.87亿元，下降4.1%。一般公共预算支出483.61亿元，下降0.5%。金融机构本外币存款余额9577.65亿元，增长5.4%；金融机构本外币贷款余额14231.83亿元，增长8.1%。金融机构人民币存款余额9525.4亿元，增长5.3%；金融机构人民币贷款余额14060.26亿元，增长8.5%。居民消费价格比上年上涨1.3%。城镇居民人均可支配收入43244元，增长7.7%；农村居民人均可支配收入16191元，增长10.5%。

（杨雅文）

【文化建设】 深入推进文化体制改革，制定《2021年市委文化体制改革工作台账》，稳步推进各项任务落实。成立兰州市国家文化公园建设领导小组，制定《黄河国家文化公园（兰州段）建设实施方案》，建立“黄河国家文化公园”项目库，谋划“数字长城甘肃博物馆”项目，组织文化单位申报省级国家文化公园建设专项资金项目9个。着力推进文化产业发展，持续推动华夏文明传承创新区、国家文化和科技融合示范基地建设，协调市文旅局编制《兰州市“十四五”文化和旅游发展规划》，建立“十四五”文化旅游业发展规划项目库。推动文化事业发展，组织核查全市乡镇文化服务站78家，年检复审电影院43家，指导完成市文联6个协会换届工作。大力支持文艺精品创作，编纂出版《兰州通史》，推出纪录片《黄河上城》、电影《足球·少年》、大型歌剧《南梁颂》等精品文艺作品，推荐36件作品参评第10届敦煌文艺奖。加大文化惠民力度，先后举办文化“七进”、文化进万家、《金城讲堂》、金城书画沙龙、“爱兰州爱阅读”等线上线下文化活动376场。净化文化市场，推动出版行业健康发展。着力提高出版管理服务水平，开展重点主题出版物、中小学教科书发行规范管理，受理审批新设立印刷企业21家，审批核发一次性内部资料性出版物准印证5个、连续性内部资料性出版物准印证4个。推进软件正版化工作，开展打击网络侵权盗版“剑网”专项行动，对全市机关企事业单位软件正版化工作进行考核。强化“扫黄打非”工作，加强与公安、文化执法、网信等单位的“扫黄打非”处置联动，在全市115个乡镇(街道)、1154个村(社区)挂牌成立“扫黄打非”工作站。深入推进“正道”“新风”集中行动，先后转发有害出版物查堵目录8批次，查缴非法盗版出版物10.6万余册(张)，查处出版物市场案件47起，协查购买违禁出版物线索3起，核查国安部门线索2起，罚款及没收非法所得近20万元。

(王文涛)

【社会建设】 争取社会事业领域中央省市预算内资金，重点支持教育、卫生、文化、旅游、体育、社会服务等行业共84个项目。新建、改扩建学校10所(市级)，增加学位1.3万个。积极争取国家区域医疗中心。完成市中医医院、市口腔医院主体建设，启动建设兰州市公共卫生应急救治中心、市肺科医院重症医学传染病区域。建成五大急危重症救治中心29个，五大县域医学中心25个。制定全民健身场所设施补短板方案，积极推进黄河国家文化公园建设工作，奥体中心主体结构已全部完成。

实现城镇新增就业8.4万人，失业人员再就业31623人，就业困难人员实现就业9629人，开展职业技能培训29.8万人次、脱贫劳动力培训5055人次、边缘易致贫劳动力培训42人次，劳务输转25.21万人，实现劳务收入72.04亿元，同比增加6.88%。

企业职工基本养老保险缴费人数增长率5.9%；基金收入62.72亿元；基金支出92.3亿元。机关事业单位养老保险参保人员缴费率100%；基金支出29.54亿元。工伤保险农民工参保率100%；新开工工程建设项目参保率100%；基金支出2.51亿元。失业保险参保人员缴费率95.5%，缴费人数增长率14.7%，基金支出4.78亿元，完成121.1%。劳动人事争议调解成功率62.9%，劳动人事争议仲裁结案率95.6%。全市集体合同签订率86.2%。

全市城乡低保标准提高8%，累计发放各类社会救助金4.61亿元，为4054名各类救助对象提供照护服务9.6万次，为7.02万名困难群众发放取暖补贴1795.22万元。建成市级养老机构2个，试点开展居家和社区基本养老服务提升行动。为3680名经济困难老年人发放服务补贴；升级“三级”居家社区养老服务平台，入库老人45万人，年服务老人33.63万人，年服务400万人次；为411名孤儿发放基本生活费690余万元，为1081名事实无人抚养儿童发放基本生活补贴1170余万元；首创设立10个未成年人社工服务站；救助流浪乞讨人员2243人；为3.8万名残疾人发放“两项补贴”5493万元，为906名贫困重度残疾人开展照护服务。深化“三社联动”试点工作，新孵化社区社会组织35个，培养居民骨干124人，社区志愿服务骨干526人，居民参与人数2.56万人；全市社区志愿服务站实现村、社区100%全覆盖。疫情期间，新纳入城乡低保和特困供养人员429人，为3.71万户救助对象发放防疫和生活物资88.55万件478.47万元，发放临时救助金474.18万元；在县区设立临时救助点10处，累计救助流浪乞讨人员和滞留人员141名；动员社会组织力量，链接各方资源，全市187家社会组织累计捐赠防疫资金和物资412.4万元；组建“兰州社工”疫情防控志愿服务队。完成第10次村民委员会和第7次社区居民委员会换届选举，并同步完成村(居)务监督委员会推选。年底，累计培育孵化城乡社会组织4038鉴，社会组织党组织覆盖率90.49%，党建工作实现100%全覆盖。

(杨雅文　张晓艳　周晓霞)

【生态文明建设】 2021年，兰州市生态环境质量持续改善。大气环境质量方面，全市达标天数296天，优良天数比例81.1%；未发生人为因素导致的重度及以上污染天气；全市空气质量综合指数4.75。水环境质量方面，地表水国考、省考断面水质达标率100%，辖区干支流水质达标率100%，无劣Ⅴ类水体；6个地下水质量国测点水质保持稳定，黄河出境断面水质达到Ⅱ类；县级及以上集中式饮用水水源地水质达标率100%，城区8条黑臭水体无返黑返臭情况。土壤环境质量方面，未发生因耕地土壤污染导致农产品质量超标、疑似污染地块或污染地块再开发利用不当事件，土壤环境总体安全。

生态环境保护责任履行。全市各级党委、政府不断强化对生态文明建设和生态环境保护的组织领导，从严落实领导干部生态文明建设责任制，严格实行党政同责、一岗双责，坚决扛起生态文明建设和生态环境保护的政治责任。强化生态文明理念。深入学习领会习近平生态文明思想，将生态文明理论学习纳入各级党委（党组）理论中心组学习计划，将生态文明建设情况纳入领导班子考核内容。市委组织部每年组织开展全市生态环境保护专题培训，同时将生态文明建设内容纳入公务员网络培训，切提高党员干部生态文明意识。始终把生态环境保护工作放在重要位置。市委、市政府始终将生态环境保护工作纳入重要议事日程，2021年召开市委常委会会议、市政府常务会议专题研究生态环境保护工作9次。市委、市政府主要负责同志对生态环境保护工作批示30余件（次），推动全市生态环境保护工作有效开展。压实工作责任。制定印发《兰州市深入打好污染防治攻坚战行动方案》，明确“十四五”期间兰州市污染防治攻坚战的主要目标和重点任务，进一步压紧压实生态环境保护各相关部门工作责任，持续改善全市生态环境质量。

打好污染防治攻坚战。坚决打赢蓝天保卫战。实施兰州市空气质量持续改善行动计划，重点实施工业污染治理、燃煤污染治理、扬尘污染防治、尾气污染防治等综合整治工程，对87家工业窑炉、358家“散乱污”企业、38家重点行业无组织排放开展整治“回头看”，对排查出的涉气环境问题，责令企业限期整改；以西固区及兰石化周边企业为重点，对640家涉挥发性有机物企业开展整治；巩固全市县级以上城市建成区10蒸吨及以下燃煤锅炉淘汰整治成果，坚决杜绝燃煤污染反弹，有序推进77台833蒸吨燃气锅炉低氮改造工作；严格落实道路扬尘及施工工地管控“七个百分之百”抑尘措施；加强餐饮油烟综合整治，常态化协同监管餐饮油烟污染；发挥机动车排气技防体系作用及全市10套尾气遥感监测系统监管作用，严厉打击超标排放特别是冒黑烟上路行驶等违法行为；加强非道路施工机械排放监管，对超标排放车辆责令进行达标治理。着力打好碧水保卫战。持续开展枯水期水污染联防联控工作，全市各相关部门共出动检查人员3000余人次，获取断面水质监测数据822组，形成日报53期，检查涉水点位1185处，督促问题整改117个，有效确保枯水期水质安全；组织开展各级水源地基础环境状况调查评估，按月、按季度开展水质监测，对水源地生态环境问题进行回头看，确保各级水源地水质安全；组织开展排污口排查整治工作，全面完成黄河兰州段干流和主要支流沿河1000米范围内各类入河排口的人工徒步排查工作，完成3022个入河排污口全部点位现场溯源、监测、信息录入以及布局规划和整治方案编制任务；紧抓兰西城市群交流合作机遇，强化跨市界流域水污染联防联控，组织召开联席会议，开展联合排查、联动共治，有力保障枯水期水质持续稳定达标；强化水生态环境问题排查整治，开展河洪道定期巡查检查和水环境日巡查，对存在的35批次问题进行转办、交办，已全部完成整改。稳步推进净土保卫战。动态更新51家2021年度土壤污染重点监管单位、5个污染地块、25个疑似污染地块名单。督促全市7家危化生产企业搬迁改造单位完成土壤污染状况调查工作。完成全市8个县区农用地土壤环境质量类别划分及报告编制。加大农村黑臭水体治理，对排查出的3条农村黑臭水体按照治理方案实施治理，已完成总工程量的50%以上。督促各县区编制完成并发布县域农村生活污水治理专项规划，并按规划推进任务落实。对全市55

座已建成农村生活污水处理站运行情况进行排查整治。

扎实推进生态环境保护督察整改。第1轮中央环保督察反馈的21项问题全部完成整改，交办的512件信访件全部办结；第2轮中央生态环境保护督察的25项问题完成整改21项，其余4项问题整改工作正在全力推进并已取得阶段性进展，交办的836件信访件办结814件，剩余22件正在推进。国家黄河流域生态环境警示片披露的6项问题完成整改1项，剩余5项正在推进；省级警示片披露的15项问题完成整改4项，剩余11项正在推进。

狠抓能耗总量和强度双控。制定印发《2021年度兰州市节能降耗工作要点》和《兰州市2021年能耗“双控”工作整改方案》，将能耗“双控”指标分解到各县区及重点工业领域，明确工作职责，强化市、县区联动，及时了解全市能耗及工业能耗变动情况，适时采取相应措施，推动各项工作落实。将项目节能审查作为抓好节能工作的关键，对年综合能源消费量5万吨标准煤以上的高耗能项目组织编制能耗等量置换方案，分析项目对完成能耗双控目标的影响。完成兰鑫钢铁集团有限公司年产120万吨焦化项目、中国石油兰州石化分公司3.5万吨/年特种丁腈橡胶装置等4个项目节能审查的上报工作。对全市高耗能企业开展强制性能耗限额标准执行情况专项监察，对15户重点用能企业开展高耗能落后机电设备（产品）执行淘汰制度情况专项监察，督促企业按时按计划淘汰高耗能在用落后机电设备。

深化河湖长制改革。建立健全四级河湖长体系。建立党政同责的“双河长”工作机制和市、县、乡、村四级河湖长体系，将全市主要河流、洪水沟道、水库及中型以上淤地坝全部纳入河长制实施范围，将3个人工景观湖和5个饮用水水源地水库纳入湖长制实施范围，实现河湖长制水域管理全覆盖，全市1381名河长、46名湖长上岗履职，担负起河湖治理保护的“分段”“分片”责任。完善河湖长制考核制度。在全省率先推行河湖长制目标管理机制，制定印发兰州市2021年度全面推行河长制工作要点，将河湖管理保护重点任务细化分解到各区县和各相关部门。为确保目标管理落实见效，按照《兰州市全面推行河长制工作考核问责与激励制度》，成立工作组对各县区现场考核。市委组织部将河湖长制落实情况纳入县区领导班子和领导干部年度考核，倒逼河湖长制目标任务高效落实。加强“河长+”机制建设。先后建立推广河湖“警长制”“河长+检察长”和“河长+志愿者”工作机制。守河、护河、治河的责任网、治理网基本建立，党政负责、水务牵头、部门联动、社会参与的河湖管护格局基本形成。

全面推行林长制。召开全市2021年河湖长制暨林长制工作会议，成立由市委、市政府主要领导任“双组长”，市委、市政府有关领导任副组长、市直有关部门负责同志为成员的全市全面推行林长制工作领导小组，印发《兰州市全面推行林长制工作方案》，建立健全林长制市级会议、部门协作、信息报送和公开、督查检查等制度，进一步规范工作运行。各县区（含兰州高新区）全部成立林长制工作领导小组。市、县区（含兰州高新区）、乡镇（街道）、村（社区）四级林长体系全面建立。

农业面源污染综合治理。推进畜禽粪污资源化利用。强化畜禽养殖污染监管，排查养殖环节生态环境问题并及时开展整改工作，全市畜禽粪污资源化利用率76%以上。科学推进农药化肥零增长行动。制定印发实施方案，开展专业化统防统治和绿色防控技术示范推广，实施绿色防控面积15万亩，完成测土配方施肥技术推广面积311万亩，测土配方施肥技术到户覆盖率达到95%以上。持续开展废旧农膜回收利用。调减覆膜作物种植面积，推广全生物降解薄膜和加厚地膜替代技术。财政扶持企业开展废旧农膜回收利用，巩固完善多方参与的废旧农膜回收体系。全市废旧农膜回收利用率80.8%以上。提高秸秆综合利用水平。争取财政资金支持永登县秸秆综合利用试点县建设项目，实施“粮改饲”面积8.24万亩，推动秸秆产生源头“减量化”。建立健全秸秆收储体系，推进秸秆肥料化、原料化等多元化利用，抓好秸秆禁烧工作，全市秸秆综合利用率86%以上。健全农村垃圾收运处理体系。各县区编制完成农村垃圾填埋场布局规划，推行“户分类、村收集、镇转运、县处理”垃圾收集处理模式。全市乡镇垃圾转运场（站）、村庄垃圾收集箱、垃圾收运车辆、无害化处理设施覆盖率达100%。

推进自然资源资产管理和生态环境保护审计工作。组织实施全市矿产资源资产管理和生态环境保护专项审计调查，重点审计市自然资源局及所属各区分局、各县自然资源局，市、县区水务局，延伸审计矿山企业等有关单位，发现矿业权审批管理、行政执法处罚、矿山环境恢复治理等方面存在的问题，需要加以纠正和改进。

完善循环利用、节能降耗和再生资源回收体系。大力推进工业节能。鼓励企业加快实施节能技术改造，组织全市25家企业参与工业节能诊断。引导企业开发绿色产品，推行绿色设计，建设绿色工厂。持续推进建筑节能。加快发展装配式建筑，全市装配式建筑项目共约107.88万平方米，2021年新开工15.46万平方米。全市新建建筑设计和施工阶段强制性节能标准执行率均达到100%。加快推进交通节能。加快推进城市公共交通发展，兰州市国家“公交都市”创建工程、第一批绿色出行城市创建工程等顺利通过交通运输部考核验收。全市城市公交车保有量中新能源和清洁能源车占比96.3%。健全资源回收网络。推进再生资源经营网络向乡村下沉、服务功能向基层延伸。全系统共建成分拣中心11个、村级回收点32个、乡镇社区回收网点358个，再生资源回收网络体系基本建成。建设再生资源回收利用园区。推进兰州再生资源循环经济加工产业园项目建设，打造集回收、仓储物流、拆解、再制造和综合交易于一体的国家资源循环利用基地。

（赵紫楠）

国家“四大战略”落实

【黄河流域生态保护和高质量发展】 强化组织领导，靠实工作责任。组织召开黄河流域生态保护和高质量发展领导小组会议，传达学习中央、省上工作部署要求。3月，对2019年12月23日成立的市黄河流域生态保护和高质量发展协调推进领导小组（下设水利、生态修复、污染防治、产业发展、文化旅游5个专责组）进行调整完善，由常务副市长兼任领导小组办公室主任，5个专责组由分管的副市长担任专责组组长。制定印发《兰州市2021年黄河流域生态保护和高质量发展工作要点》《兰州市黄河流域生态保护和高质量发展协调推进领导小组工作规则》《兰州市黄河流域生态保护和高质量发展规划重点任务分工方案》等一系列文件，明确具体责任，细化任务分工，确保工作落实。坚持规划引领，编制完成《兰州市黄河流域生态保护和高质量发展规划》，制定出台《兰州市“十四五”黄河流域生态保护和高质量发展实施方案》《兰州市黄河流域生态保护和高质量发展2021年工作要点》以及《兰州市黄河流域生态保护和高质量发展规划两年行动方案（2022—2023年）》，为推动黄河流域生态保护和高质量发展战略落地落实提供有力保障。加强项目谋划。建立黄河流域生态保护和高质量发展重大项目储备库，将总投资9500亿元的生态保护和高质量发展两大类7个方面349个重点项目纳入项目库逐年推进实施。制定《2022—2023年兰州市黄河流域生态保护和高质量发展重大项目清单》，以项目推进规划落实，加强监督检查。采取现场勘查、调阅资料等方式，每月及时了解跟进中央预算内专项基金支持项目的进展情况，跟踪了解项目开工及施工进度，督促责任单位和项目单位按计划完成项目进度，按时落实项目月调度。用项目支撑生态保护和高质量发展，实现“一河清水向东流”。优化产业结构，推动绿色发展。贯彻“三新一高”要求，聚焦碳达峰碳中和目标，下功夫调整优化产业结构，培育发展新动能。持续振兴“兰州制造”，加快产业向绿色化、高端化、智能化转型，十大生态产业增加值占GDP比重22%；加快培育新一代信息技术、新材料、高端装备制造等新兴产业，战略性新兴产业占GDP比重达到16%；现代服务业提档升级，市场主体达到23万家，现代服务业占GDP比重65%。加快传统产业改造升级，实施规模以上工业企业倍增计划，推行重点产业链链主制度，实施“三化”改造项目153个，已完成51个。建立“八个一”工作推进机制及产业链链主制度，培育48户链主企业发展壮大，落实高新区定连园区、经济区皋兰生态修复与产业发展示范区范围内7户制造业企业财政奖补资金330.9万元。加快培育新兴产业，建成规模以上数据中心11家，新增专精特新“小巨人”企业16户，高技术制造业同比增长81.9%。实施现代服务业升级行动，完成流通领域现代供应链体系试点城市建设，建成运营兰州新区空铁海公多式联运示范工程和苏宁彭家坪物流中心，获批建设全国商贸流通专项试点城市，获评绿色货运配送示范城市。坚持生态优先，加强环境保护，严格落实河湖长制，持续开展“河湖清四乱”专项行动，实施入河排污口专项治理，完成七里河安宁、雁儿湾、盐场等污水处理厂提标改扩建工程，黄河兰州段干支流各考核断面水质及县级以上集中式饮用水水源地水质均稳定达标。推进天然林保护、防护林体系建设，完成人工造林3.32万亩、退化草原生态修复治理3万亩，重点区域水源涵养功能不断增强，庄浪河、宛川河、蔡家河等黄河支流流域生态环境有效改善。全力抓好中办督查和国家生态环境警示片涉及兰州问题整改工作，制定《关于〈中办黄河流域生态保护和高质量发展回访调研报告〉指出问题整改落实情况的报告》《兰州市贯彻落实国家黄河流域生态警示片涉及问题整改方案》，全面做好涉及兰州市问题整改工作。弘扬黄河文化，讲好黄河故事。全面做好黄河文章，加快建设黄河流域兰州白塔山段综合提升改造、“读者印象”精品街区等重点项目，建成运营黄河楼、兰州老街、水墨丹霞等一批体现黄河文化符号的景点景区，集中展现“黄河之滨也很美”的城市形象。保护传承弘扬黄河文化，八路军兰州办事处旧址成功申报第3批国家级抗战纪念设施遗址，《大梦敦煌》入选文旅部庆祝中国共产党成立100周年舞台艺术精品创作工程重点扶持作品名单，红色儿童剧《大豆谣》在全国巡演。讲好新时代黄河故事，成功举办第10届兰州黄河文化旅游节，举办白塔山及黄河楼灯光秀等活动，扩大黄河城市的影响力和知名度。

【融入和加快推进“一带一路”建设】 编制印发《兰州市高质量融入“一带一路”建设发展规划（2020—2025年）》，提出“一心两翼、两核三区、四港六路、双园双融”的对外开放布局，着力形成点面结合、协同联动的全市域开放空间格局。制定印发《兰州市贯彻新时代甘肃融入“一带一路”建设打造“五个制高点”规划实施方案》及任务清单和项目清单、“一带一路”年度工作要点等，并配套出台加快促进现代商贸物流业、通道产业、口岸经济、跨境电商、文化旅游等一系列政策措施，有力有序推进对外开放取得实质性成果。加快建设综合交通枢纽。持续优化完善市域对外通道建设，全力推进中通道高速公路、S104沈阿公路、京藏高速海石湾连接线改扩建、G312清傅公路、北绕城东段高速、中通道南延线等项目建设。推动“八纵八横”国家高速铁路网兰州境内项目建设，加快建设兰张三四线中川机场至武威段、中兰客专、兰合铁路、中川国际机场综合交通枢纽环线铁路、兰州至延安高铁、兰新高铁提速改造、兰州铁路枢纽优化工程等项目，不断完善路网布局。中川国际机场三期改扩建工程加快实施，新开辟“曼谷—兰州—达卡”“兰州—新德里”“兰州—加德满都”3条航线，首次获批拉合尔、加德满都第5航权。制定印发《2021年度兰州汽车整车进口口岸运营项目资金申报使用办法》，上年从德国进口的6辆路虎卫士，搭乘中欧班列抵达兰州汽车整车进口口岸，并开展保税仓储，兰州市汽车整车进口业务实现零的突破。优化口岸营商环境。探索自贸试验区建设可复制可推广的创新成果，提高通关便利化水平，建成中国（甘肃）国际贸易“单一窗口”，主要业务覆盖率100%，进出口通关时间持续压缩，口岸整体收费下降10%以上。外贸市场不断拓宽。兰州跨境电商公服平台现入驻企业195家，建设兰州高新区跨境电商产业园区和兰州丝路跨境电商产业园，入驻企业40家。全年实现跨境电商进出口额5.81亿元，同比增长44.59%。利用外资水平不断提高。共建“一带一路”国家在兰设立外资企业37家，合同利用外资额4.81亿美元，2021年，兰州市实现外贸进出口额141.8亿元，同比增长37.8%。国际市场营销体系不断完善。陇神戎发药业开发的黄芪当归胶囊获得泰国保健食品注册证书、元胡止痛滴丸获得新加坡药品批号；佛慈制药三款产品首次获批乌兹别克斯坦卫生部颁发的药品注册证书；广通新能源塞尔维亚项目完成样车整改工作。开放平台渐成体系。兰州市成功入选国家物流枢纽建设名单，制定印发《关于加快推进兰州陆港型国家物流枢纽建设的实施意见》《兰州市国家物流枢纽建设2021年工作要点》，参与国家物流枢纽联盟，拓展港口合作，与天津港、钦州港、山东港、连云港等合作建设无水港，为打造内陆开放新高地提供政策支撑。申报国家骨干冷链物流基地承载地，依托兰州国际高原夏菜副食品采购中心为核心区，建设面向西北地区的大型农产品交易及冷链物流公共基础设施。依托陆港型枢纽全面推进陆海新通道、中欧、中亚、南亚国际贸易通道建设，成功发运"中吉乌"公铁联运班列。全年发运国际货运班列333列，11124车，货重36.7万吨，货值2.5亿美元。举办马来西亚—中国(兰州)农产品线上贸易会，组织企业参加第7届中国—俄罗斯博览会、第18届中国—东盟博览会、第129届广交会，推动企业与"一带一路"国家及地区开展经贸与产能合作。组织《大梦敦煌》《河口水秀》《敦煌·慈悲颂》等进行海外、全国巡演，《〈大梦敦煌〉舞翩跹》成为全国友协《向世界介绍中国》35个案例之一。《读者》杂志行销世界90余个国家和地区，兰州牛肉面馆走入40余个国家和地区，海外文化旅游推广联络处相继设立。教育医疗国际交流合作有序实施，师生研修互访、留学生互派、医务人员海外访学培训积极开展。打造"一带一路"国际旅游枢纽站，与西宁、西安、青岛等19座沿黄城市成立"陆海同游 东西互赏"旅游联盟。通过中国日报海外版、FACEBOOK等网络平台进行兰州文化旅游资源短视频和图片宣传展示，组织兰州太平鼓、兰州刻葫芦、兰州泥塑、兰州水车等非遗项目参加第8届中国—中亚合作论坛中国(甘肃)特色产品展、设立兰州文旅金城网红直播孵化基地、举办"丝路金城 黄河兰州"新媒体挑战赛等多种形式拓宽文旅宣传渠道。科技合作稳步推进。先后与南宁、武汉、青岛、西宁、广州签订科技交流合作框架协议，建立北美地区甘肃籍、兰州籍专家库，已入库8人，通过兰州科技创新(硅谷)工作站和俄罗斯亚洲工业企业家联合会，向海内外发布"揭榜挂帅"征集到的技术需求8项。筹备第6届兰州科技成果博览会，已征集参展单位315家，科技成果785项，展品1275件。举办"第二届未来控件技术高峰论坛"，并积极对接筹备"兰州自主创新发展论坛""碳达峰、碳中和目标新能源高质量发展国际论坛"等活动。认定7家市级引智成果示范推广基地和3家市级引智示范单位，组织申报国家外国专家项目7个、获批省级高端外国专家引进项目3个。

【西部大开发战略实施】 筑牢国家生态安全屏障，实施重点生态工程。编制完成并印发《兰州市黄河流域生态保护和高质量发展规划》，谋划凝炼水利、生态、文化旅游、交通基础设施建设等领域的重大工程项目。按照"河流两岸、城市周边、道路沿线、村镇四旁"布局，完成林草生态修复5万亩，新增改造城市绿地80公顷。实施天然林资源保护二期工程，开展野外用火专项治理，排查整改隐患75处，开设防火隔离带560余千米。开展有害生物防治2轮次，防治面积约1.8万亩，无公害防治率95%以上。加快推进绿色低碳循环发展。抓实十大生态产业发展，印发《兰州市2021年十大生态产业工作要点》《兰州市2021年十大生态产业工作要点责任清单》。十大生态产业增加值占地区生产总值比重为22.58%。推进全市碳达峰碳中和工作，制定出台《兰州市低碳城市发展规划》《兰州市低碳城市试点实施方案》《兰州市2025年实现碳排放达峰实施方案》，有序发展风电、多元发展光电、推进地热和生物质能开发利用，持续推进能源生产低碳化。加大环境质量改善力度，全市空气质量达标率81.1%，空气质量综合质量指数4.75、同比下降3.7%；全市国控、省控断面和县级及以上集中式饮用水水源地水质达标率100%；未发生因耕地土壤污染导致农产品质量超标、疑似污染地块或污染地块再开发利用不当事件。共建"一带一路"推动对外开放。印发《兰州市高质量融入"一带一路"建设发展规划(2020—2025年)》《兰州市高质量融入"一带一路"建设2021年工作要点》《兰州市国家物流枢纽建设2021年工作要点》，细化工作举措、强化部门合作，共同推进重点工作落实落细。入选首批陆港型国家物流枢纽建设名单。中川机场三期、兰张三四线、中兰客专、中通道高速、中川机场T3连接线等项目快速推进，机场环线铁路、新区高铁南站开工建设。兰州已累计开通迪拜、达卡、河内、曼谷、列日、拉合尔、金边、新德里、加德满都等16条国际货运航线，初步形成“辐射丝路、直通南亚”的航线网络。国际货运班列常态化运营。中国兰州投资贸易洽谈会等大型展会日趋国际化，外贸促进和招商载体作用持续强化。全年实现进出口总额141.8亿元，比上年增长37.8%。新设立外商投资企业10家，投资总额1.15亿美元。坚持科技创新和制度创新“双轮驱动”，累计征集市级科技重大专项42项，组织开展兰州市重点人才项目重大技术攻关专项“揭榜挂帅”活动，6项技术需求达成合作意向，补助资金182.85万元。筹备第6届兰州科技成果博览会。全年完成技术合同认定登记1455项，技术合同认定登记额3.13亿元，比上年同期同比增长143.58%。打造创新示范高地，制定印发《兰州国家自主创新示范区（兰白科技创新改革试验区）建设2021年度工作要点》，配合省科技厅举办“张江·兰白服务企业直通车暨兰白试验区、兰白自创区生物医药领域专场线上推介会”，推介发布7项优秀科技成果及项目，兰州新区成功入选中国科协开展的第2批“科创中国”试点城市（园区）。构建现代农业产业体系，制定印发《兰州市现代丝路寒旱农业优势特色产业三年倍增行动计划总体方案》，特色产业种植面积173.15万亩，产量227.31万吨，启动创建省级现代产业园4个、市级现代农业园8个，持续推动榆中县省级现代农业产业园建设。着力打造现代石化制造、航空航天装备、电子制造业三大产业集群，全年全市规模以上工业增加值同比增长8.3%。战略性新兴产业加快发展。制定《实施振兴兰州制造暨产业链链长制三年行动计划（2021—2023）》，开展延链补链强链行动，推行12个重点产业链链长制度，以47户链主企业为龙头，推进传统产业高端化、智能化、绿色化转型升级。现代服务业提档升级。全年各种运输方式完成货物周转量263.52亿吨千米，比上年增长16.51%；接待游客人数和旅游综合收入均增长1.37倍。规模以上服务业企业营业收入1068.86亿元，比上年增长12.9%。第三产业增加值2054.86亿元，增长6.4%。清洁能源产业快速发展。推动能源结构持续优化调整，编制《兰州市2021—2023年度风电、光伏发电项目整体开发方案》，建立风光电开发项目库。同时，延伸新能源领域上下游产业链，构建以新能源为主的发、输（配）、储、用、造一体的综合产业体系，实现新能源和多种产业融合发展。推动县域经济高质量发展。印发《兰州市加快推进县域经济高质量发展实施方案》，按照“优势互补、错位发展”的思路，着力提升远郊区县经济发展水平和综合实力，增强县域自主发展能力，推动一区三县差异化发展。加快重大工程建设，制定《兰州市项目建设考核办法》《关于建立健全重大项目建设协同推进机制的意见》，全年投资项目1280个，总投资9849亿元，年度投资1466亿元。全市固定资产投资比上年增长7.7%。举办第27届“兰洽会”，签约省市列合同项目143个，签约总额994.23亿元，其中，签约10亿元以上项目32个，签约总额792.34亿元，占总签约额的79.69%；“三个500强”及行业龙头企业投资项目34个，签约总额441.40亿元，占总签约额的44.39%。提升人民生活品质。巩固脱贫攻坚成果与乡村振兴有效衔接，落实衔接资金10.18亿元。推进教育事业高质量发展。全市义务教育阶段学校大班额全部消除，全市公办园在园幼儿占比53.57%，普惠性幼儿园覆盖率提高到94.07%。医疗卫生事业稳步发展，每千人医疗机构床位数8.29张，每千人执业医师数3.78人。建成五大急危重症救治中心（卒中、胸痛、创伤、危重孕产妇、危重儿童和新生儿救治中心）29个，五大县域医学中心（影像、心电、病理、检验、消毒供应中心）25个。“250+N”种常见病、多发病患者和30种大病80%的患者实现县域内救治。完成全市城乡低保提标任务。优化营商环境，制定《兰州市优化营商环境工作实施意见》《兰州市全面提升优化营商环境专项行动工作方案》《兰州市优化营商环境工作制度》等政策文件，在具体行业领域出台推进政务服务“一网、一门、一次”改革，“四办四清单”改革，“双随机、一公开”监管，工程建设项目审批制度改革及区域评估、代办帮办、多评合一、多图联审、承诺制改革等政策文件，明确工作任务书、时间表、路线图。对标国际、国内先进营商环境指标水平和具体做法，筛选具有一定基础和竞争力的纳税、政务服务等15个指标作为样本指标，制定《兰州市打造全国优化营商环境实践样本城市实施方案》，全面推进全国优化营商环境实践样本城市打造工作。深化重点领域改革。完善科技创新体制机制、推进国有经济布局优化和结构调整、实施现代服务业升级行动、探索建立土地、能耗等项目要素保障机制，加快现代化经济体系建设。全面开展全市农村集体土地（含宅基地）使用权及农房所有权确权登记发证工作。探索推行服务承诺“四办四清单”管理制度，创新开展“五简五办五集成”新模式，全市政务服务事项法定办理总时限75.78万个工作日，承诺办理总时限19.33万个工作日，累计压减56.45万个工作日，压减率74.49%。整合网上办事平台，推动市级各业务办理系统以兰州政务服务网为统一办事入口，实现跨地区、跨层级信息数据共享和业务协同，推动办件数据实时归集。建立健全以信用为基础的新型监管机制，已在税务、教育、社保、医疗等21个领域陆续推出分级分类监管文件，在政府资金支持、行政审批、招投标等6大领域开展联合奖惩。

【兰西城市群建设】 在基础设施互联互通、优势产业协调发展、文化旅游合作交流、公共服务共用共享等领域展开全面合作，4月9日，兰州市和西宁市在兰州签订《兰州—西宁城市群人力资源合作协议书》，就全面建立两市人力资源市场协作伙伴关系、建立就业服务共享机制等13个方面达成合作共识，5月11日，兰州市分别与西安市、西宁市、银川市签订《西北省会城市应急联动工作备忘录》，与西宁市、白银市、海东市、定西市、海北藏族自治州、临夏回族自治州、海南藏族自治州、黄南藏族自治州签订《兰西城市群应急联动工作备忘录》，全力构建优势互补、信息互通、技术互联、资源共享、处置高效的跨区域应急协调联动工作机制。7月9日，兰州、西宁两市工信局在兰州举办兰西城市群制造业企业供应链合作座谈交流暨签约活动，重点围绕制造业协同发展、合力招商引资等方面深入交流，以优化、稳定两市新能源汽车、生物医药、新材料等产业供应链为切入点，深化两市制造业重点企业供应链合作，着力构建优势互补、互为配套、合作共赢的供应链合作体系。强化基础设施互联互通，G341线白银至中川段、川海大桥滨河路连接线、G109线庄浪河大桥建成通车；兰州新区至西宁客运班线、兰州新区至景泰612路公交线路开通运营。兰西客货运综合枢纽项目主体完工；4月，开工建设G6京藏高速海石湾收费站连接线；12月16日，开工建设兰合铁路，中兰客专甘肃境内正线、兰张三四线铁路实现隧道全线贯通。携手加快传统产业改造升级，培育壮大新兴产业，促进产业集聚发展，共同打造国家制造业基地。正威铜业与青海铜业等签订年度20.5亿元电解铜采购合同；兰州铭帝铝业与青海鑫豪铝业实现月均3300吨原材料供货合作；兰州佛慈制药与华润青海公司等企业常态化开展药品销售业务。兰石集团与青海亚洲硅业合作研发新能源核心设备，研制成功首台（套）国产化冷氢化反应器；兰州广通新能源与青海宁德时代合作开发新能源物流车、公交车、客车等6款车型。坚持生态共建环境共保。与西宁、海东、白银签订联防联控框架协议，联合开展枯水期水污染防控，实现湟水桥断面水质由四类提升至三类，黄河兰州段出境断面水质稳定达到二类。12月8日，开工建设民和、红古湟水—大通河交汇段生态环境综合治理项目一期工程；湟水流域红古段水污染防治三期、宛川河生态湿地建设、庄浪河流域永登段水污染防治等一批流域综合治理项目加快推进。公共服务共建共享。市属7家公立医院与西宁市对口医院签订合作协议，兰州市第一人民医院与西宁市第一人民医院成功开展远程会诊；民和县与红古区开通跨省医保结算网络直报，实现即时结算。兰州、西宁实现流浪乞讨救助安置接收和残疾人两项补贴资格认定的“跨省通办”，实现大规模核酸检测信息共享共用，实现公积金互认互贷、提取使用住房公积金。

（杨雅文）

重要会议

【中国共产党兰州市第十四次代表大会】 12月10日—12日胜利召开。大会的主题是：高举习近平新时代中国特色社会主义思想伟大旗帜，全面贯彻党的十九大和十九届二中、三中、四中、五中、六中全会精神，响应党中央伟大号召，从党的百年奋斗重大成就和历史经验中传承继续前进的智慧和力量，统筹发展和安全，立足新发展阶段，完整、准确、全面贯彻新发展理念，构建新发展格局，坚守初心使命，坚定群众路线，坚持系统观念，坚决扛起"先发力、带好头"的使命担当，广泛凝聚积极力量，着力重振兰州制造，聚精会神、奋斗追赶，系统推进兰州实现高质量发展。省委常委、市委书记朱天舒代表中国共产党兰州市第十三届委员会作了《聚精会神、奋斗追赶，系统推进兰州实现高质量发展》的报告。大会审议通过《中国共产党兰州市第十四次代表大会关于中国共产党兰州市第十三届委员会报告的决议》《中国共产党兰州市第十四次代表大会关于中国共产党兰州市第十三届纪律检查委员会工作报告的决议》；选举产生中国共产党兰州市第十四届委员会和中国共产党兰州市第十四届纪律检查委员会。来自各行各业、各条战线的407名党代表参会。

【中国共产党兰州市第十三届委员会第十四次全体会议暨经济工作会议】 1月4日—5日在市委机关东1号楼三楼会议厅召开。出席这次全会的有，市委委员45人。不是市委委员的部分市级领导和有关方面负责同志，市纪委常委，市第十三次党代会部分基层党代表列席会议。全会由市委常委会主持。会议传达学习党的十九届五中全会、中央经济工作会议和省委十三届十三次全会暨省委经济工作会议精神，听取和讨论省委常委、市委书记李荣灿受市委常委会委托所作的工作报告，审议通过《中共兰州市委关于制定兰州市国民经济和社会发展第十四个五年规划和二〇三五年远景目标的建议》。李荣灿就《建议（讨论稿）》向全会作说明，并对贯彻落实党中央和省委重大决策部署、做好今年及今后一个时期各项工作提出要求。市委副书记、市长张伟文对今年经济工作作出具体安排。

【中国共产党兰州市第十三届委员会第十五次全体会议】 8月20日—21日在市委机关东1号楼三楼会议厅召开。出席这次全会的有，市委委员41人。不是市委委员的部分市级领导和有关方面负责同志，市纪委常委，市第十三次党代会部分基层代表列席会议。全会由市委常委会主持。全会贯彻落实省委十三届十四次全会精神，听取和讨论省委常委、市委书记朱天舒受市委常委会委托所作的工作报告，安排部署下半年工作。市委副书记、市长张伟文报告上半年全市经济社会发展情况。全会批准杜宁让、李荣、滕敏3名同志辞去十三届市委委员职务。全会审议通过《中国共产党兰州市第十三届委员会第十五次全体会议关于召开中国共产党兰州市第十四次代表大会的决议》，决定中国共产党兰州市第十四次代表大会于2021年11月召开。审议通过市委常委会工作报告。

【中国共产党兰州市第十三届委员会第十六次全体会议】 12月8日在市委机关东1号楼三楼会议厅召开。出席这次全会的有市委委员41人。市纪委委员列席会议。全会由市委常委会主持。全会决定，中国共产党兰州市第十四次代表大会于2021年12月10日至12日召开。全会集体学习贯彻党的十九届六中全会精神，研究推进全市新冠肺炎疫情常态化防控工作，审议通过提请中国共产党兰州市第十四次代表大会审查的中国共产党兰州市第十三届委员会报告、中国共产党兰州市第十三届纪律检查委员会工作报告，审议通过中国共产党兰州市第十四次代表大会议程和日程。

【中国共产党兰州市第十四届委员会第一次全体会议】 12月12日在省委党校教学楼三楼302会议室召开。出席全会的有市委委员55人，市委候补委员10人。市纪律检查委员会委员列席会议。全会选举中国共产党兰州市第十四届委员会常务委员会委员和书记、副书记，通过中国共产党兰州市第十四届纪律检查委员会第一次全体会议选举结果的报告，通过中国共产党兰州市第十四届委员会第一次全体会议决议。

【市委常委会议】

2021年市委第十三届常委会议一览表

会次	时间	主要内容
第173次	1月5日	听取市委十三届十四次全会暨市委经济工作会议各分组学习讨论和审议情况的汇报
第174次	1月6日	传达学习习近平主席发表的2021年新年贺词，研究市委全面深化改革委员会、市委组织部有关事宜；审议《兰州市国民经济和社会发展第十四个五年规划纲要和二〇三五年远景目标(草案)》；听取市人大常委会党组关于召开市十六届人大常委会第三十三次会议意见的汇报、兰州兽研所布鲁氏菌抗体阳性事件属地善后处置工作领导小组办公室关于近期工作情况汇报
第175次	1月13日	审议市委常委会班子2020年度民主生活会对照检查材料
第176次	1月21日	传达学习习近平总书记在省部级主要领导干部学习贯彻党的十九届五中全会精神专题研讨班开班式上的重要讲话精神以及省委常委会(扩大)会议精神，安排部署我市贯彻落实工作；审议市纪委《关于深化市纪委监委派驻机构改革的实施方案》《关于推进市属重点国有企业纪检监察体制改革的实施方案》《关于市纪委监委向兰州银行派驻纪检监察组的实施方案》《关于推进兰州现代职业学院纪检监察体制改革的实施方案》；听取市行政区划调整工作领导小组办公室关于兰州市行政区划调整工作进展情况以及下一步工作打算的汇报、听取平安兰州建设领导小组办公室关于兰州市贯彻落实意见以及2020年平安兰州建设工作情况的汇报，听取市扫黑除恶领导小组办公室关于全国扫黑除恶专项斗争先进评选表彰对象推荐情况的汇报
第177次	2月1日	传达学习习近平总书记在中央政治局第26次集体学习时的重要讲话精神以及省委国家安全和防范化解重大风险工作会议精神，安排部署兰州市贯彻落实工作
第178次	2月4日	听取市纪委2020年工作情况以及关于召开十三届市纪委六次全会有关事宜的汇报、市文明办关于有关事宜的汇报、市机制办关于有关工作情况的汇报、市纪委关于有关案件情况的汇报
第179次	2月23日	传达学习习近平总书记在中央政治局第27次集体学习时的重要讲话精神、在同党外人士共迎新春时的重要讲话精神、《中国共产党统一战线工作条例》，全国、全省统战部长会议精神，全国、全省民委主任会议精神；审议《市委常委会2021年工作要点》；听取市人大常委会党组关于召开市十六届人大常委会第三十四次会议意见的汇报、市委组织部关于“七一勋章”提名人选和全国“两优一先”初步推荐对象意见的汇报、市委统战部贯彻落实意见的汇报

会次	时间	主要内容
第180次	3月2日	传达学习习近平总书记在全国脱贫攻坚总结表彰大会上的重要讲话、省脱贫攻坚领导小组2021年第二次会议精神；审议《中共兰州市委、兰州市人民政府关于全面推进乡村振兴加快农业农村现代化的实施意见》《中共兰州市委、兰州市人民政府关于实现巩固拓展脱贫攻坚成果同乡村振兴有效衔接工作方案》，全省党史学习教育动员大会会议精神，《市委党史学习教育领导小组及办公室组成人员建议名单》《全市党史学习教育动员大会筹备工作方案》《中共兰州市委关于开展党史学习教育的实施方案》、十九届中央第六轮巡视视频反馈会议精神、中央第十五巡视组巡视甘肃省情况反馈会议精神以及中央第十五巡视组巡视甘肃省情况反馈意见整改工作会议精神，《中共兰州市委关于中央第十五巡视组巡视反馈意见整改实施方案》、中央和全省政法队伍教育整顿动员部署会议精神，《兰州市政法队伍教育整顿领导小组及办公室组成人员建议名单》
第181次	3月24日	传达学习习近平总书记在中央党校（国家行政学院）中青年干部培训班开班式上的重要讲话精神以及2月26日中央政治局会议精神，省委退役军人事务工作领导小组第四次全体会议精神（书面）、全国、全省审计工作会议精神和省委审计委员会第五次会议精神以及任振鹤省长对全省审计工作有关批示精神（书面）；审议《2021年全市双拥工作要点》《市委退役军人事务工作领导小组2021年工作要点》《关于健全党委退役军人事务工作领导机构运行机制的意见》《兰州市退役军人事务工作通报约谈挂牌工作制度》《兰州市退役军人工作军地协调配合任务清单制度》《2021年全市重点审计项目计划》《兰州市贯彻落实〈党委（党组）意识形态工作责任制实施办法〉若干措施》《中共兰州市委关于中央第十五巡视组专项检查甘肃省委落实意识形态工作责任制情况反馈意见整改实施方案》《政协兰州市委员会2021年协商工作计划》《兰州市2021年黄河流域生态保护和高质量发展工作要点》《兰州市黄河流域生态保护和高质量发展协调推进领导小组调整方案》《兰州市黄河流域生态保护和高质量发展协调推进领导小组、领导小组办公室、各专责组〈工作规则〉》《兰州市黄河流域生态保护和高质量发展重点任务分工方案》；听取市委退役军人事务工作领导小组办公室暨市双拥工作领导小组办公室关于2020年全市退役军人事务工作和全市双拥工作以及关于召开2021年市退役军人事务工作暨争创第十轮“全国双拥模范城（县）”动员会议有关意见的汇报、市委审计委员会办公室关于2020年全市审计工作情况汇报以及召开2021年全市审计工作会议意见汇报、市政府党组关于调整兰州三维大数据标准化研究院有限公司管理体制有关意见的汇报、市行政区划调整工作领导小组办公室关于进一步加强对兰州市行政区划优化调整工作组织领导有关意见的汇报、领导小组各专责组以及各区县工作情况汇报（书面）
第182次	3月31日	传达学习全省市县乡领导班子换届工作电视电话会议和省委《关于认真做好市县乡领导班子换届工作的通知》精神；审议《关于认真做好区县、乡镇领导班子换届工作的通知（审议稿）》《关于成立市委县乡领导班子换届工作领导小组和工作机构的建议方案（审议稿）》《全市市县乡领导班子换届工作总体方案（审议稿）》《全市乡镇领导班子换届工作方案（审议稿）》；听取市政法队伍教育整顿领导小组办公室关于全市政法队伍教育整顿工作进展情况的汇报
第183次	4月10日	传达学习习近平总书记在中央政治局第28次集体学习时的重要讲话精神以及在福建考察时的重要讲话和重要指示精神，2021年中央、全省对台工作会议精神，省委党的建设工作领导小组会议精神（书面）；审议《市委党建工作领导小组2021年工作要点（审议稿）》《市委2021年党的建设专项整治重点任务清单（审议稿）》《兰州市2021年城市基层党建工作重点任务责任清单（审议稿）》《兰州市2020年度党委（党组）书记抓基层党建工作述职评议考核初评结果（审议稿）》《兰州市庆祝中国共产党成立100周年活动方案（审议稿）》《中共兰州市委2021年政党协商计划（审议稿）》；听取市委台办关于兰州市贯彻落实意见的汇报、市委党的建设工作领导小组2020年度工作情况的汇报（书面）、市委组织部关于2020年度市管领导班子和领导干部考核情况的汇报、市人大常委会党组关于召开市十六届人大常委会第三十五次会议意见的汇报、市政府党组关于全省抗击新冠肺炎疫情先进个人和先进集体推荐对象意见的汇报以及市委组织部关于全省抗击新冠肺炎疫情优秀共产党员和先进基层党组织推荐对象意见的汇报
第184次	4月27日	省委组织部领导宣布省委有关精神
第185次	4月29日	传达学习习近平总书记在参加首都义务植树活动时的重要指示精神、习近平总书记对深化东西部协作和定点帮扶工作作出的重要指示以及全国东西部协作和中央单位定点帮扶工作推进会精神，3月30日中共中央政治局会议精神，中央全面深化改革委员会第十八次会议和省委全面深化改革委员会第十三次、十四次会议精神，省十三届人大五次会议精神；审议《市委全面深化改革委员会2021年工作要点》；听取中央第十五巡视组反馈意见整改工作进展情况的汇报，安排部署下一步整改落实工作；《中共兰州市委教育工作领导小组2021年工作要点》、《兰州教育现代化2035规划纲要》、《兰州市加快推进教育现代化实施方案（2021—2023）》（套开市委教育工作领导小组会议）、市政府党组《兰州市黄河流域生态保护和高质量发展规划》、《兰州市黄河流域生态保护和高质量发展重点任务分工方案》

会次	时间	主要内容
第186次	5月13日	传达学习全国党史和文献部门主要负责人会议精神、省委常委会会议有关精神和省委党史工作教育领导小组会议精神、中宣部各省区市党史学习教育领导小组负责同志座谈会精神以及省委党史学习教育领导小组第二次会议精神(书面)、4月30日中共中央政治局会议有关精神和中央财经委员会第九次会议精神、中央有关会议精神以及省委外事委第三次全体会议精神(书面)、省委军民融合发展委员会第四次全体会议精神(书面)、省政府领导有关批示精神(书面),通报全市优化营商环境评价工作情况(书面);审议《全市党史学习教育重点工作任务安排(审议稿)》《全市党史学习教育巡回指导工作方案(审议稿)》《市委外事工作委员会2021年工作要点(审议稿)》《市委军民融合发展委员会2020年工作要点(审议稿)》《兰州市军民融合工作专项督查和目标考核办法(审议稿)》《兰州市"十四五"军民融合发展规划(审议稿)》《兰州市全面提升优化营商环境专项行动工作方案(审议稿)》《2021年兰州市优化营商环境工作要点(审议稿)》;听取全市优化营商环境工作领导小组办公室关于召开2021年全市全面优化营商环境推动加快发展大会有关情况的汇报、市委党史办公室关于兰州市贯彻落实意见的汇报、市委庆祝中国共产党成立100周年活动领导小组办公室关于兰州市庆祝中国共产党成立100周年活动开展情况的汇报、市委党史学习教育领导小组办公室关于全市党史学习教育工作进展情况的汇报、兰州市平台经济发展情况(书面)、应对气候变化及碳达峰碳中和工作情况(书面)以及一季度全市经济运行情况、第三产业运行情况的汇报(套开市委财经委员会第十次会议)、市委外事工作领导小组办公室关于2020年全市外事工作情况汇报(书面)
第187次	5月24日	传达学习全国体育系统加强赛事管理安全工作视频会议精神,省委专题会议精神和省委、省政府主要领导指示精神以及省委办公厅、省政府办公厅《关于进一步加强安全防范工作的紧急通知》,省安委会全体(扩大)电视电话会议精神,安排部署2021兰州国际马拉松赛暨第十四届全国运动会马拉松决赛筹备有关事宜
第188次	5月27日	传达学习5月24日省委常委会会议精神,习近平总书记在广西考察时的重要讲话和重要指示精神、在河南考察时的重要指示精神以及在推进南水北调后续工程高质量发展座谈会上的重要讲话精神,习近平总书记在中央政治局第29次集体学习时的重要讲话精神(书面),安排部署贯彻落实工作,学习《中国共产党领导国家安全工作条例》(书面),省委国安委第四次全体会议精神和全省党委国安办主任会议精神、学习中央全面依法治国委员会第四次全体会议精神以及省委全面依法治省委员会第六次会议精神(书面),中央信访工作联席会议2021年第一次全体(扩大)会议精神以及省信访工作联席会议2021年第一次全体(扩大)会议精神和省委常委会会议有关精神,通报省委2020年全省法治建设绩效考评情况(书面);审议市政府党组《兰州市关于加快构建现代环境治理体系的实施方案(审议稿)》《兰州市人大常委会2021年立法计划(审议稿)》《兰州市人民政府2021年立法计划(审议稿)》《2021年兰州市依法治市工作要点(审议稿)》《2021年兰州市法治政府建设工作要点(审议稿)》《兰州市加强法治乡村建设的实施意见(审议稿)》《兰州市党政主要负责人履行推进法治建设第一责任人职责情况列入年终述职内容工作的实施意见(审议稿)》《关于健全完善市直部门(单位)法治建设工作机制的实施意见(审议稿)》《关于营造法治化营商环境的实施意见(审议稿)》(套开市委全面依法治市委员会第四次会议)、《市委国家安全委员会2021年工作要点(审议稿)》
第189次(扩大)	6月7日	听取市委党史学习教育领导小组办公室关于全市党史学习教育工作进展情况的汇报;审议《市委理论学习中心组党史学习教育暨市级领导干部专题读书班方案(审议稿)》、市政府党组《关于国家统计局督查甘肃省防范和惩治统计造假弄虚作假情况反馈意见的整改方案(审议稿)》;传达学习《中共中央关于加强对"一把手"和领导班子监督的意见》、省委理论学习中心组党史学习教育暨省级领导干部专题读书班精神、中央办公厅、国务院办公厅《关于深化统计管理体制改革提高统计数据真实性的意见》、"三个规定"文件精神
第190次	6月15日	传达学习习近平总书记在青海考察时的重要讲话和指示精神,研究兰州市贯彻落实意见、习近平总书记对湖北省十堰市燃气爆炸事故作出的重要指示以及李克强总理有关批示精神,全国安全防范工作视频会议精神、习近平总书记在中央政治局第30次集体学习时的重要讲话、5月31日中央政治局会议精神、省委书记尹弘在省委督查室《关于兰州市市民吕晓辉反映基层不正之风问题核查处置情况的报告》上的批示精神;听取市政府党组关于加强全市住宅物业管理提升服务水平工作情况汇报、市委办公室关于落实省委主要领导在兰州市领导干部会议上讲话精神的工作情况汇报、市人大常委会党组关于召开市十六届人大常委会第三十六次会议意见的汇报
第191次	6月22日	传达学习习近平总书记在参观"'不忘初心、牢记使命'中国共产党历史展览"时的重要讲话精神、学习《中国共产党组织工作条例》;通报中央第十五督导组下沉兰州新区督导工作时的有关精神、通报省委组织部反馈兰州市2020年度选人用人工作民主评议结果;听取市委组织部关于兰州市贯彻落实意见的汇报、市委组织部关于全市"两优一先"拟表彰对象意见的情况汇报;审议市政府党组《第二十七届中国兰州投资贸易洽谈会兰州市工作方案(审议稿)》、市委宣传部《中央广播电视总台城市灯光秀特别节目兰州市直播活动方案》
第192次	6月28日	传达学习习近平总书记在中央政治局第31次集体学习时的讲话精神(观看新闻报道电视片)、省政协主席欧阳坚在调研兰州市宗教界"党亲国好法大"教育实践活动时的指示和讲话精神;听取市委统战部、市纪委工作汇报

会次	时间	主要内容
第193次	7月1日	传达学习《中共中央办公厅印发〈关于当前意识形态领域形势的通报〉的通知》以及《中共甘肃省委办公厅印发〈关于当前全省意识形态领域形势的通报〉的通知》精神，审议《关于当前全市意识形态领域形势的通报(审议稿)》
第194次	7月12日	学习习近平总书记在庆祝中国共产党成立100周年大会上的重要讲话精神(第4次集体学习)、习近平总书记在“七一勋章”颁授仪式上的重要讲话精神、《中共中央办公厅关于认真学习贯彻〈习近平总书记在庆祝中国共产党成立100周年大会上的讲话〉的通知》和《中共甘肃省委关于认真学习宣传贯彻习近平总书记在庆祝中国共产党成立100周年大会上的重要讲话精神的通知》精神、习近平总书记在《中共中央办公厅关于贯彻新发展理念专项督查调研的情况报告》上作出的重要批示及《情况报告》，研究我市贯彻落实意见；观看严肃换届纪律教育警示片《警钟长鸣》，李宏亚、黄宝树、李海默分别就加强换届风气监督提具体要求，朱天舒就加强换届风气监督进行专题谈话
第195次	7月18日	研究市纪委关于有关案件的处理意见、有关干部人事事宜
第196次	7月28日	听取贯彻落实习近平总书记关于防汛救灾工作重要指示精神进展情况，进一步安排部署全市防汛救灾工作，听取市政府党组关于上半年全市经济运行情况的汇报，分析研究当前经济形势，安排部署下一阶段重点工作，听取平安兰州建设领导小组办公室关于2020年度平安兰州建设考评情况的汇报、市委组织部关于筹备召开中国共产党兰州市第十四次代表大会的汇报；传达学习习近平总书记在西藏考察调研时的重要指示和讲话精神，研究兰州市贯彻落实意见、全省政治协商向基层延伸工作观摩推进会精神，听取市政协党组关于兰州市贯彻落实意见的汇报；审议《中共兰州市委关于加强对“一把手”和领导班子监督的实施办法(审议稿)》
第197次	8月2日	传达学习7月30日中共中央政治局会议精神和习近平总书记在党外人士座谈会上的重要讲话精神、中国共产党甘肃省第十三届委员会第十四次全体会议精神；审议《关于修改〈兰州市城市市容和环境卫生管理办法〉等七部法规的决定(草案)》、全省民族团结进步示范区示范单位教育基地建议名单；听取市政府党组关于全市农村厕所革命推进情况的汇报、“万企兴万村”甘肃行动暨“光彩会宁行”启动大会精神、市委统战部关于兰州市贯彻落实意见的汇报、市人大常委会党组关于召开市十六届人大常委会第三十七次会议的汇报、市人大常委会党组关于召开人大代表工作会议的汇报，审议《中共兰州市委关于加强和改进全市人大代表工作的意见(审议稿)》
第198次	8月4日	传达学习《中共中央关于加强新时代检察机关法律监督工作的意见》，研究我市贯彻落实意见；听取市政府党组关于清理规范地方公务员工资津贴补贴专项工作有关情况的汇报
第199次	8月9日	传达学习习近平总书记在中共中央政治局第32次集体学习时的重要讲话精神，中组部抓党建促乡村振兴电视电话会议和国家乡村振兴重点帮扶县工作会议精神、中央组织部、中央政法委、最高人民法院、最高人民检察院、公安部、司法部《关于进一步推动市县级政法机关领导干部交流的指导意见》精神；听取市政法队伍教育整顿领导小组办公室、市委组织部、市委统战部、市疫情防控领导小组办公室相关工作进展情况的汇报，研究部署进一步推进措施、市人大常委会党组关于人大代表有关事宜的汇报；审议市政府党组《2021年上半年兰州市国民经济和社会发展计划执行情况报告》《2020年市级财政决算草案和2021年上半年全市财政预算执行情况报告》《兰州市人民政府2020年度国有资产管理情况综合报告》《2020年度市级预算执行和其他财政收支审计结果报告》、市委组织部、市委统战部《关于做好政协兰州市委员会换届工作的意见(审议稿)》
第200次	8月16日	审议《中国共产党兰州市第十三届委员会第十五次全体会议建议方案》《市委常委会工作报告(审议稿)》《中国共产党兰州市第十三届委员会第十五次全体会议决议》；听取市政府党组关于全市大中小学开学前疫情防控进展的汇报，市委宣传部关于红色题材儿童剧《大豆谣》推广情况的汇报，《兰州市全面推行林长制工作方案(审议稿)》和《兰州市全面推行林长制工作领导小组议事规则(审议稿)》、兰州新区关于贯彻落实省自然资源厅《关于进一步支持兰州新区高质量发展若干措施的函》的情况汇报
第201次	8月21日	听取各组第一召集人关于学习讨论和审议情况的汇报
第202次	8月22日	传达学习中共中央政治局委员、中央组织部部长陈希在全国优秀县委书记表彰会议上的讲话精神；审议市政府党组《关于建立健全重大项目建设协同机制的意见(审议稿)》《兰州市加快推进县域经济高质量发展实施方案(审议稿)》《关于加快推进全市社会救助制度改革的实施方案(审议稿)》；听取全国第一次扫黑除恶常态化暨四大行业领域整治推进会和全省扫黑除恶斗争领导小组第一次全体(扩大)会议暨四大行业领域整治推进会会议精神；市委政法委、市委组织部关于兰州市相关贯彻落实意见的汇报，研究部署贯彻落实工作、市政府党组关于全市地质灾害防治工作进展情况的汇报
第203次	9月6日	传达学习习近平总书记在河北承德考察时的重要讲话和指示精神、中央民族工作会议精神；审议兰州市第四批领军人才建议人选名单、市委巡察办《关于加强巡视巡察上下联动的具体措施(审议稿)》；听取习近平总书记在中央党校(国家行政学院)中青年干部培训班开班式上的重要讲话精神，研究部署贯彻落实工作，市政府党组关于全市中小学开学安全运行情况的汇报，市委统战部贯彻落实意见的汇报

会次	时间	主要内容
第204次	9月11日	研究有关干部人事事宜
第205次	9月13日	传达学习8月31日中央政治局会议精神，习近平总书记在中国共产党与世界政党领导人峰会上的主旨讲话，中共中央办公厅、国务院办公厅《关于进一步规范非公有资本进入传媒领域的意见》精神，研究部署贯彻落实工作；审议《兰州市换届考察对象初步人选的建议》《第八届中国—中亚合作论坛兰州市工作方案》；听取市政府党组关于兰州市第三次全国国土调查工作情况的汇报
第206次	9月23日	传达学习习近平总书记在陕西榆林考察时的重要讲话和指示精神、习近平在上海合作组织成员国元首理事会第21会议上的讲话；审议《关于在全市公民中开展法治宣传教育的第八个五年规划（2021—2025年）（审议稿）》、市委组织部关于兰州市第十四次党代会代表选举工作有关事宜的汇报；听取市人大常委会党组关于设立兰州市第十七届人民代表大会教育科学文化卫生委员会和城市建设环境资源保护委员会和召开市十六届人大常委会第三十八次会议意见的汇报、市政府党组关于全市“七五”普法规划实施情况的汇报
第207次	9月27日	传达学习习近平总书记关于国家粮食安全系列重要讲话和重要指示批示精神、《中国共产党巡视工作条例》《被巡视党组织配合省委巡视工作规定》、全省粮食购销领域腐败问题专项整治暨涉粮问题专项巡视巡察工作动员部署会议精神、《全省粮食购销领域腐败问题专项整治工作方案》和中共甘肃省委巡视工作领导小组《关于省委专项巡视组对兰州市开展涉粮问题专项巡视的通知》精神；审议《兰州市关于配合做好省委涉粮问题专项巡视工作方案（审议稿）》《兰州市化解国有土地上已售城镇住宅历史遗留“登记难”问题工作实施方案（审议稿）》；听取市政府党组关于兰州市涉粮情况的汇报，习近平总书记对档案工作的重要批示指示精神、全市档案工作情况汇报，关于调整市委网络安全和信息化委员会、市委宣传思想和意识形态工作领导小组、市委农村工作领导小组（市实施乡村振兴战略领导小组）、市新冠肺炎疫情联防联控领导小组成员调整意见的汇报
第208次	9月30日	传达学习习近平总书记在中共中央政治局第33次集体学习时的重要讲话精神、中央人才工作会议精神以及省委常委会会议有关精神；听取市委组织部关于兰州市贯彻落实意见的汇报、研究部署贯彻落实工作
第209次	10月13日	传达学习中共中央 国务院《黄河流域生态保护和高质量发展规划纲要》（第一次学习）、习近平总书记在《生物多样性公约》第十五次缔约方大会领导人峰会上的主旨讲话，习近平总书记在纪念辛亥革命110周年大会上的重要讲话，省委专项工作会议精神；审议市政府党组《关于全面加强危险化学品安全生产工作的实施办法（审议稿）》、市政府党组《关于2021年市级财政预算调整方案（草案）的报告》《兰州市轨道交通条例（草案第三次审议稿）》；听取市人大常委会党组关于召开市十六届人大常委会第三十九次会议的汇报
第210次	10月14日	传达学习习近平总书记对老龄工作作出的重要指示精神，研究部署贯彻落实工作
第211次	10月18日	传达学习中共中央 国务院《黄河流域生态保护和高质量发展规划纲要》（第二次学习）、习近平总书记在第二届联合国全球可持续交通大会开幕式上的主旨讲话，中央人大工作会议精神；审议《兰州市关于深化新时代教育督导体制机制改革的实施方案（审议稿）》；中国共产党兰州市第十三届委员会第十六次全体会议建议方案；听取市人大党组贯彻落实意见的汇报
第212次	10月20日	传达国务院以及省委、省政府有关工作精神和省委常委会第234次会议有关精神；听取市新冠肺炎联防联控领导小组办公室以及十二个专责组负责同志发言；市长张伟文安排部署全市近期疫情防控工作、市委书记朱天舒讲话
第213次	10月23日	传达学习习近平总书记在深入推动黄河流域生态保护高质量发展座谈会上的重要讲话精神、传达国务院联防联控机制综合组甘肃工作组和省新冠肺炎工作领导小组关于第二轮核酸检测工作的部署要求，安排部署贯彻落实工作；审议市委组织部《关于成立兰州市第二人民医院雁滩分院（兰州重离子医院）临时党委的请示》；听取兰州市涉粮问题有关材料汇报（审议稿）
第214次	10月25日	安排部署当前全市疫情防控工作
第215次	10月28日	传达学习习近平总书记在参观国家“十三五”科技创新成就展时的重要指示精神
第216次	10月29日	传达学习国务院副总理孙春兰调研时的指示精神，中央组织部、省委组织部加强换届风气监督工作电视电话会议精神；听取市委组织部关于兰州市贯彻落实意见的汇报；安排部署全市疫情防控工作
第217次	11月1日	研究全市新冠肺炎疫情防控工作、加强基层医疗卫生机构服务能力建设工作、加强兰州市肺科医院康复能力建设工作
第218次	11月6日	传达学习10月18日中共中央政治局会议精神、习近平总书记在中共中央政治局第34次集体学习时的讲话、习近平总书记在二十国集团领导人第十六次峰会第一阶段会议上的讲话，中共中央办公厅、国务院办公厅《粮食节约行动方案》，安排部署贯彻落实工作

会次	时间	主要内容
第219次	11月6日	进一步安排部署西北宾馆新冠肺炎疫情隔离人员转运及后续管控工作
第220次	11月11日	传达学习中国共产党第十九届中央委员会第六次全体会议精神(集体收看11月11日中央电视台新闻联播),安排部署贯彻落实工作
第221次	11月13日	传达学习中国共产党第十九届中央委员会第六次全体会议精神(第二次学习)、省委常委会(扩大)会议以及全省领导干部会议精神,安排部署贯彻落实工作
第222次	11月15日	传达学习习近平总书记在党外人士座谈会上的重要讲话精神,安排部署贯彻落实工作
第223次	11月17日	传达学习习近平总书记关于《中共中央关于党的百年奋斗重大成就和历史经验的决议》的说明以及《中共中央关于党的百年奋斗重大成就和历史经验的决议》(第一次学习),中美两国元首视频会晤精神,中央、省委巡视办关于制定巡视工作规划的有关精神,省委办公厅《关于在全省供销社系统开展腐败和作风问题专项整治工作的实施方案》精神;审议《关于在全市供销社系统开展腐败和作风问题专项整治的实施方案(审议稿)》;听取市政府党组关于全市供销社系统工作情况的汇报、市人大常委会党组关于召开市十六届人大常委会第四十次会议的汇报
第224次	11月20日	传达学习《中共中央关于党的百年奋斗重大成就和历史经验的决议》(第二次学习),中共中央办公厅《关于做好党的十九届六中全会精神学习宣传的通知》和省委《关于认真学习宣传贯彻党的十九届六中全会精神的通知》精神、习近平主席在中华人民共和国恢复联合国合法席位50周年纪念会议上的重要讲话以及习近平总书记在第22期《求是》杂志发表的重要文章《坚持用马克思主义及其中国化创新理论武装全党》;听取市人大常委会党组、市委组织部关于兰州市第十七届人民代表大会初步候选人建议人选情况的汇报
第225次	11月21日	传达学习《中共中央关于党的百年奋斗重大成就和历史经验的决议》(第三次学习)、11月18日中共中央政治局会议精神、习近平总书记在第三次"一带一路"建设座谈会上的重要讲话精神,省委书记尹弘有关批示精神,研究推进兰州公交集团资金链风险防范工作;听取"小兰帮办"工作情况汇报
第226次	11月23日	传达学习全国扫黑办第28特派督导组督导兰州工作汇报会会议精神、安排部署贯彻落实工作
第227次	11月24日	传达学习《中共中央关于党的百年奋斗重大成就和历史经验的决议》(第四次学习)、习近平总书记在中国——东盟建立对话关系30周年纪念峰会上的讲话、学习习近平总书记致首届中国网络文明大会的贺信以及致第四届世界媒体峰会的贺信;听取市委组织部《关于开展兰州战"疫"后市域善治大讨论活动的实施方案》汇报、市人大常委会党组关于召开市第十七届人民代表大会第一次会议有关情况的汇报、市政协党组关于召开政协兰州市第十五届委员会第一次会议有关情况的汇报、市纪委监委关于召开市第十三届纪律检查委员会第七次全体会议有关情况的汇报、十三届市委巡察工作情况的汇报
第228次	12月2日	传达省委书记尹弘调研兰州新区时的指示和讲话精神,通报中共中央办公厅《工作情况交流:甘肃全力推进兰州新区改革创新加快培育经济增长新动能》;审议《兰州市黄河流域生态保护和高质量发展规划两年行动方案(2022—2023)》《2020年度市级预算执行和其他财政收支审计查出问题整改情况报告》;听取关于中国共产党兰州市第十四次代表大会日程、秘书处工作机构和任务有关情况的汇报、中国共产党兰州市第十三届委员会第十六次全体会议建议方案、《中国共产党兰州市第十四次代表大会报告(审议稿)》以及《中共兰州市第十三届纪律检查委员会向中国共产党兰州市第十四次代表大会的工作报告(审议稿)》起草情况的汇报、市人大常委会党组关于市第十七届人民代表大会第一次会议有关事项的汇报
第229次	12月6日	传达学习习近平总书记在全国宗教工作会议上的重要讲话精神,省委书记尹弘调研兰州市国土空间总体规划编制以及行政区划调整工作时的讲话精神;省委全面依法治市委员会第七次会议精神;审议《2022年市委市政府为民办实事项目清单》《关于兰州市2021年国民经济和社会发展计划执行情况及2022年国民经济和社会发展计划草案的报告》《2021年全市主要经济指标预计情况和2022年预期目标建议》《兰州市2021年财政预算执行情况和2022年全市及市级财政预算草案报告》《兰州市粮食节约行动实施方案》、市人大常委会、市政府、市政协、市法院、市检察院在市"两会"的工作报告、市委政法委关于全国扫黑办第28特派督导组下沉兰州督导情况以及全市政法队伍教育整顿固魂铸剑行动开展情况的汇报;听取市政府党组关于全市粮食节约行动初步成效的汇报、市人大常委会、市政府、市政协、市法院、市检察院党组2021年工作汇报、市委统战部关于市级民主党派换届人事安排意见的汇报、市政协党组关于市政协第十五届委员会第一次会议临时党委、主席团、秘书长以及选举办法等情况的汇报
第230次	12月8日	听取各组第一召集人关于讨论情况的汇报
第231次	12月8日	传达学习12月6日中共中央政治局会议精神,安排部署贯彻落实工作

(市委办)

组织工作

【概况】 2021年，市委组织工作坚持用党的创新理论凝心聚魂，深入实施习近平新时代中国特色社会主义思想培训计划，开展党的十九届五中、六中全会精神学习培训，教育引导广大党员干部不断增强政治判断力、政治领悟力、政治执行力。加强换届后村级班子跟进式培养培训，村（社区）“两委”换届完成后，及时对新一届村（社区）“两委”班子成员进行全覆盖任职培训。制定下发《基层干部主题培训行动计划实施方案》，市县两级先后举办专题培训班174期，培训基层干部1.71万人次。加强和规范党内政治生活，督导416个县级单位领导班子按时高质量召开年度民主生活会，指导10106个基层党组织召开组织生活会和开展民主评议党员工作。

全市全年发展党员5680名，“七一”前夕向符合条件的2万余名老党员颁发“光荣在党50年”纪念章。全市各级党组织按时开展组织生活率100%。全市427个社区全部成立“社工委”。全市社会组织4050个，376个社区拥有10个以上社会组织。引进各类急需人才1679人。

【党史学习教育】 精心组织，推动全市组织系统开展党史学习教育，聚焦庆祝党的百年华诞主题，专门在7期市级主体班和11期专题班中设置党史学习教育相关课程。举办全市县级领导干部党史学习教育示范培训班，培训县级干部106人。组织全市各级党组织通过“三会一课”、主题党日等形式，开展党史专题学习2.8万余次，党性教育1.4万场次。开展庆祝中国共产党成立100周年理论研讨工作，征集理论研究成果75篇。

【干部教育培训】 开展党的十九届五中、六中全会精神学习培训，举办5期市级“党的十九届五中全会精神轮训班”，培训市管县级干部1569人；各县区、各部门举办十九届五中全会精神培训班153期，培训科级及以下干部2.2万人次。制定市级干部、党员、公务员教育培训项目计划，全年举办市级主体班14期、专题班24期、公务员任职培训班1期，培训县、科级干部3088人。选派220名科级以上干部参加中央、省上60个班次培训，选派新录用公务员和选调生参加任职培训。邀请4名市领导和58名县处级、科级干部在市委党校（市行政学院）为主体班、专题班学员授课83次，使教学更“接地气”。

【干部队伍建设】 建立干部集中调研、动态监测预警、定期分析研判三项机制，结合干部调研，进行认真细致了解掌握，及时发现储备使用在乡村振兴、城市建设、基层治理等工作中的优秀干部。组织实施全市“第二批”年轻干部“五个一百”培养提升计划，选派干部从机关事业单位到国有企业、“两新”组织培养锻炼，从企事业单位到党政机关、乡镇街道培育提升，从市直机关到县区部门、乡镇街道实践墩苗，从乡镇街道到市级单位、国有企业历练成长。落实公务员法和职务与职级并行规定，完成公务员职级晋升方案审批、调任审批、行政关系迁转办理、审核登记等各项工作。配合深化机构改革，顺利完成消防救援及森林消防驻兰单位人员转制工资套改、纪委监委派驻机构改革、行政执法类公务人员转隶工资重新确定等任务。优化完善考录配套办法，形成贯穿全流程、覆盖各环节的“1+5”（选、育、管、用、爱）考录工作体系，强化诚信体系建设，从源头上确保队伍质量。抓好公务员考核，完成全市科级及以下公务员和参公单位人员的年度考核工作，对市直部门（单位）3383名公务员给予嘉奖，对208名记三等功。

【干部监督管理】 结合十三届市委第十一轮巡察，对被巡察单位的选人用人情况进行专项检查。执行干部任前事项报告制度，印发《关于从严贯彻落实〈干部选拔任用工作监督检查和责任追究办法〉有关政策规定的通知》。做好“一报告两评议”工作，严格落实干部日常管理监督，严格市管干部因私出国（境）审批，委托市审计局对市管领导干部开展任中经济审计和离任审计。严格核查领导干部个人事项，完成市管干部个人事项报告表的审核把关和系统录入工作。

【农村基层党建】 落实农村党

支部建设标准规范，由乡镇（街道）领导班子成员“一对一”帮带村党组织书记，指导帮助规范对标用标、提升综合素质能力。实施“整乡推进、整县提升”示范县乡创建行动，评定“先进村级党组织”518个、“示范乡镇（街道）”37个，以点带面推动全市农村基层党组织全面进步。印发《关于做好离任村干部有关工作的若干措施》，建立关心关爱离任村干部“五项机制”，保障离任村干部“退岗不褪色”。制定《全市组织系统开展全国扫黑除恶重点地市督办问题整改工作方案》，整改突出问题、弥补短板弱项、推进重点任务、扩大工作成效。市委组织部被评为全省扫黑除恶专项斗争先进集体。指导全市730个村全部建立“行政村党组织——网格（村民小组）党支部（党小组）——党员联系户”党组织体系，划分网格3407个，联户党员18115名，推行网格化管理和服务，提升党建引领乡村治理精准化、精细化水平。加强村党组织对各类村级组织和事务的领导，推动665名党组织书记兼任村委会主任，448名同时兼任集体经济、合作经济组织负责人。

【城市基层党建】 印发《2021年全市城市基层党建工作重点任务责任清单》，提出63项具体推进措施，压紧压实8个县区和28个相关部门（单位）工作责任。举办2期全市社区党组织书记培训班，6期城市基层党建引领基层治理培训班，累计培训1000余人次。开展街道“五办四中心一队”运行督导调研，梳理细化乡镇（街道）、村（社区）政务服务事项118项，指导各县区全部印发赋权目录。全市2380名兼职委员建立责任清单，动态跟踪管理2842份共建协议，及时完善资源、项目、需求“三项清单”。健全完善各级党建联席会议机制办法，市县（区）两级召开联席会议14次，街道社区召开2163次。进一步优化网格调整，选优配强网格党组织书记，全市三级网格达到1798个，建立网格党支部、党小组1421个。全市427个社区党群服务中心面积全部达到200平方米，建成53个“两新”组织党群服务中心，全部面向社会免费开放。

【“两新”组织党建】 开展国有企业党建30项重点任务落实情况“回头看”，制定党委前置研究讨论重大经营管理事项清单，扩大国有企业党的组织覆盖，累计建立班组、项目支部48个。印发《全市非公企业和社会组织党建工作要点》，全省确定的7个方面、全市确定的12个方面重点任务全部完成，全市非公企业和社会组织党组织覆盖率分别87.41%、90.14%。推动互联网、律师行业党组织认真贯彻《关于全面加强新时代律师行业党的建设工作的意见》，完善《兰州市非公有制经济组织和社会组织党建专干管理办法（修订）》，加强快递物流、非公金融等新兴领域党建调研，健全完善工作台账。组织全市503家“两新”党组织深入社区开展“送法律、送健康、送技能、送温暖”志愿服务活动。

【党员队伍管理】 开展庆祝中国共产党成立100周年系列活动，完成“七一勋章”和全国、全省“两优一先”表彰对象推荐，全市“两优一先”表彰对象评选，举办全市“两优一先”巡回报告会12场。印发《关于做好“光荣在党50年”纪念章颁发工作的通知》，召开全市“光荣在党50年”纪念章颁发启动仪式，“七一”前夕向符合条件的2万余名老党员颁发纪念章。印发《关于“七一”前夕组织开展走访慰问活动的通知》，下拨经费563.6万元，组织各级党组织走访慰问获得党内功勋荣誉表彰党员、生活困难党员、老党员、老干部和烈士遗属、因公殉职党员干部家属4765名。印发全市《2021年发展党员指导性计划》，加强调度指导，不断优化党员队伍结构，发展党员5680名。印发《市管党费收缴、使用和管理工作规范（试行）》，对市管党费收缴、使用、审批和管理监督等工作进行规范。完成上年党内统计年报和2021年专报。组织动员各级党组织和党员在疫情防控工作中发挥战斗堡垒和先锋模范作用，对在疫情防控一线表现突出的5名党员进行通报表扬。督促指导各级党组织和党员规范有效使用“甘肃党建”信息化平台，严格落实“三会一课”、主题党日等组织生活制度，实现党员在线学习、活动在线组织、管理在线进行，全市党员、党组织登陆率和“三会一课”、主题党日活动开展率均达到100%。

【“社工委”建设】 制定《全市社区建设工作委员会组建工作实

施方案(试行)》,明确7项主要职责,建立4项工作机制。全市427个社区全部成立"社工委",吸纳"社工委"委员6046名,427个"社工委"召开相关会议1541次,组建志愿服务队416支,协调解决问题1520个。深化拓展"双报到"机制,印发《关于市直部门(单位)机关干部常态化驻守社区工作的意见(试行)》,进一步充实"社工委"力量,重点打造以退役军人为骨干的志愿服务队,采取"一支一警"方式,应对疫情处置、应急抢险等突发情况。成立社区公共卫生委员会,组建社区爱国卫生工作委员会,全市社会组织4050个,376个社区拥有10个以上社会组织。探索实施"民警民兵民宗"联勤作战样式,聚合各方力量协同善治。推动"小兰帮办""社工委"功能建设,采用"4+4"模式,布局4个分区、4个专栏,提升"社工委"运行的高效化、便捷化。有序整合180项高频政务服务事项,在城关区白银路街道甘家巷社区等5个街道13个社区上线试点,努力实现为民服务基层可办、不来即享。

【乡村振兴促进】 制定下发《〈甘肃省抓党建促乡村振兴规划〉任务分解清单》,将8个方面28项工作任务分解到29个市直部门,建立组织部门牵头协调,纪检监察、宣传、统战等10个部门参与的工作机制,形成合力推动刚性履责落实。充分用好中央和省级1750万元扶持资金,筛选确定35个村"一村一策"发展壮大村级集体经济,全市村集体经济收入5万元以上的村521个、占71.4%。提升党建引领乡村治理精准化、精细化水平,指导730个村建立网格化管理服务体系,推动党组织负责人兼任村级集体经济、合作经济组织负责人比例59%。坚持抓两头带中间,实施"整乡推进、整县提升"示范县乡创建行动,评定"先进村级党组织"518个、"示范乡镇(街道)"37个,107个党支部被省委组织部命名为"甘肃省标准化先进党支部",一村一策整顿软弱涣散村党组织26个。持续向重点乡村选派驻村第一书记和工作队,调整轮换驻村干部353名,完成选派礼县、西和、东乡三县150名驻村帮扶干部期满交接、返岗工作。

【人才队伍建设】 落实《兰州市急需紧缺人才引进实施办法》,围绕装备制造、生物医药、信息技术等产业项目和企事业单位人才需求,举办3场急需紧缺人才线下招聘会,引进各类急需人才1679人。其中,事业单位264人;企业1415人。开展年度柔性引进高层次人才工作,引进医疗卫生、装备制造、农业农村等领域高层次人才68人。落实党委联系服务专家制度,根据市委、市政府领导岗位调整,动态调整高层次专家结对帮扶关系。组织8名"陇原人才服务卡"A卡持卡人员和全市261名高层次人才专家参加体检。制定出台兰州市户籍政策10条,继续优化户籍政策、简化落户手续,增强人才人口集聚能力。落实中央和省委关于加快推进乡村人才振兴的有关文件精神,聚焦乡村振兴发展需要,实地调研走访县区、乡镇、农村和产业经营主体累计40余次,走访基层农户、技术员100余人次,详细了解村镇人才现状,摸清本土人才底数,制定《兰州市乡村人才振兴若干措施》,引导广大人才主动投身基层一线,服务乡村振兴战略。深入兰州新区、兰州高新区、中科院西北研究院、市食品药品检验检测研究院、大禹九州、大方电子等企事业单位,专题调研人才队伍建设情况,研究深化人才发展体制机制改革事项,以创新理念激发高质量发展活力,增强干部人才干事创业的驱动力。深入兰州和盛堂制药股份有限公司、方大炭素新材料科技股份有限公司等24家产业链链主企业,调研了解和掌握全市产业人才基本情况。

【新冠肺炎疫情防控】 兰州发生新冠肺炎疫情后,全市组织部门把疫情防控作为践行"两个维护"的政治检验,以战斗姿态全力投入到疫情防控工作中。传承"支部建在连上"的优良传统,督促指导全市各级党组织紧急组建4579个党员先锋队突击队、1463个临时党支部、5557个党员先锋岗、5410个党员责任区,做到疫情防控延伸到哪里,党组织和党的工作就覆盖到哪里。加强基层防控力量,组织动员市县两级2.4万名机关干部到居住地社区报到驻守,5429名"社工委"委员、2.1万余名志愿者、1.8万名退役军人充实到1768个卡口点、6490个楼院开展疫情防控,解决基层人员力量吃紧等问题。聚焦重点精准防控，坚持“区域封闭、足不出户、服务上门”，统筹14个市直部门600余名机关干部紧急增援社区，协调13家医疗机构服务尿毒症患者1543人次、其他患者1325人次。制定《工作指引》，细化23项工作流程，确定1934名专管员，以“人盯人”的方式跟踪服务解除隔离居家监测人员，指导全市创建“无疫小区”342个。督促指导各县区成立爱国卫生运动委员会（以下简称“爱卫委”），推动全市61个乡镇、53个街道全部成立爱卫委，427个社区、730个村全部成立公共卫生委员会、爱卫委，督促城关、七里河、安宁区统筹调剂核增编制95名，充实加强社区卫生服务中心。认真总结疫情防控工作经验，探索建立机关干部常态化驻守社区运行机制，部署开展机关干部常态化驻守社区工作，着力推动实现基层组织增活力、党员干部受教育、居民群众得实惠、社区治理上水平。

（杜亮泽）

宣传工作

【概况】 2021年，兰州市宣传思想工作贯彻落实《中国共产党宣传工作条例》，推进庆祝中国共产党成立100周年和党史学习教育，为全市经济社会发展提供强有力的思想保证、精神动力、舆论支持和文化支撑。党史学习教育亮点信息采用率、中央省级媒体发稿量、网络信息传播指数、敦煌文艺奖入围作品数量等均位居全省第一，市“扫黄打非”办公室查处的有关案件获评国家版权局版权案件二等奖，《兰州市提升思想政治工作实效的三维探索与实践》案例被评为甘肃省优秀创新案例，市委宣传部被评为“全省扫黑除恶先进集体”。

【理论宣讲】 制定《市委理论学习中心组2021年度学习计划》，围绕习近平总书记关于党史重要论述、“三新”重要论述、庆祝中国共产党成立100周年大会上的重要讲话、党的十九届六中全会精神、黄河流域生态保护和高质量发展等主题深入组织理论学习研讨，市委理论学习中心组开展集中学习22次、举办专题读书班3期，县区及市直部门集中学习1100余次。制定印发《关于进一步规范和加强全市各级党委（党组）理论学习中心组学习的通知》，开展全市各级理论学习中心组学习列席旁听、线上审核、线下考核，退回整改完善40余次。围绕习近平新时代中国特色社会主义思想等重大主题组织理论宣讲1.5万余场次，受众70万余人次。

【舆论引导】 围绕庆祝中国共产党成立100周年大会、党史学习教育、政法队伍教育整顿、黄河流域生态保护和高质量发展等主题推出新闻稿件220万余篇。开展十九届六中全会精神宣传，印发《全市党的十九届六中全会精神宣传教育工作方案》，在市属媒体开设“六中全会精神在基层”“贯彻全会精神一线在行动”等专题专栏，刊发相关稿件2362篇。开展新冠肺炎疫情防控宣传引导，组织市属新闻媒体有序发布权威信息、开展舆论引导和社会动员，市级新闻媒体刊（播）发相关稿件74317篇，制作播出短视频10161条、公益广告7433条、科普知识7433条，县区融媒体中心发布稿件53108篇。开展新闻发布能力建设，举办全市舆情研判暨新闻发言人培训会，全年召开各类新闻发布会94场次。开展全市县区融媒体中心硬件设施提升、客户端推广提升等5大行动，8个县区融媒体中心App客户端完成与“新甘肃云”平台的技术对接和入驻。

【宣传教育】 参加甘肃省第5届社会主义核心价值观主题微电影、微视频创作展播活动，举办第3届兰州市青少年社会主义核心价值观融媒体大赛。开展先进典型人物挖掘选树，推荐获评“感动甘肃·陇人骄子”先进集体1个，提名奖1人，建成“最美奋斗者”主题文化长廊。举办基层思想政治工作培训会10场，评选表彰94项优秀研究成果和3个优秀组织单位，对265名企业政工专业职务进行评定。开展爱国主义、国防、法治宣传教育，举办“国防教育法”颁布日宣传活动、全民国防教育军营开放日示范活动、《民法典》颁布实施一周年巡回宣讲活动，考察命名市级爱国主义教育基地9个、市级国防教育教育基地6个。开展全市文化科技卫生“三下乡”活动、“兰州人·百姓讲堂”示范宣讲活动40场、红色思政课示范宣讲活动3期。

【对外宣传】 在《人民日报》、《光明日报》、《经济日报》、《中国日报》、甘肃广播电视总台等重点媒体平台开展城市形象宣传推广，与人民日报社、新华社、中央电视台等重点媒体合作开展“黄河流域高质量发展”“七一灯光秀”“《大豆谣》宣传推广暨开学第一课”“城市养老”等重点调研、直播活动。赴绍兴、宁波、嘉兴、长沙、韶山等地开展“一带一路”金城兰州走进“古越绍兴”、走进长沙系列城际推介活动，现场签约10余份，各地近40余家媒体刊发原创稿件110余篇，线上点击率突破5000+次。建成上线兰州英文网站、七里河区英文网站，利用推特、脸书等海外社交平台建立“这是兰州”“你好，兰州”账号，每日向海外推送涉兰稿件10余篇。中央和省属主流新闻媒体全年刊（播）、转载涉兰稿件7万余篇，居全省第一。

【文化建设】 制定《2021年市委文化体制改革工作台账》，稳步推进各项任务落实。成立兰州市国家文化公园建设领导小组，制定《黄河国家文化公园（兰州段）建设实施方案》，建立“黄河国家文化公园”项目库，谋划“数字长城甘肃博物馆”项目，申报省级国家文化公园建设专项资金项目9个。完成78家乡镇文化服务站核查，43家电影院年检复审，市文联6个协会换届。编纂出版《兰州通史》(《先秦卷》《秦元卷》《明清卷》《民国卷》《中华人民共和国卷》5卷），共240万余字，推出纪录片《黄河上城》、电影《足球·少年》、大型歌剧《南梁颂》等精品文艺作品，推荐36件作品参评第10届敦煌文艺奖。先后举办文化“七进”、文化进万家、金城讲堂、金城书画沙龙、“爱兰州爱阅读”等线上线下文化活动376场。审批新设立印刷企业21家，核发一次性内部资料性出版物准印证5个、连续性内部资料性出版物准印证4个。

【党的十九届五中全会精神学习宣传】 全市各级党组织通过理论中心组学习会议、“三会一课”、主题党日、专家辅导等多种方式，读原文、悟原理、究原义，开展学习讨论，迅速兴起学习宣传贯彻五中全会精神热潮。印发《关于认真组织全市各级党委（党组）理论学习中心组专题学习党的十九届五中全会精神的通知》，各级党委（党组）理论学习中心组均组织开展专题学习。制定《兰州市党的十九届五中全会精神宣讲工作方案》，编写《党的十九届五中全会精神宣讲提纲》，全市各县区各部门各单位共开展宣讲报告会1200余场，受众10万余人。制定《兰州市党的十九届五中全会精神宣传工作方案》，在市属各媒体及各县区融媒体开设专题专栏，刊发党的十九届五中全会精神相关稿件2481篇。

【庆祝中国共产党成立100周年系列活动】 制定《兰州市庆祝中国共产党成立100周年活动方案》，成立由市委主要领导任组长，市政府、市人大、市政协主要领导和市委副书记任副组长，市委常委同志为成员的活动领导小组，明确11项重点工作内容。开展10大类43项全市重点庆祝活动。召开全市各级爱国主义教育基地工作推进会，挖掘打造八路军兰州办事处纪念馆、兰州市档案馆、兰州烈士陵园等红色资源，收集整理红色历史档案266套（件）、策划推出主题展览2项、精品课程5个、著作2部。开展“永远跟党走”群众性主题宣传教育活动，实施红色经典阅读等六大主题活动，开展“十个一”献礼活动，打造“红色宣传一条街”和“一条红船”“一路红色公交”“一列主题地铁”特色移动宣传阵地，推出《南梁颂》《兰州记忆》《大豆谣》等庆祝中国共产党成立100周年优秀文艺作品。

【全市党史学习教育】 3月3日，兰州市党史学习教育动员大会召开，传达学习全国、全省党史学习教育动员大会精神，对全市党史学习教育进行动员部署。成立市委党史学习教育领导小组，组建领导小组办公室和18个巡回指导组，统筹推进全市党史学习教育工作。全市13.78万人次县处级及以上党员领导干部，400.94万人次党员，通过理论学习、现场教学、读书班、研讨会等多种形式开展专题学习27.58万次，配发党史学习教育指定书籍15万套，开展专题宣讲4300余场，完成“我为群众办实事”市级重点项目46个、兴办实事项目925项、县区部门帮办实事项目176.67万件。组织全市各级媒体刊发党史学习教育稿件35万余条，总访问量突破6.1亿人次。编发专报、简报256篇，被中央、省委采用82篇，质量和数量综合排名全省第一。

（王文涛）

精神文明建设

【概况】 2021年，兰州市精神文明建设工作坚持稳中求进、守正创新，提升社会文明程度和市民文明素质，推动巩固提升文明城市工作。全年评选兰州好人40名，5人荣登中国好人榜。举办开展“文明兰州城·最美社区人”选树、“幸福邻里·文明兰州”邻居节、“文明让生活更美好”创建成果固化抖音等市级创建文化宣传活动11项，各级各类相关活动1000余场次。

【理论学习】 做好全市精神文明建设系统学习，推进党的创新理论成果进企业、进农村、进机关、进校园、进社区、进网站。采取原文研读、交流研讨等方式，不断深化党的十九届六中全会精神的学习贯彻，把党的最新理论成果与兰州市精神文明建设具体实践相结合，以新时代文明实践、群众性文明创建、学雷锋志愿服务为切入点，通过组织典型引领、文化体育、价值培育等主题活动，有效做到学思用贯通、知信行合一。

【庆祝中国共产党成立100周年】 推进“永远跟党走”群众性主题活动开展。围绕献礼党的百年华诞，组织开展“红心向党·情暖万家”五进社区公益活动，“献礼百年征程·重温红色经典”庆祝中国共产党成立100周年电影配音大赛，“唱响红色歌谣·传承红色精神”儿童剧《大豆谣》教育活动。

【全国文明城市创建】 部署新一轮全国文明城市创建工作，召开“2021年市文明委全体会议”等专题推进会7次，出台《兰州市巩固深化全国文明城市创建成果三年行动计划（2021—2023年）》和年度文明城市建设指导性文件20余份，对新版《全国文明城市测评体系》和《操作手册》进行任务分解、职责细化。继续落实创建文明城市领导责任制、网格化管理责任制、点位长责任制和“周调度、月通报、季推动”推进机制，推动创建质量巩固提升。

聚焦不达标或不稳定达标弱项问题，创新载体、具化措施，相继进行健康生活方式、城市重点区域环境卫生、集贸（农贸）市场环境、不文明养犬等“一月一主题”专项整治推进行动，同步实施交通设施、老旧小区、背街小巷、线缆入地、垃圾分类等“十大巩固提质行动”。组织开展三轮文明城市创建测评，发现各类具体问题4753条，在《兰州日报》上分批专版通报。组织开展30余次大范围创建实地点位督查，召开现场会或上门交办会50余场次，组织媒体“回头看”4期。

制定《关于做好巩固提升2021年文明城市创建网报档案资料工作的通知》，结合不同时间节点有针对性制定印发任务推进表、分解表、责任清单和工作提示单，持续予以细化部署。延续档案资料月报制度，按月对报送的档案资料即审核即反馈。根据各创建责任单位工作进度，组织召开6场创建档案资料调度会，累计向各责任单位下发4轮次问题清单、2轮次督办单，进一步明确工作任务与要求，进行限时整改。

组织市属新闻媒体加大文明创建宣传力度，全年刊播相关稿件1000余条次，央视《新闻联播》节目首次专题播出兰州创建成果综述，与杭州、长沙等10余个国内一线城市并列报道。“文明兰州”新媒体平台先后推出《小兰看创建》《最美读书声》等宣传栏目，制作《文明绿色出行》短视频，点赞量100万+，向中国文明网成功推送稿件50余篇，在全省文明建设信息报送先进集体榜单中排名第一。坚持推广使用“陇小飞”形象，专题部署“陇小飞·学党史”微信表情包的传播，全市各类新媒体平台坚持刊播“陇小飞”系列公益广告，截至年底播放量40万+。

【文明实践】 印发《兰州市2021年建设新时代文明实践中心重点工作安排》，召开全市新时代文明实践工作推进会，报送《关于开展新时代文明实践志愿服务的问题研究》调研报告，推动相关建设从试点县向各区县全面铺开。28家市直部门单位成为全市文明实践工作领导小组成员，区县、乡镇（街道）、村（社区）在实现文明实践全覆盖的基础上，整合资源设立文明实践基地164个。各文明实践中心、所、站均组建服务队伍，以“室内固定场所+室外流动场所”形式，常态开展文明实践活动，达到月均4场次以上，皋兰县在全省年度考核中被评为优秀。

开展“理论政策入头脑”“红色教育讲党史”“文化服务到身边”“移风易俗兴乡村”“文明创建展风采”“美化环境净市容”“心系群众送温暖”“认领心愿办好事”八类主题活动。组织开展“共建文明新兰州·争做最美社区人”“童心向党·爱心书集·云捐书”“红心向党·绿润兰州·云植树”等兰州市新时代文明实践主题活动。

【志愿服务队伍建设】 召开兰州市志愿服务联合会二届二次理事会暨党史学习教育工作会议，开展2021年度全市学雷锋志愿服务“四个十佳”评选活动，进一步集聚全市志愿服务核心力量。举办全市志愿服务工作培训会，200余名骨干志愿者参加。坚持推广使用“全国志愿服务信息系统”，持续招募注册志愿者，加强志愿服务项目对接工作，实现市域内志愿服务数据的统一归集和统一管理。截至年底，全市注册实名认证志愿者近70万人，注册多层次多种类志愿服务组织5200余个，发布项目近2.9万个，志愿者服务总时长923万余小时，有时长的志愿者占实名认证总数的52%。

【志愿服务活动】 全年开展“送温暖”“送祝福”“送平安”“送绿色”“送洁净”志愿服务活动1000余场次、慰问困难群众1万余人。组织广大志愿者参加大型节会、重点时段、重要工作的服务保障、宣传劝导，相继开展“3·5学雷锋日”“保护生态环境·关爱守护生命”“高考直通车”等集中志愿服务活动。开展“文明交通”劝导志愿服务活动，千余名志愿者在全市100余个主要交通路口坚持常态值守，劝阻不文明行为1000余起，帮助老弱病残孕1000余人次。

【创评先进典型】 修订完善各类市级文明先进集体测评细则，开展2020—2021年度市级文明单位、文明村镇创建工作和第4届兰州市文明家庭评选活动，组织对全市第1至第14批省级和历届市级文明单位、文明村镇进行复查。组织开展全市第8届全国道德模范推荐评选，兰州市红古区鑫源天然气有限公司董事长尹建敏获得提名奖荣誉称号。开展志愿服务先进推荐工作，全市有2名志愿者、1个志愿服务组织、1个志愿服务项目、1个志愿服务社区入选全国年度学雷锋志愿服务“四个100”（100个最美志愿者、100个最佳志愿服务组织、100个最佳志愿服务项目、100个最美志愿服务社区）榜单。采取多种形式宣讲先进典型事迹，全年各级各类新闻媒体相关报道近2000条，组织重点采访报道100余篇次。

【文明新风培育】 部署年度文明交通、文明旅游、文明餐桌、文明祭扫等市民文明素质养成行动，大力倡导文明绿色出行，注重做好节假日文明旅游媒体宣传，推广使用公筷公勺分餐夹，开展全市创建文明健康绿色环保生活方式主题活动、移风易俗文明祭扫主题活动、“传家训立家规扬家风”主题活动，推动全社会有效形成遵德守礼的文明风尚。强化信用兰州建设，坚持每季度发布诚信“红黑榜”，前三季度新发布红榜企业512个，黑榜企业（组织、个人）107个。开展诚信单位、诚信示范街区、诚信经营示范店等主题实践活动，兰州市信用综合指数在西部地区12个省会及副省级以上城市中高居前列。

【农村精神文明建设】 开展“美丽乡村·文明家园”陇原乡村文明行动，抓实农村精神文明建设“八个一”（健全一份责任制、用好一副指挥棒、选派一支帮扶队、密织一张人才网、培训一批引导员、建强一个村班子、扶持一批带头人、落实一套好机制）示范工程，修订完善兰州市“八个一”示范点创建细则，申报第3批市级示范点29个。组织开展第2届“新时代最美乡贤”评选活动，确定18名候选人，开展“弘扬乡贤文化·推动移风易俗”新时代最美乡贤基层宣讲活动。组织各区县开展“好公婆”“好儿媳”“好妯娌”“好邻居”评选活动和“五星级文明户”创评活动，全年评选出1468户。推进治理高价彩礼推动移风易俗专项行动，将抵制高价彩礼作为巩固脱贫攻坚成果同乡村振兴衔接手段，督导各区县严格落实《全市治理高价彩礼责任清单》，全市730个行政村修订完善村规民约，开展“婚嫁新风进万家"教育实践活动、"移风易俗除陋习·文明乡风润金城"宣传实践活动。

【未成年人思想道德建设】 调整全市未成年人思想道德建设工作领导小组，召开年度工作推进会，印发年度工作强化提升方案，分解新版《全国未成年人思想道德建设工作测评体系及操作手册》，收集整理审核上报相关工作档案资料。组织开展"新时代兰州好少年"推荐评选活动，召开新时代兰州好少年先进事迹发布活动，全年新评选新时代兰州好少年20名，6人获评新时代甘肃好少年。修订《兰州市文明校园创建管理办法》，印发《兰州市2021年—2023年深化文明校园创建活动实施方案》，对往届全国和省级文明校园进行复查，分别推荐第3届全国文明校园先进学校10所、省级文明校园先进学校45所。建好管好用好全市乡村（社区）学校少年宫，及时拨付运转补助资金。举办全市未成年人心理健康辅导工作骨干人员培训班，90名专兼职教师参加。

【"童心向党"主题教育活动】 围绕庆祝中国共产党成立100周年，开展"童心向党"主题教育实践活动，统筹资源、创新载体、丰富内容，开展全市中小学生"传承红色基因·清明祭英烈"爱国主义教育活动、"童心向党迎百年·红色基因代代传"教育实践系列活动、"颂风华百年·育时代新人"传承中华优秀传统文化示范活动暨"童心颂党恩"经典诵读比赛、庆祝中国共产党成立100周年艺术展演活动暨第7届中小学艺术节、"童心永向党·翰墨绘百年"庆祝中国共产党成立100周年现场书画创作活动、"劳动美·丰收乐"劳动教育实践活动暨第4届劳动之光照亮文明之路校园丰收节、"向国旗敬礼"教育活动、"阳光成长"未成年人心理健康教育系列活动，参与人员150余万人次。

【新冠肺炎疫情防控】 组织全市创建责任单位、文明先进集体、文明实践中心、志愿服务团队等持续开展六大文明战"疫"行动，通过公益宣传、文明示范、志愿服务、文明实践、诚信治理、环境清洁等活动助力抗疫工作。连续发布致全市志愿服务组织和志愿者《文明守护·共抗疫情倡议书》《致全市抗疫志愿者朋友们的慰问信》《致全市疫情防控志愿者的一封家书》，组织和激励2665支志愿服务团体、88262名志愿者投身抗疫一线。组织干部职工，下沉到居住地社区投身疫情防控一线工作，重点做好核酸检测、人员排查、物资分发等工作，引导社区群众正确理解、配合疫情防控工作。持续协调各类爱心单位、公益组织，向全市疫情防控一线单位和人员捐献各类防疫、生活物资，连续组织举办"齐心抗疫·文明同行"防疫物资捐赠活动，累计接收、转赠物资合计折价约80余万元。

通过各类新闻媒体、传播媒介先后发布《创建无疫小区倡议书》《疫情防控文明出行倡议书》《做好农村疫情防控推动移风易俗倡议书》《强化防疫平安文明祭祀倡议书》《强化防疫文明绿色出行倡议书》，传播量突破300万次。组织开展"文明防疫·感谢有你"网络主题宣传活动和"童心向阳·温暖金城"抗疫主题视频、图文征集活动，制作传播《把兰州唱给你听》防疫MV，制作发布《防疫小贴士》系列短视频和公益海报。

（兰俊菲）

统一战线

【概况】 2021年，市委统一战线工作严格落实《中国共产党统一战线工作条例》（以下简称《条例》），聚焦难点问题精准发力，推进重点工作任务落实，成功创建全国民族团结进步示范市。市委统战部被评为"全省脱贫攻坚先进集体"，获全省统战信息工作一等奖、统战工作实践创新成果奖，两项统战理论政策研究创新成果分别获一等奖、二等奖。

【党对统战工作的领导】 市委常委会会议、市委书记专题会会议研究部署统战工作8次，市委统战工作领导小组召开2次全体会议研究部署工作。市委主要领导主持党外人士座谈会、政党协商会以及参加统战有关活动7次、作出批示25次，市委分管领导走访调研督导统战工作30余次。召开全市统战部长会议，制定下发全市统战工作要点、市委统战工作领导小组工作要点，全年领导小组发文12件，小组办公室发文13件。修订完善《市委统战工作领导小组工作规则》，出台《构建铸牢中华民族共同体意识工作体系实施方案》。制定市委统战工作领导小组《贯彻落实〈中国共产党统一战线工作条例〉重点任务分工方案》，明确重点任务。举办市级统战系统学习研讨会，围绕贯彻落实《条例》开展交流研讨。市委统战领导小组办公室成立4个调研督导组，对县区和相关单位落实《条例》情况进行调研督导，激发工作动力，确保《条例》落地见效。

【政党协商】 落实《关于加强中国特色社会主义参政党建设的意见》，支持民主党派履行参政党职能，支持民主党派开展以中共党史为重点的“五史”学习教育，制定《关于支持民主党派、无党派人士开展中共党史学习教育工作方案》，召开动员部署会，组织开展宣讲辅导，研讨交流等活动，引导民主党派成员、无党派人士在学习中共党史中不断增强“四个意识”，坚定“四个自信”，做到“两个维护”。制定出台《民主党派市委会直接向中共兰州市委提出意见建议制度》《邀请民主党派市委会负责人无党派代表人士参加中共兰州市委领导同志有关活动制度》，拓宽建言献策渠道，丰富建言献策形式，为多党合作事业发展奠定坚实基础。制定《中共兰州市委2021年政党协商计划》，引导民主党派围绕生态保护修复、“精致兰州”建设、乡村振兴、教育“双减”等开展深度调研。组织召开人事协商座谈会、党风廉政建设和反腐败工作通报协商座谈会、半年经济工作通报座谈会等，政党协商质效不断提升。制定《关于支持各民主党派市委会开展黄河流域生态保护和高质量发展战略启动实施专项民主监督方案》，支持市级民主党派围绕黄河流域生态保护和高质量发展开展专项民主监督，形成调研监督报告。

【民族工作】 5月12日，召开2021年民族团结进步宣传月活动启动仪式，以庆祝中国共产党成立100周年为主题，开展主题宣传教育活动，市、县（区）、街道（乡镇）举办启动仪式30余场，开展活动400余场，组织各类惠民演出168场，参与人数12.8万人次。市委主要领导就学习贯彻中央、省委民族工作会议精神作出批示，主持召开市委常委会会议、市委书记专题会会议传达学习，研究贯彻落实意见。在《兰州日报》、兰州电视台等媒体开设“铸牢中华民族共同体意识”专题专栏，制作20期民族团结好故事宣传视频，切实用身边人身边事教育各族群众铸牢中华民族共同体意识，各族干部群众“五个认同”（增强各族人民对伟大祖国、中华民族、中华文化、中国共产党、中国特色社会主义的认同）“三个离不开”（汉族离不开少数民族、少数民族离不开汉族、各少数民族之间也相互离不开）意识增强。制定《兰州市创建全国民族团结进步示范市实施方案》，开展“十进活动”（进社区、进学校、进企业、进机关、进商场、进宾馆（酒店）、进工地、进窗口、进景区、进家庭）“十大提升行动”（老旧小区整治提升行动、背街小巷整治提升行动、集贸市场整治提升行动、沿街环境秩序整治提升行动、建筑立面改造提升行动、户外广告宣传整治行动、绿化改造提升行动、道路交通秩序整治提升行动、节日氛围营造提升行动、市民文明素质提升），打造6个民族团结教育基地，命名105家民族团结进步示范区和示范单位。引导各民族代表投身疫情防控，构建“民警、民兵、民宗”联勤作战模式，促进民族团结与社会治理深度融合。

【非公经济统战】 开展理想信念教育，组织民营经济人士深入学习习近平新时代中国特色社会主义思想，引导民营经济人士不断增强发展信心，争做爱国敬业、守法经营、回报社会的典范。召开全市民营经济统战工作会议，印发《关于有效解决当前我市民营经济统战工作几个突出问题的实施方案》，制定《兰州市民营经济统战工作协调机制》，召开“万企兴万村”兰州行动推进大会。开展税企面对面便民办税春风行动，协调税务部门落实减税降费、优化税收营商环境、支持民营经济发展等政策落实，激发市场活力，增强民营经济发展内生动力。落实市委民营企业家座谈会制度，召开全市民营企业家座谈会3次，分解转办民营企业困难问题18个。开展“千企调研纾困”行动，市委分管领导深入企业一线开展调查研究、听取意见建议，收集转办困难问题9个，促进民营经济“两个健康”（促进非公有制经济健康发展和非公有制经济人士健康成长)发展。

【党外知识分子、新阶层人士和港澳台侨统战】 发挥留联会、海联会、新联会作用,引导他们牢固树立家国情怀,立足本职,创新创业,服务社会。党外知识分子方面,成立兰州欧美同学会留苏(俄)分会、留美加分会,推进欧美同学会西北(兰州)海创中心建设。协助举办欧美同学召开第2届"双创"大赛生物医药和中医药产业赛事,举办第2届"金城学长"论坛,组织无党派人士、党外知识分子、归国留学人员赴八路军兰州办事处纪念馆开展学习教育。港澳台侨工作方面,制定《关于加强新时代海外统战工作的具体措施及分工方案》,建立市海外统战工作协作机制,制定《关于贯彻落实〈关于推进港澳台海外反"独"促统运动发展的意见(2021—2025)〉分工方案》,推进反"独"促统各项工作。新阶层人士统战方面,制定《兰州市新阶层代表人士培训计划(2021—2025年)》《关于推进全市新阶层人士统战工作发展的实施方案》,按照"六有"标准,成立三级会员联合之家,建立10个实践创新平台,打造全省首个新阶层人士统战工作省级实践创新基地。组织开展网络人士"寻美甘肃"主题活动,开展"金城新浪花、我们在行动"主题活动。

【党外干部队伍建设】 健全善全市党外科级及以上干部数据库,全面准确掌握党外干部履职情况。举办2期党外干部能力提升班,培训党外干部100余人。严格落实市、县(区)两级人大、政府、政协领导班子中党外干部配备要求,市级配备8名,县(区)配备32名。印发《市政协非中共党员委员、常委协商提名办法》《关于做好政协兰州市委员会换届工作的意见》,严格程序推荐党外政协委员,做好党外代表人士政治安排。

【新冠肺炎疫情防控】 全市统战系统各单位176名机关干部驻守社区值班值守,组建36支志愿服务队投身抗疫一线,全市3100余名统战成员参与抗疫工作。广大统战成员捐款捐物3400万元。

(李友文)

市直机关党建

【概况】 2021年,市直机关各级党组织和广大党员干部,全面落实新时代党的建设总要求,以党的政治建设为统领,学习贯彻《中国共产党党和国家机关基层组织工作条例》,巩固党支部建设标准化工作,争创"模范机关",深入党史学习教育,做好庆祝中国共产党成立100周年工作,实施"五抓五提升"工程,推动市直机关党建工作全面进步全面过硬。

【政治建设】 始终从讲政治的高度谋划和推进机关党建工作,召开市直机关党的工作会议,印发《2021年市直机关党建工作责任清单》,确保全年工作始终沿着正确政治方向前行。市直机关党组织普遍建立"第一议题"制度,研究讨论重大事项前必先传达学习习近平总书记重要讲话指示批示精神和党中央决策部署,高标准严要求抓好政治要件办理。主动配合市委开展"政治体检",成立3个指导组,督促14家单位全面完成市委巡察反馈有关机关党建问题的整改。及时安排部署学习贯彻党的十九届五中、六中全会精神,依托理论学习中心组、"三会一课"等载体,采取专家辅导、学习交流和集中研讨等形式,持续推动新思想学习贯彻。坚持把党史学习教育引向深入,在完成"规定动作"的同时,运用兰州本地红色资源,组织机关党员干部观看革命历史剧《大豆谣》,赴兰州烈士陵园祭奠戍边英雄陈红军等革命烈士,举办市直机关党史学习教育专题讲座、宣讲比赛和知识竞赛,激励广大党员干部感悟初心使命。深化青年理论学习小组学习教育,制定《关于提升市直机关青年素质加强理论学习的意见》,开展"读写编讲行"活动,市直机关青年干部理论素养迈上新台阶。

【组织建设】 进一步规范市直部门机关党组织工作,落实党建责任制,会同市委组织部制定《市直部门机关党组织工作规范》,推动机关党的建设科学化规范化再上新台阶。严格落实机关党组织到期换届改选提醒制度,换届改选机关党组织8家,机关纪委6家,延期换届选举3家,增补机关党组织书记12名,新任专职副书记15名、转正13名。将党务干部培训纳入全市培训计划，举办市直机关新任党支部书记、专职副书记、入党积极分子、预备党员、发展对象培训班5期，培训学员1170人。制定《2021年市直机关党员发展计划》，发展党员378人。全面落实市委“强支部”要求，组织实施市直机关党支部标准化建设梯级提升工程，下拨党费63万元，研究出台《关于进一步加强机关党支部建设的若干措施》，使支部的导向更加鲜明。探索党费收缴新模式，开通“e党费”平台，70个机关党组织已投入使用。推荐全国优秀共产党员3名、优秀党务工作者2名、全国先进基层党组织4个；推荐甘肃省抗击新冠肺炎疫情先进个人16名、先进集体6个、优秀共产党员6名、先进基层党组织2个。

【机关党建】 制定《“两张皮”问题专项整治工作方案》，启动市直机关党建课题调研工作，召开机关党建和业务工作融合发展座谈交流会，评选“十佳案例”“十佳论文”学习推广，会同市委组织部出台《关于破解“两张皮”问题推动市直机关党建工作和业务工作深度融合的意见》，推动机关党建和业务工作有机融合，同频共振。督促机关党组（党委）落实党建责任的职责，召开2020年度市直机关党组织书记抓党建述职评议考核大会，对85家市直机关党组织2020年度党建工作进行分项考核。采取“三不两直”工作方式，开展2轮次党建重点工作督查，对贯彻落实《中国共产党党和国家机关基层组织工作条例》、党建重点工作情况等进行指导督促，现场反馈问题意见，限期整改落实，形成督查报告并在市直机关党组织中通报，推动党建责任制落实落细。

【群团工作】 始终坚持党对群团工作的领导，不断抓实群团组织基础，督促换届改选机关工会15个、机关妇委会9个，成立机关妇联1个、机关团组织4个，批复群团组织49件，配发工会会员证360余册，下拨工会经费48万元。指导机关群团组织注重家教家风教育，弘扬家庭美德，推选2021年全省最美家庭24个，工委群工部获全省家庭工作先进集体。关心关爱机关干部职工生活，5165名党员干部职工开展“书香砥初心，悦读砺使命”线上读书会，举办妇女干部心理健康体检暨家庭教育专题讲座，开展“关爱职工送清凉”活动，配发慰问物品16.3万元。参与“春雷计划”活动，资助学龄女童1.02万元。督促购买职工医疗互助保险，参保人数8140人，理赔人数1208人，理赔金额80.5万元，春节慰问困难职工55人，发放慰问金5.5万元。

【廉政建设】 制定《兰州市委直属机关纪律检查工作规范》和《2021年市直机关纪检工作要点》，培训市直部门机关纪委书记、纪检委员100余人，建设忠诚干净担当的机关纪检干部队伍。用好执纪监督“四种形态”，定期

3月4日，市委直属机关工委召开市直机关党史学习教育专题辅导报告会

6月15日—7月9日，“百年心向党 共筑中国梦”兰州市直机关书画摄影展在市博物馆开展。图为获表彰人员

“咬耳扯袖”，集中约谈市直部门机关党组织专职副书记105人次，开展机关专职副书记廉政谈话，对20家单位2020年度党费、工会经费使用管理情况进行专项督查。推动机关作风建设，开展“读《清风传家》，树清廉家风”活动，定期组织召开警示教育大会，推送廉政小贴士、廉洁短信，筑牢机关党员干部拒腐防变的思想防线和行为底线。

【服务中心大局】 新冠肺炎疫情中动员1.3万余名市直机关党员干部成立驻守工作组243个，组建临时党支部43个、党员巡逻队1560个，划拨党费102.5万元，将组织优势转化为疫情防控“战斗力”，使党旗在疫情防控一线高高飘扬。探索服务基层治理新模式，广泛开展兰州战“疫”后市域善治大讨论活动，建立起市直机关党员干部居住地信息数据库，组织市直机关党员常态化驻守居住地社区，主动服务“社工委”建设，大力推广使用“小兰帮办”微信小程序，全年市直机关党组织共办实事7166件，参与社区志愿服务11037人次，完成群众微心愿2460件。机关党组织与帮扶村党支部开展“共驻共建”，机关党员干部担任驻村“第一书记”，为帮扶村基础设施建设和产业技术发展贡献智慧和力量。开展“党建＋民族团结”活动，建成民族团结进步宣传阵地，举办主题宣讲活动11场次，受众1万余人，兰州市获评“全国民族团结进步示范市”。组织召开中国共产党兰州市直属机关代表大会，选举市第十四次党代会代表81名。

【机关文化】 庆祝中国共产党成立100周年，组织开展市直机关“两优一先”表彰大会、书画摄影展、合唱比赛等11项特色鲜明、参与面广、效果良好的庆祝活动。其中，书画摄影展征集作品529幅（篇），评选入围作品190幅（篇）；合唱比赛70个市直部门58支代表队参赛党员干部4651名；党史知识竞赛79个部门83支代表队332名党员参加角逐；市直机关“两优一先”大会表彰优秀共产党员100名、优秀党务工作者53名、先进基层党组织60个；颁发“光荣在党50年”纪念章1447人，走访慰问老党员、困难党员和功勋党员241人，发放慰问金24.8万元。推进“民族团结进机关”活动，铸牢中华民族共同体意识，建成民族团结进步宣传阵地，举办“学习中国共产党百年党史·铸牢中华民族共同体意识”主题宣讲活动11场次，受众1万余人，进一步增强机关党建工作的凝聚力和向心力。

（高启程）

机构编制管理

【概况】 2021年，市委机构编制工作落实《中国共产党机构编制工作条例》与《中共甘肃省委机构编制管理规定（试行）》，围绕市委、市政府中心工作和全市经济社会发展重点任务，做好机构改革“后半篇文章”，努力构建系统完备、科学规范、运行高效的党和国家机构职能体系。

【健全乡村振兴机构】 根据《中共甘肃省委机构编制委员会关于调整兰州市及所辖县区扶贫工作机构设置的批复》，将兰州市扶贫开发办公室更名为兰州市乡村振兴局。永登县、榆中县、皋兰县扶贫开发办公室分别重组为永登县、榆中县、皋兰县乡村振兴局。城关区、七里河区、西固区、安宁区、红古区扶贫开发办公室分别更名为城关区、七里河区、西固区、安宁区、红古区乡村振兴局。

【机构编制调整】 市文化和旅游局加挂兰州市文物局牌子，调整市市场监督管理局机关事务服务中心编制，设立榆中县劳动保障监察大队。根据省委编办批复，设立兰州市自然资源技术中心和兰州市机关事务服务中心，兰州市第八十四中学更名为兰州市金城实验中学，加挂北京市第八中学兰州分校牌子。兰州市市场监督管理局机关事务服务中心、兰州老年大学等机构、兰州市退役军人事务局部分军休事业单位和全市自然资源系统所属部分事业单位机构编制进行优化调整。

【服务保障民生事业】 强化城市街道社区卫生服务中心建设，将30个政府举办的社区卫生服务中心纳入机构编制管理，调剂增加相应编制，保证社区卫生服务机构全覆盖。完善市县爱国卫生运动组织机构，协同市委组织部对全市各级爱卫会组织建设情况进行摸底，健全完善相关体制机制。

【调查研究】 对全市7家公立医院和全市中小学教职工编制使用情况进行专题调研，形成专题调研报告，对完善中小学和公立医院机构编制提出工作建议。对市少儿活动中心、市儿童艺术团、市水务局下属事业单位及城关区、七里河区、安宁区、永登县机构编制进行专项调研。对市县(区)两级宣传、文物保护、统计执法、应急管理等领域机构编制进行统计分析，建立《兰州市副处级以上事业机构台账》，为持续深化改革储备基础资料。

【权责清单动态管理】 根据法律法规规章“立改废释”、省级有关部门权责清单调整、行政许可事项取消下放等情况，调整市公安局、市住房和城乡建设局等20个部门的164项权力事项。其中，增加71项；取消69项；更改名称17项；调整类别5项；合并2项。

【机构编制核查】 印发《兰州市机构编制核查工作实施方案》，对全市各类机构的数量、编制情况、领导职数情况、实有人员情况进行核查，全面核实市县两级机构编制数据的真实性、准确性、完整性和规范性，核清机构编制资源的数量、结构、分布等实际配置情况。

【事业单位登记管理和社会信用代码工作】 全面完成事业单位年度报告各项工作，审核全市364家事业单位年度报告1500余次。做好事业单位登记管理和社会信用代码工作，审核通过并公示事业单位登记事项180家，办理机关群团统一社会信用代码证相关业务21家。

(刘延涛)

政策研究

【概况】 2021年，市委政策研究工作贯彻落实市委决策部署，围绕中心、服务大局、回归本源，努力在聚精会神、奋斗追赶，系统推进兰州实现高质量发展中展示政研担当、贡献政研力量。全年起草文稿500余篇，召开理论学习中心组学习会议14次、党员集中学习14次、青年理论学习小组学习12次。

【政治建设】 协助市委系统总结贯彻落实习近平总书记“先发力、带好头”重要指示精神的兰州实践，指导三县五区以及兰州新区、高新区、经济区系统梳理贯彻落实黄河流域生态保护和高质量发展国家战略的实践做法，协调推动《兰州市黄河流域生态保护和高质量发展规划》和《两年行动方案》制定出台，不折不扣推动党中央和省、市委决策部署落地落实。

【理论武装】 制定《2021年理论学习中心组暨党员集体学习计划》，聚焦习近平总书记关于学习党史，学习“四史”“三新一高”重要论述和习近平法治思想等14个年度学习重点，全面系统学习习近平新时代中国特色社会主义思想。深入学习贯彻党的十九届六中全会精神和《决议》，制定学习教育方案，分专题开展系统学习、交流研讨，切实在学深悟透全会精神实质和要义中统一思想、统一意志、统一行动，步调一致奋斗奋进奋发兰州现代化建设新征程。

【以文辅政】 全年起草市委领导在市委十三届十五次全体会议、市委常委会会议、市“两优一先”表彰大会暨首场报告会、市委理论学习中心组（扩大）学习会议、“万企兴万村”兰州行动推进大会、“八一”军政座谈会上的讲话以及市委重要文件等文稿500余篇，文稿整理排编工作得到市委主要领导肯定。在市委主要领导的主持指导下，把起草市第十四次党代会报告作为锻炼提高年轻干部文字写作能力的重要机会，高标准起草党代会相关文稿，全员参与精心做好市第十四次党代会会务服务，编发简报59期。

【调查研究】 聚焦科技成果转化、重振“兰州制造”、工业互联网、“三化”改造、数字经济、生态文明建设、对外开放等重点领域，组织干部分2批赴上海张江、山东青岛、广东东莞、江苏常州等经济发达地区考察学习先进经验，到城关区、兰州新区、高新区、榆中生态创新城等现场实地了解摸清实情，充分借鉴吸收先进地区的改革经验，找准动能转换不畅、产业转型升级缓慢等制约兰州高质量发展的症结所在，提出针对性、操作性意见。聚焦市委中心工作和群众“急难愁盼”问题，深入开展调查研究，形成主城区利用闲置空间办学增加基础教育资源供给的调研报告、黄河两岸公共服务场馆设施运营情况的调研报告、排放权交易及促进碳达峰工作情况调研报告、祁连山国家公园甘肃省片区建设有关情况和工作建议的报告等一批调研成果，推动调研成果转化为破解改革发展难题的高招、增进民生福祉的实招。结合兰州战“疫”后市域善治大讨论活动，调研推进“社工委”建设、“小兰帮办”“民警民兵民宗”联勤作战样式等在市域社会治理的深度应用，不断提升基层治理现代化能力和水平。《关于精准做好离退休干部服务工作的调研报告》获评全省老干部调研成果二等奖。

【财经工作】 履行市委财办工作职能，组织筹备召开4次市委财经委员会会议，制定责任清单，全面督办问效、逐项对账销号，跟进推动79项议定事项落地落实。结合省委财经工作专项督查，对兰州市贯彻落实党的十九大以来中央财经委员会历次会议安排部署的10个方面工作全面梳理、评估问效，协助省委政研室组织开展抢抓“一带一路”机遇推进高质量发展、黄河流域甘肃段水源涵养补给及生态环境保护等专题调研，为省委研究制定有关政策提供兰州方案。聚焦经济领域新兴课题、制约兰州高质量发展关键问题等重要方面，加强研究分析，形成兰州市规模以上工业企业结构分析报告、推进“双碳”战略形势分析与工作建议、隐性债务自查自纠工作情况的报告等一批报告。高度关注固定资产投资、项目建设、招商引资等方面发展变化，助力推动“十四五”规划纲要实施，协调发改、财政等职能部门及时优化“六稳”“六保”和促进经济稳定发展举措，应对新冠肺炎疫情冲击影响，切实以科学有效、务实管用的措施促进全市经济社会持续健康发展。编印《习近平经济思想有关资料汇编》和《财经工作知识手册》。健全完善财经工作信息报告制度，总结提炼全市经济发展方面的重点工作进展、创新举措办法、特色亮点经验，向省委财经办报送《每周经济工作信息》38篇、经济工作亮点927条，报送量及刊登量均为全省第一。

【改革工作】 发挥市委改革办统筹协调作用，筹备召开8次市委全面深化改革委员会会议，印发2021年市委全面深化改革委员会工作要点，突出268项重点改革事项攻坚发力，协助市委推进国有企业、医疗保障制度、劳动教育、农村“三变”、教育评价和教育督导等重点改革事项落地落实。举办全市全面深化改革专题培训班，修订完善县区改革成效考核评分标准和评分细则。实行改革事项台账管理、清单落实机制，组织各专项小组对十八届三中全会以来改革任务完成情况进行“回头看”，建立2018—2021年改革台账清单，逐条逐项推动改革任务落地见效。跟进督办医保制度改革、高质量发展考核机制、自贸区建设等重点改革事项，各项改革任务有力有序推进。在省委深改委组织开展的4项改革评估中，兰州市教育综合改革和涉农资金统筹整合长效机制2项改革总体评分排名第一，绿色金融体系和生态环境损害赔偿制度2项改革位列第二。在市级新闻媒体开设《全面深化改革进行时》专栏，刊发改革信息60余篇，在省、市媒体刊发50余篇，其中10余篇被人民网、新华网等央媒采用，有效展示兰州市改革发展取得的成效。总结推广改革试点经验和基层创新做法，人才体制机制、政务服务等11项改革经验做法被省委深改委《改革情况交流》采用刊发，并向全省推广，其中落实“双减”经验做法得到省委领导批示。

【政策研究咨询服务】 修改完善《中共兰州市委政策研究咨询顾问制度》，加强与省委政研室、省政府研究室、省政府参事室等部门的联系，建立市委决策咨询专家智库，借助专家智慧力量推动新时代兰州高质量发展。委托兰州大学、省委党校、西北师范大学等高校，围绕放大黄河文化旅游综合效应、榆中生态创新城建设、市域治理体系和治理能力现代化、发展壮大金融资本市场、构建新发展格局背景下兰州高质量、新型基础设施建设、城市生态环境提质扩容7个年度重点课题开展问题研究，借力借智、联合攻关，形成一批高质量研究成果，为市委科学决策提供有价值、有分量的对策建议。打造千亿级生物医药产业集群对策研究课题入围2021年省政府决策咨询委员会15个年度委托重点课题之一。

（高　丙）

机要和保密

【概况】 2021年，市委机要和保密工作围绕中央和省、市委关于机要保密工作的决策部署，赓续红色血脉，凝聚强大合力，奋力推动全市机要和保密工作高质量发展。全市机要工作2019年至2021年连续3年全省考核优秀，获得省委密码工作领导小组办公室嘉奖通报。

【组织领导】 始终坚持党管密码、党管保密根本原则，3月，召开市委保密委员会和市委密码工作领导小组会，传达学习中央政治局委员、中央书记处书记、中央办公厅主任、中央和国家机关工作委员会书记丁薛祥《在全国保密工作会议上的讲话》《在中央密码工作领导小组会议上的讲话》和省委常委、省委秘书长石谋军《在省委保密委员会和省委密码工作领导小组会议上的讲话》，听取“十三五”时期全市机要密码和保密工作情况、“十四五”规划及2021年工作要点的工作报告，审议通过《中共兰州市委密码工作领导小组工作规则》《中共兰州市委保密委员会工作规则》《兰州市党政机要密码工作“十四五”规划》《2021年全市党政机要密码工作要点》《“十四五”时期兰州市保密事业发展规划》《中共兰州市委保密委员会2021年工作要点》。充分发挥领导小组统筹协调和督导落实作用，为新时期机要保密工作发展提供坚强的组织保障。

【保密宣传教育】 举办“建党百年·密守金城”5月“保密法治宣传月”系列活动新闻发布会和《山河之脉——保密工作者之歌》MV首发式，组织开展“光辉历程、保密有我”主题知识竞赛、“我们都是保密人”主题征文比赛和“我们都是追梦人”主题演讲比赛、庆祝中国共产党成立100周年保密宣传教育作品征集等活动。全市各机关、单位报送保密宣传教育作品有3个获国家保密局奖励、15个获省国家保密局奖励，兰州市机要和保密局获省级优秀组织奖。编辑《兰州市机要和保密工作》内部刊物4期，全年向中央办公厅、省委机要和保密局上报各类稿件50余篇，其中2篇被中办《机要工作》采用，20余篇被省级杂志采用。组织7名干部参与保密教育实训平台培训，为全市各机关、单位讲解13次。

4月30日，在兰州市电视台演播厅举行《山河之脉——保密工作者之歌》MV首发式

《兰州日报》设置保密宣传专栏，刊发各类评论和宣教文章22篇。5月，兰州电视台连续播放4部保密宣传片，兰州广播电视台开展1个月的专栏宣传保密工作知识，市区户外LED大屏及34条公交线路1000余辆公交车车载移动电视循环播放保密动漫短视频，在《今日头条》推送保密密码宣传栏目5次，向各机关单位、街道社区发放《〈工作秘密管理暂行办法〉问答》等保密宣传资料1万余份，20余家机关、单位办公楼宇LED屏播放《保密法》《密码法》宣传教育片，局领导干部向全市各机关单位保密教育授课6次，在重要节假日前和新冠肺炎疫情期间向各级领导干部、涉密人员发送保密提醒短信8条21.6万人次。

【保密监督检查】 印发《关于兰州市做好保密相关报备工作的通知》，对2020年和2021年1—10月定密事项及涉密人员报备情况整理汇总，向省国家保密局全国保密综合业务系统报备相关数据。抽查全市重点涉密单位周边文印店保密管理情况，检查文印店100余家，互联网计算机200余台。按照省保密局要求报送定密事项数据110条、涉密岗位及涉密人员数据1200余条。配合市教育考试院深入各县区、兰州新区和部分标准化考点，对全市2021年普通高考安全保密工作开展“全覆盖”专项检查，并于6月参加全市高考指挥中心执勤工作和中考保障工作。处理自然地理信息测绘数据联网报警3条，深入调查相关公司违规使用过期保密资质参与涉密项目招标并中标情况有关线索，办理3起国家保密局移交案件，印发《关于近期我市发生几起严重违反保密规定行为的通报》《关于开展手机微信使用保密管理专项检查的紧急通知》和《关于部分机关、单位工作人员使用图文识别微信小程序泄密案例的通报》。在全市范围内开展保密自查自评专项检查，成立2个督查组，对市委政法委、城关区等重点单位和县区开展“进驻式”保密检查，先后检查69家单位，对发现问题的单位，及时提出整改意见并限期整改。

（何丹天　肖　红）

信　访

【概况】 2021年，全市信访部门受理群众来信来访及网上投诉3205批次、8631人次，同比批次下降49.4%，人次上升4.4%。其中，市信访局受理来信43件次，同比下降74.4%；来访530批次、3943人次，同比上升52.3%、77.7%；网上信访1767件次，同比下降69.2%。劝返到北京地区非接待场所有关人员63人次，同比上升53.7%。全市信访部门及时受理率99.97%，职能部门及时受理率98.76%；群众对信访部门满意率87.47%，对职能部门满意率71.1%；信访事项按期办结率100%。

【新冠肺炎疫情期间信访工作】 10月，新冠肺炎疫情发生以后，市信访局及时发布公告，引导群众通过电话、网上信访和领导信箱等方式反映诉求，安排专人值班接听电话和处理群众诉求，坚持提质增效“不放松”、为民解忧“不断档”。新冠肺炎疫情期间，受理办理群众通过“非见面”方式反映的信访事项188件，根据《信访条例》的相关规定，按照“见信如见面、标准不降低”原则，对群众反映的信访事项及时进行交办、转办、督办，尤其对群众反映强烈的涉及生产生活的18件信访事项，提高办理时效，在3天内办理完毕，办结率100%。全市信访系统始终把人民群众安危放在第一位，全体信访干部奋战疫情防控一线，通过网上流转办理、电话跟进督促，做到标准不降低、落实更严格，及时化解一批群众关心的热点难点问题，回应群众诉求，赢得群众信赖。

【我为群众办实事】 结合党史学习教育“我为群众办实事”实践活动，在全市开展“解民忧办实事十百千”活动，筛选一批信访积案、重大矛盾纠纷和热点难点问题，分别由市、区（县）、街（乡镇）三级党委政府及部门的领导干部进行包案化解。共排查化解信访矛盾820件，已包案化解796件。加强支部共建，市信访局党支部与8个县区信访局党支部、七里河区西站街道武威路社区党支部、西站西路社区党支部、永登县武胜驿镇向阳村党支部结对共建，8个县区信访局党组织相互之间、与辖区村社基层党组织之间进行结对共建。通过“双促双建双打造”(党建促业务,以业务促党建;支部标准化和业务规范化建设;打造更高水平的阳光信访、法治信访、责任信访,打造“让党委政府放心,让人民群众满意”的信访干部队伍),推动党建工作与业务工作融合共进。

【领导接访】 5月27日,市委常委会专题听取信访工作汇报,安排部署工作。8月30日,省委常委、市委书记朱天舒到市信访局进行专题调研,听取全市信访工作汇报,就进一步做好信访工作、坚持和发展新时代“枫桥经验”等提出明确要求。市委市政府分管领导多次召开专题会议研究部署重点时期信访工作。市领导主动接待信访群众,包案推动重点矛盾化解。市委、市政府主要领导批阅群众来信41件;9位市级领导接待群众来访14批39人次,协调解决重大疑难信访问题14件;各县区领导接待群众来访135批2133人次。其中,县级主要领导接访16批140人次;其他县级领导接访119批1993人次。

【信访积案化解】 按照中央信联办部署,经市委常委会研究,在全市范围内集中开展为期三年的集中治理重复信访化解信访积案专项工作。成立由联席会议召集人任组长、副组长的高规格工作领导小组,统筹推进专项工作。市信访工作联席会议坚持定期召集48个成员单位,召开专题会议听取汇报、研判形势、部署工作,确保专项工作有序开展。省市信访局联合督导组深入8个县区和重点部门督查调研,提出意见建议,全市信访系统针对提出的意见建议逐条制定针对性措施整改落实,推动专项工作深入开展。对纳入专项工作的信访事项,一律实行领导包案,落实“五包”(包重点、包化解、包扶助、包排查、包督导)责任和“五个一”(一起案件、一名领导、一套人马、一套方案、一包到底)工作要求,因案施策,逐案化解。全市信访系统立足工作实际,开展集中化解重复信访积案百日大会战,第一批上级交办的重复积案551件,办结521件,占总量的94.6%。其中,中央信联办交办信访事项526件,占全省总量的六分之一,办结496件,办结率94.3%;省信联办交办信访事项25件,全部办结。兰州市治重化积专项工作取得阶段性成效,受到国家信访局调研组和省信联办的充分肯定,在全省专项工作推进会上作经验交流发言。

4月20日,市委副秘书长、市信访局局长张天泉接访际华3512公司沿街商铺停电问题

【信访保障】 市信联办专门召开会议、下发文件,安排部署重要节日期间信访维稳工作,启动运行7项工作机制。编发《维稳安保信访工作专报》37期,发出预警信息50余条,处置各类涉稳情报信息1300余条。集中开展市、区(县)、街道(乡镇)三级领导干部定点接访、带案下访,及时就地解决问题化解矛盾,市县两级129名领导干部接访276批423人次,化解矛盾230余件。对省信访局转交的9批1213件中央第15巡视组交办非巡视范围群众来信、32件全国政法队伍教育整顿中央第15督导组群众来信和35件省委第一巡视组巡视期间非巡视范围群众来信信访事项进行集中办理,已全部办结。“兰洽会”、党代会和全国“两会”、建党100周年大庆、十九届六中全会期间实现到北京地区非接待场所“零上访”“零集访”

目标，得到省信联办的充分肯定。

【基层基础建设】 7月13日，开始受理办理省级门户网站“领导信箱”信访事项办理工作，受理188件，办结182件，办结率96.8%。市政府门户网站“领导信箱”与省信访信息系统的对接工作完成，构建集领导信箱、网上信访、电话信访和视频接访等多渠道信访受理平台，实现信访事项网上流转，结果网上查、可跟踪、可督办、可评价的“阳光信访”模式，最大限度减轻“访累”，不断提升群众满意度。截至年底，全市信访事项平均办理时限提高至34.66天，比《信访条例》规定的60天办理时限缩短25天。信访部门信访事项及时受理率99.98%，按期办结率100%。坚持和发扬新时代“枫桥经验”，探索建立符合兰州市实际的基层矛盾纠纷多元化解机制，打造新时代兰州“枫桥经验”升级版。整合基层信访、综治、民政、司法和工会、共青团、妇联等工作资源，构建人民调解、行政调解、司法调解相互配合的“大信访”“大调解”工作平台，努力做到小事不出村（社区）、大事不出镇（街道）、矛盾不上交。七里河区“民情流水线”、西固区四季青街道“村民说事室”被省信访局在全省推广。

【复查复核】 严格按照国务院《信访条例》《甘肃省信访事项复查复核办法》和《依法分类处理信访诉求工作规则》等法规文件，规范信访事项复查复核工作，引导信访人依法有序信访，监督和促进全市行政机关依法处理信访事项，保障信访人合法权益，取得较好成效。接待群众申请办理信访事项复查复核77批134人次，同比下降24%和28%。召开信访事项复查复核调查会、调解会、协商会、审查会、咨询会、意见征询会等各类会议45次，实地调查核实22次，征求律师顾问意见64次，向有关部门和单位信函、电话协助调查130余次。

（张轩宁）

涉台事务

【概况】 2021年，市委涉台事务工作贯彻落实习近平总书记关于对台工作的重要论述和中央、省、市对台工作会议精神，按照“服务大局、防控风险，强化大势、主动谋略，精准施策、提质增效，积极作为、塑造新局”工作思路，统筹做好应对疫情防控和经济社会发展中的涉台工作，全力打造对党忠诚、业务专精、纪律严明的高素质对台干部队伍。10月，市委台湾事务办公室被评为“全国对台工作系统先进集体”。全年全市新增台商投资项目3个，台资企业1个，到位资金550万元。

【涉台宣传教育】 4月15日，召开市委对台工作小组暨2021年全市对台工作会议。赴国台办汇报兰州市对台工作，就强化对台宣传、促进兰台交流达成工作意向。全年开展台海形势报告“进党校、进区县、进校园”活动5场次，受众1000余人次。领导班子成员认真履行政治责任，面向台资企业、帮扶村、联系社区及台办机关开展习近平总书记“七一”重要讲话、党的十九届六中全会精神和市第十四次党代会精神政策宣讲。强化涉台领域敌情观念和国家安全意识，开展机关内部“防渗透、防策反、防窃密”工作，做好赴台人员行前教育和赴台学生反渗透教育。建强涉台领域意识形态，坚决反对和警惕、遏制“台独”分裂行径，持续加强涉台舆情研判、防控协同、责任落实，提升兰州市涉台领域舆论主导权和话

6月26日，市委台办举办“永远跟党走 共筑中国梦”首届“海峡两岸杯”台胞台企职工羽毛球联谊赛

6月27日，市委台办赴永登县民乐乡八岭村开展“庆‘七一’我为群众办实事”对口帮扶和捐资助学活动

语权。

【对台交流交往】 举办“兰州市台胞台属美术作品收藏展暨黄河风情线百米长卷展”和首届“海峡两岸杯”台胞台企职工羽毛球联谊赛，召开台胞台属庆祝建党100周年座谈会和学习习近平总书记“七一”重要讲话精神座谈会。举办中国传统文化入台企进社区等特色交流活动6场次。设立兰州市对台交流基地4个：市博物馆、市非物质文化遗产陈列馆、永登通远中学、永登张坪小学。组织永登县通远镇初级中学100余名学生和台湾花莲志工开展“2021兰台青少年线上峰会”。邀请“台青看广河·我为甘肃代颜”两岸媒体采访团来兰州市参访。组织青年台商、台青“网红”和两岸媒体记者实地走访榆中美丽乡村建设，开展台青“线上”带货助销农产品活动。举办“我们的节日·端午”和“我们的节日·中秋”台胞台属联谊活动，持续营造“两岸一家亲”浓厚氛围。

【对台经济合作】 依托“兰洽会”“台商陇上行”等节会平台，邀请兰外知名台商台企到兰州参访考察。组织县区台办、涉台领域赴福建对台工作前沿阵地和知名台企学习考察、推介项目。联合市政府驻厦门办事处与驻厦台资企业对接座谈。发挥“以台引台”“以企引企”作用，促成台资企业江苏和佑集团1.15亿元种原改善计划投资项目在永登县七山乡完成初次选址勘察。带队前往台资企业开展走访调研4轮次，通过微信工作群向涉台领域推送政策法规解读信息200余条次。

【惠台政策落实】 推动惠台“31条措施”“26条措施”“11条措施”“农林22条措施”和甘肃省“55条实施意见”落地落细，分领域召开服务台企高质量发展政策对接现场会、落实惠台政策对接会、服务台胞政策落实对接会3场次，印发《兰州市服务台企台胞政策落实工作任务分解表》和《贯彻落实关于支持台胞在大陆农业领域若干措施》政策解读，为台胞台商在兰州学习、创业、就业、生活等营造便利。认真受理台胞台属、台商台企信访投诉与合理求助，向涉台领域推送防范电信诈骗信息200余条，全年协调解决涉台信访案件11件次，依法办结率100%。结合“我为群众办实事”实践活动，对接涉台领域爱心企业、人士向社会困难群体、个人进行捐赠援助，赴市儿童福利院看望慰问孤残儿童。联合嘉峪关东路社区开展点亮“微心愿”活动，认领实现群众愿望10个。协调有关方面开通绿色通道，为24名在兰州台胞优先接种新冠疫苗。全年慰问重点台胞5人、台资企业困难职工10人、大陆新娘2人、台属及生活困难群众60余户。

【其他工作】 落实新冠肺炎疫情防控“四方责任”，发动党员干部连续40天在9个社区和1个帮扶点志愿开展新冠肺炎疫情防控工作。面向台胞台属、台商台企发出《倡议书》，动员涉台领域捐助爱心款项和防疫抗疫物资价值5万余元。做好巩固拓展脱贫攻坚成果同乡村振兴有效衔接，举办2021年春节慰问暨中国传统文化进村社活动，送去价值8000余元粮油物资，开展送春联字画、法律咨询、义务拍全家福等活动。举办“庆‘七一’我为群众办实事”对口帮扶和捐资助学活动，捐助资金、物资合计价值6.95万元，面向村小学学生开展牙科健康义诊活动。支持帮扶村开展疫情防控，送去价值3000余元防疫物资和2吨过冬煤炭。

（李雅婧）

党史工作

【概况】 2021年，兰州市党史工作坚持“党史姓党”政治原则和实事求是工作方法，认真贯彻围绕中心、服务大局的要求，在党史“存史、资政、育人”方面取得显著成绩。征集与兰州相关的重大党史事件、重要党史人物等资料。完成《兰州党史研究》《兰州改革开放实录》《中国共产党兰州大事实录（2020）》《兰州南北两山绿化资料汇编》《兰州市全面建成小康社会大事记》等工作任务。做好全市红色资源普查摸底工作，查明全市红色资源89处。进市直机关、企业、农村、社区开展党课专题辅导20次。

【党史征研】 完成《兰州党史研究》第一期、第二期编辑及发送工作，《兰州改革开放实录（第一辑）》出版发送工作，开展《兰州改革开放实录（第二辑）》资料征集；完成《中国共产党兰州大事实录（2020）》70万字资料收集、编辑和发送工作；完成《兰州南北两山绿化资料汇编》50万字资料收集、编辑和发送工作；完成《兰州市全面建成小康社会大事记》17万字资料的编写、审定和上报工作。根据市委常委会会议“认真总结过去五年兰州的发展成就”任务安排，市委党史办收集整理2016至2020年市委市政府重要会议、文件、报告等资料30余万字，对过去五年兰州市政治、经济、文化、社会和生态等发展成果进行分析梳理，撰写完成《兰州市五年来发展成就》1.8万余字。完成《中国共产党在兰州百年奋斗经验及启示研究》论文，在2021年《兰州市经济社会发展蓝皮书》刊登。

【党史宣传】 做好庆祝建党100周年相关庆祝、宣传活动。为全市党的建设做好总结宣传工作，编辑发行《兰州党史研究——庆祝中国共产党成立100周年专刊》。助力全市党史学习教育，与兰州电视台合作拍摄完成21集《追寻兰州红色印记》系列党史专题片，通过记录兰州红色资源和革命遗址展示宣传新民主主义革命时期党在兰州的重大活动、发展历程，在兰州广播电视台新闻综合频道《兰州零距离》、爱兰州视频号、央视频、爱奇艺、腾讯、百度等媒体播出。开展党史进机关、军营、企业、学校、社区、农村、网络等“七进”活动，累计开展党史学习教育、十九届六中全会专题宣讲20场，2万余人聆听。发送各类党史书籍300余本，视频光碟30套。在《兰州日报》开辟庆祝建党100周年专版，分8期刊登文章，对兰州新民主主义革命时期重大党史事件和重要党史人物进行宣传报道。加大党史宣传教育影响力和覆盖面，在“兰州党史网”“今日头条”等新媒体平台发表党史文章、信息等30余篇6万余字。举办20余场中国共产党历次全国代表大会图片展。

【革命遗址遗迹普查】 7月，进一步开展全市红色资源普查摸底工作。根据普查，全市8个县区查明红色资源89处（榆中县50处，城关区24处，七里河区7处，永登县3处，西固区2处，安宁区1处，红古区1处，皋兰县1处）。其中，完好或基本完好的45处，完全损毁44处；涉及重要党史事件和重要机构旧址40处，重要党史事件及人物活动纪念地18处，革命领导人故居13处，烈士墓6处，纪念场馆（设施）12处。

【党史作品审读审看】 根据省委党史研究室和市委宣传部要求，对涉及党史题材的书籍、影视剧剧本、展览大纲等作品进行审读审看，严把党史题材作品的政治关。完成《民族脊梁——甘肃抗战人物展（大纲）》、民族歌剧《西风烈》、交响合唱组曲《南梁颂》歌词、《热血陇原——八路军驻甘办事处与甘肃抗日救亡展》讲解词和《罗云鹏传》等12部陈展大纲、歌舞剧剧本等作品内容的审读审看。在反对历史虚无主义方面，配合市委网信办甄别涉及党史史料网络文章30余篇。

（王柏华）

老干部工作

【概况】 2021年，全市有离休干部493人，已故离休干部无固定收入遗属284人。机关事业单位退休干部32976人，担任过副地级实职以上退休干部90名。全市有离退休干部党支部431个，关工组织1992个，“五老”骨干2136人。各级老干部活动中心（室）和老年大学18个，建筑面积16580平方米。

【三项建设】 组织广大离退休干部深入学习习近平新时代中国特色社会主义思想和党的十九届四中、五中全会精神。督促指导各级各部门把离退休干部党建工作纳入本地区、本单位党建工作的总体布局，与在职党组织建设同部署、同规划、同考核。通过资源整合、单建联建等形式，为离退休干部党支部设立学习活动场所，安排在职党员帮助开展工作。将离退休干部党支部书记培训列入全市党建专题培训工作，组织全市离退休干部党支部书记集中开展思想政治理论学习，做到离退休干部党支部书记培训全覆盖。根据老同志实际情况，采取灵活方式，开展离退休干部思想教育工作。组织5000余人次离退休干部参加中组部老干部局举办的网络报告会和省市专题报告会12场次，举办1期培训班，为离退休干部党支部和老干部赠发《兰州通史》、《兰州政报》、党报党刊等各类学习资料2500余份，为95名行动不便、有学习愿望的离休干部送学上门。按照“三个不变”和“三个有利于”原则，指导市直各单位、各县区单独或合并设立离退休干部党组织，优先与在职人员党组织分设；在老年大学、老干部活动中心等老干部相对集中场所，以班级、协会为单位成立临时党支部，基本做到离退休干部党组织应建尽建、老干部学习活动阵地党组织全覆盖。全年有离退休干部党组织431个，231名老党员担任支部书记，498名老党员担任支部委员。将离退休干部党组织工作经费纳入财政预算，由财政拨款和自留党费共同为离退休干部党组织开展工作提供经费保障，列支资金154万元，市直单位离退休干部党支部经费保障做到全覆盖。

【精准服务】 印发《中共兰州市委老干部局异地慰问工作规定》，细化慰问工作相关要求和纪律。完善《市委老干部局工作人员联系老干部制度》，加强对市属离休干部和地级退休干部的联系。推广精准服务离休干部“1483”工作法，完善市委老干部局、离休干部主管部门和离休干部原单位“三位一体”管理服务模式。逐年扩大帮扶范围，将有特殊困难的退休干部逐步纳入帮扶范围，为有特殊困难的离退休干部和遗属157人发放特困帮扶金45万元，帮助老干部解决政策、生活等方面问题200余条。坚持在重要节日、重大时间节点和老干部家庭出现变故、生病住院时上门看望，给予精神慰藉。市委老干部局工作人员全年日常走访、上门送学和精神慰藉老干部1382

2021年，在兰州音乐厅举行“追忆峥嵘岁月·歌颂伟大成就”兰州市离退休干部庆祝中国共产党成立100周年文艺演出

人次，电话联系3900余次，为76名高龄老干部上门祝寿。元旦、春节、重阳节时对853名离退休干部及遗属、101名异地居住离休干部走访慰问，发放慰问金203.25万元。提高老干部生活医疗待遇，为全市588名离休干部增发基本离休费，为市属187名已故离休干部无固定收入遗属提高生活困难补助标准，发放资金240余万元，组织247名离休干部进行健康体检。对各级各单位离休干部待遇落实情况开展常态化督促指导，将精准服务拓展为“即时帮扶、送学上门、家政专车、就医保障、节日慰问、生日祝寿、就近参观、追忆峥嵘岁月、精神慰藉、解决个性问题”10项内容。建立离休干部精准信息管理台账，采集离休干部及已故离休干部无固定收入遗属数据7类36项，实现对离休干部信息的动态管理。为离休干部协调住院床位、寻找战友、补办身份证、整理回忆文章等个性服务90余人次。重阳节开展实现“微心愿”活动，为老同志送去老年手机、急救包、拐杖、放大镜、收音机、水杯和护膝等物品，满足老同志个性化需求。

【优势作用发挥】 在全市广大离退休干部中举办“我看建党百年新成就”座谈调研活动，各级老干部工作部门通过实地调研考察、召开座谈会、上门访谈、征文抒怀等形式，听取不同地方、不同行业、不同层级老同志对中国共产党成立100周年取得伟大成就的心声感言。400余名离退休老党员、老干部结合自身工作和生活经历，谈感受、谈变化、谈认识，讲党史故事、讲中国故事、讲兰州故事。举办“追忆峥嵘岁月、歌颂伟大成就”全市离退休干部书画摄影展，遴选273幅老干部书画家精心创作书画、摄影作品进行展出。举办全市离退休干部庆祝中国共产党成立100周年文艺演出，750余名老同志同台表演，用歌声、舞蹈等形式欢庆党的百年华诞，1000余名老干部代表观看演出。“七一”前夕，对市属534名离休干部和担任过地级实职退休干部进行慰问，发放慰问金119万元。全市各级各部门采取召开表彰会议集中发放、专人上门发放等形式，为光荣在党50年老党员送去纪念章，为离休干部制作佩戴“在党50年纪念章”相框。依托各离退休党支部，组织离退休党员广泛开展建言献策、乡村振兴、文明城市、民族团结进步市创建，优秀传统文化传承等“银发”志愿者活动。市科协的老党员志愿者将科技站开到田间地头，义务为基层传经送宝、讲授知识。市老干部活动中心各老年协会临时党支部参与助力乡村振兴、文明城市创建、疫情防控宣传等活动。兰州老年大学组织教学班临时党支部党员志愿者赴农村开展送文化下乡、关爱帮扶等活动。

【信息化建设】 立足信息化平台建设要求，建好用好“兰州老干部工作网”和《兰州老干部之家》微信公众号，编印《兰州老干部工作信息》，用多种手段宣传各级各部门老干部工作动态。“兰州老干部之家”微信公众号累计关注人数1.68万人，加入全国老干部工作微信矩阵、全省老干部工作微信矩阵、全市组工网站群。重点抓好“一网一刊一号”媒体宣传，在兰州老干部工作网发布信息157条，“兰州老干部之家”微信公众号发布信息176条，“甘肃老干部”App发布110条。编印《兰州老干部工作信息》11期153条，在“甘肃老干部”微信公众号、“甘肃党建”、《中国老年报》《兰州信息》《兰州日报》《陇上夕阳红》等媒体刊发信息40余条。推广“1个平台2个公众号”。抓好“甘肃老干部”平台安装使用工作，在离退休干部党支部书记培训班、老干部重要活动现场，通过讲解、发放宣传彩页、上门指导安装等方式，切实提高平台安装率、使用率和2个微信公众号关注度，“甘肃老干部”平台全市安装人数2.5万人，占全市离退休干部总数80.5%。全市各级离退休干部党支部充分利用“甘肃党建”学习平台，实现理论学习、组织生活开展的信息化记录。升级完善“兰州老年大学网络报名系统”，实现兰州老年大学教务管理系统、“兰州老干部工作网”“兰州老干部之家”微信公众号和“甘肃省政务服务网”互通链接，报名、选课、缴费网络一体化，让老同志“足不出户报上名”。

【关心下一代】 围绕庆祝中国共产党成立100周年和党史学习教育，在全市中小学开展“颂党恩、赞祖国”老少共庆中国共产党成立100周年主题征文和“党在我心中”手抄报评比活动，组织2000余名中小学生观看红色题材儿童剧《大豆谣》，为全市10所学校捐赠红色书籍1400本，在八路军驻兰州办事处纪念馆举办青少年党史学习教育，组织全市3000余名中小学生在兰州革命烈士陵园开展“缅怀戍边英雄、致敬伟大祖国”祭奠英烈活动，把党史学习有效延伸到广大青少年群体中。持续实施“双百工程”“双千工程”，在县区举办种养殖技能培训，培训贫困青年农民100人次，发放培训补助1万元，关爱帮扶贫困优秀青少年100人，发放关爱帮扶资金5万元，向省关工委推荐贫困优秀在校青年100名。在全市部分中小学实施“春苗营养厨房”“校园开心农场”“爱心书屋”等帮扶项目，联合三六一度有限公司甘青宁分销商开展爱心捐赠活动，为各县区青少年捐赠运动鞋4万余双。在全市中小学校开展以党史、新中国史、改革开放史、社会主义发展史等为主要内容的思想政治理论宣讲，组织“五老”(老地下党员、老游击队员、老交通员、老接头户、老苏区乡干部)为青少年讲中国好故事、传播中国好声音。全市68名“五老”在128所中小学开展宣讲196场次，聆听青少年6万余人。在全市中小学生中开展“新时代兰州好少年”“文明小标兵”“优秀小公民”评选活动，为兰州市常态化推进全国文明城市创建营造浓厚的社会氛围。

【新冠肺炎疫情防控】　通过微信公众号、微信群及时向老干部和局系统干部职工传达省市防控要求，发送科学防控疫情知识，号召老干部自觉按照各级防疫部门要求，配合街道社区居家防疫。整合现有网络教育教学资源，搭建“空中课堂”“兰州老年大学云课堂”和教师线上课堂3个平台确保教学有序开展。局系统68名党员干部自觉自愿下沉到36个社区，发挥共产党员先锋模范作用，全力守护人民群众生命安全。兰州老年大学临时党支部20余名老党员主动参与居住地社区的卡点值守、秩序维护、制作餐食等志愿服务工作，部分老同志以笔墨寄情，用绘画、书法、诗词等艺术形式，赞颂党的领导和抗疫一线人员的先进事迹。疫情期间及时安排部署各县区、市直部门以及局属各单位每天用微信、电话，定时排查老干部及家属活动轨迹、健康和生活状况，市直各部门联系离休干部1850人次，各县区委组织部对113名离休干部进行全面电话联系和心理疏导。重点对空巢、独居、生活有困难、生病、住院的特殊老干部群体分别于每天、每周、每两周联系1次，给予更多关注，帮助老干部采购生活物资和药品，充值电卡、燃气卡，协调解决供暖等生活困难问题70余件，解答政策150余次。

(赵　玲)

党校(行政学院)教育培训

【概况】　2021年，市委党校(市行政学院)贯彻省、市党校(行政学院)工作会议精神，立足服务全市大局，坚持高质量高标准办学，围绕“政治过得硬、教学贴得紧、理论守得住、科研叫得响、资政用得上、环境建得好、队伍管得严、校风树得正”的发展目标，开展党史学习教育、干部培训、理论研究、决策咨询、师资队伍建设及基础设施建设等各项工作。

【科研调研】　全校(院)教研人员公开发表科研成果198项。其中，权威期刊2项；CSSCI来源期刊1项；国家级成果1项；省级成果107项(其中专著1部)；市级成果87项(其中通讯稿4项)。获奖成果39项(省级奖项8项，市级奖项31项)。编辑出版校(院)刊《黄河论丛》5期，刊发理论文章83篇，刊发《兰州日报》“党校之声”专栏16期，发表理论文章79篇。编辑出版《兰州经济与社会发展调研报告(2020年)》1册。编辑印刷《决策参考》11期。

【干部教育培训】　全年举办各类培训班次70期。其中，主体班次14期(636人次)；兰州市县级干部学习贯彻党的十九届五中全会精神轮训班5期(1556人次)；其他专题培训班38期(4173人次)；公务员培训班次2期(276人次)；承办“富民兴陇”系列讲座兰州市分会场11期(1924人次)，培训干部8565人次。2021年兰州市公务员网络培训，全市参训24763人。认真落实领导干部上讲台制度，全年有8名市级领导干部、26名县级领导干部来校(院)授课45次。

中共兰州市委党校(兰州市行政学院)2021年主体班次培训班统计表

序号	班次名称	培训人数	培训时长(月)
1	第32期新任县级干部能力素质提升培训班	45	2
2	第13期中青年干部培训班一班	40	2
3	第40期女干部能力素质提升培训班	50	0.5
4	第41期女干部能力素质提升培训班	51	0.5
5	第47期党外干部能力素质提升培训班	47	0.5
6	第46期党外干部能力素质提升培训班	49	0.5
7	第4期年轻干部理想信念教育培训班	45	0.5

2021年社会培训部专题培训班统计表

序号	班次名称	主办单位	培训对象	天数	培训日期	人数
1	兰州市县级干部学习贯彻党的十九届五中全会精神轮训班(第一期)	市委组织部	市管县级干部	3	3.8-3.10	324
2	全市党政办公系统能力提升培训班	市委市政府	市委各部门、市级国家机关及各部门、各人民团体办公室主任(综合科科长);各区县党委、政府办公室主任;高新区、经济区、榆中生态创新城党政办公室主任;市属重点企业办公室主任;市委办公室、市政府办公室各科室及管理单位办公室负责人,市人大常委会办公室、市政协办公室秘书科、综合科、信息科负责人	2.5	3.11-3.13	169
3	兰州市新任村党组织书记任前培训暨乡村振兴能力提升示范培训班	市委组织部	新任村党组织书记	3	3.15-3.17	60
4	兰州市县级干部学习贯彻党的十九届五中全会精神轮训班(第二期)	市委组织部	市管县级干部	3	3.17-3.19	316
5	兰州市县级干部学习贯彻党的十九届五中全会精神轮训班(第三期)	市委组织部	市管县级干部	3	3.24—3.26	325
6	兰州市县级干部学习贯彻党的十九届五中全会精神轮训班(第四期)	市委组织部	市管县级干部	3	3.31—4.2	296
7	兰州市县级干部学习贯彻党的十九届五中全会精神轮训班(第五期)	市委组织部	市管县级干部	3	4.7—4.9	295
8	2021年市直机关新任党支部书记培训班	市委直属机关工委	2021年市直机关新任党支部书记	5	4.12—4.16	91
9	全市统战系统统战政策理论培训班	市委统战部	全市各区(县)党委统战部领导班子成员和业务骨干以及市委统战部、市民宗委、市级各民主党派、市工商联、市侨联相关科室负责人	3	4.20—4.22	50
10	全市社区党组织书记培训班(第一期)	市委组织部	全市社区党组织书记	3	4.21—4.23	214
11	全市社区党组织书记培训班(第二期)	市委组织部	全市社区党组织书记	3	4.28—4.30	213
12	全省巩固拓展脱贫攻坚成果同乡村振兴有效衔接专题研讨班	省委组织部	兰州市、白银市、定西市、兰州新区相关部门负责人,脱贫摘帽贫困县(市、区)业务部门负责同志及乡镇领导干部,驻村帮扶工作队第一书记、队长	5	5.17—5.21	52
13	全市县科级干部实施乡村振兴战略专题培训班	市委组织部	各区县(不含安宁区)、市直各部门(单位)分管班子成员,部分乡镇党委(政府)班子成员	5	5.17—5.21	60
14	兰州市社会信用体系建设工作专题培训班	市发改委	兰州市社会信用体系建设领导小组成员单位业务工作人员、市发改委工作人员及相关业务科室工作人员	1	5.24	92

序号	班次名称	主办单位	培训对象	天数	培训日期	人数
15	全市县级领导干部党史学习教育专题培训班	市委组织部		5	6.7—6.11	106
16	2021年市住建局系统提升执法能力专题培训班(第一期)	市住房和城乡建设局	全市住建系统执法人员	3	6.16—6.18	180
17	2021年市住建局系统提升执法能力专题培训班(第二期)	兰州市住房和城乡建设局	全市住建系统执法人员	3	6.23—6.25	180
18	2021年市住建局系统提升执法能力专题培训班(第三期)	兰州市住房和城乡建设局	全市住建系统执法人员	3	7.7—7.9	180
19	全市全面深化改革专题培训班	市委政研室		5	6.21—6.25	100
20	兰州市城市基层干部党建引领基层治理主题培训项目之一街道党工委书记培训班	市委组织部	街道党工委书记	5	7.5—7.9	52
21	兰州市城市基层干部党建引领基层治理主题培训项目之二街道主任培训班	市委组织部	街道主任	5	7.12—7.16	53
22	2021年兰州市推进依法治市暨法制建设专题培训班	市司法局	各区县、市直各部门(单位)、各人民团体法治工作人员	3	7.12—7.14	133
23	全市项目建设工作专题培训班	市发改委	各区县发改部门负责人,市政府工作部门及市属国有重点企业相关业务科室负责人等	1	7.16	171
24	全市一体化政务服务能力提升培训班	市政务服务管理局	全市各级政务服务业务骨干	3	7.21—7.23	100
25	全市乡镇党委书记培训班	市委组织部	全市乡镇党委书记	5	9.1—9.7	61
26	全市乡镇党长训班	市委组织部	全市乡镇长	5	9.13—9.17	62
27	兰州市招商引资工作业务能力提升培训班	市政府合作交流办	兰州市招商引资业务工作者	3	9.16-9.18	92
28	兰州市农村基层干部乡村振兴主题培训项目之三村党组织书记培训班(第一期)	市委组织部	兰州市村基层干部	5	9.23-9.28	115
29	兰州市农村基层干部乡村振兴主题培训项目之三村党组织书记培训班(第二期)	市委组织部	兰州市村基层干部	5	10.11-10.15	113
30	兰州市农村基层干部乡村振兴主题培训项目之三村党组织书记培训班(第三期)	市委组织部	兰州市村基层干部	5	10.18-10.22 (12.15-12.17)	113
31	2021年度第二期全市党政办公系统干部能力提升培训班	市委办、市政府办	全市党政办公系统干部	5	10.18-10.22	157
32	兰州市农村基层干部乡村振兴主题培训项目之三村党组织书记(主任)培训班(第四期)	市委组织部	兰州市村基层干部	5	12.20-12.24	115
33	兰州市农村基层干部乡村振兴主题培训项目之三村党组织书记(主任)培训班(第五期)	市委组织部	兰州市村基层干部	2	12.27-12.31	113
34	社区党组织书记(主任)培训班	市委组织部	社区党组织书记	20	7.19-	433

【理论研究与宣传】 6月底，召开全市党校（行政学院）系统庆祝建党100周年理论研讨会，邀请甘肃省委党校（甘肃行政学院）常务副校（院）长刘进军、兰州市委副书记、市委党校（市行政学院）校（院）长周学海出席并致辞，兰州大学马克思主义学院院长、教授、博士生导师张新平，八路军兰州办事处纪念馆馆长袁志学，甘肃省委党校（甘肃行政学院）“四史”教育研究中心主任、社会和生态文明教研部教授吴晓军分别作主旨发言，市委宣讲团、市委党史办、市社科院等部门负责同志，全市各级党校（行政学校）常务副校长、分管科研工作的副校长，参会论文作者以及市委党校（市行政学院）班子成员、理论中心组成员、学员代表和全体专兼职教师150余人参加。在党史学习教育中，组织近20名骨干教师进入市委宣讲团，同时成立由30余名教师组成的校（院）理论宣讲团，深入市直各部门、街道社区、乡镇村社、企业学校等宣讲100余场次，受众超过1万人次。组织申报2021年国家社科基金项目4项、甘肃省社科规划项目5项、甘肃省人民政府决策咨询委员会2021年度研究课题1项、全省党校（行政学院）调研课题5项、兰州市社科规划项目7项。完成兰州市宣传思想工作重点调研课题1项、市委办公室下达调研课题1项、市委组织部下达调研课题1项、兰州市思想政治工作调研课题2项、兰州市组织工作调研课题2项。5月28日，中央党校《学习时报》专栏头版以《建设新时代省会城市决策咨询高地》为题，报道市委党校（市行政学院）在决策咨询方面的创新作法和工作成就，在全国党校（行政学院）系统中获得良好的评价。市委党校（市行政学院）引导教师紧紧围绕市委市政府中心工作开展资政研究，全年有3项资政报告获市委常委领导批示，已基本形成“以科研促进教学质量提升、为党委政府决策服务”的良好氛围。在全省党校（行政学院）系统优秀教学科研咨询奖项评选中，市委党校（市行政学院）获得“优秀决策咨询工作组织奖”，并获得教学精品课、优秀科研成果和优秀决策咨询成果等三大类13个奖项。

7月1日，市委党校（市行政学院）召开“两优”表彰会

【教育教学管理】 在教学工作中，市委党校（市行政学院）紧密结合兰州经济社会发展和干部队伍实际对主体班教学专题模块进行设置调整，形成完整的主业主课体系，科学设计培训教学内容，突出党史学习教育，对主体班教学计划进行改版设计。在原有习近平新时代中国特色社会主义思想教学专题36个、党性教育专题38个、党的十九届五中全会教学专题18个的基础上，新竞聘党史学习教育、学习习近平总书记“七一”重要讲话精神专题38个、党的十九届六中全会精神专题11个，确保党的理论教育和党性教育课程的比重不低于总课时的70%，党性教育课程的比重不低于总课时的20%。通过大力推动结构化研讨、访谈式、研讨式、案例式、体验式等互动式教学方法，鼓励青年教师探索新教学方式方法，增加主体班次互动式教学课程比重。立足兰州本地红色资源，依托兰州战役纪念馆、八路军兰州办事处纪念馆、红军长征会宁会师纪念馆，丰富红色现场教学课程，提升党性教育的课堂效果。选定兰州市博物馆、甘肃（兰州）国际陆港、兰州奥林匹克体育中心等地为现场教学点，帮助学员深入了解兰州市市情和重点项目工程进展情况。

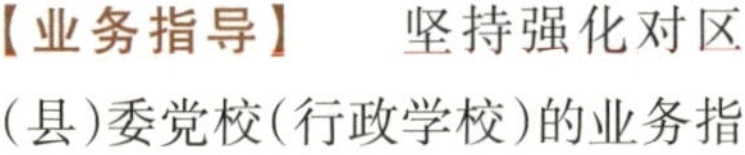
【业务指导】 坚持强化对区（县）委党校（行政学校）的业务指

导，常务副校（院）长欧阳波先后带队赴各区（县）委党校（行政学校）调研办学情况，深入研究在当前发展中遇到的实际困难并推动解决。召开全市党校（行政学院）系统常务副校（院）长会议，就区（县）委党校如何主动作为、抢抓机遇，推动全市党校（行政学院）系统高质量发展的问题进行深入探讨和交流。举办全市党校（行政学院）系统党史教学专题优质课竞赛活动，通过现场讲授的教学比武，切实提高全市党校（行政学院）系统教师用学术讲政治的能力，促进系统内教学业务的相互交流与进步。

（陈　震）

网络安全和信息化

【概况】　2021年，市委网信工作以开展网上宣传为引导，加快建立网络综合治理体系，维护网络意识形态安全，为推进兰州高质量发展提供有力服务、支撑和保障。兰州市被省委评为全省网信工作优秀市州。兰州市委网络安全和信息化委员会办公室被国家机关事务管理局等四部门评为“节约型机关”。截至年底，兰州市属地有网站10046家，有新闻类网站15家。其中，中央驻甘重点新闻网站3家；省级新闻网站8家；市属新闻网站4家。

【网上主题宣传】　指导属地新闻网站开设“聚焦全国两会”“党史学习教育”“网络中国节”等专题专栏42个，设置“党史学习教育”“网络中国节·清明”等19个重点话题。指导推出“学党史”“奋斗百年路启航新征程——学党史悟思想 办实事 开新局”等重点栏目，以“党旗飘扬在金城”“百年党史”等为主题，策划推出H5、短视频、微动漫等有鲜明网络特色的新媒体产品。举办“百年风华·见证兰州”建党100周年主题宣传系列活动，属地网络媒体及网络达人120余人次参与活动，采编发布《奋进的路上，他们一起讲述党的故事》《学习党史践初心 兰州高新区着力提高为民服务效率》等原创优质稿件。兰州市网上宣传报道稿件297万篇，向省委网信办推送优质稿件1680篇，涉及兰州重点稿件综合阅读量38.3亿人次，网络信息传播指数增长13%，位列全省第一。

【网络空间治理】　开展“一月一主题”“扫黄打非”“打击侵权假冒”等专项行动，通过检查、约谈、关停网站账号等形式，重点清理整治一批政治类、色情低俗类、网络暴力等违法违规信息，打造清朗网络空间。下发转办通知32件。其中，色情类15件；诈骗类5件；侵权类2件；赌博类6件；敏感信息类1件；校园网络暴力1件；其他类2件。处理网上有害信息197条，对网站警告169家，约谈网站负责人21人，约谈网站新媒体账号负责人1人，暂停更新网站2家，取消网站许可备案212家，关停违法违规网站56家，处置违法违规网站占全省85%，举报不良信息15918条，占全省举报量9.36%。

【网络安全保障】　对各类安全隐患和安全事件及时预警和处理，指导属地网站修补漏洞、排查隐患，发出《网络安全日报》365期、《网络安全周报》52期、《网络安全月报》12期、《预警通知》25期、《网络信息安全预警通报》199期。开展2021年网络安全攻防演练。在重要时间节点，会同大数据管理局等部门，对重点单位进行多次网络安全专项抽查，及时发现问题并督促整改。组织开展兰州市2021年青少年网络安全知识竞赛，组队参加在敦煌举办的2021年甘肃省青少年网络安全知识竞赛总决赛，获团体二等奖和个人二等奖。举办以“网络安全为人民，网络安全靠人民”的主题网络安全宣传活动。

【信息化发展协调】　推进社会信息基础设施建设，建成5G基站6123个，实现主城区及重点应用区域5G网络覆盖，开展基于5G技术应用的警务、医疗、智慧社区、赛事活动转播等方面技术探索。兰州城域网提供IPv6服务，市政府门户网站、部分新闻广电网站支持IPv6。

【网络特色扶贫】　争取市级财政资金80万元支持皋兰县推进国家数字乡村试点工作。配合省委网信办启动“I@甘肃 2021网络富民博览会”乡村振兴网络主播培养项目，落地全省首个乡村振兴网络直播基地，对兰州、定西、白银近40名基层工作人员及大学生村干部网络主播技能进行专题培训。开展三农达人直播带货，乡游路线推荐等活动助力乡村振兴，定向向“北上广深”推送，触达827万人次。

【互联网行业党建】 2021年底，兰州市互联网企业有66家。其中，县区互联网企业52家；兰州市互联网行业党委直属企业14家。党组织已覆盖企业数56家，党组织覆盖率84.8%。选派党建指导员41人，党建引领成为兰州市互联网企业发展的鲜明特色。

（鲁东林）

重要会议

【市十六届人民代表大会第五次会议】 2021年1月12日至15日在甘肃大剧院召开。会议应到代表354名，出席会议代表341名。出席政协兰州市第十四届委员会第五次全体会议的全体委员列席大会开幕式。会议听取和审议市长张伟文作的市人民政府工作报告、兰州市十六届人大常委会主任张建平作的兰州市人民代表大会常务委员会工作报告、兰州市中级人民法院院长王永平作的兰州市中级人民法院工作报告、兰州市人民检察院代理检察长柳小惠作的兰州市人民检察院工作报告；审议兰州市国民经济和社会发展第十四个五年规划纲要和2035年远景目标纲要、兰州市2020年国民经济和社会发展计划执行情况及2021年国民经济和社会发展计划草案的报告、2020年财政预算执行情况和2021年财政预算草案的报告；会议表决通过关于兰州市人民政府工作报告的决议、关于兰州市国民经济和社会发展第十四个五年规划和2035年远景目标纲要的决议、关于兰州市2020年国民经济和社会发展计划执行情况及2021年国民经济和社会发展计划的决议、关于兰州市2020年财政预算执行情况和2021年全市及市级预算的决议、关于兰州市人民代表大会常务委员会工作报告的决议、关于兰州市中级人民法院工作报告的决议、关于兰州市人民检察院工作报告的决议。会议提出建议198件。

会议补选王俊东、张兆祯、汪永国为兰州市第十六届人民代表大会常务委员会副主任，补选郑发雄、郑继祖、罗珽、张宗福为兰州市第十六届人民代表大会常务委员会委员；补选柳小惠为兰州市人民检察院检察长（由兰州市人民检察院报甘肃省人民检察院提请甘肃省人民代表大会常务委员会批准）。

会议表决通过兰州市第十六届人民代表大会部分专门委员会主任委员、副主任委员名单。

【市十六届人大常委会第三十三次会议】 1月11日在甘肃大剧院一楼新闻发布厅召开，会期半天。市人大常委会主任张建平，副主任曹丕玉、李虎林、朱宗礼、段迎存、魏丽红，秘书长钱承文及委员共33人出席会议。

市委常委、市政府副市长胡俊锋，市人民检察院代理检察长柳小惠，市人大常委会副秘书长和市人大常委会有关部门负责人列席会议。

市人大常委会主任张建平主持会议。会议审议通过《兰州市人大常委会工作报告（草案）》、市第十六届人民代表大会第五次会议议程（草案）、市第十六届人民代表大会第五次会议日程（草案）、市第十六届人民代表大会第五次会议主席团和秘书长名单（草案）、市第十六届人民代表大会第五次会议主席团常务主席名单（草案）、市第十六届人民代表大会第五次会议主席团执行主席分组名单（草案）、市第十六届人民代表大会第五次会议副秘书长名单（草案），市第十六届人民代表大会第五次会议邀请和列席人员范围、市第十六届人民代表大会第五次会议选举办法（草案），市第十六届人民代表大会部分专门委员会主任委员、副主任委员，委员人选表决办法（草案）、市第十六届人民代表大会第四会议代表建议办理情况报告、市第十六届人民代表大会常务委员会代表资格审查委员会关于个别代表代表资格的审查报告、兰州市人大常委会关于同意王维治辞去市第十六届人民代表大会常务委员会委员职务的决定；审议通过市人民政府关于《兰州市部分行政区划调整方案》的报告，作出市人大常委会关于榆中县撤县设区的意见和市人大常委会关于市部分区县行政区划优化调整的意见；补选兰州市出席甘肃省第十三届人民代表大会代表；审议通过人事任免事项。

【市十六届人大常委会第三十四次会议】 3月4日在市人大培训中心十九楼会议室召开，会期半天。市人大常委会主任张建平，副主任曹丕玉、段迎存、魏丽红、王俊东、张兆祯、汪永国，秘书长钱承文及委员共37人出席会议。市人民政府副市长魏旭昶，市中级人民法院副院长肖蒙，市人民检察院副检察长王锐，市监察委员会副主任陈立江，市人大常委会副秘书长及部分市人大代表，市人大常委会和市政府有关部门负责人列席会议。

市人大常委会主任张建平主持会议。会议书面传达学习省第十三届人民代表大会第四次会议精神；听取和审议市人民政府关于全市实施创新驱动发展战略情况的报告、市人民政府关于兰州市人防工作“十三五”规划执行情况的报告；审议通过兰州市人大常委会2021年工作要点；审议通过人事任免事项。

【市十六届人大常委会第三十五次会议】 4月28日在市人大培训中心十九楼会议室召开，会期1天。市人大常委会主任张建平，副主任曹丕玉、段迎存、魏丽红、王俊东、张兆祯、汪永国，秘书长钱承文及委员31人出席会议。

市政府副市长王立朝，市中级人民法院院长王永平，市人民检察院检察长柳小惠，市监察委员会副主任陈立江，市人大常委会副秘书长及部分市人大代表，市人大常委会和市政府有关部门负责人列席会议。市人大常委会主任张建平主持会议。会议传达学习十三届全国人大四次会议和省十三届人大五次会议精神；审议《兰州市道路交通安全管理若干规定（草案二次审议稿）》；听取和审议市人民政府关于贯彻实施《中华人民共和国律师法》情况的报告、关于贯彻实施《中华人民共和国固体废物污染环境防治法》情况的报告、关于贯彻实施《中华人民共和国反不正当竞争法》情况的报告、关于全市体育工作情况的报告、关于依法统计情况的报告。

审议通过兰州市第十六届人民代表大会常务委员会代表资格审查委员会关于个别代表的代表资格变动情况的报告；审议通过人事任免事项。

【市十六届人大常委会第三十六次会议】 6月23日在市人大培训中心十九楼会议室召开，会期1天半。市人大常委会主任张建平，副主任曹丕玉、段迎存、魏丽红、王俊东、汪永国，秘书长钱承文及委员37人出席会议。

市政府副市长杨平，市中级人民法院院长王永平，市人民检察院检察长柳小惠，市监察委员会副主任张秋兴，市人大常委会副秘书长及部分市人大代表，市人大常委会和市政府有关部门负责人列席会议。

市人大常委会主任张建平主持会议。会议审议市人大常委会内务司法工作委员会关于《兰州市养犬管理条例》立法后评估报告；听取和审议市人大常委会关于在全市县乡两级人大换届选举工作中启用选民登记信息管理系统的报告，作出市人大常委会关于在全市县乡两级人大换届选举工作中启用选民登记信息管理系统的决定；听取和审议市中级人民法院关于深化审判权运行机制改革不断提高人民法院审判质量效率的报告；听取和审议市人民检察院关于以案件质量主要评价指标为抓手推动检察工作提质增效的报告。听取和审议市人民政府关于全市预算绩效管理工作情况的报告、关于全市国际友好城市交流合作工作情况的报告；听取市人民政府关于兰州市养犬管理工作情况的报告，结合听取该报告，开展专题询问。

会议补选兰州市出席甘肃省第十三届人民代表大会代表；审议通过人事任免事项。

【市十六届人大常委会第三十七次会议】 8月12日在市人大培训中心十九楼会议室召开，会期1天半。市人大常委会主任张建平，副主任曹丕玉、段迎存、魏丽红、王俊东、张兆祯、汪永国，秘书长钱承文及委员37人出席会议。

市人民政府副市长武和谦，市中级人民法院院长王永平，市人民检察院检察长柳小惠，市监察委员会副主任陈立江，市人大常委会副秘书长及部分市人大代表，市人大常委会和市人民政府有关部门负责人列席会议。

会议听取市人民政府关于《兰州市供水条例(草案)》的说明，对《兰州市供水条例(草案)》进行初审；审议《兰州市轨道交通条例(草案二次审议稿)》；审议通过市人大常委会关于修改《兰州市城市市容和环境卫生管理办法》等7部法规的决定；审议通过市人大常委会关于市十七届人民代表大会代表名额分配的决定。

听取和审议市人民政府《关于兰州市2021年上半年国民经济和社会发展计划执行情况的报告》《关于2020年市级预算执行和其他财政收支的审计工作报告》《关于2020年度国有资产管理情况的综合报告》《关于2020年市级财政决算草案和2021年上半年全市财政预算执行情况的报告》，审查批准2020年市级财政决算。

会议决定任命杨金泉为市人民政府副市长，决定免去王彦群市文化和旅游局(兰州市广播电视局)局长职务；会议还通过市中级人民法院和市人民检察院提请的有关人事任免事项。举办《习近平总书记"七一"重要讲话精神》专题讲座。

【市十六届人大常委会第三十八次会议】 9月27日在市人大培训中心十九楼会议室召开，会期半天。市人大常委会主任张建平，副主任曹丕玉、段迎存、魏丽红、王俊东、张兆祯、汪永国，秘书长钱承文及委员33人出席会议。市人民政府副市长杨平，市人民检察院检察长柳小惠，市中级人民法院副院长卓俊林，市人大常委会副秘书长及有关工作部门负责人列席会议。

市人大常委会主任张建平主持会议。会议审议通过市人大常委会关于接受王永平辞去市中级人民法院院长职务的请求的决定；作出市人大常委会关于申怀吉代理市中级人民法院院长职务的决定。

会议决定任命杨德智、成少平为市人民政府副市长；任命申怀吉为市中级人民法院副院长，贾建军为市人大常委会法制工作委员会主任，会议还通过其他有关人事免职事项。

【市十六届人大常委会第三十九次会议】 10月20日在市人大培训中心十九楼会议室召开，会期2天。市人大常委会主任张建平，副主任曹丕玉、段迎存、魏丽红、王俊东、张兆祯、汪永国，秘书长钱承文及委员31人出席会议。市人大常委会党组书记周学海，市人民政府副市长胡俊锋，市人大常委会党组成员韦青祥，市人民检察院检察长柳小惠，市中级人民法院代理院长申怀吉，市人大常委会副秘书长及市人大常委会、市政府有关工作部门负责人列席会议。

市人大常委会主任张建平主持会议。会议对《兰州市市政工程设施管理条例(草案)》进行一审；审议通过《兰州市轨道交通条例(草案三次审议稿)》；听取和审议市人民政府关于贯彻实施《中华人民共和国农产品质量安全法》和《甘肃省农产品质量安全条例》情况的报告、关于贯彻实施《中华人民共和国英雄烈士保护法》情况的报告、关于贯彻实施《全民健身条例》和《甘肃省全民健身条例》情况的报告、关于全市化解国有土地已售城镇住宅历史遗留"登记难"问题工作的报告、关于兰州市贯彻落实《关于进一步减轻义务教育阶段学生作业负担和校外培训负担的意见》情况的报告、关于全市土壤污染防治工作的报告；听取市人民政府关于全市"七五"普法规划实施情况的报告，审议《兰州市"八五"普法规划》，作出市人大常委会关于开展第8个五年法治宣传教育的决议；听取和审议市人民政府关于

2021年市级财政预算调整方案（草案）的报告，审查批准2021年市级财政预算调整方案；表决通过市人大常委会关于接受李海默辞去市监察委员会主任职务的请求的决定；作出市人大常委会关于张泽武代理市监察委员会主任职务的决定。

会议决定任命魏永辉、姜晓东为市人民政府副市长，任命张泽武为市监察委员会副主任，会议还通过其他人事任免事项。

【市十六届人大常委会第四十次会议】 12月6日在市人大培训中心十九楼会议室召开，会期2天。市人大常委会主任张建平，副主任曹丕玉、段迎存、魏丽红、张兆祯、汪永国，秘书长钱承文及委员共38人出席会议。市人大常委会党组书记周学海，市人大常委会党组成员韦青祥，市人民政府副市长魏永辉，市中级人民法院代理院长申怀吉，市人民检察院检察长柳小惠，市监察委员会相关负责人列席会议。

会议听取《兰州市客运出租汽车管理条例（修订草案）》的起草说明，审议《兰州市客运出租汽车管理条例（修订草案）》；听取和审议市人民政府关于2021年度法治政府建设情况的报告、关于市十六届人民代表大会第五次会议代表建议办理情况的报告、关于2021年市委市政府为民兴办实事和兰州市承担省委省政府为民兴办实事任务完成情况的报告、关于2020年市级预算执行和其他财政财务收支审计查出问题整改落实情况的报告、2021年度环境状况和环境保护目标完成情况的报告；听取和审议市监察委员会关于开展反腐败国际追逃追赃工作情况的报告；听取和审议市人大常委会关于2021年规范性文件备案审查工作情况的报告；审议通过市第十六届人民代表大会常务委员会代表资格审查委员会关于市第十七届人民代表大会代表资格的审查结果的报告、市人大常委会工作报告（草案）、市第十六届人民代表大会常务委员会关于召开市第十七届人民代表大会第一次会议的决定、市第十七届人民代表大会第一次会议议程（草案）、市第十七届人民代表大会第一次会议日程（草案）、市第十七届人民代表大会第一次会议主席团和秘书长等名单（草案）、市第十七届人民代表大会第一次会议邀请范围、市第十七届人民代表大会第一次会议列席范围、市第十七届人民代表大会第一次会议选举办法（草案）、市第十七届人民代表大会第一次会议关于设立市第十七届人民代表大会各专门委员会的决定（草案）、市第十七届人民代表大会第一次会议关于市第十七届人民代表大会各专门委员会主任委员、副主任委员、委员人选表决办法（草案）、市第十七届人民代表大会第一次会议国民经济和社会发展计划财政预算审查委员会名单（草案）、市第十七届人民代表大会第一次会议关于议案截止日期的决定（草案）、市第十六届人民代表大会第五次会议代表建议办理情况报告（书面）；补选郑钢、杨伟军为市出席甘肃省第十三届人民代表大会代表；审议通过有关人事任免事项。

【市十七届人民代表大会第一次会议】 2021年12月21日至24日在兰州大剧院召开。会议应到代表341名，出席会议代表328名。出席政协兰州市第十五届委员会第一次会议的全体委员以视频形式列席大会开幕式。

会议听取和审议市长张伟文作的兰州市人民政府工作报告、市十六届人大常委会主任张建平作的兰州市人大常委会工作报告、市中级人民法院代理院长申怀吉作的市中级人民法院工作报告、市人民检察院检察长柳小惠作的市人民检察院工作报告；审议兰州市2021年国民经济和社会发展计划执行情况及2022年国民经济和社会发展计划草案的报告，2021年全市财政预算执行情况和2022年全市及市级预算草案的报告。会议提出意见建议282件。

会议表决通过市第十七届人民代表大会第一次会议关于市人民政府工作报告的决议、关于市2021年国民经济和社会发展计划执行情况及2022年国民经济和社会发展计划的决议、关于市2021年全市财政预算执行情况和2022年全市及市级财政预算的决议、关于市人大常委会工作报告的决议、关于市中级人民法院工作报告的决议、关于市人民检察院工作报告的决议。

会议选举周学海为市第十七届人民代表大会常务委员会主任，选举韦青祥、王璇、张兆祯、汪永国、方书英、冯月旺为市第十七届人民代表大会常务委员会副主任，选举李明珊为市第十七届人民代表大会常务委员会秘书长。选举于博、王延风、韦诗彬、尹建敏、史春海、刘世英、刘永祥、杜书林、李文卿、李世祥、李成勇、杨爱民、杨淑英、来耀明、何正春、迟方旭、张玉华、张玉莲、张宗福、张建忠、张福寿、罗树权、赵春林、贾建军、党珂、董高、韩玉金、程华、摆梦云、蒲五斤、蔡群为市第十七届人民代表大会常务委员会委员；选举张伟文为市人民政府市长，选举杨金泉、胡俊锋、杨德智、王立朝、魏永辉、成少平、杨平、姜晓东为市人民政府副市长；选举张泽武为市监察委员会主任；选举申怀吉为市中级人民法院院长；选举柳小惠为市人民检察院检察长（由市人民检察院报省人民检察院提请甘肃省人民代表大会常务委员会批准）。会议表决通过市第十七届人民代表大会法制委员会、财政经济委员会、社会建设委员会、教育科学文化卫生委员会、城市建设环境资源保护委员会主任委员、副主任委员、委员名单。

【市委人大代表工作会议】 9月1日召开。省委常委、市委书记朱天舒出席会议并讲话。他强调，要深入学习贯彻习近平总书记关于坚持和完善人民代表大会制度的重要思想，认真贯彻落实代表法和全国人大常委会对人大代表工作的有关要求，探索全过程人民民主发展机制，不断加强和改进新时代全市人大代表工作，有效保障各级人大依法履职，引导各级人大代表忠诚尽责，努力为系统推进兰州实现高质量发展凝聚社会力量。

市人大常委会主任张建平通报市十六届人大代表工作情况。市委常委、组织部部长黄宝树主持会议。市领导杨金泉、魏晋文等出席会议。

朱天舒讲话时充分肯定市十六届人大代表工作，并对今后进一步做好人大代表工作提出希望和要求。他强调，要切实贯彻市委人大代表工作意见，加强党对人大代表工作的全面领导，坚持每季度确定不同主题召开一次人大代表工作会议，发扬历届人大代表留下来的宝贵精神财富和经验智慧，及时研究解决人大代表工作中存在的困难和问题。要切实发展全过程人民民主，在人民代表大会制度的发展历史中汲取智慧，在各级人大代表的履职实践中总结提炼，在贯彻中央和省委决策部署中探索创新，发展涵盖民主选举、民主决策、民主管理、民主协商、民主监督等全过程人民民主，全力推动街道人大之家、社区人大代表工作站与“社工委”机制有效衔接，努力形成“人人都起来负责”的人民民主氛围。要切实加强人大换届工作纪律，严格严谨严肃把好人大代表人选的政治关、素质关、结构关，确保人大代表选举方向正确、过程民主、依法有序。要切实推进代表履职“精致兰州”，近期要聚焦落实义务教育“双减”政策、房屋产权历史遗留“登记难”问题化解、巩固提升全国文明城市建设成果等重点工作，监督推动中央和省、市各项决策部署真正落实到“精致兰州”建设的民生实事中，切实有效维护群众合法权益，确保社会秩序和谐稳定。

会上，安宁区人大常委会、城关区酒泉路街道人大工委和市人大代表作交流发言。

【全市人大代表工作总结推进会议】 9月1日召开。会议学习贯彻习近平总书记关于坚持和完善人民代表大会制度的重要思想、关于代表工作的重要论述以及市委人大代表工作会议精神，并就下一阶段工作进行安排部署。市人大常委会主任张建平出席会议并讲话；副主任曹丕玉、段迎存、魏丽红、王俊东、张兆祯、汪永国，秘书长钱承文参加会议。

张建平指出，人大代表要做到始终为了人民、依靠人民、造福人民，坚决做到为民代言、为民履职、为民服务。要不断提升政治站位、法治素养、履职能力，做政治过硬、懂法守法、本领高强的人大代表。全市各级人大及其常委会要牢固树立代表主体意识，尊重代表主体地位，完善代表工作机制，搭建代表履职平台，为代表履职尽责提供服务保障。

张建平强调，学习贯彻好市委人大代表工作会议精神是当前人大系统的一项重要政治任务，各县区人大及其常委会要结合刚刚闭幕的市委十三届十五次全会精神，带头传达学习好、贯彻落实好会议精神，市人大常委会有关工作部门要主动认领落实任务，逐项制定落实方案，确保市委人大代表会议要求落细落实。要把坚持党的领导、充分发扬民主和严肃换届纪律贯穿于换届选举工作的各方面、全过程，确保选举过程风清气正，选举结果人民满意。切实推进代表履职“精致兰州”，聚焦落实义务教育“双减”政策、房屋产权历史遗留“登记难”问题化解、巩固提升全国文明城市建设成果等重点工作开展专项监督检查，推进工作落实。

（穆晓娟）

重大活动

【专题调研】　市人大常委会党组书记、主任张建平带队调研兰州市污泥处置工作

6月17日，市人大常委会党组书记、主任张建平带队调研兰州市污泥处置工作。张建平一行先后实地察看兰州城市污泥处置厂、盐场污水处理厂和盐场提升泵站的建设运营、处理工艺、环保措施等情况，认真听取污泥、污水处置流程，项目建设进度及安全生产工作情况的汇报，详细了解兰州市污泥处理处置存在的问题和困难，研究解决的办法和措施。调研中，张建平指出，兰州市污泥处置工作形势严峻，不容乐观，各部门要立足工作职责，增强大局意识，形成工作合力，共同推进污泥处置工作；要立足现实，解决问题，进一步提高环保责任感和紧迫感，着力破解污泥处理处置的“瓶颈”问题，切实担负起兰州市城区污泥处置的主体责任；要协调联动，优化流程，污泥处置环节所涉及单位要加强协调联动，完善工作机制，优化污泥处置工艺，全力提升污泥处置减量化、无害化、资源化水平；要着眼长远，立即着手，污泥处置工作既要立足当前又要着眼长远，各相关部门要进一步拓展工作思路，谋划发展方向，借鉴其它城市污泥处置的好模式、好经验，引进先进的、前沿的、科学的处置工艺，不断提升兰州市污泥处置能力。

张建平强调，各部门要进一步提高政治站位，强化环境保护责任意识。要以不找借口、不讲条件的姿态和决心，对标对表、综合施策，强化措施、狠抓落实，防止推诿扯皮，确保污泥处置问题全面解决，切实保障广大人民群众的环境权益。

市人大常委会党组书记、主任张建平带队调研创建全国文明城市巩固提升和县乡人大换届工作

9月7日，市人大常委会党组书记、主任张建平前往西固区，调研兰州市创建全国文明城市巩固提升和县乡人大换届工作。市人大常委会秘书长钱承文参加调研活动。张建平先后在西固区幸福小区和文化小区，实地调研了解环境卫生、规范停车等创建全国文明城市测评反馈问题整改工作。张建平指出，创建全国文明城市只有起点、没有终点。要以比创建阶段更高的标准，巩固提升全国文明城市创建成果。要在常态化上下功夫，增强老百姓对创建全国文明城市的认同感、归属感和自豪感。要从规范化入手，严格按照创建标准，对标对表逐条逐项抓好落实。要建立长效机制，抓实抓好细节管理，让文明城市创建成果实实在在地为人民群众带来获得感、幸福感和安全感。

市人大常委会主任张建平调研兰州市新冠肺炎疫情防控期间蔬菜保供稳价工作

11月4日，市人大常委会主任张建平前往榆中县调研兰州市疫情防控期间蔬菜保供稳价工作。

张建平先后前往位于榆中县定远镇的兰州三鑫绿色食品有限责任公司、兰州玉立果蔬保鲜有限公司察看蔬菜储备情况，在了解到各类蔬菜储备充足，并可根据地域实现点位发放时，张建平强调，眼下天气即将降温，要进一步做好储运工作，从源头管起，做好科学研判，尤其要注重做好疫情防控工作，切实为兰州人民筑牢“菜篮子”安全防线做出贡献。

张建平还前往兰州国际高原夏菜副食品采购中心，走进蔬菜交易区详细了解蔬菜产地来源、价格及供应情况。在随后召开的座谈会上，张建平首先对各位工作人员为增加蔬菜供应和推动价格回落做出的努力表示感谢。他指出，各级各部门要围绕“保供稳价”这条主线，履行好相应的职能，全面做好蔬菜储备工作。要坚持两手抓两手都要硬，一方面，要用好市场无形的手，充分利用市场在资源配置中的决定性作用，另一方面，通过宏观调控和市场监管发挥应有的作用；同时，要一手抓好市场供给，一手抓牢疫情防控。

张建平强调，做好保供稳价工作，要注重坚持问题导向、目标导向、结果导向；要抓好源头组织、过程协调、批发衔接、零售保障四个环节，实现全链条闭合；要形成会商研判机制、运行调度机制、应急储备机制、监管处置机制和评价反馈机制。在常态化疫情条件下，尽最大努力确保兰州市“菜篮子”产品供应充足、质量可靠、价格平稳，持续增强群众获得感、幸福感、安全感。

市人大常委会主任张建平带队调研新冠肺炎疫情期间餐饮供应配送及疫情防控情况

11月9日，市人大常委会主任张建平调研兰州市疫情期间中央厨房餐饮供应配送及疫情防控情况。副市长杨平，市人大常委会秘书长钱承文陪同调研。

张建平一行先后在金果海港国际宴会中心、醉仙楼大酒店，对中央厨房原材料供应、食品加工操作、餐饮用具消毒、送餐数量及品质等情况进行详细了解。张建平还跟随配餐车前往部分隔离点察看餐饮配送流程，实地指导无接触配餐工作开展。

调研中，张建平强调，要严把供应链配送环节各关口，坚决做到安全可靠。原材料进货、验收环节、配送人员必须佩戴口罩和一次性手套等防护用品，并提供原材料的索证索票。加强从业人员健康管理、环境消杀等防疫措施，推动食材采购、操作流程、餐具消毒、贮藏配送等安全措施落实到位，确保配餐环节万无一失。配餐过程要实现人员、食品、环境的闭环管理。在送餐过程中，要避免人员交叉，进一步强化无接触配餐。从采购、加工到配送，全程实施规范化操作，实现全链条封闭管理。同时，要做好食品留样工作，实现源头可追溯，确保中央厨房配送供应链绝对安全。此外，隔离点人员配餐要按照膳食营养标准，合理搭配菜肴，确保隔离人员用餐安全、营养均衡。以有序可靠安全的供应保障为夺取抗疫全面胜利提供有力支持。

市人大常委会党组书记周学海调研督导西固区集中医学隔离观察点工作

11月5日上午，市人大常委会党组书记周学海到西固区宜必思酒店、轻奢酒店等集中医学隔离观察点督导调研疫情防控工作。

周学海认真询问和查看隔离点“三区两通道”标准化设置、人员配置、转运解除和点内医疗生活设施、物资储备等情况，并详细听取相关部门和各隔离点负责人对隔离点管理服务，尤其是隔离人员情绪疏导等工作汇报。

周学海强调，要加强管理，科学防疫和管控，确保隔离点防护安全、有效。要提高思想认识。清醒认识当前疫情防控面临的严峻形势，切实把思想认识和行动统一到市委市政府安排部署上来，牢固树立底线思维和风险意识，坚决克服思想松懈，严格按照规范流程操作管理，确保各项措施精准有效落实到位。要加强人文关怀。做好各类人员的心理疏导、情绪稳控和生活保障等工作，确保他们安全平稳度过隔离期。要实行清单化管理。各部门在工作中要善于协调沟通，找准风险、明确责任，上级督导检查提出的问题要列出清单，逐一整改，做到事不过夜，以实际行动坚决打赢疫情防控阻击战。

市人大常委会副主任曹丕玉带队调研减轻义务教育阶段学生作业负担和校外培训负担工作

9月8日，市人大常委会副主任曹丕玉带领部分人大代表，专题调研兰州市减轻义务教育阶段学生作业负担和校外培训负担工作。

调研组指出，兰州市高度重视“双减”工作，坚持标本兼治，总体开展良好。今后，要进一步明确工作目标，细化工作举措，确保“双减”工作制度保障到位、专项治理到位、硬性任务落实到位、宣传引导到位。

市人大常委会副主任段迎存带队调研榆中县县乡两级人大换届选举工作

8月11日，市人大常委会副主任、市总工会主席段迎存带队赴榆中县，调研县乡两级人大换届选举工作。

调研组一行前往榆中县城关镇和甘草店镇，通过查阅资料、听取工作汇报、座谈交流等方式，对宣传发动、选区划分、选民登记、代表名额分配、代表候选人推荐、落实换届纪律等方面工作开展情况进行详细调研了解。

调研组指出，要严上加严，细之又细，依法有序做好换届选举各阶段、各环节工作；要加大对换届选举工作的宣传力度，形成良好的舆论氛围，进一步提高群众的知晓率；要严肃换届选举纪律，加强监督检查，营造风清气正的换届环境；要全面落实疫情防控各项措施，确保换届选举工作按期圆满完成。

市人大常委会副主任段迎存带队调研“河长制”工作落实和工业企业发展情况

8月17日，市人大常委会副主任、市总工会主席段迎存率调研组赴红古区，调研“河长制”工作落实和工业企业发展情况。

调研组前往湟水河红古段沿线，实地调研了解水资源保护、水域岸线管护、水污染防治、水环境治理等“河长制”工作重点任务落实情况，听取市水务局、市河湖水系管护中心和红古区水务局相关负责同志的工作汇报。调研组强调，要持续深入学习贯彻习近平生态文明思想，认真落实“河长制”各项工作要求，系统推进河湖综合治理，有效改善水环境质量；要严厉打击涉河违法行为，持续巩固河湖“清四乱”成果；要加强“河长制”各成员部门间的联动配合，共同协调解决河湖管理保护的重点难点问题，努力把市域内的每一条河流都建设成为造福人民的幸福河。

市人大常委会副主任魏丽红带领部分市人大代表调研兰州市国际友好城市交流合作工作

4月16日，市人大常委会副主任魏丽红带领部分市人大代表调研兰州市国际友好城市交流合作工作。调研组先后赴兰州外国语学校、兰州市第二人民医院，实地查看兰州市国际友好城市交流合作项目，并召开座谈会听取兰州市国际友好城市交流合作工作情况汇报，详细了解兰州市友好城市建设中存在的困难和问题。

调研组对近年来市政府外事办践行“增进人民友谊，推动国际合作，维护世界和平，促进共同发展”宗旨，深层次开展国际友好城市交流合作工作给予充分肯定。魏丽红强调，市政府外事办要进一步扩大国际“朋友圈”，着力打造国家向西向南开放的新高地；进一步加强经贸交流合作，不断促进兰州市与友城在经贸、技术等领域的合作；进一步强化人文交流合作，为构建人类命运共同体贡献“兰州力量”。

市人大常委会副主任王俊东带队调研“一委两院”规范性文件备案审查工作情况

4月中旬，市人大常委会副主任王俊东带队对“一委两院”规范性文件备案审查工作开展专题调研。市人大常委会法工委、内司工委相关人员及部分法学专家参加此次调研活动。

调研组先后前往市监察委、市法院和市检察院，通过查看资料、听取汇报等方式详细了解“一委两院”开展规范性文件备案审查工作情况，并围绕“一委两院”收到《兰州市市、县区人民代表大会常务委员会规范性文件备案审查规定》后，在贯彻落实工作中存在的困难和问题、下一步思路打算、开展此项工作的意见建议等方面进行交流探讨。

调研组对“一委两院”开展规范性文件备案审查工作情况给予充分肯定。调研组指出，备案审查工作意义重大，是宪法监督的重要抓手。“一委两院”要站在讲政治的高度，充分认识备案审查工作的重要性，保障宪法法律实施，保护公民合法权益，维护国家法治统一。要调整思路，勇于创新，积极探索，树立全面依法治国理念。要深化认识，增强责任感、使命感，认真落实中央“有件必备，有备必审，有错必纠”要求，主动开展备案审查工作，使备案审查工作不断取得新进展，共同推进法治中国建设。

市人大常委会副主任汪永国带队调研联系企业经营情况和县乡两级人大换届选举工作情况

8月18日，市人大常委会副主任、市委组织部常务副部长汪永国带队赴城关区、西固区调研联系企业经营情况和县乡两级人大换届选举工作情况。在城关区，调研组一行先后实地走访兰州宏金荣商贸有限公司、中钢（甘肃）冶金矿产有限责任公司，与相关人员座谈交流，详细了解企业的发展历程、经营状况以及现阶段存在的困难和问题，征求企业对推动全市经济社会高质量发展和优化营商环境等方面的意见建议。汪永国向两家企业多年来为地方经济发展所做的贡献表示感谢，强调要不断优化服务保障，及时解决企业发展中的困难和问题，支持和鼓励企业稳步发展。同时，企业自身要坚定发展信心、保持发展定力、把握发展机遇，不断提高竞争力和影响力，为全市经济社会高质量发展注入新的动力活力。

市人大常委会副主任张兆祯带队调研联系企业发展情况

8月18日，市人大常委会副主任张兆祯带队深入甘肃鸿丰电石有限公司、甘肃海鑫电石有限责任公司、兰州金轮汽车销售服务有限公司等联系企业进行调研走访并召开座谈会，了解企业发展情况和生产经营中存在实际困难。

就企业提出的知识产权保护、人才和用工困难、送货车辆限行备案、政策和资金支持等方面的意见建议，张兆祯指出，将认真梳理汇总征求到的各类问题，向市委汇报。同时，相关部门要聚焦破解企业发展的痛点、难点、堵点，出实招、下实功、求实效，建立好问题台账和跟踪督办长效机制，以保障服务企业提质增效带动全市经济高质量发展。

【代表视察】　市人大常委会组织部分在兰省人大代表开展集中视察活动

1月6日，市人大常委会组织兰州市行政区域内部分省十三届人大代表开展集中视察活动。市人大常委会副主任汪永国、副市长魏永辉参加活动。视察组先后前往七里河安宁污水厂、兰州中心330千伏输变电工程建设现场、市政务服务中心等开展实地视察，并召开座谈会进行深入交流探讨。会议要求，省人大代表要进一步提高政治站位，紧扣兰州高质量发展主题主线，精心准备议案建议，为出席省十三届人大六次会议做好充分准备。

1月20日，市人大常委会组织兰州市行政区域内省十三届人大代表和驻兰解放军省人大代表开展集中视察活动并召开座谈会。市人大常委会副主任曹丕玉、副市长左龙一同视察。视察组一行先后深入兰州银行总部、甘肃省商业科技研究所有限公司、甘肃紫光智能交通与控制技术有限公司，就进一步落实兰州国家自主创新示范区建设、城商行稳健经营及发展、改善中小微企业经营环境等方面进行走访视察。

市人大常委会视察调研房屋产权登记发证历史遗留问题解决工作

9月23日，市人大常委会组织部分省、市人大代表对兰州市房屋产权登记发证历史遗留问题解决工作开展视察调研。调研组先后赴鑫亿城住宅小区和亚太国际公馆住宅小区等地现场听取和了解房屋产权登记发证情况，并召开座谈会，就兰州市开展房屋产权登记发证遗留问题工作情况与市政府及相关部门负责人开展座谈交流。调研组强调，要进一步摸清底数，掌握真实数据；全面建立联动机制，形成工作合力；强化责任担当，坚持依法依规办事；增强联合惩治力度，严厉打击不法行为；坚持消化解决存量，减少杜绝增量；加大宣传力度，为民解疑释惑。

【执法检查】　市人大常委会开展《固体废物污染环境防治法》执法检查

3月24日，市人大常委会一级巡视员李虎林率执法检查组，对兰州市贯彻落实《中华人民共和国固体废物污染环境防治法》情况进行执法检查。

检查组指出，全市固体废物污染防治工作虽然取得一定成绩，但也存在垃圾处理场地标准化、规模化程度不够，资金支持缺乏等问题。有关方面要全面推进固废处置设施建设，全面构建固废污染防治长效监管体系，为兰州市打好污染防治攻坚战发挥更大作用。

市人大常委会对《中华人民共和国反不正当竞争法》贯彻实施情况进行执法检查

3月30日，市人大常委会执法检查组对兰州市贯彻实施《中华人民共和国反不正当竞争法》（以下简称《反不正当竞争法》）情况进行检查。检查组认为，《反不正当竞争法》实施以来，市政府及其有关部门立足市场监管职能，聚焦人民群众关切，不断加大监管执法和案件查办力度，依法严厉查处不正当竞争违法行为，做了大量工作，法律实施总体情况较好。检查组指出，市政府及其相关部门要提升公平竞争法治意识，夯实市场体系基础。加大普法宣传力度，树立公平竞争理念；健全公平竞争审查机制，强化竞争政策作用；加快转变政府职能，持续优化营商环境。要健全完善配套法规，切实加强制度建设。加快梳理研究反不正当竞争法配套制度，细化补充法律规定；支持推动兰州市立法工作。要注重监管能力建设，进一步强化执法协作。深化市场监管体制改革，提升市场综合监管能力；强化部门间、区域间协作，提升反不正当竞争工作合力。要压实企业主体责任，不断创新监管手段。强化平台企业的主体责任；创新监管方式，充分运用大数据等手段，对各类不正当竞争行为加强预警、分析，及时发现倾向性、苗头性问题和违法行为线索，为《反不正当竞争法》实施创造条件。

市人大常委会开展《中华人民共和国安全生产法》和《甘肃省安全生产条例》执法检查

7月7日，市人大常委会副主任魏丽红带领部分省、市人大代表组成执法检查组，对兰州市贯彻实施《中华人民共和国安全生产法》和《甘肃省安全生产条例》情况进行检查。检查组一行先后深入甘肃中石油昆仑燃气有限公司、西北永新化工股份有限公司、酒钢集团榆中钢铁有限责任公司，对企业贯彻落实“一法一条例”情况进行详细了解，并仔细查阅企业有关安全生产保障制度、安全生产体系、安全监督管理等方面的资料。

在随后的汇报座谈会上，市应急管理局等相关部门对兰州市贯彻实施“一法一条例”情况和安全生产工作情况进行汇报。检查组对近年来兰州市安全生产相关工作给予充分肯定，并对检查中发现的问题提出意见建议。检查组指出，安全生产工作事关经济社会发展和人民群众生命安全，“一法一条例”是安全生产工作的根本法治保障。下一步，要继续认真贯彻实施好“一法一条例”，树牢安全生产意识，要建立健全安全责任体系，要进一步加强全民安全生产意识教育，加大对安全生产违法行为的惩处力度，真正将“一法一条例”落到实处，保障全市安全生产形势持续稳定。

市人大常委会开展《中华人民共和国消防法》和《甘肃省消防条例》执法检查

7月22日，市人大常委会副主任魏丽红带领部分省市人大代表和市政府有关部门负责人对兰州市贯彻实施《中华人民共和国消防法》和《甘肃省消防条例》(以下简称“一法一条例”)落实情况进行检查。检查组先后深入东瓯消防救援站、东瓯世贸广场、拱星墩街道文明村、市消防救援支队，现场检查消防设施建设、消防安全责任制落实、消防队伍建设等情况。检查组指出，要严格落实消防安全责任，加大监管力度，切实消除火灾隐患；要加大基础设施建设和“一法一条例”宣传力度，提高全民消防安全意识；要提升信息化建设水平，打造专业化消防队伍，筑牢火灾防控网，确保人民群众生命财产安全。

市人大常委会开展《中华人民共和国农产品质量安全法》和《甘肃省农产品质量安全条例》执法检查

9月7日至8日，市人大常委会副主任、市总工会主席段迎存带队对兰州市贯彻实施《中华人民共和国农产品质量安全法》和《甘肃省农产品质量安全条例》(以下简称“一法一条例”)情况进行执法检查。执法检查组先后前往甘肃军锦农业投资有限公司、甘肃康源现代农业有限公司、三角城兽医站、兰州庄园牧场股份有限公司、连搭镇农产品质量安全检测站、连搭丰华兴农植保中心、千穗蔬菜保鲜库、市农产品质量检测中心等地，详细查看了解农业投入品使用、建立农产品生产记录、推行农产品标准化生产、农产品包装和标识管理、农产品质量检测、农产品质量安全追溯等方面情况。在之后召开的汇报座谈会上，执法检查组听取市农业农村局和市场监管局的工作汇报，同与会人员围绕“一法一条例”贯彻实施情况，以及存在的困难和问题进行深入交流，提出相关意见建议。

执法检查组对兰州市贯彻实施“一法一条例”所取得的成效给予充分肯定，同时指出，农产品质量安全是食品安全的源头和基础，直接关乎人民群众的身体健康、生命安全，政府和相关职能部门要深入践行习近平总书记“四个最严”的要求，切实守护好人民群众“舌尖上的安全”。就进一步贯彻实施好“一法一条例”，执法检查组建议：强化宣传教育，提高社会知晓率；加强部门间协作配合，落实主体责任；推进农产品质量安全标准化，夯实管理基础；完善农产品质检体系建设，提高检验检测能力和水平；加大执法监管力度，严惩违法行为；加大农产品质量安全工作资金投入，做好经费保障。

人大常委会开展《中华人民共和国英雄烈士保护法》执法检查

9月8日，市人大常委会副主任魏丽红带领执法检查组对兰州市贯彻实施《中华人民共和国英雄烈士保护法》情况进行执法检查。检查组深入空军某部和榆中县兴隆山革命烈士陵园进行实地察看。在随后召开的座谈会上，检查组听取市政府关于贯彻实施《中华人民共和国英雄烈士保护法》情况的报告，并进行座谈交流。检查组充分肯定市退役军人局在“讲好英雄故事、挖掘红色资源”方面所做的大量工作，对下一步做好英雄烈士保护工作提出意见建议。

执法检查组要求，要认真贯彻落实英雄烈士保护法，在全社会形成尊崇英雄、捍卫英雄、学习英雄、关爱英雄的良好氛围。下一步要继续落实好英雄烈士保护法，大力弘扬英雄烈士事迹和精神；加强英雄烈士纪念设施管理、保护和开发建设；强化英雄烈士抚恤优待政策落实。

市人大常委会对《全民健身条例》《甘肃省全民健身条例》贯彻实施情况开展执法检查

9月23日，市人大常委会副主任曹丕玉带队的执法检查组就《全民健身条例》和《甘肃省全民健身条例》贯彻实施情况开展执法检查。执法检查组先后前往马拉松公园、九州景区、奥体中心及部分居民小区，察看各类体育设施建设情况。执法检查组指出，要加大“两个条例”的宣传力度，营造良好社会氛围。以本次执法检查为契机，找差距、补短板，持续抓好“条例”的实施。建好、用好、管好现有体育设施，提高全民健身公共信息服务能力。

（穆晓娟）

监督与代表工作

【监督工作】 市人大常委会聚焦市委决策的重点、政府工作的难点、群众关注的热点事项，实施正确监督、有效监督、依法监督，寓支持于监督之中，推动中央和省、市委决策部署落到实处。着眼“高质量”，持续推动全市经济运行稳中向好。坚持把经济发展作为人大监督的重点，听取审议计划执行、预决算、审计工作、预算绩效管理等情况的报告，助推发挥审计“治已病、防未病”的作用，切实把“过紧日子”的要求落到实处，促使把有限的资金花到刀刃上、用在关键处。听取审议创新驱动发展、国际友好城市交流合作等工作情况的报告，常委会领导班子成员对国家自主创新示范区建设、各县区“十四五”规划实施、经济发展、项目建设、乡村振兴等开展专题调研，就提升科技创新支撑能力、加快推进项目建设提出并交办70余条意见建议。听取审议国有资产管理等情况报告，坚决为守好国有资产的“家底”筑牢“安全门”。对反不正当竞争法、律师法开展执法检查，查找实施漏洞，督促整改落实，推动营商环境持续优化。着眼“高水平”，持续推动全市生态环境有效改善。牢牢扛起打赢蓝天、净土、碧水保卫战的监督责任，听取土壤污染防治工作情况的报告，针对兰州市土壤污染防治历史欠账多、治理难度大等问题提出4个方面的建议，推动解决土壤污染危害农产品安全、人居环境健康等突出问题；市人大常委会主要领导带队对兰州市污泥处置工作进行专题调研，召开交流座谈会，研究制定8个方面的问题清单，下发《关于尽快解决我市污泥处置有关问题的函》，助推破解污泥处理处置的“瓶颈”问题；开展固体废物污染环境防治法执法检查和城市道路景观及生态项目建设、河长制落实、全市水土保持专题调研，召开河道管理、水路交通管理和防洪安全管理座谈会，推动习近平总书记关于“兰州要在黄河水体保护方面先发力、带好头”的重要指示落实更加到位。着眼“高品质”，持续推动全市民生保障更加稳固。坚持把人民群众对美好生活的向往作为人大工作的出发点和落脚点，听取审议为民兴办实事、人防工作、体育工作等情况的报告，结合“为群众办实事”主题活动，建立常委会部门分块监督机制，对“新建改建小游园20个”等年初人代会确定的十件民生实事进行跟踪督办，支持政府把好事办好、实事办实。召开全市防汛工作和防洪法贯彻实施情况座谈会，提出坚持未雨绸缪、排除隐患，坚持完善措施、科学处置等5个方面的建议，推动筑牢群众生命财产安全“生命线”；对义务教育“双减”政策落实、化解国有土地已售城镇住宅历史遗留“登记难”问题进行专题调研并听取审议工作情况的报告，对职业教育改革、老旧小区改造、医保扶贫成果巩固等工作进行视察、检查和调研，围绕养犬管理开展专题询问，推动惠民政策落实到“最后一公里”，不断补齐教育、住房、医疗等公共服务方面的短板弱项。加强人大信访工作，及时督办各类信访案件，受理转办群众来信来访501件次。着眼“高效能”，持续推动全市社会大局和谐稳定。围绕司法公正、阳光司法，听取审议市中级人民法院关于深化审判权运行机制改革不断提高人民法院审判质量效率和市人民检察院关于以案件质量主要评价指标为抓手推动检察工作提质增效的报告，针对存在的问题提出意见建议，推动司法体制改革不断深化，努力让人民群众在每一个司法案件中感受到公平正义。对兰州市贯彻实施英雄烈士保护法、农产品质量安全法、《全民健身条例》等6部法律法规的情况进行执法检查，及时发现法规实施过程中存在的问题，确保法律法规在兰州市得到有效贯彻实施，推动全市社会治理体系和治理能力现代化水平不断提升。

【代表工作】 市人大常委会认真贯彻落实市委人大代表工作会议精神，尊重代表主体地位，完善代表工作机制，丰富代表履职形式，全力支持和保障代表依法履职。抓代表履职平台搭建。深化“两联系”制度，先后制定常委会组成人员“两联系”制度实施方案、常委会组成人员联系市人大代表实施办法、市人大代表联系社区（村）意见等，进一步畅通基层群众的利益表达渠道。优化“人大代表家（站）”运行，指导基层人大组织开展“下访直通车”“代表接待日”等活动，打通代表与选民联系的“最后一公里”。2021年，全市各级人大代表开展走访群众、宣讲政策、帮办实事等累计1057人次，协调解决问题200余个。加强代表专业小组建设，规范代表小组活动，围绕榆中生态创新城建设、西关十字交通枢纽优化等开展专题调研，实现省、市两级人大代表参与专业小组活动全覆盖。常态化邀请代表列席常委会会议，分领域组织代表参与立法调研、执法检查和专题视察等活动，全年组织人大代表参加视察、检查和调研150余人次，邀请市本级基层人大代表列席常委会会议20人次。抓代表履职活力激发。把代表建议办理作为激发代表履职热情的重要举措，突出解决人民群众最急最忧最盼的热点难点问题，按照“内容高质量、办理高质量”的要求，确定《关于加强黄河兰州段水污染治理问题的建议》《关于推进美丽乡村建设助力乡村振兴的建议》等10件代表建议重点督办，采取常委会领导牵头督办、相关部门跟踪督办、组织代表视察督办等方式，从点上突破、面上推进，确保市十六届人大五次会议提出的198件代表建议得到有效办理。组织开展履职优秀市人大代表、先进“人大代表家（站）”评选活动，对40名履职优秀市十六届人大代表、8个先进人大代表之家、8个先进人大代表工作站、47名人大代表工作先进个人予以通报表扬，营造全社会尊重代表、支持代表履职的良好氛围。抓代表履职服务管理。协助市委首次召开人大代表工作会议，在省委常委、市委书记朱天舒的指导下，制定下发加强和改进全市代表工作“十五条”硬核措施，常委会及时组织召开全市人大代表工作总结推进会进行贯彻落实，为代表履职夯实制度基础。全面提升服务代表履职的能力和水平，认真做好全国和省、市人大代表参加人民代表大会各项服务工作。规范代表履职管理，建立完善代表履职档案376份，定期开展代表履职考核，代表履职优秀率90%以上。足额保障代表活动经费，发放代表活动经费59.4万元。开展代表履职系列宣传报道活动，宣传代表履职先进事迹，集中在报纸、网站宣传优秀代表40余人次，展现代表风采。按照“智慧人大”建设要求，加强代表工作信息化建设，完成选民登记信息管理系统、代表履职服务平台、代表议案建议办理平台建设，实现代表履职评价量化和代表建议办理提出、交办、查询全流程信息化，助推代表工作更加规范。

（穆晓娟）

重要会议

【市政府常务会议】 2021年，兰州市人民政府召开常务会议39次。

2021年兰州市人民政府常务会议一览表

会次	会议时间	主要内容
第127次	1月6日	会议原则同意《兰州市建立以国家公园为主体的自然保护地体系的实施方案(送审稿)》《关于深化医疗保障制度改革的实施方案》《关于调整兰州市基本医疗保险企业职工有关政策实施方案》，原则通过《兰州市主城四区标定地价体系制定成果(验收稿)》《健康兰州行动实施方案》，同意《关于马彩云同志免职的报告》
第128次	1月20日	原则同意《兰州市人民政府2021年立法计划(草案)》《兰州市人民政府2022—2026年立法规划建议》，原则通过《关于南滨河西路万达茂段“11·6”较大道路交通事故调查处理报告批复结案的请示》《关于解决原兰州市土地储备投资中心历史遗留到期银行债务的请示》《关于申请拨付防疫应急物资生产设备补贴资金的请示》，传达学习全省政府秘书长和办公室主任视频会议精神
第129次	2月3日	研究分析2020年全市经济运行情况，安排部署相关工作；听取市新冠肺炎疫情联防联控领导小组办公室关于全市疫情防控工作情况汇报、兰州兽研所布鲁氏菌抗体阳性事件属地善后处置工作情况汇报，安排部署相关工作；原则通过《兰州市城市基础设施配套费征收使用管理办法》《关于加快推进兰州市现代化工产业发展的请示》；原则同意《关于发放全国文明城市创建奖金的请示》；同意《关于张元清等职务任免的报告》
第130次	2月9日	传达国家发改委《关于当前重要民生商品价格形势及保供稳价重点工作的通报》和省政府办公厅《关于进一步做好当前重要民生商品工作的通知》精神，听取兰州市保供稳价工作情况汇报，安排部署相关工作；原则通过《兰州市关于当前做好重要民生商品保供稳价的工作方案》《兰州市人民政府接收甘肃省电力公司住房公积金管理分中心、窑街煤电集团住房公积金办事处实施方案》《兰州市建设项目规划审批文件时效性规定》《关于兰州市划转部分国有资本充实社保基金的请示》；同意《关于杨平同志任免的报告》
第131次	2月26日	原则通过《兰州市公办及公办性质幼儿园保育教育费收费标准调整方案》《关于进一步规范兰州城市垃圾处理费征收使用管理的通知》《兰州市主城区地质灾害综合治理三年行动实施方案(征求意见稿)》
第132次	3月3日	原则通过《关于支持兰州电网发展建设的实施意见》《兰州市贯彻落实〈部省关于整省推进职业教育发展打造“技能甘肃”的意见〉实施方案》，同意《关于颜烨鲁等同志任免的报告》
第133次	3月10日	学习《中华人民共和国民法典(物权编)》、原则同意《兰州教育现代化2035规划纲要(送审稿)》《兰州市加快推进教育现代化实施方案(2021—2023)》，听取《兰州市专门学校建设实施方案》汇报，对兰州市相关工作提出要求、原则通过《关于八里镇、阿干镇片区土地收益、基础设施配套费收支管理的意见》

会次	会议时间	主要内容
第134次	3月25日	原则通过《2021兰州国际马拉松赛总体方案》,原则同意《兰州市黄河流域生态保护和高质量发展规划》、同意《关于杨振坤等同志任免的报告》
第135次	4月10日	原则同意《关于提请审议全省抗击新冠肺炎疫情先进个人和先进集体推荐对象的请示》《兰州市关于加快构建现代环境治理体系的实施方案(送审稿)》,原则通过《兰州市进一步支持新能源物流车推广应用的实施意见(送审稿)》《关于提请审议兰州城市供水集团有关事宜的请示》《关于加强土地储备有关工作的实施意见》《兰州市"十四五"城镇住房发展规划(送审稿)》《关于兰州通用机器制造有限公司出城入园搬迁改造相关工作的请示》《关于甘肃天元植物蛋白有限责任公司出城入园搬迁改造相关工作的请示》《关于兰州海兰德泵业有限公司出城入园搬迁改造相关工作的请示》
第136次	4月28日	研究《落实2021年省、市为民办实事项目行动方案》,安排部署我市贯彻落实工作。原则通过《关于推进兰州市金融业高质量发展打造"金融之城"的意见》《兰州市城市信息模型(CIM)基础平台建设试点工作方案》《2021年兰州市政务信息化项目计划》《关于加强建设项目代征(代拆)用地供给与代建配建工程移交管理工作的意见》《关于解决公交集团更新新能源公交车资金的请示》
第137次	5月8日	原则同意《2021年兰州市优化营商环境工作要点》《兰州市全面提升优化营商环境专项行动工作方案》。原则通过《关于推进兰州气象事业高质量发展助力全面建设现代化中心城市的实施意见》《西北五省省会城市应急联动工作备忘录(送审稿)》《兰西城市群应急联动工作备忘录(送审稿)》《关于规模以上工业企业倍增计划的实施方案》《关于提请审议废止〈兰州市行政效能监察办法〉等十四件政府规章的请示》《关于对兰州市轨道交通2号线一期工程7座车站命名的请示》《关于确定兰州奥体中心运动员公寓装修有关事项的请示》
第138次	5月24日	传达学习全国体育系统加强赛事管理安全工作视频会议精神,省委专题会议精神和省委、省政府主要领导指示精神,以及省委办公厅、省政府办公厅《关于进一步加强安全防范工作的紧急通知》和省安委会全体(扩大)电视电话会议精神,安排部署2021年兰州马拉松赛暨第十四届全国运动会马拉松决赛筹备有关事宜
第139次	5月26日	研究分析1—4月全市经济运行情况,安排部署相关工作;原则通过《〈兰州市国有土地上房屋征收与补偿实施办法〉及相关配套文件》《兰州市老旧小区改造"十四五"专项规划(2021—2025)》《关于贯彻落实矿产资源管理改革强化矿业权监管的实施意见》,通过榆中县人民政府《关于调整城市基础设施配套费征收标准的请示》;原则同意《2021年兰州市法治政府建设工作要点(审议稿)》《关于国家统计局督察甘肃省防范和惩治统计造假弄虚作假情况反馈意见的整改方案(审议稿)》,听取全市第七次全国人口普查结果的汇报
第140次	6月3日	学习《关于深化统计管理体制改革提高统计数据真实性的意见》,对兰州市相关工作提出要求;听取2020年度兰州市城市自体检工作的汇报,安排部署相关工作;原则通过《关于网约车运力规模调整计划》《关于做好2020年驻兰部队随军家属安置工作的请示》《兰州市人民政府关于2020年度国有资产管理情况的综合报告》《兰州市交通基础设施省市企共建协议》《兰州市人民政府 义乌市人民政府战略合作框架协议》
第141次	6月10日	传达学习6月7日省委书记尹弘在兰州市领导干部大会上的讲话,安排部署相关工作。原则通过《关于健全完善公共卫生应急管理体系的实施方案(审定稿)》《兰州市城区小街巷线缆整治工作三年行动方案》《关于在兰州高新技术产业开发区和兰州经济技术开发区试行新上工业类项目"标准地"出让制度的通知》《兰州市人民政府与北京融创建投房地产集团有限公司战略合作框架协议》《兰州市金城关文化旅游项目战略合作框架协议》
第142次	6月16日	传达学习习近平总书记对湖北十堰市燃气爆炸事故作出的重要指示以及李克强总理有关批示精神,6月11日和6月14日两次全国安全防范工作视频会议精神,任振鹤省长在中共中央办公厅值班室《习近平总书记对湖北十堰市天然气爆炸事故作出的重要批示》和国务院安委会办公室《关于印发黄明同志在全国安全防范工作视频会议上讲话的通知》上的批示精神,6月15日市委常委会会议精神。听取全市安全防范工作情况汇报,安排部署相关工作;传达学习6月15日全国新冠肺炎疫情防控工作电视电话会议精神,听取市新冠肺炎疫情联防联控领导小组办公室常态化疫情防控工作和疫苗接种工作情况汇报,安排部署疫情防控相关工作;听取兰州兽研所布鲁氏菌抗体阳性事件属地善后处置工作近期情况汇报,安排部署相关工作;听取关于加强全市住宅物业管理提升服务水平工作情况汇报,安排部署相关工作;原则同意《第二十七届中国兰州投资贸易洽谈会兰州市工作方案》
第143次	6月22日	传达学习省委副书记、省长任振鹤关于新冠疫苗接种工作的批示,听取市疫情防控领导小组办公室关于兰州市新冠疫苗第二剂接种工作情况的汇报,安排部署相关工作;研究分析1—5月全市经济运行情况,安排部署相关工作;传达学习省委副书记、省长任振鹤在国务院安委会办公室《全国安全生产重点督导检查方案》上的批示,安排部署相关贯彻落实工作;原则通过《关于实施新建基因重组新型冠状病毒疫苗生产车间项目有关事宜的请示》;同意《关于臧海峰等同志任免的报告》
第144次	6月29日	学习《中华人民共和国基本医疗卫生与健康促进法》,对兰州市相关工作提出要求;听取兰州市污泥处置厂运营有关工作情况汇报、市央地合作项目推进情况汇报,安排部署相关落实工作;原则通过《兰州市2020—2021年度采暖期天然气集中供热补贴实施方案》《关于实施"三线一单"生态环境分区管控的意见》;传达学习省委办公厅省政府办公厅有关通知精神,安排部署相关工作

会次	会议时间	主要内容
第145次	7月16日	原则通过《兰州市推进兰西城市群建设2021年重点工作任务》《兰州市项目建设考核办法》《兰州市人民政府 甘肃省发展和改革委员会关于共同推动落实兰州经济社会发展重点工作合作备忘录(送审稿)》《皋兰县呢嘛沙沟有关问题整改方案》《永登县树屏镇杏花村沟道问题整改方案》《关于兰州城市供水集团股权回购补充事宜的请示》。原则同意《兰州市加快推进县域经济高质量发展实施方案》《关于建立健全重大项目建设协同推进机制的意见》《关于清理规范地方公务员工资津贴补贴专项工作的自查报告》。审议《关于将行业特岗聘用人员纳入事业单位临聘人员管理的请示》,同意《关于戴余武同志任免的报告》
第146次	7月21日	传达学习习近平总书记在中央全面深化改革领导小组第30次会议上审议的《大熊猫国家公园体制试点方案》和第36次会议上审议的《祁连山国家公园体制试点方案》。在中央全面深化改革委员会第6次会议上审议的《关于建立以国家公园为主体的自然保护地体系指导意见》重要指示精神,以及在福建武夷山公园和青海湖考察时的重要讲话精神,安排部署市政府系统学习贯彻落实相关工作;传达学习习近平总书记对防汛救灾工作重要指示精神、交通运输部做好轨道交通防汛工作的通知精神和省委副书记、省长任振鹤有关批示精神,安排部署近期防汛减灾工作;原则同意《兰州市"十四五"规划纲要两年行动方案(2021—2022)》《关于2021年加快推进实施一批重点项目的实施方案》《兰州市打造全国优化营商环境实践样本城市实施方案》《兰州市供水条例(草案)》《关于提请审议重点项目资金筹措意见的请示》;原则通过《兰州市关于争取国家和省上政策项目资金支持的工作机制》
第147次	7月30日	传达学习国务院经济形势专家和企业家座谈会会议精神,安排部署兰州市贯彻落实工作;传达学习省委书记尹弘、省长任振鹤分别在省人民来访接待大厅调研并接待来访群众时的讲话精神,安排部署兰州市贯彻落实工作;原则同意《关于加快推进全市社会救助制度改革的实施方案(送审稿)》《兰州市深化新时代教育评价改革实施方案》;原则通过《关于进一步加强和改进临时救助工作的实施意见》;研究部分副市长工作分工事宜
第148次	8月5日	传达学习习近平总书记对当前疫情防控工作的重要指示精神、全国和全省疫情防控工作会议精神,听取市新冠肺炎疫情联防联控领导小组办公室关于全市疫情防控工作情况汇报,安排部署相关工作;原则同意《关于2021年上半年兰州市国民经济和社会发展计划执行情况的报告(送审稿)》《关于2020年市级财政决算草案和2021年上半年全市财政预算执行情况的报告》《关于2020年度市级预算执行和其他财政收支审计结果报告》;原则通过《兰州新区国土空间总体规划(2021—2035)》;同意《关于杨金泉同志任免的报告》
第149次	8月13日	传达学习李克强总理关于做好防汛抢险救灾工作的讲话精神和省委副书记、省长任振鹤对做好当前抗旱防汛工作的批示精神,安排部署相关工作;传达学习全省国企改革三年行动推进会议精神,听取兰州市国企改革三年行动工作进展情况汇报,安排部署全市国企改革三年行动工作;原则同意《兰州市全面推行林长制工作方案》《兰州市全面推行林长制工作领导小组议事规则》《关于审定第四批兰州市领军人才的请示》;原则通过《兰州市人民政府 天津市发展和改革委员会产业合作框架协议》《关于调整免费提供教辅资料有关政策的请示》《兰州市人民政府与华润集团战略合作框架协议》《兰州市2021年中小学聘用制教师招聘工作实施方案》
第150次	8月26日	传达学习中国共产党兰州市第十三届委员会第十五次全体会议精神,安排部署相关重点工作任务分解落实;观看生态环境问题警示片,听取市生态环境局关于中央环保督察反馈问题和生态环境突出问题整改进展汇报,安排部署相关工作;原则同意《兰州市加强新时代中小学劳动教育实施方案(送审稿)》;原则通过《兰州市一季度奖励资金及新增建设用地计划分配方案》
第151次	9月9日	听取兰州市第九届运动会筹备情况汇报,安排部署相关工作;听取兰州市第三次全国国土调查工作情况汇报,原则同意兰州市第三次全国国土调查数据成果;传达学习省碳达峰碳中和工作领导小组第一次会议精神,听取兰州市碳达峰碳中和工作情况汇报,安排部署相关工作;原则同意《第八届中国—中亚合作论坛兰州市工作方案》,原则通过《关于兰州市皋兰县黄河新城项目"7·8"一般车辆伤害事故调查报告批复结案的请示》《兰州市关于贯彻落实推进园区加快发展若干措施实施方案》《关于市老年公寓西站分部项目"公建民营"的请示》《〈政府工作报告〉起草工作方案》《关于重点项目资金筹措意见的请示》
第152次	9月18日	安排部署近期重点工作;传达学习省委办公厅、省政府办公厅印发的《关于加强新形势下重大决策社会稳定风险评估机制建设的若干措施》精神,安排部署兰州市贯彻落实相关工作;传达学习全国、全省公安机关退役人员信访稳定工作视频会议精神,听取兰州市贯彻落实情况汇报;原则同意《兰州市化解国有土地上已售城镇住宅历史遗留"登记难"问题工作实施方案》《关于创建第二批国家全域城乡融合发展试验区的实施方案》《关于全面加强危险化学品安全生产工作的实施办法(送审稿)》《关于提请审议全市"七五"普法规划实施情况和"八五"普法规划的请示》《兰州市市政设施管理条例(草案)》;原则通过《关于提请启动兰州站改扩建及兰州至榆中高铁连接线工程有关工作的请示》;同意《关于杨德智同志等任免的报告》
第153次	9月23日	传达学习9月22日国务院常务会议有关精神,研究分析全市1—8月经济运行情况,安排部署相关工作;同意《关于胡俊锋同志任免的报告》
第154次	9月29日	传达学习习近平总书记对档案工作的重要批示指示精神、习近平总书记关于防范化解重大风险重要论述,听取政府债务风险防范化解和市属国有企业重大风险防范化解情况汇报,安排部署相关工作;传达学习习近平总书记关于国家粮食安全系列重要讲话和重要指示批示精神及省委第一专项巡视组对兰州市开展涉粮问题专项巡视工作动员会议精神,听取兰州市涉粮工作情况汇报,安排部署相关工作;传达学习9月15日省长办公会议精神,听取兰州市与央企项目合作推进情况汇报,安排部署相关工作;听取全市疫情常态化防控和做好国庆长假期间疫情防控工作情况的汇报,安排部署相关工作;听取今冬明春供暖所需燃煤、燃气和用电保障准备情况汇报;安排部署近期各项重点工作

会次	会议时间	主要内容
第155次	10月11日	学习《政府投资条例》,原则同意《兰州市关于深化新时代教育督导体制机制改革的实施方案(送审稿)》《关于2021年市级财政预算调整方案(草案)的报告》;听取第八届中国—中亚合作论坛筹备情况汇报,安排部署相关工作。原则通过《兰州市人民政府 中兵北斗应用研究院有限公司战略合作框架协议》《兰州市人民政府 中国长城工业集团有限公司战略合作框架协议》《市住建局关于申请向市财政局借款的请示》
第156次	10月28日	听取全市新冠肺炎疫情防控工作进展和落实国务院联防联控机制综合组甘肃工作组建议情况的汇报,对全市疫情形势进行分析研判,安排部署相关工作;研究分析1—9月全市经济运行情况,安排部署相关工作;原则通过《兰州市2021年巡游出租车投放实施方案》;同意《关于王德智等同志任职的报告》
第157次	11月3日	传达学习孙春兰副总理在甘肃调研指导疫情防控工作时的讲话和指示精神及省委常委会会议精神,安排部署相关落实工作;原则通过《兰州市城市轨道交通运营服务成本规制实施办法(试行)》《关于申请办理西固陈官营地块作价出资手续的请示》《关于设立兰州市国有企业信用保障基金相关事宜》《关于G1816乌海至玛沁国家高速公路兰州新区至兰州段(中通道)PPP项目股权转让相关事宜的请示》《兰州市人民政府 甘肃省建设投资(控股)集团有限公司合作协议》
第158次	11月12日	学习《中华人民共和国安全生产法》,听取全市安全生产工作情况汇报;原则通过《兰州市人民政府 陇南市人民政府区域协同发展合作协议》《兰州市"十四五"促进养老托育服务健康发展实施方案(送审稿)》《兰州市统筹整合财政涉农资金实施办法(试行)》《关于七里河区吴家园等3宗土地申请办理作价出资手续的请示》《关于二热原址厂区土地申请办理作价出资手续的请示》;原则同意《关于进一步深入推进全面实施预算绩效管理的实施意见》;原则修订通过《兰州市轨道交通周边国有土地使用权作价出资入股实施办法》
第159次	11月20日	学习习近平总书记关于食品药品安全工作的重要论述和《中华人民共和国食品安全法》《中华人民共和国药品管理法》;听取全市食品药品安全监管工作情况汇报、全市关于深化应急管理综合行政执法改革的有关工作情况汇报、全市"放管服"改革及工程建设项目审批制度改革工作情况汇报;原则通过《兰州市突发事件总体应急预案》《关于修改〈兰州市地质灾害防治管理办法〉〈兰州市政府投资项目评审管理办法〉〈兰州市城市房屋使用安全管理办法〉的决定》《兰州市国有建设用地使用权转让出租抵押二级市场交易管理暂行办法》《兰州市人民政府 窑街煤电集团有限公司窑街煤电住房公积金管理机构移交协议(送审稿)》《兰州市人民政府 国网甘肃省电力公司甘肃省电力住房公积金管理机构移交协议(送审稿)》、市政府国资委《关于组建兰州陇上涌泉实业有限公司的请示》;同意《关于常千宗等同志职务任免的报告》
第160次	11月24日	原则通过《市建投公司关于二热原址厂区土地有关事宜的请示》《兰州黄河生态旅游开发公司关于申请作价入股二热原址厂区土地有关事宜的请示》《兰州市人民政府与科大讯飞股份有限公司战略框架合作协议》《关于2020年度市级预算执行和其他财政收支审计查出问题整改情况的报告》,同意《关于张红桢等同志职务任免的报告》
第161次	11月26日	听取甘肃省第十五届运动会筹备情况汇报、原则通过《兰州市深入打好污染防治攻坚战行动方案(征求意见稿)》《兰州市黄河流域生态保护和高质量发展规划两年行动方案(2022—2023)》《兰州市客运出租汽车管理条例(草案)》《关于申请将植物园南侧土地办理作价出资手续的请示》,原则同意《兰州市落实义务教育"双减"工作的具体措施》
第162次	11月30日	研究分析1—10月全市经济运行情况,安排部署下一步经济社会发展重点工作;原则通过《政府工作报告(讨论稿)》《2022年市委市政府为民办实事项目清单》《关于兰州市2021年国民经济和社会发展计划执行情况及2022年国民经济和社会发展计划草案的报告》《2021年全市主要经济指标预计情况和2022年预期目标建议》《兰州市粮食节约行动实施方案》《关于加强医疗卫生机构新冠病毒肺炎院感防控工作的实施方案(送审稿)》;原则同意《关于兰州市2021年财政预算执行情况和2022年全市及市级财政预算草案的报告》;听取关于规范地方公务员工资津贴补贴有关情况的汇报;同意《关于陈卫等同志职务任免的报告》
第163次	12月3日	原则通过《兰州市"十四五"工业和信息化发展规划》《兰州市"十四五"生产性服务业发展规划》《兰州市加强草原保护修复实施方案(送审稿)》《兰州市关于深化应急管理综合行政执法改革的实施方案(送审稿)》《兰州市城市公共交通基础设施管理办法》《兰州市政府购买城市公共交通服务管理办法》《兰州市城市公交运营成本规制办法》《兰州市政府投资项目竣工决(结)算审核管理办法》《兰州市残疾人托养和康复中心项目建设选址的请示》《兰州市人民政府 白银市人民政府黄河流域(兰白段)横向生态补偿协议》
第164次	12月15日	听取市新冠肺炎疫情联防联控领导小组办公室关于全市疫情防控工作的汇报,安排部署近期疫情防控工作及各项重点工作;传达学习《住房和城乡建设部关于广州市大规模迁移砍伐城市树木有关问题的通报》精神,安排部署有关工作;原则通过《兰州市主城区利用闲置空间办学增加基础教育资源供给实施方案》《兰州市人民政府 中国铁建股份有限公司战略合作框架协议(审议稿)》《兰州市人民政府 中国建筑第八工程局有限公司战略合作框架协议(审议稿)》《兰州经济技术开发区"十四五"发展规划》《兰州市"十四五"生态环境保护规划》《榆中县青城镇历史文化保护规划》《榆中县金崖镇历史文化保护规划》《兰州市人民政府 中工国际工程股份有限公司战略合作协议》《兰州市人民政府 日喀则市人民政府战略合作框架协议》
第165次	12月18日	原则通过《兰州市高风险机构风险化解方案(审议稿)》《兰州市人民政府与江海证券有限公司战略合作框架协议》《兰州黄河之滨生态文化旅游高质量发展规划》《关于提请审议重点项目资金筹措意见的请示》《关于将兰州黄河生态旅游开发集团有限公司和兰州生态创新城发展有限公司100%国有股权无偿划转至兰州投资(控股)集团有限公司的请示》,学习《甘肃省道路交通安全条例》

【市政府全体会议】 全年，召开市政府全体会议2次。

市政府第十二次全体会议

2月19日下午在市政府一楼会议厅召开。会议由市委常委、常务副市长吕林邦主持。会议讨论印发《兰州市人民政府办公室关于细化分解2021年全市经济社会发展主要指标的通知》《兰州市人民政府关于分解落实2021年省市政府工作报告主要指标和重点任务的通知》《兰州市人民政府关于印发2021年市委市政府为民办实事实施方案的通知》和《兰州市人民政府关于印发2021年工作要点的通知》；市政府领导与各区县政府、市政府各部门负责同志签订2021年目标责任书。市委副书记、市长张伟文讲话，指出2021年是"十四五"开局之年，是中国共产党建党100周年，也是现代化建设进程中具有特殊重要性的一年。要站在新的历史起点上，切实提高思想站位、政治站位和工作站位，全面学习贯彻中央和省市的重大决策部署，科学把握当前发展的"时"与"势"，朝着正确的方向笃定前行、不懈奋斗。要以新的站位认清新的形势，全面、完整、准确地理解和落实党中央的决策部署。要以新的举措落实新的任务，在新征程上开创各项工作新局面。要以新的作风干出新的业绩，把工作成绩一笔一笔写在兰州大地上。强调抓好开局起步的各项硬任务，需要各级各部门知责于心、担责于身、履责于行，锚定发展目标，勇于担当作为，增强斗争精神，奋发有为做好各项工作，一步一步把美好蓝图化为触手可及的现实。全市政府系统要以坐不住、慢不得、等不起的紧迫感和危机感，始终把"真抓实干、狠抓落实"作为永恒主题，在新征程上接续奋斗、担当作为，炼就"会谋事、能干事、干成事、不出事"的铁肩膀，以钉钉子的精神抓执行、抓落实，不断巩固经济回稳向好势头，努力创造人民群众满意的新业绩。市长、副市长，市政府秘书长，市政府副秘书长，市纪委监委第二派驻纪检监察组组长，办公室副主任、督查专员，兰州新区管委会主任，8县区政府县（区）长，市政府工作部门、市级单位、市政府派出机构、市政府直属事业单位、市属重点企业主要领导、市政府办公室业务科室负责同志约120人参会。

市政府第十三次全体会议

8月11日上午在市政府一楼会议厅召开。市委常委、市政府党组副书记杨金泉主持。会议书面传达中共甘肃省第十三届委员会第十四次全体会议、省政府第九次全体会议暨上半年经济运行调度电视电话会议精神；书面通报全市2021年上半年县区重点工作完成情况评奖结果和2021年上半年全市重点工作目标任务督查情况。市委副书记、市长张伟文讲话，指出上半年，市政府系统广大干部尽责有为、真抓实干，推动全市"十四五"开局之年各项工作迈好了第一步、取得了新成效。但经济持续稳中向好的基础依然不够牢固，推动高质量发展仍然存在一些不容忽视的问题和隐忧。各级各部门要深刻理解中央对当前和今后发展的总体部署和战略布局，准确把握时代发展大势，积极调整抓经济工作的思路、措施和方法，更加完整、准确、全面贯彻新发展理念，加快高质量发展和现代化建设步伐，朝着今年和"十四五"时期的既定目标奋勇前行。强调下半年发展任务繁重，形势催人奋进。各级各部门要始终保持谦虚谨慎的作风，更加高效统筹疫情防控和经济社会发展，确保高质量完成全年各项目标任务。要在全面总结半年工作成绩中坚定加快高质量发展的信心决心，向更高的目标迈进。要在准确把握当前发展形势中增强加快高质量发展的行动自觉，推动经济发展平稳运行、行稳致远。要在确保完成今年目标任务中迈出加快高质量发展的坚实步伐，给省委省政府和全市人民交上一份合格答卷。市政府班子成员、副秘书长，办公室副主任、督查专员，兰州新区管委会，八县区政府县（区）长，市政府工作部门、市级单位、市政府派出机构、市政府直属事业单位、市属重点企业主要领导约100人参会。

【市长办公会议】 全年召开市长办公会议20余次。

2021年市长办公会议纪要目录

序号	主持人	会议时间	会议议题
1	武和谦	1月18日	研究兰州国际商贸中心项目（现为兰州中心项目）建设和原建兰农贸市场拆迁安置相关工作
2	武和谦	2月23日	研究佛慈国际健康科技产业城项目事宜
3	吕林邦	3月18日	关于推进G30连霍高速公路清水驿至忠和段扩容改造PPP项目工作会议纪要
4	韦青祥	3月24日	市政府与人保财险甘肃省分公司座谈会会议纪要
5	张伟文	4月4日	专题研究七里河安宁污水处理厂项目建设和水污染防治重点工作
6	韦青祥	4月8日	研究兰州市动物园易地搬迁项目有关工作
7	韦青祥	4月8日	市属公立医院座谈会会议纪要
8	张伟文	4月26日	研究“4·25”黄河什川桥水质自动预警站石油类监测数据异常调查处置有关事宜
9	武和谦	5月17日	研究西北师范大学附属中学校园建设有关事宜
10	张伟文	6月3日	研究轨道交通建设和市建投公司发展运营相关事宜
11	韦青祥	6月18日	研究兰州市污泥处置厂项目有关工作
12	武和谦	7月24日	研究省政府为民实事保障性住房雁儿湾项目建设事宜
13	武和谦	7月26日	研究甘肃国际茶文化广场项目推进事宜
14	武和谦	8月11日	研究甘肃教育社危旧房改造项目相关事宜
15	张伟文	8月17日	与盘石集团洽谈数字经济产业创新发展合作事宜
16	张伟文	8月31日	研究全市教育“双减”有关事宜
17	张伟文	9月18日	研究兰州建投公司防范化解金融债务风险有关事宜
18	张伟文	9月22日	研究兰州建投公司债券发行及防范化解金融债务风险有关事宜
19	杨金泉	10月15日	兰州奥体中心项目工作推进会议纪要
20	张伟文	11月23日	研究兰州市轨道交通有限公司近期债务化解和融资相关事宜
21	张伟文	12月10日	研究EOD试点项目申报事宜
22	胡俊锋	12月14日	关于研究我市部分县区行政区划调整事宜的会议纪要
23	胡俊锋	12月14日	关于市残联归还省残联借款事宜的会议纪要

（闫举龙　刘晨龙）

民生实事

2021年，兰州市承担省委、省政府为民办实事项目10件，市委市政府为民办实事10件，20件实事全部完成。

【市委市政府为民办实事】 （1）实施全市职业技能培训提升工程，完成职业技能培训72866人次。（2）实施提升城市新冠病毒核酸检测能力项目，依托兰州市第二人民医院建成新冠病毒城市核酸检测基地，依托市疾控中心建成公共检测实验室，为兰州市新增新冠病毒核酸日检测能力2.8万份。（3）实施城乡最低生活保障、特困救助供养对象和老年人惠民保障工程，2021年城乡低保标准提高8%，为全市60岁及以上户籍老年人每人购买意外伤害保险给予补贴。（4）实施特殊家庭、残疾儿童、妇女“两癌”和在保职工惠民保障工程，为1000名符合条件在保职工组织健康体检，为680名0~17岁残疾儿童提供康复训练、手术等服务，为全市3252名在册失独家庭成员购买综合保险，为25116名妇女开展“两癌”免费检查。（5）实施保障性住房新建项目，5000套保障性住房全部开工。其中，公共租赁住房9个项目3000套；棚户区改造4个项目2000套。（6）实施扩大教育资源项目，2所学校已投入使用，6所已完工并具备投入使用条件，2所已完成主体建设，新增加学位13350

个；七、实施便民公共服务工程，全市新建12座精致公交候车厅，建成5个全民健身广场，新增1108个道路临时停车泊位，新建投用2925个路外公共泊位，完成5369个泊位智慧停车改造，停车场动态泊位接入达到7.5万个；八、实施文化惠民工程，全市放映8500场公益电影，开展金城讲堂等各类文化活动414场，组织"个十百千"文化惠民演出1601场次，举办黄河之滨音乐展演1211场次；九、实施老旧小区改造、加装电梯和智慧安防设施改造项目，全市306个老旧小区改造和310个智慧安防小区建设已开工，老旧住宅加装电梯300部；十、实施小游园新建改建项目，近郊四区建成20个小游园并向市民开放。

【承担省委省政府为民办实事】 (1)提高城乡居民基本养老保险省级基础养老金最低标准项目，为兰州市18.267万名享受城乡居民基本养老人员每人每月增加基础养老金5元；(2)对20万名妇女进行免费"两癌"检查项目，兰州市承担妇女"两癌"检查任务26700人，为全市27507名妇女开展"两癌"检查；(3)建设100处农村水源保障工程项目，兰州市承担建设6项农村水源保障工程任务，已全部完工；(4)中小学"建宿舍扩食堂增学位"项目，兰州市承担新建、改扩建农村中小学食堂24所，新增补学位5940个；(5)对城乡低保家庭子女普通高校入学进行资助项目，为兰州市符合资助条件的175名城乡低保家庭新生发放助学金163.2万元；(6)新建1万千米以上自然村通硬化路项目，全市建成自然村道路213.551千米，建成11条特色示范路，榆中县完成示范县创建任务；(7)新增城镇就业32万人及1万名未就业普通高校毕业生到基层就业项目，全市城镇新增就业81428人，400名未就业普通高校毕业生与用人单位已签订劳动合同并办理社保手续；(8)提升公共卫生防疫能力项目，市肺科医院承担的市级重症医学传染病区域改建项目和红古、永登、榆中3个县级医院传染病区改造及发热门诊项目已完工；(9)启动建设保障性租赁住房和共有产权房项目，兰州市承担开工建设公共租赁住房3000套、保障性租赁住房3000套及共有产权住房3000套任务全部完成；(10)建设100个城市街道综合养老服务中心项目，兰州市承担建设32个街道综合养老服务中心任务全部完成。

（闫举龙　刘晨龙）

综合政务

【概况】 2021年，市政府办公室围绕全市中心工作，不断提升服务意识，改进服务方式方法，进一步发挥综合协调、参谋助手、督促检查、后勤保障作用，完成各项工作任务。全年召开党组会议22次，举办意识形态专题讲座2次。主动开展约谈85次，制定《兰州市人民政府办公室规章制度汇编》。起草各类文稿400余篇，制发各类文件1171件，收到催办件1147件，办结1123件，办结率98%，召开全市性会议24次。开展市委巡察整改工作，整改完成17个具体问题。组织开展庆祝中国共产党成立100周年系列活动，召开"七一"表彰大会，为"光荣在党50年"的13名老党员颁发纪念章。深入开展党史学习教育，举办各类学习教育49次。完成"我为群众办实事"项目5项。市政府办公室被评为全省脱贫攻坚先进集体，全省政务信息工作先进单位。在全市庆祝中国共产党成立100周年合唱比赛中获得团体第一名。

【协调服务】 完成第27届"兰洽会"、第8届中国—中亚合作论坛、第9届全市运动会等重大节会活动的协调服务工作。加强政府办公系统的指导培训，组织召开3次全市政府系统办公室主任会议，联合市委办公室举办2期全市党政办公系统干部能力提升培训班。

【以文辅政】 全年起草各类文稿400余篇，字数超过300万字，编辑《兰州政报》11期，发行4.4万册。编发《兰州信息》160期，《领导参阅件》20期。采用各县区、各部门上报信息662条。上报国务院办公厅、省政府办公厅信息462条。其中，被国务院办公厅采用1条；省政府办公厅采用59条；省政府领导批示1条。

【办文办会】 全年制发各类文件1171件。其中，兰政发53件；兰政办发180件；政府令5件。统计口径内发文同比减少5.8%。收到催办件1147件，办结1123件，办结率约98%。收到的文件随到随转、随转随办、及时督察跟进问效。制定印发《关于进一步改进会议服务保障工作的通知》，全年组织召开全市性会议24次，同比减少4%。

【政务公开】 主动公开政府信息926条，指导全市公开信息14.7万余条，受理政府信息公开申请612件，办理省政府行政复议答复8件，发布政策解读47份。制定出台《网民留言办理实施办法》《兰州市12345政务服务便民热线优化提升工作实施方案》。

【督办落实】 督促办理省市《政府工作报告》工作任务287项，督办市政府常务会议议定事项178项，督办市政府主要领导批示596件，督办完成省、市为民办实事20件；答复完成省市人大代表建议和政协提案616件。围绕新冠肺炎疫情防控督促落实国家和省市各类工作建议169条、反馈问题59条、任务明细323条。督办国务院"互联网+督查"平台网民留言办理一般问题线索392件。对北滨河路西延线工程、主城区三大污水处理厂提标改造、黄河流域兰州白塔山段综合提升改造、市妇幼保健院异地重建等重点项目进行专项督查。

【值班值守】 制定印发《关于进一步加强应急值班和紧急信息报送工作的通知》《关于进一步加强新形势下值班工作的通知》。严格落实24小时值班工作制度，及时协调市政府领导在节假日带班，主动做好机关节假日值班安排，负责受理并协调处理每一项紧急重大事项，做好值班日志记录，细化值班员责任和工作流程，全年无责任事故发生。向省政府总值班室上报《兰州市值班信息》757期，省政府总值班室采选并编报《甘肃省值班信息》56期，传达省市领导批示要求100件次，发送796起50425条突发事件提示性信息和气象预警信息。

【新冠肺炎疫情防控】 及时调整补充疫情防控办14组议事协调机构，指导起草《关于严格落实重点环节、重点场所、重点人群疫情防控措施的通告》《关于进一步加强居民小区封闭式管理的通知》等指导性文件70余份，专门成立5个工作组配合市联防办做好综合协调、会议组织、数据统计、材料起草和督查落实工作，协调组织召开省级疫情防控调度会分会36场、市级调度会48场，统计数据50余次。组织27名机关党员干部成立6个志愿服务队下沉社区，与社区同志一线坚守抗疫40天；协调社会爱心人士为广武门街道黄河沿社区和韦营乡黄家岔村捐赠价值10万元的防疫物资。

（闫举龙　刘晨龙）

政务服务

【概况】 2021年，市政务服务工作推进"五简五办五集成"（简渠道、简要件、简环节、简程序、简时间，一网统办、套餐联办、基层可办、帮代好办、应需急办，数据集成、事项集成、资源集成、流程集成、服务集成）政务服务新模式，打造的"五心级""小兰之家"被评为智慧中国"2021第四届高质量发展营商环境特色50强"；兰州市政务服务工作获评全省"放管服"改革优化营商环境"十大亮点"；"小兰帮办"获得2021年甘肃好品牌—最具影响力服务品牌，其服务团队获评甘肃省巾帼文明岗；兰州政务服务工作被命名为第一批全省法治政府建设示范项目；"码上监督"得到国务院职转办和国家市场监管总局的肯定在全国推广；网上政务服务能力在国家第三方评估的32个重点城市中位列第24名，比2019年提升4名，连续2年全省考核中位列第1名。工程建设项目审批制度改革工作在国家评估36个重点城市中位列第16名，比2019年提升2名，在全省考核中被评为优秀等次；市工改办（市政务服务局）被省工改办评为2020年度改革工作成绩突出单位，"一枚印章管验收"作为典型经验在全省推广。

【"小兰帮办"推行】 牵头组建"小兰帮办"工作专班，拓展为民办事服务渠道，在"小兰帮办"政务服务版块上加载并展示政务服务事项及便民应用。年底，在"小兰帮办"政务服务版块中，按照事项类型分类建立民政教育、就业社保、户籍交管、健康养老等4个功能模块，展示62个政务服务事项，88个便民应用服务，在城关区5个街道29个社区开展试点，推动高频政务服务事项及便民应用基层可办、快办、好办。办理政务服务事项612件,提供便民应用服务86228次。推进全市111个乡镇(街道)、1081个村(社区)规范设置政务服务中心和便民服务点;推动行政审批服务系统和事项管理系统向基层延伸,实现全程电子化审批和电子化监督;梳理发布《兰州市乡镇(街道)、村(社区)政务服务事项指导目录》118项,乡镇(街道)累计认领发布事项6109项、村(社区)累计认领发布事项33276项。

【政务服务平台运行管理】 紧盯国家级重点评估,对标全国争上游、西北走在前、全省排头兵"三条线"要求,围绕"夯基础、补短板、育特色",着力在"一键联办""一件事一次办""一站通办"等方面开展突围。着力发挥牵头组织和统筹推动职能,在巩固拓展"四办四清单"管理制度效能的基础上,制定出台《兰州市关于开展深化"放管服"改革优化营商环境提质提标年活动方案》《兰州市全面推行政务服务"一键联办""一站通办"工作方案》《兰州市深化"放管服"改革推进"五简五办五集成"打造"小兰之家"政务服务品牌实施方案》等一系列文件,创新推行"五简五办五集成"新模式,加大督促、检查和跟踪落实力度,各相关工作都取得明显进展。

【政务服务制度改革】 紧盯事项标准化、办事套餐化、精简最大化、放权精准化、管理同步化,以事项标准化管理、事项套餐式服务、事项跑一次办成,推进行政审批制度改革升级。全市取消、调整、下放行政审批事项4批次18项。按照全省"4级46同"要求,指导全市各级各部门认领编制政务服务事项标准化实施清单7.42万项(其中市级1497项)。构建"线上一网、线下一窗"全流程集成套餐链条式审批服务,推出"一件事一次办"事项101项(其中单个事项39项;联办事项62项)。全市政务服务事项法定办理总时限81.5万个工作日,承诺办理总时限20.9万个工作日,累计压减60.7万个工作日,压减率74.43%。截至年底,全市办理"四办四清单"事项678.85万件(其中即收即办458.13万件,占比67%),市级大厅办理115.86万件(其中即收即办79.02万件,占比68.2%)。

推行以辅导普遍化推动备件指导服务同享、以事项标准化推动项目申报要件共享、以中介超市化推动中介机构选择优享、以全程网办化推动项目审批不来即享、以验收联合化推动项目建成使用先享等"五享"机制,推进工程建设项目跨层级、跨部门、跨领域并联审批,对工程建设项目15类审批流程进行优化再造,将平均审批时限由37.5个工作日压减至25.7个工作日,压减11.8个工作日,实现工程建设项目审批全程网办、不来即享。

【互联网+政务服务】 着力在系统互通、数据共享、跨省通办、自助服务上攻坚,推动跨地区、跨层级信息数据共享和业务协同,逐步实现从"网上办"向"掌上办"、网上可办向网上好办、多网串办向一网通办转变。构建"一体化"网上政务服务平台,政务服务网实现市、县(区)、乡镇(街道)、村(社区)4级全覆盖,市级已建业务系统全部实现与兰州政务服务网对接。在兰州政务服务网优化设置老年人便利服务等特色应用服务专区,年底可办理社保缴费、个税征信等27类应用服务。梳理公布130项"跨省通办"事项、107项"省内通办"事项、233项"全市通办"事项,全市办理通办事项178.5万件。

【政务服务"好差评"制度推行】

坚持民意引领、问题导向,通过督促整改、回访反馈、电子监察、"第三方评估"、模拟办事、后台数据监测、随机抽查检查等措施疏堵点、去痛点,建立"放管服"改革常态化督导机制。建立政务服务评价制度,强化电子监察系统应用,完善"好差评"闭环管理,在政务服务"好差评"系统中创新嵌入纪检监察"码上监督"App小程序,强化监督力度,持续促进政务服务水平整体提升。全年归集"好差评"评价数据354万余条,稳居全省首位。

【政务服务质效提升】 聚焦业务精、政策清、有创新,按照"全员额、全覆盖"原则,采用讲授式、研讨式、案例式、模拟式、体验式等方式开展培训,举办全市一体化政务服务能力培训班,全年培训政务服务业务骨干3000人次,全面提升全市各级政务服务窗口工作人员综合素质。聚焦治顽疾、增便利、有地气,采取"第三方评估”、模拟办事、后台数据监管、随机抽查检查、“码上监督”等多种形式，建立政务服务评价制度，强化电子监察系统应用，完善“好差评”闭环管理，创新开展“码上监督”工作。截至年底，市级政务大厅“办不成事”窗口受理办结29件，收到企业群众赠送锦旗25面、感谢信10份。聚焦塑颜值、育品质、有活力，坚持各级政务大厅“主屏幕、主阵地、第一窗”定位，优化升级“一窗受理”平台，通过健全运行机制、完善服务功能、优化办事秩序，设置首贷中心、公共法律服务中心、潮汐窗口、“通办专窗”“办不成事”反映窗口以及24小时自助服务区。市级已实现712项事项自助申报、查询、进度追踪。截至年底，自助服务区打印房产信息15.25万件，综合查询6036件。聚焦纾堵点、消痛点、有亮点，在市级政务大厅组建200余人的“小兰帮办”志愿服务队（其中专职人员38人），采取“咨询导办、一对一帮办、爱心接力、全程陪伴、跟踪服务”等措施，推进帮办代办服务。全年跟踪帮办代办项目128项，上门服务78家项目单位。围绕“早晚弹性办、中午不间断、周末自助办”，推行全天候政务服务。聚焦正态度、提速度、有温度，按照“勤政、务实、高效、廉洁、便民”政务服务原则，着力营造风清气正的政务服务发展环境。设置标准化的职工爱心驿站、爱心妈咪屋、志愿服务站，对军人、老年人、孕妇、残疾人等特殊办事群体提供家人式全程陪办和上门服务。

（顾丽婷）

机关事务管理

【概况】 2021年，市机关事务工作按照高质量发展的要求，强化党建引领，夯实工作基础，提高保障效能，推动全市机关事务管理工作取得新成效。被国家机关事务管理局、中共中央直属机关事务管理局、国家发展和改革委员会、财政部联合授予节约型机关称号。组织西固区机关事务管理局创建为国家级“公共机构水效领跑者”，推荐七里河区机关事务管理局为全国机关事务先进集体。同时，市机关事务管理局机关党支部被评选为兰州市先进基层党组织。在全市庆祝中国共产党成立100周年合唱比赛中获得团体二等奖。

【后勤服务】 成立筹建保障性租赁住房和共有产权住房工作领导小组，完成市级机关事业单位在职干部职工住房困难摸底工作，配合市住建局完成保障性租赁住房和共有产权住房建设基础工程。完成市政府统办四号楼食堂的维修改造。通过社会化服务方式，保障统办四号楼和名城广场集中办公区机关干部用餐。名城广场会议中心保障会议387场，节约资金233万元，实现非税收入12.6万元。

【兰州市机关事务服务中心设立】 4月20日，根据《中共兰州市委机构编制委员会关于设立兰州市机关事务服务中心的通知》，将原市委机关服务中心、市政府机关服务中心及市机关事务管理服务中心合并组建为“兰州市机关事务服务中心”，隶属于市机关事务管理局，为正县级事业单位，编制119名，其中正县级领导职数1名、副县级领导职数3名，内设科室16个。

【经费管理】 向226家单位核拨物业费7315.12万元，向94家单位核拨维修改造经费2532.81万

新冠肺炎疫情防控期间做好餐饮保障

元，向36家单位核拨租赁办公和场地租赁费用8816.67万元，向202家单位核拨设备家具购置经费6054.61万元，向37家单位核拨车辆租赁经费250.39万元。

【办公用房管理】 推进兰州市办公用房权属统一工作，委托兰州市勘察测绘研究院对市级党政机关事业单位办公用房进行测绘登记，起草《市级党政机关事业单位不动产权属统一管理办法（征求意见稿）》，顺利完成市发改委、市科协、市教育局等5家单位部分房产过户。督促7个超标用房单位完成整改。统筹调配解决市纪委监委派驻纪检监察组在市政府和市委的办公场所。审核38家单位167处房屋场地对外出租事宜。

【公务用车管理】 认真执行《兰州市党政机关公务用车管理实施办法》，严格车辆编制管理，提升服务保障水平。完成全市公务车辆登记138辆，审核车辆更新购置38辆，审核车辆租赁事项115件。公车平台保障65家单位公务出行车辆1878台次。

【资产管理】 完成市水务局、市污水处理监管中心、市就业和人才服务局、市卫生健康服务中心、市农业科技研究推广中心等11家行政事业单位的资产清查，进一步摸清资产底数，指导被清查单位建立完善资产管理制度，解决存在的问题。开展“天翼云电脑”试点，在兰州二中、兰州十中、兰州外国语中学、兰州市文化馆安装350台终端设备进行试点运行。办结资产处置78件，处置资产原值合计2.5亿元。调配市纪委、市就业服务中心闲置资产2批。完成134家行业协会商会脱钩的资产认定。

【公共机构节能管理】 完成上年度全市公共机构能耗统计及数据会审，兰州市公共机构综合总能耗277829.42吨标准煤，人均综合能耗同比下降1.99%，单位建筑面积能耗同比下降1.19%，连续5年在全省公共机构节能考核中名列第一。倡导宣传低碳节能，开展QQ健步行比赛，并通过报纸、户外广告、有奖征文等多种形式开展节能宣传。将反食品浪费纳入《兰州市节约型机关创建评价标准》。完成150家节约型机关创建单位的资料审核。全年，创建节约型机关343家，占创建对象总数的76%。印发《兰州市2021年度党政机关等公共机构生活垃圾分类工作实施方案》《兰州市市级公共机构生活垃圾分类工作宣传方案》《兰州市市级公共机构生活垃圾分类工作考核办法（暂行）》等文件，完成配置调拨垃圾屋3座，发放垃圾桶1000余件，加强垃圾分类工作的宣传培训，有计划、分步骤推进全市公共机构生活垃圾强制分类工作。

【机关事务标准化建设】 推动全市机关事务标准化建设工作顺利开展。协助指导西固区机关事务管理局和七里河区机关事务管理局2家省级试点单位开展标准化试点，城关区机关事务管理局、安宁区机关事务管理局、红古区机关事务管理局、皋兰县机关事务服务中心、榆中县机关事务服务中心、永登县机关事务服务中心等6家市级试点单位互学互鉴，统筹推进市县两级机关事务标准化建设各项工作落实。围绕资产管理、办公用房管理、公务用车管理、后勤服务管理、公共机构节能、公务接待重点工作任务，按照标准的格式和语言翻译编写成标准文本，已制定完成58项内部标准。申报的甘肃省地方标准《党政机关会议服务工作指南》，通过甘肃省市场监督管理局立项审批，列为甘肃省2021年度第3批地方标准制修订计划。

【公务接待】 先后完成第27届“兰洽会”、第八届中国—中亚合作论坛等重大活动接待保障。完成市委、市政府、市人大、市政协对口副地级以上领导来兰接待保障任务。保障党史学习教育中央指导组、生态环境部、国家发改委、国家机关事务管理局等中央

2021年度兰州市公共机构能耗统计表

年份	消耗总量（万吨标准煤）	单位建筑面积能耗（千克标准煤/平方米）	总水耗（万吨）	人均用水量（吨/人）
2020	27.7829	38.04	785.56	11.19
2021	27.4650	37.29	779.34	11.07
变化情况	↓1.13%	↓1.97%	↓0.79%	↓1.07%

第八届中国—中亚合作论坛接待保障现场

部委来兰考察调研,省委涉粮问题专项巡视,以及省委赴兰州换届考察组等在兰期间的工作。同时,完成华为集团、华润置地、光大兴隆信托等企业来兰投资考察的商务接待保障。全年接待宾客246批,4821人。6月至8月,选派2名同志代表甘肃省机关事务系统参加中共中央直属机关事务管理局北戴河暑期工作,被授予"暑期先进工作者"荣誉称号。

【生产经营性事业单位转企改制资产复核】 完成市上确定的6家生产经营性事业单位转企改制工作中的国有资产清查、评估的认定核实工作,经复核审定,将市住建局下属兰州热力总公司、兰州市城建设计院,市自然资源局下属兰州市勘察测绘研究院、兰州市城乡规划设计院,市林业局下属兰州园林设计院,市水务局下属兰州水电勘察设计院等6家单位的资产移交市国资委集中统一监管。

(吴让利)

参事工作

【概况】 2021年,市政府研究室紧紧围绕市委、市政府中心工作和各项决策部署,认真履行"以文辅政、调查研究和决策咨询"三大核心职能,较好地完成服务政府中心工作的各项任务,为政府科学决策提供有效智力支撑。

【以文辅政】 收集整理各行业各领域发展数据,全面掌握全市经济社会发展情况,在多方征求意见、反复讨论修改的基础上,将提交市人大第十七届一次会议的《政府工作报告》打造成站位高、思想深、内容实、指导性强的精品工程。集中力量完成市政府主要领导讲话和市政府向省委、省政府的工作汇报等综合性文字材料的起草工作。重点起草完成兰州市经济社会发展、新冠肺炎疫情防控、项目建设、债务化解工作情况等各类汇报及市政府主要领导在市委经济工作会议、市政府全体会议、精致兰州建设、全面依法治市等各级各类会议上的讲话等文字材料。

【课题研究】 围绕全市经济社会发展中的重点、难点和热点问题,开展调查研究,针对性提出对策建议。围绕打造"都会城市、精致兰州"这一主线,确定关于加快兰州数字经济发展研究、关于加强兰州市菜篮子保障能力建设研究、关于兰州市加强智慧农业发展思考和建议、黄河风情线植入展现非物质文化遗产思考和建议、在5G应用环境下兰州市智慧城市建设研究、关于增强兰州省会城市带动能力若干问题研究、关于把兰州打造成为中国西北国际物流集散中心的研究等22项研究课题,开展调查研究,高质量完成研究报告。采取"解剖麻雀"的方式开展微课题研究,完成《关于完善兰州市黄河两岸城市天际轮廓线建议》《在兰州市推行工程质量保险建议》《本土数字游戏〈紫塞秋风〉成功启示》等调研建议,及时提交相关领导和部门在工作中参考。在具体课题研究过程中,增强调研针对性和实效性,在拓展调研广度上做文章、在强化调研深度上下功夫,形成的研究报告受到市委、市政府领导和相关部门高度重视,部分政策建议如《关于兰州市推进乡村振兴战略调研报告》《关于"精致兰州"建设情况调研报告》《关于兰州发展新能源装备制造业思考和建议》等得到市委、市政府领导的批示并被及时采纳转化为领导决策。

【决策咨询】　全年编印《兰州发展》6期,汇编完成《2021年调研文集》,将全年完成的课题报告和调研建议收录其中,供各级领导和部门在工作实际中参阅。编印《兰州市情概览(2021)》一书,介绍和反映兰州历史文化、风土人情、行政区划、城市规划、经济社会发展现状和政策平台等情况,是全市各级干部和社会各界了解兰州的基础工具书,在第27届"兰洽会"和兰州市相关对外交流会议上作为宣传书籍。

(孙国延)

人事人才工作

【概况】　2021年,市人事人才工作推进政策制度创新,跟进人才培养、引进、流动、激励各环节工作,形成政策明晰、结构完备、操作性强的人才新政体系。创新引才渠道,探索建立全市高层次人才分类目录,对难以界定的"偏才""专才"按照"一人一策"的原则提交市委人才工作领导小组会议审定。协调落实高层次人才在户籍、职称、税收、奖励等方面的优惠政策,帮助各类人才解决后顾之忧,努力营造拴心留人的人才发展环境。

【人才市场管理】　对接用工单位,进一步扩大用工信息的采集面,全面汇聚并及时发布各类招聘求职信息,使城乡各类求职人员能够及时、准确了解最新用工需求,配合公共就业服务专项行动,组织线上、线下招聘会,以复转军人、高校毕业生等特殊群体招聘服务为重点,组织开展不同求职人群,不同类型用工单位招聘活动,为各类用工单位和劳动者牵线搭桥,全市召开用工洽谈会458场,为10512家企业发布用工岗位16.75万个,求职登记6.84万人,达成意向性协议1.7万人,成功介绍职业4579人。

【人才资源开发】　起草并提交市委人才领导小组于7月29日印发《兰州市高层次人才分类认定办法(试行)》,进一步完善兰州市人才政策体系,畅通多样化人才引进渠道。克服新冠肺炎疫情等不利因素影响,搭建全市集中引才平台,指导重点部门单位开展自主引才工作,全年开展引才工作3批次,为企事业单位引进急需紧缺人才1679人。其中,事业单位引进264人;企业引进1415人。牢固树立以创新价值、业绩和能力为核心的人才评价导向,发现和培养人才,新入选享受国务院政府特殊津贴专家2人、甘肃省领军人才2人,推荐陇原青年英才候选人11人,选拔产生兰州市第4批领军人才50人。强化专家人才干事创业载体建设,遴选推荐人社部专家服务示范团1个、甘肃省专家服务基地1个、甘肃省博士后创新实践基地5个。落实人才专业化培训措施,全面实施专业技术人员继续教育培训工作,全年参训62526人,审批并监督实施事业单位干部教育培训项目86期,培训4425人,保障培训资金210万元。

【职称制度改革】　规范职称资格证书发放备案制度。落实乡村工作20年以上评聘中级职称、30年以上评聘高级职称不受本单位岗位结构比例限制的政策规定,共推荐评审副高级职称98人、正高级职称105人。推荐7人通过"绿色通道"参加特殊人才职称评审。年度职称评审工作初定专业技术职称4758人,评审中级职称9377人,评审高级职称1262人。

【事业单位管理】　8月19日,发布《关于给予全市事业单位脱贫攻坚先进集体和先进个人记功及嘉奖奖励的决定》,全市表彰奖

6月6日上午,由省人社厅指导,市人社局主办的"新电商直播+网红孵化"实战训练营在文创大厦正式开营

励集体74家、个人215人。进一步优化事业单位岗位管理工作，对符合相关条件并持有“陇原人才服务卡”的“三类人才”(持陇原人才卡的A类和B类人才、在管理岗位上兼任专业技术岗位的C类人才)以及甘肃省特殊人才的专业技术岗位单列管理，不受本单位岗位结构比例等条件直接聘用，进一步优化专业技术型事业单位岗位管理，做好高层次人才聘用工作。根据统计全市事业单位获得“A、B、C”类陇原人才服务卡并符合高层次人才岗位结构比例调整数目，可释放高级岗位数额194个，截至年底，已经使用释放后高级岗位的数额92个。全年调整10家事业单位岗位设置方案，完成市属350家事业单位2221人岗位变更后聘用审核备案工作，9家市直事业单位12人处分后开除、降低岗位等级备案工作，448家市属事业单位1301人岗位变更备案工作。严格执行调配规定，严把调入人员“进口关”，完成事业单位75人流动调配档案审核、提交上会和办理调动手续工作，做到调配审核工作“零差错”。推进事业单位公开招聘工作，结合“放管服”不断优化考试流程，全面提升公开招聘科学化水平。针对偏远地区放宽事业单位公开招聘年龄、学历和专业要求，个别岗位不限专业，加大吸引人才力度。配合退役军人事务局完成上年驻兰部队随军家属18人安置工作；配合退役军人事务局安置复退士兵31名；完成94名教育部直属师范大学公费师范生聘用工作；完成346名服务期满特岗教师安置工作。

【人事培训考试】 全年全市组织开展公务员录用考试、事业单位公开招聘人员考试、普通高校毕业生基层服务项目考试、机关事业单位工勤技能岗位理论考试、专业技术人员资格考试等各类人事考试25场次，参加考生150210人次，通过推进考务安全保障体系建设，推进规章制度和考务队伍建设，推进面试考官库、命题专家库、人事考试题库建设等方式方法，实现全年考试任务“零差错、零失误”。4月25日，面向社会公开发布事业单位招聘公告，其中笔试科目按照分类考试要求分专业技术岗位类(教育类、卫生类、财会类、新闻类、其他类)、管理岗位类和工勤技能岗位类。通过网上报名资格审查、笔试、面试、体检、考察、公示等环节为8个县区和市属39家事业单位招聘524名工作人员，其中远郊县区128家单位招聘事业单位工作人员333人，占本年度事业单位公开招聘总人数的63.55%。全年62518人参加全市继续教育公修课网络培训，62466人合格，合格率99.92%，其中市属各单位参训22570人，合格22554人，合格率99.93%。

(张晓艳)

5月7日至11日，兰州市人事培训考试局在兰州人力资源服务产业园举行2021年度兰州市公务员考录资格复审工作

外事工作

【概况】 2021年，市外事工作深刻领会习近平外交思想的丰富内涵和核心要义，全面落实习近平总书记对甘肃重要讲话和指示精神，统筹推进涉外疫情防控和对外交流合作，围绕服务国家总体外交和全市现代化中心城市建设目标，勠力同心、攻坚克难，各项工作有序开展。自1982年兰州市与日本秋田市缔结为第1对国际友好城市至2021年底，兰州市

4月28日，市政府外事办与西宁市外事办公室签署战略合作框架协议

共建立友好城市14对，友好交流城市22对，占全省友城数量的28%。2021年底，在兰常驻外籍人士1032人，全市在境外人员5263人。

【因公出访】　因新冠肺炎疫情在全球持续蔓延、外防输入形势严峻，严格执行出访邀请审批程序，加强归口审批管理，坚决做到“非必要不出访，非必需不邀请”。按照省委、省政府关于在疫情防控期间因公出国（境）团组暂缓派出工作要求，全年审核办理公安经侦人员赴匈牙利押解红通人员因公临时出国任务1团1人次。

【涉外新冠肺炎疫情防控】　严格落实外交部《安排临时航班接返滞留海外困难人员工作手册》和省政府外事办相关要求，精准了解经外省市入境兰州籍人员信息，第一时间通报相关部门和县区。协调确定甘肃省人民医院为兰州市在兰外籍人士及港澳同胞接种新冠病毒疫苗集中接种点，牵头建立“在兰外籍人士及港澳同胞疫苗接种群”，便于外籍人士前往指定接种点接种疫苗，确保在兰外籍及港澳同胞疫苗接种工作落实到位。持续摸排兰州市仍在境外人员，每日统计各县区仍在境外人数及回国人数，汇总后上报市新冠肺炎疫情联防联控办公室。协同相关部门和县区，严格落实“国门—家门”全流程闭环管理措施，对第一入境地为兰州市外籍人员实行国民待遇，做好入境检疫及运转、隔离留观、医疗救治等工作。加强与上级外事部门和驻外使领馆沟通衔接，主动开展疫情防控对外宣传，统筹做好涉外疫情防控政策指导、航班入境、物资捐赠、疫苗接种和应对突发事件等工作，坚决守住“外防输入”重要关口。持续开通24小时咨询和援助电话，为在兰外籍人士和在外兰州籍人士传递疫情

10月16日，第八届中国—中亚合作论坛在兰州开幕，全国人大常委会副委员长、上海合作组织睦邻友好合作委员会主席沈跃跃出席开幕式并发表主旨讲话

参加第八届中国—中亚合作论坛的贵宾合影

防控信息和咨询服务。通过外办官网发布《防范境外疫情输入告知书》《致在甘外籍人士的一封信》，呼吁返（来）兰人员加强防护，对疫情防控期间的各项规定进行解释说明，确保每一名入境外国人能准确了解入境防控要求及流程。截至年底，向各县区、高新区联防联控办推送入境解除集中隔离来兰返兰人员信息609次2028人。

【海外利益安全工作】 联合全市国家海外利益安全各成员单位对新冠肺炎疫情期间各领域国家海外利益安全形势进行全面摸排。根据排查，全市文化旅游行业、外贸合作领域、教育领域、卫生健康领域未发生群体性纠纷上访，新冠肺炎疫情期间未发生旅客滞留海外事件，所有在兰州外籍教师健康状况良好，兰州市新冠肺炎确诊病例中暂无外籍人员，也无境外输入型病例，兰州市国家海外利益安全形势总体平稳、良好。

【第八届中国—中亚合作论坛】

10月15日至17日，第8届中国—中亚合作论坛在兰州市成功举办，全国人大常委会副委员长、全国妇联主席、上海合作组织睦邻友好合作委员会主席沈跃跃出席论坛并发表主旨讲话。论坛以“加强国际协作共建安全与发展共同体”为主题，来自国内外的嘉宾学者参观考察了甘肃和兰州发展情况并围绕北斗系统应用合作、妇女发展、现代商贸物流建设、绿色发展等主题开展研讨交流，凝聚广泛共识。哈萨克斯坦第一副总理斯迈洛夫、土库曼斯坦人民委员会副主席巴巴耶夫、乌兹别克斯坦立法院副议长易卜拉欣莫娃、上合组织秘书长诺罗夫视频出席开幕式并致辞，中亚5国、外高加索3国驻华使节，中国政府欧亚事务特别代表李辉、全国妇联副主席夏杰、中国卫星导航系统管理办公室主任冉承其等国家相关部委领导，国内有关企业、媒体代表约200人现场参会。闭幕式上还发布了《第八届中国—中亚合作论坛（兰州倡议）》，并宣布第九届中国—中亚合作论坛将在辽宁省大连市举行。

（许长彪）

重要会议

【市政协十四届五次全会】 1月11日至14日召开。会议应出席委员333人，实到293人。

政协主席李宏亚向大会作《政协兰州市第十四届委员会常务委员会工作报告》。姜晓红副主席代表市政协常委会作《政协兰州市第十四届委员会常务委员会关于十四届四次会议以来提案工作情况的报告》。会议通过政协兰州市第十四届委员会第五次会议关于常务委员会工作报告的决议，政协兰州市第十四届委员会第五次会议、政协兰州市第十四届委员会提案委员会关于第五次会议提案审查情况的报告。省委常委、市委书记李荣灿，市委副书记、市长张伟文，市人大常委会主任张建平，市委、市人大常委会、市政府、市法院、市检察院、驻兰部队领导同志、市级民主党派、工商联负责人出席会议。

会议期间，委员们列席市十六届人大五次会议，听取、讨论并一致赞同市政府工作报告和其他重要报告。

会议期间，委员们通过视频方式列席十七届人大一次会议，听取、讨论并一致赞同政府工作报告和其他重要报告。

【市政协十四届十七次常委会】

1月7日召开。市政协主席李宏亚主持会议并讲话；副主席苏广林、戈银生、王璇、滕耀文、张永财、姜晓红、田明、杨衍佐、尤占海、刘怀君，秘书长敬国华出席会议。会议传达学习中央经济工作会议、省委十三届十三次全会暨省委经济工作会议、市委十三届十四次全会暨市委经济工作会议精神；听取市政府关于政协兰州市第十四届委员会第四次会议以来提案办理情况的通报；审议通过关于召开政协兰州市第十四届委员会第五次会议的有关事宜；部分市政协常委进行工作述职；通过人事事项。

【市政协十四届十八次常委会】

3月18日上午召开。市政协主席李宏亚主持会议并讲话；副主席王璇、滕耀文、张永财、姜晓红、杨衍佐、尤占海、刘怀君、唐浩漩，秘书长敬国华出席会议。会议传达学习中央、省、市党史学习教育动员大会精神；传达学习全国“两会”精神，省政协主席欧阳坚在全省政协系统传达全国“两会”精神大会上的讲话；通报市政协党组2020年度民主生活会情况；审议通过《政协兰州市委员会2021年工作要点》；通过其他人事事项。

【市政协十四届十九次常委会】

7月23日召开。市政协主席李宏亚主持会议并讲话；副主席王璇、滕耀文、张永财、姜晓红、尤占海、刘怀君、雒泽民、唐浩漩，秘书长敬国华出席会议。会上，传达学习习近平总书记在庆祝中国共产党成立100周年大会上的重要讲话精神，4位政协委员作交流发言；传达学习全国地方政协提案工作经验交流座谈会精神；传达学习全省政协协商向基层延伸工作观摩推进会精神；听取市政府关于上半年全市国民经济和社会发展情况的通报；审议通过《关于加强我市创建全国民族团结进步示范市工作的建议案》；观看警示教育片。

12月20日，政协兰州市第十五届委员会第一次会议在宁卧庄宾馆大礼堂开幕

【市政协十四届二十次常委会】 12月14日召开。市政协主席李宏亚主持会议并讲话；市政协党组书记王宏出席会议。传达学习中共中央关于党的百年奋斗重大成就和历史经验的决议、中国共产党兰州市第十四次代表大会精神；听取市政府关于政协兰州市第十四届委员会第五次会议以来提案办理情况的通报；协商通过政协兰州市第十五届委员会委员人选建议名单；审议通过关于召开政协兰州市第十五届委员会第一次会议的决定(草案)，政协兰州市第十五届委员会第一次会议议程、日程(草案)，政协兰州市第十四届委员会常务委员会工作报告和提案工作情况的报告报告人的决定(草案)，政协兰州市第十五届委员会第一次会议委员分组办法及各组召集人名单，政协兰州市第十四届委员会常务委员会工作报告(草案)和提案工作情况的报告(草案)。

【市政协十五届一次全会】 12月20日上午在宁卧庄宾馆大礼堂开幕。会议应出席委员342人，实到331人。

政协主席李宏亚向大会作《政协兰州市第十四届委员会常务委员会工作报告》。姜晓红副主席代表市政协常委会作《政协兰州市第十四届委员会常务委员会关于提案工作情况的报告》。会议通过政协兰州市第十五届委员会第一次会议关于常务委员会工作报告的决议、政协兰州市第十五届委员会第一次会议政治决议、政协兰州市第十五届委员会提案委员会关于第一次会议提案审查情况的报告。省委常委、市委书记朱天舒应邀出席大会开幕式并讲话。市委副书记、市长张伟文，市人大常委会主任张建平在内的市委、市人大、市政府全体领导；兰州市中级人民法院、兰州市人民检察院主要领导，兰州警备区、武警兰州支队主要领导以及政协兰州市第十五届委员会委员并担任过政协兰州市第十四届委员会领导的同志出席会议。会议选举产生新一届政协领导班子。王宏当选为政协兰州市第十五届委员会主席；苏广林、王俊东、任丽梅、魏丽红、雒泽民、唐浩漩、杜泽秀、高永健、杨衍佑、陈伟、李文生当选为政协兰州市第十五届委员会副主席；朱宗诚当选为政协兰州市第十五届委员会秘书长。丁目迪等56名委员当选为政协兰州市第十五届委员会常务委员。

(武小桢)

履职履责

【政协委员建议案】 **关于推进兰州南部山区林业生态治理的建议案。**根据市委的安排，市政协在深入开展"促进黄河流域兰州段生态保护和高质量发展"重点调研的基础上，将"推进兰州南部山区林业生态治理"列为2021年度常委会重点调研课题，力求从南部山区林业生态方面进一步深化对黄河流域生态保护问题的调查研究，寻找有价值的思路对策，为实际工作提供有益的借鉴。市政协主席李宏亚、副主席尤占海带领由政协委员、专家学者和实际工作者参加的课题组，对兰州林业生态特别是南部山区林业生态建设进行深入调研、实地踏勘；对国家宏观政策、国内外实践经验和理论成果，进行多视角分析研究；并多方学习借鉴国内各地国土绿化、生态修复保护、水土流失治理等方面的有益经验。政协委员一致认为，南部山区是兰州重要的生态屏障，不断加强林业生态治理，是兰州市全面融入黄河流域生态保护和高质量发展国家战略的重要工作，必须牢固树立绿水青山就是金山银山的理念，统筹推进山水林田湖草沙综合治理，强化“护绿”、持续“增绿”、科学“用绿”，建设生态优美、山清水秀的美丽兰州，切实担起“先发力、带好头”的责任。经过深入调查研究、反复协商论证，深入分析南部山区林业生态治理基本情况和面临的问题困难，政协委员建议，要高标准、高起点、高水平推进城市绿化、山区生态治理工作；要进一步提高政治站位，坚持以习近平生态文明思想为指引，积极践行“绿水青山就是金山银山”发展理念，充分认识生态环境保护与建设工作的重要性。要将城区空闲地绿化工程与山区生态治理示范造林以及脱贫攻坚、乡村振兴等各项工作有机结合。

关于加强兰州市创建全国民族团结进步示范市工作的建议案。市政协把“加强兰州市创建全国民族团结进步示范市工作”列为常委会2021年度重点调研课题。6月2日至4日，由市政协主席李宏亚，副主席苏广林、张永财带队，组织政协委员、专家学者和实际工作者组成课题组，深入县区、乡镇（街道）、社区（村）、企业、宗教活动场所、学校、教育基地，对兰州市创建全国民族团结进步示范市工作进行实地调研，多方了解情况，开展交流协商，对工作进展情况、特色亮点、存在的问题进行深入分析，同时借鉴外省市先进工作经验，提出促进创建工作的思路和建议。李宏亚强调：要充分认识创建全国民族团结进步示范市的重要性和必要性，持续压紧压实工作责任，以长抓、抓常、抓细、抓早、抓小、久久为功的思想，落实好创建工作。要促进各民族交往交流交融，从居住生活、工作学习、文化娱乐等日常环节入手，积极营造各民族共居共学共事共乐的社会条件。要拓宽渠道，加大宣传力度，将各民族特色文化、艺术、体育活动等融入教学活动，要充分发挥好纪念馆、民族团结进步教育基地阵地的作用，提高民族团结进步创建的知晓度。要做好创建工作和党建、脱贫攻坚、乡村振兴等工作实现融合。要深入挖掘，精准提炼民族团结进步示范创建中涌现出的典型事例和示范亮点，讲好兰州故事。要提升民族团结进步创建工作水平，坚决杜绝形式主义，在资源分配、力量投入等方面向基层倾斜，加大督查检查力度，确保创建目标如期现实。

【专题调研】 **关于加强兰州市文物保护单位消防安全管理工作的调研**。2021年，市政协副主席刘怀君带队，并由社会和法制委员会组织部分委员参与，赴南昌市、鹰潭市、宁德市、福州市等地考察，学习借鉴文物保护单位消防安全管理工作先进的做法经验，并对兰州市文物保护单位消防安全管理工作进行全面调研，并于6月2日实地查看五泉山建筑群、市博物馆、白塔山建筑群、市国学馆等文保单位消防安全管理工作。结合调研学习情况，召开协商座谈会，听取兰州市文旅局、应急救援支队工作情况介绍，并充分征求政协委员和各方面的意见建议，整理形成报告。

调研中，政协委员梳理了兰州市文物保护单位消防安全工作中存在的问题。主要表现在文物消防安全责任意识还不强，体系不够健全；文物消防安全治理能力还显不足，力量薄弱；文物消防安全责任不清晰，火灾隐患大；文物消防安全基础设施比较薄弱，欠账较多；文物消防安全投入十分有限，安全难以保证。针对存在的问题，政协委员提出意见和建议。深刻把握习近平总书记对甘肃省文物保护工作的重要指示精神。大力提升“一把手”文保意识，作为“一把手”工程，在经济社会发展大局中统筹安排。把“坚持谁主管谁负责”作为对领导班子和领导干部综合考核评价的重要参考。全面贯彻“保护为主、抢救第一、合理利用、加强管理”的方针，尽快排查整治突出问题，把老祖宗留下的宝贵遗产传承好。尽快从制度上理顺文物保护管理机制。落实政府主体责任，层层厘清属地监管、综合监管与行业监管的关系。政府牵头，文化文物、应急管理（消防救援）、公安、宗教、住建等联动，推动文保单位及时接入消防物联网系统，做到联防联控。由市政府建立督察制度，对责任不落实的政府或部门进行约谈，督促依法履责。高度关注宗教文物场所火灾隐患问题。成立由专(兼)职宗教工作干部、教职人员组成的义务消防队，做到早发现、早报警、早扑灭。清理整顿五泉山建筑群、兰州府城隍庙等部分文保单位消防通道，确保消防车辆顺利通行。加强白塔山建筑群消防设施建设，改变没有消防通道的现状。高度重视文物场所及周边火灾风险防控。采取有效的防护办法以及专门的熄火措施，配备火灾预警装置，制定每日巡检制度。文物场所及周边禁止生产、使用和存放易燃易爆危险物品，设立明显的“禁止烟火”等标志，严禁将火种带入。加强对文物周边森林火情瞭望，发现火灾及时有效的消防破拆或隔离。加强对灭火器、防烟系统、应急疏散指示照明、自动灭火系统等的维护更新管理。加大文物安全基础设施建设力度。探索建立国家省市县共同承担的多渠道投入机制，科学划分国家与省市县的财政事权，确保基本支出。提高科技含量，建设与全国、省文物安全监管平台衔接、覆盖市县文物行政部门和重点文保单位的文物安全监管平台。增强重点文保单位消防专兼职队伍建设，确保消防安全人员灭火技能。加大红色文物的保护力度。随着红色旅游的大力发展，文物安全问题显得突出。要从政治的高度看待红色文物安全工作，纳入市级政府消防工作考核体系。对文物消防设施运行、水源布设、微型消防站、场馆电气线路敷设、日常训练管理等统筹安排落实。

关于后疫情时代进一步推动兰州市乡村旅游业发展的调研。 6月中旬，在唐浩漩副主席的带领下，市政协文化文史资料和学习委员会组成调研组，赴榆中县、永登县、皋兰县的重点乡村对旅游项目进行实地调研，并听取市文旅局、市农业农村局和相关单位的汇报，与部分政协委员进行专题协商座谈。调研中发现兰州市乡村旅游业发展存在的问题主要表现在：特色不突出，同质化现象比较明显；基础设施滞后，欠账较多；专业人才数量不足，从业人员素质不高；农业+深度融合不够，创新能力乏力；产业规模小，效益欠佳；营销力度不够，主动宣传不足等。针对存在问题，政协委员建议，做好顶层设计，充分发挥政府引导作用。精心谋划实施一批有影响力和带动力的乡村旅游重点项目，引导全市乡村旅游多元化、差异化、个性化发展，形成各具特色、功能突出、错位发展、优势互补、示范带动作用明显的兰州乡村旅游高质量发展格局。加快基础设施建设，推进乡村旅游智慧建设。进一步完善乡村旅游交通网络，加快乡村生态环境再造，加快完善公共服务设施建设。依托“一部手机游甘肃”计划，实现智能导游、电子讲解、在线预订、信息推送等服务功能，不断提升兰州乡村旅游服务水平。创新发展模式，积极打造特色旅游品牌。加大对乡村旅游农产品及传统手工艺品、纪念品、风味食品等品牌化策划力度，加快文物、非遗“活化”利用，促进兰州优秀传统文化得到创造性转化、创新性发展。另外，鼓励兰州各农家乐、旅游景区景点等经营主体联合融媒体平台，利用VR技术、投影技术等，推出线上旅游、数字文物、电商、云美食等数字产品。推动“乡村+旅游+”深度融合发展，不断拓宽产业链。延伸与拓展产业链，重点发展创意农业、功能农业、休闲农业等，催生乡村旅游新产品、新场景、新业态。依托果园、花海、梯田、茶园、垂钓园、养殖池塘、水库等田园风光，发展景观农业、农事体验、观光采摘、特色动植物观赏、休闲垂钓等业态，不断满足游客观赏、体验、采购的需求。实施人才发展工程，加快从业人员队伍建设。引进各类急需的文化旅游管理人才、营销策划人才和懂旅游、懂农村、善管理和运营的乡村旅游复合型人才，鼓励引导大学生、返乡农民工、艺术人才、专业技术人员、青年创业团队等各类“创客”投身乡村旅游发展。完善扶持政策，构建多元化投入体系。落实各项强农惠农政策，从资金、人才、土地、税收、信贷等方面给予兰州乡村旅游经营主体大力支持，建立稳步增长的投入机制、有保障的土地供应机制、规范的行业监管机制，建立财政引导、金融支持、社会参与的多元化融资体系。加大宣传推介，不断扩大营销实效。加强与主流媒体广泛合作，并建立与新闻媒体双向互动的信息平台，及时发布各类信息。通过举办各类赛事、节会活动，扩大兰州乡村旅游的影响力。综合运用国内外知名网络、电商平台、旅游智慧平台和社交媒体等新媒体，构建线上线下、国内国外、淡季旺季、多角度、立体式兰州乡村旅游宣传营销体系，全面提升乡村旅游的知名度。

关于兰州市爱国卫生运动工作开展情况的调研。8月11日至13日，市政协副主席方书英带领部分委员、专家学者及相关部门、县区的负责同志，赴西固区、永登县部分乡（镇）卫生院、村（社区），对兰州市爱国卫生运动发展的基本情况、政策落实、人员结构、资金投入等进行专题调研。调研组认为，爱国卫生运动的核心是爱国、根本是卫生、方式是运动。要认真贯彻落实习总书记关于深入开展爱国卫生活动的重要指示，坚持以人民健康为中心，树牢“大卫生、大健康”理念，深入开展爱国卫生运动，倡导文明健康绿色环保生活新方式，做好疾病预防保障人民卫生健康，夯实工作基础共推共促健康兰州建设。调研组建议，应进一步提高认识，把爱国卫生工作作为履行政府公共服务职能、增强行政能力的重要内容，纳入本地区经济和社会发展规划，使城乡卫生水平与经济社会发展水平相协调。在常态化疫情防控条件下，积极创新爱国卫生运动的形式和内容，把疫情防控与卫生创建同步，与优化健康服务、改善健康环境、构建健康社会、培育健康人群等方面同步推进，共同提升。

关于拓展兰州石化产业链条做强石化产业集群的调研。市政协按照市委、市政府关于推动石化产业发展、打造先进石化产业集群的决策部署和年初重点调研任务安排，由雒泽民副主席牵头，组织部分经济界政协委员和有关科研院所、石化企业对兰州市石化产业发展情况进行全面调研。调研采取现场视察、召开座谈会和专题协商议政会等多种方式进行。政协委员认为，大力发展石化产业是全面贯彻落实习近平总书记2019年8月视察甘肃时关于“要围绕强龙头、补链条、聚集群，加快改造传统产业，大力培育新兴产业，推动创新要素汇集，激发实体经济活力，形成更具竞争力的产业格局”重要指示的政治要求，也是兰州市落实“十四五”对甘肃发展总体规划的具体举措，更是兰州经济发展的现实需要。

政协委员建议：强定位。按照省市委的决策部署，坚定不移地把发展石化产业作为兰州经济发展的关键，作为引领兰州经济腾飞的龙头，久久为功，持续用力。抓载体。要适应国际石化产业规模化、集约化、园区化发展的趋势，既考虑资源节约，又注重绿色发展、循环发展、低碳发展，合理布局，推进石化产业园区高标准规划，高质量建设，切实形成链条完备、分工明确的石化产业集群。延链条。要从拓展兰州石化产业的长远考虑，通盘考量。既要考虑当前兰州经济发展的需要，又要考虑企业长远发展的后劲，从新材料、新能源、碳排放等方面延伸石化产业链条。攻难关。立足新发展阶段，紧紧围绕石化产业高质量发展这一主题，加大科技投入和技术研发力度，抢占行业技术制高点，形成自己的拳头产品，通过创新推动传统产业和企业的结构调整和产业链产品链高端化、智能化、绿色化发展。重人才。要利用好兰州市石化科研单位和院校的宝贵资源，发挥人才体系和教育体系完善的优势，加强院企合作和人才整合，把研发优势转化为产业优势，使兰州各大院校的人才资源为我所用，共同为兰州石化产业发展壮大做出贡献。优环境。注重加大向上争取的力度，争取中石油项目投资向兰州倾斜、大项目布局向兰州聚集。创新机制抓招商，通过招商和承接东部产业转移合理布局我市石化产业，做大石化产业集群。发挥好政府各类平台作用，全面研究和推进相关政策的落实和项目推进，确保石化产业健康发展。

关于兰州市城市生活垃圾分类处理的调研。全面了解兰州市城市生活垃圾分类处理工作进展情况，进一步提出加快城市垃圾分类处理的对策建议，按照市政协2021年工作安排，由王璇副主席带队，市政协人口资源环境委员会组织部分政协委员及相关部门，先后实地查看城关区、七里河区、安宁区和高新区居民小区垃圾分类工作，深入甘肃弛奈生物能源系统有限公司餐厨垃圾处理厂、兰州丰泉环保电力有限公司、安宁区全循环智能生态分类运营中心调研垃圾处理工作，并召开专题协商座谈会听取城市生活垃圾分类处理情况的汇报。

调研中，针对垃圾分类工作

中的购买服务，调研组指出，在购买企业服务的同时，要帮助企业形成良性循环，才能确保垃圾分类工作进程稳步推进；针对“扫保收运处”管理模式，调研组指出，这是服务型管理模式的切实体现。并指出，现阶段的垃圾分类工作还需要政府监督指导，很多居民对自己分类的垃圾去了哪里并不清楚，可以组织居民前往垃圾分拣中心参观，让居民对垃圾分类工作有切实的参与感，提高居民的垃圾分类积极性，从源头加快分类工作进程。

调研组还强调，要进一步提高认识、完善制度、完善规划、完善标准体系、创新工作思路，引导全体市民共同参与垃圾分类，建成循环绿色经济可持续发展的社会。

关于推动兰州市农业特色优势产业健康发展的调研。市政协将“推动兰州市农业特色优势产业健康发展”列为年度重点调研课题。5月下旬，由市政协党组成员、副主席杨衍佐带队，相关界别委员和农业专家组成专题调研组，深入兰州市农业农村部门以及榆中县、皋兰县有关镇村、农业生产基地、农产品加工企业等地开展走访调研、座谈交流后，对兰州市农业特色优势产业发展提出建议：要抓住乡村振兴新机遇，着力培育和打造更多品质优、竞争力强的产业品牌和地标产品。要强化政策引导，推动公共资源分配向农业农村倾斜。

【视察活动】　**关于《退役军人保障法》贯彻实施情况的视察。**为更好地促进《退役军人保障法》在兰州市的贯彻落实，根据市政协年度工作安排，6月开始，刘怀君副主席带队，社会和法制委员会组织部分委员，在退役军人事务局安排下，先后深入皋兰县双拥广场、弘毅酒店军人驿站、石洞镇红色退役军人服务站；榆中县夏官营金苹果驾校技能培训点、老家浪街项目孵化基地、红色基地张一悟纪念馆、兴隆山烈士陵园；兰州市军供站，城关区退役军人服务中心，兰州市退役军人服务中心等地通过实地察看、听取汇报、交流座谈的形式，对兰州市《退役军人保障法》贯彻实施情况认真视察。

视察组强调，全市退役军人事务系统应进一步坚守初心使命，坚持以退役军人为中心，持续推进《退役军人保障法》的贯彻实施。提高思想认识。切实把《退役军人保障法》的贯彻实施作为落实习近平总书记关于退役军人事务工作重要论述精神的重要举措，提升退役军人的荣誉感和归属感，让军人成为全社会尊崇的职业落地生根。加强组织领导。要为《退役军人保障法》学习宣传和贯彻落实提供坚强的组织保障，准确掌握全市退役军人服务体系建设情况，认真把脉学习宣传贯彻中的重难点问题，注意在工作中形成合力，有力推动退役军人保障法的高质量落实。发挥社会力量共同推进工作。退役军人工作涉及面广、千头万绪，面对这样一个庞大的系统工程，要树立系统思维，提升政治站位，广泛发动各条战线、各个领域、各类群体共同做好这项工作。带着感情带着责任做好工作。退役军人工作只有带着感情带着责任做，才能做出真感情办实事，要始终突出“尊崇和关爱”，紧盯广大退役军人现实需求抓服务搞保障，用真情打动退役军人、用行动赢得人心。

关于兰州市义务教育阶段一体化办学情况的视察。8月，由方书英副主席带队，市政协教科卫体委员会组织部分政协委员、专家学者及相关部门负责人，围绕“关于兰州市义务教育阶段一体化办学”课题，通过实地了解、交流座谈、查阅资料等方式进行专项视察，深入了解掌握兰州市义务教育阶段一体化办学的实际效果。

调研发现兰州市一体化办学存在的问题主要表现在：办学发展还不均衡，办学模式还不规范，教师管理还不统一，学校组合还不科学，相互融合还不深入，考评体系还不健全，内部管理还不到位等。针对存在的问题，政协委员提出相关的意见和建议。完善相关政策，做好顶层设计。建议对国家相关政策进行进一步研究，根据兰州市经济社会发展和义务教育需求，市政府出台全市一体化办学统一政策。教育行政主管部门依据一体化办学实践成果和教育教学内在要求，研究制定相应的行政指导意见等规范措施。加强市区联动，强化业务指导。加快推动义务教育学校属地化管理进程，根据需要，推动一体化办学中市属中小学向区县移交、区县中小学向市级移交的工作，进一步理顺管理体制。加大扶持力度，鼓励多元办学。加大全市一体化办学专项资金支持力度，解决一体化办学中基础建设、教学设施、人才引进、人员薪酬待遇等方面的问题。统一办学模式，促进规范发展。针对兰州市现有三种一体化办学模式，建议以优势互补、协调统一、促进融合、利于教育、服务于民为原则，以提升教育教学质量水平为目标，尊重教学内在要求，对一体化办学模式进行优化改造，建立规范统一的一体化办学模式，促进兰州市义务教育一体化办学整体规范发展。创新管理机制，实行统一管理。划清领导层、管理层、执行层的职责权限和管理边界，对集团内各校、管理执行机构实行集中统一指挥、统一管理、统一实施教育教学计划、统一人员物资调度的层级制扁平化综合管理制度，充分发挥一体化管理的优势。完善考评体系，全面科学评价。以推动一体化教育教学为目的，以提高教学质量、推动优质教育资源社会均衡化为目标，建立覆盖集团、总校、分校和教育、管理、后勤人员的多元考评体系。深化制度改革，激发教育活力。建立教师编制动态调配机制，探索教师编制改革，提高职业化水平，研究出台关于移交、新建、配建学校的建制和师资编制等问题的专项审批制度和保障机制，确保移交、新建、配建学校建制有效、编制充足。支持扩容增量，打好办学基础。政府在资金和政策方面予以倾斜，支持优势资源区推进教育资源扩容增量，促进全市优质教育资源总量规模增长，为一体化办学打好基础。

关于兰州市招商引资项目落地情况的视察。8月24日，由雒泽民副主席带队，组织部分市政协委员开展兰州市招商引资项目落地情况视察。视察组一行实地视察兰州高新区兰州天立国际学校等3个招商引资项目及榆中生态创新城项目规划建设情况，听取市政府合作交流办公室关于兰州市招商引资项目落地情况的汇报并召开专题协商座谈会。

关于兰州市老旧小区改造情况的视察。8月10日至11日，由王璇副主席带队，组成专题视察组，调研组先后来到榆中县城建家属院片区、水泥厂家属院小区，皋兰县石洞镇卫生家属院片区等地，通过实地察看、召开座谈会、提案督办等形式，对兰州市老旧小区改造情况进行视察。针对老旧小区改造遇到的困难和存在的问题，政协委员建议，要加大顶层设计、建立统筹协调机制。强化宣传，实行居民自愿原则。坚持居民自主效果评议、建管并重，加强长效管理。关注老幼群体、完善服务配套。

关于兰州市巩固拓展脱贫攻坚成果同乡村振兴有效衔接工作情况的视察。8月中旬开始，由市政协党组成员、副主席杨衍佐带队，市政协农业和科技界别的委员、专家以及市直有关部门的负责同志成立视察组，深入红古区和永登县部分乡村一线，对全市巩固拓展脱贫攻坚成果同乡村振兴有效衔接工作情况进行专题视察。视察期间，结合实地走访、听取汇报、座谈交流等方式，掌握有关情况，政协委员建议，实施乡村振兴战略将会引导更多社会资源向农村投入，成为经济增长新的动力空间。要充分发挥农民主体作用，从主体自觉自愿的角度参与乡村振兴。推进农业供给侧结构性改革和现代农业融合发展，因地制宜精准推进。

关于兰州市民族宗教界社会组织如何更好地发挥社会作用的视察。市政协把“兰州市民族宗教界社会组织如何更好地发挥社会作用”列为2021年度调研视察课题，由市政协副主席苏广林、张永财带队，组织政协委员、专家学者和实际工作者组成的课题组，深入白云观、基督教山字石礼拜堂、小沟头天主教堂等地，各民族宗教社会组织，对其体制机制、依法管理、人才队伍建设、社会服务等方面进行实地调研。政协委员建议，要深入学习习近平总书记关于宗教工作的重要论述，宣传党和国家方针政策，促进宗教关系和谐。引导信教群众热爱祖国、热爱人民，维护祖国统一。重视宗教人才培养，把优秀人士吸收到各协会班子队伍中。

【基层协商】 按照“党委领导、政协搭台、各方参与、服务群众”原则，加强组织领导，落实工作责任，探索推进政协协商向基层延伸工作。截至7月，全市114个乡镇（街道）建立“三位一体”的委员工作站、协商议事会、协商议事室，1158个村（社区）建立协商议事会、协商议事室，在全省率先实现全覆盖，还在28个企事业单位搭建基层协商平台，进一步扩大覆盖面。

落实省政协《工作方案》各项要求，下发高质量推进政协协商向基层延伸的《通知》，从扩大覆盖面、完善制度机制、抓好典型示范、提高协商实效等方面提出要求。落实政协领导、专委会和政协委员"三个下沉"工作制度，市政协领导分头深入联系县区和乡街村社区，指导和参与基层协商议事。配合省政协下沉兰州市的312名委员、组织全市两级政协1700余名委员，深入基层开展协商议事，助力解决群众关心的热点难点问题。按照"不建机构建机制"的原则，加强和完善乡镇（街道）政协委员工作站，指导县区政协在乡镇（街道）、村（社区）、企事业单位、民主党派和工商联建立"委员之家"，设立"委员接待日"，建立"委员专家组"，开展委员基层履职活动。

对协商什么、谁来协商、怎样协商、协商结果如何运用等作出明确规定，从实际出发分级分层确定协商议事的主要内容、方式方法和工作流程。指导县区、镇街、村社区和企事业单位结合实际制定制度、规则、工作流程等，推动协商议事规范操作。落实"六步议事"流程，做到制度标识完善、文档资料齐备。指导基层建立协商驿站、民情联络室、微信平台，为了解民情、征集意见建议提供便利。在开展好会议协商的同时，探索开展网格协商、小院议事、楼栋协商、班组协商、网络协商、"小马扎议事"等活动，使协商形式更加灵活多样。

以"阵地完善、工作规范、特色鲜明、成效显著"为目标，指导各县区选择有一定代表性的乡镇（街道）和村（社区）、企事业单位，建设示范点，探索总结能复制、可推广的经验，发挥示范带动作用。7月14日，全省政协协商向基层延伸工作观摩推进会在兰州举行，现场观摩学习、总结交流兰州市的做法经验，省政协党组书记、主席欧阳坚，省委常委、市委书记朱天舒亲自带队观摩，详细查看兰州市政协基层协商平台搭建和工作开展情况，给予充分肯定。上海、江苏、内蒙古等省市区和省内20余个市（州）、县（区）政协来兰州市考察交流。

【专题协商】 完善"月协商座谈会"制度，围绕民族团结进步、生态治理、产业链条延伸、特色农业、文物保护等重点调研视察，组织政协委员、专家学者同政府部门领导面对面交流协商，全年召开8次月协商座谈会，增强献计献策的针对性和可操作性。配合全国政协和省政协在兰州市召开12次专题协商座谈。围绕调研视察和监督等工作，开展40余次现场协商座谈。改进提高全会协商，加强界别小组讨论，组织政协委员深入协商政府工作报告和计划财政、法检两院报告。充分利用大会发言进行集中协商，市政协十四届五次全会上，20名委员围绕黄河兰州段生态保护和高质量发展、榆中生态创新城建设、中小微企业发展、招商引资、学前教育、文化建设、兰西城市群和甘青融合发展等问题进行大会发言，39名委员围绕"十四五"规划、民企、农村、环境、人才、交通、安全等问题开展书面交流。

【提案办理】 推动落实"市长负责制"提案办理机制，切实提高提案工作水平。完成市政协十四届五次会议和会后提案征集、审查、交办等工作，向60余家承办单位交办397件提案。做好重点提案遴选及督办工作，经充分沟通协商，确定"深化'互联网+政务服务'""发挥兰州核心作用高质量建设兰西城市群""加快绕城环线道路建设""解决中小企业融资难融资贵"等19件重点提案，开展主席会议成员重点督办和专委会跟踪办理。在政府部门大力支持下，年度提案全部按期办复。开展提案网上评议，组织政协委员集中走访24家承办单位，征求社会各界对提案工作的意见建议。组织政协委员赴城关区政府，就提案办理质量和提案质量开展双向民主评议，推动提案工作提质增效。7月，全国地方政协提案工作经验交流座谈会交流兰州市的做法和经验。

（武小祯）

重要会议

【中国共产党兰州市第十三届纪律检查委员会第六次全体会议】 2月7日召开。出席全会的有市纪委委员29人，列席179人。省委常委、市委书记李荣灿出席全会并讲话。市委常委，市人大常委会、市政府、市政协领导同志出席会议。有关方面负责同志参加会议。市监委特约监察员代表列席会议。全会由市纪委常委会主持。全会以习近平新时代中国特色社会主义思想为指导，深入贯彻党的十九大和十九届二中、三中、四中、五中全会精神，认真学习习近平总书记中央纪委五次全会重要讲话精神，全面落实十九届中央纪委五次全会、十三届省纪委五次全会和市委十三届十四次全会部署，总结上年工作，部署2021年任务，审议通过市委常委、市纪委书记、市监委主任李海默代表市纪委常委会所作的《努力推进纪检监察工作高质量发展，为全面建设现代化中心城市提供坚强保障》工作报告。

【中国共产党兰州市第十三届纪律检查委员会第七次全体会议】 12月4日召开。第十三届市纪委委员出席全会，审议通过《中国共产党兰州市第十三届纪律检查委员会向中国共产党兰州市第十四次代表大会的工作报告》。

【中国共产党兰州市第十四届纪律检查委员会第一次全体会议】

12月12日召开。张泽武主持会议。十四届市纪委委员出席会议。会议以无记名投票方式，选举产生中国共产党兰州市第十四届纪律检查委员会常务委员会委员和书记、副书记，提请中国共产党兰州市第十四届委员会第一次全体会议通过后生效。张泽武、陈立江、赵战斌、李成宏、谢慧芬、张学永、林蓉、彭尔鹏、张耀东当选为中国共产党兰州市第十四届纪律检查委员会常务委员会委员。张泽武当选为中国共产党兰州市第十四届纪律检查委员会书记，陈立江、赵战斌、李成宏当选为中国共产党兰州市第十四届纪律检查委员会副书记。

（李红明）

主要工作

【监督执纪】 2021年，全市纪检监察机关查处违反政治纪律政治规矩案件15件，处分24人。紧扣“十四五”开局起步，加强对“三新一高”、黄河流域生态保护和高质量发展等重大决策部署，重振兰州制造等重点任务落实情况的监督检查。紧盯中央巡视反馈问题，督促整改涉及兰州市问题16个，办结问题线索99件，处理50人。严明换届纪律风气，查处违反换届纪律问题4件，处理10人，给予党纪政务处分3人。助力打赢新冠肺炎疫情防控阻击战，第一时间启动专项监察机制，督促整改问题2516个，问责失职失责党组织7个，批评教育帮助和处理153人。查处全面从严治党不力问题139件，问责党组织3个，问责党员领导干部200人。紧盯“关键少数”，出台加强对“一把手”和领导班子监督的实施办法，落实纪检机关负责人同下级“一把手”谈话制度，与县区党政主要负责人谈话16人次，以抓住“关键少数”带动管住“绝大多数”。紧盯选人用人，动态更新廉政档案，回复党风廉政意见11.1万人次，提出暂缓或否定性意见1180人次，坚决防止“带病提拔”。注重抓早抓小，对苗头性倾向性问题早发现、早提醒、早纠正，主动约谈、谈话提醒1.2万人次。深化运用“四种形态”，批评教育帮助和处理3687人次，其中第一、二种形态占92.7%。

【反腐败工作】 2021年，全市纪检监察机关接收信访举报4415件次，处置问题线索3733件，立案930件，处分813人，留置44人，移送检察机关68人，处理处分市管干部53人。坚持受贿行贿一起查，移送检察机关起诉行贿人员25人。在持续震慑和政策感召下，36人主动投案、84人主动交代问题。协同推进政法队伍教育整顿，立案159件，给予党纪政务处分103人，移送检察机关2人。做好“后半篇文章”，发出纪检监察建议书505份，推动以案促改、以案促治。拍摄制作《小官大贪》《纪法不容亵渎》等警示教育片，常态化开展以案说纪、以案说法，用身边事教育身边人。坚持惩前毖后、治病救人，关心回访受处分人员412人次，激励干部从“有错”向“有为”转变。

【“四风”纠治】 整治形式主义官僚主义，查处空泛表态、应景造势、敷衍塞责等突出问题445件，处理659人。跟进监督基层减负，深入治理多头发文、层层开会、“指尖上的形式主义”等问题。强化治理营商环境突出问题，处置政策落实“中梗阻”、服务企业不作为乱作为等问题25件，问责11人。坚决整治享乐主义、奢靡之风，严肃纠治滥发津补贴、违规收受礼品礼金、大操大办婚丧喜庆事宜、公车私用等易发多发老问题，紧盯“一桌餐”“吃公函”“隔空送礼”等隐形变异新动向，查处问题142件，处理167人。

【专项治理】 开展巩固拓展脱贫攻坚成果同乡村振兴有效衔接专项监督，紧盯“四个不摘”“五大振兴”落实，累计开展监督检查548次，督促整改问题684个，约谈1046人次，查处问题107件，处理151人。开展“四项资金”专项整治，督促整改问题572个，查处问题25件，处理29人，收缴违规资金166.9万元。试点开展村（社区）集体“三资”提级监督，查处问

2021年7月28日，兰州市纪委监委召开全体党员大会

为期一月的全省纪检监察干部基础业务培训班于2021年5月13日结业，兰州市211名业务骨干和年轻干部在9个分会场参加了培训。图为市纪委监委会场结业班后的合影

题29件，处理34人。常态化开展扫黑除恶“惩腐打伞”，全覆盖跟案深挖，查处涉黑涉恶腐败和“保护伞”问题61件，处理79人。推进粮食购销领域腐败问题专项整治，督促排查整改问题86个，核查问题线索11件，立案审查3件。推进供销社系统腐败和作风问题专项整治，督促排查整改问题68个，立案审查3人。监督做好化解国有土地上已售城镇住宅历史遗留“登记难”问题，推动办理首次登记21万余套，首次登记率74.7%。

【纪检监察改革】 深化纪律检查体制改革，制定《县区纪委监委向市纪委监委请示报告重大事项清单》，通过实行集中管理、案件报备、提级审核等，从线索处置到案件查办全过程加强对基层纪检监察机关的领导指导。推进监察体制改革，认真落实监察法及其实施条例，不断完善与审判、检察、公安等机关在信息共享、线索处置、证据转换、案件移送等方面的协调衔接机制，推动执纪执法贯通、有效衔接司法，形成权责清晰、流程规范、制约有效的程序体系。市监委首次向市人大常委会报告专项工作，定期向民主党派通报纪检监察工作，自觉接受特约监察员监督。强化派驻机构改革，调整优化市级派驻机构设置，在8家市属重点国有企业、高校设立监察专员办公室，改金融企业纪委为市纪委监委派驻纪检监察组，依法赋予相应监察权，理顺工作机制，完善配套制度，实现市级派驻监督全覆盖。全面启动县区纪委监委派驻机构改革。

【巡察工作】 开展市委第11、12轮常规巡察，对16个市直部门单位、3家重点企业党组织开展政治体检，实现十三届市委巡察全覆盖。制定加强巡视巡察上下联动的具体措施，配合省委涉粮领域专项巡视，对6个县区和涉粮单位、企业开展专项巡察。做实巡察整改，出台《巡视巡察整改监督工作实施办法》，建立市委领导一对一整改调研督导机制，压实被巡察党组织整改主体责任。十三届市委巡察反馈的5058个问题，已整改5009个，整改率99%；累计向纪检监察机关移交问题线索783件，已办结764件，办结率97.6%。

（李红明）

中国国民党革命委员会兰州市委员会

【概况】 2021年，中国国民党革命委员会兰州市委员会（以下简称“民革”）有党员1006人，其中女党员392人，平均年龄57岁，本科以上学历党员569人。有各级基层组织51个。其中，基层委员会3个（民革兰州市城关区委员会、民革兰州市榆中县基层委员会、七里河区基层委员会）；总支5个（安宁总支、西固总支、永登总支、红古总支、皋兰总支）；支部41个。专门工作委员会7个（参政议政工作委员会、法律工作委员会、经济工作委员会、祖统工作委员会、妇女青年工作委员会、三农工作委员会和科教文卫工作委员会），基层组织遍布三县五区及兰州新区。

【宣传工作】 邀请省社科院王凯教授作《中国的民主党派及政党制度》讲座，参加全市庆祝中国共产党成立100周年座谈会并发言，组织机关干部前往“邓园”、八路军驻兰州办事处纪念馆及八步沙林场等地参观学习，缅怀革命先烈，传承爱国主义革命传统。召开专题研讨会，学习贯彻中国共产党第十九届中央委员会第六次全体会议精神，深入领会习近平总书记纪念辛亥革命110周年重要讲话精神。在民革微信公众号、网站分别开设“中国共产党党史百年天天读”及民革党员“学党史、谈心得”学习专栏，宣传“四史”及民革党史等内容，编辑印发《兰州民革》庆祝中国共产党成立100周年专刊3期，党员撰写党史学习心得40余篇，发挥“线上”党史学习教育平台作用，确保学习教育范围全覆盖。

【参政履职】 围绕政党协商会议和专项民主监督工作，对城市规划、黄河兰州段生态保护和高质量发展、经开区国土空间利用和生态修复开展调研，形成《黄河兰州段生态保护和高质量专项民主监督调研报告》《兰州经开区国土空间利用和生态修复调研报告》等，并转化为市政协十五届一次会议交流发言材料。在市政协十五届一次会议上提交集体提案18件，立案18件，其中《关于构建兰州经济开发区国土空间土地开发利用和生态修复新格局的建议》《关于推进我市商标品牌发展的建议》《关于打造十五分钟生活服务圈的建议》被作为大会交流发言材料。全年向市政协报送社情民意信息50余篇，被采用16篇，其中《我市无障碍环境建设建议》《关于解决兰州火车站打车难的建议》被市政协评为优秀社情民意信息。

【社会服务】 深化“同心博爱”社会服务品牌，不断探索完善兰州民革“1234”社会服务工作新模式，发挥市区（县）两级民革志愿服务队，以“同心博爱”及“奉献、友爱、互助、进步”为社会服务宗旨，携手社会公益组织和爱心人士，发挥自身优势，开展法律咨询、扶贫济困、慰问城市守护者、抗战老兵等“六进”活动40余次，累计捐款捐物100余万元，王新冰、周玮获得“甘肃省青年志愿者优秀个人”称号。

【新冠肺炎疫情防控】　面对兰州市新冠肺炎突发疫情，民革兰州市委会按照中央及省市统一部署，第一时间向全市民革党员发起“同心博爱，共抗疫情”活动，倡导民革志愿服务队科学有效参与一线防控和志愿服务。全市各级民革党员共捐助现金及物资约74万元，民革医务工作者及150余名民革志愿者主动请缨，下沉社区，参加疫情防控志愿服务，周占琪、徐涛等民革爱心企业家纷纷慷慨解囊。

【祖国统一工作】　以习近平总书记关于对台工作的重要论述和“九二共识”为指引，利用兰州民革网站期刊及公众号宣传对台政策及两岸时政要闻，邀请专家学者为省市民革党员做台海形势报告，为实现反独促统凝聚力量。参加省市台胞台属座谈会、报告会、茶话会等联谊活动，为在兰台胞、台企提供就业创业及权益保障等法律咨询服务，协调解决台资企业和台商劳资纠纷案件，在兰台胞台企的认同感和归属感得到有效提升。

（李彦雄）

中国民主同盟兰州市委员会

【概况】　2021年，民盟兰州市委员会（以下简称“民盟”）有盟员1736人，其中女盟员792人，平均年龄55.3岁，60岁以下盟员1201人，在职1134人。盟员中大学本科以上学历1231人，占比70.9%，在职中高级以上职称584人，占比33.6%，各级人大代表13人，政协委员102人。盟员分布在教育、文化、卫生、科技、法律等领域。现有各类基层组织78个，基层委员会6个，专委会10个。

【党史盟史学习教育】　突出主题主线，抓好中共党史和盟史学习教育。举办中共党史学习教育暨盟史宣讲会，在基层委进行“盟史讲师”培养选拔试点，持续推动党史盟史学习教育深入开展。结合党史学习教育，推进和深化政治交接，提高自身建设水平，强化使命担当，将学习教育成果转化为履职尽责的具体行动，在参政议政、建言献策、反映社情民意、社会服务等工作中，不断创新工作方式，激发内生动力，推动兰州民盟各项工作再上新台阶。组织盟员到爱国主义教育基地、民盟传统教育基地开展学习参观，专委会开展中共党史盟史学习教育专题辅导报告，传承政治薪火，凝聚精神力量。开展主题征文活动，1名盟员作品获盟省委“我与民盟”优秀征文。

【庆祝中国共产党成立100周年】　组织收看庆祝建党100周年大会实况，结合理论学习中心组学习会，开展集中学习研讨，交流学习成果，分享心得体会。与盟省委联合举办庆祝中国共产党成立100周年、民盟成立80周年主题美术书法展，盟市委举办体育书画展。2名盟员作品入选民盟中央美术展，3名盟员书画作品入选全省统一战线书画展。盟市委获兰州市民主党派、无党派人士庆祝中国共产党成立100周年诵读比赛团体一等奖。盟市委机关参加市直机关庆祝中国共产党成立100周年合唱比赛，参加兰州市民主党派庆祝中国共产党成立100周年活动，参加“百年华章风雨同舟”兰州市政协庆祝中国共产党成立100周年书法美术作品展。

【宣传工作】　突出思想宣传的引导作用，通过“一网一刊一号”和微信群进行宣传，全年出刊《兰州盟讯》4期，微信公众号推送文章222篇，微信公众号文章阅读超过4.5万人次。全年在各级各类媒体发表新闻稿件130余篇。其中，民盟中央网站采用16篇；民盟省委网站采用32篇；省委统战部采用2篇；兰州统战信息采用32条。组织文化艺术界、教育界别盟员发挥特长，创作歌曲、快板等形式的抗疫宣传短视频8个，通过微信视频号、朋友圈等渠道传播，创新宣传载体，宣传抗疫伟大精神，讲好统一战线和多党合作故事。

【参政议政】　坚持质效并举，

参与协商议政和反映民声。领导班子成员和盟员中的代表人士参与协商议政，全年参加中共甘肃省委、兰州市委和省市政协举办的座谈会、协商会等协商活动10余次。围绕党委和政府中心工作、党风廉政建设和反腐败工作等主题协商建言，推动科学决策。盟市委主委在省政协常委会、专题议政会上，分别以《产业带动统筹推进实现脱贫与乡村振兴有效衔接》《加快我省装备制造业发展》为题作大会发言。在中共兰州市委协商座谈会、上半年全市经济工作通报座谈会上，分别就推进兰州制造高质量发展、加强工业遗产保护开发、促进义务教育优质均衡发展、破解商贸服务业困境等提出意见建议。根据民盟省委和中共兰州市委年度政党协商计划，确定全年重点调研课题、牵头调研课题、协作调研课题，统筹组织协调推进。开展"后疫情时代进一步推进乡村旅游发展"、商业地产健康发展、中小企业高质量发展、教育"双减"、农村宅基地有效利用等调研考察，全年组织民盟市委会完成调研报告21项，为系统推进兰州实现高质量发展献计出力。强化责任传导、激励机制和量化考核，反映社情民意，提交总数为143篇，1篇获中共兰州市委书记批示，10余篇被盟省委采用，21篇被市政协《委员建言》采用，5篇获市政协优秀社情民意信息。鼓励和推荐盟员参加民盟经济论坛、民生论坛、科技论坛，2篇获优秀论文、1篇书面交流，4篇论文获盟省委经济论坛、教育论坛优秀论文。

组织向省、市"两会"提交议案提案30余篇，2篇入选大会发言，2件被重点督办。在市政协十五届一次会议上，盟市委有3篇建言入选口头发言，5篇建言作书面交流，民盟兰州市委员会、盟员中的市政协委员共有6件提案、14篇社情民意信息受到表彰。

开展黄河流域生态保护和高质量发展战略启动专项民主监督工作，到七里河区、市文化和旅游局调研，并形成专项调研报告。推荐盟员担任兰州市优化营商环境社会监督员，对兰州市招商引资、公平竞争、行政审批、政务服务、监管执法、司法保障、政商关系等涉及营商环境建设事项进行监督。9名盟员获盟省委"参政议政工作先进个人"称号。

【新冠肺炎疫情防控】 成立疫情防控工作领导小组，动员全市盟组织和广大盟员齐心协力、主动参与疫情防控工作当中。全市医疗战线盟员坚守在医疗岗位上，参与核酸采集检测、隔离点集中消杀、病情观察、医废处理等工作。经济界盟员捐款捐物价值25万余元。近200名盟员志愿者下沉社区坚守岗位，开展隔离人员管理、环境消杀、信息摸排、卡口执勤、医护人员接送、物资采购发放等工作。

【社会服务】 开展智慧校园捐赠活动，与民盟省委联合开展智慧校园公益捐赠活动，为兰州市西固区、七里河区、红古区150余所中小学捐赠3D打印机、平板电脑等价值281万元教学设备和教育资源，进一步加强学校信息化建设。在共建社区打造"和美行动，同心共进"品牌，开展社情民意直通车等六大主题活动，组织"迎新春送春联"、冬至节慰问孤寡老人和生活困难户等活动，为社区工作人员赠送价值6万余元的保健品和防疫物资。

（李文涛）

中国民主建国会兰州市委员会

【概况】 2021年，中国民主建国会兰州市委员会（以下简称"民建"）有会员1146人，平均年龄52.3岁，大专以上学历942人，占会员数的82.1%，经济界会员887人，占会员数的77.4%。各级人大代表16人，各级政协委员113人。全市有基层委员会5个，总支15个，支部52个，另有专委会10个（党建理论委员会、经济委员会、企业委员会、法制委员会、青年委员会、妇女委员会、职教委员会、文化旅游体育委员会、乡村振兴委员会、老龄委员会），基层组织遍布三县五区和兰州新区。

【思想建设】 组织召开庆祝中国共产党成立100周年座谈会。承办民建甘肃省委庆祝中国共产党成立100周年书画摄影作品展，组织会员参加民建西部五省区"庆祝中国共产党成立100周年暨'一带一路'民建西北五省区文化之旅书画联展"，中共甘肃省委统战部、民建武汉市委等5家单位举办的庆祝中国共产党成立100周年书画展，民建甘肃省委、中共兰州市委统战部庆祝中国共产党成立100周年朗诵会。开展"踏寻党的光辉足迹，参观爱国主义教育基地"活动，追寻党的百年足迹，接受思想政治洗礼。

【宣传工作】 充分发挥网站、微信公众号和会刊的作用，加大对基层组织换届工作、先进工作经验和会员先进事迹报道力度，丰富宣传工作方式和内容，全年，市委会关于成立乡村振兴委员会的1条信息被中央统战部采用，93条被民建中央采用，58条被省民建采用，3条被中共兰州市委采用，20条被中共兰州市委统战部采用。全年编印《兰州民建》季刊4期。同时出台《民建兰州市委员会宣传管理办法》。

【组织工作】 制定换届工作方案，按照巩固政治共识、坚持正确导向、优化班子结构、严格工作程序，严明换届纪律的基本原则，按照民主推荐、多方协商、个人情况考察等各个环节开展工作，产生民建兰州市第十四届委员会，顺利实现政治交接。制定下发县区基层组织换届工作实施方案，严肃换届纪律要求，营造风清气正的换届环境，确保换届工作进行。全年对8个县区基层组织进行换届，组建成立民建市直属基层委员会，发挥市直属基层组织在全市基层组织中的标杆和引领作用。组建成立七里河区基层委。对申请入会的人员全部采取"凡入会必测试"的办法，在组织考察中，既着眼年龄、学历、职称、职务上"硬指标"，更注重思想、政治、品德等方面"软指标"，推进组织发展工作。全年发展会员45名，3名会员走上县级领导岗位。向市委组织部、市委统战部推荐13名副科级以上会员。全年推荐12名会员分别参加民建中央、省民建的各类会员培训班。

基层组织开展丰富多彩的交流活动，创新交流形式，在基层组织之间、专委会与基层组织之间、各专委会之间开展交流。适时成立乡村振兴委员会；对党建理论委员会进行人员调整；将文化委员会重组为文化旅游体育委员会。创建"青年会员文化交流园地"1个，为基层组织和青年会员打造促进交流、共同进步的平台。

【参政议政】 创新工作机制，出台《民建兰州市委参政议政工作管理和奖励办法》，提高参政议政水平的新途径，不断发挥专委会、"市委会政策研究小组"及"兰州民建参政议政智库"作用。吸收会内外专家学者，形成高层次调研力量，围绕年度重点调研课题《兰州市实体商铺经营现状调查》，形成调研报告，提交市委。按照市委统一战线工作领导小组统一安排，先后到市工信局、西固区开展黄河流域生态保护和高质量发展战略启动实施民主监督，形成调研报告。

参加中共兰州市委、市人大、市政府、市政协召开的民主协商会、情况通报会、政协常委会以及督办视察和培训，多渠道了解政情。参加中共兰州市委召开的党外人士座谈会、党风廉政建设和反腐败工作通报协商座谈会以及市委统战部系列会议，所提意见建议和发言得到市委主要领导和相关领导的肯定、好评和相关部门的采纳。向兰州市政协十四届五次会议提交《关于我市生态文明高质量建设的建议》等16件提案，并作《深入贯彻落实中共十九届五中全会精神，切实谋划推进好我市乡村振兴工作》大会发言。各区县基层组织向各自区县两会提交议案10件、提案135件，列为重点提案13件。向兰州市政协十五届一次会议提交《关于加强我市新能源汽车充电设施建设的提案》等15件提案，作了加强新能源充电设施建设以及加强农村基础设施建设助力乡村振兴两个大会发言。在市政协十五届一次会议上，市委会向市政协十四届三次、四次、五次会议提交的3件集体提案、3件集体社情民意信息、5件会员个人社情民意信息被评为优秀提案、优秀社情民意信息，受到表彰。

【社情民意】 加强骨干信息员队伍建设，建立健全社情民意工作的反馈、评比和激励机制，在市委会及区县基层组织10个社情民意联系点，突出民建经济界特色优势，开展"四进乡村社区"(文化进社区进农村、健康进社区进农村、法律进社区进农村进校园、公益进社区进农村进校园)活动，宣传党的政策理论，收集反映社情民意信息25条。

【新冠肺炎疫情防控】 在兰州新冠肺炎疫情防控中，民建会员闻令而动，积极投身抗疫斗争，下沉社区参与志愿服务、慰问一线人员、报送信息等，全市会员累计捐款捐物近80万元。针对疫情防控工作提出意见、建议，向市委、市政协上报会员撰写与疫情有关的社情民意12条，向民建省委、民建中央上报疫情相关信息46篇，有12条建议被省市政协等上级单位采纳。

【对外交流】 开展各种形式的座谈、视察、研讨、走访活动，与省内外组织联系交流。采用"请进来"方式，向广州、武汉、天水等省内外民建组织交流学习，采用"走出去"方式，组织骨干会员赴浙江、江苏、安徽等民建组织交流学习，拓宽会员参与会务工作的程度，促进会员企业间特别是与外埠会员企业的交流联系和互学互鉴。

（李　杨）

中国民主促进会兰州市委员会

【概况】 2021年，中国民主促进会兰州市委员会（以下简称"民进"）发展学校、机关、企事业单位的业务骨干或学科带头人新会员37名，截至年底，全市会员1155人。其中，主界别会员占63.6%；机关事业单位及国企占13.2%。

【思想建设】 制定《民进兰州市委员会中共党史学习教育工作方案》，由领导班子带头主抓，在全市8个基层委员会开展党史学习教育专题宣讲，团结带领各基层组织和广大会员开展一系列主题突出、特色鲜明、形式多样的学习教育。组织会员在兰州市革命烈士陵园开展祭扫活动，并参观兰州战役纪念馆；组织市委会领导班子成员和机关干部参加市委统战部在中共甘肃工委纪念馆开展的学习参观活动；组织机关支部成员赴中国工农红军西路军梨园口战斗纪念馆、马场滩战斗遗址、石窝会议纪念馆开展"循红色足迹守革命初心"党史学习教育；组织会员参加市委统战部举办的"永远跟党走奋进新征程"庆党百年诵读比赛；组织全市会员参加"庆祝中国共产党成立100周年——多党合作·民进记忆"和"中国共产党百年党建经验对中国特色社会主义参政党建设的启示"主题征文，向民进中央、民进甘肃省委会提交征文11篇；机关全体干部职工参加兰州市直属机关庆祝中国共产党成立100周年合唱比赛；参与城关区盐场路街道、西固区临洮街街道庆祝建党100周年文艺汇演；组织会员参加全省统一战线书画摄影作品展和全市民主党派书画摄影作品展。围绕中共党史学习教育，在《兰州民进》杂志开设"庆祝中国共产党成立100周年"专栏，在"兰州民进"微信公众号推出"中共党史微课堂""学党史、忆初心、话担当"系列栏目，在会内宣传普及中国共产党的光辉历史和理论创新成果，集中展现习近平总书记的重要论述、理论观点。

【组织工作】 印发《民进兰州市委员会关于做好基层委、支部换届工作的安排意见》和《民进兰州市委员会2021年换届方案》，全程参与指导基层组织换届工作，圆满完成基层组织换届。12月13日，召开民进第八次代表大会，全市64个基层组织的109名代表出席会议，选举产生民进兰州市第八届委员会，陈伟当选为民进兰州市第八届委员会主委，王国强、朱延俊、苏俊海、张茂君当选为民进兰州市第八届委员会副主委。在政协兰州市第十五届委员会第一次会议上，陈伟、王国强、朱延俊、苏俊海、张茂君、聂凤兰、汪志刚、张小琴、郁文生、马永泽、火麒

9月9日，民进兰州市委会组织会内教师前往兴隆山革命烈士陵园开展红色主题教育

麟、杨梅萍、蒋兆同、宁兴校、蒋玉英、胡雪莉、孙伶俐、王岳等18名民进会员作为政协委员参加会议,民进甘肃省委会副主委、民进兰州市委会主委陈伟当选为政协兰州市第十五届委员会副主席。

【会内监督】 充分发挥监督委员会监督作用,加强对重点对象和重点事项的监督,严肃换届纪律,确保换届风清气正。坚持监委会委员列席重要会议制度,支持监委会成员列席主委、常委及全委会会议,同时邀请市纪委监委派驻市委统战部纪检监察组的相关领导参加会内重要会议,及时了解会内"三重一大"的决策过程,对领导班子执行制度、贯彻民主集中制情况、部署开展重大工作活动进行监督检查。

【民主监督】 组织会内专家赴市水务局、安宁区开展黄河流域生态保护和高质量发展战略专项民主监督,通过考察调研、座谈交流等形式,全面掌握市水务局和安宁区在黄河流域生态保护和高质量发展方面的工作开展情况及存在的问题,提出针对性的意见和建议,形成调研报告上报市委。

【参政议政】 在党外人士座谈会上发表协商意见,全年参加政党协商会5次。召开参政议政工作会议对调研工作作出安排部署,先后赴永登县、七里河区开展"关于农村小规模学校建设"的调研。在兰州职业技术学院、兰州现代职业技术学院等具有代表性的职业院校开展"兰州职业教育发展"的调研。全年完成1项重点调研和11项专题调研。在政协兰州市十四届五次会议上,就创新基层社会治理建设平安兰州作口头发言,提交书面发言1篇,提交提案15件,立案15件,其中《关于加快我市绕城环线道路建设的提案》被列为政协重点督办提案。在政协兰州市十五届一次会议上,提交书面发言2篇,提交提案14件,立案14件。在对十四届三次、四次、五次会议优秀提案的表彰名单中,有市委会的《关于大力推进多功能社区养老的提案》《关于推进我市智慧教育建设的提案》《关于加快我市绕城环线道路建设的提案》等3件提案。陈伟等《关于提升城市管理精细化水平的提案》,王巧芸等《关于推进黄河兰州段生态修复保护进一步提升城市魅力的提案》,张强《关于在全市医院实行统一就诊卡的提案》,齐新龙等《关于发挥兰山生态旅游资源优势提升旅游品质的提案》受到表彰。

【社情民意】 开展反映社情民意信息工作主题年建设活动,收集社情民意信息99篇,报送民进甘肃省委会、兰州市政协、兰州市委统战部87篇次。其中,民进甘肃省委会采用14篇;市政协采用28篇;7篇被评为市政协2021年度优秀社情民意信息。其中《关于消除陈官营地铁站接驳换乘安全隐患的建议》获市委主要领导重点批示,市交通委等相关部门对该建议进行采纳办理。

【新冠肺炎疫情防控】 兰州市新冠肺炎疫情期间,全市有近80名会员活跃在疫情防控的各条战线上,开展和参加志愿服务活动600余人次,捐款捐物合计32.2万元。

(王德凯)

中国农工民主党兰州市委员会

【概况】 2021年,中国农工民主党兰州市委员会(以下简称"农工党")有农工党员980人,其中女党员538人,新发展党员32人。有各级基层组织74个(其中基层委员会9个,总支部委员会8个,支部委员会57个),有296名同志在各级基层组织担任委员以上职务。有各级人大代表、政协委员107人。设有农工党兰州市委会监督委员会,专门负责党内监督工作。

【思想建设】 召开主委会议、常委会议12次,及时跟进、学习习近平总书记关于加强和改进统一战线的重要思想和在党外人士座谈会上的重要讲话精神。学习中共十九届六中全会精神和中共兰州市第十四次党代会精神,刊发"认真学习领会中共十九届六中全会精神——党员学习心声"40余篇,引导基层组织举办座谈交流20余场、选派党员开展集中培训等100余人次,团结引领各基层组织和广大党员旗帜鲜明讲政治、坚定不移跟党走。

【政治建设】 庆祝中国共产党成立100周年,举办"没有共产党就没有新中国”报纸主题展览，300余名党员赴现场参观学习。组织机关干部下沉5个基层组织作农工党史专题辅导报告，选派6名党员参加全市庆祝中国共产党建党100周年合唱比赛，选送3个节目参加市级民主党派“永远跟党走·奋进新时代”庆祝中国共产党成立100周年诵读比赛，报送30余幅书画作品参展庆祝中国共产党成立100周年作品展。引导基层组织先后赴甘肃省社会主义学院统一战线历史陈列馆、张一悟纪念馆、兰州战役纪念馆、会宁会师塔等红色教育基地，开展参观学习30余场次。开展“我为群众办实事”实践活动，全年开展走访慰问、义诊送药、捐资助学等活动20余场次。

【学习宣传】 加强新时代统战政策理论研究和中国特色社会主义参政党建设研究，形成《推动民主党派年度主题学习教育制度化研究》《民主党派干部培养使用面临的困难问题研究》2篇统战理论课题成果，《学好党的统战史、矢志不移跟党走》等5篇文章在省市主流媒体刊发。组织开展“中国农工民主党与中国共产党肝胆相照、荣辱与共——庆祝中国共产党成立100周年”理论征文活动，征集理论文章31篇，其中9篇受到农工党中央表彰，7篇在甘肃社会主义学院庆祝“中国共产党建党百年”主题征文活动中获得表彰奖励。召开信息宣传工作会议，表彰奖励“讲好统一战线精准扶贫故事”和庆祝中国共产党成立100周年优秀主题征文47篇。做好《前进论坛》《甘肃农工》杂志征订工作，出版《兰州农工》杂志4期，刊发“兰州农工”微信公众号信息140余期，报送各类信息200余条。

【政党协商】 组织赴青海省西宁市、海东市和兰州市红古区，围绕“深化甘青合作，推进兰西城市群建设”开展专题调研。学习贯彻《中共兰州市委2021年政党协商计划》文件精神，紧扣会议协商主题、精心准备建言材料，先后出席各类协商座谈会议7次，提出“以高质量监督保障营商环境持续优化”“强化政治把关，加强对换届工作的监督”“围绕优化城市空间布局，更好促进城乡协调发展”“实施创新驱动发展战略，推动企业在科技创新中发挥主体作用”“抓住兰西城市群发展机遇，加快推进产业融合发展”等建议15条。

【参政议政】 围绕推动黄河流域生态保护和高质量发展、实施健康兰州战略等重点领域，开展“一人一建议、一支部一提案”活动，参与“兰州战疫后市域善治大讨论”活动，征集调研报告和提案建议84件。在市政协十五届一次会议上提交大会发言11件，再创历年来新高，集体提案18件，委员个人和联名提案31件。6件提案被评为优秀提案，11篇社情民意信息被评为优秀社情民意信息。组织召开2021年参政议政工作会议，开展发言交流，评出4篇优秀调研报告、19篇优秀提案、9篇优秀社情民意信息，受到表彰奖励。

【民主监督】 提出《关于进一步加快推进农业保险的建议》《关于进一步加快我市现代丝路寒旱农业优势特色产业发展的建议》等针对性意见建议10余条，助力乡村振兴。坚持把“围绕推动黄河流域生态保护和高质量发展开展民主监督”作为民主监督工作的发力点，主动认领任务沟通对接，先后赴红古区、皋兰县和市自然资源局开展实地调研座谈，形成专项监督调研报告。赵彬获聘兰州市医疗保障基金社会监督员，柴晓芸获聘兰州市人民检察院人民监督员，梁启龙获聘城关区人民检察院特邀监督员。

【社情民意】 深化工林路社区、大雁滩社区等社情民意联系点建设，印发《关于征集报送2021年度社情民意信息的通知》，通过走访慰问、义诊送药、座谈交流等形式，全年征集社情民意信息28件，其中《关于加快保护甘肃老字号的对策建议》《关于对我市北环路和兰秦快速路实施分段限速的建议》《关于加强疫情防控期间城市共享单车的消杀处置的建议》等8件被省市政协采用。

【新冠肺炎疫情防控】 坚持把疫情防控作为重大政治任务，4名党员赴定点医院参与集中救治，150名医卫界党员战斗在人员摸排、社区管控、核酸检测、样本分析等疫情防控第一线。120余名党员到居住地所在街道社区报到，开展测温验码、维持秩序、疏通人流、环境消杀等工作。广大党员捐款捐物，为街道社区和困难居民提供帮助，为战斗在防控一线的医护工作人员和社区工作者送去爱心，捐赠防疫和生活物资150万余元。《农工党兰州市委会疫情防控一线担当作为》《樊鸿炎：用心守护人民健康，抗疫胜利的曙光就在前方》等30余篇抗疫信息在"甘肃统战""兰州统战"等微信公众号刊发，点击量超过1万余人次。

【社会服务】　推进脱贫攻坚巩固提升和乡村振兴有效衔接，持续做好到户帮扶，通过定期走访慰问、电话回访，联合捐赠13万余元的化肥、米面油、口罩等生活生产物资和防疫物资。扶"志"扶"智"相结合，协调联系捐赠一批实用书籍，进一步丰富村民科学文化知识。持续改善农村人居环境，捐赠苗木1000棵。借助党员优势平台，举行党员企业支持红岭村集体经济发展项目签约仪式。

【组织建设】　落实党的干部工作方针政策，不断调整优化基层组织领导班子结构，严格落实"三重一大"制度，召开换届专题常委会议12次，完成12个市直和8个县区基层组织换届。推荐40余名党员参加中央和省市各类专题培训，有10余名党员被推荐挂职锻炼，6名党员提拔晋升职务，105名党员在换届后担任市区（县）新一届人大代表和政协委员。召开2020年度星级基层组织创建达标评优表彰会议，考核评比授牌1个五星级基层组织、2个四星级基层组织、8个三星级基层组织，发放"以奖代补"工作经费2.6余万元。引导基层组织举办专题党课、座谈交流、教育培训、参观考察、义诊咨询等活动120余场次。

【中国农工民主党兰州市第七次代表大会】　12月15日召开。甘肃省政协副主席、农工党甘肃省委会主委郭天康，中共兰州市委常委、市委宣传部部长、市委统战部部长、市政协党组副书记郑钰出席会议并讲话。市人大常委会副主任、农工党兰州市委会主委魏丽红作工作报告。市政协副主席、民盟兰州市委会主委唐浩漩代表市级民主党派、工商联致贺词。大会高举中国特色社会主义伟大旗帜，坚持以习近平新时代中国特色社会主义思想为指导，深入学习贯彻中共十九届六中全会、农工党十六届五中全会和中共兰州市第十四次党代会精神，大会听取并审议通过魏丽红代表农工党兰州市第六届委员会所作《广泛凝聚共识积极建言资政为系统推进兰州实现高质量发展不懈奋斗》的工作报告和潘建西代表农工党兰州市第六届监督委员会所作《发挥制度效能依规从严治党不断开创新时代党内监督工作新局面》的工作报告。选举产生农工党兰州市第七届委员会和第七届监督委员会。45名同志当选农工党兰州市第七届委员会委员、7名同志当选农工党兰州市第七届监督委员会委员。农工党兰州市第七届委员会第一次全体会议，魏丽红当选为主任委员，杨迎晖、刘立善、宋国锋、李瑛当选为副主任委员，王汝勃任命为秘书长。农工党兰州市第七届监督委员会第一次全体会议，杨迎晖当选为农工党兰州市第七届监督委员会主任，甄文君、马玉琪当选为农工党兰州市第七届监督委员会副主任。

【党内监督】　深入县区和相关市直单位进行换届人事协商沟通，集中开展对基层组织的走访调研和督导检查，教育引导各基层组织和广大党员做懂党派、会

12月15日，召开中国农工民主党兰州市第七次代表大会

协商、善议政、守纪律、讲规矩、重品行的模范,努力营造出风清气正、团结奋进的良好政治生态和工作氛围。

(王汝勃)

九三学社兰州市委员会

【概况】 2021年,九三学社兰州市委员会(以下简称"社市委")有社员1017人,博士研究生31人,硕士研究生165人。下设8个专门工作委员会,3个基层委员会,31个基层支社。有省市县政协委员77人(省级5人、市级17人、县区级55人)、人大代表10人(市级6人、县区级4人)。社员中正县级4人、副县级11人、正科级16人、副科级13人。社市委班子成员5人,主委1人、兼职副主委4人。

【建言资政】 在政协兰州市十四届五次会议上提交集体提案26篇、个人提案42篇、书面发言材料1篇、口头发言材料3篇,其中《关于建立我市幼儿教育和低龄小学教育弹性离校制度的提案》被列为主席督办提案进行现场督办,3篇集体提案、5篇个人提案获市政协优秀提案。参加中共兰州市委、市政协、市委统战部召开的协商会、情况通报会、座谈会和征求意见会等协商会议,就《市政府工作报告》《党代会报告》、经济社会发展情况、党风廉政建设和反腐败工作情况以及有关人事安排等方面内容提出意见建议。抽调社内有关专家组成调研组,先后深入高新区、兰州交通大学、市工信局、市科技局、市人社局、甘肃金盾化工、西脉记忆合金有限公司等县区、部门和企业就产学研融合促进经济社会发展情况进行专题调研,形成调研报告,在"全市党外人士学习座谈会暨市第十四次党代会报告征求意见座谈会"上进行书面交流。先后与龚家湾街道丽苑社区、靖远路街道九州大道等社区召开社情民意信息征集座谈会4次,收集上报社情民意信息17条。侯一兵提交的《关于进一步加强兰州市冷链食品管理的建议》被全国政协采用,孙紫夏提交的《安装简易警示牌,提高限号限行治理精准度的建议》得到省委常委、市委书记李荣灿批示,10条信息获市政协2019—2021年度优秀社情民意信息。抽调专家先后深入兰州市城市生活饮用水水源地、榆中县宛川河生态湿地建设项目、酒钢集团榆中钢铁有限公司等地,就黄河流域生态保护和高质量发展战略进行民主监督,同时还与市生态环境局、榆中县就黄河流域生态保护和高质量发展战略的推进和落实情况及存在问题进行座谈交流,形成民主监督报告报市委统战部。

【组织建设】 九三学社兰州市委会副主委牛铮超围绕中共党史以及习近平总书记庆祝中国共产党成立100周年大会重要讲话做

4月30日,九三学社兰州市委员会组织社员赴兰州城市规划展览馆举办"五四"青年节活动

主题讲座。选派10余名社员参加社省委、市委统战部等举办的有关培训。对杨龙、赵莉、董鹏举等5名骨干社员进行重点走访。严格按照程序,顺利完成城关、七里河、西固3个基层委员会的换届工作。指导妇女工作委员会举办三八妇女节线上社章社史、党史知识有奖竞答活动,指导青年工作委员会举办"五四"青年节参观规划展览馆活动,指导各基层组织开展主题观影、共话重阳、拥抱自然、快乐骑行、调研供热等社务活动100余次。

12月15日,组织召开九三学社兰州市第八次代表大会,传达学习中国共产党十九届六中全会精神和兰州市第十四次党代会精神,听取、审议并通过九三学社兰州市第七届委员会工作报告,选举产生九三学社兰州市第八届委员会委员45名,常务委员15名,选举产生新一届领导班子:张丽霞当选为主任委员,李永军、刘燕霞、郭建宏、师富贵当选为副主任委员、选举第八届监督委员会委员。

【社会服务】 继续选派1名科级干部驻村开展乡村振兴工作,在春节前与市民建、农工党等3家单位联合为贫困户送去价值1万余元米面油等慰问品。联系企业家社员捐赠价值2万元的侧柏、云杉、香花槐等苗木1000余棵,改善帮扶村村容村貌。春节前对社内70岁以上100余名老社员进行慰问,给他们送去米面油等慰问品。兰州新冠肺炎疫情期间,九三学社市委第一时间发出《倡议书》,号召全市社员凝聚力量助力打赢疫情防控阻击战,全市广大社员纷纷响应号召,城关八支社李春、闫雪华主动申请到重离子医院参与一线救治工作,50余名社员下沉社区开展核酸检测值班值守工作,社市委及20余名企业家社员捐资捐物价值约66.5万元,上报疫情防控有关社情民意信息9篇。携手北京康牧兽医药械有限公司在榆中一中开展捐资助学活动,向30名学生捐助助学金6万元。发挥社内书法家和医疗方面专家优势,组织开展送春联、送医疗进社区活动,先后书写赠送春联300余幅,开展义诊3次。赴安定区西巩驿镇南鹰学校和兰州德爱心智障碍者社会服务中心开展义务捐赠活动,向55名学生捐赠价值1.1万元的校服、书包等学习用品,向服务中心捐赠价值3200元的用于煮菜训练的灶具和电器。

【思想建设】 教育引导全市社员不断强化政治定力,增强发展信心,提高工作本领,自觉把思想和行动统一到全市经济社会发展和建设高素质市级组织实践中来,在创新中建功立业。组织社员参加社中央举办的党史知识竞赛活动;印发《关于在全社开展中共党史学习教育的通知》,开展党史学习教育。城关、七里河、西固基层委员会分别组织社员赴两当县、宕昌县、高台县、临洮县开展相关主题活动;邀请省社会主义学院王凯副教授就党的十九届六中全会做专题讲座,社市委副主委牛铮超做党史学习教育有关专题讲座。组织社员收看庆祝中国共产党成立100周年大会;联合甘肃九三书画院承办"九三学社全国书画作品邀请展"和九三学社中央书画院名家进社区活动;参加市委统战部举办的"永远跟党走,奋进新征程"庆祝中国共产党成立100周年朗读比赛并获二等奖;组织参加社中央举办庆祝建党100周年线上文艺展演活动和征文活动,分别向社省委上报文艺展演作品13个、征文24篇。在安宁区仁寿山举办庆祝九三学社建社76周年活动,回顾九三学社创建76载的历史,深切缅怀前辈先贤。

(刘青梅)

兰州市工商业联合会

【概况】 2021年,市工商联全年新增商会组织5家,新加入团体商会2家,新增会员586名。总商会党委新成立基层商会党支部4家,新发展64名预备党员。开展专项调研16次,召开民营企业座谈会3次,组织商会、民营企业捐赠款物2520.3万元。协调征集农业产业化项目18个,投资总额135.4亿元。开展捐资助学活动,募集捐款248.3万元资助三县新考录的贫困大学生750余人。

【组织建设】 强化党组织在民营企业和商会组织中全覆盖,新成立兰州延安商会、兰州市山丹商会、兰州驻马店商会、兰州轮胎业商会4家党支部,市总商会党委现有基层党组织63个(党委3个、党总支8个、党支部52个）。其中，企业党组织20个；商会党组织43个。新发展65名预备党员，现有中共党员823名。制定《基层党组织深入开展党史、新中国史、改革开放史、社会主义发展史宣传教育实施方案》，举办党员发展对象暨基层党组织负责人培训班1期。组织开展"庆七一·颂党恩"暨党建工作推进会，表彰市总商会党委所属20家先进基层党组织、10名优秀党务工作者、40名优秀共产党员。

【参政议政】 围绕经济发展、环境保护、民生维稳、脱贫攻坚等中心工作，开展调研参政，全年提交市政协十四届五次会议和十五届一次会议提案29件，其中大会发言1篇，所涉问题得到解决。落实《兰州市民营企业家座谈会制度》，每季度组织召开民营企业座谈会，了解诉求、攻坚破难，全年召开座谈会3次，征集困难问题18个，办结率100%。开展"政企对接"活动，组织70余名企业家到市税务局参观座谈，面对面解疑释惑，现场办公解决问题，受到企业家好评。

【调查研究】 陪同全国工商联来兰调研6次，陪同省、市领导深入永登县、红古区等地民营企业走访调研8次，了解县区经济发展形势和民营企业参与脱贫攻坚情况。组织开展"千企调研纾困"，重点对基层商会、企业发展经营、年轻一代民营经济人士等情况进行摸底调查，收集转办困难和问题7件，形成《兰州市工商联推动民营企业融入新发展格局》《兰州市工商联对加强和改进民营经济领域意识形态工作研究》《兰州市加强年轻一代民营企业家政治引领的探索实践》《关于引导动员商会组织民营企业社会力量参与融入乡村振兴战略的调查与思考》等调研报告5篇。

【新冠肺炎疫情防控】 建立需求信息和捐赠信息日通报制度，按要求上报疫情防控落实情况，每天发布基层一线需求信息，动员商协会和民营企业按需捐赠，定点实施。截至11月18日，组织27家商会，262家民营企业捐赠款物2520.3万元（其中捐款1235.6万元，捐赠物资价值1284.7万元）。在市政协、市委统战部安排指导下，做好所属商会、企业社会面流动性管控工作。明确奖惩措施，采取电话覆盖、实地督查、平台通报等方式，督促所属商会、企业落实轮值制度，全面实行线上办公、居家办公，覆盖26252人。

【合作交流】 发挥工商联联系民营经济和商会组织资源优势，按照市政府安排，落实第27届"兰洽会"200家宾客邀请、接待工作。组织兰州市民营企业赴外省市区招商推介，全年赴上海、绍兴、贵阳、广州等地开展招商推介、考察活动6次，在谈招商线索项目8个，拟投资额64.15亿元。做好外地客商来兰考察和异地商会联系工作，接待全国工商联、北京市、驻马店市、衢州市、珲春市、赤峰市等地统战系统、工商联来兰考察交流活动7次。

（娄光明）

兰州市总工会

【概况】 2021年，市总工会紧紧围绕市委和省总工会确定的目标任务，攻坚克难、真抓实干，在提高职工政治站位，激发职工劳动热情，维护职工合法权益，提升工会服务水平，推进工会改革等方面取得显著成效。全年新建基层工会465个，新增会员3.68万人（其中新建新就业形态领域工会组织52家，发展新就业形态劳动者会员6561名）。截至年底，全市有基层工会组织6043个，涵盖独立法人单位1.38万个，覆盖职工72.76万人，工会会员70.98万人。

【庆祝建党100周年职工文化活动】 举办"中国梦·劳动美——永远跟党走奋进新征程"劳模访谈、劳模事迹图片展、职工文艺演出、职工书画作品展等群众性活动20余场，宣传中国共产党百年来的光辉历程、伟大成就、宝贵经验，特别是党的十八大以来党和国家事业取得的历史性成就、发生的历史性变革，在全市唱响共产党好、社会主义好、改革开放好、伟大祖国好、各族人民好的时代主旋律。组织开展"互助保障杯"职工乒乓球比赛、"保护母亲河我是行动者""学习雷锋精神、扮靓美丽金城""书香三八""我们的节日"等职工群众活动130余场次，丰富职工群众业余文化生活。

【基层工会组织建设】 加大面向新领域、新阶层、非公企业的对标组建力度。特别是针对新业态领域建会入会，从健全制度、保障经费、跟进服务等方面入手，简化基层工会组建审批程序，推行龙头骨干企业带动建、小微企业联合建、区域行业攻关建。向31家甘肃省规范化乡镇(街道)总工会划拨工作经费补助31万元，促进新业态区域性工会组建；10家全国、省级"模范职工之家"与10家基层工会开展结对共建，推动基层组织规范化建设。开展全市基层工会组织和会员实名制信息采集工作，累计采集基层工会会员实名制信息17万条。拓宽"兰州工会+"普惠服务平台功能，注册认证小微企业2051家，指导服务小微工会768家，规范报销经费601.3万元，服务职工1万余人次。

【职工技能素质提升】 举办"苏宁杯"家电服务技能竞赛、5G引领智慧家庭装维服务技能竞赛、"兴农杯"食用百合农艺管理职业技能大赛、快递行业职工职业技能竞赛等12场次、21个工种(岗位)的省、市级技能大赛，涉及各级别工种188个，覆盖职工近10万人次。举办展览会、交流会、论坛等活动92场次，8211人次参加，集中展示全市职工技术创新优秀成果，激励和引导职工提出技术创新合理化建议。全年征集先进操作法981个，发明创造获得专利77项，技术革新916项，提出职工合理化建议1.35万条，累计产生经济效益2.52亿元。

【劳模工匠树选】 完成全国五一劳动奖和工人先锋号的推荐评选工作，兰州市获评全国五一劳动奖状、奖章、全国工人先锋号4个。召开2020年度“金城工匠”候选人专家评审会，经过评审、公示、考察、审定等环节，认定杨永纳等10名同志为第2批“金城工匠”，颁发荣誉证书并挂牌建立10个“金城工匠”工作室。

【职工服务提升】 做好“四送”（春送岗位、夏送清凉、秋送助学、冬送温暖）传统品牌。“春送岗位”累计发布341家企业招聘信息，提供就业岗位5285个，吸引职工咨询40.93万人次，8731名求职者投递简历。“夏送清凉”筹集资金159.85万元，慰问企业115家、一线职工2.6万人次。“金秋助学”为129名困难职工子女发放25万元助学金。“冬送温暖”于“两节”期间筹措资金225.3万元，慰问困难企业22家，涵盖职工5000余人次。困难职工帮扶常态化。对在档的191户困难职工家庭进行动态管理、开展帮扶救助，按标准发放救助金184.86万元。联合市医保局向建档的178名困难职工免费赠送“金城·惠医保”补充医疗保险，缓解困难职工就医经济压力。

【和谐劳动关系构建】 推进“集体协商三年集中行动”，征集“公开解难题、民主促发展”暨优秀职工代表提案10个。全市已建会企事业单位职代会（职工大会）建制率92.9%，厂务公开建制率93.7%；已建会企业集体合同签订率83.8%；已建会公司制企业职工董事建制率80.8%，职工监事建制率83.4%。“五个坚决”有效落实。制定《兰州市总工会关于落实〈甘肃省总工会关于深入学习贯彻总体国家安全观、构建落实“五个坚决”要求长效机制的实施意见〉的通知》，配套9项长效工作机制，构建起兰州市劳动领域维护政治安全工作框架，形成上下协调联动、信息互联互通的工作闭环。

【“法院+工会”劳动争议调处】 推行“法院+工会”调处机制，与市中院联合印发《关于推进劳动争议诉调对接工作的实施意见》，挂牌成立市级劳动争议诉调对接工作室并开展试点工作。全市通过“法院+工会”渠道调解劳动争议诉讼案件71起，涉及金额140余万元。

【职工权益维护】 及时督促各级工会监督企业足额支付农民工工资，落实欠薪报告制度，对出现欠薪情况的企业及时介入，协调配合市人社局通过省保障农民工工资支付工作考核。研究制定《兰州市总工会关于新就业形态劳动者劳动保障权益维护实施办法（试行）》，从制度层面为新就业形态劳动者做出5方面26项权益保障措施。增加12351职工维权热线中职工心理健康服务预约功能，指导兰州轨道交通公司等单位设立职工心理健康服务室并开展服务。12351职工维权热线全年接待职工来电来访123起、149人次。办理职工来信、省总工会转办信访、政务服务热线等30件次，均按时办结，办结率100%。

【服务会员“十件实事”】 对城市困难职工家庭通过组织冬送温暖、春送岗位、夏送清凉、秋送助学等活动开展常态化帮扶，帮扶职工3.1万人次；新建规范化户外劳动者驿站60家、职工书屋31家、“爱心妈咪屋”5家；通过技能竞赛、技术比武赛前培训等形式，培训技术工人2170人，其中培训家政服务人员600余人；关爱困难群体生命健康，组织移动体检大篷车为1500余名困难职工、劳模工匠、“三新”组织职工进行免费体检；进一步扩大职工互助互济参保覆盖面，全年参保单位、参保会员同比增长34.6%和22.4%；健全社会化工会工作者管理机制，年内社会化工会工作者工资及福利待遇人均提高600余元；为1.79万名快递员、网约工等“八大群体”工会会员赠送人均58元职工互助互济保险；新建劳模工作室16个，新建金城工匠工作室10个；举办劳动技能竞赛（比武）12场次，涉及20个工种，惠及职工10万余名。挂牌建立4家职工疗休养基地，为开展职工疗休养活动奠定基础。

（于　伟）

共青团兰州市委员会

【概况】 2021年，团市委以强化政治建设为统领，不断提高政治判断力、政治领悟力、政治执行力，抓党史学习教育提升团引领力，抓基层组织建设提升团组织力，抓青年急难愁盼问题的解决提升团服务力，助力新冠肺炎疫情防控和系统推进兰州实现高质量发展提升团贡献度。全年开展“青年大学习”40期，平均参学6.4万人次，累计参学260万人次，最高参学率突破330%，稳居全省14个市州前列。全市新成立直属团委5个，新发展团员4386人。全市团员总数9.08万人，有基层团委245个，基层团工委83个，团总支145个，团支部5846个，专职团干部53人，兼职团干部11475人。

【思想引领】　开展“红领巾爱学习”网上队课15期，参与少先队员340余万人次。组建37人组成的“青年讲师团”，深入项目一线、学校医院、机关单位、田间地头开展宣讲225场次，覆盖青少年5.3万人次，宣讲现场打分满意度超过85%，约课单位达到80家。举办“青年马克思主义者培养工程”2期，培训青年政治骨干779人。邀请团中央讲师团成员和省委党校刘永哲教授，兰州大学蔡文成教授、李东坡教授开展“五四讲堂”4期，参与青年1200人次。坚持传统媒体和新媒体并重，全年在人民日报、新华网、光明网、中新网、中青报、中国甘肃网、兰州日报等主流媒体发布宣传信息436条。刊发《兰州青年》4期4800册。在团市委新媒体5大平台策划“团青动态”“青联委员讲党史”“党史天天学”“百部红色微团课”等宣传模块。全年发布信息超3000条，点击量突破4000万，全年微信公众号新增粉丝5.1万，成为拥有15.2万粉丝的大号。

【党史学习教育】　举办为期6天的专题读书班，开展集中学习13次、专题辅导4次、交流探讨4次、书记班子讲党课4次，研究确定“我为青年做件事”24件，办结24件。9月2日，与市地方志办联合举办“忆先烈 铸信仰——《我是党员我是兵》”专题讲座，特邀作家罗范懿主讲罗洪珠与黄继光的故事。上报全市为民兴办实事项目清单6件，全部办结。报送简报22期、典型案例7篇。在全市共青团系统开展“学党史、强信念、跟党走”学习教育，截至年底，全市6875个团支部开展党史学习教育43271场次，组织覆盖率99.62%，参学团员青年131万人次，全部录入智慧团建系统。全市各级团组织梳理“我为青年做件事”实事清单530余件，办结310余件。确定全市重点督办实事清单100件，办结59件。推荐上报6部优秀红色微团课，其中2部在全省共青团系统进行展播。

4月29日，团市委主办的“青春心向党 奋进新征程”配乐诗朗诵决赛在金城大剧院举行

【庆祝建党百年系列活动】　“五四”青年节之前，在全市团系统组织开展“青春心向党·奋进新征程”配乐诗朗诵比赛，“百场组扣讲堂”“团团三行情诗·深情向党告白”“全城亮灯”“阳光助行”等活动。“五四”到“六一”期间，在全市少先队组织中开展“红领巾心向党”主题队会、少先队员入队示范、红色微队课评选展示等活动。“六一”到“七一”期间，在青联、青企协、青年文明号、青年榜样中开展“青联委员共唱红色赞歌”“号声嘹亮——青年文明号向祖国报告”“新青年同走长征路”“希望学子向党旗致敬”“街舞快闪颂党恩”“黄河少年唱响大豆谣”等活动。

【基层团组织建设】　全年指导成立全市青年社会组织团工委、

甘肃（兰州）国际陆港团工委、榆中生态创新城团工委、兰州宣天下文化传媒有限公司团委、市民办教育协会团工委等5家直属团委。指导全市1019个村（社区）团组织全部按期完成换届。开展“两新”（新业态、新就业群体）组建团百日攻坚行动，新建非公经济组织团组织1421家，覆盖率由3%提升至45.62%，新建社会组织团组织1249家，覆盖率由1%提升至48.71%。承办为期2天全省共青团基层建设工作观摩培训会，来自全省14个市州、86个县区团委书记120余人对兰州市基层团建工作进行现场观摩学习。组织召开团市委中层、8个县区、直属团委5场工作述职评议会，全面盘点工作得失，加强工作考评。按照季督查、半年观摩、年终考评、全年工作汇报制度安排，全年围绕党史学习教育和“两新”组织团建开展专项督查6次，听取35家直属团委的工作汇报，组织150名团干部现场观摩安宁区、西固区和部分直属团组织的团建亮点工作。

第20届青年文明号兰州市获奖单位名录

全国青年文明号获奖单位	甘肃省青年文明号获奖单位
甘肃省兰州市公安局交通警察支队七里河大队事故处理中队	兰州市第一人民医院重症医学科
兰州住房公积金管理中心兰州新区管理部	兰州市安宁区三维数字信息服务中心
甘肃兰神国际旅行社有限责任公司地联中心	中铁二十局集团市政工程有限公司经营部
甘肃省兰州市安宁区刘家堡消防救援站	国家税务总局兰州市七里河区税务局第一税务分局
国家税务总局兰州市城关区税务局第一税务分局永昌路办税服务厅	
交通银行兰州城关支行	
中国铁路兰州局集团有限公司兰州高铁基础设施段兰州西综合维修车间榆中高铁线路工区	

【团员团干部管理】 加强新发展团员调控工作，对4386个新发展团员名额进行合理分配，指导各级团组织及时将新发展团员电子档案录入“智慧团建”系统，全年发展4386名团员已全部录入。3月22日召开的团市委十六届六次全会上，对上年度12个先进单位和12名先进个人进行表彰奖励。4月29日召开的兰州市纪念五四运动102周年大会上，对15名兰州市青年五四奖章获得者、40名兰州市优秀共青团员、30名兰州市优秀共青团干部、40个兰州市五四红旗团支部、20个兰州市五四红旗团委进行表彰。推荐13名团干部参加团中央举办的培训班。结合开展党史学习教育和创建全国民族团结进步示范市等工作，不断充实“主题团日+”活动内容，做到青年大学习、缴纳团费、民主议事、团务公开、组织生活、团干部密切联系青年、智慧团建等七事联动，全年规范高效开展“主题团日+”活动12次。

【市青联工作】 4月29日召开市青年工作联席会议第二次全体会议，审议通过2020年度兰州市实施《中长期青年发展规划》情况报告和2021年度重点工作，5家单位做工作述职。指导8个县区

8月26日，纪念兰州市解放72周年日，团市委在中山桥组织举办黄河娃唱响《大豆谣》点亮红色兰州主题教育快闪活动

8月底前全部召开青年工作联席会议第二次全体会议。发挥市青年工作联席会议办公室牵头协调职责，组织召开市青年工作联席会议成员单位联络员工作推进会，编发简报4期，47家成员单位形成抓年度重点工作落地落实的合力。解决青年急难愁盼问题，在兰州文理学院举办专场招聘会，邀请158家招聘企业提供就业岗位2106个，现场参加招聘的高校毕业生2000余人，达成就业意向651人。组织开展化妆、美发、缝纫培训3场次，培训青年250人次。举办“青春有约心动520”“相约七夕为爱奔跑”等青年交友联谊活动20场次，1317名单身青年参加，现场牵手成功78对。开展安全知识进校园宣教活动6场次，参与师生2万人次。组织开展“12355”助力中高考心理减压讲座3场，受众600人。承办团省委直播带货活动，举办兰州老街、红古蔬菜、安宁白凤桃网络直播带货13场次，累计直播创收2000万元。

【少先队工作】 贯彻《中共中央关于全面加强新时代少先队工作的意见》和省委《实施意见》，全市组织召开座谈会20场次、研讨会4场次、专题辅导报告会3场次。配合做好省第8次少代会相关工作，自下而上推荐20名少先队员代表和15名成人代表参会，承担并顺利完成全省少先队员优秀作品布展、开幕式鼓号队演奏、少先队员献词等工作任务。开展“红领巾心向党”主题教育系列实践活动321场次，参与少先队员340万人次。“六一”“10·13建队日”期间，全市442所小学同步开展主题队日活动，严格按照分批入队要求规范举办入队仪式，参与少先队员40万人次。组织全市少先队员观看“寒假10课”和“暑假10课”网上队课，参学200余万人次。全面加强团校建设，已在192所中职中学成立团校，成立率98.46%。推选获评省级优秀少先队员38名、辅导员15名、少先队集体20个。

【青年建功乡村振兴】 研究制定《兰州共青团“乡村振兴青年建功”行动实施方案》，组织召开兰州共青团乡村振兴青年建功工作推进会，与8个县区团委、高新区团工委、经济区团工委签订目标责任书，通过帮青春工程巩固拓展脱贫攻坚成果、创青春工程助力产业振兴、育青春工程助力人才振兴、志青春工程助力文化振兴、美青春工程助力生态振兴、固青春工程助力组织振兴。联系深圳科尼特智能科技有限公司和广东吉美斯电器有限公司等爱心企业，向全市行政村捐赠安装智能净饮水机632台、太阳能庭院灯1360台、抽油烟机580台，总价值342万元。组建科技兴农、美丽乡村规划建设、产业振兴、电商助农等青年专家团队，先后走进西固区青石台村、七里河区王家坪村、榆中县旧庄沟村等开展主题服务月活动。培育农村青年致富带头人25人。举行“黄河之滨也很美·青春保护母亲河”环保实践活动，500余名团员青年以健步走的形式巡河护河、捡拾垃圾、宣传垃圾分类常识。举办“跟党百年植新绿·青春奋进新征程”植树活动，栽种树苗4200余棵，成立河小青志愿服务队10支，开展巡河活动19次。发动爱心企业向河南受洪涝灾害地区捐款捐物140万元，并派出志愿者20余人赶赴灾区慰问受灾群众、进行志愿服务。

【青年参与全国民族团结进步示范市创建】 制定《兰州共青团创建全国民族团结进步示范市实施方案》，对创建工作进行系统谋划部署。组织开展“学习中国共产党百年党史·铸牢中华民族共同体意识”主题宣讲30余场次，受众1.5万人次。举办“青春心向党·奋进新征程”配乐诗朗诵比赛，全市52支代表队、300余名朗诵选手参加角逐。举办“学习百年党史·汇聚团结伟力”主题书画比赛，征集各类书法绘画作品3000余幅，获奖作品在青年之家、民族中学等地进行交流展示。组织团员青年观看民族团结进步教育题材影片《生根》。举办关爱民族地区青少年公益夏令营活动，组织甘南州35名少数民族少年儿童来兰州开展为期5天研学交流活动，促进交流交融和民族团结。国家民委副主任赵勇调研市团委创建工作时给予高度评价，团市委创建工作经验在《中国民族报》《中国青年报》等各级媒体多次宣发。

【青年志愿服务】 开展为期40天春运“暖冬行动”，招募志愿者13446人，创新开通24小时联络专线，服务时长24.9万小时，在全国334个地级市中排名第一。常态化开展“1+1+N”志愿服务100余场次，服务82个社区、1.7万余人，服务时长480小时。招募培训兰州马拉松比赛志愿者5306人，开展文明礼仪、密集场所人群管理、突发事件处置、院前急救等培训10场次。招募选派33名英语俄语翻译志愿者为第8届中亚合作论坛提供服务。启动“我和小树一起成长”公益林计划，植树植绿216亩。开展“七彩假期”志愿服务活动80余场次，服务青少年2000人次。成功举办兰州市第6届志愿服务项目大赛，评选出10个优秀志愿服务项目。认真做好省第15届运动会志愿服务前期准备各项工作。

【助力新冠肺炎疫情防控】 10月18日，兰州市发生新冠肺炎疫情后，招募储备青年志愿者1.23万人，累计出动青年志愿者1.45万人次；全市成立青年突击队139支，志愿服务时长104.02万小时。执行消杀作业1738场次，累计消杀面积1276.4万平方米。向76个社区派出志愿者1.4万人次，服务群众近10万人次；奔马雷锋车队派车139辆，出车1310次，免费接送抗疫人员2467次，免费送餐7743份，免费转运防疫物资23次，共减免车费2.6万余元；“爱心义剪”志愿服务队持续12天走进60个点位，服务2000余名群众和一线工作人员。184名持证心理咨询师24小时值守，累计接听12355咨询热线560余条。组织200余名青年网宣员队伍及时转发权威信息8000余条；市属新媒体平台累计发布团口信息369条，累计阅读量80万+人次；团属新媒体平台累计发布相关信息230余条，阅读量40万+人次；联系兰州青年文艺工作者创作推出《兰州加油》《兰州需要静一静》《会好的兰州》《秋天风来》等网络歌曲10余首；创作《甘肃加油兰州挺住》《你们的背影》《抗疫路上一杯暖心的咖啡》《我爱你兰州》等短视频38条，播放量超780万人次、转发32.3万人次、点赞40.3万人次；组织创作抗疫手绘作品、宣传画、手抄报、海报等500余幅。发动全市青联委员、青年企业家、青年志愿者、青年文明号等募捐防疫物资，开展“前方有你、后方有我”送温暖行动，关心关爱防疫一线人员和家庭。携手爱心企业和人士，根据捐助人的意向和全市防疫形势，向全市79个街道社区、20家医院和卫生机构、10家公安单位、109家社会公益组织、15支青年突击队、9个区县团委、2所高职院校、5家新闻单位、1万余名一线青年志愿者以及快递小哥、环卫工人、货拉拉司机等群体捐赠防疫物资49批次，价值678.4万元。

（赵宇亮）

兰州市妇女联合会

【概况】 2021年，市妇女联合会团结带领广大妇女在主动创为中彰显巾帼担当、在协同共为中凝聚巾帼合力、在攻坚作为中展现巾帼风采，开展“十百千巾帼大宣讲”“传承红色基因·凝聚巾帼力量”“争做最美巾帼奋斗者”“迎建党百年华诞·展巾帼最美风采”等群众性主题宣传教育活动300场次，金城女性之声微信公众号发布各类信息900余条，先后被人民网、中国新闻网、中国妇女网、中国妇女报等中央媒体宣传报道128次。全市辖县区妇联组织8个；乡镇妇联组织61个；街道妇联组织53个；社区妇联组织433个；村妇代会731个。

【家庭文明建设】 紧抓以“传承母爱家风·建设幸福兰州”为主题的家庭文明创建活动，开展“共建共治共享”等巾帼志愿服务，广泛开展“相伴共悦读·共抒家国情”“颂百年风华·传红色基因”家庭亲子阅读以及“百场家庭教育讲堂”“百场母亲讲堂”等活动200场次，推出“文明创建微课堂”“家风故事汇”“家教微课堂”等专题栏目49期。常态化开展寻找“最美”活动，全年推荐全省最美家庭110户、家庭工作先进集体8个、先进个人8人，评选市级最美家庭100户、最美母亲100名、文明家庭100户。实施“家家幸福安康工程”，推进已建成的58个“巾帼家美积分超市”运行，新建城市社区“巾帼家美积分超市”10个。发动妇联执委、妇女干部、女大学生等巾帼志愿者，参与“寒暑假儿童关爱服务‘四送’”（送祝福、送法治、送关怀、送爱心）活动800余场次，受益儿童家长近万人。

【妇女创业就业服务】 扶持发展各类女性“双创”（大众创业、大众创新）服务平台，宣传“送补助专项行动”政策，开展“情暖金城、稳岗留工”“春风送岗位”女性专场招聘会10余场。抓好“农村妇女素质提升工程”，线上线下双向发力培训妇女1400人，组织参加全省巾帼家政服务职业风采大赛、全省巾帼创业群体“创业达人”评选，帮助支持妇女大力发展农副产品加工、手工产品制作、农家乐等特色产业。

【妇女儿童合法权益保护】 履行代表和维护妇女儿童合法权益职责，开展“婚姻家庭矛盾纠纷大排查大调处”，开展婚姻家庭纠纷预防化解工作。推进“百场法律讲堂”进农村、进社区、进校园、进企业，开展“建设法治兰州·巾帼在行动”等各类线上线下宣传活动，先后组织维权中心法律团队律师为市直单位、街道、社区宣讲50场次，提升广大妇女的法律素养和维权意识。

【妇女干部培养】 围绕党的十九届五中全会精神、乡村振兴巾帼行动、妇女儿童权益维护、妇联基层组织建设、家庭教育知识等内容，举办“基层妇联领头雁培训计划”学习班2期，培训榆中、永登、皋兰等新选任的村妇联主席、执委170人。联合市委组织部举办2021年女干部能力提升培训班2期，培训新任村（社区）妇女干部100人。抓好岗位日常学习，结合“学习强国”“甘肃党建”等App平台，强化妇联干部身份意识、组织认同，提升系统思维、逻辑思维和辩证思维能力。

【基层妇联组织建设】 推进“破难行动”，紧盯新领域、新业态、新阶层、新群体，提升妇联组织在“四新”领域的比重，建立兰州市公安系统妇联、甘肃（兰州）国际陆港妇联，让更多的妇女群众找到妇联组织、参与妇联活动、得到妇联服务。完成730个村、426个社区妇联换届工作，新产生妇联主席1154名、副主席2190名、执委17305名，全市所有行政村和社区“两委”班子实现女性成员全覆盖。

4月30日，兰州市妇联组织开展“文明健康·绿色环保”巾帼志愿服务活动

【互联网+妇联建设】 深化“网上妇女之家”建设创新实践，开设“母爱家风”“她力量”“文明创建”“女性学法”“妇联微课堂”“廉政微课堂”“最美家庭故事”“创业就业微课堂”等专栏，紧盯元旦、春节和国际家庭日等重要节点，采取发布“一封信”等多种形式，倡导广大妇女和家庭积极践行社会主义核心价值观。在“金城女性之声”开设“党史学习教育”“党史百年读”“百名女大学生讲述100个党史故事”“献礼建党百年——讲巾帼英雄故事”等普及党史知识专栏，推送栏目近200期。

【“两规划”实施】 坚持规划先行，研究制定《兰州市妇女儿童发展规划（2021—2030年）编制工作方案》，全面启动新“两规划”编制工作，顺利通过国务院妇女儿童工作委员会和省政府妇女儿童工作委员会对兰州市实施“两规划”情况终期评估。结合党史学习教育“我为群众办实事”实践活动，实施“恒爱金城·姐妹相助”“金城天使·圆梦明天”城乡困难妇女儿童关心关爱工程，推进“把爱带回家·巾帼暖冬行”“99公益日——春蕾计划甘肃贫困女童想上学”等项目，先后为基层妇女工作者、困难女党员、困难留守儿童以及困难家庭捐赠价值5万元的“母亲邮包”259个、“爱心图书”400份、

兰州高新区开展2021年为民办实事妇女"两癌"检查项目

助学金4.4万元和价值31.6万元的慰问品，切实做到"群众有所呼、我们有所应"。开展妇女"两癌"防治知识到村庄、到社区活动386场次，受益2.4万余人，争取"贫困母亲两癌救助"中央专项福利彩票公益金63万元，为兰州市63名农村贫困"两癌"妇女每人发放1万元生活救助金；协调落实省市区县专项资金320.4万元，为27771名农村妇女开展"两癌"检查，完成省政府为民办实事妇女"两癌"全年检查任务的104%。

【妇女参政议政】 运用人大政协委员话语权，围绕经济社会发展、妇女儿童关切，精心准备和撰写议案、建议和提案，参加讨论、建言献策，为妇女儿童发声。截至2021年底，提出提案16件，1件提案获"优秀提案"荣誉称号。杜绝公务员考录中的性别歧视，加大重要部门和关键岗位女干部培养锻炼和选拔任用力度，为广大妇女参与决策和管理创造条件、畅通渠道，女干部的参政比例和社会贡献力不断提高。市、县区政府领导班子配有女干部的班子比例100%。引导妇女参与决策管理和基层治理，有女性成员村委会比例100%、村委会成员中女性比例32.14%、村委会主任中女性比例24.03%、居委会成员中女性比例69.54%，均高于全省平均水平。

【妇女儿童法律援助】 市政府妇女儿童工作委员会推动政府职能部门发挥作用，建立多方联动工作机制，各有关部门在家庭暴力报告制度、公安告诫书制度、反家庭暴力庇护等环节依法履职，形成反家庭暴力的工作合力。法院建立完善人身安全保护令制度，保护受家暴妇女和儿童人身安全。健全完善"12338"妇女维权热线和"维权中心+工作站+服务点"三级维权网络服务机制，与七里河区法院建立家事调解联动机制，成功调解较为复杂的婚姻家庭纠纷案件42件。创新开展网络直播、网络微课等线上维权、心理咨询和"一把手"接听热线活动，全年开展团体心理讲座和主题沙龙等50场次、预防未成年人性侵讲座30场次，提供心理咨询服务235人次，受理来信、来访、法律咨询989件次、结案率95%、群众满意度100%，提供法律援助20件。

（杜　简）

兰州市科学技术协会

【概况】 2021年，市科学技术协会宣传报道22名在兰优秀科技工作者，建立7个甘肃省协同创新基地、2个中国科协"海智计划"甘肃基地工作站、1个专家人才工作站，为7名院士授予"兰州市荣誉市民"称号，举办科普巡展活动74场次，受益8.4万余人次，100个科普基地发放各类科普资料30余万份，对外开放246万余人次。

【服务科技工作者】 组织推荐天华化工机械及自动化研究设计院有限公司教授级高级工程师张万尧等22名在兰优秀科技工作者，在《甘肃科技报》《兰州日报》《兰州晚报》，兰州电视台党建频道《金城先锋》栏目开展"众心向党，自立自强"主题宣传工作，对优秀科技工作者先进事迹进行集中宣传报道。走访慰问沈彤等6名在兰州优秀科技工作者代表，召开"众心向党、自立自强"弘扬中国科学家精神座谈会，表彰52名兰州优秀科技工作者，邀请8名

12月18日，兰州市委常委、市委组织部部长潘喆向魏子卿院士颁发“兰州市荣誉市民”证书

代表畅谈科学家精神。联合市委组织部等单位推荐海默科技(集团)股份有限公司潘艳芝为第10届甘肃青年科技奖候选人。组织科协系统干部联系科技工作者48名。

【专家人才工作站建设】 指导兰州工业研究院引进中国农业大学植物保护学院教授、国家增产菌技术研究推广中心主任王琦建立兰州工业研究院专家人才工作站。集中评估7家院士专家工作站、2家专家人才工作站，向市委人才工作领导小组申请拨付院士专家工作站运行经费及院士专家工作补贴432万元。市食品药品检验检测研究院、兰州大学第二医院、甘肃长达路业有限责任公司、甘肃国信安全信息服务有限公司等4个院士专家工作站被甘肃省院士专家工作站建设领导小组表彰为“2021年全省优秀院士专家工作站”，每家拨付运行管理经费5万元。推荐兰州百源基因技术有限公司、兰州天禾生物催化技术有限公司建立中国科协“海智计划”甘肃基地工作站。

【科普知识宣传】 推荐3个农技协、2个农村科普示范基地、2个科普示范社区获得省科协2021年“基层科普行动计划”先进集体，获奖补资金109万元。举办主题为“百年再出发、迈向高水平科技自立自强”2021年“全国科普日”活动，组织永登县、皋兰县、榆中县贫困家庭品学兼优的90名学生开展“科普一日游”活动，在微信手机端开展兰州市“全国科普日”有奖竞答活动，页面浏览量23.7万次，参与答题2.3万人5.1万人次、活动页面被分享1.1万次，获奖0.9万人次。联合市委宣传部、市科技局共同主办2021年兰州市科技活动周，围绕“百年回望：中国共产党领导科技发展”主题，开展科普展品体验、防震减灾科普体验、食品药品安全科普体验、生态环保科普体验、科普小制作示范展演、技术创新实验作品示范展演等6个方面科技展演。“中国流动科技馆”在皋兰县魏家庄小学、榆中县朝阳学校进行巡展，近万名学生和群众受益。组织兰州市中小学校开展线上线下结合的全国科学调查体验活动，20余所学校提交活动成果500余项。开展科普大篷车校园巡展活动31场次，“全国防灾减灾日”宣传等科普活动29场次，行程1000余千米，受益群众2万余人次。联合兰州老科协邀请国防大学孙旭教授在兰州市第三中学等10所中小学4000余名师生开展以“苦难辉煌、百年梦想——庆祝建党100周年”为主题党史学习教育系列专题讲座。邀请兰州市消防救援支队走入中学、社区开展多场次“强化学校消防安全，共建平安和谐校园”主题消防知识专题讲座宣传、应急演练。举办“金城科普云讲堂”4场，通过爱兰州App、新华社现场云、目睹平台同步进行全网直播，近6万人通过各平台观看直播。2021年中国科协发布的2020年第11次中国公民科学素质抽样调查显示，兰州市公民具备科学素质的比例10.8%，高于全省7.14%、全国10.56%的平均水平。

【科技赛事】 兰州市组织111支代表队、291名选手参加第20届中国青少年机器人(甘肃赛区)竞赛暨世界青少年机器人邀请赛(甘肃赛区)选拔赛，获得各类赛事奖项108项，囊括省赛全部7项赛事16个组别的冠军，17支队伍被推荐参加第20届中国青少年机器人竞赛暨世界青少年机器人邀请赛，16名教练员被评为优秀教练员，兰州市科协获省科协优秀

3月27日至28日，"第四届兰州市青少年机器人竞赛"在兰州市第五十二中学举办

3月5日，兰州市科协"科普大篷车"赴榆中县马坡乡旧庄沟村开展"科普进乡村"新时代文明实践志愿服务活动

组织单位奖。举办第4届兰州市青少年机器人竞赛，来自全市163所学校361支队伍、951名学生、290余名教练员参加，进行机器人综合技能、机器人创意、VEX机器人工程挑战赛、机器人创新挑战赛、WRO工程挑战赛、MakeX机器人挑战赛、VEXIQ挑战赛等7项赛事的比赛。评选出一等奖77项、二等奖109项、三等奖175项，优秀教练员64名。举办第37届兰州市青少年科技创新大赛，大赛项目学科涉及工程学等18个类别，申报青少年科技创新项目等各类作品1054项，评选出各类奖项656项，优秀组织单位10个。

【科普工作】 100个兰州市科普基地举办科普讲座2000余场、科普展览3000余次、科普竞赛150场，开展科普咨询4000余场次，出版科普读物20种，发行量25.7万册，发放各类科普图书、资料约30万份，对外开放246万余人次。举办兰州市"科普基地线上游"活动，浏览量10万人次。邀请甘肃省博物馆研究员卢冬对100个科普基地讲解员进行培训，举办兰州市科普讲解大赛，评选出10名优秀科普讲解员参加全省大赛，其中2名讲解员获得省级比赛一等奖。市科协及4家科普基地获得省科协、省科技厅优秀组织奖。举办"感党恩·跟党走·科技梦·中国梦"科普绘画大赛，征集青少年绘画作品500余幅，评选出一、二、三等奖作品120幅、民族团结优秀奖作品8幅，优秀组织奖10个。编印、发放《兰州市科普基地简介》《兰州市科普基地分布图》2万套。市科协网站发布稿件949篇，网站总点击量42.6万次，发布图片3589幅、视频25.44分钟；微信公众号发布信息426条，阅读次数1.9万次，阅读人数1.2万人；头条号发布信息949条，阅读量2.1万人次，展现量202.6万次；微博发布信息940条，阅读量50余万人次。上报甘肃省科协、市委市政府相关部门信息800条，其中《兰州市科协召开"众心向党 自立自强"弘扬中国科学家精神座谈会》等10篇文章被中国科协网站采用。

【学会工作】 指导所属社会组织3个党支部完成换届工作，转正预备党员1名，保持党的组织和党的工作100%全覆盖。推荐优秀党务工作者1名、优秀共产党员1名、先进基层党组织1个。指导兰州老科协、兰州中医学会、兰州市地理学会、兰州科技情报学会、兰州市心理健康工作者协会完成代表大会换届工作。指导兰州老科协巩固金嘴村、石板山村专家工作站，拓展新建兰州迈绿达农产品公司、榆中沛绿养殖专业合作社2个专家工作站，开展"最美的心声献给党"主题党日书画展、石板山村甘肃联兴乡村旅游农民专业合作社培训、沛绿职业培训学校残疾人农村实用技术培训、永登县武胜驿镇"双百工程"农村青年百人技能培训讲座、老科技工作者日"百年颂"主题活动等，培训农民0.3万余人次。指导市反邪教协会开展反邪教宣传教育活动8场，展出展板56块，发放反邪教宣传资料2080余份，宣传品100份，服务群众0.5万余人次。指导兰州预防医学会在第30个"世界精神卫生日"开展宣传、义诊活动。

（刘铝锋）

兰州市文学艺术界联合会

【概况】　2021年，兰州市文联发挥各文艺家协会作用，搭建宣传交流平台，持续开展文艺创作、人才推荐、文化交流等工作，推动兰州文艺事业繁荣发展。

【协会管理】　2021年，市属各文艺家协会发展会员2414人(其中，省级会员614人，国家级会员149人)。3月中旬，在市委宣传部的领导下，开展市属6个文艺家协会换届工作。经调研摸底、制定方案、资格审查、外调考察、征求意见、酝酿讨论等工作程序，5月23日，召开市属各文艺家协会第6届会员代表大会，各协会审议工作报告，修改协会章程，选举产生新一届领导机构，聘任名誉主席、顾问，实现新老班子顺利交接。换届过程中，参照干部考察标准，按照德才兼备原则，将已加入省级协会、国家级协会的青年文艺人才，市属单位、在兰大中专院校、新阶层人士、自由职业者，兰州市专业文艺团体中负责人吸纳到协会班子，提升协调领导班子的整体素质。换届后，各协会领导班子成员中国家级会员占班子成员比例分别为：兰州市作家协会37.5%、兰州市书法家协会63.64%、兰州市美术家协会62.5%、兰州市音乐家协会55.56%、兰州市戏剧舞蹈家协会50%、兰州市摄影家协会42.86%。召开"修身守正立心铸魂"兰州市文联文艺工作者职业道德和行风建设工作座谈会，动员文艺界人员遵守《中国文艺工作者职业道德公约》，引导文艺家落实《修身守正立心铸魂——致广大文艺工作者倡议书》，组织与会代表进行研讨交流。结合党史学习教育、"崇德尚艺、潜心耕耘，做有信仰有情怀有担当的新时代文艺工作者"主题学习教育等，组织文艺家代表、党员干部开展重温入党誓词、参观八路军驻兰办事处纪念馆、祭扫烈士陵园等活动。

【文艺创作】　全年省级以上发表(展出)作品173篇(件、幅、首)。其中，国家级发表(展出)46篇(件、幅、首)；省级发表(展出)127篇(件、幅、首)。省级以上获奖作品847篇(件、幅、首)。其中，国家级获奖87篇(件、幅、首)；省级获奖767篇(件、幅、首)。出资摄制的电视纪录片《雄关奇城》在央视10频道《地理中国》栏目连续播出3次，套拍的电影纪录片《山河故事》即将完成制作。举办电影《足球·少年》首映式，并会同市委宣传部召开电影《足球·少年》暨兰州影视剧创作研讨会，邀请省市领导及影视艺术家围绕兰州市影视剧现状与发展进行研讨交流。会同兰州大剧院对兰州市首部原创大型交响乐《大河交响曲》进行首演，填补甘肃省没有完整乐章交响曲的空白。

【作品推荐】　推荐甘肃省第10届敦煌文艺奖作品15部。其中，文学类作品5部；电影类作品2部；音乐舞蹈类作品4部；曲艺杂技类作品2部；美术类作品2部。推荐省文联"第八届黄河文学奖"文学作品10部。会同西北师范大学举办冯玉雷长篇小说《野马，尘埃》首发式暨研讨会。

【文化交流】　4月，组织书法家参加由市委宣传部组织的"丝丝相扣""一带一路"金城兰州走进古越绍兴城际文化交流活动。5

4月1日，电影《足球·少年》首映式现场

月,《金城》杂志被2021年度全国文学内刊会议列入全国文学报刊联盟内刊委员会首批19家理事单位,同时也是甘肃省唯一列入全国文学报刊联盟内刊委员会理事单位的内部刊物。组织书画文艺工作者在盐锅峡水电站开展采风创作活动。与安宁区委宣传部和济南市文联考察交流组在沙井驿街道举办关于文联组织建设、文艺工作、社区文化的研讨交流。

【文艺惠民】 在各传统节日期间组织文艺家志愿者深入街道、社区、乡村、车站、广场等举办文艺汇演、书画互动等活动106场次,全年文艺惠民活动送出书画作品3400余幅(书协)。联合兰州银行创作出品歌颂党的主旋律歌曲《你的光芒》,录制《没有共产党就没有新中国》《欢聚吧,第一百个春天》等,通过兰州发布、兰州文联网等网络平台发布,并在微信公众号和今日头条同步刊播,点击量3000余人次。

【市作家协会】 发布“携手抗疫·温暖兰州”抗疫作品网络展10辑(文学作品51篇,其中《致敬兰州英雄》《倾城之爱》等5首作品在兰州电视台播诵)。组织开展庆祝中国共产党成立100周年有奖征文大赛和市优秀网络微小说征文活动,并开设《金城》文艺杂志专刊,刊载获奖作品。创新开展“文学进校园”活动,到兰州东方中学等地举办“阅读与写作”讲座,并捐赠童话故事、绘本等青少年读物。举办“兰州市作协改稿活动”,助力提升作协文学创作水平。举办“我们的节日·七夕”诗歌朗诵会。组织文艺志愿者参加文化惠民活动。

【兰州市戏剧舞蹈家协会】 发布抗疫戏曲作品7部。其中,戏曲作品《社区颂·曙光》《万众一心战疫情》《可敬那大爱无疆的好儿男》《誓把病毒尽全歼》《歼灭疫情心向党,国泰民安万年长》5部;舞蹈影像《在一起》1部;朗诵作品《兰州·我要守护你》1部。举办“永远跟党走奋进新征程中华民族一家亲·同心共筑中国梦”市文联文艺志愿者走进安宁区义演活动,将高质量文艺演出送到群众家门口。在“八一”建军节前,举办“唱红歌、庆‘八一’,感党恩、跟党走”——兰州市文联文艺志愿者走进驻区部队义演活动。动员广大文艺志愿者走进学校、社区、村社进行各艺术门类专业辅导指导,对火车站街道老年舞蹈队、职工合唱队等团体进行艺术辅导。

【兰州市书法家协会】 发布“金城抗疫·翰墨同行”抗疫作品网络展14期,展出书法作品143

6月10日,“永远跟党走 奋进新征程 中华民族一家亲 同心共筑中国梦”为主题的兰州市文联文艺志愿者义演活动在安宁区十里店街道景园盛世华都南门广场举行

幅。组织开展“翰墨丹青颂华章”兰州市庆祝中国共产党成立100周年书画展。举办兰州市第9届青少年书法大赛网络展。开展“书法进校园”活动，在10余所中小学进行书法知识专题讲座等公益活动。线上线下同步举办“翰墨传情歌盛世”兰州市书画展等文艺活动。配合市委宣传部举办“红心向党·翰墨寄情”2021兰州市书法系列活动暨书法培训班。会同有关单位在红古区花庄镇柳家新村举行2021年全市文化科技卫生“三下乡”集中示范活动，为村民送上书法作品，向困难群众赠送米面油等慰问品。组织主席团成员参加第9期金城书画沙龙活动，与现场观众进行互动，进行作品点评研讨。

【兰州市美术家协会】 发布“以艺战疫·黄河之滨会更美”抗疫主题创作网络展、以“艺”兴市黄河之滨定更美兰州美术家助力复工复产网络作品展13期，展出美术作品240幅。清明节期间，会同市作协在秦安路小学举办“缅怀革命先烈传承革命精神”活动。开展美术进校园和美术公益培训活动，会同市书协在火车站街道举办“翰墨颂党恩、童心绘百年”书画公益课，多次组织美术家赴五里铺小学、西北新村小学、东郊小学等学校开展美术进校园活动。参与五泉街道城市基层党建共驻共建活动，创作赠送美术作品。组织会员参加兰州电视台“黄河恋—金城书画”栏目和“文旅频道—黄河之滨也很美”栏目的录制工作，参加《兰州日报》“品鉴吧”栏目访谈等。组织主席团成员参加第10期金城书画沙龙，与美术爱好者分享美术作品创作心得和体会。

【兰州市音乐家协会】 发布抗疫网络音乐作品5首（其中，《向着黎明出发》被甘肃党建、中国甘肃网、甘肃文艺、视听甘肃、中国兰州网、今日陕甘宁、今日头条等平台发布）。相继配合省人民政府、省国家安全厅、省消防救援总队、共青团兰州市委、市消防救援支队举办“青春同心永跟党走”“聆听红色经典·重温光辉历史”红色音乐党课5场次，收到各主办单位的感谢函。会同兰州交响乐团配合中国音乐家协会、甘肃省音乐家协会举办“2021中国音乐小金钟——第八届全国中小学生管乐独奏展演甘肃甄选”活动。

【兰州市摄影家协会】 发布“用镜头致敬逆行者”抗疫摄影网络展6期（摄影作品185幅），联合省摄影家协会发布“影像抗疫·温暖陇原”兰州专题抗疫主题作品网络展。举办“黄河城市·精致兰州”网络摄影展。举办兰州市“扶贫之路”大型网络摄影作品展10期。应定西市林业和草原局、定西市文体广电和旅游局等部门邀请，组织摄协会员参加在临洮县曹家坪牡丹园举办的“聚焦乡村振兴临洮行”摄影采风活动。组织文艺家“红色轻骑兵”摄影小分队赴榆中县一悟小学等5所学校开展志愿摄影服务。在榆中县小康营中心幼儿园举行爱心助学捐赠活动，捐赠筹得善款和多功能生物燃气灶、米面油等生活用品。端午节期间深入街道、社区开展主题摄影、文艺演出活动。重阳节期间，在铁路西村社区开展公益摄影活动，为15名革命老军人赠送个人肖像照片。

【新冠肺炎疫情防控】 组织开展以文艺为载体、以网络为主阵地的抗疫宣传，发布《致各文艺家协会和广大文艺工作者的疫情防控倡议书》，倡议文艺家协会承担起政治担当和社会责任，鼓舞士气、凝聚力量。期间，征集各类文学作品1978件。其中，文学作品412篇；书法作品700幅；美术作品550幅；音乐作品9首；戏曲作品5部；舞蹈影像作品1部；朗诵作品1部；摄影作品300幅。累计通过中国甘肃网、甘肃党建、甘肃文艺、兰州电视台、兰州发布、今日头条、兰州组工等发布推送书法、美术、文学、音乐（歌曲）、戏剧舞蹈、摄影作品43期631件。省文联和兰州电视台对市文联以艺抗疫工作进行专题报道，兰州电视台对抗疫摄影作品进行系列宣传报道。

（付桂林）

侨联工作

【概况】 2021年，市侨联不断增强“四个意识”，坚定“四个自信”，做到“两个维护”，坚持侨联工作“两个并重”“两个拓展”，各项工作取得新进展。全市有县

（区）级侨联组织8个，团体会员28个，专委会3个，服务对象9万余人。

【为侨服务】 协助省侨联青年委员会举办“西部侨青联盟活动”，邀请西部10个省、市、自治区侨联青年组织代表及侨商100余人来兰州参加“兰洽会”，协调兰州市经济交流合作办公室负责人在“西部侨青联盟”大会上作兰州招商引资环境和项目推介。全年走访侨资企业3家，了解企业发展情况，协调解决企业在生产经营过程中存在的困难。重视侨务信访，围绕归侨子女上学、生活补贴等方面实际问题接待来信来访和政策咨询5件，协调解决5件。做好中国侨联入驻人民法院调解平台的前期准备，应用人民法院调解平台开展在线诉调对接工作，与市法院和所辖县区法院协调，顺利完成调解组织和调解员沟通上报工作。

【联络联谊】 派专人赴长沙市学习考察，走访长沙市侨联机关、长沙市高新技术产业园区侨梦苑、岳麓区学堂坡社区等地，重点就海外侨胞联络联谊、对侨企优惠政策和“侨胞之家”阵地建设等情况进行考察调研，学习先进经验。与长沙市侨联签订缔结友好侨联协议。

【捐资助困】 发挥“暖侨心”工程作用，争取资金，先后慰问归侨侨眷25人次，发放慰问金1万元。开展“侨爱心·光明行”项目，协同兰州爱尔眼科医院筛查社区居民122人，完成其中38人初筛建档工作，实施白内障手术12台，治愈患者10人。“六一”爱心助学捐赠活动向永登县民乐乡井滩村59名留守儿童、贫困小学生捐赠书包、笔袋、铅笔等价值5000余元学习用品。开展“七一”慰问活动，对困难老党员和困难归侨侨眷进行走访慰问，发放慰问品价值6000元。争取中国侨商联合会公益助学金，资助永登县民乐乡井滩村、八岭村、红岭村5名应届贫困大学生各1万元。动员市侨联委员和侨资企业捐赠物资，先后向城关区、七里河区、西固区、永登县、皋兰县等县区、社区捐物20余次，捐赠防疫物资20.4万元，支援一线防疫抗疫工作。邀请甘肃苍穹无人应急救援服务中心，对城关区雁园街道科教城社区和伏龙坪街道杨家沟社区共约1平方千米辖区面积进行全方位、立体化消杀。

【参政议政】 组织侨届人大代表和政协委员，以座谈会、联系会等形式，围绕全市中心工作和侨务热点问题，开展调研活动2次，撰写调研报告2篇，上报各类信息20余篇。侨联界别人大代表和政协委员大力建言献策，围绕经济发展、社会民生、维护侨益等撰写议案提案10余件。2021年市“两会”换届，提名3名侨界人大代表初步人选，提名6名政协委员初步人选并组织完成5名党外人选的考察和呈报工作。

（张　弛）

兰州市残疾人联合会

【概况】 2021年，市残疾人工作紧抓市政府为民办实事项目和各项助残惠民政策落实，为8513名贫困老年残疾人发放生活补贴资金；为10718名残疾人提供各类康复（及医疗康复）服务，康复服务率98.77%；为3528名残疾人适配辅助器具，辅具适配率98.31%；新增残疾人就业458人；资助2225名残疾学生及困难残疾人子女就学；年度目标任务全面完成。

【持证残疾人统计】 年底，全市有持证残疾人74586名。其中，视力残疾人9649名；听力残疾人8135名；言语残疾人732名；肢体残疾人37012名；智力残疾人6788名；精神残疾人7346名；多重残疾人4924名。

【残疾儿童康复救助项目】 印发《市残联关于2021年市委市政府为民办实事项目〈残疾儿童康复救助〉的报告》，结合全市残疾人康复需求情况和全市县区残联康复服务能力，将任务指标和资金及时下拨。通过会议、网络、电话等方式向县区培训项目实施有关内容，加强指导督查，强化实施要求，靠实县区残联及相关部门、单位的具体职责，保障项目工作全面实施。全年为1182名0~17岁残疾儿童提供视力康复训练，听力、脑瘫、智力、肢体和孤独症康复训练，手术及适配辅助器具，及时完善0~6岁持居住证残疾儿童康复救助事项，残疾儿童家长满意度95%以上。支持民族融合定点康复机构“凡尘安星”等开展康复救助工作，救助回族、东乡族等少数民族残疾儿童12名，为634名少数民族残疾人提供康复服务。

【残疾人康复服务】　实施精准康复服务行动，全年争取资金1949.05万元。其中，精准康复资金522.05万元；残疾儿童资金1427万元。紧盯残疾人动态更新系统中有康复需求和基本辅具需求的持证残疾人，为10718名残疾人提供各类康复（及医疗康复）服务，康复服务率98.77%；为3528名残疾人适配辅助器具，辅具适配率98.31%，残疾人满意度99.07%以上。

【残疾人就业服务】　为1108名残疾人提供驾驶、计算机、电商、盲人按摩、农村种植、养殖实用技术等培训。实施2021年助盲就业脱贫项目，争取资金30万元，扶持10家新（扩）建盲人按摩就业机构，执行省级残疾人就业扶贫基地实施项目3个。通过分散按比例就业、集中就业、灵活就业、自主创业、公益性岗位等渠道帮助458名就业困难残疾人实现就业。

【扶贫助残】　落实好防治返贫监测和帮扶机制工作，紧扣“两不愁三保障”脱贫标准，推进残疾人证办理“动态清零”、贫困残疾人兜底保障、康复救助及就业帮扶等助残工作。督促县区开展贫困残疾人家庭动态预警监测，加强数据比对和信息共享，对存在返贫风险的327户残疾户、376人残疾人进行重点监控，跟进兜底保障各项救助措施。永登县、榆中县与天津对接方签订帮扶协议。永登县残联争取到资金20万元用于支持残疾人发展产业，皋兰县残联争取资金10万元用于辅助器具配发，榆中县残联接收3万斤大米帮扶贫困残疾人家庭。开展全国助残日活动，营造良好助残氛围。5月16日，在金轮广场举行以助残活动“我为残疾人群众办实事”为主题的助残日系列活动。启动仪式上，省市领导现场为残疾学生、生活困难残疾人代表发放助学金、轮椅、听书机，为征文活动获奖残疾人代表颁发荣誉证书，助残活动现场举行宣传、咨询、义诊等活动。开展残疾人专场招聘会和就业培训成果义卖活动，携手兰州晨报、兰州手足外科医院在全市113个乡镇街道开展大型免费体检义诊服务活动。

5月16日，兰州市残联在金轮广场举行以“我为残疾人群众办实事”为主题的助残日系列活动

【残疾人助学】　落实《兰州市残疾学生和困难残疾人子女就学补助办法》，坚持强基固本提升教育助残，解决残疾学生和困难残疾人子女学生教育负担。为2225名困难残疾学生和残疾人子女发放助学补贴356万元。

【残疾人社会保障】　配合民政部门做好残疾人重度残疾人护理补贴和特困残疾人生活补贴对象审核工作，对全市31679名重度残疾人护理补贴、17501名特困残疾人生活补贴进行审核。完成8513名70岁以上贫困老年残疾人审核发放生活补贴511万元。为全市18533名听力、言语、视力残疾人发放通讯补贴220余万元。为45800名就业年龄段残疾人购买意外伤害商业保险，支付保费83.68万元。春节期间，争取企业捐款10万元，慰问困难残疾人423户。

【残疾人权益维护】　开展《中华人民共和国残疾人保障法》实施30周年纪念活动宣讲3次，组织“我与残疾人保障法”征文活动，全面展示《中华人民共和国残疾人保障法》实施对残疾人生活、学习、工作产生的重大影响。加强与各级信访部门的联系和沟通，着力化解矛盾，不断拓宽残疾人反映诉求渠道，市本级共接待来电、来信、来访173件次，办结率98%以上，办结省残联和省、市信访局转办件2件，12345民情通服务热线转办件16件。市本级全年为来信、来访困难残疾人22人次提供临时性救助经费5万元。为211辆残疾人专用机动车办理尾号限行免于处罚相关手续，方便残疾人驾驶员代步出行。为230户困难重度残疾人家庭实施无障碍改造项目，下拨项目改造资金80.5万元。

【残疾人文化体育和助残活动】

市残疾人专门协会开展大型活动14次，成功举办第9届“幸福路上手牵手”单身残障人士相亲联谊会，单身残障人士、残疾人家属及志愿工作者200余人参加活动。组织开展残疾人文化进家庭“五个一”项目活动，帮助300户贫困重度残疾人家庭开展读一本书、看一次电影、游一次园、参观一次展览、参加一次文化活动。对10家助残社会组织、1支高校青协助残服务项目给予资金扶持20万元。结合学雷锋日、爱耳日、助残日、自闭症日、六一儿童节等重大节庆活动，先后举办“我为群众办实事”“文明城市展风采”“人人享有听力健康”“学史践行爱心送考”等9场次新时代文明实践志愿服务活动，帮助1000余名残疾人解决生活中的实际困难。全年在兰州电视台播出“手语新闻”45期，兰州广播电台“爱心相伴”播出52期、“十分关注”播出104期。完成全国“爱耳日”“全国助残日”等系列活动宣传报道工作，做到电台有声、报上有文，在全社会营造理解、尊重、关心、帮助残疾人的良好社会氛围。“爱心相伴”专栏播出宣传《残疾人保障法》4期，《兰州日报》刊发助残日专版，深度报道《残疾人保障法》实施30年来，兰州市残疾人事业取得的成果。残疾人运动员在东京残奥会取得优异成绩，推荐残疾人运动员连浩为“年度中国残疾人事业新闻人物”候选人。

9月3日，东京残奥会乒乓球团体项目比赛中，兰州市残疾人运动员连浩和队友代表中国获得乒乓球男子团体9—10级金牌

【新冠肺炎疫情防控】　疫情期间，广大党员干部投身对口联系社区和居住地社区的疫情防控工作，摸排受疫情影响生活困难的残疾人，协调相关部门给予救助，为困难残疾人捐款、捐物，针对无人照护的独居残疾人等特殊困难群体专门上门核酸检测。市残疾人托养康复中心承担核酸检测工作。市残疾人劳动就业服务中心利用“兰州市残疾人就业创业网络服务平台”面向残疾人开展心理咨询、就业指导、手工制作培训等线上就业指导直播14期。市聋儿语训中心康复不间断开展线上康复教学。城关区残联和西固区残联为残疾人提供送餐上门服务。西固区残联发放残疾人临时救助金15万元，帮助86户特困残疾人家庭渡过难关。

（杨　磊）

兰州市红十字会

【概况】　2021年，市红十字会全力投入新冠肺炎疫情防控工作，强化改革发展，推进改革进程，强化服务为民，全面推进主责主业，围绕中心大局充分发挥职能作用，完成各项工作任务。红十字队伍不断壮大，全市新增基层服务组织、学校红十字会等98个、团体会员12个、个人会员791名，登记志愿者1708名。

【人道传播】　全市各级红会开

展各类宣传活动137场次，受众10余万人次。举行纪念世界红十字日大型主题宣传活动，开展以“关爱生命、‘救’在身边”为主题的“红十字博爱周”活动，开展一系列主题宣传、应急救护培训、志愿服务等活动。组织参加省市防灾减灾日宣传活动，引导群众增强防灾减灾意识；开展世界献血者日纪念宣传活动。加强新闻宣传，市级以上媒体报道红十字活动30余条次。网上宣传进一步加强，刊发信息数量、质量和社会效应明显提升。

【人道救助】 筹资28.1万元开展人道救助活动，对930余人(户)进行救助和慰问。在全市组织开展“红十字博爱送万家”活动，走访慰问困难群众895户，将15.5万元慰问物资送到群众手中。继续开展“红十字圆你大学梦”助学行动，对20名困难家庭本科新生分别给予5000元资助。申报争取中国红基会儿童先心病、白血病救助14例47万元；开展“天使之旅”儿童先心病筛查救助活动，排摸筛查患儿48名，对其中部分患者进行免费救治。在6个县区实施“益乐读”“益口好牙”等公益项目，数百名乡村儿童从中受益。动员协调爱心企业捐赠口罩10万只，免费发放给困难群众使用。全年市红会累计接受捐赠款物总价值2000余万元。

【应急救护】 全市开展应急救护培训演练活动269场次59141人次。其中，普及性培训147场次45719人次；应急演练57场次7562人次；救护员培训65场次5860人次。开展“应急救护推进年”活动，常态化推进“五进”活动，广泛普及应急救护知识。世界急救日期间，全市各级红会组织工作人员和志愿者走进学校、社区，以“做社区学校的急救英雄”为主题，开展一系列面向社区居民、学校师生的普及活动。安宁区红会组织30余名师资走进兰州交通大学等3所高校，为1.4万余名2021级新生讲授应急救护知识和红十字运动知识，提升大学生的应急救护意识和技能，促进红十字文化的传播。推进救护员“线上培训”模式，大幅压缩线下学习课时，便利群众参加学习。七里河区、西固区红会利用新模式大幅提升救护员培训能力，1000余人通过线上学习完成救护员培训课程。

【应急救援】 全市红会系统开展、参与各类应急、救护演练活动57次，7562人次参加。新冠肺炎疫情防控工作中，部分骨干救援队员全程参与会机关各项工作，承担值班值守、捐赠信息统计等任务；部分志愿服务团队在开展防疫志愿服务活动的同时，协助完成多次捐赠物资接收和装卸搬运等艰巨任务。10月25日晚，市红会工作人员和救援队员冒着严寒雨雪奋战4个小时，连夜将庆阳市捐赠的48吨物资安全卸载，搬运入库，人均搬运物资2吨以上。应急物资储备发挥应有作用，紧急调运帐篷、防护服等物资。

【“三献”工作】 4月1日，举行生命的乐章·兰州市人体器官遗体捐献者纪念追思仪式，纪念器官遗体捐献者。人体器官和遗体捐献登记人数持续快速增长，全市年内新增登记4806例(其中线下登记28例)，登记人数累计1.8万余人。安宁区、榆中县落实2021年造血干细胞捐献志愿者招募任务，采集志愿者血样近600人份。开展造干捐献协调2例，完成全省第43例造血干细胞捐献。开展纪念世界献血者日宣传活动。

【志愿服务】 开展贴近群众的红十字志愿服务活动930余次，2200余名志愿者参加，服务群众数万人次。部分团体会员单位参加主题宣传和公益活动，为群众提供义诊和疾病筛查服务；“三献”志愿服务队在学雷锋日、五一节和世界献血者日期间，开展一系列公益志愿服务活动；部分骨干志愿者带领团队经常走进社区、学校和企业，普及应急救护知识技能。众擎等志愿服务队免费开展防疫消杀数十次，总面积100余万平方米；安宁区红会组织大批志愿者参加新冠肺炎疫苗接种宣传和服务工作；七里河区志愿者积极参加封控值守、核酸采样和隔离点服务等工作。

【红十字青少年工作】 将应急救护作为学校红十字工作的重点和主要载体，在大中学校和托幼机构开展应急救护培训活动，融合推进红十字青少年和应急救护工作。会同市教育局对推进学校应急救护工作作出安排，在全市各级各类学校开展应急救护知识普及、救护技能培训、救护设施配置、救护服务阵地建设等工作。和教育部门联合举办应急救护知识专题培训，对市属各学校的300余人进行心肺复苏、创伤救护、防灾避险等培训。各县区、学校开展“救在身边·校园守护”行动各项工作。红古区、七里河区等县区红会联手教育部门对辖区部分教师职工进行培训；部分中小学校、托幼机构，以及兰州理工大学等高校，先后开展多种形式的应急救护培训活动。

【新冠肺炎疫情防控】 开展新冠肺炎疫情常态化防控各项工作。高效完成10·18疫情防控各项工作。10月19日市红十字会机关全面转入“战时状态”，全天候运转近1个月，参战人员日夜坚守岗位，全力投入各项工作。先后向市第二人民医院雁滩分院、西固区、榆中县、永登县调拨帐篷62顶，向七里河区、西固区调拨消毒剂200桶，向永登县和直属志愿服务团队调拨防护服800余套，向市城管委调拨口罩20余万只。组织在岗工作人员和志愿者有序开展捐赠款物接收调配工作，累计接受捐赠款物2003万余元。其中，捐款334.3万元；捐赠物资价值1638.8万元。接收和调配流程，坚持快进快出，实行现场交付，40余批次捐赠物资及时分配至各有关单位，无一积压“零库存”；2600余笔334.3万元捐款及时入账“零差错”。及时将捐赠收支情况通过网站、自媒体号向社会进行公示11批次，确保捐赠信息公开透明。

（王明杰）

立法工作

【概况】 2021年，市人大常委会深入贯彻落实习近平法治思想，把提高立法质量效率作为重点，主动适应全市改革发展和民生需要，深入推进科学立法、民主立法、依法立法，助推法治兰州建设。发挥立法主导作用提质效。抓机制完善，严格落实《兰州市地方立法条例》，健全立法论证、听证、座谈、评估、公开征求意见等机制，形成"党委领导、人大主导、政府依托、各方参与"的立法格局，及时向市委请示报告立法重要事项，与有关方面协商立法中的重大问题。

【立法机制完善】 坚持"小切口""小快灵""小而实"的立法导向，强化组织协调，编制"十四五"立法规划和2021年度立法计划，确定26部五年立法规划项目和10部年度立法计划项目。坚持开门立法，及时召开立法开题会、座谈会、法委会，发挥有关工委"专"的优势和法工委"统"的作用，严把立法立项关、起草关、审议关，做到配套性的法规草案由政府部门负责起草，涉及综合性、全局性的法规草案由常委会工作部门牵头起草，专业性较强的法规草案委托第三方起草，确保每一件立法体现党的主张、符合宪法精神、反映人民意愿。

【重点领域立法强化】 聚焦民生保障，立足水务部门职能转变和城乡供水现状，组织起草并一审《兰州市供水条例(草案)》，力求用法治促进城乡供水有机融合、群众用水安全充足；对《兰州市养犬管理条例》开展立法后评估，查找条例落实效果和短板问题，为进一步修改完善条例提供科学依据。聚焦城市建设，组织起草并一审《兰州市市政工程设施管理条例(草案)》，从制度设计层面规范市政工程设施的规划、建设、养护和管理；针对兰州市道路交通安全管理工作存在的源头性、基础性、体制性等突出问题，2次审议《兰州市道路交通安全管理若干规定(草案)》，推动补齐道路交通安全管理短板；主动适应轨道交通一号线运行现实需求，3次审议通过《兰州市轨道交通条例》，填补兰州市轨道交通领域地方性法规空白。聚焦安全发展，按照市委要求，启动兰州城市安全发展立法，召开立法调研座谈会，从立法导向、立法原则、立法重点、立法效果等4个方面分析研究，明确方向，提出要求，兰州市成为全国较早启动城市安全发展立法的城市。

【地方性法规清理】 聚焦法制统一，对《兰州市城市市容和环境卫生管理办法》等7部法规进行修改，依法对报备的44件规范性文件进行审查，围绕行政处罚法、生物安全法等开展法规清理5次，对全国人大和省人大13部法律法规草案提出修改意见。同时，组织立法调研专班，对养老服务、文明行为促进等5个立法项目开展调研，综合分析研判修法立法的必要性、可行性。

【地方立法队伍加强】　根据兰州市立法数量多、任务重、节奏快的实际需要，在加强已有3个立法研究咨询基地的基础上，协调对接，分别在甘肃政法大学、甘肃农业大学设立立法研究咨询基地，进一步增强兰州市地方立法力量。在立法领域落实全过程人民民主的实践要求，密切与立法咨询专家、立法联系点、立法咨询研究基地的联系，凡立法必请立法咨询专家到会发表意见，凡立法必征求立法联系点的意见，全年组织立法咨询专家参与立法活动56人次，征求到立法联系点意见建议10余条。加强立法队伍建设，组织立法工作人员参加全省规范性文件备案审查工作推进研讨会、全国人大地方立法培训班，持续提升立法队伍的法律素养和专业能力。

（穆晓娟）

政法及综治工作

【概况】　2021年，兰州市政法系统紧扣庆祝建党100周年安保维稳这条主线，战疫情、防风险、保安全、护稳定，下足功夫打基础、补短板、强弱项、创亮点，全市刑事案件、重大矛盾纠纷、群体性事件和群体性上访同比分别下降14.2%、24%、11%，巩固政治安全、社会安定、人民安宁的良好局面，人民群众安全感满意度获得新提升，为实施“强省会”行动战略、系统推进兰州实现高质量发展提供坚实政法保障。

【政法工作部署】　从影响和制约政法工作发展体制性、机制性、源头性问题入手，制定出台《关于加强新形势下重大决策社会稳定风险评估机制建设的实施办法》《关于加快推进全市智慧安防小区建设的实施意见》等13个制度文件，政法各领域制度机制更加完善。法治建设领域出台法治兰州建设、法治社会建设2个五年规划。政法队伍建设领域出台《系统推进政法队伍固魂铸剑行动着力提升政法工作现代化水平的实施意见》。特别是扫黑除恶斗争领域，对保留沿用《刑事司法和行政执法衔接工作机制》等27项制度机制装订成册、印发执行，制定出台十大行业领域整治、重点地市整改方案以及每月研判会商、季度调度抽查、半年通报督办、年度述职考核等7项工作机制，同时配套制定“2规范、2办法、1机制”，分别就工作运行、线索管理、督导专员队伍组建管理等作出规定。市委、市政府与各县区及98个单位和部门签订《二〇二一年平安兰州建设目标责任书》，优化平安兰州考核评价机制，压实各级各部门工作责任。坚持以督导促整改、以整改抓落实，结合安保维稳、教育整顿、扫黑除恶等重点工作，围绕矛盾纠纷化解、顽瘴痼疾整治、重点地市整改等任务，组织开展6轮次“大督导、大检查”，确保各项任务落实。将政法基础设施建设纳入全市发展总体规划，市财政投入4.95亿元保障政法工作，公安机关71个派出所综合指挥室实体化运行，审判机关完成市法院审判警务保障“六专四室”建设，检察机关建成青少年法治教育心理干预基地。

【维护社会稳定】　推进“净网”专项行动，处置网上政治谣言、有害信息1.2万余条。开展无邪教示范创建活动，培育省级无邪教示范县1个、示范乡街22个、示范村社180个。召开庆祝建党100周年安保维稳工作、防范化解近期突出风险等专题会议，启动运行涉稳信息日研判通报、市级领导接访下访、重点区域值班值守等7项工作机制，确保重要时间节点平稳度过。组织开展重大矛盾纠纷排查化解专项行动，排查化解涉稳重大矛盾94件。成立不良资产清收处置工作专班，清收46.1亿元，超额完成年度清收任务，防范化解金融风险。推进兰州市安全生产专项整治三年攻坚行动，排查安全隐患40235处，督促整改36402处，整改率90.5%。集中开展三级领导干部定点接访、带案下访，129名市县两级领导干部接访276批423人次，化解矛盾230件。开展集中化解重复信访积案百日大会战，办结中央信联办交办信访事项496件，办结率94.3%。

【平安兰州建设】　严厉打击“盗抢骗”、“黄赌毒”、电信网络诈骗等违法犯罪活动，破获刑事案件5757起、同比上升5.7%，23起命案全部侦破；破获毒品犯罪案件74起，缴获毒品海洛因35.8千克；破获电诈案件9400起、同比提升2.2倍，在全国率先出现“一降一升”历史性拐点。打造“雪亮云眼”等全国领先的信息化名片，“雪亮工程”示范城市顺利通过国家第三方评估验收。推进“护校安园”工作，建立“护学岗”653个，安装监控探头1.2万个。着力打造“六网一体化”社会治安防控体系升级版。构建“7站+11岗+46点”的“圈层查控网络”，建成智慧安防小区803个，完善智能化技术防控网。建立健全水、电、油、气及电力、电信、广播设施安全防范联动处置机制，完善明晰化公共安全网。推行“党建+网格”“一核多元”“百姓档案”“十户六联”、邻里守望等创新品牌，完善多元化共治网。建立由1250人组成的应急处突队伍，应急演练19次，完善专业化处突维稳网。创新基层群防群治模式，在全市各社区建立民警民兵民宗联勤作战新样式和退役军人志愿服务队，多方参与、协作配合、共建共治，提升防控能力和水平。突出“一事联办”，开展“综治中心规范化建设年”活动，高标准推进市县乡三级平安信息化支撑管理平台和命案风险预测预警系统建设运行，推广“枫桥式派出所”“巾帼调解队”“村民说事室”等经验做法，排查矛盾纠纷8564件，成功化解8262件，化解率保持在96%以上。突出“一体指挥”，健全乡镇（街道）政法委员统筹协调机制，推进平安乡村、平安社区等基层平安创建，把社会治理任务延伸到最基层。突出“一网统管”，按照“五个一”（组织一次警示教育活动、一次先进典型教育活动、主要领导上一次党课、一次专题报告会、开展一次廉政文化活动）网格架构划分城乡基础网格4324个，核定专兼职网格员10121名，将涉及基层治理的“多条网”纳入“一张网”，构建“全域覆盖、多网融合”网格化服务管理体系。开展兰州战“疫”后市域善治大讨论，发挥综治中心、三维数字中心、政务服务中心的指挥调度作用，“社工委”机制的聚合牵引作用，“小兰帮办”智治平台的支撑服务作用，构建“三中心一体指挥调度、社工委线下联动共治、大平台线上集成服务”整体智治的基层社会治理新格局，实现基层社会治理力量联动、隐患联排、矛盾联调、问题联治、平安联创。打造线上直达供给体系，初步建成“小程序+App+热线+社会治理平台”四位一体的社会智治体系，把社会治理报事权赋予每一位群众，通过“政务服务”“我要报事”“我有话说”“有事好商量”“矛盾化解”等模块，实现各类风险隐患、群众急难愁盼线上流转、线下处置，办理政务便民事项7万余件，处置民生困难、环境卫生、矛盾纠纷、安全隐患等各类事件3400余件。打造共建共治的治理体系，发挥社区建设工作委员会聚合作用，健全“一机制+两会议+三团四班+N网格”基层网状治理组织架构，全市427个社区全覆盖组建并运行“社工委”，2249个共建单位党组织和3.2万名在职党员干部向社区“双报到”，联勤服务、先锋服务、志愿服务等三大组团和普法宣传、公共服务、综合执法、平安综治等四大专班协同作战，开展各类志愿服务活动2.3万场次，解决群众急难愁盼问题1200余个。打造协同闭环的运转体系，稳步推进综治中心、三维数字中心和政务服务中心资源联动、数据融合、并轨运行，形成“社区响应为主→街道联动响应→县区全域响应→市级兜底响应”事件闭环处置流程，实现网格员现场解决一批、社工委联动各方解决一批、逐级研判上报协同解决一批的效果。

【扫黑除恶】 坚持主动排查与发动群众举报相结合，利用“12345”民情通服务热线以及市场监管、民政、文旅、金融、信访等行业部门信息平台，347件到期线索全部清零。对专项斗争期间打掉的123个涉黑涉恶团伙进行“回头看”，对200余件涉黑涉恶线索进行集中研判，对68件涉黑涉恶案件开展倒查，发现问题7件，处理存在问题人员37人，做到线索排查无遗漏、覆盖无盲区、核查有结论。健全落实涉黑涉恶案件会商机制，批准逮捕7件42人；受理一审“黑恶伞”案件8件52人，一审宣判8件52人，二审生效16件229人。深化十大行业领域整治，开展打击涉互联网黑恶势力犯罪百日攻坚行动和全民反电诈集中攻坚月行动，发案同比下降29.62%。整治金融放贷领域违法犯罪，打掉金融放贷类犯罪团伙2个，破获案件23起，抓获犯罪嫌疑

2月3日，召开向人民报告——兰州市扫黑除恶专项斗争新闻发布会

人15人。严厉打击非法营运车辆，排查疑似非法营运车辆29294辆次，纠正违法行为633起。开展房地产市场乱象专项治理，发现问题99个，现场整改42个。同时，审查村（社区）候选人不符合条件人员325名，整治软弱涣散基层党组织44个，从源头上防范黑恶势力滋生蔓延。推动全国扫黑除恶重点地市整改，部署开展“集中攻坚月行动”，以“六大攻坚行动”，推动重点地市督办问题、督导重点任务清单以及反馈意见一体整改、整体提升。着力提升工作成效，打掉6个涉黑涉恶组织，占全省战果的四分之一；全力整治“黄赌毒”问题，毒品犯罪立案数同比下降81.6%；源头治理“套路贷”问题，出台《兰州市地方金融组织非现场监管规程》，加强地方金融组织监管；坚决打击“砂霸矿霸”，侦破非法采矿犯罪团伙案1起，打掉非法采砂团伙3个；加快线索核查进度，年底所有到期线索全部“清零”；增加行政编制3名，建立政法委内部轮岗等机制，优化机构、充实力量。

【执法司法质效提升】 深化执法司法制约监督体系建设，制定实行《案件督办协调工作办法》《审判权运行管理规定》等制度机制，确保司法权规范有序运行。部署开展全市政法系统优劣质案件评选和重点案件质量评查，对政法各单位通过自查排查出的6901件，选取221件开展集中阅卷评查，发现问题案件32件，梳理问题线索12条，处理干警18人。开展涉法涉诉信访案件清查和集中攻坚化解专项行动，排查重点涉法涉诉信访案件207件，实施司法救助228万元。集中开展审前未羁押判处实刑未执行刑罚罪犯专项行动，梳理未收监人员230名，通过综合施策、集中攻坚，清理未收监人员137名。对照省级“责任清单”85项271条改革任务，完成56项230条，完成率84.9%。深化司法改革，落实法官责任制和院庭长办案制，公开裁判文书3.2万件，通过速裁程序办理案件1.1万件，法官人均收案242件、人均结案143件。推进检察机关派驻公安机关办案中心检察室工作、技术性证据专门审查、规范公益诉讼检察建议、法学专业学生担任实习助理4项改革任务，修订印发《兰州市检察机关检察官业绩考评实施细则》，着力构建科学、动态的考核指标体系。加快受立案改革和刑事案件“两统一”改革，推进执法办案管理中心建设，实现基层所队执法办案集约化管理、全流程管控。推进政法跨部门大数据协同办案平台建设，通过办案平台流转案件3539件，实现刑事案件全程网上办理，“兰州经验”在全省推进会上交流推广。公安机关加快兰州公安大数据分中心建设，整合公安数据253类172.7亿条、社会数据90类8.2亿条。审判机关加快“互联网+诉讼服务”建设，办理网上立案1.2万余件、跨域立案394件，线上音视频调解案件6666件。检察机关打造智慧检务新平台，探索“互联网+公益诉讼”新模式，市检察院“创新大数据研判与衔接平台建设，推进公益诉讼工作机制创新”工作经验入选全国检察机关首批检察改革典型案例。全面启动“八五”普法，制定《兰州市加强法治乡村建设的实施意见》，创建全市国家级民主法治示范村8个，省级民主法治示范村90个，推出公共法律服务“12条便民措施”，开展各类法治宣传253场次，“一村（居）一法律顾问”实现全覆盖。探索建立知识产权司法保护和行政保护联动机制，推动执行指挥中心实体化运行，有财产可供执行案件法定期限内执结率75.41%。全面推行“专业化法律监督+恢复性司法实践+社会化综合治理”生态检察工作模式，推进“携手清四乱，保护母亲河”专项行动，起诉生态环资类公益诉讼案件10件。创新推出户政服务"新十条",深化"户籍e办",实现82项户政业务一网通办、8类29项业务全流程扫码办理,提升政法服务水平。

【政法队伍建设】 健全落实政治轮训制度,全覆盖开展政治轮训837场次,"一把手"专题讲授党课91场次,举办政治理论学习专题读书班、习近平法治思想专题讲座251场次,交流讨论350余次。坚持党史学习教育贯穿全年,与教育整顿紧密结合,开展党史"日日读、周周学、月月考",举办"两优一先"表彰、"光荣在党50年"纪念章颁发活动。市县两级纪委书记带头作廉政教育辅导报告,召开警示教育大会185场次,引导政法干警知敬畏、存戒惧、守底线。组织干警2轮次如实填报《自查事项报告表》,10359名干警主动说明情况和问题,领导干部主动填报和主动说明问题实现"两个100%"。建立线索办理和"自查被查"有关情况周通报制度,推动提升线索流转核查质效,受理干警违规违纪问题线索2813件,办结2795件,办结率99.4%。建立纪委监委专项组与教整办协商机制,17名政法干警主动向纪检监察机关投案,1465名政法干警主动向组织说明问题,兑现从宽政策1464名,1人转被查。集中开展"三个规定"大宣讲和党政领导干部严格执行"三个规定"公开承诺专项行动,整治违反"三个规定"问题301个,处理333人。整治"有案不立、压案不查、有罪不究"问题案件1360件,处理824人。整治政法干警违规经商办企业、违规参股借贷问题62个,处理53人。排查减刑案件53400件、假释案件5496件、暂予监外执行案件541件,整改问题案件154件。整治法官、检察官离任后违规担任律师、充当司法掮客问题,排查出法官检察官离任后违规从事律师职业5人,处理5人。围绕"6+4+N"顽瘴痼疾整治内容,修订完善制度160余项。全面构建市县乡三级宣传矩阵,开设教育整顿、固魂铸剑等专题专栏,发布宣传报道8587篇,点击、浏览、转发次数897.6万余次。召开教育整顿新闻发布会2次,制作《深入推进教育整顿,锻造兰州政法铁军》微动漫以及英模事迹宣传片和教育整顿警示教育片,举办全市政法队伍教育整顿英模先进事迹宣讲报告会。

【固魂铸剑行动】 与全省教育整顿同步启动兰州市政法队伍固魂铸剑行动,组织实施"思政教育、警事训练、为民服务、优化环境"4个方面20项任务措施,推动政法干警更好担负起新时代职责使命。贯彻《关于新时代加强和改进思想政治工作的意见》,组织全体干警系统学习习近平法治思想,集中学习习近平总书记"七

3月26日,"扬浩然正气 铸忠诚担当"兰州市政法队伍教育整顿英模先进事迹宣讲报告会首场活动在甘肃大剧院举行,图为6位英模代表右起依次为刘庆(中共中央、国务院表彰的全国先进工作者、市公安局西固分局政委、三级高级警长),李俊杰(烈士、全国公安系统二级英模李钢之子、市公安局民警),豆丽娟(全国优秀法官、七里河区人民法院一级法官),李小东(全国优秀公诉人、城关区检察院第三监察部主任),张生祥(全国监狱戒毒系统先进个人、市司法局强制隔离戒毒所政治部主任),刘兰香(全国公安系统二级英模、市公安局七里河分局小西湖派出所副所长)

一”重要讲话和十九届六中全会精神，分系统举办政治理论学习读书班45场次，邀请知名专家学者集中授课、专题辅导82场次。分批开展“弘扬建党精神·奋进伟大征程”优秀青年民警专题培训班、“请党放心、强警有我”主题团课、“平语近人”党史学习教育知识竞赛等，开展党员干警先锋示范、志愿服务等主题活动，全年开展各类主题活动400余场次1.6万人次。坚持以军为师规范化练、以责为主实战化练、以技为要专业化练，围绕实战实训要求，分系统开展队列会操比武竞赛、“百日警事大练兵”“红蓝对抗”实战演练暨送教培训、司法警察“实战化训练”、警务安保锤炼等警体训练，举办政法系统“固魂铸剑炼铁军·践行使命显担当”知识竞赛，组织健步远行、登山比赛等体育活动，不断强化干警纪律，增强干警体质。组织150名基层执法监督员进行执法监督培训，实施庭审质效提升、裁判文书评选等业务大比拼，推动警事训练与做好业务工作深度融合、互促互进。组织开展“五大惠民行动”，市县两级党委政法委、政法各单位领导班子成员每人确定1个基层联系点倾听民声，党员干警作为平安志愿者参与网格化服务管理工作。先后开展政法干警“进企业、进农村(社区)、进学校”“百万警进千万家”“千名法官进万家”等活动，调解矛盾纠纷2651件。依托法院“智慧平台”，提供在线立案、调解、送达等业务，办理量1.8万件。开展护航未成年人健康成长、“舌尖上的安全”等7个专项活动，开通“兰检—民心连线”，全方位解决群众合理诉求。打造公共法律服务“便民超市”，办理法律服务事项3.3万件，群众享受法律服务更加便捷高效。发挥法治规范引领作用，制定《兰州市政法系统服务高质量发展优化营商环境的二十项措施》，组织实施高质量法规制度供给、政务服务满意度提升、法治化市场秩序营造、企业合法性权益保护、法律服务优质化保障“五大行动”。公安机关组织开展“百城会战”“啄木鸟”专项行动，抓获经济犯罪案件嫌疑人320人、挽回经济损失12.3亿元，同比分别增长15.5%、856%。审判机关开展“涉案件款物专项清理处置行动”和“涉民营企业积案集中攻坚行动”，清查案件58件。检察机关处置涉企业经济案件，依法对涉案民企人员不批捕79人、不起诉126人，释放最大司法善意，聚力打造稳定、公正、透明、可预期的一流法治营商环境。把打赢新冠肺炎疫情防控总体战作为深化固魂铸剑行动的具体实践，组织全体干警闻令而动、向险而行，创新“123”流调工作机制，疫情期间围绕阳性确诊病例，核查密接、次密接人员1.8万人。统筹抓好集中隔离场所管理，推动出台解除隔离、跨区调度等10余项制度机制，最高峰时启用隔离酒店150个、房间1.5万余间，累计隔离人员13827人、跨区跨市州调度2300余人。统筹民警辅警、退役军人志愿服务队、民兵等执勤力量近1.1万名，全面提升10个环兰公安检查站(岗)查控等级，劝返车辆1.53万辆、人员2.34万人。

(许文鹏)

9月15日，举行兰州市政法系统“固魂铸剑炼铁军 践行使命显担当”知识竞赛

法治政府建设

【概况】 2021年，全市法治政府建设工作召开市委全面依法治市工作会议、市委依法治市委员会第3次、第4次、第5次会议和办公室主任会议，审议通过2021年度市人大常委会和市政府立法计划、依法治市和法治政府建设工作要点等8个文件，健全完善党委领导法治建设的体制机制，研究部署年度依法治市各项工作。

【规范性文件建设及重点行政决策】　市司法局建立专家协助审核制度，对影响面广、情况复杂、社会关注度高的规范性文件，由各行业部门专家、政府法律顾问采取多种方式进行专家查审。全年对《兰州市初始排污权分配确权管理办法》等315件政府文件进行合法性审查，出具合法性审查意见1614条。其中，法律法规依据充分，资料齐全，程序合法的102件；制定依据不充分，违反有关法律、法规、规章和国家政策，按照提出的审查意见修改完善后达到合法标准，并通过市政府常务会议审议通过的213件。

【行政执法监督】　继续深化市场监管、生态环境、文化市场、交通运输和农业5大领域综合行政执法改革，推进行政执法属地化改革，健全远郊1区3县综合行政执法队伍，实行“局队合一”，乡镇街道组建统一管理的综合行政执法队，实现基层一支队伍管执法。严格行政执法“三项制度”以及相关配套措施落实，推进月报告制度，采取自查与抽查方式相结合，开展行政执法“三项制度”落实以及运动式、“一刀切”执法情况调研督导各1轮次。制定出台《兰州市行政执法案卷评查办法》，对执法案卷的评查范围、评查主体、评查程序、评查内容、评查结果及其运用等方面进行规定。在案卷评查工作中，率先采用“优劣质”案卷评查方法，对“优质”案卷在全市进行通报表扬，对“劣质”案卷纳入年终法治政府建设考核并进行相应扣分。全年开展行政执法案卷评查工作2次，进一步强化行政执法案卷管理，着力解决执法不严格、不规范、不文明、不透明等突出问题。持续加大执法信息公示力度，全市上报公示行政执法信息33.82万条。压实行政执法责任，依法严惩制假售假、妨碍疫情防控、破坏野生动物资源等各类犯罪行为。在全省率先探索试行行政柔性执法，印发《关于全面推行行政柔性执法优化硬伤环境的通知》。全市10家行政执法单位结合实际制定本部门“两轻一免”事项47项并对外公布，各级行政执法机关实行行政柔性执法案件35804件，适用“两轻一免”行政处罚案件29935件。

【行政复议】　市司法局全年收到行政复议申请112件。其中，受理96件；不予受理15件；要求补正后未提交补正材料1件。受理率85.71%。受理案件中全年审结案件88件。其中，维持30件；确认违法8件；撤销11件；驳回行政复议申请17件；终止22件。终止审查的22件行政复议案件，均是经调解申请人与被申请人达成和解，申请人自愿申请撤回行政复议申请。

【行政应诉】　全年市司法局参加出庭应诉70余次，均按时提交答辩状和证据材料，按时出庭应诉。配合人民法院做好调解等工作，依法化解行政争议，促进案件了结。全年通过诉调对接调解结案55件。

【行政法制审核】　全年出具法律建议107份。其中，涉及PPP项目文件4份；市政府重大合同26份；其他涉法文件77件。参加市政府常务会议、各项重大事项协调会议、研究决策会议90次，参与行政复议与应诉28件。同时，为“布阳”事件全程提供法律服务，为政府有效应对舆情提供有力的法律支撑，有效防控群体性事件的发生。

（景昱清）

公　安

【概况】　2021年，全市公安机关落实三级政法和公安工作会议精神，紧扣庆祝建党100周年安保维稳主线，立足“十四五”发展阶段，围绕现代化中心城市建设和“守三线”要求，锚定“西部一流、全国先进”工作目标，战疫情、防风险、保安全、护稳定，推动更高水平“平安兰州”建设，为全市经济社会高质量发展创造安全稳定的政治社会环境。全年全市立刑事案件12075起、受理治安案件15492起，同比分别下降14.2%、17.9%，平安稳定的社会治安形势持续巩固。

【庆祝建党100周年安保维稳】
推动应急力量标准化、规范化管理，组织模拟警情应急处置调度演练9次，最小作战单位演练12次，125项、525场次大型活动顺利举办，全市重大敏感案事件、暴恐案事件“零发生”。建设市级智慧街面巡防应用模块，升级改造街面警务站17个，加强党政机关和重点领域巡逻值守，完善“1、3、5”分钟快反机制和武警武装联巡机制，提高重点区域、时段见警率，“八类案件”发案同比下降6.1%。坚持和发展新时代“枫桥经验”，推进社会治安防控体系标准化示范城市创建，强化矛盾纠纷排查化解，助力更高水平“平安兰州”建设。全年排查矛盾纠纷8006起、化解7603起，化解率94.97%；化解部交、省交信访积案134起；群体性事件数、参与人数分别同比下降81.3%和87.3%，50人以上群体性事件“零发生”。

严格危爆物品全流程全环节管控，挖掘寄递物流、无人机、民宿和网约房、网约车等新业态管理服务需求，建立常态监管模式，源头消减风险隐患。推进“校园安防建设三年行动计划”，狠抓校园“四个100%”建设，推动校园封闭管理，建立“护学岗”653个，安装一键报警装置1239套、监控探头11676个，“平安校园”更有保障。推进全市道路交通环境综合治理和“强担当、除隐患、防事故、保安全”道路交通安全集中整治行动，选派440余名警力支援一线，狠抓事故预防“减量控大”，不断完善农村道路基础设施和“两站两员”建设，交通事故发生起数、死亡人数、致伤人数和财产损失同比分别下降19.1%、33.3%、15.6%、17.3%。

【突出犯罪打击】 坚持打伞破网、打财断血同步推进，重点整治、行业清源双管齐下，推动健全内部联动和部门协同长效机制。全年打掉涉黑涉恶团伙及村霸7个，抓获犯罪嫌疑人55人，破获刑事案件43起，查处治安案件6起。获得全国扫黑除恶专项斗争先进集体荣誉称号。

推进全民反电诈集中攻坚月，“断卡”“断流”行动，连续召开推进会6次，省市县乡同步启动“全民防电诈、全社会反电诈”宣传，强化止付挽损，遏制电诈犯罪高发势头。全年破获电诈案件12385起、抓获犯罪嫌疑人1462人，同比分别提高248.2%、52%，现案破案率提高22.4个百分点；紧急止付34.5亿元，同比提高78.9%；上报封堵涉诈App、网址域名1.1万个，直接避免损失3800余万元，发案同比下降27.1%，率先在全国实现“发案下降、破案上升”历史性拐点。

集中优势警务资源，持续开展命案攻坚行动，破获命案现案22起，侦破命案积案43起，抓获在逃人员491名。重拳直指文物犯罪，侦破公安部督办“2·27”倒卖文物案等43起涉文物案件，抓获犯罪嫌疑人37人，查获各类文物4123件。其中，国家二级文物34件；三级文物397件；一般文物3600余件。生态打击涉枪犯罪，成功侦破公安部督办“12·3”特大网络贩枪案，摧毁全国范围内链条最完整的非法制售枪支犯罪团伙，抓获犯罪嫌疑人12人，收缴各类枪支及配件1万余件，查获气动能枪支61支；聚力开展“团圆”行动，加大线上线下宣传，设立DNA血样采集点11个，组织认亲活动5场，公安部认定战果16起。

与临夏州签订治理外流贩毒战略合作框架协议，打击跨区域贩毒活动。开展“净边2021”“陇风扫毒”“寄递渠道禁毒百日攻坚”等专项行动，破获毒品案件95起，抓获涉毒犯罪嫌疑人249人，打掉涉毒团伙48个，缴获毒品海洛因35.9千克、合成毒品210.72克，抓获外流贩毒72人，破案数、抓人数、打掉团伙数分别占全省32.6%、32%和30.4%。同步推进“平安关爱”行动，建成大型禁毒教育基地9个，助力14个美沙酮门诊做好维持治疗工作，全力萎缩涉毒消费市场，全市毒品犯罪立案数同比下降79.92%，新发现吸毒人员同比下降76%，全市戒断3年未复吸人员同比增长13%；强制隔离戒毒人数同比下降85.4%。

【民生法治保障】 聚焦建设法治公安目标，开展“千企纾困”行动，用好“护航警官”，推进“百城会战”“啄木鸟”“鹰眼2号”专项行动，重拳直指经济犯罪。全年破获各类经济犯罪案件365起，抓获犯罪嫌疑人391人、挽回经济损失12.3亿余元，同比分别增长26.95%、8.6倍；破获食药环（食品、药品、环境安全）和知识产权领域案件85起，其中部督案件2起、省督案件7起。主动加强与市场监管、综合执法等部门的沟通衔接，稳妥处置涉企经济案件，慎用查封、扣押、冻结等措施，清理涉民营企业刑事诉讼“挂案”81起，积案59起；探索建立领导干部定点联系企业制度、政企沟通机制，走访经营困难企业407家1.4万余人。

深化“我为群众办实事”实践活动，紧盯群众“急难愁盼”，大力推进“互联网＋公安政务”，进一步优化服务流程、精简办理手续、提高服务效率。创新推出户政服务“新十条”，持续深化“户籍e办”“网上24小时一站式”服务，82项户政业务一网通办。创新出入境业务“一站五心六办”便民举措，让“最多跑一次”落在实处。落地实施12项车辆驾驶管理服务改革措施，21.6万余名驾驶人“学法减分”，对17种轻微交通违法行为采取柔性执法；聚焦群众出行“停车难”问题，全面简化经营性停车场备案手续，新增备案停车场258处，新增停车泊位4.1万余个。

【基层基础建设】 全面加强和改进新时代派出所工作，派出所综合指挥室实体化运行73个；严格规范执法管理，建成执法办案管理中心14个、标准化办案区131个；社区警务力量“两个40%”全面达标。加快兰州公安大数据分中心建设，全量汇聚整合公安内部数据、社会数据、互联数据357类、238.3亿条。推进智慧安防小区开工建设700个，建成601个，接入数据362个，累计汇聚小区人员进出数据848万人次、车辆进出数据116万辆次、人脸抓拍数据3931万人。推进二维码楼门牌设置，研发上线“兰州市智慧门楼牌服务平台”，完成二维码门楼牌上墙40.5万块，8类29项业务全流程扫码办理，服务群众23.9万人次。55个基建项目列入甘肃公安发展“十四五”规划公安基础设施项目库。

【新冠肺炎疫情防控】 坚持疫情就是命令、防控就是责任，及时安排部署，坚持一日一研判、一通报、一调度，贯彻落实省、市会议精神，全力推进疫情防控工作；各单位、部门班子成员分兵把守、一线督战。及时调整工作重心、优化组织架构，修订完善市公安局《新冠肺炎疫情联防联控工作方案》《流调工作专班工作方案》，构建高效运转组织体系。全面启动一级响应，社会稳控组办公室与市公安局疫情联防办一体运行，确保指挥精准、警令畅通。严格督导落实，制定疫情防控“十个凡是”，对警力部署、装备配备、勤务运转、内部安全等开展专项督导检查，发现督促整改问题249个，对国务院督导组工作建议、省市调度会会议通报问题12小时内整改落实到位。

深化运行“三公（工）”机制，与卫健、疾控“点对点”双派驻，向46个流调专班派出85名警力，及时反馈核心基础数据，特别是针对10∶1混检阳性，坚持电话流调先期管控，抢先向3.2万余名风险人员电话流调随访，将筛查管控时间提前7小时以上。创新“4+模式”“三民联勤”流调工作机制，充分运用公安大数据手段资源，搭建研发精准流调排查等11个模型，网上与网下一体、横向与纵向贯通，形成轨迹信息“一条线”、时空关系“一张表”，以一溯十、闭环追踪。围绕阳性确诊病例，精准提取信息、推送预警，下发指令数据3.5万余条，筛查涉疫风险密接及次密接人员1443人，酒店7家2832人，室内场所54家9231人、公共交通工具78辆7490人。

按照“分区分级、精准管控”原则，持续加强30个封控区、17家定点医疗机构、142个隔离留观点和每日近1000个核酸采集点的巡逻守护和秩序维护，累计投入警力30万余人次。协同市文旅局、市民宗委等部门，及时关闭全市40家A级景区，1200家文化娱乐、网吧、影剧院等场所，最大限度减少人员聚集，降低感染风险。加强卡口查控，统筹民辅警、卫健委、防疫、街道社区、退役军人、民兵等执勤力量近1.1万名，全面提升10个环兰公安检查站

11月6日，新冠肺炎疫情期间交警雪中疏导交通

9月29日，在市警校举行全市公安队伍教育整顿固魂铸剑行动队列会操比武活动

（岗）查控等级，严格落实双向管控措施，共盘查车辆206万辆、296万人，将黄码217人、红码6人移交卫健部门落实管控，日均劝返车辆1200余辆。

【公安队伍教育整顿】　持续巩固拓展教育整顿试点经验，突出“四项任务”，坚持把学习教育贯穿始终，推进政治督察、政治轮训，严格意识形态工作责任落实，531个党组织分别召开专题组织生活会，全警政治判断力、政治领悟力和政治执行力不断提高。紧盯“六大顽瘴痼疾”，组织召开廉政教育专题报告会16场次、警示教育大会41场次，对123名新任科级领导干部开展集体廉政谈话，加压传导从严管党治警强烈信号。纵深推进自查自纠，逐级召开思想发动专题会议200余场次，细化11类54项自查填报内容，全市公安机关8123人签订“自查从宽、被查从严”《政策知晓书》，政策知晓率100%，8033人自查报告问题，填表空白率1.1%，2197人主动向组织说明问题，2497名民警受到从宽处理。衔接启动固魂铸剑行动，紧扣“思政教育、警事训练、为民服务、优化环境”4个方面21项任务措施。

【从严治警】　推进党风廉政建设和反腐败斗争，落实“主体责任”和“一岗双责”，健全完善“1＋7＋N”大监督格局，整治“四风”顽疾，用足用好监督执纪“四种形态”，不断强化“八小时外”监督管理，源头减少违法违纪问题，提醒约谈各部门警种“一把手”4次16人，下发监察建议书29份，立案审查54案63人，给予纪律处分28案34人，组织处理144人。

（蒿　荣）

检　察

【概况】　2021年，市检察工作全面落实好维护公平正义、保障人民权益的法治责任。贯彻落实《中国共产党政法工作条例》及省委实施办法、市委实施细则，严格执行重大事项请示报告制度，向党委、政法委和上级检察院请示报告重要工作、重大案件478件次，确保检察工作正确政治方向。

【维护国家政治安全和社会稳定】　落实总体国家安全观，突出问题，强化检察环节保安全、护稳定各项措施，推动更高水平的平安兰州建设，为庆祝建党100周年营造良好的政治社会环境。年内，依法惩治危害国家安全、危害国防利益、危害公共安全的各类犯罪，起诉793人。严厉打击严重暴力和“黄赌毒”“盗抢骗”犯罪，起诉1905人。常态化开展扫黑除恶斗争，推进“六建”（建立健全源头治理的防范整治机制、智能公开的举报奖励机制、打早打小的依法惩处机制、精准有效的督导督办机制、激励约束的考核评价机制、持续推进的组织领导机制）工作，排摸、受理涉黑涉恶线索29件，批捕39人，起诉26人，健全、完善机制17项，办理的5人涉黑案获最高检人民检察院、省委政法委首肯。持续落实“三号检察建议”，全力化解金融风险，依法打击破坏金融管理秩序、金融诈骗犯罪，批捕44人，起诉95人。起诉利用电信网络实施的诈骗、传销和侵犯公民个人信息等犯罪1241人，同比上升206.4%。提前介入、从严从速办理全省首例跨境犯罪集团电信诈骗案，坚决遏制电信网络犯罪高发态势。

【营商法治环境优化】　制定落实优化营商环境十六条措施，创新开展企业合规案件办理等7个

"小专项",服务兰州经济高质量发展。坚持依法保障企业权益与促进守法合规经营并重,依法惩治影响非公经济发展、妨害企业管理秩序、扰乱市场秩序、侵犯知识产权和职务侵占等涉营商犯罪,批捕441人,起诉668人,清理涉企"挂案"45件。强化涉民企案件同步审查,完善涉民企案件经济影响评估机制,依法对涉案民企人员不批捕116人、不起诉155人。推进"维护民企权益、优化营商环境"专项行动"提升年"各项工作,开展"千人进万企""送法进企业"活动,走访民营企业3563家,收集问题线索59条,帮助解决问题11个,为企业解忧纾困。

【生态环境司法保护】 推行"专业化监督+恢复性司法+社会化治理"生态检察工作模式,办理破坏环境资源犯罪案件31件58人;审查生态环资类公益诉讼案件线索216件,立案202件,发出诉前检察建议205件,提起公益诉讼13件。开展"古树名木保护专项"监督活动,发出检察建议34件,全部被采纳。围绕习近平总书记关于"兰州要在保持黄河水体健康方面先发力、带好头"的重要指示精神,常态化开展"携手清四乱,保护母亲河"专项行动,推行"河(湖)长+检察长"工作机制,发出检察建议28件,办理相关案件29件。

【检察为民办实事】 推出"我为群众办实事"8大行动33项举措,努力解决群众"急难愁盼"问题。护航未成年人健康成长,贯彻"教育、感化、挽救"方针,对涉罪未成年人不批捕80人,不起诉31人,附条件不起诉77人;从重、从快、从严办理侵害未成年人案件,起诉136人;持续抓好"一号检察建议"落实,开展"检爱同行、共护未来"专项行动,开展法治进校园宣讲270场,创新建立"码上报告平台",以"互联网+未检"模式落实侵害未成年人强制报告制度。聚焦"舌尖上的安全",开展食品药品安全"四个最严"专项行动,起诉危害食品药品安全犯罪31件43人,发出食药领域检察建议54件。重视"脚底下的安全",以窨井盖为切入点排查市政设施隐患,发出检察建议38件。确保"群众信访件件有回复",受理群众来信来访2177件,7日内程序性回复率100%。加大司法救助力度,办理司法救助案件40件,向48名生活困难当事人发放救助金222.55万元。组织开展公开听证710件。

【反腐败斗争】 加强监检办案衔接和配合制约,依法提前介入监委调查案件58件,受理移送案件86件115人,提起公诉92人。办理滥用职权案等一批有影响力的案件。加大查办司法工作人员相关职务犯罪案件力度,调查核实案件线索187件,立案5件9人,同比上升12.5%。

【社会治理】 参与市域社会治理现代化,践行新时代"枫桥经验",把释法说理、定分止争、化解矛盾贯穿办案始终,促进刑事和解104件,民事行政监督案件息诉3件。结合办案梳理社会治理薄弱点和风险点,有针对性地提出检察建议114件,已采纳110件。开展"八五"普法,促进全民守法尊法。

【刑事检察】 坚持以审判为中心,深化"捕诉一体"机制,受理审查批捕案件2362件3997人,批准逮捕3006人;受理移送审查起诉4010件6049人,起诉4694人。牢固树立少捕慎诉理念,依法不批捕942人,不起诉856人。提前介入引导侦查858件,同比上升47.42%。进一步强化刑事诉讼监督,监督立案35件、撤案32件,纠正遗漏罪行71人,追捕追诉175人,提出抗诉8件。监督纠正减刑、假释、暂予监外执行不当94人,纠正超期羁押12人,对刑事执行活动违法情形提出书面纠正51件,同比上升104%。"案—件比"由上年的1:1.33优化为1:1.1;认罪认罚适用率91.1%,同比上升4.66个百分点;确定刑量刑建议采纳率98.36%,同比上升0.13个百分点。刑检工作经验在全省检察机关刑事检察办案质量推进会上作交流。

【民事检察】 贯彻实施《民法典》,执行新修订《民事诉讼监督规则》,办理各类民事检察监督案件313件。强化民事生效裁判监督,受理案件151件,审结率77.48%。对民事审判、执行活动违法情形提出检察建议73件。针对法院161件超期执行案件发出检察建议,促进问题整改。开展虚假诉讼监督专项活动，审查案件线索230件，受理监督案件78件，提出抗诉、再审检察建议57件，法院裁定再审并改判52件，挽回直接经济损失1200万元。民事提请抗诉案件采纳率、民事抗诉改变率、民事再审检察建议法院采纳率、民事审判违法监督案件检察建议采纳率100%。

【行政检察】 实行一体化、目标化管理，建立上下级院之间案件线索发现、移送、反馈机制，有效形成办案合力，办理各类行政检察监督案件105件。审查生效裁判监督案件17件，办理行政非诉执行监督案件83件，行政执行监督检察建议采纳率101.49%，高于全省平均值。开展土地执法查处领域行政非诉执行监督专项活动，办案39件，涉及各类土地面积15.86万亩。牵头与市司法局联合签订《关于促进行政争议实质性化解的协作意见》，成功化解85起行政争议纠纷。办理甘肃青欧管理服务有限公司与兰州市城关区市场监督管理局行政争议案，被省检察院评为2021年度“维护民企权益、优化营商环境”典型案例。市检察院被最高检评为“加强行政检察监督促进行政争议实质性化解”专项活动优秀组织单位。

【公益诉讼检察】 坚持稳数量、调结构、提质效，依托调查指挥中心整合两级院办案资源和力量，加大办案力度，审查行政公益诉讼案件线索376件，立案345件，发出行政诉讼前检察建议338件；审查办理民事公益诉讼案件线索52件，立案47件，同比上升74.1%，起诉45件，提起公益诉讼后法院支持率100%。稳妥拓展案件范围，办理文物和文化遗产保护、安全生产、网络空间治理等案件123件，发出诉前检察建议116件。市检察院“创新大数据研判与衔接平台建设，推进公益诉讼工作机制创新”工作经验入选全国检察机关首批检察改革典型案例。办理的榆中县兴隆山烈士纪念设施保护行政公益诉讼案入选最高检典型案例。

【检务管理】 实行市县（区）两级检察院一体化办案模式，完善案件督办、领办、交办流程，健全备案审查制度，强化内部协调，有效形成整体战斗力。建立以质量评价指标体系为主要内容的案件质量管理机制，强化制度和办案系统双重管理，对办案活动全员、全程、同步、规范监督。每月、每季度定期开展业务数据分析研判，以“红黑榜”形式通报案件质量主要评价指标数据和“六项重点工作”指标数据的排名情况，列明“优势项”“劣势项”“空白项”，确保各项目标任务优质高效完成。通过常规评查、重点评查、随机抽查和专项评查等多种方式，评查案件2775件次，对发现共性和个案问题建立台账，举一反三，认真整改，通过“纠错、问责、规范”，倒

6月10日，兰州市人民检察院第二届新时代检察宣传周活动开展

逼检察官增强责任意识，提高办案质量。评出的优质、劣质案件直接与检察官业绩考核挂钩，把“谁办案谁负责”落到实处。通过动态调整考核指标，激励检察人员不断提高办案质效，将“司法责任终身制”落实落细。强化考核结果运用，将考核结果作为检察人员奖惩、晋升、调整职务职级的重要依据，真正让干多干少、干好干差不一样。

【政法队伍教育整顿】　举办党史专题讲座、读书班、演讲比赛、知识竞赛等各类学习教育活动74次。按照政法队伍教育整顿部署要求，结合检察工作实际，明确“四五五四”（四学、五题、五找、四改）工作思路，建立健全35项制度机制。在全市检察机关开展思政教育大提升、百日警事大练兵、为民服务大落实、营商环境大优化“四大行动”，推动实现队伍建设和业务工作两促进、双提升。坚持全面从严治党、全面从严治检，落实“两个责任”，运用好监督执纪“四种形态”，开展工作约谈530人次，提醒、告诫约谈2人次。采取措施狠抓“三个规定”（《领导干部干预司法活动、插手具体案件处理的记录、通报和责任追究规定》《司法机关内部人员过问案件的记录和责任追究规定》《关于进一步规范司法人员与当事人、律师、特殊关系人、中介组织接触交往行为的若干规定》）贯彻执行，记录重大事项235件。突出专业化建设，对检察人员分层分类开展“订单式”培训，举办“学比练赛”、业务竞赛、岗位练兵等业务实训489次，组织庭审观摩38次，开展刑事案件跟庭评议156件次。探索创立“青年干警导师制”，聘任50名资深检察人员担任导师，助推青年干警成长成才。发挥模范带头作用，评选出10名业绩突出、表现优异的干警为“兰州检察之星”。市检察院被评为“全省检察理论研究组织工作先进单位”，在全省首届行政检察业务竞赛中取得第一名的优异成绩。

【“智慧检务”建设】　推进大数据、人工智能等现代科技与检察工作深度融合，推进检察业务应用系统2.0版，新增的类案推送、量刑辅助、“三书”比对等多种智能化辅助工具为办案提供更加全面的辅助支撑服务。以科技助力考核工作，8月，通过使用“甘肃省检察官业绩考核系统”，实现考核数据自动抓取、自动计算、实时生成、全程公开，提升考核工作效率。加快推进“桌面云”平台建设，持续做好技术性证据审查和司法鉴定工作，参与政法跨部门大数据协同办案平台建设，提升检察管理信息化、智能化水平，为强化法律监督提供有力技术支撑。

【新冠肺炎疫情防控】　建立完善特殊时期办案工作机制，从严从快办理涉疫情案件17件28人，为疫情防控提供有力司法保障。印发《关于在新冠肺炎疫情防控期间积极做好优化营商环境重点工作的通知》，通过检察履职助力各类营商主体在抗击疫情的同时尽可能保持正常的生产和经营。组织开展“公益诉讼‘益民’专项监督活动”，牵头与市场监督管理局开展联合检查，确保疫情期间市场食品药品保供稳价。监督、配合监狱和看守所落实防疫措施，有效保障监管场所安全稳定。参与联防联控，市检察院42名干警响应号召、主动报名，成立“黄河家园”党员防疫突击队，第一时间深入被封控小区，连续14天在一线开展抗疫工作。全市359名干警以“兰检志愿者”的身份下沉社区，为疫情防控贡献兰州检察力量。

（山瑞彬）

法　院

【概况】　2021年，市中级人民法院以“努力让人民群众在每一个司法案件中感受到公平正义”为目标，以司法为民、公正司法为主线，以执法办案为第一要务，以政法队伍教育整顿和党史学习教育为着力点，全力推动新时代人民法院工作高质量发展。全年全市法院受理案件130286件，审结98444件，法定审限内结案率94.47%，其中市中院受理案件15037件，审结12495件，法定审限内结案率91.84%。

2017年以来兰州市两级法院收结案统计表

法院＼年份	2017年		2018年		2019年		2020年		2021年	
	收案	结案	收案	结案	收案	结案	收案	结案	收案	结案
兰州市中级人民法院	11639	9455	14138	12287	15080	13729	13599	11891	15037	12495
兰州市城关区人民法院	24482	16913	27958	19805	33699	24189	35253	25797	47326	32572
兰州市七里河区人民法院	6675	5836	9729	8272	10870	9512	11310	9474	14871	11455
兰州市西固区人民法院	5159	4952	5234	5017	5901	5617	6128	5843	8340	7157
兰州市安宁区人民法院	3859	3351	5138	3922	6356	5395	6574	5205	9370	6293
兰州市红古区人民法院	2912	2626	3387	3122	3600	3360	3735	3450	5549	4863
永登县人民法院	5389	4570	6108	5385	6237	5674	6331	5641	6945	5959
皋兰县人民法院	1568	1505	2091	1988	2222	2109	2249	2154	3395	2973
榆中县人民法院	5776	5237	7195	6641	7341	6792	7924	7354	9909	8136
兰州新区人民法院	2802	2577	3942	3708	5411	4937	5803	5154	9544	6541
合计	70261	57022	84920	70147	96717	81314	98906	81963	130286	98444

2017年以来兰州市两级法院年收案对比图

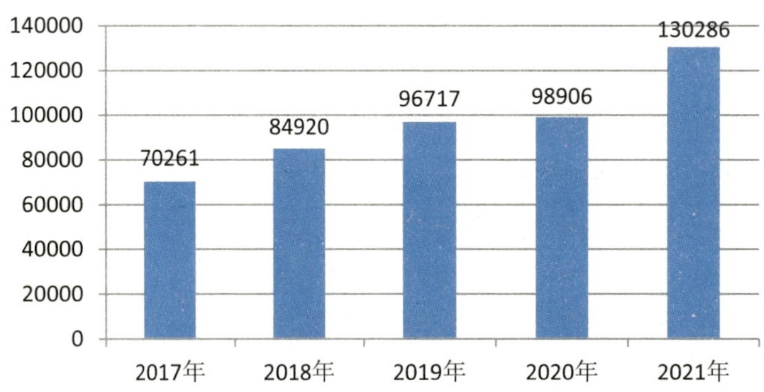

2017年以来兰州市两级法院年结案对比图

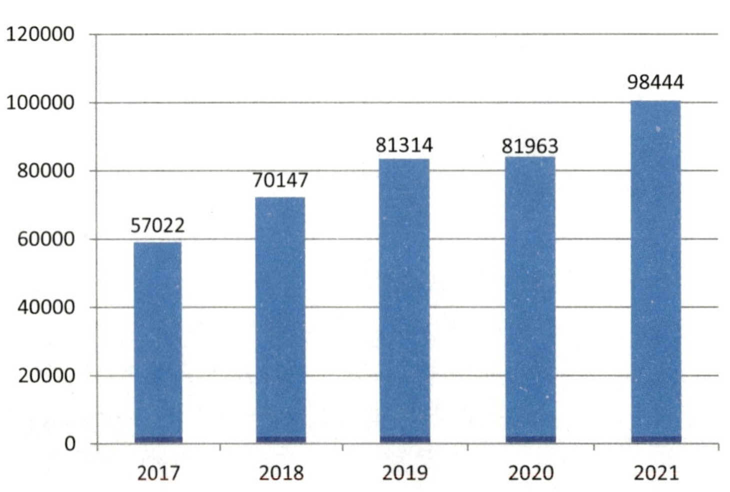

2017年以来兰州市两级法院年收案类型统计表

案件类型	2017年	2018年	2019年	2020年	2021年
刑事	8488	7964	7832	6106	6243
民事	37886	48304	56706	57831	77897
行政	741	923	1662	1411	1619
执行	22046	26301	28809	32397	43283
其他	1100	1428	1708	1161	1244

备注:2021年数据为截至2021年11月数据,其他年份为全年度数据。

2017年以来兰州市两级法院年收案类型对比图

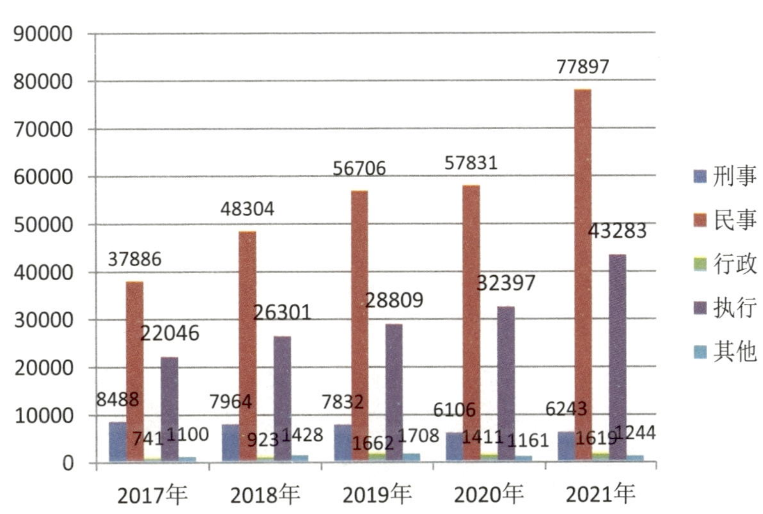

2017年以来兰州市两级法院收案类型构成图

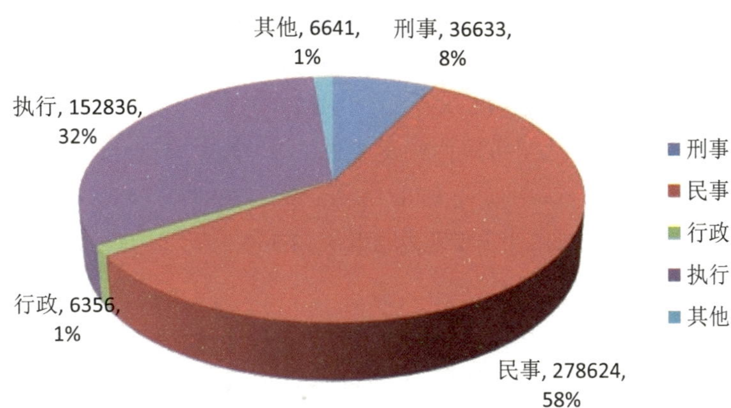

【政法队伍教育整顿和"固魂铸剑"行动落实】 把政法队伍教育整顿作为年度一项政治任务摆在首位，高站位贯彻落实党中央和省市委决策部署，分层次召开7类会议，宣讲"自查从宽、被查从严"政策，逐人开展谈心谈话620余人次。严肃整治顽瘴痼疾712件；逐案排摸"减假暂"案件5.9万件；化解上级交办信访案件32件。针对存在问题，修订完善150余项制度规定。落实市委专题会议精神，抓实"思政教育、警事训练、为民服务、优化环境"四项任务，准确理解"固魂铸剑"核心要义，把握"固魂"与"铸剑"关系，推进"固魂铸剑"行动。把"固魂铸剑"行动与党史学习教育相结合，开展党史"日日读、周周学、月月考"，提升党支部标准化建设水平；专项组织全市102名司法警察完成"实战化训练"，提升群体性事件处置、突发事件应对和大型庭审警务保障能力；推出30项便民举措，实现网上缴费、保全、鉴定、送达等诉讼服务100%全流程办理；开展优质裁判文书评选活动，向上级法院报送优质裁判文书5份；收集社会各界意见建议58条，形成调研报告9篇，研究制定整改措施50项。

【刑事审判】 助力平安兰州建设，依法严惩杀人、抢劫、绑架、涉枪涉暴等严重暴力犯罪，审理危害食品药品安全、暴力伤医、贩卖拐卖、校园欺凌等案件。参与全国禁毒示范城市创建活动，加大毒品犯罪惩罚力度。全市法院受理刑事案件6243件，审结5295件，法定审限内结案率98.55%，其中市中院受理1585件，审结1513件，法定审限内结案率98.61%。坚持"打财断血"，涉黑财产执行到位11.26亿元；常态化开展扫黑除恶专项斗争，加强涉黑恶伞案件审理，审结一审9件57人，审结二审16件229人。在扫黑除恶工作中，市中院4个集体、6名个人，受到省部级以上表彰。

【法治营商环境优化】 强化"法治是最好的营商环境"理念。把优化营商环境作为"一把手"工程来抓，成立专项领导小组，设立院营商办公室，立足审判职能研究制定《兰州市法院服务高质量发展优化营商环境的实施意见》，切实解决服务不精准问题。坚持各类市场主体一律平等，依法平等保护各类市场主体合法权益。严格落实企业破产法及相关司法解释关于破产原因的规定，畅通破产清算、破产重整等类型案件的受理渠道，帮助有价值的困境企业再生。7月份审理的永登锦龙房地产开发有限公司破产清算案，涉及债权人300余家、债权总额4亿余元。全市法院受理民商事案件77897件，审结57001件，法定审限内结案率96.31%，其中市中院受理8713件，审结7084件，法定审限内结案率97.56%。

【行政审判】 参与全市建成区历史遗留违法建设综合治理工作，严格落实行政机关负责人出庭应诉制度，结合新出台的《行政协议新司法解释》，对行政机关负责人出庭应诉通知书做补充完善，将"出庭不出声"向"既出庭、又出声、还要出彩"的"抗辩式"出庭模式转变。全市法院受理行政案件1619件，审结1277件，法定审限内结案率99.06%，其中市中院受理286件，审结234件，法定审限内结案率100%。

【知识产权案件审判】 完善知识产权民事、行政和刑事"三合一"审判模式，依法审理各类知识产权案件。主动融入全市创新发展战略，加强与知识产权事务中心、丝绸之路国际知识产权港等相关单位交流协作，探索建立知识产权司法保护和行政保护联动机制。受理知识产权案件1613件，审结1218件。2例植物新品种权纠纷案件，1例获得中国外商投资企业协会优质品牌保护委员会2020—2021年度知识产权保护50大案例；1例入选最高人民法院"种业知识产权司法保护10大典型案例"。

【司法便民利民服务提升】 妥善审理就业、医疗、养老、劳动报酬和婚姻家庭等涉民生案件；依法公开审理兰州市首例消费公益诉讼案件——兰州市人民检察院与被告魏某某公益诉讼纠纷案，对维护消费者合法权益起到很好的以案说法作用。树立"当赔则赔、当救则救"原则，提高司法救助水平，受理国家赔偿案件6件，审结5件，决定赔偿2件，赔偿金额49.97万元；办理司法救助案件51件，审批通过34件，救助金额212.62万元。落实"一案双查"制度，推动执行指挥中心实体化运行，开展涉案款物专项清理行动，严惩规避执行、逃避执行、抗拒执行等失信行为，确保“3+1”核心指标平稳运行。全市法院办结首次执行案件20519件，执结率74.57%；恢复执行案件3170件，执结率73.27%；保全案件8384件，执结率89.25%。有财产可供执行案件法定期限内执结率90.13%；无财产可供执行案件终本合格率100%；执行信访案件办结率100%；执行案件执结率78.25%。全市法院办理网上立案14559件、跨域立案241件，线上音视频调解案件7837件，电子送达89181件。通过网络议价、询价、评估，发布拍卖标的物3724件，成交740件，成交额14.92亿元。深化多元化纠纷解决机制，全市法院诉前调解收案19781件，调解结案18227件，司法确认案件3038件，人民调解工作室调处纠纷收案15275件，调解成功3605件。办理群众来信来访1146件；完善“12368”诉讼服务热线电话接听制度，接听2789件次。重点完成国家信访局交办的26件、中央巡视组交办的156件、省委巡视组交办的26件、省市信访局移送的3件、省法院重点交办的11件、省政法队伍教育整顿领导小组办公室交办的70件、市委政法委重点督办的16件、市中院教育办交办的11件等319件信访事项，做到逐个认真核实甄别，详细分类处理，建立台账管理和确定包案领导，及时交办、督办、催办，按期上报答复办理结果。

【司法综合配套改革】 常态化开展员额法官动态调整、递补和退额工作，完成第6批员额法官备案、聘用制书记员晋升、2021年公务员招录相关工作等；强化法官责任制和院庭长办案制度，员额法官人均收案298件、人均结案225件，院庭长办案24159件。加强审判管理，对长期未结及久押不决案件逐案清理，定期通报。

【诉讼制度改革】 巩固立案登记制度改革成果，当场立案率95%以上，深化民事诉讼程序繁简分流改革，通过速裁程序办理案件11106件。实施新修订未成年人保护法、预防未成年人犯罪法，在西固区法院福利路法庭、七里河区法院龚家湾法庭、兰州新区法院巡回法庭等设立少年法庭，确保未成年人权益依法得到特殊优先保护。

【司法公开】 公开裁判文书4.3万件，审判流程130.29万件，庭审直播4005场，观看308.5万人次。利用“一网三微”、今日头条、抖音等新媒体平台，面向社会发布法院信息2155条，阅读量近97.56万人次。邀请人大代表、政协委员、律师、人民陪审员等参加座谈会26场次415人次，收集意见建议178件，办结174件。

【市县(区)两级法院基础设施建设】 西固区法院审判综合大楼项目建设有序推进；投资90万元，完成市中院审判警务保障“六专四室”建设；投资46万元，改造升级2个看守所监区提审室和市中院刑事审判法庭信息化设施设备；投资162万元，新建两级法院“裁判文书上网及司法公开质量管控系统”。

（阎先顺）

司法行政

【概况】 2021年，全市司法行政系统全面履行“一个统筹、四大职能”工作布局，发挥法治建设职能，在政府立法、行政执法、法律服务、普法宣传、队伍教育整顿等各项重点工作中均取得新成效。全市各级法律援助机构办理法律援助案件3936件，挽回经济损失3917.57万元。开展法治宣传活动253场次，发放各类宣传资料3万余份。调解矛盾纠纷9466件。审查修改地方性法规3件、政府规章3件。公示行政执法信息33.82万余条。

【司法体制改革】 持续深化司法责任制综合配套改革。坚持以审判为中心深化刑事诉讼制度改革，完善法庭调查规程、庭前会议规程、非法证据排除“三项规程”，推行庭审实质化改革；完善“轻刑快办”办案机制，推动基层法院速裁程序改革；探索法院指导下开展形式多样的诉前人民调解，设立市法院律师调解室。推进公安职级序列改革，做好森林公安体制调整后相关配套政策的落地实施，出台暖警惠警措施7项。推进“社区民警进班子”，453名社区民警兼任社区职务，占比54.2%。全面推进《兰州市全面深化司法行政改革纲要(2018—2022)》各项任务落地落实。开展执法司法规范化建设。制定《兰州市中级人民法院院庭长审判管理和监督工作规定(试行)》,约束院庭长规范行使管理权、监督权,保证法官依法独立裁判。制定2021年推进开展检察机关派驻公安机关办案中心检察室工作、健全技术性证据专门审查制度、规范完善公益诉讼检察建议工作、探索建立法学专业学生担任实习助理制度4项重点司法改革事项工作要点,持续强化检察内部监督,促进规范化建设。制定《兰州市公安机关政治建警考评办法(试行)》,探索建立"166"政治建警考核评价体系。制定警务辅助人员"两个管理办法",开展相关立法前准备工作。开展"两法衔接"和政法系统案件评查系列活动,不断提高行政执法规范化水平。对全市行政复议、应诉案件以及行政复议机构设置、人员编制等情况进行摸底调研,稳步推进行政复议体制改革。推进信息化智能化建设。完善法院信息化诉讼服务平台,强化审判执行辅助事务性功能,为当事人提供"一站式"服务,减少诉累,提升办案质效。不断优化公安机关破案打击机制,强化市、县(区)两级合成作战指挥中心,提升纵向联动、横向协同的立体作战能力。立足警综平台"大数据"优势,持续织密前端信息采集网,为全市政法智能化建设提供强劲助力。推进刑事案件办理审核、出口"两统一"制度,探索建立"共享办案区"模式,持续强化规范化执法。建立健全刑满释放人员信息核查和刑满解矫人员衔接制度,借助社矫视频督查系统和电子腕带,持续加强社矫人员动态管理,"两类"人员重新违法犯罪率均控制在0.2%以内。

【司法行政队伍教育整顿】 全年召开党组(扩大)会议、动员会议等50余次,制定下发文件40余份,开展调研督导10轮次。全系统分层分类开展专项政治轮训学习班、廉政教育报告大会和警示教育大会40余场次、先进典型事迹报告会9次、习近平法治思想和"延安整风"精神专题讲座32场次,"一把手"讲党课15次,组织交流研讨289人次、撰写心得体会2700余篇。把"我为群众办实事"活动作为教育整顿的重要内容,出台公共法律服务"12条便民措施",确定为民实践品牌5项,开展"我为群众办实事"实践活动1057次,解决837名群众所思所想所盼的法治问题。全面落实思政教育、警事训练、为民服务、优化环境4项任务19条具体措施。依托专业院校,组织局系统178名干部干警分批次开展固魂铸剑岗位大练兵暨司法行政业务能力提升培训班,提升"政治三力"。

【政府立法】 编制《兰州市人民政府2021年立法计划》。坚持科学立法、民主立法和依法立法,先后提交市人大审议《兰州市供水条例(草案)》《兰州市市政设施管理条例(草案)》《兰州市客运出租汽车管理条例(修订草案)》3件地方性法规;审查修改《兰州市地质灾害防治管理办法》《兰州市政府投资项目评审管理办法》《兰州市城市房屋使用安全管理办法》等3部政府规章;废止《兰州市行政效能监察办法》等14件政府规章。召开立法论证会15次,立法协调会1次。针对涉及优化营商环境、生物安全、政府规章中不合理罚款规定开展3次专项清理,建议废止行政法规1件、废止市级地方性法规2件、修订市级地方性法规3件、修订市政府规章3件,废止规范性文件1件。严把规范性文件的审查关、备案关、登记关,全年审查行政规范性文件39件,非规范性文件315件,向国务院、省人大、省政府和市人大备案规章、行政规范性文件9件。

【依法治市】 筹备召开市委全面依法治市工作会议、市委依法治市委员会第3次、第4次、第5次会议和办公室主任会议,审议通过《兰州市党政主要负责人履行推进法治政府建设第一责任人职责情况列入年终述职内容工作的实施意见》等8个文件,科学研究部署年度依法治市各项工作。立足发展所需和群众所盼,紧扣"十四五"时期经济社会发展主要目标和2035年远景目标,制定法治兰州规划(2021—2025年)、法治社会建设实施方案(2021—2025年)。起草并提交市委依法治市委员会第4次会议审议通过《关于营造法治化营商环境的实施意见》,从立法引领、深化"放管服"改革、规范行政执法、加大司法保护力度、加强涉企法律服务保障等5个方面18项具体措施,对全市优化法治化营商环境做出总体安排,为各类市场主体提供制度完善、运行规范、保障到位的法治化营商环境。落实《助力园区企业发展十项措施》，印发《助力园区企业发展公共法律服务指南》，举办法治宣讲8场次，不断提高企业法律意识和法治思维，促进法治文化融入企业文化。开通市、区(县)两级法治化营商环境投诉举报平台，收到投诉举报案件11件，办结11件，办结率100%。

【政府法律事务与复议】 完成市政府法律顾问换届工作，确保市政府法律顾问工作发展方向正确、服务方向准确。全年出具法律建议107份。其中，涉及PPP项目文件4件；市政府重大合同26份；其他涉法文件77件。参加市政府常务会议、各项重大事项协调会议、研究决策会议90次。全年，行政复议与应诉科收到行政复议申请112件。其中，受理96件；不予受理15件；要求补正后未提交补正材料1件。审结案件维持30件，确认违法8件，撤销11件，驳回行政复议申请17件，终止22件。印发《2020年度和2021年上半年全市行政复议与应诉案件情况的通报》，分析行政复议与应诉工作存在的问题和解决对策，通过典型案例对各县区政府和市政府各部门的依法行政工作起到指引作用。

【普法宣传】 开展以“我为群众办实事·普法行”实践活动为主题法治宣传活动253场次。印发《关于开展“我为群众办实事·普法行”活动的通知》，围绕宪法、民法典、国家安全宣传教育、防范电信网络新型违法犯罪法治宣传教育、民族宗教领域法治宣传教育、禁毒宣传教育、未成年普法宣传等方面内容，发放各类宣传资料3万余份。开展领导干部“一月一法”和旁听庭审工作。印制学法手册1.1万册；组织开展旁听庭审活动2次。开展民主法治示范村创建工作，开展法治乡村建设调研2次，民主法治示范村复核1轮次，复核国家级民主法治示范村8个，省级民主法治示范村90个。命名“全省民主法治示范村(社区)”15个。在全市范围内开展《民法典》主题宣传和巡回宣讲活动。制定印发《兰州市加强法治乡村建设的实施意见》《关于转发〈市委宣传部、市司法局关于开展法治宣传教育的第八个五年规划(2021—2025年)〉的通知》《兰州市法治社会建设实施方案(2021—2025年)》等文件。按照新冠肺炎疫情防控工作要求，采取“主题日活动+专项活动”相结合的方式开展“12·4”国家宪法日暨宪法宣传周系列活动。

【公共法律服务】 推进公共法律服务实体、热线、网络“三大”平台建设，全市已建成以市级中心为龙头、8个县区中心为主干，110个乡镇工作站为支点、1150个村工作室为触角的四级实体平台。开展“我为群众办实事”实践活动，制定出台《兰州市公共法律服务便民利民措施》，推行“窗口化、一站式”服务模式，为群众集成提供法律咨询、法律援助、人民调解、社区矫正、法治宣传等法律服务，倾力满足群众“一个大门进来，一揽子解决问题”的法律服务需求，切实让人民群众真正享受到优质、高效、便捷的公共法律服务，不断提高人民群众满意度。全年兰州市公共法律服务中心接待群众来电来访5500余人次；全市实体、热线平台接待各类法律咨询3.2万余人次，办理法律服务事项3万余件。

【基层法律服务】 截至年底，兰州市注册律师事务所164家，执业律师2068人。基层法律服务所32家，法律服务工作者94人。全市各律师事务所与110个乡镇(街道)1084个村(社区)签订“一村(居)一法律顾问”协议，实现村(居)法律顾问全覆盖。提供免费法律咨询3445人次，满足人民群众基本法律服务需求。从69家律师事务所选拔热心公益、作风扎实、业务精良的律师200名组成“法治体检”志愿服务队常态化为企业开展“法治体检”600余场次，排查化解企业纠纷6起，解答法律咨询120余件。

【法律援助】 开通法律援助“绿色通道”，扩大法律援助覆盖面，对涉及农民工讨薪等特殊案件，实行先受理再审查；对老年人、残疾人、妇女儿童、军人军属等特殊群体优先受理、优先审查、优先指派；健全完善质量管理考核体系，实现案件质量全流程监管，组织公法科业务骨干组成评查组，深入8个县区开展为期1个月的法援案卷评查活动，针对发现的问题和不足认真分析原因，并提出改进措施；出台行政复议、公证、司法鉴定参与法律援助3个实施办法，明确申请条件、标准、范围，为法律援助案件中无力支付公证、司法鉴定费用的受援人提供免费服务；结合“我为群众办实事·普法行”和《法律援助法》学习宣传活动，全市各级法律援助机构组织工作人员、律师、公证员、基层法律工作者深入工地、社区、公园、学校等开展普法宣传，通过发放宣传资料、现场解答咨询等方式，指导群众依法维权，提升群众法律意识；为实现应援尽援工作目标，维护不同群体合法权益，在退役军人事务局、监狱等单位新设立9个法律援助工作站，通过律师定期值班、电话预约等方式，为当事人提供法律咨询解答及法律援助指引。全年办理各类法律援助案件3936件，值班律师提供法律帮助1515件，提供免费法律咨询2.1万余人次，挽回经济损失3917.57万元。

【人民调解】 坚持和发展“枫桥经验”，做好矛盾纠纷排查化解，有效防范命案风险，促进基层社会治理，维护社会和谐稳定。创建培育“枫桥式”司法所1个，人民调解组织和人民调解员4个。针对社会和百姓关注的热点难点问题和疫情引起的各类矛盾纠纷，突出源头预防，利用网格化、信息化等手段，加大排查、预防、化解工作力度，做到矛盾纠纷排查“不懈怠”，不断提高矛盾纠纷化解的质量和效率，确保基层安全稳定。截至年底，全市各级调解组织调解矛盾纠纷9466件，其中调解成功9371件，调解成功率99%以上。

【社区矫正与安置帮教】 全面落实《社区矫正法》，贯彻实施《甘肃省出狱所人员接送及补助经费管理办法》要求，市级和8个县区相继成立社区矫正委员会并召开第一次会议，审议印发《社区矫正委员会及成员单位职责》，工作机制进一步健全完善。开展“六个一”活动，努力完善社会治安防控体系，推进社区矫正人员管理和刑满释放人员的教育改造成果。

【法律职业资格考试】 2021年国家统一法律职业资格考试兰州考区客观题考试报名8632人，成绩合格3061人，通过率35%；主观题报名4046人，参考4467人，是全省唯一的机试、纸笔试共设考区。其中，机考3842人；纸笔试625人，主、客观考试考生人数均占全省总数的60%以上。成绩合格2133人。其中，A类1539人；C类594人。通过率25%。

【法律服务质效提升】 持续加大公证“减证便民”力度，统一公证事项证明清单，推进公证服务向知识产权、电子商务、金融、司法辅助等新领域拓展，促进公证工作与经济社会发展深度融合，办理公证事项41712件。以完善仲裁制度、提高仲裁公信力为重点，不断丰富仲裁服务方式，全面提升仲裁案件质量，办理仲裁案件252件，涉案标的额17.5亿元。

【司法鉴定】 以行业专项治理、执业专项检查、警示教育等活动为载体，对全市34家司法鉴定所进一步加强行业监管，推动司法鉴定行业健康有序发展。规范《兰州市司法局司法鉴定行政审批事项清单》，要求各鉴定机构每月10日前集中上报行政审批事项材料，除准入外均当月完成审批或初审上报；认真处理投诉案件，对转办的各类信访案件均按规定组织相关人员开展调查，做到分级负责、依法查处。全年完成行政初审事项41项，依法受理司鉴投诉案件56件，组织司法鉴定从业人员业务培训240余人次，办理各类司法鉴定案件10466件。

【新冠肺炎疫情防控法治保障】

成立兰州市新冠肺炎疫情防控应急处置法律顾问组，主动为疫情防控决策提供科学的法律意见建议。引导律师、公证员、司法鉴定人员参与疫情防控，成立行业党员先锋队85支、党员先锋岗120个，采取线上形式为群众提供免费法律咨询、法律解答698人次，开展爱心捐赠活动83次，捐助资金27.63余万元、物资6.75余万元。设立宣传标语80余个，全力保障疫情防控各项工作落实，坚决落实日报告制度，做好社区矫正人员、安置帮教人员的疫情防控和日常监管，通过信息化手段对在册的服刑人员进行排查登记，做到底数清、情况明、管控实，最大限度发挥司法行政机关在维护社会大局稳定中的职能作用。局强制戒毒所坚持“人物同防”“疫情不止、排查不停”的原则，科学合理设置值班备勤警务运行模式，做好暂停接收戒毒人员，暂停

11月2日，兰州市司法局开展“我为群众办实事”实践活动

戒毒人员家属探访、探视业务的解释工作，严格实行封闭式管理和战时执勤模式，持续强化“全天候”值守，实现零输入、零扩散、零感染，确保场所安全稳定。

（景昱清）

劳动仲裁

【概况】 2021年，全市各级仲裁机构探索试行兼职仲裁员办案、线上仲裁申请、线上调解申请、线上庭审，公开仲裁制度流程，建立各类便民服务制度，优化仲裁办案程序。全年全市处理劳动人事争议案件3160件，立案处理2543件，立案率100%，结案率95.6%，调解率62.86%。

【接待及信访维稳】 严格落实首问负责制，做好劳动人事争议政策咨询及来电解答工作，一次性告知咨询人各级仲裁委管辖、受理事项范围，指导当事人合理合法申请仲裁。全年接待劳动者及用人单位咨询600余人次，电话解答900余次。做好劳动人事争议信访答复工作。开展矛盾纠纷排查和化解，依法依规稳妥处理。全年接到劳动争议信访件6件，到县区调查取证10余次，到市委市政府信访办协调处理信访案件1次。及时处理突发事件。实时关注全市仲裁机构立案情况和集体案件审理情况，对于可能出现的突发事件，做到早发现、速报告、稳处理，防止群体性事件的发生。

【“四调联动”机制推进】 强化调解组织管理和指导。定期对基层调解组织工作开展情况进行调研，探讨有效防范并及时化解矛盾纠纷的思路方法，全市建成基层调解组织123家。强化联动协作。与仲裁委成员单位、人民法院、工会、司法等部门衔接，落实预防、监督、调处相结合的多元处理工作机制。全市建成法律援助工作站1个，人民法官工作室1个，诉调工作室6个。

【仲裁信息化】 做好办案系统运行。对全市办案系统内录入信息质量效率情况进行督查，切实增强办案系统网上登记的上线率和准确性。持续做好“互联网+调解”服务平台应用。对各县区调解服务平台案件分配情况进行督查，对基层调解组织平台应用情况进行现场督导，截至年底，全市“互联网+调解”服务平台累计受理处理案件242件。

【劳动法律法规宣传】 对全市仲裁机构的案件处理、实体化建设、裁审衔接等工作进行巡查，指导处理疑难案件、探讨有效防范并及时化解矛盾纠纷的思路方法。定期到基层调解组织，对场地建设、调解制度、调解程序等调解工作开展情况进行调研，现场指导案件调处方法及实务。深入企业开展劳动法律法规政策宣传，做好劳动人事争议处理工作政策解读的分类整理和宣传工作。同时通过电话、网络等方式，对企业可能遇到的合同履行、劳动用工、社会保险等方面的问题提供咨询解答，帮助企业有效防范并及时化解矛盾纠纷。

（张晓艳）

军事

兰州警备区

【概况】 2021年，兰州警备区落实军委国防动员部和省军区决策部署，擎起强省会战略地位担使命、立潮头，锚定"窗口"建设目标谋事业、创一流，坚持举旗铸魂、聚焦主责主业、从严正风肃纪、压紧压实责任，坚持高起点筹划、高标准推进、高质量落实，完成年度各项任务。

【理论武装】 坚持政治建军，着眼举旗铸魂，聚焦建党百年主题，严格落实每季度议学议教、每月中心组集中学习、每周党日学习制度，学习《习近平强军思想学习纲要》《习近平谈治国理政》《论中国共产党历史》《中国共产党简史》等，集中观看《中国共产党为什么"能"》。推行启发式、互动式、开放式教育，常委带头辅导学习党史军史，赴甘肃工委开展"追寻英雄足迹，传承革命精神"七一主题党日活动，邀请省委党校教授、兰州战役纪念馆讲解员作党史辅导交流，开展"人人登台讲党史"和"学党史、知党恩、跟党走"知识竞赛活动。结合向卫国戍边英雄群体学习，开展"以英雄群体为镜、向先进典型看齐"活动。着眼建党百年政治要求，突出严明政治纪律政治规矩，打好意识形态领域斗争主动仗，开展"翻墙"问题防范纠治、涉军有害信息清理、预防犯罪综合治理、涉军舆情管控和"四反"等工作，有针对性地加强经常性思想教育，确保部队纯洁巩固和集中统一。

【战备训练】 坚持党委领战领训、议战议训，组织"动员备战标准大讨论"，制定《推进练兵备战落实具体措施》《军事训练检查督导办法》。修订完善《非战争军事行动方案》《日常战备行动方案》3类57种。严格按新大纲落实现役和文职人员年度军事训练，年度考核总评优秀。以"参加抢险救灾行动"为课题组织抗洪抢险指挥演练，做法被甘肃省军区《要讯》专刊转发。依令编建军地联合指挥部参加甘肃省军区"金城——2021"联合指挥演练，上级考评成绩为"优秀"。开展军事职业教育在线学习，选课率100%，结业133人次。优化民兵力量结构，科学编建基干民兵队伍，分批组织基干民兵轮训备勤。投入60余万元升级改造皋兰山民兵训练基地电化教学条件，整修专业训练场，补充训练器材。警备区战备、训练、民兵3项工作被甘肃省军区考评为"优秀"。七里河区人武部被军委国防动员部表彰为"军事训练先进单位"。

【国防动员】 着眼国防动员专项任务准备，突出重点领域，核查靠实各类专项数据、重点企业信息，修订完善国防动员总体方案和分预案。编建市、县区级动员专业保障队伍，新建国民经济动员中心。民兵网络分队对抗演练受到国防部长魏凤和肯定。着力加强“三项基础”建设，坚持问题导向，全面分析形势，深入查漏补缺，配齐民兵干部，完成专武干部培训和资格认证，坚持精准指导，着力破解城区街道武装部“三室一库”建设难题，严格规范机关战备图库、训练器材库、民兵器材库、民兵营（连）部建设，高标准迎接甘肃省“三项基础”建设首轮验收考评，兰州市是甘肃省通报表扬的5个市州之一，七里河区、西固区人武部被甘肃省表彰为“三项基础”建设先进单位。立足“一年两征”新情况新要求，先后2次召开征兵工作讲评推进会，充分发挥网络新媒体、社会多媒体宣传资源，开展“线上+线下”征兵宣传，做法被《军队情况摘报》刊发，扭住大学生特别是毕业生征集这个重点，完成征集任务。城关区征兵办被甘肃省表彰为征兵工作先进单位，兰州市征兵办公室连续6年成为全省征兵工作先进单位。

【双拥共建】 各项工作制度严格落实，高规格召开市委议军会议，认真组织县（区）人武部第一书记述职，严格人武部第一书记任职程序，通过研究审批、任职仪式、领导谈话等形式，进一步明确职责传导压力。7月，市委专门组织召开兰州市军政座谈会，专题听取驻地部队意见建议，研究解决实际问题，是军改后第一次实现驻兰部队各军兵种全覆盖，第一次军地无缝对接。全力配合支持兰州市开展双拥模范城“十连冠”创建活动，为274名立功受奖军人家庭送喜报，发放奖励金14.1万元，为近百名驻兰部队官兵子女解决入学难问题。持续做好助力脱贫攻坚成果与乡村振兴有效衔接，深入进行调查考察和项目论证。

【新冠肺炎疫情防控】 印发《警备区部队遂行疫情防控任务工作指示》《关于做好疫情防控任务中政治工作的通知》《致全市支援疫情防控任务广大指战员和民兵的倡议书》。每日召开调度会议，专题研判形势、解决矛盾。发挥政治工作服务保证作用，注重在抗疫一线考察识别培养干部，开展党委领战、主官主战、党员参战和火线入党、立功创模、创先争优等活动，设立185个“党员责任区”“党员示范岗”“党员流动哨”，32支党员突击队、宣传队、服务队，编辑《抗疫战报》，及时宣扬典型鼓舞士气，在《中国国防报》《中国民兵》等媒体网络刊发抗疫新闻稿件120余篇。坚决守牢自身安全底线，出台营院封控、人员管理等10条硬性措施，筹措防疫物资7万余件（套），刚性落实各项防控制度措施。坚持边行动、边总结、边实践，注重从各方面梳理经验，汇编的《民兵抗疫工作手册》被甘肃省军区转发。围绕“疫情防控任务中把握民兵行动”“疫情防控对国防动员的启示”等14个方面，开展行动课目研究，七里河区人武部《凝聚民族宗教工作者民警民兵合力，铸牢民族聚居区抗疫坚固防线》经验做法，得到市委主要领导认可。10月，兰州新冠肺炎疫情期间，累计出动官兵1.2万余人次，完成200余个点位设卡检查、维护秩序、洗消杀毒、物资运送等任务，发挥民兵关键时刻拉得出、危急关头顶得上的应急作用，用兵规模、动用时间均创新高。受到甘肃省军区首长肯定表扬，甘肃省委常委、兰州市委书记朱天舒2次批示，肯定警备区组织民兵并协调驻军共同抗击疫情取得的成绩。

【基础建设】 坚持体系筹划、整体推进、联动落实，推进“四个秩序”规范化试点建设，省军区在七里河区召开试点观摩会，细化“四个秩序”具体内容，梳理规范19条建设基本标准，探索方法路子。各县（区）人武部协调地方党委、政府加大对基础设施建设投入，维修改造办公楼、购置民兵应急战备物资器材、完善基层武装部和“两室一库”建设、建成兵役大厅、升级办公设施，基层建设正规化水平进一步提升，永登县、榆中县人武部被甘肃省军区表彰为全面建设先进人民武装部。深入贯彻上级安全形势分析部署会议精神，坚持把政治之年、大庆之年安全工作作为政治任务、党委工程、保底工程，每季度召开安全形势分析会，分析研判安全管理形势。按照“突出重点、稳妥组织、边查边改、讲求实效”的原则，以11个方面62项安全检查内容为重点，自下而上专项组织风险评估和隐患排查，结合节日战备和重点敏感时期开展形势政策专题教育，传达学习纠察问题通报，强化《安全管理条例》《军队保密条例》等法规文件学习贯彻，制定《进一步规范机关车辆派遣、油料管理的措施》，邀请专家进行车辆交通安全法规授课，贯彻“严官、严纪、严序”要求，开展“百日安全活动”。

【党风廉政建设】 贯彻落实《军队党的建设条例》《军队政治工作条例》等法规，坚持边学习、边整改、边规范，抓好党组织设置调整、组织生活制度落实，修订完善《兰州警备区党委常委会议事决策规则》，印发《党委、纪委、党支部、党小组年度工作统筹表》，抓好民兵预建党组织建设。不断加强党的纪律建设，党委纪委书记带头上廉政党课，及时传达学习违纪违法问题通报，严格落实形势分析制度，抓好巡视巡察反馈问题整改，推进违规住用公寓房清退工作，严肃追缴拖欠房租费、物业费，自查追缴违规领取地方绩效奖。

（李宗林）

武警兰州支队

【概况】 2021年，武警兰州支队贯彻上级党委决策部署，坚持谋发展的思路不偏、抓基层的重心不变、打基础的定力不降、保稳定的韧劲不减，实现中心任务圆满完成、年度工作有序推进、部队内部总体安全，全面建设保持持续向上、稳步提升的良好态势。

【思想引领】 坚持把加强政治建军摆在首位，学好习近平主席视察第二机动总队时的讲话、“七一”讲话等重要讲话精神，深化“双百”微课教育，打好意识形态领域斗争主动仗，确保部队建设正确政治方向。统筹抓好开年教育、主题教育、党史学习教育和经常性思想教育，刚性落实常委上党课，筑牢官兵“三个绝对”思想根基。以庆祝中国共产党成立100周年系列活动为牵引，组织官兵到烈士陵园、兰州战役纪念馆和八路军驻兰州办事处纪念馆回顾红色历史、缅怀先烈英雄，组织主题演讲比赛、政治教员评比竞赛、升旗仪式、重温入党誓词等主题党日活动，守初心、担使命，开展向新时代卫国戍边英雄群体和新疆总队“反恐尖刀中队”学习活动，激发广大官兵学习先进、践行使命的政治热情。

【练兵备战】 紧紧围绕“百年大庆安保”这条主线，始终把备战打仗作为主责主业紧抓不放，着力提升打赢制胜能力。紧密结合5类勤务实际，加强勤务分类指导，持续巩固日反馈、周讲评、月通报“三项机制”，全力推动守卫目标“四勤”、执勤“智能化”、自卫哨着装和应急小组备勤模式三个试点任务，不断提升执勤工作质量。加强执勤领域“智慧磐石”成果运用，强化基层“三员”培训，充分释放科技强勤效能。开展执勤“四专”训练，加强一点一策、一情一策、一情多案专项研究演练，不断提高干部组织指挥和哨兵应急处置能力。着眼兰州地区处突维稳形势，突出全国“两会”“七一”“国庆”等重要时段，紧盯国家级厂、站、台，省市党政机关，兰州市“一场三站四街区”和环兰卡点等重点区域，落实武警部队“3+1”战备力量体系建设要求，常态组织机动、特战中队、应急班、应急小组全要素拉动演练。

【依法治军】 常态化开展“学法规、用法规、守法规”和“条令年”活动，坚持每周组织条令学习，每月开展法规宣讲，邀请市公安局领导和法院专家做辅导授课，纠治违反条令条例的顽症痼疾和倾向性问题。以“排雷、筑墙、聚心”活动为牵引，用好争创“六无”单位等群众性创安载体抓手，全面推动安全发展横向到边、纵向到底。认真学习贯彻习主席重要批示精神和武警部队、总队党委《措施》，深化“密切官兵关系、杜绝打骂体罚”专项教育，层层对标搞好剖析检视，举一反三抓好问题查摆和整改纠治。结合总队安全保密和手机管理使用专项检查，深入开展保密工作“三清”专项整治活动和涉网不良行为专项排查。

【强基固本】 深入学习贯彻武警部队、总队党委1号文件精神，制定支队《抓建基层计划》《精准帮建实施方案》《为基层办实事方案》，完善支队党委常委挂钩包保基层责任机制，指导基层制定《按纲建队计划》。结合季度考评、大庆安保、新兵下队等时机，先后派出3批工作组深入基层蹲点帮建，及时梳理问题清单，回应基层困难矛盾，拉单列表逐项解决，着力提升基层主官统工作、抓落实素质本领，推动“3+2+1”工作机制运行，集中组织大中队主官分批次开展《习近平新时代中国特色社会主义思想纲要》培训，培训做法被总队转发。全面做好考生服务保障工作，助力官兵实现考学目标，全年支队保送提干、军校录取、考入士官学校17人。推进“四心”工程，高度关注解决官兵后院、后代、后路问题，刚性落实利军惠兵政策，第一时间为符合条件的官兵发放父母赡养补助和配偶荣誉金，先后为9名同志发放困难补助13万元，走访慰问81名住院官兵及家属，投入16.7万元慰问受过表彰的党员、党务工作者和困难党员，为15名干部申报子女入学政策照顾，为41名官兵办理家属随军、社保、两地分居等福利。

【保障有力】 持续抓好《军队后勤条例》宣传贯彻，按照“后勤变前勤”要求，及时修订保障预案，细化“一组五队”编携配装、指挥流程，大项保障任务完成圆满。开展后勤领域“五场会战”，全面推进采购管理监督检查和资产大清查。对表新时期组伙模式要求，严格标准制度，规范副食采购，严把食品卫生安全关口，官兵伙食结构质量得到优化。严密组织驾驶员复训、炊事员轮训、卫生员集训和司务长集体办公，进一步规范后装管理，不断建强保障力量体系。

（席天宝）

人民防空

【概况】 2021年，坚持和加强党对人防工作的领导，牢固树立总体国家安全观，全面开展人防综合防护体系建设。落实市委主要领导工作批示要求，以人防“五大体系”建设目标为统揽，不断深化人防战备建设，推动全市人防事业高质量发展。全市有人防专业队员4793人，编建在164个企事业单位。

【项目建设】 12月，工程综合管控系统通过竣工验收；西固区、红古区人防机动指挥所建成。七里河区人防机动指挥所完成定密和立项审批，永登县人防机动指挥所完成定密，榆中县和皋兰县人防地面应急指挥中心可行性研究报告获批复，向省人防办报送总体设计方案。

【指挥通信】 组织开展队列、国家安全环境、重要经济目标防护、机动指挥所通信组网等机关训练10次、重要经济目标防护演练1次、人员紧急疏散演练1次、“兰盾—2021”人民防空行动室内研究性演练1次。对1家重要经济目标单位开展防护方案及关键设备转入地下情况调研，并完成防护试点研究调研报告，指导修订防护方案。完成《人民防空数据核查系统》《人防战备资产资源系统》《国防潜力数据统计系统》统计，完成全年通信联络和节假日战备值班任务及短波电台训练考核工作，做好全市防空警报的维护保养，完成“9·18”防空警报试鸣工作。各县区结合试鸣开展防空袭应急疏散演练，全市参演总人数3500人以上。完成全市人防专业队伍年度整组工作，首次在远郊县区编建人防专业队伍，探索建设心理防护、信息防护等新型人防专业队伍。截至年底，全市有人防专业队员4793人，编建在164个企事业单位。9月，省军地联合检查组对5支重点人防专业队伍进行抽检，兰州公交集团人员运输分队受到省军区表彰。

【防护工程】 完成审批项目87个，面积68万平方米，建成并验收人防工程面积19.3万平方米，依法征收人防易地建设费4982.5万元，依法处罚137万元。完成《兰州市域人民防空体系规划（2018—2035）（评审稿）》编制。普查防空地下室项目532个，防护单元1628个，面积约168.5万平方米。健全管理机制，开展综合执法，下发整改通知21份。对在兰人防防护设备检验检测单位集体约谈2次，对防护设备生产企业开展4轮次督导检查，完成全市人防工程监理企业资质核查，对在建工程人防监理人员资质情况进行2次执法检查。开展设计、审图行业人防法律法规培训，建立起定期沟通和对接机制，指导从业单位依据国家和省市人防政策规定开展图纸审查。通过组建专班、成立专组、指定专人办理，对历史遗留项目根据缴费、现场勘查、竣工验收、行政处罚梳理确定不同类型

兰州市人防办开展联合训练演练

并建立工作台账，分类施策、一案一策加快问题解决。先后受理审批项目771件，办结771件，办结率100%。转遗留办缴费项目213件，应缴人防易地建设费1.84亿元，罚款795万元。

【依法行政】 印发《市人防办2021年法治政府建设和依法行政工作安排意见》，落实行政执法三项制度，报送行政许可信息84条，开展内部行政执法案卷评查1次，评查执法案卷31卷，自查自评率100%，1个行政执法案例获全市“2021年优秀案卷”。落实学法计划，组织法治讲座，开展学法13次，开展法治专题讲座2次，不断提高干部职工的依法行政能力。落实法律顾问制度，全年提供法律意见建议和咨询服务45次。开展工程建设执法检查15次，对2家单位依法定程序进行人防易地建设费追缴。

【宣传教育】 开通“兰州人防”微信公众号，建成社区人防工作站31个、重点镇人防工作站2个，建成2个人防宣传教育示范基地。在全市103所初级中学开展防空防灾知识教育，推进人防宣传教育进机关、进学校、进企业、进社区、进媒体活动。结合“5·12”防灾减灾日、“9·18”防空警报试鸣日、“10·13”国际减灾日、“12·4”国家宪法日，在金城公园、五泉广场、张掖路步行街、万达广场组织集中宣传，发放宣传资料9000余册。在国家级刊物刊稿3篇，在省级刊物刊稿55篇，通过市级媒体报道人防信息12篇。

【平战结合】 拆除3处早期人防工程，拆除面积3000平方米，新增平战结合人防工程利用面积12万平方米以上。对平战结合的人防工程实施发证管理，落实人防工程平战结合有偿使用制度，督促使用单位按照人民防空工程租赁使用合同约定，及时缴纳人防工程使用费。开展早期人防社会干道工程治理，检测18条早期人防社会干道工程（长度约43千米），形成专项检测报告，向主城四区人防办下发检测评估情况通报和治理工作通知。严格落实人防工程属地管理责任和安全监管责任，常态抓好人防工程防汛、消防等安全工作，制定度汛预案、抢险方案，排查解决隐患25处，全年无安全事故。平战结合建成人防地下停车位3956个，制定《兰州市人民防空办公室平战结合发挥人防工程作用缓解城市停车难工作方案（征求意见稿）》，着力从科学编制城市人防工程停车利用规划、推动人防工程产权办理、督促落实配建停车位要求、推进人防工程公益化利用、推动平战结合人防工程共享共用5个方面助力主城区缓解交通拥堵和停车难。

（许金煜）

新区·开发区

兰州新区

【概况】　兰州新区托管永登县中川镇、秦川镇和皋兰县西岔镇。2021年，兰州新区立足“三新一高”（立足新发展阶段、贯彻新发展理念、构建新发展格局，推进高质量发展），紧扣战略使命，聚焦“四区两新”（产业发展集聚区、集成改革先行区、创新驱动引领区、生态治理示范区、对外开放新高地、城市建设新标杆），发展动能快速释放，综合效应加速显现，示范引领、辐射带动作用与日俱增，经济社会呈现出优质快进、质效双升的良好态势，实现“十四五”强势开局、高点起步，迈入高质量跨越式发展新阶段。全年地区生产总值300.07亿元、同比增长20%，两年平均增速18.3%，连续5年领跑国家级新区。工业增加值增长30%，固定资产投资增长11.1%，一般公共预算收入增长63.9%，税收收入增长67.5%，进出口贸易额增长97%，全社会用电量增长30.5%，社会消费品零售总额增长12%，城乡居民人均可支配收入分别达37451元、14255元，同比分别增长8%、11%。

【舆论宣传】　聚焦庆祝建党100周年，组织开展100余场“永远跟党走”群众性主题宣教活动，全方位宣传党的辉煌伟业。守牢意识形态“主阵地”，中央和省市主流媒体刊发兰州新区报道3万余篇，《人民日报》《新闻联播》《新闻直播间》和新华社等100余次播报，兰州新区发布浏览数亿次。

【党建引领】　全领域推进“四抓两整治”，7个党支部被评为全省党支部标准化建设示范点，开展“两优一先”表彰活动，向305名老党员颁发光荣在党50年纪念章。完成6个乡镇、73个行政村（社区）换届工作，首次单独成团参加兰州市党代会、人代会，为“大兰州”协同发展建言献策。聚焦政治标准配班子、选干部、聚人才，大胆将勇改革、敢负责、能担当、善作为的干部充实到发展一线。健全高中基人才引育体系，以政策活力激发聚才虹吸效应，引进各类人才3.1万人，为兰州新区改革发展提供坚强组织保障和智力支撑。

【群团统战】　开展民族团结进步创建活动，构筑各族群众共有精神家园。建成新时代文明实践阵地50个、精神文明建设示范点20个，创建省级青年文明号2个。产业工人队伍建设改革持续深化，新区工惠智慧服务平台获国家专利，建成产教融合实训基地10个、创建劳模工匠工作室18个，获实用新型专利24项，成功举办第2届全省物流行业职工职业技能大赛，产教融合发展先行区入列全省试点。表彰新区劳模、新区工匠和先进工作者115名。举办兰州新区“职工大讲堂”“青年大讲堂”“巾帼大讲堂”21期，党史专题宣讲活动10余场，参加人数5000余人；举办“新区庆祝建党100周年大合唱比赛”“十年影像画新区”等文体活动。深化家庭文明建设，以巾帼家美积分超市为载体，开展各类巾帼志愿服务活动253场。新建基层工会组织3275个，新增“非公”企业团组织78家、社会组织团组织4家。全面完成村(社区)妇联换届，所有村(社区)妇联主席进入村(社区)“两委”。挂牌成立“妇女之家”5个。

兰州新区德福超薄铜箔生产车间

【装备制造】　先进装备制造向价值链高端升级，重离子应用技术及装备制造产业基地等80个项目建成投运，联塑集团、广西柳工等16个项目加快建设，兰石超高温熔盐制备技术及装备、大成光热发电装备等在国内重大新能源项目中示范推广。建投重工获评国家级服务型制造示范企业。高端智能钻采、炼化装备、数控机床伺服电机、重离子应用技术装备等一批“新区制造”新研发产品实现国内首创、打破国外垄断。秦川园区入选国家先进制造业和现代服务业融合发展试点区域，成为全省唯一入选试点区域。

【绿色化工】　化工园区东区供气供热、污水处理、综合管网等基础设施全面建成，新落地宝武、巨化、海亮等产业领航企业项目60个、总投资243亿元。滨农科技、泰邦化工等52个项目建成试生产，康巴斯、东瑞制药等项目加快建设，光气产业园前期规划编制工作有序推进。专精特新A区全面投产、BC区快速建设，化工园区安全标准、入园标准均获评C区标准(为目前国内化工园区获得的最高标准)，安全低风险评估全省第一，在全国和行业内影响力急速上升。

【新材料新能源】　紧盯甘肃省有色金属和能源优势，全力开展新材料、新能源产业招商，新引进项目46个、总投资300亿元，宝武、海亮等世界500强企业入驻园区，德福铜箔由年产5万吨扩产至20万吨。储能正负极、隔膜、电解液生产企业相继落地。长飞光纤等3家企业入围“国家级绿色工厂”。

【生物医药】　发挥“西部药谷”资产资源优势，加大全产业链招商力度，引进项目48个、总投资90亿元。申联全球首条年产4亿头份猪口蹄疫合成肽疫苗生产线建成投产，兰药靶向抗肿瘤药开展一致性评价，省药物碱厂建成投产，西北首个医药物流产业园入驻企业880家，兰州佛慈制药股份有限公司获评甘肃省政府质量奖，兰州和盛堂制药股份有限公司获评甘肃首批绿色工厂、省级工业设计中心。

【数据信息】　依托全国一体化大数据中心协同创新体系算力枢纽建设，新开工项目6个、总投资30亿元，落地项目27个、总投资310亿元。移动、国网云数据中心等14个项目上网运行，腾讯、阿里巴巴等100家国内知名互联网企业入驻托管，云平台业务承载用户超3万户，甘肃省“数字政府”政务云新区节点、电信大数据产业中心等14个项目加快推进。省超级计算产业技术创新战略联盟揭牌成立，中科曙光先进计算中心算力入列全国领先矩阵。兰石5G+无人天车上云项目入选国家级企业上云典型应用案例，无人驾驶测试应用基地建成投用。

【节能环保】　以国际一流标准

规划建设20平方千米城市矿产与表面处理产业园区，引进项目23个、总投资70亿元，万吨级锂电池精准拆解等24个项目加快推进，成功举办城市矿产与表面处理产业发展论坛，碳交易、碳抵押启动实施，率先在碳达峰碳中和绿色产业上迈出兰州新区步伐。

【现代农业】 按照集约化、规模化、智能化思路发展现代农业，引进项目79个、总投资380亿元。甘肃首个富硒种植养殖基地落户新区，大北农、海大等企业满产扩能，新希望、天兆等出栏猪50万头，益海嘉里、甘味乳业加快建设，引培特色花卉新品种1650个，鲜切花日产规模30万枝，特色水果、食用菌类等"新区甘味"产品扩种增产，省内规模最大食用菌生产基地全面达产，建成国家花卉改良中心——兰州新区月季繁育基地，向日葵、紫花苜蓿、大田玉米、高原夏菜等万亩特色种植基地扮靓"新区品牌"，种养加、产供销一体化现代农业循环发展格局全面构建，第一产业增加值增长30%，兰州新区现代农业示范园被国家认定为"农业农村信息化示范基地"，与空港现代农业产业园、双创基地一并入选"全国农村创业园区"。

【政务服务】 深化证照分离改革全覆盖，创新"一照多址、工位注册、容缺登记、自主办理"，项目落地时间缩短五分之一以上，新增市场主体5427户，为历年最高。全省首家启动不动产登记"交房即交证"，全省率先设立全天候自助服务区，推行政务服务365天不打烊、企业首套印章"政府买单"、实现电子证照跨区域核验。全省首家网上中介服务超市运行，入驻中介机构超100家。推进多证合一改革，服务业综合改革试点评估在国家18个试点中位列第三。

【绿色金融】 深化投融资体制改革，开展化工企业"绿色保险"试点，挂牌西部绿色认证中心、碳中和运营服务中心，设立"兰州新区绿色生态银行"，筛选入库绿色项目177个，"绿金通"综合服务平台注册企业1029家、上架产品115种，实现融资102亿元。安排10亿元专项资金贷款贴息和创新奖励，设立总规模30亿元的首只绿色基金，设立首支1亿元规模的绿色化工子基金。绿色专营机构达9家，兑付各类奖励资金1663万元。绿色贷款余额141.8亿元。绿色金融改革评估获评全省第一。

【科技创新】 新建创新孵化平台20个，建成化工园区研发、植物组织培养和动物疫病检验检测等实验室6家，重离子加速器及质量检验检测工程实验室建成投运。新培育科技型企业160家、高新技术企业15家，研发科技成果291项，全社会研发投入资金占GDP比重3.7%。德福5G高频高速通信用反向铜箔技术进入中试阶段，液晶显示材料、钍基熔盐泵等一批新区技术、新区产品成功输出。首台镍基材质冷氢化反应器打破外企垄断，全球首个千吨级太阳燃料合成示范项目成果向内蒙古等地推广。新引进转化科技成果91项、转化率31.3%，科技进步贡献率61%，入选第2批科创中国试点城市。产业孵化大厦获评国家小微企业创业创新示范基地，专精特新化工科技产业园获批省级科技企业孵化器。重点引培技能人才和研发人员3万余名，开展产学研项目216项、申请各类专利千余项。与300余家企业开展双元制人才培养，输出专业技能人才5.3万名、就业率超95%。成功举办首届"陇剑杯"网络安全大赛暨高峰论坛、2021计算云兰州峰会。

【对外开放】 坚持融入"一带一路"建设，实施综合保税区提升进位"445"计划，保税物流业务增长2倍，综合保税区加工类贸易同比增长70%，全省外贸增量贡献率50%，在全国综合保税区绩效评估中排名提升8位。航空口岸率先复制推广两段准入通关模式，进出口贸易、通关效率增长。电解铝期货指定交割库开户企业130家、营收125亿元，货物吞吐量12万吨。空铁海公多式联运示范工程获评"国家多式联运示范工程"，"甘肃—山东—拉脱维亚"物流新通道成功打通，在哈萨克斯坦新设海外仓2个，首开巴斯夫"德国—兰州"中欧化工班列，到发国际货运班列同比增长74%。打通达卡、曼谷等4个城市货运航点，国际货邮吞吐量同比增长46%。京东"亚洲一号"智能电商产业基地落地，"丝绸之路信息港"加快建设，"网上丝路"多点突围，跨境电商业务单量同比增长3.1倍。商贸物流营收突破2800亿元，同比增长45%，“兰洽会”首次设立兰州新区分会场。

【国土空间规划】 抢抓黄河流域生态保护和高质量发展战略机遇，对兰州—兰州新区—白银黄河中上游生态修复及水土流失综合治理区进行科学研究，率先提出在1.2万平方千米范围打造“陇中生态平原”重大工程，为承载千万人口、万亿级GDP提供足够空间。全域统筹城镇、农业、生态3类空间平衡，科学划定生态保护、永久基本农田、城镇开发边界3条控制线，高标准编制《兰州新区国土空间总体规划》，在全省率先获批，生态修复和未利用地整治获得国家政策支持。

【生态修复】 高标准统筹生态保护和污染防治，完成国土综合整治40平方千米，造林1万亩，复绿4万亩，新增城市绿化面积3000亩，建成区绿地率提高到36%。饮用水源水质达标率、污水及生活垃圾收集处理率均100%，环境空气质量达标天数327天，土壤环境清洁无污染，生态修复治理经验得到国家部委、省市和社会各界高度认可推广。

【城市建设】 核心区200平方千米内基础设施配套更加完善。景中高速、G341白银至中川段建成通车，中兰客专新区段全线贯通，机场三期、环线铁路、兰张三四线、新区南站等重大项目快速推进。新增5G基站83个，打造“智慧+”综合管理应用场景12个，智慧城市基本建成。新增酒店15家、商业街区4处，“15分钟生活圈”基本形成。全年旅游总收入增长30%，获评“2021甘肃文旅新秀奖”。

【社会民生】 教育优质资源供给持续提升，新增学位2250个，组建城乡一体化教育联盟8个，基础教育就学人口同比增长15.6%。省人民医院新区分院建成投运，省残联康复中心医院、省重大疫情救治基地、新区疾控中心等医疗卫生项目加快推进，新区第一人民医院通过二级甲等医院评审，分级诊疗体系不断完善，区域就诊率90%、转诊率下降20%。省体育馆投入运营，全省首家国家级太平鼓非物质文化遗产教育实践基地建成投运，承接国家和省级以上赛事16场次，建设各类保障性住房5500套，商品房价格稳定在合理区间。新增就业3.8万人，职业技能培训6万人次，养老、医保参保率分别98.6%、99.6%，特困人员救助制度更加完善，退役军人服务管理规范优质。

【乡村振兴】 全年整治撂荒地5.35万亩，提升改造高标准农田10万亩。创建省级乡村建设示范村10个，17个保留村逐步从“美丽乡村”向“美丽经济”转变。严格落实国家粮食安全战略，耕地“非农化”“非粮化”得到坚决遏制，2021年底，农作物播种面积增加至21.1万亩。推进“四好”农村公路提质扩面，新建农村公路14千米。统筹规划、高效承接陇东南移民947户3738人，就业、医

兰州新区国家湿地公园

疗、教育及吃住行等全面保障。

【社会治理】　开展政法队伍教育整顿，纪律作风、执法司法公信力全面提升，获评全省优秀。“七五”普法圆满收官，“八五”普法全面开启，法治意识、法治思维深入人心。统筹安全与发展两件大事，无较大生产安全事故。四级社会治理综合服务体系运转高效有力，重大节会期间赴京零上访，2个村获评“全国民主法治示范村”，4家机构获评“全省劳动关系和谐示范单位”。平安新区建设扎实推进，刑事、电诈案件分别下降25.3%、54.6%，获评“2021市域社会治理创新城市”。

（杨　莉）

兰州高新技术开发区

【概况】　兰州高新区是国务院1991年批准设立的全国首批27个国家级高新区之一，2018年2月获批建设全国欠发达地区第一个国家自主创新示范区，建设定位为科技体制改革试验区、产业品质跃升支撑区、人才资源集聚区、东西合作发展先行区、生态文明建设引领区。现空间布局为“一区五园”（雁滩园区、定连园区、九州园区、七里河园区、和平园区），规划总面积182.77平方千米，其中雁滩园区、定连园区由兰州高新区直接管理，整建制托管两镇（定远镇和连搭镇），设高新街道（辖南面滩、骆驼滩、均家滩3个社区），辖区总人口13万人（其中城镇人口6.7万人、农村人口6.3万人）。九州园区、七里河园区、和平园区3个二级园区由高新区和所在区县合作共建。

2021年，兰州高新区科学把握“三新一高”要求，统筹推进常态化疫情防控和经济社会发展，实现“十四五”发展规划开局和起步。全年完成地区生产总值350.4亿元，增长7.7%；第二产业增加值241.4亿元，增长9.3%；规上工业增加值增长13.4%；建筑业增加值31.4亿元，下降2.5%；第三产业增加值107.8亿元，增长4.7%；固定资产投资额238.45亿元，增长10.02%；社会消费品零售总额123.3亿元，增长7.6%。全社会研究与验发展经费（R&D）投入占国内生产总值比重3.2%，财政科技投入占财政支出比重2.37%，万人发明专利拥有量49件，科技进步对经济增长的贡献率62%。上半年、三季度、四季度在全市高质量发展贡献中均位列前三，3次获全市高质量发展贡献奖。在全国157个国家级高新区综合排名提升12名。

【招商引资】　全年招商引资在建项目55个，签约金额390.41亿元，招商引资到位资金54.41亿元，其中省外资金到位50.53亿元，完成年度计划的101%。开展“招商引资突破年”活动，聚焦主导和特色产业延链补链强链，坚持精准选商择资，赴北京、上海、广州、武汉、深圳、天津、济南、杭州等地开展重点招商推介10余次，对接洽谈线索项目89个，第27届“兰洽会”签约项目12个，签约总额128.64亿元，中国生物西北地区科技健康产业园P3生产车间和P3级实验室项目作为唯一代表兰州市签约的省签项目成功签约。

【交流合作】　落地建设兰州高新区（北欧）离岸创新中心，完成第一批5个科研项目对接，与瑞典维康士公司、中华人民共和国驻瑞典大使馆科技参赞等开展交流展览会活动6次。构建开放创新生态圈，成功举办第10届中国创新创业大赛（甘肃赛区）、欧美同学会第2届“双创”（生物医药和中医药产业赛区）大赛，与欧美同学会以及省、市委统战部对接协调，

兰州高新区庆祝中国共产党成立100周年活动晚会现场

完成西北海创中心前期筹建的准备工作，打造集学习培训、创业实践、项目孵化、国际交流等功能于一体的创新示范基地。

【项目建设】　全年推动续建项目120个、新建项目40个，总投资1639亿元，年度投资238亿元。新建项目前期手续办结率、开工率、入库率分别95%、97.5%、90%。落实“建设项目总规划师单位负责制”，指导园区项目科学编制方案，修复园区天际线，优化园区空间布局，加快推进园区道路、绿化、学校、医院以及水、电、气、热、网等公共配套项目。推进与北京中医药大学共建“甘肃省中药经典名方研究院”，与上海张江开展中医药创新合作研究。定连园区经十二路等17条道路EPC总承包项目等续建工程加快实施，开工建设纬十二路等道路5条，棚户区改造1#安置区（一期）、2#安置区（一期）部分单体工程达到交房条件，同步推进配套商业市场化运作；高新一小及幼儿园、天立国际学校建成招生，推动兰大附中东城分校教师公寓二期项目前期工作；建成定远镇中心卫生院PCR方舱实验室和定远镇、连搭镇发热门诊，落地实施国家肿瘤西北医学中心项目；雁滩园区启动城市更新集中连片改造项目，开工建设B640-1等道路2条，建成南面滩示范街1条，创新大街（二期）、火炬广场项目加快推进。

【科技创新】　坚持“四个面向”，加快推进科技自立自强，整合出台《兰州高新区加快兰州自创区创新驱动高质量发展政策》。强化企业创新主体地位，新增企业技术中心、技术创新示范企业等省级以上创新平台31家，新引进科技型孵化企业100余家。通过支持大企业带动能力、培育招引科技型中小企业和高新技术企业、高成长企业，完善市场化、专业化政策供给等手段，打造具备核心竞争力的高技术高成长企业集群。召开年度高新技术企业暨瞪羚企业认定培育会，全年新认定高新技术企业65家，累计认定410家，占全省高新技术企业的30%。谋划知识产权保护战略计划，引导加快区域内科技成果在兰州高新区落地转化，举办常态化科技成果路演推介会系列活动；兰州空间技术物理研究所主持完成的“空间电推进综合测试技术及应用”科技成果获得2020年度国家科技进步二等奖。承办第10届中国创新创业大赛（甘肃赛区）赛事，有省内外328家企业、项目的创业者参加，集聚信息技术、生物医药、高端制造、节能环保等战略性新兴产业项目。

【科技金融】　邀请中国人民银行兰州中心支行、中国银保监会甘肃监管局2家金融监管单位以及国家开发银行、浙商银行兰州分行、甘肃银行总行营业部、浦发银行高新科技支行、兰州银行开发区管理行、兰州农商银行等多家金融机构开展座谈交流，为新冠肺炎疫情期间经营困难的区属国有企业纾难解困、化解债务提供支持。全年举办金政企对接活动8场（次），为甘肃省科学院纳米新材料项目、军民融合产业项目等融资3亿元。兰州国家生物产业基地创新园（二期）项目获得产业转移专项（示范区方向）中央预算内投资5000万元，兰州定远污水处理厂及污水管网工程获得黄河流域生态保护和高质量发展省预算内基建投资2000万元；兰州高科现代医药物流园获得地方政府专项债券3.4亿元，兰州国家生物产业基地基础设施建设项目（三期）获得地方政府专项债券4亿元，申请中央引导地方科技发展资金400万元。支持区内企业获得工信部2021年中小企业发展中央专项资金320万元，组织区内科技型企业申报省级科技计划项目立项33项，立项资金1700万余元，兰州空间技术物理研究所的“高端装备用双叶型高性能罗茨真空泵国产化开发”等5家企业获得省级科技重大专项资金。

【产业发展】　吸引高层次人才在园区集聚，申报以生物医药为主导产业的年度国家创新型产业集群。实施主导产业链“链长制”，探索管委会领导担任“链长”组织机制，梳理生物医药、智能制造、新材料等重点产业链供应链发展现状，并根据已公布的第1批和第2批甘肃省产业链链主企业名单，做好高新区产业链链主企业的筛选工作，实施围绕产业链招商体系建设。培育新兴产业，推动创新要素聚集，激发实体经济活力，中农威特等7家企业获得2021年省级振兴制造业专项资金498.6万元。引导甘肃紫光、中电万维等7家企业获得省级数据信息发展专项资金715万元。

【产业培育】 推进生物医药首位发展，培育发展智能制造、新材料产业，培育科技型中小企业196家、省级“专精特新”企业14家，新增高新技术企业65家、总数达到410家，新增市场主体2577家(其中企业1536人)、总数达到1.5万家(其中企业9224家)。编制《生物医药产业专项规划》，筹划生物安全基地建设，兰州肽谷研究院以多肽信息压缩技术和PDC(多肽靶向抗肝癌创新药)技术为支撑，针对抗癌药物研发、离子通道、抗生素、疫苗、抗菌肽和干细胞等方向开展活性分子筛选和抗癌、疫苗等创新药研发，基于五肽全库针对脑瘤、胃癌、肝癌、白血病等方向的30个靶标筛选出28组多肽活性分子，进入多肽序列优化阶段。推动耐驰(兰州)泵业“出城入园”，宝武集团兰州智能化铝制易拉罐生产线正式生产，开工建设省科学院新材料产业等项目；鲲鹏计算产业项目落地产业链生态企业2家、洽谈10家，链接省内企业47家，培养本土鲲鹏开发者695人。

【国企改革】 制定《兰州高新技术产业开发区区属国有企业监督管理暂行办法》，建立完善区属国有企业党委(党组织)决策前置研究讨论和决定重大事项的清单；构建董事会、经理层相关制度体系，同步完成章程修订工作。完善企业负责人经营业绩考核体系，科学设定区属国有企业年度经营业绩指标、年度目标责任，有效推进区属企业经理层成员任期制契约化管理。深化企业内部分配制度改革，完善现代化企业薪酬制度，建立完善第一议题制度。

【生态保护】 统筹推进污染防治、生态修复和绿色转型，全面落实河(湖)长制、林长制，整改落实中央和省级环保督察反馈问题25项、信访件54件。开展辖区水流域环境综合治理，编制完成《高新区定连片区农村黑臭水体治理方案》《高新区定连片区农村黑臭水体可行性研究报告》，对宛川河上游支沟西河进行全面整治。定连园区起步区35平方千米范围内不再规划设置粘土矿等其他矿业，100平方千米范围内不再新设采矿权，不再划定集中开采区；同时，定连园区范围内原榆中县国土局审批的粘土矿，由原审批登记机关督促矿山企业按照《矿山地质环境恢复治理方案》完成矿山生态恢复治理后，依法对到期的采矿权许可证予以注销。建成运营果蔬废弃物资源化利用BOT项目、麻家寺村农村小型污水处理站，定连园区污水处理厂试运行进展顺利；落实国家高新区“双碳”行动宣言，申报国家级“绿色园区”。

【营商环境优化】 对标国家优化营商环境指标，细化分解任务，逐级压实责任，补短板强弱项，在全市优化营商环境模拟填报中企业开办、纳税、市场监管、知识产权创造保护等指标排名靠前。建立“四办四清单”月报管理制度，厘清即收即办事项83项、限时办结70项，提供“24小时不打烊”政务服务，“一网通办”事项占比100%。拓展“非接触式”办税缴费服务，建立覆盖镇村社三级便民服务平台，全面推广“为民服务代理制”“一站式”服务。新上产业项目试点“工业标准地”出让模式，完成6宗“工业标准地”供应前期出让公告。

【乡村振兴】 健全巩固拓展脱贫攻坚成果同乡村振兴有效衔接政策体系，严格落实“五级书记抓乡村振兴”，完成乡镇领导班子、村“两委”换届工作，选派28个驻村工作队78人，重点对5户11人边缘户、12户44人脱贫监测户和低收入人口常态化监测，未发生返贫致贫现象。紧盯“两不愁三保障”，实施抗震房屋改造18户，完成山区村安全饮水巩固提升工程，办理慢病卡955人，贫困人口基本医疗保险、大病保险、养老保险参保率和义务教育阶段学生入学率均100%。种植高原夏菜4.5万亩、鲜切花卉1200亩，新建温室大棚46座，改造花卉大棚80座，实施改厕、改炕各500户，完成渠系配套18千米，村组道路硬化5万平方米，输转富余劳动力1.2万人，劳动技能培训300余人次，两镇农村居民人均可支配收入1.4万元，集体经济收入均5万元。组建振兴乡村投资公司，按照全域规划、一体设计、分步建设的思路，在完成两镇和17个行政村乡村建设规划的基础上，编制麻家寺、水岔沟美丽乡村建设规划，推动现代中医药大健康产城融合项目、象峰山高标准农田建设等。

（张斌辉）

兰州经济技术开发区

【概况】 兰州经济技术开发区（以下简称“兰州经开区”）始建于1993年3月，时为省级开发区。2002年3月经国务院批准为国家级经济技术开发区，面积9.53平方千米，位于安宁区核心区域，是甘肃首家国家级经开区。2018年6月，按照兰州市委、市政府《关于促进兰州经济技术开发区加快发展的意见》，空间布局调整为“一区六园”，重点发展建设机场北高新园区、安宁园区、西固园区、红古园区、皋兰园区、生态修复与产业发展示范区等6个二级园区，规划面积270.32平方千米。其中，机场北高新园区规划面积18.14平方千米，建成了正威铜业、和盛堂制药、兰药药业、西部药谷等重点企业；安宁园区规划面积40.99平方千米，建成了蓝科高新、众邦电缆等制造企业，雪花、康师傅等轻工食品企业和新光药业等医药物流企业；西固园区规划面积73平方千米，依托兰州陆港，打造向西开放发展平台，大力发展外资外贸口岸经济；红古园区规划面积14.19平方千米，建成了以国家“城市矿产”示范基地为代表的循环经济产业；皋兰园区规划面积19平方千米，建成了兰州久和国际农副商贸城等物流企业；生态修复与产业发展示范区规划面积105平方千米，其中起步区21.07平方千米，正在按“百年大计、兰州大事”的定位和“生态优先、产城融合、城乡融合、产教融合、区域开发、分步推进”的原则有序实施。

2021年，兰州经开区有各类企业2130家。其中，高新技术企业85家；规模以上企业61家；外贸企业60家；外商投资企业21家。完成地区生产总值363.87亿元，同比增长6.1%。第一产业增加值3.65亿元，同比增长2%。第二产业增加值140.99亿元，同比增长6.5%，其中工业增加值94.11亿元，同比增长8.7%；规模以上工业增加值同比增长12.1%；建筑业增加值46.89亿元，同比增长2.4%。第三产业增加值219.22亿元，同比增长5.9%。固定资产投资同比增长1.5%。社会消费品零售总额198.72亿元，同比增长7.8%。实现进出口总额80.48亿元，增长49.5%。实际使用外资金额3571.4万美元，增长10%，占全市比重的54.1%。根据商务部公布的2021年度综合考评结果，经开区在全国217个国家级经开区中排名第120位，较上年度提升18位，实现近两年综合排名累计提升超50个位次的成绩。

【项目建设】 全年纳入市级“投资清单”项目129个，总投资1110亿元，完成投资157.8亿元。其中，84个续建项目全部复工、完成投资123亿元；45个新建项目全部开工、入库40个，完成投资34.8亿元。全年组建2个市级项目团队和2个区级项目团队，4个项目完成前期手续开工建设并入库上报投资。3月16日，按照省市统一安排部署，2021年全市重大项目集中开工复工动员大会兰州经开区分会场会议在生态修复与产业发展示范区召开，集中开工复工8个项目，总投资9.9亿元，年度计划投资4.2亿元，已完成年度投资计划。

【生态修复与产业发展示范区建设】 完成起步区城乡融合美丽乡村概念规划并批复实施，确定起步区供水线路方案，完成起步区详细城市设计、天然气管线路径选址论证、安宁片区土地利用规划调整等，开展深沟水系综合治理可研编制。完成4876亩农用地转用报批工作，使得起步区完成土地报批6797亩，为开展“标准地”出让试点，实施“拿地即开工”和“以亩产论英雄”奠定基础。完成起步区S1502#道路等4个基础设施建设项目289.16亩建设用地划拨工作和342.81亩国有建设用地公开出让工作，为咸水沟综合治理、安置小区等起步区项目建设提供基础保障。8月31日，与中国电建集团签订战略合作协议，围绕引入央企产业、资金、人才、技术与管理等优势深入对接，拓宽合作领域，深化合作项目，共同推进示范区连片开发、区域开发、产城融合、城乡融合。完成所属国有企业改革，授权其作为起步区开发、建设、投资、运营的实施主体，确定采用“授权、建设、运营”的方式引入社会资本，用5年时间完成总投资86.23亿元17条规划道路、近8000亩土地平整、天然气调压站、泵站、市政连接线、社会福利中心、社会停车场、公共广场和学校等项目建设，年底完成项目实施方案和公开招标社会投资人。

【招商引资】 第27届"兰洽会"经开区专场签约项目28个，签约额151.29亿元，其中在市专场签约项目12个，总投资25.22亿元，当年开工项目8个，开工率66.7%。围绕示范区储备重点项目15个，总投资98.2亿元。总投资3亿元的丽呈枣林别院完成前期手续，具备开工建设条件；总投资7亿元清洁能源综合应用项目正在开展前期工作。梳理省市产业扶持政策，形成《兰州经开区政策汇编》，正在研究出台示范区招商引资及产业发展扶持奖励暂行办法等。加强与其他地市经济开发区合作力度，与拉萨经开区建立战略合作关系并互派2名干部交流挂职，促进信息共享、园区共建。

【科技创新】 全年认定高新技术企业32家，全区高新技术企业101家。兰州飞行控制有限责任公司认定为2021年国家技术创新示范企业；兰州和盛堂制药、甘肃兰药药业2家企业被认定为2021年省级工业设计中心；兰州和盛堂制药获批甘肃省特色陇药产业链链主企业；甘肃蓝科石化2家企业认定为2021年省级行业技术中心；兰州北陆生物科技等4家企业认定为2021年度第一批甘肃省科技创新型企业；甘肃山为峰等54家企业入库甘肃省2021年科技型中小企业；甘肃海丰信息科技等3家企业被认定为2021年度甘肃省"专精特新"中小企业。发挥"国家绿色园区"平台作用，蓝科高新、甘肃德福新材料被认定为甘肃省第2批绿色工厂，兰州和盛堂制药、兰州九州通医药被认定为甘肃省第2批绿色供应链，全区现有国家级、省级绿色工厂4家。加强科技孵化中心管理，开展第6批、第7批入孵企业征集工作，新引进入孵企业17家，累计毕业企业28家，年末有在孵企业32家。联合兰州职业技术学院举办第5届"经开杯"大学生创新创业大赛暨第11届全国大学生电子商务"创新、创意及创业"挑战赛并有12个项目获奖。

【营商环境优化】 建成运营企业项目服务平台，实现企业、项目、科技、支持政策等综合信息共享；实行区域性环评、安评等工作，与入区企业项目免费共享，切实提高服务效能；严格落实"四办四清单"工作要求，所有审批服务事项全部入驻大厅，对建设审批过程的招投标、安全质量监督、建筑节能监督、建筑施工许可、竣工验收备案环节全部实行"一次性告知单"；不动产登记实现"一个大厅集中受理、一条龙归口办理、一体化协调处理、一揽子统筹解决"一站式服务，全年受理各类业务12102件。拨付2021年优化营商环境扩大利用外资专项资金405万元，兑现2020年辖区21家高新技术企业科技创新奖励资金150万元，组织兰州祺星电子科技有限公司电子数据取证分析服务中心项目等4个项目申报2022年省商务厅鼓励高质量引进外资专项资金500万元，组织辖区54家企业申报2021年企业养老保险费补助379.14万元；协助企业解决融资困难问题，组织15家重点制造业企业上报融资需求32.18亿元。

【历史遗留"登记难"工作】 全年为涉及37个小区完成首次登记24391套、转移登记5558套，完成历史遗留登记工作的阶段性任务。

（张晓龙）

甘肃（兰州）国际陆港

【概况】 2021年，甘肃（兰州）国际陆港紧紧围绕"建设大平台、构建大通道、形成大枢纽、发展大产业"的发展目标，紧盯"着力打造国家重要的综合物流枢纽和国家向西向南开放的新高地"两大核心任务，从班列运营、项目落地、园区建设、融资引资、营商环境、企业转型发展等6个方面突破，推动陆港由建设向运营转型，并连续4年被评为全国优秀物流园区。

【国际班列发运】 全年发运国际货运班列206列，货值10.17亿元，货重24.6万吨，分别增长57.25%、132.19%、81.18%。其中，回程班列116列，占比54.31%；西部陆海新通道106列，较上年同比增长68.25%；中亚班列67列，较上年同比增长191.3%。同时，发运汽车内贸班列1339列38.8万台，同比增长20.8%。

【招商引资】 中国智能骨干网（甘肃）申通枢纽中心项目，项目已取得用地规划许可证、不动产权证、工程规划许可证等相关项目前期手续，已开工建设；大陆希望新能源丝路智汇港项目，已确定项目选址，正在完善项目投资计划，测算投资成本；海亮国际教育新城项目正式签约，正在调整项目投资计划；陆港油脂分拨基地项目已正式签约，正在完善项目建设内容。

【园区建设】 兰州铁路口岸货运量实现13.6万吨，东川铁路物流中心货运量126.9万吨，汽车年吞吐量42.3万台，较上年增加11.8万台，集散分拨能力不断增强；保税物流中心（B型）、多式联运物流园、应急管理中心（消防站）等项目基本建成；汽车整车进口口岸完成首单业务；山前路、S818#、B825#等道路基本建成，达到通车条件；供热（二期）项目开工建设；T802#道路、T803#道路、S805#道路、山前路截水沟、甘沟、马泉沟提升整治等项目进行前期工作；尼泊尔海外园区项目完成项目建议书编制，项目可研报告正在编制中。

【商贸物流】 吸引京东、北京华联、橙心优选等78家实力物流企业入驻，与24家国际贸易企业签订《入驻保税物流中心（B型）合作协议》，其中12家为省内重点外贸企业；京东、兰州陆港国际商贸有限公司、霖磊物流园、河口物流园等企业贸易额实现大幅提升，园区实现贸易额约64.6亿元，同比增长55.28%；将甘肃省洋葱、苹果、马铃薯等特色农产品组团“出海”，打通一条高效的国际粮食物流通道，从乌克兰发运进口玉米班列67列；不断扩大石油焦、铝粉等大宗商品进口，满足甘肃省优势产业生产需求。

【对外宣传】 举办甘肃（兰州）国际陆港重大项目集中开工复工动员大会暨中国智能骨干网（甘肃）申通枢纽中心项目奠基仪式；举办中欧班列（义乌—兰州—莫斯科）和兰州克州共建“中吉乌”国际多式联运新通道暨班列开行仪式，并在央视新闻播出；整合新闻媒体、网络媒体、社会媒体、自媒体资源，围绕党史学习教育、新冠肺炎疫情防控、十九届六中全会精神宣讲等重大主题，形成全方位、广覆盖、立体化的宣传格局。年内，在官方网站、今日头条、公众号等平台发布信息稿件296条，被央视、新华社、中新社等主流媒体报道500余次。

【义乌—兰州—莫斯科班列开通运营】 5月21日，中欧班列（义乌—兰州—莫斯科）从甘肃（兰州）国际陆港顺利开行，标志着兰州市与义乌市战略合作框架协议落地实施，各方合作打造双循环联动枢纽取得实质性进展。甘肃省委副书记、省长任振鹤出席开行仪式并宣布发车。

兰州国际港务区投资开发有限公司与义乌市国际陆港集团有限公司是中欧班列（义乌—兰州—莫斯科）的运营主体，双方于5月20日签署战略合作协议。该班列由义务集货，从兰州陆港始发，由霍尔果斯口岸出境，经哈萨克斯坦运抵莫斯科沃尔西诺站，全程运距7089千米。货品主要为割草机、灯具、鞋袜等，货重约550吨，货值约347.2万美元。

【兰州与新疆克孜勒苏柯尔克孜自治州共建“中吉乌”国际多式联运新通道】 9月25日，兰州与新疆克孜勒苏柯尔克孜自治州共建“中吉乌”国际多式联运新通道

5月21日，义乌—兰州—莫斯科中欧班列开行

暨班列开行仪式在甘肃(兰州)国际陆港举行。首趟班列从兰州东川铁路口岸始发,经铁路运至新疆喀什铁路货场,再经公路自伊尔克什坦口岸出境至吉尔吉斯斯坦,最终运抵乌兹别克斯坦首都塔什干,货重约450吨,货值约267万美元,主要货品为灯具、暖气片、防盗门等。该通道全程4380千米,需要运输约7~10天,比传统运输时间节约5天左右。该通道的开通进一步促进中国国际贸易自由化、便利化双向流通,以及我国西部物流枢纽联动发展。

【中乌互设海外仓并对发国际班列】 12月24日,乌兹别克斯坦塔什干州举行中国甘肃驻乌兹别克斯坦塔什干海外仓揭牌仪式后,12月27日,乌兹别克斯坦塔什干中国甘肃海外仓揭牌仪式在兰州陆港举行。仪式举行当天,一列装载有布料、瓜子、轮胎、摩托车等货物,总重974吨、货值338万美元的中亚班列从兰州东川站发车,经霍尔果斯口岸出境后抵达乌兹别克斯坦。货物到站后转运至海外仓作为待售产品储存,这是兰州陆港外贸货物首次搭乘中亚班列向海外仓发货,标志着兰州陆港开辟又一新的出口贸易模式,有助于兰州陆港型国家物流枢纽建设,带动本地跨境电商产业高质量发展。同时,另一列搭载20个集装箱金精矿、货重500吨、货值1500万元人民币的中亚回程班列通过“中吉乌”多式联运通道,经新疆伊尔克什坦口岸进境。

(贾　喆)

兰州榆中生态创新城

【概况】 2021年,兰州榆中生态创新城聚焦“西部创新新平台,甘肃新兴增长极,兰州城市副中心”的总体定位,围绕省委常委、市委书记朱天舒调研时关于“充分发挥市场决定性作用,更好发挥政府作用,坚持系统观念高质量规划建设榆中生态创新城”的指示要求,全力推进各项工作落实,较好地完成各项工作任务。

【基础设施建设】 推进区域内主次干道、生态绿化及水、电、气、暖等基础和配套设施等项目建设,梳理凝练项目89个,总投资约810.4亿元,年度完成投资120亿元。结合开发建设时序,先期开工建设核心示范区“三纵三横”6条道路。其中,夏纬七路一期6月底完工;科创大道、学府大道、学八路、科八街、夏纬七路二期、科五街在实施管廊、管道、土方道路等主体工程。科创中心项目基本完工,正在推进规划效果布展、外立面节能装饰、立体机械停车等后续工程。“双一流”建设项目加快实施。兰州大学“双一流”建设支撑项目一期综合楼、第二实验楼全面完工;学生综合服务中心、51—56号学生公寓、第二教学楼交付使用;二期人文社科组团1项目主体结构3层、工程科学组团1项目完成土方开挖;三期数理核学组团初步设计已完成,深化施工图设计;1—2号研究生公寓、南区生活中心项目已获得批复。兰大附属学校、榆中县污水处理厂、万家庄水厂等项目正在按计划推进建设。在加快项目建设的同时,严格落实安全生产工作责任,联合榆中县住建部门开展创新城范围内兰发公司负责实施的工程建设项目质量安全检查。

基本建成的生态创新城科创中心

建设中生态创新城污水处理厂地下箱体施工现场

【招商引资】 邀请220余位客商参加第27届“兰洽会”，参与黄河流域高质量发展高峰论坛暨兰州市招商引资项目签约仪式、甘肃省绿色生态产业项目对接洽谈会，与榆中县联合举办第27届“兰洽会”榆中县、兰州榆中生态创新城招商推介会暨重点项目签约仪式，管委会签约项目2个，总投资额47.42亿元。研究制定《榆中生态创新城产业扶持办法》，扶持办法草案基本形成。谋划引进了航空产业园、甘肃菌库项目、车路协同系统、“产业+AI”智能赋能实验室、缔科国际集团（西北）总部基地等重点招商项目，正在进一步深入洽谈。

【投资融资】 申请到位2021年教育强国中央预算内、黄河流域生态保护和高质量发展专项奖补、专项债转拨和省市财政专项等资金16.53亿元。生态大道及地下综合管廊等2个项目申请2022年政府专项债资金2.5亿元，夹沟河河洪道治理与生态修复等3个项目申报2022年中央预算内资金13.9亿元。申报外国政府贷款项目入库，黄河流域兰州生态创新城启动区生态综合治理项目申报世界银行贷款3亿美元（折合人民币19.2亿元）。向政策性银行申报对兰州生态创新城启动区生态综合治理项目和兰州大学附属中小学校建设及配套基础设施提升改造项目的整体授信。兰州生态创新城投资基金年度新增实缴2000万元，兰发公司获建设银行、兰州银行等多家商业银行授信17.3亿元。

【规划体系】 编制完成榆中生态创新城《城市综合交通规划》《生态绿道系统规划》《区域节能规划》《投资发展及土地开发时序规划》《“无废城市”专项规划》，正在编制榆中生态创新城《国土空间规划管理技术规定》和《风貌协调区生态修复治理专项规划》编制工作，结合项目落地建设和产业发展需求，优化完善《夏官营片区（启动区）控制性详细规划》。同时，为实现“一张蓝图绘到底”和“久久为功”的规划建设和产业发展管控要求，切实做到科学化决策和精细化管理，创新城管委会和榆中县人民政府联合成立兰州榆中生态创新城专家咨询委员会，对创新城范围内招商引资、产业定位、用地规模、开发强度、规划编制、城市设计、建筑形态、建筑布局、外立面色彩等内容进行全面咨询审核把关。

（孙凤涛）

生态创新城科创大道路面施工现场

宏观经济运行管理

【概况】 2021年,全市实现地区生产总值3231.29亿元,经济总量稳居全省第一位,增长6.1%,2020年、2021年两年平均增长4.2%。分产业看,第一产业增加值62.52亿元,增长7.4%。第二产业增加值1113.91亿元,增长5.6%。其中,工业增加值886.6亿元,增长6.7%;建筑业增加值228.47亿元,增长1.6%。第三产业增加值2054.86亿元,增长6.4%。固定资产投资增长7.7%。社会消费品零售总额1757.74亿元,增长7.1%。一般公共预算收入276.71亿元,增长12.%。其中,税收收入202.83亿元,增长15.2%;非税收入73.87亿元,下降4.1%。一般公共预算支出483.61亿元,下降0.5%。金融机构本外币存款余额9577.65亿元,增长5.4%;金融机构本外币贷款余额14231.83亿元,增长8.1%。金融机构人民币存款余额9525.4亿元,增长5.3%;金融机构人民币贷款余额14060.26亿元,增长8.5%。居民消费价格比上年上涨1.3%。城镇居民人均可支配收入43244元,增长7.7%;农村居民人均可支配收入16191元,增长10.5%。

【发展规划管理】 突出"十四五"规划纲要的统领地位,针对29项"十四五"重点专项规划、8项县区发展规划、国土空间规划、区域规划的目标任务、发展方向、总体布局、重大政策、重大工程项目等内容衔接把关,确保与"十四五"规划纲要保持一致,构建以发展规划为统领,以空间规划为基础,以专项规划、区域规划为支撑,功能互补、系统完整的规划体系。将规划纲要中的主要指标、重点任务、重大项目分解至各单位,建立季调度一年度监测分析—中期评估—终期总结评估的规划考核评估体系,确保规划纲要落地实施。制定《兰州市"十四五"规划纲要两年行动方案》,以项目化、工程化、清单化抢抓"十四五"规划前2年关键期,细化措施、分解任务、明确责任、确定时限,确保规划任务可实施、可操作、可落地、可考核。

【经济体制改革】 推进数据集成简渠道,实行全系统"一网办"。已设置200余项检索清单,展示办事指南要素64项,优化查询关键词、重点热词。兰州政务服务网按照服务主体设置10类应用服务,按事项类型设置13类专项服务、5类综合服务、120余类政务超市应用,基本实现全市"一张网"要求。优化老年人服务专区、"跨省通办""一件事一次办"服务专区服务功能,实现用电、社保缴费、个税征信、热线服务、保障性住房资格申请等27类特色应用服务在兰州政务服务网上办理。推进事项集成简要件,实行全周期

"一次办"。制定《兰州市全面推行政务服务"一键联办""一站通办"工作方案》，梳理"一键联办""一站通办"事项85项。推出"一件事一次办"事项101项。其中，单个事项39项；联办事项62项。制定《兰州市推进高频政务服务事项"跨省通办""省内通办""全市通办"工作实施方案》，将办理细分为"全程网办""异地代收代办""多地联办"3种模式，优化通办事项办事流程。推进资源集成简环节，实行全区域"基层办"。持续指导市、区（县）、乡镇（街道）、村（社区）级综合性政务大厅，按照"三集中三到位"和"一窗分类受理、集成服务"要求，优化"一站式"集成服务。推进流程集成简程序，实行全过程"帮代办"。印发《兰州市深化"放管服"改革推进政府职能转变领导小组办公室关于进一步规范政务服务平台管理的通知》，在全市各级政务大厅设立帮办代办专区，对全市各类政务服务事项实行全领域、全流程帮代办。推进"小兰帮办"小程序政务服务模块的建设及应用。推进服务集成简时间，实行全天候"应需办"。针对"上班族"和特殊群体正常工作时间办事不便的问题，按照"自助为主、兼顾应需、应急预约、合理延时"原则，推进政务服务"早晚弹性办、中午不间断、周末自助办"，在全市各级政务服务大厅推行全天候政务服务。推进工程建设项目审批制度改革。推进工程建设项目跨层级、跨部门、跨领域并联审批，将审批时限压减至21~77个工作日，实现工程建设项目审批全程网办、不来即享。推行政务服务"好差评"。建立政务服务评价制度，强化电子监察系统应用，在政务服务"好差评"系统中创新嵌入纪检监察"码上监督"App小程序，强化监督力度，持续促进政务服务水平整体提升。全年归集"好差评"评价数据334万余条，稳居全省首位。健全完善"双随机一公开"、信用监管、"互联网+监管"等监管模式。印发《兰州市2021年市场监管领域部门联合"双随机、一公开"监管、"互联网+监管"和涉企信息统一归集共享工作实施方案》《兰州市市场监督管理局市场主体"双随机"抽查工作细则》等文件，要求各县区政府、各成员单位严格按照兰州市市场监管领域部门联合抽查事项清单，做好双随机抽查工作。健全知识产权保护制度。印发《关于进一步加强知识产权保护的实施方案》，明确各成员单位在知识产权保护方面的职责和分工，推进全市知识产权保护能力和水平的整体提升。优化知识产权业务服务方式。设立国家知识产权局商标业务兰州受理窗口，实现国家知识产权商标业务受理窗口全覆盖。

【固定资产投资】 谋划实施年度项目1363个、总投资9717亿元，市列重大项目120个、总投资3390.43亿元。实施项目"前期攻坚""大比拼""团队服务""集中开复工""三个清单""领导包抓""重大项目建设协同推进"等工作举措，全市687个续建项目全部复工；676个新建项目手续办结率和开工率均在95%以上，创历史同期最高水平。向上争取项目资金支持，争取到中央预算内资金项目75个、争取到资金14.9亿元，申请专项债券项目40个、争取到资金65.15亿元。争取到兰州市冬季清洁取暖项目，获得中央资金支持21亿元。建设年产20亿剂重组新冠疫苗生产车间项目，成为国家新冠疫苗重要的科研生产基地。

【重大项目投资管理】 2021年，甘肃省列重大项目建设清单中由兰州市负责项目61个，年度计划投资521.91亿元，全年完成投资555.79亿元，投资完成率106.49%。其中，新建项目17个，年度计划投资123.68亿元，全年完成投资127.12亿元，投资完成率102.78%；续建项目41个，年度计划投资395.25亿元，完成投资428.63亿元，投资完成率108.45%；预备项目3个，年度计划投资2.98亿元，全年完成投资0.0322亿元，投资完成率1.08%。120个市列重大项目总投资3390.43亿元，年度计划投资642.02亿元，全年完成投资709.87亿元，投资完成率110.57%。其中，新建项目42个，总投资1158.22亿元，年度计划投资171.7亿元，全年完成投资193.84亿元，投资完成率112.9%；续建项目78个，总投资2231.11亿元，年度计划投资471.6亿元，全年完成投资516.03亿元，投资完成率109.42%。

【区域协调发展】 兰州新区全面实施"335+X"产业倍增行动，高标准推进绿色化工园区、城市矿产和表面处理产业园等重点产业园区建设。新引进产业项目155个，巨化含氟新材料、海亮铜箔、宝武负极材料等一批投资过百亿的重大项目相继落地。率先开展“标准地”改革试点，获评“十大最具投资吸引力新区”。兰州新区秦川园区获评国家先进制造业和服务业融合示范区，中川北站物流园获评省级功能示范区。国家绿色金融改革试验区加快建设，全省首家“绿金通”上线运营。承接陇东南等地暴雨洪涝灾害灾后重建移民和舟曲避险搬迁移民，统筹规划、高效承接陇东南移民947户3738人。兰州高新区发挥国家级高新区、自创区平台作用，启动建设兰州高新区与北欧协同创新中心，加大创新创业服务机构引进力度，申报国家级绿色园区，培育科技型企业，高新技术企业达到410家。中农威特生物医药产业基地、省科学院高技术产业园、兰州国家生物产业基地创新园、航天真空装备产业园等重点项目加快建设。兰州经济开发区全面推进皋兰生态修复与产业示范区开发建设，编制完成起步区控制性详细规划、市政基础设施和生态修复专项规划。探索“拿地即开工”模式，道路、生态修复综合治理等基础配套项目加速推进。全年新增入库规模以上工业企业10家。兰州陆港发挥平台优势，全面建成运营铁路口岸东川作业区、汽车整车进口口岸、冷链市场，保税物流中心(B型)、多式联运物流园即将投运，建设标准库区23万平方米，78家实力物流企业入驻。发挥陆港枢纽和陆路运输优势，成功举办“义乌-兰州-莫斯科”中欧班列发运仪式，南亚班列被命名为“国家多式联运示范工程”，“中吉乌”国际货运班列实现双向贯通。兰州陆港连续4年被评为全国优秀物流园区。榆中生态创新城统筹产业谋划和整体开发，“空间战略规划+总体规划+详细规划+专项规划+城市设计”规划体系进一步完善。全面完成周边面山绿化1.7万亩。夏纬七路(一期)达到通车标准，污水处理厂、万家庄水厂等市政配套项目有序推进，城市“骨架”渐次拉开。

【创新驱动发展】 加快推进兰白自创区和兰白试验区一体化建设，凝练重大科技基础设施、高水平创新平台载体项目31个，甘肃省先进计算中心、先进催化重点实验室落地兰州，兰州大学动物医学与生物安全学院成立，兰州科技创新园开园运行，综合性国家科学中心建设基础更加巩固。推进关键核心技术研发，组织开展重大技术攻关“揭榜挂帅”活动，推动重离子治疗肿瘤技术、碳减排等成果转化应用。组建兰州科技成果转移转化中心，征集、展示全省先进科技成果310件，新认定登记技术合同4641项、成交额74.83亿元。

【新动能培育】 新培育高新技术企业134家，入库科技型中小企业400家以上，新增国家和省级科技企业孵化器、众创空间4家，新认定市级众创空间8家，新认定“专精特新”企业21户。大力培养创新创业人才，实施“金城萃英”人才计划，弘扬创新精神、企业家精神和工匠精神，124个人才团队予以立项支持，建成兰州市引进国外智力成果示范和推广基地(单位)10个。

【产业转型升级】 出台振兴制造业实施方案及配套政策，实施振兴兰州制造暨产业链链长制3年行动计划，确立产业链链主企业47户，在12个重点产业链实施延链补链强链行动。实施规模以上工业企业倍增计划，全年新增规模以上工业企业60户。推进传统产业“三化”改造，实施“三化”改造项目153个，建成投运项目51个，建成绿色工厂、数字车间16家。工业项目加快实施，德福新材料高档电解铜箔、正威铜业年产25万吨低氧光亮铜杆生产线等产业项目建成投产。

【城市品质提升】 巩固提升文明城市创建成果，实施“提升城市品质、打造精致兰州”三年行动，全面推进“十大精致项目”创建活动，推进城市生活垃圾分类。轨道交通2号线一期工程主体结构建设基本完成，S123、T194等道路建成通车，打通疏解路9条，新建停车泊位6012个，获评“国家公交都市建设示范城市”。建成1360套公共租赁住房，建成棚户区改造项目23个、19210户，改造老旧小区486个，加装电梯300部，建成智慧安防小区312个。智慧城市建设加快推进，建成规模以上数据中心11座、5G基站5200个，获得中国智慧城市建设进步奖称号。黄河流域兰州白塔山段综合提升改造、“读者印象”精品街区等项目加快推进，改造完成体育公园、小西湖公园等主题公园10个。持续打好“蓝天、碧水、净土”保卫战，全市空气质量平均优良率82%，PM2.5年平均浓度下降到34微克/立方米。实施河湖“清四乱”专项行动，城市黑臭水体基本消除，黄河兰州段出境水质稳定达到Ⅱ类，在全国36个重点城市中水质清净度排名第1。完成土壤污染修复试点任务。持续开展国土绿化工作，巩固提升国家园林城市创建成果，完成林草修复5.9万亩，新增改造城区绿地99公顷，新改建小游园20个。农村人居环境显著提升，启动清洁取暖改造1.56万户，新建改建户厕1.1万座、土炕2万铺，创建美丽乡村示范村40个、村容村貌先进村100个、“美丽庭院”示范户1000户。

【社会信用体系建设】 制定印发《关于加快推进社会信用体系建设构建以信用为基础的新型监管机制的实施方案》《2021年兰州市社会信用体系建设工作要点》，编制完成《兰州市“十四五”信用体系建设专项规划》。制定《兰州市信用信息共享平台及信用门户网站安全管理办法》《兰州市政府数据隐私保护和安全审查工作指南》等相关文件。兰州市信用信息共享平台获得2021年全国信用信息共享平台和信用门户网站一体化建设“特色性平台网站”称号。制定印发《兰州市社会信用体系建设领导小组办公室关于加快推进社会信用体系建设构建以信用为基础的新型监管机制的实施方案》。出台《兰州市开展证明事项告知承诺制工作实施方案》《兰州市证明事项告知承诺制目录》等政策文件，推进承诺制改革工作。全面开展市场主体信用承诺。开通在线承诺渠道，鼓励市场主体进行自主承诺。截至年底，归集公示信用承诺16.5万余份，占比近50%。先后在税务、教育、社保、医疗等21个领域陆续推出分级分类监管文件，在政府资金支持、行政审批、招投标等6大领域开展联合奖惩。推出“信用随手查”客户端工具，进驻各级行政审批大厅，构建“逢批必查、核实必惩”机制。会同市文明办按季度发布“共筑诚信、德润金城”红黑榜，并在“信用中国(甘肃兰州)”门户网站及时公示。

建设运行“兰州信易贷”平台，每月定期报送全市“信易贷”企业推荐名单。全年兰州市推荐12批158家有融资需求的中小微企业。将信用核查嵌入兰州市智慧泊车系统，做到信用和停车相结合，让信用好的主体在兰州市道路停车场停车时可享受停车优惠。在行政审批领域开展“信易批”应用，将信用核查嵌入行政审批流程。

转发《甘肃省信用分级分类管理办法(试行)》和《甘肃省信用修复和异议处理办法(试行)》，研究制定《兰州市行政处罚信息信用修复指南》，规范有序开展行政处罚信息信用修复和异议申诉信息处理工作。全年核实完成信用修复信息1323条，异议申诉信息12条，失信信息7条。

组织各成员单位学习贯彻《甘肃省社会信用条例》，开展2021年兰州市社会信用体系建设工作专题培训会，配合市政府金融办、市工商联开展“兰州信易贷”培训3场。

【农村经济管理】 第一产业增加值增长7.4%，达到62.52亿元；农村居民人均可支配收入增长10.5%，达到16191元。粮食播种面积126.78万亩、产量33.3万吨。蔬菜种植面积89.33万亩、产量208.26万吨。新认定市级以上合作社示范社45家，全产业链龙头企业20家。梯次推进国家、省、市、县4级农业园区建设，启动创建省级现代产业园4个、市级现代农业园8个，持续推进榆中县省级现代农业产业园建设。培育壮大农民专业合作社、家庭农场、农业产业化联合体等新型经营主体，市级以上示范农民专业合作社达到323家、示范家庭农场达到164家。完成集体经济组织股权设置、股权量化、登记颁证工作，身份界定备案122.3万人，组建集体经济组织751个。推广土地股、劳务股、技术股、机械股、集体资产股、实物股等多种股权形式，全市参与“三变”改革村580个，农村集体收入5万元以上村609个。全面完成农村土地承包经营权确权登记颁证工作，全市确权农户24.55万户，确权面积339.64万亩，发放农村土地承包经营权证书24.31万本，发放率99%。引导农村土地经营权有序流转，全市农村集体经济经营性收入8471.49万元，村均收入11.6万元。坚持“走出去”“引进来”，与国内各省市大型市场衔接，持续稳定多年来形成的全国20个省市100余个大型农产品批发市场份额。组织涉农企业和合作社在海南、上海、长沙、北京等地参加农业展会12次，在上海、广西举办特色农产品专场推介会和产销对接会2次，认定“甘味”区域公用品牌2个、企业商标品牌8个。全面推进种植类鲜活农产品开展冷链设施建设，在3县2区新建农产品产地冷藏保鲜设施项目126个，储藏能力7.49万吨。

【目标管理】　按照市委市政府统一安排，对全市8个县区及兰州新区、兰州高新区、兰州经济区、甘肃（兰州）国际陆港（以下简称为“四区”）、市直部门、直属事业单位全年目标任务完成情况进行全面考核，根据考核汇总情况提出年度全市经济社会发展工作实绩考核结果，形成《兰州市发改委关于2020年度经济社会实绩考核情况的报告》，经市政府同意后，报市委组织部纳入到2020年度市管领导班子和领导干部考核结果中。根据各县区资源禀赋、产业结构、项目建设的不同，提出各县区及“四区”2021年度经济社会发展预期指标分解意见。组织并签订各责任县区及单位完成2021年度目标责任书。

（杨雅文）

价格调控监管

【概况】　2021年12月，兰州市居民消费价格同比上涨1.6%，涨幅比上月回落1.1个百分点。其中，食品价格下降1.3%，非食品价格上涨2.3%；消费品价格上涨2.1%，服务价格上涨0.9%。2021年全年，兰州市居民消费价格比上年上涨1.3%。12月，兰州市居民消费价格环比由上月的上涨转为下降0.5%。其中，食品价格下降1.1%，非食品价格下降0.4%；消费品价格下降0.6%，服务价格下降0.3%。

【价格调控】　市发改委、市财政局、市农业农村局和市商务局联合印发《关于切实做好今冬明春重要民生商品保供稳价工作的通知》，细化工作措施，明确部门职责，确保各项措施落实到位。落实《关于印发甘肃省完善重要民生商品价格调控机制的实施方案的通知》，市发改委制定《兰州市完善重要民生商品价格调控机制的实施方案》和《兰州市社会救助和保障标准与物价上涨挂钩联动机制实施方案》，通过建立重要民生商品价格调控机制，完善重要民生商品价格监管制度体系，完善社会兜底保障机制等，提升保供稳价能力，有效保障基本民生需求。对肉菜批发市场、超市、便利店等定点保供企业实施日监测制度，建立动态台账，持续关注生活必需品市场供需变化，科学研判，强化调度，确保市场供应稳定。紧盯高原夏菜副食品采购中心等重点保供源头企业，建立“日监测、日调度”保供研判协调机制，加强与货源产地对接，强化调度，加大调运力度。为保障冬春季和元旦、春节期间蔬菜供应，高原夏菜副食品采购中心与云南、广西、四川、山东等蔬菜主产区建立购销关系，蔬菜货源能够得到保障。

【居民消费价格监管】　建立192家以超市、标准化菜市场、社区便利店为主的保供体系，及时掌握供应量、价格、秩序等方面的动态，确保零售企业正常经营、货源充足、价格稳定，有效满足市民生活必需品需求。全市政府储备成品粮储备量1.1万吨，可保障天数15天；储备冻猪肉850吨，可保障天数7天；冬储菜1万吨，可保障天数9天，调控资源充足。出台《兰州市突发市场价格异常波动工作应急预案》《兰州市生活必需品市场供应应急预案》等一系列文件，确保突发情况发生时，重要民生商品能够产得出、运得进、供得上。开展重点场所驻点检查，新冠肺炎疫情以来，对主城区74家集贸市场、24家大型商业超市和高原夏菜蔬菜批发市场进行驻点监管，对951家零售药店开展巡察监管，督促各经营主体和相关单位加强价格自律管理。严厉查处价格违法行为。疫情期间对143家存在价格违法行为的商户进行依法查处，罚没款33.19万元。本着“正面引导、主动宣传”的原则，向各类主流媒体发布信息，及时反映生活物资储备、供应等情况，稳定市民情绪，避免形成和扩大负面影响。同时高度关注网络舆情，加大信息审核力度，坚持正面发声，时时关注网络舆论动态，妥善做好舆情引导和处理工作，避免生活物资保供方面发生舆情。落实和宣传省上输配电价改革举措，推动工商业和大工业用户开展市场化交易。全年成功申报直购电交易用户400余户，申请交易电量140亿千瓦时，占全省申请交易总量的35%以上。贯彻落实《中共中央国务院关于推进价格机制改革的若干意见》，国家发改委《关于加强配气价格监管的指导意见》，印发实施《关于公布兰州市管道天然气配气价格的通知》《关于理顺兰州市管道天然气销售价格的通知》《关于建立完善兰州市管道天然气气源采购和销售价格上下游联动机制的通知》，实现天然气销售价格与气源采购价的同步联动，在兼顾居民用气需求的基础上，持续推进天然气行业的健康发展。

2021年1—12月兰州市居民消费价格图

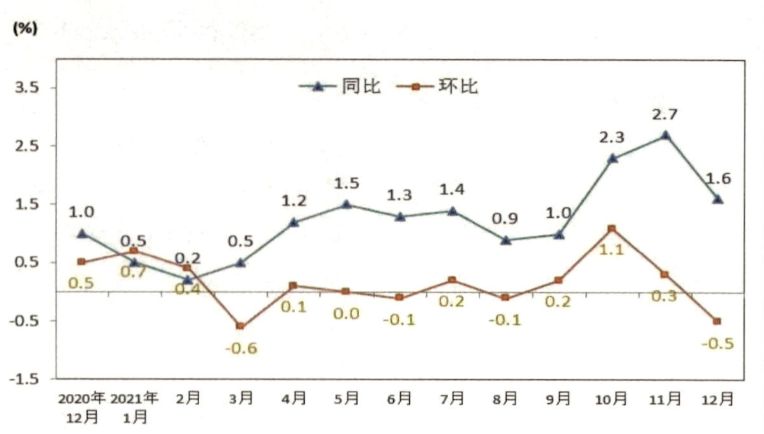

【收费管理】 及时转发《甘肃省财政厅甘肃省发改委关于公布行政事业性收费目录清单和涉企行政事业性收费目录清单的通知》，印发《兰州市物业服务收费管理实施办法》《关于建立全市物业服务收费行为管理常态化工作机制的通知》，会同市财政局、市教育局、市市场监管局、市医保局印发《2021年施行的政府性基金目录清单、行政事业性收费目录清单和涉企行政事业性收费目录清单》《兰州市中小学课后服务工作实施方案（试行）》《关于转发〈甘肃省市场监督管理局甘肃省发展和改革委员会关于开展市场收费专项整治行动的通知〉的通知》《关于动态调整新冠病毒核酸检测医疗服务价格项目的通知》《关于转发〈关于调整新冠病毒核酸检测医疗服务价格项目的通知〉的通知》。会同市教育局、市财政局、市市场监管局联合印发《关于调整兰州市公办及公办性质幼儿园保育教育费标准的通知》，各县区已按照调整后标准开展收费。对吐鲁沟、兴隆山、兰山公园客运索道、徐家山、石佛沟及青城古镇等多家景区门票及机动车停放服务收费标准进行批复。印发《关于对市级公共资源交易平台服务费收费标准进行续批的通知》《关于兰州市社会福利老年养护中心收费标准的通知》。

（杨雅文）

2021年12月兰州市主要农副产品及涉疫商品价格监测报表

商品名称		规格	单位	上年同期价	上月同期价	本期价	比上月同期涨跌幅%	比上年同期涨跌幅%
原粮	小麦	收购价格	元/500克	1.45	1.45	1.45	0.00	0.00
	小麦	销售价格	元/500克	1.53	1.54	1.53	−0.65	0.00
	玉米	收购价格	元/500克	1.14	1.40	1.38	−1.43	21.05
	玉米	销售价格	元/500克	1.24	1.45	1.43	−1.38	15.32
成品粮	富强粉	特一粉	元/500克	2.11	2.29	2.29	0.00	8.53
	粳米	标一	元/500克	3.39	3.77	3.77	0.00	11.21
食用油	花生油	桶装一级压榨	元/5升	146.10	154.36	154.77	0.27	5.93
	菜籽油	桶装一级浸出	元/5升	77.21	84.84	84.56	−0.33	9.52

商品名称		规格	单位	上年同期价	上月同期价	本期价	比上月同期涨跌幅%	比上年同期涨跌幅%
肉禽蛋奶制品	鲜猪肉	精瘦肉	元/500克	26.60	16.24	15.99	−1.54	−39.89
	鲜猪肉	新鲜剔骨五花肉	元/500克	26.16	15.53	15.17	−2.32	−42.01
	鲜牛肉	新鲜统货	元/500克	39.15	38.07	38.05	−0.05	−2.81
	鲜羊肉	新鲜统货	元/500克	36.71	37.16	37.02	−0.38	0.84
	鸡肉	白条鸡	元/500克	14.66	14.44	14.44	0.00	−1.50
	鸡蛋	新鲜完整	元/500克	4.64	6.59	6.08	−7.74	31.03
	牛奶	蒙牛220毫升	元/袋	2.42	2.82	2.82	0.00	16.53
	牛奶	当地主销(散装)	元/500克	3.44	3.78	3.78	0.00	9.88
水产品	带鱼	冻250克左右一条	元/500克	17.38	19.50	19.50	0.00	12.20
	草鱼	活1000克左右一条	元/500克	8.90	10.44	10.15	−2.78	14.04
	鲤鱼	活500克左右一条	元/500克	8.19	9.79	9.55	−2.45	16.61
	鲫鱼	活350克左右一条	元/500克	10.52	13.54	13.33	−1.55	26.71
蔬菜	芹菜	新鲜一级	元/500克	3.27	3.84	4.31	12.28	31.80
	大白菜	新鲜一级	元/500克	1.67	1.66	1.86	11.73	11.18
	油菜	新鲜一级	元/500克	3.77	4.49	4.73	5.33	25.43
	黄瓜	新鲜一级	元/500克	3.71	5.20	4.93	−5.12	32.94
	土豆	新鲜一级	元/500克	1.65	1.53	1.73	13.02	4.65
	茄子	新鲜一级	元/500克	4.54	5.21	5.36	2.93	18.14
	西红柿	新鲜一级	元/500克	3.50	4.21	4.33	3.02	23.81
	豇豆	新鲜一级	元/500克	6.11	6.87	7.22	5.05	18.17
	白萝卜	新鲜一级	元/500克	2.00	2.23	2.28	2.30	14.22
	胡萝卜	新鲜一级	元/500克	2.50	2.66	2.87	8.03	14.84
	青椒	新鲜一级	元/500克	6.15	5.26	5.94	12.95	−3.34
	莲花菜	新鲜一级	元/500克	2.02	2.65	2.88	8.70	42.35
	蒜薹	新鲜一级	元/500克	7.99	8.28	8.55	3.30	6.99
	韭菜	新鲜一级	元/500克	4.16	4.80	5.04	4.97	21.13
	尖椒	新鲜一级	元/500克	6.87	5.11	5.99	17.15	−12.83
	青笋	新鲜一级	元/500克	2.98	3.99	4.16	4.14	39.45
	洋葱	新鲜一级	元/500克	2.09	1.91	2.15	12.57	2.66
	豆腐	新鲜一级	元/500克	3.01	3.11	3.00	−3.64	−0.33
	番瓜	新鲜一级	元/500克	2.71	4.13	3.84	−7.07	41.70
	菜花	新鲜一级	元/500克	3.39	4.46	5.49	23.01	61.91
调味品	食用盐	袋	元/320克	2.00	2.00	2.00	0.00	0.00
	白醋	瓶	元/500毫升	5.73	6.10	6.10	0.00	6.46
	方便面	袋	元/120克	2.38	2.44	2.44	0.00	2.52
涉疫商品	医用口罩	普通医用一次性口罩	元/个	1.18	0.77	0.77	0.00	−34.75
	酒精	乙醇浓度75	元/100毫升	1.50	1.57	1.57	0.00	4.67
	84消毒液	500毫升	元/瓶	2.43	2.47	2.47	0.00	1.65
	板蓝根冲剂	15克*20袋	元/盒	26.27	29.50	29.50	0.00	12.30
		10克*20袋	元/盒	19.80	17.80	17.80	0.00	−10.10
	Vc泡腾片	1克*12片	元/盒	36.80	30.70	30.70	0.00	−16.58
液化气		10公斤装	元/罐	79.00	91.44	89.33	−2.31	13.08

（表格提供：兰州市发改委价格监测科）

财　政

【概况】　2021年，全市一般公共预算收入完成276.73亿元，同比增长11.98%，完成全年预算的106.65%，高于均衡进度（100%）6.65个百分点。全市大口径收入完成803.27亿元，同比增长14.08%。其中，中央级收入完成427.7亿元，同比增长14.46%；省级收入完成98.84亿元，同比增长18.6%；市级收入完成136.36亿元，同比增长6.57%；兰州新区收入完成32.37亿元，同比增长63.91%；区县级收入完成108亿元，同比增长8.61%。全市一般公共预算支出完成484.59亿元，同比下降0.34%，完成预算的89.68%，低于均衡进度10.32个百分点。市本级支出完成201.3亿元，同比下降1.67%；兰州新区支出完成71.51亿元，同比增长47.5%；区县级支出完成211.78亿元，同比下降9.12%。全市政府性基金收入完成182.69亿元，同比减收47.97亿元，同比下降20.8%，其中国有土地使用权出让收入完成151.75亿元，同比减收46.46亿元，同比下降23.44%。全市政府性基金支出完成224.27亿元，同比减支43.23亿元，同比下降16.16%，其中国有土地使用权出让收入安排的支出完成115.64亿元，同比减支11.07亿元，同比下降8.74%。

【财政收支管理】　加大财政资金统筹力度，全面规范政府收入预算管理，加强政府性资源统筹管理，推进部门和单位收入统筹管理，继续落实清理盘活财政存量资金要求，加大对闲置国有资源资产的处置力度，增加财政收入。坚持"三保"（保工资、保稳定、保增长）在支出中优先次序，通过加强库款监测、合理调度资金，提前统计项目、有序安排支出，严格落实财政工资性支出结算账户分账管理机制等有效措施，全力保证工资发放、机构运转、基本民生、省市重点项目等刚性支出。

【现代财政制度建设】　出台《关于进一步深化预算管理制度改革的实施意见》。对标新政策、新要求，增强财政预算重大战略保障能力。突出数字赋能，预算管理一体化系统规范财政预算管理程序。加强财政对部门和单位各项资金、资产、资源的统筹管理。突出体制完善，提升县区公共服务保障能力。继续推进市与县区分领域财政事权和支出责任划分改革，相继出台教育、文化、自然资源、科技、交通、应急救援等领域《方案》；严格落实新引进企业增值税划分比例改革工作，做大做强县域经济，增强县区财政保障能力。

【资金争取】　把争取上级资金作为财政工作的重中之重来抓，加强上下联动，通过勤汇报、多沟通等有效方式争取专项资金。对照国家和省上支持方向和领域，结合兰州市经济转型发展实际，谋划储备一批优质项目，确保符合政策的项目得到上级资金的支持。全市暂付款消化工作在上年表现突出，本年争取到奖励资金4800万元，其中市级1300万元；争取市州高质量发展奖补资金14000万元。向财政部申报的兰州市清洁取暖项目入围获批，项目建设期内中央财政分3年下达补助资金21亿元。

【经济促进】　根据甘肃省《关于调整新引进企业增值税省与市县划分比例的通知》精神，自2021年1月1日起，5年内省、市不再分享新引进企业缴纳增值税，让利县级。配合县区全面落实新引进企业增值税审核上报工作，指导县区将新增收入重点用于招商引资、改善营商环境、支持企业发展和基础设施建设等方面，支持发展壮大县域经济。出台《兰州市市级振兴制造业专项资金管理办法》，重点支持兰州新区、兰州高新区定连园区、兰州经济区皋兰生态修复与产业发展示范区范围内的制造业企业。拨付黄河流域生态保护和高质量发展奖补资金1.7亿元，为推进重点项目建设提供强有力的财力保障。

【新冠肺炎疫情防控支出保障】　制定出台《关于进一步做好新冠肺炎疫情防控经费保障工作的通知》，开通政府采购绿色通道和资金支付绿色通道，进一步规范资金使用流程，靠实各资金使用单位预算执行主体责任，同时，进一步优化结构，加大投入，全年，省、市、县（区）各级财政累计投入兰州市疫情防控相关资金

4.2亿元，做好患者医疗救治、定点医疗机构升级改造、核酸检测、抗疫物资设备购置、集中隔离点管控、封控小区管理等疫情防控重点领域经费保障。

【绩效指标预算和标准体系建设】 围绕市级预算绩效目标和绩效评价指标体系科学化、标准化、规范化建设，按照三年绩效指标体系规划，指导对口管理的57个预算部门及其所属单位开展绩效指标和标准体系建设。优化完善项目共性指标和标准体系建设。在上年指标体系建设的基础上，对物业费、房租费、维修费、办公设备维修维护费、办公设备购置费、印刷费、会议费、培训费、信息化建设费等9大类共性项目绩效指标和标准体系继续优化完善，并实行动态管理。建立分行业分领域绩效指标和标准体系建设。对涉及的预算部门和单位所有项目支出，按照支出分类、绩效指标、绩效标准等，以《2021年政府收支分类科目》支出功能分类为框架，对应"类""款"两级和预算项目支出方向设置指标，以结果为导向，突出各行业领域主管部门核心履职成效。建立部门（单位）整体支出绩效指标和标准体系建设。以部门绩效指标、绩效标准等建立部门（单位）整体支出绩效指标和标准体系，体现部门和单位业务管理特色，确保财政资金与部门履职紧密结合。通过指标体系建设，督促预算部门以标准化手段优化公共资源配置、规范公共服务流程、提升公共服务质量，明确权责关系，重点考核实效。

【衔接推进乡村振兴资金保障】

紧盯脱贫攻坚成果巩固与乡村振兴有效衔接和"三农"工作发展中心任务，坚持过渡期"四个不摘"要求，把农业农村领域作为一般公共预算优先保障领域。全年全市安排到县（区）衔接专项资金10.27亿元。

【政府债务风险防范】 分析本地区政府性债务风险情况，根据既定化债方案，压实行业主管部门和县区政府主体责任，进一步细化完善化债措施，多渠道筹措资金，化解存量债务。防风险同时，在省财政厅核定地方政府债务限额内依法举债融资，合理争取地方政府专项债券资金。全年争取新增政府债券资金87.44亿元，其中市本级33.29亿元（一般债务4.5亿元、专项债务28.79亿元），支持兰州市重点项目和重大民生工程建设。

【民生事业保障】 始终将民生作为财政支出的优先选项，持续优化支出结构、加大民生投入，坚决兜牢基本民生底线。全市一般公共预算中用于民生事业的支出达到80%以上，保障教育、就业、社保、医疗卫生、农林水、住房等政策落实，确保人民群众的获得感、幸福感、安全感不断增强。

（贾海刚）

税务

【概况】 2021年，兰州市税务系统完成税费收入577.2亿元。其中，税收收入381.67亿元，同比增长11.6%；社保基金收入170.7亿元，同比增长39.37%；非税收入15.59亿元，同比增长33.8%；工会经费等其他收入9.24亿元。

【减税降费】 落实党中央、国务院出台的大规模、阶段性、组合式减税降费政策，打好减税降费政策落实"接续战"。开展政策运行情况和效果跟踪分析与反馈，把该减的税减到位、该降的费降到位，激发市场主体活力。2021年，兰州市新增减税降费28.23亿元。其中，税收减免25.31亿元；社保降费2.82亿元；非税收入减免0.1亿元。

【税费征管】 42个省列项目、164个市列项目、460个县列项目、84个重点招商引资项目全部纳入"项目管家"，精准高效提供服务。9万余户企业所得税汇算企业，准期申报率99.98%。2.62万个扣缴单位、44.17万自然人参加个税年度汇算，退补税办结率100%。维护国家税收安全，扣缴征收非居民税收1.1亿元。对2940户纳税人开展风险任务推送应对，入库应对风险税款4.74亿元。

【纳税服务】 集成打造"兰税捷办"服务品牌，在各办税厅开通

5月28日，市税务局开展"税收童心伴成长 线上课堂再会面"活动

"绿色通道""一分钟快办"窗口，推出"导税台直办"新模式。214项办税事项实现网上非接触办理，13大类170项业务"最多跑一次"，453项税费优惠一站式推送，网上申报率99%以上。不动产办税实现"同城通办"，出口退税、增值税留抵退税办税时间大幅压缩。落实财行税"十税合一"，减轻办税负担。推进发票电子化改革，核定电子专票6147户，开票3183户，走在全省前列。深化"银税互动"，累计贷款1.16万笔73.08亿元。"兰税捷办"做法被省政府列为全省优化营商环境10大典型经验，在国家发改委营商环境评价中，兰州市税务局连续两年位列全市第一。

【税务稽查】 全年登记案源处理稽查案源1372起，立案检查474起，结案383起，入库稽查收入2.19亿元。开展打虚打骗专项行动，常态化打击"三假"（假企业、假出口、假申报），破获专案2起。推进税收"黑名单"和守信联合激励、失信联合惩戒制度，向社会公布黑榜企业9户，不断营造法治公平的税收环境，为构建诚信社会贡献税务力量。

（王 涛）

自然资源管理

【概况】 2021年，市自然资源管理工作严格落实法定规划各项约束性指标和要求，按程序开展规划审批，全年核发建筑工程类《建设项目用地预审与选址意见书》19件，《建设用地规划许可证》62个，《建设工程规划许可证》112个，中小学项目10处，配建幼儿园22处，养老设施19处；市政基础设施类《建设项目用地预审与选址意见书》11件，《建设用地规划许可证》10件，《建设工程规划许可证》32件。组织筹备市城市规划委员会专家咨询会10次，市规委会主任委员会12次。市本级及直属分中心办理各类登记业务151898件，颁发证书241509本，颁发证明74959份。

【专项规划编研】 修订完善专项规划研究成果，将《关于落实城市居住社区建设补短板行动计划》《西固化工区风险评估和防控研究》分别纳入《兰州市十五分钟生活圈配套规划研究与导则》《西固石化区域概念规划》，初步完成《雁滩片区城市更新专项规划》。为解决历史遗留问题，加快推进"两规一致性处理"工作，启动编制兰州市中心4区"两规"矛盾图斑一致性处理地块控制性详细规划，编制完成《七里河区"两规"矛盾图斑一致性处理方案-甲子坪地块控制性详细规划》《兰州市中心城区"两规"矛盾图斑一致性处理方案——安宁片区局部地块控制性详细规划》《兰州市中心城区和平、金来片区局部用地控制性详细规划（榆中县国土空间总体规划过渡期"两规"一致性处理调入地块》。

【建章立制】 制定印发《兰州市建设项目规划审批文件时效性规定》《关于贯彻落实矿产资源管理改革强化矿业权监督的实施意见》《关于加强建设项目代征（代拆）用地供给与代建、配建工程移交管理工作的意见》，修改《兰州市地质灾害防治管理办法》，废止《兰州市房屋登记办法》。

【国土空间规划编制】 持续推动《兰州市国土空间总体规划（2020—2035年）》编制工作，着力形成全域管控、多规合一的一本规划、一张蓝图。完成总规初步成果及3条控制线阶段成果，生态保护红线评估调整成果上报自然资源部、城镇开发边界试划成果和永久基本农田核实整改阶段成果上报省自然资源厅，形成市级总规文本、图集（送审稿）和县级总规初步成果。各县区开展“多规合一”实用性村庄规划编制，全年批复实施31个，按程序报批144个，完成规划初步成果81个。

【耕地保护利用】 严格执行耕地占补平衡制度，全年兰州市经上级依法批准各类新增建设用地约2.79万亩，其中占用耕地4243亩，所占耕地全部落实先补后占、占优补优、占一补一的补充耕地要求；开展永久基本农田核实整改补足工作，对全市永久基本农田进行全面核实，将现状永久基本农田中的非耕地、不稳定利用耕地、位于生态保护红线内的耕地、纳入生态退耕规划范围的耕地、土壤污染详查为严格管控类的耕地等实事求是调出，并从稳定利用耕地中补足，将永久基本农田落实到地块图斑。开展并完成年度兰州市土地征收成片开发方案编制工作，上报甘肃省自然资源厅。

【建设项目用地保障】 全年国家、省、市批复建设用地33宗，总面积2086.1312公顷，与上年同期相比总面积增长11.14%。为保障“十四五”近期重大基础设施和民生保障项目、重大产业项目用地需求，按照要素跟着项目走的原则，新增建设用地选址与土地利用总体规划不一致的，在市、县政府出具将项目用地纳入国土空间规划的承诺后按程序报批。

【土地储备】 制定出台《关于加强土地储备有关工作的实施意见》，进一步优化完善土地储备工作机制。以着力保障民生项目、产业项目、重点区域发展等用地需求为重点，挖掘增量、盘活存量，应储尽储。全年完成收储入库土地3379亩，超出目标任务2500亩；完成出库供应土地2022亩。

【“一码通办”】 在开展西固区陈官营站站前广场项目供地时，首次采取“不动产单元代码”方式，实现对土地征拆、储备、评估、供应和不动产登记全流程的一码通办、一码通用、一码通联、一码通程，取得项目供地“加快流速，不减流程”的良好效果。通过土地供应方式的创新，在保护国有资产、保障公共利益的同时进一步激发市场活力、促进资源要素的市场化配置，实现各方利益的最大公约数。

【土地资源配置】 树立“以亩产论英雄”的鲜明导向，开展“标准地”出让试点，兰州高新区5宗“标准地”挂牌成交。制定城市基准地价更新、公共服务项目用地基准地价和近郊4区标定地价，完成农用地和集体建设用地基准地价初步成果。制定出台国有建设用地使用权转让、出租、抵押二级市场交易管理暂行办法，推进农村集体经营性建设用地入市。加大批而未供及闲置土地处置力度，分别处置批而未供和闲置土地392.97公顷和256.97公顷。

【国土空间生态修复】 全面开展市县两级国土空间生态修复规划编制，以规划引领生态修复工作，建立项目库，谋划实施国土综合整治和生态修复项目，加大储备和申报力度，向上争取政策资金支持，6个项目列入省级自然资源储备项目库，烟洞沟矿山地质环境恢复治理项目争取750万元资金计划并立项实施。组织开展全市自然资源领域各级各类环保督查问题和突出生态环境问题排查整改，持续做好矿山地质环境生态保护和恢复治理工作，推动生态环境改善。

【矿政管理】 全市共有采矿权单位154家，省级发证5家、市级发证46家、县区级发证103家；大中型矿山27家，小型及以下矿山127家。其中城关区2家，开采矿种为建筑用砂石；七里河区2家，开采矿种为煤炭和地热；红古区9家，主要为窑街煤电等4家煤矿和砖瓦用黏土矿山；永登县78家，为全市非金属矿产资源集中开采区，主要矿种为水泥用石灰岩、冶金用石英岩、芒硝、建筑用砂石等；皋兰县33家，均为县级发证的建筑用砂石和砖瓦用黏土矿山；榆中县30家，主要矿种为石灰岩和建筑用砂石，是兰州市主要的机制砂产地，分布有3个大型建筑用砂石矿山。矿山企业从业人员9559人，矿石开采总量2757.33万吨，全市矿业总产值455721.13万元。

加快推进绿色矿山建设，制定印发《兰州市人民政府关于贯彻落实矿产资源管理改革强化矿业权监管的实施意见》。将绿色矿山建设纳入《兰州市矿产资源总体规划（2021—2025年）》，作为约束性指导进行量化。截至年底，全市建成并纳入国家级绿色矿山名录的矿山3个，建成省级绿色矿山1个，另有2家矿山正按要求申报省级绿色矿山。年内完成5家矿山的第三方评估工作，正在申报省级绿色矿山。

【自然资源执法监督】 全年近郊4区违法建设立案调查6起，下达行政处罚决定书6份，处罚面积约3.62万平方米，实现新增违法建设查处零容忍。开展上年例行督察和全省耕地保护督察反馈问题整改工作、农村乱占耕地建房问题等各类专项整治、卫片疑似违法图斑核查、全市露天矿山综合整治专项行动、矿山生态环境问题排查专项整治和砂场集中整治专项行动，对发现的8宗新增乱占耕地建房问题进行跟踪督办，全部完成拆除复垦，11家超规模生产矿山、3家越界开采矿山违法行为及时依法查处，市级发证矿山地质环境恢复治理、安全生产等全覆盖实地检查，共下发整改通知书70份，暂扣采矿许可证11套，并将相关情况进行通报。

【地质灾害监测防治】 编制完成《兰州市十四五地质灾害防治规划》，全面开展第一次全国自然灾害综合风险普查工作，完成县区1:50000和重点地区1:10000风险调查成果省级验收；建设地质灾害专群结合监测预警点218处，安装设备590套并全部上线运行，实现监测数据“县—市—省—国家”四级互联互通；深入推进主城区地质灾害综合治理3年行动。

【开发保障结合】 全年兰州市土地登记交易信息中心在供应方案中共约定地质灾害安置用房和政策性住房面积4.153万平方米，较上年的1.6万平方米同比增长159.6%，进一步增强对城市弱势群体的保障能力，提升城市宜居温度。

【自然资源统一确权登记】 年度市级自然资源确权登记工作完成准备阶段的招标工作、技术文档编写、宣传准备工作、资料收集与处理、现场踏勘、基础数据获取、工作底图制作、预划登记单元界线和发布通告；完成调查阶段的内业核实，正在开展信息关联和实地补充调查工作。

【农村集体土地（含宅基地）使用权及农房所有权确权登记】 推进全市集体土地（含宅基地）使用权及农房所有权确权登记发证工作，全市农村集体土地（含宅基地）使用权及农房所有权确权登记发证工作市级验收工作全部结束，成果质量顺利通过专家组验收。截至年底，全市农村宅基地确权登记发证调查260756宗，完成外业调查260461宗，调查完成率100%，发证完成率99.99%。全市集体建设用地确权登记发证调查4437宗，完成外业调查4437宗，调查完成率100%，发证完成率99.92%。

【不动产登记】 线下线上融合办理并行推进，打造“1+N”线下办理平台，依托省市两级不动产登记平台，打造“五个一”工作模式，实现全市不动产登记服务同源、事项同源、办事指南同源，得到甘肃省自然资源厅肯定并大力推广。实现抵押业务“省内通办”，转移、抵押、注销、变更等业务实现“同城通办”，办事企业和群众就近选择兰州市任意一家不动产登记机构办理。全年办理“同城通办”不动产登记业务约4125件。

【线上登记】 整合不动产登记数据，形成“集中、完备、高效、互联”的不动产登记信息数据库。在此基础上，采取“两条腿”（甘肃省自然资源厅互联网+不动产登记信息平台和甘肃政务服务网·兰州市不动产登记一窗办事平台）并行的“网办”模式，通过“线上线下”相融合的业务办理方式，实现“小兰帮办”“金城办”App，兰州市不动产登记微信公众号指尖办。截至年底，兰州市不动产登记生成“电子证照”证书72.99万本，证明47.87万份，为群众和企业办理社会保障、缴纳税费、金融服务、住房公积金、子女入学等方面提供极大便利。全市550家房地产开发单位和金融机构完成网上注册。全年完成网上申请办理登记业务29944件，约占全部登记业务的20%。

【“登记难”问题化解】 在原有

化解房屋产权历史遗留问题的成果基础上，进一步强化政策衔接，创新工作思路，凝聚工作合力，采取“证缴分离”“证改分离”“证审分离”等方式，综合施策加快化解进度。截至年底，全市完成首次登记化解住宅18.5万套、完成转移登记化解住宅14.7万套，首次登记化解率和转移登记化解率分别65.31%、52%，化解量居全省首位。

【第三次全国国土调查】 通过高分辨率航空影像勾绘、实地踏勘、自主开发外业调绘软件、无人机助力举证、互联网在线接边、多方式核查等技术手段，形成地类图斑61.2万个，实地举证图斑21.3万个，举证照片105万张，全面查清以2019年12月31日为标准时点的全国土地利用现状情况，形成市县两级国土调查基础数据库，顺利通过国家核查和省级验收，市级汇总成果获得省级优秀等次。3月，国家正式下发固化后的各县区三调数据成果。

【信息技术支撑】 围绕集成自然资源调查监测评价、监管决策、“互联网+自然资源政务服务”三大应用体系，推进数据集成共享与平台优化。完成国土空间基础信息平台和“一张图”实施监督信息系统项目政府采购。批复设立兰州市自然资源技术中心。

【规划展览】 兰州市城市规划展览馆全年限流接待游客46681人次，接待团队178个。其中，省内团队151个；省外团队24个（包括中办调研组一行、济南市考察团、广西人大一行、浙江省人大一行、上合组织一行等）；国外团队3个（英国驻华使馆官员一行、美国驻华大使一行、中国—中亚合作论坛驻华使节一行）。

持续更新展陈内容，整体更新“兰州概况”“都会城市精致兰州”等展区4处，更新“公共服务”等展区10处31张图片；3轮次展示国土空间规划征求意见稿5个版面，提升主要参观流线的展示效果。启动规划馆局部提升改造，坚持突出政治性、亲民性、综合性、协调性原则的布展，初步形成《布展大纲》。

举办市民文化艺术交流、科普、未成年人思想道德建设等活动12场次。开展“校馆共建”，与省委党校、省科技厅培训学院、兰州交通大学开展现场教学；开展“4·22珍爱地球”“童心向党争做新时代好队员”活动、“大河丝路·万物启蒙”主题展。成功创建市级科普基地和省级社科普及示范基地，开展“节约集约用地严守耕地红线”“低碳生活绿建未来”科普宣传活动和“空间规划小讲堂”“科普自然”“防灾减灾日”“网络安全云课堂”“消防安全云课堂”云科普知识宣传等线上活动。

（崔丽虹）

市场监督管理

【概况】 2021年，兰州市市场监管局以推动高质量发展为主题，科学统筹推进疫情防控和市场监管各项工作服务经济社会发展。全年全市累计注册各类市场主体360898户，同比增长5.19%；新设立各类市场主体54656户，同比增长12.22%。查办各类违法案件1648件，罚没5188.84万元。

【新冠肺炎疫情防控】 加强进口冷链食品监管工作，对进口冷链食品实行集中监管。下发《进口冷链食品监管工作指南（试行）》，凡进入兰州市的各类进口冷链食品，未经总仓核酸检测和预防性消杀，一律不得购进、销售和使用。结合兰州实际，会同卫健部门，制定《兰州市进口冷链食品监管总仓工作人员防护指南》，对总仓工作人员防护工作提出具体要求，提供制度依据。进口冷链食品累计入仓58982吨、出仓58551吨、二维码赋码2090359件。对全市119家进口冷链食品经营企业进行建档并重点监管，对912家食品生产经营冷库进行信息备案，全面、真实掌握辖区内冷链食品经营企业的基本情况。全面开展从业人员摸排建档，督促冷链食品生产经营企业落实各项防疫措施，不断加大重点人群疫苗接种覆盖率，做到“应种尽种”，冷链食品从业人员疫苗接种率100%。督促餐饮单位、批发零售、农贸市场等终端环节，全面应用“甘肃省食品安全信息追溯平台”，健全完善进货查验和销售记录制度，要求各冷链食品销售商户详细记录批发、零售各个环节的客户信息，确保来源可溯、去向可追、问题可查。每周制定抽检计划，对冷链食品相关从业人员、产品、环境开展核酸检测和预防性消毒工作，完成核酸采样158286份，结果均为阴性。督促各集贸市场、大型商业超市、零售药店等重点场所严格落实扫码测温、佩戴口罩、一米线等各项防控措施，对出现的突发情况，及时指导开展处置工作。强化价格监管，严厉查处未按规定明码标价、哄抬物价等扰乱市场价格秩序的违法行为，对143家存在价格违法行为的商户进行依法查处，罚没款33.19万元；对存在哄抬物价、明码标价不符合要求的31个典型案例在各类媒体进行曝光，震慑违法主体，确保疫情期间供应正常、价格稳定。

【市场主体增量】　深化拓展“全程网办”“异地代收代办”“多地联办”，实现进驻政务服务中心事项“跨省通办”6项、“全省通办”9项、“全市通办”16项。“最多跑一次”事项89个、全程网办事项25个。推行容缺受理制度，容缺办理行政许可事项204件。采用告知承诺制办理住所申报10769户。打造“一窗通办”服务模式，酒类批发许可、药品（零售）经营许可及特种设备使用登记事项调整至县区办理，专业市场分局登记事项全部划转至市政务服务中心市场监管局窗口。做好“不来即享”服务系统推广使用工作，初步实现涉企政策向中小微企业主动精准推送。企业开办速度再提升，建立企业开办“一窗通办”服务模式，实现企业开办“一窗进出、一套材料”，一次性完成营业执照、发票申领、参保登记等环节办理，企业开办时间压缩至2个工作日，流程压缩为3个。

【市场监管执法】　推进“双随机、一公开”监管工作，开展双随机抽查任务388次，抽查各类市场主体5413户。强化市场主体年报数据检测，全市企业年报公示率91.2%，农民专业合作社公示率95.26%，个体工商户公示率76.23%。推进企业信息统一归集公示，累计向其他部门共享数据信息120万条。强化信用监管，将13835户企业列入经营异常名录，82184户个体工商户标记为经营异常状态，2602户企业和农民专业合作社移出经营异常名录，15017户个体工商户恢复正常状态。协助各级人民法院办理股权冻结254件。着力加强反垄断与反不正当竞争监管执法，审查清理文件15145份，立案查处混淆、虚假宣传等不正当竞争案件10起，收缴罚没78万元。巩固文明城市创建成果，安排5个专项督导组持续对48个实地测评集贸市场开展督导检查，确保文明城市创建成果持续有效。

【食品安全监管】　开展食品安全专项整治14项，出动执法人员16.9万人次，检查食品生产、流通、餐饮单位15.89万家次，查办案件553起，罚没2356.2万元。推进“互联网+食品安全”陇上食安一体化智慧监管平台建设及应用，完成“互联网+明厨亮灶”10202户，基本涵盖大中小型餐饮业，实现学校食堂全覆盖。全市餐饮单位、食品销售和生产企业100%纳入电子追溯监管平台。强化网络餐饮服务食品安全监管，在网络订餐平台全力推行“陇上食安”外卖封签和“无接触”式配送，提升食品安全防护等级及品牌形象。检验检测能力和科研实力持续提升，完成食品安全抽检19123批次、食品快检40006批次，兰州市食品药品检验检测研究院被国家市场监督管理总局批准为国家市场监管重点实验室（食品中农药兽药残留监控）。

【药品安全监管】　加强药品、化妆品及医疗器械监管力度，靠实企业主体责任，切实保障人民群众用药、用械安全。开展药械化类专项行动9项，出动执法人员3.37万人次，检查企业1.44万户次，查办案件173起，罚没1208.39万元。开展新冠肺炎疫苗专项监督检查，对全市10家疾控机构、299家接种单位全面落实全覆盖巡查检查，确保疫苗全过程质量安全。

【消保维权保障】　开展“3·15”消费者权益保护日宣传活动，集中销毁假冒伪劣商品4.68万件，价值约256.23万元。培育放心消费示范单位291家，建立12315“ODR”（消费维权快速通道）企业61家。在全市大型商场、超市建立123个先行赔付机制站点，解决消费纠纷102件，赔付金额52.48万元。开展预付式消费专项整治，检查经营户14707户，检查出开展预付卡业务的经营户668户，立案查处1起，挽回经济损失22.5万元。全年全市受理消费者投诉举报44837件，办结44685件，办结率99.7%，挽回经济损失3606.64万元。

【质量强市建设】　开展质量基

础设施"一站式"服务试点工作，开发建设"兰州市质量基础设施'一站式'服务App"项目已上线运行。开展小微企业质量管理体系认证提升行动，全市初次取得质量管理体系认证的获证组织401家，证书405张。发挥市推进标准化工作领导小组职能，向省级标准化行政主管部门申请，获准兰州市地方标准发布权限。起草地方标准9项，督促、指导兰州市717家企业在全国"企业标准信息服务平台"上自公开执行标准4024项，涵盖5772种产品。狠抓产品质量监管，完成各类工业产品质量监督抽查688批次，合格率97%。开展口罩、电动自行车、塑料污染治理、危险化学品、危险化学品包装物及容器、消防器材、成品油等产品质量专项整治，检查企业商户21228家次，下架不符合要求塑料制品8万余个。持续抓好品牌培育工作，兰州市城关区虚拟养老院获甘肃省人民政府质量奖提名奖，确定方大炭素、兰州西脉记忆合金股份有限公司等5家企业为省政府质量奖培育对象。年底，全市获中国质量奖提名奖1个，省政府质量奖7个、提名奖7个，占全省总数38.8%。

【标准化工作】 申请并获批兰州市地方标准发布权限。推荐三维数字服务中心社会管理和公共服务标准化试点项目纳入全国优秀案例汇编。指导北方涂料研究院参与国军标编制起草，引领全省军民融合标准化工作。组织相关单位编制起草《品牌提升指南》等22项地方标准。督促、指导兰州市717家企业在全国"企业标准信息服务平台"上自我公开执行标准4024项，涵盖5772种产品。为兰州市企事业单位、个人提供标准咨询服务130人次，提供标准文本823份。推荐西北永新涂料公司等3家单位的《水性底面合一防腐漆》等5项企业标准参与国家市场监管总局2021年企业标准"领跑者"重点领域评选。

【特种设备安全监管】 以涉及民生的大型游乐设施、客运索道、人员密集场所在用电梯、危险化学品压力容器、锅炉等特种设备为重点，狠抓特种设备安全专项整治和重点环节重要时段特种设备安全检查，结合年度重点监督检查计划和"双随机"检查，全年开展各类专项整治行动6次，出动检查人员3761人次，检查单位1306家，检查特种设备4261台件，查处特种设备各类违法违规案件19起，查封扣押特种设备22台（套），实施经济处罚116.1万元。推动全市特种设备信息化建设，全市59家气瓶充装单位完成气瓶质量安全追溯体系建设，持续推进全市电梯刷卡维保和电梯应急处置平台建设，年内，全市电梯应急处置平台累计处置电梯困人1930起，解困5313人，平均到达现场时间13.6分钟。

【计量管理】 加大计量器具检定工作，组织开展全市集贸市场计量、加油（气）机计量、定量包装商品净含量和商品包装计量、交通执法用计量、环境监测类计量、重点用能单位能源计量等专项整治工作，完成计量器具强制检定39167台件。集贸市场免费检定衡器11170台件，电能表4838台件，加油机1496台件，血压计172台件，压力表2083块。商用衡器受检率90%以上，合格率97%以上。

【价格监管】 加大对全市清理规范转供电环节不合理加价工作督导力度，摸排转供电主体1621家，查处转供电不合理加价收费6起，涉案金额80.243万元，对307家5G网络站址进行初步核查，清退224家多收电费28.62万元，推进兰州市5G建设的健康发展。开展明码标价"护源"专项治理行动，检查市场主体7496个，发放价格提醒告诫函11300余份，下发《责令整改通知书》22份，签订《明码标价承诺书》242份，查处未明码标价违法行为17起。开展全市机动车停放秩序和服务收费行为整顿和规范工作，整治规范停车场1176个，责令整改10个，依法处理8个，罚没15.26万元。开展整顿全市物业服务收费行为专项行动，检查物业服务企业122户，责令整改15户，立案查处11起，罚没94.66万元，清理整治住宅小区停车场356个。开展落实"双减"工作治理校外培训机构专项督查，全市关停证照不全的非学科类校外培训机构132个，责令整改的87个，全市476个学科类校外培训机构中，正常营业438个，暂停营业33个，注销5个，解聘教职工481人，其中专职教师341人；校外培训机构已退费人数8954人，退费金额1520万元；已退租机构数量25个，退租面积1.24万平方米。开展粮食市场秩序专项整治工作，检查21家省级及以下全国政策性粮食承储企业（库点），涉粮经营单位4222户次，未发现哄抬物价及实施垄断协议、滥用市场支配地位等垄断行为，对3家粮店明码标价不规范的行为实施处罚，罚款0.14万元。开展治理涉企收费减轻企业负担专项行动工作，检查719家单位，查出违规收费案件24起。

【知识产权工作】 全面提升全市知识产权工作，开展知识产权保护专项整治，查处知识产权违法案件125件，罚没款311.27万元。全市专利质押融资11笔，质押专利69件，融资金额3.4299亿元，占全省专利质押融资的34.3%。"兰州软儿梨"地理标志证明商标正在国家知识产权局实质审查，兰州大白菜、兰州甘蓝、兰州花椰菜等10件地理标志证明商标申请已获国家知识产权局商标局正式受理。2021年，全市商标申请量14291件，注册量11162件，有效注册量53780件，比上年同期分别增长0.59%，33%，24.07%。拥有中国驰名商标17件，地理标志证明商标4件，地理标志保护产品2个，地理标志产品专用标志使用企业25家。全市专利授权量11426件，有效发明专利7082件，每万人口发明专利拥有量16.25件（以2020年兰州市常住人口435.94万为基数）。商标申请量、注册量全省排名第一。同时，提出"兰州牛肉面"证明商标申请建议，完善"牛肉面证明商标使用管理规则"。

兰州市2021年新增绿色食品认证信息一览表

序号	认证项目	颁证日期	发证机构名称	获证组织名称	认证范围	获证组织地址
1	绿色食品认证	2021-11-15	中国绿色食品发展中心	甘肃恒有农业科技发展有限公司	红提葡萄	甘肃省兰州市城关区庆阳路91号
2	绿色食品认证	2021-09-11	中国绿色食品发展中心	甘肃莫高实业发展股份有限公司	酿酒葡萄	甘肃省兰州市城关区东岗西路638号兰州财富中心23层
3	绿色食品认证	2021-09-11	中国绿色食品发展中心	甘肃莫高实业发展股份有限公司	莫高干红葡萄酒黑比诺	甘肃省兰州市城关区东岗西路638号兰州财富中心23层
4	绿色食品认证	2021-09-11	中国绿色食品发展中心	甘肃莫高实业发展股份有限公司	莫高干红葡萄酒	甘肃省兰州市城关区东岗西路638号兰州财富中心23层
5	绿色食品认证	2021-09-11	中国绿色食品发展中心	甘肃莫高实业发展股份有限公司	莫高干红葡萄酒赤霞珠	甘肃省兰州市城关区东岗西路638号兰州财富中心23层
6	绿色食品认证	2021-09-11	中国绿色食品发展中心	甘肃莫高实业发展股份有限公司	莫高干红葡萄酒珍藏	甘肃省兰州市城关区东岗西路638号兰州财富中心23层
7	绿色食品认证	2021-09-11	中国绿色食品发展中心	甘肃莫高实业发展股份有限公司	莫高干白葡萄酒	甘肃省兰州市城关区东岗西路638号兰州财富中心23层
8	绿色食品认证	2021-09-11	中国绿色食品发展中心	甘肃莫高实业发展股份有限公司	莫高干红葡萄酒庄园黑比诺	甘肃省兰州市城关区东岗西路638号兰州财富中心23层
9	绿色食品认证	2021-05-06	中国绿色食品发展中心	七里河和兴百合加工厂	兰州百合	甘肃省兰州市七里河区西果园镇西果园村471号
10	绿色食品认证	2021-03-06	中国绿色食品发展中心	七里河区鹏成百合加工厂	兰州百合	甘肃省兰州市七里河区西果园镇柴家河村89号
11	绿色食品认证	2021-02-01	中国绿色食品发展中心	兰州市七里河区宏利百合产销部	兰州百合	甘肃省兰州市七里河区魏岭乡武家沟
12	绿色食品认证	2021-02-01	中国绿色食品发展中心	甘肃爽口源生态科技股份有限公司	净食鲜百合	甘肃省兰州市七里河区西果园镇柴家河108号
13	绿色食品认证	2021-02-01	中国绿色食品发展中心	甘肃爽口源生态科技股份有限公司	原生鲜百合	甘肃省兰州市七里河区西果园镇柴家河108号
14	绿色食品认证	2021-02-01	中国绿色食品发展中心	甘肃爽口源生态科技股份有限公司	原生鲜百合	甘肃省兰州市七里河区西果园镇柴家河108号

序号	认证项目	颁证日期	发证机构名称	获证组织名称	认证范围	获证组织地址
15	绿色食品认证	2021-02-01	中国绿色食品发展中心	兰州会珍商贸有限公司	兰州百合	甘肃省兰州市七里河区西果园镇青岗村8号
16	绿色食品认证	2021-02-01	中国绿色食品发展中心	甘肃爽口源生态科技股份有限公司	净食鲜百合	甘肃省兰州市七里河区西果园镇柴家河108号
17	绿色食品认证	2021-01-03	中国绿色食品发展中心	兰州顺发百合有限责任公司	兰州百合	甘肃省兰州市七里河区西果园镇王家坪28号
18	绿色食品认证	2021-09-17	中国绿色食品发展中心	兰州菁叶商贸有限公司	菁叶鲜百合	甘肃省兰州市西固区金沟乡鸭儿洼1号
19	绿色食品认证	2021-05-06	中国绿色食品发展中心	兰州尚古堂食品有限公司	鲜百合片	甘肃省兰州市西固区
20	绿色食品认证	2021-05-06	中国绿色食品发展中心	兰州尚古堂食品有限公司	鲜百合	甘肃省兰州市西固区
21	绿色食品认证	2021-05-06	中国绿色食品发展中心	兰州尚古堂食品有限公司	百合干	甘肃省兰州市西固区
22	绿色食品认证	2021-11-22	中国绿色食品发展中心	兰州荣升农场	桃	甘肃省兰州市红古区
23	绿色食品认证	2021-11-22	中国绿色食品发展中心	兰州荣升农场	苹果	甘肃省兰州市红古区
24	绿色食品认证	2021-11-22	中国绿色食品发展中心	兰州荣升农场	李	甘肃省兰州市红古区
25	绿色食品认证	2021-11-15	中国绿色食品发展中心	兰州鑫源现代农业科技开发有限公司	夏黑葡萄	甘肃省兰州市红古区
26	绿色食品认证	2021-11-15	中国绿色食品发展中心	兰州鑫源现代农业科技开发有限公司	阳光玫瑰葡萄	甘肃省兰州市红古区
27	绿色食品认证	2021-11-15	中国绿色食品发展中心	兰州鑫源现代农业科技开发有限公司	樱桃	甘肃省兰州市红古区
28	绿色食品认证	2021-11-17	中国绿色食品发展中心	永登浩森农牧业发展有限公司	高原小菜籽油菜（油菜籽）	甘肃省兰州市永登县坪城乡歇地沟村一社
29	绿色食品认证	2021-11-17	中国绿色食品发展中心	兰州新区农业科技开发有限责任公司	黄瓜	甘肃省兰州市永登县新区南部园区祁连山大道与省道201交汇处向东200米
30	绿色食品认证	2021-11-17	中国绿色食品发展中心	永登浩森农牧业发展有限公司	豌豆	甘肃省兰州市永登县坪城乡歇地沟村一社
31	绿色食品认证	2021-11-17	中国绿色食品发展中心	永登浩森农牧业发展有限公司	高原燕麦	甘肃省兰州市永登县坪城乡歇地沟村一社
32	绿色食品认证	2021-11-17	中国绿色食品发展中心	兰州新区农业科技开发有限责任公司	辣椒	甘肃省兰州市永登县新区南部园区祁连山大道与省道201交汇处向东200米
33	绿色食品认证	2021-10-15	中国绿色食品发展中心	永登县武胜驿镇金三源蔬菜保鲜有限公司	金娃红笋	甘肃省兰州市永登县武胜驿镇火家台村四社
34	绿色食品认证	2021-10-15	中国绿色食品发展中心	永登县武胜驿镇金三源蔬菜保鲜有限公司	金嘴娃娃菜	甘肃省兰州市永登县武胜驿镇火家台村四社
35	绿色食品认证	2021-05-07	中国绿色食品发展中心	兰州隆丰物流有限责任公司	豌豆	甘肃省兰州市永登县城关镇物资小区
36	绿色食品认证	2021-08-29	中国绿色食品发展中心	皋兰丰苗白兰瓜专业合作社	兰州白兰瓜	甘肃省兰州市皋兰县什川镇上泥湾村二社

序号	认证项目	颁证日期	发证机构名称	获证组织名称	认证范围	获证组织地址
37	绿色食品认证	2021-04-22	中国绿色食品发展中心	甘肃康源现代农业有限公司	苦苣	甘肃省兰州市榆中县三角城三角城村三社316号
38	绿色食品认证	2021-04-22	中国绿色食品发展中心	甘肃康源现代农业有限公司	菠菜	甘肃省兰州市榆中县三角城三角城村三社316号
39	绿色食品认证	2021-04-22	中国绿色食品发展中心	甘肃康源现代农业有限公司	西葫芦	甘肃省兰州市榆中县三角城三角城村三社316号
40	绿色食品认证	2021-04-22	中国绿色食品发展中心	甘肃康源现代农业有限公司	百合	甘肃省兰州市榆中县三角城三角城村三社316号
41	绿色食品认证	2021-04-22	中国绿色食品发展中心	甘肃康源现代农业有限公司	西兰花	甘肃省兰州市榆中县三角城三角城村三社316号
42	绿色食品认证	2021-04-22	中国绿色食品发展中心	甘肃康源现代农业有限公司	番茄	甘肃省兰州市榆中县三角城三角城村三社316号
43	绿色食品认证	2021-04-22	中国绿色食品发展中心	甘肃康源现代农业有限公司	黄瓜	甘肃省兰州市榆中县三角城三角城村三社316号
44	绿色食品认证	2021-04-22	中国绿色食品发展中心	甘肃康源现代农业有限公司	香菜	甘肃省兰州市榆中县三角城三角城村三社316号
45	绿色食品认证	2021-04-22	中国绿色食品发展中心	甘肃康源现代农业有限公司	生菜	甘肃省兰州市榆中县三角城三角城村三社316号
46	绿色食品认证	2021-04-22	中国绿色食品发展中心	甘肃康源现代农业有限公司	洋葱	甘肃省兰州市榆中县三角城三角城村三社316号
47	绿色食品认证	2021-04-22	中国绿色食品发展中心	甘肃康源现代农业有限公司	油麦菜	甘肃省兰州市榆中县三角城三角城村三社316号
48	绿色食品认证	2021-04-22	中国绿色食品发展中心	甘肃康源现代农业有限公司	茼蒿	甘肃省兰州市榆中县三角城三角城村三社316号
49	绿色食品认证	2021-04-22	中国绿色食品发展中心	甘肃康源现代农业有限公司	辣椒	甘肃省兰州市榆中县三角城三角城村三社316号
50	绿色食品认证	2021-04-22	中国绿色食品发展中心	甘肃康源现代农业有限公司	马铃薯	甘肃省兰州市榆中县三角城三角城村三社316号
51	绿色食品认证	2021-04-22	中国绿色食品发展中心	甘肃康源现代农业有限公司	绿萝卜	甘肃省兰州市榆中县三角城三角城村三社316号
52	绿色食品认证	2021-04-22	中国绿色食品发展中心	甘肃康源现代农业有限公司	甘蓝	甘肃省兰州市榆中县三角城三角城村三社316号
53	绿色食品认证	2021-04-22	中国绿色食品发展中心	甘肃康源现代农业有限公司	菜豆	甘肃省兰州市榆中县三角城三角城村三社316号
54	绿色食品认证	2021-04-22	中国绿色食品发展中心	甘肃康源现代农业有限公司	胡萝卜	甘肃省兰州市榆中县三角城三角城村三社316号
55	绿色食品认证	2021-04-22	中国绿色食品发展中心	甘肃康源现代农业有限公司	南瓜	甘肃省兰州市榆中县三角城三角城村三社316号
56	绿色食品认证	2021-04-22	中国绿色食品发展中心	甘肃康源现代农业有限公司	大蒜	甘肃省兰州市榆中县三角城三角城村三社316号
57	绿色食品认证	2021-04-22	中国绿色食品发展中心	甘肃康源现代农业有限公司	芹菜	甘肃省兰州市榆中县三角城三角城村三社316号
58	绿色食品认证	2021-04-22	中国绿色食品发展中心	甘肃康源现代农业有限公司	白萝卜	甘肃省兰州市榆中县三角城三角城村三社316号
59	绿色食品认证	2021-04-22	中国绿色食品发展中心	甘肃康源现代农业有限公司	散花(菜)	甘肃省兰州市榆中县三角城三角城村三社316号
60	绿色食品认证	2021-04-22	中国绿色食品发展中心	甘肃康源现代农业有限公司	大葱	甘肃省兰州市榆中县三角城三角城村三社316号

序号	认证项目	颁证日期	发证机构名称	获证组织名称	认证范围	获证组织地址
61	绿色食品认证	2021-04-22	中国绿色食品发展中心	甘肃康源现代农业有限公司	茄子	甘肃省兰州市榆中县三角城三角城村三社316号
62	绿色食品认证	2021-04-22	中国绿色食品发展中心	甘肃康源现代农业有限公司	油菜	甘肃省兰州市榆中县三角城三角城村三社316号
63	绿色食品认证	2021-04-22	中国绿色食品发展中心	甘肃康源现代农业有限公司	莴笋	甘肃省兰州市榆中县三角城三角城村三社316号
64	绿色食品认证	2021-04-22	中国绿色食品发展中心	甘肃康源现代农业有限公司	娃娃菜	甘肃省兰州市榆中县三角城三角城村三社316号
65	绿色食品认证	2021-04-22	中国绿色食品发展中心	甘肃康源现代农业有限公司	蒜苗	甘肃省兰州市榆中县三角城三角城村三社316号
66	绿色食品认证	2021-04-22	中国绿色食品发展中心	甘肃康源现代农业有限公司	白菜花	甘肃省兰州市榆中县三角城三角城村三社316号
67	绿色食品认证	2021-04-22	中国绿色食品发展中心	甘肃康源现代农业有限公司	芥蓝	甘肃省兰州市榆中县三角城三角城村三社316号
68	绿色食品认证	2021-04-22	中国绿色食品发展中心	甘肃康源现代农业有限公司	秋葵	甘肃省兰州市榆中县三角城三角城村三社316号
69	绿色食品认证	2021-03-05	中国绿色食品发展中心	榆中顺源蔬菜产销专业合作社	生菜	甘肃省兰州市榆中县定远镇蒋家营村415号
70	绿色食品认证	2021-03-05	中国绿色食品发展中心	榆中顺源蔬菜产销专业合作社	青梗花椰菜	甘肃省兰州市榆中县定远镇蒋家营村415号
71	绿色食品认证	2021-03-05	中国绿色食品发展中心	榆中顺源蔬菜产销专业合作社	西兰花	甘肃省兰州市榆中县定远镇蒋家营村415号
72	绿色食品认证	2021-03-05	中国绿色食品发展中心	榆中顺源蔬菜产销专业合作社	娃娃菜	甘肃省兰州市榆中县定远镇蒋家营村415号
73	绿色食品认证	2021-03-05	中国绿色食品发展中心	榆中顺源蔬菜产销专业合作社	西葫芦	甘肃省兰州市榆中县定远镇蒋家营村415号
74	绿色食品认证	2021-03-05	中国绿色食品发展中心	榆中顺源蔬菜产销专业合作社	花椰菜	甘肃省兰州市榆中县定远镇蒋家营村415号
75	绿色食品认证	2021-03-05	中国绿色食品发展中心	榆中顺源蔬菜产销专业合作社	芹菜	甘肃省兰州市榆中县定远镇蒋家营村415号
76	绿色食品认证	2021-03-05	中国绿色食品发展中心	榆中顺源蔬菜产销专业合作社	莴苣	甘肃省兰州市榆中县定远镇蒋家营村415号
77	绿色食品认证	2021-03-05	中国绿色食品发展中心	榆中顺源蔬菜产销专业合作社	甘蓝	甘肃省兰州市榆中县定远镇蒋家营村415号
78	绿色食品认证	2021-01-09	中国绿色食品发展中心	兰州朝阳农产品开发有限公司	绿豆芽	甘肃省兰州市榆中县金崖镇豆家营村豆家沟社
79	绿色食品认证	2021-01-09	中国绿色食品发展中心	榆中康源蔬菜产销专业合作社	番茄	甘肃省兰州市榆中县三角城乡三角城村
80	绿色食品认证	2021-01-09	中国绿色食品发展中心	兰州朝阳农产品开发有限公司	黄豆芽	甘肃省兰州市榆中县金崖镇豆家营村豆家沟社
81	绿色食品认证	2021-01-09	中国绿色食品发展中心	榆中康源蔬菜产销专业合作社	油菜	甘肃省兰州市榆中县三角城乡三角城村
82	绿色食品认证	2021-01-09	中国绿色食品发展中心	榆中康源蔬菜产销专业合作社	茼蒿	甘肃省兰州市榆中县三角城乡三角城村
83	绿色食品认证	2021-01-09	中国绿色食品发展中心	榆中康源蔬菜产销专业合作社	西兰花	甘肃省兰州市榆中县三角城乡三角城村

2021年新增有机食品认证信息一览表

序号	认证项目	认证类型	颁证日期	发证机构名称	获证组织名称	认证范围	获证组织地址
1	有机产品(OGA)	有机认证植物类	2021-10-15	华兴检验认证有限公司	北京同仁堂健康有机产业(海南)有限公司	有机甘草种植面积602.4亩,产量80吨	金龙路19号万利隆花园A栋602房
2	有机产品(OGA)	有机认证植物类	2021-11-28	北京中绿华夏有机产品认证中心有限责任公司	甘肃佳业天成农业开发有限责任公司	绿豆1.48吨;花生(花生米)0.99吨;大豆(黄豆)1.48吨;菜豆(芸豆、红芸豆)0.99吨;赤豆(红豆、红小豆、褐红豆、红小豆)1.48吨;大豆(黑豆)0.99吨生产	甘肃省兰州市城关区上坪村白道坪工业园区40-10号
3	有机产品(OGA)	有机认证加工类	2021-11-28	北京中绿华夏有机产品认证中心有限责任公司	甘肃佳业天成农业开发有限责任公司	谷物加工品(黄小米)1.98吨;谷物碾磨加工品(玉米渣)1.98吨;糙米0.49吨;大米(糯米)1.48吨;谷物碾磨加工品(燕麦片)0.99吨;谷物加工品(薏仁米)0.99吨;谷物加工品(白小米)0.99吨;谷物加工品(黑小米);谷物加工品(大黄米)0.99吨加工	甘肃省兰州市城关区上坪村白道坪工业园区40-10号
4	有机产品(OGA)	转换认证植物类	2021-04-16	北京五洲恒通认证有限公司	兰州绿宝康现代农牧科技有限责任公司	产品范围:马铃薯(土豆)	酒泉路街道庆阳路19号
5	有机产品(OGA)	转换认证植物类	2021-01-25	北京中绿华夏有机产品认证中心有限责任公司	甘肃三宝农业科技发展股份有限公司	燕麦:燕麦干草8957.52吨;燕麦种子(自用)256.62吨生产	兰州市城关区高新雁南路18号11层1101-1103室
6	有机产品(OGA)	转换认证植物类	2021-12-31	北京中绿华夏有机产品认证中心有限责任公司	甘肃爽口源生态科技股份有限公司	百合(鲜百合)83.5吨生产	甘肃省兰州市七里河区西果园镇柴家河村108号
7	有机产品(OGA)	有机认证加工类	2021-08-12	南京国环有机产品认证中心有限公司	兰州尚古堂食品有限公司	兰州尚古堂食品有限公司百合干鲜百合	金沟乡小金沟村157号
8	有机产品(OGA)	有机认证植物类	2021-11-03	北京五洲恒通认证有限公司	甘肃润枫源农牧生态科技有限公司	产品范围:蒙古黄芪、党参	民乐乡漫水村四道沟口
9	有机产品(OGA)	有机认证植物类	2021-09-14	华兴检验认证有限公司	甘肃昊业九香农牧生态科技有限公司	有机认证苦水玫瑰种植面积2000亩,苦水玫瑰(鲜)产量360吨,苦水玫瑰(干)产量280;玫瑰种植面积套种梨500亩,梨(鲜)产量30吨,梨(干)产量23吨	苦水镇上新沟村六社
10	有机产品(OGA)	有机认证植物类	2021-09-01	杭州格律认证有限公司	甘肃自然之星农业科技有限公司	白菜(上海青323.7吨、杭白菜214.5吨、娃娃菜795吨),菠菜(419.3吨),莴苣(生菜408.2吨、西生菜23.9吨、绿奶油生菜18吨、红罗莎生菜17.6吨、绿罗莎生菜13.2吨、包心绿罗马33吨、苦细叶15.1吨),甘蓝(西兰花23.9吨、紫甘蓝15.7吨、羽衣甘蓝14.2吨),菊苣(红菊苣11.4吨),芝麻菜(15.6吨)	甘肃省兰州市永登县大同镇泉水沟村四社
11	有机产品(OGA)	转换认证植物类	2021-08-20	北京华测食农认证服务有限公司	甘肃大手印玫瑰科技有限公司	苦水玫瑰花11.24吨	甘肃省兰州市永登县苦水镇新屯川村十一社1号
12	有机产品(OGA)	转换认证植物类	2021-08-11	北京东方纵横认证中心有限公司	甘肃东方天润玫瑰科技发展有限公司	产品名称:玫瑰花(产品描述:苦水玫瑰花)	大同镇王家坪村
13	有机产品(OGA)	有机认证植物类	2021-08-11	北京东方纵横认证中心有限公司	甘肃东方天润玫瑰科技发展有限公司	产品名称:玫瑰花(产品描述:苦水玫瑰花)	大同镇王家坪村

序号	认证项目	认证类型	颁证日期	发证机构名称	获证组织名称	认证范围	获证组织地址
14	有机产品（OGA）	有机认证加工类	2021-08-11	北京东方纵横认证中心有限公司	甘肃东方天润玫瑰科技发展有限公司	产品名称：代用茶（产品描述：玫瑰干花蕾）	大同镇王家坪村
15	有机产品（OGA）	有机认证植物类	2021-06-25	南京国环有机产品认证中心有限公司	甘肃昊业九香农牧生态科技有限公司	玫瑰花种植基地玫瑰花（干）	苦水镇上新沟村六社
16	有机产品（OGA）	有机认证植物类	2021-09-10	华兴检验认证有限公司	甘肃金佑康药业科技有限公司	有机甘草种植基地130.4亩产量41.7吨	城关镇栖云北路1号
17	有机产品（OGA）	有机认证植物类	2021-06-29	南京国环有机产品认证中心有限公司	青海高原御果生物科技有限公司	玫瑰花种植基地玫瑰花（干）	青海省海东工业园区中小企业园一区东02栋4楼

兰州市地理标志专用标志核准使用企业名单

序号	使用类别	名称	使用企业名称	核准使用 时间
1	地理标志产品	兰州百合	兰州晓东百合商贸有限公司(原名称为兰州晓东百合加工厂)	2015.7.21（第一批）
2		兰州百合	兰州晓东百合加工厂	2015.8.31（第二批）
3		兰州百合	甘肃爽口源生态科技股份有限公司	2015.8.31（第二批）
4		兰州百合	兰州振兴百合种植专业合作社	2015.8.31（第二批）
5		兰州百合	魏岭乡天燕百合加工部	2016.11.18 (第三批)
6		兰州百合	兰州金德百合商贸有限公司	2016.11.18 (第三批)
7		兰州百合	兰州米家山百合有限责任公司	2016.11.18 (第三批)
8		兰州百合	甘肃陇萃堂营养保健食品有限公司	2016.11.18 (第三批)
9		兰州百合	兰州市七里河区鹏成百合种植农民专业合作社	2016.11.18 (第三批)
10		兰州百合	兰州兴龙百合工贸有限公司	2019.7.9(第四批）
11		兰州百合	七里河和兴百合加工厂	2019.7.9(第四批）
12		兰州百合	兰州凌杰商贸有限责任公司	2019.10.28(第五批）
13		兰州百合	兰州菁叶商贸有限公司	2019.10.28(第五批）
14		兰州百合	兰州尚古堂食品有限公司	2020.12.1(385号）
15	地理标志证明商标	兰州百合	兰州七里河顺兴农贸公司	2020.12
16		兰州百合	兰州市七里河区宏利百合产销部	2021.3
17		兰州百合	甘肃渭河源生物科技有限公司	2021.9
18		苦水玫瑰	甘肃东方天润玫瑰科技发展有限公司	2021.9
19	地理标志证明商标	苦水玫瑰	甘肃皇家玫瑰科技发展有限公司	2021.9
20		苦水玫瑰	甘肃茂林玫瑰产业开发有限责任公司	2021.9
21		苦水玫瑰	兰州鹏飞兄弟玫瑰产业开发有限公司	2021.9
22		苦水玫瑰	兰州九香玫瑰生物科技有限公司	2021.9
23		兰州百合	兰州陇晨源商贸有限公司	2021.11
24		兰州百合	兰州市七里河区峪盛百合种植农民专业合作社	2021.11
25		兰州百合	甘肃百和塬生态农业有限公司	2021.12

兰州市驰名商标名录

序号	商标注册人	商标标识	商标类别	商标注册号	核定使用商品或服务项目	认定时间
01	兰州黄河企业股份有限公司	黄河	32类	767304	啤酒	2002.6
02	甘肃奇正实业集团有限公司	奇正	5类	932720	中药袋;医用保健袋;救急袋;药枕;医用敷料;医用填料	2004.12
03	兰州众邦电线电缆集团有限公司	众邦及图	9类	1534168	电缆、电线、电话线,电线连接物,接线盒,插头插座及其它接触器,配台箱,母线槽	2008.2
04	甘肃莫高实业发展股份有限公司	莫高及字母	33类	1966177	白酒、含酒精果子饮料、黄酒、酒(饮料)、酒精饮料(啤酒除外)、料酒、米酒、葡萄酒、烧酒、香槟酒	2009.4.
05	兰州高压阀门有限公司	GF图形	7类	760827	阀(机器零件)、闸阀、截止阀、节流阀、球阀、止回阀、真空阀	2010.3
06	兰州佛慈制药股份有限公司	佛慈	5类	832016	药品、膏药、消毒剂、中药药材、药酒、医用营养品、婴儿食品	2010.10
07	甘肃宏达铝型材有限公司	精益	6类	1561753	普通金属合金、金属片和金属板、金属食品柜、未加工或半加工普通金属、金属家具部件、金属包装容器	2011.5
08	兰州铭帝铝业有限公司	铭帝	6类	1025338	金属板条、普通金属合金	2011.11
09	甘肃明旺铜铝材有限公司	明旺及图	9类	1666475	电导体	2012.12
10	兰州陇星热能集团	陇星	11类	1491166	暖气片、热水器	2013.12
11	甘肃陇神戎发药业股份有限公司	陇神	5类	3263511	人用药、中药成药	2013.12
12	七里河区百合质量监督管理站	兰州百合	31类	1687899	新鲜百合	2013.12
13	甘肃玛雅永超投资管理有限责任公司	玛雅房屋	36	4225823	不动产出租;不动产代理;住房代理;不动产评估;不动产估价;不动产管理;公寓管理;办公室(不动产)出租(截止)	2014.1
14	甘肃祁连山水泥集团股份有限公司	祁连山及图	19类	3047946	水泥、水泥管、混凝土建筑构件	2014.1
15	西北永新集团有限公司	永新	2类	7204497	油漆;木材染色剂;着色剂	2015.6
16	兰州河桥硅电资源有限公司	河桥	3类	1202172	碳化硅(研磨料)	2015.6
17	兰州东部综合批发市场	东部	39类	1243986	运输、货运、停车场、停车场服务、贮藏、仓库出租、贮藏信息、商品贮藏、货物贮运、商品包装	2015.6

【广告监管】 组织开展农村户外广告监管、违法违规商业营销宣传集中整治行动、"护苗助老"系列整治行动、教育培训广告整治行动和"三品一械"及医疗美容广告专项整治活动。查处虚假违法广告案件50起,罚没313.12万元。

【网络交易监管】 加大网络交易市场监管力度,开展"兰州市2021网络市场监管专项行动(网剑行动)",查办各类网络案件8件,罚没款101.33万元。全市第三方交易平台共有46家,占全省105户的43.8%;网站7766家。其中,交易型网站238家,占全省512户的46.5%;非交易型网站7528户,占全省15960户的47.2%。网店2392家,约占全省网店总数10214万家的12.45%。

【非公企业党建】 制定《2021年全市非公企业党建工作要点》《2021年全市非公企业党组织基层党建工作重点任务清单》《2020年度基层党建工作述职评议反馈问题整改方案》《关于全市非公有制企业党组织开展党史学习教育的实施方案》,对全市非公企业党建重点工作进行安排部署。召开直属单位党组织书记2020年度抓党建述职评议会议,制定《2020年度全市非公企业党组织书记抓基层党建述职评议考核工作方案》,指导开展全市非公企业党组织书记述职评议考核工作,并进行民主测评。开展2020年度直属企业34名党建专干考核工作,做好兰州市第17届人代会28名非公企业代表考察工作。邀请市委党校等专家、学者对全市非公企业入党积极分子、党组织书记、党务工作者等220余人进行专题培训辅导。截至年底，兰州市非公有制企业建立党组织1431个。其中，党委50个；党总支23个；党支部1358个。联合建立522个，单独建立836个；党组织覆盖率86.58%，有党员13913名。

（王　伟）

国有资产监督管理

【概况】　2021年，市政府国资委紧紧围绕市委、市政府中心工作，准确把握“三新一高”逻辑主线和实践要求，通过开展国企改革三年行动，抓好国资监管、改革发展及党的建设等各项工作，完善国有资本管理体制，优化国有资本配置，提高国有资本运营效率，提高监管效能和服务质量，加快推动市属国有企业做优做强。年底，市政府国资委监管国有及国有控股企业30户，资产总额3034.3亿元，同比增长6.47%；负债总额2086.98亿元；所有者权益总额947.32亿元。国有资产保值增值率104.6%，监管企业经济运行总体平稳，全年实现营业收入171.72亿元，同比增长13.11%；应交税费9.01亿元，同比增长36.41%；完成项目投资120.72亿元。

【国企改革】　编制《市国资系统“十四五”发展规划》。开展国企改革三年行动，对《兰州市国企改革三年行动实施方案（2020—2022年）》涉及改革任务进行细化梳理，明确为121项具体改革任务，已完成86项，占全部改革任务的71.1%。推进改制重组，完成市保安服务总公司、兰州工程咨询公司2户企业的公司制改制和第三汽车运输公司的规范改制工作；推动兰州城建设计院、兰州热力总公司等6户实行企业化管理的经营类事业单位移交国资委统一监管后转企改制工作；将兰州三维大数据标准化研究院管理体制调整至兰投集团，兰州建设工程服务中心等3户工程监理类企业划转至兰州工程咨询公司，促进企业资源互补、协同创新。推动混合所有制改革，制定出台《市属国有企业混合所有制改革操作指引细则》，分层分类推动混合所有制改革，支持工发集团通过债务重组控股甘肃新西北碳素科技有限公司，开展新西北碳素扩能改造，生产高性能碳复合材料；支持黄河集团下属兰州路域产业综合开发有限公司引入甘肃煦塬建设工程有限责任公司、甘肃九易通环保建材有限公司2家民营企业组建兰州交发建众信建材有限公司。不断健全市场化经营机制，按照“市场化选聘、契约化管理、差异化薪酬、市场化退出”原则，制定《推行经理层成员任期制和契约化管理实施方案（试行）》，指导全系统一级企业和74%的各级子企业按照相应制度与经理层签订合同或契约；制定《推行职业经理人制度实施方案（试行）》，规范、加快市属国有企业职业经理人步伐，其中能投集团、黄河集团、佛慈集团等企业选聘职业经理人39名。

【国资监管】　制定出台《市政府国资委出资人监管权力和责任清单（试行）》，科学界定国资监管职责边界，规范行权履职，确保监管不缺位、不越位、不错位。突出主业管理，制定出台《市政府国资委监管企业主业清单》，对市属各企业主责主业重新梳理核定、进行定位定向，推动各类要素向主业集中、向实业集中，提升企业竞争能力和盈利能力。探索动态管理，研究起草《市属国有重点企业动态管理办法（试行）》，对市属重点企业和非重点企业实行动态管理机制，树立干事创业导向。强化激励约束，修订市属国有企业负责人《经营业绩考核办法》和《薪酬管理办法》，通过实施更加严格精准的考核和薪酬管理，强化薪酬与业绩双对标，体现严考核硬约束。

【项目建设】　市属国有企业全年实施76个新建、续建项目，完成投资120.72亿元。黄河公司奥体中心、黄河流域兰州白塔山段综合提升改造项目、粮油集团新区现代粮食产业园、轨道交通2号线一期工程等重点项目有序推进，兰州市野生动物园开园营业。坚持创新驱动，成立国资委自主创新工作领导小组，将科技研发、技改项目投入，新产品研发经费投入占主营业务收入比重等指标列入考核目标责任书，支持企业科技创新、管理创新、品牌建设、商业模式创新，重点推进兰州国器装备制造集团与中科院上海应用物理研究所共同投资建设的属世界首台套700℃超高温钍基熔盐泵综合测试平台建设，完成700℃超高温钍基熔盐泵样机研发和测试投产任务。加强合作发展，对接协调中央企业，牵头组织全市梳理出的19个重点合作项目已与相关央企顺利签约，实现良好开局；推进工投集团与中国航天工业集团合作建设榆中夏官营机场增加通航功能建设项目，黄河集团与中国华润集团黄河水系提升改造和中心城区黄河段水生态治提升工程项目，农发集团与省文旅投合作建设兰州市动物园二期项目等。

【债务风险防范化解】 成立国资委防范化解债务风险工作领导小组，加强国有企业债务风险动态监测，严控债务规模和增速，支持企业探索和尝试新的融资方式和金融产品，制定和落实项目资金平衡方案，推动兰投集团整合升级，打造AAA级新兰投，协调市属国有企业和兰州银行等金融机构，通过采取担保增信、企业分红、增加授信、发放贷款、购买债券、组建信用保障基金等方式，全年融资到位资金457.07亿元，监管企业资金链总体安全，未发生系统性财政和金融风险。

【国企党建】 严格落实管党治党责任，研究制定《市政府国资委党委落实全面从严治党主体责任清单》《市属国有企业党建工作责任制考核评价暂行办法》等制度文件，进一步明确管党治党落实主体责任在决策、执行、监督考核各环节的权责和工作方式，推动全面从严治党向纵深发展。组织全系统开展党史学习教育，按照3个重要节点设计22项重要活动载体，通过举办读书班、宣讲报告会、党史知识竞赛、党史宣讲比赛、“庆建党百年、展国企风采”文艺汇演等活动，推进特色鲜明、形式多样的学习教育，全系统召开中心组学习277次，举办读书班314次，交流研讨457次，座谈会130余场次，开展专题宣讲和党课宣讲400余场次，累计培训7000余人次。推动“我为群众办实事”实践活动，围绕“服务发展大局、增强综合实力、优化营商环境、提高城市品位、加强生态保护”5个方面，梳理实施15项为民为企办实事项目，已办结13项，各企业班子成员帮办实事338件，党员帮办实事14812件，建立长效机制34项。夯实党建基层基础，发挥企业各级党组织政治功能，推进党建工作与生产经营深度融合，制定出台市属国有企业《党委会议事规则指引(试行)》《董事会议事规则指引》《经理层工作规则指引》《董事会、经理层重大决策事项清单指引(试行)》等，指导企业建立“三重一大”议事决策规则，全面推行企业党组织会议前置审议制度，把党组织管理内嵌到公司治理之中；以“四抓两整治”(抓基层党组织带头人队伍、抓基层党组织阵地建设、抓基层组织党内政治生活、抓基础保障工作、大力整治软弱涣散村党组织、大力整治“村霸”和党员信教问题)为重要抓手，深化党支部标准化建设，推荐产生轨道物业管理有限公司支部委员会、保安服务集团有限公司守押支部委员会等5个省级标准化先进党支部。加强国企队伍建设，指导轨道公司、工发集团2户企业完成党委换届，指导甘肃中石油昆仑燃气有限公司完成董事会监事会换届，向5户转企改制和3户公司制改制企业委派董事会、监事会成员，完成全系统856人初中级职称评审认定工作。

【安全生产】 落实出资人安全生产监督职责，分层级、分条块推进安全生产专项整治三年行动，紧盯重要节点、重点行业、重要领域、关键时期，强化刚性约束和责任倒逼，推动企业提升安全风险隐患排查治理和安全风险分级管控水平，组织召开6次全系统安全生产工作会议，重点聚焦煤矿、燃气、公共交通、建设工地、酒店、物业等行业，全方位开展安全、消防、防火、防汛等安全大检查和专项检查5轮次50余户次，排查督促整改各类隐患180余条；投入安全资金19205万元，开展各类应急演练525次，实现全系统安全生产总体形势稳中向好的目标。

【公共资源交易监督管理】 推进招标投标领域优化营商环境，认真履行牵头单位职责，牵头制定《兰州市工程建设项目电子招标投标管理办法(试行)》，实现工程建设项目招标投标全流程电子化；牵头制定《兰州市工程建设项目招标投标活动异议和投诉处理办法(试行)》，建立公平、公正、高效的工程建设项目招标投标活动异议和投诉受理、转办、处理、反馈工作机制；牵头对兰州市建设工程招标投标监管平台进行扩容改造，搭建市、县区一体化的工程建设项目招标投标行政监督平台，实现全市工程建设项目电子招标投标全流程在线监管；完善出台《兰州市公共资源交易目录（2021年版）》，推动公共资源交易项目应进必进；制定出台《兰州市公共资源交易领域违法违规违纪行为联合查处办案工作机制》，加大对各类公共资源交易活动中违法违规违纪行为的打击力度，营造开放竞争、公平交易、规范透明、监管有力的公共资源交易市场环境；印发《认真落实投标担保相关举措》，全面推行工程保函替代保证金，切实为投标人减负；将兰州环境能源交易中心环境能源交易平台纳入公共资源交易平台体系统一管理，不断健全完善全市环境能源交易体系。

（杨　文）

统　计

【概况】　2021年，全市统计系统深化统计改革、完善统计体制、提高数据质量、强化监测分析、提升服务能力，更好发挥统计服务全市经济社会发展的综合性基础性作用，为系统推进兰州实现高质量发展提供坚实的统计保障。全年撰写统计信息216篇、分析报告60篇，编发《统计快讯》22期，编印《兰州综合统计信息》11期，《兰州市经济运行情况分析》20篇。推送《兰州统计微讯》30期，今日头条261条。

【统计调查】　完成知识产权投资统计联网直报工作和全市261家新增建筑业小微企业抽样调查工作；组织完成文明城市创建公众满意度调查、未成年人思想道德建设调查、公共服务质量监测工作、巩固城市园林绿化成果公众满意度调查、创建国家卫生城市公众满意度调查、公众生态环境满意度调查、公众安全感满意度调查等调查，共计发放调查问卷上万份。

【统计服务】　立足“我为群众办实事、我为企业解难题”工作目标，开展“帮助企业解难题、降成本、保运行、增效益”调研活动，进行分策协调解决；编制下发《商贸企业入库操作手册》；配合省统计局完成《商业连锁经营企业发展情况》及《文化和旅游消费情况》重点课题调研工作；以“赓续红色血脉、奋进统计未来”为主题组织开展兰州市第12届中国统计开放日宣传活动，打造阳光统计，推进服务型统计建设。

落实政务公开与“互联网+政务服务”工作，主动公开政策解读信息3条，财政决算9条，在政府平台回复公众留言25条，坚持“13710”工作方法，通过复函、邮件、传真、电话等方式为市委市政府、各有关部门和社会公众提供数据。撰写完成《2020年兰州市全面建成小康社会统计监测报告》《砥砺奋进谋发展行稳致远启新程——兰州市“十三五”经济社会发展成就综述》《兰州市2021年经济运行情况及2022年展望》等专题报告。编印《兰州统计年鉴·2021》，完成《2021年甘肃发展年鉴》和《兰州年鉴2021》（统计篇）组稿工作。

【统计培训】　开展统计业务素质提升和岗位培训活动，对全市3259家规上（限上）企业、项目单位统计人员采取分县区集中授课的模式，进行分专业、全覆盖统计业务知识培训，培训市级、县区相关部门和乡镇街道、企业统计人员5000余人，65场次。面向市发

2月2日，全市投资领域统计业务培训会

3月30日,兰州市统计局举办党史学习教育读书班

改委、工信局、商务局、农业农村局等部门,兰州新区及各县区统计机构举办全市统计综合能力提升培训班4期、8场次,累计培训300人次。对局机关近3年新进人员集中举办新入职人员初任培训班。

【统计改革】 推进核算改革,紧盯投资改革任务,顺利实现5000万元以上和500万元~5000万元投资项目并表联网直报工作。推进劳动工资统计改革,梳理单位名录库和规下样本库,将新增行业工资总额增速纳入GDP核算。顺利开展限额以上商贸单位"应统尽统"试点工作和"金样本"电子记账改革。开展"双碳"监测工作,全力做好能源监测分析和"双碳"统计工作基础资料的收集整理。与西北师范大学合作,开展数字经济课题研究项目并组织实施。推进电子台账建设,制定台账记录模板,规范台账记录流程。稳步推进信息化建设,不断完善网络安全防护,新增建设爱数易享云平台。

【统计普查】 兰州市第七次全国人口普查办公室(以下简称"市人普办")全面完成兰州市第7次人口普查核查比对、行职业编码审核等工作,以第七次全国人口普查数据为重点,通过互联网和市级主流媒体向全社会发布《兰州市第7次全国人口普查主要数据公报》;邀请科研机构、院校专家,及时解读"七人普"公报数据,并通过《兰州日报》《兰州晚报》等新闻媒体向社会发布,刊发稿件12篇。汇总、整理、编辑和出版《兰州市第七次全国人口普查主要数据》资料册,内容涵盖全市人口数量、年龄结构、分布、受教育程度、人口增长等情况,及时向社会提供和分享第7次人口普查主要成果。与大专院校、科研机构合作围绕《兰州人口增量给产业发展带来的劳动力资源配置研究》《兰州市高质量发展的人口现状、趋势分析及政策建议》《基于七普人口数据的兰州市基本公共服务体系研究》3个课题进行专题研究,深入开展第7次人口普查数据的课题开发。市人普办获得第7次全国人口普查国家级先进集体荣誉称号。

【统计执法监督】 恪守统计联网直报"四条红线",整理完善领导干部违规干预统计工作记录台账、网报数据核查台账,实行全程记录。市发改委、市工信局、市商务局、市住建局、市统计局等主要经济部门均建立防范和惩治统计造假弄虚作假责任制。督促各县区和市直相关部门专题学习《关于深化统计管理体制改革提高统计数据真实性的意见》《统计违纪违法责任人处分处理建议办法》《防范和惩治统计造假、弄虚作假督察工作规定》等相关文件和统计法律法规;市统计局主要负责同志在市委党校第13期中青年干部培训班、第32期新任县级干部能力素质提升培训班专题讲授统计法律法规相关知识,配合有关县区党校开展培训3场600余人次,组织开展警示教育11场646人次,并向各级党委、政府和市直相关部门、重点企业发放《统计法律法规汇编》1000余册,进一步提升领导干部的统计法律意识。利用宪法宣传日、《统计法》颁布纪念日、统计普法宣传月等节点,发放宣传资料2万余册,通过兰州晚报、微博、微信、指点兰州等媒体及网络平台发布相关稿件、视频60余篇。加大统计执法检查力度,全面推进统计执法"双随机一公开"监管工作,成立兰州市国家统计督察整改工作领导小组,印发《兰州市关于国家统计局督察甘肃省防范和惩治统计造假弄虚作假情况反馈意见的整改方案》，8县区、兰州新区、兰州高新区、兰州经济技术开发区和市发改委、市工信局、市商务局等部门制定整改方案和责任清单，配合省统计局对兰州市7家统计数据失实企业开展统计执法检查。开展“双随机”执法检查，检查36个相关部门及150家“四上”企业和固定资产投资项目单位。

（徐静斌）

审　计

【概况】　2021年，全市开展审计项目368个，审计查出违规资金1.1亿元，管理不规范资金397.4亿元，促进增收节支7409万元。其中，上缴财政7293万元；归还原渠道116万元。移送纪检监察和相关职能部门、县区问题线索13件37条，问责处理34人次；形成审计信息340条，提出审计建议490条，推动建立健全规章制度70项。

【国家重大政策措施落实跟踪审计】　组织实施乡村振兴、“放管服”改革、清理拖欠民营企业中小企业账款等相关政策措施落实情况审计，审计查出管理不规范资金3.29亿元，清理拖欠民营企业中小企业账款1544.91万元。

【财政审计】　组织完成上年度市级预算执行和决算草案编制、11个部门预算执行情况审计和西固区政府财务报告审计，对市级98个一级预算单位及所属311个预算单位开展电子数据全覆盖审计。审计查出管理不规范资金293.93亿元，促进增收节支6995.03万元。受市政府委托，向市人大常委会作《关于2020年度市级预算执行和其他财政收支审计情况的报告》和《整改情况的报告》。

【经济责任审计】　组织完成25个单位26名领导干部经济责任审计，审计查出管理不规范资金9.53亿元。建立完善经济责任审计项目台账，在2021年换届工作中，对“两代表一委员”候选人推荐人经济责任审计情况逐人逐项进行审查，为选人用人提供参考依据。

【固定资产投资审计】　组织实施兰州水源地建设、黄河流域兰州白塔山段综合提升改造等40个项目的跟踪审计，完成兰州新区高新技术产业园区拆迁安置房（火家湾棚改）项目、市凤凰山山体滑坡灾害治理工程等6个项目审计，节约资金1.96亿元。

【民生资金（项目）审计】　组织完成全市国家公共卫生服务、退役军人财政专项补助资金等7个项目审计，审计查出管理不规范资金3.65亿元。组织开展全市供销系统资产清查及运营管理情况专项审计调查。

【资源环保审计】　组织完成全市矿产资源资产管理和生态环境保护等审计调查，揭示反映审批管理、资源监管等6方面16个问题，审计查出管理不规范资金1.68亿元。

【国有企业审计】　组织完成佛慈集团、兰投公司等9户市属国有企业经营管理及绩效情况专项审计调查，审计发现阻碍国有企业健康持续发展问题236个，查出管理不规范资金41.8亿元。

【内部审计】　对上年17个项目核查发现的问题整改落实情况进行跟踪督促，督促完成问题整改138个，督促被核查单位制定完善规章制度3项，挽回国有资金

5月，兰州市审计局员工现场查看黄河河道健身步道实地建设情况

1182.87万元，及时止损2542.32万元；对全市6家市直单位委托的12家社会中介机构出具的审计成果文件进行质量核查，并对其内部审计工作薄弱环节进行揭露。

【审计整改】 建立健全审计整改长效机制，研究制订《兰州市关于建立健全审计查出问题整改长效机制的若干措施》，提请市委审计委员会印发《兰州市审计整改工作管理办法（试行）》，开展"审计整改推进年"活动。督促完成上级审计机关审计发现涉兰问题整改119个、市本级审计发现问题整改490个。

【审计信息化建设】 强化大数据审计管理与应用，对市级98个一级预算单位及所属311个预算单位开展电子数据全覆盖审计，对社保、资源环境审计数据开展采集分析。推动金审工程三期项目建设，加大信息化设备硬件投入，升级改造金审机房和大数据分析室，实现市、县两级审计机关数据贯通互联。

（李芬娥）

金城海关

【概况】 2021年，金城海关统筹口岸新冠肺炎疫情防控和促进外贸稳增长，强化监管、优化服务，坚决守牢国门安全，以开放平台、特色产业和重点行业为依托，支持特殊区域业务拓展功能叠加，提升服务层次、扩大服务领域，综合研究支持服务地方外向型经济发展举措，促进高水平对外开放，助推地方经济发展。

【新冠肺炎疫情防控】 制定新冠肺炎疫情防控工作人员防护实施方案、进口冷链商品和高风险非冷链集装箱货物安全监管预案，组建三级专兼职安全防护监督员队伍，对各作业环节开展培训演练、突发事件应急演练，持续提高一线工作人员安全防护意识和能力，防止职业暴露感染。倡导广大进出口企业采取"足不出户网上办、现场业务提前约"的工作模式，开展"非接触式"业务办理。通过线上作业、不见面办理、无陪同查验等多种手段，保障疫情期间业务工作正常开展。落实市场监管组、交通检疫组等职责分工要求，共建联防联控线。支援口岸疫情防控工作。10名关员加入兰州海关疫情防控梯队，派遣5名关员7人次前往兰州中川机场海关开展入境航班保障。同时3名关员主动加入兰州海关疫情防控志愿者服务队，支援地方疫情防控工作。

【海关监管】 对危包企业开展综合评估，按照企业生产周期确定监管频次，扎实开展延伸检测和周期性监管。树立以查发为导向稽查理念，率先开展跨关区稽查联合作业，对关区跨境电商、涉及危化品、保税账册、特许权使用费等开展联合稽查。成功办理辖区首票涉危化品检验检疫、特许权使用费稽查、跨境电商专项稽查。依法处置企业使用未报经检验货物的行政处罚案件。及时处置销毁检验不合格产品。完成首例保税内销货物审价，完成首单加工贸易货物销毁处置手册核销结案。

【国门安全】 开展"国门利剑2021"专项行动，做好常态化疫情防控形势下打击走私工作，开展跨境电商进口走私"断链刨根"专项整治，推动"防控、监管、打击"

3月9日，金城海关在甘肃（兰州）国际陆港汽车整车进口口岸对转关进口整车中欧班列开展转关监管

7月，金城海关开展国门生物安全检测工作

一体化打私体系建设。组织开展“进境口蹄疫疫情应急演练”“进境非洲猪瘟应急演练”。完成进境澳大利亚种羊和进境法国种猪隔离检疫，保障属地畜牧业生产安全。全面开展各项有害生物、输入性病媒生物、出口动物源性食品安全、进出口饲料、粮食及转基因、水果和食用陆生动物安全风险监测监控，对供港蔬菜、出口食品化妆品开展专项检查和安全监督抽检。

【优化服务】 举办2021年知识产权海关保护政策宣讲会，协办甘青宁知识产权保护真假商标鉴别及业务研讨培训，开展知识产权宣传周系列活动，强化知识产权海关保护宣传。重点关注“一带一路”沿线国家及跨境电商等侵权货品监管。加强对辖区重点企业知识产权培塑。主动对接，优化服务，支持企业实现鲟鱼、冬虫夏草、沙棘籽油、鲜切花等多个地方特色产品首次出口，帮扶助推乡村振兴。根据加工贸易禁限目录调整，为辖区企业“碳钢棒料”进口料件指导设立加工贸易手册，助力企业享政策红利。

【综合治税】 推进属地纳税人管理，对辖区重点税源企业以企业基本信息、税收情况为主要内容建立“属地纳税企业底账”，发挥属地纳税人服务指导与源头管控作用。加强税源商品和纳税企业情况分析，引导企业规范申报和自律纳税，保障税收征管质量和税款入库安全，完成税收目标。推广税收征管模式、税收担保方式改革，持续扩大“汇总征税”“自报自缴”“关税保证保险”模式应用，综合治税持续深化。落实税收优惠政策，确保符合税收优惠政策进出口货物减免税申请人充分享受政策红利。

【综合保税区建设】 指导兰州新区综合保税区内企业利用海关改革措施，研究推进“分送集报”申报模式，创新“饲料加工全流程品质”监测新模式，促进进口粮食加工业务发展。指导区内木材加工企业通过委托加工等业务利用国内国际2个市场优化经营。指导区内木材加工企业“两次进行申报”、现场关员进行“特殊申报”“验估作业”等，实现2021年全国首次综合保税区木材委托加工业务落地见效。推广“保税+整车口岸”的通关模式，实现西北地区首批“国六”排放标准进口整车落地清关。紧扣跨境电商综试区和试点城市政策叠加优势，推进综保区跨境电商业务成倍增长。

【助力“一带一路”建设】 保障首趟“兰州—二连浩特—俄罗斯”“义乌—兰州—莫斯科”中欧班列顺利发运。加强与口岸海关执法联动，推动落地“中吉乌”多式联运海关监管新模式，推动“中吉乌”国际多式联运通道业务常态化开展。依托“西部陆海新通道”15个海关合作框架，支持西部陆海新通道建设，拓展业务门类，创新进口模式，先后支持由海运抵达广西钦州保税港区，换装铁路运达兰州的进口玉米，及从钦州港进口清真牛骨粒等业务开展。召开政策解读会，加强与口岸海关配合协作，推动亚麻籽、葵花籽等油籽类产品扩大进口，推进中川北站进境粮食指定监管场地进口油籽类转关业务常态化开展。

【口岸营商环境优化】 深化“提前申报”“两步申报”“两段准

入”等改革。会同地方口岸主管部门开展国际贸易“单一窗口”对企培训，单一窗口利用率100%。全面推广原产地证书自助打印业务，签发首份输泰国自助打印原产地证书。完成新模式下兰州海关首票公式定价货物备案。出具C系统兰州海关首票进出口货物征免税确认通知书。落实减税降费、“多证合一”改革、压缩办事时限等要求。加强对国际贸易规则的研究和解读，建立金城海关技术性贸易措施工作机制，对辖区部分样本企业年度国外技贸措施影响开展调查，强化政企联合研究应对。优化通关作业流程和监管方式，及时解决影响进出口货物整体通关时间的短板问题，抓好整体通关时间管控，持续优化口岸营商环境。

（马若菱）

公共资源交易服务管理

【概况】 2021年，全市完成各类公共资源交易项目1962项，交易金额207.16亿元。其中，工程建设类进场交易项目636项，交易金额133.54亿元；政府采购类进场交易项目1224项，交易金额26.24亿元；国土资源类进场交易项目102宗，交易金额47.38亿元。

【“不来即享”服务】 以市场主体明白办事、精准办事为目标，编制并公布《市级公共资源交易平台服务事项清单》，全面梳理交易全过程各环节服务内容、服务对象、办理要件（步骤）以及服务流程等服务要素，通过“一张表”呈现，不断提高平台精准服务能力，切实增强交易服务质效。以拓展平台公共服务广度和深度为重点，发挥平台连接供需两端优势，建立健全各项服务工作机制，继续实施全程“保姆式”“店小二”服务，推进交易进场“零门槛”、交易过程“零拖延”、交易环节“零障碍”、交易服务“零距离”的“四零”服务承诺，与行业监督部门沟通，及时更新评标专家库300余人。完成省政府为民办实事共有产权住房项目勘察、设计，兰州经济技术开发区皋兰生态修复与产业发展示范区（起步区）咸水沟（皋兰段）生态修复综合治理项目、兰州现代职业学院物业服务，兰州市政工程服务中心2021年第一批市政养护维修材料，彭家坪G2117和G2119号宗地等重大项目的公共资源交易工作。

【营商环境优化】 结合上年国家优化营商环境评价填报情况，对标对表标杆城市先进经验做法，连续3次召开招投标领域营商环境工作推进会，联合相关部门对填报工作开展业务培训，制定《关于优化全市营商环境招标投标领域相关工作的通知》，分解工作任务，明确工作责任；与建设、水利等行政监督部门沟通，制定《兰州市工程建设项目电子招投标管理实施办法》《兰州市工程建设项目招投标活动异议和投诉处理办法（试行）》等14项制度规则，修订完善《兰州市公共资源交易中心信访投诉管理办法》《信息发布审核制度》等6项制度办法，规范14类表格范本，明确业务受理范围、工作流程，开评标管理办法等具体工作环节，形成覆盖市县交易平台一体化运行、服务和监管的规则体系。在此基础上，对接市大数据局提供的电子营业执照，共享企业信息数据2.6万余条。对进场交易全过程留痕，自主研发“金城E交易”区块链平台，实现关键交易数据上链存储（投标文件哈希值、解密过程操作记录、随机评标参数、评标专家打分表、投标人确认记录等），提高交易数据防篡改性，为行政监督部门提供完整可靠的监督渠道。6月，市公共资源交易中心获评“中国产业区块链优秀案例”。同时，中心优化营商环境工作被国家发改委及省市政府予以肯定，省市主流媒体均对相关工作进行专题报道。在国家发改委《全国优化营商环境简报》第90期刊发中心打造电子交易平台优化招标投标营商环境的经验做法后省政府主要领导作出批示，要求各地学习参阅。

【公共资源交易全流程电子化】 中心始终突出“制度+科技”功能，逐步实现电子线上交易全覆盖。深化“互联网+公共资源交易”模式，发挥公共资源交易“网上不见面”开评标系统线上服务优势，引导各方交易主体通过“线上远程”方式完成项目登记、场地预约、公告发布等各项交易环节办理，减少入场人数，避免人员聚集，确保线上服务交易质量。通过不见面网上开评标系统，将过去现场开标等12项环节全部纳入网上办理，投标人从下载标书到中标公示，全程在线操作，在线开标率95%以上，真正实现“线下不见面”“线上面对面”。全年完成不见面开标958个标段，交易金额100.02亿元。主动开放系统数据端口，对接多家符合国家统一的数据标准和技术规范的电子交易系统，为公共资源交易项目实施主体，根据交易标的专业特性选择电子交易系统提供保障，提高评标（评审）效率。截至年底，房屋与市政工程、交通工程、水利工程、南北两山绿化工程以及政府采购项目全部实现电子化交易。同时，开发建设全市公共资源交易电子档案管理系统，对公共资源交易过程中各类数据电文自动进行收集整理，有效推进公共资源交易档案电子化。建立“一地多点”线上评标机制，制定中心《远程异地评标工作流程（试行）》，通过升级公共资源交易系统，优化场内交易规则，与酒泉市建立省内跨市域远程异地评标常态化工作机制，实现省域内专家资源共享。探索跨省域远程异地评标工作，与西安、成都、贵阳、大连等10个省会城市和重要节点城市联合成立“黄河流域高质量发展公共资源交易跨区域合作联盟”。进一步加快推进电子监管系统的建设和应用，主动开放对接端口，为行政监督部门打通在线监督通道，实现交易全过程在线监管。中心公共服务平台已向市财政局、市住建局、市交通委、市自然资源局等10个行政监督部门开通监管通道，明确平台之间数据交换的内容和格式。利用中心门户网站，搭建全市公共资源交易活动在线受理异议和投诉平台、全市招标投标领域营商环境问题线索征集平台，及时受理转办各类交易事项的异议、投诉和线索征集，为各行政监督部门加强事中事后监管提供指引。全年中心受理转办异议、投诉和线索征集68条，全部按期转办答复。严格执行《网络信息安全管理办法》，进一步完善交易系统授权管理、访问控制、信息查询、服务统计和系统留痕等功能，建立应急响应预案，定期开展攻防演练，确保平台运行稳定和数据安全。年内中心参加全国公共资源交易平台网络安全实战攻防演习，受到国家信息中心通报表扬，并成为甘肃省首家通过中国网络与技术安全协会认证的三星级电子招标投标系统（EBS）平台。

（唐仲虎）

项目投资评审

【概况】 2021年，市项目投资评审中心坚持依法依规评审，严把项目规模关，推动项目规模适应经济发展需要，为全面建设现代化中心城市做出应有贡献。全年完成评审项目272项。

【项目评审】 全年完成政府投资项目评审272项，送审总金额457.51亿元，审定总金额433.89亿元，审减23.62亿元。其中，可行性研究报告及方案设计评审21项，报审金额383.68亿元，评审后金额363.88亿元，审减19.81亿元，审减率5.16%；初步设计及概算评审39项，报审金额56.49亿元，评审后金额54.98亿元，节约政府投资（审减额）1.51亿元，审减率2.68%；工程预算及招标控制价评审105项（招标控制价42项），报审金额11.12亿元，评审后金额9.66亿元，节约政府投资（审减额）1.46亿元，平均审减率13.1%；工程结算（决算）评审23项（决算4项），报审金额6.21亿元，评审后金额5.37亿元，节约政府投资（审减额）0.84亿元，平均审减率13.58%；合同评审82项；项目后评价2项。提出“继续优化设计”“加强施工过程管理”等合理建议807条，查找提出项目建设中存在“设计深度不够”“依据不充分”等问题2291条，对“工程承包范围”“质量保修期”等内容提出修改意见1842条。

【依法依规评审】 项目评审中始终秉持“规范就是依据、规范就是规矩”的依法评审意识，在工作中做到“评之依法、审之有据”。加大法治宣传力度，及时组织学习国家及省、市《政府投资项目管理办法》等法规和规章，增强评审人员法治观念，确保所有评审工作都秉承法治精神、遵守法治原则、维护法治权威，提高项目评审法治化水平，推进依法评审工作进程。全年对编制不符合国家规范要求以及深度欠缺、不符合基本建设程序、资料不齐全等原因退回项目16个，报审投资5.68亿元；对不符合建设程序、违反项目建设有关规定、随意变更签证的部分项目及时保全原始资料、固定评审结论，并将有关问题梳理汇总、上报相关部门解决。

【项目规模把关】 2021年，中心接到5个建设规模严重超出建设标准以及不符合地方经济发展和财政收支水平的项目后，严格按照《政府投资条例》《财政评审管理办法》等相关法律法规，依照“政府投资应当遵循科学决策、规范管理”“政府投资应当与经济社会发展水平和财政收支状况相适应”以及建设规模标准规范的相关规定，对5个项目进行集中攻关，经过多次实地考察、对比兄弟省份建设标准，及时向建设主管单位反馈、集中与投资和财政部门沟通，在与建设单位和主管部门意见严重不一致时，为取得更有力的评审支撑，中心请示国家财政评审中心、教育部法规司后，及时向市政府报送项目超标准、涉豪华的初步意见。最终中心坚持依法依规评审将5个项目建设规模进行压缩，3个项目合压缩建设面积5.69万平方米，压减率37%，节约政府投资约3.15亿元，资金节约率30%，促使项目建设规模符合兰州市经济发展水平和财政收支水平，确保政府投资项目资金使用的合理性和高效性。

【黄河战略项目评审】 12月18日，接到“强省会”和“黄河生态治理”战略项目后，周密安排部署，组建精良的评审团队，编制优质的评审方案，“急事急办、特事特办”，采用提前介入、对量同步推进的方式无缝衔接开展项目预审、初审、稽核等工作，大幅度缩减评审时限，以最短时限完成总投资316.46亿元的兰州市城区（城关区、七里河区）雨污水管道分流工程、黄河流域兰州段北部片区生态环境治理工程、黄河流域兰州段白塔山生态环境治理工程及兰州市公共卫生应急救治中心建设项目等4个市政府争取国家EOD项目的评审任务，全力保障项目推进，为项目申报提供时效机会和评审支撑。

【民生项目评审】 天水路高速出入口环境提升改造项目——交通节点改善项目，送审投资5027.44万元，科室评审人员自愿放弃节假日休息，将工作时限由规定的14个工作日压缩为11个工作日，节约中心委托评审费用9.4万元；祁连山生态保护与建设综合治理防火道路及蓄水涝坝建设项目结算，中心急项目单位之所急，及时组织评审人员开展自评，将工作时限由规定的60日压缩为6日，节约中心委托评审费用7.8万元。

【评审专家库扩充】 10月12日起，在全省范围内公开征集各专业技术领域的评审专家以扩充专家库，向61家单位发出通知61份，各单位和个人积极响应，有642人报名，征集到符合条件的各专业技术领域评审专家637名。经中心门户网站公示无异议后，12月29日完成政府投资项目评审专家登记造册及扩充入库的工作。年底，基本形成兰州市项目评审领域的千人专家库，为评审工作规范高效运行发挥项目建设智库作用。

（王财基）

综　述

【基本情况】　2021年，兰州市工业主要有石油化工、新材料、装备制造、电子信息、有色冶金、建材、生物医药、新能源、节能环保等行业，规模以上工业企业386户，非公经济市场主体35.38万户，占全市各类市场主体98.02%。轻工业增加值增长14.3%，重工业增加值增长6.3%。

【主要指标】　兰州市规模以上工业增加值增长8.3%，战略性新兴产业增加值占GDP比重16.5%，电信业务总量增长26.9%。

【工业经济运行】　全年兰石化完成原油加工量915万吨，较同期增加3.7万吨，甘肃烟草生产卷烟93.2万箱，较同期增加0.96万箱。强化分析研判，定期召开工业运行分析会，分析研判形势，研究解决重难点问题，帮企纾难解困，全年梳理解决企业生产经营和项目建设中存在的困难问题171个。统筹推进新冠肺炎疫情防控和工业经济发展，以推项目促投资、引增量育存量、稳生产优服务等各项工作举措，推动兰州市规上工业经济平稳运行、稳定增长。

【“四梁八柱”产业体系构建】

围绕做大总量、缩小差距、调整优化，将重振兰州制造、构建“四梁八柱”工业产业新体系作为总目标，制定并实施产业链链主企业制度。在12个重点产业链推行产业链链长制度，培育“四梁八柱”47户链主企业，按照龙头企业为主、中小企业配套融通发展路径，推进产业链优化升级。征集链主企业在生产经营、税费减免、项目建设等方面存在的困难问题61个，解决22个。兰石化、永登祁连山水泥、长风电子等14户“链主”企业获批2021年省级制造业高质量发展1040万元专项资金支持。兰石集团、蓝科石化等开展首台(套)重大技术装备保险补偿申报，争取保费支持2563.68万元，占全省96%。宝方炭材获得600万元电价补贴、榆钢3#高炉冲渣水余热回收供暖项目获清洁取暖试点城市中央补助413万元。

【规模以上工业企业培育】　全面开展规上企业培育工作，2021年新增规上工业企业89户，全年净增规上企业72户。截至年底，兰州市规模以上工业增加值增速8.3%，在全省14个市州排名第10位，占全省工业比重30%左右，排第1位。能源原材料产业主导，石化占36.2%，骨干企业主要有兰石化、兰州润滑油厂、西北永新、兰州助剂厂、兰州蓝星纤维等；有色冶金占11%，骨干企业主要有连铝、兰铝、兰鑫钢铁、腾达西铁、蓝星硅材料、方大炭素、兰州阳光炭素等；能源电力占16%，主要企业有范坪热电、西固热电、兰州热电等；建材及非金属矿占6.6%，骨干企业主要有永登祁连山水泥、京兰水泥、红狮水泥、甘草环保、永固特种水泥、甘建投等；装备制造业占7%，骨干企业主要有兰石集团、蓝科石化、兰州盛达、天华院、正威（甘肃）铜业、兰州电机等；烟草制品业占12.2%，主要是甘肃烟草兰州分公司；医药制造业占8.3%，骨干企业主要有生物制品研究所、中农威特、中牧实业、佛慈制药、陇神戎发、和盛堂、奇正藏药等；食品及轻工占2.8%，骨干企业主要有顶津食品、中粮可口可乐、兰州正大、兰州伊利乳业、庄园牧场、华润雪花、黄河嘉酿、爽口源、爱里食品等。

【工业重点项目建设】 全年推进工业和信息化领域投资项目274个，建成兰州生物制品研究所新建重组新型冠状病毒疫苗生产车间、3.5万吨/年特种丁腈橡胶装置、甘肃德福2万吨/年高档电解铜箔、甘肃建投榆中创新科技产业园、兰州康鹏威耳含氟新材料生产基地等重点项目61个。宝方10万吨超高功率石墨电极、宝钢年产10亿罐两片易拉罐、德福4万吨/年高档电解铜箔、王老吉大健康兰州生产基地等重大工业项目顺利推进。

【工业固定资产投资】 全市工业固定资产投资同比增长14.86%，其中制造业同比增长16.9%，对工业投资的支撑力度持续增强。

【战略性新兴产业发展】 制定《兰州市“十四五”战略性新兴产业发展规划》，将重振兰州制造、构建“四梁八柱”工业产业新体系作为总目标，培育链主企业，按照龙头企业为主、中小企业配套融通的发展路径，推进产业链优化升级。强化技术创新能力培育，兰州飞行控制有限责任公司获评国家级创新示范企业、兰石集团等3家企业获评甘肃省第一批企业创新联合体、兰州裕隆气体等6户企业获评省级企业技术中心，蓝科石化等7家单位获评省级行业技术中心，奇正藏药等2户企业获评省级创新示范企业。组织企业的37项新技术、新工艺列入省级技术创新计划，推荐27项新产品开展省级新产品备案，11项新产品获评省级工业优秀新产品。

坚持以建链、延链、补链、强链为重点，紧盯产业链的短板弱项，对重点项目组建管理专业团队，建立项目台账，按月督查进度，分类管理、分级推进。全年兰州市推进战略性新兴产业重点项目107个，年计划投资79.6亿元，中车兰州机车整体搬迁工艺提升项目建成，兰石化3.5万吨/年特种丁腈橡胶项目开工建设，兰州生物制品研究所多糖蛋白结合疫苗、德福3万吨/年电解铜箔等重大项目加快推进。

【绿色发展】 制定《2021年工业节能及资源综合利用工作要点》，分解细化区县工业能耗“双

12月26日，兰州市与中工国际工程股份有限公司签署战略合作协议，前排左起为：市委常委、市委秘书长乔建新，省委常委、市委书记朱天舒，市委副书记、市长张伟文，副市长杨平

控”目标任务，强化节能专项监察，督促重点用能企业落实节能主体责任，组织第三方机构对兰州铝业、永固水泥等25家企业开展免费节能诊断服务。开展“节能服务进企业”及“节能低碳宣传周”系列活动，向上争取补助资金900万元支持企业实施节能技改项目，重点用能企业单位产品能耗进一步提升，2021年兰州市规上工业能源消费量1440.23万吨标准煤，同比增长0.76%，单位工业增加值能耗下降6.96%，超额完成市定工业领域能耗“双控”指标任务。制定《工业领域“两高”项目整改工作方案》，分类指导企业制定“一企一策”整改方案，推进实施节能技术改造、重点污染物消减和资源综合利用项目25个，兰鑫钢铁尾气发电、榆钢焦化区域VOCs治理、窑街煤电金河洗煤厂等17个项目建成运营，企业能源利用效率和清洁生产水平逐步提升。精准培育企业创建绿色制造示范单位，全年申报获批国家及省级绿色制造体系工程7家，争取省级奖励资金450万元，培育3家企业进入《废钢铁加工行业准入条件》企业名单（第7批），1户企业入选工信部符合环保装备制造业规范企业，再生资源综合利用水平快速提升。

【国家级省级绿色工厂培育创建】 落实工业节能、节水、资源综合利用、清洁生产、绿色制造等领域先进适用技术推广普及，引导企业开发绿色产品、推行绿色设计、建设绿色工厂，兰石化、天华院、庄园牧场、蓝科石化、鸿丰电石、兰州电机、德福新材料、长飞电线电缆8家企业获省级绿色工厂称号，兰石化、天华院、蓝科石化、兰州电机、德福新材料、长飞电线电缆6家企业获批国家级绿色工厂，九州通等2家企业获得“绿色供应链”称号。

【工业安全生产】 印发《2021年全市工信系统安全生产工作要点》，持续推进民爆行业安全生产专项整治3年行动，开展打非治违、隐患排查治理和安全生产大检查等专项行动。根据省、市安全生产工作安排部署，突出“双复”“两会”“五一”“安全生产月”等重点时段和节假日，开展民爆行业安全生产检查工作，每季度做到民爆企业全覆盖。全年协同民爆行业专家检查民爆生产、销售企业14次，排查整改问题隐患26个，确保形成闭环管理。

（贺　欢）

重振兰州制造

【概况】 市委、市政府成立振兴“兰州制造”工作领导小组，制定《振兴制造业实施方案（2019—2025年）》《振兴兰州制造暨产业链链长制三年行动计划（2021—2023年）》及振兴制造业专项资金管理办法、投融资实施办法等支持政策。围绕石化、装备制造、生物医药、新能源、新材料等重点产业，实施154个制造业项目壮大产业规模、开展“三化”改造、培育头部企业、加大招商引资，延伸产业链、向上争取资金等措施，重振“兰州制造”。

【工作机制健全完善】 市政府印发《关于分解2021年兰州市振兴制造业各项目标和重点工作任务的通知》，梳理出总投资620.34亿元（总投资较上年增长22.87%）的154个制造业项目。印发《关于分解2021年上半年全市振兴制造业重点工作任务的通知》，修订《振兴制造业年度专项督查和目标考核办法》，督促各县区、兰州新区、兰州高新区、兰州经济技术开发区高质量推进2021年振兴制造业各项目标任务。按照《振兴制造业实施方案（2019—2025年）》，制定《实施振兴兰州制造暨产业链链长制三年行动计划（2021—2023年）》，细化4大千亿产业集群、8个百亿产业链条、7项专项工作年度工作要点，明确“四梁八柱”制造业产业发展路径、发展目标、发展重点及主要任务。

【招商引资】 围绕生物医药、绿色化工、冶金建材、先进制造、新材料、新能源、数据信息等产业凝练92个招商项目。通过多渠道招商，形成大族超薄铜箔、单晶硅拉棒切片等线索项目42个，投资总额538亿元。签约中国生物西北地区生物医药健康产业园、宝武碳业10万吨负极材料、浙江海亮年产15万吨高性能铜箔材料、年产10万吨再生铝资源化利用等98个制造业招商项目，签约总额256亿元。

【"三化"改造提升】 针对石油化工、装备制造、冶金建材等行业的57户重点企业，一企一策制定"三化"改造方案，加快实施总投资236.25亿元的153个"三化"改造项目，累计完成投资156亿元，占总投资66%。通过"三化"改造，重点企业关键工序数控化率、研发工具普及率大幅提升。组织华为、航天云网、省机械科学研究院等领军服务机构，对50户重点企业开展智能化转型升级改造诊断咨询，助力企业智能化、数字化改造提升。按照工业企业创建智能工厂（数字车间）评价体系，创建市级智能工厂（数字车间）8户，指导兰石集团等6户企业获评省级智能工厂（数字车间），全市累计创建省市级智能工厂（数字车间）41户。累计指导25户企业通过国家"两化融合"管理体系贯标评定（占全省73%），企业智能化转型升级改造步伐加快。

【产业集群】 兰州新区落地中科曙光甘肃先进计算中心、丝绸之路西北大数据产业园、华为云计算、清创云计算、国网云数据中心等多个大数据产业项目，形成以先进计算、数据存储、智能制造、软件开发集成等为核心的产业发展基地。兰州高新区建成兰州软件园等产业园区，形成以通信设备制造、云计算、物联网等产业为支撑，软件和信息技术服务、应用电子、信息安全为特色的信息产业体系。兰州经济区依托甘肃长风、兰州万里、兰州飞行控制等企业在航行雷达、航空电机、机载计算机、飞行控制系统等方面的研发优势，延伸配套航空雷达、航空机电结构、航空仪器仪表、飞行控制仪器等产品，军民航空航天产品生产研发一体化产业基地初具规模。

（贺　欢）

石油化工

【概况】 化工产业占据全市GDP比重15%左右，占工业经济30%左右。形成炼油、化工、化肥、农药、农膜、有机化工基础原料、三大有机合成材料、精细化工、塑料加工、化工机械和化学清洗等25个行业，产品涉及27大类400余种。兰州原油配套加工能力1050万吨/年、乙烯生产能力70万吨/年、聚烯烃产品产能120万吨/年、合成橡胶产能26万吨/年。主要有中科院兰州化物所、中油兰州化工研究中心、兰州润滑油研发中心等科研机构。

【炼油化工】 兰州石化公司建成长庆乙烷制乙烯、长汀催化剂等重大项目，完成汽柴油从国Ⅲ到国Ⅵ标准"四级跳"。炼化装置迈向"四年一修"，完成一批安全隐患治理和环保达标升级项目。实施"减油增化"，以最大化降低汽柴油产量，增加乙烯原料为目的设置流程，同时调整重油加工方案，减少黑色、低效产品产量。

【精细化工】 以兰州新区化工园区为载体，重点发展精细化工、化工新材料、化工商贸物流等核心产业，推动园区向基地化、智能化、绿色化方向发展。兰州新区化工园区近期规划面积30平方千米，300栋专精特新标准化专用厂房投运74栋。累计引进落地化工企业160户，总投资290亿元。其中上市公司8家，筹备上市公司3家，高新技术企业30余家，涉及精细化工、新材料等领域700余个品种。

【化工产业项目建设】 8月，兰

兰州石化公司在长庆建成乙烷制乙烯项目

10月11日，在祁连山水泥集团总部举行永登祁连山水泥窑协同处置固废项目签约仪式

州石化80万吨/年榆林乙烷制乙烯项目建成投产。3.5万吨/年丁腈橡胶开工建设。兰州石化数字化转型智能化发展试点建设启动，促进数字化转型。

【产业结构升级】　持续壮大绿色化工产业，将精细化工细分领域行业龙头企业和隐形冠军作为兰州新区化工园区招商引资项目最主要来源。重点推进兰州泰邦化工科技有限公司年产5万吨高氯酸钾及25万吨双氧水（27.5%）资源综合利用、托球生物科技（兰州）有限公司年产1.06万吨医药原药及农药、医药中间体、甘肃康巴斯生物科技有限公司高端农药原药及农药中间体等重大项目。

【主要产品产量】　全年加工原油915万吨，生产汽、煤、柴油623万吨，乙烯产量突破100万吨、合成树脂143.2万吨、合成橡胶19.57万吨。

（贺　欢）

装备制造产业

【概况】　兰州市装备制造产业重点布局兰石集团、正威、中车、广通新能源等一批高端装备项目，形成以能源装备、电工电气、轨道交通、新能源汽车等为主的装备制造业体系，成为支撑全市工业经济发展的重要支撑。依托兰石集团、海默科技等企业技术优势，逐步提高兰州市装备产业“工业四基”创新水平，兰石集团生产经营达到近5年最好水平，获批国家级智能制造试点示范；蓝科石化400万吨/年煤间接液化成套技术创新开发及产业化项目、天华院复杂原料百万吨级乙烯成套技术研发及工业应用项目获国家科学技术进步一等奖。

【技术改造】　在全省率先编制《兰州市工业企业创建智能工厂（数字车间）评价体系》，明确兰州市智能工厂（数字车间）基础共性和关键技术、行业应用范围。创建智能工厂（数字车间），兰州电机“基于个性化定制的大中型高效智能化电机数字化车间建设”通过国家智能制造新模式项目验收、兰石集团石油装备智能制造示范工厂获评国家级智能制造试点示范，累计创建市级智能工厂（数字车间）41户，企业关键工序数控化率、研发工具普及率大幅提升。

【石化通用装备】　培育兰州石化、兰石集团、蓝科高新、天华化工研究院等一大批骨干企业，形成原油和天然气输储、石油炼化、石油钻采和炼化装备制造等成龙配套、炼化协调较为完整产业体系。天华化工机械及自动化研究设计院有限公司干燥技术及设备，蓝科石化石油钻采机械、炼油化工装置以及海默科技多相计量均具有国际或国内领先水平。石化装备产业主要有兰石集团、蓝科石化、天华院等13户规模以上企业以及9户中小企业。

【电工电器装备】　借助甘肃铜、铝等有色金属资源优势，引进以正威铜业、众邦电线电缆为代表的铜、铝电线电缆大型企业。发展以配电柜、变压器以及电力配套设施为主电工电气装备生产体系，拥有以兰州电机、兰飞、万里等为代表的电机生产企业。

【轨道交通装备】 依托中车兰州机车，承揽机车维修业务，主要有铁路机车修理、高铁导线材料及铁路信号等。中车兰州机车整体搬迁工艺水平提升项目建成。正威高导新材料项目投产后可向铜加工市场提供高速铁路用铜合金接触线、电气化铁路用铜及铜合金绞合线、精密高导超细线等高新材料。

（贺 欢）

生物医药产业

【概况】 2021年，兰州市生物医药产业以生物技术药物、现代中（藏）药为重点的产业体系和兰州新区、兰州高新区2大产业集聚区，培育兰州生物制品研究所、中农威特、中牧实业兰州生物药厂、民海生物、健顺生物等以疫苗、细胞培养基研发、生产为主导的生物制品骨干企业，佛慈制药、陇神戎发、和盛堂、奇正等现代中药骨干企业，西脉、汶河、兰飞等医疗器械生产企业。拥有A型肉毒毒素、口服轮状病毒活疫苗、口蹄疫疫苗、六味地黄丸、元胡止痛滴丸、贞芪扶正胶囊、高乌甲素、洁白胶囊、当归腹痛宁滴丸、奇正消痛贴膏、西脉记忆合金医疗器械、兰飞心脏瓣膜等医药产品。全年全市有规模以上生物医药生产企业24户，工业总产值同比增长60.93%。

【产业项目建设】 中农威特生物医药基地项目、中牧股份兰州生物药厂生产区整体搬迁项目一期、甘肃农垦技术改造项目、兰州国家生物产业基地创新园（二期）、慈济药业有限公司1.5万吨中药饮片及浸膏生产建设等重点项目建成投产。兰州生物制品研究所多糖蛋白结合疫苗车间、重组新冠肺炎疫苗生产车间等项目建设进展顺利。中国生物西北地区科技健康产业园项目落地高新区定连园区。

【生物制品】 生物制品产业在人用生物制品领域，有兰州生物制品研究所、兰生血制等骨干企业，主要产品有口服轮状病毒活疫苗、A群C群脑膜炎球菌多糖疫苗、人血白蛋白、静注人免疫球蛋白等。在兽用生物制品领域，有中农威特、中牧兰州生物药厂、申联生物兰州分公司等骨干企业，主要产品有猪口蹄疫O型、A型二价灭活疫苗等。在生物培养基领域，有民海、健顺、荣晔等骨干企业，主要产品有无血清培养基、小牛血清培养基等。

【医疗美容】 兰州生物技术开发有限公司，核心产品注射用A型肉毒毒素，占据国内市场主导地位，远销巴西、韩国、俄罗斯等20余个国家和地区。

【医疗器械】 兰州西脉记忆合金股份有限公司实施自主创新发展战略，与中山大学、兰州理工大学、上海长海医院等科研院所建立紧密合作关系，公司“全碳双叶型人工机械心脏瓣膜”项目获得国家科技进步二等奖，成为国内最大的记忆合金内固定医疗器械领军企业。

【应急医疗物资】 有应急防疫物资生产企业23户，产品涉及各类口罩、防护服、消杀用品、熔喷布、护目镜和医用手套等。红会医疗器械、宝石花医疗器械和兰石化3户企业为省级产能储备企业，兰州助剂厂和兰州洛斯特医疗设备有限公司为市级产能储备企业。

【陇药中药】 有佛慈制药、陇神戎发药业、和盛堂制药、奇正藏药等知名企业，佛慈六味地黄丸、陇神元胡止痛滴丸等产品享誉国内外，和盛堂制药中药戒毒产品福康片在多个省份推广应用，普安康罂粟壳、亚兰药业麻黄草均在中药领域占有市场主导地位。

（贺 欢）

冶金产业

【概况】 冶金产业是兰州市工业经济重要的支柱产业之一，全市现有规模以上冶金企业42户，其中黑色金属冶炼和压延加工企业30户，主要产品包括钢铁及铁合金等。重点企业有酒钢集团榆中钢铁有限责任公司、兰鑫钢铁集团有限公司、腾达西北铁合金有限责任公司等。有色金属冶炼和压延加工企业12户，主要产品包括电解铝、铜加工等，重点企业有中铝连城分公司、兰州铝业有限公司、正威(甘肃)铜业科技有限公司等。

【产业结构升级】 以高端化、绿色化和智能化为核心,加快工艺技术装备升级改造,推动冶金产业高端发展。榆钢烧结提质降耗一期、榆钢炼铁块矿筛分系统改造、腾达西铁电炉炉前浇筑烟气治理清洁化、腾达西铁电炉主体设备节能升级改造等项目均已完工。宝方炭材料10万吨超高功率石墨电极项目国产线负荷试车。

【电解铝及铝加工】 兰州市有中央直属电解铝企业2户,合计电解铝产能97万吨。其中兰铝设计产能43万吨,连铝设计产能54万吨。下游铝加工企业6户,主要生产铝棒、铝锭和铝型材,设计能力130万吨,分布在连海地区。

【钢铁】 钢铁冶炼生产企业2户,生铁产能合计305万吨,粗钢产能合计390.5万吨。其中榆钢公司设计生铁产能234万吨、粗钢产能280万吨,兰鑫钢铁集团有限公司设计生铁产能71万吨、粗钢产能110.5万吨。

【铁合金】 全市纳入生产序列的铁合金企业13户,总产能54万吨,主要生产硅铁、硅钡等合金。龙头企业有腾达西铁和蓝星硅材料有限公司。

【镍钴新材料】 有兰州金川科技园有限公司、兰州金川新材料有限公司、兰州金川贵金属材料股份有限公司、兰州金通储能动力新材料有限公司、兰州金川科力远电池有限公司、金川镍合金有限公司6家企业。具备1万余吨钴金属处理能力,已形成8000吨/年四氧化三钴、4000吨/年电积钴、3000吨/年镍钴锰三元前驱体生产能力。

【炭素】 方大炭素是世界前列的优质炭素制品生产供应基地和涉核炭材料科研生产基地,有年产19万吨石墨电极、年产3万吨炭砖和年产1万吨炭素新材料生产能力,入选“中国民营企业制造业500强”和“全球上市公司2000强”。兰州阳光炭素有限公司形成年产30万吨电极糊的生产能力,是中国最大的专业电极糊生产企业。

(贺　欢)

新材料产业

【概况】 2021年,制定《兰州市新材料产业两年发展行动计划(2022—2023年)》,完成对新材料产业未来发展思路、路线、措施和支撑项目的全面谋划。推动总投资134.3亿元的新材料产业重点推进项目36个,完成投资26.4亿元。

【产品研发培育】 裕隆气体成功申报省级企业技术中心,兰州大学获评光致无机发光材料行业技术中心,高阶HDI电路板用12微米电解铜箔、快堆用含硼石墨、海瑞达保水剂等3项产品进行备案。抗泥型聚羧酸高性能减水剂、动力电池用三元前驱体、电子浆料用内外电极电感银粉及规模化高品质硝酸银成套产品、利用PTA残渣制环保醇酸涂料的工艺开发及应用、额定电压0.6/1千伏铜芯交联聚乙烯绝缘钢带铠装聚烯烃护套无卤低烟阻燃1级(B1级)耐火电力电缆、海瑞达保水剂等6项产品进行评优。其中动力电池用三元前驱体、利用PTA残渣制环保醇酸涂料的工艺开发及应用、海瑞达保水剂等3项产品获得省级工业优秀新产品称号。

【产业项目建设】 德福高档电解铜箔建设项目(二期1.8万吨)完成厂房主体封顶,设备安装调试。兰石化3.5万吨/年特种丁腈橡胶装置项目开工建设,宝方年产10万吨超高功率石墨电极生产线进入调试。

(贺　欢)

新能源产业

【概况】 紧跟国家“双碳”产业和全省能源基地建设步伐,实施振兴“兰州制造”战略,打造西部地区重要的新能源基地,以新能源汽车、动力电池为代表的新能源装备产业得到快速发展,引进实施宝武碳业10万吨全流程一体化负极材料、海亮年产15万吨高性能铜箔材料、德福4万吨/年高档电解铜箔等新能源产业重点项目,促进全市工业结构转型升级。

【产业项目建设】 实施总投资885亿元的新能源产业项目61个，重点项目推进顺利，德福高档电解铜箔建设项目（二期1.8万吨）厂房主体封顶。宝方年产10万吨超高功率石墨电极生产线项目厂房、综合办公楼、宿舍建成。兰州知豆于11月起逐步开展复产相关工作，12月10日复产首辆知豆D2S纯电动乘用车正式下线。

【动力电池】 推进宝武负极材料、海亮铜箔、德福铜箔等项目建设，招引新能源电池企业，配套发展上下游产业，新能源材料产能规模达到50万吨。兰州金川新材料科技股份有限公司重点发展动力电池材料前驱体，甘肃德福新材料有限公司2万吨/年高档电解铜箔一期项目建成投产。

【新能源汽车】 大力发展新能源汽车产业，在兰州新区基本形成以新能源乘用车、公交车、物流车、环卫车、动力电池材料前驱体为主的新能源汽车产业集聚区，其中兰州广通新能源汽车有限公司现具有二级客车改装生产资质，企业一期规划年产新能源客车2000辆、客车底盘3000辆、改装及物流车5000辆。甘肃建投重工公司可生产洗扫车、抑尘车等52款专用新能源及燃油车辆；兰石兰驼公司生产的各类轻型新能源物流车在兰州市城市货运配送领域应用。

（贺　欢）

新型建材产业

【概况】 2021年，有生产水泥及水泥制品、商品混凝土、玻璃、炭素及新型建材等规模以上建材企业87户。重点企业有永登祁连山水泥有限公司、甘肃永固特种水泥有限公司、兰州红狮水泥有限公司、兰州甘草环保建材股份有限公司和兰州新蓝天新材料有限责任公司等企业。

【产业项目建设】 甘肃华奕门窗节能环保LOWE中空玻璃生产车间、永固协同处置固废、兰州中意门业高精钢质工业用防火门系列生产线等项目均完工。兰州蓝天浮法节能安全新材料（二期）项目完成主生产线双银low-e浮法玻璃生产线设备的安装，进入试生产。

【水泥】 有水泥熟料生产企业6户，产能在700万吨以上。主要有永登祁连山水泥有限公司、甘肃京兰水泥有限公司、兰州红狮水泥有限公司、兰州甘草环保建材股份有限公司和甘肃永固特种水泥有限公司、甘肃高崖金城水泥有限公司。

【玻璃】 有平板玻璃生产企业兰州新蓝天新材料有限责任公司1户，有日熔化量1000吨的太阳能浮法玻璃生产线和年产100万平方米的Low-E低辐射节能镀膜玻璃生产线，年产平板玻璃设计能力为600万重量箱。

【新型建材】 有新型墙体材料、节能保温材料、防水密封材料和装饰装修材料的新型建材企业20余户，主要有甘肃建投建材有限公司、兰州雨中情防水材料有限公司、兰州科天环保节能科技有限公司、西部铁建工程材料科技有限公司和甘肃宏森新材料科技有限公司。

（贺　欢）

节能环保产业

【概况】 兰州市节能环保产业发展围绕重振兰州制造，从高效节能装备、先进环保设备、资源循环利用3个方面不断发展壮大，在全省率先建成以改善城市环境、提高人民群众生活水平为特征，以生活垃圾发电、餐厨垃圾资源化处置、建筑垃圾处置和废旧物资回收利用为支撑的城市节能环保体系。依托国家“城市矿产”示范基地和国家资源循环利用基地，规划建设兰州新区“城市矿产循环产业园”，重点发展节能环保装备、节能环保产品和资源循环利用产业，逐步构建功能完备、特色突出、布局合理的节能环保产业体系。截至年底，全市有节能环保行业企业177户。其中，工业企业40户；建筑业企业6户；服务业企业121户；循环农业企业10户。

【产业布局】 城关区主要以生活垃圾处理，节能环保服务为主。红古园区以废旧资源再生利用、固废综合利用为主，大力发展节能环保、清洁生产等产业。皋兰县主要打造以废铁、废钢回收再利用为主的黑石铸造产业园区。七里河、安宁区主要以清洁生产技术研发生产、节能环保装备为主。兰州新区主要发展新能源和先进环保装备产业。

重点发展热泵、光优发电、新型节能建材、绿色高效照明、污水深度处理膜材料、节能保温材料、煤炭储运抑尘剂、雾霾消除剂、可降解塑料制品、环保监测仪、厨房垃圾处理器等节能环保产品的研发和生产。推进水性工业涂料生产、节能防火玻璃、装配式建筑基地、厨房垃圾处理器生产基地等重点项目。

【资源循环利用】　围绕建设国家级“城市矿产”示范基地和兰州新区“城市矿产循环产业园”，在红古区重点发展废旧电子、废旧电池、废有色金属、废塑料、废纸等城市典型废弃物集中拆解处理和资源化利用，在兰州新区重点发展飞机、火车、汽车、家电、电子产品等拆解处理和资源再生利用，初步形成分拣、拆解、加工、资源化利用和无害化处理的完整产业链条。深化煤炭资源综合利用水平，提升矿区资源综合利用整体水平。同时，将低端加工向深加工产业链延伸，构建集约化、高值化的再生资源回收利用全产业链。重点推进废纸再制造2期、果蔬废弃物资源化利用、半焦高值开发利用、工业废弃物资源化利用及无害化处置、水泥窑协同处置固体废物、中铺子生活垃圾焚烧发电2期工程等项目建设。

（贺　欢）

食品加工产业

【概况】　2021年，兰州市形成食品制造、酒饮料制造、农副食品加工3个大类，焙烤食品制造、乳制品制造、酒制造、饮料制造、屠宰及肉类加工、蔬菜加工、蛋品加工、饲料加工等小类，具有一定竞争优势的产业体系。现有规模以上食品工业企业24户，其中食品制造业企业12户、酒饮料制造企业6户、农副食品加工企业10户。

【产业项目建设】　伊利乳业新增两条利乐砖生产线项目建成投产，益海嘉里粮油加工基地、广润盛华生态沙棘循环经济产业及生物科技研发建设项目、金河池生产酿造搬迁升级改造一期项目进展顺利。王老吉大健康兰州生产基地项目落地高新区定连园区。

【百合玫瑰产业打造】　爽口源百合建成“生态原产地保护”兰州百合种植基地及百合脱毒种球组培繁育中心，打造从百合种苗繁育、种植到加工销售的完整产业链条，推出的MINI碗真空鲜百合、即食净片鲜百合、百合营养脆片、百合花茶、百合速溶粉、百合多糖等系列产品畅销全国。东方天润等玫瑰加工企业与爱里食品合作生产的玫瑰花饼等产品已进入市场。九香玫瑰与北方集团合作生产玫瑰酒，与天津食品集团共同研发玫瑰月饼。

【牛肉面产业融合发展】　依托树屏众创城食品产业园、陇萃堂等本地食品生产骨干企业打造预包装牛肉面新产品。陇萃堂嘻烧兰州牛肉面获得2020首届中国面食博览会最受欢迎的面食品牌奖项。

（贺　欢）

烟草制品产业

【概况】　甘肃烟草工业公司纳税额连续多年在甘肃省企业中位居前列，公司先后获评“甘肃省2019年度企业推动高质量发展突出贡献奖”和“2019年度甘肃省脱贫攻坚帮扶先进集体”。2021年，累计生产各类卷烟93.2万箱，工业增加值同比增长3.32%。

【工艺改造】　大力探索烟叶处理新技术的研究和应用，改革原料配方技术，采用生物酶技术、基因组学联用技术等手段，着力解决产品研发原料保障问题。注重“液体”烟叶开发，积极探索天然香原料、合成香原料的研究利用。加强“重组”烟叶开发，采用香精香料回填技术进行品质重构，打造功能型再造烟叶。

【产品结构优化】 按照"一省一策"的发展思路统筹谋划，加快提升一二类卷烟销量整体占比，加快消减低结构卷烟步伐。

（贺 欢）

信息产业

【概况】 2021年，全市电信业务总量累计完成79.6亿元，同比增长26.9%，高于全省1.9个百分点。

【通信行业】 2021年，全市城域网出口带宽提升至5400G，核心传输系统带宽能力>100Tbps。兰州新区国际互联网数据专用通道建成开通，带宽达到40G。全市建成(300组机架)规模以上数据中心11座。其中，大型数据中心3座；中型数据中心8座。28104组机架，上架总服务器93317台，上架率51.7%，数据总量超过150PB，虚拟计算单元超25万核，存储能力超300PB。全市建成5G基站2110个，累计建成5G基站6123个，基本实现5GSA(独立组网)。兰州获评信通院5G速率最佳城市。全市农村已建成5G基站185个，部分重点乡镇实现5G网络覆盖。

兰州市在5G+智慧医疗、5G+VR高清直播、5G+智慧文旅、5G+智慧城市、5G+智慧交通等行业应用方面不断深化。甘肃加华联合"基于人工智能与5G物联网技术的供水主干管网远程智慧抄表系统项目"成功申报工信部2021年新型信息消费示范项目。甘肃移动"兰州新区车联网C-V2X端到端车云安全通信技术及系统应用研究项目"获评工信部车联网身份认证和安全信任试点项目名单。

【电子制造】 九霄鲲鹏服务器生产线、长城紫晶蓝光存储、长飞光纤年500万芯光纤生产等重点项目落地。金川科技园微电子用关键战略性基础材料、甘肃德福铜箔高档锂电池用电解铜箔、正威集团铜镁合金、铜银合金、铜锡合金接触网线材等关键材料获得突破。整合制造业骨干企业与兰州大学、省科学院等高校科研院所产业技术创新资源，长风电子智能机器人平台项目建成投产，形成集工业机器人工艺研发、加工制造，整机智能装配、智能检测为一体的机器人生产基地。省科学院打破关键技术垄断，成功研发巨磁阻MEMS磁场传感器。甘肃普锐特、甘肃伯骊江在医疗专用3D打印机、3D沙土打印材料等领域实现产品创新。

10月18日，兰州市5G+工业互联网展示对接会在金果海港国际宴全中心召开

【软件及信息服务业】 兰州高新技术产业开发区建成高新区国家级软件园、联创科技信息孵化园、科庆科技孵化园等软件等产业孵化基地，快速制造国家工程研究中心兰州创新示范中心、3D打印智能制造技术产业中心、鲲鹏计算产业中心等项目快速推进。兰州北科维拓三维大数据社会治理系统平台、中电万维精准扶贫大数据平台等多个软件产品获得国家充分肯定。引进培育甘肃九霄鲲鹏、兰石爱特、兰州大方、万桥信息等10家融合发展优秀服务商，自主研发"双重预防机制一体化信息系统""能源管理系统"等15个工业App(解决方案)。

完成兰州市工业互联网平台二期建设，平台注册工业企业513家，上线工业软件1813款。永诚恒易"化盟网"化工行业产业互联网平台推动供应链上下游企业互联互通，为行业用户提供在线交易、云物流、云仓储、供应链金融等一站式服务，截至年底，平台订单量超过6.5万笔，交易规模超过11亿元。兰石集团自主研发的"双重预防机制一体化信息系统"与"能源管理系统"

通过华为鲲鹏技术认证，是甘肃省工业应用领域首家通过认证的企业。

（贺 欢）

数字城市建设

【概况】 2021年，市大数据工作坚持以党建为统领，切实在抓创新、重实效、求突破上下功夫，开展标准规范体系完善、数据资源整合共享、新型智慧城市建设、政务服务水平提升、数字经济发展、政务网络安全保障等各项重点工作。

【顶层设计】 编制完成《兰州市“十四五”信息技术和大数据产业发展规划》《兰州市“十四五”数字经济创新发展实施方案》《兰州市数字政府建设方案》《兰州市数字经济统计指标》和《兰州市基于模型的数字经济之产业数字化测算方法》，梳理数字经济产业统计核算的106个测算指标。制定《兰州市2021年大数据工作要点》《兰州市2021年新型智慧城市建设工作要点》《兰州市2021年数据信息产业工作要点》，为推动全市大数据、智慧城市建设和数据信息产业发展提供指导和规范。制定《全国一体化大数据中心甘肃枢纽节点及升级核心节点建设方案》《兰州市大数据企业认定管理办法》《兰州市数据信息产业推进工作考评管理办法》和《甘肃鲲鹏产业联盟筹备计划》，为推进大数据中心建设和数据信息产业发展提供政策支持。

【智慧城市建设】 加强全市政务信息化项目建设、运维和整合共享，实现城市治理智能化、集约化、人性化。上线运行智慧城市运行监管系统，打造集运行、监管、分析于一体的“城市大脑”，建立全市智慧城市评价考核体系，在线掌握全市各相关部门智慧城市评价指标完成情况，实现全市智慧城市建设进度多角度、多场景、多维度分析，为全市智慧城市建设提供科学决策的依据。智慧城市运行监管系统获“2021中国数字政府特色评选案例治理运行创新奖”。

推进兰西城市群新型智慧城市建设合作交流，同西宁市签订《兰西城市群新型智慧城市建设领域合作备忘录》，围绕新型智慧城市建设、数据资源整合共享、政务服务事项“一网通办”“跨省通办”、政务信息化项目集约化建设、政务云建设、数据信息产业发展等方面学习互鉴经验和成果，抢抓兰西城市群发展机遇，推动两市在数据资源共享、新型智慧城市建设、信息产业链合作、专家队伍交流等重点领域的全面合作。

推进全市数字政府建设工作，配合省政府数字政府建设工作专班开展全市数字政府、政务信息化等建设情况调研，摸清全市数字政府、政务信息化建设现状。牵头成立兰州市数字政府建设统筹推进领导小组和数字政府工作专班，进一步加强统筹协调。牵头编制全市数字政府建设方案，督促指导各县区成立县区数字政府工作专班并编制县区建设方案。

【数据共享】 推动数据资源整合共享，实现政务数据资源的深入开发利用，助力提升全市治理体系和治理能力现代化水平。按照《兰州市直单位数据共享责任清单（第二批）》，协调各有关部门做好相关数据的归集挂载，共归集责任清单数据项258条，在兰州市政务信息共享网站挂载对应资源242条。完善省、市、区（县）三级数据资源共享体系，持续申请国家、省级可共享数据资源，申请省级厅局接口257个、国家部委接口56个，

兰州市大数据管理局与兰州联通分公司联合召开党史学习教育辅导报告会

各类数据接口累计调用387.6万余次，居全省首位。依托政务云平台，整合人社、公安、市场监管等52个部门信息资源，形成“6+7+52”数据库管理应用模式，全年数据总量增长530亿余条。推动数据资源线上申请工作，为全市56个单位分配数据共享账号，市医保、住房公积金等部门通过政务信息共享网站申请数据接口及库表资源209项。依托兰州市大数据普惠金融服务平台，与工商银行甘肃省分行、建设银行甘肃省分行等首批10家银行签署《兰州市公共数据开放普惠金融应用数据利用协议》。

【“放管服”改革】 注重运用大数据、信息化手段助力“放管服”改革，加快推进政务服务流程和政务服务方式系统性重塑。持续完善一体化在线政务服务平台，实现33个市级部门和8个县区378类电子证照的整合共享，全年颁发电子证照74万余册。推进电子印章制作备案工作，制作市级28家单位、8个县区、100余个街道（乡镇）及其所属村（社区）印章2100枚。持续优化完善工程建设项目审批监管系统，建立覆盖项目审批全过程的兰州市工程建设项目审批监管平台，将工程建设项目审批时限从154个工作日压减至21~77个工作日，为全市工程建设项目全流程网办提供有力支撑，累计登记项目2321个。持续推进政务服务事项网上办理工作，新增网上办理事项1.8万余个，推动23个专网业务系统与政务服务网对接，3.8万余个事项实现网上办理，提升“一网通办”服务水平。完成“金城办”App与兰州市智慧医保系统、数字民政系统、兰州市工程建设项目审批管理系统的对接，实现医保异地备案、社会团体信息、工程建设项目审批进度查询等服务，为企业和群众办事提供便利。

【信息便民服务】 印发《兰州市12345政务服务便民热线优化提升工作实施方案》《关于进一步做好12345热线群众诉求办理工作的通知》，将12312热线、12385热线归并至12345热线，并通过不断完善热线知识库建设，创新推出一小时在线即答工作机制，探索实现群众不满意诉求二次办理，规范工单回复审核工作，坚持执行热线诉求办理联席会议制度，“点对点”式月度通报热线承办单位等方式，提升热线办理质量和群众满意度。全年12345热线受理各类诉求96.72万余件，办结率95%以上，群众对热线服务满意度95%以上，对诉求办理结果的满意度90%以上。累计报送大数据分析14期，民情专报7期，向各承办单位发送舆情函91份。12345热线获得2021年全国热线服务质量评估“服务企业优秀单位”奖。配合市委办公室、市政府办公室制定印发《网民留言办理工作实施办法》，召开全市党政办公系统网民留言办理业务培训会，有效提升全市网民留言办理水平。全年，受理网民留言6176件，办结6131件，答复率99.27%。强化网格化信息管理平台运行管理，与“精致兰州”“平安兰州”建设等全市重点工作相结合，及时受理解决网格化办件。全年受理网格化办件91.8万余件，办结率99.88%。强化信用信息共享平台及门户网站的运行管理，推进信用信息在餐饮、贷款、在线教育培训等行业领域的应用。做好信用信息归集公示工作，全年归集社保、医保以及公积金等各类信用信息4.8亿余条。在全国信用信息共享平台、信用门户网站和全国中小企业融资综合信用服务平台建设现场观摩会上，兰州市信用信息共享平台及门户网站获得国家发展改革委、国家公共信用信息中心授予的市级特色平台网站。

【政务网络运维保障】 提升政务外网新技术应用水平和政务网络基础支撑能力，不断加强基于政务外网、政务云、政府网站群的终端管控+网络集中防护+IDC安全接入的联动防御体系建设，做好市政府视频会议和各类会议保障工作，全年累计阻止各类网络攻击及疑似攻击行为6000万余次，保障各类会议954次。在国家和省、市“两会”期间等重要时间段，采取“一事一议”办法，制定专项保障方案，成立24小时专业保障队伍，排查风险隐患，并对苗头性问题及时组织技术力量进行研判，有效化解各类潜在风险。加强网络安全常态化保障，建立安全问题督促整改、风险预警通报等工作机制，先后发出整改督办函9份。

强化市政府网站群管理，严格执行网站信息内容先审后发制度，分别对前3季度全市政府网站运行情况进行通报，督促查出问题的网站第一时间整改。全年市政府门户网站同步转载国务院和省政府网站及兰州市发布的疫情防控权威信息6062条，开设"两会""4·15"国家安全教育日、防控新冠肺炎兰州在行动、发展特色产业助力乡村振兴、优化营商环境等重点专题栏目5个。

【数字经济发展】 推动互联网、大数据、人工智能和实体经济深度融合，推进数字产业化和产业数字化，打造具有竞争力的数字产业集群。持续将数据信息产业领域的重点项目纳入全市十大生态产业项目库实施动态化管理，梳理"十四五"期间引入中央企业（包括在兰州市设立分、子公司的央企）投资建设的数据信息项目4个，项目总投资17.505亿元。其中，"十四五"期间引入央企合作投资建设项目2个，总投资2亿元；辖区内央企拟投资建设项目2个，总投资15.505亿元。指导大数据产业发展协会发挥作用，已入会企业100余家，形成企业互通交流、技术应用共享、产品推广应用的良好发展氛围。

【园区建设】 强化产业载体建设，按照兰州市"一心两翼"的战略规划，推动各县区依托已建成的园区，构建优势互补、错位发展的数据信息产业园区发展布局，兰州市大数据产业园高新园区、东岗园区相继挂牌成立，加快推进中软国际和网易（兰州）联合创新中心项目建设，兰州科技创新园开园运营，入驻企业超50家，推进以中药材健康大数据中心为核心的兰州大数据产业园，加快推动人工智能、智慧物流等产业载体建设，推动产业集聚发展。

【兰州数字经济发展论坛】 7月10日，举办以"数智兰州，慧见未来"为主题的"兰州数字经济发展论坛"。论坛分数字经济产业发展论坛和数字政府建设专题论坛两场。邀请国内数字经济领域专家学者、知名大数据企业和部分高校代表、省市领导及有关部门负责同志等约650人参会，促进兰州市数字经济高质量发展，数字城市高水平建设。

【"五大经典案例"和"十佳优秀案例"】 举办"2021年推进数字政府发展暨兰州市数据信息企业智慧城市建设经典及优秀案例授牌活动"，推选出兰州市数据信息企业智慧城市建设"五大经典案例"（甘肃省健康医疗大数据应用平台、甘肃省高速公路大数据平台、"空心村"智慧分析平台、智慧党建引领社会治理综合信息平台、兰州日报社融媒体中心与兰州市新时代文明实践中心综合指挥平台）和"十佳优秀案例"（智慧渣土车及建筑垃圾监管平台、智慧水务大数据平台、智慧社区服务云平台、长沙机场定位型智能光纤周界安防系统、甘肃省兰州市安宁区全域人口管理系统、兰州市吸毒人员网格化服务管理大数据平台、兰州银行全流量分析平台、"紫塞秋风"网络游戏、太原智慧社区综合管理平台、自然灾害综合监测预警系统、甘肃公航旅金融仓储基地（一期）项目智能化工程）并进行授牌，数据信息产业发展的活力和动力持续增强。

【短视频产业园】 为推进"短视频上的甘肃"融媒体传播专项行动，构建短视频产业链，壮大短视频产业集群，印发《兰州短视频产业园建设方案》和《兰州市大数据管理局关于建设兰州短视频产业园的通知》。6月26日，在兰州报业大厦举行兰州短视频产业园揭牌活动，市大数据管理局与兰州日报社双方签订《关于建设兰州短视频产业园的战略合作协议书》，共同推动兰州市短视频产业发展。来自省内外的40余家高校、企事业单位、政府职能部门成为首批入驻单位，与产业园签订战略合作协议或合作备忘录。兰州日报社与甘肃广电网络有限公司签署战略合作协议，依托广电"鲲迹云"建设兰州短视频产业园线上园区，搭建支撑实体园区业务开展的应用平台。截至年底，全市数据信息企业11659家，其中规上企业78家（2021年新增9家），中电万维、甘肃紫光等10家企业纳入全省战略性新兴企业，占全市战新企业20.83%。

【小兰帮办】 小兰帮办是在兰州市委、市政府规划统筹建设

4月27日，兰州市鲲鹏计算产业项目推进工作领导小组第一次工作会议

的基层社会治理智慧平台，由兰州电信公司承建，中电万维公司提供技术支持。该平台以贯彻党的全面领导为核心，建设有全要素网格、疫情防控、帮办代办、兰州学习和社工委等功能应用。该平台是兰州市实现“党工委引领、社会化共建、社区化共治、邻里式共享”基层治理目标的核心举措之一。2021年10月，平台上线以来，在兰州市多轮疫情防控工作中发挥巨大作用，有效支撑基层防控和多部门联防联控工作的开展，截至2022年10月末，平台注册用户达到601万人，本地用户390万人，覆盖交通卡口、公共场所和住宅小区等场所30万个，扫码次数达2.3亿次，累计登记来返人员1560万人次，为兰州市疫情防控的精细化管控提供有效支撑。

【服务新冠肺炎疫情防控】 履行疫情防控“四方责任”，依托数据采集分析、信息系统开发建设、12345政务服务热线等信息化手段。及时成立疫情防控数据采集分析工作组，选派专业人员到兰州市疫情防控指挥中心开展疫情防控指挥系统、核酸检测系统的24小时保障等相关工作，安排干部参与疫情防控大数据专班流调工作，根据国家督查组和省政府领导要求，在36小时内完成全市核酸检测系统的上线运行。确定专人负责保障市政府视频会议系统，通过重新检修所有链路终端、及时补充备品备件等方式，全力保障视频会议及市政府机关网络设备正常运转。10月19日开始，保障国家和省、市疫情防控视频会议及各类会议224场次，排除市政府办公楼各类网络及软硬件故障32次。保障“小兰帮办”系统平稳运行，配合相关部门和企业对接网络专线，保证“小兰帮办”系统通过互联网环境正常使用。加强对12345热线话务员的培训管理，设立心理咨询专席，耐心疏导群众，落实重点部门驻场工作机制，解决疫情防控期间群众的操心事烦心事揪心事。开展网民留言办理和网格化信息管理工作，特别是对涉及疫情防控方面留言，及时协调各相关部门按照24小时内有回应的原则，向市民做好解释说明工作，并尽快办理答复。10月开始至年底，12345热线受理市民关于疫情防控诉求件6.59万余件，办结率98.22%；受理网民留言903件，办结率86.27%；受理网格化办件16146件，办结率99.98%；报送各类数据分析和《12345热线疫情诉求受理情况专报》65期。

选派干部第一时间组成党员先锋队和党员志愿者队伍，组织50余名党员干部下沉28个居住地社区一线，协助开展核酸检测、秩序维护、人员登记、普法宣传、电话寻访等工作。截至年底，累计下沉社区1100余人次。

（孟　拯）

农业农村

【概况】　2021年，兰州市农业农村工作以实施乡村振兴战略为抓手，以巩固拓展脱贫成果为重点，以发展精致农业为方向，以增加农民收入为核心，着力推进农业高质高效、乡村宜居宜业、农民富裕富足，全市“三农”各项事业取得明显成效，乡村全面振兴实现良好开局。实现第一产业增加值62.52亿元，比上年增长7.4%；农民人均可支配收入16191元，比上年增长10.5%。

【脱贫攻坚成果巩固】　**财政帮扶**：争取财政衔接推进乡村振兴补助各级到县衔接资金102384.03万元。其中，中央资金21961万元；省级资金19255万元；市级资金12700万元；县级资金48468.03万元。市县两级预算资金安排合计61168.03万元，较上年的60125.35万元增加1042.68万元，截至11月底，全市累计完成衔接资金支出98168万元，支出率95.88%。其中，中央资金支出21380万元，支出率97.4%；省级资金支出18574万元，支出率96.5%；市县级资金支出58214万元，支出率95.2%。**教育帮扶**：发挥控辍保学联控联保机制，建立动态管理台账，及时跟踪消除，确保清零，全市义务教育阶段无一人辍学。持续推进义务教育薄弱改善与能力提升，能力提升项目综合进度94.86%，榆中、永登、皋兰和七里河区累计招聘特岗教师1654人。**健康帮扶**：印发《关于调整城乡居民基本医疗保险有关政策的通知》，进一步提高基本医保待遇保障水平和卫生院整体卫生服务能力。全市脱贫人口家庭医生签约率95%以上，实现“应签尽签”，30种农村贫困人口大病救治覆盖率保持99%以上，实现“应治尽治”。新建（维修）村卫生室25个。**住房安全**：开展农村危房动态化监测，将符合改造条件的全部纳入改造计划，实现农村危房动态清零。同步推进农村房屋抗震摸排和改造，全面完成637户农房抗震设防改造。**饮水安全**：强化农村饮水安全工程建后管护能力，在7个县区实施11项水源提升保障工程，重点通过水源改造、供水管网延伸、水处理设施升级来提档保障，年度批复总投资2248.75万元，受益6.72万人，完工率100%。开展农村供水保障冻管排查、饮水安全“大排查”、水源水厂水质安全督查监测，检测水质水样283个，农村安全饮水工程质量不断提升，确保冬季无冻管、供水稳定持续。**易地搬迁后续扶持**：全面落实产业扶持和就业服务，全市“十三五”易地扶贫搬迁建档立卡户1568户5543人。有劳动力搬迁家庭1287户2748人，已实现就业1287户1994人，劳务输转980人（其中省外就业276人、省内县外就业704人），周边基地、园区、龙头企业等带动

94人，公益性岗位就业210人，自主创业、灵活就业等696人，实现有产业发展意愿的搬迁家庭产业全覆盖，有劳动能力的家庭1户至少1人以上就业。**脱贫人口小额信贷**：全市累计投放脱贫人口小额信贷15.91亿元，惠及脱贫户3.26万户，贷款余额5494户2.39亿元，逾期6.9万元、逾期率0.002%，其中年内全市新增脱贫人口小额贷款825户4050万元，对有贷款需求、符合条件的“两类户”，做到应贷尽贷”。**扶贫资产管理**：按照“谁主管、谁负责”的原则，组织相关县区、行业部门开展扶贫项目资产摸底登记及确权移交工作。2013年以来形成扶贫项目资产总规模50.42亿元。其中，经营性资产4.18亿元、占比8.28%；公益性资产38.72亿元、占比76.8%；到户类资产7.52亿元、占比14.92%。截至11月20日，全市各县区全部完成确权移交系统录入工作。

【农业农村综合改革】　严格保护农户承包权，确保现有土地承包关系稳定并保持长久不变，全面完成农村土地承包经营权确权登记颁证工作，全市累计确权农户24.55万户，确权面积339.64万亩，发放农村土地承包经营权证书24.31万本，发放率99%。持续推进农村产权制度改革，集体经济组织股权设置、股权量化、登记颁证率基本完成，完成身份界定备案122.3万人，组建集体经济组织751个。推广土地股、劳务股、技术股、机械股、集体资产股、实物股等多种股权形式，丰富“三变”改革利益联结，全市参与“三变”改革的村580个，参与农户8.84万户，入股分红4720万元。规范引导农村土地经营权有序流转，探索形成“1+5”发展模式，全市农村集体经济经营性收入累计8471.49万元，村均收入11.6万元，5万元以上的村609个。按照“清查核实、公示确认、建立台账、审核备案、汇总上报、纳入平台”的工作程序，全面核实村级固定资产，厘清债权债务，摸清耕地、林地、水面和建设用地等资源性资产情况。全市清理资金50.28亿元，资产125.75亿元，总资产176亿元，资源707万亩。培育壮大农民专业合作社、家庭农场、农业产业化联合体等新型经营主体，深入推进国家、省、市、县级示范社四级联创，引导农民专业合作社规范化管理，制定农民合作社和家庭农场“五有”（有良种供给、有种养基地、有农机服务、有订单销售、有加工储藏场地设施）示范标准，建立优进劣出动态管理机制，对各级示范主体实行动态监测管理，不断提升农民专业合作社发展质量。全市新增国家级示范社3个，市级以上示范农民专业合作社达到323家、示范家庭农场达到164家。全市申请宅基地197宗、申请总面积68.195亩，其中审批宅基地109宗38.935亩。引导小农户与现代市场有效衔接，妥善处理发展农业适度规模经营和扶持小农户生产的关系，支持小农户通过土地、劳动、技艺、产品等多种方式，发展多样化的合作与联合，鼓励新型经营主体与小农户建立契约型、股权型利益联结机制，加快培育适应小农户需求的多元化、专业化、社会化服务组织，争取资金900万元，在榆中、永登、皋兰3县开展土地托管项目9万亩。

【农村经济】　实现第一产业增加值62.52亿元，增长7.4%；农村居民人均可支配收入16191元，增长10.5%。完成粮食播种面积126.78万亩、产量33.3万吨；完成蔬菜种植面积89.33万亩、产量208.26万吨。牛存栏5.37万头，出栏1.21万头；肉羊存栏74.2万只，出栏47.66万只；生猪存栏51.4万头，出栏52.7万头；禽存栏233.65万只，出栏235.18万只。肉蛋奶产量16.06万吨。严格落实耕地保护制度，争取中央和省市高标准农田建设补助资金1.03亿元，建设高标准农田9.7万亩。

【农业营商环境优化】　落实“马上办、网上办、就近办、一次办、自助办”审批服务，大幅提升行政审批效率。全年受理行政审批事项29件。其中，种子生产经营许可3件；兽药经营许可26件。所有申请事项均按时办结，办结率100%，满意率100%，好评率100%。同时，全面加强权责清单动态管理，梳理公布行政权责清单208项。开展属地化信息维护工作，认领编制实施清单，梳理完善行政审批事项10项、公告服务事项18项，指导县区农业农村局梳理行政审批事项31项、公共服务事项22项。畅通企业群众意见沟通反馈机制，向涉农小微企业推送相关信息2400余次，助力打造市场化法治化营商环境，激发涉农市场主体活力创造力。

【农业投资项目管理】　全年投入市级财政预算资金1.41亿元，支持农业农村重点项目29个，拉动项目总投资3亿元以上。投入恒大捐赠资金2.54亿元，支持现代农业产业、美丽乡村、农村人居整治、农业基础设施建设等12大类280余个项目建设，拉动项目总投资5.09亿元。完成固定项目投资20.7亿元。

【农业产业体系构建】　实施现代丝路寒旱农业优势特色产业三年倍增计划，全力打造兰州高原夏菜"优中优"主导产业集群，百合、玫瑰"独一份"产业集群，白兰瓜、软儿梨、禾尚头、七山羊等"特中特"产业集群，中药材、马铃薯种薯"好中优"新兴产业集群，种养加一体的绿色循环产业集群和以自然景区、田园农庄为主的"农业+旅游"现代产业集群，全市(不含兰州新区)优势特色产业面积较上年新增8.66万亩，达到174.08万亩，增长4.6%；产量较上年新增13.85万吨，达到265.6万吨，增长5.5%。

【农业生产体系构建】　梯次推进国家、省、市、县4级农业园区建设，持续推进5个省级现代产业园、8个市级现代农业园建设，新认定市级以上全产业链龙头企业20家。发挥农机化技术装备在粮食生产中的关键支撑作用，主要农作物机耕、机播、机收总面积128万亩以上，综合机械化率64.02%以上，全市农机总动力119万千瓦。培育壮大农机社会化服务主体，全市农机合作社达到65个以上，农机社会化服务面积300万亩以上。

【现代农业经营体系完善】　坚持"走出去""引进来"，与国内各省市大型市场衔接，持续稳定多年来形成的全国20个省市100余个大型农产品批发市场份额。组织涉农企业和合作社在海南、上海、长沙、北京等地参加农业展会12次，在上海、广西举办特色农产品专场推介会和产销对接会2次，认定"甘味"区域公用品牌2个、企业商标品牌8个。全面推进种植类鲜活农产品开展冷链设施建设，在3县2区新建农产品产地冷藏保鲜设施项目126个，储藏能力7.49万吨。素质农民培育工程，累计培育高素质农民1000人。

【休闲农业】　着力打造榆中李家庄田园综合体、青城古镇观光垂钓、永登庄浪河川玫瑰主题、皋兰大沙沟农庄物流、什川古梨园节庆、西固河口黄河文化、红古湟水河川采摘体验、七里河石佛沟百合创意、城关大兰山休闲度假、兰州新区现代生态农业10大休闲农业产业带，借助各类媒体、平台，在全省、全国范围内，推荐、推介"春观花""夏纳凉""秋采摘""冬农趣"的精品景点和线路。涌现出以榆中李家庄田园综合体、老家浪街、沁园春花海，永登越国开心农场、幸福农场、玫瑰小镇、树屏小镇，皋兰什川梨园小镇，西固河口古镇，七里河沈家岭、狗牙山花语小镇等为代表的"春观花""夏纳凉""秋采摘""冬农趣"的乡村休闲旅游精品线路。年底，全市休闲农业经营主体2302个。其

树屏小镇一角

中，农家乐1983个；休闲园区和农庄319个。创建市级以上休闲农业示范点42个。其中，省级7个；市级35个。全市休闲农业从业人数8800人，年接待游客890万人次；年营业收入24亿元，年利润7亿元，年带动农户500户以上。创建中国美丽休闲乡村2个。

【农产品质量安全】 在全市开展摸底调查，掌握蔬菜、水果、畜禽、禽蛋、养殖水产品5类食用农产品经营主体名称、地址、类型、规模等信息，建立农产品经营主体监管名录574家。建成以“市级检测中心为龙头，8个县区检测机构为骨干，61个乡镇及82个生产经营主体基层检测站为补充”的四级农产品质量安全检验检测体系。年日常定性检测种植业产品20万例，畜禽产品1.6万例，检测合格率99%以上。“三品一标”认证产品445个，其中无公害认证农产品大多数为生鲜农产品和大宗批发农产品，主要是网袋、塑料袋等简单包装，提供无公害农产品认证证书复印件；绿色食品用标率72.3%，进入超市的绿色食品基本配有标识和包装，只有在超市设立专柜的绿色认证蔬菜，在小包装上没有绿色食品认证标识；中绿华夏认证的有机产品其用标和包装率100%；地理标志农产品11个，除大宗产品批发不方便使用标识外，都在使用地理标志标识。建成153个追溯点，形成“市、县、乡、生产经营主体”四级追溯体系，基本实现农产品从生产到进入批发市场、零售市场、加工企业前的信息化追溯和综合监管。新认证绿色食品53个、有机产品4个。“三品一标”认证企业、“甘味”农产品品牌企业、规模化以上的产销企业和特色农产品种植基地100%纳入追溯平台管理。全市423家种植业生产经营主体100%纳入合格证主体名录数据库管理。

【农业科技创新推广】 组建8个农业科技服务团队，遴选农业部门中高级职称科技人员为团队成员，包括高原夏菜、百合、玫瑰、瓜果、中药材、马铃薯、粮食作物、草食畜、“三下乡”农业科技服务团队人员，每月1次以上进村开展农业科技指导服务工作，以举办技术讲座、发放科技图书资料、开展新品种选育试验田、开展技术咨询、现场指导解决技术难题等多种形式，为农民群众提供科技服务，解决农村经济和社会发展中存在的突出问题。举办各类农业科技培训班1000余期，培训4万人（次），发放各类培训资料5万余份。在全市范围内分层次、按类型、依产业开展新型农业经营主体带头人、农业经理人、农村创新创业青年和产业扶贫带头人培育，新型职业农民培育（高素质农民培育）4291人次。

【农产品品牌培育】 构建富民优势特色产业现代农业体系，形成以兰州高原夏菜、兰州百合、兰州白兰瓜、榆中北山道地中药材、榆中小杂粮、永登苦水玫瑰、永登一月红提、皋兰软儿梨、皋兰禾尚头面、西固韭黄、七里河食用菌、特色草食畜等为主的优势特色产业，建成一批标准化规模种养基地、现代农业示范园区、农产品专业批发市场，打造出以兰州高原夏菜、兰州百合、永登苦水玫瑰、皋兰软儿梨为代表的中国农业知名品牌、“甘味”农产品区域公用知名品牌，培育出以中国好食材、甘肃亚盛实业集团、兰州高原蔬

葡萄丰收

菜物流、甘肃康源现代农业、甘肃爽口源生态科技、兰州庄园牧场、兰州正大食品、兰州九香玫瑰生物等为代表的"甘味"农产品企业商标知名品牌。

【高效生态农业】 加快推动尾菜处理利用工作,年初组织省市县相关人员赴云南省昆明市、曲靖市考察学习尾菜处理利用先进经验,并邀请相关企业来兰考察。制定下发《2020年市级财政农业生态保护与农业废弃物资源化利用项目资金计划及实施方案》和《兰州市2020年农业生态保护与农业废弃物资源化利用工作要点》,督促榆中县、兰州高新区制定出台尾菜综合治理实施方案。争取省级财政尾菜处理利用专项资金1500万元,市级财政资金735万元,推进榆中、红古6个尾菜田间处理利用示范区建设,支持榆中、永登、红古开展流通环节尾菜处理利用,扶持建设规模化、集约化尾菜处理利用企业。上半年处理利用尾菜处理14.73万吨,处理利用率40.8%。制定《兰州市关于推进畜禽养殖污染防治的实施方案》,成立市级畜禽养殖废弃物综合利用技术指导小组,明确分解工作任务,提出养殖废弃物减量化控制、无害化处理、资源化利用的途径和措施,要求各县区按国家和省上要求全面提升全市畜禽养殖废弃物综合利用水平。上半年全市粪污资源总量143.61万吨。其中,粪污全量还田9.59万吨;粪便堆肥利用68.81万吨;粪水肥料化利用29.35万吨;粪污能源化利用6.91万吨;粪便垫料化利用1.46万吨。畜禽规模养殖废弃物综合利用率75%以上。建立完善秸秆收储运体系,继续扶持收获千吨以上的秸秆回收综合利用企业对农作物秸秆开展集中回收和饲料化、肥料化、能源化等资源化利用,推进永登秸秆综合利用示范区建设;发展粮草兼顾、草畜平衡、循环发展的新型种养模式,统筹推进农作物秸秆资源化综合利用。推进永登、皋兰3个市级废旧农膜回收示范区和榆中县国家级废旧农膜回收示范县建设,并在原有基础上扩大回收区域,利用现有乡、村回收站点,开展田间地头以旧换新、站点回收、捡拾户回收等各种形式废旧农膜回收。严格执行农膜使用标准,推广使用厚度大于0.01毫米、耐候期大于12个月的加厚地膜。上半年回收废旧农膜3408.2吨,回收利用率57.1%。全年,新(改、扩)建规模养殖场54个。扶持一批万头猪场、万只羊场、千头牛场做大做强。加快永登县50万只肉羊大县、红古鑫源和榆中稼鸿等万只羊场、北京德青源80万只蛋鸡、甘肃海康50万只肉鸡场等项目建设。按照智能化、节能化的要求,引导具备条件的养殖场通过使用新材料、新技术,应用物联网、云平台、远程控制等发展智慧养殖,提升畜牧业智能化水平,减轻劳动力压力,降低生产成本。

【农业安全生产】 新认证有机产品3个,分别是甘肃三宝农业科技发展有限公司(燕麦干草、燕麦种子)、甘肃昊业九香农牧生态科技有限公司(玫瑰花种植基地、玫瑰花)。还有4个企业的4个百合产品已通过现场检查,材料已上报。种植业产品日常检测合格率99.9%。例行监测合格率99%,监督抽监合格率100%;畜产品日常抽检合格率100%,例行监测99.99%,监督抽检100%,水产品例行监测100%。全市完成农产品抽检1.12万例,畜禽产品3445份,合格率均100%。推行食用农产品产地准出市场准入制度,逐步推开"合格证+追溯码"模式,出具合格证17.8万余张,附带合格证的上市农产品41万吨。开展"治违禁控药残促提升"三年行动专项整治,加强生产、经营、使用环节监管,确保农产品质量安全。

【农业行政执法】 以种子、农药、肥料、兽药、饲料和饲料添加剂等方面为重点,开展"农资打假护农保春耕"专项行动和秋冬季农资打假专项治理行动。开展检查38次,抽查市场主体192家,以简易程序和一般程序立案查处24起违法行为,罚款5.65万元,没收违法所得及财物0.255万元。同时,严格执行公众参与、专家论证、风险评估、合法性审查、集体讨论决定的"五大程序",有效发挥法律顾问作用,及时邀请法律顾问参与执法案件法制审核等内容31件次。组织开展全市农业综合行政执法人员素质提升培训军训练兵活动和全市涉农行政处罚案卷评查工作,提升农业执法人员执法办案水平和能力。

【农业防灾减灾】 严格落实

"控、替、精、统"四项措施，持续加强小麦条锈病、草地贪夜蛾、马铃薯晚疫病等农作物重大病虫害和蔬菜病虫害系统监测，中、长期预报准确率达到90%以上，主要农作物病虫害绿色防控覆盖率达到41%以上。严格落实非洲猪瘟常态化防控措施，推进重大动物疫病强制免疫和人畜共患病综合防控工作，累计注射畜禽疫苗1355.69万头(万只、万羽)；检测动物疫病14.68万份，无害化处理动物181份。全面推进实施农业保险品种25个，投保农户4.85万户，累计赔付8814.75万元。

（翟柯帆）

乡村振兴

【概况】 2021年，全市乡村振兴工作严格落实"四个不摘"要求，坚持把"固成果""守底线"作为首要前提和重中之重，健全保障机制，梯次推进巩固、拓展、衔接任务落实。紧盯"两不愁三保障"重点任务，着眼帮扶政策平稳过渡、无缝衔接，稳步推进各项政策落地见效。农村九年义务教育阶段无一人辍学。实施637户农房抗震设防改造。全面推进7个县区11项水源保障工程。落实"大排查""十查十纠"行动，全面排查整改各级督查反馈问题。开展"岗位大练兵、业务大比武"活动和特困群众关爱服务行动，持续提升乡村干部业务水平。开展农村转移劳动者和脱贫人口职业技能培训3.56万人次。输转城乡富余劳动力25.17万人。通过公益性岗位安置830人，31家乡村就业工厂和47家乡村就业帮扶车间，吸纳脱贫户、边缘易致贫户772人就业，招录生态护林员862人、草管员583人、公益林管护员249人。落实雨露计划补助3689人，发放资金558.75万元。

【机构成立】 根据《中共甘肃省委机构编制委员会关于调整兰州市及所辖区县扶贫工作机构设置的批复》精神，兰州市扶贫开发办公室更名为兰州市乡村振兴局，仍为兰州市农业农村局挂牌机构。

【巩固拓展脱贫攻坚成果同乡村振兴有效衔接】 坚持做好"三农"工作重心向乡村振兴转移，结合全市实际，编制《兰州市"十四五"巩固拓展脱贫攻坚成果同乡村振兴有效衔接规划》，制定《关于巩固拓展脱贫攻坚成果同乡村振兴有效衔接的实施方案》《2021年巩固拓展脱贫攻坚成果有效衔接乡村振兴工作要点》《兰州市防止返贫动态监测和帮扶机制实施方案》，进一步细化有效衔接的重点工作，明确工作基本思路和目标任务。将市脱贫攻坚领导小组并入市委农村工作领导小组，成立乡村振兴五大专班，将原脱贫攻坚专责工作组调整为12个乡村振兴专责工作组，组建市县乡村振兴局。层层签订《2021年巩固拓展脱贫攻坚成果同乡村振兴有效衔接目标责任书》，靠实工作责任。多次组织召开市委农村工作领导小组会议和调度会议，对过渡期整体工作进行全面部署。扎实推进过渡期内领导体制、工作体系、发展规划、政策举措、考核机制有效衔接。严格落实"四个不摘"要求，持续推进就业、产业、教育、医疗、金融等扶贫政策稳定，探索新一轮驻村帮扶工作机制，压紧压实行业部门和专职组责任。切实保障资金投入稳中有增，投入专项资金10.23亿元，推动巩固拓展脱贫攻坚成果同乡村振兴有效衔接。紧盯"三类户"动态监管，实施"14539"防返贫动态监测和帮扶机制。全面推进实施《兰州市精准防贫保险实施方案(试行)》，有效防止因病、因学、因自然灾害、因事故等各种因素可能导致农村家庭收入减少而致贫的风险，落实精准防贫保险项目资金300万元。坚持把中央第15巡视组巡视反馈意见、国家脱贫攻坚成效考核反馈问题、2020年度省级脱贫攻坚成效考核反馈问题和全省巩固拓展脱贫攻坚成果情况督查发现问题整改同贯彻落实中央和省市委农村工作会议精神精密结合起来，紧盯时间节点，全面彻底完成整改任务并将长期坚持。

【乡村建设】 制定印发《兰州市乡村建设示范行动实施方案》，明确公共基础设施、基本公共服务、乡村治理和精神文明建设3个方面的23项建设任务。按照"一年打基础、两年上台阶、三年大变样"的总体思路，大力开展乡村建设省级示范市创建工作，推进4个省级乡村建设示范乡(镇)和56个省级乡村建设示范村创建工作，已全部编制完成县区、示范乡镇和示范村乡村建设实施方案；56

个村全部完成省级示范村村庄规划编制和基础项目建设。推进数字农业农村建设，构建"场站共享、服务同网、货源集中、信息互通"的新型流通网络，建设电子商务示范县和"互联网+"农产品出村进城示范县，培育壮大电商企业。永登、榆中、皋兰3县新建"互联网+"现代农业示范点8个，累计达到25个。依托皋兰县国家数字乡村试点县建设，以发展精准农业、智慧农业示范试点为抓手，加快推进兰州市农业农村信息化综合服务平台项目建设，《兰州市农业农村信息化综合服务平台项目可行性研究报告》已通过项目评审中心专家评审，正在进行初步设计评审阶段。

【乡村产业振兴】 围绕全市特色优势产业，制定印发《兰州市现代丝路寒旱农业优势特色产业三年倍增行动计划总体方案》及其配套方案，持续推进"1368"乡村产业发展，利用恒大捐赠资金，打造三大都市农业产业带，建立六大特色产业集群，推动优势特色产业效益倍增。大力推进产业链、价值链、利益链建设，新认定市级以上合作社示范社45家，全产业链龙头企业国家级2家、省级8家、市级10家。梯次推进国家、省、市、县4级农业园区建设，启动创建省级现代产业园4个、市级现代农业园8个，持续推进榆中县省级现代农业产业园建设。

【乡村治理体系建设】 推进移风易俗行动，制定《兰州市2021年农村精神文明建设工作实施方案》《兰州市持续推进治理高价彩礼推动移风易俗专项行动的实施方案》《兰州市开展"移风易俗除陋习文明乡风润金城"宣传实践活动的实施方案》，开展法治宣传教育和培训活动，全市累计命名"全国民主法治示范村（社区）"8个，"全省民主法治示范村（社区）"96个。结合乡镇领导班子换届，持续优化乡镇领导班子结构，新一届乡镇党政班子成员平均年龄38.1岁，比换届前下降3.7岁；具有2年以上乡镇工作经历的534名，占88.9%；女干部161名，占26.8%；全日制本科及以上学历322名，占53.6%；"五方面人员"109名，占18.1%。乡镇党政正职平均年龄40.4岁，比换届前下降3.7岁；女干部14名，占11.5%；全日制本科及以上学历51名，占41.8%，比换届前提高21.1%，完成村"两委"换届，新一届村党组织委员平均年龄42.8岁，比换届前下降6.49岁；高中及以上学历占75.48%，比换届前提高11.92%。全面加强换届后村"两委"成员培训，市、县举办培训班147期，对6329名村（社区）"两委"成员全覆盖培训。对全市5708名现任和324名新进的村"两委"班子成员进行资格联审，调整撤换年满60周岁、小学文化程度的村干部68名，公开选聘专职化党组织书记194名，村党组织书记平均年龄降至44.3岁，大专学历以上人数较2019年上升6.7个百分点。619个村实现村党组织书记和村委会主任"一肩挑"，占比84.8%。清理剔除不符合资格条件的村干部后备人员1663人、新调整充实1959人，并建立1459人的村党组织书记、5348人的村干部后备队伍库和村组干部报酬正常增长机制，村、组干部年基本报酬分别达到3.4万元、0.92万元。年末，面积200平方米以上的村级活动场所678个。

全市730个村全部建立村（居）务监督委员会，全部实现村级公益性设施共管共享，严格执行"四议两公开一监督"工作法（党支部会提议、"两委"会商议、党员大会审议、村民代表会议或村民会议决议，决议公开、实施结果公开，村监委会监督），在法治体系建设上，全市730个行政村公共法律服务工作室全部建成使用，61个乡镇政法委员全部配备到位，选聘2500名治安户长，协助公安机关共同开展"联村守护、平安联创"、乡村领域扫黑除恶专项斗争整治行动。在德治体系建设上，全市730个行政村全部设立红白理事会、全部修订村规民约，并健全完善提前备案、签订婚嫁承诺书等红白理事会章程、制度，有效增强了道德约束力。推进农村精神文明建设"八个一"示范工程，"一创一评"（文明村镇创建、五星级文明户创评）"一规一会"（村规民约、红白理事会）"一堂一队"（道德讲堂、志愿服务队）"一场一榜"（文化广场、好人榜），开展乡村治理示范和文明村镇以及"文明家庭""道德模范""好公婆""好儿媳""好妯娌""好邻居"等评选创建活动，累计评选出全国道德模范1人、提名奖14人、省级道德模范23人、市级道德模范51人；创建省级"八个一"示范点24

个、市级示范点45个，即以“一创一评”（文明村镇、五星级文明户）、“一规一会”（乡规民约、红白理事会）、“一堂一队”（道德讲堂、志愿者服务队）、“一场一榜”（文化广场、善行义举榜和孝道红黑榜）为实践载体的“八个一”农村精神文明建设示范点；累计建成省级民主法治示范村121个（其中包括9个全国民主法治示范村）、市级文明乡镇6个、文明村9个。红古区被省上认定为省级乡村治理示范区，永登县龙泉寺镇被认定为国家级乡村治理示范镇。

【易返贫监测及帮扶】　印发《兰州市防止返贫动态监测和帮扶机制实施方案》，坚持常态监管、动态清零。按照“发现一户、监测一户、帮扶一户、动态清零一户”的原则，实施“14539”防返贫动态监测和帮扶机制（1个目标、4种监测途径、5项核查程序、3个防贫工作运行流程、9项措施），坚决守住不发生规模性返贫底线。全市有监测对象累计860户2887人。其中，脱贫不稳定户323户1089人；边缘易致贫户518户1727人；突发严重困难户19户71人。分层分类实施社会救助。全市农村低保标准提高8%，由每人每年4428元提高至4788元，一、二类低保对象年保障标准由4428元、4200元分别提高至4788元、4536元。农村特困人员基本生活标准提高至每人每年6224元。落实兜底对象1.55万户、2.98万人。认定农村低收入家庭2267户5456人，纳入“单人户”1779人。全市累计临时救助13575人次，支出资金4272万元。实施防贫保险，投入300万元购买3万份的“精准防贫保险”，实施“金城·惠医保”普惠式商业补充医疗保险，向全市特殊群体（包括“三类户”2874人和民政部门认定的困难群体1000人）免费赠送保险产品4762份，有效防止因病、因学、因自然灾害、因事故等各种因素可能导致农村家庭收入减少而致贫的风险，筑牢防贫安全网。

【美丽乡村建设】　市级财政筹措资金400万元，聘请有资质、高水平的3家规划单位组织编制完成兰州市10个美丽乡村示范片带规划。坚持以城市周边、特色小镇周边、景区周边和铁路沿线、公路沿线、河流沿线“三边三线”村庄为重点，建设完成市级美丽乡村示范村40个。其中，恒大资金投资35个（包括2020年提档升级的8个）；市级财政预算5个。发展乡村旅游，坚持“一乡一品、一村一特色”，推动“美丽生态”向“美丽经济”转变。先后建成省级“千村美丽”示范村64个、市级美丽乡村示范村151个、区县级美丽乡村80个。创建“村容村貌先进村”100个，“布局美、序化美、洁净美、居室美、家风美”的“美丽庭院示范户”1000户。永登县苦水镇

榆中车道岭村一角

苦水街村被评为中国美丽休闲乡村。

【农村人居环境改善】 市级财政安排"厕所革命"、美丽乡村示范村建设、农村改炕等专项资金2200万元，恒大捐赠资金安排美丽乡村建设、拆违治乱专项资金、农村人居环境整治项目资金1.39亿元，强化农村人居环境整治资金保障力度。各县区、乡镇发挥农民主体作用，引导群众投工投劳，捐资捐物，出工出力，踊跃参与农村人居环境整治。新改建农村卫生户厕1.1万座，配套吸污车辆1210辆（台），健全完善厕所管护和粪污治理长效机制。从城市出入口、城乡接合部、交通沿线、景区周围、河道两岸等垃圾集中区抓起，采用无人机航拍取证等方式，形成"航拍—立案—转办—核实—处置—回复—考核"的闭环工作机制，航拍发现垃圾堆积点1.56万余处，清理垃圾18.4万余吨。推行"户分类、村收集、镇转运、县处理"垃圾收集处理模式，建立符合本地实际的垃圾收集、转运、处理模式，建成11个无害化垃圾填埋场、6个其他（如焚烧发电、低温裂解、热解等）无害化处理站，农村垃圾收集、转运车辆1004辆，676个行政村全部组建保洁队伍，村庄保洁员5824人，全市乡镇垃圾收运车辆覆盖率100%，90%以上的村庄垃圾得到有效治理。

先后开展村庄清洁行动"冬季战役""春季战役"等以主要节假日为节点的大扫除、大整治活动，推动农村人居环境整治由"清脏"向"治乱""美化"转变，由"一时清洁"向"长期清洁"转变。全年清理农村生活垃圾13.7万吨，整治乱搭乱建5985余处，清理村庄三堆2.12万处，清理积存垃圾7万吨。以电炕、水暖炕为主要改造方式，市级财政每铺补助600元，县级财政按不低于市级财政50%的资金配套推进农村土炕改造。原则上农村改炕优先支持开展农村改厕农户，优先支持户厕镇村推进村，不得重复享受奖补。全年全市投资1200万元完成土炕改造2万铺。

城关区、西固区、七里河区、红古区结合国土空间规划编制，在县域层面基本完成村庄布局工作。编制县域农村生活污水治理专项规划，完成农村生活污水基础信息调查。推进农村污水收集处理工作，支持沿黄流域、庄浪河流域、湟水河流域、苑川河流域村庄因地制宜开展农村污水治理。落实四级河长制管理要求，全面排查治理河湖"四乱"问题，做到所有水体责任全覆盖、治理监管无盲区。累计清运河道管理范围砂石堆料59万余立方米，拆除违法建设2.8万余平方米，整治省上反馈"四乱"问题27个。

申请11条特色农村示范路36.8千米列入全省百条特色路，建设自然村（组）道路125条212.7千米，完成农村公路生命安全防护工程176.3千米，改造农村公路危桥7座，建制村100%通客车，符合通行条件的自然村85%通公交。规范农膜使用，建立"以旧换新"回收机制和专业捡拾大户扶持机制，采用"以奖代补"的方式扶持企业开展废旧农膜回收利用，试点推行"谁生产、谁回收"的地膜生产者责任延伸制度，建成省级地膜回收示范县1个，市级示范区3个，乡级废旧农膜回收站97个，废旧农膜回收率81.8%。制定出台《兰州市尾菜处理利用管理办法（试行）》在生产环节建设尾菜处理利用示范区，示范推广尾菜堆（沤）肥、还田等处理利用技术，因地制宜、就地消化田间地头产生的尾菜，总面积超过2.75万亩，年处理尾菜40万吨以上；引进建设日处理1500吨以上的规模化尾菜处理企业2家，可处理流通环节尾菜50万吨，尾菜处理率51%。制定下发《兰州市畜禽养殖废弃物资源化利用工作方案》，实施畜禽粪污处理及养殖废弃物综合利用项目，新改扩建规模化畜禽养殖场54个，规模养殖场粪污处理装备配套率95%，畜禽规模养殖废弃物综合利用率76%；秸秆综合利用率85%。

（翟柯帆）

种植业

【概况】 2021年，兰州市种植业和种业农药管理工作紧紧围绕贯彻中央和省、市委农村工作会议和一号文件精神，全力以赴抓好稳定粮食生产，全力打造特色产业发展集群，持续加强农药化肥监管和农作物病虫害统防统治。

【粮食蔬菜种植】 省上下达兰州市粮食播种面积约束性指标

120万亩，产量参考性指标32万吨，其中播种面积较上年增加2万亩。至年底，全市粮食播种面积126.78万亩、产量33.3万吨。蔬菜种植面积89.33万亩、产量208.26万吨。坚决整治耕地“非农化”“非粮化”等问题，建成高标准农田9.33万亩。严格落实耕地保护制度，持续推进撂荒地整治和耕地地力保护行动，累计摸排撂荒地12.06万亩、整治垦撂荒地11.3万亩。

【旱作农业】 持续推广旱作农业，组织各县区抢抓农时，全力保障玉米、马铃薯、小麦等粮食作物生产。年内累计推广实施双垄全膜沟播技术种植46万亩。

【施肥农药】 在榆中县、永登县、皋兰县开展专业化统防统治和绿色防控技术示范推广，带动全市主要农作物病虫害专业化统防统治覆盖率在40%以上，绿色防控技术覆盖率稳定在30%以上，农药利用率40%以上，农药使用量较上年减少5吨。

【种植项目建设】 实施高原夏菜提质增效示范基地建设项目4个，建成50亩及以上的日光温室或者100亩及以上的钢架大棚设施蔬菜规模化生产基地4个。

（翟柯帆）

畜牧业

【概况】 2021年，兰州市畜牧业持续做好畜禽良种化、养殖设施化、生产规范化、防疫制度化、粪污无害化等标准化生产，推进畜牧业从单纯生产向产业融合转型，从资源消耗向绿色发展转型，从粗放经营向科技创新转型，积极构建畜牧业现代化体系。新（改、扩）建标准化规模养殖场54个，实施畜牧良种繁育体系建设项目1个、现代畜牧业提升项目6个、标准化规模养殖基地建设项目6个。

【产业规模】 全市主要畜禽饲养量和肉蛋奶总产量分别达到701.39万头只和16.06万吨，较2017年分别增长8.28%和8.88%。其中，牛饲养量6.59万头；羊饲养量121.85万只；猪饲养量104.12万头；禽饲养量468.83万只。肉、蛋、奶产量分别达到5.2万吨、1.82万吨、9.04万吨。

【畜牧养殖基地建设】 全市有规模养殖场1475个。其中，年出栏2000头以上的猪场54个；年出栏500只以上的羊场40个；年出栏40000只以上的肉鸡养殖场4个；存栏10000只以上的蛋鸡养殖场39个；年出栏200头以上的肉牛养殖场4个；存栏1000头以上的奶牛场3个。畜禽养殖规模化率68%以上。

【科学饲养】 建立专业技术人员“一对一”技术服务制度，为养殖场户提供政策咨询和科技服务，使养殖场基础设施、畜禽良种化程度、饲养管理技术、饲料加工、疫病防控、清洁生产水平达到规范化、标准化生产的要求，有效降低了生产成本，显著提高了养殖经济效益和社会效益。制定符合兰州市实际的各畜禽标准化养殖规范，使养殖场从圈舍建造、饲养管理、健康养殖等各方面有一定的科学指导和依据。

【畜产品加工】 肉、蛋类加工方面，依托正大、金牧、汇隆等企业，重点发展细致分割、冷链配

西固区金沟乡小金沟村杨邦红家散养鸡

送和加工。乳品加工方面，依托伊利、庄园、雪顿等企业，扩大纯牛奶、巴氏奶、乳饮料生产，开发配方奶粉、风味酸奶等市场竞争力较强的复合乳产品。在巩固提高“正大肉”“庄园奶”“七山羊”“虹鳟鱼”等地方优势特色品牌的同时，扶持培育新品牌，提高企业品牌化发展意识，加大宣传推介力度，提高市场影响力和占有率。

【畜产品质量安全】 实行养殖全过程监管，规范饲料、兽药等投入品使用，认真做好养殖档案管理和养殖场登记备案工作。完善饲料生产企业、生鲜乳收购站视频实时监控管理，从原料来源、生产过程和成品出库，全过程监控覆盖。从源头上杜绝因畜产品质量安全问题而给产业带来的毁灭性打击和社会公共安全问题。

（翟柯帆）

农业机械化

【概况】 2021年，全市农业机械工作充分发挥农机化技术装备在粮食生产中的关键支撑作用，主要农作物机耕、机播、机收总面积128万亩以上。全市农机合作社达到65个以上，农机社会化服务面积300万亩以上。兰州市综合机械化水平64.02%，其中小麦综合机械化水平90%，玉米综合机械水平80%。全市农机总动力完成120万千瓦；拖拉机联合收割机拥有量4.23万台，登记注册3.98万台，上牌率94.1%；从业人数3.9万人，考试发证3.65万人，持证率93.6%；2021年度应检拖拉机联合收割机47437台，实检45539台、检验率96%。落实农机购置补贴、市级农机燃油补贴等惠民政策，全市农机“三率”（上牌率，持证率，检审验率）93%以上，居全省第一，全国前列。3月5日，被农业农村部应急管理部评为全国“平安农机”示范市。

【农机惠农政策、购置补贴落实】 落实中央预算内农机购置补贴资金990万元。购置农机具1600余台套，受益农户900余户。落实农机深松作业补助资金324万元，完成深松作业面积20万亩以上；落实市级农机燃油补贴资金688.365万元，12月底全部完成兑付。

【农机推广】 全市主要农作物耕种收综合机械化水平62%以上，较2016年底提高16个百分点。全年争取省级农机购置补贴资金260万元，争取市级资金500万元用于农机推广。开展各类农机推广示范点30余个，开展各类农机推广培训20余次，培训农机推广人员500余人次。

【社会化服务】 开展安全宣传、农机检查、农机报户、驾驶人培训考核发证和安全隐患排查整治工作，切实消除农机“两无”现象，对享受国家购机补贴政策的农业机械和驾驶操作人员100%注册登记、100%培训考证。

（翟柯帆）

林草业

【概况】 2021年，全市林业和草原工作统筹山水林田湖草综合治理，开展重点区域的造林绿化和生态修复，保护绿色生态资源，夯实国家西部生态安全屏障，助力现代化区域中心城市建设和全市经济社会高质量发展。完成营造林3.01万亩（全部为人工造林），重点放在榆中北部山区109国道沿线、皋兰县东西两山、水秦路沿线、永登县城周边等区域。其中，三北防护林工程造林2.72万亩；森林植被恢复造林0.08万亩；重点区域生态修复造林0.16万亩；经济林提升改造0.05万亩。完成草原生态修复3万亩、退耕还林还草1.3万亩、草原植被恢复0.1万亩。全市森林覆盖率13.93%，森林蓄积量369.75万立方米，草原综合植被覆盖度55.02%。完成招商引资1亿元。争取到位各类专项资金10053.13万元。其中，中央财政资金7961.97万元；省级财政资金2091.16万元。

【义务植树】 组织举办“全民植树四十载，精致兰州谱新篇”全民义务植树宣传活动，发动广大干部群众参与全民义务植树。配合组织省、市党政军领导机关义务植树活动，4月13日在榆中生态创新城植树现场，栽植各类乔木2330株。指导各县区组织开展多种形式的全民义务植树活动，全市全民义务植树831.97万株，义务植树尽责率90.19%。

【美丽乡村建设】 集中采购苗木3.16万株，支持25个帮扶村实施村庄绿化，巩固脱贫攻坚成果衔接乡村振兴。全力支持榆中生态创新城及周边面山生态绿化，累计完成造林1.5万亩。

【林业体制机制改革】 8月，组织召开2021年林长制工作会议，全面推行林长制。印发兰州市全面推行林长制工作方案，成立由市委市政府主要领导任“双组长”的全面推行林长制工作领导小组，健全工作机构，配套相应制度，组织各级各部门依次有序落实，基本建成市、县区、乡镇(街道)、村(社区)林长制体系。市级，设总林长2名(市委、市政府主要领导)、林长9名(市委宣传部部长、市政府各副市长)；8个县区和兰州高新区，设总林长18名、林长57名；全市89个涉林乡镇(街道)，设总林长178名、林长661名；全市780个涉林村(社区)，设林长780名、副林长1058名。配套制定兰州市林长制市级会议制度、工作部门协作制度、信息报送和公开制度、督查制度等，下发至各县区。并逐一落实管护区域到山头地块，靠实责任到人。特别是永登县在各乡镇建立林长制工作临时党支部，推行“县级林长+县级警长+县级检察长+乡镇警长+乡镇检察长+各联系帮扶单位主要负责人+志愿者”的工作模式，有效保证制度落实。

对国有林场改革成果进行“回头看”，全面开展国有林场清查和基本情况调查，摸清职工收入比、社会保障支出水平、单位面积财政事业性收费投入、人均维护林产运行费用、在职人员学历和技术情况、林区基础设施情况等。

推进自然保护地整合优化“回头看”工作，修订全市自然保护地整合优化预案，上报省自然资源厅。提请市委、市政府印发《兰州市建立以国家公园为主体的自然保护地体系的实施方案》，确保重要自然生态系统、自然遗迹、自然景观和生物多样性得到系统性保护。

在全省率先开启林业碳汇交易，实现交易总收益340万元，其中兰州市获得净收入233万元。扶持发展市级林下经济示范点12家，全市林下经济产值1.7亿元。

按照“放管服”改革要求，对照权责清单，认领23项公共服务事项及时动态调整相关具体事项，更新办事指南，推行证明事项告知承诺制，并全部进驻至市政务大厅集中办理，事项办理全部实现线上“一网通办”，线下“只进一扇门”和现场办理“最多跑一次”，办理时限也压缩至最短时间。全年受理行政许可事项26件，办结率100%。

废止规范性文件1件。建立法律顾问制度和落实内部重大决策合法性审查机制，制定印发《法律顾问管理及做好法律服务办法》，选聘法律顾问3名。聘请社会行政执法监督员4名，局系统执法单位确定法制审核员9名。

对局属单位——兰州市园林绿化服务中心职责进行调整，增加草原服务职能：负责对全市草原资源动态检测、草原科研和推广等工作；负责草原鼠害、病虫害和毒害草等生物灾害防治和人工草地建设等工作。调整后，该中心为公益2类事业单位，正处级建制，财政差额拨款。核定编制41名，其中领导职数3名。调整后，中心内设机构重新设置为5个(办

3月12日，兰州市林业局在城关区名城广场举办3·12植树节宣传活动

公室、动态监测科、有害生物防治科、生态修复科、种质资源科），不再保留绿化苗木管理科、园林物业管理科、市场信息科。

【森林资源保护管理】 争取中央财政资金1468万元，靠实778名国有职工管护人员网格化职责，确保全市天然林资源安全。争取中央财政资金1933万元，落实657名公益林管护人员待遇，确保全市150.19万亩国家级公益林资源安全。落实国家级生态护林员862名，发放补助资金689.6万元。恢复森林植被1.91万亩。启动天然林保护修复工作，开展编制省级天然林保护修复规划的前期摸底，指导县区启动《新一轮林地保护利用规划（2021—2035）》编制工作。指导县区完成全市林地、草原、湿地数据与第3次全国国土调查数据对接融合工作，完成2021年森林督查暨森林资源管理“一张图”数据更新。完成甘肃连城国家级自然保护区本底数据库项目验收。落实森林草原火灾风险普查和有害生物普查，突出抓好松材线虫病、美国白蛾、草原鼠兔害防治工作。修订完善森林草原火灾、重大林业有害生物灾害防治应急突发事件应急预案，完善森林草原火灾监测预警体系和林草有害生物灾害预测预报体系。全年未发生重特大森林草原火灾，林业有害生物成灾率控制在4.8‰预期范围以内。开展防火演练拉动16次，针对性完善防火应急道路近500千米，开设防火隔离带260千米，清理林区可燃物1800余亩，配备铁锹、铁扫帚以及干粉灭火器、灭火弹等防灭火物资1000余件。在连城林区建立“线上”“线下”双线宣传模式，全面推广使用“防火码”。服务国家和省市重大项目建设，对项目建设是否占用林地逐一进行现地核查，完成项目永久使用林地审核报批21项，均由省林业和草原局审核批准，共计使用各类林地4410亩。完成全市“十四五”期间年森林采伐限额建议指标提报工作。全年办理林木采伐许可证11份，采伐蓄积量348.47立方米。推进中央环保督察反馈问题和生态环境警示片披露问题整改，完成全市自然保护区生态环境问题整改中市林业局牵头的53个问题的整改销号，督促其他市级单位完成问题整改71个，排摸出本行业领域生态环境问题53个，完成整改9个，推进整改41个。通过遥感判读区划结合现地核实验证，全面清查整治非法侵占林地、毁林开垦、盗伐盗砍林木、违规拆分审批、临时用地逾期使用、违规调整和破坏国家级公益林等问题。进一步加强森林资源保护管理。累计下发图斑2670个（2013—2017年2503个，2018年47个，2019年57个，2020年63个），兰州市及时召开专题会议，印发行动方案，建立整改台账，推进整改，11月底提交全市工作成果。核查国家林业和草原局下发的疑似图斑671个，兰州市对个别县区面积较大、案件较多的情况进行重点督办。指导县区全面开展《甘肃省森林督查暨林政执法综合管理系统》工作。开展2019年、2020年森林督查发现的70个图斑涉及项目存在问题整改工作。大部分县区年内完成整改。配合市民政局对全市20家经营性公墓进行排摸处理。

【草原生态保护管理】 研究出台《兰州市加强草原保护修复实施方案》，为加强全市草原保护修复工作提供有力支撑，并指导各县区落实，先后落实草原承包面积1016.06万亩，发放草原使用权证454本，签订经营承包合同

2021年天然林保护工程实施造林绿化后的现状图

128806户，签订率100%，落实草畜平衡669.85万亩，草原禁牧371.39万亩。实施草原生态修复和治理项目，在永登县完成上年草原生态修复3万亩、退耕还林还草1.3万亩，在榆中县完成草原植被恢复0.1万亩。

完成全市草原综合植被覆盖度测算工作，2021年全市草原植被覆盖度55.02%。聘用草原管理员583名，发放管护补助资金116.6万元。对全市371.39万亩禁牧区发布禁牧令，并设立草原保护标志和界桩、护栏、标牌等，年内未发生违反禁牧规定的案件。对全市669.85万亩草畜平衡区域实行公示制，由县区和乡镇签订草畜平衡及减畜的目标责任书，防止超载过牧，年内未发生违反草畜平衡规定的案件。完成永登、皋兰两县各10个省级监测点产草量的测量工作。用8个月时间，完成省上布设的104个样地、315个样点的草原监测评价外业调查工作。完成甘肃省草品试验站（兰州大洼山）草品种区域试验年度任务：完成红豆草种质资源圃建植工作，栽植红豆草26种；完成旱生生态修复草种质资源圃建植工作，栽植沙生旱生草灌18种；完成兰州市野生植物种质资源采集任务，采集野生草种60余种，制作标本20份。按照国土“三调”数据，对各县区草原禁牧休牧、草畜平衡面积及第3轮草原奖补面积进行重新优化调整。组织开展草原普法宣传月活动，设计制作展板50块，参加宣传人员1500余人，发放宣传手册及资料等1.5万份；完成草原普法宣传微视频的制作。强化属地管理责任，规范草原征占用审核审批，年内收到县区长期征占用草原项目申请8件，经复核符合申报条件后，均通过省级审批，征占用草原面积3066.42亩。按“属地管理、分级负责”的原则，落实草原虫灾防治应急24小时值班制度和零报告制度。全市草原管理范围内未发生大面积鼠兔灾害。

【湿地资源管理】 组织专业团队，完成甘肃省榆中青城省级湿地公园生态检测报告。组织开展主要河流湿地范围内巡查、监测和执法力度，保护湿地与鸟类资源安全。联合省上对口部门组织开展“世界湿地保护日”主题宣传活动。3月，甘肃省十三届人大常委会第22次会议表决通过《兰州市黄河风情线大景区保护管理条例》，明确兰州市黄河风情线大景区管委会的管辖范围（东起城关桑园峡、西至西固西柳沟、南起南滨河路道路红线、北至北滨河路道路红线），将黄河兰州段湿地全部纳入管理范围，该条例于7月1日正式实施，兰州市率先在黄河流域生态保护和高质量发展方面制定地方性法规。4月，市林业局制定印发《兰州市湿地保护管理办法（暂行）》。

8月，市林业局制定印发《兰州市市级湿地公园管理办法（试行）》和《兰州市湿地监测评价信息发布制度》。2018年，原市生态建设管理局（现市林业局）委托甘肃省湿地资源保护与产业发展工程研究中心（挂牌于西北师范大学）和兰州市园林设计院对全市湿地资源进行调查，经调查，兰州市（包含兰州新区）的湿地总面积10019.08公顷，总斑块数211（条）块，分为4类9型，按湿地类别所占比重排列顺序依次为：河流湿地8504.7公顷、沼泽湿地1046.68公顷、人工湿地420.54公顷、湖泊湿地47.16公顷，分别占全市湿地总面积的84.88%、10.45%、4.2%和0.47%。2019年，市级机构改革和职能划定，市林业局将调查成果移交市自然资源部门。2021年，市自然资源部门结合土地“三调”，确定：全市湿地资源3835.33

2021年兰州市域内湿地资源分布一览表

（单位：公顷）

	森林沼泽	灌木沼泽	沼泽草地	内陆滩地	沼泽地	小计
城关区	0	0	0	48.6	0	48.6
七里河区	0	0	0	133.87	0	133.87
安宁区	0	0	0.21	1.96	0	2.17
西固区	0.62	0	0	70.03	0.11	70.76
红古区	0	0	0	187.41	0	187.41
永登县	0	0	0	793.6	0	793.6
榆中县	0	436.11	340.91	1571.87	0	2348.89
皋兰县	0	0	0	57.95	0	57.95
合计	0.62	436.11	341.12	2865.29	0.11	3643.25
合计（包含兰州新区）	0.62	436.11	341.13	2865.24	192.23	3835.33

公顷(包含兰州新区)。其中,森林沼泽0.62公顷;灌丛沼泽436.11公顷;沼泽草地341.13公顷;内陆滩涂2865.24公顷;沼泽地192.23公顷。

【野生动植物资源保护】 开展“爱鸟周”“世界野生动物宣传日”和“5·22”世界生物多样性保护日等主题宣传活动。在兰州电视台播出《野外觅踪——兰州市陆生野生脊椎动物调查成果》系列宣传片1个月120次,在兰州轨道交通1号线播出《保护野生动物公益宣传片》1个月960次。国庆节期间,在兰州植物园举办“共享自然之美”为主题的兰州市2021年度野生动物摄影展,参赛作品100余幅。

完成全市陆生野生脊椎动物调查(该项目自2017年开始委托兰州大学开展)。全市有陆生野生脊椎动物4纲28目83科427种。其中,两栖纲1目3科5种;爬行纲2目6科14种;鸟纲19目56科331种;哺乳纲6目18科77种。有国家重点保护动物82种(哺乳类17种,鸟类65种)。其中,国家I级保护动物17种(哺乳类6种,鸟类11种);国家II级保护动物65种(哺乳类11种,鸟类54种)。列入中国红色名录CR(极危)级别5种,EN(濒危)级别7种,VU(易危)级别13种,NT(近危)级别16种,其余种类为LC(无危)级别或未定级。督促协调各县区、局属执法单位加大野生动物保护执法。开展打击野生动物非法贸易“清风行动”,检查线上线下经营场所6328处,查出非法场所25处,督促44家网络交易平台落实野生动物交易管控责任。全市立案查处涉及非法收购、出售珍贵、濒危野生动物及其制品案件7起,破获7起,处理涉案人员9人,罚款1.78万元,没收野生动物25只;协调组织救护野生动物45种257头(只)。其中,经评估暂无放归条件的,在兰州市动物园饲养13种38头(只);向兰州野生动物园移交19种78头(只);放归24种93头(只);死亡48头(只)。

对国有林场、草原、湿地、公益林、天保工程、自然保护地等野生动物栖息地、候鸟迁徙停歇地和10处陆生野生动物疫源疫病监测点,进行全覆盖巡查和监测;在重点林区交通要道设卡、安排专人严密监控,杜绝捕猎林区野生动物违法行为。

对全市16处野生动物人工繁育经营场所建立管理台账,包括场所地点、养殖数量、审批手续、主要用途和防疫措施等情况,随时掌握动态,强化疫源疫病监测防控。开展禁食野生动物后续处置、黄河流域兰州段候鸟投食宣传活动。开展兰州市重点保护野生动物调查与栖息地评价、外来动物物种调查与风险评估、兰州市湿地鸟类智能检测与巡护体系建设。4月24日,组建成立兰州市野生动物保护协会。

【获得荣誉】 在2021年第10届中国(上海·崇明)花卉博览会上,兰州展园作品“和谐”获展品类组合盆栽金奖、“矾根—皇家葡萄紫”获展品类室内观叶植物银奖、“海

上海崇明岛第10届园博会甘肃展园室内展厅外观图片

上田园(盘花)—诗和远方"获展品类中国式插花铜奖,"关山月"获展品类组合盆栽铜奖,"黄河之滨也很美"获展品类化境与花卉小品优秀奖,"锦绣江山(缸花)"获展品类中国式插花优秀奖。

【生态扶贫】 全面履行全市生态扶贫专责组组长单位职责,推进"生态补偿脱贫一批"举措。通过选聘、续聘方式,落实国家级生态护林员862名、补助资金689.6万元,全市2200户脱贫群众受益。落实省级脱贫户草管员244名、补助资金48.8万元。落实重点公益林管护员249名、补助资金130万元。落实退耕还林还草、重点公益林生态效益补偿政策,帮助近3000户建档立卡脱贫户增加收入600万元。吸纳脱贫户近1000人次参加全市草原生态修复工程建设,发放工资近500万元。鼓励引导农民群众发展林下经济、森林康养和生态旅游等林草产业,月增加收入2000万元。全面履行榆中县中连川乡市级组长单位职责,组织22家市级帮扶单位推进定点帮扶工作。各帮扶单位选派27名党员干部驻村帮扶,局系统现有驻村第一书记兼工作队队长11名、工作队员11名。全乡现有脱贫监测户18户63人。其中,边缘户13户43人;脱贫不稳定户5户20人。组织开展党的十九届六中全会精神和市委第十四次党代会精神宣讲活动,组织开展"迎新春送温暖"慰问活动,与脱贫村党支部开展共建活动,组织庆祝建党100周年党史知识竞赛、捐赠党史学习资料,向留守儿童赠送书包文具,为新入学贫困大学生提供助学奖励。配合当地党委政府开展乡村振兴"岗位大练兵、业务大比武"活动。支持脱贫搬迁安置点实施村庄绿化,支持国道309线北山段荒山绿化4000亩。中连川乡以高原艾草、马铃薯种植为主,饲草苜蓿种植、山杏苗木繁育为辅的特色扶贫产业,得到进一步发展。

(闫国成)

水务

【概况】 2021年,市水务工作聚焦黄河生态保护治理、水生态文明建设、农村饮水安全工程建设与管护等重点,全市实际用水量10.69亿立方米,未超过总量控制目标14.85亿立方米。各级河长全年开展巡河4.5万余人次,巡河完成率166.3%,清理整治"四乱"(乱占、乱采、乱堆、乱建)问题135个。研究制定《兰州市农村饮水安全动态监测工作方案》,按照"发现一户、监测一户、帮扶一户、动态清零一户"要求,开展隐患摸排和动态监测。

【水利规划】 编制完成《兰州市黄河流域生态保护和高质量发展水利专项规划》《兰州市黄河流域生态保护和高质量发展水土保持专项规划》《兰州市防洪专项规划》《兰州市河湖岸线保护专项规划》《兰州市水安全保障规划》《兰州市"十四五"水利发展规划》等规划,报请市政府审定后实施。

【水利项目建设】 推进兰州市防洪综合治理工程、黄河干流完善提升等重大项目前期工作。估算总投资137.17亿元的兰州市防洪综合治理工程编制完成可研报告及专项报告,列入省"十四五"水利发展规划,报送市项目投资评审中心开展评审;估算总投资14.21亿元的黄河干流兰州城区段防洪治理完善提升工程完成可研报告初稿。

【河长制推行】 编制印发"一河一策"实施方案,督促责任县区系统治理,实现全市河湖长制水域管理全覆盖、精准化。与武威、白银、临夏等市州签订落实过境河流上下游联防联控合作协议,创新建立"暗访督查+无人机航拍监测+巡河App+群众举报"河湖督查监管体系。压茬推进河湖管理范围划定技术成果复核、规模以下68条河流划界技术成果全部提交并通过复核。不断丰富完善"四乱"问题监管手段,运用卫星遥感、无人机等,提高河湖管理信息化水平,拆除河道管理范围内违法建筑4930余平方米,清运垃圾1.5万余吨,清理腾退非法占用河道岸线3.18千米,取缔黄河干流沿岸废弃取水口4个、河道内经营性茶摊30余处。完成水上清真寺侵占河道拆除,依法依规启动行政强制程序,对黄河城区段未批设置趸船等历史遗留问题进行重点整治。

【水生态文明建设】 把水资源作为最大刚性约束,严控不合理用水需求和高耗水行业发展。加快推进节水型社会建设，七里河区、永登县、榆中县和皋兰县被水利部评定为节水社会达标县(区)，红古区县域节水社会达标建设顺利通过省级技术评估。加快推进大通河兰州市永登段防洪治理工程、皋兰县水阜河涝池村—砂岗村段防洪治理工程、皋兰县水阜河砂岗村—水阜镇段防洪治理工程、庄浪河西固段防洪治理工程、湟水河西固段防洪治理工程、大通河永登段堤防工程建设，完成年度建设任务。完成国家水土保持重点工程建设8个，治理水土流失40平方千米、小流域综合治理15平方千米。持续加强水土保持预防监督，对47个生产建设单位下达责令改正通知书，全面完成黄河流域生产建设项目水土保持专项整治任务。市级依法征收水资源费300万元、水土保持补偿费782万元。

【防灾减灾应急管理】　汛前对8个县区水旱灾害防御重点环节开展督查抽查，发出隐患整改通知单10份，并及时督促完成整改。市水务局牵头组织开展兰州市水旱灾害风险普查工作，成立兰州市水旱灾害风险普查领导小组，印发《兰州市水旱灾害风险普查工作方案》，组织县区完成干旱灾害风险调查、洪水灾害隐患调查资料收集和系统填报等工作。加强电站水库度汛安全监管，与八盘峡、柴家峡、小峡、河口、高崖5座中型以上水库(水电站)签订防汛安全责任书，及时对汛期运行计划进行批复。

【农村水利】　将农村饮水安全纳入《兰州市2021年巩固拓展脱贫攻坚成果有效衔接乡村振兴工作要点》，印发《关于2021年为民办实事农村水源保障项目的行动方案》，全面完成总投资2248.75万元的11项(其中6项列入省政府为民办实事)农村水源保障工程，涉及全市7个县区，受益人口6.72万人。推进水价核定和水费收缴，全面实施有偿使用、计量收费，全市千人以上供水工程实现全部收费，水费收缴率95%。全面完成108处、39.1万人农村饮水安全工程维修养护任务。强化村级水管员培训管理和考核激励，累计开展培训10次，培训人员782人。开展星级水厂评定工作，红古区花庄水厂和皋兰县黑石水厂被省水利厅评定为五星级水厂，榆中县青城镇上下片水厂被评定为四星级水厂。采用市场化手段，对全市千吨万人农村饮水安全工程、分散供水工程水质进行监督性检测，保障农村供水水质安全。畅通监督投诉渠道，公布水利部12314、省市县三级农村供水监督服务电话，全面受理处置各类投诉问题，投诉问题办结率100%。

12月29日，水车博览园部分引水墙镀锌电焊石笼装填作业

【水污染防治】　加快推进城区3座污水处理厂提标改造项目建设进度，城区雁儿湾、盐场、七里河安宁3座污水处理厂提标改造项目主体工程已完成，其中雁儿湾、盐场污水处理厂已通水运行，出水达到一级A排放标准；不断强化污水处理厂运营监管，城区污水处理率96%，超过国家“水十条”95%的目标要求；建成污水管网建设及改造32.835千米；全面完成城区23处突出积水点整治，城区内涝问题得到解决。

【水务监督】　做好防洪安全监管，着力强化责任落实、预警监测、隐患排查、监督检查、值班值守等工作落实，保障全市安全度汛。开展安全生产监管，全年开展安全生产隐患排查工作176次，发现隐患411处，全部督促完成整改，省安委办、省减灾委办公室、省应急厅授予市水务局“应急管理、安全生产和防灾减灾重点工作优秀奖”。

(孔佑花)

应急工作

【概况】 2021年，全市安全生产四项指标“全面下降”，发生各类生产安全事故145起，死亡109人，受伤102人，直接经济损失3905.75万元，同比分别下降2.68%、9.17%、3.77%和2.74%，未发生较大及以上生产安全事故，安全生产形势总体稳定。因雪灾、洪涝、风雹、干旱等自然灾害造成5个县区33个乡镇（街道）90120人次受灾，农作物受灾面积28917.26公顷，造成直接经济损失15244.61万元，无紧急转移安置人口和紧急需救助人口。

【责任落实】 全年市委、市政府召开13次市委常委会、8次市政府常务会专题学习习近平总书记关于应急管理、防灾减灾救灾、安全生产重要论述，研究部署城市安全发展、应急管理综合行政执法改革等重点工作。市人大常委会对《安全生产法》《防洪法》贯彻实施情况进行专题调研。市政府将应急管理纳入全市国民经济和社会发展“十四五”规划和市政府年度重点工作。市委、市政府主要领导通过调研检查、座谈研究推动重点工作落实，市政府各分管领域负责同志实地检查道路交通运输、工业企业、建筑施工等各行业领域和消防救援队伍值守备勤情况。市、县两级均实现常委分管应急管理工作。坚持督查问效，全年围绕专项整治三年行动、安全生产大排查大整治等先后开展6轮次全市性集中督查和交叉互查活动，对阶段性事故多发县区及行业领域进行通报预警。狠抓末端落实，严格事故“一案四查、两个倒查”要求，挂牌督办2起一般生产安全事故，提级调查1起事故，对11家重大消防隐患单位实施挂牌督办，综合运用督查、警示、约谈、通报等手段，倒逼相关责任单位和企业落实监管和主体责任。

【应急值守】 全市应急管理系统建立节假日“三三制”值班值守制度，依托国家应急指挥综合业务平台，严格规范灾害事故信息报送时限、流程，畅通信息报送和共享渠道，压实灾害事故信息报送责任，夯实灾害信息报送工作基础，推动应急值班值守科学化、标准化、规范化，全年接报生产安全事故及其他突发事件信息173起。全市各类应急救援队伍累计出动5.3万余人次，实施消防、各类抢险救援4500余次，抢救、疏散被困群众2000余人，保护财产价值5.7亿元，各类事故灾害和突发事件得到科学有效处置。

【综合防灾减灾救灾】 按照“政府领导、部门协作、分级负责、清单管理”的工作思路，持续推进第一次自然灾害综合风险普查，应急、交通、自然资源、林业、气象等部门在全面完成调查任务的基础上，进入数据核查阶段，房屋等调查摸底工作有序推进，灾害风险调查和重点隐患排查工程加快实施。市政府印发《兰州市主城区地质灾害综合治理三年行动实施方案》，签订第一批160套地质灾害避险安置住房配建协议，在218处重要地质灾害隐患点，安装590套普适性监测设备，完成全市高层建筑、老旧房屋、市政基础设施等10类6774处房屋抗震设防信息采集，建立并运行覆盖市县乡村四级灾害预警报送信息员队伍。争取15个中央、省级地质灾害治理项目。启动主城区河洪道防洪综合治理工程和提标改造工程。全力推进综合减灾示范创建工作，全市创建2021年度国家综合减灾示范社区2个、省级综合减灾示范社区4个。向上争取2020—2021年度冬春救助资金103万元，救助群众3317户、13398人次。

严格落实防汛抗旱行政首长负责制，对全市8个县区、兰州高新区，63个县级山洪灾害防御行政责任人，7条主要河流、23座大中型水库防汛责任人进行公示，建立健全市县乡村社五级防汛责任制，组织开展防汛督查，督促整改隐患问题445处。对全市防汛物资开展全面摸排，建立物资台账，与3家采沙场签订4.5万吨砂石料应急使用协议。发布汛期预警信号、气象信息专报、雨情快报、水情通报等监测预警信息350余次，组织汛期调度会商4次，各县区组织群众2.65万人次开展汛期紧急转移避险演练，有效应对每一轮降水天气过程，汛期全市未出现暴雨等极端天气和编号洪水。

【森林草原防火】 市政府印发《关于进一步提升全市森林草原防灭火水平的实施意见》，细化应急、林业、公安、自然资源和森林消防等部门以及林草经营单位的职责任务。部署开展打击野外违法用火行为专项行动，全市派出检查组210个，设立检查站789个，出动人员数量6081人次，排查火灾隐患141处，发放整改通知书51份，整改火灾隐患141处，查处制止违规用火数量126起。强化森林草原防火宣传，依托电视、手机短信、网络、政务新媒体等传播平台，推送森林草原防火命令、森林草原防灭火政策法规、预防森林草原火灾知识，发放各类宣传品16万件，悬挂标语1412个，营造“全民动员，人人参与”的浓厚氛围。

【应急救援能力建设】 市政府修订完善《兰州市突发事件总体应急预案》，形成1个总体预案、48个专项预案、7个保障预案相互衔接、完整配套的应急预案体系，组织开展市级生产安全事故、大型城市综合体灭火救援、抗震救灾、防汛桌面推演、地质灾害避险等应急演练，检验预案、磨合机制、锻炼队伍。应急部门建成运行兰州市应急指挥平台，接入12个市级重点部门及平台的数据，实现地震、自然资源、气象、水务等监测系统的横向连接和数据共享，可满足实战化需求，实现事故灾害现场的实时回传和远程调度，制定《兰州市社会救援队伍管理办法》，安排专项资金150万元支持3支专业应急救援队伍和3支社会救援队伍运行维护，与7家社会救援力量签订《救援合作协议》，纳入兰州市应急救援力量体系。

【专项整治】 围绕重点时段安全防范相继开展春节、“两会”、清明节、“七一”、中秋、国庆、新冠肺炎疫情后复产复工等重要时段集中排查整治活动，确保隐患排查不间断，整治声势不减弱。分条块开展烟花爆竹打非治违、民用醇基燃料、煤矿“全系统各环节”专项检查、有限空间作业、涉氨制冷等领域专项整治，持续深化消防安全“百日攻坚”、交通运输行业“大起底大排查大整治”、城镇燃气和瓶装液化气等安全整治，形成全层级、分条块、常态化的隐患排查整治模式。制定安全风险分级管控和隐患排查治理双重预防机制措施，重点在高危行业领域持续推进企业本质安全建设，印发《关于全面加强危险化学品安全生产工作的实施办法》，总结出以兰铝、连铝为代表的安全卫士“葡萄图”管理模式，实现全员参与的风险辨识和隐患排查。投资70万元实施窑煤集团煤矿冲击地压灾害风险判识与预警平台研发项目，完成21户“两重点一重大”企业安全装置及自动化控制系统建设。按照“一路一策”综合治理思路，集中治理5条交通事故多发路段。

【安全生产专项整治】 市安委

会召开安全生产专项整治三年行动专项推进会，将三年整治任务分解为11个大类、163个小项，实行对标对表、挂图作战。市政府分管领导带队对8个县区和重点行业部门三年行动进展情况开展专项督查，及时指导整改245条问题隐患。市安委办定期分析工作进展，利用应急管理部直报系统，动态更新"一情况两清单"。全年采取政府督查、交叉互查、专家检查等方式，累计检查15394户次，排查各类事故隐患42799处，已整改38882处，整改率90.8%，其余问题隐患已制定144条整改措施，全部纳入清单管理。

【新冠肺炎疫情防控应急保障】

坚持疫情防控和安全生产两手抓、两不误，采取线上线下相结合的方式，紧盯消杀物资生产、危化、矿山、供暖、供热、供电等行业领域，累计实地检查或远程调度生产经营单位360户次。对10家定点医疗机构、44个集中隔离点、5个医疗物资生产储存企业以及疫情防控备用场所等涉疫场所开展消防安全指导。应急部门对接各县区和市直有关部门，掌握疫情防控救灾物资需求，协调粮食和物资储备部门简化程序、规范流程，先后向各县区和有关单位调拨市级救灾物资19批次6496件套，有力保障核酸采样点、防控卡口点布设需要。组织甘肃蓝天救援队、方舟救援队等社会力量开展场所消杀、秩序维护、物资装卸等工作，出动人员9800余人次，消杀面积1.15亿平方米，搭建帐篷200余顶，装卸物资5.3万千克，承担全市80%以上的社会面消杀任务。

【行政审批】 对应急管理领域17项网上办理政务服务事项（行政许可10项，行政确认2项、公共服务1项，其他类权力4项）进行认领、编制，承诺总时限131个工作日，时限缩减比例66%，加快审批速度，提高审批效率。依法依规办理危险化学品经营许可365个、危险化学品安全生产许可12个、非药品类易制毒化学品备案证明28个、非煤矿山安全许可29个、生产安全事故应急预案备案460个，按期办结率100%。

【宣教培训】 通过专题培训、政务新媒体、电子大屏等多种方式，分层级开展集中学法活动，发放《安全生产法》单行本2000余册。以社会化宣传为重点，开展"安全生产月""防灾减灾日"、安全宣传"五进"等活动，滚动播放公益广告7000万条次，深入社区、学校宣讲1200余场次，建成3家省级、2家市级应急消防科普教育基地，全年各类教育基地接待市民参观18万人次。中国兰州网开设安全生产、防震减灾、应急救援专题专栏，阅读量超过5500万人次。组织社会公众参与的"测测你的安全力"知识竞赛和全国应急管理普法知识竞赛，最终以955万分和602万分获得两个全省第一。

【第11届国家综合防灾减灾与可持续发展论坛】 5月11日，由国家减灾委员会专家委主办，应急管理部国家减灾中心、甘肃省应急管理厅、兰州市人民政府承办的第11届国家综合防灾减灾与可持续发展论坛在兰州举办。国家减灾委员会秘书长郑国光、副省长李沛兴、省应急管理厅厅长黄泽元和市长张伟文出席论坛开幕式。来自全国各地的100余位专家学者参会。

论坛以"全面推进自然灾害防治体系和能力现代化"为主题，围绕防灾减灾救灾发展战略、体

5月11日，第11届国家综合防灾减灾与可持续发展论坛期间，兰州市与西北省会城市、兰西城市群城市签订应急联动工作备忘录

制机制改革、社会力量参与、科技应用等开展交流讨论，为国家自然灾害防治体系和防治能力现代化建设建言献策。论坛参会代表一致认为，党的十八大以来，以习近平同志为核心的党中央把防灾减灾救灾摆在更加突出位置，纳入国家治理体系和治理能力现代化之中全面谋划推进，取得防灾减灾救灾新的伟大成就，彰显党的政治优势、组织优势和社会主义集中力量办大事的制度优势。

期间，兰州市发起和牵头，与西北省会城市、兰西城市群各城市签订《西北省会城市应急联动工作备忘录》《兰西城市群应急联动工作备忘录》，进一步加强西北省会、兰西城市群各城市在自然灾害防治、应急救援、专家队伍建设、数据共享、科技支撑、应急装备使用等方面常态化合作交流。

【高危行业生产安全风险感知技术峰会】 5月19至20日，由兰州市人民政府、兰州新区管理委员会主办，北京朗泰华科技发展中心承办的高危行业生产安全风险感知技术峰会在兰州新区举办。甘肃省各级应急管理部门相关负责人，中国石油、中国航油、金川集团等企业代表，以及国内外相关单位400余人参会。

国务院安委会办公室副主任，应急管理部原党组成员、原总工程师王浩水作主旨演讲。省应急管理厅副厅长潘映军，市委常委、副市长胡俊锋出席并致辞。中国美国商会中美能源合作项目(ECP)董事会联席主席马克·瑟伯以视频形式祝贺会议开幕。

峰会为以“感知风险，主动防范，智慧应急”为主题，由研讨交流、装备展示和参观访问等一系列活动组成，旨在强化针对高危行业生产安全监管的科技支撑，为行业企业分享交流风险感知新产品新方案提供平台，探讨借鉴国内外在高危行业风险感知领域的先进适用技术装备和科学有效的成功经验。

（杨　飞）

地　震

【概况】 2021年，兰州市加快推进地震监测预报预警工作，印发《兰州市震情监视跟踪和应急准备工作实施方案》《2021年度兰州市地震趋势研究报告》，推进防震减灾公共服务，创建1所国家级防震减灾科普示范学校，自主开发地震博物馆壁画展馆数字动态壁画、科普研学课程和科普研学微信游戏小程序、科普U盘，市地震博物馆接待观众2万余人次，接待省内外研学团体1万余人次。

【地震监测预报】 加强震情监视跟踪和分析研判，进一步申请共享省地震局一批台站观测资料，编制《2021年度兰州地震趋势研究报告》。高质量完成庆祝建党100周年等重要时段的地震安全保障服务工作，对全市64个宏观观测点和宏观观测员分别开展实地调研和业务培训。争取加密布局建设和改造提升一批地震台站，对榆中高墩营等台站开展环境整治和升级改造，推动兴隆山台站改造提升前期调研、评估、方案编制等工作。配合省地震局推进地震烈度速报与预警系统建设，完成永登民乐、榆中兴隆山等预警台站的改造和设备安装、调试等工作，协调落实永登、榆中、皋兰3县5个地震烈度速报预警项目的社会稳定风险评估、土地征用手续办理工作。

【地震灾害风险防治】 抓好抗震设防要求监管，推进兰州榆中生态创新城建设项目区域性地震安全性评价工作落实。推进地震灾害风险普查，会同省地震局编制兰州市地震灾害风险普查项目工作经费预算，建立工作机制，组织开展培训和资料收集等工作。开展房屋设施抗震设防信息采集工作，结合实际制定工作方案，建立工作专班和联络协调机制。

【地震应急响应】 加强地震应急预案演练工作，配合市应急管理局推动地震灾害风险较大乡镇(街道)退役军人服务站队伍应急训练，强化应急力量建设。强化常态化地震应急准备，组织开展系统内部地震应急演练，会同市应急管理局督促抓好国务院抗震救灾指挥部反馈问题整改。持续优化兰州市地震应急指挥技术系统，扩大信息数据共享范围。进一步健全完善地震灾情速报网络，加强信息共享和动态管理，应对甘肃榆中3.6级地震和青海玛多7.4级地震、甘肃玛曲4.4级地震对兰州的影响。

【地震科技支撑】 强化地震科

5月10日，市地震局举办地震自救与互救知识与技能培训

技和理论研究，引导鼓励干部申报研究课题，完成《中国大陆地震震例异常汇总分析报告》，业务论文《卷积神经网络在震相拾取中的应用探讨》在《科技资讯》期刊发表。促进地震科技成果应用，推进兰州榆中生态创新城建设项目区域性地震安全性评价成果推广应用工作，指导北京八中兰州分校等20余个项目开展减隔震技术推广应用。自主开发地震博物馆壁画展馆数字动态壁画、2门科普研学课程和科普研学微信游戏小程序，制作以兰州防震减灾MG动画公益短片、地震博物馆科普研学系列动画短片等自主创新成果为主要内容的科普U盘。

【防震减灾公共服务】 推进法治政府建设，履行地震部门法定职责，全面落实"八五"普法规划和防震减灾技术标准。认真落实"四办四清单"和"双随机一公开"等制度要求，"小兰帮办"政务服务品牌，提升监督检查实效。依托"互联网+"、在"5·12""7·28"等重点时段，坚持"线上+线下"相结合，组织开展防震减灾知识"七进"活动，依托甘肃移动车载电视、党政机关和社区宣传显示屏、兰州轨道交通站点和列车车厢、地震预警终端等平台，播放防震减灾公益宣传片3000余次，开展防震减灾科普宣传活动和应急救护知识培训15场次，发放宣传品2万余份，提升全民的防震减灾意识和应急处置能力。强化科普阵地建设，榆中县文成小学被评为国家级防震减灾科普示范学校。优化兰州市地震博物馆参观环境、提升服务质量，开展以"防震减灾科普研学进校园"为主题的研学系列活动20余场次，重新布展勇闯无人区展示区域，对10余项文物录制专题讲解视频，传播馆内文物藏品所蕴含的文化内涵，2021年市地震博物馆接待观众2万余人次，接待省内外研学团体1万余人次。

（张　钰）

气　象

【概况】 2021年，全市平均气温在6.9℃～11.4℃之间，较历年同期偏高0.8℃～1.1℃。年降水量在163.1～298.6毫米，与历年同期相比，全市各地偏少1～3成，雨日偏少。年日照时数正常略少。年内冷暖起伏大，入春偏早。主要的气象灾害有干旱、暴雨洪涝、冰雹、大风等，造成部分地方农业损失，总体上看，2021年属于气候条件较好的年景。

【主要气象要素】 气温：全年平均气温偏高。全市年平均气温8.6℃，较历年同期偏高1℃，按照气温等级评定标准，属偏高年份。

冬季（2020年12月—2021年2月）：季平均气温-4.7℃，较历年同期偏高0.6℃，较上年同期偏低0.7℃。其中，兰州-1.6℃；榆中-5℃；皋兰-6.2℃；永登-5.8℃。与历年同期相比，各地偏高0.2℃～0.9℃。按气温异常等级标准，全市各地气温略偏高。

春季（3月—5月）：季平均气温10.3℃，较历年同期偏高1.2℃，较上年偏高0.3℃。其中，兰州13℃；榆中9.4℃；皋兰10.5℃；永登8.2℃。与历年同期相比，全市各地偏高1.0℃～1.3℃，与上年同期相比，全市各地偏高0.2℃～0.5℃。按气温异常等级标准，全市各地气温偏高。

夏季（6月—8月）：季平均气温20.8℃，较历年同期偏高1.7℃，较上年同期偏高1.1℃。其中，兰州 23.6℃；榆中 19.6℃；皋兰 21.6℃；永登 18.4℃。与历年同期相比，各地偏高 1.4℃～2.2℃。与上年同期相比，全市各地偏高 0.7℃～1.3℃。按气温异常等级标准，全市各地气温偏高。

秋季（9月—11月）：季平均气温7.5℃，较历年同期偏低0.1℃，与上年同期偏低0.6℃。其中，兰州10.2℃；榆中6.6℃；皋兰7℃；永登6.3℃。与历年同期相比，兰州、永登偏高0.1℃～0.4℃，皋兰、榆中偏低0.3℃～0.4℃。按气温异常等级标准，全市各地气温正常。

日极端最高气温：兰州38.3℃（7月13日）、皋兰37.8℃（8月1日）、榆中34.6℃（7月31日）、永登32.2℃（8月1日）；高温日数（日最高气温≥32℃）：兰州44天、皋兰32天、榆中8天、永登3天。高温时段较为集中，晴热高温天气主要出现在6月下旬至8月中旬。

日极端最低气温：兰州-15.7℃（1月7日），榆中-21.7℃（1月7日），皋兰-25.1℃（1月8日），永登-22.4℃（1月7日）。

降水：2021年全市年平均总降水量250.8毫米，较历年偏少57.9毫米。兰州、榆中、皋兰、永登四站年降水总量分别为246.8毫米、294.8毫米、163.1毫米、298.6毫米，其中永登偏多15.6毫米，兰州偏少94.4毫米、榆中偏少133.4毫米、皋兰偏少59.4毫米。按照降水等级划分标准，全市降水属偏少年份。兰州全年平均雨（雪）日数（降水量≥0.1毫米），兰州62天、榆中81天、皋兰54天、永登97天。

汛期降水特征：汛期（4—9月）降水量213.9毫米，其中降水主要集中在6—9月，占汛期总降水量的65.3%，占全年总降水量的55.7%。

冬季（2020年12月—2021年2月）：冬季降水量5.2毫米。其中，兰州2.8毫米；榆中11.6毫米；皋兰2.3毫米；永登4毫米。按降水量异常等级划分标准，全市冬季降水正常略偏少。

春季（3月—5月）：全市降水总量81.2毫米。其中，兰州92.2毫米；榆中98毫米；皋兰54.6毫米；永登79.9毫米。按降水量异常等级划分标准，全市春季降水偏多。

夏季（6月—8月）：全市降水总量92.7毫米。其中，兰州84.5毫米；榆中109.4毫米；皋兰59.6毫米；永登117.2毫米。按降水量异常等级划分标准，全市夏季降水属偏少。

秋季（9月—11月）：全市降水总量72.7毫米。其中，兰州67.4毫米；榆中77.3毫米；皋兰46.6毫米；永登99.4毫米。按降水量异常等级划分标准，全市秋季降水略偏少。

日照：全市平均总日照时数2330.1小时，按日照时数年度评定标准，全市日照属略少年份。各月日照时数：1、2、5、7、11月日照时数较历年平均值偏多，其余各月日照时数以偏少为主。

相对湿度：全市平均相对湿度52.1%，较历年同期偏低5.8%，较上年偏低4.3%。

风：全市年平均风速1.8米/秒，其中兰州、榆中、皋兰、永登4站年平均风速分别为1.1米/秒、2米/秒、1.7米/秒、2.2米/秒。

【主要天气事件】 干旱：7月中旬至8月上旬，受持续高温晴热天气及无明显降雨天气影响，榆中县16个乡镇、永登县6个乡镇发生干旱灾害，灾害导致农作物不同程度受灾，造成一定的农业经济损失。

轻雾：年内皋兰出现81站次轻雾天气，兰州出现44站次，永登出现3站次，榆中出现144站次。

雾：年内皋兰出现3站次雾天气，兰州出现1站次，永登出现1站次。

霾：年内皋兰出现7站次霾天气，兰州出现19站次，榆中出现37站次。

大风：年内榆中出现4站次大风天气，永登出现3站次，皋兰出现1站次。

浮尘：年内皋兰出现20站次浮尘天气，永登4站次，兰州14站次，榆中16站次，主要集中在春季。

扬沙：年内仅皋兰、兰州各出现1站次扬沙天气，较历年同期偏少。

第一场透雨：兰州、榆中4月2日出现春季第一场透雨，皋兰、永登4月24日出现春季第一场透雨，较历年同期提前22～42天。其中，榆中（17.7毫米）比历年同期提前31天；皋兰（20.2毫米）比历年同期提前22天；兰州（18毫米）比历年同期提前43天；永登（20.9毫米）比历年同期提前35天。

暴雨、短时强降水：全市暴雨洪涝天气主要集中在4月和7月，局地受灾较为严重。4月永登县出现雨雪天气，导致部分乡镇引发雪灾、洪涝灾害；7月14日皋兰县黑石镇出现分散性阵雨，灾害造成黑石镇3个村受灾；7月18日永登县坪城乡出现暴雨天气，灾害造成坪城乡3个村不同程度受灾，致使农作物不同程度受灾，造成一定程度的经济损失。

冰雹：年内全市冰雹天气主要出现在5月下旬—8月下旬，全市各地受灾较为严重，冰雹日数偏多。其中，5月兰州市出现1次冰雹过程；19日永登县冰雹天气。6月全市累计出现3次冰雹天气过程。7月全市累计出现2次冰雹天气过程。8月全市出现1次冰雹天气过程。均导致农作物不同程度受灾，造成一定的经济损失。

初霜冻：10月10日永登出现初霜冻，其余各站初霜冻均出现在18日，与历年同期相比，各地偏晚6—14日。

强降温天气过程：年内主要出现12次强降温天气过程，分别为1月5—7日（皋兰）、1月15—17日（榆中、永登）、1月24—25日（皋兰）、2月14日（全市）、2月27—28日（全市）、3月29—31日（全市）、4月23—25日（永登）、11月5—7日（全市）、11月29～30日（皋兰）、12月5—6日（全市）、12月12日（永登、皋兰、榆中）、12月24—26日（全市）、12月29—31日（全市）。

连阴雨：年内主要出现5次阴雨天气过程，分别为3月31日—4月4日出现阴雨天气，4月1—4日出现阴雨天气，4月9—15日永登出现阴雨天气，6月14—17日榆中出现阴雨天气，6月28日—7月2日全市出现阴雨天气，10月3—6日全市出现阴雨天气。

【智能网格预报】 与市大数据局合作，实现气象、政务、互联网三网融合，“气象大数据云平台”投入业务应用。升级兰州城市网格化气象精密监测站网，提高监测精密、预报精细、服务精细化水平。

【公共气象服务】 在重大活动期间，主要天气过程做到提前预报、科学防御。编发决策服务材料503期。其中，雨情快报107期；专题服务324期；中长期预测34期；气候评价15期；领导参阅23期。获市级党政领导批示10人次。

8月13日，榆中县气象局业务人员调查旱情

【气象为农服务】 与市农村农业局联合开展面向农业保险的气象服务，在技术人才、调查会商、产品制作和发布等方面实现共建共享共用。制定《兰州市2021年农业气象周年服务方案》，开展春耕春播、夏收夏种气象服务，将“智慧气象”融入“智慧农业”建设，推动气象服务融入乡村振兴工作大局。面向80%以上新型农业经营主体开展“直通式”服务。

【气象灾害风险预警能力提升】 联合市应急管理局将基层气象信息员纳入基层防灾减灾应急群组管理，实现纵向到底、横向到边的预警传播模式。建立气象灾害风险普查数据库，提升气象灾害风险预报预警和管理能力。

【气象事业高质量发展推进】 市人民政府办公室印发《推进兰州气象事业高质量发展助力全面建设现代化中心城市的实施意见》。明确当前和今后一个时期兰州气象事业高质量发展的目标要求。

【人工影响天气】 市、县政府审批通过2021年人工影响天气作业计划，完成全市人影高炮和火箭年检工作，开展人影安全专项

9月16日，永登一中学生在永登县气象局参观人影作业装备

检查12次。开展防雹作业117点次，发射炮弹807发，防雹作业有效保护面积约3000平方千米。开展人工火箭增雨（雪）34点次，发射火箭弹97枚，燃烧焰条362根，人工增雨（雪）影响面积约900平方千米。

（詹玉辉）

消防救援

【概况】 2021年，兰州市消防救援工作推进改革创新、提质强能，提升队伍防范化解重大消防安全风险和应对处置各类灾害事故能力，应对新冠肺炎疫情防控等风险挑战，实现社会火灾形势和队伍内部“两个高度稳定”。全年全市发生火灾1723起，直接财产损失1121.1058万元。同比火灾起数上升24.4%，亡人下降33.33%，直接财产损失下降38.9%。全市消防救援队伍接处警4264起，出动车辆7465辆，出动警力46624人次，抢救被困人员736人，疏散被困人员725人。同比接警出动上升16.8%，出动人员上升30.42%。

【消防安全管理】 建立“定期会商、联席会议、挂牌督办、工作报告”机制，市消委会（办）召开消防工作会议4次，层层压实消防安全责任。市、区两级党委政府牵头整治、集中攻坚，城关青白石街道、张掖路步行街、七里河西园街道、西固四季青街道等区域性火灾隐患整治成效明显。统筹开展大型商业综合体、石油化工、新材料新业态、高层地下等重点领域系统攻坚治理，深化城中村、老旧小区、“三合一”场所和易地扶贫安置点等重点场所专项整治32次，全力压减火灾风险隐患。全市22家大型商业综合体完成消防安全管理试点示范创建，在砂之船奥特莱斯召开全省商业综合体消防安全管理达标创建工作现场会，在名城广场召开全市大型商业综合体灭火救援实战演练暨消防安全规范化管理现场会。全年全市检查社会单位11008家次，发现火灾隐患14707处，督促整改14483处，下发《责令改正通知书》8848份、《行政处罚决定书》1811份，临时查封153家，责令“三停”单位264家，罚款2451.2626万元，行政拘留10人。检查消防产品使用单位237家，下发现场判定不合格通知书98份，责令改正通知书78份，填写

3月10日，兰州消防救援支队开展地铁消防安全宣传教育

消防产品质量监督抽查抽样单216份，办理行政处罚受案查处数46起，罚款金额18.449万元，向市场监管部门函告69份；推动整改全市违规彩钢板建筑集13.63万平方米，挂牌督办11家重大隐患单位，整改销案11家。协助住建部门对323件房屋产权历史遗留项目进行技术指导，督促整改消防安全隐患1000余条。全面推行"一网通办"建设，将"96119"并入兰州市三维数字社会服务中心"12345"便民热线。深化"智慧消防"建设，全市高层建筑接入物联网4129栋，接入率94.8%；签订维保合同4115栋，维保率94.5%；接入消防物联网远程监控的单位1911家，接入四系统1237家，逐步实现精准动态防控。

【消防救援能力建设】 适应"全灾种、大应急"任务需要，深化全员岗位练兵，定期研判形势，优化考核奖惩机制，规范训练内容、标准和流程，量身定制个人训练档案，每月开展战训业务大讲堂，季度举行基础理论考试，举办比武竞赛3次。采取全员普训、分岗集训、尖兵领训，精研专练各类灾害事故处置技战术难点，探索固化训练指南、编队编组、装备配备和能力考评标准，优化重组高层、地下、水域救援、危化品处置等10支专业队，127人取得地震、绳索、水域等专业救援技术资格证书。加快应急救援信息化建设，接入全市危险品生产、储存、经营场所监管、"天眼"视频资源6万多路，启动建设兰州市火灾高空瞭望视频监控系统，气象云图、地质洪涝灾害区域风险监测等系统数据资源14类25万余条，制作三维地图180份，二维地图、全景图及采集高空图像550份，改造升级智能接处警调度平台，实现"一键调派"。完善应急调派预案体系，规范全勤指挥部、大队及站三级接警出动、调度指挥、现场作战程序，开发移动作战指挥App及可视化数据平台，配发终端94套，实现全程可视化指挥。全年开展大型火灾事故典型战例战评会12次，完成23家大型综合体灭火救援预案制定、修订及建筑消防设施测试，制作修订完善支队级预案60份，大队、站级1604份，开展重点单位"六熟悉"2084次，实战拉动演练2084次，完成应急管理部消防救援局部局、省消防总队、市政府地震救援航空投送、跨区域地震救援、抗洪抢险、化工灾害事故、高层建筑、大型综合体实战演练12次。完成"两会"、建党100周年活动、中亚合作论坛等大型消防安保任务，成功处置1·17大沙坪兰州监狱棉织品库房火灾、"6·5"城关区兰橡小区液化气闪爆事故、11·3皋兰恒利新材料有限责任公司火灾等急难险重任务。

【宣传教育】 深化消防安全宣传教育，发挥全媒体中心作用，与中央、省市媒体持续建立战略合作机制，推动内外宣传融合发展，在3家主流媒体开设专栏专版，运营《金城119》《金城消防好声音》栏目，播发节目1513期。打造"人民号、新华号、视频号，微信、微博、抖音、快手、人民视频、今日头条"3号6平台于一体的全媒体融合传播矩阵，及时传播全市消防工作动态。建成3家省级、2家市级、5家县级应急消防科普教育基地，接待参观群众15万余人次。联合市教育局开展第3届"我是小小消防员"消防绘画、作文、"消防安全示范课"和"消防广播操"评选活动。成立兰州市消防宣传"金喇叭"志愿服务队，注册消防志愿者6.1万余人，开展志愿者活

9月16日，兰州消防救援支队在名城广场举办全市大型商业综合体灭火救援实战演练暨消防安全规范化管理现场会

5月7日，榆中县消防救援大队副大队长李子崇在营区内开展党史学习教育，传承红色基因

动82次。深入全市易地扶贫搬迁安置点开展“敲门行动”，基层网格员在街道社区、村镇开展宣传200余次。2021年，在央视央媒上稿118条次、省级1605条次，楼宇电视、户外大屏播发消防安全提示4566万条次，开展消防宣传“五进”活动1110余次、消防安全宣传教育培训72万人次、发放宣传彩页14万余份，兰州消防官方账号粉丝量84.4万人，消防安全学习云平台注册人数36.1万余人。

【公共消防基础设施建设】 市政府将公共消防设施建设纳入年度重点工作目标，坚持把公共消防设施建设作为基础性战略工程来抓，制定“十四五”消防救援队站建设规划，城关区焦家湾、西固区陈官营、皋兰县福源新城消防救援站正式入驻投勤，西固国际港务区站外围附属工程收尾，白道坪站招标文件审核修改，南山路小型站完成初步设计及批复，各县区新建市政消火栓244个。

实施队站装备配备达标工程，投入1295万元计划购置消防车6辆，各类器材2747余件套。交付、验收33辆消防车，培训急救员548人。常态开展装备操作、维修保养和极限性能测试，及时更新装备参数、使用指南和操作注意事项，做到精确闭环管控。完善战勤保障体系建设，与25家地方单位签订联勤联动协议，基本实现自我保障向社会统筹保障转变。完善与民航、铁路及物流单位应急装备物资运输投送协作机制，实现随调随保，着力构建与综合救援实战需求匹配的战勤保障体系。新冠肺炎疫情发生后，全市消防救援队伍强化组织领导，加强防疫物资储备，狠抓内部疫情防控，确保队伍“零感染”。

（郭吉惠）

“10.18”兰州疫情严重后，甘肃蓝天救援队在队长於若飞带领下投入疫情防控志愿工作

城市建设

【概况】 2021年，市住房和城乡建设各项任务目标进展顺利，全市(主城区)实施市政公用设施建设项目107项，投资总额498.87亿元，全年完成投资47.19亿元。全市全年新筹集公租房9个项目3000套，棚户区改造4个项目2000户，全部开工建设，开工率100%。实施老旧小区改造306个，老旧住宅加装电梯300部。全年修补油路59.7万平方米，维修铺筑人行道板6.86万平方米，维修更换道牙15.5千米；更换路灯线路39.3千米，灯杆234根。完成东方红广场周边道路维修整治工程和北滨河路农沙段游览道太阳能路灯安装。强化道路开挖管理，完成道路占用、开挖审批272项。加大雷达探测力度，路探测753条次，应急探测107条处次，发现确认空洞(脱空)225处。开展城市照明设施大排查大整治专项行动和路灯窨井盖安全问题治理专项行动。制定出台《兰州市国有土地上房屋征收与补偿实施办法》等3个办法，完善征收补偿政策体系。实施《兰州市供热用热条例》《兰州市直管公房管理办法》《兰州市国有土地上房屋征收与补偿实施办法》。

【城市基础设施建设】 推进路网建设，围绕雁滩片区、兰石片区、崔家大滩等城市新开发区域和奥体中心等重大项目，T607-1号路、T112号路、T194号路等9条道路建成通车。奥体中心周边T092号等4条道路、天水路交通节点改善项目开工建设。雁滩片区B640-1号、B621号路启动办理前期手续。推进西固区桃园小区立体停车库、城关区心悦汇停车场等项目建设，建成公共停车泊位6012个。推进轨道交通建设，轨道交通2号线一期工程进入机电安装和装饰装修阶段。推进地下综合管廊建设，全年完成管廊主体建设1.48千米，累计完成管廊主体建设15.35千米。马滩片区管廊项目投入运营，已入廊热力、供水、电力、燃气等各类管线8.31千米。推进厨余垃圾无害化处理厂项目，年底基本建成。

【供暖保障】 启动清洁取暖改造项目建设，完成省建筑设计院供热站、科源电器厂供热站、小雁滩供热站等8个站点23.9千米老旧供热管网改造，建成兰州东部科技城集中供热项目2号热源厂。整合17家规模小、供热质量不高的供热站点，协调发放天然气集中供热补贴资金3600万元。做好2021—2022年度供暖期供热保障工作，提前5天开始冬季供暖，主城区按时供暖率100%。

【用气安全保障】 编制完成《兰州市中心城区燃气专项规划(2021—2035)》初稿。建成皋兰县九合镇园区供气工程，推进红古区红古镇旋子村新农村天然气管网建设项目、永登县城天然气管网接入工程、榆中县中心城区天然气供气工程二期建设。整治燃气安全隐患,检查管道天然气经营企业、汽车加气站、瓶装液化气经营企业62家,发现安全隐患254个全部整改完毕。督促管道燃气企业开展自查,累计检查各类管线5695千米、阀井142509座、调压箱柜11840台、庭院单位19215个、燃气用户8.59万户,发现安全隐患1180处全部整改完毕。

【城市人居环境改善】 实施建设黄河流域兰州白塔山段综合提升改造工程,累计完成投资13.64亿元,实施建设"读者印象"精品文化街区项目,累计完成投资16.09亿元。

协调推进军缆及公安"全球眼"线缆入地工作,印发《兰州市城区小街巷线缆整治工作三年行动方案》,计划用3年时间,整治693条小街巷架空线缆,年内完成135条小街巷线缆整理入地工作。完成和政路天平街、酒泉路省政府周边及广场北侧、广场南路等146根智慧路灯改造和S607-1号道路32根智慧路灯安装施工。制定《兰州市2021年城市体检工作实施方案》,按照65(住建部确定常规指标)+5(兰州市特色指标)指标体系,开展城市体检工作,启动城市体检信息平台建设。推进实施城市信息模型(CIM)基础平台建设试点项目,完成可研、初设编制,项目招投标工作,项目启动建设。

推动城市更新试点,完成《兰州市雁滩区域综合整治暨城市更新专项行动实施方案》《兰州市城市更新实施办法(审议稿)》。

【全国文明城市成果巩固】 印发《兰州市住房和城乡建设局2021年度全国文明城市建设"巩固提质"行动实施方案》,推进"读者印象"精品街区、白塔山段综合提升改造等重点项目,安排建设公共停车泊位5000个,启动实施城区小街巷线缆整治三年行动,完成中央创建工作复评复测。

【乡村振兴与村镇建设】 指导县区、乡镇(街道)、村通过多种形式,不定期进行农房住用安全宣讲,解答群众困扰、掌握群众思想动态、增强群众房屋安全意识,调动农村群众主动建造安全、美观、舒适住房的积极性,为乡村振兴发展奠定良好宜居基础。实施农村危房动态化监测,落实《兰州市2021年巩固脱贫攻坚成果有效衔接乡村振兴工作要点》工作要求,做到"发现一户、立即鉴定、及时改造、动态清零",全市农村危房动态监测无新增农村危房。确定榆中县城关镇分豁岔村打造兰州市2021年省级村镇综合建设示范村,项目施工、美化、设施安装等工程全部完成。

印发《兰州市2021年农村危房改造及农房抗震改造实施方案》,2021年全市完成579户农房抗震试点改造,完成年度目标任务。开展农村房屋安全隐患排查整治,全市摸排农村房屋23.79万户。其中,用作经营自建房1.3万余户;未用作经营自建房2.2万余户;非自建房约0.42万户。

【古建保护】 完成榆中县青城镇、金崖镇、永登县连城镇、红城镇历史文化名镇名村的规划编制,完成西固区河口镇河口村保护规划。开展新一轮次历史建筑、街区排摸认定。排摸历史建筑9处、初步认定历史建筑3处。完成推进历史建筑测绘建档、《历史建筑档案表》电子版资料和三维模型数据。

【房地产市场监管调控】 完善《兰州市建立房地产市场平稳健康发展"一城一策"工作方案》,严格落实各项房地产调控政策,稳地价、稳房价、稳预期。开展打击违法违规行为治理房地产市场乱象专项行动,检查房地产开发项目和中介机构190个次,处置各类违法违规项目13个。防范化解房地产行业风险,全面落实"保民生、保交楼、保稳定"主体责任,妥善处置恒大在兰项目风险,加快项目建设,消除购房群众疑虑。恒大翡翠华庭3栋594套房屋已按期交付业主。

【住房保障】 建成公共租赁住房1360套,在建1640套。开工建设省政府为民实事保障性住房雁儿湾项目(保障性租赁住房660套,有产权住房3000套)和兰州科技创新园二期保障性租赁住房项目(保障性租赁住房2340套)。开工建设棚户区改造项目7个、7249户,开工率100%,基本建成棚户区改造项目23个、19210户,建成率100%。排查整治房屋建筑安全隐患，累计排查城镇房屋7.14万幢。

【工程建设项目审批制度改革】 在全省率先实现施工许可证(含质量监督手续)、商品房预售许可证、起重机械登记和竣工联合验收意见书的电子证照发放。在全省首创"一枚印章管验收"，统一出具联合验收意见的新模式，实现"一枚印章管审批"，所有审批事项实现由政务大厅综合窗口一窗受理、办结。将社会投资小型低风险新建项目、带方案出让土地项目与(社会投资类)既有建筑改造工程项目等3类项目审批时限压缩至30、26、21个工作日。改进老旧小区改造项目审批时限由原来55个工作日压缩为14个工作日。推行"清单制+告知承诺制"，实现"即来即办"。实行施工图审查政府购买服务，电子化招投标；优化供气报装接入流程，办理流程由原来的18个压缩至4个，时限由原来的30个工作日压缩到5—10个工作日。

【房屋产权登记发证历史遗留问题处理】 审批完成大宗业务240件、890万平方米；转不动产登记中心办证172件、668万平方米，缴纳费用84063万元，按照化解国有土地上已售城镇住宅历史遗留"登记难"问题工作方案要求，将相关工作移交市化解"登记难"问题领导小组办公室，继续推进后续审批办证工作。

【建筑行业管理】 开展安全生产专项整治三年行动，采取"双随机一公开""飞行检查""交叉互检"等方式，对全市711个在建项目进行抽查检查，累计检查在建项目2800余次，发现整改隐患3500余个，已整改3400余个。开展建筑起重机械专项检查，检查41个项目的塔吊、爬架(附着式脚手架)、龙门吊、施工电梯135台，排查整改安全隐患240余条。严格规范消防验收，全年，市住建部门受理消防验收项目80件，核发《建设工程消防验收意见书》80份。探索与消防救援部门联合执法工作机制，建成兰州市建设工程消防监管系统，实现消防设计审查验收信息资源的互联互通。强化县区消防工作的互查互进，提高消防验收效率和质量。

【新型建筑和新型建造推广】 落实省级产业基地奖补资金，引导4个省级装配式建筑产业基地扩大规模，引导新建项目采用装配式建造，截至2021年底，兰州市装配式建筑项目107.88万平方米，新开工15.46万平方米。全年绿色建筑专项验收面积占新建建筑竣工验收面积的比达到70%。

【新冠肺炎疫情防控】 把投身疫情防控一线作为践行初心使命、推进"我为群众办实事"的具体实践，坚持领导带头、党员示范、全员参与，动员局系统1313名干部职工，组建党员先锋队41个、设立党员先锋岗49个，到303个社区报到，开展抗疫志愿服务活动。加强疫情防控期间供热保障工作，建立供热日报制度，每日向市委市政府和省住房和城乡建设厅报送供热日报。按照"压非保民"原则，保障居民正常用气。

（崔　军）

城市管理与执法

【概况】 2021年，市城市管理与执法工作坚持抓重点、攻难点、破阻点、强基点，持续强化城市环境卫生、空间秩序管理，全市城市道路清扫保洁覆盖率98%以上，主城区机械化清(洗)扫率92.9%，生活垃圾分类设施配备率100%，城区生活垃圾无害化处理率100%，查处露天烧烤1416起，各类占道摊点12.5万余个，取缔店外经营7.67万余处、城市"六乱"问题2.36万余个，城市市容环境卫生明显改善。

【市容环境综合整治】 坚持严控增量、调度超量、维护现量，优化"环卫工人+""电子围栏+"措施，持续加强共享单车管理，调运共享单车约75.53万辆次，摆放规整200.3万辆次。继续加强各类流动摊点、店外经营及占道经营等行为的管控。通过主动上门接收、查处占道售卖、分片集中捕捉等措施，加强流浪犬只监管，接收、捕捉、移交流浪犬2200余只。坚持为民导向、便民服务，探索推进主城4区1200余个早餐摊点及359处、1896个瓜果摊点规范设置、信息化监管，在确保周边市容环境秩序不受影响的情况下，最大限度为城区周边瓜农季节性瓜果销售提供场所。配合开展国有土地上已售城镇住宅历史遗留“登记难”问题化解工作，先后对化解办转办的102处审批项目提出处罚、治理建议。

【违法建设治理】 持续推进历史遗留违法建设治理，全市建成区历史遗留违法建设1250处、1189.12万平方米，完成根本治理1165处、745.17万平方米，剩余85处、443.95万平方米按计划正在推进。督促各辖区城管部门加强巡查检查，配合辖区自然资源部门开展违法建设的拆除和严控，全市城管执法系统年内制止和拆除违法建设24处、1185平方米，确保新增违法建设实现“零增量”。

【城乡环卫一体化管理】 完成《兰州市环卫基础设施专项规划(2021—2035)》编制。推行城乡环卫一体化管理，落实“十净十无五规范”工作标准，常态化开展城乡结合部、背街小巷等薄弱区域环卫清扫保洁作业，城市道路清扫保洁覆盖率98%以上，具备机扫条件的道路清扫保洁机械化率92.9%。严格执行道路每日一大扫、全时段保洁工作标准，对主次干道不间断吸尘，日均吸尘量240吨，主次干道每日洗扫至少2次、重点区域每日洗扫至少3次。每周按照20%~30%抽查考核718座环卫直管公厕，督促辖区及时维修损坏设施、清洁公厕环境、落实消杀措施等，确保环卫公厕干净整洁。加强对果皮箱、垃圾转运站和环卫车辆等环卫设施的管理、维修和保养工作，车体整洁、无泄漏，完好率98%以上。督促沿街商户严格落实“门前三包”责任制，“门前三包”责任书签订率98%以上。

【垃圾分类提标扩面】 推行生活垃圾分类“1353工作法”，完善垃圾分类机制，推进示范片区建设、配备垃圾分类设施，充分发挥省、市、区三级党政机关家属小区示范带动效应，促进全市居民小区生活垃圾分类提质增效，截至年底，全市城区54个街道、338个城市社区、3061个居民小区生活垃圾分类实现全覆盖，实现“四个百分百”(生活垃圾分类设施配备率100%，居民知晓率100%，居民户数覆盖率100%，城区生活垃圾无害化处理率100%)。严格落实桶边督导制度，在主城区60个居民小区探索实施“撤桶并点，定时定点收运”分类模式，开展垃圾分类“小手拉大手”等宣传活动，发放各类宣传制品320万余册，微信“朋友圈”宣传广告投放217.6万次，入户宣传120万余次。

4月13日，洒水车在酒泉路进行夜间降尘

【全域无垃圾综合治理】 持续清理城乡结合部、背街小巷、道路沿线、铁路沿线、沟道沟渠、村内庄外、房前屋后、田野地头、山坡洼地等区域堆积的生活垃圾。全年航拍巡查发现垃圾问题29643处。其中，省级航拍发现问题15952处，整改15930处；市级航拍发现问题13691处，整改9484处，全年清理农村区域各类垃圾约18.4万余吨。全力解决全市城乡环境中随意扔、露天堆、乱焚烧垃圾，垃圾收集转运不及时，集中填埋不规范，部分区域“脏乱差”等十个问题，彻底消除卫生死角盲点，整治堆积、简易填埋、零星散落垃圾，杜绝违法倾倒行为，巩固全域无垃圾治理成果，全面提升城乡人居环境质量。

【立面环境治理】 加大巡查检查力度，督促辖区清理整治城区违规户外广告、门头牌匾设施，拆除违规门头牌匾、户外广告及楼顶标识字、LED大屏等设施1.25

万处、7.91万平方米，年度目标任务完成率395%。开展城区立面清洁作业，定期督促沿街商户更换破旧、破损门头牌匾、户外广告，城市立面整洁程度明显提升。加强公益广告规范设置，对市区范围内各类公益广告进行全面清理，建立公益广告设置备案审核制度，严格划分禁设区域，切实优化城区市容市貌。建立完善户外广告设施信息数据库，为规范管理户外广告设施奠定坚实基础。通过辖区前期设计、市级门头牌匾设置专家咨询委员会指导、征集市民意见，修订完善门头牌匾设计方案，全年打造完成12条门头牌匾示范街，带动主城区门头牌匾整体品质品位的提升。

6月17日，组织开展周末大扫除活动

【架空线缆治理】 制发《关于开展全市线缆清除整治行动的通知》和《全市线缆清除整治行动督导检查实施方案》，开展全市线缆清除专项整治行动，全面梳理工作的短板和漏项，督导辖区集中整治311条主次干道架空线缆，清理33.52万米废弃线缆，规范捆扎25.05万米预留架空线缆，拔除废弃线杆1424根，整改各类架空线缆问题3038件。

【智慧城市运营管理中心建设】

按照定位准、重点明、可操作、经济性原则，研究“数字城管”平台改造升级设计，形成《兰州市城市综合管理服务平台》需求分析报告，通过兰州市政务信息化专家评审会审定，为下一步提升改造提供重要支撑。发挥微信“随手拍”、“城市啄木鸟”、3万余个社会面监控探头等作用，引导市民群众广泛参与城市管理工作，解决市民群众关注、投诉反映的城市管理问题，全年受理、转办各类城市管理案件10万余件，案件办结率100%，按期办结率97.56%。依据举报量、案件办结时限等数据，完善数字城管监督考核体系，编制《数字城市管理》月报8期。

【重点区域整治】 重点从施工噪声污染、商业噪声污染、生活垃圾偷倒、光污染、车辆遗撒、道路扬尘污染、违法建设、乱摆摊设点、流浪犬只扰民、垃圾处理场臭味扰民等10个方面，对全市范围内“三边一部”、垃圾处理场、建设工地周边、黄河流域（兰州段）、城区街巷等重点区域进行实地督导检查。制发《关于做好黄河流域环境卫生综合整治实施方案》，要求各县区严格按照“清四乱”常态化规范化中垃圾治理有关任务要求，全面落实属地管理责任，建立健全自查整治台账，做好黄河流域垃圾整治工作，发现各类问题112个，全部整改完毕。

【城市管理综合执法】 强化以“领导在一线办公、情况在一线掌握、问题在一线解决”为内容的“马路办公”工作机制，检查发现4725个具体问题，整改完成4381个，整改率93%，各县区城管局领导带头开展“马路办公”1000余次、自查自纠问题11万余个。进一步规范城市管理执法行为，推进严格规范公正文明执法，出动督察人员39人次，下发《督办整改通知书》4件，督察整改执法人员制服混穿46人次，佩戴不完整、不规范61人次。

（杨玉山）

城市公共交通

【概况】 2021年，兰州公交集团有限公司运营线路151条(含10条区间及附线),运营车辆3189台,线路总长度4955千米,年运营里程1.6亿千米,年客运量5.8亿人次,主要承担着兰州市主城4区、兰州新区及周边城市城乡客运任务。《2020年度中国主要城市交通分析报告》显示,在全国选取的公共交通25个城市"城市高峰期平均候车时长"兰州市5.6分钟,在所研究城市范围内最优,兰州市绿色出行意愿最高。

【线网调整】 全面优化线网运力结构,全年优化调整线路21条、公交站点22处,启用3处公交首末站,新增8条高峰线路,增开1条夜间专线,开通26条定制公交服务线路,打造2条"红色公交"专线、4条"民族团结号"线路及"佛慈制药号""兰州市第一人民医院"特色品牌线路。建设精致候车亭12个。探索高平峰转换,高平峰转换系数30%左右。

【服务提升】 开展素质提升教育,全年服务培训274期,评选诚信职工1156人。开展周末文明乘车志愿服务活动170余次。通过各媒体公益平台,帮助走失儿童24名,返回价值430余万元失物3862件。各大新闻媒体表扬86起、热线表扬2341起,获得锦旗41面,年度"公共交通乘客满意度"94.37%。

【技术管理】 推进企业降本增效,提升技术人员业务水平,开展技术管理人员ERP业务技术培训。公交运修分离任务全面完成,7家客运公司维修业务全部交由维修保障公司。按计划落实车辆维护保养,其中一维8117台次、二维4122台次,计划完成率99%以上。

【智能公交建设】 便捷市民出行,打造智慧公交,累计布设便民服务终端5000台、智能共享充值设备1280个,实现手机对实体卡充值功能,完善6款手机App功能,提升公交线上信息服务能力。对智能电子站牌、车内电子信息导乘屏进行改造升级,为乘客提供更加准确、智能的出行信息。

6月11日,在兰州公交集团会议室举行兰州公交集团IC卡发售员技能竞赛

【安全生产】 狠抓安全生产主体责任落实,制定安全生产专项整治三年行动集中攻坚工作方案,排查安全治理隐患895条。开展日常安全教育培训620场7.4万人次,开展重点人员及职业健康等专项培训240场。开展安全专项整治行动,开展日检夜查2349次,查纠处理违法违章2114起。开展"平安公交大家谈""安全生产进家庭、进学校"等安全文化活动390次。制作"三确认"管理流程图,更新完善"线路风险四色图",排查事故隐患1118个。强化安全生产管理,完善应急管理体系,开展专项应急演练活动20次,对164名驾驶员进行应急处置培训。与市公安局交通治安分局警企共建,协调公安部门对新入职的333名职工进行违法犯罪及涉毒查证。强化督导检查,停车场夜间专项检查44次,检查场点60余处、排查各类安全隐患8处。定期对安全生产重点部位及2021年封停的5座加气站进行检查。开展网络信息安全应急演练1次,及时修复计算机操作系统漏洞,对运营管理系统存储进行扩容,保障系统有效、安全、稳定运行。

【企业改革】 深化企业改革,完善公交发展,印发《兰州市城市公交运营成本规制办法》《兰

4月28日，兰州公交集团在五泉山8路车调度站举行"8路红色专线"启动仪式

州市政府购买城市公共交通服务管理办法》，上级部门无偿划转地下管廊公司国有股权，将资产负债率由106%降至62%，增强企业融资能力。制定《工资总额管理办法（试行）》，通过确定工资增长调控线的方式合理调节职工收入水平。将驾驶员培训业务引入市场化运营，逐步开展小型汽车驾驶员培训、都市陪练等多种业务。拓展小型汽车维修业务，成立2家维修分部，设立美孚认证店、壳牌精英店2家对外门店。探索企业多元化发展，注册成立网约车公司和旅行社公司。

【企业管理】 完善主业单位岗位人员优化方案及工资总额管理办法，完成550余名驾驶员培训储备工作。组织职工岗位技能培训和新职工入职培训6827人次。完善"岗位技能提升培训补贴"申领材料，申报6462人次，申领资金384.92万元。受理各类涉诉案件39起，往年遗留案件9起，承办案件48起。

【新冠肺炎疫情防控】 根据疫情防控工作要求，落实日常消杀防疫，累计消毒站点5.1万场次、车辆132万台次。疫情防控期间及时调整运营线路，对中高风险区12处站点实行"甩站"运行。实行AB轮岗制、24小时双值班制度，落实人员排查管控日报告机制，按照属地化管理要求严格出入管控。承担抗疫转运任务，投入车辆1749台次，转运成人高考师生、医护及隔离人员53149人次。组织职工接种新冠肺炎疫苗8718人，开展全员核酸检测91856人次，筑牢职工健康免疫屏障。组建公交集团医护应急队伍，提升企业应急能力。

【红色专线】 为庆祝中国共产党成立100周年，推动党史学习教育走深走实，兰州公交集团联合八路军兰州办事处纪念馆、兰州战役纪念馆、兰州烈士陵园3处爱国主义教育基地打造8路（五泉山至大砂坪桥）、24路（华林路路口至烈士陵园）两条"红色专线"，以线路车辆作为主要宣传载体，在车辆外侧张贴爱国主义教育宣传内容及庆祝中国共产党成立100周年宣传标识，车厢内设置爱国主义教育基地简介、党史、新中国史、改革开放史、社会主义发展史、战斗英雄事迹、"中国精神"等图文，车尾屏刊播庆祝中国共产党成立100周年宣传标语、党史学习教育相关内容，同时利用场站墙面、站牌、站棚等载体进行宣传，"红色专线"途径的爱国主义教育基地不定期安排讲解员上车为乘客讲解，将"移动的车厢"变成"流动的课堂"，充分利用红色文化主题车厢，进一步推进党史学习教育进基层，打通广大市民学习的"最后一公里"，成为兰州市党史学习教育社会宣传的特色平台。

（赵 悦 后宏伟）

城市供水

【概况】 2021年，兰州城市供水（集团）有限公司完成供水量26093.94万立方米，同比上升5.44%；售水量24664.78万立方米，同比上升5.41%。管网水压力合格率98.11%，直径75毫米以上管道长度790.73千米，管道故障抢修及时率100%。水表计量强检率100%，地表水源水防护取得国家II级标准。

2021年全市用水量统计表

单位:万立方米

名称	用水量
总售水量	24664.78
工业一次水	2633.46
工业二次水	1796.73
居民用水	11073.87
非居民用水	7204.11
学校及福利机构用水	1869.18
特种行业用水	87.42

【水质检测】 供水区域内水质情况良好,水质检测项目综合合格率99.95%,出厂水、管网水各项指标合格率均优于目标值,无水质异味情况发生。

【供水工程】 兰州水源地建设项目芦家坪净水厂芦水二线向东调北线并网供水,新水源芦家坪水厂正式运行。兰州城市供水形成了新旧两大水源、三套生产系统联合运行的模式。

【安全供水】 "风险分级管控体系"和"生产安全事故应急预案体系"建立。开展安全培训,集团公司组织"安全基础知识""有限空间安全培训"等65项安全培训,参加1020人次;开展应急演练,提升应对突发事件的能力,组织"有限空间作业应急演练"等23次应急演练;强化安全检查,进行各类安全检查48次。全年公司安全生产情况总体平稳,未发生一般及以上等级的生产安全事故。

【管网建设】 北滨河路DN1200输水干管工程雁盐大桥段至盐什公路供水管线配套工程雁白大桥段通水运行,实现东三线全线贯通,有效缓解焦家湾、雁儿湾及盐场片区的供水压力。启动兰州市水源地建设工程配套输水干管工程项目(西干线一),该项目沿西固西路和西新线分5个施工段进行,从西固区清水桥到兰州市国际港务区敷设DN1200管线5693米。兰州中川供水有限公司饮用水水源地取水口改移工程,完成一级加压站、二级加压站、配套管道等全部施工任务。

【供水服务】 开展"我为群众办实事"实践活动,新用户接水报装流程从11个环节精简至6个环节,时限压缩为15天,改装接水时限压缩至10天。公司组建志愿服务组织2个,注册志愿服务职工1144人,29个党支部与兰州市城关区、安宁区、七里河区、西固区、榆中县9个街道、12个社区对接联系开展工作,主动走进社区提供便民服务,听取居民对城市供水的期望和诉求,帮助用户解决用水难题;定期开展普法教育、文明交通、文明家庭评选、志愿者爱心帮扶等各类精神文明创建活动,与市区卫生监督部门、街道社区建立工作沟通联动机制,为部分学校、"三无"楼院、老年公寓、社会福利院免费清洗供水设施。新冠肺炎疫情期间为兰州部分中小学校清洗二次供水设施,对特殊人群提供个性化服务,多次解决用户的困难事、群众的烦心事。举办"水厂开发日""世界水日"等各类活动30余次,"水之韵"展览馆全年接待社会各界人士2752人次。

【科技创新】 甘肃省工业和信息化厅批准设立兰州城市供水(集团)有限公司工业设计中心。由甘肃省科协批准立项《甘肃省科协2021年创新方法培训》项目。省级企业技术中心、甘肃省水务行业技术中心通过甘肃省工信厅年度考核。获得2021年度兰威城镇水务科学技术奖5项;获得国家知识产权局的发明专利1项,实用新型专利5项。

(黄　杰)

兰州市水源地建设配套输水干管工程西线干线项目工程

城市燃气

【概况】 2021年，甘肃中石油昆仑燃气有限公司(以下简称“甘肃昆仑燃气公司”)建成高中低压天然气管网干线1110.57千米、庭院管线5134.16千米、门站7座、城市配气站4座、调压站(含区域调压柜)104座、调压箱(柜)7389台。甘肃昆仑燃气公司经营业务范围覆盖兰州市区、定西市、甘南州等3个市(州)以及皋兰、永登、榆中、临洮、夏河和兰州新区等5县1区。发展居民用户139.65万户，商福用户17895户，锅炉用户2138户，工业用户419户，加气站用户35户。

【供气保障】 加大维抢修体系建设，调度处置应急维抢92次，开展公司级应急演练4次，各类专项应急演练40次。推进燃气管道数字化建设，完成燃气干线数字化测绘571千米，管道数字化率51.27%。加大第三方施工管控力度，建立第三方施工监管动态日报告机制，2021年未发生第三方施工破坏事件。支线管道和城镇燃气管道完整性管理工作全面铺开，完成西固、兰州新区长输管道高后果区滚动排查任务。建立河口、柳泉、周家庄、和平等4座门站联网分输和陇投LNG反输供应的冬供保障体系，实施科学预测、上下游联动、统筹调峰的冬供机制，输供能力更加稳定。

【企业经营】 全力保障重点用气项目投产投运，兰州高新区榆中工业园区、兰州新区精细化工园区全年新增用气量1040万立方米。全年新发展居民用户96318户，居民用气量同比增加1642万立方米，“工商福”用气量同比增长7131万立方米。提质增效和扭亏治理同频共振。“升级”实施提质增效和扭亏治理，建立领导班子包干督导落实机制，签订责任状推进扭亏治理，全年扩销7237万立方米，增效2091万元，其中扭亏治理增量1658万立方米。液化天然气分公司领跑提质增效前列，全年销售气量8774万立方米。压实“两金压控”任务指标，严格监督检查和结果考核，全年清收欠款476万元，实现资金创效6663万元。主营业务和非气业务同向发力，兰州中心城区所属单位继续发挥气量销售“压舱石”作用，全年销售天然气15.09亿立方米。兰外市场气量销售增速明显，同比增量3933万立方米，其中兰州新区销售天然气1.37亿立方米。

【安全生产】 2021年未发生一般生产安全事故、一般环境污染、生态破坏事件及一般质量事故，生产运行保持安全平稳。安全管理体制机制持续优化，进一步健全公司级、基层级、所站级、班组级“四级”安全管理网络，优化公司安委会、安全生产例会等会议制度，完善安全管理、操作规范、处置方案等规章制度，促进安全环保风险管控水平进一步提升。逐级分解年度质量健康安全环保工作目标，逐级签订目标责任书，层层落实责任。全年投入安全生产费用881万元，全力保障员工工伤保险、劳动用品保护、各项安全生产的资金投入。坚持问题导向，体系审核质量不断提升，首次自行组织开展指导审核，并获得89.98分。推动基层站队HSE标准化场站达标建设，6个申报晋级优秀站的基层站队完成初步验收，公司基层站队标准化达标率100%，优秀站队达标率32.35%。落实“六级安全检查”要求，全年开展“四不两直”安全检查44次，完成问题整改475项，实现监督检查、发现问题、整改完成的闭环管理。不断强化管网占压和用户端隐患排查，加大重点单位、关键环节的安全隐患治理，排查出各类隐患1053处，解决多项历史遗留的占压隐患，用户端隐患得到大规模消除。加快老旧燃气表改造进度，完成居民用户改造18661户，完成燃气表改造任务7万余块。开展“反三违”专项整治工作，建立长效“反三违”机制，切实防范化解重大安全环保风险。委托专业检测检验机构对老旧燃气管线进行全面检验和适用性评价，完成管线检测374千米，防腐层检测518千米，继续加强中压以上燃气管道的适用性评价，确保燃气管网健康安全稳定运行。强化运行调控管理，完成兰州新区至永登县天然气管网碰接投产、和平门站投运、陇投储气中心反输线投运、史喇口门站进站阀门更换等一大批安全供气保障项目投产任务。

【重点项目】 兰内市场“填平补齐”项目不断落地，兰外项目建设加速推进，兰州新区至永登县天然气管网建成投运。全年安排续建、新建项目22个，建成管线74.266千米，调压站2座，维抢修基地1处，完成投资1.1亿元。榆中县中心城区供气工程(二期)项目随道路建设管线1.67千米；兰州新区管网“织片联网”建设加快实施，新建中压管线14.2千米；和平接收门站项目完成竣工验收投入生产运行，公司二级维抢修基地车库及设备库项目建设完成；东岗门站隐患治理搬迁工程、榆中生态创新城供气工程、皋兰县城镇燃气接入工程、兰州新区现代农业示范园供气工程正在推进。落实国家能源安全战略部署，配合完成兰州市天然气调峰储气设施建设任务并投产运行，确保项目在冬季保供中发挥储气调峰作用。永登县30.4千米管道燃气接入工程建设完成投入试运行，永登县步入管道天然气时代。兰州新区化工产业园23.4千米次高压管道供气工程建设完成并投入试运行，推动兰州新区化工产业园区供气量大幅增长。

【企业管理】 人事制度改革持续深化，“三定”工作全面完成，“小机关、大基层”管理结构基本建立。公开竞聘、选派、挂职等人才培养及选人用人机制不断完善。优化经营管理机制，不断释放改革动能。开展法人专项治理，健全完善子公司法人治理结构，确保控股、参股公司依法合规运行。分解年度经营指标任务，逐层签订《经营目标管理合同书》，深化业绩考核总体方案，实施月度测算、月度考核、年底兑现。全面评价和梳理完善管理制度，新增管理制度22项，废止8项，制度建设更趋完善。强化内控体系建设和风险管理，全面完成年度风险事件梳理和上年度例外事项整改落实。全年落实培训项目44项，2754人次参加。组织参加外部培训24项、165人次参加，组织各类取证培训4项、480人次参加。加强专业技术人才库和职业技能人才库建设，组织评定并入库专业技术人才27人，职业技能人才17人，聘任注册安全工程师7人。招标及合同管理进一步规范，实施评标专家库更新与扩容，健全完善评标专家选取制度，严格落实招标代理机构年度考核和末位淘汰机制，推动线上合同2.0系统推广与普及，全年签订合同金额2.12亿元。通过实施驻场监造和第三方质检等制度，全面加强物资采购质量管控。坚持落实以用定采、消化积压物资、供应商代销代储等举措，努力节约资金，减少库存，全年节约采购资金1100万元，减少库存353万元。审计造价工作逐步加强，开展审计问题整改“回头看”，坚决杜绝整而不改和虚假整改，确保审计成果转化为高效管理；造价管理实施工程项目全过程参与，严格执行前期概算编制和审查，中期变更控价和复核，后期竣工验收和结算。A10天然气零售系统全面上线，营业网点、银行缴费终端、三维大数据自主缴费机在系统支持下，服务用户效能进一步提升。蓝牙IC卡缴费系统完成升级，逐步推动查询、缴费、电子发票开具等业务线上办理。完成GIS系统现有数据迁移和现场校验，阀井可燃气体泄漏报警系统、楼栋调压箱柜压力检测系统。

【优质服务】 持续落实优化营商环境和“放管服”工作要求，因势利导建立建筑红线外客服工程管理职责和办理流程，扩大政务大厅燃气服务窗口业务办理范围，通过精简流程、压缩时限优化“一站式”服务。加快用户端信息化建设，燃气报装服务对接纳入甘肃省工改办工程建设项目审批管理系统。2021年受理报装居民用户5.72万户，受理新增锅炉695蒸吨，用气流程、用气费用两项测评项目，在国家营商环境评价中获得满分，被兰州市确立为样板标杆项目予以推广。开展服务效能专项整治，研究制定整改措施72项，优化办事流程27项。开展服务效能专项整治活动，全面梳理流程，深入落实整改，推进流程再造，实现内部“整合资源、高效务实”，外部“一窗受理、快捷优质”。聚焦与用户打交道的单位和服务环节，累计排查“工商福”用户10924户，发现问题5479个，分阶段完成整改442个；严肃查处“工商福”、锅炉用户领域私改私接、偷盗气行为，问责处理私改私接等相关人员14人。服务服从国家乡村振兴战略，继续加大帮扶力度，先后实施肉羊养殖、“医老结合型”养老院建设、危房改造等多个帮扶项目，投入资金38万元。

(路有为)

城市供电

【概况】 2021年，国网甘肃省电力公司兰州供电公司（以下简称“国网兰州供电公司”），全口径用工4815人。公司服务用电客户110.23万户。其中，高压9535户；低压109.28万户。运行变电站149座。其中，330千伏变电站14座；220千伏变电站4座；110千伏变电站78座；35千伏变电站53座。运维35千伏～330千伏架空输电线路331回、总长5170.21千米。其中，330千伏输电线路53回、1293.31千米；220千伏输电线路16回、274.34千米；110千伏输电线路160回、2330.19千米；35千伏输电线路102回、1272.37千米。

全年完成发展投入13.22亿元，同比增长29.3%；售电量264.03亿千瓦时，同口径同比增长3.65%；线损率1.87%，同口径同比降低1.07个百分点；主营业务收入99.77亿元，同比增加3.05亿元；内部模拟利润3.96亿元，比计划目标多0.36亿元；城、农网供电可靠率分别为99.94%和99.81%；110千伏及以上工程新开工线路204.7千米，投产线路131.5千米、变电容量97.2万千伏安，同比分别增长103%和104%。业绩考核、对标评价排全省A段第一，党建考评排全省第一。被评为国家电网公司先进集体、甘肃省电力公司先进单位和红旗党委。

兰州电网基本实现330千伏变电站“主城区外多布点、各县区域全覆盖”，110千伏变电站“双电源、双主变”配置，10千伏配电网“手拉手”供电，电能质量和供电可靠性大幅提升。通过强化现代通信、信息、数字等技术融合应用，电网运行智能性、灵活性、互动性不断增强，基本建成“网架结构坚固可靠、技术装备相对领先、运行控制智能灵活、源网荷储协调互动”的现代化电网。

【电网建设】 2021年，兰州电网新增集中式光伏电站1座，容量10.08兆瓦。电源装机容量781.7万千瓦。其中，火电422.9万千瓦（包括余热及垃圾发电）；水电337.6万千瓦；光伏21.2万千瓦。兰州电网能源结构仍以传统水、火电为主，占比97.3%。

网供最大负荷427万千瓦，电网整体供电能力充裕。全年兰州电网新投330千伏变电站1座，主变2台，容量720兆伏安；110千伏主变4台，容量189兆伏安；35千伏主变2台，容量20兆伏安；退运35千伏变电站1座，主变2台，容量10.3兆伏安。网内拥有非公司运维变电站750千伏2座和公司运维变电站149座（330千伏14座、220千伏4座、110千伏78座、35千伏53座）、输配电线路1.37万千米、配电变压器1.02万台。

围绕“双碳”目标制定33项任务举措并推动落实，高质量完成“十四五”电网规划、局部坚强电网规划、城市北拓区域电网规划编制工作。年度在建工程项目13项。其中，续建工程9项；新开工4项。投产4项。其中，提前投产2项；按期投产2项。创新降损管理思路，组建电网降损柔性团队，督办25条持续时间长、损失电量大的10千伏高损线路，治理后日损电量减少4.7万千瓦时，折合年度损失电量减少1715万千瓦时，减少效益流失686万元。

【经营管理】 54项工作任务，38项量化指标提升公司经营效益。完成资产盘点工作，涉及资产11类63164条，原值97.69亿元。清理低效无效资产244项，涉及原值3295.26万元。持续推动新兴产业升级，引导79户客户完成“电e贷”申请，预授信额度1774.1万元。探索线上租赁新模式，20项资产零购项目实现“以租代购”。实现低效无效资产盘活收益1775.4万元。完成用户资产接收5355.26万元。组织开展物资、非物资集中采购需求计划，其中物资计划35个批次，1016条，评估金额11.22亿元。非物资计划14个批次，151条，评估金额33.07亿元。完成授权采购9批次，中选金额12291.84万元，节资金额187.3万元，节资率1.5%。合同履约工程项目525项、供应计划4081条、供应商343家、物料821种，不含税金额102357.17万元。处置报废物资3批次包，其中竞价成功3批次包，竞价成功率100%，评估金额合计281万元，处置金额合计585.33万元，溢价率108.3%。

组织完成国网甘肃兰州三新供电服务有限公司、国网榆中县供电公司、国网永登县供电公司3家单位领导干部任期经济责任审计，完成倚能集团审计调研。派员5人次参与完成国网西北分部、国网陕西省电力公司任期经济责任审计等国网公司审计项目。派员5人次参与完成刘家峡水电厂、国网定西供电公司任期经济责任审计等省公司审计项目。组织开展临夏审计帮扶工作，完成国网临夏供电公司任期后续审计、城区分公司任期经济责任审计等工作。开展融入式工程审计，完成上年基建、技改大修等61项工程项目两算审计，审减金额290万元。开展全数字化综合审计，通过审计监督，追补电费21.78万元、治理固定资产卡片及营销系统客户档案等异常数据6361条。

【安全管理】 全年召开安委会会议4次、专题安委会会议1次，全方位推动安全生产专项整治“二下二上”阶段整治工作，动态梳理“两个清单”52项。其中，问题隐患清单43项(问题20项、隐患19项、风险4项)；制度措施清单9项(改2项、立7项)。涉及问题隐患433项，完成整改313项，长期风险管控61项，整改率84.14%。全年“安措”费用投入1567.82万元，安全奖励818.81万元，处罚98.21万元。组织各基层单位《国家电网公司电力安全工作规程》考试123场，参加考试7080人次。组织各专业、各基层单位进行冬训《国家电网公司电力安全工作规程》及安全知识考试4651人次。组织完成公司2021年安全准入考试322场8679人，组织完成工作票“三种人”资格认定考试950人。组织全员参加全国安全月知识竞赛链工宝答题、应急普法知识竞赛答题8600余人次。开展安规抽考1707人。

国网兰州供电公司抢险队员抢修线路

【电力设施保护】 国网兰州供电公司与兰州市公安局联合编发战略合作实施方案，建立省内首个林区电力警务室，与各属地派出所联合查处窃电、违约用电251起，补收电费482.11万元。以“全覆盖、勤排查、早发现、快治理”为原则，开展人身安全隐患、森林草原输配电线路火灾、消防、危化品、“五查五严”等专项隐患排查工作，完成330千伏先锋变3号主变返厂大修及复装投运，完成7条12处35千伏线路跨越兴隆山等森林隐患点全部安装视频监控装置，联动修剪砍伐树木约3000棵，有效落实185处外力破坏、265处易漂浮物等隐患点管控措施，全年排查治理各类隐患750项。

【电网调度管理】 合理安排分布式电源有序并网，确保分布式电源“能并快并”。梳理排查12套安稳装置策略，以“切负荷不切民用”为目标，梳理870条低频减载切荷线路负荷性质，优化低频减载装置切负荷策略，校核下发继电保护定值单498份。严肃执行“限电不拉闸”纪律红线，核对436条紧急事故情况下拉闸限电线路负荷特性。以压减停电时间为内容，推广“网络化调度指令”，正确下达网络化指令300项，平均缩短倒闸操作时间30%；纵深推进配网合环操作38次，有效减少客户停电18141户次。电网35~330千伏综合网损率1.52%，网损电量33231.3万千瓦时，综合网损率同比下降0.12%，减少损失电量3345万千瓦时。

【电网运行】 兰州电网330千伏为双环网结构，其中，330千伏海石湾—新庄—炳灵三角环网运行；新庄—炳灵—桃树村—兰州西四角环网运行；海石湾—新庄—兰州西三角环网运行；兰州西—桃树村—炳灵—光辉—彭家坪—和平—上川—银城—子城环网运行；兰州东—卧龙川—和平三角环网运行。220千伏电网由海石湾—张家寺—炳灵变构成环网接线，开环运行。110千伏电网按照正常方式变电站、下路之间电气连接分为12个独立子网，分别为榆中网、和峡网、兰州北网、西桃网、彭柳八网、兰州西网、兰州新区网、盐新网、红古川网、永登网、连海网、永靖网。

截至年底，兰州地调调管公司所属330千伏变电站14座，容量9930兆伏安；220千伏变电站3座，开关站1座，容量1050兆伏安；110千伏变电站74座，开关站4座，地区变2座，容量7153兆伏安；35千伏变电站11座，容量

11月23日，国网兰州供电公司输电运检中心线路运维人员朱晓峰对110千伏新金一二线35号杆塔进行特巡

135.1兆伏安。调管220千伏用户变电站3座，容量1720.4兆伏安；110千伏用户变电站59座，容量6808.4兆伏安；35千伏用户变电站65座，容量1228.5435兆伏安。网内省地调共管水、火电厂（站）、光伏电站11座，容量1933.9兆瓦；地调直调电站50座，总容量618.98兆瓦。

【检修工作】 结合设备缺陷、隐患、反措等情况制定设备停电检修320项，全年管控五级电网风险14次，六级电网风险97次；管控二级生产作业风险3项，三级生产作业风险529项。生产指挥中心实体化运转。搭建运检业务远程指挥平台，推进差异化运维检修策略。成立3座集控站，贴近设备，构建"集控站+无人值守变电站+设备主人制"变电运维管理新模式。开展继电保护设备新型校验方法，作为全省首次完成330千伏先锋变先海一线两套保护在设备运行状态下的带开关传动试验。充分利用业务外委开展GIS组合电器X射线探伤，发现处理河桥、刘家堡变分子筛脱落等缺陷。

【输变电专业管理】 组织消除设备缺陷2357件，开展输电线路抢修11次，开展等电位带电作业5次。完成"两会"、建党百年等17项保电任务。开展安全生产专项治理三年行动、森林草原火灾隐患治理等专项活动，加强隐患跟踪治理，落实185处外力破坏、265处易漂浮物等隐患点管控措施，排查落实67处交叉跨越和风偏隐患管控措施并完成项目储备。完成三跨隐患157处（共158处），完成11处迁改"三跨"措施落实。7条12处35千伏线路跨越兴隆山等森林隐患点全部安装视频监控装置，联系协调兴隆山等森林管理部门修建砍伐树木3000余棵，排查完成公司34台330千伏气动机构断路器油水分离器隐患更换及管路伴热带检查消缺。完成西槽变退运。完成35~330千伏1352基杆塔的自查，发现35~330千伏输电线路杆塔基础所处山体因当地绿化浇水、农田灌溉等原因，引起杆塔周围地质沉陷，山体出现多条裂缝，造成以上杆塔整体倾斜、杆塔基础失稳隐患36项。完成建设坪、卧龙川等变电站土建隐患排查治理有力保障设备安全稳定运行。推进解决上川变电站110千伏GIS设备隐患问题。开展双通道升级、密度继电器加装等设备反措整改工作切实提升设备防事故能力。完成5座变电站标准化整治提升设备运行环境。落实防恐保卫各项要求规范变电站物业管理。

【信息化建设】 组织数字化运检技能运动会，驱动电网数字化转型升级。推进资产清查和实物"ID"管理建设，深化移动终端应用。结合数字班组建设，推广现代化作业工具应用，输变电专业移动终端现场业务覆盖率100%，运检效率全面提升，实现无纸化作业。强化变电站数字管理平台建设。作为全国6家试点单位之一，城北集控站建设完成甘肃首座主辅一体化新一代监控系ECS6000，初步实现全景化变电数字管理平台。

【市场营销】 全年，公司完成新装、增容用电37881户，容量130.7万千伏安，高低压平均办电时长分别压减至6.28天和1.6天，减少客户投资1.61亿元，加快推进政企信息共享，实现“房产+用电”联动过户、“刷脸办电”、电力接入行政审批“一窗受理”等便民服务功能。优化调整报装界面，下放1260千伏安及以下用户报装权限至县区公司，推行供电方案现场答复，全年答复客户89户。榆中生态创新城“乡村振兴”和安宁区“优质服务”两个优化营商环境“样板工程”年度建设任务全面完成。配发行为记录仪1115台，实现报装全过程实时监督记录，规范基层一线服务行为。组建6个专业、115人的客户受电工程管理专家人才库，实现35千伏及以上受电工程竣工验收供电全过程规范化、专业化管理。实现重大项目进展“阳光化”，建立市、县两级重点项目进度看板，实时跟踪督办，高效完成甘肃省妇幼保健院、兰州水务建设管理有限公司等78个重点项目供电。2020年全国“获得电力”测评得分83.26分，在兰州市各行业中排名第二，其中“低压费用”子项满分，成为全国最佳。“三指定”问题专项整治纵深推进，国家能源局“获得电力”综合监管发现问题整改工作开展。助力打赢污染防治攻坚战，促成2家企业实施自备电厂清洁替代电量53.5亿千瓦时，实施电能替代9.9亿千瓦时。综合能源合同签订3586.1万元、完成年度目标103.64%

【抄表收费】 全面开展移动作业终端现场补抄业务和例日前补抄工作，电费自动核算发行比例99.99%，电费发行及时率100%。对6个月及以上的长期零度户销户1033户。两保户免费用电资金兑付7.4万户、226.1万元、兑付率100%。1月1日起，取消大工业销售电价，所有大工业用户全部执行两部制输配电价政策。6月5日完成全省首家现货交易用户腾达西北铁合金有限责任公司电费发行结算工作，当月为用户节约用电成本约127万元。9月实现电力用户现货交易结算由营销侧承接，直接在营销信息系统算费结算。12月1日取消一般工商业销售电价，用户全部进入电力市场，对暂未直接从电力市场购电的用户由电网企业代理购电。

【农电管理】 将达标创优与星级创建统筹推进，开展督导检查及送培上门120余次，覆盖3家县公司、21个供电所，查出问题1325件、整改1325件。6家城区公司、3家县公司和21个供电所顺利通过达标创优评价。柳树供电所被省公司评选为达标创优先进供电所，兰州有3人被评选为达标创优先进个人、2人被评选为突出贡献个人。全面消除二星级供电所，全面建成全能型、三星级及以上供电所，新建四星级供电所2个，全能型供电所1个。

【优质服务】 实现2个供电服务长周期记录，5个月进入省公司供电服务红榜，8月、12月实现95598零投诉。全年95598投诉总量下降93%，12398业务同比压降41.82%。2021年下辖21个营业厅运营管理均有明显提升，实现全年营业厅服务零投诉。按照“三问管理”要求，通过分级分类预警、典型问题通报、全员责任考核、问题整改、风险预警优化，构建供电服务质量管理PDCA循环，全面提升全员投诉风险防范能力。2021年发布恶劣天气、典型服务问题预警43项，服务风险工单预警241项，组织供电服务指挥中心连续345天发布1小时在途抢修工单预警。发布投诉处理通报12期，落实全员防范责任考核7期。注重业务规则学习与应用，在全省率先完成“三供一业”“自然灾害事后报备”“紧急避险”“疫情防控”重要服务事项报备，全年完成报备157项。

【科技创新】 实施管理创新5项、职工创新21项、科技创新项目16项；申报科技创新类人才11人次，聘任公司级专家14人；征集论文241篇，发表59篇，获电机学会优秀论文表彰奖励89篇；申请专利26项，取得授权24项。完成公司内首例科技成果“金属铠装柜一体化验电接地手车装置”转化；维护有效知识产权成果71项，成果转化库储备11项，申报科技创新21项，截至年底，获奖9项，其中国网公司级1项、省公司级5项、行业级4项。

【新冠肺炎疫情防控】 制定下发春节期间疫情防控工作方案和2021年“两会”及第一次党代会疫情防控专项方案，高效完成各类大型活动、会议和节假日疫情防控工作。10月，甘肃省本土疫情发生后，综合服务中心突出保障和关爱两个重点，坚决打赢疫情防控阻击战，取得阶段性胜利。

精细全面管控"人"。集中封闭管理调度、物业、驾驶员队伍，配合属地政府开展确诊病例流调排查。成立疫情信息排查工作专班，建立确诊病例密接、集中隔离、小区封闭隔离、自行居家隔离、居家办公、在岗上班、工程施工、业务外协等8类人员及家属台账，排查人员18万人次，组织核酸检测3万人次。千方百计满足"用"。设置8个车辆应急保障片区，建立片区对口支援机制，疫情防控期间安全运行3280台次。设置应急办公点，邀请山河救援队对办公场所进行全面消杀。动态开展防疫物资采购和发放，向属地政府和定点帮扶村捐献防疫物资，承担社会责任。

（刘斯敏）

城市供热

【概况】 2021年，兰州市有供热单位672家，总采暖建筑面积约1.533亿平方米。主城4区供热单位650家，总采暖建筑面积约1.37亿平方米。其中，隶属央企或部队驻兰单位55家；省属单位155家；市属单位202家；区属单位48家；自营单位190家。根据热源类型，热电联产供热面积3541.34万平方米，占比32.55%；天然气供热面积6881.73万平方米，占比63.25%；煤粉、水煤浆等供热面积435万平方米，占比4%；电热、地源热泵等准清洁能源供热面积21.6万平方米，占比0.2%；天然气壁挂炉采暖面积约2820万平方米。远郊县区供热单位22家，采暖面积约1607.1万平方米。主城区有供热主管网总长4173千米。其中，一级网785千米；二级网3388千米。老旧供热管网总长约1740千米，占比41.7%。远郊县区有供热管网约250.8千米。其中，一级网186.8千米；二级网64千米。

现行供热管理实行属地化为主的市、区县、街道、社区分级管理。近郊4区供热管理职能由区物业管理办公室承担，并在各街道配备专干；红古区和永登、榆中、皋兰3县供热管理由区县建设行政主管部门负责。

【供热保障】 供暖前，多次组织4区供热管理部门和重点供热企业召开专题会议，安排部署设施检修、管网改造、能源储备等准备工作，集中解决重点难点问题。召开全市供热工作会议，印发《兰州市2020—2021年度采暖期城市供热保障方案》，开展"我为群众办实事""访民问暖""专项检查"等活动，重点围绕供热能源保障、供暖问题楼院、供热突发爆管及供热信访投诉等问题，蹲点督导爆管抢修，深入楼院入户测温，及时回应市民关切，截至年底，累计排查并及时处置爆管、停暖或供暖不达标小区223处，实现供热工作总体平稳运行。

10月23日，下沉一线、分区包干，全力检查各辖区供热单位点火启动情况。10月25日，建立供热情况统计日报告制度，对没有正常点火启动的供热站点建立台账清单，全力协调，挂账销号。10月30日，全市650家供热站点100%全部提前点火达标供热。138处隔离点及各类定点医院、封控小区全部实现供暖稳定保障。

【供热设施改造】 推动城市供热老旧管网改造，将改造项目列入党史学习教育"我为群众办实事"实践活动项目清单，完成投资1137万元，推进落实省体育经营公司供热站、富星家居供热站等8个站点23.9千米老旧供热管网改造。探索实施供热资源整合，对兰太物业、美高供热站等17个供热站点147.31万平方米供热面积实施整合签约。

【新建管网建设】 完成管网建设10.19×2千米，热力站24座。其中，兰州热力集团二热管网分公司DN1000-DN150主管网、次管网建设3×2千米，热力站8所；兰州热力集团西热东输经营有限公司DN1200-DN200主管网、次管网建设1.89×2千米，热力站6座；兰州热力集团范坪热网有限公司DN1200-DN200主管网、次管网建设5.3×2千米，热力站10座。

【供热计量推进】 截至11月底，全市供热计量收费住宅面积1997.12万平方米，同比上一年度增加197万平方米，占主城区集中供热住宅总面积的36.9%。

【供热服务】 制定供暖期内部供热投诉问题处理管理制度、供热投诉问题类别记录登记表、网民留言回访登记表。针对热用户投诉反映问题及时进行回访，畅通投诉渠道，及时回应群众诉求。2020-2021年整个采暖期，在“12345”设立专席，市、县区及各供热单位安排专人24小时值班值守，及时受理、限时办结各类群众投诉问题。整个采暖期市、区累计处理民情通热线转办、网络舆情、涉兰热点、电话值班及上级部门转办的各类供热投诉件31516件。

协调弃供、甩供、维修更换老旧阀门管道、供暖分户改造等帮办项目15项，对重点老旧楼院小区1000余户居民的暖气设施进行上门排查和免费清洗维修。听取群众意见建议，争取政策资金支持，按照“整体推进、分户改造”的思路，推动解决富星工贸供热片区1400余户老旧楼院居民供热难题，12月被列为兰州市“市域善治”精品案例。

修订《兰州市供热用热条例》，拟定《兰州市供热企业整合指导意见》和《兰州市老旧小区(居住建筑)供热分户改造管理办法》等行业规范，促进兰州市供热行业健康发展。

联合兰州市电视台《落实进行时》等栏目，推出“温暖进万家”系列节目。从供热常识、供热运行、故障抢修、上门服务等多角度，全面完整地向公众展现供热工作，以直观的方式向观众讲解家中暖气不热的常见原因和解决方法。

【供热安全管理】 按照“一岗双责、党政同责、齐抓共管”安全生产责任要求，督促供热企业强化安全生产主体意识、红线意识，组织区(县)供热主管部门和重点供热单位，认真分析总结上年度供热情况，针对供暖期群众反映突出的具体问题，先后开展3轮次供热设施设备维修检修专项督查，指导供热企业加强对供热锅炉、管网等设施的巡检和维修，及时排查和消除安全隐患，并联合辖区供热主管部门举办4期、每期3天的供热行业安全生产培训，共411人次。修订《供热突发事故应急预案》，组织供热企业开展应急演练，制定极端气候、气源短缺、重大节会等特殊情况下的供热保障措施，提升应急能力。

【供热资金补贴】 根据市政府办公室《关于印发〈兰州市2020—2021年度采暖期天然气集中供热补贴实施方案〉的通知》要求，落实2020—2021年度采暖期天然气集中供热补贴总额8098.77万元，其中市级财政承担4049.39万元。

(陈彦任)

兰州黄河风情线大景区管理委员会

【概况】 2021年，黄河风情线大景区落实黄河流域生态保护和高质量发展战略部署，着力推动大景区高质量发展，精心打造山青、水净、岸绿、天蓝的国内知名滨水景观带，不断擦亮“黄河之滨也很美”城市新名片。在精品工程建设、园林景观提升、环卫保洁精细化管理、综合执法整治、垃圾分类、旅游宣传、设施维护、市民建议办理等方面取得很大成效，使黄河之滨一点一景观、一处一主题、一段一特色的精致独特风情进一步凸显，大景区“精致兰州”建设工作得到市上考核组的肯定。黄河风情线大景区主要有市民公园、百合公园、龙源、绿色公园、廉政文化公园、马拉松公园、中山铁桥、白塔山、兰州碑林、小西湖公园、水车园、水车博览园等景点。

【规划编制】 市政府第165次常务会议审议通过《兰州黄河之滨生态文化旅游高质量发展规划》，并印发实施，成为黄河风情线大景区“十四五”建设发展的指导性文件；完善《兰州黄河风情线大景区文化产业发展规划》《白塔山景区综合提升规划》均通过专家评审。

【项目谋划】 推进河道健身步道工程建设、河堤文化浮雕墙建设、黄河风情线运动休闲带建设、核心区公园景观改造提升、西段园林景观改造提升、白塔山景区综合提升、游览步道改造提升、湿地生态修复、绿地灌溉系统建设、南北滨河路东延、游客服务中心建设、小西湖公园改造提升和大景区慢行系统上跨下穿等13个项目，投资估算103.5亿元，全部申报纳入《兰州市“十四五”规划》和市发改委《兰州市黄河流域生态保护和高质量发展规划》项目库。争取市发改委项目前期费资金500万元，完成游客服务中心、运动休闲带、湿地生态治理、河堤文化浮雕墙、游览步道改造提升等9个重点项目的前期工作。严格开展大景区辖区内新建、改建、扩建项目的审批审核工作，完成市黄河公司40处休闲茶摊、6处休憩服务网点、35台自助售货机、10处5G户外大屏、10处演出小舞台、50处共享单车停放点等项目选址及方案审查和兰州碑林、水车园、马拉松公园、市民公园等委属单位5个建设项目的审批，配合市司法局完成百合公园兰州市法治文化公园选址。

【项目实施】 通过项目实施，以点带面，以局部带动整体，切实提升风情线绿化美化提档升级，全力构建大景区沿河运动休闲景观带，进一步提升风情线整体形象。组织实施2021年黄河风情线绿化养护，加强绿地养护管理工作，实现树木病虫危害率3%以下，行道树缺株率1%以下，新补植成活率99%以上，绿地杂草率3%以下。体育公园绿化美化提升改造项目，栽植紫薇、黄刺玫等乔灌木297株，栽植小叶黄杨、紫叶矮樱等地被植物1867平方米，增加景观季相性，达到三季有花、四季常青效果；更换建植草坪11720平方米，提升绿化品质及档次；增设透水砖园路11608.17平方米，广场铺装299.03平方米，方便市民游客游览通行，丰富景观特色，打造景致纷呈的绿化景观。建党100周年等节日氛围营造项目，移除重植、补植补栽工作，颐园亲水平台清除原有灌木1762平方米，整理绿地1762平方米，栽植紫叶矮樱、金叶女贞、大叶黄杨1762平方米；云峰广场，整理绿地862平方米、栽植大花海棠、孔雀草、八宝景天862平方米，大叶黄杨球10株。小西湖公园改造项目，更新草坪4645平方米，栽植龙柏、金叶女贞、紫叶李、冬青1082平方米，非洲凤仙、剑麻56平方米，修剪高大、特大乔木182株，更换陶制花盆、铁艺栏杆、防腐木花架等，进一步提高园林景观效果。绿地围栏项目，在会展中心、车管所、音乐喷泉、中山桥周边区域绿地安装材质为镀锌钢护栏，绿地围栏1300米，保护绿地植物生长，巩固绿化工作成果。小西湖公园屋面维修项目，在尽量保护和利用原有设施的基础上，修复和修补园内仿古建筑群、卧波廊、螺亭仿古建筑屋顶1648平方米，消除安全隐患，保障游客安全。金昌路北口至平沙落雁路段北侧人行道应急改造项目，拆除及外移安装绿地仿木纹栏杆450米，拆除人行道396.97平方米，改良、回填种植土70.07平方米，栽植小叶黄杨70.07平方米，铺设仿真草坪396.97平方米，将北侧人行道改造为绿化带并设置围挡护栏，引导行人在步道安全通行。

【基础设施改造提升】 制定《2021年度黄河风情线大景区绿化养护购买社会化服务项目养护管理实施方案》，实施黄河风情线绿地养护综合治理，着力解决绿地斑秃裸露、缺株断档问题，建立完善“科学化、精细化、数字化、规范化”的园林绿地养护长效管理机制，提升黄河风情线园林绿地养护管理水平，确保沿线公园及公共绿地精细化养护工作有计划、有目标、有标准。完成公园和公共绿地降床改造1.2万平方米，补植补栽乔木126株、灌木22.88万株、竹子300丛、草坪8.88万平方米、各类草花32.17万株。

为切实解决群众期盼、优化景区环境，不断完善景区基础设施和配套设施，使健身步道发挥更大作用，满足多元使用需求，提升景区满意度、知名度，将健身步道沿线总院码头、小西湖大桥、黄河母亲、兰雅星河湾、水上清真寺等节点打造成为黄河风情线“打

兰州黄河风情线的健身步道

卡”之地。改造建设健身步道沿线黄河母亲、白马浪空竹园2处，打造样板化空竹园6处；在小西湖黄河大桥、龙王庙等区域新增步道应急出入口2处；维修破损游览步道450平方米、塑胶跑道1400平方米，步道出入口安装防洪栅栏500米；在小西湖公园修建木栈桥1座、维修沿湖游览步道740平方米、安装护栏58米，彻底贯通小西湖公园环湖园路，提升公园游览体验。在健身步道沿线百合公园、上河苑、水车园、兰雅亲河湾、盐场堡码头、大砂沟等处配置生态公厕10座，小西湖大桥、兰州碑林配置应急公厕2座。在健身步道沿线安装警示标识牌800块，在南岸西津泵站至欢乐园段安装休闲座椅200套，维修北滨河路健身步道照明路灯102盏、更换线缆1500米，维修望河亭庭院灯17盏。配合市体育局建设全民健身广场5处，安装2代健身路径100套、乒乓球台20套、羽毛球架10套。配合市住建局在北滨河路银沙段安装太阳能路灯400盏。实施滩尖子公园段健身步道维修项目，改造健身步道1039.96米，铺装健身步道透水砖4127平方米，增加汀步石踏步150米，新建6米宽压花水泥道路42米，种植行道树西府海棠32株，安装休闲座椅26组。配合中铁二十一局集团有限公司捐建北滨河路深安黄河大桥至省军区段游览步道，改造游览步道1800米，开创大景区项目政企共建共享新模式。严格落实小游园一级管护标准，持续提升健身步道沿线绿化景观精细化管理水平，全年补植补栽丰花月季、四季玫瑰、藤本月季等花卉5万余株、樱花400株，初步形成黄河北岸以藤本月季为主的花墙景观、南岸以耐阴花卉为主的绿色景观。

【景区保洁】 推进环卫精细化管理，实行“全天候不间断保洁”模式，结合“大扫+普扫”工作，每日出动保洁人员780人次，环卫车辆41车次，定时、定人、定岗做好大景区道路、桥梁、河道全线242.7万平方米的清扫保洁工作。采取“扫+洗+冲”的作业模式，结合天气情况，通过“人机结合”方式对全线健身步道、游览道、人行道、广场、桥面进行全面定期冲洗清拖，公共区域日清洗面积约60万平方米。以公共设施“六无两见”（无污渍、无灰尘、无蛛网、无乱贴小广告、无擦痕、无损坏，设施见本色、金属设施见光泽）为标准，每日对大景区全线15千米的汉白玉栏杆、护栏、果皮箱、垃圾桶、休闲座椅、城市雕塑、广告牌、电箱等城市家具进行全面清洁。开启共享单车治理“环卫+”模式，协助执法支队规范共享单车摆放，并每日组织保洁人员对区域内共享单车进行清擦清洗，日均摆放、清擦共享单车1000余辆。建立“五查六无”（查通风照明设施、查卫生洁具、查化粪蓄污池、查外墙面、查服务设施，无积灰蛛网、无尿渍积水、无堵塞、无溢流、无异味、无损坏）公厕管护流程，实行统一规范作业，对沿线12座公厕严格执行专人24小时值守，每日对公厕内外及厕内设施进行全面冲洗消杀。强化综合整治，按程序对兰州音乐厅违法建设没收和移交，清理私搭乱建3300平方米、户外广告4200平方米、流动摊点2851处、乱停车6万余辆，劝阻不文明行为1550次，整治噪声扰民60起，捕捉流浪犬430只，配合市水务局拆除废弃泵站3处，改善景区环境秩序。着力提升城市客厅“亮度”，开展黄河两岸灯光亮化排查整治，细致排摸七里河黄河大桥至雁滩黄河大桥段路灯10548盏，协调市住建局

3月，兰州黄河风情线大景区环卫工作日常清洗健身步道

和市黄河公司修复路灯1767盏；维修望河亭等处景观灯117盏，更换线缆1500米；维修元通大桥亮化设施，安装LED线条灯、线条灯带1330米；维修月亮岛至水车博览园西侧立柱灯30盏、氛围灯90盏，提升城市客厅"亮度"和"颜值"。

【景区秩序】　以景区秩序、综合整治、设施管护为重点，按照《兰州市城市管理绩效考评办法》，开展违法建设拆除、河道岸线整治、乱摆摊设点、乱停放机动车、无序停放共享单车、流浪犬捕捉、噪声扰民"七大集中整治行动"，景区市容秩序得到持续改善。全年共清理整治沿线乱停乱放共享单车6万余辆、流动点及占道经营2851处、河道乱搭乱设亭棚2771平方米、流动摊点298处、广告牌588块、河道茶点36处，劝导甩鞭子、打陀螺、遛犬等不文明行为4300余次，捕捉流浪犬75只。通过划片包干、挂账销号督办等措施，完成全线11.2万余米线缆规整治理。协调迁移中山桥等处河水浸泡电缆2200余米。整治兰州音乐厅历史遗留违建治理工作，没收违法建筑面积23043平方米。

【旅游开发】　实施主题鲜明、内容丰富、形式多样的文化惠民活动，打造"靓丽城市客厅"、塑造"夜兰州"独特文化主题，引导大景区"夜经济"发展繁荣全力助推"精致兰州"建设，唱响"黄河之滨也很美"的城市名片，促进景区"夜经济"的发展。通过开展第三届"乐动金城声醉兰州"百日千场音乐展演活动，在8个舞台的基础上新增百合公园"旭日东升"和白塔山"城市指南"2处舞台，以"景区+演艺"的呈现方式，汇入建党百年红色元素，先后开展庆祝中国共产党成立100周年、"感谢师恩"教师节活动、迎中秋庆国庆系列演出等多场主题演出。全年累计开展"乐动金城·声醉兰州"文化惠民展演活动1211场。开展"端午祭"民俗文化展演活动，在龙源公园进行舞狮、古筝演奏、包粽子、点朱砂等传统民俗活动展演，累计邀请11家演出单位、22家社会公益组织和市民游客共度端午，丰富景区市民游客的精神文化生活，传承和弘扬传统文化。在白塔山码头和黄河游船开展"精致兰州·夜游黄河"演出活动88场。在各公园区域和景点开展文体、宣传、公益等形式各类活动81场。其中，2月在景区"野谷艺韵"民俗茶楼举办"白塔秦韵"西北秦腔文化表演25场；3月在市民公园举办"最美奋斗者主题长廊"揭幕活动；4月在近水广场协办"爱兰州爱阅读"全民阅读暨十七届兰州读书节活动；7月在兰州白塔山主办黄河游园茶会，邀请"曦贞元""陈升号"等知名企业现场演示茶道文化，同现场市民游客品茗交流。

【景区宣传】　对接新华社甘肃分社、省市电视台、都市调频广播等传媒，利用今日头条、微博、抖音、中国兰州网等平台，第二届粤港澳大湾区主流媒体西部行活动，以及《兰州日报》《兰州晨报》《兰州晚报》等传统媒介，推送河心岛换新颜、洗城降尘、辛勤汗水浇出最美花廊、思情清明·缅怀先贤、为民服务办实事、打造最美花海健身步道、《兰州市黄河风情线大景区保护管理条例》宣传、黄河楼景区亮灯等景区宣传新闻报道。全年在各类融媒体推送景区相关新闻累计1200余次。改版大景区微信公众号，深度挖掘兰州黄河风情线大景区文化内涵，围绕景区自然风光、文化活动、非物质文化遗产等内容，制作精美视频栏目，全年发布原创视频52

黄河风情线兰州市民广场秋景

期。与甘肃人民广播电台交通广播合作，每周一、周三和周末早晨高峰期，播报“黄河之滨也很美”系列新闻，对大景区进行推介宣传，全年发布广播音频56篇。

【安全生产】 落实安全生产目标责任，对黄河兰州城区段47.5千米范围内防汛防灾等方面存在的安全隐患开展“拉网式”排查，发现防汛、水体健康、水生态、地质灾害、防火、设施管理、应急救援等7个方面108个问题，管委会即知即改问题37个，协调相关部门和县区整改问题14个，对其他问题有针对性地提出整改建议，并形成调查报告上报市委。精准落实防汛措施，强化值班值守、巡查检查、警戒疏散、物资储备等措施，协调黄委会兰州水文站，在水流湍急、游人集中处安装可拆卸式安全护栏30处1910米。加强景区火灾预防，在白塔山公园安装烟感、语音红外线报警系统，配备移动消防车、微型消防站、各类灭火器械431套，提升景区火灾预防能力。全面排查文物古建、林地、公园及湿地周边安全隐患，严禁明火行为，杜绝垃圾及易燃易爆物品堆放。严格落实旅游安全管理，对在大景区内举办的文化、体育、游乐、演出等大型活动，主动配合公安部门开展安全审核和安全防控工作。对游人较为集中地段主动开展引导，加强巡查管理，确保应急通道畅通。配合交通部门做好码头、游船、快艇、趸船等安全检查，督促做好应急救援演练，确保应对措施及时有力。

【新冠肺炎疫性防控】 10月份疫情发生以后，大景区管委会迅速动员安排，成立13个党员先锋队，设置8个党员先锋岗，坚持党组织战斗在一线，党员坚守在一线，发挥党员先锋模范作用，全力保障市民群众的生命健康安全。全委625名干部职工全员下沉一线，在景区和居住社区全力开展疫情防控志愿服务工作。其中256名党员干部分别下沉至52个街道的135个社区开展疫情防控工作，6名同志担任工作组组长。9个委属党组织收到街道社区赠送锦旗、奖牌，168名同志获得疫情防控荣誉证书。通过在景区户外电子大屏、LED滚动屏、移动音箱、户外应急广播循环播放疫情防控知识，设置条幅75条，发放宣传单、海报53张，拍摄疫情防控视频12条，播发融媒体稿件5期，发送防疫短信67条，全力筑牢景区疫情防控安全屏障。认真做好复工复产工作，11月20日，全面清理沿线设置的各类隔离带，开放河道健身步道，保障市民正常通行，有序推进沿线公园开放，在满足市民群众游览健身需要的同时，继续严格落实疫情防控措施，加强巡查检查，合理管控人流，避免人员聚集。

（李　萍）

住房公积金管理

【概况】 2021年，兰州住房公积金管理中心全年归集住房公积金69.99亿元，完成目标任务的114.74%，归集资金总额588.42亿元，归集资金余额244.92亿元。新增缴存职工53395人，完成目标任务的157.53%，缴存职工总数61.06万人。发放个人住房贷款38.31亿元，完成目标任务的119.72%，贷款总额411.87亿元，贷款余额208.4亿元。个贷率85.06%，达到85%以上的控制目标；贷款逾期率0.6‰，低于1.5‰的控制目标。参加市直机关工委组织的庆祝建党100周年合唱比赛并获得三等奖。中心团支部被共青团兰州市委评为“五星级团支部”，兰州新区管理部被共青团中央、住房和城乡建设部等23个国家部委联合授予“第20届全国青年文明号”荣誉称号，七里河管理部、红古管理部获评区级“文明单位”。

【机构改革】 根据《兰州市人民政府接收甘肃省电力公司住房公积金管理分中心、窑街煤电集团公司住房公积金办事处实施方案》，全面接收甘肃省电力公司和窑街煤电集团住房公积金管理职能，完成甘肃省电力公司、窑街煤电集团住房公积金管理机构接收工作，有序推进兰州公积金机构改革。增设电力管理部，对甘肃省电力系统缴存单位及职工的住房公积金实行专业化管理。由红古管理部全面管理窑街煤电集团缴存单位及职工的住房公积金，统一执行兰州公积金中心各项管理制度和业务规程，实现全市住房公积金统一制度、统一决策、统一管理、统一核算“四统一”。

【住房公积金归集】 建立强制

缴存和自愿缴存联动推进的扩面工作新机制，使住房公积金制度覆盖从“应建尽建”向更加精准有效的“能建尽建”转变。充分考虑新市民、灵活就业人员住房需求，进一步放宽灵活就业人员缴存条件，降低从事自由职业的新市民群体公积金准入门槛，扩大灵活就业人员缴存范围。提高扩面工作针对性和精准度，运用全省工商企业注册共享数据，督促新注册企业及时办理公积金缴存登记，充分利用社保、税务等部门共享数据，动态掌握全市企业情况，建立催建催缴任务台账，重点对应设未设单位账户、未全员建制、未为职工及时足额缴存的单位进行排查，整治和纠正单位不建、不缴或少缴住房公积金的违规行为。深入企业开展归集扩面执法工作，督促企业为职工缴纳住房公积金，进一步激发企业缴存住房公积金的积极性，使更多的企业、单位和职工纳入公积金缴存范围。全面加强制度宣传。深入企业进行面对面宣传，推行零距离服务，提高企业缴存住房公积金的自觉性，以点带面，推动非公经济组织住房公积金建制工作。

【住房公积金提取】　推广住房公积金网上业务大厅、微信公众号、App等“网上办”渠道，提取业务除1类销户提取情形外全类部实现线上办理，到龄退休、集中封存户职工离职提取业务实现全程无人工干预办结。全年办理住房公积金提取业务263624笔，为缴存职工提取住房公积金47.55亿元。其中，缴存职工因购买自住住房提取住房公积金11.3亿元；因偿还购房贷款本息提取住房公积金22.12亿元；因租赁住房提取住房公积金1.94亿元；因退休等其他原因提取住房公积金12.19亿元。支持缴存职工因老旧小区加装电梯提取住房公积金10.07万元。

【住房公积金贷款】　落实省市房地产区域性限购政策，继续坚持分类调控，在限购区采取严格的住房公积金贷款政策，确保住房公积金贷款政策调控目标不动摇、力度不放松。着力满足基本住房保障，执行“保一限二禁三”公积金贷款政策，加大对首套房贷款支持力度，保障职工基本住房需求，严控二套房或二次贷款，严禁三套及以上购房贷款，严格防范住房公积金用于投机炒房，把有限资金真正用到基本住房需求方面。与14家委托银行签约组合贷款业务协议，“公积金+商业银行”组合贷款业务实现全覆盖，推进组合贷款业务。全年发放组合贷款257笔。其中公积金贷款金额1.2亿元，商业贷款金额0.86亿元，涉及商品房楼盘项目22个。推出按月冲还贷业务，1月1日起，贷款职工及配偶可将月公积金缴存额冲抵每月还款额，平均可为每位贷款职工每年减少还款额约1.56万元，有效缓解贷款职工月还款压力。全年为1.42万名贷款职工办理按月冲还贷业务，冲抵金额1.22亿元。

【住房公积金服务】　提高线上业务办理率，鼓励和引导缴存单位或职工通过中心网上业务大厅、“兰州公积金”微信公众号或“兰州公积金”App线上办理，归集业务实现全程网办。“兰州公积金”微信公众号关注人数47.6万人，网上办理业务量实现大幅增长，占业务总量比73%，政务服务由“最多跑一次”向“一次都不跑”快速推进。采取全程网办、代收代办、两地联办等方式，个人住房公积金缴存贷款信息查询、出具贷款职工住房公积金缴存使用证明、购房提取住房公积金、退休提取住房公积金、住房公积金单位登记开户、开具个人住房贷款结清证明等8项业务实现“跨省通办”。开通住建部“住房公积金”微信小程序，实现异地转移接续功能，满足缴存职工异地办事需求。全年办理“跨省通办”异地购房提取业务59笔，涉及往来资金757.54万元，办理业务量及涉及资金规模均为全省第一。

持续优化营商环境，推动新注册企业使用统一社会信息代码登录中心网厅办理相关业务，完成“甘肃省数字政府”项目中28项住房公积金公共服务事项梳理工作。落实窗口服务首问责任制、一次性告知制、限时办结制等制度，不断提升服务质量。高度重视“好差评”、网民留言答复和12345政务服务便民热线工作。全年差评回访整改率、网民留言答复的按期办结率、12345热线的限时办结率均100%；12329服务热线人工服务接通量17.8万人次，占全省话务总量22.31%。

【风险防控】　落实风险防控任

务，强化科学管理资金，实时跟踪资金需求和变化，灵活运用协定存款和授信贷款，在保持流动性充足的情况下实现资金最大程度的保值增值，全年实现增值收益3.26亿元，贷款风险准备金充足率100%。运用住房和城乡建设部电子核查工具开展月度数据核查，快速筛查、动态分析风险，及时预警反馈问题并整改落实。定期召开系统运维工作联席会议，解决包括机构移交、系统合并、新功能开发和网络安全管理各类问题，发现不足及时完善系统运行，提升业务系统运维质量。参加全国住房公积金监管平台运用试点，推进线上、线下监管融合，织密监管网络，提高监管效率，推动部、省、市三级监管联动。充分发挥内部审计监督作用，调整业务审计方式，规范内审工作流程，完成4个分支机构2019—2020年度业务的审计和2020年度线上提取业务的专项审计。开展“防范和治理住房公积金贷款逾期攻坚行动”，加强贷款风险防范。强化逾期贷款催收工作，全年开展电话催收17397人次、上门催收1155人次，短信服务平台发送逾期催收短信17287条、发送还款提醒短信48.73万条。加大法律诉讼力度，对贷款逾期严重的31名借款人提起诉讼，运用法律手段惩治不诚信行为。

12月3日，兰州住房公积管理中心在兰州分会场参加黄河流域住房公积金高质量发展战略合作签约仪式

【黄河流域城市住房公积金战略合作协议】 兰州与济南、太原、呼和浩特、郑州、西安、西宁、银川公积金中心签订《黄河流域城市住房公积金高质量发展战略合作协议》，进一步加强住房公积金跨区域合作交流，打破行政区域壁垒，推进信息共享。依托全国公积金数据共享平台，在公积金贷款、提取、异地转移接续等业务实现深度共享应用。在建立信息查询协同机制、互认互贷机制、服务标准提升机制以及建立政策研究机构等方面展开深度合作，推动实现合作区域内住房公积金业务“一网通办”，持续营造更加便利的营商环境和创新环境。

【兰西城市群建设】 助力兰西（兰州、西宁）城市群建设，推进兰西住房公积金业务一体化发展。在2020年与西宁公积金中心签订《推动兰西城市群建设住房公积金合作备忘录》的基础上，召开兰西城市群建设2021年度住房公积金工作推进会，推动实现两地公积金互认互贷，全面建立住房公积金信息协查、两地联办工作机制。

【新冠肺炎疫情防控】 落实市委疫情防控统一部署，中心90%的党员干部第一时间投身疫情防控一线，开展疫情防控志愿服务工作。5名党员干部组成党员先锋队，主动前往第一个中风险区云祥小区开展疫情防控工作。疫情结束后，中心90余名党员干部和职工均受到所服务社区的表彰。全面暂停住房公积金线下服务期间，引导缴存单位和职工网上办理业务，保障公积金业务工作正常开展。落实“六稳六保”要求，做好疫情后住房公积金服务工作。对受疫情影响且有时限要求的住房公积金业务，疫情期间不予计算相应时限，按照证明资料顺延48天予以办理。疫情期间未能正常还款的，不作贷款逾期处理，不作为逾期记录报送征信部门，不收取逾期罚息。

（裴少伟）

环境保护

【概况】 2021年，兰州市生态环境保护工作全面巩固生态环境质量改善成果，较好完成年度目标任务，实现"十四五"生态环境保护"开门红"，为全面建设社会主义现代化新兰州奠定坚实的生态环境基础。全年沙尘天气造成超标33天，同比增加18天的不利因素影响下，优良天数296天，同比减少16天，达标率81.1%，同比下降4.1个百分点；六项污染物中，PM2.5浓度32微克/立方米，同比下降2微克/立方米，综合指数4.76。未发生人为因素导致的重污染天气。黄河兰州段干支流国控、省控断面水质优良率100%，出境断面稳定保持在二类水体，饮用水水源地水质达标率100%，地下水国测点水质保持稳定。一季度，兰州市在全国36个重点城市中水质清净度排名第一。兰州市受污染耕地安全利用率99%，污染地块安全利用率100%，土壤环境状况总体稳定。

【大气环境管理】 突出"四源共治"（工业污染源、燃煤污染源、机动车尾气污染源、扬尘等低空面源污染），坚持"四域发力"（优化产业结构、优化能源结构、优化运输结构、优化调整用地结构等四个领域），巩固"四个协同"（大气污染防治与温室气体减排相协同、PM2.5与O_3污染防治相协同、NOx与VOCs减排相协同，城市与乡村区域联防联控相协同），对1000余家涉挥发性有机物排放企业和"散乱污"企业开展综合整治回头看，利用北方地区清洁供暖试点城市机遇，推动完成1700余蒸吨燃气锅炉低氮改造，构建"天地人车"综合监管平台，对4037辆机动车进行路检路查，编码登记非道路移动机械2079辆，监督抽测3610台，利用700余台套设备系统和无人机巡航，对全市3万余家餐饮单位和1000余个工地实行网格监管，深化面源污染防治。

【水环境管理】 突出源头、过程和末端监管，坚持水资源、水环境、水生态"三水共治"，什川桥、湟水桥断面水质提升至二类、三类。与海东市、西宁市、临夏州等签订联防联控协议，与白银市签订横向流域生态补偿协议，构建流域全过程联防机制，完成饮用水水源地环境基础状况评估工作，组织开展全市饮用水水源地环境保护专项行动回头看，完成3022个入河排污口全部点位现场溯源、监测、信息录入以及布局规划和整治方案编制任务，全市黄河干支流国控、省控段面水质优良率100%，出境断面水质稳定达到二类。

【土壤污染防治】 推进土壤污染防治，对51家土壤污染重点监管单位现场督导核查，完成7家危化生产企业搬迁改造土壤污染状况调查、全市8个县区农用地土壤环境质量类别划分、68个地块初步调查、5个省级农村生活污水治理试点项目和农村黑臭水体整治年度任务，推动5个土壤污染场地修复和治理项目，将建设用地土壤环境管理要求纳入供地管理环节，确保土地开发利用符合土壤环境质量要求。开展农村黑臭水体、生活污水处理设施专项整治、危险废物专项整治、废弃电器电子产品拆解企业监管、砂场专项整治、黄河流域清废行动和塑料污染治理等专项行动，检查企业1500余家，规范处置危险废物11.53万吨，全市受污染耕地安全利用率99%，污染地块安全利用率100%，土壤环境状况总体稳定。

【生态环境安全】 实施生态环境安全"单元管控"，开展生态环境问题和风险隐患排查整治专项行动，发现各类环境问题1528个，完成整改1480个，发现并整改环境风险隐患218个，全市528家风险源企业均落实突发环境事件应急预案备案。开展核与辐射安全排查整治工作，排查企业800余家次，发现并督促整改问题100余个。完成黄河兰州段水生生物全面调查，提高全市生态系统安全水平。

【生态环境问题整改】 第一轮中央环保督察反馈的21项问题全部完成整改，交办的512件信访件全部办结；第二轮中央生态环境保护督察的25项问题完成整改21项，其余4项问题整改工作正在全力推进并已取得阶段性进展，交办的836件信访件办结814件，剩余的22件正在推进。国家黄河流域生态环境警示片披露的6项问题已完成整改1项，剩余5项正在推进；省级警示片披露的15项问题已完成整改4项，剩余11项正在推进。

【排污许可】 加强生态环境源头管控，紧盯国家"高污染、高耗水、高耗能"项目要求，构建以"三线一单"为核心、覆盖兰州市的生态环境分区管控体系，全年环评审批980件，核发登记排污许可证879件。以项目谋发展、促保护，推动21个项目落地，将11个项目纳入国家项目库。

【生态环境"双碳"落实】 组建工作专班，对接生态环境部规划院，启动兰州市绿色GDP核算工作。配合市发改委，以碳交易推动"双碳"目标落实。兰州市30家重点碳排企业中有6家发电企业参与首批全国碳市场交易。

【生态环境信用评价】 构建生态环境信用体系，推动环保标准化不断深入，对43家企业进行环境保护标准化建设评价。其中，环境保护标准化等级"A级"3家；"B级"36家；"C级"4家。承办第6届中国—中亚合作论坛绿色发展分论坛活动，得到上海合作组织睦邻友好合作委员会崔丽副主席的高度肯定。

【生态环境依法行政】 组织开展6个专项行动，下达处罚决定79件，罚款900余万元，移送公安机关行政拘留5件，涉嫌刑事犯罪3件。开展各类法制审核220件，组织完成行政听证5件。

【生态环境宣教】 安排部署意识形态工作2次，专题研究学习意识形态工作4次，专题学习习近平总书记关于意识形态领域的重要讲话4次。加强意识形态阵地建设管理，充分发挥门户网站、政府公报、政务微信、微博等宣传阵地作用，大力宣传习近平新时代中国特色社会主义思想和中央及省市党委、政府重要会议精神，巩固壮大主流舆论，发布各类宣传信息5829条，召开新闻发布会6场，接待大型采访访谈3场，国家媒体报道相关新闻35条、省市媒体报道相关新闻94条。

【突发环境事件】 4月25日，黄河什川桥水质自动预警站石油类监测数据异常，对黄河干流水质安全构成威胁。市委、市政府高度重视，第一时间启动应急响应，分管负责同志连夜赶赴现场指导开展事故调查和处置工作，各相关部门及街道迅速组织力量进行溯源、排查。调配使用应急物资，以降解石油类浓度。邀请国内权威专家，通过嗅辨识别、数据比对，分析研判什川桥断面石油类浓度异常的原因。制定应急监测方案，连续开展应急监测采样和实验分析。组织各相关部门、街道社区等，出动8000余人次，沿河开展溯源排查。经过2天连续奋战，查明事件原因，系兰州金砂建材有限公司因废油管理混乱，被倾倒、遗撒、泄漏在厂区地表、洪道的油污，经暴雨冲刷后，通过小红岔沟流入黄河所致。并实施源头管控，黄河什川桥断面石油类浓度持续合格达标。此事件中市各级各有关部门响应及时、组织有力、应对科学、处置果断，主动履行黄河上游各环节安全责任，避免跨省重大突发环境事件的发生，事件处置过程得到省委、省政府相关领导及、生态环境部、省生态环境厅的表扬。

【新冠肺炎疫情防控】 局领导班子成员靠前指挥，成立6个工作小组和4个包抓组，全面下沉开展疫情防控工作，协调解决医废收运车辆85台，多方筹措300余万元保障物资，保障一线执法下沉人员安全，确保医疗废物规范有序处置。局系统党员干部身先士卒、向"疫"而行，迅速下沉到居住地所在社区、单位包抓社区，"退役军人守护兰州蓝志愿服务分队"不褪本色，47名党员干部下沉社区设立"党员先锋岗"，成立3个"临时党支部"，组建8支"党员先锋队"，局系统出动执法人员1.2万余人次，检查重点单位4000余家次，处置医疗废物6600余吨，自疫情开始未发现因疫情防控影响环境安全和因医废导致二次传播的情况，守牢守好疫情防控"最后一道防线"。

（赵紫楠）

黄河流域兰州段生态环境保护

【概况】 2021年，兰州优良天数296天，未发生人为因素导致的重污染天气。辖区国控、省控断面水质优良率100%，出境断面水质稳定达到二类水体，县级及以上集中式饮用水水源地水质达标率100%，6个地下水国测点水质保持稳定，已治理8条黑臭水体水质稳定达标，无反弹。全市受污染耕地安全利用率99%，污染地块安全利用率100%，土壤环境质量状况总体稳定。

【生态保护及修复】 突出"四源共治"，坚持"四域发力"，巩固"四个协同"。落实工程减排措施，对640家涉挥发性有机物排放企业和345家"散乱污"企业开展综合整治回头看，完成77台833蒸吨燃气锅炉低氮改造任务，督促86家工业企业整改问题235个；开展燃煤污染治理，推进城区1180蒸吨燃煤锅炉超低排放改造，完成833蒸吨燃气锅炉低氮改造，削减城区燃煤污染。切实提升尾气治理能力，构建"天地人车"综合监管平台，对2762辆柴油车进行路检路查，移交处罚9辆，督促整改41辆，建立健全用车大户制监管机制，完善非道路移动机械排放情况数据库，编码登记非道路移动机械1805辆，监督抽测1921台。全面深化面源污染防治，利用538余台套设备系统和无人机巡航，对全市3万余家餐饮单位和1201个工地实行网格监管，深化面源污染防治。强化项目谋划力度，充分利用北方地区清洁供暖试点城市机遇，推动7个项目纳入国家项目库，其中燃气锅炉低氮改造项目完成后，可减排氮氧化物1852吨，可拉低全市二氧化氮浓度4微克。

印发枯水期水污染联防联控专项方案，组织开展污染源日巡查，水质日监测，检查涉水点位1185处，督促整改问题117个，获取监测数据822组，报送工作日报53期，与青海海东市、西宁市等签订联防联控协议，共同开展为期1个月联合检查，确保枯水期水质安全。强化饮水安全保障，组织完成市、县、乡镇饮用水水源地年度环境基础状况调查评估，组织开展饮用水水源地回头看，对发现各类隐患问题及时整改；推进湟水流域水污染防治3期和宛川河湿地1期项目，工程建设进度分别完成48%和83%，梳理包装永登县庄浪河流域水污染防治项目进入中央水污染防治项目库，申请中央水污染防治资金8900余万元；组织开展入河排污口排查整治，完成生态环境部年初反馈入河排污点位的溯源排查、监测和信息录入，编制完成《全市入河排污口布局规划和一口一策整治方案》。

紧盯土壤污染源头，更新发布51家土壤污染重点监管单位名单，开展现场督导核查，完成7家危化生产企业搬迁改造单位土壤污染状况调查。完成全市8个县区农用地土壤环境质量类别划分工作及报告编制，全市农药化肥使用总量负增长，农作物秸秆资源化综合利用率85%，畜禽养殖粪污资源化利用率75%，废旧农膜回收利用率81%。抓建设用地监管，完成全市68个地块初步调查，将建设用地土壤环境管理要求纳入供地管理环节。突出防治项目建设，推动5个土壤污染场地修复和综合治理项目，巩固土壤污染治理修复成效。

【污染防治措施】 加强对黄河流域生态保护和高质量发展研究谋划，结合国家黄河流域生态保护和高质量发展纲要，修改完善全市十四五生态环境保护规划和十四五重点流域水生态环境保护规划，确保各类规划的协调统一，将高质量发展重点任务纳入生态环境保护专项规划实施范畴，统筹协调推进，确保各项重点工作任务的落实。围绕干流和主要支流（湟水、庄浪河、大通河、宛川河、蔡家河等）治理，加快建设湟水河红古段水污染综合治理项目3期和宛川河生态湿地建设等项目，梳理包装良好水体保护、超标水质治理、城市污水处理厂尾水人工湿地治理等项目，向上争取资金，建立项目动态管控机制，强化对区县的指导，督促积极梳理辖区突出环境问题，针对国家资金支持方向及时包装和调整入库项目建设内容，提升项目入库比例。

在持续巩固城市黑臭水体治理成果和千吨万人饮用水水源地专项行动成果的基础上。深入落实好县级城市黑臭水体排查、清理整治，饮用水安全保障能力提升等重点工作任务。继续做好黑臭水体定期监测、全市河洪道巡查等工作，发现问题及时查处或移交查处，避免反弹；强化饮用水水源安全监管，持续推进乡镇级水源地清理整治和规范化建设工作，完善矢量边界信息，强化污染源管控，确保水源地水质安全。

做好全市入河排污口排查整治工作，建立入河排污口动态管控数据库，实现对全市入河排污口和入河排污量动态管理。推进入河排污口整治工作，按照“取缔一批、合并一批、规范一批”的整治要求，牵头组织水务、农业农村、交通等部门及相关区县政府有序推进全市入河排污口分类整治，逐步实现黄河兰州段“水体–入河排污口–排污管线–污染源”全链条管理。

实施落实河（湖）长制，统筹推进工业企业、城镇生活、农业农村、船舶码头等重点领域水污染治理；深化工业企业水污染防治力度，加强工业园区污水集中处理设施建设与管理，不定期组织开展全市涉水工业企业排查检查，推进散乱污企业专项整治行动，严厉打击偷排偷放行为；配合行业主管部门，推进全市城市基础设施补短板、强弱项专项行动，推进城镇污水处收集处理设施建设和完善，推进农村水污染防治基础设施建设。

深化与上下游城市在流域水污染防治和突发水生态环境事件防范方面的合作交流，继续完善黄河干流、湟水河、大通河、庄浪河等流域与上下游海东、西宁、临夏、白银、武威的水环境联防联控联治理长效工作机制，促进流域水质持续改善。

（赵紫楠）

园林绿化

【概况】 2021年，市园林绿化工作启动巩固提升“国家园林城市”创建成果3年行动，致力于推进特色游园新建工程、精品街区打造工程、花园式小区（单位）创建工程、背街小巷绿化“扫盲”工程、行道树补栽绿地补植“清零”工程、星级公园创建工程、新优特园林花卉引进工程等，着力增加绿色总量，提升景观效果，完善服务功能，努力营造良好绿色环境，深耕厚植全国文明城市绿色底蕴。

【城市园林增绿】 主城区新增绿地38.74公顷（其中公园绿地13.03公顷），改造绿地60.41公顷，合计99.15公顷。其中，城关区28公顷；安宁区25.71公顷；西固区16.02公顷；七里河区15.6公顷；高新区3.02公顷；黄河风情线大景区范围10.8公顷。主城区新建小游园16个。其中，城关区5个（九州915＃路小游园、兰大小游园、光辉小游园、鱼池口小游园、铁路设计院小游园）；安宁区5个（楼梯沟南侧小游园、长新北路西侧小游园、仁寿山迎宾小游园、仁寿山西街小游园、仁寿山大道西侧小游园）；西固区3个（天庆B区小游园、保利堂悦小游园、南山路小游园）；七里河区3个（北街路口小游园、宏建小游园、粼河小游园）。新增游园面积14.37公顷。主城区改建小游园4个。其中，西固区2个（公园路小游园、景华苑小游园)；城关区1个(东岗科普小游园)；安宁区1个(凯旋门东侧小游园)。主城区补栽行道树及绿地内乔木5767株，补种各类小乔木、花灌木、大灌木8218株，补种小灌木85万余株，补种草坪、野花组合等8.5万平方米。打造绿化精品街区12条。其中，城关区3条(天水路北路迎宾大道、甘南路银杏大道、酒泉路鲜花大道)；安宁区3条(514#路培黎广场—刘家堡广场段、学府路北段、枣林路南段)；西固区3条(西固西路、西固东路、西固东路)；七里河区2条(南出口樱花大道、彭家坪169#路樱花大道)；高新区1条(雁南路精品街)。完成背街小巷绿化扫盲13处：城关区广武门街道五福巷、临夏路街道上沟5—9#古古丁幼儿园对面、牟家庄西社区中铁二十一集团检测中心国资利民物业、七里河区西站街道建西东路面粉厂大门、土门墩街道河湾堡社区商业储运巷、西园街道文化宫社区中法小巷中段、安宁区万新路路北北环路桥下、大河之恋西侧挡墙、西固区西柳沟街道古浪路社区古浪路北院小区门口、庄浪西路与公园路交接拐角、福利西路顶好巷内30米、高新区雁滩园区雁东路红星美凯龙西侧、南河北路天然气公司周边。9月，在兰州植物园举办"金菊雅韵·花开满园"为主题的国庆菊花展，展期20天，期间接待游客30万人(次)。结合庆祝中国共产党成立100周年活动，在重要路段和景观节点、公共绿化空间增植各类早春花灌木31530株，补植行道树1175株，摆放时令盆花150万余盆。

【古树名木保护】 兰州市域范围延续保存的古树名木，有单株古树名木439株、古树群5处，分布在28个乡镇(76个村)、29个街道(44个社区)，隶属18科24属有29个树种(变种)。

单株古树名木，以杨柳科、蝶形花科、松科、柏科、蔷薇科和榆科植物居多，古树421株、名木18株。其中：年代久远、树形奇特、有历史故事以及稀少树种的单株古树102株；具有重要纪念意义的

2021年兰州市单株古树汇总表

(单位:株)

所在位置	年初在册数	三级保护	二级保护	一级保护	2021年复壮保护	2021年销号	现存数
城关区	201	195	0	6	2(三级、一级各1株)	5(三级保护)	196
七里河区	83	71	6	6	3(一级2株、二级1株)	1(三级保护)	82
西固区	25	14	8	3	3(二级保护)		25
安宁区	18	15	3	0	0	2(三级、二级各1株)	16
红古区	5	1	1	3	0	0	5
永登县	42	20	7	15	0	0	42
皋兰县	21	4	17		1(二级保护)	0	21
榆中县	53	46	2	5	1(二级保护)	1(三级保护)	52
合计	448	366	44	38	10	9	439

表内说明:古树，指树龄在100年以上的树木。古树根据树龄分三级：树龄在500年以上的树木为"一级"；树龄在300~499年的树木为"二级"；树龄在100~299年的树木为"三级"。

2021年兰州市古树群汇总表

(单位:公顷、株)

群编号	分布位置	主要树种	科	属	面 积	单株数	平均树龄
62010501	安宁区安宁堡街道	枣树	鼠李科	枣属	80	5983	约100年
62010502	安宁区仁寿山公园	枣树	鼠李科	枣属	20	215	约100年
62010503	安宁区都市春天生态园	软儿梨树	蔷薇科	梨属	8.6	260	约200年
62012201	皋兰县什川镇	软儿梨树、冬果梨树	蔷薇科	梨属	263	9423	约280年
62012301	榆中县青城镇	软儿梨树、冬果梨树	蔷薇科	梨属	8	518	约200年

名木14株。据考证,已存在千年以上的古树有3株,年限最长的1株距今已存活1380余年。

18株名木,有云杉9株、雪松8株、槭树1株,全部分布在城关区范围的白塔山公园(8株)、市民公园(7株)和五泉山公园(3株),树龄在21年以上,最长的达到40年。

古树群,分布在安宁区、榆中县和皋兰县,主要为枣树、软儿梨树和冬果梨树。

实施古树复壮保护10株。其中,一级保护3株:城关区1株,编号62010200047号国槐,七里河区2株,编号62010300047号白榆和编号62010300067号国槐;二级保护6株:西固区3株,编号62010400019号白榆、编号62010400020号白榆、编号62010400024号白榆;七里河区1株,编号62010300001号白榆;皋兰县1株,编号62012200005号国槐;榆中县1株,编号62012300015号圆柏;三级保护1株:城关区1株,编号62010200115号旱柳。

销号古树名木9株。其中,受极端天气影响倒伏死亡3株(城关区2株,编号62010200008号国槐和编号62010200084号旱柳,榆中县1株,编号62012300051号云杉);复壮无效死亡4株(城关区3株,编号62010200089号旱柳、编号62010200197号旱柳、编号62010200098号臭椿,七里河区1株,编号62010300062号千头柏);遭人为砍伐2株(安宁区编号62010500012号白榆和编号62010500011号侧柏)。

【园林地被植物品种引进】 引进红彩石竹、山桃草、桑托斯马鞭草、芝樱花、冰岛虞美人等新优园林地被植物品种9个1万余株,建立示范点4处,示范应用优化的地被植物配置模式。引进反曲景天、垂盆草、佛甲草等8个景天品种3500余株,成活率100%。引种玛格丽特菊10个品种1500余株、欧洲月季(龙纱宝石、焦糖蜂蜜、红龙、莫奈)4个品种240株、藤本月季9个品种800株。

【园林地被植物资源调查】 对兰州市主城区部分公园及园林绿地景天植物进行调查,通过观赏性、覆盖能力和适应性评价,筛选出适宜本地推广应用的地被景天品种5个(反曲景天、垂盆草、金叶佛甲草、秋之喜悦、精灵)。

对兰州市主城区城市绿地71个样点的地被植物资源进行摸底调查,结果表明:兰州市园林地被植物有63科161属200种(草本地被植物124种、大本地被植物66种、藤本地被植物6种、水生地被植物4种)。对地被植物多样性与配置模式进行分析和综合评价。

进一步对现有鸢尾属植物进行地块整理、归类、挂牌及日常管理,观测记录其物候、越冬成活率及花部特征。补充调查、收集和鉴定甘肃地区野生鸢尾花卉种质资源(野生种与栽培种),制作甘肃鸢尾属种质资源标本(实物版、电子版两种),并对甘肃鸢尾属花卉资源进行综合评价。

【城市绿化管理】 评选星级公园8个。其中,四星级公园4个(五泉山公园、白塔山公园、金城公园、兰州植物园);三星级公园4个(市民公园、百合公园、马拉松公园、兰州水车园)。

评选精致公园(游园)10个(中车·时光公园、百合公园、龙源、水车博览园,广武门小游园、工林路小游园、公园路小游园、景华苑小游园、学府路小游园、费家营小游园)。

评选花园式示范单位小区15个、花园式单位小区10个、园林化单位小区11个、绿化达标单位14个。

为推动园林绿化养护管理一线技工队伍建设,营造"学技术、钻业务、练本领、提素质"氛围,年内组织举办针对性技术交流与培训活动20余个班次,培训学员1000余人次。11月,组织举办全市园林绿化行业金剪子修剪大赛。

全面落实园林植物的越冬保护。入冬后,主城区游园、绿带内共搭建保温棚10.49万平方米,对怕冻的9.47万株树木进行防冻处理。其中,行道树涂白9.22万株;树干缠草绳0.25万株。冬灌前,绿地内清理垃圾及枯枝败叶973吨。

依据《城市绿化条例》规定,从严从紧控制项目建设征占用绿地的规模,并完善项目建设征占用绿地的审核审批工作,受理各类办件27件,按期办结率100%。

完成甘肃省地方标准《行道树栽植与养护管理技术标准》和《古树名木保护复壮技术标准》征求意见工作及修改与排版,两个标准均取得标准号和备案号,9月14日由甘肃省住房和城乡建设厅、甘肃省市场监督管理局联合发布,12月1日实施。

开展《兰州园林地被植物图谱》专业图书编撰工作。在对兰州市建成区地被植物全面调查基础上,完成植物文字及图片资料收集与整理,拍摄照片1万余张。

完成《兰州古树名木》专业图书的照片补拍、文字及图片校对,年底时出版发行。

委托设计单位制定园林绿化树木花草及管护设施损坏赔(补)偿标准,向各县区园林绿化行政主管部门征求意见后,组织专家进行论证,正在做进一步的修改完善。

编制完成城市公园建设和保护规划(初稿)。

园林科技人员在《草原与草坪》《甘肃林业科技》等省级以上刊物发表学术论文5篇。

【重点项目工程建设】 **兰州动物园易地搬迁项目。**完成投资16.8亿元。沉淀64年历史的兰州市动物园于5月14日闭园,园内的各类野生动物60余种、1000余头(只)动物,按计划全部搬新家,投放至新的兰州野生动物园,于9月26日开园试运营。兰州野生动物园总占地5358亩,约为原兰州市动物园面积的50倍。

兰州湟水城郊生态公园总体规划。《规划》以兰州市生态林业试验总场经营范围为基础,包括水车湾、王家口、达家台3个片区,总面积337.63公顷,总投资估算2.64亿元。11月24日完成规划并通过专家审查,于年底上报省级进行审核。

第13届中国(徐州)国际园林博览会甘肃园项目。项目位于江苏省徐州市国际园林博览园,总建设面积4226平方米,建设内容包括绿化面积3024平方米、铺装面积902平方米、水景面积224平方米。通过“一台戏、一本书、一眼泉、一幅画”等文化元素,彰显“交响丝路、如意甘肃”的主题。读者之门景观小品3组;马家窑彩陶组景3组;雕塑3组,分别为“大梦敦煌”雕塑、“热冬果”雕塑、“兰州牛肉面”雕塑。获得徐州市政府及徐州园博会组委会的一致好评。年底建设完成并竣工验收,预计2022年4月开园。

2021年第10届中国(上海·崇明)花卉博览会甘肃园项目。5月21日至7月2日,第10届中国花卉博览会在上海崇明东平国家森林公园举办,为期42天。兰州市参与甘肃园室内展厅的设计与建设。内展厅总面积156平方米,设计围绕“花开中国梦”大会主旨,回归花展本源,结合甘肃丝路文化、黄河文化、陇原特色,以花卉造景为主,展示甘肃特色花卉及艺术,勾勒一幅丝路盛景、魅力陇原的大美甘肃画卷,表达“花开如意、圆梦甘肃”设计主题。设计4个花境组合(花境《铜奔马》,组合盆栽《拓荒者》《扬帆起航》《植梦》)、5个展品组合(《紫斑牡丹》、6个圆柱的干花花柱、《矾根绿植墙》、多肉植物墙、圆形展台展品)。外展厅设2处花境:《黄河之滨也很美》花镜,利用各种植物搭配,表现出曾经的黄土高坡上,不仅长出茂密的树林,而且色彩丰富、种类繁多;高低起伏的地形,用火山石铺面,形象地再现丹霞地貌,在阳光的照耀下,静谧而美好;《闲》花境的设计,以清新简约的视觉感官为线索,主要种植观赏草类植物(落新妇、细叶芒、蒲苇、蓝羊茅、墨西哥鼠尾草等),塑造出一个色彩梦幻、整体统一、干净的空间,使入境人如身临自然

上海崇明岛第10届花博会甘肃展园室内展厅入口处花镜图片

之拥，像给时间按下暂停键，四处弥散开来的恬静，像一缕清泉洗涤着人们内心的躁动，抚平眉间的惆怅，时光在这里变得柔软，让人们重拾身边的美好。

（闫国成）

南北两山绿化

【概况】 2021年，市南北两山环境绿化工程工作深入推进"省门第一道"生态建设，构建绿色生态廊道；推进大景区建设，精心打造森林公园邀市民共享生态美景；巩固绿化成果，持续管护好南北两山62万亩林地；加强林地资源保护力度，保障两山林业资源长期稳定向好发展。

【生态治理】 实施"三水"造林区改造试验、兰州绿色文化博览园强化补植等项目，完成修复治理面积1700亩，栽植苗木13.6万株。加强南北两山62万亩林地的抚育管护，深入实施天然林资源保护二期工程，完成上年天保工程建设自查和天然林资源保护工程自评估等相关工作，完成林地清淤复整面积1.68万亩，进一步提升林区林分质量。组织各县区指挥部和承包单位开展补植补造，栽植苗木100万余株。

【景区建设】 九州台景区，实施罗九公路沿线裸露坡面绿化提升、朱镕基总理植树纪念林周边景观提升改造、罗锅沟检查站周边生态景观治理等项目，完成绿化提升面积178亩，并健全完善步道、亭廊、水利等景观和基础设施；建设4个文化主题景点，计划投资4662.65万元，总面积70043平方米，年底，彩陶博览园、丝路金城园、商苑已开工建设，飞天文化园正在进行入场施工准备。实施关九公路（关山口至九州台山顶）建设项目，计划建设道路8000米，正在办理前期手续。实施安宁区大青山景区远景山景区域绿化景观提升改造项目（三期），总建设面积9041平方米，已完成景观设施、道路铺装、坡面治理等年度建设任务。

【"省门第一道"生态建设】 推进"省门第一道"生态建设，着力构建绿色生态廊道，编制完成《兰州市重点区域生态建设三年行动方案》《"省门第一道"沿线山体亮化方案》；实施面山陡坡治理项目，计划治理皋兰段、大砂沟实验林场面山陡坡15处7.2万平方米，实际完成绿化治理7.87万平方米，栽植苗木8.1万株；实施面山提质增效、天水路高速入口至骆驼岘绿化景观提升（二期）、兰州市北出口面山绿化提升改造等项目，完成景观提升2839亩，栽植苗木30.3万株。

【水利养林】 全面完成水利工程维修改造，涉及25个项目，维修泵站43座，维修更换水泵121台、电机115台、各类管道134千米，有力保障绿化灌溉顺利开展。推进重点水利项目建设，实施城关区拱北沟绿化上水维修改造、迭部北山林场一泵房拆除重建、西山岭景观提升水利工程等8项新建、续建项目，新增灌溉面积863.6亩，提升改造灌溉面积3520亩。高效开展绿化灌溉和"喷灌降尘"，灌溉面积23.4万亩，灌溉水量2466万立方米，灌溉质量合格率92%以上；累计开展"喷灌降尘"作业面积3.37万亩次，喷水量84.7万立方米。

【生态护林】 通过横幅标语、林区广播、公益短信、出租车车顶LED屏幕等方式广泛开展防火宣传，全面推行"防火码"管理，强化野外火源管控，开展野外用火专项治理，排查整改隐患75处，开设防火隔离带560余千米。严格落实区域联防、24小时值班和领导带班等制度，强化防火演练和应

7月，省门第一道林区喷灌

2021年秋，九州台牡丹园护林防火巡逻

急准备。南北两山连续21年未发生较大以上森林火灾。做好有害生物防治，开展有害生物防治2轮次，防治面积1.8万亩，无公害防治率95%以上。做好松材线虫监测和防控工作，截至年底，两山未发现松材线虫病。开展苹果蠹蛾监测防控4500亩，发现苹果蠹蛾成虫4例，及时采取防治措施。推进依法治林，推进“放管服”改革及“四办四清单”制度，不断规范审批程序，优化办理流程，提高服务质量。依法依规开展项目审批，办理各类征占用林地项目12项。加大林政执法力度，严厉打击涉林违法、违规行为，确保两山林地、林木安全。

【科技兴林】 推广应用驰奈固体肥项目5590亩，施肥559吨，进一步改善试验区域土壤结构；实施短穗怪柳容器育苗种植项目30亩，完成种植6670袋，开展陡坡土壤水分环境特征研究、南北两山生态服务价值评价项目等。应用信息技术求突破，全面推广使用防火码，开展两山雨情监测预报、负氧离子浓度监测试点、灌溉自控系统实验项目，不断推进智慧两山建设取得新发展。

（金倡宇）

公路运输

【概况】 2021年兰州市交通运输系统认真做好"六稳"工作，全面落实"六保"任务，加快补齐交通基础设施短板，提升交通运输服务保障能力和水平，深化重点领域改革，当好发展先行官，推动全市交通运输事业创新改革发展。全年完成交通固定资产投资158.46亿元，占年度计划82.6%，同比增长9.4%；公路运输总周转量增速16.41%；办理落实省市领导批示482件，各类督办任务64项，省市人大建议、政协提案32件，办结率均100%。年底，全市有公路5268条9767.877千米。其中，国省道干线公路28条1752.572千米；农村公路5240条8015.305千米(已采集航迹)。主城区城市公交线路120条，远郊县区城乡公交线路91条，全市城乡运输一体化水平90%以上；出租客运企业29家(不含3县1区)，出租汽车保有量12338辆；取得《网络预约出租汽车经营许可证》的网约车平台公司20家，考试合格的驾驶员取得《网络预约出租汽车驾驶员证》驾驶员8784名，配发《网络预约出租汽车运输证》的车辆2319台。

【交通检疫组新冠肺炎疫情防控】 10月，兰州新冠肺炎疫情期间，第一时间激活应急指挥体系开展交通检疫。迅速调整"两站一场"(客运站、高铁站、飞机场)防控策略，督促运营企业按照防控指南，严格落实消毒通风、进出站"两码一报告"(行程码、健康码、核酸检测报告)核验等防控措施。环兰10个交通检查站检查车辆301.77万台次、人员438.77万人次，劝返车辆4.5872万台、人员6.6056万人，登记(移交)黄码人员621人，严防疫情通过运输渠道传播。抓好公交、轨道、出租等公共交通防控，结合形势及时调整运力，控制车辆满载率，有效保障出行并减少市内流动。衔接邮政管理部门督促寄递企业认真落实场所、车辆、快件消杀等防控措施，及时做好涉疫快件流向追踪和应急处置，督促辖区冷链运输企业严格执行"总仓"管理，防止疫情通过快递和冷链途径传播。在严格落实防控措施的同时，完成成人高考、医务人员运输、核酸检测转运、防疫危废拉运等重点保障任务。坚持路网运行"一断三不断"(坚决阻断病毒传播渠道，保障公路交通网络不断、应急运输绿色通道不断、必要的群众生产生活物资运输通道不断)，协调发放"防疫保障快通证"9270张，确保生活生产、能源等重点物资优先便捷通行。风险等级下调后，根据省市疫情防控工作统一部署，科学精准调控，衔接有序恢复长途班线和公共交通运力，有力保障复工、复产、复学。紧盯全市街道社区防疫"最后一公里"，抽调1200余辆出租车组成全市抗疫出行志愿服务车队，按照每个社区3至4辆向主城4区337个社区免费派驻应急保障出租车，保障基层社区医务人员、基层防控人员出行需求，累计服务社区24321车次，保障防疫工作人员、社区居民43169人次，拉运物资4113车次。

【交通规划布局】 编制《兰州市"十四五"交通运输发展规划（初稿）》和《交通强国兰州方案（初稿）》，谋划推动新时代兰州交通运输发展布局。按照"一年改善、两年改良、三年改变"总体目标，完成"交通畅行"总体方案总体思路研究，加快重要路段和节点骨干路网工程方案研究。衔接加强城市路网建设管理，优化交通组织，提升公共交通服务，全市道路交通拥堵指数持续下降。《2021年全国主要城市交通分析报告》显示，兰州拥堵延时指数1.682，较上年下降2.62%，拥堵排名从14位下降至23位。衔接省交通厅、相关企业与市政府签订《兰州市交通基础设施省市企共建协议》《甘肃省交通运输厅兰州市人民政府"十四五"交通基础设施共建协议》和《兰州市高速公路拓展工程省市共建协议》，共同推进全市交通基础设施加快布局建设。与西宁市、海东市交通运输主管部门签订《兰西城市群兰州市西宁市交通运输一体化合作意向书》《交通互联互通专项备忘录》《交通运输行政执法联席会议制度》等系列合作框架协议，进一步畅通联动机制，加快打造一体化衔接的交通枢纽体系，推进公共交通一体化发展。

【公路项目建设】 2021年，推进实施交通基础设施项目11个。其中，市建续建项目2个；省建续建项目3个；市建新建项目4个；省建新建项目2个。全年完成固定资产投资158.46亿元。S104沈阿公路全年完成固定资产投资12.76亿元，占年度计划的98.15%，中通道项目经市政府常务会议研究，通过股权转让方式解决项目融资，年底完成股权转让工作，市交通委正按照相关协议约定，督促推进项目建设。G312清水驿至傅家窑公路全年完成固定资产投资21.86亿元，占年度计划的109.3%。G75兰临高速公路长下坡路段改造处治工程全年完成固定资产投资5.92亿元，占年度计划的118.4%。定远收费站扩建项目建设任务全部完成，4月通车运营。京藏高速公路海石湾收费站连接道路改扩建工程全年完成形象投资2亿元，占年度计划的100%。G30连霍高速公路清水驿至忠和段扩容改造项目全年完成固定资产投资12.71亿元，占年度计划的27.1%。G312清傅公路青白石连接线工程可研报告及用地选址规划论证报告编制完成，稳评完成备案，用地预审和规划选址正在组件报批。黄河兰州城区段航运建设工程项目可研报告批复，正在对接黄河水利委员会编制防洪评价。G312傅家窑至苦水段公路工程全年完成固定资产投资5.22亿元，占年度计划的104.4%。G309金崖至河口（张家台）段公路工程省交通厅计划先期建设兰州南二环柳泉至河口（张家台）段，金崖至柳泉段暂时与兰州南绕城高速共线，待条件具备后再实施。柳河高速公路项目工程项目可行性研究报告方案编制完成，正在进行原金河项目工可废止和清算工作。

【农村出行服务】 推进"四好农村路"建设，建成自然村（组）道路213.6千米、特色农村示范路11条36.8千米、农村公路生命安全防护工程176.3千米，改造危旧桥梁7座，农村公路重点养护600千米。推动远郊"3县1区"自然村通公交率90%，505路等11条线路完成"百条线路"示范创建，建成客货邮综合服务站示范点18个、客货邮合作示范线6条。榆中县被交通运输部命名为第一批"四好农村路"示范县。

【公共交通发展】 推进公共交通优先发展，巩固"公交都市"创建成效，提升公共出行服务水平，全年优化调整公交线路17条、站点21处，新建精致公交候车亭12座，"兰洽会"期间增开公交、水运专线。完善轨道交通与地面公交的接驳换乘，轨道交通1号线客运量6415.01万人次，月均开行列车8697列次，运行图兑现率100%，列车正点率均达到99.99%。7月30日，交通运输部正式命名兰州市为"公交都市建设示范城市"。7月27日，皋兰县被交通运输部正式命名为"城乡交通运输一体化示范县"。同时，经协调申报，榆中县被正式列为第2批"城乡交通运输一体化示范创建县”。

【绿色交通发展】　开展“交通运输+绿色出行”示范创建活动，调整优化全市物流货物运输结构，培育货运配送新业态、推动先进配送组织模式的应用，8月6日，交通运输部、公安部、商务部正式命名兰州市为“绿色货运配送示范城市”。推进绿色出行创建行动，印发《兰州市绿色出行创建实施方案》，完成《兰州市绿色出行创建行动规划》编制工作，全面做好绿色出行城市验收准备工作。邀请省市相关部门组织开展2021年绿色出行宣传月和公交出行宣传周线上、线下宣传活动。加强营运车辆尾气治理，实施车辆检测和维修(I/M)制度，累计建成充电桩2485个，投放新能源公交车1830辆、出租车2845辆、网约车927辆、货运车1300辆，出租汽车清洁能源使用率100%。

【黄河水运发展】　落实《兰州市水污染防治行动计划总体工作方案》要求，实行船舶码头污染物集中收集，上岸处置。联合省、市相关部门全年开展船舶码头污染防治专项检查3次，检查重点区域码头17处，检查趸船27艘，各类机动船舶77艘。投用兰州市船舶码头污染物接收转运设施，完成沿线经营趸船污水柜收集柜安装，在全段船舶码头生活垃圾全部收集转运的基础上，6月，对全段经营趸船生活污水进行收集转运处理，实现生活垃圾污水零排放，巩固提升水运行业污染物防治能力。落实《船舶和海上设施检验条例》《船舶检验管理规定》，依法、依申请对船舶、船员进行年度检验，全年依法检验营运船舶200余艘，检查抽查各类船员270余人次。对船舶码头进行安全检查，汲取5月2日永靖县水路交通事故教训，组织检查人员6批，40余人次开展“五一”假期水路交通安全专项检查，多轮次筛查重点水运码头12处，检查各类船舶200余艘，确保船舶水上运行安全。防汛期前，组织专家测量27艘趸船锚固系缆承受张力，检查船体船身有无破损渗水，确保遇洪水船舶稳固不走锚。防汛期间，船舶水上安全实施专人包抓，由水上执法队包船包段，全天候对船舶航行情况轮流检查，时刻提醒船舶经营人观察掌握水位变化情况，根据黄河水情，做好防汛准备。组织开展船舶水上遇险应急演练活动，提高水上应急处置能力。年内未发生水上运行安全较大事故。加强航道疏浚养护工作，对现有航道进行常态化疏浚养护，对元通桥上游段、元通桥下游段、城关桥下游段、龙王庙段、盐场堡码头段总里程2.5千米航道进行重点养护疏浚；指导企业自筹资金对因洪水、枯水损坏的金牛街码头下游500米右岸卷烟厂附近段、吴家园段、城关桥上游左岸附近段、雁滩桥中间桥孔通航段航道进行应急抢通，确保船舶通航安全。对水上巴士航线进行延伸，由金牛街至盐场堡延伸到名城广场，搭建名城广场临时乘船平台，为公共交通提供有力补充。新增许可客船运力3艘，水上巴士运力2艘。

【法治交通建设】　加快《兰州市轨道交通管理条例》《兰州市客运出租汽车管理条例》等行业立法工作，《兰州市轨道交通管理条例》通过市人大三审，待省人大审批通过后执行，《兰州市客运出租汽车管理条例》通过市人大一审。清理法律法规、规范性文件2部，全面推进行业信用评价、质量信誉考核、诚信考核，及时发布考核结果和行业红黑名单，持续强化交通行业法治水平。开展执法培训5次，参加省市法制部门培训6次，组织不同门类执法人员开展轮岗交流，促进执法业务和执法队伍融合，提升执法工作水平。落实“双公示”和“双随机一公开”要求，完善公平执法体系，制定《行政处罚、行政强制及其他权力清单目录》。全年公示许可信息35件、行政处罚信息4857件，核查纠正执法案件32件，办理行政复议案件9件，依法应诉26件，推进在交通领域社会信用体系建设。制定公布权责清单，推进交通运输综合执法领域突出问题专项整治，聚焦执法队伍存在的“作风不优、本领不强、担当不力”等问题，排查整改20项具体问题，强化“三书一函”(《监察建议书》《司法建议书》《检察建议书》，公安机关的提示(建议)函)办理，评查3619份执法案卷，对157名执法人员进行廉政谈话，提升规范、文明执法水平。联合政法、公安部门成立联合工作组，开展非法营运专项整治，累计出动执法力量15335人次，处理超载货运车辆399辆、非法营运车辆3775台，纠治其他违法行为657起。新冠肺炎疫情期间，联合公安部门在交通检疫卡口开展24小时巡逻执法，有效防止疫情通过非法营运途径传播。衔接省市相关部门开展兰州新区至主城区高速公路路网提升和道路亮化工程，推进G6京藏高速和兰州南绕城高速增设出入口，不断拓展交通路网功能。强化政务公开和权力运行监督，交通政务服务事项全部实现"全程在线，一网可办"；全年"跨省通办""省内通办"政务服务事项157件。

【出租汽车管理】 修订《兰州市巡游出租汽车企业服务质量信誉考核评分表》，将出租汽车高峰期出车率、驾驶员违法犯罪行为发生情况以及企业接受行业监督管理情况列入企业服务质量信誉考核，起草印发《兰州市网络预约出租汽车经营者服务质量信誉考核实施细则（试行）》，分别完成上年度巡游出租、网约出租汽车企业服务质量信誉考核工作。开展出租汽车行业规范年暨2021年文明服务专项整治行动，制定《兰州市出租汽车行业规范年暨2021年文明服务专项整治行动》方案，先后组织召开专项整治行动动员会、专项整治工作推进会，推进运营秩序整治、企业经营规范、驾驶员素质提升行动。推进出租汽车驾驶员从业资格考试改革，实现"两考合一""考培分离""考场社会化"和全程"零收费"，不再组织道路危险货物运输以外的货物运输驾驶员从业资格考试，有效减轻驾驶员制度性办事成本。加大出租汽车运力投放，新增7家网约平台上线运营，投入巡游出租汽车1000辆、网约出租车284辆，群众个性化出行需求不断满足。开展便利老年人出行工作，制定印发《兰州市便利老年人打车出行实施方案》，推进便利老年人打车相关措施。指导兰州市网约车平台公司增设方便老年人使用的"一键叫车"功能，开通试运行95128电召服务平台预约电话，提升公共交通便民服务水平。

【公路运输管理】 印发《关于做好2020年度全市道路运输客运企业质量信誉考核工作的通知》和《关于做好2020年度全市道路运输货运企业质量信誉考核工作的通知》，规范客货运行业质量信誉考核流程。组织开展上年度长途客运、旅游客运、驾培机构、维修企业等道路运输企业质量信誉考核工作。将"两客一危"（从事旅游的包车、三类以上班线客车和运输危险化学品、烟花爆竹、民用爆炸物品的道路专用车辆）营运车辆联网联控作为督促企业落实安全生产主体责任的重要抓手，通过采取数据查询比对、发函协同联查、问题原因研判等措施，对每季度动态监控考核80分、3个月未上线和轨迹异常车辆、疑似超速疑似疲劳驾驶车辆等不同情况，分别采取约谈、进驻企业、季度例会通报等多种方式强化监督，同时要求企业每天上报企业专人监控图片、每月上报联网联控工作情况整改报告，对重点问题及长期不能落实问题整改的企业，将线索移交市交通综合执法队进行处置。在全市4个一级客运站推广普及交通医疗急救箱伴行计划，为旅客出行提供紧急情况下的急医疗救助。在客运站推广道路客运电子客票服务，为旅客提供多元化服务，满足不同旅客的购票需求。在货运行业开展关爱货车司机行动，累计接听办理货车司机电话反映问题3500余次，新冠肺炎疫情期间发放快通证9270份，维护货车司机合法权益。结合文明城市创建及道路交通环境综合治理活动，联合城管、公安等部门对兰州市共享单车乱停乱放、无序堆放、超量违规投放等乱象进行专项整治，清理共享单车4.21万辆，清理违规投放电动共享单车2.7万辆。

【智慧交通建设】 加快"互联网+交通运输"服务进程，公交出租和"两客一危"行业实现车辆智能调度、动态监控全覆盖，全市4个一级客运站全面实现联网售票。全面打通行业壁垒，推动实现公交、轨道、水上巴士实现一卡互通、互联互充，市民出行更加便捷。城市公共交通智能化应用示范工程通过验收，重点线路电子智能站牌实现全面覆盖，与近300个城市公交IC卡实现互联互通，微信、支付宝、银联便捷乘车功能全面开通，900余个智能共享充值机布局一线站点。

【平安交通建设】 开展"品质工程""平安工地"等示范创建工作和"安全生产金城行""安全生产月"等主题活动。开展安全生产三年专项整治，运用大数据分析、动态监管技术手段强化行业监管，累计进企入户检查1573家，下发违法整改通知书386份，警示约谈旅游包车、共享单车等重点企业和施工单位211次。制定印发关于常态化扫黑除恶工作要点和工作方案，建立行业常态化扫黑除恶工作清单，健全线索摸排、登记、核实、流转、反馈和督办流程，明确工作要点15项，分解下达任务7项，对群众反复举报的线索，强化复核把关，逐个对账销号，累计收到线索举报5条，接到群众来信20封，全部按时办结。

【为民兴办实事】　省级为民办实事任务1项：制定印发《兰州市自然村（组）通硬化路建设实施方案》《兰州市农村公路“十县百路”示范创建实施方案》，参加全省“十县百路”示范创建活动，建成自然村（组）道路213.6千米、特色农村示范路11条36.8千米，超额完成省级为民兴办实事。市级为民办实事任务1项：计划新建公交站点精致候车亭10座。截至年底，投资61万元，完成12座精致公交候车厅（盘旋路西口东行、西关什字北行、文化宫东行2个、文化宫西行2个、小西湖东行2个、西站什字西行2个、西站什字东行2个）建设，超额完成任务。

（郁万虎）

铁　路

【概况】　2021年，中国铁路兰州局集团公司营业里程6292千米，其中高铁1617千米，总资产34381.41亿元。职工总人数76886人。机关职能管理机构26个、生产机构2个、附属机构25个、派驻机构2个、运输生产单位37个、运输辅助单位4个、直属单位6个、非运输企业6个、工程建设指挥部2个、合资公司4个。管辖车站（线路所）326个，配属机车1325台。其中，电力机车1154台；内燃机车171台。客车1927辆，动车组85组。管内开行旅客列车297对。其中，高铁36对，动车96对，城际49对，直达26.5对，特快17对，快速52.5对，旅游1对，普快1对，普客18对。管辖宝兰高铁、兰新客专、银兰客专、银西高铁4条高铁线，陇海、兰新、兰渝、兰青、包兰、宝中、干武、太中、定银、中川、西平、天平（天华）、敦煌、酒额、兰州北环线、周家庄联络线16条干线和平汝、红会、嘉镜、玉门南线4条支线，连接甘、宁、青、新、蒙、陕、川7省（区），是西北交通运输和经济建设的大动脉。

【管辖范围】　陇海线于社棠车站、天水车站间K1392+530处与西安局集团公司分界；兰新线于柳沟车站、安北车站间K985+500处与乌鲁木齐局集团公司分界；兰青线于水车湾车站、海石湾车站间K60+000处与青藏集团公司分界；包兰线于乌海西车站、惠农车站间K423+000处与呼和浩特局集团公司分界；宝中线于安口窑车站、崇信车站间K136+100处与西安局集团公司分界；太中线于安边镇车站、定边车站间K1461+280处与西安局集团公司分界；西平线于长武车站、长庆桥车站间K172+740处与西安局集团公司分界；兰新客专于陈家湾西车站、民和南车站间K1726+500处，浩门车站、军马场车站间K1944+926处与青藏集团公司分界，于柳沟南车站、石板墩南车站间K2580+236处与乌鲁木齐局集团公司分界；天平（天华）线于青林车站、华亭车站间K114+694处与西安局集团公司分界；兰渝线于羊木车站、广元车站间K497+443处与成都局集团公司分界；徐兰高速（宝兰高铁）于宝鸡南车站、东岔车站间K1305+110处与西安局集团公司分界；敦煌线于苏干湖车站、马海车站间K412+835处与青藏集团公司分界；银西高铁于彬县东车站、宁县车站间K192+909处与西安局集团公司分界。

【基础设施】　兰州局集团公司管辖线路延长12716.59千米。其中，正线延长10302.89千米；站特线延长2413.7千米。道岔总计7630组。其中，正线道岔3101组；站特线道岔4529组。驼峰编组场6场。受委托管理的太中线、定银线、兰州北环线、兰渝线、敦煌线、西平线、中川线、天平（天华）线等普速合资铁路延长3159.35千米。其中，正线延长2523.3千米；站特岔线延长636.05千米。道岔总计1727组。其中，正线道岔592组；站特线道岔1135组。受委托管理的徐兰高速（宝兰高铁）、兰新客专、银兰客专银川至中卫南段、银西高铁线路延长3449.13千米。其中，正线延长3240.82千米；站特岔线延长

208.32千米。道岔总计647组。其中,正线道岔371组;站特线道岔276组。运营铁路桥梁1825座10.87万米,隧道166座15.12万米,涵渠7095座15.77万横延米,桥隧涵合计32.19万换算米;路基本体长度5790.74千米。其中,正线长度4232.7千米;站线长度1558.33千米。合资铁路桥梁1457座82.42万米,隧道234座90.54万米,涵渠4569座11.09万横延米,桥隧涵合计117.18万换算米;路基本体长度3443.85千米。其中,正线长度2674.72千米;站线长度769.14千米。接触网运营总里程5874千米(14795条千米),其中高铁接触网运营里程1668千米(4673条千米);电力线路22985.5千米(高铁5348千米);专用线、专用铁路222条(专用线198条、专用铁路24条)。货运营业线路23条,营业里程4748千米(国铁2974千米、合资铁路1774千米)。

【运输经营及主要指标】 客运方面,精准实施"一日一图",动态制定27个阶段性运输调整方案,培育银西高铁新线客流,增开银川至上海虹桥、杭州东等方向动车组列车45对,开行"环西部火车游"等旅游专列34列,实施商务座服务提质等新举措。货运方面,坚持把以货补客作为全年运输经营的大格局,实施春运春节、货运淡季、后4个月等关键时段增运增收攻坚行动,狠抓13个"公转铁"和43个增量项目落实,强化重点企业包保营销,协议运量兑现率110%,敞顶箱直通运量同比增长90.4%。集中力量开展电煤保供专项行动,四季度电煤日均装车939车、同比增长47.6%,2021年底管内19家铁路直供电厂存煤可耗天数23.9天。加强国际联运计划管理,全年开行中欧中亚班列23列1144车,同比实现逆势大幅增长。

【运输安全】 全年,发生铁路交通事故53件,与上年62件同比减少9件,降幅14.5%。行车安全:发生行车事故40件,与上年43件同比减少3件,降幅7%。其中,集团公司责任行车事故16件(C9事故1件、行车D9事故1件、D10事故2件、行车D21事故12件);非铁路单位责任事故22件;非责任行车事故2件。劳动安全:发生人身伤亡较大事故1件(6月4日,武威工务段作业人员违章盲目跨越线路,与K596次旅客列车相撞,造成9人死亡,构成人身伤亡较大事故),同比增加1件。路外安全:发生非责任路外伤亡事故12件(B1事故9件、B2事故3件,造成9人死亡、伤3人),与上年19件同比减少7件,降幅36.8%。特种设备安全:杜绝特种设备一般及以上责任事故。截至年底,兰州局集团公司实现安全生产210天。

【列车运行图调整】 全年完成国家铁路局集团组织的运行图调整6次,分别是4个季度调整图、暑期调整图以及陇海线货运增量货车分号运行图。调整后客车方面,银西高铁动车开行对数增加至45对,新增银川至上海虹桥、杭州东、郑州东、成都东、庆阳、中卫南、环县到西安北的动车组列车;货车方面,全年分界口新增货物列车23对。其中,安口窑、华亭、苏干湖口各增加货物列车1对;安北口增加2对;天水口增加5对;羊木口增加8对;海石湾口增加5对。

【货运产品供给】 全年完成冷链物流运量7.85万吨,同比增加2.03万吨,完成年度任务指标的87.22%。完成商品汽车运输38044台,同比增加19954台,完成年度任务指标的760.88%。组织货物品牌列车开行,对市场需求时限紧、需求量大、对运输要求高的货物,策划满足企业需求的"点到点"列车开行方案,全年开行"点到点"列车190列、6087车、17.4万吨。煤炭中长期协议签订280万吨,因宁夏王洼煤业有限公

甘肃省交通运输主要指标统计表

		2020年	2021年	备注
通车里程(千米)	国家铁路	2006.2	2006.3	
	合资铁路	2448	2673.7	
运输情况	旅客发送量(万人)	4153.3	4601.36	不含地方铁路
	货物发送量(万吨)	5966.1	6444.1	
	旅客周转量(亿人千米)	237.9	269.11	
	货物周转送量(亿吨千米)	1496.4	1689.89	

司采矿许可证到期，1-9月间停产，实际完成264.5万吨，兑现率94.5%。完成集装箱发送56.14万TEU，1518.45万吨，其中敞顶箱20.41万TEU，565.79万吨。完成危险货物发送725.7万吨，到达479.7万吨。

【高铁快运】　紧抓西去衔接进疆、东去衔接西安的节点优势，利用兰州—西安、银川—西安确认车，兰州—乌鲁木齐载客动车组高铁优势资源，与国内各快递物流企业对接高铁业务合作；为服务管内特色农产品运输，解决农产品外销运输困难，充分利用高铁快运运力资源，开发助农运输服务新产品。全年，兰州—西安、银川—西安确认车发送839吨，兰州—乌鲁木齐方向预留车厢94天94节，发送481吨；发送兰州白凤桃、天水樱桃、银川牛羊肉等农产品258吨。

【临客及旅游列车开行】　全年组织开行临客5105列、旅游列车23列。春运期间，加开临客256列；暑运期间，加开临客110列；复工复产及“清明”等小长假期间，加开临客1658列；长期临客3081列。全年开行跨局旅游专列6列、“环西部火车游”旅游专列17列。

【“计次票”上线】　按照国铁集团统一部署制定《兰州局集团公司定期票、计次票实施办法》，同时，在对管内各线客流情况分析研究的基础上，分别于8月26日、11月25日开通银中高铁20次/90天计次票、徐兰高铁西兰段（西安—兰州）20次/90天计次票业务，满足旅客多样化购票需求，方便旅客出行。

【站车竞赛评比】　年底，在全路进京、进沪、进穗直通旅客列车和较大车站客运工作竞赛评比中，兰州、银川、兰州西站分别获得全路“文明车站”称号；集团公司担当的G438/7、G846/3G844/5、Z275/8Z277/6、Z130/29、Z56/5、K1178/7、K360/1K359/62次12对列车分别获得全路“红旗列车”称号。

【机车、乘务交路】　发挥和谐型大功率机车的效能，优化调整机车交路，客运机车交路通至北京、太原、集宁南、武昌、上海、成都、重庆、苏干湖、乌鲁木齐、西宁、东风南；客运乘务交路担当至太原、包头、西安（北）、宝鸡、广元、嘉峪关（南）、马海、西宁、东风南。货运机车交路通至榆次、包头西、新丰镇（临口）、宝鸡东、千河、成都北、兴隆场、肃北、乌鲁木齐西、西宁货、东风南；货运乘务交路担当至惠农、靖边、新丰镇、宝鸡东、彬州西、广元南、马海、柳园、西宁货、东风南。主要客运机车交路实现HXD1D、HXD3D型160千米/时客运机车牵引，兰渝线货运交路牵引定数实现4500吨贯通，兰新线货运交路牵引定数实现5000吨贯通。

5月30日，中兰客专甘肃段开始铺轨

【基本建设】 国铁集团下达兰州局集团公司基本建设项目投资计划196.07亿元。其中，银川至西安铁路（甘肃宁夏段）投资计划20亿元；酒泉至额济纳铁路酒泉至东风段升级改造工程投资计划21亿元；中卫至兰州铁路投资计划57.5亿元（其中宁夏段投资计划9.5亿元、甘肃段投资计划48亿元）；包头至银川铁路银川至惠农段投资计划24.5亿元；兰州至张掖三四线铁路中川机场至武威段投资计划70亿元；其他项目3.07亿元。实际完成投资为年计划的100%。

【改革创新】 落实国铁企业改革3年行动实施方案，集团公司细化的159项改革任务完成70%。建立集团公司董事会提名委员会、薪酬与考核委员会、审计和风险管理委员会，制定派出专职外部董事、监事履职评价办法，公司治理更加规范高效。改革集团公司网信管理体制，信息技术所由直属单位调整为机关生产机构，优化施工管理办公室机构设置及管理职能，明确客运安检和消防专业管理职责，推进高铁综合维修一体化改革和动车组、和谐型机车修程修制改革，完成兰新线14站及石岗站CTC改造。实施厂办大集体改革，深化货运主要工种职名设置试点，明确机务运用车间车队长管理岗位设置，优化通用工种用工结构。修订工资决定机制，实行班组长岗位考核激励。投入997万元推进173项科研课题，自主开发的兰州客整所一体化智能平台、落石监测系统等成果现场应用效果良好，4项成果获得省部级奖项，申报56项国家专利。

【修程修制改革】 优化机车牵引交路，压减机车检修台数，采用短备、承担短交路运行等方式，均衡控制机车走行千米。优化机车检修范围，调整和谐型机车C4修、C5修检修范围63项，取消机车闸瓦、座椅、砂阀等强制更新范围23项，最大限度用足部件使用寿命。对具备远动操作条件及可视频监控的兰新、宝兰、银西高铁、太中银、宝中、兰渝、干武、天平（天华）、西平线变配电所实行无人值班模式，推进变电所运管无人化。对运行稳定的牵引变电所设备按照试验周期范围上限执行检修。探索实施差异化维修，对高速铁路运行环境较好的电力设备实行寿命管理、重点检测、状态维修、定期保养；对外部运行环境相对较差的电源线实行周期检修、定期巡视；对普速铁路电力设备实行差异化、分等级维修，其中支线电力设备实行周期巡视、状态维修，繁忙干线以及单电力贯通线实行电力集中修。

【安全管控中心建设】 开展“智能监控”科研项目攻关，开发完成自动捕捉、智能分析功能。增补兰州东、干塘、中卫等12站24个固定摄像头和电务系统单位移动布控球58套，增加210个区间防洪处所固定视频，改造陇海线、宝中线50个车站行车室视频，补强工务162台轨道车视频、机务120台机车视频，进一步完善对营业线施工、主要岗位作业、车列防溜、运输安全环境、防洪防灾的视频监控覆盖面。推进实施两级安全管控中心弹性班制，优化设置台位，细化制定《视频监控项目作业指导书》106项，提高视频监控质量。全年集团公司安全管控中心盯控施工9277处、维修22596处、现场作业117970处，发现并督导整改问题4097件。

【生产力布局调整】 为做好酒额铁路（集团公司管内）酒泉至东风段开通运营后的生产组织和安全管理工作，为嘉峪关车务、工务、电务、供电段，兰州货运中心，兰州通信段，武威房建段等酒额铁路相关单位增设生产车间9个，增加行管编制50名。落实国铁集团《关于改革优化铁路局集团公司网络安全与信息化管理体制的指导意见》，将信息技术所由其他直属单位调整为集团公司机关生产机构，增加行管和专业技术编制36名。根据《国铁集团办公厅关于调整优化铁路帮扶工作体系的通知》要求，将集团公司附属机构“扶贫办公室”更名为“乡村振兴办公室”。为加强集团公司消防安全管理，将集团公司附属机构“自轮运转和特种设备办公室”更名为“消防和特种设备管理办公室”，增设消防管理科。

【新冠肺炎疫情防控】 10月中旬，甘宁两省区新一轮新冠肺炎疫情来临，严格按照属地管理要求，加强路地联防联控，建立每日视频对话等机制，做好重点人员协查处置，从严落实消毒通风、测温验码、分散就坐、预留隔离席位等措施，果断高效处置3列涉疫旅游列车，有效切断疫情传播途径；加强防疫宣传警示教育，实行弹性工作制度，对机车乘务员、调度员等关键岗位人员进行集中封闭管理，组织开展疫苗接种和多轮次全员核酸检测，有力维护职工身体健康安全。

（杨雍梅）

民用航空

【概况】 2021年，兰州中川国际机场驻场运力累计达到33架，累计通航城市108座，执行客运航线203条，货运航线7条，累计执飞航空公司37家（含5家货运航空公司）；完成运输起降10.13万架次。旅客吞吐量1217.12万人次，货邮吞吐量7.31万吨，同比分别增长8.16%、9.39%和4.46%，旅客吞吐量全国机场排名第26位。成功开辟第五航权，顺利开通兰州至拉合尔、加德满都、卡拉干达航线。兰州中川国际机场ABS获得2020年CSF“企业资产证券化年度优秀交易奖”。

【兰州中川国际机场三期扩建工程】 2021年，完成投资80.94亿元，占年度投资计划80亿元的101%，自开工至2021年底项目累计完成形象进度投资146.75亿元，占机场工程总投资334.38亿元的44%。其中，飞行区工程土方及地基处理基本完成，滑行道桥下部结构全部完成，道面工程水稳层全面展开；航站楼工程主体工程二层楼板混凝土浇筑、CD指廊屋面管桁架安装基本完成，开展主楼三层楼板混凝土浇筑、B指廊管桁架安装；综合交通中心工程东西停车楼正负零及以下三层主体结构、换乘中心国地铁区内桩基筏板基本完成；高架桥落客平台工程除与国铁影响区域外，桩基、承台、墩柱、桥台基本完成，现浇箱梁完成一联。

【三期扩建应急演练】 6月22日，甘肃省民航机场集团举行兰州中川国际机场三期扩建工程2021年综合应急救援演练，进一步提升3期项目应急管理水平和应急处置能力。演练由兰州中川国际机场三期扩建工程现场指挥部举办，项目管理、施工、监理等13家相关单位、200余人参加。演练以综合实战演练和示范性演练相结合的形式举行，演练科目包含塔吊起重伤害应急处置、不停航施工应急处置、基坑坍塌应急处置、车辆伤害应急处置、高处坠落事故应急处置、火灾事故应急处置，涵盖三期扩建工程现阶段项目建设的高风险点。此次综合应急救援演练，普及了应急救援知识，增强了参建人员应对生产安全事故救援的信心和救援意识，达到了预期效果。

【活体动物国际货运】 6月14日，由新加坡航空公司承运的1400只、重91吨、货值179万美元的澳大利亚种羊包机落地兰州中川国际机场，这是集团2021年保障的首班活体动物国际货运包机。7月21日，由俄罗斯空桥航空B747-400F机型承运的663头、重78吨、货值1143.6万元的法国种猪顺利落地兰州中川国际机场。

【品牌传播】 7月16日，“搭建丝路快线，加快引客入甘”航旅融合主题推广活动在兰州中川国际机场举行启动仪式。“飞天号”“如意号”两架全机身彩绘飞机首航，通过兰州中川国际机场通达的航线网络，传播甘肃文化旅游品牌，提升甘肃在国内外的知名度、美誉度和影响力。

【基础设施建设】 12月13日，S102线中川至龙泉公路兰州中川国际机场生活区路段改线工程在兰州新区开工。该项目是连接兰州国际机场生活区的重要路段，是兰州国际机场总体规划建设的组成部分。改线工程，起于中川镇宗家梁村，与省道101线K38+790处相接，路线跨越引大东一干渠九支渠，翻越头道岘，在工业固废处置场南侧经过，终点位于后沟附近，全长2.462千米，采用三级公路技术标准建设，项目计划工期6个月。

【“易安检”项目试运行】 12月22日起，兰州中川国际机场“易安检”项目开始试运行。“易安检”融合安全、管理、服务、智慧理念，为旅客提供“预约出行+高效安检”的服务体验。兰州中川国际机场在T1航站楼1号、5号通道和T2航站楼2号、3号、4号通道分别设立“易安检”专用通道，通道开放时间为9：00—19：00。专用通道通过“易安检”扫码核验设备、自助安检验证闸机、MD2000金属探测安检门设备、X射线双视角行李安检设备等先进技术设备的综合运用，为旅客安全检查提供更加有力的保障。出行旅客在航班出发前48小时内，可通过支付宝小程序进行“易安检”预约，预约成功即可查看预约机场的“易安检”通道详情，包含通道名称、服务时间、安检方式、安检通道图片、通道特殊说明等信息。旅客到达机场安检现场后，即可进入“易安检”通道体验“易安检”服务。未预约成功和未加入“易安检”计划的旅客，仍按照原方式通过安检。

【安全生产】 着力推进SMS体系建设，不断健全完善常态化工作机制，安全管理基础更加稳固。推进安全生产专项整治三年行动，开展“问题隐患大清零”行动，全年排查安全隐患930项，整改率99.2%，安全隐患实现滚动清零。纵深推进“平安民航”建设，持续强化安全作风和“三基”建设，安全运行风险和衍生风险大大降低，安全生产标准化、制度化、规范化水平显著提升。安全管理信息平台成功上线运行。全年未发生责任原因生产安全事故、航空安全征候及以上不安全事件，不正常事件总量和责任原因不正常事件实现“双下降”，同比分别下降35.4%和10%。

【服务升级】 开展“服务质量标准建设年”“为首乘旅客送温暖保畅通”等专项活动，落实“无纸化出行”“改善客票退改签服务”“便利老年人出行”“加强服务信息告知”等“我为群众办实事”实践活动，不断满足人民群众对机场服务的新期待。4月15日，举行“经兰飞、如意行”智慧中转系统升级上线启动仪式，实现中转旅客信息集成分类匹配及精准推送等功能，提升“急速中转”保障能力，完善中转行李跨航司直挂服务，实现旅客行李的全流程追踪查询。未发生机场责任(服务)原因造成的航班大面积延误、重大服务投诉、旅客群体性不良影响事件，机场服务美誉度和旅客满意度不断提升。

【新冠肺炎疫情防控】 牢牢把握“内防反弹、外防输入、人物同防”防控策略，压紧压实各级防控责任，不折不扣落实集团“八个一”防控举措，牢牢守住甘肃省疫情防控空中防线，有效确保广大人民群众出行安全和身体健康。全年各机场累计查验进出港旅客1472.57万人次，排查入境隔离期满来甘人员6633人次、移交管控3765人，排查中高风险区来甘旅客7.85万人次、移交管控1.12万人次。推进内部员工疫苗接种工作，集团2针疫苗接种率96.63%，加强针疫苗接种率88.92%。保障俄罗斯至兰州入境航班7班，刚果至兰州维和部队换防包机2班。特别是10月17日甘肃发生新冠肺炎疫情以来，及时协调新增兰州往返南京、杭州、上海等地防疫物资运输货运包机193架次，运输保障防疫物资3142.83吨，为甘肃省打赢疫情防控遭遇战奠定坚实的物资基础。

10月18日，兰州发生新冠肺炎疫情后，兰州中川国际机场严格落实民航局“四指定、四固定、两集中”要求，以机场为战场，以一线为前线，从严从实从细抓好疫情防控工作，秉持“同一个机场，同一面旗帜”的理念，将驻场单位的疫情防控统一纳入机场整体管理，成立“一办七组”工作机构，通过“一本疫情防控工作手册”“一册消毒技术指南”“一套员工防护机制”“一份应急处置预案”，形成兰州机场的“四个一”疫情防控制度体系。建立疫情防控网格化管理机制，实施防疫网格化管理，将公司2300余名员工划分为132个防疫小组，配备防疫专员，实施防疫网格化管理，打造“无疫小区”“无疫空港”，构建起严密的疫情防控组织体系。按照高于国家和行业标准要求，制定消毒工作技术指南，对公共区域、公共设施实行规范标准的消杀管理，确保消杀无死角、全覆盖。12月17日，开展新冠肺炎疫情应急处置演练。演练采取桌面与实战相结合的方式，分3个科目19个环节进行。通过演练进一步提升完善疫情应急预案，强化兰州中川国际机场疫情综合处置能力。10月20日，建成投用的兰州中川国际机场地面保障人员集中居住区，该项目建筑面积2200平方米，共有房间96间，可满足近150人的居住需求。房间配有独立卫浴、家具，除具备满足居住人员日常生活所需的水、电、采暖、通风、消防等功能外，还具备无线网络、有线电视、独立污水消杀处理等功能。10月22日，国务院疫情防控工作组赴兰州中川国际机场督导检查疫情防控工作，对机场疫情防控工作实现"疫情防控零失误、员工防控零感染、绿色通道零差错"给予充分肯定。12月28日，国务院联防联控机制第14督查组督导检查兰州机场落实口岸城市和元旦春节期间疫情防控工作情况。对兰州机场落实国务院、省上有关疫情防控工作给予充分肯定。

（张立生）

轨道交通

【概况】 2021年，兰州轨道交通围绕"轨道交运安全便捷运营、项目建设高效有序推进、资源开发创新创效"三位一体总体布局，全面完成年初目标任务。获得全国五一劳动奖状。在甘肃省"两优一先"表彰大会中获得甘肃省先进基层党组织荣誉称号。1号线试运营以来，未发生重大安全事件、重大服务投诉和乘客群体性不良影响事件。全年公司完成固定资产投资15.85亿元，占年初计划14.3亿元的111%。

【轨道交通1号线运营】 1号线全年客运量6415.01万人次，除去疫情期（10月19日—11月30日）影响，线路日均客运量19.23万人次；全年开行列车10.44万列次，运营总里程232.27万列千米，客流强度0.69万人次/千米，运行图兑现率100%，列车正点率99.99%；信号系统故障率、供电系统故障率和列车退出正线运营故障率均为0，重点指标均符合国家标准。

【轨道交通2号线建设】 轨道交通2号线一期工程盾构区间全线贯通，主体结构基本完成，附属工程完成68.5%，铺轨工程完成70%，停车场完成82.5%，完成6个机电项目进场准备工作。

【项目建设】 轨道交通1号线沿线站点附属人防工程奥体中心站及迎门滩站机电安装及装饰装修基本完成，西关什字站主体结构完成98.5%，附属工程完成70.5%；东方红广场枢纽站周边综合整治项目主体结构全部完成，广场面已向市民开放；轨道·城市曙光AB区主体结构全部完成，机电安装及装饰装修进度过半；兰州科技创新园一期CD楼完成机电安装及装饰装修，投入使用，B楼机电安装及装饰装修完成40%；兰州科技创新园二期保障性租赁住房进入地上主体施工阶段。

【资源经营】 在新冠肺炎疫情和国内经济下行压力加大的背景下，关注市场动向，不断调整经营思路，及时优化营销策略，实现经营收入7.6亿元。兰州科技创新园于3月27日正式开园，CD楼网易、中软等企业挂牌运营，B楼长城紫晶签约入驻。轨道·城市曙光项目在同区域价格、品牌等方面不占优势的情况下，销售住宅478套，完成销售额6.6亿元；分类施策开展招商招租，做好出租商业空间经营管理，实现租金收入6142万元；提升站内车内媒体传播力和性价比，广告资源经营实现收入1085万元；创新挖掘资源潜力，在地下商业资源、边角地块开发利用、地铁接口收益上实现收入5666万元。

【安全生产】 抓好各项安全风险防控措施，筑牢安全风险分级

1号线服务

2号线隧道

管控和隐患排查治理体系。加大高风险高隐患项目的检查力度和频次，全年排查安全隐患486项，开展应急救援演练657项。制定在建项目质量监督检查细则并严格开展专项检查，做到不打折扣、不留死角、不走过场。对重点材料开展“飞行检查”，严把材料进场关和质量验收关。全年未发生安全生产亡人事故、工程建设安全生产事故和质量事故，未发生轨道交通行车安全事件，质量安全工作平稳受控。

【新冠肺炎疫情防控】 10月18日，兰州发生新冠肺炎疫情后，立即启动应急响应机制，迅速调整疫情防控策略，保护乘客员工健康安全、最大限度遏制疫情传播蔓延，最短时间转入常态化防控。疫情期间，为确保兰州轨道交通运营不中断、项目建设不停工、防控屏障不松懈，采取“最小化行政办公、最大化防控疫情、精细化班组运转、合理化保障运营”等措施，完善疫情防控和生产经营“两手抓、两不误”长效机制。为满足市民安全出行需求，先后3次调整列车运行图；组织新冠疫苗接种2300余人次、接种率95%；组织核酸检测19轮、1.77万人次；开展车站防疫消杀1.4万余次、电动客车清洁消毒7100列次、喷洒消毒2万列次。

【轨道交通物业管理】 严格消杀作业流程、保证消杀质量，轨道交通1号线、兰州科技创新园、兰州西站综合交通枢纽等物业服务重点区域全年消杀5万余次，定期开展车站病媒防治作业，累计72次；持续提高地铁卫生环境质量，完成电客车清洗保洁6000余列次，屏蔽门、雨棚等设施清洗6.7万平方米，开展服务品质巡检1800余次；稳步做好绿植养护工作，完成各物业服务项目绿地养护6万余平方米。根据物业服务需要，整合资源成立兰州科技创新园物业服务中心，进一步优化物业服务结构。推进物业服务企业信用建设，通过兰州市物业企业信用“AAA”级评定。

（胡相龙）

黄河水运

【概况】 2021年，黄河水运公司紧盯政策大环境、紧扣区域大方向，始终坚持“绿色安全、务实创新”发展理念，实现由“先谋划、后落实”到“边谋划、边落实”转变，落地项目与企业营收较上年增幅；企业宣传实现由“送上门”到“找上门”转变，合作单位增多，企业知名度提升；安全生产、新冠肺炎疫情防控实现由“被动提防”到“提前预判”转变，防疫安全工作得以巩固；内部管理、人才培养工作实现由“粗而空”到“严而实”转变，制定、完善多项符合公司实际的内控管理制度，探索新型人才培养模式，为企业发展提供良好的内部环境。

【经济运行情况】 2021年，公司资产总额14320万元，较上年增长67.84%，增项来源为资金出借、在建工程增加、长期待摊费用增加；负债总额9020万元，增幅160.84%，主要包括递延收益减少及融资租赁借款；净资产5300万元，较年初数增加4.45%；总收入2587万元，同比增加129万元，增幅4.99%。主要为主营业务收入增加；成本费用总额2565万元，同比增加291万元，增幅12.8%。职工薪酬1240万元，增幅20.86%；净利润-37万元，净利润较上年同期增亏139万元，同比下降135.88%。

【重点项目建设】 兰州水上应急及游客集散中心项目分项工程盐场堡码头除险加固项目，计划投资2000万元，完成投资192.53万元，占年度投资计划的9.62%。除险加固分项工程中上游挡墙建设项目，在取得市河道管理站及市交通委批复意见后，经地形测量、施工设计，通过公开招标方式完成上游挡墙延伸工程建设和验收。完成除险加固项目实施方案的编制工作。完成盐场堡环保卫生间安装及周边环境美化。

游船改造项目，计划投资200万元，对现有3艘船舶提升改造。完成投资159.72万元，占年度投资计划的79.86%。其中，“旅游号”“兰航二号”装修完成；“金城号”正在装修。

新概念豪华游船建造及新型船舶采购项目，计划投资2000万元，计划完成观光巴士船舶及小型画舫船采购工作，开工建造1艘单层豪华游船、1艘双层豪华游船。完成投资1039.74万元，占年度投资计划的51.98%。取得兰州黄河生态旅游开发集团有限公司

“关于同意水运集团拟新建豪华游船请示的批复”及“关于同意兰州水运集团有限公司新增5艘船舶运力的批复”。截至年底，完成巴士船舶采购及运力证照申办工作；双层豪华游船建造EPC总承包项目完成船舶主体及轮机建造安装工作，正进行外立面装饰及刷漆工作；小型画舫船已运抵盐场堡码头，处于试航阶段；单层豪华观光游船EPC总承包项目已通过图纸审核，准备开工建造。

【水运文旅主题活动】 坚持开展“3月9日保护母亲河学雷锋志愿服务活动”“候鸟投食公益活动”“清理黄河沿线垃圾”“新兰州人免费乘船”“5·12护士节——医护人员免费乘船活动”“6·1邀请残障儿童免费乘船”“9·10教师节——教师免费乘船活动”“9·22无车日免费乘船”“重阳节——老人免费乘船”“1·10中国人民警察节——人民警察免费乘船”等公益活动。

开展“服务窗口有温度、优化服务有力度”活动。各码头、港区均设立党员示范岗，配备便民药箱、热水保温桶，党建工作与窗口业务工作有机融合，进一步发挥广大党员示范带动作用；建立完善“好差评”评价体系，窗口服务工作公开透明，乘客、市民满意度持续上升。

开展“文明交通、绿色出行”“绿色出行宣传月”“我为文明交通绿色出行代言”“车让人、人快走”“一盔一带”等一系列活动，大力宣传自律、包容、文明、礼让的现代文明交通理念，营造绿色出行良好氛围。在各码头、船舶醒目位置张贴文明提示语，引导乘客文明候船乘船。

【安全保障】 配合行业监管单位，完成对所属船舶、趸船的船检，确保船舶航行安全及趸船经营安全。连续6年开展省级水上应急演练，针对客运救援、船舶救援、超标洪水救援设置突发事件演练科目，并通过演练锻炼队伍，提高水上应急救援能力，塑造良好的兰州水运品牌与形象。公司所属所有客运船只1000余座位全部购买乘客意外保险，为70名一线员工购买意外伤害保险，乘客、船员人身安全得以保障。结合各码头、各部门实际，开展隐患排查治理工作，在完成每月日常安全检查的同时，对各码头开展针对性重点检查。节假日前，对重点区域进行专项检查，防止节日期间发生安全事故；根据季节气候变化，进行季节性安全大检查。对检查中发现的安全问题，当场进行纠正，查出安全隐患，发整改通知单，限期进行整改。全年对码头、趸船开展常规检查20余次，不定期检查35次，安全生产专项大检查8次，查处各类隐患4处，全部完成整改。

黄河游船

【兰州水上搜救】 兰州市交通运输综合行政执法队水上执法队担负着黄河兰州段西起八盘峡，东至榆中青城镇，全长150千米的水上搜救、防堵保畅、防止船舶污染抢险协调等任务。设立水上义务搜救站点14处，建成水上视频监控服务点位55处，组建了第一支义务搜救队，并将队员分散到各救助点开展工作。加强救援力量建设，联合兰州市警备司令部于2021年整组为2个水上搜救排和城关区1个搜救班，引入蓝天、方舟、厚天、冬泳先锋五支志愿者队伍协助水上搜救工作，救助力量达千人，已形成“政府领导、社会参与、专群结合、军地结合、统一指挥、资源共享、快速高效”的水上搜救兰州模式。兰州市交通运输综合行政执法队水上执法队有效保障了兰州市民水上生命财产安全。2021年兰州水上搜救实战演练搜救行动90次，搜救人数121人，打捞20人，搜救遇险船舶2艘，出动船舶110艘；兰州市交通运输综合行政执法队水上执法队获得交通运输部"最美搜救人"团队提名入围并全国事迹展示，水上队书记许先勇获得"兰州好人"荣誉称号。兰州水上搜救多次获得省、市交通部门及国家相关部门授牌和奖励。

（金彦红）

铁路枢纽建设

【概况】 2021年，兰州市开工建设铁路枢纽线路3条，分别为中卫至兰州客运专线、兰州至张掖三四线和兰合铁路。截至年底，中卫至兰州客运专线完成投资192.28亿元，全线隧道工程完成97.7%，桥梁工程完成97.6%，土石方工程完成98%，正线铺轨完成69.7%；兰州至张掖三四线铁路完成投资107.5亿元，全线隧道工程完成87%，桥梁工程完成92%，土石方工程完成72.6%。12月16日，兰合铁路全线开工建设动员大会在甘南州夏河县举行。

【项目建设协调】 全年谋划储备项目27个，总投资1010.5亿元，年度计划投资205.8亿元，实际完成投资157.2亿元。续建项目16个，总投资792.3亿元，年度计划投资189.2亿元，实际完成投资141.9亿元。重点推进兰州至张掖三四线铁路（中川机场至武威段）、兰州市轨道交通2号线一期工程、G1816乌海—玛沁高速兰州新区至兰州段（中通道）高速公路、S104线兰州（沈家坡）至东岗公路沈家坡至阿干镇段公路、G312清水驿至傅家窑段公路、兰州中川国际机场三期扩建工程等项目续建工作。新建项目11个，总投资218.2亿元，年度计划投资16.6亿元，实际完成投资15.3亿元。兰州至合作铁路于12月16日举行全线开工建设动员大会；兰州中川国际机场综合交通枢纽环线铁路7月15日全线开工建设；G30连霍高速清水驿至忠和段扩容改造项目（兰州北绕城东段）9月1日全线开工建设；中通道南延线暂缓实施。做好环兰城际铁路、兰州市轨道交通1号线二期工程、2号线二期工程、兰州站改扩建、兰新高铁兰州至西宁段提质改造、兰州至白银城际铁路、兰州至榆中高铁连接线、兰州至兰州西三四线、中川城际铁路提速改造、兰州至兴隆山高速公路等项目谋划工作。

【铁路民航项目建设情况跟踪督导】 7月15日，兰州中川国际机场综合交通枢纽环线铁路全线开工建设，年度计划投资7亿元，实际完成投资5.27亿元，占年度计划投资的75.29%。年底，路基工程完成设计量17.98%；隧道工程完成设计量9.29%；控制性工程中川机场T3站工程完成设计25%。兰州中川国际机场3期扩建工程年度计划投资23亿元，实际完成投资24.53亿元，占年度计划投资的106.65%。

【铁路沿线安全环境综合整治】 市委市政府高度重视铁路沿线安全环境综合整治工作，组织路地双方投入大量人力物力，开展铁路沿线两侧500米范围没安全环境隐患问题专项整治行动。截至6月30日，全面完成2045件隐患问题整治任务。全市路地双方投入整治资金约1583万元，作业车辆、机械2500余台次，钢丝钢缆7.5万余米，加固彩钢房、彩钢棚、彩钢板约86万平方米，拆除、加固建筑工地围挡1.8万余米，加固及拆除塑料大棚约8.5万平方米，拆除违法构建筑物80余处，清运垃圾约9.6万立方米，修剪树木2900余棵。通过专项整治行动，改善全市铁路沿线安全环境状况，全市因外部环境造成铁路停车晚点情况比整治前下降67%，专项整治工作成效受到省级部门通报表扬，兰州市做法在全省进行推广宣传。

【历史遗留问题协调解决】 协调解决兰渝铁路涉及城关区桃树坪小学异地还建资金、兰州北编组站拖欠市属国有企业征地拆迁款、宝兰客专涉及兰州高新区隧道上方土地裂缝等问题。协调推进兰新高铁、兰州至中川铁路、宝兰客专等在兰铁路项目土地所有权证办理工作。

2021年兰州市铁路航空运输周转增速统计表

	铁路运输周转增速	航空运输周转增速
一季度	18.4%	22.2%
上半年	21.7%	43.6%
前三季度	17.7%	21.6%
全年	13%	5.2%

（杨雅文）

邮政运营与管理

【概况】 2021年，兰州市邮政管理局坚持稳中求进工作总基调，围绕“巩固、增强、提升、畅通”八字方针，聚焦推动邮政业高质量发展，深化行业供给侧结构性改革，全市邮政快递业务规模不断扩大，基础建设明显加快，服务能力显著增强，科技水平大幅提升，发展环境持续优化，在“稳增长、促改革、调结构、惠民生、防风险”中发挥积极的作用。全年完成邮政业务总量17.69亿元，同比增长11.04%，实现业务收入20.87亿元，同比增长4.98%。

2020—2021年兰州市邮政行业业务总量发展情况图(亿元)

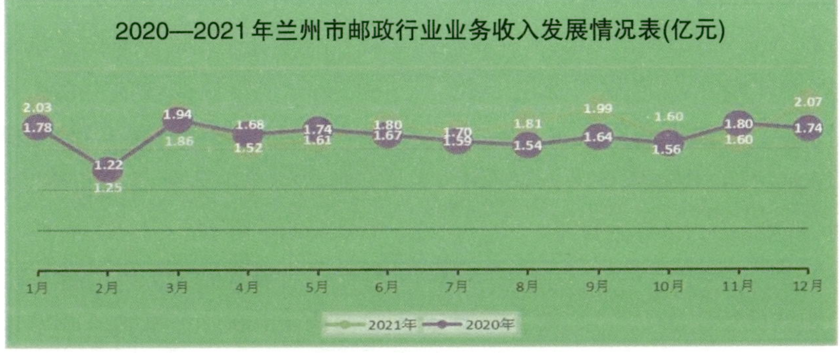

2021年兰州市邮政行业发展情况表

指标名称	单位	2021年12月份		比上年同期增长(%)	
		累计	当月	累计	当月
一、邮政行业业务收入	亿元	20.87	2.07	4.98	18.79
1.邮政寄递服务	亿元	1.11	0.10	2.77	7.73
2.快递业务	亿元	15.00	1.64	6.08	27.46
二、邮政行业业务总量	亿元	17.69	1.72	11.04	18.35
1.邮政寄递服务	万件	8016.29	732.97	15.33	18.68
其中：函件	万件	453.84	37.67	-7.52	20.01
包裹	万件	7.35	0.88	-14.14	22.22
订销报纸累计数	万份	6257.66	553.11	17.79	19.09
订销杂志累计数	万份	303.40	24.25	1.20	13.26
汇兑	万笔	6.21	0.86	-45.09	-18.10
2.快递业务		8139.61	930.31	27.37	41.32
其中：同城	万件	1704.04	214.47	33.73	80.72
异地	万件	6433.42	715.66	25.81	32.68
国际/港澳台	万件	2.16	0.18	-28.93	-24.72

注：邮政行业业务收入中未包括邮政储蓄银行直接营业收入

【邮政行业发展运营】 全市邮政行业由邮政企业和快递企业组成。全市邮政企业包括1个市公司、8个县区分公司、156个邮政所。全行业拥有各类汽车1371辆。其中，快递服务汽车1018辆；邮政服务汽车353辆。有邮政和顺丰2家企业拥有航空全货机。其中，邮政1架，每周7个航次；顺丰1架，每周5个航次。全市邮政邮路总条数53条，邮路总长度(单程)2188千米。全市邮政农村投递段道147条，农村投递路线总长度(单程)7914千米。全市邮政城市投递路线708条，城市投递路线总长度(单程)12192千米。

【邮政普遍服务提升】 年末，全市邮政普遍服务营业网点156个。其中，城市网点91个，平均服务半径2.3千米；农村网点65个，平均服务半径2.5千米。设置邮箱(筒)246个、邮政报刊亭58个，建成村邮站730个、邮乐购站点165个。配备干线邮运汽车98辆，投递汽车101辆，其他投递配送车辆730辆。开通邮路171条。其中，铁路2条；汽车邮路169条。单程邮路总长度50633千米。其中，铁路2694千米；汽车邮路47939千米。开通投递段道734条，单程总里程2.45万千米，全年投递里程1472.2万千米。其中，城市段道554条；农村段道180条。建成投递处理场所（网点）104个。其中，城市56个；农村48个。全市城市地区基本实现每日投递频次不少于2次；乡镇政府所在地每周投递频次达到每周5次及以上标准规定率100%；全市建制村实现直接通邮率100%。县域党报党刊当日见报率100%。信件寄递时限：同一城市城区间次日内送达比例93.21%，2天内送达比例95.14%；省内3天内送达比例97.01%，5天内送达比例98.92%；直辖市、省会城市间4天内送达比例86.36%，6天内送达比例98.83%；省际地级以上城市间5天内送达比例96.4%，7天内送达比例99.16%；省际其他地区间6天内送达比例98.29%，8天内送达比例99.33%。包裹寄递时限：同一城市城区间次日内送达比例85.75%，2天内送达比例93.83%；省内3天内送达比例95.89%，5天内送达比例98.82%；直辖市、省会城市间4天内送达比例87.3%，6天内送达比例97.19%；省际地级以上城市间5天内送达比例94.05%，7天内送达比例98.42%；省际其他地区间6天内送达比例94.75%，8天内送达比例98.15%。全年，邮政普遍服务业务量完成6981.02万件，同比增长16 %；业务收入完成5259.49万元，同比下降3.64%。其中，函件业务量451.57万件；报刊业务量6430.63万件；汇兑业务量3.22万笔；包裹类业务量4.43万件。

【邮政科技水平提升】 全市邮政业信息化建设进一步加快，新技术、新装备、新产品逐步得到推广应用，信息化、智能化、自动化水平明显提升。企业加大信息化管理系统、自动化分拣设备、机械化运输装备以及移动App、微信公众号、新型手持终端等科技成果的应用，重点品牌企业全部实现手持终端更新升级和App智能下单、电子支付、票单打印，邮政、顺丰、韵达、中通、极兔等品牌企业分拨中心全部建成自动化分拣流水线。无线传输系统、视频联网系统、快件跟踪查询系统、运输车辆定位系统等先进管理技术得到普遍应用，X射线光检设备达到39台。农村邮政网点全部实现电子化营业，一线员工手持终端率100%，邮政快递服务网点全部实现视频监控100%全覆盖。

【邮政民生实事】 邮政企业严格落实常态化新冠肺炎疫情防控措施，做好防疫物资储备，确保企业经营生产平稳有序的同时，发挥邮政企业"行业国家队"的责任和担当。疫情管控期间，通过"线上下单+同城配送"模式，帮助老百姓足不出户采购基本生活必需品，共计配送格林小镇、统计局家属院、碧桂园等10余个小区蔬菜箱21382箱，服务人群8.4万余人；帮扶红古区川区农户销售因疫情影响滞销的苹果5594万余斤，带动农户经济收入26万余元。发挥"邮政在乡"功能，统筹农村邮政服务体系和站点资源，挖掘名优特产资源，畅通城乡流通，服务农村消费，全力打造兰州市5个"一市一品"农特产品进城示范项目，收寄农特产品46.57万件，带动农产品销售额2392.96万元。举办邮政快递企业合作推进快递下乡进村协议签字仪式，辖区10家主要品牌快递企业与邮政企业现场签约。按照《兰州市邮政快递企业合作推进快递下乡进村工作实施方案》，政企协同多次召开政企联席会、现场推进会、调研督查座谈会、邮政快递企业协调会等，确保邮快合作顺畅稳定运行。市、县邮政企业依托省、市级邮快合作机制，坚持巩固提升及深化拓展相结合，省级层面邮快合作运行稳定，市级层面邮快合作不断拓展，快递服务覆盖率88.31%，全年代投快递141.51万件。推动"客货邮"融合发展，提升邮政快递下乡进村覆盖率，便利农村群众用邮。全年累计建成村级综合服务站559个，快递下行件日均量1500件。警邮合作实现区县级全覆盖，18个局所开办交管业务。税邮合作扩大到97个局所，代征代缴税款1638.83元。政邮合作实现市级政务系统全对接，覆盖市县两级5个政务大厅。与本市15家法院签订合作协议，全年实现业务量19.14万件，实现业务收入467.29万元，同比增幅56.76%。完成13.82万件高校录取通知书寄递任务。

【邮政基础设施建设】 西部和农村地区邮政基础设施改造工程建设有序推进，装修改造乡镇邮政局所1处、购置邮政车辆27辆。改造升级邮政营业网点67个，实现代办网点电子化营业12个，安装维护信箱智能装置224个。156

个邮政普遍服务营业场所全部开通微信、支付宝等第三方支付功能，建成高校主题邮局13所，新建中邮驿站44个，建设县乡村三级物流体系，村级综合服务站点新增661个，累计710个。

【邮政服务监管】 受理邮政企业停止办理或限制办理邮政普遍服务和特殊服务业务申请1件，批复同意1件。接受邮政企业备案32件，其中备案新增邮政普遍服务营业场所1处。监督检查326人次，检查场所198处次，下达责令改正通知书2份，行政约谈1起。聘请邮政特邀监督员9名。全年开展社会监督422人次，走访用户706人次。全年邮政特邀监督员共反馈快递企业问题1条，快递企业完成整改1条，整改率100%。受理消费者对邮政服务的有效申诉1201件，同比下降49.19%。消费者对申诉处理结果的满意率98.99%，同比上升1.65%。

【邮票发行】 发行纪特邮票29套104枚（纪念邮票15套，特种邮票14套，特别发行0套），发行小本票1本及免费的生肖赠送小版1版。完成《中国共产党成立一百周年》等重大题材纪特邮票发行任务。

（何 杰）

电信通信

【概况】 2021年，中国电信兰州分公司主营业务收入完成26.12亿元，收入份额45.34%。全业务电信用户226万户，移动过网用户份额40.12%、5G套餐用户128万户，宽带份额61%以上、电视份额保持55%以上，行业内信息化项目招投标中标率63%。云业务净增5万核，物联网开卡27万户，智慧小区签约1023个，数字乡村签约616个。

【客户服务】 深化“用户说了算”评价机制，全力打造“值得信赖”口碑形象，推进满意服务专项提升活动，全面增强企业服务竞争力。全网用户投诉同比下降19.44%，工信部申诉同比下降18.03%，媒体曝光、恶性服务事件零发生。推进“我为客户办实事解难题，全员服务在行动”，开展总经理讲服务25场；5·17媒体直播问题100%解决，客户满意率100%；主动倾听客户声音、收集问题9项，整改率100%。

【网络能力】 快速推进5G战略，部署5G室外设备805套，室分设备890套，累计建成室外站点位2230个，室分站点464个，实现乡镇以上连片覆盖，交通枢纽、医疗机构等重点区域深度覆盖。持续推进“宽带中国”战略，700余个小区实现千兆全覆盖；新建光网端口10.36万线，城市光网覆盖率99.4%，农村光网覆盖率97.97%。持续排查整治网络隐患，全年排查整治隐患776处，完成率95%；IPRAN成环率98%，城市区域成环率100%。4G/5G基站健康率99%，故障日结率超过92%。

【网信安全】 开展全网风险隐患排查整治工作，全年清理账号332个，核查网站备案信息355条，更新备案信息115条，注销备案信息4条，关停未备案网站28个。处置不良信息9000余条。防范通信网络诈骗，配合集团、公安部门核查2批次15户，全年关停13.4万户。全年重大网络与信息安全事件“0”发生、重大网络数据及个人信息泄露事件“0”发生。

【新冠肺炎疫情防控电信保障】

自10月兰州发生新冠肺炎疫情以来，7×24小时全力保障全省卫生体系会议近百场，核酸检测采样点1710个，紧急开通互联网专线17条，在医院、隔离点、出入城车卡口新建视频点位54个；保障甘肃省卫健委、兰州重离子医院、甘肃省政府新闻发布会等重点区域通信网络。“小兰帮办”信息化平台助力政府基层治理、疫情防控，在全市365个社区及41个街道推广、应用。

（王晓琴）

移动通信

【概况】 2021年，中国移动通信集团甘肃有限公司兰州分公司内设党委办公室、综合部、市场经营部、网络部等10个职能部室及重要客户中心、客户响应中心等6个直属生产中心，下辖城关金昌路、城关武都路、安宁区、七里河等14个县区分公司。公司建筑面积超过4万平方米，在职员工1431人（本科生760人，占比

53.2%，研究生121人，占比8.5%），领导班子成员6人。公司党委设党支部29个，党员470人。公司主要经营移动话音、数据、IP电话和多媒体业务，以及与移动通信、IP电话和互联网接入相关的系统集成、漫游清算、技术开发、技术服务等业务。全年收入超过25.26亿元，客户规模超过350万户。

【信息网络建设】 累计建成5G基站2873座，实现县城及以上100%覆盖，道路覆盖率98.95%。建成信息端口总数超过172万个，覆盖用户超过254万户，超过260个城区小区具有千兆接入能力，超过20个小区实现“5G+极光宽带”双千兆接入，率先完成全市区块链网络建设，具备为全市政务客户提供区块链应用基础设施能力。落实网络安全管理责任制，加强“断卡”行动落地，垃圾短信违规号码加黑量4871次，累计关停高风险和涉嫌诈骗手机卡1.3万个，完成6次重大活动及新冠肺炎疫情期间的网络安全保障任务，被兰州市打击治理电信网络新型违法犯罪工作联席会议办公室授予2021年度“成绩突出单位”荣誉称号。

【市场运营】 5G发展保持行业领先，全年净增5G客户58万户。家庭市场收入同比增长31.3%；家庭宽带客户数62.6万户。全年信息化收入7.3亿元，同比增长37.2%。打造CIM平台、5G+智慧桥梁等一批省内示范标杆应用，其中“5G+智慧桥梁”项目获得集团公司5G+示范项目及5G绽放杯智慧交通领域二等奖。咪咕会员用户62万户，视频彩铃客户101.5万户。

【网络服务能力增强】 依托无线网投诉质量提升、百日攻坚等专项活动，投诉黑点解决率同比提升13.2%，网络投诉处理及时率同比提升8.6%，5GSA时长驻留比89.2%，同比增长39.5%。全年部署开通5G基站1494座，总数2873座，实现主城区、周边城区及重要县城、垂直行业的连续覆盖。打造运营新型5G智慧旗舰营业厅3个，建设运营网格厅178个，合作国美、苏宁等异业网点14个。甘肃移动App活跃客户数28.6万户，企业微信客户36.8万户，线上号卡、宽带、终端等核心业务订单月均产量1.2万笔。

【改革创新】 四类网格纵横布局，营销服务协同推进，精细管理穿透末梢；网格ToB转型初步完成，网格B侧折后收入同比增长34.5%；13家网格入选全省百家实训示范网格。改革后，网格收入增幅4.4%，5G套餐销量提升20%，宽带销量提升35%，网格长个人收入平均增长120%。调整优化市场条线组织机构，进一步推进组织扁平化管理，市场营销合力逐步提升。启动县区分公司改革，扩大后端量化薪酬改革范围，实行加班兑换积分制。

【客户服务】 坚持“客户为根服务为本”服务理念，通过“书记项目”“践诺行动”“站店听音”“倾听客户投诉的声音”等行动，聚焦客户感知短板，聚焦客户投诉焦点难点，聚焦业务不知情定制和不规范外呼营销等侵权问题，降低客户投诉率、提升客户感知，保护客户权益，打造高品质“心级服务”。“三全”（全方位、全过程、全员）服务体系建设有效推进，严厉打击不知情定制、违规外呼、服务态度等不规范营销行为，手机客户、宽带客户、政企客户满意度均领先友商，投诉处理服务满意度由年初90.7%提升至93.5%。

【社会责任】 统筹推进新冠肺炎疫情防控和复工复产工作，切实做好通信、服务、防控“三个保障”，高质量完成疫情期间通信保障等重大任务。发挥基础通信、5G、区块链等自身优势，在巩固拓展脱贫攻坚成果同乡村振兴有效衔接帮扶工作全覆盖综合考评中获得“好”等次。兰州移动网格长彭东升跪地救助出租车司机的先进事迹受到社会各界点赞。

（付晓东）

联通通信

【概况】 2021年，中国联合网络通信有限公司兰州市分公司内设办公室（党委办公室）、人力资源部（党委组织部）、财务部、营销部等9个职能部门及渠道终端运营中心、宽带业务中心、政企营销中心等5个生产中心，城关西区分公司、城关东区分公司、七里河区分公司等9个区县分公司。公司有员工835人。其中，创新中级认证人才3名;创新初级认证人才10名;数字化技术初级认证人才7名;专家人才1名;骨干人才10名;新锐人才20名。

【通信安全保障】 成立"庆祝中国共产党成立100周年"通信安全保障工作组;彻查网络隐患,令行禁止,执行重保值守和"零报告"机制,完成庆祝建党100周年活动通信保障。累计出动应急保障人员1687人次,保障车辆368台次,油机43台次,保障4G基站小区6037个、3G基站小区4093个;全程保障1662个核酸检测点、

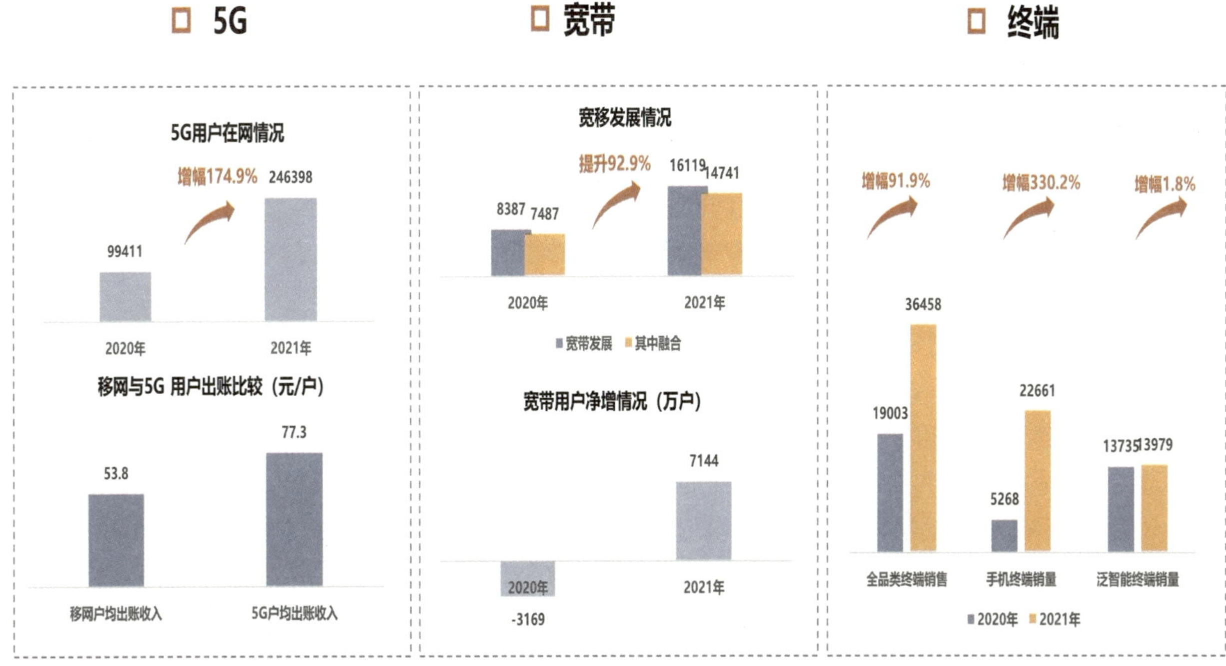

公众业务销量

■ 移动网络：2021年新增5G站点1574站，5G小区4739个，累计达到2885站，8698个小区；2021年4G新增共享电信小区1732个，累计达到2369个小区。

■ 宽带网络：2021年新建宽带端口4.05万个，FTTH接入端口达到25.86万个，其中百兆端口18.68万个，千兆端口7.18万个。千兆小区累计达到304个，较年初新增284个。2021年完成152栋重点商务楼宇的覆盖，覆盖率100%。

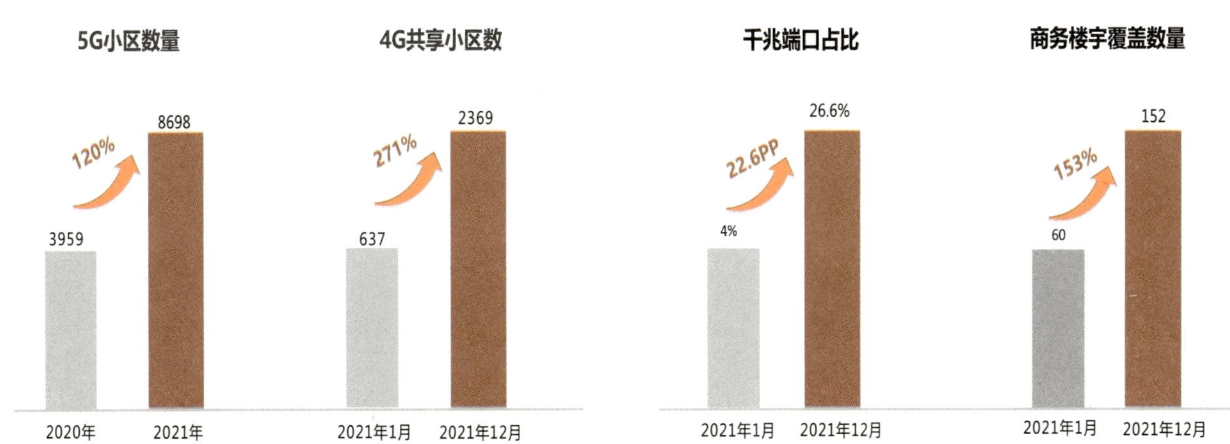

网络覆盖

市级定点救治医院（兰州重离子医院）、5个方舱实验室等重点区域的通信质量，助力打赢疫情防控阻击战。参加由通信管理局主办的川甘青三省联合通信演练，开展卫星应急基站车开通、光缆抢通、受损基站恢复、通信设施应急电源保障等8个科目应急演练，提高应急通信保障能力。派出技术骨干完成第14届全运会、第8届中国—中亚合作论坛、第27届中国兰州投资贸易洽谈会等重要通信保障，参加汛期抢险救灾等各项通信重保和保障工作。

【客户服务】 坚持提供高质量服务，聚焦短板持续提升问题解决能力。以"落实高品质服务提升客户满意度"攻坚行动为引领，深化"服务标准、服务运营、服务监督"三大环节全领域闭环的大服务体系，聚焦六个行动力（解难题、强运营、抓落实、提能力、塑口碑、优体验），四大机制保障（评价机制、通报机制、督办机制、考核机制），实现高品质服务新突破。2021年全省全行业用户满意度、甘肃省5G业务用户满意度、兰州5G业务用户满意度得分均优异。

【关爱员工】 开展"关爱员工"、"关爱健康"、退伍军人慰问、精准化助学、人性化设立陪考假等慰问活动。全面落实员工体检工作、开展心理健康咨询活动；组织专业眼科医院开展全员眼睛保健检查活动；举办"关爱生命，呵护健康"健康讲座，进一步普及健康知识，缓解员工工作、生活压力，提升员工的幸福感、获得感。

（王发鑫）

商务贸易

【概况】 2021年,兰州市全年完成第三产业增加值2054.86亿元,同比增长6.4%;完成社会消费品零售总额1757.74亿元,同比增长7.1%。

【消费促进】 以全国"消博会"、消费促进月活动为契机,开展消费促进月暨第4届"畅享兰州·乐购金城"促消费活动,通过线上线下等方式,重点推出家电、汽车、商超等大型促销活动20余场次。其中组织特色农产品企业参加"消博会",签约金额近1.7亿元。举办第3届陇上养生美食博览暨陇闽美食交流大会,省内外70余家餐饮品牌企业参展。组织甘肃康源、甘肃爽口源等公司前往天津、济南、青岛,参加2021年东西部协作消费帮扶对接会,达成合同金额3083万元。

【民生商务】 推进家政服务行业提质扩容,家政企业累计培训人员6500余人次,其中贫困人员1800余人,安排就业3800余人。编制完成现代服务业、生活性服务业"十四五"发展规划。

【新冠肺炎疫情防控】 自疫情发生以来,市商务局及时制定工作方案、成立工作专班、明确工作责任,会同市直相关部门,协同配合,共同推进。重点采取督导商贸企业疫情防控、保障源头供给、建立保供体系、加大"中央厨房"配送、开辟"绿色通道"、加强监测预警、强化市场监管、正向舆论引导等"八项措施",确保米面油、肉菜、蛋奶等生活必需品供应充足、价格稳定、运行平稳。特别是加强源头保障,紧盯高原夏菜副食品采购中心重点保供源头企业,建立"日监测、日调度"的保供研判协调机制,抽调人员组成工作组,入驻企业蹲点协调,加强调运,日库存量始终保持在6000吨左右。及时启动"中央厨房"应急保供机制,组织37家中央厨房企业为封控小区、隔离酒店和社区防疫点累计配送各类主食56.2万斤,套餐盒饭140多万份,为一线防疫提供坚实"后勤保障"。

(余国先)

外资外贸

【概况】 2021年,兰州市外资外贸工作通过不断改善外商投资环境,加大利用外资力度,新设立外商投资企业16家,完成合同利用外资额2.39亿美元,完成全年目标任务的190%。

【对外贸易】 多渠道开拓国际市场,举办"马来西亚—中国(兰州)农产品线上贸易交流对接会"、云上"中韩美容产业(兰州)对接洽谈会"、日本北海道物产(食品)线上推介交流会等各类线上活动,组织190余家中外企业参加对接洽谈，达成一批合作意向。组织140余家企业参加“中国—东盟博览会”“服贸会”等线下展会，引导企业利用国际展会平台加强宣传推介和对外经贸合作，提升企业国际竞争力。引进丝路天下、陇贸通，培育捷时特、国合、三维等5家外贸综合服务企业，已服务中小企业116家，累计服务产生进出口额13.3亿元。全年完成进出口额141.8亿元，同比增长37.8%，超额完成目标任务。

【对外经济合作】　组织外经贸企业参加商务部线上专题培训，帮助企业用好相关政策，助推企业“走出去”。完成对外投资1371万美元，同比增长13.5%，对外承包工程完成营业额2.89亿美元，同比增长7.4%。

（余国先）

电子商务

【概况】　2021年，兰州市电子商务重点做好全市同城配送体系建设、东西部消费协作帮扶、国家电子商务进农村示范项目等，促进电子商务与实体经济线上线下融合发展，助力全市商务经济“内循环”，加速打造经济转型升级的新引擎。

【电子商务运行监测】　电子商务交易额1686亿元，同比增长9.06%。其中，网络零售额（含服务）611亿元，同比增长9.89%；农产品网络零售额565亿元，同比增长10.78%。截至年底，兰州市在全国性第三方大平台注册的网店近32万家，其中活跃网店约9660家，在全省排第1名，发布产品约37.9万个。

【城乡电子商务体系建设】　市商务局与市邮政管理局、市供销社联合印发《城乡电商物流协同发展实施意见》，努力解决电子商务与快递物流协同发展中存在的政策体系不完善、基础设施不配套、快递服务不协同、行业间协调联动不紧密等问题，提高全市电子商务与快递物流协同运行效率，合力打通快递进村“最后一公里”，助力乡村振兴。

【重点电子商务企业培育扶持】

支持中国邮政城关分公司和兰州顺源绿色农业发展有限公司，依托臻品甘肃、邮政优选、小猪佩奇微信App等平台，以兰州市为主要经营范围，开展同城订单配送业务。引导兰州正大卜蜂贸易有限公司、兰州亚欧商厦有限责任公司等企业不断拓展“互联网+新零售”商业模式创新，开展线上线下融合发展，依托自建和第三方电商交易平台，推行“线上下单+线下自提/同城配送”模式，加速线上化、社交化、数字化的经营，通过线上智能消费生态建设，推动线上线下融合，以增量带动存量，激活电商发展新动能。

【农村电商】　利用农村商业资源，提升农村电商覆盖率，促进农产品、特色产品进城双向流通，为群众提供代购代销、快递收发、便民缴费、信息咨询等服务。截至年底，建成县级电商服务中心3

运营中的兰州新区综合保税区

个，乡镇电商服务站45个，村级电商服务点435个，行政村覆盖率80%以上。发挥县级电子商务公共服务中心孵化作用，针对返乡大学生、退伍军人、大学生村官、农村待业青年等群体和相关企业，举办自媒体运营、电商直播、创新创业、网店运营等内容培训班。全年3县举办13期电子商务类培训班，培训2210人次。

【跨境电商综试区建设】 建成兰州跨境电商公共服务平台，入驻企业195家。建成兰州新区综保区跨境电商监管中心和兰州新区北站跨境电商监管中心。兰州高新区跨境电商产业园区和兰州丝路跨境电商产业园2家跨境电商产业园，入驻企业58家。设立兰州交通大学经济管理学院和兰州职业技术学院2家跨境电商人才孵化中心，孵化企业20家。全年全市实现跨境电商交易额5.81亿元，同比增长44.59%。

（余国先）

现代物流

【概况】 2021年，兰州市现代物流通过提升商贸物流发展水平，推进商贸服务型国家物流枢纽申报和建设，做好现代供应链体系试点城市经验模式复制推广，推进城乡高效配送试点城市建设。

【现代供应链体系试点建设】 流通领域现代供应链体系试点建设完成，通过省级第三方绩效评价，执行国家、地方、行业标准234项，制定地方标准5项、团体标准21项、企业标准143项。完成重要产品追溯体系建设，完成499个节点实施及“追溯+信用”等“追溯+”特色应用建设工作。

现代物流

【商贸服务型国家物流枢纽建设】 兰州市获批国家级服务业标准化试点（商贸流通专项）城市。申报商贸服务型国家物流枢纽，编制《兰州商贸服务型国家物流枢纽建设方案》上报国家发改委评审。编制完成《兰州市物流业发展规划（2021—2035年）》。

【商贸物流项目建设】 制定项目工作实施方案，成立5个项目包抓组，加强对项目跟踪服务。重点跟踪的97个项目完成投资84.9亿元，21个通道物流产业项目完成投资16.82亿元。现代服务业产业组完成招商引资7.89亿元，完成目标任务的113%；市商务局完成招商引资3.6亿元，完成目标任务120%。向上争取资金6185.2万元，完成全年目标任务。

【通道物流建设】 推进甘肃（兰州）保税物流中心（B型）建设申报。新开辟“曼谷—兰州—达卡”“兰州—新德里”“兰州—加德满都”3条航线，首次获批拉合尔、加德满都第五航权。汽车整车进口口岸实现进口车业务零的突破，粮食、汽车、种苗等6类指定监管查验场地稳步发展。

（余国先）

快递服务

【概况】 2021年，全市快递行业有邮政、顺丰、京东、德邦、申通、中通、圆通等26个品牌企业，建成快件分拨场所16处，快递分支机构269个，末端网点及快递驿站579个，智能快件箱1974台，格口数16.4万个。全年快递服务品牌20个，设立独立法人企业25个。

【快递业务】 2021年，全市快递服务企业业务量完成8139.61

万件,同比增长27.37%;业务收入累计完成15亿元,同比增长6.08%。其中,同城业务量累计完成1704.04万件,同比增长33.73%;异地业务量累计完成6433.42万件,同比增长25.81%;国际及港澳台业务量累计完成2.16万件,同比下降28.93%。

【快递站点建设】 全市建成邮政所156个、村邮站643个,顺丰、京东、德邦、申通、中通、圆通等品牌快递分支机构414个。建成速递易、丰巢、海尔日日顺、近邻宝、蜜罐等品牌智能快件箱1900余组、超16万个格口。新建邮政递易驿站36个,建成菜鸟驿站、城市驿站等快递服务站400余个。

【快递产业】 引导寄递企业加快分拨处理场所升级改造,甘肃省内最大的智能自动化快件分拣设备在顺丰兰州和平集散中心全面启用,甘肃邮政智能化邮件处理中心投产,中通、韵达、百世、德邦等主要品牌企业全面布局大型分拨处理场所建设计划,甘肃通韵快递电商物流园项目建设顺利,百世快递1.8万平方米转运中心建设项目开建,韵达快递500亩转运仓储用地取得积极进展,预计总投资逾百亿元。

引导寄递企业融入市域发展规划,做好园区规划、网络布局和设施建设。兰州现有城关北龙口、榆中和平、皋兰西货站等3处区域性快递园区,集聚规模以上快递企业15家。主要品牌快递企业分拨中心入住园区,业务量占比90%。苏宁、京东分别在七里河区、西固区设有自有快递园区。

【邮政快件发展】 全市邮政行业有运输汽车1371辆,干线车264辆,日均出口快递15万件。航空运输快件750万件,春节期间寄递企业组织的快递直飞航班20个。部分寄递企业开通“丝绸之路”沿线高铁即日达服务,合作探索通过极速稳定、绿色环保的运输方式。品牌企业处理场所实现自动、半自动分拣设备全覆盖,邮政、顺丰、中通、韵达分拨中心全部建成全自动双层交叉带分拣系统,采用自动化矩阵式邮件接卸分拣设备和“摆轮矩阵+小件分拣机”的生产作业模式,日均处理快件量可达270万件。

【特色服务】 制定《“邮快合作”下乡进村实施方案》,坚持分类实施,动员寄递企业采取邮快合作、快快合作、交邮合作、商邮合作等多种模式推进快递下乡进村,完善县乡村3级快递服务网络。全市9家快递品牌参与邮快合作,实现61个乡镇“邮快合作”全覆盖,带动覆盖行政村290余个,行政村快递服务覆盖率40%。推广“寄递+电商+农特产品”服务模式,集中资源推进“一市一品”“一市多品”精品项目建设。联合农村信用社、借助淘宝店、拼多多、抖音、主播带货等平台积极参与脱贫攻坚任务。立足全市制造业产品丰富的优势,引导快递业与制造业加快融合、协同发展,引导企业针对地方特色制造业,挖掘潜在需求,创新服务模式,主动对接服务。推动快递业服务跨境电商,兰州邮政参与承揽跨境商品落地配送,部分快递企业合作跟进,全行业协力共进服务兰州新区综保区跨境电商产业,打造成为兰州市快递业增长的引擎。

【快递基础建设】 伴随着业务量的快速增长,全市邮政、快递企业加快基础设施建设,不断优化、升级、扩容邮件处理中心和快件分拨中心,逐步形成以城关北龙口、榆中和平、安宁西出口、皋兰西货站、兰州新区中川物流园等区域为主的快递聚集性园区,聚集规模以上快递企业12家,建成邮件、快件分拨场所14个,总面积26万平方米。占地100亩、建筑面积1万平方米,集信息化、智能化、专业化于一体的兰州中川邮件处理中心建成投运;占地200亩、建筑面积6万平方米的甘肃通韵快递电商产业园建成并投运,入驻快递企业2家。

【快递体系完善】 借助公路、铁路、航空等综合交通运输体系,快递运输网络大幅优化。邮政航空、顺丰航空全货机在兰州中川机场实现正常运营。全市快递服务干线运输车辆909辆(其中城市配送车辆824辆),电动投递车辆5700辆。“快递六进”和“快递下乡”步伐加快,全市建成快递服务网点441个,快递末端服务网点1200个,乡镇快递通达率100%。推广“智能快递箱”“快递末端共配中心”等先进配送模式,投入运营智能快件箱1974组,建成16万个格口，以快递直投服务、智能快件箱投递、共配服务站投递为主体，社会第三方代收代投（商超、便利店、物业服务点）为补充的集约化、智能化、社会化末端服务体系逐步形成。与交通、公安交管等部门协同共建畅交通工作机制，快递配送车辆“四统一”管理模式持续推进。

【绿色治理】 联合市发改委等7部门印发《兰州市快递业绿色包装实施意见》《兰州市邮政行业生态保护工作实施方案》等，落实《快递封装用品》国家标准、《快递业绿色包装指南（试行）》等规定，推广使用电子面单、瘦身胶带、低重高强包装箱、循环中转袋、笼车、折叠快递盒等绿色化、可重复利用的环保包装材料。设置包装物回收箱，推广使用科学打包法，推动快递包装绿色化、减量化和可循环利用。各品牌企业电子运单使用率98%以上，主要分拣、营业场所配置回收装置284个，循环中转袋使用率超过85%，行业新能源车辆160辆。

（何杰）

经济合作与交流

【概况】 2021年，市政府合作与交流工作坚持把招商引资作为顶级工作和战略任务来抓，聚焦重振兰州制造，创新落实“两真四有”理念方法，深入开展“招商引资突破年”活动，全面提升招商引资信息化、专业化、精准化水平，招商引资和区域合作工作取得新成效。全年招商引资省外项目到位资金1054.42亿元，同比增长8.5%，占全省30.1%。兰州市招商引资工作成效综合排名位列全省第一。

【全产业链招商】 全市新引进省外招商引资合同项目246个、签约总额1621.27亿元，其中新引进10亿元以上项目49个，“三个500强”及行业龙头企业投资项目38个。先后签约海亮集团铜加工产业园、纳泽生物年产4.7万吨农药原药及中间体、中生兰州科技健康产业园血液制品生产基地、联塑管材甘肃生产基地、60万千瓦牧光互补发电项目、新福兴玻璃万福创新教育城等项目，全市新引进工业项目82个，签约总额260.36亿元，占新引进项目总额的16.07%。

【校友招商以商招商】 依托在兰高校、商协会探索合作招商新模式，举办“百名校友兰州行”“兰州市·商协会校友会恳谈会”等专题招商推介活动，邀请京、粤、鄂等省市17家异地甘肃商会的会员企业来兰考察，开创校友招商、以商招商新局面。

【信息化招商】 借助互联网和大数据优势，建成运营“兰州招商云网”“招商管理系统”为主要功能的兰州市招商引资信息化云平台，建立招商要素资源地图、招商信息推送、招商政策智能匹配等于一体的智能化网络招商平台，实现数据资源实时共享、集中管理、随时查询，提升项目撮合效率和匹配水平。面对新冠肺炎疫情带来的不利影响，紧盯项目招引不松手，发挥互联网平台优势，通过“线上服务、线下招商”相结合的模式，保持与商协会及企业的沟通联系、对接洽谈，举办兰州市重点项目对接及视频签约仪式，确保疫情防控期间招商引资工作“不掉线”。

【第27届中国兰州投资贸易洽谈会】 7月8日至12日，第27届中国兰州投资贸易洽谈会在兰州举行，以“深化经贸合作，共建绿色丝路”为主题，通过“线上线下”相结合方式举办。兰州市成功举办“百名校友兰州行”活动、黄河流域高质量发展高峰论坛暨第27

6月21日，第27届“兰洽会”“百名校友兰州行”系列活动在兰州举办

届"兰洽会"兰州市招商引资项目签约仪式、兰州市·商协会校友会恳谈会、第3届陇上养生美食博览暨陇闽美食交流大会、兰州数字经济发展论坛等45项活动。兰州市邀请到283个团组、3601名宾客来兰参会，其中12个城市代表团、42个商协会团组、28家"三个500强"企业，16家行业领军企业，10家上市公司及央企，270余家中东部地区企业高管参会。全市签约省市列项目143个，签约总额994.23亿元，位居全省第一，其中以装备制造、文化旅游、现代物流、现代农业、新型建材、生物医药等为主的重点产业项目115个，签约总额509.54亿元，占总签约额的51.25%。兰州展馆采取"线上线下"融合模式开展，线下实体展馆总面积513平方米，于7月8日至12日进行展览，线上虚拟展馆7月8日启动，全年开展线上展览展销。展馆布展工作获优秀组织奖。

【项目落地服务】 建立兰州市人民政府合作交流办公室班子成员包抓县区、园区工作机制，统筹抓好招商项目落地建设，督促县区、园区做好基础设施配套、生产要素保障、优惠政策落实等工作，切实为项目落地提供优质保障。组织召开全市招商引资融资协调推进会，重点推介招商引资项目融资需求，充分利用省、市十大绿色生态产业基金、保险金融、证券、银行等金融机构的融资平台作用，助力来兰投资企业解决融资困难问题，加快推进一批重点招商引资项目签约落地。健全完善项目落地服务机制，出台《关于进一步强化责任管理推动招商引资项目落地建设的意见》，畅通企业诉求表达渠道。设立市县两级招商引资项目代办窗口，对重大招商引资项目提供从企业开办、项目审批到竣工验收全流程全周期"管家式"服务。深入推行"五定包抓"责任制和项目团队管理机制，制定《2021年度全市招商引资重点项目推进工作手册》，促进项目快落地、快建设、快投产，全年推进136个重点项目新开工建设。全力化解涉企历史遗留问题，将推进项目落地工作和化解涉企历史遗留问题结合起来，妥善解决一批涉企历史遗留问题，进一步扫清项目落地障碍。

【经贸洽谈】 组织参加"厦洽会""西洽会"及甘肃特色优势产业招商推介会等重点活动，举办兰州新区化工产业招商推介会、兰州市科技产业招商推介会、兰州市特色农产品产销对接会等专题招商推介活动10场次，深度开展项目对接洽谈，持续推进成熟项目签约。其中在甘肃特色优势产业招商推介会上签约项目13个，投资总额87.4亿元，位居全省第一。

【多式联运综合体构建】 5月16日，兰州市与义乌市签署《兰州市人民政府与义乌市人民政府战略合作框架协议》。5月21日，兰州市与义乌市合作开行的中欧班列（义乌—兰州—莫斯科）在甘肃（兰州）国际陆港成功首发，为兰州市和义乌市协力打造中欧班列集结中心奠定坚实基础。

兰州市与乌兹别克斯坦互设海外仓，并双向发行"中吉乌"国际货运班列。常态化运营"四向五条"国际货运班列，全年发运"兰州号"国际货运班列333列、11124车，货重约36.7万吨，货值约2.5亿美元，发运列数较上年增长64.85%。

【市政府驻外办事机构管理】 制定《关于进一步加强市政府驻外办事机构管理意见》，全面加强市政府驻外办管理工作，督促各驻外办认真履行驻外职责，全力做好招商引资、合作交流、招才引智、信息收集、接待服务等工作。

（李春亮）

经贸联络服务

【市政府驻北京联络处】 2021年，市政府驻北京联络处发挥驻京优势，加强政务联络和信息传递，进一步完善后勤保障机制，做好联络服务、招商引资工作，主动拓展宣传渠道，圆满完成年度目标任务。兰州市新冠肺炎疫情期间，募集防疫资金1000余万元，价值100余万元防疫物资，全力支援兰州抗疫工作。

招商引资 全年对接企业100余家，组织"百名校友兰州行"招商引资推介会，组织天津联维乙烯工程有限公司、金房暖通、灵犀科技等企业赴兰州考察6批次，邀请广东茂化建集团有限公司、青岛石化检修安装工程有限责任公司、沧州渤海石化工程有限公司、北京燕化正邦设备检修有限公司、北京燕山嘉恒电力工程有限公司、北京燕山时代仪表有限公司、天津联维乙烯工程有限公司等60余家企业先后赴兰进行投资考察，全年报备有效招商线索项目14个，报备签约落地项目1个，签约额13.65亿元，累计到位资金10.3亿元。

项目推介 组织开展拜访企业、邀请赴兰州考察、举办专题推介活动，推动招商引资工作。编印《在京中央企业北京国有企业名录》，收集95家在京中央企业及52家北京市国有企业的基本情况、人员情况、办公场所及业务范围，精准服务在京招商引资、招才引智工作，为兰州市招商引资工作提供信息资料。全年陪同市领导、相关部门、县区对接调研企业50余次，拜访企业60余家，推动签订多份合作意向协议。针对兰州市项目短板重点拜访新农利合集团、罗普特科技集团股份有限公司、中国计量科学院等重点企业科研院所，收集有效投资线索信息30余条，报送农商综合体等重点项目线索14个。举办北京甘肃企业商会企业家座谈会、中机维协石油石化建安检维修协会"兰州新区行"推介会等专题推介活动3次，邀请胡友文等8名北京兰州大学校友企业家、高级人才、人才项目团队招商推介活动，组织广东茂化建集团有限公司等48家企业代表100余人赴兰进行实地考察，搭建沟通交流平台。

联络服务 2021年，就"北京市教育改革双减政策细则"和"国家发改委等三部门义务教育阶段学科类校外培训机构实行政府指导价监管"等内容向兰州市教育、卫生等部门提供北京市相关文件及资料，为领导、部门决策提供信息。加强与北京市政务服务管理局联系，参与《北京市驻京机构信息交流》的交流与互动。全年编印《北京信息》68期，编撰信息300余条，其中被市委信息科《兰州信息》采纳8条，信息采纳量在驻外办中排名第一，市政府合作交流办网站及投资兰州共采纳《北京信息》简报23篇。参加北京市政务服务管理局召开的驻京机构联席会议，在会上做"主动适应新形势，积极展现新作为"专题推介，明确工作方向，加强纵向联系，深化横向合作，不断推动联络处各项工作取得新成效。作为全国301个外埠驻京机构的第14组组长单位，联络处组织外埠驻京机构召开第14小组座谈会。

接待服务 安排专人负责，做好接待工作的细节服务和对口服务。截至年底，实现联络对接、招商引资接待等工作任务300余次，累计接待2197人次，主要领导在京参加重大活动14次，保障全市招商引资、对外联络、宣传推介及人才引进等各项服务工作。

招才引智 利用各种平台宣传兰州市政府"双招双引"政策，介绍兰州市经济社会发展概况、产业政策、人才需求等。在兰州大学北京校友会微信公众号开设"兰州快讯"栏目，发布《中共兰州市委关于制定兰州市"十四五"规划和二零三五年远景规划的通告》《兰州市2021年度企事业单位引进急需紧缺人才公告》《中国兰州2021投资指南》等信息。走访中科院计量研究所、首都师范大学、中国地质大学(北京)、中科院农研所、清华大学玉泉医院等单位，收集入库人才信息310余条。举办《智能制造学术沙龙》《优秀青年学术沙龙》《首师大兰州校友座谈会》《北京校友会医疗分会支持兰州发展座谈会》等8场次沙龙座谈会。拜访在京经济顾问董松根、刘大力、韩铭珊等人，兰州大学北京校友会秘书处全体人员，王建、黄钢、陈发虎、卢忠林、柏延臣、安黎哲、张立群等30余名高级专家人才。受委托向市经济合作办公室推荐7个人才和创新项目。组织6家单位8人次参加兰州市举办的"百名校友兰州行"活动。

（牟怡洁）

【市政府驻上海联络处】 2021年，市政府驻上海联络处围绕市委、市政府的决策部署，充分发挥驻外机构职能作用，落实全面从严治党主体责任、推进党建工作、突出招商主责、加强内部管理，促进合作交流、协调服务、招才引智、信息联络。负责江浙沪皖等地区的驻点招商工作，全年完成报备签约项目4个，完成项目签约任务16.1亿元，落实到位资金3亿元。

招商引资 参与举办招商推介会2场，在杭州参与举办甘肃省特色优势产业招商推介会，协同省贸促会、市商务局、市农业农村局等在上海第22届中国国际食品和饮料展览会期间举办的"厚道甘肃地道甘味兰州特色产品推介会暨项目合作签约”活动。报备氢能源电池生产基地项目、鑫广再生资源项目、香港铜锣湾维多利亚港湾项目、新能源汽车大数据平台项目、国开行城开基金普洛斯项目线索项目5个。推动达成德邦证券兰州营业部项目、天堂硅谷新能源汽车“车电分离，分箱换电”生态一体化项目、禹航供应链管理服务系统合作项目3个。报备投资6亿元光引发剂全产业链一体化项目、投资6亿元苏研（兰州）生物科技有限公司建设项目、投资3.6亿元星河教育街项目、投资5000万元的博康医疗器械及医疗用品生产基地建设项目签约项目4个，项目总投资16.1亿元，到位资金3亿元。国开行城开基金普洛斯项目于12月成功落地兰州。

项目推介 全年拜访110余家企业和6家商会（协会），其中利用驻地资源拜访普洛斯集团、云从科技、上海全景影像集团、华顿经济研究院、大商汇企业联盟等70余家企业3家商会（协会），发挥上海驻点招商小组作用拜访中产集团、启东化工园区、上海月浦经济发展公司、益生瑞（上海）生物科技有限公司、华熙生物科技股份有限公司、上海熊猫机械（集团）有限公司等40余家企业3家商会（协会）。

重要项目 推介活动12次，陪同市政府主要领导到访硅谷天堂、中控集团、海亮集团、杭萧钢构、日昌升、宝武集团等，了解企业需求，推进项目进展。邀请博尔捷企业集团、山东明德物业集团和上海张江生物银行、叮咚买菜到兰考察，市卫健委领导与上海全景影像集团就医学影像基地建设召开座谈会，张江集团到兰考察并与兰州高新区合作研讨人才合作、建设飞地，德邦证券到兰与分管领导会见，组织座谈、促成德邦证券与城关区签约，国开行金融公司城发基金团队及普洛斯业务团队实地考察兰州陆港集团、兰州高原夏菜市场、省公交建物流发展集团；陪同绍兴润扬化工、江苏金牛、中意保险、上海复鉴生物、上海厚洋实业到访兰州。

在开展企业对接基础上，结合兰州市重点产业、重点区域等要求，制作《2021—2022年度招商引资目标企业名录》。报送《长三角区域“飞地经济”发展的调研报告》。

联络服务 配合做好“兰洽会”上海宾客保障服务工作，邀请浙江上海商会、甘肃上海商会、普洛斯、中产集团、中发控股等35家企业共60余人参加第27届“兰洽会”。配合市贸促会筹办第22届中国国际食品和饮品展览会兰州推介会，完成市领导和各部门代表团参加“中食展”的服务保障工作，并邀请在沪24家企业、3家国家及上海媒体单位参会，扩大参会面和宣传面。拜访四川成都沪办、湖南湘西州沪办、贵州铜仁沪办，学习兄弟城市工作经验。根据兰州市情及时搜集整理长三角地区的成熟经验与先进做法进行信息采编，及时报送市委、市政府提供决策参考。整理报送专题信息12篇，约稿信息1篇，专题信息4篇，为民办实事信息1篇，工作信息简报4篇，采编报送印刷《上海信息》12期120余条，向市委办公室报送信息465条，向市政府合作交流办报送信息442条。

招才引智 综合运用传统媒体和新媒体，加强信息发布渠道建设，通过甘肃驻沪办微信公众号、兰大上海校友会理事群、西北师大校友会、上海甘肃精英群等平台，发布相关信息70余条。建立200余人“外埠本土人才信息库”。走访联络校园“青苗人才”，与6所沪上名校建立联系，选拔学生联络员14名，举办首届兰州驻华东人才工作站“青苗人才”联谊会，建群开展宣传对接工作。建立线索项目数据库，年内推荐创新项目34个。邀请沪上知名校友企业家11人，完成“百名校友兰州

12月，驻沪联络处协同甘肃（兰州）国际陆港与本普企业管理（上海）有限公司视频签约

行”在沪高端人才邀请和保障服务工作。依托“凌峰公益基金会”，对接市卫健委开展“振兴健康乡村，建设健康小屋”活动，已在皋兰县建立两处以老人、残疾人群等为受众的康养场所“健康小屋”。

接待服务 全力协调服务市委、市政府主要领导江浙沪地区考察招商活动，对接上海环境集团股份公司，保障市政协领导在长三角区域考察等活动。接待赴长三角区域活动的领导及县区部门考察组、工作组、招商团组等27批次250余人次。兰州发生新冠肺炎疫情期间，组织兰大上海校友会、西北师大校友会、兰州驻沪团工委、长宁各地投资企业（机构）协会、复星公益基金会、迈迪康医疗用品公司等机构和爱心人士为兰州捐赠价值66.08万元的N95口罩、医用一次口罩、防护服、面罩、消毒湿巾、棉帐篷、大米等抗疫急需物资；捐款7.63万元。其中，向兰州市红十字会捐款5.73万元；向西北师大定向捐款1.9万。

（钟　芳）

【市政府驻深圳（珠海）办事处】

2021年，市人民政府驻深圳（珠海）办事处（以下简称“深圳办”）以党建工作为引领，突出招商引资，真抓实干，招才引智工作初见成效。对外宣传、信息报送和接待服务等工作质量显著提升，新冠肺炎疫情防控期间主动出击，完成主责主业和其他各项工作任务。

新冠肺炎疫情防控 加强疫情防控政策措施宣传，督促在粤甘肃籍企业落实防控主体责任，干部职工主动下沉社区做义工，协助社区做好核酸检测工作，及时做好入境返兰人员信息反馈工作。10月下旬，深圳办主动作为，在深圳市兰大校友会、广东省甘肃商会等驻地商协会支持和帮助下，先后募集到防护口罩83万只，消毒粉15吨，防护服750套等价值200余万元抗疫物资。兰大校友企业深圳市朗石科学仪器有限公司捐赠价值30万元手持式发光细菌毒性检测仪，给兰州市第二人民医院雁滩分院用于防疫前线检测水质毒性。

招商引资 2021年，深圳办继续在招大、招强、招新方面发力，总结经验、更新方法、苦干实干巧干，创造良好业绩，并紧盯未落地项目，凝练项目储备。全年报备招商引资项目线索30个，其中签约项目6个，签约总额12.5亿元。结转到位资金28.06亿元。

项目推介 3月，深圳办与兰州新区在广州联合举办“兰州新区化工产业招商推介会”，此次推介会是兰州市面向华南区域举办的首次化工产业招商推介会，对宣传展示兰州市化工产业发展优势，吸引珠三角地区高精化工企业投资兰州新区，共同打造“中欧间最大陆路化工产业园”具有引领作用，对于振兴“一带一路”跨境新经济，重塑“共和国石化长子”的行业地位和城市形象有重要意义。

走访对接 考察洽谈广东省现代健康产业研究院“兰州粤港澳大湾区中医药特色飞地园区”项目，广东重运宝科技有限公司“兰州网络货运数字产业园”项目，深圳市紫罗兰科技有限公司“广西三江原子农业示范园”项目。根据市委书记朱天舒拟在兰州建立“航天城”的指示，深圳办多方咨询、走访航天项目相关产业集团和研究部门，先后与深圳洲际通航集团、深圳航天科技创新研究院多次对接交流。深圳办主动发起“优质企业看兰州”大型考察活动，陪同深圳松金生投资发展有限公司、深圳三稀堂生物科技有限公司等65家企业考察兰州。2020年，把众多优质企业、优质项目请进兰州，有8家进驻兰州启动项目。陪同知名企业考察并非虚功，客商对兰州产生良好的感性认识是促成项目落地的重要前提。配合“兰洽会”宾客邀请工作，邀请参会嘉宾58人。

兰州茶博会 9月中旬，由深圳办全力对接引进“第二届兰州茶博会”在甘肃国际会展中心成功举办，为期4天展会，联动全国500余家知名茶企，举办近30场茶事活动；贵州省、湖北省、赤壁市、咸宁市等茶产区政府领导率团参展，促进南北茶文化交流；大会跨界合作品牌兰州农商银行、京东物流、致兰斋、农夫山泉推出多项优惠政策，各大展商竞相推出让利活动，专业采购商热情高涨，现场签约踊跃。

办好《深圳信息》 根据省市有关领导对《深圳信息》提出一些问题和不足进行改进，压缩长稿，取其精华。丰富内容，增加新鲜生动的小稿；选稿时更加注重对兰州工作针对性和借鉴性，沿海

“高大上”成就原则上不采用，而是挖掘数字和规模之下的经验和做法；加强思考性稿件比重，关注两地领导共同面临的工作中的困惑和问题。年底，《深圳信息》每期字数已达到5万字左右，投送范围逐步扩大，报送方式有纸质版和电子版。

（陈学义）

【市政府驻厦门办事处】 2021年，市政府驻厦门办事处利用各种途径和方式，与区域内外企业进行对接联系，寻求投资线索。通过多渠道搜集信息，架设沟通桥梁，线上联络、线下拜访各地市驻福建商协会、企业230家，商协会及企业回访39次。向各商协会及企业宣传推介全市及各县区、兰州新区、兰州经济区、兰州高新区项目建设和投资优惠政策，及时掌握投资意向和动态，为进一步拓展合作空间打下基础。

招商引资 先后组织福建企业家来兰州考察对接项目7批次，福建滴咚共享科技股份有限公司董事长萧世奇一行赴城关区考察科创园项目；东旭集团执行副总裁李泉年一行赴新区考察光电新材料及新能源产业基地项目；厦门摩根世创集团执行董事杨丽一行2次赴城关区、七里河区、安宁区考察投资建设电竞产业园项目；福建省甘肃商会会长、福建省沃晟电力建设有限公司总经理贾朝晖一行，湖北甘肃商会会长、牡丹集团（中国）有限公司董事长杜志年一行考察兰州市文化旅游项目及科创园项目；厦门罗普特科技集团执行总裁吴俊一行考察经济区建设研发中心项目。

3月，与市政府合作交流办、兰州新区经合局、市政府驻深圳办事处在广州联合承办“兰州新区化工产业招商推介会”暨“矗立兰州、双赢中欧”高峰论坛。7月，邀请50家企业参加第27届“兰洽会”，邀请重点企业、团组参加黄河流域高质量发展高峰论坛暨兰州市招商引资项目签约仪式，组织参会重点客商东旭集团及美亚柏科信息股份有限公司代表与相关县区、园区和有关部门进行具体项目的洽谈对接。9月，在厦门与市政府合作交流办、市商务局共同承办“兰州市招商引资恳谈会”，宣传兰州市招商引资政策和招商项目。市政府合作交流办、兰州经济区、兰州高新区、甘肃（兰州）国际陆港、榆中生态创新城进行投资推介，会上签约4个项目，总金额11.73亿元。

项目推进 深层次开展项目考察对接工作，推进签约项目落地实施。全年上报线索项目19个，报备签约项目2个，签约金额合计10.3亿元，到位资金3.02亿元。其中，兰高·金都城商业综合体（一期）项目落地西固区，占地面积68亩，投资总额10亿元，到位资金3亿元；倍斯涂（兰州）新材料科技有限公司二壬基萘磺酸及其化工制品项目，落地兰州新区，项目投资总额0.3亿元，到位资金200万元，为固定资产投入。

区域合作 围绕兰州市发展战略，利用多种形式，在厦门、福州、泉州、武汉、襄阳等地发布兰州市经济社会发展概况，宣传兰州市创新创业环境、招才引智、招院引所、招商引资政策措施等。建立“外埠本土人才信息库”“青苗人才信息库”，储备111项人才信息。其中，博士、学术带头人、各领域专家、学者和各行业领军人才57名；青苗人才54名。组织高层次人才参加“百名校友兰州行”活动，建立专家人才工作交流联络点，及时掌握专家人才日常工作需求，加强对人才的政治引领和联系。

联络服务 加强信息报送，及时整理上报招商工作信息，多渠道搜集具有借鉴和经验交流意义的信息汇总上报，全年上报《闽台信息》11期64条，《信息摘报》9期47条，《招商信息》26期，其中被市政府合作交流办公室采用13期。

兰州新冠肺炎疫情期间，发挥驻外工作优势，为兰州疫情防控募集捐款5.2万元，募集价值4万元的防护服、防护面具、口罩等防疫物资和价值5500元的方便面、矿泉水、牛奶等生活物资。

（翟　丹）

【市政府驻乌鲁木齐办事处】

2021年，兰州市人民政府驻乌鲁木齐办事处完成招商引资项目7个，报备资金18.0895亿元。依托乌鲁木齐市兰州商会，着力搜集就业信息，先后向新疆输转各种劳动力400余人次。报送各类信息27期133条。助力兰州“抗疫”，呼吁动员新疆甘肃商会、乌鲁木齐市兰州商会等百余家会员企业为兰州市红十字会、兰州市第二人民医院捐款20.9792万元。

项目推介 4月，前往太原、西安等地开展阶段性驻点招商，对接山西省甘肃商会、山西民营企业资产置换协会、鑫方盛控股集团山西区域公司、卫宁健康科技集团股份有限公司、陕西省甘肃商会、中建西北院第四建筑设计研究院、中建科工集团有限公司等多家商会、企业。对接山西鑫方盛控股集团工业品一站式采购项目、山西北安消防技术股份有限公司救火救援设备生产项目、山西智杰软件工程有限公司智慧医疗信息平台项目、卫宁健康科技集团股份有限公司互联网+医疗健康项目、绿草地康养科技工程有限公司区域医学检验中心项目等。

7月，组织乌鲁木齐市兰州商会等10余家企业代表参加第27届“兰洽会”，永登县、经济开发区、榆中县招商推介会暨重点项目签约仪式；邀请内蒙古甘肃商会、山西省甘肃商会、河南省甘肃商会、陕西省甘肃商会、乌鲁木齐市兰州商会、甘肃省春秋集团等企业家代表参加人力资源、农贸综合交易市场建设、工程质量检测管理等项目招商引资座谈会。

招商引资 兰州安佑生物科技有限公司年产24万吨饲料建设项目，投资总额1.1395亿元，到位资金8944万元；郑州华丰草业科技有限公司林草种子科研育种加工项目，投资总额0.7亿元，到位资金836.62万元；播恩集团股份有限公司年产24万吨畜禽前端生物饲料生产线项目，投资总额1.3亿元，到位资金461万元；新疆阳光碳素有限公司秦川园区农贸市场项目，投资总额0.8亿元；华能兰州新区热电有限公司在兰州新区“风光火氢储”多能互补一体化城市综合能源服务型示范项目，投资总额12亿元；福建傲农集团生物饲料加工基地项目，投资总额1.2亿元；甘肃坤远新材料有限公司外墙保温结构一体板项目，投资总额0.95亿元。

劳务输转 依托新疆乌鲁木齐兰州商会，着力搜集就业信息，结合办事处实际，落实用工岗位，先后向新疆输转各种劳动力400余人次。走访慰问在疆兰州籍中小型企业家和务工人员，充分了解他们的实际困难和诉求，采购劳动防护、卫生防疫、生活保障等日常物品表示慰问关怀，送去党组织的关爱和温暖。

政务信息 围绕乌鲁木齐经济发展、社会生活中重大事项和热点、难点问题，收集整理有参考价值的信息，向市委市政府报送政务信息27期121条，向市政府合作交流办公室报送招商引资信息12条，发挥信息共享、服务决策和推动工作的作用。

新冠肺炎疫情防控 自兰州市突发新冠肺炎疫情以来，面向新疆甘肃商会、乌鲁木齐兰州商会等百余家会员企业发出《为兰州市防疫抗疫工作捐款的倡议书》，呼吁动员在疆甘肃籍企业家“献爱心、驱疫情”。筹得善款20.9792万元。

（王　川）

粮食安全和物资保障

【概况】 2021年，市粮食和物资储备工作按照国家、省粮食和物资储备工作会议要求，以当好“顶梁柱”，做好“压舱石”的政治自觉和行动自觉，坚决扛起粮食安全主体责任，健全粮食安全保障体系，提升粮食储备能力，夯实物资储备基础，切实筑牢全市粮食安全底线。全年完成项目投资4.54亿元，完成目标任务的114%。全市科学保粮率93%，比目标任务92%提升1%。完成采购143万元市级救灾物资，市级冻肉储备850吨、蔬菜储备1万吨。健全完善粮食市场监测和预警机制，粮油商品抽样检测308个批次，合格率100%。落实军粮供应改革，完成驻兰部队应急和伴随军粮保障供应任务。向上争取资金329.24万元，完成目标任务300万元的109.75%。招商引资到位资金1亿元，完成目标任务1亿元的100%。

【粮食安全责任制落实】 市委、市政府高度重视粮食安全工作，召开市委常委会、深改会、市政府常务会具体研究粮食安全问题；市委书记朱天舒，市长张伟文，市委副书记黄宝树，副市长魏永辉多次调研兰州粮食工作，听取粮食工作汇报，指导粮食安全工作。在新冠肺炎疫情期间深入粮食承储企业进行调研督导认真落实粮食安全省长责任制，顺利通过上年度粮食安全省长责任制省级考核，评为优秀等次。完成市政府对区县政府上年粮食安全省长责任制工作考核，各县区均为优秀等次。

【粮油保供稳价】 10月，新冠

肺炎疫情爆发，市粮食和物资储备局及时召开会议安排部署粮油保供和疫情防控工作，贯彻落实省、市应对疫情的决策部署，全员取消双休，全天候待命，全力保障全市粮油和应急物资供给。在未动用兰州市各级政府储备粮的前提下，迅速组织粮油企业加强粮源调度保障和产需对接，强化储备、加工、运输、配送等各环节衔接，为全市运粮车辆协调核发绿色通行证450张，保障疫情防控期间粮油保障供应。全市各粮油储备企业、各粮油购销公司加强与成品粮油生产企业的联系，加大成品粮油的市场投放力度，全市放心粮店均正常营业，追踪库存，提高购进和配送效率，确保数量充足，满足市场需求。疫情防控期间，3大批发市场粮油储备量达到1万吨以上，日购进粮油约800到1200吨，销售粮油约1000吨，全市粮油市场购销供需平衡，价格稳定。按照三级应急网络配送体系，指导安排各区（县）发改局（粮食和物资储备局）、各粮食承储企业、4区粮油购销公司配合各封控小区和重点单位开展粮油供应配送服务，保障粮油日常供给，累计向各封控小区，兰州大学、西北民族大学、兰州交通大学、甘肃农业大学、新区职业技术学校等15所大中专院校，省第三人民医院、市中医院、兰化医院等3所医院，西固热电厂和偏远村镇配送粮油226.68吨。将武威市援助的100吨面粉统一调配，用于全市各封控小区市民日常生活。

强化粮油价格日监测日调度，密切关注市场供需和价格动态。把粮食流通领域“亮剑2021”专项执法行动与维护粮油市场正常秩序紧密结合，加强对粮食经营、加工、销售企业、经营网点以及粮油市场的监督检查，打击粮食经营活动中的囤积居奇、掺杂使假、以次充好等扰乱市场秩序的不法行为，教育引导粮食经营者自觉遵守职业道德，诚信经营，保证成品粮油质量安全。疫情防控期间，出动执法人员362人次，检查车辆82车次，检查企业及商户561户次，对全市粮食市场监督执法全覆盖。第一时间向物资申请单位调拨救灾物资，全力保障疫情防控工作需要。截至年底，市粮食和物资储备局紧急调拨各类应急物资20批次，6646件套。协调争取省级物资2批，1115件，及时补充物资。

【粮食安全储备】 为有效调控粮食市场和抵御粮食风险，完成省上下达兰州市原粮储备任务，同时按照国家要求，完成15天成品粮储备任务。按期完成粮油轮换，全部通过甘肃省粮油批发市场交易平台公开竞价交易。市级储备补贴、轮换价差亏损等涉粮资金全部及时足额拨付到位。完成2021年春季粮油普查及辖区内2020年下半年（及2021年上半年）销售成交的国家政策性小麦和省级储备小麦竞价销售出库检查。兰州市各类粮食数量库存真实、质量良好、储存安全，竞价销售过程全部合法合规，粮食补贴及时足额拨付，粮食仓储管理规范。

【物资储备】 2021年元旦、春节期间投放政府冬春储备蔬菜1万吨和冻猪肉18.9吨，保障市场肉菜供应。完成2021—2022年度政府冬春蔬菜和冻猪肉储备1万吨的任务。完成采购储备价值143万元的棉帐篷、厕所帐篷、羽绒服、应急照明灯、火炉等救灾物资，提升救灾应急保障能力。

【粮食体制改革】 为进一步优化储备区域布局和品种结构，探索建立中央、省、市、区（县）协同

10月，兰州市救灾物资储备中心向永登县紧急调拨应急物资

共管共担的储备粮协同机制，为保障地方粮食安全增加一道保险。市粮食和物资储备局与市上相关部门、农发行省分行营业部、省储备粮管理中心、中央储备粮兰州直属库有限公司等单位共同出台《优化市级储备粮区域布局和品种结构方案》《兰州市粮食加工企业社会责任储备实施方案》《关于落实储备粮协同运作机制的通知》等政策文件。

12月，政府冬春储备蔬菜投放

【粮食产业发展】 重点支持兰州新区兰州粮食现代产业园建设，加快推进益海嘉里、兰州润民粮油有限公司等入驻企业建成投产面粉、大米、食用油加工生产线，补齐粮油生产加工短板。截至年底，益海嘉里食用油生产线主体建设完成。润民粮油大米生产线设备安装完毕，达到生产条件。建成高水平市级粮油质检中心，被省粮食和物资储备局树立为先进典型向国家局推荐，作为成功案例录入全国《深入推进优质粮食工程(2021年)》。

【放心粮油工程建设】 全力推进兰州市“陇上好粮油”项目建设任务，兰州市“陇上好粮油”项目放心粮店建设任务，计78家，项目总投资464万元，完成全部建设任务并通过初验。

【粮食产业项目建设】 加强在建重点项目的协调服务和推进，指导益海嘉里(兰州)公司、兰州润民粮油集团、甘肃进祥粮油集团等粮食加工企业提升粮油加工能力。市财政投入专项资金300万元，对7家粮油仓储企业的仓储设施进行提升改造，保证兰州市储粮安全和各储粮单位生产安全。

【粮油品牌培育】 主动适应城乡居民消费习惯转变，推动主食产业化多层次发展，加大本土优质特色产品供给，“方鑫粮店”“鑫惠厨房”“方鑫丰”“鑫碾子”和“臻陇香”等粮油品牌先后被评选为“甘肃省优质粮油产品”“陇上好粮油”。

【粮食行业发展】 牢固树立以人民为中心的发展理念，贯彻落实《粮食流通管理条例》有关规定和国家、省工作要求，不折不扣落实取消粮食收购资格许可有关规定，下发《兰州市粮食和物资储备局关于认真做好粮食收购企业备案管理工作的通知》，各区县结合本地实际，制定可行的工作方案，企业备案工作有序开展。

【粮油对外贸易】 9月初，局党组主要负责人带队赴广西开展招商工作，与广西五洲金桥农产品有限公司就粮油产品物流通道构建进行对接洽谈。完善粮食安全产销合作机制，与西宁市签订兰西城市群粮食企业安全合作备忘录。“兰洽会”期间与延安、郑州、合肥签订区域粮食安全合作备忘录。

兰州新区进境粮食指定监管场地2021年到发粮油产品超过11万吨，货值超过2.4亿元。进口主要来自乌克兰、哈萨克斯坦、俄罗斯等国的玉米、亚麻籽、大麦、小麦、红花籽、葵花籽、麦麸等，粮油产品主要涉及油料作物和饲料原料两大类。

【粮油市场监管】 组织检查本地区省、市、县三级11家粮油承储企业库存粮油，对样品进行重金属、真菌霉毒素、质量卫生及品质检测，出具检验检测报告的同时，依托市粮油质量监督检验中心开展内部检测工作，抽检合格率均为100%。印发《兰州市2021年夏粮和秋粮收购监管工作方案》，对全市夏、秋季粮食收购及时进行安排部署和全覆盖检查，做到“五查五防止”。本地小麦收购价格均高于当年规定的每斤1.13元。各县区均能开展粮食收购企业备案工作，各收购点均能严格执行挂牌收购，按规定在收购现场公示收购品种和价格，所有检测计量设备“持证上岗”；能严格执行国家粮食收购质量标准；能及时向售粮者支付售粮款，没有发现“打白条”现象；粮食经营者能够执行粮食统计制度，建立健全统计台账；未发现人为设置障碍和地区封锁、阻碍粮食流通及农民“卖粮难”等情况。

严格按照“双随机一公开”原则，结合新修订《粮食流通管理条例》和粮食流通“亮剑2021”专项执法行动，持续加强对粮食经营、加工、销售粮油的企业、经营网点以及粮油市场的监督检查，组织执法人员多次深入焦家湾、小西坪、土门墩3大粮油批发市场、各粮油购销公司、承储企业和全市“放心粮店”开展粮食安全检查，集中查处粮食流通领域违法违规案件。切实加强粮油市场检查，尤其是政策性粮食质量监管和大中专院校食堂粮食质量安全，完成粮油质量抽样308个，合格率100%。其中，原粮164个；成品粮144个。重点对中储粮兰州直属库超标粮定向销售和甘肃海大饲料超期粮定向购入过程进行监管，加强与对方企业所在地粮食和物资储备行政主管部门的沟通协调工作，全程跟踪超标（超期）粮运输、入库、质检、加工（转化）等环节，确保该批粮不流入口粮市场。

（王鹏飞）

供　销

【概况】　2021年，市供销系统抓发展、促改革、破难题、防风险，不断提升为农服务综合能力，促进管党治党主责和为农服务主业深度融合，全面完成与市政府签订的各项目标任务，实现“十四五”良好开局。全年全系统实现日用消费品零售总额24.5亿元，同比增长15.6%；农副产品收购总值9.63亿元，同比增长21.4%；再生资源销售总额39.46亿元，同比增长7.5%。主要经济指标好于预期。

【为农服务】　把为农服务放在首位，优化和创新服务供给，拓展经营服务领域。全年新建新型庄稼医院6家，县级智能配肥中心1家，配肥站（加肥站）6家，新增土地流转面积1.28万亩，新增土地托管面积1.38万亩，配方施肥、统防统治、农机作业等社会化服务面积38.01万亩。建立联系基层工作制度，加强对县区业务工作的统筹指导，全年改造提升村级综合服务社100个，标准化村级综合服务社442家，行政村覆盖率提高60%。恢复重建乡镇基层社1个，改造薄弱基层社1个，乡镇基层社总数48个，覆盖率提高79%。新建县级惠农服务运营中心3个，乡镇惠农服务平台19家，生产性服务中心22个，村级服务站点86家，初步形成覆盖县乡村的三级经营服务网络。开展农民合作社规范提升行动，推动系统内大型连锁超市、批发市场与合作社开展产销对接。新领办创办农民专业合作社12个，新组建农民专业合作社联合社4个，新发展农民社员1.02万人。西固区供销社张家大坪韭黄种植等6家专业合作社被全国供销总社评为全国农民专业合作社示范社。

【农资供应】　发挥农资供应主渠道作用，保障春耕和“三夏”农业生产需求。供销系统农资经营企业筹措资金，衔接货源、扩大储备、做实库存，采取各种举措全力保障春耕期间农资供应，市供销社成立由主要领导负责的保春耕农资供应专班，深入各县区农资销售点、种植养殖企业了解春耕物资储备供应、农产品销售、农业技术指导等方面情况，综合分析影响因素和信息，及时了解市场动态，预判价格波动情况，加强对化肥库存、销售和市场的动态监测。针对上年冬季价格上涨走势，市供销社提前发出通知，督促基层农资经营单位做好淡季储备。发挥供销社系统点多面广的网络优势，与多家大型化肥生产企业开展合作，提早组织采购，调整充实库存，及时运送到各销售网点，推动春耕供应有序开展，千方百计确保农资及时保障供应，全年调运销售各类农资12.4万吨，供应总值2.99亿元。引导商户依法经营、诚信经营，联合市市场监管局和市农业农村局部署开展为期一个月全市农资打假保春耕专项行动，充分利用联合检查、监督抽查、投诉举报、农资质量安全宣传等手段，严厉打击经营假冒伪劣农资商品经营行为，增强农资经营主体责任意识和诚信意识，提高农民质量意识和维权意识，指导农民科学合理使用农资，保障农业生产和农产品质量安全。专项行动期间出动执法人员229人次，抽查各类农资经营主体166家，悬挂宣传横幅66条，发放宣传材料1万份，进一步增强农资经营主体责任意识和诚信意识，保障春耕期间全市农资市场经营秩序和农民利益。发挥乡村供销综合服务社的作用，在基层服务社设立庄稼医院161家，利用有关部门技术、设备、人才等资源，开展以测土配方施肥和病虫害防治为重点的技术指导服务，引导农民科学施肥用药，促进农产品标准化生产，依托系统6个县级农资配送中心，280个农资经营服务网点和206个放心农资店，利用线上订购、线下配送、送货上门等销售模式，把农资和服务送到田间地头。开展电话咨询、网络问诊、线上指导等“不见面”技术服务，提升连锁配送率，减少中间环节，降低流通费用，真正让农民得到实惠。

【流通网点建设】　全系统重塑传统经营体系优势，加快农资、农副产品、日用消费品和再生资源等流通网络整合提升，改造新建辐射带动能力强的农产品交易市场8个，发展县级农资配送中心6个，农资经营网点280个，放心农资店206个，日用品配送中心5个，连锁配送网点702个，终端经营网点1117个，基本构建起县有配送中心、乡有综合超市、村有便利店的连锁经营体系。疫情发生后，系统483个经营服务网点充分发挥流通网络优势和电商平台配送优势，采取加大平价菜供应量、丰富平价菜供应品种、延长平价菜供应时间、网上订货、手机下单、无接触配送等方式，保障粮油果蔬、肉禽蛋奶等市场供应，解决疫情防控期间居民外出买菜难题，累计调供肉蛋、粮油、米面、果蔬、副食干调等生活物资81.74吨，供应总值1.73亿元。打造“网上供销”，电子商务服务中心184个，带动皋兰禾尚头面粉、永登苦水玫瑰等200余种特色农产品上线销售，全年电商销售额6519万元，年均增幅23.6%。发挥系统网络资源优势，助力脱贫攻坚，建成产业扶贫项目4个，开设扶贫专柜8个、设立线上消费扶贫专区5个，系统46家企业126款产品入驻“832”平台销售，全年农副产品销售总额13.5亿元。

【项目建设】　市回收公司5000吨废旧铅酸电池回收、兰供金农食品加工有限公司中央厨房及配套生鲜便民店、市农副公司蔬菜市场智能提升改造、金达集团新零售终端门店升级改造等重点项目建设顺利推进。招商引资任务全面完成，全年分别赴天津、青岛、南京等地开展招商活动7批次，完成招商引资任务1.1亿元，到位资金1.1亿元。金达集团充分挖掘潜能优势打造的兰州金达“甘味”农产品展销中心，被省供销社确定为全省供销系统唯一一个省内重点推广的农产品展销平台，集农产品展示、多媒体发布、农超对接、直播带货、公共服务于一体，展销10个市州供销社20余个社有企业的130余种优质农特产品，通过现场展示展销、微商城线上销售和直播带货等方式，线上线下同步发力，不断放大“甘味”品牌效益，全面提升产品竞争力，为广大市民提供农产品需求和“菜篮子”服务。扩大高品质市场供给，培育精深加工企业，成立甘肃兰供金农食品有限公司，通过精深加工实现产销衔接，建设肉类、净菜、大米加工车间1000平方米，冷冻保鲜仓储面积1500平方米，蔬菜、水产品、肉类加工标准化生产流水线5条，生产加工“甘供”“兰供”自有品牌产品，统一配送至城市供销生鲜便利店、市区周边综超和大专院校食堂及餐饮店，通过线下主流消费渠道和网络直播带货等线上消费新模式，构建O2O城市消费生态圈。年可生产加工肉类产品1500吨，蔬菜类产品720吨，可实现销售4500万余元。

【服务平台建设】　发挥供销社职能作用，有效解决农特产品销售难题，制定2021年农产品流通营销专项行动计划，搭建农超对接平台。市供销社直属龙头企业与合作社、蔬菜种植户建立产销合作关系，减少农产品流通环节，举办兰州市供销社系统迎新春消费扶贫展销会、“金秋消费季·甘肃供销在行动”庆祝第4个农民丰收节系列活动和“兰供金农、惠民兴社、助力乡村振兴”等系列活动，帮助全市优质农特产品运出田间地头、送进商店社区。通过

"兰洽会""厦洽会""冬交会""农交会"等节会，引导系统内企业积极与农民专业合作社开展合作，构建长期产销对接机制，实现农产品直供直销，帮助农民解决农产品从产地到餐桌"最后一公里"问题。全年组织系统企业赴南京、广州、天津、济南等地开展产销对接和农产品集中推介活动7场次，全年农副产品销售总额13.5亿元，同比增长18.4%。

（梁云鹏）

烟　草

【概况】　2021年，兰州市烟草专卖局（公司）下辖兰州新区、城关、七里河、西固、安宁、红古6个区级烟草专卖局（营销部）和榆中、皋兰、永登3个县级烟草专卖局（营销部），从业人员583人。

【卷烟营销】　遵循"四个统一"原则，围绕"融合创新推进终端升级，数据驱动精准培育品牌，实现更高水平供需动态平衡"的任务要求，通过建设精准化品牌培育体系、现代化终端生态体系、高水平供需平衡体系、高品质融合服务体系和高素质队伍成长体系，推动营销网建提质升级，营销网络渠道掌控力进一步增强。成功承办全省系统营销网建现场会，"陇上行"五位一体营销网建新模式在全省系统推广，加快农网终端建设进度，打造"陇之情"便利店，推动城乡终端协调发展。推进"陇之情便利"流通品牌建设。诚信互助小组建设全面加强，覆盖面100%。全面推广"1+3"零售客户信用体系建设模式，组建虚拟服务团队，应用"135+"智能服务新模式，落实"一户一策"精准服务，开展"我与客户共成长"系列活动，客户服务质量和水平不断提高。推广"分烟"理念，营造吸烟者与非吸烟者和谐共处的良好环境。

【专卖管理】　聚焦物流寄递等重点领域，开展打击涉烟违法犯罪专项行动，不断强化情报信息的分析和利用，注重"大数据"挖掘，革新技术战法，卷烟打假打私工作取得历史最好成绩。全年全市查获假私卷烟267.7万支，同比增加116.3%；查获万元以上假私案件104起，同比增加85.7%；破获国标网络案件6起，刑拘39人，逮捕28人，判刑9人。其中，千万元以上5起，亿元以上1起。2起案件被列为部督案件，3起大要案件受到国家局表彰。加强新型烟草制品监督管理，城关区局破获甘肃省第一起"上头电子烟"案件。部署开展保护未成年人免受烟侵害"守护成长"专项行动，城关区局联合多部门下发禁止向未成年人出售烟草制品及电子烟通告，形成联动工作机制，得到《兰州日报》、东方烟草网等媒体的宣传报道。七里河区局开出甘肃省首张向未成年人销售电子烟罚单。推行零售客户信用体系，落实守信激励机制、失信约束机制和信用修复机制。深化"放管服"改革，推行告知承诺制，落实政务服务"好差评"制度。

【企业管理】　将管理融合工作纳入企业发展战略，依托三级目标管理机制，通过"对标管理+循环改进"，深度融合基层管理手段，构建蕴含兰州烟草基因的新型集约化融合管理体系。聚焦短板指标，制定客户满意度提升方案，打破部门层级壁垒，协同联动，管理融合，综合施策，年末客户满意度达到92.42分。开展QC（质量控制）小组活动，9项QC成果分获省质量协会评审一、二等奖。

【配送管理】　智慧物流建设推进，卷烟出库实现自动拆垛，设计使用绑带自动绑盘装置，深度应用叉车智能调度系统，全面推广直送范围内送货进度查询和电子签收，优化升级物流设备全生命周期管控系统，推进工商卷烟同城共库项目运行，推进小批量订单集散中心建设，促进物流运行提质、增效、降本。其中车辆调度平台数字化签收软件再度取得国家计算机软件著作权登记证书。

（康立中）

民营经济

【概况】　2021年，截至年底，兰州市各级市场监管部门累计登记各类市场主体36.09万户。全年新登记市场主体54656户，同比增长12.22%。全市非公经济市场主体35.38万户。其中，私营企业15.33万户；外商投资企业886户；非公经济市场主体占全市各类市场主体98.02%。22家企业在主板上市、15家在新三板上市。甘肃民营企业营业收入50强企业名单中兰州市有23家入围。中小企业从传统产业正在向装备制造、生物医药、信息技术、新材料、新能源、节能环保等战略性新兴产业方面延伸发展。

【政策支持】 落实国家、省级各项惠企政策，印发《兰州市支持企业发展壮大的若干措施》《关于贯彻落实切实保护和激发市场主体活力促进民营经济持续健康发展若干措施的实施方案》《兰州市规模以上工业企业倍增计划实施方案》《兰州市进一步推进服务业改革开放发展任务分工方案》《2021年全市特色农产品加工项目补助方案及资金计划》等一系列配套政策措施，强化政策叠加效应，全面提升中小企业发展活力。

【民营"小巨人"企业培育】 实施"专精特新"企业培育，建立市县两级企业培育库，确定重点培育企业60户，组织开展"专精特新"企业专题培训，协调股权交易中心逐户开展上市培育辅导，不断提升企业综合实力。2021年认定省级"专精特新"企业13户，争取省级奖励资金360万元；认定国家专精特新"小巨人"企业2户，专精特新重点"小巨人"1户，争取奖励资金300万元。

【中小企业成长工程实施】 印发《兰州市规模以上工业企业倍增计划实施方案》，形成部门协同、市区(县)联动的工作机制，组织召开新闻发布会进行政策宣传和解读，建立全市规下转规上企业培育库，将216户企业作为第一批重点培育对象，实行"一企一策"精准对接，2021年新增规上工业企业89户，超额完成净增规上工业企业50户的目标任务，实现历史性突破。全年为31户新入规企业争取省级奖励资金570万元，同时开展市本级奖励资金预算，做好奖励政策兑现，不断激发企业上规入库积极性。

【"千企纾困"行动开展】 市级领导联系民营企业78户，形成常态化联系帮扶机制，通过上门服务、政策指导等方式，不断改善亲情政商关系，收集企业生产经营中遇到的困难和问题19个，办结8个，其余问题积极推进。

【融资服务】 完善企业融资需求项目库建设，在全市范围全年征集55家有融资需求企业并报省工信厅，进行企业融资需求共享，对接市金融办、市首贷中心和银行机构，开展政银企对接活动3次。同时兰州市工信局与中国建设银行兰州城关支行签订《中小企业金融服务战略合作协议》，不断拓宽企业融资渠道。

（贺　欢）

金融工作

【概况】 2021年,兰州金融业认真落实"服务实体经济、防控金融风险、深化金融改革"重点任务和"六稳六保"工作任务,切实增强政治自觉、健全工作机制、创新思路举措,突出抓重点、补短板、强弱项,推动保融资、促发展、推上市、防风险等工作,全市金融业发展活力明显增强,呈现出平稳运行的良好态势,为全市经济高质量发展提供有力支撑。市政府连续5年获得"省长金融奖"。截至年底,全市金融业增加值432.96亿元,占生产总值13.4%,占第三产业增加值21.07%;人民币存贷款余额23585.67亿元,同比增长7.23%;原保费收入147.18亿元,同比下降7.83%;证券交易额14474.21亿元,同比增长17%。

【金融服务体系】 全市有银行机构30家(政策性银行3家,国有商业银行5家,股份制银行9家,邮政储蓄银行1家,城市商业银行2家,农村中小金融机构10家)、保险机构32家(财险公司20家,寿险公司12家)、证券机构64家(法人机构1家、分公司19家、营业部44家)、期货机构6家(分公司2家、营业部4家)、信托公司1家、财务公司3家、金融租赁公司2家。地方金融组织有小额贷款公司104家、融资担保公司26家、典当行68家。

【政金战略合作】 市政府与人行兰州中心支行建立共商共建、协同落实的金融工作联席会议制度,定期分析研判全市金融发展形势,研究解决重点领域投融资问题。市政府与农发行甘肃省分行、江海证券有限公司签订战略合作协议,为全市经济高质量发展注入新动能。加大"招金入兰"力度,对接引进金融机构,开源证券、平安证券先后开业运营;渤海银行来兰初步选址。

【企业融资服务】 成立兰州市首贷服务中心,并协调18家金融机构入驻政务服务大厅,为企业提供"线上+线下"一站式融资服务。4月开始运行,受理贷款咨询客户938户,受理贷款业务761笔;办理贷款业务516笔、金额4.74亿元。搭建兰州信易贷平台、大数据普惠金融服务平台,提高企业贷款可得性和便捷性。"信易贷"平台入驻金融机构26家、发布产品82个、发放贷款2.47亿元。编制《兰州市银行业金融机构信贷产品汇编》,汇总并推介203个信贷产品;向在兰银行推送857个投融资需求的企业项目名单。引导金融机构综合运用两项直达货币政策工具,加大对中小企业支持力度。截至12月末,全市小微贷款余额2677.23亿元,占各项贷款余额的18.81%,同比增长7.56%。

【资本市场发展】 制定实施《兰州市关于培育优质企业上市提高上市公司质量的实施意见》，联合金融中介机构，对标多层次资本市场上市标准，完善企业上市梯队建设，梳理确定入库企业26家。有序推进兰州银行、华邦建投、华龙证券、甘肃省交通规划勘察设计院等企业上市工作，全市现有上市企业21家，占全省的61.8%。“新三板”挂牌企业15家，股交中心挂牌企业170家。先后组织100余户企业参加直接融资培训会3场次，对北交所、新三板上市挂牌最新政策作辅导和解读。全年全市完成直接融资253.09亿元。

【助力乡村振兴】 聚焦巩固拓展脱贫攻坚成果同乡村振兴有效衔接，推动形成银行与保险联动、融资支持和对口帮扶相结合的工作格局。上半年，在榆中县、红古区、永登县召开金融“春播”对接会；年底，举办金融助力乡村振兴对接会，实现签约企业35家、金额27.68亿元。持续推进特色产业贷款、脱贫人口小额信贷，对符合条件的三农主体做到“应贷尽贷”。全市新增发放特色产业贷款53.04亿元、脱贫人口小额信贷2936.7万元。截至12月末，全市涉农贷款余额2001.4亿元，占各项贷款余额14.06%，同比增长6.13%。推动政策性农业保险扩面、增品。全年农业保险保费收入11263.1万元、赔款9383.05万元，简单赔付率83.3%。开展帮扶工作，为加快带动榆中县宜家岔村村民致富出谋划策，多渠道筹措资金约40万元，主要用于道路硬化、购置农机具等，为建档立卡贫困人口赠送意外伤害保险138份、保险金额3036万元。

【保险服务供给】 通过政府购买方式将商业保险引入救助领域，推进实施“和谐金城”“自然灾害”“两保一孤”等重点民生保险项目，自开办以来赔付6000余万元。实施“金城·惠医保”项目，全年赔付1223件，赔付958.07万元。加快绿色保险推广，首台套重大技术装备综合险保费收入

12月末，全市银行业金融机构本外币各项贷款余额（万元）及占比结构图

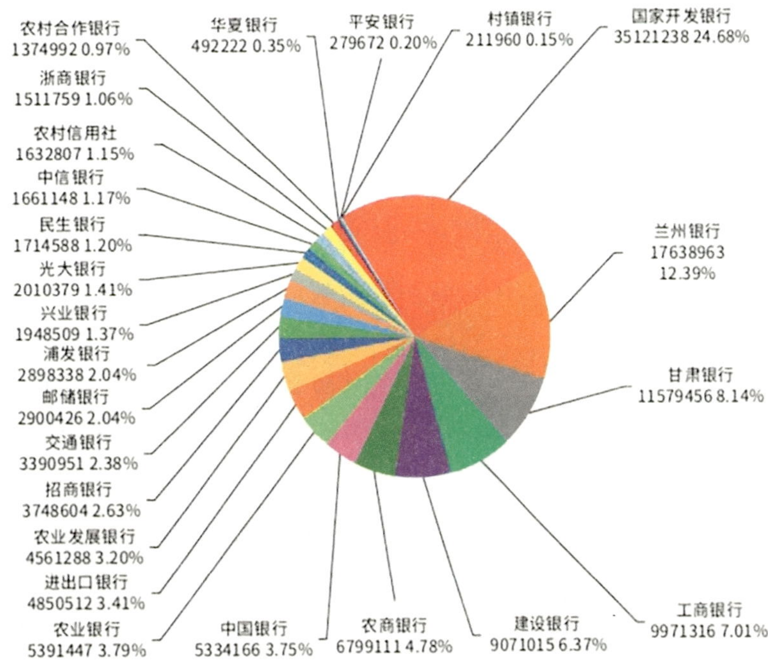

12月末，全市银行业金融机构本外币各项存款余额（万元）及占比结构图

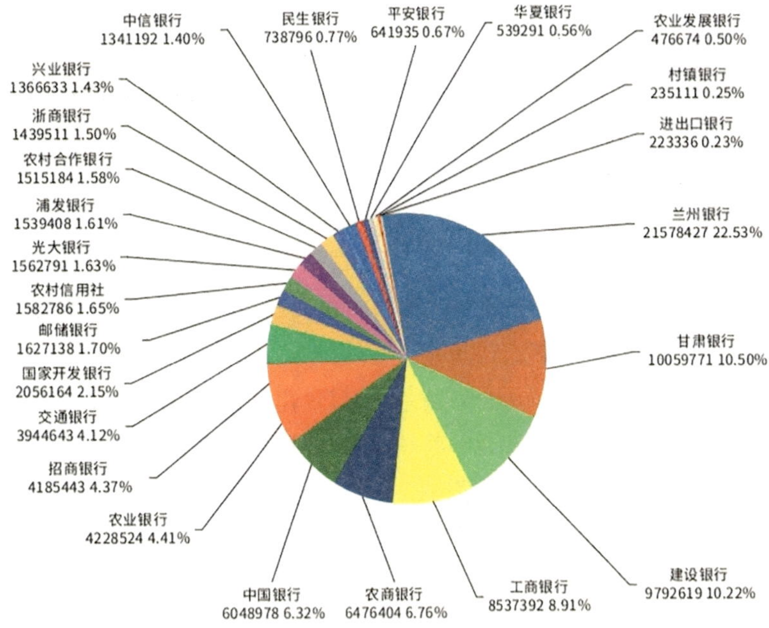

3185.16万元，承担风险金额14.36亿元；环境污染责任险保费收入144.26万元，承担风险金额0.84亿元。提高公共管理水平，继续推动食责险项目。

【地方金融组织监管】　综合实施非现场监管、现场检查、违法违规行为查处，全年累计现场检查小额贷款公司、融资担保公司、典当行121家、下发整改通知书27份、约谈高管37人次。规范审核各类地方金融组织申报事项28项，主要为公司股东股权变更、营业地址变更、增资扩股以及注销等；依法取消4家涉黑典当行经营资质。

【金融风险防范化解】　成立市深入推进高风险化险工作领导小组和不良资产清收处置工作专班，按照“一行一策”要求分别制定兰州农商银行、榆中农合行、皋兰县联社5个高风险机构风险化解工作方案，运用多种手段帮助高风险机构追索清收。全年高风险机构清收化解不良贷款67.16亿元。皋兰县人民政府置换不良贷款2.83亿元，现金注入3000万元，皋兰农信社已退出高风险机构行列。加大防范和处置非法集资工作力度，全年全市涉嫌非法集资刑事案件破案11件(其中当年立、当年破3起)。排查房地产等重点领域机构2959家，查处清理涉非广告资讯信息7970条。将防范和处置非法集资预警监测纳入社会治安综合治理体系，进行网格化管理，现有承担相关工作任务的网格2504个、网格员7178人。推进P2P网贷机构专项整治，“陇艺金服”7月出清，“汇贷天下”存量业务大幅压降，全年兑付金额1646万元。开展第三方财富管理公司及交易场所清理整顿、地方金融领域常态化扫黑除恶斗争、“反电诈”等工作。

【金融生态环境净化】　组织在兰金融机构、各县区紧盯重要时间节点，开展“3·15”“5·15”“网络安全宣传周‘金融日’”“非法集资宣传月”等10余次宣传活动，不断扩大政策法规知晓率，提高人民群众法治素养和风险防范意识。依托金融机构营业网点，通过电子屏滚动播放普法宣传标语；制作防范非法集资和扫黑除恶宣传片，在公交移动电视、楼宇媒体集中播放；利用“两微一端”、抖音平台以短视频方式剖析典型案例、讲解犯罪伎俩，发布原创作品56条，点击阅读量78441余次，互动覆盖12万人次；发放各类宣传品10462份，发送手机短信5万余条。

(*颜喜增*)

银行保险监督管理

【概况】　2021年，全市有政策性银行3家，大型商业银行6家，股份制商业银行9家，城市商业银行2家(兰州银行和甘肃银行)，农村合作金融机构85家，新型农村金融机构27家，非银行金融机构10家。银行业金融机构资产总额1.18万亿元，较上年同期增长6.02%。负债总额1.7万亿元，较上年同期增长1.19%。各项存款余额0.88万亿元，较上年同期增长6%。各项贷款余额1.42万亿元，较上年同期增长7.87%。

【保险业运行情况】　截至2021年末，全市法人保险公司1家(黄河财险)，省级保险公司31家(其中财产保险公司20家，人身保险公司11家)，保险从业人员2.11万人，累计实现原保险保费收入147.82亿元，累计赔付支出70.14亿元。

【服务实体经济】　引导银行保险机构根据“一带一路”以及中央新时代推进西部大开发形成新格局等发展需要，主动对接全省重点投资项目、省列重大建设项目、全省重大前期项目3个清单，持续增加对先进制造业、战略性新兴产业和产业链供应链自主可控的中长期信贷支持和保险保障。持续关注社会、民生领域金融投入，印发《关于贯彻落实新时代支持革命老区振兴发展实施意见的通知》和《2021年甘肃省藏区金融服务工作落实意见》，督促银行保险机构持续加大“革命老区”金融支持力度。加强对金融支持经济持续恢复和高质量发展的全程督导，自查督查发现问题6个，已整改销号3个，持续整改3个，限期整改2个，进一步提升银行保险机构服务实体经济整体效力。

【助力乡村振兴】　印发《关于2021年银行业保险业高质量服务乡村振兴的通知》，指导辖内银行保险机构严格落实“四个不摘”要求，在五年过渡期内保持主要帮扶政策总体稳定。农村基础金融服务实现全覆盖。做好脱贫人口小额信贷工作,保持过渡期内脱贫人口小额信贷全额贴息政策不变、力度不减,确保应贷尽贷。截至12月末,兰州市脱贫人口小额信贷(含原扶贫小额信贷)累计投放17.17亿元,累计惠及全省建档立卡贫困户及边缘户3.57万户,脱贫人口小额信贷余额2.1亿元。创新开展“甘农贷”示范工程,制定印发《“甘农贷”金融助力乡村振兴示范工程实施方案》,力争用3—5年时间培育一批“甘农贷”示范项目,打造一批“甘农贷”示范县(区),形成甘肃省乡村振兴“甘农贷”共享品牌。印发《支持乡村振兴重点帮扶县实施方案》,引导更多金融资源投入到全辖23个国家级和16个省级乡村振兴重点帮扶县,推动打造金融服务乡村振兴创新示范区,引导农险承保机构严格落实《甘肃省2021—2023年农业保险助推乡村振兴实施方案》,增品降费,不断扩大农险覆盖面。推动保险机构探索开展防贫综合保险,缓解城乡群众因病致贫、因病返贫问题。印发定点帮扶工作要点,将定点帮扶县作为“甘农贷”先行试点县,压茬推进定点帮扶工作。

【金融风险防控】 坚持把金融风险防控作为一项政治任务,牢固树立强监管、严监管理念,持续加大风险防控力度,严守不发生系统性金融风险底线。稳妥处置重点机构风险,制定高风险机构处置规划、方案及应急预案,强化对日常监管中发现问题的窗口指导,明确分类处置措施。持续强化信用风险防控力度,引导机构做实风险底数,合理确定处置规划及目标,用好用足各类优惠政策。加强对流动性风险监测预警和风险排查,做好风险防范预案,通过向上争取政策、向内挖潜质效、向外协调联动,加大不良处置力度。按照“房住不炒”总基调,开展银行保险资金流入房地产领域测算,严防信贷资金绕道进入房市。强化信息收集与共享,持续推进六类机构规范发展和网络借贷风险出清。保持案防高压态势,主动应对保险行业格式化投诉,加大对案件高发重点业务领域的督查督办。

【市场秩序规范】 建立稽查工作委员会,统筹现场检查立项、实施、报告、处罚、评估等工作,组建现场检查人才库,整合现场检查资源,形成现场检查实施与日常评估、现场检查项目质控与后评估相结合的高效闭环管理机制。全系统现场检查立项96项,已完成现场检查90项。对全系统2019—2020年共计236个现场检查项目开展后评估,紧盯应查未查、查而不实、查后未报及应罚未罚等问题进行评估,重点关注现场检查报告中的监管要求和处罚建议是否落实。针对深化市场乱象整治中机构内控合规机制不完善,股权与公司治理违规,风险防范处置能力亟待提高,违法违规问题屡查屡犯造成案件、反复投诉等突出问题严管严罚,同案同罚,依法“双罚”,确保过罚相当。印发《行政处罚不规范等行为专项清理工作方案》,对2015-2020年期间的行政处罚、现场检查、信访举报、涉刑案件管理4个方面40项内容进行专项清理。

（赵弘宇）

兰州银行

【概况】 2021年,兰州银行贯彻落实市委、市政府的决策部署,围绕“效益提升”,紧扣“不良贷款压降、业务结构优化”,突出“风控改进、管理提升、科技赋能”,锐意进取,改革创新,经营业绩稳中向好、管理水平持续提升、转型发展深入推进、风控能力稳步增强。截至年末,全行资产总额4003.41亿元,较年初增长10.49%;负债总额3713.32亿元,较年初增长10.88%;各项存款余额3056.55亿元,较年初增长6.74%;各项贷款余额2161.86亿元,较年初增长11.32%;实现营业收入78.36亿元,较上年增长7.29%;实现净利润15.66亿元,较上年增长4.9%;资本充足率11.56%,拨备覆盖率191.88%,不良贷款率1.73%;单一客户贷款集中度和最大10家客户贷款集中度均控制在规定范围内。

【风险防控】 逐步建立全面风险管理框架,筑牢业务管理、风险合规、内审纪检三道防线,不良贷款率有所下降,全年无案件事故发生。加强风险前瞻管理,完善“先授信、后用信”机制,开展授信平行作业,严控“僵尸”“空壳”企业授信。建立合格押品管理制度，优化现行信贷系统，进一步夯实风险管理基础。定期召开大额潜在风险贷款分析会和违约贷款压降专题会议，制定风险化解措施。制定《不良资产清收方案》《不良资产清收奖励办法》，组建百人清收团队。成立内控合规部，开展“内控合规管理建设年”活动，强化全员合规经营意识，完成全行新增贷款序时审计，对5家村镇银行开展全面审计，对互联网贷款、核销贷款及不良资产转让、贷款风险分类、表内外投资业务开展专项审计。开展警示教育，推进清廉金融文化建设，坚持不懈抓早抓小，持续推进异常风险行为排查。健全反洗钱制度体系，开展客户信息治理，做好大额和可疑交易报告，组织开展反洗钱自查和专项检查。

【业务转型】 推动业务转型，在信贷投放加速增长的同时，实现金融市场业务稳中有进，创新业务，收入来源多元化。建立重大项目对接沟通机制，组织开展“兰洽会”营销活动，落地“省列重大”及各地州市重点项目，对公贷款净增129.7亿元，增长10.5%。落地全国首笔中征平台数字证书确权模式应收账款融资业务，推出“陇商e贷”“医保贷”业务，与市财政局签订政府采购合同融资战略合作协议，搭建电子保函系统，上线区块链债权多级流转平台“兰银e链”，全年发放供应链融资21.5亿元。完成“两增”目标任务，优化“税e通”，研发“经营e贷”“医药通”，上线“农易贷”“百合惠农贷”。强化“信用一键贷”“拎包贷”营销，新增6家公积金贷款业务合作分行，助联贷、自营贷并进，互联网贷款成为个人贷款增长的强引擎，个人贷款净增114.8亿元，增长23.8%。全年新增各类资产投放1098亿元，持续多年零违约零风险，金融投资总收入增长27.9%。理财业务步入全面净值化管理新阶段，理财产品规模366.6亿元，较年初净增146.5亿元，理财中收首破2亿元关口。基金、保险、贵金属代销实现中收2377.4万元，信用卡新增发卡17万张。

【结构优化】 加强资产负债管理，定期召开资产负债管理委员会会议，对全行资产负债管理工作进行研判，对FTP定价进行评估、优化。扩大对公“朋友圈”，新增对公客户1.28万户，在16个市县区实现住宅维修资金业务落地，与13个地区的教育局签订合作协议，“企享存”产品实现定制化发售，对公存款净增81.9亿元，增长8.3%，对公存款付息率较上年下降4个BP。推出“产品+非金融服务”营销模式，为不同客群提供精准营销和差异化金融服务，个人存款付息率较上年下降11个BP。主动负债工具扩容，主动负债规模较年初增长152亿元，增幅54%，全年累计发行同业存单330亿元，创兰州银行自发行同业存单以来的峰值。出台《2021年费用管理办法》，开展全行财务大检查，严肃财经纪律，成本收入比较上年下降2.2个百分点。

【金融科技】 有序推动信贷、数据、信息技术应用创新三大项目群建设。推动项目研发，全年实施软件开发项目37个，其中21个项目已按计划投产。加强大数据推广应用，建立及优化应用模型26个。做好电子渠道更新迭代，优化交易银行各类业务系统功能84项，上线运行财资e管平台2.0企业端，发布个人手机银行6.0版本，推出老年客户定制“暖心版”手机银行，手机银行活跃用户175万户。不断强化支付场景建设，提升收单交易规模，扫码收单交易笔数与金额分别较上年增长117.5%、112%。不断深化百合生活网“生活+金融”场景建设，构建“直播+电商+金融”为一体的新型营销模式。

（殷秀梅）

中国农业银行股份有限公司兰州分行

【概况】 2021年，中国农业银行兰州分行业务经营在部分领域取得突破，整体工作呈现稳中有进的发展态势。截至年底，各项存款余额416.45亿元，较年初增加24.01亿元，增速6.12%。全行日均核心存款余额435.42亿元，较上年末增加46.05亿元。各项贷款余额514.16亿元，较年初增加22.05亿元，增幅4.48%。实现营业收入15.41亿元，同比多收1.05亿元，增幅7.32%。实现拨备前利润10.19亿元，同比增盈1.9亿元，增幅22.88%。实现拨备后利润9.37亿元，同比增盈2.87亿元，增幅44.14%。实现净利润6.28亿元，同比增盈1.67亿元，增幅36.36%。

【服务实体】 全年投放各项贷款250.7亿元。支持制造业等重点领域，整理筛选企业清单，以平台合作、产业链金融、数字化金融、多元化融资的服务模式，加快制造业贷款投放力度，全年投放2.2亿元。紧跟政策导向，抢抓新能源建设历史机遇，全年投放9.9亿元。跟进重大基础设施项目，以省市列重大项目清单和PPP项目清单作为融入主流银行竞争的关键抓手，支持交通、市政、能源、水利等重大项目建设，不断提升服务实体经济水平，全年投放130.1亿元。紧盯市场供需关系变化，加强市场研判，疏通政策流程堵点，全年投放城市个贷13.03亿元，余额111.19亿元，较年初净增0.55亿元；其中投放个人住房贷款11.37亿元，余额108.76亿元，较年初净增2.39亿元。

【服务乡村振兴】 持续做好惠农服务点的提升和转型，从整治低效服务点入手，统一标识增强服务点服务功能和效率，在疫情期间为村民提供优质金融服务，全年完成466个服务点的标识牌挂牌、机具布放和培训工作，实现交易量14.89万笔，金额1.2亿元。重点打造核心企业供应链业务，把供应链融资业务作为普惠法人贷款增长突破口，同时按照“产业振兴贷”模式，全年制定7个供应链条方案，投放金额1.1亿元。全力推动农户贷款投放，依托“农户综合经营贷”和“特色产业贷”组织县域支行加快推动农户贷款投放，截至年末，投放综合经营贷1.69亿元，全行普惠领域贷款余额14.38亿元。推进农户信息建档工作，全年农户信息建档有效客户数6718户。

【转型改革】 互联网场景新增197个，带动客户31.09万户，净增27.72万户。利用开放式银行在资金结算和清分服务的优势，向本地化中小商户及部分连锁批发商提供金融服务，并将服务的区域由兰州本地向甘、青、宁、新等地辐射营销。至年末，累计上线352家商户、1494家门店、实现线上交易2502万笔、金额18.13亿元，数字化转型逐步实现批量获客、资金归集的目标。持续推进网点提升转型，根据总行对未来三年网点规划批复，确定“总量保持稳定，空白尽快补充，撤迁同步实施”网点优化原则，加快网点转型步伐，在城区辐射空白点新设网点2个，撤并网点2个，迁址网点6个，其中迁址新购网点3个、迁址新租1个，完成原址改造网点3个，压降自助网点9个。

【风控案防】 开展风险隐患排查，全面加强物防、技防、人防、消防管理，确保全年安全运行。加强消费者权益保护，增强员工服务意识，完善网点服务功能，规范销售行为，特别是加强和改进特殊群体金融服务，稳妥处理客户投诉，做到早处理、快化解，避免投诉升级或引发负面舆情，全年处理95599及监管转办投诉事件447笔，较上年同期减少418笔、降幅48.3%。同时，开展二手住房贷款专项检查、个贷业务与员工行为“双线”排查、全行信贷业务交叉检查、押品真实性排查，有效管控信用风险，不断构建更加趋缓，审慎、规范、稳健的信贷管理文化，全年新发放贷款到期现金收回率99.84%，年末不良率0.48%。

（何彩霞）

中国农业发展银行甘肃省分行营业部

【概况】 2021年，中国农业发展银行甘肃省分行营业部充分发挥政策性银行金融优势，以党建为引领，全力服务乡村振兴和区域发展战略，支持地方基础设施建设和经济发展。全年投放各类贷款128.67亿元，同比多投56.5亿元；年末各项贷款余额456.13亿元，较年初增加70.52亿元，余额再创历史新高。

【粮食安全保障】 立足主业，足额保障政府储备资金供应，统筹支持粮油政策性收储和市场化收购。全年投放粮棉油贷款12.76亿元。其中，发放粮油储备和政策性财务挂账贷款6.74亿元，支持储备、轮换和最低价收购粮油22.5万余吨；发放储备化肥贷款2.7亿元，支持收储化肥20万吨；发放储备肉贷款1.03亿元，支持收储冻肉4400余吨；发放粮油收购贷款1.92亿元，支持收购粮油7.7万余吨，粮棉油市场份额达到78.32%。完成省级储备粮油贷款划转19.71亿元，理顺“谁保管、谁贷款”的粮食管理体系。

【服务乡村振兴】 贯彻落实“四个不减”(工作力度只增不减,资金投入只增不减,政策支持只增不减,帮扶力度只增不减)“四个坚持”“五个衔接”(机制衔接、产业衔接、项目衔接、政策衔接、规划衔接)工作要求,全力服务脱贫地区接续推进乡村振兴。累计投放巩固拓展脱贫攻坚成果同乡村振兴有效衔接贷款77.09亿元,投放额居全省农发行系统首位。聚焦皋兰、永登、榆中3县,紧盯“三个不低于”目标,全力推动项目、资源、举措向重点地区和重点领域聚合,累计向3县投放贷款76.09亿元,3县贷款余额260.86亿元,贷款增速40.42%,高于全行贷款增速22.13个百分点。向省列乡村振兴重点帮扶县皋兰县投放贷款38.78亿元,贷款增速45.94%,高于3个脱贫县总体贷款增速。

【助力基础设施】 支持农业农村基础设施建设,投放固定资产贷款104.14亿元,支持24个重大项目建设。围绕新型城镇化建设,投放城乡一体化贷款73.38亿元,支持土地整治、保障房、安置房等民生工程及奥体中心、动物园等文化项目建设。围绕打造“水利银行”品牌投放贷款11.8亿元,支持兰州新区中通道雨水调蓄、刘家井滞洪调蓄等项目。围绕打造“绿色银行”品牌,发放6笔绿色信贷项目贷款27.88亿元,支持创新科技产业园、分散式光伏发电、黄河上游生态修复、新区石化园区专精特新C区等项目。首次向央企中核集团旗下子公司甘肃新盈新能源有限公司投放首笔新能源贷款,实现央企贷款和新能源领域投放两个突破。

【信贷风险防控】 严把调查准入关、审查审议关、放款监督关、贷后管理关,持续提升信贷全流程管理质效。从严做好贷款风险分类管理,常态化开展客户风险排查,密切关注抵押物价值变化及存续状态,及时有效应对大额大户贷款形态下迁压力。对重点风险客户,成立工作专班,认真研究风险缓释手段,一企一策推进化解。按照“现金清收一批、批量转让一批、呆账核销一批”思路,采取担保公司代偿、拍卖押品变现、协调政府补偿、诉讼促收等措施,依法合规抓好不良贷款清降化解工作,确保应收尽收。

(完颜鹏 牛重钦)

招商银行兰州分行

【概况】 2021年,招商银行兰州分行营业收入14.47亿、非息3.33亿元、EVA(考核利润)4.7亿元。截至年底,分行考核口径核心存款351.34亿元,考核增量30.05亿元,考核口径存款市场份额4.42%,同比提升0.27个百分点。一般性贷款(含非标)307.45亿元,同比增长8.56亿元。AUM(资产管理规模)规模420.54亿元,较考核基数增长50.57亿元;FPA月均规模390.86亿元,同比增长40.88亿元。

【风险合规管控】 加大风险扎口管理,抓好重点领域风险防控,推动资产质量稳中向好。截至年底,招商银行兰州分行不良率0.84%,同比下降0.01个百分点;不良贷款额1.63亿元,同比下降1.23亿元,实现双降目标。进一步加强内控体制机制建设,将合规、案防及监保等工作纳入全行考核体系,构建完整清晰的内控合规考核制度,并层层签订责任书,强化各级内控合规主体责任。常态化开展一把手、合规官、合规督导官合规宣讲活动。高度重视员工异常行为排查管理,全年组织开展常规排查4期,专项排查5次。

【市场攻坚】 代发绝对量和同比增幅创历史新高。强化场景拓展,接连突破志愿者联名卡、地铁双卡过闸等场景,志愿者联名卡申请量突破9万张,绝对量居系统内第一,公积金查询、医保电子凭证签发完成率排名系统内第一。有效基客、金卡、钻石、私人银行客群建设均超额完成总行任务。财富中收同比增幅34.85%。实现专项债资金引流逾百亿元,先后落地60余亿元定增、5亿元债券承销等重大项目,推动对公存款份额逆势提升0.46%,累计投放绿色信贷16.17亿元,储备新能源授信70亿元,为后续资产业务投放和结构优化打下良好基础。落地供应链、内保外债、融资租赁、CBS、信用证等项目,推动批发非息、FPA实现较好增长。

【品质服务】 提升员工服务意识和能力,强化服务品牌建设,西站支行、西固支行获“2021年银行业文明规范服务千佳示范单位”称号。

（任　翔）

中国人寿保险股份有限公司兰州市分公司

【概况】　2021年，中国人寿兰州市分公司紧紧围绕年初确定的经营指导思想和任务目标，实干苦干，守正创新，经营稳定发展。全年达成标保8037.4万元，长险首年期交27215.68万元，其中10年期及以上9700.87万元；短期险11867.92万元。大个险月均持证人力2577人，月均举绩人力839人，月均增员率5.91%，季均有效人力1315人，月均星级人力302人。

【创费创佣】　新单创费2476.15万元。其中，长险创费1598.18万元；短期险创费877.97万元。大个险营销员平均收入1.9万元，同比增长30.14%；各级主管平均收入19.36万元，同比增长17.05%。实际列支工资总额3325.8万元，较上年净增495.59万元，增幅17.51%。

【业务指标】　全年，理赔客户4.3万人次，累计赔付1.35亿元，获赔率99%，申请支付平均时长1.09天，受理重疾1日赔案件408件，给付金额1536万元。

【业务拓展】　大个险整体谋划张弛有序，通过1月年货节，2月客养，3月丽人行，4月嘉年华，5—8月联动，9月国寿盛典，10月双线作战，11月开门红三年期冲刺，12月开门红冲刺与年末收官等营销活动，市场应变能力、业务拓展能力、队伍战斗能力显著增强；大短险对接政府单位及大中小型法人企业，成功开拓老龄险、铁路局等新业务，全年新拓保费超过400万元；银保渠道面对发展困境，积极开展自救，在首年期交整体缺口较大的劣势下，重点拓展5年期业务。

【管理规范】　落实队伍清虚、新人培训、续期收缴、成本控制等高质量发展要求，保单件数继续率、保费继续率等高质量核心指标分别较上年提升0.7、3.4个百分点，新单异常自保件占比控制在5%左右，同比下降5%。从疫情防控、员工管理、服务态度、现场管理4个方面开展服务大练兵活动，服务意识和服务技能明显提升。在全省72家星级柜面评选中，兰州市分公司包揽3个五星级柜面，5个四星级柜面占前3个，另有1个柜面被评为三星级柜面。建立岗位风险周自查、条线风险月预警、全员周学习制度，构筑常态化防控机制；开展人身保险市场乱象整治及重点风险专项排查整治工作，对县区级机构现场检查，对于发现的3大类14个问题，逐条整改销号；在舆情风险排查上，严格执行新闻宣传及信息发布、处置突发事件、信访等办法，应对各类突发事件。推进疫情常态化、网格化管理。完成静宁路综合办公楼、安宁支公司、七里河片区的装修、搬迁工作，全市系统办公环境得到改善，标准化职场建设得到总公司高度认可。通过校招、社招、猎头招聘等方式，拓宽员工招聘渠道，为发展注入补充新鲜血液；坚持理论联系实际、讲求实效的原则，将每周常态化学习和季度集中培训相结合，坚持不懈地开展员工培训，增强员工的管理水平、执行能力和业务技能。

【社会责任】　落实新冠肺炎疫情防控责任，通过细化防控措施、推进线上经营、捐赠防疫物资、动员员工参与各类志愿服务等方式，在全力服务防疫大局的同时，做到停工不停产，平稳度过10月份新冠肺炎疫情。落实中央“健康中国”战略部署，采取板块划分、条线对接、领导包点、全员竞拍、精准定位的销售策略，推广销售“金城·惠医保”。赞助市委宣传部主办的“百年风华见证兰州”建党100周年主题宣传活动，展现保险行业风采；参加甘肃保险业庆祝中国共产党成立100周年主题合唱比赛，获三等奖。

（张　慧）

教育·科学技术

学校校育

【概况】　2021年，兰州基础教育工作始终聚焦立德树人根本任务，坚持“12312”发展思路，紧盯扩大教育资源、促进教育公平、提高教育质量三大任务，调动广大教育工作者的积极性，推进教育现代化和区域教育中心城市建设。全市有各级各类学校1583所。其中，幼儿园877所；小学450所(另有教学点133个)；初级中学85所；九年制学校62所；十二年一贯制学校7所；完全中学27所；高级中学28所；中等职业学校41所；特教学校6所。在校学生595329人。其中，幼儿园135434人；小学253803人；初中106842人；普通高中62958人；中等职业学校35778人；特教学校514人。教职工55285人。专任教师44834人。其中，专任教师中幼儿园9340人；小学17330人；初中9852人；普通高中6157人；中等职业学校1990人；特教学校165人。

【学前教育】　推进城镇小区配套幼儿园建设和整治，新建、补建7所小区配套幼儿园。开展学前教育“砥砺十年、奠基未来”主题宣传活动，开展幼儿园规范办园检查治理工作，与市发改委联合下发《关于调整兰州市公办及公办性质幼儿园保育教育费标准的通知》。评定和复验48所幼儿园晋级升类，兰州市实验幼儿园等6所幼儿园获评“甘肃省领航幼儿园”。公办园在园幼儿人数占比51.7%，普惠性幼儿园覆盖率94.91%。市教育局印发《兰州市推进幼儿园与小学科学衔接工作方案(2021—2023年)》，推进全市幼儿园和小学实施入学准备和入学适应教育。开展兰州市第2届幼儿教师原创绘本征集大赛和兰州市第13届幼儿教师新秀比赛及学前教育优质课比赛。学前3年毛入园率97.5%。

【义务教育】　市委、市政府印发《兰州市深化教育教学改革全面提高义务教育质量实施方案》，确定义务教育发展目标和路径。完成新建和改扩建中小学31所，新增学位22750个。完善“一体化”办学机制，各类办学体63个，覆盖228所学校，实现优质资源共建共享。开展城乡学校结对帮扶工作，8个县区、190余所学校结成帮扶对子，强校带弱校。推进“教育+互联网”“名师同步云课堂”等项目，为46所农村地区学生提供优质教育服务。推进乡村精品学校建设，14所农村学校通过市级验收。全面实施“新中考”，改革部分科目考试方式，首次将物理、化学、生物实验操作考试和外语口语考试纳入中考，促进学校更加重视学生动手操作能力和实践能力的培养。改革普通高中录取办法，初步形成基于初中学业水平考试成绩、结合学生综合素质评价的计分与计等相结合的普通高中招生录取模式，严格落实公办、民办普通高中同步报名录取、相同招生范围和相同录取标准。坚持和完善优质普通高中招生名额合理分配到区域内初中的招生政策，统配比例提高到75%，有效抑制义务教育择校问题，进一步促进义务教育均衡发展。

小学适龄儿童入学率100%，毕业率100%；初中阶段适龄人口入学率100%，毕业率100%；九年义务教育巩固率99.87%。初中毕业生综合素质评价五个维度评价结果在2A3B以上的占比96.79%，在1A4B以上的占比97.32%。

【普通高中教育】 印发《兰州市普通高中特色多样化发展实施意见》《兰州市普通高中新课程新教材实施国家级示范区建设工作三年规划》，加快普通高中特色多样化建设，满足学生全面而又有个性化的发展需要。兰州市被评为新课程新教材国家级示范区，西北师范大学附属中学、兰州一中和三十三中被评为新课程新教材国家级示范校，三十三中和五十八中被列入甘肃省卓越高中培育计划，推进普通高中“三新(新课程、新教材、新高考)”工作全面实施。全年组织4000余名教师参加普通高中育人方式改革暨高考综合改革高峰论坛、学科核心素养研讨、“三新”背景下学生综合素养提升工程培训、新课程、新教材研训等16场论坛报告会。围绕学生全面发展，全面推动政府、学校、教师、学生等教育评价改革持续深入，市教育局印发《兰州市深化新时代教育评价改革实施方案》。成立兰州市普通高中生涯规划教育专家指导委员会，加强全市普通高中生涯规划教育；成立30个门类的课程指导委员会，加强在“三新”背景下的基础教育改革发展研究指导。

全市高中阶段毛入学率99.67%，普通高中入学率60.67%；中职就业升学率96.67%，对口就业率87.02%。全市高考报名27936人，实际参加高考25668人。全省985院校录取率2.33%，兰州市4.53%；全省211院校录取率5.3%，兰州市8.17%；全省双一流院校录取率5.93%，兰州市9.54%。600分以上人数中兰州市占515人，占全省29.58%；本科上线率58%，应届考生一本上线率30.78%，二本及以上上线率70.13%，总上线率99.93%。

【中等职业教育】 制定《兰州市贯彻落实〈教育部甘肃省人民政府关于整省推进职业教育发展打造“技能甘肃”的意见〉实施方案》，科学编制全市职业教育改革发展“十四五”规划，强化职业教育发展的系统设计。整合5个市属职教集团，成立包含25家职业院校、117家企业、3家科研所的兰州现代职业教育集团，力促全市职业教育规模化发展。推动全市17所职业院校按照“自愿互利、合法依规、交流协作、均衡发展”原则，结对协作，促进职业教育均衡发展。实施职业教育质量提升计划，组织职业教育思政微课、德育工作典型案例评选，举办班主任能力大赛、职业技能大赛、特色品牌专业评选等活动，以赛促教、以赛促训，提升职业学校办学品质。落实职教高考制度，全年参加中职对口升学考试1412人。其中，本科录取6人；专科录取954人；录取率67.99%。

【特殊教育】 完善“以随班就读为主体、特教学校为骨干、附设特教班为补充、送教上门为突破”特教发展体系。下拨中央、省级特殊教育补助104万元，重点用于改善特殊教育办学条件，提升特殊教育指导中心服务能力，保障特殊教育工作的开展。启动榆中县特教学校迁建项目。进一步提高普通中小学教师的特殊教育专业素养，开展兰州市第4届残疾儿童少年融合教育、特殊教育优秀案例征集及评选活动，征集优秀案例116篇。全市1847名残疾生义务教育阶段入学率100%，辍学率为0。

【民办教育】 成立专项督查组，对全市学科类校外培训机构落实“双减”情况及校外培训机构安全工作进行全面督查，进一步规范民办教育机构的办学行为。精准研判“双减”意见出台后学科类校外培训机构关停易引发的社会不稳定风险，采取科学措施精准应对，充分保障各方合法权益。全年年检各级各类民办教育机构985所，其中幼儿园318所，对年检不合格的26所教育机构取缔办学资格。

全市有民办学校698所。其中，幼儿园677所；小学1所；初中9所；普通高中11所。在校学生

118086人。其中，幼儿园95080人；小学7317人；初中10348人；普通高中5341人。教职工15209人。其中，幼儿园12367人；小学13人；初高中2829人。

【成人教育】　全市有34665人报名参加自学考试，93075科次。有38299人报名参加教师资格考试，73892科次。有24361人报考各类成人高校考试。有6344人报名参加研究生考试。

【家庭教育指导服务】　先后举办56场家庭教育培训活动，以青春期亲子关系构建、考试减压、“双减”政策解读和复课心理减压等为主题，受众家长超30万人次。举办4场次兰州市《家庭教育指导手册》学校卷和家长卷的宣讲活动。举办8场次家庭教育指导师研训活动和家庭教育名师工作室领衔专家走进成员校活动，推动家庭教育指导向系统化、科学化方向发展，家庭教育在构建教育高质量发展体系中的作用进一步提升。

【教育科研】　成功举办主题为“阅动金城·读行致远——营造书香校园”的新教育实验第21届全国线上研讨会。总结、梳理和凝炼“新教育”“情境教育”和“自学·议论·引导”三大实验项目在兰州市中小学实验及推广的经验和成效，邀请李庚南、李镇西等全国知名专家亲临现场指导兰州试验区推广工作。开设三大教育实验项目专项课题申报通道，并召开专项课题申报培训会，加速项目研究成果梳理和固化，推动研究成果产出。推荐上报6项成果参加第6届全国教育科学研究优秀成果评选活动。围绕高效课堂模式构建，启动全市中小学教师“夯实基本功提升教育力”业务能力大比拼活动。组织开展“基础教育精品课”遴选工作，其中58节精品课被推荐参加教育部精品课评选。组建107个学科专家组，对督导学校进行全学科、全学段、全体教师的课堂督导，完成441节课堂观察、90场现场反馈和专题讲座。精心组织第3届兰州市中小学(幼儿园)优质课竞赛活动，将优质课送教下乡。推进“智慧课堂融合应用试点示范项目”，开展“名师在线”活动，为全市学生居家学习提供优质在线课堂。组织专兼职教研员到学校任教，开展教育教学“三级视导”，承担课程改革政策解读、教师专业培训、学科核心素养落地、选课走班、学生发展教育等重大课题的研究与实践。开展第3届普通高中原创命题竞赛和高中单元作业设计大赛，以赛促教、以赛促学，不断提升教师命题水平。2021年全市立项市级“个人课题”3602项，市级规划课题830项，推荐上报省级课题400项，评选市级基础教育教学成果奖129个。

【《兰州教育》】　《兰州教育》创刊于1982年3月，是兰州市政府主管、兰州市教育局主办、兰州市教育科学研究所承办的内部连续性资料。《兰州教育》全方位报道兰州市教育教学最新的研究发展情况，讲述兰州市教育的好故事，在本市和全国内刊有一定的影响力。《兰州教育》在全国教育内部报刊协作会两年一次的内刊评比中，已连续15次获得全国优秀期

2021年编印的6期《兰州教育》

刊一等奖。2021年编印六期，每期发行1600册，其中第3期为"新教育"实验专刊，主要栏目《兰教视点》《本期关注》《铸魂之旅》《双减聚焦》《名师风采》《学校发展》《教师发展》《学生发展》《智慧在线》《教研结晶》《教育叙事》《育苑书韵》等；彩页有《学校风采》《教科研剪影》《翰墨丹青》《采访掠影》《诗珠画璧》《名作欣赏》《摄影天地》。2021年11月3日，浙江省温州市设主会场的第31届全国教育内部报刊协作会上，《兰州教育》编辑部主任张国英作为大会的五位主旨发言、西北五省区的唯一代表，作了题为《站在新时代的前沿，担起教育内刊责任》的发言，交流分享在"双减"背景下的所作所思，探讨如何做一份能在指尖停留的刊物，一份有价值、有温度的刊物。

【师资队伍建设】 推进各级各类教师培训，组织实施国培计划、校长发展学校、名师发展学校等项目，培训教师和校（园）长7058人次。举办兰州市"名师大讲堂"活动44期，培训教师21840余人次。市教育局印发《金城名师及其工作室管理办法》《金城名师及其工作室考核评分细则》，成立兰州市名师发展专家委员会和"金城名师"发展工作指导委员会，专业指导全市各级教育人才队伍建设。推荐评选出甘肃省"园丁奖"64个，评选出市级学科带头人90人、市级骨干教师300人、市级农村骨干教师21人，县区级骨干教师1097人。组织选出30个兰州市首届"教育世家"，认定1414名"坚守班主任岗位25年"教师，认定"乡村从教满30年"教师1199名，鼓励教师长期坚守教师岗位，担任班主任工作。开展"千进八百互动"计划，进一步加强城乡学校间教师的互动交流。加大政策供给力度，着力破解结构性紧缺问题，招聘特岗教师227人。全年为七里河区、榆中县、永登县、皋兰县6969名乡村教师发放生活补助3066.91万元，进一步提高乡村教师生活待遇。2021年，引进硕士研究生、"双一流"建设高校毕业生、"教育部卓越教师培养计划"优秀毕业生95人，公开招聘教师14名，招聘"同工同酬"聘用制教师745人。

小学专任教师学历合格率100%，大专以上学历占98.78%；初中专任教师学历合格率100%，本科以上学历占94.52%；高中专任教师学历合格率98.8%，研究生学历占16.76%；中职学校专任教师学历合格率93.92%，双师型教师占28.15%。

【"双减"政策落实】 制定《兰州市落实义务教育"双减"工作的具体措施》《兰州市强化落实校内减负的通知》《兰州市"双减"工作校外培训机构专项治理行动方案》。确定"三提一改四督查"校内减负措施和"五限双改双管理"校外减负措施，着力减轻校内作业负担、提高课后服务质量、规范治理校外培训机构。着力抓好"五项管理"，将中小学生作业、睡眠、手机、读物、体质健康管理纳入教育质量评价范围，开展义务教育学校规范办学行为监测和常态化督查。开展市、县区、学校三级作业设计大赛，全市义务教育学校均制定作业管理办法。

【语言文字】 开展第24届"推普周"宣传活动，发放推普周宣传画80余套，聘请专家在永登县、榆中县、皋兰县进行"推普助力乡村振兴"专题讲座，对170余名乡镇干部、农村教师进行培训。开展兰州市中小学庆祝中国共产党成立100周年暨第3届经典诵读大赛活动，完成申请教师资格人员、教师、医生、学生、公务员、企事业单位职工及窗口服务人员等普通话水平测试工作。兰州市普通话水平培训测试站被省语委评定为优秀测试站。

【教育督导】 做好县域义务教育基本均衡全省评估迎检工作，提高全市县域义务教育基本均衡发展成果。做好两级政府履行教育职责督导评估工作，市委、市政府办公室印发《关于兰州市深化新时代教育督导体制机制改革的实施方案》，市教育局制定《兰州市学校综合督导工作五年行动计划（2021—2025年）》。5月13日至14日，兰州市政府副秘书长、市政府教育督导委员会副主任淡汉荣和督导专家一行19人，对安宁区人民政府2021年履行教育职责落实情况进行为期2天实地督查。5月27日至28日，安宁区、榆中县顺利完成2021年国家义务教育阶段四年级和八年级学生数学学习质量、体育与健康状况、心理健康状况的监测工作；完成对兰州市第五十六中学等14所学校的综合督导评估；完成对10所幼儿园办园行为督导评估市级复核，对每一所学校形成督导报告；做好对中小学校的“五项管理”督导工作，确保工作得到落实。

【劳动及音体美教育】 印发《兰州市加强新时代中小学劳动教育实施方案》，全面指导学校强化劳动教育，全市建成15个县区级劳动教育实践基地，挂牌20个校外劳动实践基地，200余所学校开辟校内劳动教育实践场所。组织42期市级劳动教育研学实践活动，2万余名学生参与。组织全国劳模进校园宣讲活动，开展第一届兰州市中小学劳动教育基本功大赛。通过成立市级劳动教育指导中心、组建劳动教育工作室和劳动教育线上培训等方式，引领培养劳动教育专兼职教师1800余人。联合市文旅局建立健全长期有效的馆校合作机制，发挥馆藏文物的教育价值，有效地促进博物馆青少年教育资源与学校教育的衔接。推进兰州市“学校体育教育教学改革”项目和“素质型音乐教育新体系”实验项目，促进体育美育常规教学，实现实验项目“双驱动”。组织7000余名运动员参加兰州市2021年度青少年校园足球联赛、中小学生篮球、排球、田径、围棋等比赛1100余场。组织242所学校、9800余名师生参加兰州市第7届中小学生艺术节，充分展现全市“校校有活动、人人展特长”新局面。推荐全国校园足球特色校15所，全国青少年校园足球试点区1个，全国特色幼儿园6所。年底，全市有3个全国青少年校园足球试点县区（城关区、七里河区、榆中县）、144所全国校园足球特色学校、30所全国校园足球特色幼儿园。

【心理健康教育】 推进“双心”工程的实施，制定《实施全市中小学心理成长工程培育黄河少年的行动方案》和《实施心理健康成长工程行动方案》，制定兰州市中小学生和教师心理健康测评标准，组建“兰老师心理咨询热线”和兰州市中小学心理健康教育工作坊，授牌2021年度兰州市中小学心理健康教育特色标杆学校11所、兰州市中小学心理健康教育标准化心理辅导室7个。预评省A级中小学心理健康教育标准化心理辅导室12个。加入中国中小学心理健康教育研究城市共同体。疫情期间及时开通县区心理健康教育服务热线平台，举办未成年人阳光心理健康教育现场直播活动16场，全年培训专兼职心理教师、信息技术教师570人次。

【合作交流】 牵头推进兰西城市群教育事业互融发展，9个节点城市共同签署《战略协作协议》，“两心多平台、九城共协同”协作机制初步形成。持续推进“百校结好”“千校携手”项目管理。一只船小学与新西兰艾登菲尔德小学进行线上交流，建立结好关系，深入开展线上课程教学研讨、学生交流活动。成功举办第7届“丝绸之路经济带”沿线城市教育协作会暨“庆祝中国共产党成立100周年中小学继承弘扬优秀传统文化活动”，进一步深化西安、兰州、银川、西宁、乌鲁木齐5座城市间各项交流。遴选2名师生参加2021年优秀高中毕业生和中学俄语教师赴俄罗斯留学。选拔优秀英语教师参加2021年夏季国际英语教师资格证书考试培训。

【安全教育和学生资助】 坚持每季度召开一次安全工作会，定期分析研判，科学统筹谋划。强化宣传教育，不断推行“3530”（每天进行3分钟安全提示、每周放学前开展5分钟安全警示、节假日放假前组织30分钟安全主题教育）教育模式，与市公安局联合举办反恐怖宣传进校园活动，为全市学校发放1万册《市民反恐怖手册》。普及洪涝、台风、地震、森林草原火灾等各类灾害知识，组织专题讲座1000余场，科普活动200余场，全市44万名中小学生开展疏散演练800余次。整顿校园周边环境，清理占道摊点12320个，整治“六乱”3200余处，检查校内及周边食品经营户2100余户次，制止校园周边施工噪音超标行为136起，劝导并制止商业超标噪音286起。全市有1127所学校参加校方责任保险，参保学生567376人，参保金额283.68万元；参保教师47479名，参保金额237.39万元。全年上报理赔案件1924起，理赔金额529.31万元，结案率95.58%。

全市落实学生资助资金1.098亿元，惠及学生9.32万人次。对符合条件录取到普通高校本科的116名学生和录取到普通高校专科（高职高专）59名学生，发放补助资金163.2万元。解决参加今年高考并被录取到普通高等学校的兰州市2021级城市低保全额保障家庭和农村低保一、二类保障家庭子女的实际困难。

【卫生与防疫】 联合开展学校食品安全专项检查，重点对西固区中小学生集中供餐学校、兰州市第二中学雁滩分校食堂和兰州职业学院食堂进行检查指导和“回头看”，严格落实“五个严禁”，确保广大师生“舌尖上的安全”。多措并举，强化校园管理，加强联防联控，严格落实教育部“五个一律”，严格落实疫情信息报送制度。多途径开展宣教活动，及时发布《致全市中小学生及家长朋友的一封信》，“小手拉大手，防疫共坚守”倡议。开展“无疫学校（单位）”创建活动，全面提升学校（单位）疫情防控与应急处置能力。在职教职工及12岁以上在校学生新冠肺炎疫苗全程免疫接种率100%。

【办学条件改善】 主抓薄弱学校改造、教育资源扩大化、名校办分校、办学条件改善等项目，落实中央省级专项、市财政预算等各类资金7.6亿元，实施基本建设、维修改造等各类项目71个。其中，新建7个；续建64个。重点推进兰州现代职业学院建设、兰州二中雁滩分校建设、兰州十一中教学楼拆除重建、兰州市实验幼儿园航天分园改造、北京实验二小兰州分校公寓楼建设等重点建设项目，推进兰州五十一中九州分校、兰州五十八中新校区等重点项目前期手续，同时协调推进北京八中兰州分校初中部、高中部、兰州新区甘南实验中学、兰州东郊学校华润分校的建设。全年全市校舍总建筑面积6454037万平方米，生均建筑面积小学6.59平方米，初中14.99平方米，普通高中25.95平方米，中职学校11.48平方米。

（王发强）

校外教育

【概况】 2021年，全市校外教育抓实主题教育活动提升行动，打造精品剧目、精品培训、精品图书，抓实服务品质提升，开展进校园演出、流动少年宫、课后服务等，抓实公益职能拓展，参加文明交通执勤、社区疫情防控、帮扶慰问贫困户、社区认领“微心愿”等，抓实志愿服务提升，为群众办实事好事，全面提升校外教育工作质量。不断拓展甘肃省农业科学院和张掖试验场、兰州庄园牧场股份有限公司等青少年校外教育实践基地活动范围。兰州市少年儿童活动中心获得全国“心中有祖国、心中有他人”主题教育活动优秀组织奖，全市38所学校和47名教师获得先进集体和先进个人称号。兰州市少年宫获得“童心向党颂百年辉煌”全国少年儿童主题活动先进单位、中国（杭州）国际少儿漫画大赛优秀组织奖、酒泉路街道民族团结进步联盟成员单位等荣誉称号。

【第12届生态道德实践活动】 4月至12月，市委宣传部、市精神文明建设指导委员会办公室、市教育局、市生态环境局、共青团兰州市委员会、市校外教育办公室联合开展“我为兰州添一抹绿”兰州市少年儿童第12届生态道德实践活动，引导少年儿童树立尊重自然、保护自然的责任和意识，吸引全市109所中小学校、乡村（社区）学校少年宫3万余名少年儿童参与。4月初，甘肃省农科院提供200余袋蔬菜种子分发学校播种，记录生长和收获过程，跟踪报道好经验好做法。6月16日，组织西固区13所学校100名师生在省农业科学院开展实践活动，参观展览馆、马铃薯脱毒中心，学习农作物生长知识，动手参加小麦和胡麻杂交实验。7月12日至14日，组织40名师生赴张掖开展实践活动，在高台西路军烈士陵园缅怀革命先烈，在湿地公园领略河西走廊生态保护与建设成果，在实验场体验现代设施农业，参与番瓜移苗等劳动。成果征稿阶段收到6567份征文摄影书画作品，评选出等次奖100名、入选奖200名。

【青少年成长教育公益】 5月14日，著名雕塑家何鄂与兰州市第五十二中学1000余名师生畅谈艺术人生，何鄂以《文化自信和民族复兴》为题，从黄河母亲雕塑说起，讲述博大精深的传统文化对艺术创作的影响，传播优秀文化精髓，寄语青少年学好知识报效祖国。中国科学院西北生态环境资源研究院教授沈永平走进兰州市第四十六中学、皋兰县第一中学等9所学校，以“全球气候变化对社会生活的影响”为题，讲述气候变化对健康的影响、如何关注气候变化、碳达峰碳中和等内容。3000余名师生聆听讲座。

【未成年人心理健康辅导】 发挥市级辅导站示范引领作用，创新活动内容，守护未成年人心理健康。针对青春期心理问题多发现状，制定“致青春，舞动最美的圆舞曲”纵向探究性团体活动方案，通过问卷调查、摸底访谈等方式了解青春期孩子心理困惑，设计“畅言青春、有你有我”“花开有时、青春无悔”“匆匆那年”等内容，在市第三十五中学定期开展自我认知、异性交往、情绪管理、创新思维等活动，完成7期364人次。快乐助跑营针对不同年龄段未成年人开发心灵成长系列课程，开展“新年伊始，梦想起航”“认识你真好！”“开启大脑宝藏的金钥匙”“1+1＞2团结合作力量大”等7期58次课程，344人次参加。心理热线加强特殊案例处理，给予及时有效的专业帮助，接待电话咨询预约和答疑59人次。星心雨话吧持续开展面询服务，形成回访、反馈、存档完整咨询服务体系，开展面询21例77次156人次。163悄悄话邮箱收到信件7封，通过网络服务学生及家长，有效缓解心理困惑。4月，为张掖路小学三至六年级700名小学生开展公益讲座，金晶老师以“逆境起舞，应对压力”为题，通过图片展示、绘画投射、互动分享等形式，从心理学层面解释压力来源、压力刺激反应模式，教授应对压力的有效方法。7月7—9日，组织90余名区县未成年人心理健康辅导站、中小学心理健康辅导骨干教师参加实践学习，邀请西北民族大学应用心理学教授金燕和西北师范大学心理学院副院长丁小斌授课，量身定做《影响心理咨询的因素》《咨询师的自我认知与成长》《心理咨询的实践研讨及实操》《未成年人心理和行为问题产生和预防》等课程，重点聚集解决疑难点问题。市第三十三中学心理辅导教师达菲菲分享《咨询实操——绘画疗法体验式沙龙》课程。参观西北师范大学心理学院实验室，学习多导生理测谎仪、语音分析系统等内容，搭建学习前沿心理学平台，提升一线教师的理论和实践水平。参加七里河区晏家坪街道南院社区心理健康宣传活动，播放宣传短片，分发知识手册，提升社会对未成年人心理健康的重视程度。

【理论研究】 转发全国及省市课题指南，申报省市级规划课题、省市级“双减”专项课题和市级个人课题，7项获得立项资格，其中《兰州市中小学校外培训机构调查研究》课题获得省市级规划课题和兰州市社科院2021—2022年度兰州市社科规划项目课题立项资格，《“双减”政策下专业校外教育职能部门协同育人作用研究》课题获得省市级“双减”专项课题立项资格，分别获得5000元专项资助。实施《兰州市校外教育2021年课题计划》，28个课题立项。组织上年立项的市级个人课题《儿童戏剧与小学语文课融合运用策略研究》上报结题材料，顺利结题获二等奖。

【庆祝中国共产党成立100周年】

举办庆祝建党100周年系列活动，引导少年儿童学党史、感党恩、听党话，厚植爱国情怀，赓续红色基因。3月29日，市精神文明建设指导委员会办公室、市关心下一代工作委员会办公室、市教育局、市校外教育办公室联合举办2021年兰州市中小学“传承红色基因清明祭英烈”主题教育，900余名中小学生参加活动，向全市广大未成年人发出祭英烈倡议，表演诗朗诵《民族的丰碑》、小提琴合奏《长城谣》、独唱《共筑中国梦》等节目，兰州战役纪念馆讲解员讲述红色故事，在签名寄语墙书写对革命先烈的感恩与崇敬之情。3月至6月，甘肃省博物馆、市委宣传部、市精神文明建设指导委员会办公室、市教育局、市校外教育办公室联合举办“童心向党颂百年辉煌”纪念“5·18”国际博物馆日少儿美术展览暨美术论坛活动，286幅优秀作品参加展览，西北师大美术学院教授张国荣作《儿童的美术能力与智慧》专题讲座。3月至7月，市委宣传部、市精神文明建设指导委员会办公室、市教育局、市校外教育办公室联合开展“童心向党·筑梦成长”兰州市青少年学生第29届作文比赛、第21届手抄报比赛、第5届硬笔书法比赛，320所学校1.6万中小学生参加活动。市儿童艺术剧团开展“追寻红色足迹”短视频创作展播活动，《两封书信》《一把铜匙》等27部作品上传至网络剧场和抖音公众号平台展播，新华网浏览量76.1万次。市少年宫开设“学红歌、育经典、舞童真、讲党史”主题教育课程,传唱红色歌曲,宣讲红色故事,引导广大未成年人在校外课堂中学习党史。3月至7月,举办“童心永向党,翰墨绘百年”市少年儿童现场书画创作及展览活动,200名小书法家和小画家现场创作,全市8个县区近200所中小学报送作品6157幅,遴选200余幅优秀作品在甘肃省艺术馆展出。6月26日,举办“童心向党迎百年”市少年儿童庆祝中国共产党成立100周年文艺演出,300余名少年儿童用合唱、舞蹈、小品、民乐合奏、朗诵等形式,庆贺党的百岁生日。兰州市少年儿童图书馆开展“阅读红色经典、传承红色精神”百名少年儿童讲述百个红色故事,录制100集小视频,在兰州电视台和图书馆微信视频号、抖音、快手等公众号播出,播放量8000余人次。中心党委举办“传承红色基因,挥洒热血青春——党史故事青年讲”演讲比赛,10名演讲者讲述赵一曼、李大钊、张一悟、周文雍和陈铁军等革命人物故事。开展“两优一先”评选活动,表彰校外教育战线涌现的先进典型,11名同志获优秀共产党员称号,5名同志获优秀党务工作者称号,3个党支部荣获先进党支部称号。举办“百年心向党·共筑中国梦”书画摄影手工制作展览,征集作品80幅,展出50幅,5幅优秀书画作品参加兰州市直属机关书画摄影作品展览。慰问退休党员,送上慰问信、政治生日卡和学习书籍,为3位老党员颁发“光荣在党50年”纪念章。参加兰州市直属机关庆祝中国共产党成立100周年合唱比赛,与全市70家单位58个代表队同台献艺,荣获三等奖。

【党史学习教育】 成立领导机构,召开动员大会,印发实施方案,推进各项工作。利用专题读书班、“三会一课”、主题党日、学习强国、甘肃党建App等方式学习指定内容。西北民族大学马克思主义学院院长马玉堂作“学习中国共产党百年党史铸牢中华民族共同体意识”专题讲座,市委党校副教授李一文作“中国共产党的百年辉煌”辅导报告,市委党校副教授王存银作“学党史、颂党恩、跟党走”党史讲座,市地方志编纂委员会办公室主任高生军作“不忘初心话党史”长征系列讲座,市委讲师团团长董寿文作“从百年党史中汲取智慧,奋力走好新的赶考之路”十九届六中全会精神辅导。参观兰州市档案馆红色记忆展览、张一悟纪念馆、腊子口战役纪念馆、会宁红军长征胜利纪念馆,重温入党誓词,领悟革命真谛,汲取精神动力。结合校外教育工作职能,开展“我为群众办实事”实践活动,满足未成年人对校外教育需求,为群众办实事57件,党员干部办实事30件。“我为兰州添一抹绿”兰州市少年儿童第12届生态道德实践活动、“城乡少儿话友谊,心手相牵共成长”城乡少年儿童手拉手研学活动、市少年儿童图书馆流动图书阅览站建设3项工作列入全市“我为群众办实事”项目清单。打造精品剧目、精品培训、精品图书,满足全市未成年人对优质校外教育的需求。落实立德树人根本任务,开展10余项倡导示范活动,满足全市未成年人校外教育活动需求。开展进校园演出、流动少年宫、课后服务等活动,延伸服务触角,丰富校园生活,满足未成年人全面发展的成长需求。推进社区大党委共建机制,参加文明交通执勤、社区疫情防控、帮扶慰问贫困户、社区认领“微心愿”等活动,满足社会对校外教育的公平需求。微信公众号、《兰州校外教育》开设专栏,编辑信息80篇、简报65期,制作党史知识9期100题,在“两微一端”刊播党史学习教育信息400篇,在新闻媒体刊播《做有温度的校外教育》等稿件40篇,营造浓厚宣传氛围。

【新冠肺炎疫情防控】 10月21日,中心调整疫情防控领导小组成员,明确任务分工,部署防控工作。校外教育系统118名党员、干部职工响应号召,到居住地社区报到,作为志愿者维护核酸检测秩序、值守居民小区。中心机关工会购买1.6万元防疫物资,协调省上单位捐赠红马甲90件。驻村工作队与通远镇卫生院医务人员、青岭村两委班子、包村干部、党员志愿者开展核酸检测,村社路口设岗24小时排查进出人员情况,守护村民生命安全。市未成年人心理健康辅导站开通抗疫心理热线,加强心理疏导和心理健康教育,提高未成年人及家长在特殊时期的心理应对能力。市少年宫落实防疫物资、场所消杀等工作，为师生铸就安全保护墙。市少年儿童图书馆邀请蓝天救援队开展场所消杀工作，为复馆做好准备。校外教育人发挥艺术特长，创作诗歌《兰州，我要守护你》《兰州生病了，我能干点啥》、歌曲《最美的模样》《送你一朵小红花》、绘画《接力抗疫的绿马》《逆行者》、文章《划在心里的等高线》《抗疫手记》等作品，歌颂抗疫精神，记录感人情景，贡献精神力量。歌曲《最美的模样》和诗朗诵《最美的颜色》选送参加《"声"援抗疫、"艺"暖人心》优秀作品展播。在微信公众号开设"抗击疫情，校外人在行动"专栏，发布《冲！奋战在"疫"线的校外人》《一篇来自社区的抗疫日记》等消息30篇，激发同心抗疫的信心和决心。城关区广武门街道党工委赠送"奋身同抗疫携手共克艰"锦旗。开展兰州战"疫"后市域善治大讨论活动，举行"我为疫情防控献策"专题研讨，提出意见建议52条。

【兰州市儿童艺术剧团】 坚持"以戏立团、以剧图强"发展理念，走以创排大戏和系列课本剧两轮驱动模式，完善《创编排演管理办法》等制度，形成长效管理机制。变更演出事务部、创作发展部，增设1个内设机构艺术教育部，发挥舞台艺术教育功能。完成公益演出35场，观众3万人次。打造民族团结作品神话剧《海力布》，3月31日、4月8日参加庆祝中国共产党成立100周年"我忆兰州好"2021年"个十百千"惠民工程演出季演出6场。10月，在永登县、安宁区、西固区19所学校开展"大手拉小手、艺术伴我走"进校园公益演出，演出《农夫与蛇——黄雀衔环》《陶罐和铁罐》等4部课本剧以及原创儿童歌曲《我是追梦的裕固娃》《班主任》等节目。开展综艺节目创编活动，完成微型课本剧《为中华崛起而读书》、音乐快板《红色精神》等9部红色题材作品排演。开展创作采风调研活动，创作《脊梁》《小英雄王二小》等9部作品，作为进校园演出储备剧目。与驻地街道共享资源，确定合作项目清单，参与新冠疫情防控、全国文明城市创建、第7次人口普查等工作，获张掖路街道共驻共建先进单位。发挥文艺院团艺术育人优势，与兰州文理学院签订优秀大学生实习基地共建协议，与城关区新时代文明实践中心办公室、城关区教育局签订"文化进校园"志愿服务共建协议，选派优秀演职人员开展艺术培训，在畅家巷小学等5所学校开展为期6个月的艺术指导373人次。舞美设计师吴磊应邀参加榆中县苑川中学"艺术家进校园"活动，为400余名师生讲解舞美设计在戏剧表现中的重要作用，增强审美体验。优秀青年演员吴尚泽当选兰州市戏剧舞蹈家协会副主席。

【兰州市少年宫】 发挥省会城市少年宫品牌优势，实施兴趣培训、主题活动、理论研究、服务基层四轮驱动战略，修订完善《应急预案》等制度，开通线上报名系统，推出"线上+线下"精品专业培训班，修整教学楼屋顶、下水管道，铺设人工草坪，用心用情为少年儿童办实事好事。兴趣培训人数达到9339人。组织2批次1200余名书画爱好者参加教育部书画等级考试，进行毛笔书法、硬笔书法、素描、动漫画、色彩等5个科目考核，通过率94.7%。成立青少年交响管乐团和少儿合唱团，搭建高雅艺术展示交流舞台。暑假期间，组织50名小学员在牛肉面培训学校开展"精致兰州、面享未来"兰州牛肉面制作技术体验活动，邀请传染病防治专家为80名学员及城关区酒泉路街道张家园社区的孩子们带来传染病防控知识讲座。组织美术书法班学员开展"抗疫有我兰州加油"书画作品征集活动，在微信公众号连载10期展示130幅作品。7月，参加第15届"东北、华北、西北"地区省会城市青少年宫文艺会演，《忆敦煌》等8个节目分获金银奖，5个节目获创作奖，少年宫获优秀组织奖。歌曲《裕固娃爱歌唱》被中央电视台七巧板栏目选用，参加央视春节团拜特别节目。实施"青蓝工程"，通过考核评优、论文评选、参与竞赛等方式激励中青年骨干教师成长成才。举办论文评选活动，从25篇论文中评选出6篇优秀论文，2篇论文在省级刊物发表，1篇论文获中国儿童中心征文研讨活动二等奖。"流动少年宫"公益服务在二营学校、兰州市第三十五中学、中山小学、张坪小学、张家园社区等基层一线，开展书法、电子琴、舞蹈等兴趣培训，受益学生2700人。

【兰州市少年儿童图书馆】 加

强数字化建设，加大图书下基层力度，举办特色读书活动，修订完善34项管理制度，全年新办读者证746个，线上线下读者突破24万人次。面向社会公开征集图书馆标志，收到28件投稿作品，许子缘作品成为图书馆标志。在城关区大教梁社区、平凉路小学和七里河区西客站社区建立3所图书流动阅览站，在安宁区图书馆亚泉湾小区读书点、华泰佳苑读书点建立2个阅览点。八楼书库配置图书6110册，新建阅览站、阅览点配送图书7300册，其他阅览站配送图书6494册。执行兰州市大数据运维项目，完成信息化改造升级，采用UILAS图书管理系统，采购ILAS周边设备，实现纸质图书芯片化管理，提升服务效能。开展读者满意度调查，设立红色书籍专架，投放使用自助借还机，改造书库灯光照明，提供开水、纸张、兑换零钱等服务。发挥图书馆八楼书库、6所分馆、20所阅览站等阅读阵地职能，线下读者突破10万人次，图书流通量突破20万册次。开通抖音、快手和微信视频号3个短视频账户，发布信息538条，点击量9.6万人次。推进线上阅读服务，网络阅读量13.74万人次，超星数字资源和云图有声馆资源是主推的数字化资源信息，开设一网读尽、每日一书、每天30分钟讲座、云图有声、民族一家亲等栏目，读者点击量分别为5.34万人次和4.63万人次。寒暑假举办“小图书管理员”社会实践活动8期和“假期阅读季——小读者好书推荐”活动，兰州电视台《星光少年》栏目宣传报道。联合智信数图“西窗台”举办“弘扬传统文化，品味诗词之美”迎新春诗词大赛活动。携手榆中县图书馆和兰州市庄园牧场股份有限公司举办“阅读伴我成长”世界读书日活动，为博雅小学四年级20名小学生送上《爱书的孩子》绘本讲座和社会实践活动，参观现代化乳业生产基地，了解牛奶生产过程，学习乳品饮用常识。

（刘占爱）

社会教育

【艺博教育概况】 甘肃艺博教育文化传播股份有限公司（简称“艺博教育”）成立于2007年10月8日，由兰州亲子教育专家戴东老师创立。艺博教育坚持以家庭教育科研为核心、推动学校发展、构建家庭和谐、科教兴国为使命，打造一站式家庭教育学习平台，帮助全国上千所中小学校建立家校协育系统，陪伴全国数百万家庭成长；探索总结0-18岁孩子成长过程中父母应知应会研发课程体系，形成亲子体系、婚恋体系、国学体系、少年体系、身心体系以及师资体系等20项教学系统，开设各类训练营近千场，公益演讲数万场，培训学子和家长30万名，惠及家庭数百万个，推出100余部书籍和影像制品。戴东老师已在全国上千所中小学校担任名誉校长，设立分院近500家，爱心大使近2000人，汇集国内外家庭教育专家、认证亲子导师300余名，专业讲导师1000余名，设立翻转课堂承办方近500家，艺善享读书会超1000家。

【受邀参加春节联欢晚会和“两会国是厅”访谈】 作为中国家庭教育的领路人，2月11日戴东老师受邀参加中央电视台春节联欢晚会；3月30日应邀参加人民论坛《“两会”国是厅》，就国计民生、家庭教育在新形势新任务下如何提高全民素质、让老中青心灵静美、生命燃烧、生活美满、家庭和

国际家庭教育协会会长戴东老师《做最好的家长》专题报告会

3月31日，戴东老师接受两会国是厅专访

睦、有梦追逐而眉宇间露出真笑等现实问题献计献策，被《人民政协报》《中国改革报》《学习强国》等官方媒体同步报道。10月作为特邀嘉宾参加安徽卫视《郎朗少年》节目录制，与资深媒体人宇东先生、奥运体操冠军范晔女士、中南大学工程系数学老师张铭轩一同见证和指导优秀少年成长历程。

【入选中国共产党成立100周年纪念邮折】 2021年7月戴东老师与中国工程院院士钟南山，华为技术有限公司主要创始人、总裁任正非，全国脱贫攻坚楷模毛相林等12人入选中国《红船映初心奋进新时代·庆祝中国共产党成立100周年纪念邮折》。

【家庭教育基础知识普及与读书会】 为唤醒家长家庭教育意识、推动正确家庭教育普惠化发展，艺博在家庭教育领域深耕细作，奔走于全国各地社区、企事业单位和学校进行公益演讲。1月第七期《中国力量·超能少年英雄营》开课，线上训练25天，通过深度学习，突破家庭认知便捷，帮助800个荣耀家族荣耀启航。8月在河北保定开营第8期荣耀家族“回归”研学之旅，帮助1200个荣耀家族成长。全年启动传爱专项公益课《孩子，我该如何爱你》47期，受益5000余人；新增全国申请读书会424家，累积举办读书会4960期，开展超百期读书会51家，受益人数127958人。开办《幸福家庭的五大秘诀》公益嘉年华课程，在全国艺善享读书会开办144期，受益近1万人；开办卓越家长线下课程67期，受益近5万人。

【培养专业师资团队和开启家庭教育指导师认证】 艺博教育始终秉持“传育人之道，承匠人之心”的教育宗旨，致力于以实际行动推动中国家庭教育发展，以解决家庭教育指导迫在眉睫、专业家庭教育指导师供不应求、家庭教育质量提升等亟待解决的内卷化问题。2021年新增讲师55名、公益嘉年华讲师27位，开展公益巡讲636场，受益341469人。5月艺博教育获“全国青年人才培养服务项目（简称YTTP项目）指定考试中心”授权，开启专业家庭教育指导师培养、授证时代，目前上千名指导师顺利获证。

【“教育子女的八大智慧”书籍出版】 7月初戴东老师新书《觉醒父母：教育子女的八大智慧》全网上线，仅1个月售出10000册，荣登当当网家教类新书热卖榜多日近24小时第1名、7日新书热卖榜第1名、30日新书热卖榜第1名，在多个排行榜排第1名的突出业绩。

【助力公益事业发展】 1月甘肃传爱慈善基金会经由甘肃省民政厅批准成立，以“把爱传出去，让爱流动起来”为宗旨，致力在兴学助医、安老助孤、扶贫济困、赈灾救难、文化环保等领域推进社会福利事业社会化，促进社会文明和进步。3月甘肃敦煌市启动的丝路古道“万亩艺博胡杨林栽植项目”第一期被中央电视台《朝闻天下》报道，成为中央电视台大型纪录片《大海道》的备选素材。7月，河南、山西等地发生严重洪涝灾害，甘肃兰州新一轮新冠疫情再袭，面对困难，艺博教育团队勇于担当防疫与抗洪责任，第一时间驰援各受灾地区提供急需物品，向河南抗洪总捐款金额1112716.22元，向山西抗洪总捐款金额292442.46元，为抗击兰州新冠肺炎疫情捐款金额150000元。积极参与乡村振兴战略，用爱照亮村民出行路，用爱点亮乡村振兴路。10月艺博传爱基金会

艺博家庭教育集团董事长戴东老师教育新十年共筑中国梦作报告

向甘肃通渭县平襄镇双堡村捐赠70盏太阳能路灯总价值12万元，受益群众248户1128人。积极开展扶贫助学活动，给学校捐赠价值48万元的智能书法台，为兰州市残疾人综合服务中心捐赠价值12万元的涂画毛笔台，向辽宁开原市第四中学及开原市老城镇中心小学捐赠6万元助学基金。

【打造家庭教育最优知识图谱与加速“家庭教育互联网化”发展】 为加速家庭教育生态圈建设、实现家庭教育行业课程内容最优整合，艺博教育开启大于众学APP 4.0课程录制，邀请全国各地百位艺博讲师汇集艺博总部，进行千百套最优家庭教育知识图谱课程录制。大于众学APP 4.通过大量最新视频录播、直播和双师课程，帮助家庭、学校和社区完成基础家庭教育理念的普及和预防工作，帮助每个家庭建立档案库、问题库、案例库和数据库，记录学习档案，并通过专业测评工具进行精准诊断，让家长接受针对性授课指导和服务，为家庭打造可持续的学习生态和学习环境，让正确的家庭教育真正地普惠到千家万户中。

（魏明雪）

在兰高校

【兰州大学】 教育部直属全国重点综合性大学，现有城关、榆中2个校区，校园面积3544.32亩。有25个博士学位授权一级学科，47个硕士学位授权一级学科，2个博士专业学位授权类别，24个硕士专业学位授权类别，涵盖12个学科门类，是具有学位授权自主审核高校之一。有21个博士后科研流动站。有8个国家重点学科，2个国家重点（培育）学科。化学、大气科学、生态学、草学4个学科入选世界一流学科建设名单。化学、物理学、材料科学、地球科学、植物学与动物学、数学、工程学、生物学与生物化学、环境和生态学、临床医学、药理学与毒物学、农业科学以及社会科学总论等13个学科进入ESI全球前1%，其中化学学科进入ESI全球前1‰。

现有专、兼职教学科研人员2904人。其中，教授、研究员1176人；副教授、副研究员799人。有研究生导师2105人；在站博士后245人；临床医学教授144人、副教授296人。有两院院士22人；“万人计划”领军人才16人；“长江学者奖励计划”特聘教授23人；国家杰出青年科学基金获得者28人；全国文化名家暨“四个一批”人才工程入选者2人；百千万人才工程国家级人选12人；教育部“高等学校教学名师奖”获得者4人；科技部创新人才推进计划入选者10人；“万人计划”青年拔尖人才8人；“长江学者奖励计划”青年学者18人；国家自然科学基金优秀青年科学基金获得者26人；新世纪优秀人才支持计划（含跨世纪）入选者129人；甘肃省拔尖领军人才12人；甘肃省领军人才165人；甘肃省“高等学校教学名师奖”获得者39人；甘肃省宣传文化系统“四个一批”人才28人、优秀青年文化人才12人；甘肃省飞天学者34人。有本科生20146人，硕士研究生13297人，博士研究生3808人。有103个本科专业，16个国家级特色专业。有5个国家级教学团队，6个国家级人才培养基地，37个国家级一流本科专业建设点，7个国家级实验教学示范中心，2个国家级人才培养模式创新实验区，4个国家基础学科拔尖学生培养计划2.0基地。有国家自然科学基金委创新研究群体4个，教育部创新团队8个；国家重点实验室2个,国家野外科学观测研究站2个,国家地方联合工程实验室2个,国家联合实验室1个,国家国际科技合作基地5个,省部共建协同创新中心1个,教育部重点实验室6个,教育部工程研究中心5个,农业农村部重点实验室1个,国家林业和草原局工程技术研究中心1个,文化和旅游部重点实验室1个,教育部人文社会科学重点研究基地2个,中央统战部、中央宣传部、教育部、国家民委铸牢中华民族共同体意识研究培育基地1个,教育部高校思想政治工作创新发展中心1个,教育部区域和国别研究培育基地1个,国家民委"一带一路"国别和区域研究中心1个,教育部全国普通高校中华优秀传统文化传承基地1个,教育部(国家语言文字工作委员会)国家语言文字推广基地1个。

学科建设 编制实施《"十四五"学科建设发展规划》,实施繁荣人文社会科学学科计划、厚植理农优势学科高峰建设计划、在"厚理"基础上"拓工"建设计划、全面推进医学学科跨越发展计划,以文理农为基础、以医工为两翼,推进世界一流学科建设。编制实施新一轮《"双一流"建设高校整体建设方案》和4个一流学科建设方案,以4个国家一流建设学科带动12个支撑学科,加快一流学科、优势特色学科建设步伐。制定《加强经济社会发展重点领域急需学科专业、交叉学科建设和人才培养的实施方案》,加快急需、交叉学科专业建设。优化学科布局,成立材料与能源学院、动物医学与生物安全学院和"'一带一路'多语言研究中心""黄河国家文化公园研究院""考古与文化遗产研究院"等,激发学科发展动力,促进学科交叉融合发展。

师资队伍建设 改革教师评价,实施兰州大学"萃英学者"发展计划,严格聘期考核和退出机制,推进人才称号回归学术性、荣誉性。改革用人评价,修订《职称评聘管理办法》《职称评聘工作实施细则》,制定《绩效工资管理办法》和实施方案,进一步优化指标体系,强化绩效工资业绩与贡献导向。周又和、黄建平当选中国科学院院士,23人入选国家人才工程,吴王锁教授荣获宝钢优秀教师特等奖。突出高精尖缺导向,充分利用"萃英学者"发展计划加强人才引进工作,持续加强高层次队伍建设,全年引进105人,其中教授(研究员)18人、副教授(副研究员)23人、青年研究员28人、外聘高级专业技术人员4人、国家杰出青年基金获得者领衔的"生物地球化学循环"团队4人。深化博士后培养体制机制改革,实施"萃英博士后"人才支持计划,选聘"萃英博士后"27人,在站博士后人数241人,在站博士后获批国家自然科学基金项目14人。

人才培养 制定《关于进一步加强本科专业和课程体系建设的指导意见》,推进"六卓越一拔尖"计划2.0、"强基计划"及基础学科拔尖创新人才培养工作,实施本研贯通人才培养计划,新增国家级基础学科拔尖学生培养基地2个、国家级一流专业建设点19个、新文科研究与改革实践项目5个。坚持结构与内涵并重加强课程体系建设,持续开展"校—省—国家"一流本科课程、教学改革示范课程等培育建设,开展跨学科贯通课程建设。试点本科课程认证工作,顺利完成护理学专业认证入校考察工作,总体评价良好。开展"课程思政与思政课程案例库(问题库)及教学指南"编著工作,充分挖掘各类课程思政教育资源,形成思政课程与各类课程同向同行、形成合力的协同育人格局。进一步规范招生工作,优化线上线下结合的招生宣传工作体系,多渠道提升宣传效能。严把教材选用审核关,及时开展学业预警工作,加强本科人才培养的过程性、信息化、规范化管理,新增全国优秀教材3部、全国教材建设先进集体1个、先进个人1名。获教学创新大赛国家级三等奖1项,全国地质学类课程讲课比赛特等奖1项、一等奖2项;获评甘肃省高等教育教学成果特等奖5项、一等奖10项、二等奖5项,获评省级教学名师3名、教学团队5个、教学成果培育项目15项。全年本科招生4947人。学位与研究生教育内涵不断提高,持续优化研究生招生名额分配机制,向科学研究、国家急需学科和学校优势学科倾斜。全面实施博士研究生招生"申请—考核"制,推进专业学位研究生培养模式改革,加强专业实践基地建设。强化研究生培养过程管理,持续加强研究生指导教师队伍建设,加强学风宣传教育,严肃查处学术不端行为。制定《一级学科博士、硕士学位授予标准》《专业学位类别(领域)博士、硕士学位授予标准》,新增博士专业学位授权类别1个、硕士专业学位授权类别3个,通过拟增列博士学位授权一级学科2个。全年招收硕士研究生4883人,博士研究生1004人。深化三全育人改革,促进"第一课堂"与"第二课堂"有效协同,推进日常管理精细化、心理育人实效化、资助育人精准化、就业创业教育体系化,2021届学生就业率84.8%。

科研工作 凝练形成核技术、安全西部、生物医药等八个重点领域专项计划,布局战略前沿技术开发,主动承接国家关键核心技术攻关任务,切实增强科研职责、贡献、影响。获国家社科基金各类重大项目6项、重点项目4项;获批国家自然科学基金项目215项,李发弟等团队分别揭榜国家和区域重点研发计划项目,获批各类自然科学重点项目达到50余项、千万量级以上项目8项,重大重点及面上项目数与经费均创历史新高。全年科研经费9.88亿元,较上年增长1.62亿元,增幅19.6%。获批国家野外科学观测研究站2个,新增自然科学类省部级以上重点研究基地20个,作为第一完成单位获得2020年度高等学校科学研究优秀成果奖(科学技术)5项。

社会服务 全面对接"一带一路"建设、构建西部生态安全屏障、西部大开发、黄河流域生态保护与高质量发展等国家重大战略,立足办学优势特色,突出草学、生态学、大气科学等具有明显西部特色的一流学科优势,在干旱气候与环境、特色农业生物育种、核科学与技术等领域推进实施科技创新"八新工程",在铸牢中华民族共同体意识、乡村振兴、战略新兴产业、文化传承创新等领域加强智库服务,提高服务国家战略和服务地方经济社会发展的能力和水平。深化校地校企融合,实施"双进""双百"计划,健全和完善科技成果转移转化服务体系。加强与地方政府及企事业单位产学研合作,共建联合产业研究院平台4个、联合研发中心8个、联合实验室11个。启动深圳研究院、东南研究院建设。签署各类科技合同1690份,总金额4.69亿元。发挥智库资政建言作用,智库成果获得国家级以上采纳较去年同期增长177.78%。

第一医院全年门诊收治210.16万人次,急诊收治11.99万人次,出院患者手术2.91万台次。第二医院全年门诊收治248.54万人次,急诊收治8.66万人次,出院人数11.86万人次,手术量7.94万台次。口腔医院拓展"一院多区"新发展空间,完成甘肃考区2021年国家医师资格(口腔类别)实践技能考试。附属医院在兰州市疫情防控中作出突出贡献,379名医护人员驰援定点医院,11265人次医护人员深入街道社区开展核酸检测。

完善学历继续教育中心站点布局,拓展非学历继续教育办学模式,丰富网络课程种类和表现形式,对接乡村振兴战略,开展甘肃省妇女干部培训特色品牌项目,不断提升教育教学水平。学历继续教育招生25121人,非学历教育培训14260人次。

思想政治工作 制定《关于新时代加强和改进思想政治工作的实施意见》,丰富蓝图计划、卓越计划、起航计划内涵,充分挖掘运用红色资源,筑牢线上阵地,多角度提升学生思想政治教育工作深度。制定加强新时代马克思主义学院建设的27项重点任务举措,开展"校领导为思政课教师做助教"行动,获批高校思想政治理论课"手拉手"集体备课中心和全国高校思政课名师工作室。推进思政课程与课程思政"提质创优"工程,制定《课程思政建设工作方案(试行)》,分别获批2门(个)国家级课程思政示范课程、教学名师、教学团队,学校获评省级课程思政示范高校。制定《加强和改进新时代教师思想政治工作的实施方案》等,健全完善教职工荣誉体系,引领广大教师争做"大先生",任继周院士获全国优秀共产党员。学生思政教育体系不断完善,加强思政队伍建设,面向辅导员、组织员、班主任等实施"铸魂工程",不断提升理论水平和工作能力。深化共青团和学生组织改革,召开学代会和研代会,校团委获"全国五四红旗团委"和"全省共青团工作先进单位"。获第17届"挑战杯"全国大学生课外学术科技作品竞赛红色专项全国一等奖1项,第7届中国国际"互联网+"大学生创新创业大赛全国金奖2项。获评2021年"最美大学生"1人,2020年度"中国大学生自强之星"6人。

文化建设 聚力重点文化建设项目,营造庆祝建党百年浓厚氛围，推出“奋斗百年路启航新征程”专题专栏，举办“庆祝中国共产党成立100周年合唱比赛”“兰州大学庆祝中国共产党成立100周年文艺晚会”“党的旗帜高高飘扬——庆祝建党百年特展”“庆祝中国共产党成立100周年书画周”等文化活动。加强校园媒体平台新闻选题策划，推出“创新引领‘十四五’实干成就‘倍增+’”专版15期。制定《兰州大学2021年文化建设项目实施方案》，制作“百年兰大人”郑国锠、任继周院士等专题纪录片，“兰州大学史话动漫”之辛树帜校长专题片。组织出版“兰大名师旧稿影丛”之钱伯初先生手稿。“兰大名师旧稿影丛”之段一士手稿获中国出版政府奖（图书奖）。校报原创稿件较上年增长83%，短视频平台增长34%，“精彩一课”增长166%，科学头条增长25%，“图讯兰大”增长28%。顺应时局发展，新开通兰州大学官方视频号、B站号，打造多维传播矩阵，兰州大学百家号、澎湃号有5个月份进入全国高校榜前十；建党百年“花式”祝福、建党百年独家手绘等27篇推文获教育部官方App首页推荐。

合作与交流 与澳大利亚皇家墨尔本理工大学签署校际合作协议，与蒙纳什大学在化学、生命科学学科签署学生本硕联合培养协议，与韩国成均馆大学、釜庆大学等续签合作协议。与重庆高技术创业中心签署《协同推进中国－匈牙利技术交流与合作协议》。参加德国吉森大学线上教学与交流全球合作伙伴研讨会，德国汉斯博克勒基金与科隆大学共同举办的中国大学线上宣讲会；参加上合项目院校2021线上工作碰头会。完成与英国威尔士三一圣大卫大学在环境设计、视觉传达设计、艺术设计3个专业共同申办中外合作办学机构兰州大学威尔士学院的申报工作。制定并发布《兰州大学孔子学院中方院长选派及管理办法》《兰州大学孔子学院教师选派及管理办法》，完成孔院中方院长选聘及2021年度9名公派教师、6名志愿者选录工作，3名中方院长及首批3名教师。与澳门旅游学院、台湾科技大学、阳明交通大学、东吴大学签署协议。获批20项“港澳与内地大中小学师生交流计划”项目，1项港澳台学生国情教育项目，共邀请620余名港澳台学生参加项目，促进与港澳台高校的合作与交流。选拔400余名学生参加国（境）外长、短期交流项目。接收来自法国、马来西亚、德国和乌克兰合作院校的6名交换生，录取国际学生442人。加强校友工作，新成立4个校友组织，完成教育发展基金会第2届理事会理事、监事调整工作，全年筹资5955.69万元。

（高　尚）

【西北民族大学】 2021年，学校设有22个教学单位、3个独立建制的科研机构，开设72个本科专业。有省部级重点学科27个，国家级特色专业4个，国家级、省级一流本科专业建设点27个，省级一流本科课程21门。有博士学位授权一级学科2个，博士学位授权二级学科3个，硕士学位授权一级学科16个，硕士学位授权二级学科10个，硕士学位授权交叉学科1个，硕士专业学位类别13个，设有博士后科研流动站。现有国家级实验教学（示范）中心2个，教育部民族教育研究发展中心重点研究基地1个，国家语言文字推广基地1个，中国统一战线理论研究会民族宗教理论甘肃研究基地1个，国家民委中华民族共同体研究中心1个，国家民委人文社科重点研究基地4个，其他省部级人文社科研究基地、新型智库和协同创新中心11个。建有国家国际合作联合实验室1个，教育部重点实验室1个，国家民委重点实验室4个，其他省部级实验室、工程中心等科技创新平台10个，附属医院1所。全日制在校生26752人。其中，研究生2117人；普通本科生24208人；留学生2人；预科生425人。教职工1904人，其中教师1332人；有教授277人、副教授524人。有“全国高校黄大年式教师团队”1个，国家西部大开发突出贡献集体1个，全国专业技术人才先进集体2个，国家级教学团队1个，国家百千万人才工程人选1人，全国劳动模范1人，享受国务院政府特贴专家6人。学校两个校区占地1776亩，校舍建筑面积77万平方米。

教学工作 制定《西北民族大学新时代劳动教育实施方案》《西北民族大学新时代美育工作实施方案》《西北民族大学新时代体育工作实施方案》，推动形成德智体美劳“五育并举”人才培养新局面。新增国家级一流本科专业建设点5个、省级8个，新增21门省级一流本科课程。获批立项2个教育部首批新工科研究与改革实践项目、3个教育部首批新文科研究与改革实践项目，获批国家民委教改项目13项，甘肃省教学成果培育项目10项、教学团队2个、外语类教改项目3项、实验教学示范中心1个，获2021年甘肃省高等教育教学成果一等奖、二等奖各2项。在首届甘肃省教师教学创新大赛中获一等奖1项、三等奖5项。立项建设校级规划教材10部、教改项目(一般项目)123项、MOOC10门、新文科研究与改革实践项目15项、教学团队10个、虚拟教研室试点项目4项、校级一流课程124门，评选教师教学创新大赛获奖33项。新建1个校级实验教学示范中心。出台《西北民族大学研究生教育综合改革实施方案》《西北民族大学研究生组会管理办法》，突出科教、产教融合培养，推进研究生教育从规模增长与体制完善阶段，进入质量提升与内涵式发展阶段。8篇学位论文被评为甘肃省优秀博士、硕士学位论文，临床医学硕士专业学位授权点整改顺利通过复审验收。优化预科教育规模结构布局，不断完善预科教育教学质量保障体系。

学科建设 出台《西北民族大学学科专业结构设置与调整管理办法》，系统化统筹推进学校学科专业布局。落实"双一流"建设成效评价办法和人文社科学科体系建设指导意见，优化学科布局，新增1个一级学科、3个二级学科博士点和15个硕士点。推进"四新"建设，举办"卓越新闻学实验班"，促进学科专业交叉融合，获批5个国家级新文科、新工科研究与改革实践项目。新增13个国家级省级一流本科专业，省部级及以上一流本科专业数达到27个。全票通过教育部、国务院学位办临床医学专业学位授权点专项评估。2021年中国软科学评价中，中国语言文学一级学科上升为B+，美术学一级学科与生物工程专业上升为B。

科研工作 获省部级以上科研奖励23项，获省部级以上领导肯定性批示及被政府采纳调研报告13篇。获批各级各类项目158项，其中获批国家社科基金重大项目2项，获批国家社科基金重大招标项目数连续3年位居委属高校首位。社会科学、自然科学基金项目24项，全口径科研经费1.06亿元。其中横向经费占比超70%，科研成果转化2279万元，校属企业前三个季度营业额超7亿元。学校科技园在全省大学科技园绩效评价中获评"优秀"等次。组建"青藏高原信息安全技术产业研究院"等4个产业发展研究院，设立太子山生态系统野外科学观测研究站，开展"科普边疆行"，参与兴边富民行动。成立"一带一路"多语言智能处理与人文社会大数据研究中心，服务军民融合发展战略。

师资队伍建设 支出人才引进专项经费2300万元，引进紧缺高层次人才41人(含专职辅导员10人)，教职工攻读博士学位32人。坚持师德师风第一标准，通过政治学习、选树典型、强化惩戒、突出师德养成，评选师德标兵、"三育人"模范30人。18名教师获省部级以上人才称号，生物工程科研团队获"全国专业技术人才先进集体"。在省级重点人才项目绩效评价考核中，学校位列在甘高校和科研单位第一。

交流与合作 落实与四川大学对口支援合作协议的目标任务和川大华西医院与学校附属医院对口支援合作协议。30名专任教师赴川大进修，10名教师攻读专项计划博士学位。实施"国际化课程建设计划"，打造"西北民族大学'丝路·兰山'云课堂"。同新加坡南洋理工大学、俄罗斯列宾美术学院、台湾中国文化大学合作，通过"中外双师、双导师+线上线下混合远程教学"模式，引进优质教育资源，推进在线国际化课程建设，开设近20门优质线上国际课程，覆盖学生近千人次。组织学校音乐学院、舞蹈学院与意大利西西里爱乐乐团共同为"携手同行相互成就——纪念新中国恢复联合国合法席位50周年多瑙论坛"制作线上音乐舞蹈专场。

(刘　璇)

【西北师范大学】 2021年，学校设26个二级学院(65个系、3个教学部)，3个孔子学院。有国家地方联合工程实验室1个，国家级研究院1个，国家级教学团队2个，国家级专业技术人员继续教育基地1个，教育部人文社会科学重点研究基地1个，教育部重点实验室1个，教育部战略研究基地1个，教育部研究中心6个，教育部创新团队2个，其他部级研究中心3个，甘肃省重点实验室5个，甘肃省基础研究创新群体7个，甘肃省工程研究中心（工程实验室）10个，省级国际科技合作基地3个，省级联合实验室3个，省高校人文社科重点研究基地7个，省高校新型智库5个，省级协同创新中心3个，其他各类省级研究平台25个。有各类学生39232人。其中，普通本科生17779人；博士研究生697人；硕士研究生9468人；留学生366人；继续教育学生10922人。有教职工2537人，正高级职称人员362人，副高级职称人员828人，具有博士学位人员822人，具有硕士学位人员915人。其中专任教师1650人，教授（研究员）323人，副教授（副研究员）635人，博士生导师182人（含校外兼职导师29人），硕士生导师1506人（含校外兼职导师654人）。国家级人才称号获得者及项目入选69人次，省级人才称号获得者及项目入选204人次。有11个一级学科博士点，1个专业博士授权类别，30个一级学科硕士点，1个二级学科硕士点（不含一级学科覆盖点），19个专业硕士授权类别。有2个国家重点（培育）学科、11个省级一流学科、36个省级重点学科。化学、材料科学、工程学进入ESI全球排名前1%。9个学科在全国第4轮学科评估中进入B类等次。有79个普通本科专业，其中国家级特色专业9个，国家级一流本科专业建设点22个，省级一流本科专业建设点17个。校本部占地面积834亩，新校区占地面积541.8亩、生态实训基地2272.5亩。校舍总规划建筑面积99.79万平方米，其中各类教学及辅助用房30.5万平方米。各类教学科研仪器设备总值50680.64万元，各类文献资源403.85万余册。

教育教学 2021年学校招收本科学生4600人，博士研究生228人，硕士研究生3377人。制定《西北师范大学德智体美劳“五育”并举人才培养体系建设实施方案（试行）》，推动形成“一院一品，一人一色”的个性化人才培养和评价体系。开发“五育”并举综合评价管理系统和考核评价App2.0版，建立基于大数据的过程性、发展性学生评价体系。制定并实施以“新时代教育教学模式变革与学生专业能力提升”为主题的《西北师范大学第七期本科教学改革工程实施方案》。推进国家教师发展协同创新实验基地和国家语言文字推广基地建设。推进信息化教学改革，统筹教师教学培训及教学资源建设，实现优质课程资源的整合与共享。制定《国家级省级一流本科专业建设支持办法》，着力加强一流课程和一流专业建设。推进教育硕士培养改革，实施“本硕一体化”卓越中学教师培养项目，2021届“本硕一体生”就业率100%。

6月26日，西北师范大学举办庆祝中国共产党成立100周年大型交响合唱音乐会《红色丰碑》

加强学位点建设，获批马克思主义理论博士一级学科授权点和生物与医药硕士专业学位授权类别。充分发挥奖助育人导向，6058人次获本科奖学金959.45万元，2368人次获得研究生奖学金1196.8万元，为6927名本科学生受助资助金2304.64万元，为8613余名研究生发放各类资助5435万。

学科建设 与科研工作制定《关于进一步加强学科建设的实施意见》，实施“传统学科强基础、新兴学科创一流”的学科发展战略，重点支持民族教育、简牍学创建国家一流学科。获批国家级和教育部科研项目101项，其他各级各类项目271项。获得各级各类科研项目经费共计10220.77万元，比上年增长40.1%。其中，纵向科研项目经费7897万元；横向科研项目经费2323.77万元。获甘肃省第16次哲学社会科学优秀成果奖73项、甘肃省科学技术奖2项、全国民族工作优秀调研报告奖3项。获批成立教育部教育信息化战略研究基地（西北）、甘肃省绿洲资源环境与可持续发展重点实验室、甘肃省乡村振兴研究院和甘肃省区块链行业技术中心。组织申报智能感知与检测教育部工程研究中心、智能教育省部共建协同创新中心、甘肃省黄河流域生物多样性保护与利用重点实验室、甘肃省智能学习关键技术重点实验室、甘肃省区块链行业技术中心、甘肃省非物质文化遗产传承保护创新坊——“互联网+”永靖傩舞“文化双创”创新坊、甘肃省科协协同创新基地等科研基地平台，获批各级各类科研基地平台经费550万元。

师资队伍建设 学校引进博士90人，其中取得国外博士学位8人，引进美裔华人和美籍博士2人，高层次人才计划完成率96.8%，发放人才引进安家费1415万元，获得人才引进编制补偿53个。招聘15名专职辅导员、5名专职心理咨询教师，通过人事代理紧缺专业考博计划聘用3人，与2位紧缺专业在读博士签订预引进协议书。获评2020年度教育部“长江学者奖励计划青年学者”1人，“长江学者奖励计划讲座教授”1人，万人计划青年拔尖人才1人，甘肃省拔尖领军人才1人，一、二层次领军人才各1名，获评甘肃省园丁奖3人，青年教师成才奖3人，入选2021年全省宣传思想文化人才资助项目2人，陇原青年创新创业人才项目2人，国家留学基金委面上资助项目2人，中西部高校青年骨干教师国内访问学者项目1人。制定实施《师德师风监督实施办法》《教职工政治理论学习制度》《2021年师德师风建设实施方案》，编印《教师师德手册》《师德师风警示教育案例选编》，持续开展“开学第一讲”、师德失范行为警示教育等活动。制定《高校教师专业技术职务任职资格评审条件》，评审通过高校教师138人，正高级29人，副高级81人。制定《思想政治理论课教师专业技术职务认知资格评审条件（试行）》，首次实施思政课教师系列单设条件、单独评审、单列指标政策，评审通过正高级2人，副高级6人。学生专职辅导员队伍“双线”晋升工作得到进一步落实，评审正高级1人，副高级2人，中级19人。坚持“教学为本、突出绩效、自主分配”原则，更加突出绩效考核与评价，围绕学校办学目标，实施有效激励措施，形成全方位多层级的激励机制。

交流合作 学校同马来西亚理科大学、俄罗斯康德波罗的海联邦大学等8所高校签订合作协议，与澳门大学、辅仁大学签署校际交流协议。组织波黑中心和吉

12月31日，西北师范大学“国家语言文字推广基地”揭牌

尔吉斯斯坦中心撰写国情手册和吉尔吉斯斯坦常用语字典。组织国际学生观看“庆祝中国共产党成立100周年大会”，中外学生联合录制“战疫”思政微课，联合进行党的十九届六中全会微宣讲。召开河西走廊与中亚文明高层论坛，完成哈萨克斯坦常用法律翻译项目。完成第9期中华语言文化本科学历班招生工作。海外汉语国际教育实习基地美国波多黎各未来中文学校入选教育部语合中心的国际中文教育高端智慧化平台“语合智慧教室”。完成11名外籍兼职导师引聘工作。启动“中国教育国际交流协会（研修学院）——西北师范大学国际课程中心”项目。

社会服务 学校与万科城企业共同筹建万科城附属学校。以综合服务项目促进校企融合发展，与甘肃日报报业集团、兰州黄河生态旅游开发集团有限公司、甘肃万威置业有限公司、胜宏科技（惠州）股份有限公司、甘肃丝绸之路文商旅游开发有限公司、兰州新区现代农业投资集团有限公司等企业签署战略合作协议。与甘肃省城乡发展投资集团有限公司联合成立西北师范大学乡村振兴培训学院。制定《校友导师计划实施方案（试行）》，构建校友与学校协同育人体系。持续推动地方校友组织建设，成立西北师大深圳校友会。争取社会资源支持，接受甘肃万威集团、北京小鱼易科技有限公司、福建福昕软件开发有限公司等企业捐赠，以及一系列校友奖助学金和疫情防控期间的校友物资捐赠。

（周建翔）

【兰州理工大学】 是甘肃省人民政府、教育部、国家国防科技工业局共建高校，甘肃省首批高水平大学建设高校。中西部高校基础能力建设工程、国家大学生创新型实验计划、教育部卓越工程师计划入选高校，国家国防教育特色学校。入选全国首批99个深化创新创业教育改革示范高校。学校现有19个学院、1个教学研究部，设有研究生院、温州研究生分院。有工学、理学、管理学、经济学、文学、法学、教育学、医学、艺术学9个学科门类，工程学、材料科学、化学3个学科进入ESI排名全球前1%，土木工程、材料科学与工程、机械工程、控制科学与工程4个学科在第4轮学科评估中进入B类。有20个省级重点学科、4个国防特色学科方向。有5个博士后科研流动站、6个一级学科博士点、23个一级学科硕士点，14个硕士专业学位类别。全日制在校生29975人。其中，本科生22632人；研究生6398人；国际学生448人。有兰工坪校区、彭家坪校区两个校区，占地面积2430亩，校舍建筑面积121万平方米，图书馆馆藏图书216万册、电子图书122万册，实验室面积5万余平方米，教学科研仪器设备资产值4.6亿元。

教育教学 推进一流专业和一流课程内涵建设，修订2021版本科人才培养方案，遴选红柳重点专业5个，立项建设红柳一流专业实验室建设7个，新增大数据管理与应用专业，获批国家级一流本科专业10个、一流课程3门。推进专业供给侧改革，制定本科专业结构优化方案，不断调整优化专业布局。获省级教学成果奖特等奖3项、一等奖5项，获批省级教学改革培育项目13项。修订研究生招生、培养、学籍管理、学位论文管理、导师遴选办法等制度9项，完善教育管理体系。加大优质生源选拔力度，直博生、硕博连读和申请考核录取博士人数达招生计划64%，硕士一志愿报考人数较上年增加54%。加强教育质量全过程监测，督导规范研究生课堂教学、开题、学位论文答辩，学业预警634人。加强联合培养基地建设，新增省级示范联培基地5个。推进创新创业教育，获批甘肃省优秀研究生“创新之星”项目125项，获得省级及以上奖励500余项。

师资队伍建设 推进“红柳人才工程”，入选甘肃省拔尖人才1人、领军人才2人，引进博士76人，定向攻读博士学位教师17人、完成博士学业返校30人，具有博士学历教师占专任教师的比例达到49.12%。招收博士后11人，7个团队入围全国首届“百千万”创业引领工程博士后创新创业大赛。陇原人才卡安家补贴47人，申报第3批陇原人才卡64人，完成159位教师专业技术职务评审与定职工作。评选表彰师德标兵、“三育人奖”先进个人，向35名教职工颁发“从事教育教学及管理服务工作满30年”纪念证书。1个学院获2021年甘肃省“园丁奖”先进集体，1名教师获省级教学名师，3名老师获"园丁奖"。组织开展教师教学能力提升活动，1名教师获中国创新方法大赛教师组一等奖，1名教师获全国高等学校青年教师电工学课程教学竞赛特等奖。

科研工作 有"长江学者和创新团队发展计划"创新团队2个、"省部共建有色金属先进加工与再利用国家重点实验室"等国家级科研基地5个、教育部科研基地7个。实施创新驱动战略，围绕"抓项目、出成果、建平台、强人才、促改革"工作思路，持续提升科研创新能力，获批国家级科技项目101项，实现科技进款1.76亿元。其中，纵向项目进款9650万元；横向项目进款7961万元。培育重点科技成果，获得省部级以上科技成果奖励12项，其中甘肃省哲学社会优秀成果一等奖1项、省级自然科学类二等奖5项；发明专利授权171项，专利转让及许可20项，以第一单位被SCI收录论文730篇，其中高质量论文156篇。不断加强科研平台建设，西北低碳城镇支撑技术协同创新中心获批省部共建协同创新中心，2个省部级科研平台验收结果为优秀，成立国家土建结构预制装配化工程技术研究中心西北研究院、兰州理工大学核级泵先进装备创新研究中心、甘肃应用数学中心。加强与军工集团院所交流合作，完成军工"质量体系认证"审查，主动做好项目交流论证，争取国防计划和军品配套项目。

产学研融合 制定《兰州理工大学服务我省产业基础高级化产业链现代化攻坚战专项行动实施方案》，加入甘肃省首批6家创新联合体，发布100余项技术需求，为解决行业"卡脖子"技术和产业发展共性关键技术提供学校学科及人才支撑。加强校地、校院对接联系，与嘉峪关市、定西市和甘肃省工业经济和信息化研究院签订科技合作协议，年度新增技术成果转移转化项目94项、技术合同认定登记70项，获批2021年教育部第一批产学合作协同育人项目54项。加强继续教育服务供给，新增专升本招生专业2个，举办人社部国家专业技术人才知识更新工程"大数据技术产业升级与人才培养模式创新高级研修班"和甘肃七建集团公司中高级技术管理人员专业能力提升培训班，培训学员105人。

国际合作交流 修订青年骨干教师和优秀学生出国(境)交流基金管理办法，申报教师出国访学5人、学生公派留学13人。全面推进孔子学院建设，文尼察国立技术大学孔子学院揭牌运行。加强国际合作科研平台建设，"丝绸之路经济带金属表面工程技术"国际科技合作基地评估良好。获批中外导师联合培养研究生指标30个。与埃克塞特大学等多所大学签订合作备忘录。强化国际学生教育提质增效，制定来华留学教育质量规范，修订国际学生收费管理办法等制度，录取国际学生74人，获批中国政府奖

4月29日，兰州理工大学2021年体育运动会在彭家坪校区田径场举行

学金、“丝绸之路”专项奖学金、“中非友谊”高校项目等奖学金110个，围绕“讲好中国故事”，组织国际学生参加“百年华诞·绚丽陇原”等系列活动。

（周志强）

【兰州交通大学】 2021年，学校有2个校区，1个大学科技园，占地面积1564亩，校舍建筑面积70.96万平方米，固定资产总值21,59亿元。有内设机构64个。其中，党政管理机构18个；教学机构21个；教辅机构24个；科研机构1个。有全日制在校生2.24万人。其中，博士研究生351人；硕士研究生6442人；普通本科生22390人；高职生1754人；预科生30人；留学生231人。有教职工2346人。其中，专任教师1780人；教授、副教授994人。有双聘院士2人、长江学者特聘教授1人，柔性引进“长江学者”2人，国家杰青2人，国家“万人计划”入选者2人，国家“百千万人才工程”入选者4人，教育部新世纪优秀人才4人，甘肃省领军人才入选者48人；有“五一劳动奖章”获得者、全国优秀教师、全国师德先进个人、全国模范教师、詹天佑铁道科学技术奖获得者、茅以升铁道科学技术奖获得者等各类高层次人才340人。

涵盖工学、理学、经济学、管理学、文学、法学、艺术学和教育学8个学科门类，有博士后科研流动站5个，博士学位授权一级学科6个，硕士学位授权一级学科28个，硕士专业学位授权类别15个。5个学科（群）入选甘肃省一流学科建设项目，6个学科入选甘肃省“双一流”特色建设工程一流学科，省级重点学科（一级学科）24个。“工程学”“化学”学科进入国际高水平学科行列。普通本科专业70个，当年招生专业64个。有1个国家级综合改革试点专业、6个国家级特色专业、19个国家级一流本科专业建设点、11个省级一流本科专业建设点，6个专业通过教育部工程教育专业认证，5个专业通过住建部专业认证（评估）。有1个国家级人才培养模式创新实验区、5个国家级实验教学示范中心、1个国家级虚拟仿真实验教学中心、11个国家级工程实践教育中心和13个省级实验教学示范中心。

思政和教育教学 制定实施《兰州交通大学推进课程思政建设实施方案》。1个专业获批甘肃高校课程思政示范专业，2门课程获批甘肃省高校课程思政示范课程，2人获批甘肃省高校课程思政示范课程教学名师及团队，3个项目获批甘肃省高校课程思政建设研究项目。获批8个国家级一流本科专业建设点，9个省级一流专业建设点，新增10个省级高等教育教学成果培育项目，2个省级教学团队，2名省级教学名师，2门省级课程思政示范课程，3个省级课程思政建设研究项目。2个专业通过住房和城乡建设部专业评估委员会评估认证。线上开课2842门次，参加线上学习学生累计21.25万人次。参加甘肃省教师教学创新大赛并获得省级一等奖、二等奖、三等奖各2项。制定创新创业教育课程思政建设工作方案。各类学科竞赛和创新创业大赛中获国家级奖143项，省级奖328项。成功承办第7届中国国际“互联网+”大学生创新创业大赛甘肃省分赛，获得全国铜奖9项，省级金奖28项。7项省级创新创业教育改革项目、10项甘肃省创新创业能力提升工程项目获得立项。大学生创新创业训练计划项目共计立项334项，其中国家级立项58项。制订《兰州交通大学关于加强和改进研究生思想政治教育工作的实施方案（试行）》《新时代兰州交通大学研究生教育高质量发展实施方案（2021—2025年）》《兰州交通大学关于认定研究生学位申请创新性成果的指导意见（试行）》《兰州交通大学研究生学术不端行为预防与处置实施细则（试行）》。

学科建设 “交通运输工程”学科入选省属高校国家一流学科突破工程。新增工商管理、建筑学、中国语言文学3个一级学科硕士学术学位授权点，设置30个工程类硕士专业学位授权点专业领域。制订《兰州交通大学天佑博士后科学基金管理办法（暂行）》，设立“兰州交通大学天佑博士后科学基金”。1个博士后团队项目获甘肃省“百千万”创业引领工程首届博士后创新创业大赛二等奖。

科研工作和社会服务 全年承担纵向科研项目345项，获批资助总经费约5934.4万元，较上年增长21.46%。闫浩文教授参与的“智能化地图综合与多尺度级联更新关键技术及应用”项目获国家科技进步二等奖。国际期刊

JGSA被ESCI数据库正式收录,1个课题组在国际顶级期刊《ADVANCEDENERGYMATERIALS》发表论文。国家铁路局在学校设立四电BIM工程与智能应用铁路行业重点实验室。新增4个省级科研平台。4个省级平台考核评价为优秀。承担横向项目680项,总经费约1.32亿元。制定11项科技服务项目管理、经费管理、科技成果转化管理、军民融合管理等措施。抓好"一带一路"、乡村振兴、川藏铁路、新藏铁路、高原公路、西部交通基础设施、新基建等建设,积极服务地方经济社会和国家交通事业。

学生工作 认真落实好"六位一体"全员育人机制,线上线下立体式、全员化、多方位开展学生思政教育、防疫教育、安全教育、心理健康教育。全年本专科生14937人次获得各类奖助,占学生总数61.45%。研究生48410人次获得国家助学金,4075人获得研究生学业奖学金。全年在全国31个省(区、市)录取考生8499人。其中,研究生2390人(硕士研究生2312人,博士研究生78人);本科生5614人;高职考生395人;普通专升本100人。深入推进就业工作"一把手"工程,开展疫情期间学生就业工作,精心组织空中双选会和线上招聘会。截至年底,2021届博士研究生就业去向落实率100%,硕士研究生就业去向落实率90.54%,本科生就业去向落实率90.09%,高职生就业去向落实率91.08%。

交流合作 与西班牙塞维利亚大学共建孔子学院。与法国、印尼、俄罗斯、泰国、美国、白俄罗斯、菲律宾等国家的高水平大学开展实质性合作,涉及学位联合培养、学生交流、中外合作办学、科技创新等领域。"高速铁路列控系统故障预测与智能运维关键技术国际合作研究""'数字孪生+区块链'智能仿真与全生命周期管理技术国际合作研究"入选中国科协"海智计划"甘肃海智特色示范资助项目。天津大学对口支援学校工作不断深入,7名教工赴天津大学攻读博士学位,推荐2名博士至天津大学联合培养。资助创新基金项目10项。

改革创新 国家铁路局与甘肃省人民政府签署协议共建兰州交通大学。完成学校"十四五"事业发展规划编制工作,开展高水平大学建设情况周期总结。落实《深化新时代教育评价改革总体方案》,围绕学位建设、人才引进、职称改革、科学研究、人才培养等方面清理不相适应的规章制度76项。

师资队伍建设 完成4批博士人才招聘工作,召开2021年度人才引进工作大会暨第一届天佑青年人才发展论坛。引进博士61人,柔性引进2名国家杰青,续聘2名院士,续聘2名"长江学者"特聘教授。持续推进教师国内定点进修,派出20名教师赴天津大学、西南交通大学、其他"双一流"院校及科研院所访学或专业课进修;派出川藏铁路项目工程项目现场实践等6个团队34人次,其中天津大学4个团队23人次,邀请天津大学专家在线举办短期培训会1场。职称评审将思政理论课教师和专职辅导员单设标准进行评审。将学校50个工勤技能岗调整为专业技术岗。制定《兰州交通大学师德公约》,对师德失范行为实行"一票否决"。

(沈　瑜)

【甘肃农业大学】 是农业农村部和甘肃省人民政府共建大学、国家重点建设的中西部百所高校之一、甘肃省高水平大学。2021年,学校占地面积2378亩,校舍建筑面积66.18万平方米,固定资产总值14.85亿元。下设23个学院(教学部),66个本科专业。有8个国家级一流本科专业,5个国家级特色专业,14个省级一流本科专业。1个国家级重点学科,1个农业农村部重点学科和18个省级重点学科。8个一级学科博士学位授权点,1个交叉学科博士学位授权点,1个专业博士学位授权类别,19个一级学科硕士学位授权点,11个专业学位授权类别。国家重点实验室1个,国家级实验教学示范中心1个,省部级重点实验室、工程实验室以及各类研究中心(基地)48个,省级实验教学示范中心13个。

在校本科生17137人,硕士研究生2993人,博士研究生513人。教职工1530人,其中专任教师1226人。正高级职称215人;副高级职称432人。入选国家"百千万人才工程"一、二层次人选4人,国家"万人计划"2人,国务院学位委员会学科评议组成员3人,国家突贡专家2人,享受国务院政府特殊津贴专家6人,农业农村部现代农业产业技术体系岗位科学家15人,农业农村部农业科研杰出人才1人;甘肃省领军人才29人,甘肃省飞天学者24人,甘肃省科技功臣1人,甘肃省特聘科技专家3人,甘肃省现代农业产业技术体系首席专家8人,甘肃省陇原人才253人,甘肃省教学名师、优秀教师、优秀专家等20人。

教学工作 对接"双万计划",推荐12个专业申报国家级一流本科专业,4个专业申报省级一流本科专业。推荐12门课程申报国家级一流课程,35门课程申报省级一流课程。立项建设慕课30门,《兽医产科学》等5门慕课上线"学习强国"平台。建成和总结混合课程100门,建设虚拟仿真课程5门。进一步加强和改进学校耕读教育,制定《甘肃农业大学耕读教育实施方案》。立项建设5个校级教学团队,2个校级实验教学示范中心和15项校级教学成果培育项目。14部主编教材入选国家林业和草原局普通高等教育"十四五"规划教材。发布《甘肃农业大学2020—2021学年本科教学质量报告》和《甘肃农业大学各学院2020—2021学年本科教学质量报告》。

科研工作 获批各级各类科技项目693项,到位科研经费1.05亿元。发表学术论文1534篇,高水平论文549篇,出版著作32部。授权专利260项。专利许可转让21项,金额17.9万元;品种许可1项,金额4万元。横向委托合同数229项,成果转化合同金额2336万元。制定《甘肃农业大学科研项目管理办法》,进一步完善科研过程管理,赋予科研人员更大自主权。

学科建设与研究生工作 草学入选甘肃省属高校国家"一流学科"突破工程建设行列。制定《甘肃农业大学草学学科国家"一流学科"突破工程建设方案》,争取专项省列经费支持。立项学科建设项目18项,投入学科项目经费2829.81万元。改革学科建设绩效评价运行机制,修订《甘肃农业大学学科建设绩效评价办法》。

制定《学位授权点合格评估工作方案》,完成3个一级学科学位授权点和3个专业学位授权类别的专项预评估。制定《研究生导师组管理办法》,完善研究生与导师互选机制,优化导学关系。深化研究生培养模式改革,制定《甘肃农业大学研究生联合培养基地建设与管理办法》,新增2个甘肃省研究生联合培养示范基地。录取研究生1499人,研究生就业率95.43%。

师资队伍建设 入选甘肃省科技功臣1人、拔尖人才1人、领军人才4人、园丁奖2人、教学名师2人、青年成才奖2人;遴选博导43人、硕导116人、"第四批伏羲人才"15人,推荐国内访问学者3人。61人入选甘肃省"陇原人才服务卡"。招聘博士58人,硕士60人;柔性引进校外高层次人才1人;66人晋升高级职称。强化教师培训,举办教学研修、教学工作坊、教学沙龙等主题活动52场次,参与教师840余人次。

对外交流与合作 学校与尼泊尔农业研究委员会、摩尔多瓦国立农业大学积极沟通筹建"'一带一路'甘肃—南亚农业研究与技术转移中心""中—摩国际葡萄与葡萄酒工程技术研究中心"等事宜。组织在校留学生参加第6届"一带一路"国际青年论坛暨2021"一带一路"高校联盟论坛。与兰州市公安局出入境管理处,联合在校内成立"外国人管理服务站",为外教和留学生办理居留许可、咨询等提供一站式服务。招收外籍留学生10名。

社会服务 围绕"三区"的种植业、养殖业、林果业等方面,选派"三区"人才120名,开展科技服务和实地指导工作。依托学校5个省部级培训基地开展非学历教育培训,举办"实施乡村振兴战略能力提升"等各类专题培训班8期次,培训学员800余人。制定《甘肃农业大学2021年帮扶岷县巩固拓展脱贫攻坚成果同乡村振兴有效衔接工作方案》,明确学校帮扶工作的目标、内容、责任。选派18名处科级干部、专业技术人员,投入到乡村振兴工作中。实施岷县乡村振兴人才项目,组织26场次近1700人次培训。利用"甘肃农校对接电商采购平台",采购蔬菜、米、面、油等133.5万元。

(马文龙)

【兰州财经大学】 2021年,学校设有21个党政管理机构群团组织,20个教学机构,11个省级科研机构、37个校内科研平台,3个教辅机构,开设本科专业61个。在校本科生19265人,硕士研究生2323人,博士研究生48人,继续教育学员8566人,留学生37人。教职员工1371人,其中专任教师1027人。具有教授、副教授职称教师551人；具有博士、硕士学位教师848人；引进项目博士43人、岗位博士272人；中宣部宣传思想文化人才1人、教育部“新世纪优秀人才支持计划”人选5人、甘肃省领军人才8人、享受国务院政府特殊津贴专家3人、全国优秀教师1人、甘肃省“四个一批”人才7人、甘肃省优秀青年文化人才5人、甘肃省“飞天学者”特聘专家21人、“西部之光”人才培养计划5人、陇原青年创新创业人才（团队）支持计划18人、甘肃省教学名师5人。有甘肃省一流（特色）学科2个，省级重点学科10个，一级学科博士点1个，一级学科硕士点7个，硕士专业学位授权点13个，国家级特色专业建设点3个，省级特色专业建设点16个，国家级一流本科专业建设点6个，省级一流本科专业建设点14个，甘肃省“一本”招生专业35个，省级教学团队13个，省级一流本科课程26门，省级精品课程26门，省级教学成果培育项目33个，甘肃省教学成果特等奖1项，一等奖6项，二等奖3项。建成国家级实验教学示范中心1个，省级实验教学示范中心7个，国家级“大学生校外实践教育基地”1个，省级人文社科重点研究基地3个，省级2011协同创新中心2个，省级重点实验室1个，省级科研平台1个。学校有和平、东岗、段家滩3个校区，占地面积1732.99亩，校舍建筑面积73.01万平方米，校园绿化面积31.54万平方米，教学科研仪器设备总值11313.28万元。

教学工作 加快推进一流特色学科建设，修订完善本科人才培养方案（2021版），立项建设实施卓越人才实验班2.0计划7个项目，获批课程思政示范高校、示范专业1项，示范课程、教学名师和团队2项，课程思政建设研究项目3个。《创新创业实践（思创融合）》课程获教育部首批课程思政示范课程，课程组成员获课程思政教学名师和团队。制定《学部制改革方案（试行）》，持续深化课堂教学改革。思政组教学团队获甘肃省高校教师教学创新大赛思政组二等奖。获得国家级奖项32项，省级44项，优秀组织奖2项，承办省级比赛1次。承办第8届“学创杯”全国大学生创业综合模拟大赛甘肃省选拔赛。获国家级项目14个、省级项目立项40个，成果入选教育部“献礼建党100周年——全国高校创新创业成果展”，获全国财经院校深化创新创业教育改革特色典型案例奖。

科学研究 获国家社会科学基金项目8项、自然科学基金项目3项。获省科技厅中央引导地方科技发展项目1项、重点研发项目1项，省教育厅“双一流”科研重点项目1项、“揭榜挂帅”项目1项，省社科重点项目1项，省社科规划项目22项，在省内各申报单位中立项数排名第3位。获得第16次甘肃省哲学社会科学优秀成果奖一等奖2项、二等奖6项、三等奖13项。制定《科研工作量核算及科研绩效管理办法》等4项科研管理制度。举办学术讲座、专题报告63场次。学校社会服务协作中心、“甘肃省数字经济与社会计算科学重点实验室”“兰州财经大学西北中国画研究院”“碳中和协同创新研究中心”相继成立。

学科建设和研究生教育 新增法律、农业、公共管理3个硕士专业学位授权点。入选2021年甘肃省研究生联合培养基地。推进博士学位授予单位及博士点建设工作，修订硕士研究生指导教师遴选办法，参加清华大学研究生导师能力提升高级研修项目，开展“研究生导师能力提升”活动，举办2021年MBA论坛、“同心战役—MBA社会责任”主题论坛、MBA案例开发与应用培训会，获全国管理案例精英赛西一区比赛新锐奖，获第20届（2021）全国MBA培养院校企业竞争模拟大

12月4日，兰州财经大学举办西北中国画研究院揭牌仪式暨首届西北中国画研讨会

赛全国总决赛MBA组别最高奖项——全国特等奖，获甘肃省首届新商科大赛MBA赛道二等奖1项、三等奖2项。

师资队伍建设 入选省级人才工程及行业专家库25人，入选省级专家16人，引进博士研究生19人，招聘急需紧缺专业硕士研究生14人，招聘硕士研究生50人，遴选38名教辅管理人员转为专任教师，贯穿校内校外各类人员全生命周期全流程服务体系的“一站式”管理。制定《兰州财经大学校内岗位绩效工资实施办法》，确保绩效工资向贡献突出的高层次人才、重点岗位和关键人员倾斜。制定《兰州财经大学2021年师德专题教育实施方案》等文件，组建学校党委教师工作委员会，举行第37个教师节庆祝表彰大会，引导广大教师争做“四有”好老师。

合作与交流 举办参加线上国际会议12批次，协办第5届“丝路经济国际论坛(2021)”，推进甘肃省白俄罗斯研究院建设和中白教育合作。与俄罗斯圣彼得堡彼得大帝理工大学开展校际合作，开展俄罗斯乌拉尔国立经济大学免费线上课程项目。推动白俄罗斯2所合作高校线上俄语课程、白俄罗斯国立艺术学院艺术类人才硕士联合培养、俄罗斯圣彼得堡彼得大帝理工大学“1+2+1”中俄人才联合培养、“兰州财经大学专业技术人员国际教育中心”培训、TESOL国际英语教师资格证书培训中心、日本上智大学合作等项目。

社会服务 联合中国社会科学研究院科研局、甘肃省社会科学院共同承办“中国社会科学院2021年度国情调研基地建设研讨会”。协办“兰洽会”分论坛“西部陆海新通道与国家物流(兰州)枢纽建设论坛”。与联储证券公司签订全面战略合作协议。与中国社会科学院、中国劳动关系学院签署院校战略合作协议、与敦煌市政府签订合作协议并在敦煌市设立产学研合作基地。

(王　琳)

【甘肃中医药大学】 2021年，学校本部设有21个教学机构、4个直属机构、3个科研机构，开设31个本科专业。有3个一级学科博士学位授权点，5个一级学科硕士学位授权点，5个一级学科硕士专业学位授权点，14个省部级重点学科，12个省医疗卫生重点学科，19门省级精品课程，5个省级实验教学示范中心，125个教学实践基地。全日制在校生17135人。其中，本科生12441人；专科生1674人；硕士研究生2660人；博士研究生148人；留学生129人。校本部教职工954人，其中专任教师819人。有国医大师1人；全国名中医3人；双聘院士4人；岐黄学者2人；博士研究生导师78人；硕士研究生导师606人；全国优秀教师3人；甘肃省名中医63人；甘肃省优秀专家11人；28人获“甘肃省青年教师成才奖”；23人入选甘肃省“333”“555”人才工程；7人入选甘肃省高校跨世纪学科带头人；16人被选拔为甘肃省领军人才；27人被选拔为甘肃省卫生厅领军人才。有4所直属附属医院，7所非直属附属医院。学校本部及和平校区占地面积15750亩，建筑面积146.33万平方米，固定资产总值5.3亿元。学校另有定西校区和甘南州卫校的藏医学院。

教学工作 中医学、中药学、中西医临床医学等3个专业入选国家级一流本科专业建设点，临床医学等8个专业入选省级一流本科专业建设点。本科专业人才培养方案将中医类课程列入临床医学类专业必修课，中医基础理论、中医诊断学、中医内科学、中医外科学等中医类课程纳入各专业必修、选修课程体系。针灸推拿学院代表队在2021全国中医药院校针灸推拿临床技能大赛中获团体二等奖和优秀组织奖，获得教师组全能三等奖1项。中医、中药学、护理、公共卫生等4个硕士专业通过全国专业学位水平评估。药学硕士专业学位获批新增硕士学位点。各专业本专科生开设《劳动教育(理论)》必修课程。

科研工作 召开第4届学术年会。立项纵向项目217项，经费3344.5万元；横向项目18项，经费2197.5万元。结项各类科研项目80项，申请各类专利和软件著作权93项(授权76项)。“甘肃省中医药研究中心”等2个平台通过省科技厅验收评估。2个高校智库和“敦煌医学重点实验室”完成省教育厅中期考核。中医学、中药学、中西医结合学、临床医学、生物医学工程5个学科通过教育部第5轮学科评估。

师资队伍建设 新聘硕士研究生导师230名，博士研究生导师

18名，评选“十佳导师”及7支优秀导师团队。增设教师工作部，成立党委教师工作委员会。调整急需紧缺博士待遇，其中一流大学A+学科生活补助60万元、科研启动经费20万元。出台《专业技术职务任职资格评审办法（试行）》等制度，聘任教授8人、副教授14人。获评甘肃省教学名师1人、青年教师成才奖2人，甘肃省“园丁奖”先进个人、优秀辅导员各1人，先进集体1个。遴选50名青年骨干教师赴清华大学参加专题研修班，30名高年资教师参加西部中医药高等学校教师发展联盟举办的首届“联盟大讲堂、中医思维与经典传承”线上高级师资研修班。

招生就业　招收本科生2898人，专科生582人，博士研究生54人，硕士研究生1099人，具有本、硕层次学历留学生24人。完善就业信息化建设及就业指导，召开毕业生就业招聘会23场。毕业学生本科2406人，硕、博士研究生427人，本科毕业生就业率78.76%，硕士研究生就业率84.07%。

社会服务　选派15名优秀年轻干部到原帮扶点衔接脱贫攻坚和乡村振兴工作。组织3批次近30名专家到帮扶点开展义诊活动，先后为8名患者联系到省城医院就诊。选派10名教师及见习教师到八力镇九年制学校支教，并开展“乡村振兴、教育先行”教师培训项目。协调解决60名留守儿童学业资助问题，为石门小学捐赠价值1万余元的投影仪及图书。选派2名中草药种植专家和1名加工炮制专家到八里镇对药农进行培训。与定西市人民政府签订校地推动定西中医药产业高质量发展合作协议，38名具有副高以上专业技术职称的教师被聘为“国家中药材标准化与质量评估创新联盟甘肃省联络站”专家。依托国家“三区”人才计划专项、科技特派员及基地建设项目，组建专业化服务团队4个25人，提供经费80万元，对口康县、通渭、合作、漳县与陇西等扶贫地区围绕当地需求开展技术服务。依托教育厅产业支撑项目在陇西与漳县建立试验示范推广基地60余亩。附属医院完成内科住院部装修，制剂研发中心开建，西固院区正式开业，互联网医院获批运行，4项课题获国家自然科学基金委员会资助，甘肃省中西医结合心血管专科联盟、甘肃省中西医结合消化病临床医学研究中心建设正式启动，周信有、张士卿传承工作室通过验收。借助海外岐黄中医学院中医药文化推广平台，培训来自泰国、乌克兰、摩尔多瓦、吉尔吉斯、俄罗斯、阿塞拜疆等国学员750余人。获批西部计划访问学者赴美国学习交流项目1人。选派4名教师参加教育部第8期来华留学英语师资培训班（中医药类）培训学习。选派2名教师参加省卫建委2021年中青年卫生专业技术人才英语强化班培训学习。选派3000余名学生志愿者支援兰州市核酸采集志愿活动，第二附属医院派出医疗队支援天水、张掖及兰州市重离子医院疫情防控工作，3个“甘肃方剂”获批全省调拨使用。

（陈晓强）

【甘肃政法大学】　2021年，学校设有15个学院，开设37个本科专业。有3个省级一流学科，8个省级重点学科，3个一级学科硕士学位授权点，19个二级学科硕士学位授权点，9个专业硕士学位授权点。有法学、信息安全2个国家级一流本科专业建设点，公共管理、工商管理等9个省级一流专业建设点。在校本科生10902人、研究生1567人，开办国际生教育。享受国务院特殊津贴专家3人，全国优秀教师2人，教育部“新世纪优秀人才支持计划”3人，教育部高等学校教学指导委员会委员4人，甘肃省领军人才、优秀专家、“飞天学者”“555”创新人才等35人。学校是甘肃省博士学位授予立项建设单位、国家首批卓越法律人才教育培养基地院校、全国第2批高校实践育人创新创业教育基地、国家级大学生校外实践教育基地和全国政法院校“立格联盟”成员单位。学校3个校区占地1066.59亩，校舍建筑面积40.06万平方米，教学科研行政用房面积15.57万平方米，教学科研仪器设备总值8322.83万元。

人才培养　选派4名教师参加2021年全省哲学社会科学教学科研骨干研修班，推荐郭武教授、部占川教授等4人参加2021年全省宣传文化系统“四个一批”人才评选工作，推荐甘肃政法大学评选全国普法先进单位。

印发《甘肃政法大学加强和

改进新时代学校美育工作实施方案》《甘肃政法大学关于全面加强和改进新时代体育工作的实施方案》《甘肃政法大学本科学生劳动教育课程实施方案》，将美育、体育、劳动教育和总体国家安全观全面纳入人才培养方案。

与山东政法学院签署交换生培养协议，35名交流生在双方学校完成交流学习。中国政法大学交流学生由10名增加到15名，累计选派交流学生77人。改革完善藏汉双语法律人才联合培养模式，原有“2+2”培养模式改为“1+2+1”模式。与38家实务部门签署实习实训基地协议，建立195家稳定的实习基地，与实验室主任签订安全责任书。

2021年，首次从上海市招收本科生，普通本科招生省份扩大至31个省市（自治区），招生计划数由2400人增加到2900人，比上年增加500人，一本线上实际录取新生1196人，占招生总计划的41.2%。公共事业管理、社会工作、知识产权、工商管理、侦查学等5个省级一流专业经省教育厅评审推荐参加国家级一流专业建设点，知识产权、英语、会计学等3个校级一流专业推荐参加省级一流专业建设点，组织申报3个新设专业。获批甘肃省教育厅教学质量提高工程项目11项，获评甘肃省高等教育教学成果奖特等奖1项，一等奖1项，二等奖2项。

扩大研究生招生规模，招收研究生725名，招生计划比上年度增幅12%。11名考取博士研究生，19名获得研究生国家奖学金、9名被评为2021届甘肃省优秀研究生毕业生、1名获得李政道奖学金，30人获得科研创新项目立项。遴选106名硕士研究生指导教师。将《习近平新时代中国特色社会主义思想专题》和《习近平法治思想专题》2门课程纳入研究生培养方案，坚持“思政课程”和“课程思政”同向同行，协同育人。

学生管理 围绕疫情防控、防范电信诈骗、辅导员心理健康调适、青年教师学术起航、政务礼仪、会务组织、就业创业、择业指导、团学工作、日常管理等12个专题对专职辅导员进行培训，选派15名专职辅导员参加全省高校辅导员培训班。修订《甘肃政法大学本科学生工作规定》《甘肃政法大学本科学生工作考评办法》和《甘肃政法大学本科生班主任工作管理办法》。采取“进宿舍，面对面”的方式，开展学生个体心理咨询服务180余人次，心理危机预警10人次。同时，针对疫情防控期间特殊情况，开展4场线上心理讲座。

落实“奖助贷勤补减免”政策。2021年认定家庭经济困难学生5735名，其中特困生1082名，贫、特困生占在校学生的53%。有17人获得国家奖学金，284人获得国家励志奖学金，3961名家庭经济困难学生获得国家助学金。有4702名学生申请生源地助学贷款，贷款金额2932.03万元。设勤工助学岗位165个，1050余人次参加勤工助学，全年发放酬金约32.1万元。为4名家庭经济特别困难学生减免学费0.85万元。

举办7场大型校园（网络）双选会及70余场专场招聘会。印发《甘肃政法大学本科生职业规划导航书》，构建学生普遍参与的职业生涯规划体系。2021届本科毕业生就业率57.4%。通过“走出去，请进来”方式，增设海郡律师事务所、杭州拾贝知识产权服务有限公司等25个省外实习就业基地。

群团工作 采用线上线下相结合的方式召开第2次学生代表大会。获得全国全省各类奖项

7月24日，甘肃政法大学在第7届中国国际“互联网+”大学生创新创业大赛甘肃省分赛中获得金奖

200余项，举办第11届全国大学生电子商务“创新、创意及创业”挑战赛，获得省级一等奖1项、二等奖2项、三等奖3项奖。参加第7届中国国际“互联网+”大学生创新创业大赛，获得金奖1项、银奖9项、铜奖1项。参加甘肃省第2届大学生就业创业大赛暨第2届沿黄五省（区）大学生就业创业大赛甘肃选拔赛，获得省级一等奖1项、二等奖2项、三等奖3项、学校获得优秀组织奖，有3个项目代表甘肃省参加在宁夏大学举办的总决赛。“政法青年”公众号入选中央宣传部、中央网信办、教育部、共青团中央“全国首批高校思政类公众号重点建设名单”。“语”你在一起“普法推普”实践团获得2021年全国大中专学生志愿者暑期“三下乡”社会实践活动优秀团队。

学科和科研工作　获批汉语国际教育、电子信息、工商管理、公共管理、艺术5个硕士专业学位授权点。印发《甘肃政法大学一流学科建设管理办法》《甘肃政法大学学位授予实施细则》。获批各类校外科研项目81项。科研项目资助经费总额1421.8万元，比上年同期增长25.32%，获甘肃省哲学社会科学优秀成果一等奖3项，二等奖3项，三等奖8项。有53项各级各类科研项目结项，结项率比上年提高17.78%。修订《甘肃政法大学学术期刊分类办法》和《甘肃政法大学智库建设管理办法》。全年发表C2类以上学术论文115篇。其中，C1类以上论文46篇（社科类16篇，理工类18篇，“四报一刊”理论文章12篇），“四报一刊”理论文章比上年同期提升100%；C2类论文69篇（期刊论文29篇，报纸理论文章40篇）。出版学术著作16部。在四报一刊、《甘肃日报》发表理论文章60余篇，咨政建言、服务地方法治建设。成立甘肃政法大学社会科学界联合会，构建“大社科格局”。

师资队伍建设　制定《甘肃政法大学教师思想政治素质和师德素养提升实施方案（试行）》督促各教学单位制定思想政治理论学习计划。选派27名思政课教师赴华南师范大学参加2021年高校思想政治理论课教师冬季实践研修班（甘肃班）培训。将教师思想政治素质提升纳入党建工作责任制，实施教师党支部书记、党建学术双带头人培育工程，推动党建与业务融合。将校史和学校文化纳入新入职教师培训计划，校领导带头讲校史和学校文化。向省上选送6篇教育故事，抗疫作品共推荐文学作品9篇、典型案例3篇、微视频3个、照片20张，弘扬正能量，展示教师精神风貌。

成立学校师德建设委员会和学院师德建设工作小组，全面加强师德师风建设。印发《甘肃政法大学教师思想政治素质和师德素养提升实施方案》《甘肃政法大学教师师德失范行为处理实施细则》《甘肃政法大学2021年师德专题教育实施方案》《甘肃政法大学师德师风建设工作手册》。通过人才引进、公开招聘等方式聘用49名新进教职工，组织45人次参加省校两岗前培训和教育教学能力测试，通过组织教师节表彰、从教三十年教育工作者座谈会、教职工荣休、新入职教职工宣誓等系列活动，宣传表彰甘肃省“园丁奖”等获得以及校级以上奖励先进集体及个人。

建立校领导联系学院服务人才工作制度，成立学校人才工作领导小组，下放人才引进权力。落实学校“特聘教授”“客座及兼职教授”、中国政法大学对口支援博士等人才支持政策，推荐长江学者、第6批国家高层次人才特殊支持计划青年拔尖人才等国家级人选候选人13人次。推荐甘肃省领军人才、陇原青年英才、网络教育名师、黄大年式教学团队、全省民政领域专家等省级人才称号、团队15人次。推荐全省宣传文化系统人才资助项目3项。推荐获评校级“引才专项项目”25项，聘请客座及兼职教授4名。印发《2021年引进高层次人才工作实施方案》，引进高层次人才12人、急需紧缺专业人才6人。全年发放各类人才服务和保障经费842万余元。

制定《甘肃政法大学校内津贴分配方案》，印发《甘肃政法大学教师（研究）系列职称评价条件标准》《甘肃政法大学专职辅导员职称评价条件标准（试行）》。核增学校引进高层次人才事业专编15名，办理高层次人才“陇原人才服务卡”C卡和D卡18人次，引进普通硕士研究生35名。

合作交流　举办高质量、届次化、品牌化学术会议，主办、承办学术会12场次，“丝路法学大讲堂”15场次，其他学术讲座90场次。举办首届黄河保护法治论坛、第1届海峡两岸商法西部论坛、第4届"丝绸之路"沿线国家法治合作高端论坛等高端论坛。

加入丝路沿线法律高校联盟，与白俄罗斯、日本、巴基斯坦、埃及等国高校及丝路沿线国家部分海外律师事务所、海外中资机构等建立初步合作意向。与哈萨克斯坦KIMEP大学签署战略合作协议。先后与广东财经大学、武警警官学院、山东政法学院、青岛大学4所高校及甘肃日报报业集团、甘肃省贸促会2家企业签署战略合作协议。接受校友分会和校友捐款捐物资25万余元。

服务社会 成立甘肃政法大学—兰州和盛堂制药公司"立体化禁戒毒技术研究中心，协助省教育厅起草修订《甘肃省教育厅法治工作总结》《甘肃省关于加强专门学校建设和专门教育工作的实施意见》《甘肃省中小学安全条例》《防止校园欺凌工作手册》《甘肃省大中小幼法治教育一体化实施方案》。完成《甘肃省"十四五"消防事业发展规划》《甘肃省消防安全责任制实施办法》起草；史玉成教授完成《白银市农作物桔标露天禁烧条例》起草研究。学校教师先后应邀参加《定西市红色旅游遗存管理使用条例》《甘肃省道路交通运输条例》《兰州市供水条例》等法律草案论证会。司法鉴定服务受理案件776件，出具司法鉴定意见书的案件599件。鉴定意见采信率95%。

（杨进安）

【兰州城市学院】 2021年，学校有校本部、培黎校区、东校区3个校区，占地面积50.54万平方米，校舍建筑面积44.97万平方米。固定资产总值8.5亿元。有工学、理学、经济学、管理学、法学、教育学、文学、历史学、艺术学9个学科门类各类本科专业55个，形成服务城市类、教师教育类、工程技术类三大专业集群。有全国高校中华优秀传统文化传承基地1个、教育部"本科教学工程"地方高校第一批本科专业综合改革试点专业1个、教育部本科专业课程教学试点项目1个、国家级一流本科课程1门、省级一流本科专业建设点13个、省级特色专业8个、省级重点学科5个、省级工程研究中心2个、高校省级重点实验室2个、高校省级人文社会科学重点研究基地3个、高校省级新型智库1个。设有18个2级学院和甘肃省城市发展研究院、甘肃文化翻译中心、路易·艾黎研究中心、兰州智慧城市研究院等23个研究院（所）。全日制在校生15400余人。教职工1149人。其中，教授120人；副教授334人；博士173人；硕士604人。有国家"万人计划"教学名师1人、教育部"新世纪优秀人才支持计划"入选2人、全国优秀教师2人、全国师德标兵1人、全国高校优秀辅导员1人、甘肃省领军人才6人、甘肃省飞天学者1人、甘肃省优秀专家4人、甘肃省"园丁奖"获得者13人、甘肃省宣传文化系统"四个一批"人才5人、省级教学名师9人、省级创新创业教学名师4人。馆藏纸质文献128.95万册，电子图书100万册，电子资源数据库24个。

教学工作 制定新时代教育评价改革和教育督导体制机制改革实施方案，推进应用型人才培养模式改革，健全完善教学工作考核评价、二级学院分级督导评价机制和适应应用型人才培养需求的实践教学体系。制定《新文科建设方案》《新工科建设方案》，统筹推进学校新工科、新文科建设改革工作。成立城市建设学院、城市经济学院、城市管理学院、城市环境学院，形成城市类学科专业链群。加强"高校教学质量提高和创新创业教育改革项目"建设，获省级教学成果特等奖1项、一等奖2项、二等奖3项，获评省级教学名师2人、教学团队2个、实验教学示范中心1个、青年教师成才奖1人、创新创业教育教学名师1人，获批省级教学成果培育项目10项、省级创新创业教学改革研究项目2项；学生获得各级各类学科竞赛奖励657项。其中，国家级奖励73项；省级奖励584项。体育专业学生参加中国—波罗的海三国武术网络大赛（中国境内组）获得一等奖4项、二等奖2项，代表安宁区参加兰州市第9届运动会田径、篮球两个大项比赛，夺得金牌5枚、银牌10枚、铜牌8枚。

科研工作 制定《科研项目管理办法》《科研项目经费管理办法》等文件，进一步优化完善科研考核体系和激励机制。加强科研项目立项、结项、清理与资助配套等工作，全年发放教学科研成果奖励315万元，清理科研经费50余万元。全年批准立项各级各类科研项目187项，资助经费

1013.29万元。其中,纵向科研项目141项,资助经费492.1万元;横向科研合同46项,合同经费521.19万元。教师公开发表学术论文297篇,其中SCI、CSSCI、EI等高水平论文96篇;出版专著、教材8部,授权专利23项;获得国家级奖励4项、厅级奖励12项。

师资队伍建设 制定《师德师风荣誉体系实施办法》,开展“立师德铸师魂开学第一讲教师教育”和师德大讲堂活动,推进师德师风教育和选树先进相结合,加快构建高质量教师队伍。修订《引进高层次人才暂行办法》等3个制度,加强高层次人才引进工作,新引进博士5人,完成委托培养博士9人,引进急需紧缺硕士5人,学校具有博士学历教师占专任教师总数24.5%。根据二级学院设置及学科专业调整情况,分流调整210名教师,整合优化师资队伍结构。围绕重点(扶持)学科专业建设,培训教师及管理人员110人次,提升教师实践教学和科研能力,1名教师入选甘肃省领军人才。推进“放管服”改革,遴选127名校外专家建立学校职称评审专家库,全年自主完成16名教师高级职称评聘、33名转正定级和工资审批进档兑现工作。

合作交流 制定《校企合作管理暂行办法》,建立风险评估、预防和应对机制,为规范校企合作提供制度依据。与天水华天科技股份有限公司等多家单位签订联合培养协议,开拓校企合作新渠道。与兰州市安宁区签订的全面合作战略框架协议,推进共建安宁区刘家堡小学、幼儿园等。做好华东师范大学对口支援兰州城市学院相关工作,深化与天津城建大学结对帮扶战略合作协议,制定具体工作方案积极推进实施,为学校做大做强城市类专业、打造城市特色提供有力支撑。

(马晓娟)

【兰州工业学院】 2021年,学校设有15个教学单位,34个普通本科专业,涵盖工学、经济学、管理学、文学、艺术学等5大学科门类。普通全日制在校学生10792人。教职工763人,其中专任教师521人,有教授94人,副教授219人,具有硕士及以上学位的教师518人,“双师双能型”专任教师187人。新增本科专业3个,获批省级创新创业教育试点改革专业1个。1门课程入选国家一流课程;1门获批省级创新创业教育慕课;建设校级一流课程、课程思政示范课40门。获批国家新工科、省级教学成果培育以及教育部产学合作协同育人等项目47项。获省级教学成果奖5项、省级教学团队2个、省级实验教学示范中心1个。3人在全省教师教学创新大赛中获奖。在各类学科竞赛中,获国家级奖励82项,省级奖励121项。学校入选中国高校众创空间联盟理事单位和中国高等教育学会创新创业教育分会会员单位。学校有兰州七里河校区、兰州新区校区两个校区,占地1784.18亩,建筑面积82.48万平方米,馆藏图书93.28万册,电子书籍96.41万册,教学仪器设备总值1.71亿元。固定资产总值6.15亿元。

党建和思政工作 深入学习习近平新时代中国特色社会主义思想,认真落实党委两级中心组学习制度和教职工政治理论学习制度,及时传达学习落实中央重大决策部署和省上有关会议、文件精神。全年召开党委专题学习会议6次、党委理论中心组学习26次;召开全面从严治党暨党风廉政建设会议;各基层党委理论学习中心组学习60余次、领导干部上讲台活动12场。举办学习贯彻十九届六中全会精神暨中层干部治理能力提升培训班。邀请省委常委、省委宣传部部长王嘉毅做专题辅导报告。学校领导班子成员和各基层党组织书记分别深入分管单位、联系单位以及学院、班级、党支部,为党员师生集中宣讲全会精神30余场次;组织思政课教师利用《形势与政策》课程等平台进行专题宣讲活动11场。推出“微言微语微课堂”5期,“我是党课主讲人”5期。召开党史学习教育动员大会、部署会和督查会,对学校各级党组织党史学习教育进行周密部署和分类推进。先后邀请省委讲师团、博士生宣讲团8名专家作辅导报告。组织校院两级中心组读书班8期、专题宣讲70余(场)次、专题组织生活会70余(场)次、专题培训班2期,参与干部师生2.5万余人次,实现党史学习教育覆盖所有党支部和全体师生党员。全面推进党支部标准化建设,调整设立机关党支部15个,增设学生党支部8个。全年发展党员906名。召开纪念建党100周年表彰大会,表彰先进基层党组织8个,优秀共产党员、优秀党务工作者100名；表彰“光荣在党50年”党员13名；全省脱贫攻坚先进集体1个、先进个人5名。制定《党委(党组)落实全面从严治党主体责任规定》和《落实全面从严治党主体责任清单》，进一步明确党委、党委书记和领导班子其他成员承担的全面从严治党责任。全年获批教育部思政课专项1项、全国政研会项目1项、省社科规划项目2项。在全省大学生讲思政课公开课展示活动中，获省级奖2项；获批高校智库研究项目1项。

教学工作 顺利通过教育部本科教学工作合格评估。先后开展专题学习、研讨、论坛等24场(次)，接受省教育厅专家组专项督导复查。根据教育部普通高等学校本科教育教学评估专家委员会审议结果，兰州工业学院本科教学工作合格评估的结论为“通过”，标志着学校教育教学工作进入新阶段。新增本科专业3个，获批省级创新创业教育试点改革专业1个。1门课程入选国家一流课程；1门课程获批省级创新创业教育慕课；建设校级一流课程、课程思政示范课40门。获批国家新工科、省级教学成果培育以及教育部产学合作协同育人等项目47项。获省级教学成果奖5项、省级教学团队2个、省级实验教学示范中心1个。3人在全省教师教学创新大赛中获奖。在各类学科竞赛中，获国家级奖励82项，省级奖励121项。学校入选中国高校众创空间联盟理事单位和中国高等教育学会创新创业教育分会会员单位。编印发布《2021-2022学年本科教学质量报告》。

科研工作 获批各级各类科研项目80余项，其中国家自然科学基金1项，省部级和市厅级49项，科研经费540万元。签订横向科研项目7项，合同金额累计近70万元。获省科技进步二等奖、三等奖各1项，省机械工程学会科学技术奖、省电子学会科学技术奖15项。发表三大检索学术论文30余篇，其中SCI论文6篇，EI论文23篇；获授权专利和软件著作权130项。开展首批“开物”科研团队和“启智”人才培养计划结题验收。“甘肃省精密加工技术及装备工程研究中心”被认定为省级工程研究中心。

队伍建设 推进专业技术职称评聘改革，评聘正高级职称教师6人、副高级13人。引进各类人才42人，其中博士5人，通过公开招聘引进硕士32人。进一步落实青年教师导师制度和教学督导制度，通过优秀教师的传、帮、带作用和校院两级教学督导听课评课指导，青年教师的教学水平、业务能力和工程实践能力进一步提升。派出各类进修培训教师18人，确认“双师双能型”资格教师103名。1名教师入选省民政厅专家库，2名教师被评为省级教学名师，3名教师获甘肃省园丁奖、青年教师成才奖。评选表彰校级“师德标兵”6人。

学生工作 落实《领导干部深入基层联系学生工作实施方案》和《中层领导干部联系学生班级宿舍活动方案》，开展学风建设系列活动，不断推动形成育人合力。建立心理健康教育三级联动机制，学生教育引导和日常管理不断加强。学生奖助力度持续加大，发放各类奖补助学金4667.9万元，受助学生8048人(次)。开展暑期社会实践活动和青年志愿服务活动，参与人数1.5万余人次。2个学生协会被评为甘肃省志愿服务先进集体，1名学生获“甘肃省优秀青年志愿者”荣誉称号。扎实推进青年马克思主义者培养工程，1个团支部获全国高校“活力团支部”称号。录取普通本科生2291人，“专升本”学生868人。招录网络教育与成人函授生4908人，在校成教生近1.1万人。全年举办线上线下招聘会307场。2021届毕业生中，2332人成功就业，平均初次去向落实率83.36%，比上年同期上升5.04个百分点。

创新创业 不断完善创新创业教育与专业教育融合的人才培养机制，构建“一体系四融合”创新创业育人模式。2021年在中国“互联网+”创新创业大赛等各类学科竞赛中获国家级奖励82项，省级奖励121项。大学生创新创业训练计划项目获国家级25项、省级50项，校级立项220项。学校入选中国高校众创空间联盟理事单位和中国高等教育学会创新创业教育分会会员单位。

交流合作 推荐4名学生参加第4期北京外国语大学南方研究院和甘肃省高校联合培养国际化人才项目、2名学生参加2021年白俄罗斯等5国互换奖学金项目，遴选64名学术带头人参加中德双元制精英师资提升项目。学校参加2021年“一带一路”高校联盟论坛。与甘肃省国际教育交流协会积极磋商，初步形成教职员工赴国（境）外博士学历进修、学生赴国（境）外访学等项目实施方案。

新校区建设 制定新校区教室设施配置项目方案、教师公寓家具配置方案、学生公寓设施建设项目方案、食堂餐桌椅项目方案等，启动新校区学生公寓设施建设项目、新校区食堂餐桌椅项目并实施采购招标。贯彻落实省领导有关重要批示精神，主动汇报协调省、市有关部门，经过深入研判、反复论证，开展老校区299.74亩土地整体调规变性和处置出让工作，着力破解新校区建设的资金难题。

（牛广文 李 静）

【兰州文理学院】 2021年，学校设有14个教学单位，36个本科专业。有国家级一流本科专业1个，省级重点学科3个，省级一流专业建设点8个，省级特色专业6个，国家级一流课程1门，省级一流课程6门，省级教学团队6个，省级实验教学示范中心2个，被省教育厅增列为硕士学位授予单位立项建设规划单位。学校教授编写的《大学生心理成长与生涯发展》教材被教育部列入全国大中专教学用书。有学生11300余名，其中本科生8700余名，留学生25名。学校坚持人才强校战略，实施“雁苑人才工程”，聘请国家工艺美术大师、著名书画家、著名作家、戏曲“梅花奖”得主等13位行业领军人才为驻校专家，聘请90余名各行业、各学科的高层次优秀人才担任特聘教授。有专任教师605人，具有高级职称的教师321人，占专任教师的53.1%；具有博士硕士学位者473人，占专任教师的78.2%。有全国模范教师1人，全国“三八红旗手”1人，全国体育事业突出贡献奖1人，教育部新一届教指委委员2人，全省“十大陇人骄子”1人，省领军、省“四个一批”专家等各类省级荣誉称号获得者49人。学校占地面积1300余亩，建筑面积24.24万平方米，固定资产总值7.85亿元。

党建和思政工作 全年举行校党委理论中心组学习19次，召开党委会19次，校长办公会16次，议决事项365项。制定学校《红色基因传承行动实施方案》，开展“传承红色基因·永远跟党走”主题教育活动。以“南梁精神”为主线全力打造“思政金课”。拍摄制作反映南梁红色故事的十集微视频《南梁纪事》，参与并承办甘肃省“南梁精神进校园”主题宣讲活动，学校获评“甘肃省红色基因传承示范校”。学习时代楷模，创排大型现代陇剧剧目《张桂梅》。胜利召开第2次党代会。完成83个党支部、17个党总支换届工作，选举产生新一届支部委员会和总支委员会。学校被评为全省高校党建“示范院校”，1个二级学院被评为“标杆院系”、3个支部被评为“样板党支部”、2名同志被评为优秀教师党支部书记“双带头人”、1名同志被评为“优秀党务工作者”。教务处、教学质量监测与评估中心党支部被评为教育部第3批“全国党建工作样板支部”。学校28个教师党支部书记全部达到“双带头人”建设标准。年内转正党员258名，发展党员854名（其中教工党员8名），实现教师入党积极分子、教师党员发展数双增长。1名教师获全省“优秀党务工作者”称号，在建党100周年“两优一先”表彰大会上受到表彰。2020年党委书记抓基层党建工作被省委评定为“好”。

教学工作 经教育部研究决定，将兰州文理学院增列为教育

兰州文理学院国家励志奖学金获得者、贫困生、优秀大学生陈识宇，和86岁奶奶杨秀清义务守护皋兰山三营子兰州解放战役碉堡遗址数十年

部对口支援的西部高校，由中国传媒大学对口支援。承办甘肃省高校首届文旅IP大赛，与省文旅集团共同组织召开甘肃文旅科教创新联盟第一届会员代表大会，与省文旅厅、携程集团合作共建“美丽乡村国际学院”。学校旅游学院与陕西师范大学地理科学与旅游学院成功签约“旅游学科对口帮扶协议”，为塔吉克斯坦教育部制定“网络新闻人才培养标准”。投入500万元开展教师“积极教学法”培训以及新文科新工科44门视频课程建设。在综合网络教学平台共建设完成课程2317门次，课程运行门次2359次，数据存储总量提升至8TB。召开学校第2次本科教学工作会议，完成34个教改项目立项工作，实施计算机公共课《信息技术》“1+X”教学改革，“体育课+俱乐部”教学模式改革，加快推进学校体育“一校一品”“一生一技”建设。学生在各类学科专业竞赛中获得省部级以上奖励328项，104名学生考取硕士研究生。以学生实践创新能力培养为目标，以产品开发应用为重点，实施学生双创能力提升工程，获批国家级“大学生创新创业训练计划”项目17项、省级“大学生创新创业训练计划”项目26项。学生在第13届“挑战杯”课外学术科技作品竞赛中获奖26项。。

科研工作　获批国家社科基金项目2项，省哲学社科奖9项。持续增强应用型科研导向，安排科研经费800万元用于扶持科研项目产出。“胡源纪录片工作室”成功入选中国科协2021年学风传承示范基地，敦煌文化研究团队取得多项科研成果，出版敦煌学研究书籍《炳林寺石窟(5卷本)》，省社科项目“敦煌蒙书语言特点及其文献学价值研究”全部完成。

师资队伍建设　引进博士23人，博士学位教师79名，在读博士31名。1名教师获全国“三八红旗手”、1名教师获全国体育事业突出贡献奖国家级荣誉称号，8名教师分别获甘肃省最美科技工作者、甘肃省教学名师、甘肃省园丁奖、甘肃省创新创业名师、甘肃省青年教师成才奖等省级荣誉称号，33名教师分获“雁苑名师”“雁苑科研之星”“雁苑教学之星”、优秀教师、优秀教育工作者等校级荣誉称号。

学生工作　在学生公寓试点建设党员工作站，组织开展“优秀班级”“文明寝室”等主题活动，开展阅读推广计划，学生广泛参与阅读，形成师生共读书的良好风气。2021届毕业生初次就业率84.12%，位居全省本科院校第4，比上年同期提升12%；就业率93.04%。学校数字媒体学院2017级数字媒体技术(虚拟现实与互动媒体)班团支部获2020年全国五四红旗团支部，新闻传播学院2018级数字出版班团支部获2020—2021学年全国高校活力团支部。344名学生分别获得国家奖学金、国家励志奖学金、李政道奖学金，101名学生分别被评为省级三好学生、省级优秀毕业生。

社会服务　牵头组织甘肃旅游智库专家完成《甘肃省“十四五”文化和旅游发展规划》评审。承担甘肃省文旅厅“全省乡村旅游培训”任务，培训学员1000余人次；受省委组织部委托，培训全省红色旅游讲解员300余人次。承办全省教育系统网络舆情骨干培训班、全省高校应对处置突发事件能力提升专题培训班。承担省文旅厅黄河流域(甘肃段)非遗调研工作，摸清非遗家底，传承保护好全省文化根脉。落实省教育厅2021年“互联网+”师范院校支教服务项目，线上支教覆盖9个中心校，辐射带动27个教学点，上课学生15360余人次；线下支教覆盖46所中小学，授课13080余学时。

(张　婷)

【甘肃开放大学】　1月12日，甘肃开放大学揭牌，甘肃广播电视大学正式更名为甘肃开放大学。学校设有省校1所、分校17所、直属开放教育学院1所、直属工作站(教学点)3所，分校(含开放教育学院)下设县级工作站(教学点)90所。开设本科(高中起点)专业5个、本科(专科起点)专业29个、专科专业39个、“新兴产业工人培养和发展助力计划”试点专业12个、“一村一名大学生计划”专科专业9个本科专业2个，开设成人专科专业25个、普通中专专业15个。省校教职工196人。其中，专任教师121人(高级职称63人，具有硕士、博士学位81人，40岁以下的中青年教师45人)；聘请校外教师38人。省校产权校区占地面积4909.8平方米，产权校舍建筑面积51336.02平方米；固定资产总值24903.53万元。

教师队伍建设　组织全省系统教师参加国家开放大学骨干教师研修班、全省优青教师培训、创

1月12日，甘肃开放大学揭牌仪式在兰州举行

新创业培训等项目111人次。建立健全师德考核长效机制，制定《师德考核实施办法》《思想政治和师德师风考察实施细则(试行)》，全体教职工签订师德师风承诺书。1名教师获甘肃省优秀教师"园丁奖"，1名教师获评国家开放大学系统师德标兵。

教学工作 贯彻落实《深化新时代教育评价改革总体方案》精神，制定学校工作方案，推动各项任务举措落地见效。扩大网络考核改革试点范围，开展省开课"教、学、考、评、研"一体化考核改革试点，128门课程进行100%形成性考核改革，134门课程考核管理权限下放至分校，全年参与课程考核改革试点工作学生近9万人次。加入"西部地区学分银行共同体"，完善学分银行建设，搭建学分银行信息化平台，持续开展试点项目，单科注册学习成果认定转换率100%。根据国家开放大学办学评估工作安排，制定工作方案，召开培训会及动员会，指导全省系统做好自评和迎评工作。规范教学管理，通过督导、检查、评估、毕业学生满意度调查、调整新冠肺炎疫情期间教学安排等多项措施将"创优提质"。

科研工作 科研工作取得重大进展，联合申报的1项国家自然科学基金获批准立项，实现国家级项目申请零的突破。1名教师的论文被SCI收录；1名教师的论文获甘肃省第16次哲学社会科学优秀成果三等奖。14项校外纵向科研项目立项，核拨经费30万元；12项校级科研项目、2项思政专项课题立项，核拨经费9.6万元；校外纵向科研项目5项、校级科研项目结项16个。严格执行学报出版规范，编辑出版学报6期，编辑刊发论文109篇。

学历教育 全省开放教育在籍生89110人，毕业生16331人，招生27664人。其中，开放教育本科在籍生28527人，毕业生6187人，招生8079人；开放教育专科在籍生60583人，毕业生10144人，招生19585人。省校成人专科(高职)在校生4116人，毕业生2437人，招生1923人；省校与其他院校合作办学的网络本、专科在校生433人，毕业317人，招生0人；省校与其他院校合作办学的成人本、专科在校生81人，毕业1240人，招生41人。省校中专(中职)在校生3738人，毕业生1412人，招生1349人；甘肃省广播电视中等学校在校生3405人，毕业生1249人，招生1227人；甘肃信息工程技术中等专业学校在校生333人，毕业生163人，招生122人。

非学历教育 省校开展非学历教育培训项目95个，培训学时241663学时，培训规模92849人次。其中，培训32966人次；社会化考试59883人次。发挥省社区教育指导服务中心职能，完成12个省级社区教育实验区评估验收，指导各地举办"全民终身学习活动周"活动，多渠道建设推送优质课程资源，实现各地网上学习平台互联互通以及社区教育经验、成果和课程资源互通共享。积极推动社区教育、老年教育发展，开设12个培训项目，35个班级，在校生规模1500人。

(常秀芝)

【兰州石化职业技术大学】 2021年，经教育部、甘肃省人民政府批准整合西北师范大学知行学院、兰州石化职业技术学院、甘肃能源化工职业学院资源，组建兰州石化职业技术大学。学校有西固东校区、西校区、兰州新区校区、白银校区，占地面积2600余亩。

开设本科专业(方向)13个、高职专业77个、中职专业17个。其中,国家示范专业4个、骨干专业10个;国家高等职业学校提升专业服务产业发展能力项目专业2个;省级示范、特色、骨干专业18个。专业门类涵盖工学、理学、文学、管理学、经济学、艺术学6个专业门类。学校为甘肃省高水平高职学校(A档)建设单位,应用化工技术专业群、自动化类专业群进入甘肃省高水平专业群建设行列。全日制在校学生27391人。2021年招生10087人,2021届毕业生7047人,一次性签约率和派遣率同步达到98.78%。其中,毕业生在规模以上企业就业占89.84%;在世界500强企业就业占61.39%。有教职工1210人,专任教师1106人,其中480人具有高级职称,650人具有"双师型"教师资格。

重点项目建设 全面推进"中国特色高水平高职学校和专业建设计划"2021年建设任务,完成"双高计划"各分项目建设中期绩效报告和十大专业群建设中期绩效报告。制定《职业教育提质培优行动计划(2020—2023)实施方案》,全面推进"提质培优行动计划"各项建设任务。制定《助力打造"技能甘肃"实施方案》,承担其中11个项目29项建设任务。

教学工作 学校新开设"应用化工技术""煤炭清洁利用工程""智能制造工程技术""现代测控工程技术""现代分析测试技术""高分子材料工程技术""建筑工程""电子商务"等8个职业教育本科专业,2021年职业教育本科招生723人。停招空中乘务、软件技术、模具设计与制造、汽车车身维修技术4个专科专业,开设"人工智能技术应用""机电一体化技术""智能网联汽车技术"3个新专业。"化工安全技术"被评为甘肃省高校创新创业教育试点改革专业。《大学生职业素养训练(第四版)》获首届全国职业教育与继续教育类优秀教材二等奖。推进1+X证书制度试点工作,获批教育部试点1+X证书32个。"石油化工过程虚拟仿真中心"被教育部遴选为国家级职业教育示范性虚拟仿真实训基地培育项目。深化"三教"改革,结合现代信息技术、互联网+教育,探索实施MOOC+SPOC+翻转课堂、混合式教学、模块化教学模式改革,《石油化工技术高水平专业群人才核心能力培养数字资源平台》等2个项目获省级信息化能力提升建设项目立项,《思政育人、科创融教,石油化工本科层次人才培养模式探索》等8个项目获年度甘肃省职业教育教学改革研究立项,在甘肃省职业教育教学成果奖评选中,学校获一等奖13项、二等奖3项。深化拔尖学生培养工程,组织学生参加各级各类技能大赛260余项,专业覆盖面91.2%。获国家级一等奖5个、二等奖7个、三等奖15个,行业级、省级一等奖100个。服务"一带一路"建设,与恒逸实业(文莱)有限公司签订本土化人才联合培养境外办学协议,是甘肃省职业院校首个境外办学试点项目。

创新创业教育 加强创新创业教育,开设创新创业类实践课程。2021年甘肃省高等学校创新创业教育改革项目评选,2个项目被评为创新创业教育教学改革研究项目,1个团队获批创新创业教育教学团队,1门课程获创新创业教育慕课。第7届中国"互联网+"大学生创新创业大赛中,学生获铜奖3项,省赛中获金奖13项、银奖9项、铜奖2项;在第11届电子商务三创赛省赛中获得一等奖2项、二等奖5项;在第13届"挑战杯"甘肃省大学生课外学术科技作品竞赛中获得一等奖1项、二等奖3项、三等奖8项。

师资队伍建设 新引进教师10人。其中,博士9人;副教授1人。开展高级专业技术职务自主评审工作,新晋升教授12人、副教授26人。坚持多元培训提升"双师"素质,全年培训教师1894人次,人均1.6次。获评甘肃省园丁奖5人,中国化工教育协会青年教学名师1人、优秀教学团队1个,甘肃省高等学校优秀思政课教师奖励基金三等奖1人。教师参加2021年全国、全省职业院校技能大赛教学能力比赛获国家级三等奖2项,省级一等奖4项、二等奖4项、三等奖4项。13名教师当选教育部新一届行(教)指委委员,入选人数位列全国职业院校第6位。据中国教育科学研究院、全国职业高等院校校长联席会议编制的《2021中国职业教育质量年度报告》统计,学校教师发展指数、学生发展指数均荣登全国100所优秀院校榜单。

产教研融合 与东方仿真科技(北京)有限责任公司等联合共建产业学院4个。新建4个兼具生产、教学、研发、创新创业功能的校企一体、产学研用协同的“教师企业实践基地”和“学生实习实训基地”。新增校企应用技术协同创新中心4个。探索形成石油化工技术专业“双主体(学校和企业两个育人主体)、四阶段(识岗、跟岗、轮岗、顶岗)、六对接(培养目标与企业需求相对接、教学模式与工作现场相对接、课程体系与工作过程相对接、理论教学与实践教学相对接、专业教师与能工巧匠相对接、专业文化与企业文化相对接)”校企一体化培养、印刷媒体技术专业“2112”校企“双主体”育人和汽车检测与维修技术专业“四位一体”(学生、学徒、准员工、员工)人才培养等现代学徒制培养特色模式,并顺利通过教育部第2批现代学徒制试点单位验收。2021年立项各类科技教研项目161项,结题105项,获得纵向项目经费总计415.5万元;全年与企业签订横向项目合同12项,合同金额170余万元。授权专利199项。其中,发明专利7项;实用新型专利141项;外观专利1项;软件著作权50项。教职工全年发表论文562篇,其中SCIE、EI,CSCD、北大核心等期刊论文15篇。

社会服务 学校与宁波化工园区3个石油天然气煤化工及相关产业园区签约形成发展战略联盟,构建政校企一体化教育培训体系。全年开展各类培训2万余人次。组织8561名师生组建12支小分队开展“小我融入大我,青春献给祖国”“助力脱贫攻坚,决胜全面小康”“美丽乡村”等专项社会实践活动。学校在“志愿汇”平台注册志愿者28370名,累计服务时长400余万小时,居全省高校第一。

(刘博扬)

【甘肃农业职业技术学院】 有城关区段家滩、和平2个校区,占地面积约280亩,建筑面积约13.2万平方米,在校学生8300余人。有教职工270人,其中教授、副教授90名,享受政府特殊津贴2名,省级教学骨干和教学名师6名。建有省级名师工作室2个、大师工作室2个。引进甘肃农垦等大型行业企业专家和能工巧匠23名,聘用科研院所和地方行业企业技术专家136名。设农业工程系、园林工程系、畜牧工程系、经济管理系、食品与环境工程系、信息工程系和基础课教学部7个系(部),马克思主义学院、乡村振兴学院和创新创业学院3个二级学院,职业教育研究所和作物育种研究所2个教科研机构、1个职业技能鉴定所。开设农业工程、园林工程、环境工程、测绘工程、信息工程、畜牧兽医、食品药品、财经等8大类专业(群)29个专业。建成畜牧兽医、食品营养与检测、园林技术、作物生产技术等4个国家级骨干专业,校企共建农作物生产性实训基地、食品安全检测与加工生产性实训基地、“园林园艺智慧农业+”生产性实训基地3个国家级生产性实训基地,乡村振兴与休闲农业应用技术协同创新中心1个国家级协同创新中心。建成省级职业院校骨干专业4个、省级高校创新创业教育改革试点专业2个、省级高校特色专业5个,建立园林工程技术、环境检测技术等4个现代学徒制专业,1个国家级专业教学资源库、12门省级精品和资源共享课。有校企共建6个生产性实训基地、39个校内综合实训中心、10个虚拟仿真实训室及110余个校外生产性实习就业基地、2个职教集团分会。与35所中职、3所应用型本科协作构建中高本贯通体系,建立2个混合所有制2级学院和2个省级协同创新中心。与天津轻工、江苏农林、江苏农牧、福建农业等高职学院建立东西部协作关系。与新加坡教育部、乌克兰国际学院签订交流往来与国际化人才合作培养与就业协议。与吉尔吉斯斯坦签订中医养生保健专业留学生培养办学协议,建立中亚农业职业教育研究与培训中心。

思政工作 认真落实党建思政“三级联动”制度,深入教研室、班级、宿舍500余次。召开安全稳定、意识形态、民族宗教、师德师风、党风廉政、教学改革、学生管理、扩招工作、内部巡察、疫情防控等专题工作会25次。开展校企合作、顶岗实习、国际交流、资产管理、基础建设、项目招标、管理服务等工作。

教学工作 有国家级骨干专业3个,生产性实训基地3个。省级骨干特色专业5个,省级职业教育教师教学创新团队2个,省级职业教育教学名师工作室4个、省级在线精品开放课程14门,省级创新创业教育慕课1门,省级职业教育信息化能力提升项目3项、省级技艺技能传承创新工作室5个、省级职业院校“应用技术协同创新中心”1个、省级农村非物质文化遗产传承人工作室1个、省级职业教育思想政治教育骨干教师称号1个，省级职业教育“课程思政”示范专业1个，省级职业教育“课程思政”微课92门，省级课程思政建设研究项目2项，省级课程思政示范课程1门。参与国家高等职业教育专业资源库建设1项。2021年学院围绕“双高”创建、助力打造“技能甘肃”和落实提质培优行动计划，开展教育教学建设和人才培养，园林技术专业被评定为省级职业教育“课程思政”示范专业，动物寄生虫病等9门课程被评定为省级职业教育在线精品开放课程，畜牧兽医团队被评定为省级职业教育教师教学创新团队，温科面点技艺技能传承创新工作室和蔡伟中药炮制与鉴定传承创新工作室等2个工作室被评定为省级技艺技能传承创新工作室，农村非物质文化遗产传承人任向红工作室被评定为省级农村非物质文化遗产传承人工作室。获得1+X职业技能等级证书认证资格4项。学院人才培养成果在各项国家级和省级技能竞赛中得到检验，全年学院有125名师生参加比赛，在20个赛项中获得28项奖励。其中，一等奖3个；二等奖4个；三等奖21个。入选甘肃省职业教育“课程思政”微课92门，课程思政建设研究项目2项，动物寄生虫病1门课程思政示范课程。

招生就业 强化中高职合作办学，与全省30所中职学校2025名学生签订中高职联合办学联合协议。全年学院全日制学生招录2417人，报到率93.5%；社会扩招录取497人，报到率99.4%；在校生人数12233人。进一步强化“招生、培养、实习、就业”四位一体的人才培养管理工作，制定《学院毕业生就业工作考核奖惩办法》。2021届毕业生，专升本277人，自主创业2人，年终就业率98.19%，较上年提升1.9%，居全省高校就业率第5，受到教育厅通报表彰。

教科研和创新创业教育工作 以新农科陇原特色动植物等资源开发为出发点，瞄准甘肃省特色产业，大宗蔬菜、牛羊禽、中药材种植与深加工等，深耕小麦胡麻研究，开展黄河流域生态保护和农耕文化传承研究。2021年建立学院教科研创信息化管理平台和科研诚信及论文查重平台；组织申报职业教育教学成果奖8项；出版学院内刊《三农与职业教育》2期。科研项目立项34项，横向课题2项，获科研经费64万元；获批国家专利7项，发表论文78篇。育成春小麦新品种2个，甘育9号参加2021年甘肃省西片水地春小麦区域试验，甘育3号、4号获批2个地方标准。完成胡麻天亚12号（原系号10287）国家级品种登记申报。开展中药材党参、黄芩新品种的选育，种植选种圃材料近200份，育苗48份，获批国家实用技术专利2项。育种团队多次深入武威、金昌、山丹、民乐、白银、渭源等市县对接农技部门和加工企业、合作社，开展小麦、胡麻品种的示范推广等工作，推广面积20万亩以上。大学生创新创业训练计划项目立项27项。其中，国家级项目6项；获批财政资金61万元。完成2019—2020省级创新创业能力提升训练计划项目结题验收27项。建成集学生社团、学生会、孵化项目、生活超市等为一体大学生众创空间。指导学生开发剪纸文创产品20余种，成功注册个企业1个，在省级各类创新创业大赛中获金奖3项、银奖6项、铜奖4项。

校地行企合作与社会服务 与52家企业签订校企合作协议，设立企业奖助学金，与企业合作开设订单班2个、现代学徒制班2个、冠名班6个，开发课程5门，共建专业指导委员会2个，建成教师企业实践锻炼基地7个，校企合作申报国家级职业教育改革课题1项。与中国农业科学院兰州兽医与兽药研究所、兰州兽医研究所共同培养研究生2名；与甘肃省农垦集团签订产教融合校企共建人才培养中长期合作协议，联合开展职工培训；与兰州志华公社合作共建现代寒旱农业示范基地；与江苏顺丰通讯有限公司共建现代学徒制顺丰产业学院；与省纺研院协商共建产教融合实训楼。结合“三区人才”项目，把全面服务乡村振兴作为重点研究课题，支持和鼓励项目研究团队将研究成果和技术带到田间地头。2021年服务县乡村10余个，发放种苗2万余株、农业设备百余台，举办培训20余次，提供技术服务10余次，培训人数超过3000人次。开展皋兰县乡村治理及社会事业发展带头人培训班和甘肃农垦金昌片区企业新型学徒制人才培养培训班，培训1800余人次。与岷县电商中心共建“军强农产品电子商务”职教扶贫示范基地；与清水县委县政府合作开展“乡村振兴农民培训与农村服务信息化云平台”建设；指导农业企业、农民合作社开发推广护肝解酒、无铅富硒变蛋、羔羊开食料等产品3个。从脱贫地区农产品网络采供平台采购农产品5.6万余元。2021年投入11万元进行大山村人居环境整治、筏子坝村公共服务中心超市综合体项目建设，制定“一户一提升”计划，开展党建联动、技术服务、技能培训和产业培育；推行“党支部+龙头企业+合作社+致富带头人+农户”的生产模式和“学院+驻村书记+合作社+农户”的供销模式，建立“支部互联+资源共享”的发展模式，帮助农民专业合作社研发杜仲茶、绿茶挂面等产品13个，形成坚持学院帮扶政策不变、坚持培育特色产业扶持方向不变、坚持扶志扶智内生动力不变、增强村党支部组织力、增强专业技术人员力量、增强资金支持力度的学院“三不变三增强”具体帮扶机制，获2021年全省脱贫攻坚帮扶先进集体和先进个人各1个，学院入选“全国乡村振兴人才培养优质校”。

（刘　婧）

【甘肃卫生职业学院】　2021年，甘肃省卫生职业学院被认定为甘肃省高水平高职学校和专业群建设单位之一，护理、药学2个专业群被认定为甘肃省高水平专业群建设计划。学校有5个甘肃省职业教育名师工作室。学校设临床护理学院、中医药学院、医学技术学院、基础医学学院、公共基础学院、马克思主义学院等6个教学单位，高职专业14个，在校学生11492人。

思想教育　开展“党史融入概论课”、《毛泽东思想和中国特色社会主义理论体系概论》。组织辅导学生参加全省高校首届大学生讲思政课比赛，获团队三等奖。参加第6届全国学生“学宪法、讲宪法”竞赛活动，获二等奖。组织各学院全面推进课程思政建设工作，各教研室认真学习课程思政相关文件精神，精心组织教学设计，成功制作80个课程思政微视频，其中71部作品成果获批甘肃省课程思政微视频成果。

学校组织思政课教师及教学班级参加线上“四史”知识答题，师生参与答题覆盖率和取证率均为100%。

科研工作获批科研项目立项课题36项。其中，省部级项目2项；地厅级项目34项。全年组织完成46项各级各类科研项目的结项验收工作。

教师培养　学校开展青年教师培训班及教师结对帮扶工作，完成73名青年教师教学能力提升培训“导师制”结对帮扶及考试工作。

招生就业　2021年，学院录取专科学生3818人，实际报到3615人，报到率94.7%。专科学生中，普通高考录取2045人，综合评价招生录取701人，中职对口升学考试录取305人，扩招专项考试录取318人，“五年一贯制”转段录取449人，录取“五年一贯制”学生337人。专科和“五年一贯制”录取学生4155人，实际报到学生3972人。截至12月15日，2021届毕业生初次就业率92.5%。

合作交流与产教融合　在省内外地县级医疗卫生机构、民营医院、医药企业扩建实习基地125个，在新疆、福建等地建立实习就业一体、顶岗实习合作单位71个，建立医学学生规培定点实习医院3个。学院与菲律宾圣多米尼克学院、菲律宾女子大学、菲律宾国家大学签订护理、口腔医学等专业“专升本”项目合作协议。学院被菲律宾圣多米尼克学院授予“一带一路”医学教科研基地。

技能竞赛　4月13—20日，学院承办由省教育厅、省人力资源和社会保障厅、省财政厅、省卫生健康委员会主办的“2021年全省职业院校技能大赛高职学生组护理技能及健康与社会照护竞赛”。

（吕香茹）

【兰州职业技术学院】　兰州职业技术学院是兰州市人民政府所属的全日制普通高等职业院校。经甘肃省人民政府批准，在学院挂牌成立甘肃工商技师学院。现有总校区、雁儿湾校区、桃林校区3个校区，占地面积462亩。设有10个院系、3个教学部，14个党总支，1个直属党支部，47个基层党支部。在校生1.1万人，教职工753人，副高职称以上教师254人，教师中博士研究生、硕士研究生344人。

思政教育　新建“思政育人实践基地”。132门“课程思政”微课被评为省级职业教育“课程思政”微课。获批甘肃省高校课程思政示范高校和兰州市第7批爱国主义教育基地。

合作办学 与23家企业建立“双主体育人”现代学徒制试点班。承办“全国职业院校校长信息化领导力高级研修班”。代表省教育厅参加2021年全国职业教育活动周(济南)。举办各项技能大赛83项,形成17个特色人才培养方案。浙江丽水莲都区为学院授牌“引才工作驿站”。

教学工作 制订《兰州职业技术学院构建课堂生态工作方案(2021—2022)》《兰州职业技术学院课程层面诊断与改进实施办法(试行)》《兰州职业技术学院“双师型”教师认定办法》。认定“双师型”教师358人。数控技术专业获评省级示范专业,物流管理“1+X”职业技能等级认证教学(中级)团队获评省级示范课程教学团队。学前教育专业群和数控技术专业群被列为省级高水平专业群。《数字兰职助力教学诊改,质量体系保障人才培养》被评为“全国职业院校教学工作诊断与改进制度建设优秀典型案例”。教师获得全国、全省及行业各类竞赛获奖超过300项次,学生获奖超过200项次。根据中国高等教育学会发布的《2021全国普通高校大学生竞赛分析报告》统计,学院在“全国普通高校大学生竞赛六轮总榜单(高职)前300”中位列全国第158位,全省第3位。在“2017—2021年全国一般高职院校大学生竞赛榜单前100”中位列全国第23位,全省第1位。

实习实训 “精细木工”和“商品展示”2个国家级集训基地落户学院,“智能制造技术职业教育虚拟仿真实训基地”入围国家示范性虚拟仿真实训基地培育项目。“新商科智慧学习工场应用技术协同创新中心”为省级“应用技术协同创新中心”,“智能控制技艺技能传承创新中心”“洮砚雕刻技艺技能传承创新中心”“汽车彩绘创意钣金技艺技能传承创新中心”等3个工作室为“甘肃省职业教育技艺技能传承创新工作室”。与华为公司合作建设“鲲鹏产业学院”,101名师生取得华为微认证。

师资队伍 4人入选新一届行(教)指委(2021—2025)委员,1人入选甘肃省教材委员会委员,1人担任甘肃省职业教育教材专家工作委员会副主任委员,1人当选中国高等教育学会职业技术教育分会常务理事,1人当选中国高等教育学会职业技术教育分会理事。1人获评甘肃省职业教育思想政治教育骨干教师,1人获评省级示范课程教学名师。

招生就业 搭建“1311”就业工作体系,启动“3+X”毕业生跟踪服务,2021届毕业生就业率98.87%。2021年实际录取新生4288人,扩招录取200人。获批“全国高校毕业生就业能力培训基地”。

社会服务 制定《兰州职业技术学院社会化培训团队建设实施方案》,完成兰州市事业单位工勤技能岗位培训1019人次,兰州新区“巾帼扶贫车间”骨干、环境监测岗前培训90人次;130名退役士官就业技能培训;职业院校教师素质提高计划——高等职业院校创新创业能力提升专题培训班100人次。完成由南国农信息化教育发展基金、清华大学教育研究院、兰州职业技术学院共同举办的“职业院校校长信息化领导力高级研修班”培训。组织教师赶赴培黎职业学院开展“大学英语课程设计”“大学英语课程管理”等六个方面的对口培训,培训教师36人次。完成全国十类无纸化社会考试8万人次,各类培训和技能鉴定2万人次。

交流合作 兰州职业技术学院为“一带一路”高校联盟职教分盟第一届理事会理事单位,宋贤钧院长当选为副理事长。教师周娟被俄罗斯圣彼得堡大学正式录取。学院与新加坡南洋理工大学国际教育学院初步达成合作意向。签订校校、校企协议项目121项,省外合作项目20项,省内合作项目101项,校企共建校外实习实训基地54个。校企共同制定“鲲鹏特色班”“德昌泰班”2个产教融合人才培养方案。学院与青海高等职业技术学院建立合作交流关系,共同推动兰西城市群建设,推进“产教融合提质计划”。学院承办由甘肃省教育厅等5部门主办的“2021年全省职业院校技能大赛”,承担高职教师组2个赛项、高职学生组11个赛项、中职学生组9个赛项,22个赛项的比赛任务。在第3届甘肃省黄炎培职业教育创新创业大赛决赛中,以线上路演方式,分中职、高职两个赛道完成60个创新创业项目比赛。学院承办第2届全国大学生网络安全精英赛甘肃赛区比赛。

(苏文力)

【兰州现代职业学院】 2021年，兰州现代职业学院（以下简称学院）开设高职专业49个，中职专业56个，在校生总数24722人，教职工1156人。学院占地约2700亩，总建筑面积约100.2万平方米，固定资产总值54亿元。学院有高级职称人数180人，占总人数比重36.7%；中级职称人数181人，占总人数比重36.9%；初级职称人数96人，占总人数比重19.6%。专任教师人员中，具有硕士研究生及以上学历人员88人，占专业技术岗比重17.9%；双师型教师280人，占比57.1%。

招生就业 2021年学院计划招生5504人，实际录取5482人，报到5270人，报到率96.13%。9月新生报到，11月扩招学生报到后，学院高职49个专业在校生15175人，与上年相比，学院招生专业增加11个，在校生人数增加2748人。全年招生专业（含方向）49个，涉及7个二级学院，13个专业大类，9月入校5270人，11月入校扩招学生276人，共5546人。年内学院有国家计划内专科毕业生2791人。2021届毕业生升学被录取（专升本）658人，应届毕业生通过签订就业协议、签订劳动合同就业和考试录用1696人，自主创业注册公司3人。截至9月1日，当年应届毕业生就业率85.49%，其中建档立卡户786人，就业率87.02%。

科研工作 全院教师取得各类科研成果363项，其中科研项目立项、结项55项；完成国家级专利、软件著作45项。教师发表论文265篇。出版《大学语文》《应用文写作》《大学生思想政治教育基础》规划教材3部。完成院级课题立项68项。学院获得省、市财政统筹拨付科研经费69.3万元。获批3项教育部行职委创新创业教育改革项目，资助金额和设备总值60万元。组织5个项目申报参评“职业学院省级教学成果奖”；申报审批3个“技艺传承创新工作室”、1个“应用技术协同创新中心”、2名教师被聘为兰州市科协兼职科研员。学院有5个省级名师工作室，2个市级名师工作室。2人聘为兰州市科协兼职教研员。学院获批省、市级各类立项项目、课题38项。其中，省级立项课题36项（包括横向课题1项）；市级立项课题2项。全年省、市级各类立项项目、课题较上年同比增长90%。完成省级课题结题18项，其中规划课题14项，省级教改项目5项。

社会服务 学院完成各类社会培训12161人次。园林技术培训175人次，畜牧兽医培训268人次，园艺技术培训460人次，智能工程机械应用技术培训20人次，园林工程技术培训400人次。学院与榆中县、永登县、甘南州农业农村局联合开办创业致富带头人培训班培训2312人次，就业形势分析培训432人次，景中高速公路收费所新职工岗前培训4980人次，创业培训3114人次。继续教育学院分别组织全国卫生专业技术资格考试、甘肃考区高级卫生专业技术资格考试、医师资格考试医学综合考试、2021年度一级建造师执业资格考试、社会工作者学业水平（初级）考试、国家统一法律职业资格考试（客观题）等各类社会考试32场次，考生17744人，累计考试39591人次。

（强小龙）

科学技术

【概况】 2021年，兰州市科技工作以打造国家重要的区域创新中心为目标，激发科技创新主体，推动全市科技创新水平迈上新台阶。硅立方超算中心、离子加速器及质量检验检测工程实验室建成试运行、超高温钍基熔盐泵阀试验平台达到验收条件，同位素实验室一期项目开工建设，获批国家生物医药新型工业化产业示范基地。认定登记技术合同成交额61.05亿元，比上年同期增长10.5%。召开“揭榜挂帅”活动项目论证评审会议、项目对接会议，确定6项技术需求达成合作意向，开展联合技术攻关，下达补助资金182.85万元。“甘肃特色中医药防治新型冠状病毒感染肺炎的药物制剂研发”项目研发的“甘肃方剂”实施甘肃本土及输入病人的全部中医治疗，治愈率97.8%。

【科技体制改革】 加强科技创新发展系统谋划，完成《兰州市“十四五”科技创新与发展规划》。加快制定出台支持科技创新政策，成立专题调研组赴5区3县和兰州新区、高新区、经济区及南京、合肥、成都等6个城市，开展3次专题调研，起草《关于进一步深化科技体制机制改革创新推动兰州高质量发展的若干措施》。深化放管服改革，推进甘肃省政务服务事项管理平台上线运行和推广应用工作，认领市级政务服务事项5个，完成实施清单全要素编制，组织指导各县区科技局认领和编制县层级事项清单32个。

【兰白两区建设】　兰白自创区建设领导小组印发《2021年兰白两区建设工作要点》，围绕创新政策、创新体系、创新平台、创新主体和创新环境等五个方面，形成具体举措26项，向成员单位下发《兰白两区建设第一次调度会任务分解表》。组织3区（兰州新区，高新区，经济技术开发区）、榆中生态创新城、市发改委、市工信局等部门，凝练“绿色制造”领域项目28项、“双碳”领域项目7项、“隐形冠军”方面项目20项，兰白两区重点项目58项，下发《兰白两区重点项目清单》。与科研机构合作共建的硅立方超算中心、离子加速器及质量检验检测工程实验室建成试运行、超高温钍基熔盐泵阀试验平台达到验收条件，同位素实验室一期项目开工建设。获批国家生物医药新型工业化产业示范基地，中国生物西北区域科技健康产业园、生物制品批签发中心及检验检测研发平台项目、中农威特生物医药基地（二期）等重大产业项目实施。甘肃德福新材料公司2万吨/年高档电解铜箔建设项目、正威（甘肃）铜业科技有限公司高导新材料项目建成投产，兰州同位素医药中心建设项目开工建设。年产10万吨超高功率石墨电极生产线项目建成投产，工业废弃物资源化利用及无害化处置项目加快建设。

【科技发展】　推进“六个一百”技术创新工程，开发新产品84项，完成重大科技成果转化81项，新认定高新技术企业131家，新增创新平台76个，培育和引进创新团队86个。兰州高新区设立2000万元风险补偿资金池、4.5亿元生物医药产业基金、2000万元天使投资基金，30家企业获得特色产业发展工程贷款1.2亿元，为科技型中小企业协调贷款1.4亿元。立项支持市级科技计划项目184项，支持金额3000万元，立项支持人才创新创业项目158项，支持金额3000万元，实现科技项目申报、立项信用承诺全覆盖。

【科技服务】　围绕振兴“兰州制造”，聚焦企业在科技创新中的困难和问题，实地服务科技企业133家。组织“不来即享涉企政策精准推送”服务系统推广应用专题培训2次，服务培训企业1300余家。编制《兰州地区科技统计手册（口袋册）》，面向企业发放《国家、省、市支持科技创新政策汇编》《科技政策问答手册》《兰州市科技局服务指南》等1000余册。发挥科技创新基金作用，兰州科技产业发展投资基金、兰州科技创新创业风险投资基金完成投资20笔，投放资金8.27亿元，占可投资资金81.1%，“兰州重点产业知识产权运营基金”完成项目投资4个，投资总额1亿元，占可投资资金100%，组织开展4场次

12月14日，第六届中国创新挑战赛（甘肃 兰州）现场赛开幕

技术市场法规政策培训，培训高校院所、企业、众创空间及孵化器的负责人及财务主管500余人。

【兰州综合性国家科学中心建设】 起草《兰州市培育建设综合性国家科学中心工作方案（建议稿）》《关于成立培育建设兰州综合性国家科学中心协调推进领导小组的建议》《兰州市培育建设综合性国家科学中心近期重点任务分解表》建议意见，征集重大科技基础设施、高水平创新平台载体建设项目31个。推进"甘肃省同位素重点实验室"创建国家重点实验室，支持组建"多肽科学与多肽药物国家重点实验室""干旱气候与环境国家重点实验室"，支持"国家子午工程2期兰州空间环境综合观测站"建设。省部共建"干旱生境作物国家重点实验室"正式获批，实现兰州市8年来国家重点实验室培育"0"的突破。

【科技合作交流】 组织开展兰西城市群科技合作交流，组织召开"西宁—兰州科技成果转移转化对接会"，线上线下同步发布来自兰州市中国科学院兰州化学物理研究所等10多家高校、科研院所、企业的科研成果800余项，西宁市人才需求23项、技术需求26项。与西宁市科技局签订《深化科技战略合作协议》。通过兰州科技创新（硅谷）工作站和俄罗斯亚洲工业企业家联合会，向海内外发布"揭榜挂帅"征集到技术需求8项。

【创新人才建设】 开展兰州市重点人才项目重大技术攻关专项"揭榜挂帅"活动，召开"揭榜挂帅"活动项目论证评审会议、项目对接会议，确定6项技术需求达成合作意向，开展联合技术攻关，下达补助资金182.85万元。举办第4届"活力金城"兰州市人才创新创业大赛，遴选30个项目参加2021年"活力金城"兰州市人才创新创业大赛决赛，经现场路演，评选出一等奖2名，二等奖5名，三等奖8名，分别给予100万元、60万元、40万元的研发补助，资助资金820万元。推进引智基地（示范单位）培育，严格执行初审、实地考察、专家评审等程序，命名引智成果示范推广基地7家和引智示范单位3家。

【外国专家管理】 深化科技交流合作，建立北美地区甘肃籍、兰州籍专家库，入库25人。通过兰州科技创新（硅谷）工作站和俄罗斯亚洲工业企业家联合会，向海内外发布"揭榜挂帅"征集到的技术需求8项。起草《外国人来兰工作便利化服务若干措施》，向省科技厅申请下放外国人高端人才（A类）工作许可的办理权限。

【科技成果博览会】 组织第6届兰州科技成果博览会，举办第2届未来空间技术高峰论坛，围绕天基信息网络技术、空间安全与防护技术等6大专题进行交流研讨。参展单位315家、科技成果785余项、展品1275余件。征集到28家在兰高校、8家中央在兰科研院所、55家省级科研院所、10家市级科研院所的科技成果汇编项目368个。科技成果交易签约项目187项，签约金额19.85亿元。科技产业投资签约项目23项，签约金额36.87亿元。

【科技赛事活动】 组织第6届中国创新挑战赛（甘肃·兰州）现场赛，征集到兰州地区企业技术创新需求159项，征召70支挑战团队70项技术创新需求100个解决方案，签订产学研合作协议45项，签约金额3600余万元。完成2021年度"火炬科技成果直通车（甘肃站）"生物医药领域项目路演活动。依托兰州科技大市场征集生物医药领域的科技成果259项和省外科技成果15项，组织专家召开直通车科技成果项目筛选评审会，筛选5项省外成果为线下路演项目、35项成果为现场重点推介项目。

（王晓昱）

社会科学

【概况】 2021年，兰州市社会科学院紧紧围绕市委市政府的中心工作和年初确定的目标任务，充分发挥地方新型智库功能，积极为兰州市经济社会高质量发展提供了决策咨询和智力支撑。

【社科规划】 围绕市委市政府中心工作及兰州市社会科学重点学科建设工程等，开展对兰州市哲学社会科学建设具有重大价值和影响的基础理论研究、调查研究和应用对策研究。经过选题征集与制定、发布课题指南、公开申报、项目受理、分类初审、专家评审等环节，兰州市哲学社会科学规划项目立项100项。其中，资助38项；不资助项目62项。

【社科研究】 承担省委省政府调研课题1项；承担省级各类课题8项。其中，申报省政府决策咨询委员会研究课题2项；省社科规划课题立项1项；省社科联一般项目立项1项；省社科联与甘肃社会科学学术活动基金会联合项目立项1项；省社科联与市（州）社科联联合项目立项2项；省文旅厅课题立项1项并已完成。承担市级各类课题15项。其中，完成市委宣传部课题4项；主持和参与完成兰州市第四次经普课题3项；完成市民宗委委托课题2项；完成兰州市统计局兰州市第七次全国人口普查课题1项；市社科规划课题立项2项；完成兰州市文旅局委托《兰州市"十四五"文化和旅游发展规划》1项；完成兰州市城关区文体旅局委托《兰州市城关区"十四五"文体旅游业发展规划》《兰州市城关区"十四五"文体旅产业链规划》2项。与甘肃省社科院全面开展合作，编研出版"甘肃蓝皮书"之《兰州市经济社会发展形势分析与预测（2022）》一书。提交市人大理论研究主题征文3篇，获一等奖1篇，优秀奖2篇；提交2021年中国社会学年会西部社会学论坛论文2篇收录于基层社会治理与西部地区发展论文集。在《兰州日报》理论版刊登理论文章10篇。

【社科资政】 编辑出版服务决策咨询的内部参考资料《兰州社科成果要报》，供市委市政府领导与相关部门参阅。全年完成资政报告14期28篇，其中2篇被市委分管领导批示，2篇被市委《信息专报》和省委《甘肃信息》采用，1篇被民盟中央《第七届民盟经济论坛》评为优秀论文。兰州市社会科学院省政府参事室特约研究员研究成果《关于"双碳"目标下甘肃旅游业实现绿色低碳发展的对策建议》《关于我省农家书屋使用情况的调研建议》分别被甘肃省委副书记、省长与甘肃省委常委、甘肃省委宣传部部长批示。

【社科资源】 整合省市一流专家学者的研究力量，围绕市委市政府中心工作和兰州市经济社会发展的热点、难点问题，联合开展研究，年内共聘任市社科规划项目评审专家63名、特约研究员154名，为市委市政府决策和经济社会发展服务起到重要智力支撑。

【社科期刊】 市社科院主办的《兰州学刊》作为中文社会科学引文索引（CSSCI）来源期刊、中国社会科学引文索引（CSSCI）扩展版来源期刊、"中国人文社会科学期刊AMI综合评价"A刊扩展期刊、中国人民大学"复印报刊资料"重要转载来源期刊，共完成12期、150余篇文章、300余万字的编辑出版工作，并通过中国知网、万方数据、维普数据、中国社会科学网、超星数字等出版平台实现了数字化出版。中南财经政法大学图书馆期刊信息检索中心发布的检索报告表明本年度被转载文章12篇，在全国综合性社会科学类期刊中排57位，在甘肃地区排9位。在中国科学文献计量评价研究中心发布的《中国学术期刊影响因子年报（人文社会科学·2021版）》中《兰州学刊》的影响力指数（CI）为106.331，影响力指数学科排序104/626，复合影响因子1.436，复合影响因子学科排序115/626。

【社科普及】 发掘我市具备社会科学普及功能并能体现地方特色的机构或场所，陆续向省社科联推荐并挂牌第二批和第三批"甘肃省社会科学普及示范基地"5家，并联合开展了一系列科普宣传活动，做到了将科普基地的公共文化功能和科普教育功能的有效结合。

【社科交流】 加强与全国兄弟城市社科院以及有关单位的交流与合作，参加在绍兴举办的"丝丝相扣"一带一路金城兰州走进古越绍兴城际文化交流专场推介会，在长沙举办的黄河谣 湘江颂"简"述丝路"牍"懂中国"一带一路"金城兰州沿湘之行城际文化交流活动，参加全国城市社科院第31次院长联席会议，被评为"全国城市社科院先进单位"，先后赴绍兴市社科联（院）、宁波市社科院和嘉兴市社科联调研学习，不断扩大兰州市社科界在全国社科界的影响力。

（魏静姝）

文化

【概况】 2021年，市文化工作推进实施兰州文化中心建设项目。开展基层公共文化设施运行管理情况排查，加强全市乡镇（街道）、村（社区）综合性文化服务中心（站）等重点场所治理。至年底，市县区直属图书馆8家、文化馆9家、美术馆1家、剧院3家。网吧574家、歌舞娱乐场所397家、艺术类非公社会组织346家。全市图书馆、文化馆综合文化场所覆盖率100%。拥有国家级重点文物保护单位10处（包括长城），省级文物保护单位40处，市县级文物保护单位109处，博物馆纪念馆29，藏品18987件。其中，国有博物馆纪念馆21个，非国有博物馆纪念馆8个。国家级非遗保护项目5个，省级非遗项目35个，国家级非遗基地4个。

【文化惠民】 聚焦庆祝中国共产党成立100周年，实施“我忆兰州好”2021兰州“个十百千”惠民工程，举办惠民演出1613场次。举办《金城讲堂》线上线下讲座154场。开展“全民阅读”推广活动，开展红色系列阅读、主题阅读活动、“我们的节日”、未成年人阅读等线上线下活动440场。

【文艺精品创作】 兰州大剧院创排交响合唱组曲《南梁颂》在国家大剧院成功首演，《人民日报》刊发署名文章《交响合唱组曲〈南梁颂〉的艺术价值》给予高度评价。创排民族歌剧《西风烈》。创排红色题材儿童剧《大豆谣》，3月20日首演开始，儿童剧《大豆谣》完成线下演出20场，线上展演4场，精彩片段演出2场，新创“跨时空实景演出”1场，各级新闻媒体、网络平台、自媒体平台刊发（转载）各类稿件350余篇（条），网络平台转载量累计2000万次，网络

红色题材儿童剧《大豆谣》剧照

点击量、浏览量突破1亿人次大关。先后获第10届中国儿童戏剧节“优秀展演剧目”奖，入选“戏剧中国”线上展演优秀剧目，入选中共甘肃省委宣传部2020年度舞台剧“以奖代补”项目，并作为甘肃省学党史创新案例上报中宣部。原创剧《八步沙》被中宣部、文旅部、中国文旅列为“庆祝中国共产党成立100周年优秀舞台艺术作品展演”进京展演剧目。

【文艺交流】 组织41名优秀演员赴北京代表甘肃参加庆祝中国共产党成立100周年大型情景史诗《伟大征程》排演，获文化旅游部通报表扬。原创儿童剧《大豆谣》采取线上加线下的演出方式先后赴张掖、重庆、成都演出5场。举办“大河魂——兰州画院美术作品展”赴陇南白银等地巡展，举办“不忘初心，圆梦百年——献礼建党100周年美术作品展”。

【文物非遗保护利用】 加快周家祠堂修缮、五泉山建筑群修缮、青城古民居东滩戏楼修缮、青城古民居防雷等文保工程项目。谋划建设数字长城博物馆。督促指导全市文博单位做好文物安全责任公告公示和消防公开承诺工作。联合应急等部门开展文物安全隐患排查整治和安全能力提升三年行动，下发整改通知6个，检查文物建筑97处。编著出版《金城揽胜——兰州文物精粹图集》。市博物馆获得首批兰州市对台交流基地称号并授牌。做好兰州牛肉面国家级非遗保护项目申报，兰州牛肉面制作技艺上榜第5批国家级非遗名录。在兰州老街举办“人民的非遗人民共享”文化遗产宣传展示活动。

【文化市场管理】 做好规范性文件和行政合同合法性审核。落实行政执法“三项制度”，完善执法监督。办理行政许可64件。完成导游到期换证和新申请持证4152人。开展扫黑除恶、扫黄打非、平安市场等专项整治，出动执法人员17096人次，检查经营场所4766家次，办理案件70起，罚没非法所得95.5万元，受理投诉843起，办结率100%。坚持安全生产与日常工作同安排、同部署、同落实，制定印发《全市安全生产专项整治三年行动》，明确“时间表”“路线图”，对标对表、挂图作战，坚决遏制各类安全事故事件发生，全市文旅领域安全生产形势持续稳定。

【广播电视事业】 落实《全市广播电视媒体深度融合发展3年行动计划》，开展前期摸底调研，开展2021年全国广播电视融媒体融合先导单位、典型案例、成长项目征集和评选。完成全市农村应急广播建设工程摸底调查，推进完善全市户户通运维工作，开展老旧小区广播电视线缆迁移改造。完成上年公益广告扶持项目征集上报。组织开展安全播出大检查，全面加强广播电视监测监看监听，常态化做好值班值守工作，完成春节、“两会”等重要时间节点的安全播出保障工作。

（高　玲）

报社工作

【概况】 2021年，兰州日报社以建设新型主流媒体为目标，以推动融媒发展为第一要务，锐意进取、善谋实干，办报、经营、管理等各方面工作都有新进展、新提高、新成效。《兰美美融媒体系列作品》以及兰州日报社“双中心”融合案例，入选全国新闻出版深度融合发展创新案例。《别论》视频栏目获得2021中国城市网盟奖——创新创意奖。兰州日报社报史馆获批兰州市第7批爱国主义教育基地、国防教育基地。

【舆论引导】 围绕建党100周年和党史学习教育等重大主题宣传任务，各报网端策划推出一系列主题宣传，在重点版面和各平台开设“奋斗百年路·启航新征程”专版、专栏，宣传中国共产党的百年辉煌历程和伟大业绩，宣传全面推进党的建设新的伟大工程开创的新局面。启动“访百名党员、进百家支部、探百个党员先锋岗、抒百名党员心声”四百大型主题采访活动，推出《红色故事会》《陇原英雄谱》专栏报道，讲好中国共产党百年艰辛历程和生动鲜活故事。联合省内13家市州党媒发起“奋斗百年路·启航新征程——红动陇原100年”大型联合采访活动，举办2场大型直播活动，累计观看量突破2000万人次。制作播出“百年党史天天读”“兰州·红色印记”系列短视频100余集，累计播放量突破2200万+人次。累计刊发(播)党史学习教育相关稿件9000余篇,访问量1.2亿次。“记者跑腿”栏目被纳入兰州市46项重点实事项目媒体监督行动,累计协调解决群众反映问题220余件,提供咨询帮助600余次。宣传报道市委、市政府各项决策部署和工作举措,推出“关注重大项目建设——走在前加油干不停歇”“我们的小康生活”“聚焦两会”“精致兰州文明同行”等专题专栏,为全市经济社会发展营造良好舆论氛围。宣传报道省市关于新冠肺炎疫情防控的决策部署和工作动态,全面、精准、快速发布权威信息。《兰州日报》、ZAKER兰州等发稿2832篇,点击量2.5亿+人次;《兰州晚报》刊发稿件1800余篇,指点兰州客户端等平台发布相关信息6000余条,阅读量近7000万人次。

【体制改革】　兰州日报社向市委宣传部上报对报社有关资产划拨工作的请示。市委宣传部原则同意将报社经营性资产划转至兰州日报报业集团,为报业集团改革发展提供动能。研究制定《兰州日报社清产核资工作方案》,成立清产核资工作领导小组,负责资产核查工作。成立兰州日报报业集团有限公司工会,召开第一次工会会员代表大会,选举产生主席、副主席,工会第一届委员会和经费审查委员会。

【媒体融合】　各报网端坚持以最快资讯、网络直播、短视频等形式全面做好市委、市政府重大活动宣传报道。《兰州日报》在市“两会”期间推出《图解报告系列》《“两会”新视角》等系列融媒体产品,阅读量500万+人次,在市级媒体层面产品开发最多、产品质量最高。《兰州晚报》抖音话题“兰州8000名出租车司机接种新冠疫苗”,当日阅读量631.1万人次,居同日抖音平台同城榜榜首。“兰洽会”期间,各报网端推出微海报、H5、直播、短视频等新媒体产品组合拳,为市民奉上全方位、多角度、多形式的立体化宣传报道,及时权威、准确生动地呈现“兰洽会”盛况。新冠肺炎疫情防控期间,各报、网快速创新制作,各平台联动播发各类融媒体产品,取得良好的宣传效果。建立兰州短视频产业园,邀请40余家高校、企事业单位、政府职能部门与产业园合作签约。与中国广电甘肃网络股份有限公司等大型企业开展深度合作,探索运营兰州短视频产业园。与湖南盘古创世达成合作,引进“芒果严选”电商平台。与兰州高新区对接项目合作,依托兰州日报社融媒体中心,建设兰州高新区融媒体中心(融媒体采编平台),为高新区融媒体生产提供平台支撑。

【广告经营】　推进“AI智慧党建系统”和“一点资讯·甘肃”代理业务,与香港佛慈、兰州万达城开展多场次、多平台的商业直播合作,不断增强新媒体广告业务,拓展广告业务延伸服务。坚持项目推进,策划推进主题宣传服务,举办“浦发银行杯最美甘肃拍客大赛”“中小学生妙笔写甘肃”“吉尼斯风筝挑战赛”“品质城市·2021中国行”“2021年甘肃省青少年书法大赛”“我是小作家签约”等活动,打造针对性较强、影响力较大的“活动+广告”“策划+服务”的多元化创收体系。8月3日,兰州日报报业集团与兰州创意文化产业园正式签署文化产业战略合作框架协议,双方发挥各自在文化创意产业、媒体融合传播等领域的优势展开深度合作。

(闫龙龙)

广播电视

【概况】　2021年,兰州广播电视工作紧紧围绕市委、市政府中心工作和宣传主题主线,统筹组织重大宣传报道,组织广播电视创作生产,制作和播出广播电视节(栏)目,引导社会热点,加强和改进舆论监督,推动媒体融合发展。全年,兰州广播电视台电视外宣在《甘肃新闻》发稿560条,连续五年在全省14个市州排名第一。在中国中央广播电视总台发稿245条,其中《新闻联播》发稿48条,发稿量较上年同比增长10%。广播外宣在甘肃省广播电视总台发稿216条;在中国中央广播电视总台发稿38条。

【主题宣传】　聚焦庆祝建党100周年、党史学习教育、十九届六中全会、乡村振兴、新冠肺炎疫情防控、党代会、市“两会”“兰洽会”等主题,制定宣传方案40余个,推出一批时效性强、关注度高的新闻报道。配合央视完成清明、《今日中国·甘肃篇》《沿着高速看中国·兰海高速篇》、兰州城市灯光秀等直播节目。策划“历史上的今天”“奋斗百年路启航新征程”“党史金句”“我为群众办实事”“追寻兰州红色印记”等21个党史学习教育板块。《兰州零距离》适时开展曝光监督，全年播出各类投诉报道420余条，解决问题占比60%以上。《落实进行时》发挥主流宣传阵地舆论监督作用，节目总体回复率92%，群众满意率93%。

【节目创新创优】 创新推出《寻味兰州》《徐徐道来》《教·练》等融媒体栏目。联合全省14家市州电视台创作完成大型系列纪录片《新时代的我们》，入选国家广电总局庆祝建党100周年重点纪录片名录。为献礼建党百年，弘扬本土文化，传承红色基因，完成电影《功夫拉面》补拍工作，纪录片《复兴路上》（兰州篇）、《初心》《我的兰州》《年味兰州》创拍工作。创作的《明月何曾是两乡》《大豆谣》《新时代的青春担当》《寻找左公柳》《红色记忆》等影视纪录片分获不同类别省级奖项。在中国旅游电视周优秀节目评选中，获“优秀旅游专题片”“优秀旅游宣传片”“优秀旅游节目主持人”3个奖项。在省、市节目评优中，获甘肃新闻奖作品9件，获甘肃广播影视奖作品31件，获城市台奖作品6件。在全省“百千万”创业引领工程系列活动——2021“创享未来最美主播”青年网红电商直播大赛中，14件作品进入决赛。其中，获一等奖1件；二等奖3件；三等奖4件。获第4届甘肃优秀本土纪录片推优选优优秀组织机构。

【媒体融合发展】 获批全国第6个国家级媒体融合发展创新中心共建单位，提出4大类14项融合发展计划。参与组建全国城市台数字版权产业联盟，激发数字版权产业创新活力。打通地铁电视传播渠道，形成新媒体平台+电视大屏+地铁屏幕的立体传播链条。打造“爱兰州”MCN机构，培育40万+账号1个，20万+账号2个，10万+账号1个，5万+账号2个，机构总粉丝量突破100万。打造“蓝玫瑰手机台”，实现广播电视直播链接、全媒体矩阵和微赞直播页面接入。实施开展网络直播活动130余场，制作的短视频《甘肃籍卫国戍边英雄陈红军荣获“七一勋章”》，浏览量9200万人次，创全台新媒体产品最高成绩。开设专业化文旅频道，持续挖掘打造黄河生态旅游文化宣传平台。成立交通文艺广播中心，探索广播节目企业运营模式。与兰州文理学院开展产学研合作，成立新闻传播人才教育培养基地。“爱兰州”客户端6.1.2版本上线，累计下载用户规模超过180万人次，全媒体宣传矩阵用户总影响力规模超过470万人次。“爱兰州”App获得优秀城市融媒最佳客户端TOP5，“爱兰州视频”抖音号获得优秀城市融媒综合传播力抖音媒体号TOP10。

【公益宣传及社会活动】 实施市委市政府“为民兴办实事”文化惠民电影放映项目工程，全年在主城四区开展公益电影放映500场次。策划实施市直机关党史学习教育知识竞赛、市直机关合唱比赛、兰州市首届网络少儿春晚、兰州市“个十百千”文化惠民工程、“我们的中国梦”——文化进万家文艺演出、2021青少年网络安全知识竞赛、我们的节日活态非遗系列展示分享、“爱上纪录片”系列展映等60余场大型社会活动。制作各类公益广告宣传片70余条，播出31425次。获全省广播电视主题公益广告扶持项目优秀组织单位。

【技术项目建设】 建设完成东方红广场大屏改造、广播电视技术系统（融媒体平台）运维、互联网专线、网络安全三级等保系统、交换机升级更换项目。申报的“融媒体高清生产制作私有云平台”项目成功入选国家广播电视和网络视听产业发展项目库，成为甘肃省内唯一入选项目。

【新冠肺炎疫情防控宣传】 10月18日，新冠肺炎疫情发生后，引进购买优质电视剧并推出“西部—甘肃纪录片大展播”，广播电视网站客户端开设【疫情防控·兰州在行动】专栏，《兰州新闻》《兰州零距离》开设子栏目“社工委在行动”。策划推出《走进中风险地区》《疫情时刻我们都在》《主播说防疫》《抗疫MV》等系列短视频产品。疫情期间，广播电视及各新媒体平台共制播疫情防控稿件24551篇，短视频6161条，公益广告6792条，科普知识6499条次，转载中央及省级媒体有关信息1158条。广播电视上推《甘肃新闻》播发疫情防控稿件122条，上推央视各平台首发消息40余条。

（刘　杰）

档案事业

【概况】 2021年，市档案工作以机关党建统领档案事业发展，履行全市档案行政管理和档案保管利用2项职能，推进档案工作由“档案管理”向“档案治理”转变，推进档案馆由单纯的档案保管、档案利用场所向档案保管基地、爱国主义教育基地、档案利用中心、政府公开信息查阅中心、电子文件备份中心“五位一体”公共档案馆转型，在服务党委政府决策、经济社会发展、群众生产生活中取得良好的工作成效，实现档案工作高质量发展的良好开局。馆藏档案49万卷件。市档案馆获评全省档案工作先进集体，机关党总支被市委授予“全市先进基层党组织”荣誉称号。

【档案法治建设】 开展普法宣传和监督检查，联合省和县（区）档案部门利用“国际档案日”集中开展主题鲜明、贴近群众的系列普法宣传活动，现场发放图解《档案法》《档案知识问答》《档案管理违法违纪行为处分规定》等宣传资料，创新档案工作日常监管模式，建立线上监督指导和业务能力提升体系，推动实现对全市建档单位监管指导和业务培训的全覆盖。《“十四五”兰州市档案事业发展规划》由市委办公室、市政府办公室印发执行。

【档案规范化管理】 融入和服务庆祝中国共产党成立100周年、黄河流域生态保护和高质量发展重大战略、重大项目建设、脱贫攻坚与乡村振兴有机衔接、新冠肺炎疫情防控、全国文明城市创建成果巩固等重点工作、重要领域，系统性、有针对性地开展建档指导、档案资料收集管理和提供利用各环节工作，档案服务全市经济社会发展的广度和深度进一步拓展。其中，兰州轨道交通公司通过档案工作规范化省特级验收；市民政局、市政府国资委、市少儿活动中心等6家单位通过省一、二级验收。按照《甘肃省县级以上国家综合档案馆业务评价办法及标准》，推进市、县（区）两级国家综合档案馆基础业务评价工作，完成市级和七里河区、永登县、皋兰县档案馆的基础业务测评。

【档案收集】 指导各立档单位完成文件材料归档范围、归档文件材料分类方案和文书档案保管期限表的制订，确保档案应归尽归、应收尽收，接收进馆5078卷、26493件。珍贵档案征集工作实现新突破，在组建征集工作专门机构、制定工作制度和工作流程的基础上，多途径、系统化地征集到以“兰州红色档案”为主要内容的珍贵档案349套（件）。同时，通过广泛发布通告、上门联系等途径，开展黄河流域生态保护和高质量发展重大战略、脱贫攻坚、新冠肺炎疫情防控等重大题材的档案资料征集，凸现馆藏档案的时代特质。

【档案服务利用】 提升档案政务服务能力，入驻市政务服务大厅，持续深化“放管服”改革，完成第三方评估、年度考核、审批事项清查、权责清单制度落实等重点工作，同时持续做好政务服务事项的认领、发布，压缩备案事项的办理时限，由原定5个工作日办理，缩短为1个工作日内办结，审批事项承诺总时限缩减73%，“不见面审批”“零跑动”事项比例占事项总数的44.4%。围绕档案为民服务，着力尝试打造“最多跑一次”的查阅利用服务体系，拓展线上线下、市内市外2个服务边界，建立黄河流域城市档案馆战略合作和民生档案跨省（市）（达到59个）利用服务工作机制，并与各县区档案馆建立协同联动工作机制，在15个社区尝试开展“查档服务零距离”等活动，为查档市民群众节省时间、精力和财力，该做法也得到国家档案局督查工作组的充分肯定。做好档案开放鉴定工作，完成5个全宗约1.06万件到期开放档案的文件级鉴定。

【档案宣传教育】 把政治优势、资源优势、专业优势转化为发展优势、文化优势，挖掘档案资政育人的重要价值和独特意蕴，打造爱国主义教育基地教育宣传平台。按照国家档案局“档案话百年”要求，筹划以“党旗引领发展、档案见证初心”为主题的红色记忆教育实践系列活动。联合省档案馆同步推出《历史将永远铭记——中国共产党领导甘肃人民艰苦奋斗的光辉历程》《走进档案守初心——兰州红色记忆展》等展览，出版发行《兰州红色档案》一书。联合制作革命烈士王孝锡、秦仪珍、罗云鹏，兰州战役之窦家山、营盘岭、沈家岭战役等6个《兰州·红色印记》系列短视频。开展红色档案宣传进机关、进社区、进乡村、进学校、进民族宗教人士"五进"活动。留存和开发城市记忆档案，开发利用黄河兰州段档案资源，举办《走进档案观黄河——兰州城市记忆展》，通过自然的黄河、生态的黄河、幸福的黄河、文化的黄河、共享黄河5个篇章展示，追寻都会城市·精致兰州的发展记忆。围绕兰州历史文化发展，推出《古城·史档——兰州历史记忆展》，围绕兰州市全面小康攻坚之路，推出"档案见证小康路　聚焦扶贫决胜期"主题展览。发挥好市级爱国主义教育基地作用，以2个展厅作为平台，通过档案专题固定展览形式，挖掘展示宣传档案资源思想内涵和时代价值，突出青少年群体，全年接待参观学习近370人次，同步开设线上展厅，借助网络优势，拓展党史学习教育覆盖面，为更多群众提供观展机会，网络访问量突破1000人次。

【档案安全管理】　坚持把档案安全摆在首要位置，树牢"安全工作时刻归零"意识，严格落实安全责任制，持续筑牢人防、技防、物防、联防"四道防线"，确保档案实体及信息的绝对安全。对照国家档案局《档案馆风险评估指标体系》，推进档案安全风险评估工作，针对市档案馆存在较为严重的安全风险隐患问题，与有关市直部门对接协调，谋划市档案馆新馆建设暨数字档案馆建设项目。市委决定新建市档案馆，明确市直相关牵头和配合的责任部门，正在开展选址工作。开展国家安全教育日宣传教育活动、关键信息基础设施网络安全自查及网络与信息安全应急演练，完成消防安全防护改造和安全监控系统改造升级2个项目的实施。

【档案信息化建设】　抓好市县区数字档案馆和市直机关、企事业单位数字档案室建设试点工作。市档案馆完成涉密机房的建设并通过工程验收；完成电子文件与电子档案接收利用系统项目建设总体方案的设计，以及该系统涉密网络防护子项目建设的初步验收；修订数字化档案接收标准，提高科学化规范化管理水平；推进纸质与电子档案"双套制"进馆工作，推进馆藏档案数字化工作，制定2021年至2023年三年馆藏档案扫描计划，全年完成数字化扫描档案8063卷、4.61万件。同步先行先试，确定城关区、永登县为档案信息化试点县区，确定市政府办公室、市法院、市财政局等7家单位试点建设数字档案室，确定兰州市口腔医院、兰州城市供水(集团)有限公司、兰州生态创新城发展有限公司等6家单位开展增值税电子发票电子化报销入账归档试点工作。

（张生晓）

地方志工作

【概况】　市地方志办有18个编制，设秘书科、年鉴编辑科、编纂科和指导科。2021年，兰州市地方志办公室坚持"编史修志、资政育人"基本遵循，加强思想政治能力建设和意识形态领域工作，尽责履职，综合年鉴公开出版，扶贫开发志和全面小康建设志启动编纂，市县地情资料取得一批新成果。

【志书编纂】　根据全省统一安排，启动《兰州市扶贫开发志》《兰州市全面小康建设志》编纂工作。3—6月学习研究制定编纂纲目，7月1日以市委办公室、市政府办公室名义印发《〈兰州市全面小康建设志〉〈兰州市扶贫开发志〉编纂工作指导方案》的通知(兰办字〔2021〕35号)，成立省委常委、市委书记朱天舒，市委副书

8月17日，兰州市《扶贫开发志》《全面小康建设志》编纂工作推进会议召开

记、市长张伟文任主任的兰州市“两志”编纂委员会。8月17日市政府在名城广场47楼会议厅举办140人参加的兰州市“两志”编纂工作推进会,副市长魏旭昶、市政府秘书长段廷智指导会议并讲话。《兰州市扶贫开发志》完成搜集资料800余万字,完成资料长编50余万字;《兰州市全面建设小康志》完成搜集资料1200余万字,完成资料长编80余万字。指导8县区按行事历启动“两志”编纂,协调解决经费、人员等问题。《兰州市志·政党志》编纂工作进行复审;指导市民政局编纂《兰州市地名志》《兰州市地名词典》。

【名村名镇志编纂】 市志办多次赴永登县连城镇、红城镇,榆中县金崖镇、青城镇,西固区河口镇河口村,指导名镇名村志编纂工作,召开编纂启动培训会,成立了名镇名村志编纂委员会,成立编辑部。联系县区政府主要领导协调经费,修改《金崖镇志》《红城镇志》纲目设置;指导《金崖镇志》整理资料60万字,《红城镇志》60万字,《连城镇志》60万字,《青城镇志》40万字,《河口村志》20万字。

【年鉴编辑出版】 完成《兰州年鉴2021》资料收集、整理、编辑加工、审定和出版发行。全书字数1193千字,共设类目34个,分目161个,条目1466个。协调市勘察测绘研究院免费为兰州市及8区县制作2021卷年鉴用图,协调市自然资源局审核发放兰州市及8县区年鉴用地图审图号。完成8个县区年鉴2021卷的审定和公开出版,保持一年一鉴、公开出版目标。

【地情资料编纂】 4月,编辑并由甘肃文化出版社出版《金城村史》系列丛书之“榆中卷”(上中下)、“永登卷”(上中下)及“安宁卷”“红古卷”“皋兰卷”;历经5年完成《金城村史》全套14册全部出版。兰州历史文化丛书之《兰州历史图录(1900—2018)》于6月由甘肃民族出版社出版;编辑《条城水烟史话》19万字。

县区地情资料编辑出版情况:榆中县地方志办出版《榆中县脱贫攻坚大事纪实》(45万字);《榆中县扶贫开发全面建设小康社会大事记》(15万字);出版《中共榆中县委党校志》《榆中县来紫堡乡志》《榆中县黄家庄村志》《黄家庄村史话》。启动《话说兴隆山》编辑;指导连搭镇魏家沟村新窑湾社完成《新窑湾村史》编辑印刷,指导连搭中学完成校本教材编写。安宁区地方志办完成《安宁高校概览》终审稿,已交出版社审定出版;完成《兰州市安宁区街道社区概览》;《安宁旧事》出版;与安宁堡街道合作完成《安宁堡轶事》《红艺村史》编辑,已交出版社审定;完成《兰州市安宁区百年大事记要(1921至2021)》资料编辑和完善。七里河区地方志办完成《袁家湾村史》编辑印刷。

【业务培训督查】 1月7日、12日、14日和15日在市政府统办四号楼7楼会议室召开《兰州年鉴(2021)》编辑工作培训会议,省地方史志办公室年鉴工作处处长王文生、高生军、魏惠君授课,160人接受培训。7月利用微信授课,市志办主任为全市志办系统做志书编纂知识系统培训。8月17日市地方志办召开《全面建设小康志》《扶贫开发志》编纂业务培训会,专家邓明、聂步兴、薛东明、王红霞、周学海和市志办主任为140名市县“两志”编纂人员进行系统培训。10—12月份,市志办主任赴永登、红古和榆中进行“两志”编纂专题培训,150人参加。市志办主任赴榆中县金崖镇、青城镇开展编纂知识专题培训,培训90人;对河口镇河口村、永登县红城镇、连城镇志多次具体指导;协助省史志办督查8区县年鉴等工作11次。

【乡村振兴和社区工作】 选派干部李楠常驻榆中县韦家营村开展联系帮扶工作;班子成员带队分批进村入户宣讲十九届五中、六中全会精神和习近平总书记系列重要讲话精神,逐户了解生产生活情况,确保帮扶措施执行到位,争取项目,建设生态宜居的美丽乡村;与市政府研究室协调联系相关部门,村集中安置点落地建设居民生活污水处理项目已通过市农业农村局批复。联系扩充大棚蔬菜销售渠道,筹措资金,解决群众生产生活困难。筹措助学资金,为4名新入学大学生资助4000元。向韦家营村图书室赠送《兰州市志(先秦—2008)》《兰州年鉴》《兰州历史图录(1900—2018)》《榆中县志》等志书年鉴14册;市志办主任到榆中县韦营乡连续两年讲党史课。

8月17日，兰州市地方志编纂委员会办公室在名城广场召开兰州市《扶贫开发志》《全面小康建设志》编纂工作培训会

【"黄河故事"征文】 积极参加中国地方志指导小组办公室、国家方志馆组织的"讲述黄河故事、传承黄河文化"主题征文活动，报送稿件20余篇，徐鹏、赵武明获三等奖。

【党建工作和党史学习教育】 全年开展"三会一课"活动29次，集体学习40次，党课教育5次，共缴纳党费7162元。按中共兰州市政府办公室机关党委统一安排开展党史学习教育活动，召开全体党员大会6次，参加机关党委组织的集体学习4次，支委会16次，就支部学习计划、党课、主题党日活动、组织生活会、"三重一大"问题商议、驻村人员安排、出版印刷、财政支出和采购等进行商议。召开专题组织生活会和民主评议党员。开展"主题党日"活动11次。共助共建活动方面，市志办主任为城关区、七里河区和安宁安的5个社区讲党史课，受众800余人。全面落实支部党员到社区报到工作，参与共驻共建、文明志愿服务，抗击疫情社区志愿服务，加强与雁宁路社区社工委工作和精神文明创建活动，按市政府办公室统一安排11名志愿者在多个社区参与抗击"10·18"突发新冠疫情防控志愿服务。9月2日市地方志办邀请长沙二级作家罗范懿，与团市委举办《我是党员我是兵》"忆先烈铸信仰"文化沙龙主题党日活动，深情讲述"与党同龄"的老党员、抗美援朝老兵、黄继光的战友罗洪珠真实感人的故事。党史学习教育期间，市地方志主任应邀为省委党史学教办、国防大学政治学院等省内外机关单位作《不忘初心话党史》系列讲座106场，受众1.1万人；2022年1月22日中共甘肃省委党史学习教育领导小组办公室将高生军作为甘肃"学史崇德·实干先锋"推荐人物，以〔2022〕第44期简报《高生军：爱岗服务人民 爱党赓续传承》宣传了他的事迹。

【兰州方志馆建设】 兰州市方志馆建设得到市政府的重视，已纳入市政府统一规划，与兰州市文化综合中心一体建设，规划面积2600平方米，市政府安排由市文旅局牵头实施，已完成可行性研究报告。

【书库管理】 登记入库兄弟省市地方志交换书籍8种77册。清点市委书库书籍218箱654本市志；协调县区上报省志办近五年出版的各类地情资料书籍和二轮县志。给市级各单位分发《兰州市志》12箱。

【阵地建设】 市机关事务局调配市政府统办四号楼6楼办公室1间，作为《兰州市全面小康建设志》编辑部。

（彭　程）

旅　游

【概况】 2021年，全市累计接

待游客6936.1万人次，同比增长43.86%；实现旅游收入593.5亿元，同比增长40.84%。兰州入围2021“艾里缇斯”奖，被评为“最美国际文化旅游名城”；被携程2021年度口碑榜评为“最具魅力特色目的地”和“最佳新晋目的地”；被中国互联网新闻中心评为“全国年度最佳推广旅游胜地”和“中国最美夜游景观名城”。截至年底，全市A级景区30家。其中，4A级旅游景区7家；3A级旅游景区16家；2A级旅游景区6家。旅行社331家，星级酒店34家。其中，五星级饭店1家；四星级饭店13家；三星级饭店18家；二星级饭店2家。从业导游7832人。

【旅游项目建设】 全年实施推进文旅项目76个，完成项目投资55.26亿元，完成计划的104.9%；完成固定资产投资26.27亿元，完成计划的122.6%。水墨丹霞、“读者印象”精品街区、兰州老街、甘肃简牍博物馆等一批重点项目落地实施。凝练重点招商项目36个，编印《兰州市文化旅游招商引资重点推介项目册》，完成招商引资到位资金3亿元，完成任务的100%。向国家发改委申报“十四五”文化传承保护利用工程储备项目56个，其中兰州黄河文化艺术中心丝路黄河文化博物馆、青城古镇数字中心及非遗展示馆2个项目列为省上重点前期项目。

新评定兰州老街、兰州海德堡极地海洋世界、兰州黄河楼景区、龙王池欢乐谷、兰州水墨丹霞景区、树屏小镇、李家庄田园综合体、河口古镇等国家3A级旅游景区8家，评定达川三江台景区、凤凰民俗小镇国家2A级旅游景区2家。推荐评定西固区达川镇吊庄村等省级乡村旅游示范村7个。兰州老街入选第1批甘肃省旅游休闲街区，榆中县小康营乡浪街村入选第3批全国乡村旅游重点村。打造红色旅游精品线路10条（市内4条、市外省内6条），游客人数、旅游收入同比上升200%以上。

【旅游营销】 在海外平台发布57秒兰州旅游形象宣传视频、“用音乐告白黄河”短视频，借助“探索甘肃”海外项目发布黄河楼、兰州飞天等短视频，发布“水墨丹霞之琵琶版”视频。通过境外新媒体平台发布兰州中山桥、白塔山等地标性景点景区，受到海外人士广泛关注。深化与新华社、《中国日报》、央视等央媒合作，利用微信号、头条号、百家号、企鹅号全年发布推广软文4955篇、设计发布H5软文8篇，阅读量212万+人次；微视频、抖音号、快手号发布原创短视频244个，播放量突破1000万次；与凤凰网甘肃频道合作发布兰州相关报道180篇（部），凤凰网三端带动总浏览量独立IP访客2746万人次、浏览量8240万人次。兰州文化旅游微博号荣登2月全国市级文化和旅游微博传播力指数榜首。赴湖北恩施、浙江杭州、江苏南京等沿航城市开展兰州文旅推广营销活动。与新华社合作在绍兴举办“丝丝相扣”“一带一路”金城兰州走进古越绍兴城际文化交流专场推介会、在长沙举办“黄河谣湘江颂一带一路金城兰州沿湘之行”城际文化交流专场推介会。

聚焦“六夜”（夜景、夜宴、夜娱、夜宿、夜购、夜演）联动，制定《2021年兰州市文化和旅游消费惠民活动实施方案》，实施“点亮金城夏夜”为主题文化和旅游消费惠民活动。完成评选活动，评选出“六夜”品牌、产品或企业62家，开展集中消费惠民活动，投入资金80万元，发放文旅消费券26855张，带动全市文旅消费2100余万元。组织3个项目申报第1批国家级夜间文化和旅游消费集聚区，兰州老街被文化和旅游部正式批准为第1批国家级夜间文化和旅游消费集聚区。

【旅游市场培育】 争取兰州水墨丹霞旅游景区一期工程项目2022年地方政府专项债券资金2.1亿元。组织文化旅游企业参加2021中国特色旅游商品大赛，推荐的李海明陇派珐琅文化艺术茶具系列荣、铜奔马童趣头套、嘻烧兰州牛肉面、静水流石彩陶水壶、敦煌故事胸花系列和敦煌故事法螺系列等文创产品获1金1银4铜的好成绩，获奖数量列全省第一。向省文旅厅推荐优秀民营经济代表人士候选人26名，推荐报送文化创意产品和旅游商品开发典型案例2个，向市委组织部推荐申报省级重点人才项目1个。推荐9家企业参加全省创新创业大赛。向市金融办推荐报送需资金支持企业25家，融资金额7.67亿元。退还旅行社80%质保金22家，退还金额335万元。

（高　玲）

卫生健康

【概况】 2021年，兰州市有各类医疗卫生机构2305家(含村卫生室)。其中，医院126家，包括三级医院16家，二级医院27家，一级医院11家，其他医院72家；基层医疗卫生机构2073家，包括社区卫生服务中心(站)253家，乡镇卫生院64家，村卫生室751家；公共卫生机构89家，包括疾病预防控制中心10家，专科疾病防治院(所、站)2家，妇幼保健院(所、站)10家，急救中心1家，卫生监督局(所)等其他机构66家。

全市医疗卫生机构有床位33428张(65家民营医院拥有床位5667张)。其中，医院床位29638张；基层医疗卫生机构床位2294张；公共卫生机构床位1478张；其他卫生机构床位18张。全市每千人口床位数7.62张。

全市医疗卫生机构有人员53429人。其中，卫生技术人员44867人，包括执业(助理)医师16036人，注册护士22437人，药师(士)1742人，技师(士)2993人，卫生监督员154人，其他1505人；其他技术人员2947人；管理人员2766人；工勤人员3016人。全市每千人口卫生技术人员10.23人，每千人口执业(助理)医师数3.66人，每千人口注册护士数5.12人。

全市各类医疗机构总诊疗人数23854355人次。其中，医院总诊疗人数14319000人次(占60.03%)；基层医疗机构总诊疗人数7309978人次(占30.64%)；专业公共卫生机构总诊疗人数2224967人次(占9.33%)；其他机构(疗养院)410人次。

全市医疗机构住院人数876902人，全市人均住院0.2次。其中，医院771100人(占87.93%)；基层医疗机构18262人(占2.08%)；专业公共卫生机构87324人(占9.96%)。

【新冠肺炎疫情防控】 全市累计报告本土新冠肺炎确诊病例83例(含兰州新区1例)，本土无症状感染者2例。其中，城关区58例(包括昆明旅行团19例)；七里河区22例；安宁区4例；兰州新区1例。10月18日报告第1例，其后报告病例数较多的是10月22日报告13例，28日报告10例，其余每日报告病例数均在10例以下，10月29日报告社会面最后1例病例。确诊病例男性35例、女性49例，年龄最大的89岁、最小2岁，平均年龄48岁，60岁以上人员占37.35%。疫情发生后，将兰州市城关区云祥小区、兰州市城关区雁北路天庆丽舍小区、东湖小区调整为中风险区。建立“三公(工)”(公安、工信、公卫)协同联合流调机制，累计追踪到密接者7672人、次密接者9960人。先后进行6轮重点区域核酸检测，筛查出阳性病例74人。设置集中隔离点150个，累计隔离管控14338人。稳步推进各类人群疫苗接种,12岁及以上人群全程免疫接种328.2147万人,3～11岁人群全程免疫接种23.686万人。建成城市核酸检测基地和公共检测实验室,全市具备检测能力的机构34家,单人份日最大核酸检测量35.2万管(其中,公立医疗卫生机构27家4.5万管;民营医疗机构2家0.8万管;第三方机构5家29.9万管)。仅用48小时将兰州重离子医院按照传染病医院的标准改造成兰州市新冠肺炎患者定点医疗救治医院(兰州市第二人民医院雁滩分院),配备普通病房床位240张,重症病房床位19张,医务人员120名。10月23日正式投入使用。11月3日,由兰大一院负责的兰州市肺科医院病区被改造成甘肃省首家新冠肺炎康复医院院区。院区设置康复病区4个,开发床位200余张。配备医生8名,护士20名,正式开始运行。按照"四集中"原则,坚持同质化、规范化治疗,推动中医药介入,用45天时间实现本土确诊病例清零,累计治愈康复患者139例,治愈率100%。

【医疗卫生服务】 市中医医院、市妇幼保健院、市口腔医院3个异地新建项目稳步推进,新建市中医医院进入精装修、室外工程等招标阶段,市口腔医院主体完工,新建市妇幼保健院进入拆迁阶段。兰州市公共卫生应急救治中心建设项目正在办理可研报告招投标。促进省市县同质化医疗服务,全市二级以上医院基本实现检查检验结果互认。市肺科医院改造完成8张床位的传染病重症监护区域,市第二人民医院通过国家综合防治卒中中心认证,西固区人民医院通过三级创伤中心认证。市级公立医院和永登县、榆中县建成5大急危重救治中心,西固区、红古区分别建成4个急危重救治中心。5个县域医学中心作用进一步发挥,西固区、榆中县、皋兰县心电中心、影像中心万人以上乡镇卫生院使用覆盖率100%。新增耳鼻喉专业质控中心,市县18家医院达到开展日间手术和日间诊疗有关病种条件,24家医疗机构通过相关限制类医疗技术临床应用备案。促进智慧医院建设,全市30家医疗机构开展电子病历应用水平自评等级复审工作。对全市84家社会办医院开展考核,促进社会办医院依法诚信执业,提高医疗质量、保证医疗安全。疫情期间,按照"相对集中、减少交叉"的原则,每个县区均设置"非绿码"定点医院,为肾功能衰竭、孕产妇、新生儿、慢性病等患者提供医疗服务保障。及时公布并动态更新新冠病毒核酸检测服务机构及核酸采样点名单,指定11家24小时核酸检测服务机构,方便市民就近就便进行核酸检测。

3月12日,兰州市卫生健康委员会在红古区花庄开展"三下乡"活动

【疾病预防和控制】 完善传染病监测预警体系,建立及时准确、智慧化的预警多点触发机制,及时预警新发突发传染病。全年全市报告法定传染病12110例,报告发病率334.41/10万,死亡21人。其中,甲类传染病无发病、死亡报告;乙类传染病报告发病12种5410例,报告发病率149.39/10万,死亡21人(均为艾滋病),与上年同期相比报告发病率下降13.06%;丙类传染病发病7种6700例,报告发病率185.02/10万,无死亡,与上年同期相比报告发病率上升13.79%。高血压患者规范管理率57.46%,糖尿病患者规范管理率57.77%。严重精神障碍在册患者12401人,报告患病率(即检出率)3.42‰,年内在管患者未发生严重精神障碍患者肇事肇祸类事件。结核病定点医院初诊患者查痰率97.23%,新涂阳密切接触者筛查率100%,肺结核患者病原学阳性率67.73%。全面完成

2021年兰州市市属医院诊疗基本情况表

医院名称	诊疗人次	门诊诊疗人次	急诊诊疗人次	出院人数	住院手术人次
兰州市第一人民医院	444722	412874	31848	34642	12684
兰州市第二人民医院	401800	370960	30840	24138	12985
兰州市第三人民医院	57041	52761	4280	2387	0
兰州市肺科医院	86504	86147	159	5725	104
兰州市妇幼保健院	122016	113739	3961	5684	1906
兰州市口腔医院	40819	40819	0	0	0
兰州市中医医院	151566	101044	20033	8853	562

第4轮艾滋病综合防治示范区工作，全市累计报告艾滋病感染者和艾滋病病人2847例，新报告295人，年底存活2476例，2021年从艾滋病疫情数量上看，兰州市属低流行地区。截至12月底，累计治疗人数2800人；正在接受治疗2219人，年度新增治疗331人，治疗比例89.62%，治疗成功率98.2%。启动移动方舱实验室，24小时最大检测值8000管样本。饮用水检测项目全部通过资质认定评审，市疾控中心具备106项指标检测能力，县区级疾控机构具备42项常规指标检测能力。完成1168份水样检测任务28581项次。投入796万余元为325个社区（乡镇）接种点及9个疾控机构配备冷链设备，实现全市疫苗冷链储运全程温控监测。依托市第二人民医院建成城市核酸检测基地，单日最大检测量2万管。县区疾控中心建成标准化生物安全二级实验室，最大日核酸检测量1000管以上。

【基层卫生服务】 开展巩固健康扶贫（医疗部分）成果自查，基本医疗有保障成果持续巩固，乡村医疗卫生机构和人员“空白点”持续实现动态清零，完成贫困人口家庭医生签约服务。制定《提升基层医疗卫生服务能力工作方案》，“250+N”种常见病、多发病患者，30种大病80%患者可以在县域内诊治。“基层首诊、双向转诊、急慢分治、上下联动”分级诊疗制度有序运行，“小病在基层、大病进医院、康复回基层”就医格局基本形成。基层医疗卫生机构全面实施绩效工资政策，岗位绩效考核机制逐步完善，在岗村医养老保险政策和离岗村医退养补助政策全面落实。新建村卫生室17个、维修村卫生室8个，继续推动5个县域医学中心建设，开展区域中医（专科）医疗中心创建工作。推荐88家医疗机构申报“优质服务基层行”活动，其中达到国家标准6家、基本标准9家。选派100名医务人员组建20个医疗卫生人才服务团，下乡帮扶80次，开展义诊3170余人次，组织中医问诊498人次。培训乡村两级医疗卫生人员5800人次，招录订单定向生17人。全市114个乡镇卫生院（含社区卫生服务中心）建成发热诊室40个，409个社区居委会和676个村委会全部成立公共卫生委员会。深化健康扶贫成果，开展三级医院对口帮扶贫困县县级医院工作，市第一人民医院向宕昌县医院派驻18名医务人员、向皋兰县医院派驻19名医务人员，市第二人民医院向岷县医院派驻7名医务人员。开展城市医疗机构对口帮扶基层医疗卫生机构工作，遴选39名卫生专业技术人员赴白银市对口帮扶，推动开展新技术、新业务。深入推进永登县和天津市宝坻区、榆中县和天津市宁河区、皋兰县和天津市东丽区开展东西部卫生健康扶贫协作工作，深化“组团式”“院包科”“师带徒”医疗帮扶模式，互派交流人才139人，受捐帮扶资金594万元。

【妇幼健康】 坚持以降低孕产妇、婴幼儿死亡率和出生缺陷为重点，不断提升全市妇女儿童健康水平，全年全市活产数29502人，孕产妇死亡率6.78/10万，新生儿死亡率1.79‰，婴儿死亡率2.44‰，5岁以下儿童死亡率2.85‰。新建、改扩建4家县区级妇幼保健机构，6家机构完成评审工作。落实产儿科分片救治指导工作，培训妇幼健康业务人员逾千人。妇女免费“两癌”检查26748人，任务完成率100.18%；国家基本公共卫生服务农村妇女“两癌”检查4353人，任务完成率100.01%。贫困地区儿童营养改善项目发放10852人，发放率97.55%。全市辖区医疗助产机构活产数41386人，新生儿疾病筛查40878人，筛查率98.77%；新生儿多种遗传代谢病筛查8300人，任务完成率100%。预防艾滋病、梅毒和乙肝母婴传播检测人数

38232人，孕期检测率97.13%。国家免费孕前优生健康检查人数5886人，任务完成率101.48%，早孕随访率99.99%，妊娠结局随访率99.91%。孕前和孕早期增补叶酸项目发放21643人，发放瓶数129765瓶，任务完成率102.32%。免费婚前医学检查5249人。

【地方病防治】　有序处置布鲁氏菌抗体阳性事件的善后工作，累计检测83203人次，重复检测11933人次，实际检测71270人；累计门诊治疗24014人次，重复治疗19100人次，实际累计门诊治疗4914人，实际累计住院治疗39人。制作地方病各病种宣传版面5期，开展主题日宣传活动，制作发放宣传促进品1500份，宣传折页4000份。举办各类培训班7场，在全省2021年地方病防治技能大赛中获得团体二等奖。

【爱国卫生运动】　全市爱国卫生工作以广泛发动群众、织牢疫情防控网底为重点，形成"党建引领、三委(社工委、公卫委、爱卫会)联动、全面动员、全民参与、网格管理、共建共享"的新时代基层爱国卫生工作格局。8个县区(含高新区)111个乡镇(街道)，1083个村(社区)、186家市级机关事业单位、71家企业社会团体成立爱国卫生运动工作委员会。开展战"疫"后市域善治爱国卫生大讨论活动，通过推广爱国卫生"三个八"(八大指引、八大行动、八大岗位)工作法、开展大培训、出台三年行动方案、形成工作运行机制等多种措施，基层爱国卫生运动工作委员会工作效能进一步提升。开展科学消杀灭"四害"活动，严控病媒生物密度，病媒生物防制水平达到国家C级标准。创建省级卫生乡镇(街道)10家、卫生村(社区)62家、卫生单位13家，省级卫生县城创建率100%。创建市级卫生乡镇(街道)10家、卫生村(社区)75家、卫生单位19家。打造2个示范性爱国卫生教育基地，命名3批无烟党政机关419家，无烟党政机关创建率67%。

【中医中药】　全市有中医药(助理)医师3064人，中医类医院197家(中医医院10家，中西医结合医院7家)。累计诊疗2791729人次(中医医院2737963人次，中西医结合医院53766人次)，中医类机构出院134196人次。中医医院病床使用率79.15%，中西医结合医院病床使用率28.58%。

促进中医药深度介入新冠肺炎诊疗全过程，确诊患者中医药参与治疗率100%，为全市集中隔离人员、防控一线工作人员免费发放中医药预防方剂188464袋。制定印发《关于促进中医药传承创新发展的实施方案》，建立兰州市中医药工作联席会议制度。全市62家乡镇卫生院能提供9项以上中医药适宜技术、634个村卫生室能提供6项以上中医药适宜技术；100%社区卫生服务机构、乡镇卫生院和82%村卫生室具备中医药服务能力；83%乡镇卫生院和社区卫生服务中心设立中医综合服务区；85%县级中医医院达到二级甲等中医医院水平；县级综合医院中医科和中药房全覆盖。榆中县、永登县中医医院创建为二级甲等中医医院，榆中县人民医院被国家中医药管理局命名为全国综合医院中医药工作先进单位。遴选确定市县乡村级指导老师55人、继承人110人，组织260人参加省、市级中医药培训。投资120万元开展中医特色优势专科项目、中医综合服务区(中医馆)服务能力项目建设工作，构建中医预防保健服务网络，在市中医医院设立"治未病"中心，各县区中医医院均设置"治未病"科室。1个项目获评2021年度甘肃省皇甫谧中医药科技奖三等奖，获批7个全省中医药继续医学教育项目。

【人口监测与家庭发展】　印发《关于办理三孩生育登记服务证的通知》，全面推行信用承诺制度和网上生育登记制度，三孩生育登记服务在全市有序实施，全年登记生育三孩145人。落实计划生育有特殊家庭扶助关怀政策，上报奖励扶助对象13777人，提前5年奖励扶助对象18851人，特别扶助对象4951人，养老补贴对象4053人，农村独生子女和城镇下岗职工、无业居民独生子女费对象24207户，节育手术并发症扶助对象66人，累计发放各类资金9371.53万元。制定《兰州市"一老一小"整体解决方案》，促进示范性托育机构专业化、规范化发展，全市27家托育机构可提供托位数1468个，每千人托位数0.43个，实际入托524人。人口出生监测工作全面加强，市级监测点实现县区全覆盖。

【老年人健康服务】 印发《兰州市加强老年人居家医疗服务工作实施方案》《兰州市为老年人提供看病就医便利服务实施方案》，实施医养结合类人才能力提升培训177人次，着力构建高质量老年健康服务体系。兰州市城关区盐场路街道穆柯寨社区等6个社区被命名为2021年全国示范性老年友好型社区。60岁及以上老年人健康服务信息录入65万余条，65岁及以上老年人医养结合服务44.94万人次，失能老年人综合评估与健康指导服务23.37万人次。建成并投入使用安宁疗护服务中心(病区)2个，设置安宁疗护床位37张，收住生命终末期老年患者5人次。创建10个国家级老年人心理关爱项目点，完成老年人心理评估2998人次，开展临界老年人群心理健康教育1119人次，高危老年人群转诊推荐111人次。2021年，全市65岁以上老年人家庭医生签约30.6万人，65岁以上老年人健康管理率60.45%。

【职业健康】 完成3000余例职业性尘肺病患者随访，建立1300余例尘肺病患者档案。完成14家职业健康检查机构和2家职业病诊断机构质量控制工作。积极扶持小微型企业职业病防治工作，建立重点职业病监测点，完成兰州市辖区5家体检机构免费安装软件、4家体检机构数据对接。

【医疗应急保障】 制定印发《兰州市健全完善公共卫生应急管理体系实施方案》，建成市级应急决策指挥平台，健全“1+N”应急预案体系，形成三级疾病预防控制网络。出动现场保障人员1561人次、救护车356台次，完成省市“两会”、庆祝中国共产党成立100周年系列活动、第27届“兰洽会”、市第9届运动会、第8届中亚论坛等50项重大活动卫生应急保障工作。全市各医疗卫生机构组织开展疫情防控综合实战演练30余次。

【人才学科建设】 围绕重点领域、重点学科建设需求，“刚柔并济”引进急需紧缺人才273人(市级医疗机构110人，县级医疗卫生机构91人，乡镇卫生院、社区卫生服务中心72人)，柔性引进高层次人才37名，安置订单定向医学生和“三支一扶”项目生30余人。加大基层特别是偏远乡村卫生健康人才教育扶持力度，全年培训1.2万余人次。深化“一对一”联系服务专家人才工作机制，做好37名甘肃省卫生健康行业骨干人才、优秀青年人才宣传工作，强化14名“首席专家”、12名“青年专家”、5名“夕阳红专家”、31名市级医院“金城名(中)医”和“金城名护士”服务保障工作。疫情防控期间向全市一线医务人员发放临时性工作补助29.26万元。优化地校人才合作模式，对接兰大附属医院采取医联体、紧密型专科联盟形式，对8家医院开展新业务新技术培训。在全省率先成立市级病原微生物实验室生物安全委员会，重点扶持卫生健康科技发展项目立项43项，申报省科技进步奖、省医学科技奖等项目15项，获得省医学科技奖二等奖1项、三等奖7项。全年新考入农村订单定向生签约率100%。省人社厅、省卫健委表彰全省优秀医师团队8个、全省优秀医师36名。

【卫生监督】 实施“5+6”专项整治行动，完成5个省级重点专项整治行动，开展全市口腔医疗机构、“五小”公共场所整治、集中式供水单位系统排查、校园周边卫生安全、美容美发暨医疗美容专项整治“回头看”和职业病防治重点问题“回头看”等6个专项治理提升行动，监督检查5579户次，罚款19.81万元，责令限期整改915家。完成重点卫生监督抽检，国家任务完成率87.87%、省级任务完成率96.43%，任务完结率均100%。疫情发生后，开展多轮次疫情防控督导检查，出动卫生监督员5762人次，监督检查医疗卫生机构2653户次、学校及托幼机构247所、重点公共场所1350家、消毒产品生产企业及经营单位729家、集中隔离医学观察点357户次、核酸采集点1332户次，下达卫生监督意见书3208份，实施卫生行政处罚1家(警告1家)。

【健康权益维护】 推进“平安医院”创建工作，出台《兰州市医疗卫生行业综合监管联席会议制度》，全市二级以上医院均设置警务室或与辖区派出所建立协作机制，形成快速医警联动机制。全市医疗机构均购买医疗责任保险，第三方调解实现全覆盖，医疗纠纷诉调对接合作机制运行顺畅，受理患者投诉284起，成功调解277起，调解成功率97.5%，退还及赔偿金额109.937万元。

（牛彦东）

体　育

【概况】　2021年，市体育工作紧紧围绕深入学习习近平新时代中国特色社会主义思想，奋力开启"十四五"全市体育工作新局面，制订《兰州市十四五体育发展规划》，举办兰州市第9届运动会，奥体中心建设趋于尾声。

【群众体育】　组织举办兰州元旦黄河冬泳、重阳登高健身大会等本土赛事活动，带动全民健身事业蓬勃发展。全市建成晨晚练点1013个，各级社会体育指导员1.66万人，全市经常性参加体育锻炼的人数169万人，体育人口比例39%，成为"西北全民健身高地"，推进体育类社会组织改革，实现37个市级体育运动协会与行政主管部门全面脱钩，初步形成遍布城乡、规范有序、富有活力的社会化全民健身组织网络。

【竞技体育】　市第9届运动会于9月闭幕。本届市运会参赛运动员年龄跨度从12岁到70岁，践行全民市运，掀起全民健身运动风尚。在总结办赛经验的基础上锻炼参赛队伍，确保兰州市运动员参加第15届省运会取得优异成绩。省运会筹办方面，火炬市内传递和全省传递2个方案已制订并报省体育局进行审定。省十五运会会徽、海报、会歌、吉祥物及主题口号和《省十五运会兰州市筹备工作落实责任清单》于11月26日提请市政府常务会进行审定。全年培养一级运动员39名、二级运动员183名。

【青少年体育】　与市教育局联合制定青少年体育竞赛年度计划，共同规划、共同发布、共同组织、共同管理青少年体育赛事，完善分小学、初中、高中，跨校、县区、市的三级青少年赛事体系。整合原体育传统项目学校和体育特色学校，评定为体育传统特色学校，优化业余训练点布局，建成"兰州市体育后备人才基地"13个。促进和规范社会体育俱乐部发展，全市创建青少年户外营地5个、青少年体育俱乐部57个。全市有3个全国青少年校园足球试点区（城关区、七里河区、榆中县），144所全国校园足球特色学校、30所全国校园足球特色幼儿园；同时创建110所市级青少年校园足球特色校、3所市级校园足球特色幼儿园。

【体育产业】　构建以体育彩票运营、体育休闲健身为主的体育产业体系，推动全市体育产业健康发展。2021年国家体育总局将兰州市列为全国体育消费试点城市之一，兰州马拉松被评为国家体育产业示范项目。全年兰州市体育及相关产业总产值50.313亿元。体育及相关产业法人单位1033家。其中，体育服务类企业1000家；体育用品及相关产品制造企业4家；体育场地设施建设企业29家。9月，举办兰州市第9届运动会联名

6月，兰州国际马拉松赛暨全国马拉松锦标赛（兰州站）第14届全国运动会武术太极项目展演

商家消费券发放仪式，发放体育消费券9万余张、实物3600余件，累计价值1500余万元。

【体育基础设施建设】 兰州奥体中心项目完成全年投资额任务。截至年底，一场三馆主体结构全部完工，进入场馆内部装饰装修和体育工艺安装的收尾阶段。沿黄河两岸建成5个全民健身广场，完成北山景区罗九公路马草沟健身步道。全市建成乡镇和社区健身广场16个，社区大众健身房20个，笼式足球场42个，健身步道3个（沿黄河健身步道、红古区北山公园健身步道、北山罗九公路马草沟健身步道）。兰州市行政村及社区全民健身场地保持在2019个，全市社区（行政村）全民健身设施覆盖率100%，全市体育场数量8885个，体育场地总面积790.54万平方米。

【兰州市第9届运动会】 8月21日开赛，9月24日在兰州音乐厅闭幕。此次市运会由市人民政府主办，市体育局、市公安局、市教育局、市文旅局、市卫健委承办。设区县（青少）组和大众成年组2个组别，参加37个大项，439个小项的比赛。其中，区县（青少）组设20个大项，312个小项；大众成年组设17个大项，127个小项。2个组别24个代表团报名参赛。赛事总人数8700名。其中，运动员6000名；裁判员、教练员和赛会工作人员2700名。最终8名运动员打破全省青少年纪录，48人次比赛成绩达到国家二级运动员成绩标准。

第9届运动会青少年组奖牌榜排名

名次	代表团	金	银	铜
1	城关区	273	69	46
2	西固区	87	77	47
3	七里河区	50	32	33
4	安宁区	26	28	39
5	皋兰县	25	7	12
6	榆中县	19	9	11
7	永登县	16	10	11
8	红古区	12	8	12

第9届运动会青少年组总分榜排名

名次	代表团	总分
1	城关区	3470
2	西固区	2179
3	七里河区	1358
4	安宁区	881
5	永登县	606
6	皋兰县	509
7	榆中县	488
8	红古区	381

第9届运动会大众组奖牌榜排名

名次	代表团	金	银	铜
1	西固区	22	14	4
2	城关区	15	16	11
3	安宁区	12	19	15
4	七里河区	6	9	8
5	榆中区	6	4	4
6	永登县	1	1	2
7	红古区	1	1	0
8	皋兰县	0	2	2

第9届运动会大众组总分榜排名

名次	代表团	总分
1	城关区	440
2	西固区	436
3	安宁区	364
4	七里河区	263
5	榆中县	127
6	皋兰县	103
7	永登县	55
8	红古区	24

第9届运动会破（超）甘肃省记录统计表

项目	姓名	代表单位	破（超）记录						原纪录（最好成绩）
			时间	地点	组别	项目	成绩	赛次	
游泳	裘贤裕	城关区	20210824	兰州西固区西戎袋鼠游泳馆	男子初中组	50米蛙泳	33.7	决赛	33.95
游泳	冯欣淼	城关区	20210824	兰州西固区西戎袋鼠游泳馆	女子小学组	100米自由泳	1:07.6	决赛	1:11.67
游泳	冯欣淼	城关区	20210824	兰州西固区西戎袋鼠游泳馆	女子小学组	50米自由泳	31.3	决赛	31.92
游泳	冯欣淼	城关区	20210824	兰州西固区西戎袋鼠游泳馆	女子小学组	100米蛙泳	1:27.1	决赛	1:34.57

（牛淑梅）

民族事务

【概况】 2021年，兰州市民族事务工作把民族团结进步创建融入经济社会发展各方面，贯穿新冠肺炎疫情防控、文明城市创建、乡村振兴全过程。充分发挥基层"社工委"贴近群众的优势，创新推进社区民族工作，及时联系对接，协调解决问题。2021年兰州市成功创建全国民族团结进步示范市。

【民族团结进步创建】 打造民族团结进步教育"红色线""民心线"，在兰州战役纪念馆等6个教育基地开辟民族团结进步专区，沿黄河风情线建设5大民族团结广场、16个民族团结主题公园。组织各类学习、培训和宣讲400余场，举办各类文艺演出168场，举办网络书画摄影、专题邮票展览、网上学习、中小学生书画比赛、演讲比赛、配乐诗朗诵、征文比赛等活动10余场次。创新形成民族团结"十进"新格局，命名民族团结进步示范区示范单位和教育基地139处，打造示范点150余处，实施"十大提升行动"，组织党政军机关开展"种下一颗石榴籽，民族团结花绽放"植树造林活动，开通4条"民族团结号"公交专线。

【经济发展】 组织10余家民族企业代表参加"青洽会"，进一步宣传推介兰州市特色民族企业，开拓企业家参与新产业、新模式、新业态的发展思路。做好"六稳""六保"工作，挖掘、展示民族特色产品，在城关区南关民族风味一条街夜市开展扶持夜市经济发展项目，制作30组木质彩绘展示柜，推荐10家民族企业参加在南关风味一条街举办的甘肃省第3届好食材推介会，扩大民族特色产品展示和宣传。针对城市少数民族困难群众，举办育婴师、民族特色小吃、家政服务等技能培训学习班3期，进一步增强少数民族困难群众就业创业技能。

【城市民族工作】 提升城市民族工作水平，创新服务管理方式，完善少数民族流动人口服务管理机制，依法妥善处置涉民族因素事件，探索建立相互嵌入式的社会结构和社区环境。

【民族食品管理】 加强清真食品监管工作，每月组织开展2到3次督导督查。在重点节假日，联合市场监管部门对全市重点超市、清真餐饮、副食品市场及清真食品生产加工企业进行专项督查检查工作。全年检查大、中型超市58家、清真餐饮400余家、生产加工企业64家、副食品市场12家，各类清真食品销售经营摊点300余家。加强网购清真食品监管工作，排查清理网购外卖平台，查处220余家无清真食品资质商家，清理下架无资质的网购经营商43家。

（吴永升）

宗教工作

【概况】　2021年，兰州市宗教工作坚持中国宗教中国化，引导和支持中国宗教以社会主义核心价值观为引领，增进宗教界人士和信教群众“五个认同”(对伟大祖国的认同、对中华民族的认同、对中华文化的认同、对中国共产党的认同、对中国特色社会主义的认同)，坚持独立自主自办原则，加强互联网宗教事务管理，支持宗教界全面从严治教，加强宗教团体自身建设，建设好宗教界代表人士队伍，开创全市宗教工作新局面。

【宗教界爱党爱国教育】　教育引导宗教界人士和广大信教群众坚决维护党的领导，牢固树立国家意识、法治意识、公民意识，指导宗教界组织各宗教活动场所开展爱国主义教育400余场次。组织宗教领域开展“四史”学习教育，分两次组织180余名宗教界代表人士赴红色教育基地参观学习。举办宗教界学习党的十九届五中全会、六中全会、全国“两会”精神和全国宗教会议精神等专题宣讲会20余场次，进一步激发宗教界的爱党爱国热情。

【宗教队伍建设】　将宗教界人士教育培训工作列入年度培训计划，加强宗教人才队伍，注重中青年后备人才培训培养和实践锻炼，全年组织开展教职人员培训600余人次。根据省、市两级宗教团体换届情况重新梳理宗教界代表人士名单，严格落实领导干部与宗教界代表人士联系制度，密切与代表人士沟通联系。组织宗教界人士参加省委统战部宗教政策法规“百场万人”下基层大宣讲等活动，动员组织全市400余名统战民宗干部和基层乡镇(街道)、村(社区)宗教工作专干，深入宗教团体、宗教活动场所和信教群众，宣传党的宗教工作方针、民族宗教理论、民族宗教政策。

【宗教团体建设】　组织市级宗教团体开展“宗教思想中国化”论坛暨“国法与教规”讲经说法活动，全年全市组织开展研讨交流、讲经说法等活动28场次，参加人数1060人次。创新打造“兰州市宗教中国化大讲堂”，组织统战民宗部门领导向宗教界人士、教职人员宣讲解读中国宗教中国化政策要求，累计举办6期、受众800余人。

【“党亲国好法大”教育实践活动】　在五大宗教领域打造“党亲国好法大”教育实践活动基83个，印制宣传资料1200余套，建立民宗部门与各宗教团体远程视频会议系统。结合“七五”普法、“宪法进宗教活动场所主题日”等活动，在全市宗教界开展法律法规学习宣传系列活动10余场次、发放法律法规书籍1.5万余本册，举办法律知识专题讲座5场。指导宗教界组织宗教活动场所每月开展一次专题讲经解经活动，以社会主义核心价值观引领，深入挖掘教义教规中有利于社会和谐、时代进步、健康文明的内容，教育引导信教群众正确认识国法和教规之间的关系，树牢“五个认同”。

【依法管理宗教事务】　开展为期一个月“防范向未成年人传教”专项整治，防止未成年人参加宗教活动。聘请第三方机构对3处宗教活动场所财务收支情况进行审计，确保场所财务管理规范、公开、透明。

(吴永升)

社会保险

【概况】　2021年，市劳动保障工作实施全民参保计划，建立更精准参保扩面机制。加强与公安、卫健、民政、大数据等部门信息数据共享，以断缴补缴、新业态创业群体为重点，通过政策宣传、社保稽核等措施，提高用人单位和广大职工参保意识，缴费人数均保持稳定增长，基本实现法定人员全覆盖。年末，全市基本养老保险参保188.58万人，企业养老保险参保98.66万人。其中，参保职工68.48万人，缴费49.6万人；离退休30.18万人。机关事业养老保险参保13.58万人。其中，在职职工8.73万人，缴费8.73万人；离退休4.86万人。城乡居民养老保险参保76.34万人。其中，缴费48.98万人；享受待遇19.88万人。失业保险参保71.08万人。其中，实际缴费70.73万人；期末领取失业保险金0.29万人；本期领取失业金0.66万人；本期领取失业金3.4万人次。人均失业金1434元/人/月。工伤保险参保80.39万人，享受待遇61089人。截至12月底，为全市各类缴费企业减负4.57亿元(工伤保险降费为2.9万户企业减负0.23亿元，失业保险降费为3.1万户企业减负4.34亿元)。

【社保基金管理】　健全社会保障基金监管体系，加强社保基金非现场监督，开展社保基金“警示教育月”活动，开展全市社保基金管理风险排查和专项整治，累计查出问题250个，已整改238个，追回违规领取养老保险基金674.49万元；通过核查疑点数据追回基金225.63万元。10月18日，市人社局、市中级人民法院、市检察院、市公安局4部门联合印发《关于进一步加强社会保险基金监管保障社会保险基金安全运行的公告》，坚决惩治欺诈、骗取、冒领社会保险基金等违法行为。市企业职工基本养老保险基金收入62.72亿元，完成年度目标57.29亿元的109.48%，基金支出92.3亿元，低于控制数93.29亿元，完成率98.94%。工伤保险基金支出2.51亿元，完成年度目标任务2.59亿元的96.91%。失业保险基金支出4.78亿元，完成年度目标任务3.95亿元的121.01%。机关事业单位养老保险基金支出29.54亿元，低于控制数30.46亿元，完成率96.98%。

【养老保险】　推进企业职工养老保险全国统筹，顺利完成机关事业单位养老保险制度改革中期检查评估。落实城乡居民基本养老保险待遇确定和基础养老金正常调整机制，城乡居民基本养老保险基础养老金最低标准每人每月增加5元，调整后每人每月149元。调整29.24万名企业退休人员基本养老金待遇(包含“五七工、家属工”)，人均调增135元/

人/月。审核涉及被征地农民养老保险征地项目57宗，涉及人数11874人，落实参保资金3.65亿元。完成全市返贫致贫、特困人员、低保对象、重度残疾人和农村计生“两证户”等困难群体城乡居民基本养老保险代缴工作，全年政府代缴13.3158万人，实际代缴13.3158万人，代缴1331.58万元，代缴率100%，其中，低保2.5135万人，代缴251.35万元；特困565人，代缴5.65万元；重残10950人，代缴109.5万元；返贫致贫1149人，代缴11.49万元；其他9.5359万人，代缴953.59万元。

【失业保险】　全市累计为4507户企业发放稳岗返还资金0.81亿元，惠及职工38.59万人；为6642人发放失业保险金4875万元。通过采取“不来即享”“社银合作”“网上经办”“承诺办理”等模式，将失业补助金发放到位，为8.5万人发放失业补助金3.13亿元。

【工伤保险】　推进“同舟计划”二期扩面工作，重点推进兰州市行政区域内的公路、能源、机场等各类工程建设项目优先按项目参加工伤保险。全面强化工伤保险扩面征缴，加快实施中小微企业工伤保险参保工作，建筑企业农民工参保工作稳步推进。全市在建项目参保337户，参保农民工人数4.8万人，新开工项目参保率100%。深入企业做好工伤保险政策宣传工作，先后到兰州公交集团公司、窑街煤电集团公司等26家企业开展宣传活动，发放各类工伤保险宣传资料3000余份。落实国家阶段性减免缓工伤保险缴费政策，为全市2.9万户企业减免工伤保险费0.23亿元。提高工伤认定和劳动能力鉴定办事效率，将一般工伤认定案件和一般伤情鉴定办结时间由60日压缩至30日办结。全年受理工伤认定申请2621件，认定(视同)工伤人数2574件。组织9批次劳动能力鉴定，做出因工劳动能力鉴定结论860人，非因工劳动能力鉴定结论72人。

【居民增收】　通过稳定就业、提高技能、落实最低工资标准等措施保障工资性收入增长。提高基本养老保险待遇及城镇居民最低生活补助标准，持续落实失业保险、工伤保险降低费率政策，拉动转移净收入增长。全年达到43364元，增速8%，超额完成6.5%的目标。2021年兰州市城镇居民人均可支配收入43244元，同比增长7.7%，增速在全省14个市(州)排在第1位。

【社会保障便民服务】　2021年，梳理完成53个线上事项的流程精简优化清单，24个证明事项全部取消。63项单位业务、28项个人业务在“钉钉”“支付宝”App上可查可办。通过“智慧社保”平台与业务经办系统数据对接，建立参保缴费查询打印便利通道。办事群众可在社保大厅通过自助服务终端、兰州市社保中心微信公众号、甘肃政务服务网进行社保查询打印；所有对外经办事项在政务服务网实现“一网通办”。将社保服务的触角通过兰州银行网点延伸至全市各个角落，实现“就近办、简便办”。不断精简社会保障卡业务经办流程，新申领、启用、挂失、补办等业务均实现网上办理；单位批量申请实现预约办理，其中批量申请5人以内实现立等可取，5人以上实现5个工作日内预约取卡；挂失、补办、修改个人信息等业务实现即时办理。同时，优化全市社会保障卡服务网点布局，在全市范围内增设人社服务网点11个，在全市6家合作银行营业网点设置社会保障卡服务金融网点196个，所有207个网点均为“全省通办”窗口，建成全市社会保障卡“15分钟经办服务圈”，满足群众“就近办理，立等可取”的需求。全年全市累计发放二代社会保障卡359.53万张，发卡率98.91%。签发电子社保卡242.54万张，签发率67.46%。各社会保障卡服务网点新增制卡、挂失补卡、换卡共计14.85万张。12333人社咨询热线服务群众总量376156次。其中，人工接通服务量302808人次，人工接通率96.16%；自助语音话务服务量54059人次；微信平台服务量19289人次，提供咨询服务68058条，群众评价满意率99.35%。

（张晓燕）

农民工社会保障

【农民工权益维护】　向市农民工工作领导小组成员单位印发《关于报送春节期间留兰农民工人数的通知》，对春节期间留兰农民工人数进行摸底统计，为政府出台农民工留兰发放补贴政策提供依据。组织城关区、七里河区和西固区人社部门对辖区内农民工情况进行网上问卷调查，并及时将调查情况向省人社厅进行汇报。为加强疫情防控，减少聚集和跨区域活动，通过兰州市人社局官方门户网站和公众号等新闻媒体向广大外出务工人员发送《致广大农民工朋友的一封信》，倡导广大外出务工人员就地过节，增强自我保护意识。联合省政府农民工工作领导小组办公室举办以“强化法治保障，依法务工维权”为主题的农民工法治宣传教育日活动，为农民工多方位提供法律法规、政策咨询、权益维护和法律援助等服务，帮助农民工更好地了解、熟悉相关法规政策，增强法治观念，提高依法维权能力和安全生产意识，保障自己的合法权益。坚持综合施策、齐抓共管，着力维护合法权益。工资清欠力度不断加强。强化“3+1”根治欠薪责任体系，出台“一计划五方案”，全面推行“五项制度”，开展6个专项行动，执行守法诚信档案评级和“黑名单”制度。实施“全民参保计划”，社会保险覆盖面和普及面不断扩大。截至6月底，为符合条件的43名农民工发放临时生活补助金23.72万元，在建项目农民工参保工伤保险3.84万人，农民工累计办理城乡居民医保异地备案479人。法律援助通道不断拓宽。推进“法援惠民生·助力农民工”法律援助品牌建设活动，畅通绿色通道，简化审批手续，及时解决农民工讨薪法律援助。全年办理农民工法律援助案件831件；为受援农民工挽回经济损失248.83万元；提供法律援助咨询6236人次。严格按照国家规定，不断强化企业各类人员培训，督促用工单位加强农民工的安全教育培训，确保全年没有重大安全事故发生。兰州市基本完成土地确权登记颁证和农村宅基地确权登记发证工作，土地确权农户24.42万户，确权面积334.91万亩，发放农村土地承包经营权证书239765本，发放率98.25%。农村宅基地确权登记发证调查260461宗，应发证217837宗，已发证217638宗，发证完成率99.91%。集体经济收益分配完成身份界定备案122.2万人，组建集体经济组织741个。

5月28日，兰州市“创业担保贷款政策集中宣传月”活动启动仪式在榆中县浪街返乡创业示范基地举行

【农民工工资保证金管理】 联合市住建局、市交通委等相关行业主管部门对未缴纳农民工工资保证金的企业进行约谈催缴，确保工程建设领域农民工工资保证金100%全覆盖。全面完成《中央巡视反馈意见整改落实工作台账》《方书英同志经济责任审计报告》《省政府根治拖欠农民工工资工作领导小组办公室关于开展规范农民工工资保证金管理工作专项检查的通知》涉及农民工工资保证金问题的整改落实工作。对《工程建设领域农民工工资保证金规定实施办法》（征求意见稿）进行学习研究，结合兰州市实际先后2次提出修改意见报省人社厅。做好农民工工资保证金日常管理工作，全年市本级收取农民工工资保证金34745.13万元。其中，现金2067.57万元；银行保函15328.76万元；工程担保公司保函17348.8万元。返还共计34410.32万元。

（张晓艳）

社会救助

【城乡低保人员救助】 全市有城市低保对象1.5575万户2.7509万人，保障标准5区由2020年的每人每月783元提高至846元，3县由每人每月589元提高至636元，累计支出保障金21178.57万元；农村低保对象1.5926万户3.6877万人，累计支出保障金13056.84万元，全市农村低保标

准由2020年的每人每年不低于4428元提高至4788元，一、二类低保对象月保障标准由369元、350元提高至399元、378元(即年保障标准分别由4428元、4200元提高至4780元、4536元)，三、四类低保对象保障标准不再提高。

【特困人员救助】 全市有农村特困人员3447户3613人，集中供养人员299户301人，分散供养人员3148户3312人。农村特困基本生活供养标准由2020年的每人每年5757元提高至6224元，累计支出保障金2950万元；城市特困人员1379户1388人，集中供养人员547户547人，分散供养人员832户841人，供养标准由2020年的每人每年12215元提高至13198元，累计支出保障金1955.47万元。特困救助供养人员照料护理标准按照其具备生活自理能力、部分丧失生活自理能力、丧失生活自理能力三种情形，分别按照不低于每人每年1680元、3360元、4800元进行补助。

【临时救助】 临时救助累计实施10040户20874人。其中，城市7800人次；农村13074人次。支出救助资金6946.18万元。其中，城市2620.1万元；农村4326.08万元。

(周晓霞)

医疗保障

【概况】 2021年，市医疗保障系统严格按照市委、市政府印发的《兰州市深化医疗保障制度改革实施方案》，紧盯“建成覆盖全民、城乡统筹、权责清晰、保障适度、可持续的多层次医疗保障制度体系”的目标，全力推进各项工作，确保深化医保制度改革开好局、起好步。参保人数实现逐年稳步递增。建成全省最大的医疗保障网，全年全市基本医疗保险参保335.06万人。其中，城镇职工参保126.7万人，占全省的35%；城乡居民参保209万人，居民参保人数达到上年度的100.4%，参保率位列全省第二，较上年年末增加1.65万人，增长人数全省最多。参保企业2.4万家。全市有医保定点医疗机构878家。其中，公立医院200家；民营医院678家。

2021年，城镇职工基本医疗保险基金收入62.5亿元，支出43.9亿元，累计结余81.1亿元，可支撑运行22个月。全市城乡居民基本医疗保险基金收入17.8亿元，支出15.4亿元，累计结余20.1亿元，可支撑运行15个月。

全市20余万建档立卡贫困人口全部纳入基本医疗保险覆盖范围，市域内有住院条件乡级及以上医保定点医疗机构全部实现“一站式”结算。研究制定《兰州市巩固拓展医疗保障脱贫攻坚成果有效衔接乡村振兴战略实施方案》，在参保资助对象和资助额度、大病保险倾斜政策、医疗救助比例等方面进行细化完善。

【新冠肺炎疫情防控】 2021年医保基金用于保障新冠疫苗及接种费用预算总额76866万元，上半年上解省社保基金财政疫苗接种专项费用34939万元，截至9月，结算疫苗费用26984万元；截至8月，累计完成接种6366284人次，结算接种费用5049万元。及时提高基层医疗机构医务人员劳务价值，将市、县、乡级医疗机构7元/剂次、6元/剂次、5元/剂次的疫苗接种费用统一8元/剂次。履行医保职责，明确新冠肺炎定点救治医疗机构继续实行“先救治、后结算”，根据救治工作实际需要，先后向市肺科医院、市第二人民医院雁滩分院预付新冠肺炎医疗救治费用2000万元。组织各县区、兰州新区医保部门重点对疫情防控救治药品、防控物资、检测试剂等供应情况进行动态监测，畅通疫情防控医疗物资应急挂网绿色通道，简化疫情防控医疗物资阳光挂网申报办理程序，与生产、经营企业加强信息沟通。实行就近购药、就近就医、延长处方、异地就医购药“事后”报销等措施。疫情期间医保经办事项实行“不见面办、及时办、便民办、延期办、放心办、全力办”等“六办”举措，通过线上办理业务。连续7次下调全市各级疾控检测机构、公立医疗机构开展新型冠状病毒核酸检测项目最高限价，单样检测价格下降73%、混检价格下降56%。将扶正避瘟丸、扶正屏风合剂、扶正屏风颗粒、培土益肺颗粒、宣肺化浊颗粒、催汤颗粒等6种医疗机构制剂纳入医保支付范围。

【医保政策】 在确保医保基金平稳运行的基础上，实现参保城乡居民在不同类别的定点医疗机构住院医疗费用报销比例提高5%，调整后，一级医疗机构报销比例90%，二级医疗机构报销比例85%，三级乙等医疗机构报销比例75%，三级甲等医疗机构报销比例65%，参保城乡居民分级诊疗和重大疾病病种住院医疗费用报销比例由70%上调至75%；参保城乡居民在参保年度内住院，基本医疗保险基金支付最高限额从4万元提高至5万元；参保城乡居民普通门诊年度最高支付限额由100元上调至130元，门诊统筹封顶线提高30%，同时报销比例仍保持不变，惠及209万参保居民。规范完善城乡居民基本医疗保险门诊慢特病政策，以及高血压、糖尿病门诊用药保障机制。年底，“两病”专项保障基金支出73.38万元，惠及14671人次。提请市政府审定并印发《关于调整兰州市基本医疗保险企业职工有关政策实施方案》，实现1499家困难企业31417名退休人员享受医保待遇不受用人单位缴费影响、企业退休人员大额医疗保险费用代扣代缴、在职职工自愿选择参保方式、企业欠缴费用终止清偿，化解历史欠费及挂账，有效保障企业职工权益。明确规定同一统筹区内参保职工应承担统一的缴费义务，因断缴、停保后恢复、跨地区转移、灵活就业人员退休补缴等造成缴费年限不足，需一次性补缴的参保职工，统一按照当年执行的全省职工基本医疗保险缴费基数100%进行补缴。与甘南州对接，做好受灾群众医保关系移接工作，核定参保信息无误并办理医保参保登记2600人，对已在甘南州享受长期门诊及“两病”待遇的参保对象，分批完成基础数据迁移。对持“陇原人才服务卡”并参加兰州市基本医保的各类人才，在相关定点医院享受就诊、住院绿色通道，住院时不收取住院押金。向持“陇原人才服务卡”的领军人才赠送2022年“金城·惠医保”，为高层次人才提供更加完善的医疗保障。7月，将城关区、七里河区公务员补助纳入市级管理。

【异地就医】 依托全省统一信息平台实现直接结算，兰州市参保城镇职工异地门诊就医实现网上直结，年内，兰州市与北京、天津、浙江、江苏、宁夏等地实现普通门诊就医费用通过个人账户支付实现直接结算。12月1日起，省内异地就医无需备案，参保群众在省内可灵活就医，在就医地定点医疗机构就医可直接结算，取消参保职工和城乡居民在省内因出差、探亲等非急诊急救和未办理异地转诊手续，自行前往异地就医需个人先行自付30%的规定，实现省内就医无异地。开通微信公众号、个人网厅、国家医保服务平台App线上备案渠道，实现异地备案“掌上办”；增加异地入院3日内在备案类别和备案所需材料不变的情况下可补办异地就医备案登记，进一步放宽备案条件。

【医药服务】 集采药品已执行4个批次157个中选药品，价格平均降幅57%，最高降幅96%，全市160余家定点公立医疗机构签订协议4329份，采购总金额6369万元；高值医用耗材中省际联盟人工晶体46个中选结果于上年11月执行，平均降幅53.26%，最高降幅84.21%，首批冠脉支架10个中选结果1月1日执行，平均降幅93%，最高降幅96.79%。组织参与第五批61种药品和陕西11省联盟7种药品、新疆2+N联盟1种药品报量和采购工作，组织参与

10月13日，市医保局赴永登县七山乡地沟村开展送医送药送健康暖心帮扶活动

跨省联盟冠脉(PTCA)导引导丝和冠脉扩张球囊、骨科、超声刀头耗材报量工作。利用医保基金根据约定采购金额的30%作为医疗机构向生产企业支付药品采购款的周转金,专款专用,同时要求各相关医疗机构按照购销合同约定,在药品采购交货验收30天与药品生产完成货款结算,切实减轻医疗机构和生产企业资金压力,保障中选药品正常供应和使用,前四批利用医保基金预付药品周转金2989万元。在推动兰州市药品和医用耗材集中带量采购工作常态化制度化工作中,通过实行医保资金结余留用政策,把医保资金作为医疗机构和医务人员参与改革的激励金,激励其合理用药,优先使用中选药品,有效降低群众用药负担。年底,完成第一、二批药品结余留用考核工作,对考核合格的100余家定点公立医疗机构实施结余留用医保资金激励,拨付医保资金650万元。根据《国家药品目录(2020版)》配套制定《兰州市基本医疗保险谈判药品管理经办规程》,涉及新增谈判药品96种、普通目录调入谈判药品14种,涉及糖尿病、心肌梗死、恶性肿瘤等多种疾病的治疗领域,药品价格进一步降低,通过重新梳理本地和异地备案用药流程,确保参保患者及时享受谈判药品报销待遇。兰州市执行医疗服务项目价格8408项。其中,基本医疗服务项目价格8014项;市场调节价的医疗服务项目价格390项;特需医疗服务项目价格4项。在动态调整时,重点向诊疗类医疗服务价格倾斜,合理提高诊疗、手术、康复、护理、中医等体现医务人员技术劳务价值的医疗服务价格,降低大型医用设备检查治疗和检验等价格。基本医疗服务项目价格按照省医疗保障局统一部署,在省级医疗机构最高限价的基础上落实市、县、乡逐级下调12%政策。合理提高诊疗、手术、康复、护理、中医等体现医务人员技术劳务价值的医疗服务价格,降低大型医用设备检查治疗和检验等价格。发挥藏医防治未病、患者负担轻、治疗效率高的特点,及时调整藏医蒸浴、藏医脉诊、金针疗法等15项藏医特色诊疗项目内涵,科学合理确定项目价格,纳入医保“甲类”支付。关心关爱老年群体,新增9项60岁以上老年人门诊诊查费优惠减免项目。为提升医保基金使用效率,方便参保人员就医、减少住院天数、减轻医疗负担,通过反复的数据测算及临床路径分析研究,10月将慢性扁桃体炎等48项日间手术和特发性血小板减少性紫癜(ITP)1项日间诊疗项目纳入医保基金支付范围,按照同城同待遇的原则,实施全省范围最大、项目最全、程序最规范的日间手术及诊疗项目。

【医保政务服务】 贯彻落实全国医疗保障经办政务服务事项清单制度,根据全国医疗保障经办政务服务事项清单有关内容,落实“四最”“六统一”要求,按照“应认领尽认领”原则,在“甘肃省政务服务事项管理平台”全面认领国家医保局下发的28项事项,并在全国清单基础上进一步精简办理材料、简化办理流程、缩短办理时限,取消不必要的环节和手续,规范填报各项要素、精准编制实施清单,同步对医保政务服务事项加强动态管理。深化医保领域“放管服”改革,推进信息化建设,推进兰州市医保政务服务高频事项“网上办”“掌上办”。依托省级医保信息平台,建设甘肃医保公共服务网上服务大厅,推广国家医保服务平台App,同时不断拓展本土线上服务渠道,开通微信公众号异地就医备案、个人账户划拨查询等业务掌上自助办理;推广医保电子凭证,年底,全市激活医保电子凭证超过100万人,市域内2169家两定机构全部接入电子凭证支付系统,日结算1.6万次以上。加大对服务场所、服务设施等方面的投入力度,对市级医保经办大厅进行改造。统一医保形象标识、配齐配强基础设施,“蓝色医保大厅”正式投入使用,整体形象全面提升;根据经办实际和群众需求,科学划分服务大厅引导咨询区、柜台受理区、自助服务区、等候休息区等功能区域,群众办事体验及满意度大幅提升;不断规范服务事项经办操作流程,推进窗口业务办理标准化规范化;巩固深化医保系统行风建设成效,严格落实首问责任制度、一次性告知制度、限时办结制度、帮办代办制度等服务制度,建立经办队伍常态化培训机制,健全监督机制和投诉处置机制,开通多种评价方式,全面落实“好差评”制度。坚持传统服务与智能化服务创新并行,提高服务适老化程度。在经办大厅设置关爱老人绿色通道，指派专人针对老年人办事开展引导、帮扶、代办等服务，前台配备老花镜、医药应急箱等便民设施，为老年群体提供暖心便捷的现场服务；进一步推动老年人社保卡、医保电子凭证与医疗机构网络系统的改造对接，逐步实现多介质办理就医服务，推广使用国家医保服务平台App亲情账户由子女、亲属代办功能，为老年群体提供更多智能化适老服务。

【医保基金监管】 对2169家定点医药机构进行全覆盖检查，查处1043家，追罚金额5146.82万元。强化压力传导，引入第三方机构参与监管，利用大数据筛查、突击检查、视频监控、群众举报、病历抽查，跨部门、跨地区数据比对等方式，发现可疑线索，迅速分析研判，锁定问题证据，综合运用司法、行政、协议等手段，依法依规严厉查处。落实医保部门基金监管主体责任，推进“共同管”，加强与公安、卫健、市场监管等部门的分工协作、相互配合；强化“协议管”，进一步明确与经办机构在两定机构协议中心管理职责，强化行政监管与经办稳控紧密结合的监管机制；实行“社会管”，聘请20名医保基金监管社会监督员，从社会层面进一步加强基金监管工作；推行“信用管”，推进医保信用体系建设；推行“全民管”，对医保部门、经办机构、两定机构人员进行全覆盖培训，同时开展广泛宣传，引导全民参与基金监管。研究制定“两轻一免”清单，落实好服务人民、服务企业的执法理念，提升医保系统行政执法能力，进一步优化营商环境，截至年底，依法从轻、减轻处理的涉及108家，依法免于行政处罚的涉及13家，协助被行政处罚医院在信用中国网站完成信用修复1起。同时持续推进“双随机、一公开”监管，落实行政执法公示、全过程记录、法制审核等制度，切实做到公平公正执法。1份行政执法案卷获得全市优秀案卷奖。将国家医保局、省医保局飞行检查以及对医保领域基金审计作为对市医保局工作的全面“体检”，坚持问题导向，对反馈问题及时整改、及时清零，得到审计署审计组、省医保局的充分肯定。全力配合审计署兰州特派办开展医保基金专项审计，针对审计提出的经办机构违规支付费用、定点医疗机构违规收费、民营医院过度医疗、定点医疗机构违规分解住院规避控费等4项问题全面完成整改，针对市第一人民医院拖欠药品供应商货款问题，涉及集中带量采购货款已全部结清。对国家、省医保局开展医保基金监管工作检查及反馈举报线索高度重视，全力配合开展查处工作，截至年底核查问题线索6条，已全部办结。

3月10日，兰州首款普惠型补充医保“金城惠医保”项目启动仪式暨产品上市发布会上，向道德模范“两类户”等人群捐赠“金城惠医保”产品5000份

【“金城·惠医保”医疗保险在全省首家推出】 3月，兰州市在全省首家推出商业补充医疗保险“金城·惠医保”。为贯彻落实党中央、省市委深化医疗保障制度改革精神，加快推进建设多层次医疗保障制度体系，降低人民群众就医购药负担，兰州市医保部门引导推动基本医疗保障与社会商业保险协调发展，按照“广覆盖、强衔接、亲民性、可持续、促发展”的原则，充分学习借鉴外地城市先进经验，支持指导人保财险等5家商业保险公司，为兰州市基本医保的参保对象定制开发“金城·惠医保”普惠型基本医疗补充保险，做到与基本医疗保险的无缝衔接。全年参保55万余人，占参加基本医保人数的15.7%，位于全国同类产品前列。全年赔付2038件，赔付保费近1518.7万元，最高单笔报销金额

达13.99万元。

（刘　冰）

劳动就业

【概况】　2021年，市劳动就业工作做好稳就业，完善就业政策体系，切实发挥市政府就业工作领导小组职责作用，召开市政府就业工作领导小组会议，印发《市政府就业工作领导小组2021年工作要点》，与西安、西宁等周边大中城市签订人力资源交流协议。全年城镇新增就业8.4万人，失业人员再就业31623人，就业困难人员实现就业9629人。职业技能培训29.8万人次。劳务输转25.21万人，实现劳务收入72.04亿元，同比增加6.88%。

【高校毕业生就业】　通过鼓励企业吸纳、扩大就业见习规模、加大就业帮扶力度等措施，促进高校毕业生多渠道就业和自主创业，完成400名未就业普通高校毕业生到基层就业的实事任务，招募69名“三支一扶”人员并全部安置上岗工作；新认定青年就业见习基地149家，累计基地920家，新增就业见习人员1889人，2021届注册登记离校未就业高校毕业生就业率92.7%。

【公共就业服务】　印发《兰州市2021年公共就业服务专项活动工作方案》，在全市676个行政村试行建立公共就业服务平台，填补农村公共就业服务空白，实现市、县（区）、镇（街）、村（社区）四级公共就业服务全覆盖。强力推进充分就业社区建设，累计培育认定市级充分就业社区272个，占全市社区总数的67%，推荐认定省级充分就业社区70个、国家级充分就业社区2个。选树打造充分就业样板社区100个，示范引领全市充分就业社区标准化、规范化发展。全面落实城镇新增就业人员实名制管理，在全市范围内建立统一的城镇累计新就业人员、失业人员、就业困难人员认定登记等台账，确保就业信息采集无遗漏、公共就业服务到门口。持续提升就业创业服务水平，大力扶持人力资源服务业发展，创建成省级人力资源服务产业园，46家人力资源服务企业入驻产业园，产业园营业收入额6亿元以上。全面实施增岗、找岗、援岗、送岗、适岗的“五岗”就业促进工程，累计建成国家级创业就业孵化示范基地3家，省级25家，市级43家。

【职业技能培训】　将职业技能提升行动列为市级为民办实事项目。落实企业新型学徒制、项目制培训等措施，发布全市2021年度急需紧缺职业（工种）目录。完善培训补贴政策，充分发挥企业主体作用，努力提升劳动者技能，大幅超额完成职业培训年度目标任务，通过“以工代训”稳定企业岗位14.67万人。先后印发《兰州市加强技能人才队伍建设实施方案》《兰州市高技能人才培训基地和技能大师工作室建设管理办法（试行）》，健全完善技能人才培养、使用、评价、考核机制。在全省率先开展职业培训机构备案，改革传统招标入围方式，全面开放全市补贴性职业技能培训项目。深化技能人才评价改革，在全省率先遴选4家企业，开展首批企业自主评价工作。完善初级到高级职业技能培训补贴体系，为全市“四梁八柱”产业集群建设提供技工人才支撑。推进创业培训“马兰花”计划，组织大学生创业先锋训练营活动，开展创业培训师资市场化试点，选拔优秀师资参加省级创业师资比赛，取得优异成绩。全年开展职业技能培训29.8万人次，同比增长61.1%。其中，就业技能培训35080人次，完成目标任务的250.1%；岗位技能提升培训22.79万人次，完成目标任务的876.5%，同比增长94.6%；创业培训35055人次，完成目标任务的292.1%，同比增长510.3%；新型学徒制培训1430人，完成目标任务的143%，同比增长79.4%；职业技能提升专账资金支出3.09亿元，完成目标任务的114.5%，同比增长227.8%。开展脱贫劳动力培训5055人次，完成目标任务的423%；开展边缘易致贫劳动力培训42人次，完成目标任务的247.1%。

【劳务输转】　系统开展组织化劳务输转。持续发展劳务经济，巩固就业帮扶成果，深化东西部劳务协作，发挥劳务经纪人作用，推动扶贫车间向乡村就业工厂转型发展，发挥农民工返乡创业示范基地的行业示范、典型引领、带动就业作用，劳务输转工作机制更加健全，全年劳务输转25.21万人，实现劳务收入72.04亿元，同比增加6.88%。全面摸清10.14万名脱贫劳动力底数和务工意愿，实行“一对一”精准服务，对6.21万名有输转意愿的脱贫劳动力应输尽输。全市累计在乡村公益性岗位安置830名脱贫劳动力就业，发放岗位补贴509.76万元；78家乡村就业工厂吸纳就业1491人（含脱贫户、边缘易致贫户772人）；组织东西部劳务协作专场招聘会7场，提供岗位2274个，达成意向性协议257人，通过东西部劳务协作帮助4844名农村劳动力（含脱贫劳动力4524名）实现转移就业；培训农村转移劳动力2.49万人次（含脱贫劳动力5055人次）。

【劳动关系】 制定《兰州市劳动关系领域风险监测预警实施方案》《兰州市劳动关系三方协商协调改革实施方案》等方案。从规模裁员、风险监测预警、突发事件处置、协商协调机制建设等方面对稳定劳动关系的相关制度进行细化完善，稳定劳动关系工作的制度化、规范化。举办2021年劳动关系集体协商工作培训班，组织开展全市企业薪酬调查工作，完成部级样本959户、省级样本351户企业数据的录入、审核和上报工作。劳动人事争议调解成功率62.9%；劳动人事争议仲裁结案率95.6%。全市集体合同签订率86.2%。

【劳动监察】 通过开展日常检查、专项行动和部门联合检查，督促和指导企业按时足额支付农民工工资。健全保障农民工工资支付“五项制度”，发挥源头治理和信息监管作用，通过全省“陇明公”信息管理平台覆盖全市201个在建项目，实名制录入4.38万人。畅通投诉举报渠道，强化劳动保障监察执法，检查用人单位4542户，受理案件106件，为683人追发工资786.96万元。实施差异化监管，评定劳动保障守法诚信A级企业321户、B级企业1614户、C级企业19户。严格失信惩戒，向公安部门移送涉嫌拒不支付劳动报酬罪案件46起，公布重大劳动保障违法案件49起，将28户企业列入拖欠农民工工资“黑名单”，守住不发生因欠薪引发重大群体性事件和极端事件两条红线。通过国务院、省政府保障农民工工资支付工作考核验收，市人社局连续四年获评全省保障农民工工资支付工作A级单位，连续三年通过国务院保障农民工工资工作领导小组核查验收，兰州市劳动保障监察支队获评2021年全国根治拖欠农民工工资工作先进集体和全国清理整顿人力资源市场秩序专项行动取得突出成绩单位。

（张晓艳）

民政事务

【概况】 2021年，兰州市民政局践行“民政为民、民政爱民”工作理念，履行基本民生保障、基本社会服务、基层社会治理职责，有力服务全市经济社会发展大局。在社会救助兜底保障方面，全市城乡低保标准提高8%，累计发放各类社会救助金4.61亿元，为4054名各类救助对象提供照护服务9.6万次，为7.02万名困难群众发放取暖补贴1795.22万元。在养老服务体系建设方面，建成市级养老机构2个；下达各类市级资金800万元，为3680名经济困难老年人发放服务补贴；升级“三级”居家社区养老服务平台，入库老人45万人，年服务老人33.63万人，年服务400万人次；成功举办全国养老护理职业技能大赛兰州选拔赛，培训养老护理员7177人。在特殊群体民生保障方面，为411名孤儿发放基本生活费690余万元，为1081名事实无人抚养儿童发放基本生活补贴1170余万元；在全省通过政府购买服务首创设立10个未成年人社工服务站；救助流浪乞讨人员2243人；为3.8万名残疾人发放“两项补贴”5493万元，为906名贫困重度残疾人开展照护服务。在民政基本公共服务建设方面，为273名群众减免殡葬费用32.61万元，累计拆除未安葬超面积墓穴56座，改造已安葬超面积墓穴4座；完成自1949年以来全市103.7万条婚姻登记历史数据补录，办理婚姻登记2.38万对；全市慈善组织累计接收捐款622.24万元、物资折价18.3万元，完成慈善信托备案32单4141万元；深化“三社联动”试点工作，新孵化社区社会组织35个，培养居民骨干124人，社区志愿服务骨干526人，居民参与人数2.56万人；销售福利彩票7.01亿元，募集公益金2.2亿元。新冠肺炎疫情期间，新纳入城乡低保和特困供养人员429人，为3.71万户救助对象发放防疫和生活物资88.55万件478.47万元，发放临时救助金474.18万元；在县区设立临时救助点10处，累计救助流浪乞讨人员和滞留人员141名；全市187家社会组织累计捐赠防疫资金和物资412.4万元；组建"兰州社工"疫情防控志愿服务队，省市75家社工机构、2000余个志愿服务组织、7万余名志愿者有序参与疫情防控；累计接收各界捐款1605.15万元，物资折价2075.37万元，完成支出90.7%。年内先后获得"全国农村留守儿童关爱保护和困境儿童保障工作先进集体""全省脱贫攻坚先进集体""全市民族团结进步示范单位"等荣誉称号。

【脱贫攻坚兜底保障】 全市城乡低保标准提高8%，城市低保标准5区和3县分别达到每人每月846元和636元，农村低保标准达到每人每年4788元，城乡特困人员基本生活标准实现每人每年不低于13198元和6224元，照料护理标准按照全自理、半自理、全护理三档分别达到1680元、3360元、4800元，提标复核工作全面完成。全市累计为7万名城乡低保和特困供养对象发放救助资金3.91亿元。完善社会救助体系制定印发《兰州市最低生活保障审核确认实施办法》，报请市委、市政府办公室印发《关于加快推进全市社会救助制度改革的实施方案》，首次提出社工委参与社会救助相关职责，着力推动社会力量参与社会救助；报请市政府出台《关于进一步加强和改进临时救助工作的实施意见》，进一步拓展救助对象范围、优化审批流程、提升救助实效。累计实施临时救助20874万人次6946.18万元，资金支出同比增加28.4%。巩固脱贫攻坚兜底保障成果，持续开展困难群众监测预警和救助帮扶，联合教育、人社等部门出台《低收入人口动态监测和常态化救助帮扶实施方案》，持续对存在返贫风险的已脱贫人口、存在致贫风险的边缘人口等5类13个群体实时监测预警，发布预警信息5208条，对71户符合条件的救助对象落实相应救助政策，实现从"人找政策"到"政策找人"的有效转变，做到发现1户、监测1户、救助1户、动态清零1户。发挥居民家庭经济状况信息核对系统作用，对9.8万余名申请救助和在保人员进行经济状况核对，将不符合条件的1245户4056名低保对象及时退出保障范围。同时，持续推行"资金+物资+服务"的救助模式，累计为4054名各类救助对象提供照护服务9.6万余次。

【养老服务体系建设】 建成市级养老机构2个。其中，市第二社会福利院老年养护中心投入试运营；市老年公寓西站分部项目完成初验，成功引入重庆光大百龄帮康养产业集团有限公司，探索推进"公建民营"运营模式；联合开展养老护理员职业技能提升行动，培训养老护理员7177人。成功举办全国养老护理职业技能大赛兰州选拔赛。编制完成《兰州市"十四五"养老服务体系发展规划》，提请市政府建立养老服务联席会议制度；争取中央专项资金2844万元，试点开展居家和社区基本养老服务提升行动；下达城乡社区日间照料中心运营补贴、养老机构运营补贴、经济困难老年人养老服务补贴等市级资金800万元；完成全市养老机构和2100余名入住老年人综合评估；不断升级"三级"居家社区养老服

10月14日，兰州市老年公寓"庆建党百年 谱敬老新篇"活动

务平台，累计入库老人45万人，年服务老人33.63万人，年服务400万人次。在全市32个街道布局建设综合养老服务中心，实现老年人在家门口享受服务的美好期望；为全市60岁以上老年人购买意外伤害保险，将无责交通意外事故、传染病防治保障等纳入理赔范围，年内累计赔付1685件709万元。

【特殊群体民生保障】 提升未成年人保障水平出台《关于加强未成年人保护工作的实施意见》等5部政策文件；开展孤儿、事实无人抚养儿童资格认定“跨省通办”；为411名孤儿发放基本生活费700余万元，为1018余名事实无人抚养儿童发放基本生活补助1170余万元；开展“福彩圆梦·孤儿助学工程”和“孤儿医疗康复明天计划”，资助81名大中专院校在读孤儿每人每年1万元，资助26名新考入大中专院校的事实无人抚养儿童每人6000元；争取省级救助专项资金313万元，在全省首创设立10个未成年人社工服务站；组织开展农村留守儿童困境儿童关爱保护政策宣讲进村（居）1046场次，培训2.3万余人；提升流浪乞讨救助服务质量加强流浪乞讨人员救助管理，通过互联网寻亲、购买第三方医疗、专业社工介入等服务模式，年内累计救助2243人，约占全省救助力量的一半。强化残疾人福利保障提高残疾人“两项补贴”标准，全市困难残疾人生活补贴达到月人均110元，重度残疾人护理补贴分别达到月人均110元和60元；开展残疾人“两项补贴”资格认定“跨省通办”，加强信息共享，将符合条件的残疾人及时纳入补贴范围，全年累计发放资金5493万元，惠及3.8万名残疾人。

【民政基本公共服务】 稳步推进殡葬改革，累计为299名困难群众减免殡葬费用36.05万元；加快推进市殡仪馆骨灰寄存楼项目建设；稳妥推进殡葬领域突出问题专项整治，部署开展殡葬业价格秩序、公益性安葬设施建设经营专项整治行动，拆除未安葬超面积墓穴56座，改造已安葬超面积墓穴4座；开展殡改政策宣传，倡导网络祭扫、鲜花祭扫等文明低碳祭扫方式，大力推行树葬、花葬、草坪葬、格位存放等节地安葬方式，切实降低传统墓穴占比。强化婚姻登记信息化建设推广婚姻证件电子证照的使用，22个婚姻登记窗口全部配备智能化设备，率先在全省实现结婚登记“全市通办”，完成自1949年以来全市103.7万条婚姻登记历史数据补录，全年累计办理婚姻登记2.38万对。动员社会力量参与捐赠，全市慈善组织累计接收捐款622.24万元，物资折价18.3万元，完成慈善信托备案32单4141万元。深化东西部扶贫协作帮扶，争取援助资金149.1万元，在远郊3县开展助医助学和社区文化建设，受益对象4422人；投入市级福彩公益金50万元，市级财政资金320万元，设立省级示范“社会工作服务站”10个，市级“社会工作服务站”10个；全面推进“三社联动”试点工作，新孵化社区社会组织35个，培养居民骨干124人，社区志愿服务骨干526人，持续为186名残疾人、空巢或独居老人提供服务，居民参与人数2.56万人；提升志愿服务水平，累计开展志愿服务培训5期1000余人；福利彩票即开票销量首次突破亿元大关，同比增长73%，累计销售福利彩票7.01亿元，募集公益金2.22亿元。

【基层社会治理】 完成第10次村民委员会和第7次社区居民委员会换届选举，同步完成村（居）务监督委员会推选；开展“改进和规范村（居）委会出具证明”工作，联合发改、公安等6部门出台《兰州市村（居）委会保留证明清单》，严格城乡社区准入，制定基层群众性自治组织协助政府工作、依法履行职责和负面事项等3份责任清单，推动城乡社区减负增效；城乡社区综合服务设施实现全覆盖，城市社区室内办公服务设施平均面积430平方米，村综合服务设施平均面积390平方米，达到中组部、民政部规定标准；指导城关区完成省级城乡社区治理创新实验区各项工作；稳步推进村级议事协商试点，城关区青白石街道青石湾村被确定为全国村级议事协商创新试验试点单位；全面做好易地扶贫搬迁集中安置区治理工作，在全市19个集中安置点，设立村民小组3个，综合便民服务站6个，努力做好易地扶贫搬迁“后半篇”文章。强化社会组织培育监管审批市级社会组织124家，注销、变更139家，现有社会组织3014家，累计培育孵化城乡社会组织4038家，全市社会组织党组织覆盖率90.49%，党建工作实现100%全覆盖，“两个覆盖”率位居全省前列。开展打击整治非法社会组织和“僵尸型”社会组织清理整治专项行动，公示涉嫌非法社会组织16家，排查线索36家，分类处理33家，清理整治“僵尸型”社会组织335家。推进行政区划地名管理工作完成市域内15条县级界线联检，更换维护界桩43个；完成地铁2号线7座车站命名；开展不规范地名清理整治行动，清理整治不规范地名3个；推动第2次地名普查成果转化，编制《兰州市标准地名词典》《兰州市标准地名志》。

【民政“放管服”改革】　严格规范民政权力运行，梳理编制权责清单70项，厘清民政职责权限边界；精简优化审批职权，将养老机构许可变为备案登记，将假肢矫形器企业认定实行告知承诺制，承接经营性公墓审批许可和公开募捐资格审核，优化审批流程，最大限度方便群众办事；推进数字政府建设，按照“4级46同”（即省、市、县、乡四级办理事项46个要素相同）要求，加快梳理和编制市级44项、县区66项民政领域政务服务实施清单，实现线上线下标准统一、深度融合、服务同质；调整优化政务服务，按照“减层级、减环节、减时限、优流程”要求，精简办事层级，取消证明事项39项，推行告知承诺业务10项，政务服务事项由法定总时限814个工作日压缩至承诺总时限234个工作日，缩减比例71%。全面推行线上服务，认领国家和省级颁布的19项政务服务事项，按照“能进则进，应进必进”要求，除流浪乞讨场地制约、公开募捐资格审核对象极少外，其他17项全部进驻政务大厅民政窗口。全面落实“一窗办、一网办、简化办、马上办”要求，通过规范审批依据、申请条件、申报材料，实现18个政务服务事项网上受理审批，在线可办率95%，“零跑腿”事项14个，只跑1次的事项仅有5个。

【新冠肺炎疫情防控】　在民政服务机构疫情防控方面，第一时间严格管控养老服务、儿童福利、精神卫生等民政服务机构，一律暂停来访咨询、志愿服务、社会实践、爱心慰问等活动；一线工作人员全员留宿单位，封闭管理轮流上岗；各殡葬服务场所限定治丧人数，婚姻登记场所暂停服务，确保“零感染”；系统内164名党员干部火线下沉社区，协助开展疫情防控工作；在困难群众保障方面，及时将受疫情影响、基本生活出现困难的群众纳入社会救助保障范围，新纳入城乡低保和特困供养人员429人，为3.71万户救助对象发放防疫和生活物资88.55万件价值478.47万元，发放临时救助金474.18万元、取暖补贴1795.22万元；在县区设立10处临时救助点，累计救助流浪乞讨人员和滞留人员141名，在市精神康复医院紧急设置隔离病区，妥善收治2名流浪精神病患者，确保所有滞留在兰临时遇困人员得到妥善救助；在引导社会力量参与疫情防控方面，全市187家社会组织累计捐赠防疫资金和物资412.4万元，投入近1.7万人次协助开展场所消杀、物流运输、餐饮保障等工作；组建“兰州社工”疫情防控志愿服务队，省市75家社工机构、2000余个志愿服务组织、7万余名志愿者有序参与疫情防控；累计接收社会各界捐款1605.15万元，物资折价2075.37万元，完成支出90.7%。

（周晓霞）

10月25日，西固区民政局为困难群众搬运防疫物资

退役军人事务

【概况】 2021年，市退役军人事务工作突出“党的领导、军的特色、家的温暖”，聚焦中心、主动作为，坚持加强党的领导，始终坚定政治方向；夯实基层基础，“三个体系”（组织管理体系、工作运行体系、政策制度体系）基本建成；强化政治引领，合法权益得到有力维护；聚力转业安置，就业创业工作稳步推进；严格落实政策，军休服务保障转型升级；巩固创建成果，优抚政策全面有效落实；打造褒扬品牌，传承赓续红色血脉；投身疫情防控，退役军人坚守一线；加强自身建设，党史学习教育走深走实。全市退役军人事务领域治理体系和治理能力现代化明显提升，退役军人事务工作实现了高质量发展。

【服务保障体系建设】 先后2次召开市委退役军人事务工作领导小组会议和市双拥工作领导小组会议，传达学习上级会议精神和领导批示精神，通报工作，安排任务，审议相关文件，完善领导小组议事、协调督查等机制。贯彻落实全省退役军人工作会议精神，4月8日召开年度兰州市退役军人事务工作会议，传达学习全国、全省会议精神和省委省政府主要领导批示精神及兰州市委、市政府主要领导批示精神，总结工作，部署任务，推进全市退役军人事务工作全面发展。市委退役军人事务工作领导小组成员单位密切协作共同推进落实，各成员单位主动履职尽责，全市各级各部门牢固树立“一盘棋”理念，协作配合、齐抓共管、合力推进，“三个体系”基本建成，基层基础不断夯实。在组织管理体系上，市、县区领导小组、部门组建全面完成，事业单位改革稳步推进，退役军人服务中心（站）横向到边、纵向到底、覆盖全员，形成“四级”退役军人服务体系。7月26日，组织召开全市退役军人服务中心（站）规范化建设现场推进会，会后8个县区以组织部门与退役军人事务工作部门联合发文，对市县两级服务站领导体制建设进行规范。全市各级退役军人服务中心（站）全部达到“五有”（有完善设施设备、有成熟治理技术、有稳定保洁队伍、有完善监管制度、有可靠资金保障）标准，乡镇（街道）退役军人服务站站长全部由党委（党工委）书记任站长，武装部部长任副站长；村（社区）退役军人服务站站长全部由村（社区）党组织书记兼任。开展退役军人“建档立卡”百日攻坚，推行“一人一册”精准服务，准确掌握退役军人和其他优抚对象信息。兰州市施行“5553”工作法推动退役军人服务保障体系从“有”向“优”转变的经验做法，先后在退役军人事务部《退役军人工作信息参考》第102期、甘肃省人民政府《甘肃情况》第96期转发。在工作运行体系上，将退役军人工作纳入地方党政领导班子和领导干部考核体系，列入双拥模范城（县）表彰、平安建设考核内容，规范军地职责、运行模式、工作规则，逐步形成军地联动、上下贯通的合力共为机制，权责清晰、督导有力的工作落实机制；依法维权、迅速应对的风险防范机制；精细保障、动态管理的信息服务机制。在政策制度体系上，跟进国家顶层设计和省退役军人事务厅出台的相关政策，配套措施逐步完善。兰州市烈士陵园（兰州战役纪念馆）提质改造项目、“兰州市优抚医院项目”等重大规划项目有序推进。推进“放管服”改革，落实“四办四清单”制度，将烈士信息查询等15项具体工作下沉服务中心集中受理。

【政策法规学习宣传】 8月26日，开展“我为群众办实事”实践活动和“法律政策落实年”活动。开展法律政策学习活动，分层次开展政策业务培训。举办全国退役军人法律法规工作培训班，提升系统工作人员政策理论水平和贯彻执行能力水平。开展法律政策讲座，安排业务骨干上讲台，录制精品课程进行展播。推出“月考、季评、年赛”等考评模式，建立理论学习、业务提升、党性锻炼、实践交流等一体化的“法律政策学习大课堂”。专题召开推进会，印发《2021年全市普法依法治理工作要点》，制定《兰州市退役军人事务系统学习宣传贯彻<中华人民共和国退役军人保障法>工作方案》，编印《退役军人保障法学习手册》。局微信公众号开设“权威解读”“退役军人法规大讲堂”，及时回应退役军人关切。组织开展《退役军人保障法》进校园、进社区、进农村、进机关、进军营、进企业等“六进”宣传活动。

【退役军人法律服务工作站成立】 4月28日，由市司法局、市退役军人事务局联合成立的兰州市退役军人法律服务工作站在市退役军人服务中心揭牌成立。并先后设立县区退役军人法律服务工作站、乡镇(街道)退役军人法律服务窗口、村(社区)退役军人法律服务联络点，为退役军人提供法律咨询、法律援助、矛盾化解、法治宣传等“一站式”法律服务

【宣传引领】 重点宣传全市双拥共建、褒扬纪念和启动重大退役军人事务项目等活动。召开新闻发布会2次，就关注度较高的褒扬纪念工作和建档立卡工作进行说明。加强舆论引导，退役军人事务局官网、官微及时回应社会关切，在中央、省市各大媒体及新媒体发表及转载信息700余篇，向省退役军人事务厅、市委市政府及相关部门报送“信息快报”108期。坚持典型引领，向省委宣传部、省退役军人事务厅推荐“陇原最美退役军人”6人。

【退役军人基层组织建设】 在全市范围开展“一村(社区)一警一队伍”建设，每个行政村(社区)建立以退役军人和民兵为主体的志愿服务队，由1名退役军人任队长、1名人民警察任指导员，全面参与平安兰州建设和乡村振兴、基层治理、疫情防控及应急救援等工作。退役军人在社区通过志愿服务帮助身边人、关心身边事，开展争做精神文明建设的倡导者、基层社会治理的参与者、黄河母亲治理的保卫者、平安建设的护航者、应急管理的抢险者等“五者活动”，形成兰州市退役军人志愿服务品牌。

【退役军人权益维护】 学习推广新时代“枫桥经验”，开展退役军人信访积案“百日攻坚”。县区、乡镇(街道)两级针对“双包联”，细化完善方案措施，分类建立攻坚台账，加强工作配合，以解心为主，带动解事，做到“事心双解”。全市办理群众来信307件。其中，书记批示件8件；人民网书记留言7件；信访局领导信箱2件；来信33件；网信122件；“12345”政府服务便民热线135件。受理率、办结率100%。完成退役军人事务部督办件2件，化解率100%；国家信访局积案交办件5件，化解率100%；省级重复访、信访积案件46件全部办结。建立常态化联系退役军人制度，开展困难退役军人帮扶解困。

【退役军人安置】 完成2021年集体转隶军队干部17名家属随调随迁安置工作。接收计划分配军队转业干部指标28人，随调家属2人，安置工作全面展开。

【退役军人就业创业服务】 全年审核评估上报“甘肃省退役军人职业教育和技能培训联盟成员单位”58家，建立培训机构黄页，及时汇总备案。线上线下招聘有序开展，专题举办“兰州市退役军人暨现役军人家属现场招聘会”，130余家单位参会，近5000人次进场，800余人达成初步就业意向。争取社会力量参与支持，打造“拥军惠军服务平台”，与37家企业单位、社会组织签订合作协议，涉及项目200余个，助力就业创业。协办“甘肃省2021年秋季退役军人暨现役军人家属就业专场招聘会”，举办市第2届退役军人创业创新线上大赛，助力退役军人就业创业。自主择业军队转业干部和自主就业退役士兵服务保障有力。按时发放自主择业军队转业干部退役金，及时拨付兵役优待补助金、教育技能培训等经费。完成全市自主择业军转干部档案数字化处理，组织自主择业军队转业干部就业创业个性化培训2次。接收下达安置军队复员干部指标11人，全部报到安置到位。

【军休服务】 军休干部“两项待遇”(政治待遇、生活待遇)严格落实，探索引进专业社工服务模式，完成“网络军休所”App注册登录试点应用。制定《兰州市军休干部荣誉疗养制度》，完善军休功臣疗养计划，组织实地考察，疗养活动合法合规。推进创建“兰州军休大学”，打造甘肃省军休大学总部，实现军地共同服务、共管共建。加大服务保障力度，全市8个军休所(站)全部纳入虚拟养老院、日间照料中心。选派专人联系就近虚拟养老院为120余名空巢、半失能的军休干部提供送餐到所(站)服务，确保军休干部满意。拓宽医保渠道，与兰大一院签订“两癌”筛查合作协议，各军休所(站)年度健康体检全部完成。加强基础建设，军休所(站)

“六室”（会议室、活动室、阅览室、书画室、谈心室、荣誉室）硬件全部达标，老旧小区改造有序，创新建成兰州市“军休驿站”。丰富军休文化生活，结合建党100周年，开展“初心忆党史，热血颂华章”学游活动、“学党史、感恩党、跟党走”革命教育、“共植百年树，共育党建林”实践活动，组织军休干部前往兴隆山等地学习参观，推进党史学习教育，丰富军休干部精神文化生活。

【拥军优抚】 全面开启新一轮争创活动，加大宣传力度，创新活动载体，丰富活动内容，努力实现创建全国双拥模范城（县）“十连冠”目标。4月8日，召开争创新一轮“全国双拥模范城（县）”动员会议，制定方案，印发意见。7月26日，市委专门组织召开兰州市军政座谈会，专题听取驻地部队意见建议，研究解决实际问题，实现驻兰部队各兵种全覆盖，军地无缝隙对接。9月，省双拥工作领导小组对兰州市双拥模范城（县）创建工作进行检查评估，给予充分肯定。开展走访慰问和军地共建活动，重大节日期间，市“四大家”领导分别慰问驻兰部队和优抚对象、军烈属。先后走访慰问驻兰部队88次，发放优抚金603.96万元。对接“兰州舰”，单独列支200万元用于亚龙湾军港“兰州园”维修改造，组织开展边海防官兵家庭走访慰问。举办庆“七一”双拥晚会和兰州市第9届“双拥杯”乒乓球、篮球邀请赛。落实军人军属优惠政策，协调帮助20名驻兰部队官兵家属调动，解决驻兰部队官兵子女入学42人。确定医疗优待定点服务机构，在全市县级以上医院推进军人就医绿色通道工作，简化就医流程，对急危重症军人患者通过导医导引直接就医，并实行“先诊疗后付费”制度，诊疗费用未纳入市级医保的由医疗机构和部队管理部门协商定期支付解决。8月1日开始，完成优抚补助标准调标，对伤残人员残疾抚恤金、“三属”（烈属、因公牺牲军人遗属、病故军人遗属）定期抚恤金，按平均10%幅度继续提高，保障优抚对象基本生活。完成全市伤残人员更换新证和“两参”人员身份认定。军供保障有力，过往军列和官兵安全正点率和优质服务率始终保持100%。

【英烈弘扬纪念】 开展“守护·2021”清明祭英烈活动，全力保障“卫国戍边英雄”陈红军烈士祭扫。兰州战役纪念馆、市烈士陵园先后接待单位团体6000余个、50余万人次，组织开展纪念大会1.2余万场次，讲解1.1余万场次，达历年之最。线上和线下结合，开展网上祭扫、代为祭扫、远程祭扫1200余万人次。全力做好“卫国戍边英雄”陈红军烈士亲属、木里森林火灾扑救牺牲甘肃籍烈士王佛军亲属祭扫服务工作。推进红色基因传承，兰州战役纪念馆“数字馆”被列为全省网上展馆，进入“甘肃博物馆网上展览平台”。拍摄以王学礼、李锡贵等烈士英雄事迹为蓝本的“红色故事会”宣传片8集，并在全市展播。启动开通“24路红色公交线路”，串联“满城遗址、烈士陵园、兰州战役纪念馆”等红色教育基地。9月1日，全市1600余所学校的46万余名中小学生深情吟唱《大豆谣》，在兰州市烈士陵园组织《大豆谣》现场录制。“8·26”兰州解放纪念日，举行《致敬英雄砥砺奋进》大型直播。“9·30烈士纪念日”举行甘肃省暨兰州市社会各界向人民英雄敬献花篮仪式，省市四大班子领导、驻兰部队官兵代表及社会各界群众参加活动。全面打造烈士褒扬体系，完成翁克俊烈士评定申报。开展“千里寻英烈”活动，先后找到烈士亲属8人。其中，永登县5人；红古区1人；榆中县2人。9月27日，在兰州战役纪念馆挂牌建立国防大学国家安全学院军事历史教学基地，实现地方发展和国防建设共进共赢。加强兰州市烈士陵园周边环境改造，将七里河区华林路改造提升为“双拥路”，完成兰州市烈士陵园110米入园道路铺设。

【新冠肺炎疫情防控】 10月兰州发生新冠肺炎疫情期间，全市各级退役军人事务系统党员干部带头下沉村（社区）“双报到”，与兰州警备区建立沟通协调机制，退役军人志愿者和基干民兵组成志愿服务队加强社区、卡口点协助疫情防控工作，重点在兰州市9个环城卡口点执勤；在全市重点封控小区增派退役军人志愿者，加强与公安、武警协同巡防。在全市没有下沉干部的115个社区加强退役军人志愿力量，每个社区由3名退役军人分别担任组长、副组长及组员。

（张　健）

城关区

【概况】 城关区因明清兰州城郭而得名，兰州方言称郭城为关。城关区位于东经103°46′～103°59′，北纬35°58′～36°9′，地处兰州市区东部，东、南与榆中县接壤，西与七里河区相邻，西北与安宁区相连，北与皋兰县毗邻。境内最高峰皋兰山，位于城关区南，海拔2129.6米；最低点北面滩，位于城关区东北部，海拔1503米。城关区地处兰州盆地东部，依山傍水，气候宜人。地形分为山、坪、川三类，黄河是全区唯一的地表水域，是区内农业、林业灌溉、人畜和工业、乡镇企业用水最主要的客水资源，黄河干流自徐家湾入境，由西向东流过桑园峡，流经23千米，纵贯全区，多年平均流量1023立方米/秒，多年平均径流量322.6亿立方米。城关区地处季风气候区与非季风气候区的过渡地带，属典型的温带半干旱气候，年平均气温11.2℃，降水不多，年平均降水量327.8毫米，年蒸发量1437毫米，日照时数2446小时，无霜期180天以上，年平均相对湿度56%。区域总面积207.83平方千米，其中建成区面积67.92平方千米。城关区是甘肃省省会兰州市的政治、经济、文化、科研、交通、商贸中心，区位优势得天独厚。2021年，行政管辖25个街道和132个社区、18个行政村。居住着汉族、回族、满族、蒙古族、藏族、维吾尔族等56个民族。2021年度《甘肃蓝皮书》，获甘肃“最具基础设施竞争力”单项竞争力排名第一的县。10月，入选“2021中国智慧城市百佳县市”榜单。2021年，实现地区生产总值1156.58亿元，同比增长6.2%。其中，第一产业增加值0.63亿元，同比下降3.5%；第二产业增加值187.58亿元，同比增长9.3%；第三产业增加值968.37亿元，同比增长5.7%。分季度看，一季度地区生产总值同比增长11.9%；二季度同比增长9.2%；三季度同比增长4.2%；四季度同比增长0.3%。三次产业结构为0.05∶16.22∶83.73。按常住人口计算，人均地区生产总值77690元，同比增长5.3%。

年末全区常住人口149万人，比上年末增加0.26万人。其中，城镇人口147.17万人，占常住人口比重（常住人口城镇化率）98.77%。全区户籍人口98.31万人，比上年末增加0.96万人。其中，城镇人口97.45万人；乡村人口0.86万人。全年出生人口0.8万人，出生率5.37‰；死亡人口0.53万人，死亡率3.56‰；人口自然增长率1.81‰。

全年城镇新增就业40309人，比上年减少442人，其中失业人员再就业8109人，困难人员实现就业3418人。全年新登记各类失业人员21142人，比上年减少2591人。年末城镇登记失业率3.12%。

全市居民消费价格同比上涨1.3%。其中，食品烟酒价格上涨

0.9%；衣着价格上涨1.4%；生活用品及服务价格上涨0.5%；居住价格上涨1.4%；交通通信价格上涨3.6%；教育文化娱乐价格上涨0.3%；医疗保健价格上涨0.2%；其他用品和服务上涨1.3%。

【农业农村经济】 全年实现农林牧渔业增加值6717万元，同比下降3.3%。全年粮食作物播种面积2333.7亩，产量299.85吨，比上年减少28.45吨，减产8.7%。油料播种面积804亩，产量99.08吨，比上年减少354.42吨，减产78.15%；蔬菜播种面积4180亩，产量7347.6吨，比上年减少34.2吨，减产0.46%；瓜类播种面积50.2亩，产量56.2吨，比上年减少23.8吨，减产29.75%。全年猪牛羊禽肉产量74.49吨，同比下降8.82%。牛奶产量505.05吨，同比下降26.16%。年末肉猪出栏561头，同比下降9.52%；牛出栏62头，同比增长29.17%；羊出栏1141只，同比增长33.92%；家禽出栏0.56万只，同比下降52.14%。

【工业和建筑业】 全年实现工业增加值114亿元，同比增长23.6%，其中规模以上工业增加值同比增长29.5%。在规模以上工业中，分经济类型看，国有企业增加值同比增长1.8%；股份制企业增加值同比增长62.2%；外商及港澳台投资企业增加值同比增长19.9%。分轻重工业看，重工业增加值同比增长6.4%，轻工业增加值同比增长53.2%。分门类看，制造业增加值同比增长46.4%，电力、热力、燃气及水生产和供应业增加值同比增长5.8%。

2021年城关区规模以上工业分行业增加值增速

行业	增速(%)
农副食品加工业	73
食品制造业	1.9
酒、饮料和精制茶制造业	16.6
纺织业	-5.5
印刷和记录媒介复制业	11.9
化学原料和化学制品制造业	-17.4
医药制造业	55.7
橡胶和塑料制品业	-2.5
非金属矿物制品业	-3.7
有色金属冶炼和压延加工业	16.3
通用设备制造业	18
专用设备制造业	12.6
电气机械和器材制造业	31.3
仪器仪表制造业	24.8
电力、热力生产和供应业	2.4
燃气生产和供应业	15.5
水的生产和供应业	2.6

规模以上工业企业实现营业收入155.3亿元，同比增长48%；营业成本84.4亿元，同比增长35.7%；利润总额58.9亿元，同比增长102.4%；营业收入利润率37.93%，较上年提升13.13个百分点。建筑业实现产值435.52亿元，同比增长5.48%。实现增加值74.11亿元，同比下降6.7%。年末具有资质等级的总承包和专业承包建筑业企业243个，比上年末减少30个。全年签订合同总额818.86亿元，同比下降14.63%，其中本年新签订合同额345.14亿元，同比下降31%，较上年回落13.38个百分点。

【第三产业】 全年实现第三产业增加值968.37亿元，同比增长5.7%。其中，交通运输、仓储和邮政业增加值71.68亿元，同比增长10.4%；批发和零售业增加值141.53亿元，同比增长5.5%；住宿和餐饮业增加值23.09亿元，同比增长10.9%；金融保险业增加值198.7亿元，同比增长1.9%；房地产业增加值123.66亿元，同比增长5.2%；营利性服务业增加值213.73亿元，同比增长6.2%；非营利性服务业增加值195.4亿元，同比增长7.3%。规模以上服务业实现营业收入885.96亿元，同比增长12.44%，其中营利性服务业实现营业收入235.01亿元，同比增长5.1%。从十大行业看，呈“五高五低”“五高”(水利环境公共设施管理业、卫生社会工作、教育、交通运输仓储邮政业和租赁商务服务业增速分别高于规上服务业增速33.13、17.7、16.83、4.38和1.06个百分点)“五低”(居民服务修理其他服务业、科学研究技术服务业、房地产业、信息传输软件信息技术服务业和文化体育娱乐业增速分别低于规上服务业增速26.13、18.09、6.55、2.89和2.5个百分点)。

【国内贸易】 全年社会消费品零售总额941.15亿元，同比增长6.5%。分规模看，限额以上消费品零售额317.11亿元，同比增长2.6%；限额以下消费品零售额624.04亿元，同比增长8.5%。分消费形态看，商品零售850.39亿元，同比增长6.4%；餐饮收入90.76亿元，同比增长6.5%。

限额以上单位商品零售额中，基本生活消费增势较好，饮料、烟酒和粮油食品零售额同比分别增长30%、22.6%和3.2%；升级类消费需求持续释放，体育娱乐用品、书报杂志和金银珠宝零售额同比分别增长57.9%，55.5%和13.2%。限额以上批发零售企业通过公共网络实现零售额4.88亿元，同比增长32.7%，占限额以上消费品零售额的1.54%，较上年提升0.35个百分点。

【固定资产投资】 全区固定资产投资同比增长1.07%，其中，项目投资同比增长5.76%；房地产开发投资同比下降2.55%。从产业投资看，第一产业无投资；第二产业投资同比增长43.51%，其中工业投资同比增长44.55%；第三产业投资同比下降1.58%。从投资构成看，设备购置投资同比增长24.16%；建安投资同比增长6.9%；其他费用投资同比下降16.84%。

商品房销售面积210.93万平方米，同比增长3.52%，其中住宅销售面积200.54万平方米，同比增长7%。部分楼盘的房价出现松动，小幅降价销售，商品房销售额192.84亿元，同比下降4.12%，其中住宅销售额182.77亿元，同比下降2.32%。建立“六全”工作机制，组建项目服务团队98个，集中力量开展“百日攻坚”等系列行动，鸿嘉广场等101个续建项目加快建设，兰大二院3号医疗综合楼等147个新建项目开工142个，开工率和前期手续办结率均96%，兰大一院门诊综合楼等15个项目竣工投用，完成投资212亿元。

2021年城关区城乡居民家庭人均收支情况表

指标	城镇		农村	
	绝对数（元）	同比增长（%）	绝对数（元）	同比增长（%）
人均可支配收入	48716	7.7	31930	10.3
工资性收入	24724	5.9	16152	9.6
经营净收入	586	4.5	488	9.1
财产净收入	8418	8.5	9054	13.2
转移净收入	14988	10.4	6236	8.3
人均消费支出	30550	8.9	24558	8.9
食品烟酒	9645	16.1	6325	10.5
衣着	1932	4.2	1199	7.9
居住	9186	0.2	9003	1.2
生活用品及服务	1828	14.6	679	26.3
交通通信	2329	15.3	2289	16.4
教育文化娱乐	2937	17.1	2399	18.6
医疗保健	1932	4.0	2365	16.6
其他用品和服务	760	1.3	299	14.5

【财政和金融】 全年全区大口径财政收入完成311.12亿元，同比增长11.28%。实现一般公共预算收入40.95亿元，同比增长9.69%。其中，税收收入35.24亿元，同比增长9.58%；非税收入5.71亿元，同比增长10.42%。从主体税种看，增值税14.39亿元，同比增长22.49%；企业所得税4.36亿元，同比增长3.35%；个人所得税1.82亿元，同比增长11.29%。一般公共预算支出57.54亿元，同比增长4.19%。民生支出占一般公共预算支出的比重达59.02%。

年末全区本外币存贷款余额13090.04亿元，同比增长8.8%。其中，本外币存款余额5905.52亿元，同比增长7.3%；本外币贷款余额7181.52亿元，同比增长10.17%。人民币存贷款余额13042.07亿元，同比增长8.86%。其中，人民币存款余额5876.29亿元，同比增长7.19%；人民币贷款余额7165.78亿元，同比增长10.23%。

【居民收入消费】 城镇居民人均可支配收入48716元，同比增长7.7%；农村居民人均可支配收入31930元，同比增长10.3%。城乡居民收入比值1.53，较上年缩小0.03。城镇居民人均消费支出30550元，同比增长8.9%，恩格尔系数31.57%；农村居民人均消费支出24558元，同比增长8.9%，恩格尔系数25.76%。

【社会保障】 年末全区参加基本医疗保险65.05万人。其中，城镇职工基本医疗保险45.94万人；城乡居民基本医疗保险19.11万人。基本养老保险参保27.09万人，其中城镇职工基本养老保险18.37万人。失业保险参保10.24万人，工伤保险参保10.07万人。省外养老保险转移接续实现线上办理。城乡低保标准同比提高8%。发放救助金6156万元、公租房补贴3277万元，惠及群众3万余人。开工建设区综合福利院，建成街道综合养老服务中心13家、日间照料中心4家，新增养老床位380张。

【科学技术和教育】 实施创新驱动战略，建成运营兰州科技创新园，吸引网易、中软国际等60家科技企业入驻园区。推进国家级区域双创示范基地建设，实施"双创"项目67个，培育众创空间10家，打造科技成果转化基地3家，扶持科技计划项目54个。全年科学技术支出6118万元，占财政支出的1.06%，较上年提升0.08个百分点。专利授权量4741件，同比增长13.18%。每万人口发明专利拥有量27.79件。签订技术合同1845项，技术合同成交金额59.74亿元。

稳步推进教育资源扩容增量三年行动计划，加快建设知行中学等8所学校，建成桃树坪小学等9所学校，开办方家湾小学等4所学校和幼儿园，组建静宁路等6个集团化办学体，引进教师404名，新增学位6390个，"大班额"全面消除。全面落实"双减"政策，全区义务教育阶段学校课后服务实现全覆盖，参与学生、教师占比分别93.3%和100%。年末拥有普通中学50所，招生17324人，在校生52663人，毕业生16253人；普通小学72所，招生14539人，在校生83433人，毕业生11861人；职业中学13所，招生6241人，在校生14150人，毕业生5031人；特教学校2所，招生24人，在校生288人，毕业生60人；幼儿园248所，招生10614人，在园幼儿42870人。学前三年毛入园率97.5%，九年义务教育巩固率100%，高中阶段毛入学率99.67%。

【文体旅游】 着力推动文体事业蓬勃发展，开工建设碧桂园文化体育中心等项目，全市首家超高层观光项目"金城云端"正式运营，建成黄河风情线首个智慧书房，新建全民健身路径40条。全区有国有艺术表演团体10个，艺术表演场馆3个，图书馆3所，博物馆2所，文化馆3所，文化站25个。年末广播节目和电视节目综合人口覆盖率均100%。举办庆祝建党100周年等群众性活动600余场次，兰州市第9届运动会上斩获金牌272枚，金牌数、奖牌数实现"双第一"。

加快构建全域旅游示范区，通过抖音等新媒体对特色农家乐进行专题宣传，成功打造兰山幸滙、雲上、漫山等一批乡村旅游网红打卡地，开发红色旅游精品线路4条，成功创建二营村省级乡村旅游示范村。全年累计接待游客3276.12万人次，同比增长33.73%；实现旅游收入317.83亿元，同比增长28.74%。

【卫生健康】 健全联防联控指挥体系，面对新冠疫情再次突袭，主动扛起全市"战疫"主战场责任，第一时间启动应急响应机制，充实"一办十一组"工作专班力量，实行封控区、管控区、防范区分级分类防控，设置1426个卡口点，组织大规模核酸检测973万人次，仅用14天实现社会面无新增阳性病例。常住人口新冠疫苗全程接种率82%。在全省率先开展中医药进社区惠民生工程，打造标准化基层中医药服务机构7家。年末全区有医疗卫生机构893家。其中，医院50家；基层医疗卫生机构843家。卫生技术人员21546人，社区卫生服务中心(站)医务人员1807人。医疗卫生机构总床位14479张，其中三甲医院床位数10856张，每千人拥有床位数9.6张。全年总诊疗1094.03万人次，出院人数42.67万人。五岁以下儿童死亡率3.09‰，婴儿死亡率2.27‰。

【环境保护修复】 全面加强生态环境保护修复。推行林长制，实施徐家山等森林植被恢复项目，新建改建小游园7个，栽植苗木87万余株。严格落实河湖长制，深入开展"清四乱"专项行动，巡查河洪道50余千米，发现并解决问题36个。清淤疏浚小砂沟、烂泥沟等9条洪道，清理长度3200米、淤泥6000立方米。完成486个入河排污口排查整治及溯源监测。做好大气污染防治工作，低氮改造燃气锅炉30台，巩固"兰州蓝"成果。全年空气质量达标天数283天，达标率77.5%；

PM10日均浓度74微克/立方米，同比下降2.6%；PM2.5日均浓度30微克/立方米，同比下降3.2%。

【应急管理】 开展安全生产专项整治3年行动，妥善处置各类突发应急事件134起，安全生产形势总体平稳。全年发生各类生产安全事故14起，同比下降12.5%；死亡16人，同比增长6.67%；致伤3人，同比下降25%；经济损失430.2万元，同比下降22.14%。亿元地区生产总值生产安全事故死亡人数0.006人/亿元，同比下降57.14%；十二类营运车辆道路交通事故万车死亡人数0.47人/万辆，同比下降31.88%。

（赵文娟）

七里河区

【概况】 七里河区位于东经103°36′~103°54′，北纬35°50′~36°06′。地处兰州市中南部，东至雷坛河，与城关区相壤；南与定西市临洮县为邻；东南至铁冶，与榆中县银山乡相邻；西南至七道梁、摩云关、湖滩，与临洮县、临夏州永靖县交界，西至彭家坪、崔家大滩、深沟桥，与西固区毗邻；北濒黄河，与安宁区和城关区靖远路街道徐家湾隔河相望。距兰州市人民政府驻地5千米。全区总面积397.25平方千米，黄河流经区内15千米，地表及地下水年径流量300余亿立方米。电力资源充足，森林覆盖率26.24%。年平均降水量360毫米，年平均气温10.5℃，全年日照时数平均2446小时，无霜期在180天以上，冬无严寒，夏无酷暑。2021年，年末全区常住人口71.75万人，比上年末增加0.27万人。其中，城镇人口62.9万人，占常住人口比重(常住人口城镇化率)87.67%。全年出生人口0.76万人，出生率10.61‰，死亡人口0.5万人，死亡率6.98‰，人口自然增长率0.26‰。全区户籍总人口17.85万户48.33万人，平均每户2.71人。辖1乡、5镇、9个街道，有汉族、回族等45个民族。

境内有煤炭、石英石、石灰石、坩土、沙石、路标石以及地热等7种资源。阿干镇煤矿可开采的煤炭剩余0.0348亿吨。另有石灰石储量0.04亿吨，砂子2亿立方米，天然卵石约1亿立方米，路标石0.5亿立方米，坩泥0.2亿吨，石英矿储藏量1亿吨。探明瓜州路有地热，井深2300米，水温63.5℃，富含偏硅酸、氟、铁、偏硼酸等多种微量元素。天然林资源保护森林面积7.13万亩，国家重点公益林管护面积6.83万亩。

【经济指标】 2021年全区实现地区生产总值539.35亿元，同比增长3.5%。其中，第一产业实现增加值6.49亿元，同比增长0.81%；第二产业实现增加值200.77亿元，同比下降1.4%；第三产业实现增加值332.09亿元，同比增长4.6%。三次产业结构由上年的1.28∶35.23∶63.49，调整为1.20∶37.23∶61.57，全区第三产业增加值占全市的比重16.2%。城镇居民人均可支配收入41556.74元，农村居民人均可支配收入24266.5元，不考虑物价因素，两项指标分别比上年增长7.8%和10.6%。全区实现地区性财政收入60.06亿元，同比增长12.8%。其中，完成公共财政预算收入15.82亿元，同比下降0.8%。其中，税收收入12.01亿元，同比增长1.7%；非税收入3.81亿元，同比下降7.8%。一般公共预算支出26.11亿元，同比下降22.4%。全区人民币存贷款余额1852.63亿元，同比增长0.37%。其中，人民币存款余额945.04亿元，同比下降2.23%；人民币贷款余额907.59亿元，同比增长3.08%。

【基础设施建设】 全年全区推进农村公路新建项目3项，建设里程5.976千米；完成上年结转项目2项，建设里程10.498千米。彭家坪片区建成通车道路14条，19.98千米。复工建设道路1条，完成300米沥青砼铺设。对已建成通车的10个重点道路交叉口信号灯等相关交安设施已建成投运。马滩片区建成通车T188#等4条、5.27千米道路。开(复)工建设道路2条，分别为S185#、S183#道路。2021年，崔家大滩片区周边T086#、S071#、B093#(深安大道-慈爱街)、B097#和B069#道路5条道路被列为重点建设项目。B093#(深安大道-慈爱街)道路由万达城开发有限公司代建，B093#和B069#道路已完成车行道的铺油工作，B097#路已完成车行道部分的管线敷设和道路基础结构施工。完成30条小街巷线缆入地、美化捆绑、废弃线缆清理，其中龚北路、北街小巷(太保制药厂—南山路)完成线廊埋设,其余道路完成线缆美化、捆绑整理。全年实施各类棚户区改造项目15个,改造户数9575户。改造60个老旧小区,涉及8个街道,176栋楼,532个单元,9851户,建筑面积73.95万平方米。加装老旧住宅小区电梯50部,全部通过检验并交付使用。全年新增开发利用人防平战结合面积35698平方米,为社会提供就业岗位71个。

【招商引资与项目建设】 2021年完成招商引资到位资金220.24亿元,占全年目标的104.88%,市列25个重点推进项目中,已开工项目22个,到位资金187.17亿元,项目开工率和资金到位率分别88%和45.73%。全年引进签约项目17个,总投资额212.97亿元,引进保利大都汇等投资10亿元以上项目8个,引进华润集团等“三个500强”和行业龙头企业投资项目7个。第27届“兰洽会”市专场签约项目13个,总投资额142.82亿元,分别是七里河万象汇项目、甘肃爱尔眼视光医院项目、保利天汇项目、璞砚酒店项目、王子饭店项目、“西湖一号线商业综合体项目等,总投资1.5亿元的甘肃爱尔眼视光医院项目实现当年签约、当年开工、当年建成并投入运营。

【农林经济】 2021年完成第一产业增加值6.49亿元,同比增长0.81%;完成农林牧渔业服务业增加值0.66亿元,同比增长4.59%。全区粮食播种面积1.46万亩,比上年增加0.12万亩,增幅9.09%。油料种植面积513.8亩,较去年增加166.8亩。蔬菜种植面积12.6万亩,较上年增加0.2万亩。中药材种植面积0.28万亩,较上年增加972.2亩。果园面积0.77万亩,较上年增加93.4亩。全年粮食产量0.39万吨,增产9.2%。其中,夏粮产量392.9吨,减产15.9%;秋粮产量1.23万吨,增产18.64%。全年蔬菜产量23.84万吨,比上年增产2.06%。园林水果产量1.21万吨,同比持平。中药材产量0.073万吨,增幅108.54%。年末大牲畜存栏0.72万头,比上年末下降18%。其中,牛存栏0.69万头,下降18%;羊存栏2万只,增长16%;生猪存栏1.65万头,增长4%。牛出栏0.12万头,增长46%;羊出栏1.04万只,增长35%;生猪出栏2.12万头,增长1%。

全区完成新造林4170亩,有林业专业合作社林下经济示范点14个,家庭林场7个,森林旅游农家乐、森林人家78家,新增发展林业合作社1家,预增省级财政补贴

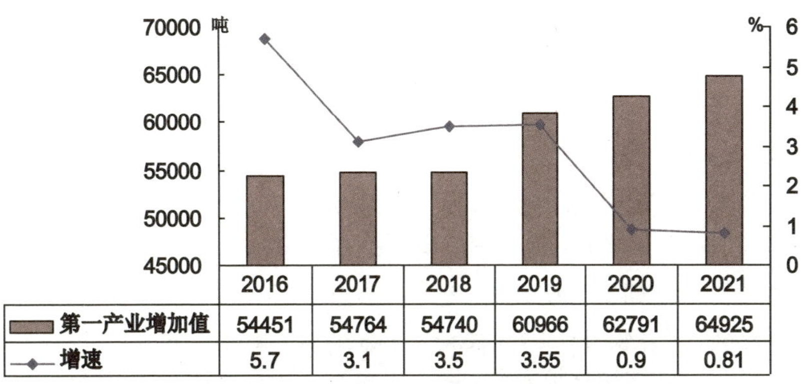

2016—2021年七里河区第一产业增加值总量及增速

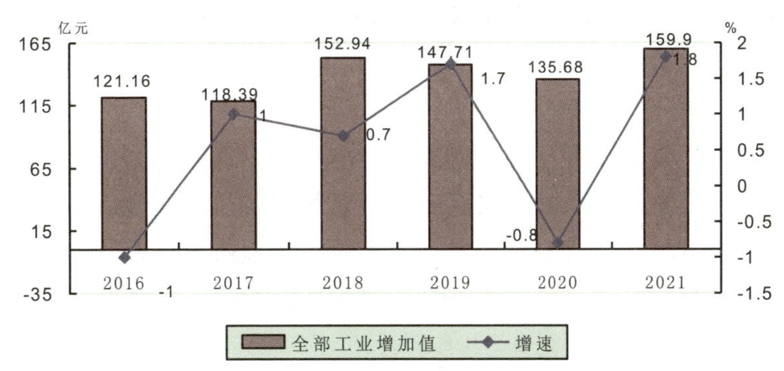

2016—2021年七里河区全部工业增加值及增速

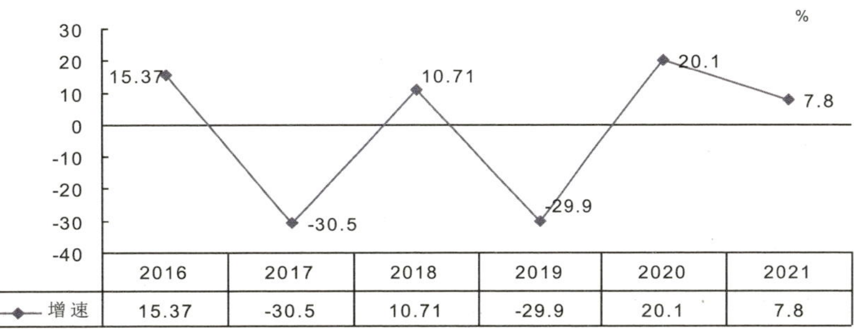

2016—2021年七里河区固定资产投资增速

林业专业合作社示范点1家。完成天然林资源保护工程二期有效管护森林面积7.13万亩，资金到位率和五险参保率均100%。完成国家级公益林管护面积6.83万亩，管护合格率95%以上。

【工业经济】 全年全区工业企业实现增加值159.9亿元，同比增长1.8%。其中，规模以上工业企业增加值同比增长0.2%。在规模以上工业中，分轻重工业看，重工业实现工业增加值8.65亿元，占规模以上工业的9.17%，同比增长3.62%；轻工业完成工业增加值85.68亿元，占规模以上工业的90.83%，同比下降0.13%。分公有制类型看，公有工业实现增加值90.44亿元，同比增长0.6%；非公有工业实现增加值3.89亿元，同比下降6%，增速较公有工业低6.6个百分点。从产销情况看，规上工业产销衔接较好，产销率101.8%，比上年同期增长4个百分点。

全区有资质等级的建筑业企业61家，全年完成建筑业总产值315.2亿元，同比增长1.2%，完成建筑业完成增加值41.25亿元，同比下降0.4%。

【固定资产投资】 全区在库投资项目87个。其中，5000万元以上项目57个；5000万元以下项目30个；房地产项目47个。固定资产投资同比增长7.8%，增速比上年同期下降12.3个百分点。

【国内贸易】 全区商贸企业累计实现社会消费品零售总额268.92亿元，同比增长7.4%。其中，批发业实现销售额281.71亿元，同比增长18.3%；零售业实现销售额105.58亿元，同比增长5.6%，住宿业实现营业额3.37亿元，同比增长12.9%，餐饮业实现营业额8.07亿元，同比增长33.5%。汽车消费市场实现零售额42.95亿元，同比下降4.1%；金属类实现销售额129.48亿元，同比下降10.4%；医药类实现销售额33.36亿元，同比下降5.4%。

【环境保护】 全年全区空气质量优良天数278天，达标率76.2%；细颗粒物(PM2.5)、可吸入颗粒物(PM10)年均浓度分别为34微克/立方米、66微克/立方米；二氧化氮(NO_2)年均浓度50微克/立方米，臭氧(O_3)第90百分位数浓度147微克/立方米，二氧化硫(SO_2)、一氧化碳(CO)第95百分位数浓度稳定达标且同比均下降。1—12月份，七里河桥断面水质达标率100%(目标值100%)；水功能区达标率100%(目标值100%)。全年未发生重大环境事件及核与辐射安全事件，未发生严重的环境违法行为，土壤环境质量总体良好。

【文化旅游】 全年有文化产业单位258家，其中规上企业7家。区文化馆、区图书馆、乡镇(街道)、村(社区)的公共文化设施全部免费开放，固定开放时间，全年接待群众30.6094万人次。围绕元旦、春节、端午节、中秋节、重阳节等重要节假日，全年开展文体活动1096场次。接待游客人数较上年同期增长81.7%，旅游综合收入较上年同期增长79.6%。6月9日至13日，2021年“文化和自然遗产日”全省非遗宣传展示活动在兰州老街开展，来自14个地州市的1000余件非遗精品依次亮相。7月29日，成功创建彭家坪镇石板山村为“省级乡村旅游示范村”。10月8日，兰州老街成功创建为“第一批甘肃省旅游休闲街区”。11月5日，兰州老街成功创建为“第一批国家级夜间文化和旅游消费集聚区”。12月10日，成功创建兰州极地海洋世界、兰州老街、兰州黄河楼为“国家3A级旅游景区”。

【教育与科技】 全区有学校304所。其中，区属学校226所；区属学校中幼儿园162所；小学53所(另有教学点32个，不计入学校总数)；初中7所；九年制学校3所；特教学校1所。区属学校在校学生61805人。其中，幼儿园22475人；小学36833人；初中2497人。教职工5708人，其中专任教师3944人，专任教师中幼儿园1329人、小学2361人、初中254人。区属幼儿园162所，在园总人数22475人，毛入园率96.3%。公办园入园率50.66%，普惠园入园率90.78%。义务教育阶段全区实际招生6690人(含民办小学)，其中本区适龄儿童3597人，随迁子女3093人，平稳有序划拨5727名小学毕业生(含区外133名)到辖区17所初中学校就读。小学学龄儿童净入学率100%，小学毕业生升学率100%，九年义务教育巩固率99.94%。

新培育认定高新技术企业任务2家，实际完成8家。完成科技型中小企业入库任务30家，实际完成55家。推荐市级以上科技计划项目10项，实际推荐11项，市科技局立项8项，合计到位资金250万元，完成技术合同交易额8.47亿元。科技进步贡献率由上年的56.54%增加到58%，增幅2.58%。全区现有国家级大学科技园1个，国家备案众创空间2家、省级6家、市级9家、区级14家，市级科技企业孵化器4家；有兰州大方电子有限责任公司等科技小巨人企业3家、高新技术企业59家、中小科技型入库企业43家、省级技术转移示范机构5家。

【社会保障】 全区全年城镇新增就业16479人，其中失业人员再就业4243人。年末城镇登记失业率2.79%。全年输转城乡富余劳动力16267人，创劳务收入4.37亿元。城镇居民人均可支配收入41556.74元，农村居民人均可支配收入24266.5元，不考虑物价因素，两项指标分别比上年增长7.8%和10.6%。

城乡居民养老保险参保59922人，参保率98.47%；灵活就业人员新增参保5322人，新增参保企业1974家，参保8415人；建筑业参加工伤保险4家，900人，参保金额41.9万元，参保率100%。全年全区社保扶贫代缴人数11348人，代缴资金113.48万元。城乡居民基本养老保险贫困人口覆盖率100%。

全区保障困难群众基本生活救助对象58673户次、96884人次，发放各类困难群众基本生活救助资金5870.71万元。救助对象认定准确率99%，资金发放准确率100%。

全区城乡居民医保参保26.8万人，参保率96.33%，征收基金8576.22万元。行政事业单位、城镇职工和灵活就业人员参保5.5万人，征收医保基金2.47亿元。审核结算城乡居民基本医疗保险14.68万人次、支出资金1.71亿元，审核结算城镇职工基本医疗、生育保险和公务员离休干部补助158.2万人次、支出各类资金3.17亿元。

全区有卫生机构427个。其中，区级医院，4所乡镇卫生院7个；私人开办达321个；其它机构95个。全部卫生机构拥有床位数6900个，卫生技术人员9992人，执业（助理）医师3386人。

【集团化办学】 1月，全面启动实施农村教育资源整合工作，将区境内的青岗小学等26所农村中小学和教学点整合至交通便利的乡镇中心地区，就近分流学生411名，调配师资146名、转岗31名临聘教师为生活教师。投入专项资金350余万元，扩建兰州市第二十九中学为九年一贯制寄宿学校，同步改善黄峪中学寄宿设施条件，建成阿干镇、黄峪镇2处容纳30余名学生寄宿的全免费“学生公寓”。财政全面保障，为全区寄宿学生提供免费三餐、生活用品及校车接送服务，发动爱心企业捐资助学，从学、吃、穿、住、行、安全等方面全方位提高服务保障水平。9月，将区属白家岘小学列入资源整合范围，分流学生17名，调配教师8名、转岗3名临聘教师为生活教师。全面打造“智慧教育”平台，利用国家薄改与能力提升资金，对区属54所学校进行校园内网改造、无线网络覆盖和优质资源班班通设备更新，建成覆盖区属所有学校互联互通、高速安全的教育专网，为集团总校开设“专递课堂”提供硬件保障。

年底，七里河区集团化办学已构建省市区3级学校全域无差别覆盖、100%无缝隙联合、城乡深度融合、实践基地强力支撑的集团化办学模式。将全地区中小学以“1+N+1”的联合方式分别组建7个小学教育集团（七里河小学教育集团、安西路教育集团、王家堡教育集团、敦煌路教育集团、火星街教育集团、龚家湾教育集团、兰州师范附属小学教育集团）和3个中学教育集团（兰州市第二十二中学教育集团、兰州理工大学附属中学教育集团、兰州市第八十一中学教育集团），把农村学校全部划归集团校管理。由集团总校牵头，分校参与建立集团理事会，集团校实行基本同步的教育教学管理模式，在教学计划制定、教学常规管理、教研活动开展、教学质量评价等方面协调一致、同步推进。逐步建立完善教育集团理事会统领下的学校管理体系，构建并完善“一室四部”（一室即集团办公室、四部为课程开发部、教学研训部、学生发展部和资源建设部）集团运行管理框架。在理事会统筹管理下，集团各学校场地、设备、师资、课程等资源实现共享使用。利用农村学校布局调整后的闲置校产，建成4个学生校外活动实践基地，实施红色教育、劳动教育和科技教育等校外实践活动，全年1.3万余名中小学生参加校外实践活动。充分利用教学评价改革、驻校教学视导、教改项目实验，构建集团化教研机制。以推进集团化教研为重点，以学科研讨为主要形式，开展不同主题的教学研训活动，促进集团各校办学品质提升。通过制定完善集团"品质菜单"和分校"特色菜单"，总结推广集团总校办学优势和经验，推动集团教学质量稳步提升。通过农村学校布局调整和教育城乡一体化发展，实现让农村学生享受城区学生相同教育的目标。制定《七里河区教育系统教师交流方案》，确保教育集团内10%~20%的教师柔性流动，全年交流教师153人，以师资软实力的均衡助推集团各校质量稳步提升。通过事业单位招考、特岗计划、同工同酬招聘、引进公费师范生等多种途径，积蓄、补充教师力量，全年新招聘"特岗教师"30名，"聘用制教师"47名，引进985高校人才10人。2021年兰州市第六十八中学中考成绩较往年提高近10个百分点，兰州市第八十八中学升省级示范高中占比35.2%，增长11个百分点，普通高中占比62%。组织实施国家、省、市、区、校5个层级的教师培训工作，以教研员蹲点驻校、集团化主题研训等多种形式，不断拓展培训渠道，全年共计培训教师3000余人次，"打通教师专业发展最后一公里"的研训经验被《中国教师报》推广报道。

（钟　潇）

安宁区

【概况】　安宁区东接城关区，南临黄河与七里河区、西固区隔河相望，西至虎头崖与西固区相接，北与皋兰县接壤。区名源自明代军事城堡安宁堡，取"安宁无患、不受侵害"之意，是古丝绸之路的必经之地，有"金城西北之门户，河西五部之咽喉"之说。介于东经103°34′～103°47′，北纬36°5′～36°10′之间。东西长19.6千米，南北宽2.7千米~7千米。区域总面积82.33平方千米。海拔1517.3米~2067.2米，相对高差550米。2021年降水量349.9毫米，年蒸发量1664毫米；年平均气温8.9℃；日照2476.4小时，无霜期172天。绿化覆盖率42.98%，人均绿化面积14.59平方米，获"全国绿化模范县区"称号。

2021年末，全区共辖8个街道办事处56个社区。总人口44.3万人。全区城镇居民人均可支配收入43841元，同比增长7.8%。有回族、蒙古族、满族、藏族等29个少数民族。是甘肃省第一个完全撤销乡镇和村级建制的城区。区内有西北师范大学、甘肃政法大学、兰州交通大学等17所大中专院校，有农科院等2所科研机构，有各类科技人才3万余人。仁寿山景区为国家4A级景区；黄河风情线西段纵贯安宁区全境，有天斧砂宫、仁寿山、银滩湿地公园、兰州植物园、安宁生态文化园、九州台、文溯阁《四库全书》馆、兰州国学馆等自然、人文景观。是全国四大蜜桃之一"白凤桃"原产地，素有"十里桃乡"之称。

2021年，全区以总部经济、现代服务、高新技术、文化旅游等主导产业为载体，重点推进军民融合、先进制造、数据信息等生态产业，促进产业集群优化发展，逐步构建现代产业体系。全年完成地区生产总值260.11亿元，同比增长5.6%；第一、第二、第三产业增加值分别完成0.11亿元、78.87亿元、181.13亿元，同比分别增长-19.5%、3.7%、6.5%；全社会固定资产投资额同比增长7.7%；完成社会消费品零售总额181.28亿元，同比增长7.7%；地区性财政预算收入48.3亿元，同比增长27.96%。一般公共预算收入11.15亿元，同比增长12.35%。

【第一产业】　全区农业增加值0.11亿元，其中，农林牧渔服务业增加值15.56万元。蔬菜播种面积134亩，蔬菜产量227吨。水果产量2742吨。免疫各类畜禽0.36万头（只），重大动物强制免疫100%以上。

【第二产业】　全区规模以上工业企业数23个，工业增加值同比增长3.4%。规模以上5大重点行业中，金属制品业增加值同比增长-50.7%；电气机械和器材制造业增加值同比增长-7.5%；化学原料和化学制品制造业增加值同比增加8.9%；酒、饮料和精制茶制造业增加值同比增长45.5%；电力、热力生产和供应业增加值同比增长8%。

【第三产业】 全区限额以上商贸企业75家。批发业、零售业、住宿业、餐饮业限上销售额分别完成1507.88亿元、84.81亿元、0.72亿元、0.59亿元，同比分别增长30.2%、5.2%、18.4%、133.6%。累计完成限上社零额86.16亿元，同比增长15.2%。全年申报商贸企业10家，新增销售额6亿元。

【产业结构转型】 以供给侧结构性改革为主线，推动产业转型升级。中车兰州机车有限公司整体搬迁工艺水平提升项目建成进行试生产，长风智能机器人、兰飞智能电动伺服控制系统产业化等军民融合项目加速推进。荣光·陇汇广场、兰州富力城有序建设，中海环宇城、鼎泰·中汇广场持续引领商贸发展，砂之船·奥特莱斯提质增效，营业额达到两位数增长。

【项目建设】 实施社会性、地标性、支撑性强的固定资产投资项目69个，总投资654.53亿元。创新项目推进方式，精准组建13个服务团队，采用容缺受理、提醒预警、跟踪服务、领导包抓、项目承诺等务实举措，推动七里河安宁污水处理厂等一批重大项目高效有序实施。第27届中国兰州投资贸易洽谈会签约项目6个，签约总额86.69亿元，华联欧尚超市等3个项目开工建设，到位资金5.67亿元。主动抢抓西部大开发、黄河流域生态保护和高质量发展、城市更新等政策机遇，争取到位各类财政资金2.49亿元、政府债券资金3.88亿元。开展"招商引资突破年"活动，全年引进省外到位资金95.4亿元，超额完成年度目标任务。

【基础设施建设】 仁寿山大街、S583号路、安馨路建成通车，中通道、中线连接线与北环路互通匝道有序推进，B584号路北段、S573-1号路西段加快建设。棚户区改造稳步实施，在建安置房12654套193万平方米，可安置过渡人口约3万人。改造提升12个老旧小区55栋楼宇，加装老旧小区电梯30部，建成智慧安防小区24个，新增公共停车泊位500个。公共卫生间，当年改扩建7座，全部实行24小时开放。生活垃圾在全市率先实现"四分类处置"，建成2个移动垃圾中转站，基本实现分类全收集、运输全覆盖。开展"净空行动"，清理门头牌匾9012平方米，剪除68条道路空中线缆约87千米，东西向主干道"蜘蛛网"基本消除，城市空间更加通透靓丽。

【生态建设】 "十里桃乡"再造工程、深沟生态修复综合治理等一大批生态项目，累计种植桃树1630亩，北山面山补植造林3460亩。打造枣林路等3个绿化精品街区，在北滨河路等重点路段补植补栽苗木约42万株，垂直绿化1.14万平方米，新建仁寿山大街西侧等6个小游园，增加绿地面积10万平方米。扎实开展保护母亲河"清四乱"专项行动，清查整治22条洪道及黄河沿线各类排水口，水生态水环境质量明显改善。持续打好蓝天保卫战，截至11月27日，空气质量优良天数265天，达标率80.1%，主城4区排名第一。清理"大棚房"、违建别墅、乱占耕地等违法建设，拆除桃园内私搭乱建13.2万平方米。

【民生与社会保障】 民生投入占一般公共预算支出保持在70%以上。城镇新增就业7535人，困难人员就业929人。城镇登记失业率3.23%。开展扶困帮困助困"春风行动"，投入各类救助资金1781万元，受助群众3.21万人。全年举办各类职业技能培训10369人次，专账资金支出1226.52万元。发放创业担保贷款24笔670万元。

全区新增参保企业512家，新增参保职工7221人。新增灵活就业参保及转移接续1025人。新增城乡居民养老保险参保112人。城镇职工待遇发放16508人，发放金额29810.17万元；城乡居民待遇发放406人，发放金额75.26万元。全年投入各类救助资金2009.051万元，受助群众4.59万人。全年发放困难残疾人生活补贴8039（次）88.43万元。发放困难群众冬季取暖补贴1175户2100人、79.67万元。

【公共服务】 积极探索开展医疗机构与养老机构合作的模式，建立健全多项目共融、多资源共用、多形式共建的深度医养结合合作机制。为孝慈苑养老服务中心全年运营补贴113.28万元。区政府确定为民兴办的10件实事全部办理完成。坚持和发展新时代“枫桥经验”，建立健全“社工委”运行机制，完善信访和领导干部公开接访制度，接待群众来访144批456人次，按期办结率100%。

【社会综合治理】 共建共治共享的社会治理格局逐步形成。纵深推进扫黑除恶、“两抢一盗”、禁毒整治、打击电信诈骗等专项行动，刑事案件、治安案件分别同比下降12.7%和10.7%。强化食品药品、粮食安全等重点领域监管，为“省级食品安全示范城市”。扎实开展安全生产专项整治三年行动，安全生产四项指标“两降一升一平”，城市安全韧性不断增强。全面落实从严治党主体责任，高标准完成党中央、省委、市委巡视巡察和环保督察、粮食安全巡察及扫黑除恶专项督察问题整改。

【依法治区】 坚持法治安宁、法治政府、法治社会一体建设，启动“八五”普法，深入开展“法律八进”活动。推进一站式多元调解和诉讼服务体系建设，区法院诉讼服务中心升级改造，至年底受理诉前委派调解案件723件。进一步加大智慧法院建设，推行智能化立案系统，办理网上立案748件。扎实推进“双公示”工作，全面完成全区48个行政执法主体全部公示工作。开展繁简分流改革，建立完善“分调裁审”顺畅衔接工作机制，实现案件精准分流，速裁快审案件3120件。

【政务效能建设】 持续深化“放管服”改革，办理省市区人大代表意见建议和政协委员提案156件，答复率均为100%。健全完善工程建设领域项目审批制度，全面推行“四办四清单”等便民举措，梳理政务服务事项1343项，开通在线办理600项，在线办理率90%。主动帮助企业纾困解难，当好企业“服务员”“店小二”，减税降费6.14亿元，协调发放各类贷款63.33亿元，市场主体活力不断增强。组织人大代表开展视察、执法检查、前期调研29次，增强监督实效。着力推动政协协商向基层延伸工作，实现全区56个社区协商议事会、协商议事室全覆盖，建立一事一方案基层协商议事机制，共开展协商114次，解决问题114个，着力将政协制度优势转化为社会治理效能。在全市重点工作完成情况中，连续三次获得“进步奖”。

【建筑业】 全区有资质以上建筑总承包和专业承包企业11家。全年完成建筑业总产值144.81亿元，增速12.1%，完成建筑业增加值15.42亿元，增速5.1%。

【工商企业】 全区累计登记各类市场主体28070户，注册资本7195803.16万元。其中，个体工商户14130户，注册资本162144.54万元；企业13940户，注册资本7033658.62万元。全年新增企业2703户，同比增长24.5%，注册资本921545.68万元。同时，全区25家食品生产企业全部采取记分式管理，电子追溯平台注册率100%。全区新增注册电商企业7家，交易额突破亿元大关。新猪八戒网甘肃总部园区新增入孵企业43家，累计注册各类企业105家，招商入驻率80.2%，线上线下实现营业收入8248.65万元。

【科技与教育】 全区科学研究与试验发展经费5.85亿元，比上年度增长6%左右，科技贡献率60.8%，技术成果交易额60765万元，增长15%。加强安宁科技产业孵化园的管理，不断完善各项政策，新增加入孵企业4家，科技型企业占81.3%，成功创建国家级科技孵化器。成功举办第5届安宁智库论坛，有力推动了智慧安宁建设。

安宁区属公办学校22所。其中，幼儿园2所；小学17所；九年制学校1所；初中2所。在校幼儿及中小学生21833人。其中，幼儿园1107人；小学18011人；初中2715人。区属幼教及中小学教职工1245人，其中专任教师1170人；专任教师中幼儿园136人；小学869人；初中240人。辖区进城务工随迁子女入学率100%。九年义务教育巩固率99.82%。义务教育入学率100%，高中阶段毛入学率 99.12%。

现有民办幼儿园 25所，专兼职教师 793 人，在园幼儿 5576人。认定普惠性民办幼儿园1所，普惠率95%。学前教育三年毛入园率95.75%。基建投资1.2亿元。建成北京八中兰州分校初中部，建筑面积51616平方米，新增学位1800个。信息化建设投入729.6万元。

创建市级学习型社区18个，区级学习型社区60个，街道社区学校8所，成立社区教育工作站16个。落实社区教育经费30万元。

【旅游产业】 全区有文化产业单位267家(其中规上文化产业单位4家)。旅游产业单位233家。其中，旅行社38家；A级旅游景区4家；星级酒店1家；农家乐190家。全年文化旅游产业项目投入资金7亿元，为众邦国贸中心五星级酒店项目。成功举办第38届兰州桃花旅游节、兰州安宁蟠桃会暨桃王大赛。全年共接待游客人数619.36万人次，同比增长32.26%。实现旅游收入49.24亿元，同比增长38.25%。

【医疗卫生】 2021年末，全区有医疗卫生机构237个，卫生技术人员3357人，拥有床位数969张。基本公共卫生支出2033.93万元。全年公办医疗机构药品实现全部网上采购，药品(中药饮片除外)零差率销售100%。公办基层医疗机构与区级医院基本药物配备率分别70%、60%以上，销售金额50%以上。全区4家综合医院共接诊227508人次，转诊412人次，转诊率0.18%。“一站式”医疗救助97人，救助资金857.9734万元。投入运营的社区卫生服务机构31家，服务总人口28.76万人，电子档案建档人数24.28万人，建档率84.4%。推行分级诊疗模式，家庭医生签约11.2万人，医联体实现全覆盖。2家社区卫生服务中心、服务站分别被评定为省级中医特色社区卫生服务机构。立达医药物流产业园全面运营，15家限上医药批发企业全年预计完成销售额约55亿元。

【文化事业】 文体事业繁荣发展，围绕庆祝建党100周年、“我们的中国梦—文化进万家”“1+百千万”主题，组织开展“‘春绿陇原’—传承弘扬文化 共建幸福家园”冬春文化惠民地方戏曲进社区演出等一系列群众文化活动300余场次。全年建设街道图书馆、文化馆分馆8个、实现区图书馆与街道分馆一卡通行，资源共享。全区通过实地调查，获取现场体育场地面积84.53万平方米，共计501个场地。其中，室外429个、室内72个。人均体育场地面积1.93平方米/人。

【涉农集体经济】 为了立足留住“桃乡”记忆，坚持沿山沿沟沿河种植景观桃，再造“十里桃乡”印象。强化补植精品桃树860亩。组建完成38个集体经济组织，认定集体经济组织成员44203人，发放股权证书82006本，38个集体经济组织全部录入国家产改系统。对原33个涉农社区主要负责人进行经济责任审计，协助完成涉农社区“两委”换届。

【新冠肺炎疫情防控】 发挥“社工委”“爱卫会”作用，广泛动员632名“社工委”委员参与新冠肺炎防控工作，通过捐款、捐物协调各类资源约53.605万元，协调解决疫情防控问题226个。全区165家机关企事业党组织、56个社区党组织、312家“社工委”成员单位、5857名党员干部、6460名志愿服务者、353名退役军人、民兵以及市级部门下沉干部，投身防控前沿，构建“街道党工委—社区党组织—社工委—楼栋党小组—红色网格网格员—党员先锋岗突击队”六级联防联控架构，在原有“一办八组”的基础上，增设21个工作组，形成“区、街、社、小区、楼院”五级疫情联防联控工作体系。迅速集结医护人员、公安民警、志愿者，全区万余名网格员严防死守，织密259个居民小区防控网。建立完善“采、送、检、报”闭环工作机制，全力做好小区管控、隔离流调、核酸检测、物资保障等防控措施，坚决守住“外防输入、内防反弹”的坚固防线。发挥“小兰帮办”平台服务功能，提升疫情防控智能化水平。

（蒋晓蓉）

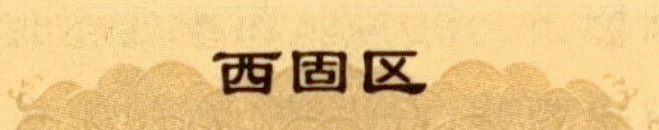

西固区

【概况】 西固区位于兰州市西南部，东经103°19′～104°41′，北纬35°58′～36°15′之间。东与七里河区接壤，西邻红古区，南连永靖县，北与永登县、皋兰县、安宁区毗邻。全区总面积385平方千米，其中耕地面积6.41万亩。2021年，辖7个街道、5个镇、1个乡，共有70个社区居委会、40个村委会。全区户籍总人口32.36万人，常住人口40.95万人；农业人口3.01万人，非农业人口29.35万人；年内出生人口1968人，死亡人口1245人。人口自然增长率3.92‰。

黄河由西向东横穿全境，南北两山对峙并向黄河谷地倾斜。南北为残塬台地，海拔1750米左右。中部为黄河谷地，海拔1550米左右，是兰州盆地西端。湟水、庄浪河、咸水河在区境汇入黄河。最高峰在区境东南金沟乡与永靖县接壤处的关山（也称泉神庙尖山、盘坡道），海拔2627米；最低处为区境东北陈坪街道北滩村附近的黄河边，海拔约1522米，相对高差1100余米。

西固区属温带半干旱大陆性气候，降水偏少，日照充足，蒸发量大，气候干燥。年平均降雨量300毫米～500毫米，年蒸发量1316.3毫米；年日照时数2100～2351小时，年平均无霜期185～200天，绝对无霜期150天。年平均气温在8.5℃～8.9℃之间，最高36.1℃，最低－23.4℃。区内有兰州市一级水源地和取水口，日供水能力118万吨、污水处理能力23万吨；有八盘峡、柴家峡、黄河河口3座平流式水电站和大唐西固热电、国电热电联产2个火力电站，总装机容量210万千瓦。有河口古民居、柳泉碑林、下川水车、孔子文庙、"军傩舞"、黄河水车等非物质文化遗产和文物古迹。三江口10万亩湿地、达川千亩枣园、夹滩岛和月亮岛度假休闲区、柴家台原始历史遗迹等旅游景点。是甘肃省和兰州市的核心工业区、中国西部最大的石油化工基地，有兰州石化、中核集团、兰州城市供水集团等重点企业。

2021年，全区实现地区生产总值446.9亿元，增长4.7%。一产业增加值3亿元，同比增长2.1%；二产增加值236.35亿元，同比增长4%；三产增加值190亿元，同比增长7%。全社会固定资产投资增长5.1%。社会消费品零售总额实现153.51亿元，增长7.1%。全区实现地区性财政收入184.1亿元，同比增长4.63%。一般公共预算收入实现9.74亿元，增长－1.1%。其中，税收收入9.22亿元，同比增长8.6%；非税收入0.52亿元，同比下降61.8%。一般公共预算支出18.12亿元，同比下降25%。城乡居民人均可支配收入分别达到47865元和24084元，分别增长7.9%和10.4%。

【农业农村经济】 保障粮食安全，全年播种农作物52126亩（含复种面积），粮食作物4139.76亩，经济作物47420亩。整治撂荒耕地908亩。建成高标准温室大棚71座。新建养殖场5家（猪场4家，羊场1家），全区规模养殖场数量增加至18家。兰州农作物育种试验示范基地建成投用，培育良种2类15种。现代农业发展壮大，整合乡村振兴各类资金1411万元，启动实施农业基础类项目13个，36个村1.9万人受益。培育市级以上龙头企业9家，建设库容100吨冷库2个。建立废旧农膜回收利用示范点9个，回收废旧农膜99吨，利用率82.5%。建成农民专业合作社17家。完成6个村乡村规划编制，成立农村集体（股份）经济组织48个，完成11家（股份）经济合作社理事会、监事会改选工作。达家台农业公园及配套设施基本建成，村庄生活垃圾无害化处理实现全覆盖。

【乡村振兴】 健全防止返贫监测和兜底帮扶长效机制，动态监测建档立卡贫困户收入变化和"两不愁三保障"巩固情况，坚决守住防止规模性返贫底线，实施巩固拓展脱贫攻坚成果和乡村振兴项目18个，36个村19254人受益。推动"农村做美"，为全区2151条、249万平方米农村小巷道配备421名清扫保洁人员。建立垃圾中转站9个，配置垃圾清运车辆13辆，车载式垃圾箱65个，清理农村生活垃圾1万余吨。启动8个省级示范村创建工作，完成6个村乡村规划编制，实施达川、张家大坪污水收集处理工程，村庄生活垃圾无害化处理实现全覆盖。

【工业与产城融合】 "工业强区"战略加快实施，二产增加值236.35亿元，同比增长4%，总量保持全市第一。规上工业总产值655.91亿元。建成3.5万吨/年特种丁腈橡胶项目，90万吨/年柴油加氢等。引进厦门东盛源新型节能环保产业，蓝星碳纤维项目达产运营，华能大万山80兆瓦、中电建青石台50兆瓦光伏发电项目开工建设，新材料新能源产业发展实现新突破。产城融合高位推进，成立西固区产城融合产业振兴联盟，建成高品质合作发展平台。编制完成石化产业链规划和产城融合规划，谋划布局以乙烯生产为主的大型石化产业集群。引入全生物降解材料产学研基地等延链补链项目，启动化工污水处理厂升级改造和水上公园应急缓冲池搬迁改造。

【现代服务业】 金城中心购物MALL顺利开业。永辉、大润发超市落户西固。新增电商企业8家，引进跨境电商企业2家入驻丝路电商园，电商销售额1.14亿元。扶持龙昌石化、甘肃四建、一安等7家百亿龙头企业做大做强，全区大口径税收181亿元。与兰州石化职业技术大学电商学院、阿里巴巴国际事业部等电商企业对接，完成省内外入驻企业193家，B2B出口贸易额11.268亿元，B2C进出口贸易额4287.69万元。

【项目建设】 全年凝练储备固定资产投资项目126个，总投资959.5亿元，当年计划投资72.9亿元。签约引进重大项目16个，投资总额159.42亿元，央地合作项目数量和规模位列全市第一。续建项目复工率100%、新建项目开工率98.1%以上。省级重大招商引资活动（含兰洽会）签约项目9个、签约总额130.23亿元、完成2021年目标任务120亿元的108.53%，非节会签约项目7个、签约额29.166亿元，完成省外到位资金74.01亿元，完成年度任务80亿元的92.51%，同比增长4.2%。加强规划调整，完成下北滩、深沟堡等10个地块规划性质调整，释放土地1500亩；收储（陈官营站前广场4宗、下北滩地块5宗）土地9宗633亩，完成陈官营站前广场4宗182亩土地出让，实现土地出让金12.244亿元；累计争取国家各省市资金3.31亿元。

【城乡建设】 竣工投用新城、达川等4个棚改项目，交付房屋3467套；“三供一业”改造任务顺利完成，18个老旧楼院改造项目开工建设。实施城市供水和污水处理提升行动，清掏收水井2030座，疏通雨污管线6437米，维修、更换检查310座、更换维修收水井120座，处理管网堵塞疏通清掏案件940余件，应急开挖抢修维修12次，更换管道1127.8米。拆除违建3.5万平方米，清理脏源点1100余处，消除铁路沿线、石化厂界周边安全隐患378处，清理30条小街巷架空线缆。建成运营垃圾分类再生资源分拣中心和大件垃圾拆解中心，实施厨余垃圾分类收集、有害垃圾单独存放处理模式。

【生态建设】 空气环境质量优良率75.23%，PM2.5浓度42微克/立方米。实施“再造一个关山森林”绿化工程，推进三北防护林2.02万亩、退耕还林1.07万亩、天然林保护0.85万亩、国家级重点公益林管护11.6万亩等林业重点生态工程建设管理。新建天庆B区等6个小游园，增绿绿化面积2.3万平方米。改造蒸汽高效煤粉锅炉2台，清理取缔燃煤小火炉1896台。

【文化旅游】 全区接待旅游人数405.57万人次，同比增速279%，实现旅游总收入22.05亿元，同比增速272%。体育彩票销售5739万元。举办2021西固区“永不落幕的灯会”，4次登上央视节目，实现从“手扎灯”到“高科技”、从“一次性”到“永久用”、从民俗文化活动到文旅项目、从“政府办”到“大家办”的4个“蝶变”，春节期间共举办16场线上云观灯活动、观看人次1600万（次），金城公园累计接待线下观灯游客132.7万人次，实现旅游收入1749.01万元，持续带动西固“夜经济”发展。完成河口古镇国家AAA级景区、达川三江台景区国家AA级景区初评工作，培育西固文旅特色乡村振兴示范样板，实现乡村旅游人数111.28万人次，乡村旅游收入2.83亿元。

【社会事业】 2021年，区属各级各类学校75所。其中，幼儿园31所；小学31所（含9个教学点）；初中3所；九年制学校9所；高级中学1所。在校学生27393人。其中，幼儿园6425人；小学15450人；初中4489人；普通高中1029人。教职工1861人，其中专任教师1798人。专任教师中幼儿园56人；小学1031人；初中601人；普通高中110人。全区小学适龄儿童入学率100%，毕业率100%，九年义务教育巩固率99%，义务教育达到均衡发展。全面落实“两免一补”政策，“两免一补”资金涉及学校44所，其中免杂费享受学生19923人，下拨经费1384.775万元。成立西固区学前教育服务中心，全面接管全区托幼机构的管理和工作指导。临洮街学校建成投用，新增学位2360个，“5+2”课后延时服务全面推行。福利东路学校开工建设；二十八中地下体育馆建成，东川、兰炼文化小区、天鹅湖3所幼儿园改造。

医疗保障能力持续提升，建成投用3家社卫中心，基层公共卫生体系实现全覆盖。宝石花医院晋级“三甲”。全区151户505名健康立卡困难群众家庭医生服务签约率99.6%。围绕“基层医疗+居家老年人健康服务”“互联网+医疗卫生服务”两种形式开展医养结合试点工作。其中，医养结合服务人数20212次，服务36.5%；失能老年人综合评估与健康指导管理数1709人，老年健康信息录入率99.7%。

参加兰州市第9届运动会获得143枚奖牌。其中，61枚金牌；50枚银牌；32枚铜牌。4个单项团体第一名，6个单项团体第二名，9个单项团体第三名，奖牌总数和团体总分排名第二。

科技创新成果丰硕，天华设计院参与的复杂原料百万吨级乙烯成套技术研发及工业应用项目获国家科学技术进步一等奖，石化高端润滑油脂设计制备关键技术与工程应用项目获全省科技进步一等奖。

【劳动就业与社会保障】 城镇居民人均可支配收入增长4.2%，城镇新增就业1.08万人，城镇登记失业率控制在4.5%以内。困难人员实现就业1000人，失业人员实现再就业3000人。劳务输转1.7万人，创劳务收入4.2亿元。培训劳动力7000人以上，劳动合同签订率95%，集体合同签订率85%。发放创业担保贷款2620万元，发放各类救助金3327.94万元。城市、农村低保标准均提高8%。城乡居民基本医疗保险参保人数达15.62万人，全面执行“先诊疗，后付费”“零押金”优惠政策。5家城市街道综合养老服务中心建成。解决城镇住宅“登记难”问题，37个小区、27971户居民取得不动产权证。

【深化改革】 全面推行“五简五办五集成”（即简渠道、简要件、简环节、简程序、简时间，一网通办、套餐联办、基层可办、帮代好办、应需能办，数据集成、事项集成、资源集成、流程集成、服务集成）新模式，认领政务服务事项1624项，“一网通办”率、网上可办率分别91.5%、92%。创新“小兰帮办·福利西固”板块，打造“地企直通车”特色服务品牌。惠企政策“不来即享”普遍落实，完成注册企业4101家。建立全员服务企业新机制，解决企业发展难题101个，落实减税降费政策6379万元。化解政府性债务9.48亿元。区城投公司信用升级，成为全省唯一获升2A县级平台。

【社会治理】 完善“社工委”运行机制，划分基层网格单元2172个，成立3级爱国卫生委员会和退役军人志愿服务队。组建地企融合共治中心，建立律师介入诉前调解机制，排查处置各类纠纷387件、成功率99.7%。新型网络犯罪、治安案件发案分别下降20%和32.9%。建立危化品运输“三全（即危化品运输全时段、全区域、全车辆管控机制）”管控机制，“三管三必须（即管行业必须管安全、管业务必须管安全和管生产经营必须管安全）”职责清单全省率先试点。“平安西固”建设成效显著，获“平安中国建设示范县区”称号。食品安全监管成效显著，获省级“食品安全示范城市”称号。

【新冠肺炎疫情防控】 疫情期间，严格落实管控措施，深入精准流调溯源，高效开展核酸检测，实现连续649天无新增确诊病例和无症状感染者。全区6000余名党员干部、1200名医护人员冲在一线、英勇奋战。先后选派医护人员9800人次驰援兄弟县区，提供428间集中隔离房间支援全市重点人员管控。坚持“人物同防”，对全区所有冷链食品及经营企业实行全覆盖检测。全力保障兰州石化、华能热电、供水集团等保供企业正常运转。

（王晓蓉）

红古区

【概况】 红古区东接西固区，西临大通河，南濒湟水河与青海民和回族土族自治县和永靖县相望，北部黄土山岭与永登县毗邻。地理坐标东经102°50′~102°54′和北纬36°19′~36°21′之间。区境东西长53.7千米，南北宽不过24千米，最狭窄处仅3.3千米。全区辖3个街道、4个镇，共有22个社区、34个行政村。2021年底，全区总人口14.4万人。比上年末增加0.01万人。其中，城镇人口10.95万人，占常住人口76.03%，乡村人口3.45万人。全年出生人口0.1万人,出生率6.95‰;死亡人口0.07万人,死亡率4.86‰;人口自然增长率2.08‰。

红古区总面积为531.1平方千米,其中林业用地面积16447.53公顷,占总面积的30.97%。在林业用地中,有林地1411.54公顷,占林地面积的8.58%;灌木林地8404.05公顷,占林地面积的51.1%;未成林地372.97公顷,占林地面积的2.27%;苗圃地101.19公顷,占林地面积的0.62%;无立木林地853.9公顷,占林地面积的5.19%;其他林地类5303.88公顷,占林地面积的32.25%。森林蓄积量2.4743万立方米,森林覆盖率18.48%。境内已探明各种矿点、矿床多处,主要有煤炭、石油、天然气、黄金、蛇纹岩、坩土、页岩、石英石等资源。有鸡、鸭、鹅、鸽子的家禽和狐狸、野兔、旱獭、布谷鸟等野生动物多种。

2021年,实现地区生产总值110亿元,增长10%。全区固定资产投资额36.9亿元,增长10%。实现地区性财政收入22.4亿元,同比增长7.3%。完成一般公共预算收入55100万元,与上年持平;完成一般公共预算支出158043万元,同比下降9.22%。社会消费品零售总额28.8亿元,增长7.8%;城镇和农村居民人均可支配收入37034元、24958元,分别增长7%、10%。

【农业农村经济】 2021年,第一产业增加值6.4亿元,增速7.42%。全区蔬菜种植面积10万亩,产量25万吨;粮食播种面积1.71万亩,总产量0.52万吨;肉、蛋、奶产量2.65万吨。其中,肉类总产量0.48万吨;奶产量2.1万吨;蛋类产量0.07万吨。建成金砂台生态循环农业产业园、罗金台有机观光农业示范园、兰州农业发展集团红古农业循环经济示范园、青土坡—北山寿光模式蔬菜种植示范园等一批集种植、养殖、观光、示范功能于一体的大型现代农业园。引进首富娃娃菜等蔬菜新品种30个以上,引进种植越秀等草莓新品种5个、试验甜玉米782、早糯1号等鲜食玉米新品种95个。申报认证兰州荣升农场和兰州鑫源现代农业科技开发有限公司2家绿色食品认证企业,申报认证绿色食品6个。投入324万元,实施川区3镇109国道沿线综合整治提升项目,各镇街、德邦环卫持续开展环境卫生日常保洁和“八堆十乱”清理整治,清理各类垃圾16360吨。新建米家台、若连村2个美丽乡村示范村。实施乡村建设行动,投入资金1048万元。

【工业经济】 2021年,第二产业增加值58.5亿元,增长11.6%。实现规上工业总产值185.8亿元,比上年增长30.8亿元,增加值增速8.7%。战略性新兴产业实现工业增加值8.47亿元,降幅6.34%,占全区GDP比重17.2%。重点用能企业能源消耗总量168.98万吨标准煤,同比下降4.3%,万元工业增加值能耗同比下降4.36%。完成工业固投15.5亿元。完成电信业务总量增长30%。推进工业项目20个,总投资60.5亿元。全区规上工业企业21家。

围绕方大炭素等龙头企业,在新材料动力电池、炭素新材料等方面加大研发力度,开展高导电率石墨烯中试制备、石墨烯水性导电油墨制备等9项技术创新项目的研发及产业化应用,重点推进窑煤半焦高值开发利用、方大新上高压浸渍及二次焙烧隧道窑等项目,建设完成金河煤矿洗煤厂、长红动能年注电解质300千伏安电池等项目。

【商贸物流】 第三产业增加值45.2亿元,增长8.5%。建成方大上上城、海城丽景湾等商贸综合体,启动实施伊利西北仓、红古区综合物流园等一批物流项目,可新增纳限入库企业7家,建成镇村级电商服务站点12个。以抢抓“一带一路”经济发展战略和兰西城市群节点城市黄金驿站为契机,挖掘特色旅游产业,打造“兰西驿站·河湟龙城”旅游IP,推出采摘、赏花、烧烤等多条旅游精品线路,举办“5·19中国旅游日”暨河湟之旅红古自驾游手绘地图发布仪式和第3届牡丹文化旅游节等节会活动。

【项目建设】 抢抓“四大政策”机遇,围绕交通、产业、能源等11个领域,谋划“十四五”时期重点项目264项,总投资1171.3亿元。组建总投资51.34亿元的城建、生态治理等49个项目团队,市列投资清单新建项目实现组建团队全覆盖。全年实施总投资166亿元的重大项目84个,截至年底建成38个,其中宝方10万吨超高功率石墨电极项目国产线全线投产；兰西客货运综合枢纽中心项目、海石湾南区独立高中、红古区100兆伏光伏发电等一批重大项目进展顺利。

【招商引资】 第27届“兰洽会”签约项目32项，总投资76.33亿元。其中，省市级签约项目20项，总投资53.86亿元；区级签约项目12项，总投资22.47亿元。全区招商引资项目落实到位资金39.44亿元，同比增长23.33%。

【信息化工作】 制定《红古区5G通信网络建设发展实施方案》。建成开通5G基站183个.其中，移动公司87个；电信公司96个；5G网络已基本覆盖海石湾、窑街主城区、各镇政府、工业园区及50%的行政村，109国道已覆盖约95%，5G套餐用户3.3万户。推广5G、大数据、云技术，人工智能等现代技术手段，其中宝方炭材料科技有限公司5G+工业互联网在宝方数字化转型中的应用项目，总投资3187万元，5G专网已基本完成。方大公司行业级工业互联网平台建设项目，已完成车间、产线工业互联网平台的建设，初步形成公司工业互联网构架。

【园区建设】 2021年，红古园区建成企业20家，规模以上工业企业10家。按照“大配套一步到位、小配套围绕项目集中实施”的思路，先后投资8.03亿元建成园区“三纵一横”主干路网、污水处理中心、固废处理中心、综合服务区等配套工程。完成规模以上工业总产值85亿元，规模以上工业增加值10亿元。围绕红古园区向北扩区10平方千米，编制完成《兰州经济技术开发区红古园区扩区规划》，依托工企危服项目，引进再生铝等一批产业项目。

2021年，连海园区完成生产总值835245.2万元，同比上升12.4%；完成规模以上工业增加值429606.3万元，同比上升14.17%；完成规模以上工业企业营业（销售）收入1025206.6万元，同比上升22.3%；完成税收收入21913万元，增速11.41%。积极申报国家生态工业示范园区。

【区域融合】 成立红古区兰西城市群节点城市和甘青区域合作创新发展示范区建设协调推进领导小组，设立重大发展平台、综合交通互联互通等10个重点领域执行专责组。围绕落实甘青两省“1+3+10”行动计划，与民和县深入对接、合作交流，构建15个跨区域联动机制，各领域合作事项顺利推进。

【乡村振兴】 制定《红古区实现巩固拓展脱贫攻坚成果同乡村振兴有衔接工作方案》，成立由区委农村工作领导小组领导的产业振兴、人才振兴、文化振兴、生态振兴、组织振兴5大工作专班和综合协调、资金保障、基础设施、产业开发、转移就业、教育帮扶、健康帮扶、兜底保障、组织保障、作风问题专项治理10个专责工作组，健全区、镇街、村社3级推进乡村振兴组织体系。整合有效衔接资金2461万元，实施设施农业、高标准农田、农村道路安全生命防护、人居环境整治、农村小型农田基础设施、乡村建设示范镇村等一批农业农村配套项目。谋划凝练总投资8亿元的巩固拓展脱贫攻坚成果同乡村振兴有效衔接项目54个，开工建设25个。累计发放脱贫人口小额信贷35户172万元。输转脱贫劳动力376人，创劳务收入351.81万元。启动窑街片区全面振兴专项行动，实施产业发展提质、生态环境治理、民生福祉改善等6大行动，谋划总投资385亿元的项目37个，努力把窑街片区打造为全市乡村振兴、共同富裕的“先行区”。

【税收】 全年组织税费收入283974万元，同比增长49.29%。其中，税收收入207165万元，同比增长57.93%，高于全市增速46.33个百分点；非税收入6927万元，同比增长52.17%；社会保险费收入70068万元，同比增长27.36%。地方级税收收入110329万元，同比增长46.25%。

【金融】 全区现有银行业金融机构10家。其中，银行监管机构1家；政策性银行1家；国有商业银行5家；地方商业银行3家。营业网点28个、从业人员474人，保险机构9家；小额贷款公司4家、营业网点4个、融资性担保公司1家。

为窑煤集团贷款7.31亿元，为方大炭素贷款3.5亿元，为175家中小微企业发放贷款2.2亿元，为77家中小微企业办理展期续贷业务，涉及金额2.56亿元。为43家企业办理贷款延期，涉及金额

8518万元。引导银行业金融机构适时推出“银税互动”政策，银行业金融机构研发推行“云税贷”“纳税e贷”“税易融”等“银税互动”产品，累计为88家企业发放贷款1.24亿元。

【城乡建设】 2021年，累计投资4.01亿元，实施城建项目12个。其中，新建项目9个，总投资1.73亿元；续建项目3个，总投资2.28亿元。新建项目中，海石湾二货场北侧污水管网维修改造工程等全部完工投入运行，惠民巷道路改造工程完成总工程量的70%，投资350万元的窑街铁运处家属楼老旧小区改造工程完成总工程量的70%。续建项目中，滨河中路、海石湾污水处理厂提标改造工程和窑街污水处理厂提标改造工程均已完工。筹措资金276万元，回购公共租赁住房12套。向491户城镇低收入家庭发放住房租赁补贴207.576万元。完成农村房屋抗震改造45户。累计投资800万元，实施海石广场塌陷维修、方正路东侧小游园塌陷维修等15项市政设施维修工程。11月7日起由兰州华源动力公司承担海石湾南区城市供水，解决驻区企业方大炭素公司供水历史遗留问题，有效保障南区居民正常生活用水。全年完成建筑业增加值1.35亿元，增速-1.4%。

【生态建设】 全区空气质量优良天数338天，空气质量优良率92.6%。湟水河、大通河地表水国家断面水质达标率100%，集中式饮用水水源地水质达标率100%。城市建成区内燃煤锅炉已全部改为天然气锅炉。环境监测站目前总面积200平方米，资质认定的项目19类53项、方法标准12项。先后开展“双随机”“大排查大整治”“汽修厂VOCs治理”等各类专项检查。重新修订《红古区集中式饮用水源地突发环境事件应急预案》《红古区辐射事故应急预案》《红古区突发环境事件应急预案》，督促企业完成应急预案编制和修订29家，完成应急物资配备工作。协调省市环保部门支持企业环评办理，全年完成项目审批4家；对全区2017年以来核发排污许可证的排污单位进行梳理，其中重点管理25家，简化管理24家。

【教育科技】 2021年，全区各级各类学校55所，中小学教学班433个，中小学在校学生16801人，小学专任教师739人、初中414人、普通高中276人。职教中心现有幼儿保育等5个专业9个教学班，在校学生279人。幼儿园现有139个教学班，在园幼儿4780人。全区20所幼儿园均为普惠性幼儿园，学前3年毛入园率96.1%。小学招生1479人，适龄儿童入学率100%。初中招生1505人，入学率100%；义务教育巩固率99.8%。进城务工随迁子女入学率100%，农村留守儿童入学率100%，残疾儿童少年入学率98.17%。普通高中招生829人，高中阶段毛入学率98.36%，高考上线率99.31%。全区义务教育阶段残疾儿童少年入学率98.17%。投入115万元为兰州二十四中学采购8台触控一体机、50台台式计算机，建设多功能厅。投入20万元为龙源路小学采购6500册课外读本。投入90万元为红古、花庄、平安3所中心校建设3间精品录播教室。投入60万元采购2000套学生课桌椅。投资2730万元建成平安镇中心幼儿园，新增学位360个。投资2298万元建成海石湾北区幼儿园，新增学位360个。

围绕省“十大生态产业”“红古区打造兰西城市群节点城市规划”，新型重点产业、加强产学研融合等方面，组织相关企业成功申报省市级重大专项7项，争取省市资金1230万元。征集筛选区级科技计划项目8项，支持资金120万元。财政资金投入828万元，其中区级科技项目扶持资金投入120万元。牵头指导红古区高新技术企业和优势特色企业参加以“科技兴业博览世界会聚兰州”为主题的第6届兰州科技成果博览会。方大炭素、阿敏生物、鸿翔农业、鑫源农业等9家企业在线上参展。科技合作与成果交易额达5700万元。“方大炭素——兰州大学石墨烯研究院”“兰州鑫源科技成果转化基地”被评为兰州市成果转化基地，争取资金20万元。

【卫生健康】 全区有医疗卫生机构107家。其中，三级医院1家；二级医院2家；民营医院6家；乡镇卫生院4家；社区卫生服务机构17家；村卫生室40家；专科门诊和各类诊所38家。建立居民电子健康档案135746份，建档率94.46%，电子健康档案133794人，电子建档率93.11%。2021年全区管理12998人、管理率67.35%,老年人体检人数9644人、体检率71.44%,原发性高血压患者管理率85.41%,2型糖尿病患者管理率93.12%,严重精神障碍患者管理率84.7%,重点人群家庭医生签约率70.38%,计划生育特殊家庭签约率100%,"一人一策"签约率100%。做好结核病和慢性非传染性疾病预防控制。独立工矿区红古区人民医院迁建和红古区中医医院建设项目已完成可研、能评、施工图设计、项目造价预算编制等前期工作。

【文体旅游】 2021年,全区有文化市场经营单位63家。其中,娱乐场所20家;互联网上网服务营业场所5家;影剧院2家;印刷企业12家;出版物27家。全区有6个文专业协会,14个专业文艺团体,41支业余文艺团队,全国文化信息资源共享工程区级支中心1个、基层服务点10个,村文化室34个,村文化大院7个,农家书屋38个,新增图书7478册。开展文化下乡活动15场,大型红古百姓大舞台活动8场。开展红古区榕源农庄首届夏季采摘暨文化旅游节、新庄台牡丹节和薛家台菊花节的文艺演出活动。举办全区庆祝建党100周年大型文艺展演和红古区首届庆新春文艺节目网络展播等。开展青少年社会教育活动11次,青少年研学活动1次,参与活动4000余人次。流动博物馆进基层、进社区、进学校26次,参观2.3万人次以上。

新增民营文化旅游企业15家,全年累计接待旅游人数95万人次(其中乡村旅游60.759万人次),同比增长26.38%,旅游综合总收入5.936亿元,同比增长1.82%。编制完成《红古区"十四五"文化旅游和体育产业发展规划》。制作《红古区文化旅游》宣传片。重点发展以红古镇新庄村农业示范园和月亮湾休闲垂钓基地项目为代表的健康综合服务休闲康养基地。创建红古镇旋子村为"省级旅游示范村"。评定鑫源农业科技示范园和兴盛源循环经济产业园分别为农业研学游和工矿研学游基地。

【民生保障】 全区失业人员实现再就业2214人,城镇新增就业3726人,城镇登记失业率控制在3.77%,安置困难人员就业685人。审核发放创业担保贷款193笔、3246.9万元。完成职业技能培训19584人次,职业技能提升专账资金支出2873.6219万元,落实困难人员参加职业技能培训生活补贴17.127万元。输转劳动力10146人,输转农村富余劳动力3799人,输转脱贫劳动力376人,大就业系统实名制录入10146人,创劳务收入31592.05万元。机关事业单位养老保险缴费率100%,劳动合同签订率96%,集体合同签订率86%。建成省市级充分就业社区7个,完善社会救助体系,城乡低保和特困人员救助供养标准提高8%,累计支出社会救助资金4497.7万元。

【交通运输】 总投资1.908亿元的兰西客货运综合枢纽中心项目基本完工,累计完成投资1.57亿元。总投资7.94亿元的京藏高速海石湾收费站连接道路改扩建工程,已进入土建施工阶段。总投资5.4亿元的红古区山台地道路工程(一期)开工建设。总投资428.26万元的红古路至平安路供水管网改移工程,建成移交。投资3400万元的川海大桥滨河路连接道路完成交工验收。总投资6825万元的PPP农村路公路改造提升项目全部完成。总投资400万元的兰州经济技术开发区红古园区扩区保畅道路完成竣工验收,并交付企业使用。投资199.34万元实施478千米农村公路及17座桥梁常态化管养,新设公路安全标识标牌172块,农村公路桥梁100%安全运行。总投资148.96万元实施2.33千米养护维修工程,公路技术状况优良率100%。投资425.05万元实施2021年红古区村道安全生命防护工程,新建波形护栏14.96千米并投入使用。辖区运营公交车辆增至129辆,城乡公交站点增至220个,城区500米公交站点实现100%覆盖,公共交通日均换乘客流量1.5万人次,同比增长27%。投资2400万元改建农村公路30千米,城乡交通运输一体化自评等达到5A级。建成1个区级调度运营中心、41个村级综合服务站。累计完成客运量346.34万人,同比增长29.96%,实现周转量1.22亿人千米,同比增长51.16%。完成营业性货运量499.47万吨,同比增长19.55%,实现公路货运周转量7.54亿吨千米,同比增长54.95%。完成寄递业务总量1595万元、同比增长

30%,快递业务量累计完成835万件、同比增长40%。

【新冠肺炎疫情防控】 严格落实常态化疫情防控措施,始终坚持"外防输入、内防反弹"总体防控策略,进一步压紧压实四方责任,完成新冠病毒疫苗接种21.2万剂次,新建卫生院标准发热诊室3个。投资670余万元分别在红古区医院、红古区疾控中心、兰州市第五医院建成核酸检测实验室并投入使用,日检测能力单检2160人次,混检日最大检测量21600人次,培养储备核酸检测人员37人,采样人员395人。全年"应检尽检"599281人次,冷链食品、从业人员、外环境采样5924份,结果均为阴性。牵头组建5个小组51人的流调队伍,保持常态化激活状态,设置固定办公场所,人员实行24小时值班制度和闭环管理制度,充分利用大数据平台和信息化手段,对重点区域、重点人员、重点环节、重点场所进行精准摸排。在全区设立新冠病毒疫苗接种单位15家、接种台25个,举办疫苗接种工作培训班4期1320余人,3岁以上人群接种疫苗28.7917万人份,疫苗接种压茬推进。为红古区医院、兰州市五院配备230万元的医疗设备;储备防护服5399件、隔离衣5441件、N95口罩7963个、一次性外科口罩15050个、面屏7200个、外科手套7195双、单采管16500个、鼻拭子7500个等一批物资,可保障全区3轮次核酸采样物资需求。在全区连续开展3轮次大规模核酸筛查,总计采样41.29万份,检测结果均为阴性。130名医护人员驰援城关区,采样3万余份。

(马玉花)

榆中县

【概况】 榆中县位于东经103°49′15″~104°34′40″,北纬35°34′20″~36°26′30″。地处甘肃省中部、省会兰州东郊,东接定西市安定区和白银市会宁县、靖远县,西靠兰州市城关区、七里河区,南与定西市临洮县毗邻,北与皋兰县、白银市白银区、靖远县相望。地处陇西黄土高原,大部分地区黄土覆盖,由东南、东北向西北倾斜。地势南高北低,中部低洼,呈马鞍形。地形分为南部石质山地、中部川塬丘陵沟壑、北部黄土丘陵三部分。北部、东北部山峦起伏,沟壑纵横。西南部为高寒阴湿区,马衔山、兴隆山横列,林木丛生,海拔1900米~3000米。中部为川区,海拔1400米~2000米。境内最高峰马衔山主峰海拔3671米,最低点青城镇东滩村海拔1432米。

全县辖小康营、清水驿、哈岘、上花岔、韦营、中连川、园子岔、马坡、龙泉9个乡,城关、夏官营、高崖、金崖、和平、青城、甘草店、定远、连搭、新营、贡井11个镇,文成路、一悟路、兴隆路、栖云北路4个城镇社区,高沿坪、苑川欣城2个农村社区,268个行政村,1617个村民小组。2021年,户籍总户数135708户,总人口461329万人。其中,城镇人口132160万人,农业人口329169万人。全年出生2802人,人口出生率5.83‰,自增率2.15‰,出生政策符合率95.8%,总出生性别比113.77。县内有23个少数民族,分别是回族、东乡族、藏族、蒙古族、满族、维吾尔族、苗族、彝族、壮族、布依族、朝鲜族、侗族、土家族、裕固族、傣族、黎族、傈僳族、畲族、拉祜族、土族、撒拉族、锡伯族、保安族,占全县人口的1%,主要分布在连搭、小康营、城关、甘草店等4个乡镇。城镇居民人均可支配收入29146元,同比增长7.4%;农村居民人均可支配收入为13764元,同比增长10.8%。辖区东西最大距离54千米,南北最大距离92千米,总面积3301.64平方千米。人口密度每平方千米139.73人。

【经济概况】 2021年,全县生产总值188.49亿元,同比增长2.3%,两年平均增长6.75%。第一产业增加值16.82亿元,同比增长7.34%,两年平均增长7.12%。第二产业增加值93.85亿元,同比下降1.4%,两年平均增长9%。全部工业增加值79.89亿元,下降1.7%;建筑业增加值13.96亿元,同比增长0.1%。第三产业增加值77.82亿元,同比增长5.3%,两年平均增长3.85%。地区性财政收入15.08亿元,同比增长3.42%,其中一般公共预算收入8.3亿元,同比增长3.27%;财政一般预算支出30.88亿元,同比下降10.84%。固定资产投资同比增长9.1%。社会消费品零售总额34.26亿元,同比增长11.7%。城镇居民人均可支配收入29146元，同比增长7.4%；农村居民人均可支配收入为13764元，同比增长10.8%。存款余额306.35亿元，同比下降1.11%。贷款余额374.96亿元，同比增长11.6%。十大生态产业完成48.06亿元，占地区生产总值比重25.5%，比重较上年提升5.8个百分点。

【第一产业】 第一产业增加值16.82亿元，同比增长7.34%。农村居民人均可支配收入13764元，同比增长10.8%。全县完成农作物播种面积99.01万亩。其中，小麦5.56万亩；玉米16.79万亩；马铃薯15.25万亩；其他谷物2.24万亩；豆类5.08万亩；油料5.21万亩；蔬菜35.65万亩；瓜类0.61万亩；中药材10.97万亩；花卉及其他经济作物1.65万亩。粮食总产量12.79万吨。其中，夏粮3.03万吨；秋粮9.76万吨。油料5.21万亩、产量0.75万吨。全县各类畜禽饲养量260万头只。其中，生猪存栏12.8万头，出栏生猪21.5万头；肉羊存栏16.9万只，出栏肉羊13.14万只；禽类存栏112万只，出栏肉用家禽80万只；牛存栏1.96万头，出栏肉牛4900头；奶牛存栏4000头，其他大家畜存栏1.44万头；禽蛋产量8700吨，肉类产量2.2万吨，牛奶产量1.38万吨，肉蛋奶总产量4.5万吨。

【第二产业】 第二产业增加值93.85亿元，同比下降1.4%。全部工业增加值79.89亿元，下降1.7%；建筑业增加值13.96亿元，同比增长0.1%。完成规模以上工业总产值278.98亿元，比上年增长33.65%。

【第三产业】 第三产业增加值77.82亿元，同比增长5.3%。完成社会消费品零售总额34.26亿元，增速11.70%，全市排名第一。

【财政收支】 全县大口径财政收入完成15.08亿元，比上年同期增收4984万元，增长3.42%。县级一般公共预算收入累计完成8.3亿元，比上年同期增收2629万元，增长3.27%，超计划0.25个百分点，较计划超收203万元。政府性基金预算县级收入9.66亿元，较上年同期减收9.2亿元，下降48.78%，完成计划的48.53%，短收10.24亿元，其中国有土地出让收入完成9.27亿元。全县社会保险基金收入累计完成7.86亿元。其中，机关事业单位基本养老保险基金收入2.46亿元；机关事业单位职业年金收入4306万元；城乡基本养老保险基金收入3.56亿元；企业职工基本养老保险基金收入1.41亿元。全年全县总支出39.63亿元，较上年同期减支27.53亿元，下降40.99%。其中，一般公共预算支出完成30.88亿元，较上年同期减支3.76亿元，下降10.84%。政府性基金支出完成8.74亿元，较上年同期减支23.78亿元，下降73.11%，其中国土有地使用权出让收入安排的支出累计完成6.03亿元。社会保险基金支出累计完成6.27亿元。其中，机关事业单位基本养老保险基金25345万元；机关事业单位职业年金2670万元；城乡基本养老保险基金2.07亿元；企业职工基本养老保险基金1.41亿元。

【减税降费】 落实增值税留抵退税政策，累计为13户企业办理增值税留抵退税，共计退库1.4亿元，占税收总量的12%。1月至11月，新出台的减税降费减免1.16亿元，减免数占税费比重5.87%。

【金融机构存贷款】 全年全县金融机构人民币各项存款余额306.35亿元，较年初减少3.44亿元，降低1.11%。各项贷款余额377.28亿元（含兰银租赁、小贷公司），较年初增加38.98亿元，增长11.52%；各保险公司农业保险保费收入0.44亿元，财政补贴资金0.34亿元，理赔支出0.22亿元。

【住房公积金归集和贷款】 全年归集住房公积金2.04亿元，同比增加13.54%；提取住房公积金1.6万笔，提取额1.46亿元。发放住房公积金贷款604笔，2.44亿元，同比增长19.08%。

【重大建设项目】 全年谋划凝练县列重大项目131个，总投资930.8亿元，年度投资192.4亿元。

【资金争取】 全年争取到位各类资金44201万元。其中，争取老旧小区改造二期等14个项目到位中央预算内资金34501万元；争取榆中县北关花园棚户区改造项目、榆中县周前村棚户区（城中村）改造等2个项目到位专项债券9000万元；争取第三人民医院易地搬迁建设等项目市级前期费

700万元。谋划储备申报地方政府专项债券项目58项(榆中县49项,生态创新城9项),估算总投资309.27亿元。

【生态产业发展】 全年全县十大生态产业项目29项,总投资162.11亿元。

【环境保护】 全年空气优良天数335天,优良天数比例91.7%,全县空气质量综合质量指数3.36,同比下降7%。黄河榆中段考核断面水质稳定达到考核要求,达标率100%。集中式饮用水源地水质达标率稳定保持在100%。

【信息化建设】 编制完成《补短板强弱项数据建设服务能力提升五年计划》《信息化促进产业转型升级发展五年规划》。加快5G通信网络基础设施建设,基本实现县城、和平和夏官营大学城5G通信网络覆盖。为助推乡村振兴,由中国移动榆中分公司和中国广电网络公司榆中分公司同步推进农村5G700M网络建设,主要覆盖各乡镇主要街道、行政村及人口密集自然村,全年完成47个基站。

【电子商务和东西协作】 举办榆中县第4届双十一狂欢购物节。全县电子商务交易额7.9亿元,农产品线上线下销售额8882万元,同比增长23%。榆中县农特产品企业赴天津、上海、江苏等地开展农特产品产销对接活动5场。东部地区企业与榆中县就高原夏菜、鲜百合、酱驴肉、脱水菜干、小杂粮等农特产品达成合作意向,签订农产品销售框架协议。完成东西协作消费帮扶金额8882万元,其中线上销售额4226万元。

【知识产权保护】 截至年底,全县有效注册商标3233件,居甘肃省县级第一位,其中甘肃省著名商标22件。全县授权专利205件,每万人发明专利拥有量1.81件。

【招商引资】 全年签约项目29个,总投资163亿元。其中,“兰洽会”市专场签约项目10个,总投资77.45亿元;“兰洽会”县专场签约项目18个,总投资75.55亿元;省市重大招商活动签约项目1个,总投资10亿元。签约项目涵盖基础设施、商贸物流、新能源、文化旅游等多个领域。

【生产安全监管】 全年全县有工贸企业2068家。其中,规模以上企业86家;冶金有色2家;非煤矿山5家;建材1277家;商贸227家;机械310家;轻工等企业242家。派出检查组121个,对5处危险化学品重大危险源进行全覆盖检查,对267家企业进行现场检查,发现隐患1035条,整改959条。

【社会保障】 全县城镇新增就业1748人,失业人员再就业1182人,输转城乡富余劳动力8.72万人,创劳务收入27.74亿元,城镇登记失业率3.47%。开展各类培训1.71万人,累计审核发放946名脱贫劳动力和边缘监测户交通补助56.76万元。印发《榆中县推动扶贫车间向乡村就业工厂转型持续发展实施细则》,整合认定乡村就业工厂6家、乡村就业帮扶车间17家,吸纳农村劳动力411人,其中脱贫劳动力和边缘易致贫劳动力225人。全县征缴城镇企业职工养老保险费1.2亿元;失业保险费1041万元,同比增收361万元,增长53.09%;征缴工伤保险费698万元,同比增收386万元,增长123.72%;城乡居民基本养老保险缴费16.96万人,征缴保费5317万元;征缴机关事业单位养老保险费1.43亿元、职业年金4191万元。

【医疗卫生】 全县有医疗卫生机构392个。其中,县属医疗卫生单位7个;乡镇卫生院21个;社区卫生服务站5个;村卫生室268个;厂矿、单位、学校医务室7个;民营医院3个;门诊部3个;个体诊所78个。县乡两级医疗机构实际开放床位2383张,专业技术人员2765名。其中,医师852人;护士1342人;技师药师571人;正高9名,副高157名,中级346名,初级及以下1388名。

【基础教育】 有各级各类学校219所。其中,幼儿园84所;教学点37所;小学73所;九年制学校9所;独立初中8所;特教学校1所;完全中学3所;高级中学2所;中等职业学校2所。在校学生50846人。其中,幼儿园12106人;小学21004人;初中9579人;普通高中6251人;中等职业学校1869人;特教学校37人。教职工

4176人，其中专任教师3938人。专任教师中幼儿园357人、小学1837人、初中959人、特教学校8人、普通高中721人、中等职业学校56人。

【医疗保险参保】　城镇职工基本医疗保险参保2.72万人；城乡居民参加基本医疗保险38.87万人；城镇职工大额医疗保险参保1.38万人；城镇职工公务员医疗补助参保1.36万人。全县基本医疗保险参保率98%。全县脱贫人口8.26万人。其中，参加城乡居民医疗保险7.92万人；参加职工医疗保险3355人。易致贫返贫人口1405人。其中，参加城乡居民医疗保险1380人；参加职工医疗保险24人，低收入人口100%参保。12月底，低收入人口落实参保资助7.79万人，资助金额923.62万元，其中已脱贫人口7.28万人，资助金额809.41万元。全县低收入人口累计住院1.51万人次，总费用9376.63万元，其中医保基金支出5368.69万元，大病保险支出230.13万元，医疗救助支出1402.05万元。

【城乡居民最低生活保障】　全县有城市低保对象519户976人，全年发放城市低保金724.4093万元；有农村低保对象4430户10559人，全年发放农村低保金3836.9122万元。全年农村低保对象新增237户671人，退出514户1755人；城市低保对象整户新增12户26人，退出88户214人。全县城乡低保标准均提高8%，城市低保标准为每人每月636元；农村一、二类低保对象月保障标准分别为399元、378元，三、四类保障标准（140元、80元）保持不变。

【基层政权和社区建设】　全县辖268个行政村，4个城市社区居民委员会，2个农村社区居民委员会。2月3日至2月25日，18个乡镇238个村和6个社区相继实行直接民主投票选举，村（居）民委员会换届工作顺利完成。选举产生新一届村（居）民委员会班子成员1109名。其中，238个行政村选举产生主任238名，副主任186名，委员655名；6个社区选举产生主任6名，委员24名；女性为341名；新当选1003名、连任106名；致富带富能手280名、优秀复转军人68名、返乡创业人员86名；213个行政村6个社区实现党组织书记及村（居）民委员会主任“一肩挑”。

【校园足球】　举办全县第7届青少年校园足球联赛，58支代表队860名运动员参加6个组别的比赛，推动校园足球快速发展。继年初被教育部评为“全国青少年校园足球试点县”之后，5月被国家体育总局确定为“首批全国县域足球典型”。印发《关于深入推进校园足球运动加快校园足球试点县发展实施方案》，组织召开学校体育教学改革暨校园足球试点县推进工作现场会，全面打造校园足球品牌。以中连川小学足球故事改编拍摄的励志电影《足球，少年》，4月在全国院线正式上映。

【科技创新】　财政科技投入占本级财政支出比重1.1%，科技进步贡献率54.64%，增幅1.64%；编制完成《榆中县“十四五”科技创新发展规划》；科技成果转化、技术市场交易、科技产业投资3个项目完成技术合同交易额0.51亿元。

【文化旅游】　2021年，利用素朴·李家庄、老家·浪街丰富的乡土文化资源与农业、旅游等产业融合发展，以“文化+旅游+休闲农业+体育”建设为着力点，塑造榆中本土乡村旅游品牌。举办第4届中国农民丰收节暨乡村旅游节。小康营乡浪街村成功入选“第3批全国乡村旅游重点村”；甘草店车道岭村成功创建为甘肃省乡村旅游示范村；青城古镇景区、石源景区成功创建为市级文明旅游示范单位。张一悟纪念馆开放280天，接待观众15.91万人次。全县有文旅企业401家，当年新增企业39家，其中规模以上文旅企业4家。全年接待游客572.3万人次，实现旅游综合收入42.94亿元，同比分别增长28.36%和27.42%。

【公共文化服务体系建设】　印发《榆中县公共文化服务体系实施意见》《榆中县公共文化服务体系实施标准》《榆中县深入推进文化战略平台建设实施方案》《榆中县文化振兴（2021—2023）实施方案（征求意见稿）》等文件。全县18个乡镇全部建成乡镇综合文化站，一级站3个、二级站2个、三级站13个。全县乡镇文化馆、图书馆分馆全覆盖，设立榆中职业教育中心、武警兰州支队榆中中队等5个阅读点，配送图书1万余册、期刊200余种。榆中县文化馆被评定为国家一级馆。

【电力供应】　国网榆中县供电公司2021年完成售电量13.5亿千瓦时，同比增长16.02%；售电收入6.43亿元，同比增长15.76%；售电均价476.38元/千千瓦时，同比上升6.85元/千千瓦时；电费回收率100%。

【城乡建设】　全年总投资15.99亿元，实施市政道路10项15.23千米。其中，续建榆定路、甘肃建投榆创新科技产业园配套道路等4项8条10.4千米；新建经二路等6项6条4.83千米。建成环城东路、经二路、薇乐大道综合整治工程等6条10.6千米。大营安置点主体封顶，完成投资7.88亿元。投资391万元，完成兴隆路道路整治1.48千米；县城弱电入地工程完成所有弱电主管铺设约8千米，所有路段线缆入地及架空线缆清除。实施县城集中供热老旧管网改造工程，完成兴隆路管网改造1.82千米，新建供热管网经9-1路、纬六路1.2千米。投资3000万元，建成全民健身中心和南河2个小游园。实施天然气入户工程，通气点火7家5252户。总投资8869.59万元，实施榆中县老旧小区改造（二期）项目，改造51个家属院，81栋楼，215个单元，2971户，总建筑面积26.89万平方米老旧小区。投资6400万元实施榆中县青城镇污水管网改造工程。办理商品房预售许可49个，预售面积112.27万平方米，其中营业面积8.21万平方米，住宅面积104.05万平方米，总套数9402套。办理存量房交易800余件，交易面积7.2万平方米。

【乡村振兴】　调整充实县委实施乡村振兴战略领导小组，成立五大振兴工作专班，将脱贫攻坚12个专责工作组调整为乡村振兴专责工作组，做到领导机制衔接顺畅、有序过渡。印发《关于全面推动乡村振兴加快农业农村现代化的实施意见》《榆中县加快乡村产业振兴的实施意见》《榆中县乡村振兴特色产业三年倍增行动计划总体方案》《分产业篇方案》，编制完成《榆中县“十四五”乡村振兴发展规划》《榆中县“十四五”农业农村现代化发展规划》。落实中央和省市县财政衔接推进乡村振兴补助资金3.09亿元，其中用于农业产业资金1.72亿元、占比56%。整合9部门财政全县有建档立卡脱贫人口22170户83099人、“监测户”404户1405人。共争取中央及省级第一批财政专项扶贫资金5490万元、市级脱贫攻坚巩固拓展与乡村振兴接续资金1000万元、东西协作帮扶资金3600万元。编制完成2021年榆中县巩固拓展脱贫攻坚成果同乡村振兴有效衔接项目库，涉及18类498个项目，总投资42837.82万元。涉农资金3.27亿元，其中用于扶持产业项目1.97亿元。

【美丽乡村示范村建设】　在甘草店、小康营、高崖等乡镇12个村实施美丽乡村示范村建设，涉及道路硬化、村庄绿化亮化、风貌整治等建设子项目188项，总投资4800万元。

【农村人居环境改善】　按照一户一炕原则，完成农村改炕3000铺。清理农村生活垃圾32355吨、农业生产废弃物2678吨，清理沟渠1586千米、淤泥159吨、水塘43口，清理、依法拆除乱搭乱建烂房烂墙烂圈、废弃厂房棚舍等732处，整齐堆放秸秆、农机具等生产生活资料4700处。继续坚持宜水则水、宜旱则旱的原则，分区域分类别完成农村卫生改厕3800座。其中，卫生水厕837座、占实际改厕总数的22.03%；卫生旱厕2963座、占实际改厕总数的77.97%。

【农业产业化经营】　登记注册成立农民合作社85家，累计1548家，联合社9家。其中，种植业886家；畜牧业542家；林业85家；服务业35家。全县合作社社员1.76万人，出资总额32.4亿元，带动农户5.1万户。经营范围涉及种植、畜禽养殖、农机服务、农资销售、农产品加工、休闲农业及乡村旅游等行业。截至年底，创建国家级示范社10家、省级示范社46家、市级示范社86家、县级示范社138家。创建各类家庭农场78家，累计260家。创建省级示范家庭农场4家，市级示范家庭农场49家，县级示范家庭农场69家。新增土地流转面积2.13万亩，累计流转土地45.5万亩，主要用于种植、养殖、农业服务和科技园区建设等。

【农村"三变"改革】　全县18个乡镇、236个行政村411家合作社、455家新型经营主体、33816户农户参与其中，全年农户入股分红1754.69万元(其中脱贫户获益1051.21万元)，村集体经济增长1154.29万元。

【水利建设】　全县累计建成中型水库1座，小一型水库2座，总库容1400.16万立方米，兴利库容225.1万立方米；塘坝45座79.8万立方米，泵站197处，水泵405台，装机容量7.963万千瓦，年供水量1.12亿立方米。有效灌溉面积36.376万亩，保灌面积31.315万亩；2000亩以上灌区10处。其中，5万亩~30万亩灌区1处(三电提黄电灌区)；1万亩~5万亩灌区4处(兴隆灌区、龛谷灌区、高崖灌区、连搭灌区)；建成中部、西部、东部等90处集中供水工程，分散工程7273处，解决全县20个乡镇，37.94万农村人口饮水不安全问题，全县饮水安全率100%，自来水入户率92.19%；累计建成梯田92.34万亩，建成淤地坝78座，小流域治理面积365.52平方千米，水土流失综合治理面积1436.1平方千米；建成兴隆河及宛川河高标准防洪堤防26.17千米，治理河道18.07千米，保护县城及宛川河下游群众生命财产安全。

【河长制工作】　调整完成县乡村河湖长，加大各级河长巡河频次，河湖生态环境稳定向好。各级河长利用手机App开展河湖巡查工作，巡河8797人次，其中县级河长482人次。成立5个河道生态环境督查小组，采取无人机航拍和徒步巡河等方式，对宛川河全流域开展排查，下发《督办通知》30份，涉及河道"四乱"问题92个，全部完成整改。

【供水管理】　甘肃水务榆中供水有限责任公司完成城乡售水749.86万立方米。其中，城市售水量313.92万立方米，供水营业产值1215.5万元；农村售水量435.94万立方米，供水营业收入1930万元。完成污水处理费代征267.95万元。引洮供水一期榆中县配套工程调配水量1495.2万立方米。其中，生产生活用水量332.9万立方米；生态及扶贫用水量1162.3万立方米。

【交通通信】　县内有国道121.29千米，省道272.86千米，农村公路总里程2592.03千米。交通基础设施投资完成16.13亿元，向上争取资金5071.63万元。投资500万元建成榆中县交通综合管理平台。榆中县被省上列为全省自然村(组)通硬化路建设示范县之一。完成238个建制村1102个自然村道路硬化，自然村道路通畅率97.3%，受到甘肃省交通运输厅通报表扬。10月27日，交通部正式公示榆中县成为全国城乡交通运输一体化示范创建县；11月18日，被交通部命名为"四好农村路"全国示范县。承办全省推进"四好农村路"高质量发展现场会。县客运中心投入使用，实现城际公交、城乡公交、城市公交的无缝换乘。建立健全农村客货邮配送网络，完成公路运输总周转量282514万吨千米，较上年增长18%。邮政全年累计完成业务收入3578.79万元，较上年增长8.4%。寄递收入完成662.18万元，较上年增长16.98%。全年快递从县内寄出8.3万件，较上年增加3.2万件。从县外寄来业务量353.09万件，比上年增长77万件。截至年底，电信公司经营收入2.3亿元，移动在网用户36.42万户、宽带在网用户14.48万户、电视用户9.7万户。

【史志工作】　编辑完成《新民主主义时期榆中县党史资料汇编》《榆中县脱贫攻坚大事纪实》，完成《张一悟在甘肃革命事业中的贡献》《丁益三传》等6篇专题资料。与西北民族大学新闻学院联合拍摄电视专题片《播火陇原张一悟》。帮助连搭中学编辑完成校本教材《红色乡土》。完成《无产阶级革命家杨静仁》《金天华革命事迹》资料的征集。完成《榆中年鉴(2021)》编辑出版。完成《榆中县扶贫开发大事记》《榆中县全面建设小康社会大事记》《榆中县乡镇全面建设小康社会纪实》《榆中县乡镇脱贫攻坚纪实》《榆中县建档立卡贫困村脱贫纪实》的编辑工作。指导完成《中共榆中县委党校志》《榆中县政协志》的编辑出版。抢救性完成《榆中县来紫堡乡志》《榆中县三角城乡志》的资料征集。完成《榆中县黄家庄村志》《黄家庄史话》的编纂出版发行。黄家庄村成为榆中、兰州乃至甘肃省第一个同时完成村志和史话正式出版的行政村。同时，指导连搭镇魏家沟村新窑湾社完成《新窑湾村史》的编写。完成《话说兴隆山》初稿。启动《榆中县扶贫开发志》《榆中县全面建设小康志》《中国历史文化名镇志工程——青城镇志》《中国历史文化名镇志工程——金崖镇志》的编纂。

（周学海）

永登县

【概况】　永登县地处甘肃省中部，兰州市西北部。县域总面积6090平方千米，占兰州市总面积的47%。现辖3乡15镇、26个社区、240个行政村，中川镇、秦川镇由兰州新区托管，2021年户籍总人口42.45万人，年末常住人口28.27万人，比上年同期增加0.33万人。其中，城镇人口13.22万人；乡村人口29.23万人。全年出生人口0.3万人，出生率10.6‰，死亡人口0.34万人，死亡率12.01‰，人口自增长率-1.41‰。主要有汉族、回族、满族、藏族、蒙古族、土族、东乡族等18个民族，少数民族人口占总人口的4.5%。

永登是古丝绸之路和亚欧大陆桥的要冲，是河西走廊的东部门户。县城距兰州中心城区110千米，处于都市1小时经济圈内。中川国际机场坐落境内，兰新铁路、城际铁路、312国道、G30高速公路纵贯全境，省道、县乡公路纵横交错，形成以国道和省道为骨架、以县乡公路为支线，连接城乡、辐射四周、四通八达的公路运输网。境内山峦重叠，河流纵横，有盆地、河谷、丘陵、山地、草原多种形态，呈“三川夹两河”地貌，即八宝川、庄浪川、秦王川和大通河、庄浪河。地势由西北向东南倾斜，海拔在1590米至3650米之间。全县耕地139万余亩，天然林90.8万亩、草地548.2万亩。境内主要有黄河一级支流庄浪河和二级支流大通河，引大入秦工程年引流量4.43亿立方米。探明矿产25种，石灰岩、石英岩、大理石、煤和水泥配料用黄土等矿产资源储量丰富，品位高，易开采。依托丰富的矿产资源和区位优势，先后建成祁连山水泥、连铝、腾达西铁等一大批大中型骨干企业，基本形成采矿、冶金、化工、建材、水电开发为支柱的工业产业格局，素有“冶金谷”“建材乡”之称。境内旅游资源极其丰富，拥有国内连片分布面积最广、规模最宏大、离省会城市最近的树屏丹霞地貌，有全国规模最大、历史最悠久、保存最完整，素有西北“小故宫”之称的官衙式建筑群鲁土司衙门，有国家十大标兵森林公园之一的吐鲁沟4A级国家森林公园，有“陇上都江堰、地上银河”之称的引大入秦工程，还有药水沟温泉等风格独特的自然资源和人文景观10余处。满城汉墓，汉、明长城遗址，宋代摩崖石刻等历史文物遗迹30余处。苦水高高跷、太平鼓被列为国家级非物质文化遗产，苦水下二调、铁芯子、玫瑰栽培技术等7个项目被列入省市级非物质文化遗产。苦水玫瑰是世界上稀有的高原富硒玫瑰品种，种植规模和鲜花产量均占全国的40%以上。2021年，全县玫瑰种植面积10.16万亩。其中，苦水玫瑰已顺利完成农产品地理标志登记，被农业农村部确定为中国重要农业文化遗产。百里玫瑰川、十里葡萄沟、万亩药材谷、高原夏菜绿色长廊、七山泉碱肉羊天然牧场等农牧业生产基地全面形成，产品畅销全国各地。

全年，全县完成地区生产总值125.98亿元，同比增长6.6%。其中，第一产业增加值实现16.42亿元，同比增长8.9%；第二产业增加值实现35.88亿元，同比增长4%；第三产业增加值实现73.68亿元，同比增长7.2%。固定资产投资同比增长13%；全县实现地区性财政收入13.55亿元，同比增长44.2%。完成一般公共预算收入5.43亿元，同比增长16.1%。其中，税收收入4.39亿元，同比增长25.9%；非税收入1.04亿元，同比增长-12.7%。完成一般公共预算支出27.66亿元，同比增长5.8%；实现社会消费品零售总额33.09亿元，同比增长7.2%；城镇居民人均可支配收入28798元，同比增长7.6%；农村人均可支配收入13950元，同比增长10.7%。

【产业发展】　现代农业稳步发展，实施10个农业产业3年倍增计划，建成省级农业产业园2个，培育县级龙头企业6家，认定县级示范合作社34家、示范家庭农场18家。“工业强县”战略深入实施，腾达西铁炉前浇筑环保提升、红狮固废协同利用、祁连山水泥节能改造等项目全部建成。树屏众创城一期、七山百万千瓦级光伏发电等重大项目加快推进，新增规上企业5家。文旅产业深度融合，成功举办兰州玫瑰节、农民丰收节等文化旅游节会，兰州水墨丹霞景区开业运营，成为全市新晋网红旅游“打卡地”。全年完成作物播种面积104.38万亩，粮食产量15.88万吨，连续3年保持在13万吨以上。全县各类畜禽养殖规模242.27万头（只、匹）。发展壮大新型经营主体，培育县级龙头企业6家、认定县级示范合作社34家、县级示范家庭农场18家。着力加快重点工业转型升级，新增规上工业企业5家。支持连铝公司、腾达西北铁合金有限公司、永登祁连山水泥有限公司、蓝星硅材料有限公司采用先进技术和设备进行优化升级。成功举办第十四届“兰州玫瑰节”。兰州水墨丹霞景区开放运营，越国开心农场、幸福农场等乡村旅游不断升温。全县累计接待旅游人数429.14万人次，实现旅游收入25.18亿元。组织开展“扶贫助农直播特卖会”等直播带货活动，提升一月红提、丁娃烧饼、九香玫瑰花茶、软儿梨、尕妞中药材、坪城藜麦、武胜驿牛羊肉等永登品牌知名度。

【项目建设】 抢抓黄河流域生态保护和高质量发展、兰西城市群建设、全域城乡融合发展、“工业强县”等战略和政策机遇，谋划储备投资项目122个，总投资128.8亿元。申报中央、省、市预算内投资和地方政府专项债券项目，成功争取中央预算内投资项目7个，到位资金1.24亿元，专项债券项目4个，到位资金2.12亿元。加快推动树屏丹霞景区一期、树屏众创城一期、碧桂园永丰府、采粲田园综合体、老旧楼院改造、七山百万级光伏基地、坪城45兆瓦风力发电等重大项目顺利开工建设，协调推进兰张三四线、G312傅家窑至苦水段顺利实施。开展“招商引资突破年”活动，全年全县执行招商引资项目47个，总投资168.22亿元。第27届“兰洽会”全县签约项目48个，签约总资金110.93亿元。

【城乡融合】 加快县城建设步伐，推进老旧小区改造，完成老城区清洁能源供热、西城区集中供热项目，供排水管网改造工程建成投运，敷设天然气管道33千米，永登县迈入管道天然气时代。加快推进兰张三四线、G312树屏至苦水公路建设，创建农村特色示范路4条，改造危桥4座，硬化村组道路40千米。开展全域城乡融合环境综合整治，落实城市网格化管理、“门前三包”等制度，遏制“六乱”问题。推进“三大革命”，完成美丽乡村建设13个，建成树屏产业园污水处理厂及中水回用项目，建成乡镇污水处理站2个，改善城乡人居环境。按照“食品+旅游”产业发展定位，委托北京土人城市规划设计股份有限公司编制《树屏镇城乡融合发展规划》等系列规划，力争率先把树屏镇打造为全县全域城乡融合发展示范镇。制定《永登县全域城乡融合环境综合整治方案》，动员全县上下，集中开展大规模、全覆盖城乡融合环境综合整治“1036”攻坚战。彻底清理城乡生产生活垃圾，实现垃圾减量化、资源化、无害化处理。加快城乡基础设施建设步伐，推进团结街延伸段整治（小康路—纬十三路）、西城区清洁能源集中供热、县城供热管网敷设、供排水管网改造、老旧小区改造等城市基础设施建设项目。

【生态环境】 强化联合执法，狠抓各类大气污染源治理，空气质量优良天数稳居全市第一。开展突出生态环境问题排查整治，常态化推进“两河一沟”和河湖“清四乱”行动，整改问题点位2000余处，高标准完成呢嘛沙沟杏花沟口水体处置任务，集中式饮用水水源地水质100%达标。开展工业炉窑治理、VOCs治理等专项整治行动，县域空气质量持续改善，优良天数281天，位居全市前列。严格落实河长制，开展“携手清四乱、保护母亲河”专项行动，整治完成水源地保护区环境问题49个，全县饮用水水源地水质达标率100%，辖区大通河和庄浪河进出水3个断面水质稳定达到并好于国家三类水域标准。加大土壤污染防治，全县年内未发生因污染地块再开发利用不当造成不良社会影响的事件。持续重视国土绿化，完成东西两山绿化1520亩、人工造林1.62万亩、草原生态修复治理3万亩、新一轮退耕还草工程1.3万亩。

【乡村振兴】 巩固拓展脱贫攻坚成果同乡村振兴有效衔接，制定《永登县实现巩固拓展脱贫攻坚成果同乡村振兴有效衔接工作方案》等，进一步明确工作方向，靠实工作责任，推进巩固拓展脱贫攻坚成果同乡村振兴有效衔接工作落地落实。健全完善“13539”监测帮扶工作机制，紧盯重点人群开展动态监测，281户896人“两类户”全部消除致贫返贫风险。投入各类资金3.1亿元，实施产业发展、饮水巩固提升、农村人居环境改善等9大类130个项目。输转脱贫劳动力29114人，优化调整公益性岗位2232个。建立“13539”检测帮扶机制，147户470人“三类户”消除致贫返贫风险。脱贫劳动力就业技能培训3600余人。落实天津市宝坻区帮扶资金3690万元，推进协作项目18个，持续深化东西部协作。

【民生保障】 大力实施重点民生工程，完成省市县为民兴办的实事23件。改造薄弱学校20所，建成学校标准化食堂4所，完成北城区幼儿园主体工程，永登九中实现招生。城乡低保标准提高8%，发放城乡困难群众补助金5500余万元。西城区教育园区基本落成，龙岗小学、永登九中投入使用，西城区小学、幼儿园基本建成。年内引进人才12人，招聘特岗教师106人，招考事业教师92人，安排“三区”支教教师17人，“千进八百互动”跟班教师培训30人，交流跟岗教师178人。推进县医院门诊综合楼、中医医院住院综合楼和传染病防治中心等重点项目，县人民医院成功晋升为“三级乙等”综合医院。县医院传染病区“三区两通道”、县疾控中心水质检测实验室完成改造。6名中医药骨干参加兰州市举办的中医适宜技术师资培训，196名村医和194名临床医生参加线上培训。全县城镇新增就业2608人，实现失业人员再就业2031人；劳务输转8.83万人，创劳务经济收入21.27亿元；发放创业担保贷款70笔1381万元，带动就业142人；通过城镇公益性岗位安置就业困难人员134人。

【新冠肺炎疫情防控】 贯彻“外防输入、内防反弹”总体防控策略，全县动员、全民参与、联防联控、群防群治，慎终如始打好疫情防控阻击战。全市疫情发生后，全县立即启动应急预案，迅速组织开展3轮核酸检测，采取机关干部下沉一线24小时值班值守、各重要卡点和出入口加强值守力量、严格管控车辆出行和推广使用“小兰帮办”小程序等有力举措，推动全县疫情防控工作取得实效。坚持外防输入、内防反弹，第一时间启动应急响应和联防联控机制，密集调度、精准施策，实行点位指挥长负责制，探索推行“123456”工作法，机关干部、退役军人、志愿者、民兵和群众同心协力、共抗疫情，构建起“点线面”网格化立体防控体系。先后组织4批920人次医护人员驰援兄弟县区。稳步降级防控措施，推进复工复产、复学复市。

（满自文）

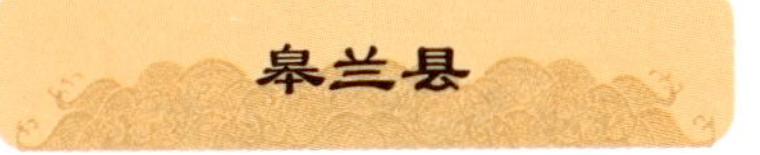

皋兰县

【综述】 皋兰县地处甘肃省中部，位于东经103°32′~104°22′，兰州市东北部，介于北纬36°05′~36°50′之间。东临白银市和榆中县，南接兰州市区，西连永登县，北依景泰县，全县区域总面积2136.69平方千米。年末，全县拥有6个镇，57个行政村；户籍总人口14.8274万人。其中，农业人口74955人；非农业人口73319人。人口自然增长率2.9‰。

境内属黄土高原丘陵沟壑区，地势呈西北向东南倾斜，山脉多为南北走向，海拔在1459.2米~2445.2米之间；属温带半干旱气候；全年平均气温8.3℃，比历年气温偏高0.9℃；年降水量163.1毫米，比历年平均值偏少34%。黄河流经皋兰县境内，年均流量311亿立方米。有什川古梨园、黄河奇峡、天斧沙宫、石洞寺森林等人文自然景观。

【国民经济】 2021年末，皋兰县地区生产总值完成88.7763亿元，同比增长9.6%。其中，第一产业增加值完成9.1762亿元，同比增长2.86%；第二产业增加值完成39.3942亿元，同比增长16.17%；第三产业增加值完成40.2059亿元，同比增长5.57%。社会消费品零售总额完成50.054亿元，同比增长6.36%；全社会固定资产投资增速5.82%；地区性财政收入完成19.9833亿元，增长27.07%；一般性公共预算收入完成8.3703亿元，同比增长11.36%；城镇居民人均可支配收入27574.79元，同比增7.49%；农村居民人均可支配收入14092.04元，同比增长49.58%。2月，客观反映中国县域网络购买力状况的“2021中国县域网络购买力百强榜”出炉，皋兰县位列百强榜86位，成为县域“剁手力”强大、电商蓬勃发展的代表。

【乡村振兴】　按照中央和省市要求，挂牌成立皋兰县乡村振兴局，编制完成《“十四五”巩固拓展脱贫攻坚成果同乡村振兴有效衔接规划》，皋兰县被列为省级乡村振兴重点帮扶县，为巩固脱贫攻坚成果接续推进乡村振兴战略奠定良好基础。健全防止返贫动态监测和帮扶机制，对因病（伤）、因学、因灾等支出较大，可能致贫返贫的农村常住人口，及时纳入防贫保险保障，防止农村低收入人口致贫返贫。年内把产业兴旺作为实施乡村振兴战略的关键抓紧抓细抓实，围绕都市农业总体定位大力实施特色优势产业3年倍增计划和省级现代农业产业园创建，整合资金1.44亿元支持产业发展，实施产业项目126个。推广“党支部领办合作社”模式，150名农村党员致富能手领办合作社26个，整合产业发展扶持资金1870万元，选取15个基础条件较好的村开展试点，支持农村集体经济组织利用现有资源、资产发展现代农业。启动建设皋兰县现代循环农业产业园，扶持建设万头肉牛产业基地，投资5903万元扶持新改扩建标准化养殖场10家。开展合作社、家庭农场培育提升行动，实施合作社扶持项目14个、家庭农场扶持项目1个。调整选派农业科技特派员62名，实现行政村全覆盖。坚持规划引领，加快推进村庄规划，完成县级村庄规划编制工作。狠抓乡村建设行动，推进什川镇省级乡村建设示范乡镇，推进建设省级乡村示范村10个。以“清脏、治乱、增绿、控污”四项工作为重点，实施农村人居环境整治提升5年行动，开展村庄清洁行动“秋冬战役”，集中整治农村“三堆五乱”“十四乱”等问题。推进农村“三改”，改造农村户用卫生厕所1200座，创建美丽乡村示范村6个、巩固提升2个。推进村庄绿化，栽植苗木1万余株。

【传统产业转型升级】　加快推进建设重点工业项目9个，年底完成投资4.64亿元。支持甘肃广盛、金桥模板等7家企业上规入库，推荐鸿丰电石成功入选省级第二批绿色工厂，泛植制药、长征机械两家企业被认定为省级“专精特新”中小企业。加强能耗目标管理，完成兰鑫钢铁、鸿丰电石等9家重点用能企业节能降耗与节能监察工作。持续壮大提升商贸物流，推进丰树现代物流园、久和国际糖酒副食城2期等大型商贸物流项目11个，完成投资7.14亿元。组织召开皋兰县电子商务公共品牌发布会，面向全社会发布电商品牌6个，完成高原夏菜等11款农产品的认证。动员全县商贸企业参加“畅享兰州·乐购金城”等促消费活动，重点商超客流量不断增加。强化对外宣传推介，参加“丝丝相扣、一带一路”金城兰州走进古越绍兴城际交流推介、“一带一路”金城兰州沿湘之行城际文化交流等活动。推进乡村旅游发展，成功举办首届“杏花节”活动，兰沟村成功创建省级旅游示范村，上车村成功创建全省文旅乡村振兴样板村。加快推进旅游设施建设，石洞寺游客服务中心完成主体工程。坚持景区疫情防控常态化管理，采取实名预约、短信提示、摆渡车等服务措施，全力做好兰州野生动物园、什川古梨园景区旅游高峰服务保障工作。全年接待游客310.74万人次，创旅游收入6.3亿元。抢抓“一带一路”、新时代西部大开发、做好黄河文章等政策机遇，多方面、宽领域凝练储备项目，谋划储备“十四五”时期实施项目327项，总投资1370亿元，纳入全市“十四五”规划项目库106项，总投资1073亿元。开展“五比五拼”项目建设大比拼活动，落实重点项目县级领导包抓责任制和“一企一策一团队”推进模式，组建项目团队19个，采用“保姆式”“跟踪式”服务，推进重点项目建设。年末，全县实施的80项重点项目开工建设56项，完成投资68.33亿元。

【民主法治建设】　坚持把党的领导贯穿人大依法履职全过程，全年县人大常委会组织开展检查、视察和调研15次，听取和审议专项工作报告18个，作出决议决定23项，依法任免国家机关工作人员20人次。加强党对政协工作的领导，县委常委会会议审议通过政协年度协商计划，支持县政协围绕全县重大事项、中心工作开展协商议政12项，围绕经济发展、社会建设、民生改善等开展调查、视察、督导、提案督办26次。开展全省民族团结进步示范县创建工作，强化民族团结进步宣传教育和联创共建，实施民族团结进步“八大工程”，打造民族团结进步创建工作示范点，巩固和发展平等、团结、互助、和谐的社会主义民族关系。贯彻党的宗教工作基本方针，依法依规加强宗教事务管理，开展“党亲国好法大”教育实践活动，引导宗教界人士树立拥党爱国守法的价值观。深入学习贯彻习近平法治思想，全面加强党对法治工作的领导，依法治县基础不断夯实。支持法院、检察院依法独立行使审判权、检察权，确保司法公正。推进政法队伍教育整顿，聚焦“四项任务”，全面排查突出问题，接续实施“固魂铸剑”行动，加大成果巩固、思政教育、警事训练、为民服务力度，政法队伍纪律作风进一步改善，全县法治环境进一步优化。深入开展“法律八进”活动，做好“七五”普法全面总结和“八五”普法规划编制，全面推行行政执法“三项制度”，促进公正规范文明执法。推进法治政府建设，充分发挥法律顾问作用，审查政府合同20件，提出修改意见46条，针对涉法事项出具法律意见书95份。推进公共法律服务体系建设不断扩大法律援助覆盖面，受理法律援助案件83件。推进市域社会治理现代化建设，建立一级网格1个、二级网格6个、三级网格62个、四级网格227个。坚持和发展新时代“枫桥经验”，建立矛盾纠纷调解专家库，充分发挥人民调解“第一道”防线作用，排查化解各类矛盾纠纷和涉稳隐患168件。全面落实拥军优属各项政策，成立县级退役军人服务中心，建成镇村（社区）级退役军人服务站69个，设立全省首家“军人驿站”，核发各类优抚资金1237.45万元。

【民生福祉】 加大民生投入力度，全年财政用于民生支出13.65亿元，占一般公共预算支出的65%。推进县综合福利院基础设施配套等为民兴办实事10件。坚持教育优先发展，推进蔡河幼儿园及附属设施建设等教育基础设施项目4个。提高医疗服务能力和水平，推进县医院5G+智慧医疗建设，建成县医院住院部、县妇幼保健院综合业务楼、黑石社区医院等项目3个。推进城乡交通设施建设，皋兰县成为全国第一批、全省唯一成功创建城乡交通运输一体化示范县。加大城乡低保、临时救助等保障力度，完成城乡低保、特困供养户人员提标工作，落实困难群众救助资金4393.36万元。落实重大疾病医疗保险和救助制度，大病保险支出1195.4万元，救助金额427.04万元。健全就业保障和创业扶持机制，突出抓好各类重点群体就业创业，发放创业贷款2620万元，扶持创业272人，新增城镇就业1323人、农村劳动力转移就业2.67万人。做好基础养老金统筹工作，规范基本养老保险缴费政策，发放机关事业单位养老保险金1.04亿元、企业职工养老保险金1.31亿元、城乡居民养老保险待遇3300万元。贯彻落实《保障农民工工资支付条例》，及时查处劳动保障监察违法案件，为1406名农民工讨回工资3939.92万元。深化“平安皋兰”建设，构建共建共治共享体制机制，健全完善线上线下三级治安防控网，织牢织密社会防护网。推进扫黑除恶斗争常态化，开展违法犯罪专项打击整治行动，查破各类刑事案件193起。拓展“雪亮工程”深度运用，在6个镇全面开展“智慧村庄”试点工作，38个村（社区）安装视频探头2270个，加快推进12个智慧安防小区建设。加强应急管理能力建设，深化安全生产专项整治3年行动，做好地质灾害、防汛抗旱等治理工作。紧扣庆祝中国共产党成立100周年，谋划开展形式多样、内容丰富的群众性主题宣传教育活动23项。推进新时代文明实践中心和融媒体中心建设，开展“四点半爱心课堂”等志愿服务活动，对内对外宣传持续加强，发挥“举旗帜、聚民心、育新人、兴文化、展形象”的作用。加快城乡文化共建步伐，推进县图书馆数字化建设，红色文旅数字IP·运营中心暨红色产业发展数字化联盟启动运行，红色文化博物馆按期开放，提升公共文化供给能力和服务效能。文体活动深入开展，成功举办摩托车拉力赛、姚基金希望小学篮球季甘肃赛区皋兰站联赛等体育赛事，县自行车队在“2021年甘肃省青少年自行车锦标赛”上取得金牌和奖牌总数第二的佳绩。

【生态环境】 抓好中央生态环境保护督察反馈问题整改落实，涉及县域的16项具体问题完成整改12项。抓好大气污染防治，严控"四烧",对全县重点企业开展工业窑炉整治工作,截至11月底,全县环境空气质量优良天数282天,达标率86.5%。加强水环境综合管控,对黄河什川段、蔡家河、呢嘛沙沟等流域环境进行综合管理,确保流域水质安全。开展土壤环境质量综合管理,更新2021年土壤污染重点监管单位名单。加大环保执法检查力度,查处环境违法问题11起,收缴罚款181.9万元。推进天然林资源保护2期工程和国家级重点公益林管护项目,聘用管护人员154名,有效制止放牧、狩猎、滥砍滥伐等破坏林地林木的行为,保护17.3万亩国有天然林资源和25.7万亩国家级重点公益林。推进大规模国土绿化行动,新增造林面积5500亩。推进以县城为重要载体的城镇化建设,统筹推进县城给水排水、污水处理、亮化照明、景观绿化等项目建设,促进城乡面貌持续改善。研究制定《皋兰县数字乡村建设试点工作方案》,推进数字乡村建设。改造老旧小区,供销社家属院等22个小区40幢楼1338户老旧小区改造任务完成85%。持续深化城镇综合执法管理、违法建设治理、综合交通行政管理体制改革,加大治违、治脏、治乱工作力度,城市管理水平、城市形象不断提升。

【重点领域改革】 统筹推进经济体制改革、社会体制改革等9个方面27项重点改革任务,科学规范、运行有效的体制机制逐步形成。推动皋兰与兰州主城区和兰州新区融合发展,打造新老城区一体发展的中心连接点和融合枢纽区。开展"招商引资突破年"活动,紧盯县城西通道、黑石铸造产业园、什川古梨园等重点区域,凝练包装项目23个,总投资431亿元。坚持"请进来"和"走出去"并重,邀请日昌升集团有限公司等45家企业来皋考察,赴外开展招商引资活动3批次,拜访企业37家,形成线索项目29个,总投资114.29亿元。认真筹备并组织参加第27届"兰洽会",签约年产300万吨绿色精品骨料生产线等项目26个,合同引资137.1亿元。利用兰白国家自主创新示范区建设等重大机遇,健全创新支持体系,加强校地、校企全方位、深层次的合作,与西北师范大学新农村发展研究院签订合作框架协议,开展特色农产品精深加工和新产品研发。激励企业开展创新,推荐上报省市级科技计划项目、人才创新创业等项目12个。立足创新创业,持续加大教育培训和科普宣传力度,对20家企业和合作社开展政策宣讲和对接服务,组织西部建材等企业参加全省科技型中小企业科技创新政策培训班,欧特建材等8家企业入库省级科技型中小企业库,华清新能源生物质气化设备研发制造项目参加市级重大技术攻关专项"揭榜挂帅"活动,并成功立项。

【新冠肺炎疫情防控】 及时调整疫情联防联控领导小组,压紧压实"四方责任",在疫情防控重点领域、重点环节组建临时党支部25个,成立党员先锋队(突击队、志愿服务队)166个,设立党员先锋岗176个,参与党员2900余人,全县机关事业单位下沉社区2400余人。充分发挥"社工委"、文明实践中心作用,全覆盖构建县、镇、村3级爱国卫生运动委员会和基层公共卫生委员会工作机构,开展"一村(社区)一警一队伍"建设,建立"交通要道检测+重点路段巡逻+各村卡口监测"模式和"智慧管理+值班值守+巡逻劝导+重点管控"体系,形成上下联动、左右互动的疫情防控合力,有效阻断疫情传播,全县无新增病例。累计下达防疫经费1291.82万元,协调社会力量捐助价值369.96万元防疫物资,有力保障疫情防控工作开展。在全县范围内布设临时核酸采样点146个,配备采样人员302名,完成全县常住人口3轮次大规模核酸检测400423人次,后期完成特殊人群核酸检测"愿检尽检""应检尽检"146553人次,核酸检测结果均为阴性。对全县所有冷链食品及经营企业实行全覆盖检测,各类场所外环境和人员等累计检测12159份。紧盯重点人群,严格流调研判,排摸管控外省市来皋人员173人、密切接触者35人、次密切接触者664人、"红码"24人、"黄码"1175人、其他风险人员34人,集中隔离管控930人,居家隔离管控1175人,隔离点人员全部坚持服用甘肃方剂。紧盯院感防控,强化发热门诊监测和闭环管理,严格落实患者及陪护人员核酸检测等制度,筑牢全县医疗机构防护网。紧盯重点领域,暂时关停所有不涉及居民生活必需品的各类商铺、娱乐场所。加快疫苗接种进度，完成加强针接种3939人。强化正面舆论引导，宣传防疫知识，提高群众防疫意识。强化执法监管力度，加强蔬菜、米面油、防疫用品等生活防疫必需品的价格监测，全县各类生活、防疫物资储备充足、价格平稳。编制《皋兰县关于有序恢复生产生活秩序从严做好常态化疫情防控工作的通知》，为企业复工复产提供政策指导，全力保建设促生产稳经营。建立规上工业企业和重点商贸企业"一企一策一县级领导包抓"机制，逐个企业、逐个项目帮助纾难解困，推动全县51家限上商贸企业全部复工复产、169家工业企业复工137家。

（魏周延）

人物与荣誉榜

人 物

【2021年度国家级表彰荣誉】

姓　名	所在单位	荣获称号	颁奖单位	颁奖时间
史光平	兰州新区民政司法和社会保障局	全国医疗保障系统抗击新冠肺炎疫情先进个人	国家医疗保障局	1月
张永军	国家税务总局兰州市税务局	个人所得税改革专项工作个人嘉奖	国家税务总局	1月
李　刚	兰州市公安局技侦支队	全国公安系统二级英雄模范	公安部	1月
田高智	兰州市公安局刑警支队	全国扫黑除恶专项斗争先进工作者	全国扫黑办	1月
梁云鹏	兰州市供销合作社	2020年度报送信息先进个人	全国供销合作总社	2月
刘兰香	兰州市公安局七里河分局	全国公安系统二级英雄模范	公安部	3月
魏　赓	市委直属机关工委	2020年度基层职工互助保障工作考核中成绩“优秀”	中国职工保险互助会	4月
刘海龙	民进兰州市委会	民进全国脱贫攻坚民主监督工作先进个人	民进中央	4月
贺小东	兰州市公安局刑警支队	全国公安系统二级英雄模范	公安部	4月
隆小红	兰州中川国际机场公司地面服务部	全国五一巾帼标兵	中华全国总工会	4月
韩晓亮	兰州市交通运输委员会	全国交通运输脱贫攻坚成绩突出个人	交通运输部	4月
张令飞	兰州市公安局城关分局	全国公安系统二级英雄模范	公安部	6月
高祝军	兰州市公安局监管支队	全国公安系统二级英雄模范	公安部	6月
李文东	兰州新区市场监督管理局	“小个专”党建工作表现突出个人	国家市场监管总局	6月
王宏伟	兰州新区人民检察院	中国法学会检察学研究会民事检察专业委员会第一届年会论文二等奖	最高人民检察院	7月
张林科	国家税务总局兰州市税务局	脱贫攻坚工作三等功	国家税务总局	8月

姓　名	所在单位	荣获称号	颁奖单位	颁奖时间
周　渐	兰州市第二人民医院	中国好医生	中央文明办、国家卫生健康委员会	9月
陆　义	兰州新区经济发展局	第七次全国人口普查先进个人	国务院第七次全国人口普查领导小组	9月
刘姗姗	兰州生产力促进中心	2020年度生产力促进奖(服务奖)二等奖	中国生产力促进中心协会	9月
张　洁	兰州生产力促进中心	2020年度生产力促进奖(服务奖)二等奖	中国生产力促进中心协会	9月
宋贤钧	兰州职业技术学院	《大学生职业素养训练》获首届全国教材建设二等奖	国家教材委员会	9月
任　晖 袁耀华	甘肃卫生职业学院	首届全国教材建设奖	国家教材委员会	9月
郑晓婷	国网兰州供电公司	全国向上向善好青年"爱岗敬业好青年"	共青团中央	10月
郭春婷	市委政研室	2021年全国最美家庭	中华全国妇女联合会	10月
郭育恒	兰州新区市政集团	2021全国最美家庭	中华全国妇女联合会	10月
马　斌	兰州市安宁区消防救援大队	2021全国最美家庭	中华全国妇女联合会	10月
田祎楠	兰州市气象局	重大气象先进个人	中国气象局	11月
宋贤均	兰州职业技术学院	教育部职业院校教学(教育)指导委员会(2021—2025年)信息化教学指导委员会委员	教育部	11月
马锁生	兰州职业技术学院	全国行业职业教育教学指导委员会(2021—2025年)商业职业教育教学指导委员会委员	教育部	11月
朱艳君	兰州职业技术学院	全国行业职业教育教学指导委员会(2021—2025年)广电与网络视听职业教育教学指导委员会委员	教育部	11月
王艺霖	兰州职业技术学院	全国行业职业教育教学指导委员会(2021—2025年)包装职业教育教学指导委员会委员	教育部	11月
黄恒君	兰州财经大学	统计科学技术进步奖三等奖	中国统计学会	11月
闫承杰	兰州市科学技术协会	全民科学素质工作先进个人	中国科学技术协会	11月
马　斌	兰州市安宁区消防救援大队	2021年全国最美家庭	全国妇联	11月
李彩萍	兰州市科技局	在2021年全国科技活动周及重大示范活动中，积极参与，热情服务，表现优异	全国科技活动周组委会办公室	11月
肖迎珺	兰州市妇女联合会	全国维护妇女儿童权益先进个人	全国妇联	12月
郭　娜	兰州市市场监督管理局	全国知识产权系统先进个人	人力资源和社会保障部 国家知识产权局	12月
罗　航	兰州新区西岔园区	全国人力资源社会保障系统优质服务"先进个人"	人力资源和社会保障部	12月
刘亚云	兰州新区生态环境局	重点行业企业用地土壤污染状况调查"表现突出个人"	生态环境部办公厅	12月
孙黎晓	兰州新区市场监督管理局	全国消协组织消费维权先进个人	中国消费者协会	12月
李胜利	兰州市退役军人服务中心	退役军人服务保障先进个人	退役军人事务部 中央军委政治工作部	12月

【2021年度省委省政府表彰荣誉】

姓名	单位	荣获称号	颁奖单位	颁奖时间
贾　忠	兰州市第二人民医院副院长、主任药师	甘肃省专利发明人奖	省政府	1月
刘雄昌	兰州市第二人民医院党委书记、主任医师	甘肃省科技进步奖三等奖	省政府	1月
武永陶	兰州新区西岔园区	甘肃省科技进步三等奖	省委、省政府	1月
周国庆	兰州市公安局西固分局	甘肃省抗击新冠肺炎疫情先进个人、甘肃省优秀共产党员	省委、省政府	4月
杨岩平	兰州市第三人民医院三病区	甘肃省抗击新冠肺炎疫情先进个人	省委、省政府	4月
郭兰英	兰州日报社兰州晚报都市新闻部	甘肃省抗击新冠肺炎疫情先进个人	省委、省政府	4月
王　东	兰州市第一人民医院呼吸科	甘肃省抗击新冠肺炎疫情先进个人	省委、省政府	4月
许珊丽	兰州市第一人民医院医务科	甘肃省抗击新冠肺炎疫情先进个人	省委、省政府	4月
张　静	兰州市第二人民医院感染科	甘肃省抗击新冠肺炎疫情先进个人	省委、省政府	4月
王智永	兰州市肺科医院	甘肃省抗击新冠肺炎疫情先进个人	省委、省政府	4月
魏立琰	兰州市肺科医院外科病区	甘肃省抗击新冠肺炎疫情先进个人	省委、省政府	4月
杨衍佑	兰州市卫生健康委员会	甘肃省抗击新冠肺炎疫情先进个人	省委、省政府	4月
张　鹏	中国铁路兰州局集团有限公司兰州客运段生产调度指挥中心	甘肃省抗击新冠肺炎疫情先进个人	省委、省政府	4月
王韶辰	兰州公交集团有限公司第三客运公司	甘肃省抗击新冠肺炎疫情先进个人	省委、省政府	4月
汪　静	兰州市城关区卫生健康局	甘肃省抗击新冠肺炎疫情先进个人	省委、省政府	4月
吴　妍	兰州市城关区团结新村街道天水南路社区	甘肃省抗击新冠肺炎疫情先进个人	省委、省政府	4月
王在红	兰州市七里河区肥料管理队	甘肃省抗击新冠肺炎疫情先进个人	省委、省政府	4月
周国庆	兰州市公安局西固分局治安管理一大队	甘肃省抗击新冠肺炎疫情先进个人	省委、省政府	4月
张艳军	甘肃军创电子科技有限公司	甘肃省抗击新冠肺炎疫情先进个人	省委、省政府	4月
包君琴	兰州市安宁区人民医院	甘肃省抗击新冠肺炎疫情先进个人	省委、省政府	4月
王　彬	兰州市第五医院外八科	甘肃省抗击新冠肺炎疫情先进个人	省委、省政府	4月
张彦昌	永登县人民医院感染科	甘肃省抗击新冠肺炎疫情先进个人	省委、省政府	4月
窦鹏军	榆中县路政大队	甘肃省抗击新冠肺炎疫情先进个人	省委、省政府	4月
王建云	兰州市肺科医院	甘肃省抗击新冠肺炎疫情先进个人	省委、省政府	4月
祁军平	兰州市肺科医院一病区	甘肃省抗击新冠肺炎疫情先进个人	省委、省政府	4月
柳生成	兰州市肺科医院放射科	甘肃省抗击新冠肺炎疫情先进个人	省委、省政府	4月
曹明媛	兰州市第一人民医院干部保健科	甘肃省抗击新冠肺炎疫情先进个人	省委、省政府	4月
马艳云	兰州市第一人民医院检验科	甘肃省抗击新冠肺炎疫情先进个人	省委、省政府	4月
华　任	兰州市第一人民医院呼吸内科	甘肃省抗击新冠肺炎疫情先进个人	省委、省政府	4月
魏　丽	兰州市第二人民医院感染科	甘肃省抗击新冠肺炎疫情先进个人	省委、省政府	4月
苟黎坤	兰州市第二人民医院重症医学科	甘肃省抗击新冠肺炎疫情先进个人	省委、省政府	4月

姓名	单位	荣获称号	颁奖单位	颁奖时间
甄文平	兰州市第二人民医院泌尿外科	甘肃省抗击新冠肺炎疫情先进个人	省委、省政府	4月
赵 燕	兰州市第二人民医院公共卫生科	甘肃省抗击新冠肺炎疫情先进个人	省委、省政府	4月
赵 璇	兰州市第三人民医院儿少科	甘肃省抗击新冠肺炎疫情先进个人	省委、省政府	4月
丁丽宏	兰州市中医医院麻醉科	甘肃省抗击新冠肺炎疫情先进个人	省委、省政府	4月
吴瑞梅	兰州市中医医院肛肠科	甘肃省抗击新冠肺炎疫情先进个人	省委、省政府	4月
瞿世玉	兰州中医骨伤科医院骨三科	甘肃省抗击新冠肺炎疫情先进个人	省委、省政府	4月
许文燕	兰州中医骨伤科医院骨一科	甘肃省抗击新冠肺炎疫情先进个人	省委、省政府	4月
王春萍	兰州市妇幼保健院医务科	甘肃省抗击新冠肺炎疫情先进个人	省委、省政府	4月
郭冬梅	兰州市口腔医院牙体牙髓科	甘肃省抗击新冠肺炎疫情先进个人	省委、省政府	4月
王 瑜	甘肃兰炭医院放射科	甘肃省抗击新冠肺炎疫情先进个人	省委、省政府	4月
张小英	兰州市城关区人民医院内科	甘肃省抗击新冠肺炎疫情先进个人	省委、省政府	4月
罗亚莉	兰州市城关区疾病预防控制中心检验科	甘肃省抗击新冠肺炎疫情先进个人	省委、省政府	4月
王玉翔	兰州市七里河区人民医院内儿科	甘肃省抗击新冠肺炎疫情先进个人	省委、省政府	4月
孙建芳	兰州市西固区人民医院重症医学科	甘肃省抗击新冠肺炎疫情先进个人	省委、省政府	4月
刘 凯	兰州市西固区人民医院重症医学科	甘肃省抗击新冠肺炎疫情先进个人	省委、省政府	4月
路景玉	兰州市安宁区人民医院供应室	甘肃省抗击新冠肺炎疫情先进个人	省委、省政府	4月
严文霞	兰州市安宁区万里医院门诊科	甘肃省抗击新冠肺炎疫情先进个人	省委、省政府	4月
逯 霞	省人民医院红古分院第三病区	甘肃省抗击新冠肺炎疫情先进个人	省委、省政府	4月
缪铁文	永登县中医院	甘肃省抗击新冠肺炎疫情先进个人	省委、省政府	4月
周茂花	榆中县第一人民医院重症医学科	甘肃省抗击新冠肺炎疫情先进个人	省委、省政府	4月
兰小荣	榆中县第一人民医院重症医学科	甘肃省抗击新冠肺炎疫情先进个人	省委、省政府	4月
王琼莉	榆中县中医院消毒供应中心	甘肃省抗击新冠肺炎疫情先进个人	省委、省政府	4月
邸维国	皋兰县人民医院重症医学科	甘肃省抗击新冠肺炎疫情先进个人	省委、省政府	4月
王宇红	兰州市疾病预防控制中心	甘肃省抗击新冠肺炎疫情先进个人	省委、省政府	4月
魏存亮	兰州市医疗和医保监管服务指导中心	甘肃省抗击新冠肺炎疫情先进个人	省委、省政府	4月
王文琨	兰州市人民政府办公室秘书九科	甘肃省抗击新冠肺炎疫情先进个人	省委、省政府	4月
王正祥	兰州市工业和信息化局	甘肃省抗击新冠肺炎疫情先进个人	省委、省政府	4月
张巨明	兰州市交通运输委员会运输科	甘肃省抗击新冠肺炎疫情先进个人	省委、省政府	4月
郭宪林	兰州市公安局	甘肃省抗击新冠肺炎疫情先进个人	省委、省政府	4月
施 华	兰州广播电视台	甘肃省抗击新冠肺炎疫情先进个人	省委、省政府	4月
高槐德	兰州高新技术产业开发区街道办事处	甘肃省抗击新冠肺炎疫情先进个人	省委、省政府	4月
高瑞明	兰州新城宝盈物业管理有限公司	甘肃省抗击新冠肺炎疫情先进个人	省委、省政府	4月
付松华	兰州市城关区人民政府	甘肃省抗击新冠肺炎疫情先进个人	省委、省政府	4月

姓名	单位	荣获称号	颁奖单位	颁奖时间
赵国刚	兰州市城关区雁园街道	甘肃省抗击新冠肺炎疫情先进个人	省委、省政府	4月
曲　波	甘肃方舟救援志愿服务队	甘肃省抗击新冠肺炎疫情先进个人	省委、省政府	4月
柴　乐	兰州市七里河区西站街道社区服务中心	甘肃省抗击新冠肺炎疫情先进个人	省委、省政府	4月
韩亚男	兰州市七里河区西湖街道瓜州路社区	甘肃省抗击新冠肺炎疫情先进个人	省委、省政府	4月
翟安洁	兰州市七里河区建兰路街道吴家园社区	甘肃省抗击新冠肺炎疫情先进个人	省委、省政府	4月
张笑春	兰州市西固区人民政府	甘肃省抗击新冠肺炎疫情先进个人	省委、省政府	4月
黄建国	兰州市西固区应急管理局	甘肃省抗击新冠肺炎疫情先进个人	省委、省政府	4月
柴丽娟	甘肃省建筑构件工程有限责任公司	甘肃省抗击新冠肺炎疫情先进个人	省委、省政府	4月
周吉鹏	兰州市安宁区培黎街道师大社区	甘肃省抗击新冠肺炎疫情先进个人	省委、省政府	4月
蔚　倜	兰州市安宁区刘家堡街道城院社区	甘肃省抗击新冠肺炎疫情先进个人	省委、省政府	4月
姚　丹	兰州市安宁区银滩路街道政务服务中心	甘肃省抗击新冠肺炎疫情先进个人	省委、省政府	4月
潘锦鹏	兰州市红古区交通运输局	甘肃省抗击新冠肺炎疫情先进个人	省委、省政府	4月
李庭明	永登县红城镇	甘肃省抗击新冠肺炎疫情先进个人	省委、省政府	4月
牛思义	榆中县卫生健康局	甘肃省抗击新冠肺炎疫情先进个人	省委、省政府	4月
张惠智	皋兰县公安局水阜派出所	甘肃省抗击新冠肺炎疫情先进个人	省委、省政府	4月
陆元明	兰州客运中心有限责任公司	甘肃省抗击新冠肺炎疫情先进个人	省委、省政府	4月
李洪恩	兰州市轨道交通有限公司运营分公司	甘肃省抗击新冠肺炎疫情先进个人	省委、省政府	4月
杨尔欣	国网甘肃省电力公司后勤工作部	甘肃省抗击新冠肺炎疫情先进个人	省委、省政府	4月
肖春景	中国石油兰州石化分公司规划处	甘肃省抗击新冠肺炎疫情先进个人	省委、省政府	4月
张惠智	皋兰县公安局	甘肃省抗击新冠肺炎疫情先进个人	省委、省政府	4月
魏存亮	兰州市医疗和医保监管服务指导中心	甘肃省抗击新冠肺炎疫情先进个人	省委、省政府	4月
魏廷进	兰州新区中川园区	甘肃省抗击新冠肺炎疫情先进个人	省委、省政府	4月
	兰州新区中川园区	甘肃省优秀共产党员	省委	4月
李泓序	兰州新区西岔园区	甘肃省优秀共产党员	省委	4月
		甘肃省抗击新冠肺炎疫情先进个人	省委、省政府	5月
高槐德	兰州高新区行政服务中心	甘肃省优秀共产党员	省委	4月
赵永元	兰州新区卫生健康委	甘肃省抗击新冠肺炎疫情先进个人(优秀共产党员)	省委、省政府	4月
吕元清	兰州新区卫生健康委	甘肃省抗击新冠肺炎疫情先进个人	省委、省政府	4月
王晓珍	兰州新区卫生健康委	甘肃省抗击新冠肺炎疫情先进个人	省委、省政府	4月
王建红	兰州新区卫生健康委	甘肃省抗击新冠肺炎疫情先进个人	省委、省政府	4月
吕宏炜	兰州新区卫生健康委	甘肃省抗击新冠肺炎疫情先进个人	省委、省政府	4月
陈瑞霞	兰州新区卫生健康委	甘肃省抗击新冠肺炎疫情先进个人	省委、省政府	4月
张建军	兰州新区卫生健康委	甘肃省抗击新冠肺炎疫情先进个人	省委、省政府	4月

姓名	单位	荣获称号	颁奖单位	颁奖时间
黄德文	兰州新区卫生健康委	甘肃省抗击新冠肺炎疫情先进个人	省委、省政府	4月
陈桂花	兰州新区卫生健康委	甘肃省抗击新冠肺炎疫情先进个人	省委、省政府	4月
宋祥国	兰州新区商投集团	甘肃省抗击新冠肺炎疫情先进个人	省委、省政府	4月
闫喜柱	兰州中川国际机场公司消防护卫部	甘肃省抗击新冠肺炎疫情先进个人	省委、省政府	4月
		甘肃省优秀共产党员	省委	4月
郭宪林	兰州市公安局	甘肃省优秀共产党员	省委	4月
		甘肃省抗击新冠肺炎疫情先进个人	省委、省政府	4月
王韶辰	兰州公交集团第三客运公司	甘肃省优秀共产党员	省委	4月
		甘肃省抗击新冠肺炎疫情先进个人	省委、省政府	4月
冯康斌	兰州市水务局	全省脱贫攻坚先进个人	省委、省政府	5月
张爱民	兰州新区农林水务局	全省脱贫攻坚先进个人	省委、省政府	5月
徐生田	兰州市科技局	全省脱贫攻坚先进个人	省委、省政府	5月
张　强	兰州财经大学	全省脱贫攻坚先进个人	省委、省政府	5月
王　莉	兰州市医保局	全省脱贫攻坚先进个人	省委、省政府	5月
汪成辉	兰州市交通委	全省脱贫攻坚先进个人	省委、省政府	5月
丁以伟	兰州高新区组织人社局	全省脱贫攻坚先进个人	省委、省政府	5月
苏卫东	兰州市公安局交警支队	甘肃省优秀党务工作者	省委	6月
陈录阳	兰州公交集团第五客运公司	甘肃省优秀共产党员	省委	6月
金　璞	兰州市公安局便衣支队	甘肃省优秀共产党员	省委	6月
王坚民	兰州新区商投集团	甘肃省优秀共产党员	省委	6月
刘万胜	兰州市殡仪馆	甘肃省优秀共产党员	省委	6月
赵良忠	兰州新区消防救援支队	甘肃省见义勇为先进分子	省委、省政府	12月

【2021年度省级部门表彰荣誉】

姓　名	单位	荣获称号	颁奖单位	颁奖时间
骆振玺	兰州新区石投集团	2021年甘肃省技术标兵	省总工会	1月
刘　恒	兰州新区石投集团	2021年甘肃省技术标兵	省总工会	1月
孙占栋	兰州新区石投集团	2021年甘肃省技术标兵	省总工会	1月
何草吉	兰州新区组织部	全省优秀理论宣讲微视频先进个人	省委宣传部	1月
蔡惠民	兰州新区城乡建设和交通管理局	全省交通运输行业先进个人	省人社厅、省交通运输厅	1月
魏万雪	兰州新区公安局	优秀人民警察	省人社厅、省公安厅	1月
夏　超	兰州新区科技局	全省科技统计工作先进个人	省科技厅	1月
吴增功	兰州新区人民检察院	全省公益诉讼优秀法律文书	省检察院	1月
张爱明	兰州新区农林水务局	全省农业科技推广工作先进个人	省人社厅、省农业农村厅	1月
冯向东	兰州新区农林水务局	全省森林督查暨森林资源管理“一张图”年度更新工作先进个人	省林业和草原局	1月
王奉军	兰州新区农投集团	2017—2019年度全省农业科技推广工作先进个人	省人社厅、省农业农村厅	1月
王　萍	兰州新区商投集团	2021年全省百万职工职业技能素质提升活动优秀组织者	省总工会	1月
金　璞	兰州新区便衣支队	2018—2020年度全省优秀人民警察	省人社厅、省公安厅	1月
亢渊博	兰州市公安局城关分局	2018—2020年度全省优秀人民警察	省人社厅、省公安厅	1月
彭裔涵	兰州市公安局城关分局	2018—2020年度全省优秀人民警察	省人社厅、省公安厅	1月
李　华	兰州市公安局七里河分局	2018—2020年度全省优秀人民警察	省人社厅、省公安厅	1月
曾繁红	兰州市公安局西固分局	2018—2020年度全省优秀人民警察	省人社厅、省公安厅	1月
闫　英	兰州市公安局安宁分局	2018—2020年度全省优秀人民警察	省人社厅、省公安厅	1月
宋红泉	兰州市公安局红古分局	2018—2020年度全省优秀人民警察	省人社厅、省公安厅	1月
魏万雪	兰州市公安局新区公安局	2018—2020年度全省优秀人民警察	省人社厅、省公安厅	1月
潘竟明	永登县公安局	2018—2020年度全省优秀人民警察	省人社厅、省公安厅	1月
张明军	皋兰县公安局	2018—2020年度全省优秀人民警察	省人社厅、省公安厅	1月
杨　洁	兰州市公安局办公室	2018—2020年度全省优秀人民警察	省人社厅、省公安厅	1月
苏　琪	兰州市公安局国保支队	2018—2020年度全省优秀人民警察	省人社厅、省公安厅	1月
马　宇	兰州市公安局经侦支队	2018—2020年度全省优秀人民警察	省人社厅、省公安厅	1月
赵　辉	兰州市公安局特警支队	2018—2020年度全省优秀人民警察	省人社厅、省公安厅	1月
丁彦儒	兰州市公安局刑警支队	2018—2020年度全省优秀人民警察	省人社厅、省公安厅	1月
王爱萍	兰州市公安局网安支队	2018—2020年度全省优秀人民警察	省人社厅、省公安厅	1月
杨　懿	兰州市公安局交警支队	2018—2020年度全省优秀人民警察	省人社厅、省公安厅	1月
王小安	兰州市公安局刑警支队	个人一等功	省公安厅	1月
钟　杰	兰州市公安局便衣支队	个人一等功	省公安厅	1月
李彩萍	兰州市科技局	全省科技统计工作先进个人	省科学技术厅	1月
田玉成	兰州中川国际机场公司消防护卫部	甘肃省优秀工会积极分子	省人社厅、省总工会	2月
刘学法	兰州新区消防救援支队	十佳标兵基层干部	省消防救援总队	2月

姓　名	单位	荣获称号	颁奖单位	颁奖时间
赵良忠	兰州新区消防救援支队	十佳标兵专职消防员	省消防救援总队	2月
温骐玮	兰州市退役军人事务局	2021年度全省退役军人事务系统政务信息暨新闻宣传工作先进个人	省退役军人事务厅	2月
康世杰	兰州市退役军人事务局	2021年度全省退役军人事务系统政务信息暨新闻宣传工作先进个人	省退役军人事务厅	2月
邢　东	兰州市退役军人事务局	2021年度全省退役军人事务系统政务信息暨新闻宣传工作先进个人	省退役军人事务厅	2月
韩少康	农工党兰州市人社支部	2020年参政议政工作先进个人	农工党甘肃省委会	3月
王　波	农工党兰州市委会	2020年参政议政工作积极分子	农工党甘肃省委会	3月
王汝勃	农工党兰州市委会	2020年参政议政工作积极分子	农工党甘肃省委会	3月
张成阁	农工党兰州市西固区基层委	2020年参政议政工作积极分子	农工党甘肃省委会	3月
刘　蓉	兰州市供销合作社	2020年度信息报道先进个人	省供销合作社联合社	3月
王履秀	兰州新区西岔园区	全省最美家庭	省妇联	3月
程登祥	兰州新区西岔园区	全省美丽庭院示范户	省妇联、省住建厅	3月
魏世红	兰州新区西岔园区	全省美丽庭院示范户	省妇联、省住建厅	3月
满廷君	兰州新区西岔园区	全省美丽庭院示范户	省妇联、省住建厅	3月
满乐秀	兰州新区西岔园区	全省美丽庭院示范户	省妇联、省住建厅	3月
安雳芳	兰州新区西岔园区	全省美丽庭院示范户	省妇联、省住建厅	3月
王立玉	兰州新区中川园区	嘉奖	省安全生产委员会办公室、省减灾委员会办公室、省应急管理厅	3月
廖平太	兰州新区城投集团	陇原脱贫攻坚巾帼带头人	省妇联	3月
拜五旭	兰州财经大学	2020年度全省脱贫攻坚帮扶先进个人	省脱贫攻坚领导小组	3月
曹麟舍	兰州市就业训练中心	2020年度全省脱贫攻坚帮扶先进个人	省脱贫攻坚领导小组	3月
李　钊	兰州中川国际机场公司安全检查站	2020年度全省脱贫攻坚帮扶先进个人	省脱贫攻坚领导小组	3月
郭　健	兰州新区中川园区	第五届甘肃省青年志愿者优秀个人	共青团甘肃省委、省青年志愿者协会	4月
张晓波	兰州新区人民检察院	嘉奖	省扫黑除恶专项斗争领导小组、省委组织部	4月
雷志强	兰州新区公安局	个人二等功	省公安厅	4月
邢　磊	兰州市应急管理局	全省安全生产防灾减灾应急管理工作先进个人	省安委会办公室、省减灾委办公室、省应急厅	4月
孟廷贤	兰州新区应急管理局	全省安全生产防灾减灾应急管理工作先进个人	省安全生产委员会办公室、省减灾委员会办公室、省应急管理厅	4月
张金刚	兰州市公安局	全省扫黑除恶专项斗争表现突出的县处级干部	省扫黑组、省委组织部	4月
辜旭东	兰州市公安局便衣支队	全省扫黑除恶专项斗争表现突出的县处级干部	省扫黑组、省委组织部	4月
韩兴禄	兰州市公安局高新分局	全省扫黑除恶专项斗争表现突出的县处级干部	省扫黑组、省委组织部	4月

姓　名	单位	荣获称号	颁奖单位	颁奖时间
张天泉	市委政法委	甘肃省扫黑除恶专项斗争表现突出县处级干部	省扫黑组、省委组织部	4月
汪芝红	市委政法委	甘肃省扫黑除恶专项斗争先进工作者	省扫黑组、省人社厅	4月
李亚琼	兰州市公安局安宁分局	全省扫黑除恶专项斗争表现突出个人	省扫黑组、省人社厅	4月
李自毅	兰州市公安局督察支队	全省扫黑除恶专项斗争表现突出个人	省扫黑组、省人社厅	4月
贾礼堂	兰州市公安局刑警支队	全省扫黑除恶专项斗争表现突出个人	省扫黑组、省人社厅	4月
赵凯凯	党工委办公室	全省扫黑除恶专项斗争先进工作者	省扫黑除恶专项斗争领导小组、省人社厅	4月
马应璇	兰州市科技联合服务中心	在“4·15”活动标识征集中荣获三等奖	省委国家安全委员会办公室	4月
付亚平	甘肃卫生职业学院	2021年抗疫先进个人	省教育厅	4月
王　东	甘肃卫生职业学院	2021年抗疫先进个人	省教育厅	4月
程建立	市委政研室	2021年度全省最美家庭	省妇联	5月
杨　粟	兰州新区科技局	甘肃省第六届科普讲解大赛中组织工作突出，给予通报表扬	省科技厅、省科协	5月
王同媛	兰州新区中川园区	甘肃省第二次全国污染源普查工作表现突出个人奖	甘肃省第二次全国污染源普查领导小组办公室	5月
王文锡	兰州新区中川园区	2021年度全省最美家庭	省妇联	5月
李茂禹	兰州新区西岔园区	全省美丽庭院示范户	省妇联、省住建厅	5月
赵荣财	兰州新区西岔园区	全省美丽庭院示范户	省妇联、省住建厅	5月
魏长孔	兰州新区西岔园区	全省美丽庭院示范户	省妇联、省住建厅	5月
黄　艳	兰州新区农投集团	全省最美家庭	省妇联	5月
赵凤凤	兰州新区税务局	全省最美家庭	省妇联	5月
李　阳	兰州新区农林水务局	甘肃省第二次全国污染源普查工作表现突出个人	甘肃省第二次全国污染源普查领导小组办公室	5月
华　珍	兰州新区生态环境局	甘肃省第二次全国污染源普查表现突出个人	甘肃省第二次全国污染源普查领导小组办公室	5月
华　珍	兰州新区生态环境局	甘肃省第二次全国污染源普查优秀专题报告二等奖	甘肃省第二次全国污染源普查领导小组办公室	5月
邵阳阳	兰州新区生态环境局	甘肃省第二次全国污染源普查优秀专题报告二等奖	甘肃省第二次全国污染源普查领导小组办公室	5月
邵阳阳	兰州新区生态环境局	甘肃省第二次全国污染源普查表现突出个人	甘肃省第二次全国污染源普查领导小组办公室	5月
钱承萍	兰州新区生态环境局	甘肃省第二次全国污染源普查表现突出个人	甘肃省第二次全国污染源普查领导小组办公室	5月
钱承萍	兰州新区生态环境局	甘肃省第二次全国污染源普查优秀专题报告二等奖	甘肃省第二次全国污染源普查领导小组办公室	5月
杨仲玮	兰州新区生态环境局	甘肃省第二次全国污染源普查优秀专题报告二等奖	甘肃省第二次全国污染源普查领导小组办公室	5月
王剑峰	兰州新区生态环境局	甘肃省第二次全国污染源普查优秀专题报告二等奖	甘肃省第二次全国污染源普查领导小组办公室	5月
华丽君	兰州新区生态环境局	甘肃省第二次全国污染源普查优秀专题报告二等奖	甘肃省第二次全国污染源普查领导小组办公室	5月

姓　名	单位	荣获称号	颁奖单位	颁奖时间
高龙龙	兰州新区消防救援支队	甘肃省青年岗位能手	省青年文明号指导委员会	6月
安　瀛	兰州新区农投集团	第20届甘肃省青年岗位能手	团省委	6月
蒙青雅	兰州高新区税务局	第20届甘肃省青年岗位能手	团省委	6月
陆小燕	兰州新区税务局	全省最美税务人	甘肃省税务局	6月
陈桂花	兰州新区卫生健康委	疫情防控荣誉证书	甘肃省新型冠状病毒肺炎疫情联防联控领导小组办公室	6月
杨晓东	兰州新区商投集团	甘肃省庆祝中国共产党成立100周年"四史"宣传教育知识竞赛个人组优秀奖	省委宣传部、省教育厅、省委直属机关工委、团省委、省委党史研究室、甘肃日报社	6月
李丹恺	兰州新区人民检察院	甘肃省检察机关首届行政检察业务竞赛一等奖	省检察院	6月
王建河	兰州新区城乡建设和交通管理局	全省工程建设项目审批制度改革工作先进个人	甘肃省工程建设项目审批制度改革工作领导小组办公室	6月
梁　静	农工党兰州市安宁区基层委	"庆祝中国共产党建党百年"主题征文二等奖	甘肃社会主义学院	6月
把连霞	农工党兰州市永登县基层委	"庆祝中国共产党建党百年"主题征文二等奖	甘肃社会主义学院	6月
师爱萍	农工党兰州市西固区基层委	"庆祝中国共产党建党百年"主题征文三等奖	甘肃社会主义学院	6月
宋玉杰	农工党兰州市委会	"庆祝中国共产党建党百年"主题征文三等奖	甘肃社会主义学院	6月
何春平	农工党兰州市永登县基层委	"庆祝中国共产党建党百年"主题征文优秀奖	甘肃社会主义学院	6月
陈作安	农工党兰州市直属基层委	"庆祝中国共产党建党百年"主题征文优秀奖	甘肃社会主义学院	6月
马玉琪	农工党兰州市七里河区基层委	"庆祝中国共产党建党百年"主题征文优秀奖	甘肃社会主义学院	6月
马玉萍	兰州新区第二初级中学	2021年甘肃省"园丁奖"	省人社厅、省教育厅	6月
刘佳冀	兰州市社会保险事业服务中心	入选甘肃省"党旗下的社保人"	省社会保障事业管理局	6月
李树珍	兰州市社会保险事业服务中心	入选甘肃省"党旗下的社保人"	省社会保障事业管理局	6月
吴炳成	兰州公交集团第四客运公司	2021年"青春心向党建功新征程"庆祝中国共产党成立100周年线上朗读比赛成人组一等奖	共青团甘肃省委、省少工委、省新华书店	7月
张小明	兰州市信访局	全省"最美信访干部"	省信访工作联席会议办公室、省信访局	7月
刘学法	新区消防救援支队	优秀共产党员	省消防救援总队	7月
高龙龙	新区消防救援支队	白银山地马拉松救援三等功	省消防救援总队	7月
	新区消防救援支队	优秀共产党员	省消防救援总队	7月
马会英	兰州新区农投集团	在职研究生优秀科研奖	省委党校	7月
葛子玄	兰州市就业训练中心	马兰花创业培训微课赛优秀奖	省人社厅	7月
马青香	兰州市就业训练中心	马兰花创业培训微课赛优秀奖	省人社厅	7月
		"创办你的企业"综合能力赛一等奖	省人社厅	7月
刘　敏	兰州市就业训练中心	马兰花创业培训微课赛优秀奖	省人社厅	7月
关　燕	兰州市就业训练中心	马兰花创业培训微课赛优秀奖	省人社厅	7月
姜　猛	兰州新区科技局	甘肃省国家保密局《关于表彰庆祝中国共产党成立100周年保密宣传教育作品征集获奖单位和个人的通报》纪实类作品二等奖	省国家保密局	8月
胥圣杰	兰州市人力资源和社会保障局	甘肃省岗位练兵明星	省人社厅	8月

姓　名	单位	荣获称号	颁奖单位	颁奖时间
李海波	兰州新区科技局	甘肃省国家保密局《关于表彰庆祝中国共产党成立100周年保密宣传教育作品征集获奖单位和个人的通报》纪实类作品二等奖	省国家保密局	8月
方　琪	兰州市公安局刑警支队	个人一等功	省公安厅	8月
刘志忠	兰州市公安局办公室	个人一等功	省公安厅	9月
常忠祖	兰州新区卫生健康委	全省优秀医师	省人社厅、省卫健委	9月
徐新山	兰州新区卫生健康委	全省优秀医师	省人社厅、省卫健委	9月
谢旺嘉	兰州新区卫生健康委	全省优秀医师	省人社厅、省卫健委	9月
常进禄	兰州新区卫生健康委员会	全省优秀医师	省人社厅、省卫健委	9月
方德彬	兰州新区卫生健康委员会	全省优秀医师	省人社厅、省卫健委	9月
吕荣光	甘肃卫生职业学院	甘肃省园丁奖	省人社厅、省教育厅	9月
侯立新	兰州财经大学	甘肃省优秀园丁奖、优秀班主任	省人社厅、省教育厅	9月
方文彬	兰州财经大学	甘肃省优秀园丁奖、优秀教师	省人社厅、省教育厅	9月
丁彦儒	公安局刑警支队	个人二等功	省公安厅	10月
方向平	兰州新区卫生健康委员会	甘肃省2021年“阳光杯”精神卫生防治技能竞赛个人三等奖	省卫健委	10月
		甘肃省2021年“阳光杯”精神卫生防治技能竞赛优秀组织奖	省卫健委	10月
刘清清	兰州新区卫生健康委员会	甘肃省2021年“阳光杯”精神卫生防治技能竞赛优秀组织奖	省卫健委	10月
米　敏	兰州新区卫生健康委员会	甘肃省2021年“阳光杯”精神卫生防治技能竞赛优秀组织奖	省卫健委	10月
刘金芳	兰州新区卫生健康委员会	甘肃省2021年“阳光杯”精神卫生防治技能竞赛优秀组织奖	省卫健委	10月
阎　宏	兰州新区市场监督管理局	知识产权保护工作先进个人	甘肃省知识产权战略实施暨强省建设工作领导小组办公室	10月
丁彦儒	兰州市公安局刑警支队	个人二等功	省公安厅	10月
李树珍	兰州市社会保险事业服务中心	甘肃省巾帼建功标兵	省人社厅、省妇联	11月
张晓娟	兰州市交通运输委员会	甘肃省巾帼建功标兵	省人社厅、省妇联	11月
唐占萍	兰州市妇女联合会	甘肃省巾帼建功标兵	省人社厅、省妇联	11月
吴　军	兰州市公安局刑警支队	个人二等功	省公安厅	11月
贾永平	兰州新区商投集团	2021年“网聚职工正能量争做陇原好网民”主题活动微视频作品三等奖	省总工会	11月
刘学法	兰州新区消防救援支队	陇原十大忠诚消防卫士	省委宣传部、省消防救援总队、省文明办、甘肃日报社、省总工会、省共青团、省妇联、省广播电视总台	11月
赵良忠	兰州新区消防救援支队	陇原十大忠诚消防卫士提名奖	省委宣传部等八部门联合颁发	11月
潘进军	兰州市自然资源局	全省“三调”工作表现突出的个人	省自然资源厅	11月
张艺英	兰州市自然资源局	全省“三调”工作表现突出的个人	省自然资源厅	11月

姓　名	单位	荣获称号	颁奖单位	颁奖时间
李　琪	民进兰州市委会	民进全省社会服务暨脱贫攻坚工作先进个人	民进甘肃省委会	12月
倪　玲	民进兰州市委会	民进全省反映社情民意信息工作先进个人	民进甘肃省委会	12月
孙伶俐	皋兰县文化馆	民进全省反映社情民意信息工作先进个人	民进甘肃省委会	12月
刘煜昊	七里河区经济信息中心	民进全省反映社情民意信息工作先进个人	民进甘肃省委会	12月
王凌云	七里河小学	民进全省反映社情民意信息工作先进个人	民进甘肃省委会	12月
李　伟	兰州新区党工委办公室	全省“学习强国”学习先进个人	省委宣传部	12月
王园园	兰州新区卫生健康委	优秀青年志愿者	共青团甘肃省委、省青年志愿者协会	12月
高龙龙	兰州新区消防救援支队	全省消防行业职业技能大赛一等奖，三等功	省应急管理厅、省消防救援总队、省人社厅、省总工会、共青团甘肃省委	12月
卓发怀	兰州新区应急管理局	2021年度全省市县防震减灾工作先进个人	省地震局	12月
贾风存	兰州新区应急管理局	2021年度全省市县防震减灾工作先进个人	省地震局	12月
王亚东	兰州新区市政集团	全省职工优秀技术创新成果“三等奖”	省总工会	12月
贾元兰	兰州新区农投集团	全省档案先进个人	省档案局、省人社厅	12月
周资江 俞万云 邵亚龙	兰州新区商投集团	特种设备运维及工器具改造项目三等奖	省总工会、省科技厅、省人社厅	12月
俞万云	兰州新区商投集团	甘肃省最美货车司机	省交通厅、省公安厅、省总工会	12月
曹宝生	兰州新区商投集团	甘肃省最美货车司机	省交通厅、省公安厅、省总工会	12月
贾永平	兰州新区商投集团	甘肃省第五届践行社会主义核心价值观“为党旗添光彩、为群众办实事”微电影微视频创作展播作品优秀奖	省委宣传部	12月
张　林	兰州市公安局城关分局	2021甘肃“最美基层民警”	省委宣传部、省公安厅	12月
赵国鹏	兰州广播电视传播中心	第四届甘肃优秀本土纪录片优秀导演	省委宣传部、省广播电视总台	12月

【2021年度市委、市政府表彰荣誉】

姓　名	单位	荣获称号	颁奖单位	颁奖时间
牛　珺	兰州市卫健委综合监督执法所	兰州市优秀党务工作者	市委	6月
候志华	兰州新区组织部	兰州市优秀党务工作者	市委	6月
霍　展	新区公安局	兰州市优秀共产党员	市委	6月
岳晓蓉	市委直属机关工委	兰州市优秀党务工作者	市委	6月
弓婷婷	兰州公交集团第二客运公司	兰州市优秀党务工作者	市委	6月
岳利军	兰州市市场监管局高新分局	兰州市优秀共产党员	市委	6月
吴　晶	兰州市中医医院	兰州市第四批领军人才第一层次	市委	9月

荣誉榜

【2021年度国家级表彰荣誉】

获奖单位	荣获称号	颁奖单位	颁奖时间
兰州市审计局	2020年全国审计机关优秀审计项目二等奖	国家审计署	1月
兰州新区秦川园区炮台村村委会	全国民主法治示范村	司法部、民政部	1月
兰州新区民政司法和社会保障局	全国普法工作先进单位	中央宣传部、司法部、全国普法办	1月
兰州市公安局	全国扫黑除恶专项斗争先进集体	全国扫黑除恶专项斗争领导小组	1月
兰州市供销社	2020年度报送信息先进单位	全国供销合作总社	2月
兰州新区市场监督管理局企业注册登记监督管理科	全国巾帼文明岗	全国妇联	3月
兰州新区市场监督管理局	全国巾帼文明岗	全国妇联	3月
兰州市轨道交通有限公司	全国五一劳动奖状	全国总工会	4月
兰州市市场监督管理局	扫黑除恶专项斗争工作成绩突出集体	国家市场监管总局	4月
兰州市安宁区消防救援大队	集体三等功	应急管理部消防救援局	4月
兰州供水集团	全国五一劳动奖状	中华全国总工会	4月
兰州职业技术学院	职业院校数字建设样板校	中央电化教育馆	4月
兰州阿敏生物清真明胶有限公司制胶车间运行甲班	全国工人先锋号	全国总工会	4月
民进兰州市委会	民进全国社会服务暨脱贫攻坚工作先进集体	民进中央	5月
红古区看守所	集体一等功	公安部	6月
兰州市自然资源局	全国自然资源系统“七五”普法工作中成绩突出的集体	自然资源部	6月
兰州新区中川园区非公企业党委	“小个专”党建工作表现突出集体	国家市场监督管理总局	6月
兰州助剂厂有限责任公司	国家级专精特新“小巨人”企业(第三批)	工业和信息化部	7月
甘肃工商技师学院	第46届世界技能大赛中国集训基地——精细木工项目	人力资源和社会保障部	7月
兰州市公积金管理中心新区管理部	第20届青年文明号	共青团中央、住建部	8月
兰州市委政研室	节约型机关	国家机关事务管理局	8月
兰州职业技术学院	职业教育示范性虚拟仿真实训基地	教育部	8月
兰州公积金中心新区管理部	第20届全国青年文明号	共青团中央、住建部	8月
兰州市机关事务管理局	节约型机关	国管局、中直管理局、国家发改委、财政部	8月
兰州市信访局	节约型机关	国管局、中直管理局、国家发改委、财政部	8月
兰州市财政局	节约型机关	国管局、中直管理局、国家发改委、财政部	8月
市委政法委	节约型机关	国管局、中直管理局、国家发改委、财政部	8月
兰州市人力资源和社会保障局	节约型机关	国管局、中直管理局、国家发改委、财政部	8月
兰州市劳动保障监察支队	2021年全国清理整顿人力资源市场秩序专项行动取得突出成绩单位	人社部办公厅、公安部办公厅、国家市场监督管理总局办公厅	8月
兰州市第七次全国人口普查办公室	国家级先进集体	国务院第七次全国人口普查领导小组	9月
兰州市安宁区刘家堡消防救援站	全国第二十届青年文明号	共青团中央	9月

获奖单位	荣获称号	颁奖单位	颁奖时间
兰州新区教育体育局（教育考试院）	全国群众体育先进单位	国家体育总局	9月
兰州新区商贸物流投资集团有限公司	中国企业500强	中国企业联合会中国企业家协会	9月
兰州新区商贸物流投资集团有限公司	中国服务业企业500强	中国企业联合会中国企业家协会	9月
兰州新区现代农业投资集团有限公司	农业农村信息化示范（生产型）基地	农业农村部	9月
交通警察支队七里河大队事故处理中队	第20届全国青年文明号	共青团中央、公安部等23家单位	9月
兰州市安宁区刘家堡消防救援站	第20届全国青年文明号	共青团中央、公安部等23家单位	9月
兰州市人力资源和社会保障局	2020—2021年度《中国劳动保障报》新闻宣传工作做得好单位	人社部办公厅	9月
中共兰州市委台湾工作办公室	全国对台工作系统先进集体	中共中央台湾工作办公室、国务院台湾事务办公室	10月
国家税务总局兰州市税务局稽查局	打击虚开骗税违法犯罪两年专项行动成绩突出的集体	国家税务总局、公安部、海关总署、中国人民银行	10月
兰州新区人民法院司法警察大队	人民法院司法警察先进集体	最高人民法院	10月
兰州市军用饮食供应站	全国重点军供站	退役军人事务部、中央军委后勤保障部	10月
兰州市劳动保障监察支队	全国根治拖欠农民工工资工作先进集体	国务院根治拖欠农民工工资工作领导小组	11月
兰州新区人民检察院	第十届全国检察机关“文明接待室”	最高人民检察院	11月
甘肃卫生职业学院	全国红十字模范单位	中国红十字会总会	11月
民进兰州市委会	民进全国反映社情民意信息工作先进集体	民进中央	11月
民进兰州市七里河区基层委员会	民进全国反映社情民意信息工作先进集体	民进中央	11月
兰州新区现代农业示范园	全国农村创业园区（基地）目录（2021年）	农业农村部	11月
兰州新区路港物流有限责任公司	国家多式联运示范工程	交通运输部	11月
兰州新区科创公司	国家级小型微型企业创业创新示范基地	工业和信息化部	11月
九三学社兰州市委员会	九三学社脱贫攻坚民主监督先进集体	九三学社中央委员会	11月
甘肃卫生职业学院	全国红十字模范单位	中国红十字总会	11月
甘肃卫生职业学院	全国模范职工之家	中华全国总工会	12月
九三学社兰州市委员会	九三学社组织信息系统数据维护工作先进集体	九三学社中央组织部	12月
兰州市审计局	2021年全国审计机关、优秀审计项目三等奖	国家审计署	12月
兰州市妇女联合会	2021年度全国妇女宣传舆论阵地建设先进单位	中国妇女报社	12月
甘肃卫生职业学院	全国模范职工之家称号	中华全国总工会	12月
兰州市市场监管综合行政执法队	全国市场监管卫士	国家市场监管总局	12月
兰州市市场监管综合行政执法队	全国市场监管卫士	国家监管总局	12月
新区党工委办公室	第33届中国经济新闻奖新闻报道类三等奖	中国经济传媒协会	12月
兰州新区党工委办公室	2021年度人民网网上群众工作民心汇聚单位	人民网	12月
兰州新区消费者协会	2020—2021年度全国消协组织消费维权先进集体	中国消费者协会	12月
兰州市军队离退休干部第五休养所	军休工作先进单位	退役军人事务部、中央军委政治工作部	12月

【2021年度省委省政府表彰荣誉】

获奖单位	荣获称号	颁奖单位	颁奖时间
兰州新区秦川园区五道岘村委会	省级文明村	省委、省政府	1月
永登县消防救援大队	省级文明单位	省委、省政府	3月
兰州市第二人民医院党委	甘肃省抗击新冠肺炎疫情先进集体	省委、省政府	4月
兰州市疾病预防控制中心党委	甘肃省抗击新冠肺炎疫情先进集体	省委、省政府	4月
兰州市城关区酒泉路街道杨家园社区党委	甘肃省抗击新冠肺炎疫情先进集体	省委、省政府	4月
国网兰州供电公司配网事业部党支部	甘肃省抗击新冠肺炎疫情先进集体	省委、省政府	4月
兰州市西固区陈坪街道天庆新城社区党总支	甘肃省抗击新冠肺炎疫情先进集体	省委、省政府	4月
皋兰县人民医院党支部	甘肃省抗击新冠肺炎疫情先进集体	省委、省政府	4月
兰州市人民政府办公室	甘肃省抗击新冠肺炎疫情先进集体	省委、省政府	4月
兰州市卫生健康委员会	甘肃省抗击新冠肺炎疫情先进集体	省委、省政府	4月
兰州市市场监督管理局	甘肃省抗击新冠肺炎疫情先进集体	省委、省政府	4月
兰州市七里河区疾病预防控制中心	甘肃省抗击新冠肺炎疫情先进集体	省委、省政府	4月
兰州市安宁区疾病预防控制中心	甘肃省抗击新冠肺炎疫情先进集体	省委、省政府	4月
兰州市公安局城关分局	甘肃省抗击新冠肺炎疫情先进集体	省委、省政府	4月
兰州市红古区卫生健康局	甘肃省抗击新冠肺炎疫情先进集体	省委、省政府	4月
榆中县连搭镇人民政府	甘肃省抗击新冠肺炎疫情先进集体	省委、省政府	4月
中国石油天然气股份有限公司兰州石化分公司催化剂厂熔喷布车间	甘肃省抗击新冠肺炎疫情先进集体	省委、省政府	4月
兰州市交通运输综合行政执法队	甘肃省抗击新冠肺炎疫情先进集体	省委、省政府	4月
兰州新区卫生健康委员会党支部	甘肃省先进基层党组织	省委	4月
	甘肃省抗击新冠肺炎疫情先进集体	省委、省政府	4月
兰州中川国际机场公司地面服务部党支部	甘肃省先进基层党组织	省委	4月
	甘肃省抗击新冠肺炎疫情先进集体	省委、省政府	4月
兰州新区第一人民医院	甘肃省抗击新冠肺炎疫情先进集体	省委、省政府	4月
兰州新区现代农业投资集团有限公司	全省脱贫攻坚先进集体	省委、省政府	4月
兰州市公安局城关分局	甘肃省抗击新冠肺炎疫情先进集体	省委、省政府	4月
兰州新区公安局“303”专项工作临时党支部	甘肃省抗击新冠肺炎疫情先进集体	省委、省政府	4月
兰州市审计局帮扶村驻村帮扶工作队	全省脱贫攻坚先进集体	省委、省政府	5月
兰州市民政局	全省脱贫攻坚先进集体	省委、省政府	5月
国家税务总局兰州市税务局	全省脱贫攻坚先进集体	省委、省政府	5月
市委政法委	全省脱贫攻坚先进集体	省委、省政府	5月
兰州市人力资源和社会保障局	全省脱贫攻坚先进集体	省委、省政府	5月
兰州市轨道交通有限公司	甘肃省先进基层党组织	省委	6月
兰州新区中川园区彩虹城社区	甘肃省先进基层党组织	省委	6月

【2021年度省级部门表彰荣誉】

获奖单位	荣获称号	颁奖单位	颁奖时间
兰州市水务局	应急管理和防震减灾重点工作优秀奖	省安全生产委员会办公室、省减灾委员会办公室、省应急管理厅	1月
兰州市审计局	2020年全省审计机关、优秀审计项目一等奖	省审计厅	1月
兰州市审计局	2021年全省审计机关、优秀审计项目二等奖	省审计厅	1月
中川园区栖霞中心社区瑞岭社区	甘肃省第四届学雷锋志愿服务最佳志愿服务项目	省委宣传部、省妇联、省民政厅、省生态环境厅、省文旅厅、省红十字会	1月
兰州新区城乡建设和交通管理局	全省交通运输行业先进集体	省人社厅、省交通厅	1月
兰州新区商贸物流投资集团有限公司	2021年度"感动甘肃·陇人骄子"提名奖	省委宣传部	1月
兰州榕通管业制造有限公司	全省先进私营企业	省人社厅、省市场监督管理局、省个体劳动者协会	1月
兰州新区秦东农业投资发展有限公司	2017—2019年度全省农业科技推广工作先进集体	省人社厅、省农业农村厅	1月
七里河分局	2018—2020年度全省优秀公安局	省人社厅、省公安厅	1月
刑事警察支队七大队	2018—2020年度全省优秀公安基层单位	省人社厅、省公安厅	1月
缉毒支队四大队	2018—2020年度全省优秀公安基层单位	省人社厅、省公安厅	1月
交通治安分局办公室	2018—2020年度全省优秀公安基层单位	省人社厅、省公安厅	1月
城关分局盐场路派出所	2018—2020年度全省优秀公安基层单位	省人社厅、省公安厅	1月
西固分局出入境管理大队	2018—2020年度全省优秀公安基层单位	省人社厅、省公安厅	1月
安宁分局沙井驿派出所	2018—2020年度全省优秀公安基层单位	省人社厅、省公安厅	1月
兰州新区公安局秦川派出所	2018—2020年度全省优秀公安基层单位	省人社厅、省公安厅	1月
榆中县公安局夏官营派出所	2018—2020年度全省优秀公安基层单位	省人社厅、省公安厅	1月
兰州公交集团有限公司IC卡发售中心工会	甘肃省模范职工小家	省人社厅、省总工会	1月
兰州中川国际机场公司航站区管理部信息技术班组	甘肃省创新型班组	省总工会	2月
兰州市粮食和物资储备局	2020年度全省粮食流通统计工作优秀单位	省粮食和物资储备局	2月
兰州人力资源和社会保障局	2020年度全省人社工作高质量发展评价先进单位	省人社厅	2月
	根治欠薪工作先进单位	省人社厅	2月
国家税务总局兰州市税务局	全省脱贫攻坚帮扶先进集体	省脱贫攻坚领导小组	3月
农工党兰州市委会	参政议政工作先进集体一等奖	农工党甘肃省委会	3月
兰州职业技术学院	甘肃省高水平高职学校建设计划A档建设单位	省教育厅、省财政厅	3月
兰州财经大学	2020年度脱贫攻坚先进集体	省脱贫攻坚领导小组	3月
秦川园区经济发展局	2020年度工业和信息化先进单位	省工业和信息化厅	3月
共青团兰州新区工作委员会	全省共青团工作先进单位	共青团甘肃省委	3月

获奖单位	荣获称号	颁奖单位	颁奖时间
兰州新区城市发展投资集团有限公司	无偿献血爱心单位	省输血协会、省红十字血液中心	3月
兰州新区农业科技开发有限责任公司	2020年全省陇原脱贫攻坚巾帼先进集体	省妇联	3月
兰州市公安局	2020年度全省脱贫攻坚帮扶先进集体	省脱贫攻坚领导小组	3月
兰州市公安局侦破“2·12”特大套路贷案专案组	集体一等功	省公安厅	3月
刑事警察支队有组织犯罪侦查队	集体一等功	省公安厅	4月
城关分局	甘肃省扫黑除恶专项斗争先进集体	省扫黑除恶专项斗争领导小组	4月
七里河分局	甘肃省扫黑除恶专项斗争先进集体	省扫黑除恶专项斗争领导小组	4月
兰州新区城市发展投资集团有限公司	“兰州新区职教园区兰州现代职业学院项目主行政楼”获甘肃省建设工程飞天奖	省住建厅	4月
兰州新区农业科技开发有限责任公司农业生产部	2020年度青年安全生产示范岗	共青团甘肃省委、省应急管理厅	4月
新区党工委办公室	甘肃省扫黑除恶专项斗争先进集体	省扫黑除恶专项斗争领导小组	4月
新区党工委办公室	甘肃省扫黑除恶专项斗争先进单位	省扫黑除恶专项斗争领导小组	4月
秦川园区环境保护和国土资源局	甘肃省全国污染源普查表现突出集体	甘肃省第二次全国污染源普查领导小组办公室	5月
兰州新区科技发展局	甘肃省第六届科普讲解大赛优秀组织奖	省科技厅、省科协	5月
中川园区彩虹城社区	全省家庭工作先进集体	省妇联	5月
兰州新区科创公司	甘肃省级小型微型企业创业创新示范基地	省工业和信息化厅	5月
兰州市公安局	全省脱贫攻坚先进集体	省委、省政府	5月
合成作战指挥中心打击研判专班	甘肃青年五四奖章集体	共青团省委、省青年联合会	5月
兰州市水务局	表现突出先进集体	甘肃省第二次全国污染源普查领导小组办公室	5月
兰州新区第二次全国污染源普查工作办公室	甘肃省第二次全国污染源普查表现突出集体	甘肃省第二次全国污染源普查领导小组办公室	5月
榆中县公安局指挥中心党支部	甘肃省先进基层党组织	省委	6月
兰州新区商贸物流投资集团有限公司	甘肃省庆祝中国共产党成立100周年“四史”宣传教育知识竞赛团体组优秀组织奖	省委宣传部、省教育厅、省直机关工委、共青团甘肃省委、省委党史研究室、甘肃日报社	6月
路港公司场站管理部外勤班组	甘肃省青年文明号	共青团甘肃省委	6月
兰州新区文曲中心社区工作委员会	甘肃省卫生街道	省爱国卫生运动委员会	6月
兰州新区政务服务中心	青年文明号	共青团甘肃省委	6月
兰州新区党群工作部	甘肃省卫生单位	省爱国卫生运动委员会	6月
兰州新区文曲社区居民委员会	甘肃省卫生社区	省爱国卫生运动委员会	6月

获奖单位	荣获称号	颁奖单位	颁奖时间
兰州新区人民检察院	甘肃省卫生单位	省爱国卫生运动委员会	6月
兰州新区市政投资管理集团有限公司	甘肃省庆祝中国共产党成立100周年“四史”宣传教育知识竞赛团体组二等奖	省委宣传部、省直机关工委、省委党史研究室、省教育厅、共青团甘肃省委、甘肃日报社	6月
兰州财经大学办公室	甘肃省事业单位脱攻坚记大功集体	省人社厅	6月
甘肃卫生职业学院	抗击新冠肺炎疫情先进集体	省教育厅	7月
甘肃卫生职业学院	全省教育系统抗击新冠肺炎疫情先进集体	省教育厅	7月
兰州和盛堂制药股份有限公司	“千企帮千村”精准扶贫行动先进民营企业	省委统战部、省乡村振兴局、省工商联、农业发展银行甘肃省分行	7月
兰州宏建建业集团有限公司	“千企帮千村”精准扶贫行动先进民营企业	省委统战部、省乡村振兴局、省工商联、农业发展银行甘肃省分行	7月
秦川园区炮台村村委会	甘肃省“枫桥式”人民调解组织	省司法厅	7月
兰州市公安局特警支队特警二大队	集体一等功	省公安厅	7月
兰州市公安局特警支队作战训练科	集体一等功	省公安厅	8月
国网兰州供电公司输电运检中心润泽海创QC小组	《塔基保护范围内防山火自灭智能装置的研制》荣获2021年度甘肃省质量管理小组活动一等奖	省质量协会、省总工会、省妇联、省工信厅	8月
兰州新区党工委办公室	“庆祝中国共产党成立100周年”保密宣传教育作品征集评选活动优秀组织奖	省保密局、省使用正版软件工作领导小组办公室	8月
中川园区民政和社会保障局	全省建设和发展扶贫车间突出贡献的优秀集体	省人社厅	9月
中川园区瑞岭雅苑社区卫生服务中心党支部	全省标准化先进党支部	省委组织部	9月
中川园区彩虹城社区党支部	全省标准化先进党支部	省委组织部	9月
兰州中川国际机场公司航站区管理部党支部	全省标准化先进党支部	省委组织部	9月
兰州市卫生健康委员会	全省地方病防治技能大赛团体二等奖	省卫健委	9月
兰州财经大学会计学院	2021年甘肃省园丁奖先进集体	省人社厅	9月
秦川园区炮台村党支部	全省标准化先进党支部	省委组织部	9月
中共兰州新区农投集团农科公司支部委员会	全省标准化先进党支部	省委组织部	9月
兰州广播电视传播中心	2021年甘肃省广播电视主题公益广告特别扶持项目单位	省广播电视局	9月
中川北站物流园	甘肃省生产性服务业功能示范区	省工业和信息化厅	9月
兰州新区中川北站物流园	甘肃省生产性服务业示范区	省工业和信息化厅	9月
兰州鑫隆泰生物科技有限公司	甘肃省高新技术企业	省科技厅	9月
兰州市科学技术局	第十届中国创新创业大赛(甘肃赛区)优秀组织奖	省科技厅	9月
兰州公交集团第四客运公司二车队党支部	全省标准化先进党支部	省委组织部	9月

获奖单位	荣获称号	颁奖单位	颁奖时间
兰州康鹏威耳化工有限公司	甘肃省劳动关系和谐示范单位	省人社厅	10月
兰州新区市场监督管理局	知识产权保护工作先进集体	省知识产权战略实施暨强省建设工作领导小组办公室	10月
兰州新区秦东农业投资发展有限公司	甘肃省劳动关系和谐企业	省人社厅、省总工会、省企业联合会、省工商联	10月
中川园区栖霞中心社区	甘肃省劳动关系和谐乡镇(街道)	省商业联合会	10月
兰州市市场监督管理局	全省知识产权保护工作先进集体	省市场监督管理局	10月
兰州市市场监督管理局	2020年度全省知识产权保护工作先进集体	省知识产权战略实施暨强省建设工作领导小组办公室	10月
兰州新区市场监督管理局市场规范管理科	2020年度全省知识产权保护工作先进集体	省知识产权战略实施暨强省建设工作领导小组办公室	10月
兰州新区党工委办公室	全省软件正版化工作核查率第1位	省使用正版软件工作领导小组办公室	11月
中川园区彩虹城社区	119消防优秀集体	省委宣传部、省消防救援总队、省精神文明建设指导委员会办公室、甘肃日报社、省总工会、共青团甘肃省委、省妇联、省广播电视总台	11月
兰州市人民检察院	全省先进单位	省扫黑除恶专项斗争领导小组	11月
兰州市自然资源局	全省第三次国土调查工作表现突出的集体	省自然资源厅	11月
兰州市就业和人才服务局劳务管理科	甘肃省巾帼文明岗	省人社厅、省妇联	11月
兰州市劳动保障监察支队	甘肃省巾帼建功先进集体	省人社厅、省妇联	11月
民进兰州市城关区基层委员会	民进全省反映社情民意信息工作先进集体	民进甘肃省委会	12月
兰州新区党工委办公室	全省档案工作先进集体	省委办公厅(省档案局)、省人社厅	12月
中川园区栖霞中心社区瑞岭社区	第四届甘肃省青年志愿服务项目大赛金奖	共青团甘肃省委、省文明办、省民政厅、省生态环境厅、省水利厅、省文化旅游厅、省乡村振兴局、省卫生健康委员会、省残疾人联合会	12月
中川园区栖霞中心社区志愿服务队	第四届甘肃省青年志愿服务项目大赛优秀奖	共青团甘肃省委、省文明办、省民政厅、省生态环境厅、省水利厅、省文旅厅、省乡村振兴局、省卫健委、省残联	12月
中川园区新舟社区志愿服务队	第四届甘肃省青年志愿服务项目大赛优秀奖	共青团甘肃省委、省文明办、省民政厅、省生态环境厅、省水利厅、省文旅厅、省乡村振兴局、省卫健委、省残联	12月
中川园区方家坡社区志愿服务队	第四届甘肃省青年志愿服务项目大赛铜奖	共青团甘肃省委、省文明办、省民政厅、省生态环境厅、省水利厅、省文旅厅、省乡村振兴局、省卫健委、省残联	12月
中川园区经纬印象社区志愿服务队	第四届甘肃省青年志愿服务项目大赛铜奖	共青团甘肃省委、省文明办、省民政厅、省生态环境厅、省水利厅、省文旅厅、省乡村振兴局、省卫健委、省残联	12月
中川园区兰石家园社区志愿者服务队	第四届甘肃省青年志愿服务项目大赛银奖	共青团甘肃省委、省文明办、省民政厅、省生态环境厅、省水利厅、省文旅厅、省乡村振兴局、省卫健委、省残联	12月
中川园区新安社区志愿者服务队	第四届甘肃省青年志愿服务项目大赛铜奖	共青团甘肃省委、省文明办、省民政厅、省生态环境厅、省水利厅、省文旅厅、省乡村振兴局、省卫健委、省残联	12月

获奖单位	荣获称号	颁奖单位	颁奖时间
中川园区保税区社区志愿者服务队	第四届甘肃省青年志愿服务项目大赛铜奖	共青团甘肃省委、省文明办、省民政厅、省生态环境厅、省水利厅、省文旅厅、省乡村振兴局、省卫健委、省残联	12月
兰州新区税务局志愿者服务队	优秀青年志愿服务集体	共青团甘肃省委、省青年志愿者协会	12月
兰州新区现代农业示范园	2021年甘肃省青少年生态文明教育实践基地	共青团甘肃省委、省生态环境厅、省文明办、省教育厅、省林业和草原局、省农业农村厅、省青年联合会	12月
兰州新区商贸物流投资集团有限公司	甘肃省第五届践行社会主义核心价值观"为党旗添光彩为群众办实事"微视频微电影创作展播活动优秀奖	省委宣传部	12月
兰州新区中川园区农业发展投资有限公司	省农业产业化重点龙头企业	省农业农村厅、省发改委、省财政厅、省工信厅、省商务厅、国家税务总局甘肃省税务局、省供销合作社联合社、中国证券监督管理委员会甘肃监管局	12月
兰州康鹏威耳化工有限公司	甘肃省科技创新型企业(2021年度第二批)	省科技厅	12月
甘肃瀚聚药业有限公司	甘肃省科技创新型企业(2021年度第二批)	省科技厅	12月
甘肃峻茂新材料科技有限公司	甘肃省科技创新型企业(2021年度第二批)	省科技厅	12月
兰州市审计局办公室	全省档案工作先进集体	省委办公厅(省档案局)、省人社厅	12月
兰州市轨道交通有限公司	甘肃省档案工作先进集体	省委办公厅(省档案局)、省人社厅	12月
兰州市退役军人事务局	2021年度全省退役军人事务系统政务信息暨新闻宣传工作先进单位	省退役军人事务厅	12月
兰州市供销社	剑处供销合作社财务信息管理一等奖	省供销合作社联合社	12月
兰州广播电视台	第四届甘肃优秀本土纪录片推优选优优秀组织机构	省委宣传部、省广播电视局	12月

【2021年度市委、市政府表彰荣誉】

获奖单位	荣获称号	颁奖单位	颁奖时间
兰州市人力资源和社会保障局	兰州市先进基层党组织	市委	6月
兰州新区西岔镇党委	兰州市先进基层党组织	市委	6月
兰州新区人民检察院	兰州市先进基层党组织	市委	6月
中共兰州新区农投集团农科公司支部委员会	兰州市先进基层党组织	市委	6月
兰州市审计局第三党支部	兰州市先进基层党组织	市委	6月
兰州市卫生健康委综合监督执法所	全市先进基层党组织	市委	6月
市委直属机关工委	兰州市先进基层党组织	市委	6月
兰州市人事培训考试局党支部	兰州市先进基层党组织	市委	6月

地方法规

兰州市黄河风情线大景区保护管理条例

（2020年10月29日兰州市第十六届人民代表大会常务委员会第三十一次会议通过，2021年3月31日甘肃省第十三届人民代表大会常务委员会第二十二次会议批准）

第一章　总　则

第一条　为了保护本市黄河风情线大景区（以下简称大景区）的自然生态和人文环境，规范大景区保护管理行为，推进黄河流域生态环境保护，根据有关法律、法规，结合大景区实际，制定本条例。

第二条　本条例适用于大景区的规划、建设、保护、利用和管理等活动。

第三条　本条例所称大景区，是指依托黄河兰州段水面及河道两岸形成的自然景致和人文景观，供观光旅游、文化娱乐、休闲健身和开展科学、文化、教育活动的区域。

大景区范围为：东起城关桑园峡、西至西固西柳沟、南起南滨河路道路红线、北至北滨河路道路红线。

大景区范围如有变化的，由市人民政府确定并向社会公布。

第四条　大景区保护管理应当坚持保护优先、科学规划、统一管理、服务公众、永续利用的原则。

第五条　市人民政府应当加强对大景区保护管理工作的组织领导，建立健全大景区保护管理协调机制，及时解决大景区规划、建设、保护、利用和管理中的重大问题。将大景区保护管理工作纳入本级国民经济和社会发展规划，将大景区保护管理工作所需经费列入本级财政预算。

大景区所在地的人民政府应当协助做好大景区的规划、建设、保护、利用和管理工作。

第六条　市人民政府设置的大景区管理机构负责大景区的规划建设、保护利用和统一管理工作，依法履行下列职责：

（一）贯彻落实国家和省、市关于风景区、园林绿化、城市管理、土地规划、资源开发、生态保护等方面的法律、法规和政策；

（二）按照全市国土空间总体规划的要求，组织编制大景区规划；

（三）参与大景区内经营项目选址、建设方案；

（四）负责大景区内公园、园林绿化、绿地、林地、湿地、环境卫生的保护和管理；

（五）负责大景区文化旅游、服务、景观等设施的建设、维护和管理；

（六）负责大景区内自然生态资源和文化旅游资源的统筹开发管理，对大景区内的旅游市场开发、宣传推广和投资促进等活动进行监督管理；

（七）建立大景区自然资源和人文资源公共信息服务平台，宣传大景区保护管理相关法律、法规和具体措施，发布大景区重要活动信息；

（八）对大景区内违法建设、毁坏设施、侵占绿地、影响市容和环境卫生等违法行为进行查处，受理公众对大景区保护管理的咨询服务、意见建议和举报投诉；

（九）法律、法规规定以及市人民政府委托的其他职责。

第七条 市发展和改革、民族宗教、公安、财政、自然资源、生态环境、住房和城乡建设、交通、水务、农业农村、文化和旅游、林业、市场监管、城市管理等有关行政主管部门，依照有关法律、法规的规定，在各自职责范围内负责大景区的保护管理工作。

第八条 任何单位和个人都有义务保护大景区自然资源、生态环境和公共设施，有权劝阻、制止和举报破坏大景区自然资源、生态环境和公共设施的行为。

第二章 规划建设

第九条 大景区规划是大景区建设、保护、利用和管理的依据。

大景区规划内容包括景区范围、性质、保护目标、生态资源保护措施、重大建设项目布局、开发利用强度以及景区的功能结构、空间布局、游客容量等。

第十条 大景区规划由大景区管理机构会同自然资源、住房和城乡建设、文化和旅游、水务、交通、林业等行政主管部门进行编制，经征求黄河水利委员会和社会公众的意见，报市人民政府批准后实施。

大景区管理机构应当根据大景区规划，制定大景区内旅游发展、环境保护、基础设施建设等实施计划。

第十一条 大景区规划编制应当遵循以下基本要求：

（一）符合国家和地方自然资源、生态环境保护、河道管理等相关法律、法规的规定；

（二）符合本市国民经济和社会发展中长期规划、国土空间总体规划、国家黄河流域综合规划、防洪规划、城市绿化规划、环境保护规划、旅游发展规划等；

（三）协调处理人文与自然、保护与建设、历史与发展、局部与整体的关系，有效保护大景区自然景观、人文景观、历史风貌和生态环境；

（四）统筹兼顾旅游发展与市民生活、文化娱乐、休闲健身等综合需求，合理确定基础设施、文化旅游设施、服务设施、景观设施等建设项目的规模、布局与选址，明确规划设计条件。

第十二条 大景区规划经批准后应当向社会公布。大景区规划一经批准，应当严格执行，任何单位和个人不得擅自改变，确需改变的应当报原批准机关审批。

第十三条 大景区内新建、扩建、改建的建（构）筑物，其风格、体量、外观结构、高度、色调以及景观亮化应当与周围景观相协调，不得损害大景区自然景观和人文景观。大景区内重要的标志性建筑方案应当向社会公开征求意见。

第十四条 大景区管理机构应当依法落实好自然资源、生态环境、住房和城乡建设等行政主管部门审批的大景区规划建设项目，配合做好相关的审批服务工作。

大景区内已经建成或者正在建设的不符合规划的建筑设施，应当按照大景区规划逐步改造或者拆除。

因实施大景区规划对公民、法人或者其他组织造成财产损失的，应当依法给予补偿。

第十五条 大景区内的建设施工单位应当严格按照建设方案组织施工，采取有效措施，保护好景区内景物、水体、林草植被及地形地貌。建设项目完工后，应当及时恢复环境原貌。

大景区内新建、改建、扩建的建设项目，其环境保护设施应当与主体工程同时设计、同时施工、同时投入生产和使用。

第十六条 市、区（县）人民政府和有关部门应当按照大景区规划，加强大景区道路、通信、供水、排水、供电、供气等基础设施建设，改善交通服务设施和游览条件。

大景区与城市道路衔接的各出入口及辅道规划建设，应当同步纳入景区规划，确保景区与城市道路衔接的各出入口及辅道交通安全设施、人行过街设施同步配套建设，道路通行安全、顺畅。

大景区临河建设的健身步道等各类设施应当统筹考虑黄河防洪和群众需要，科学规划、建设和管理。

第三章 保护管理

第十七条 黄河兰州段河道水体、湿地、滩涂和河堤岸线保护依照有关法律、法规和《兰州市河道管理条例》《兰州市航道管理条例》的规定执行。

第十八条 大景区内的纪念性建筑、文物古迹、历史遗址、城市公园、人工植被等人文景观和自然景观，应当严格保护。

第十九条 大景区管理机构应当加强对大景区内的自然生态和人文景观的历史沿革、发展变化、资源状况、范围界限、开发建设、旅游接待、经营管理等方面的调查统计，形成完整档案资料，依法加强保护。

第二十条 任何单位和个人不得违反大景区规划，改变景区用地的性质和范围，严禁擅自占用大景区林地、绿地和砍伐、移植和修剪大景区树木。

因修建道路、通信、供水、排水、供电、供气等基础设施或者改善交通服务设施和游览条件等，确需砍伐、移植树木和临时占用林地、绿地的，应当征求大景区管理机构的意见，并报林业行政主管部门审批。

第二十一条 大景区管理机构应当加强大景区内绿化养护管理，对大景区内的植物群落、绿地树木、花坛花池及时养护修整。

第二十二条 大景区管理机构应当做好林业有害生物防治工作，防止林业有害生物传播和蔓延。大景区内应当使用无公害的药剂或者采用生物方法进行林业有害生物防治，保证大景区内生态安全。

第二十三条 大景区管理机构应当加强大景区内的环境卫生监督管理，保证大景区内的道路、广场、建（构）筑物、设施清洁干净。

第二十四条 大景区管理机构应当规划大景区机动车和其他交通工具行驶路线及停放地点，合理布设停车场或者停车位，施划停车泊位线，设置明显停车标志和行驶导向标志。

第二十五条 大景区管理机构应当会同水务、林业、消防、气象、应急等有关部门，建立健全联动机制，做好防汛、防火、避雷、防震等自然灾害防治工作。

第二十六条 在大景区内举行文化、体育、游乐、商业演出等大型活动，按法定程序经有关行政主管部门批准后报大景区管理机构备案。

经批准在大景区内举办活动，搭建舞台、展台等临时设施的，不得影响景区景观。活动结束后，应当及时拆除设施，清理场地，恢复景区景观、设施原状。

第二十七条 大景区内禁止下列行为：

（一）在大景区内建（构）筑物的外墙、屋顶、平台、阳台等处，堆放、吊挂、安装破坏景观和景区风貌物品的；

（二）随地吐痰、便溺、乱倒垃圾、乱扔果皮、纸屑、烟头等影响环境卫生的；

（三）损坏垃圾箱、休闲座椅、路灯、健身器材、街景电车等公共设施及水文监测等其他设施的；

（四）践踏花坛、草坪，刻划、摇晃树木，擅自采摘花果等破坏树木绿化的；

（五）抽打陀螺、甩响鞭的；

（六）在河道内乱搭乱建、占用滩地、堆放物品、停放车辆、经营摊点、开辟菜园等违法占用河道的；

（七）携带犬只进入大景区禁犬区域的；

（八）其他影响大景区景观、妨碍游览的行为。

第二十八条 大景区管理机构应当建立动态监督管理机制，对景区内的景观、设施进行定期检查和维护，及时发现并制止各种破坏景观、设施和生态环境的行为。涉及文物保护、自然保护区管理和自然资源保护、利用、管理的，应当及时通知相关部门依法处理。

第四章　公共服务

第二十九条　市文化和旅游行政主管部门应当统筹协调大景区文化旅游发展工作，指导大景区文化旅游规划编制、项目建设、行业服务标准规范、景区质量等级创建提升和品牌形象宣传推广工作。

大景区管理机构应当宣传包装、优化整合大景区旅游资源，弘扬社会主义核心价值观，开发具有黄河文化、丝绸之路文化、本地民俗风情文化特色的旅游项目，规划设计黄河两岸城市照明景观，开发夜游黄河特色旅游项目，改善旅游服务质量，提高城市品位，促进经济发展。

第三十条　大景区管理机构应当根据旅游安排、环境保护、文物保护以及服务质量的要求，确定旅游接待承载能力，实行游客容量控制。

第三十一条　大景区管理机构应当在大景区有条件的地点划定专门区域，用于集中开展晨练、小型演出等文体活动，并配置相应的服务设施，方便市民使用。在大景区内进行文体活动应当遵守以下规定：

（一）文体活动组织者应当向大景区管理机构登记备案；

（二）应当在确定的区域和时间内开展；

（三）应当遵守防治环境噪声污染的规定。

第三十二条　大景区管理机构应当在大景区内配备符合国家规定的游览观光设施，为游客提供优美、舒适的休憩条件和场所；应当采用符合国家标准和规范的公共信息图形和文字，设置和完善各类交通设施、景点导览、安全防汛等解说和指示性标识。

市文化和旅游行政主管部门应当会同有关部门加强大景区内旅游翻译规范化建设，组织专业力量对旅游公共信息、标识、景观简介和服务设施等提供规范翻译。

第三十三条　大景区实行免费开放。大景区公园和特许经营性项目，实行政府定价的经营和服务性收费标准，由市价格行政主管部门制定。

第三十四条　大景区管理机构应当根据大景区的建设规划和景观需要，对大景区内的经营商户总量和经营服务网点、经营商品、服务项目进行统一规划和管理。

大景区管理机构应当配合市场监督行政主管部门，做好大景区商业网点营业执照的核发工作。

第三十五条　大景区内的经营项目，由大景区管理机构依照有关法律、法规和大景区规划，以公开招标、竞争性磋商等公平竞争方式确定经营者。

在大景区从事经营活动应当遵循以下规定：

（一）按照大景区规划的场所、地点和服务内容，从事经营活动；

（二）禁止在规定的营业场所、地点外揽客、兜售商品、提供服务或者擅自搭棚、设摊、设点经营；

（三）在经营场所的醒目位置设置规范的公共标识，公示等级标准、服务项目、内容和收费标准；

（四）严格按照规定等级或者合同约定标准向游客提供服务；

（五）不得强买强卖、追尾兜售、宰客欺客；

（六）应当使用天然气、电、太阳能等清洁能源，废气、废水、固体废弃物等须集中收集处理，达到国家相关排放标准，不得污染大气、水体和土壤。

第三十六条　大景区管理机构应当建立大景区日常游览和经营管理制度，大景区管理人员应当统一着装并佩戴规范标志，为游客提供热情文明、周到方便的游览服务，劝阻和制止妨碍游览秩序和违反经营规范的行为。

第三十七条　大景区管理机构应当加强大型展览、节假日游园活动的安全管理，落实应急救护措施，保障游客生命财产安全。

大景区管理机构应当制定突发事件应急预案，定期组织演练，遇有紧急情况或者突发事件，应当立即启动应急预案并及时向有关部门报告。

第五章　法律责任

第三十八条　违反本条例第十五条第一款规定，施工单位在施工过程中，对景区内景物、水体、林草植被、地形地貌造成损坏的，由大景区管理机构责令施工单位停止违法行为、限期恢复原状或者采取其他补救措施，并处二万元以上十万元以下罚款；逾期未恢复原状或者采取有效措施的，由大景区管理机构责令停止施工。

第三十九条　违反本条例第二十条第一款规定，

擅自占用大景区绿地，砍伐、移植、修剪树木的，由大景区管理机构按照《兰州市城市园林绿化管理办法》进行处罚。

第四十条 违反本条例第二十六条第二款规定，活动结束后，未拆除设施、及时清理场地的，由大景区管理机构责令改正、限期恢复原状，可处以五千元以上二万元以下罚款。

第四十一条 违反本条例第二十七条第一项规定，破坏景观和景区风貌的，由大景区管理机构给予警告，责令限期改正；拒不改正的，处以一百元以上五百元以下罚款；

违反本条例第二十七条第二项规定，影响环境卫生的，由大景区管理机构给予警告，责令其立即清除；不清除的，处以五十元以上一百元以下罚款；

违反本条例第二十七条第三项规定，损坏景区内设施的，由大景区管理机构责令改正，限期修复或者采取其他补救措施，可处以二百元以上一千元以下罚款；

违反本条例第二十七条第四项规定，破坏景区绿化的，由大景区管理机构责令改正，可处以二百元以下罚款；

违反本条例第二十七条 第五项规定，抽打陀螺、甩响鞭的，由大景区管理机构责令改正；拒不改正的，处以二百元以上五百元以下罚款；

违反本条例第二十七条第六项规定，违法占用河道的，由大景区管理机构责令限期改正，并处以一千元以上一万元以下罚款；情节严重的，处以一万元以上十万元以下罚款；

违反本条例第二十七条第七项规定，携带犬只进入大景区禁犬区域的，由大景区管理机构依照《兰州市养犬管理条 例》进行处罚。

第四十二条 违反本条例第三十一条第二款第一项规定，文体活动组织者未向大景区管理机构登记备案的，由大景区管理机构责令改正；拒不改正的，处以二百元以上一千元以下罚款；

违反本条例第三十一条第二款第二项规定，在规定区域和规定时间以外进行文体活动的，由大景区管理机构责令改正；拒不改正的，处以一百元以上二百元以下罚款；

违反本条例第三十一条第二款第三项规定，在文体活动中造成环境噪声污染的，由大景区管理机构责令改正；拒不改正的，处以二百元以上五百元以下罚款。

第四十三条 违反本条例第三十五条第二款第一至六项规定从事经营活动的，由大景区管理机构责令限期改正；拒不改正的，处以一千元以上一万元以下罚款。

第四十四条 大景区管理机构及其工作人员、其他涉及大景区管理的有关部门及其工作人员，在大景区管理服务工作中，履职不到位、造成不良影响的，依据相关规定追究相应责任；滥用职权、玩忽职守、徇私舞弊，构成犯罪的，依法追究刑事责任。

第四十五条 违反本条例规定的行为，法律、法规已有处罚规定的，从其规定。

第六章 附 则

第四十六条 大景区管理机构管理的白塔山公园、碑林公园、小西湖公园等其他区域参照执行本条例的有关规定。

第四十七条 本条例自2021年7月1日起施行。

政府规章

兰州市人民政府令

〔2021〕第1号

《兰州市人民政府关于废止〈兰州市行政效能监察办法〉等十四件政府规章的决定》已经2021年5月8日市人民政府第137次常务会议讨论通过，现予公布，自公布之日起施行。

市长 张伟文

2021年5月17日

兰州市人民政府关于废止《兰州市行政效能监察办法》等十四件政府规章的决定

为贯彻落实党中央、国务院和省政府关于机构改革、优化营商环境等方面的要求，维护法制统一，市人民政府决定对以下十四件政府规章予以废止：

一、《兰州市行政效能监察办法》（市政府令〔2013〕第8号）

二、《兰州市促进高新技术成果转化的若干规定》（兰政发〔2000〕73号印发，市政府令〔2011〕第2号修正）

三、《兰州市依法行政考核暂行办法》（市政府令〔2013〕第3号）

四、《兰州市政府非税收入管理暂行办法》（市政府令〔2007〕第6号）

五、《兰州市房屋登记办法》（市政府令〔2010〕第7号）

六、《兰州市道路货物运输服务管理办法》（市政府令〔2005〕第7号）

七、《兰州市机动车维修管理规定》（市政府令〔2007〕第8号）

八、《兰州市城市规划区黄河河道采砂管理暂行规定》（市政府令〔2003〕第2号发布，市政府令〔2006〕第10号修正）

九、《兰州市无公害蔬菜发展管理办法》（市政府令〔2003〕第4号）

十、《兰州市政府投资项目招标投标管理办法》（市政府令〔2010〕第1号）

十一、《兰州市制止牟取暴利的实施细则》（市政府令〔1995〕第3号）

十二、《兰州市酒类商品管理办法》（市政府令〔2003〕第5号）

十三、《兰州市外地驻兰办事机构管理规定》（市政府令〔2007〕第9号）

十四、《兰州市实施分散按比例安排残疾人就业办法》（市政府令〔1998〕第3号）

本决定自公布之日起施行。

兰州市人民政府令

〔2021〕第2号

《兰州市人民政府关于修改〈兰州市政府投资项目评审管理办法〉的决定》已经2021年11月20日市人民政府第159次常务会议讨论通过，现予公布，自公布之日起施行。

市长 张伟文

2021年11月25日

兰州市人民政府关于修改《兰州市政府投资项目评审管理办法》的决定

兰州市人民政府第159次常务会议决定，对《兰州市政府投资项目评审管理办法》作如下修改：

一、将第一条修改为“为了加强政府投资项目管理，规范政府投资项目评审行为，合理确定和有效控制项目投资，保证公共资金规范、高效、安全使用，根据《政府投资条例》《重大行政决策程序暂行条例》等有关法律、法规规定，结合本市实际，制定本办法。”

二、将第二条第二款修改为“本办法所称政府投资，是指政府使用预算安排的资金，进行固定资产投资建设活动，包括新建、扩建、改建、技术改造等。”

三、将第三条修改为“本办法所称政府投资项目评审，是指市政府项目投资评审机构对政府投资项目建议书、可行性研究报告、初步设计及概算或者实施方案、部门项目支出预算、工程预算控制价（含招标标底）、合同、工程结算、竣工决算进行评审或评估，对政府投资项目进行后评价，以及对市政府决定的其他事项进行审查的行为。”

四、将第五条第一款中的“本市”修改为“市本级”。

第五条增加一款，作为第三款：“县（区）政府评审机构负责本级政府投资评审工作。”

原第五条第三款作为第四款，修改为“审计、司法行政等部门在各自职责范围内，对政府投资项目评审工作进行监督。”

五、将第六条中的“建设”修改为“住建”；将“招投标”修改为“公共资源交易”。

六、将第七条中的“建设单位”修改为“项目建设单位”。

七、将第十条第七项修改为“项目竣工决（结）算的合法性、真实性、准确性。”

八、将第十一条第二款第四项修改为“项目建议书、可行性研究报告、初步设计及概算或者实施方案及其批复，自然资源、住建、生态环境等部门的批准文件”。

九、将第十二条第一项修改为“项目审批单位向评审机构发出评审通知，项目建设单位提供项目评审资料；”将第十二条第七项中“发展改革等部门”修改为“项目审批单位”。

十、将第十三条第一项修改为“项目审批单位向评审机构发出评审通知，项目建设单位提供项目评审资料；”将第十三条第七项中“发展改革、建设等部门”修改为“项目审批单位”。

十一、将第十四条第一项修改为“财政部门和项目建设单位在编制项目支出预算前，对计划列入政府投资的项目，提交评审机构评审；”将第七项修改为“评审机构向财政部门报送评审报告（意见）”。

十二、将第十五条第六项中“根据评审结论和项目建设单位意见”删去。

十三、将第十六条第六项修改为“评审机构出具评审意见书，作为签订施工发承包合同和履约的依据。”

十四、增加一条，作为第十七条：“项目竣工决(结)算审核程序：

“(一)项目建设单位向评审机构提出申请，并提供项目评审资料；

“(二)评审机构对项目建设单位所提供资料的合法性、充分性、真实性和完整性进行初步审查；

“(三)评审机构现场核查项目基本情况；

“(四)评审机构依据有关法律法规、合同、投标文件及标准(定额)和规范等，对项目内容进行审核，合理确定项目投资；

“(五)评审机构形成初步审核结论，项目建设单位及相关备方对评审意见提出书面反馈意见；

“(六)评审机构出具评审报告，作为批复项目工程结算、竣工决算的依据。”

十五、第十八条增加一款，作为第二款：“评审报告(意见)是项目建设单位进行招标、工程项目采购、签订合同的控制标准，是财政部门安排预算、办理拨款、实施项目资金管理和监督的重要依据。”原第十八条第二款作为第三款。

十六、将第十九条中的“《兰州市建设工程项目审批流程(试行)》”删去。

十七、将第二十二条第一款修改为“市级政府投资项目评审费用，列入市本级财政预算。”

第二十二条增加一款，作为第二款：“县(区)政府投资项目评审费用，由县区根据实际予以安排。”

十八、删去第二十三条。

十九、将第二十四条第三项中“城市规划或土地利用总体规划”修改为“国土空间规划”。

二十、删去第二十五条。

二十一、增加一条，作为第二十五条：“项目建设单位应按本规定评审而未评审，或者未按本规定履行评审义务导致项目在建设过程中或者建成运行后，对经济、社会及环境造成不良影响的，由相关职能部门依法对责任单位和责任人员给予处理。”

二十二、对部分条文的文字作相应修改并对条文顺序作相应调整。本决定自公布之日起施行。《兰州市政府投资项目评审管理办法》根据本决定作相应修改，重新公布。

兰州市政府投资项目评审管理办法

（2009年4月21日兰州市人民政府令〔2009〕第1号公布　根据兰州市人民政府令〔2011〕第2号《关于修改〈兰州市爱国卫生管理办法〉等9件政府规章的决定》修正　根据兰州市人民政府令〔2018〕第3号《兰州市人民政府关于修改〈兰州市政府投资项目评审管理办法〉的决定》二次修正　根据2021年11月20日市人民政府第159次常务会议通过的《兰州市人民政府关于修改〈兰州市政府投资项目评审管理办法〉的决定》修正）

第一条　为了加强政府投资项目管理，规范政府投资项目评审行为，合理确定和有效控制项目投资，保证公共资金规范、高效、安全使用，根据《政府投资条例》《重大行政决策程序暂行条例》等有关法律、法规规定，结合本市实际，制定本办法。

第二条　本市政府投资项目的评审和后评价，以及市政府决定进行评审的其他事项，适用本办法。

本办法所称政府投资，是指政府使用预算安排的资金，进行固定资产投资建设活动，包括新建、扩建、改建、技术改造等。

第三条　本办法所称政府投资项目评审，是指市政府项目投资评审机构对政府投资项目建议书、可行性研究报告、初步设计及概算或者实施方案、部门项目支出预算、工程预算控制价（含招标标底）、合同、工程结算、竣工决算进行评审或评估，对政府投资项目进行后评价，以及对市政府决定的其他事项进行审查的行为。

第四条　政府投资项目评审应当遵循“独立、科学、公正”的原则，按照“先评审、后决策”的工作程序，依据有关法律、法规和行业规范、标准进行。

第五条　市政府项目投资评审机构（以下简称“评审机构”）负责和组织实施市本级政府投资项目评审工作。

评审机构应当对其所出具的评审报告（意见）向市政府负责。

县（区）政府评审机构负责本级政府投资评审工作。

审计、司法行政等部门在各自职责范围内，对政府投资项目评审工作进行监督。

第六条　发展改革、财政、住建、公共资源交易等部门应当依据评审机构出具的评审报告（意见），对政府投资项目进行立项批复、招标以及监督管理。

第七条　项目建设单位和有关部门在政府投资项目评审工作中，应当履行下列义务：

（一）及时提供评审所需资料，并对所提供资料的完整性、真实性和合法性负责；

（二）对评审机构需要核实或取证的事项，不得拒绝、隐匿或提供虚假资料；

（三）施工发承包合同正式签订前，及时提交评审；

（四）对评审机构出具的初步评审结论，应当自收到之日起三个工作日提出书面意见并予回执；

（五）对评审机构作出的评审结论以及提出的评审建议，应当予以采纳和落实。

第八条　政府投资项目勘察、设计、施工、监理等单位，应当配合评审机构实施政府投资项目评审工作，如实提供相关资料并承担相应责任。

第九条　评审机构应当建立政府投资项目评审信息反馈机制，实行评审公示制度、定期回访制度和联合稽察制度。

第十条　政府投资项目评审的内容主要包括：

（一）项目建议书、可行性研究报告的必要性、可行性、合理性；

（二）项目初步设计及概算或者实施方案的合理性、完整性；

（三）调整概算的必要性；

（四）部门项目支出预算的必要性、合理性；

（五）工程预算控制价（含招标标底）的合理性、准确性；

（六）项目合同的有效性、完整性；

（七）项目竣工决（结）算的合法性、其实性、准确性；

（八）项目投入使用后的效益、效果、作用及影响；

（九）需要评审的其他事项。

第十一条 评审机构根据政府投资项目评审内容，制订评审工作方案，按照政府项目评审依据及程序实施评估和审查工作。

政府投资项目的评审依据包括：

（一）国家和地方有关投资计划、财政预算、财务会计、政府采购、招标投标、经济合同和工程建设的法律、法规、规章；

（二）国家行业主管部门和地方有关部门颁布的标准、计价依据及工程技术规范；

（三）与政府投资项目有关的价格信息、工程造价指标指数、调价规定等有关资料；

（四）项目建议书、可行性研究报告、初步设计及概算或者实施方案及其批复，自然资源、住建、生态环境等部门的批准文件；

（五）项目勘察设计合同、施工发承包合同（补充合同）、材料设备采购合同（协议）、招投标等文件；

（六）项目支出预算、工程预算控制价（含招标标底）等相关资料；

（七）政府投资项目评审依据的其他有关资料。

第十二条 项目建议书或可行性研究报告评审程序：

（一）项目审批单位向评审机构发出评审通知，项目建设单位提供项目评审资料；

（二）评审机构对项目建设单位所提供资料的完整性、合法性进行初步审查；

（三）评审机构现场核查项目基本情况；

（四）评审机构依据产业政策、区域经济发展状况、城市规划以及行业规范、标准等，对建设项目建议书或可行性研究报告编制的必要性、可行性、合理性进行评审；

（五）形成评审结论，向项目建设单位反馈意见；

（六）评审机构根据评审结论和项目建设单位意见，出具评审报告（意见）；

（七）评审机构向项目审批单位提交评审报告（意见），作为批复项目建议书或可行性研究报告的依据。

第十三条 项目初步设计和概算评审程序：

（一）项目审批单位向评审机构发出评审通知，项目建设单位提供项目评审资料；

（二）评审机构对项目建设单位所提供资料的完整性、合法性进行初步审查；

（三）评审机构现场核查项目基本情况；

（四）评审机构依据行业规范、标准、概算指标、定额和有关计价依据，对项目初步设计和概算的合理性以及概算调整的必要性进行评审；

（五）评审机构形成评审结论，向项目建设单位反馈意见；

（六）评审机构根据评审结论和项目建设单位意见，出具评审报告（意见）；

（七）评审机构向项目审批单位提交评审报告（意见），作为批复项目初步设计和概算的依据。

第十四条 项目支出预算评审程序：

（一）财政部门和项目建设单位在编制项目支出预算前，对计划列入政府投资的项目，提交评审机构评审；

（二）评审机构对项目立项、可行性研究报告、初步设计、征地拆迁、开工报告等批准文件进行程序性审核；

（三）评审机构依据国家和行业有关法律法规、计价依据、计价办法的规定，对建筑安装工程预算和设备投资进行评审；

（四）评审机构对项目待摊投资和其他投资进行评审；

（五）评审机构对项目发生的特殊费用进行评审；

（六）评审机构形成评审结论，向财政部门反馈意见；

（七）评审机构向财政部门报送评审报告（意见）；

（八）财政部门依据评审报告（意见）对项目支出预算进行批复。

第十五条 项目工程预算控制价（含招标标底）评审程序：

（一）项目建设单位向评审机构提出申请，并提供项目评审资料；

（二）评审机构对项目建设单位所提供资料的完整性、合法性进行初步审查；

（三）评审机构现场核查项目基本情况；

（四）评审机构对项目工程预算控制价（含招标标底）的合理性和准确性进行评审；

（五）评审机构形成评审结论，向项目建设单位反馈意见；

（六）评审机构出具评审报告（意见），作为项目工程预算控制价（或招标标底）的合法依据。

第十六条 施工发承包合同评审程序：

（一）项目建设单位向评审机构提出申请，提供招标文件（含招标答疑）、中标通知书、施工发承包合同草案等评审所需资料；

（二）评审机构对项目建设单位所提供资料的合规性、有效性及完整性进行初步审查；

（三）评审机构依据招标文件、招标答疑（纪要）、投标承诺和中标报价书，对施工发承包合同约定的工程内容、承包范围、合同工期和合同价款进行评审；

（四）评审机构对施工发承包合同中的价款约定与支付方式、价款调整方式、材料设备供应范围与方式、风险承担范围与幅度、履约担保以及工程索赔等进行评审；

（五）评审机构形成初步评审结论，向项目建设单位反馈意见；

（六）评审机构出具评审意见书，作为签订施工发承包合同和履约的依据。

第十七条 项目竣工决（结）算审核程序：

（一）项目建设单位向评审机构提出申请，并提供项目评审资料；

（二）评审机构对项目建设单位所提供资料的合法性、充分性、真实性和完整性进行初步审查；

（三）评审机构现场核查项目基本情况；

（四）评审机构依据有关法律法规、合同、投标文件及标准（定额）和规范等，对项目内容进行审核，合理确定项目投资；

（五）评审机构形成初步审核结论，项目建设单位及相关各方对评审意见签署书面反馈意见；

（六）评审机构出具评审报告，作为批复项目工程结算、竣工决算的依据。

第十八条 项目后评价程序：

（一）项目主管部门制订政府投资项目后评价年度计划，确定后评价项目名单，报市政府批准后向项目建设单位下达项目后评价通知书；

（二）项目建设单位在30个工作日内向评审机构提交项目自评报告，并提供后评价所需资料；

（三）评审机构对项目建设单位所提供资料的合法性、真实性和完整性进行明步审查；

（四）评审机构对项目建设实施进行核查、取证；

（五）评审机构对照项目可行性研究报告、审批文件以及相关合同的主要内容，对项目决策、建设目的、执行过程、效益、运行效果以及作用和影响等进行分析评价；

（六）评审机构形成分析评价结论，向项目建设单位反馈意见；

（七）评审机构向市政府提交项目后评价成果报告，作为规划制定、投资决策、审批核准、项目管理的重要参考依据和政府投资决策责任追究的重要依据。

第十九条 评审机构出具的评审报告（意见），应当包括项目概况、评审依据、评审范围、评审内容、评审程序、评审结论以及建议和存在的问题等。

评审报告（意见）是项目建设单位进行招标、工程项目采购、签订合同的控制标准，是财政部门安排预算、办理拨款、实施项目资金管理和监督的重要依据。

评审机构在实施政府投资项目评审时，应当对市列重大项目、特殊专业项目和采用新技术、新工艺项目，组织专家进行论证。

第二十条 评审机构可以采取直接评审、委托具有相应资质的社会中介组织评审或者联合评审的方式，进行政府投资项目评估和审查工作。

政府投资项目评审工作应当在规定的时限内完成。

第二十一条 评审机构应当建立政府投资项目评审专业档案制度，做好备类评审资料的归集、存档和管理工作，并保证其完整性。

第二十二条 项目建设单位对评审机构作出的评审结论有异议的，可向市政府提出异议申请，由市政府指定有关部门组织复评。

第二十三条 市级政府投资项目评审费用，列入市本级财政预算。

县（区）政府投资项目评审费用，由县区根据实际予以安排。

第二十四条 项目建设单位和勘察、设计、施工等单位违反本办法规定，有下列行为之一的，由评审机构向有关部门说明情况，由相关部门依照有关法律、法规和规章的规定予以处理：

(一)对项目建设必要性、可行性论述模糊不清，理由不充分的；

(二)超国家或行业建设标准的；

(三)不符合国上空间规划及环保要求的；

(四)基础配套设施不能满足建设项目基本需求的；

(五)环境评价不能满足项目建设要求的；

(六)设计规模或投资超批复规模和投资的；

(七)无相应资质(资格)的；

(八)项目文本编制不能满足评审需要的。

第二十五条 项目建设单位应按本规定评审而未评审，或者未按本规定履行评审义务导致项目在建设过程中或者建成运行后，对经济、社会及环境造成不良影响的，由相关职能部门依法对责任单位和责任人员给予处理。

第二十六条 评审机构工作人员在政府投资项目评审工作中，有玩忽职守、滥用职权、徇私舞弊等行为的，由其所在单位或上级主管部门给予行政处分；构成犯罪的，依法追究刑事责任。

第二十七条 全部或部分使用政府投资从事公共课题研究、规划计划编制、防灾减灾等活动的，依照本办法执行。

第二十八条 本办法自2009年7月1日起施行。

兰州市人民政府令

〔2021〕第3号

《兰州市人民政府关于修改〈兰州市地质灾害防治管理办法〉的决定》已经2021年11月20日市人民政府第159次常务会议讨论通过，现予公布，自公布之日起施行。

市长 张伟文

2021年11月25日

兰州市人民政府关于修改《兰州市地质灾害防治管理办法》的决定

兰州市人民政府第159次常务会议决定，对《兰州市地质灾害防治管理办法》拟作如下修改：

一、将第六条第一款、第九条第二款、第十三条、第十七条第一款、第二十条、第二十一条、第二十二条、第二十八条第二款，第三十七条第一款、第三十八条第一款、第三十九条中"国土资源行政主管部门"统一修改为"自然资源行政主管部门"；将第二十条中"市气象行政主管部门"统一修改为"市气象、市应急等行政主管部门"；将第二十九条中"国土资源行政主管部门"统一修改为"应急行政主管部门和自然资源行政主管部门"；将第三十条中"国土资源行政主管部门"统一修改为"应急、自然资源行政主管部门"。

二、将第二条修改为："本办法所称地质灾害，包括自然因素或者人为活动引发的危害人民生命和财产安全的山体崩塌、滑坡、泥石流、地面塌陷、地裂缝、地面沉降等与地质作用有关的灾害。"

三、将第六条第二款修改为："发展改革、住建、水务、交通运输、国资、城市管理、人防、气象、地震、教育、民政、应急、文化旅游、卫生健康、林业、农业农村、公安等相关部门按照各自职责，做好地质灾害防治工作。"

四、将第十一条第一款修改为："市、县（区）自然资源行政主管部门应当会同同级住建、水务、交通、应急等部门，依据本行政区域的地质灾害调查结果和上一级地质灾害防治规划，编制本行政区域的地质灾害防治规划，经专家论证后报本级人民政府批准公布，并报上一级自然资源行政主管部门备案。"

五、将第十四条修改为："年度地质灾害防治方案的内容包括：

（一）主要灾害点的分布；

（二）地质灾害的威胁对象、范围；

（三）重点防范期、重点防范区域；

（四）年度地质灾害趋势预测、重点预防的地质灾害隐患；

（五）地质灾害调查与监测工作安排；

（六）地质灾害防治措施；

（七）地质灾害的监测、预防责任人。

六、将第十七条第二款修改为："村（居）民委员会等基层群众性自治组织应当协助县（区）自然资源行政主管部门、乡（镇）人民政府、街道办事处做好地质灾害防治知识的宣传、开展地质灾害隐患简易监测，配合群测群防监测人员做好临灾预报，并协助组织灾害发生前的救助、避险工作。"

七、将第二十三条修改为："因工程建设等原因确需拆除或者移动地质环境监测设施的，工程建设单位应当在项目可行性研究阶段向项目所在地的县（区）人民政府自然资源行政主管部门提出申请，由项目所在地的县（区）人民政府自然资源行政主管部门征得组织建设地质环境监测设施的自然资源行政主管部门同意后，进行拆除或者移动地质环境监测设施。"

八、将第二十八条第三款修改为："配套的地质灾害治理工程未经验收或者经验收不合格的，主体工程不得投入生产或者使用。"

九、删去第四十二条第二款中的"并经国土资源行政主管部门审查认定"。

十、将第四十四条第一款修改为"市、县(区)自然资源、应急行政主管部门、同级相关部门应当严格遵守地质灾害防治资金管理使用规定，并对资金使用结果负责，接受审计等有关部门的监督检查。"

十一、删去第四十五条。

十二、对部分条文的文字作相应修改并对条文顺序作相应调整。

本决定自公布之日起施行。

《兰州市地质灾害防治管理办法》根据本决定作相应修改，重新公布。

兰州市地质灾害防治管理办法

（2016年12月27日兰州市人民政府令〔2016〕第10号公布　根据2021年11月20日市政府第159次常务会议通过的《兰州市人民政府关于修改〈兰州市地质灾害防治管理办法〉的决定》修正）

第一章　总　则

第一条　为了有效防治地质灾害，保障人民群众生命和财产安全，避免和减轻地质灾害造成的损失，根据《中华人民共和国突发事件应对法》《地质灾害防治条例》《甘肃省地质环境保护条例》等法律法规的规定，结合本市实际，制定本办法。

第二条　本办法所称地质灾害是指在自然或者人为因素的作用下形成的，对人类生命财产、环境造成破坏和损失的地质现象，主要包括山体崩塌、滑坡、泥石流、地面塌陷、地裂缝等。

第三条　本办法适用于本市行政区域内地质灾害的防治管理活动。

第四条　地质灾害防治应当坚持统一规划、突出重点，预防为主、避让与治理相结合的原则。

地质灾害防治管理工作坚持属地管理、分级负责和职能部门分类监管相结合的原则。

第五条　市、县（区）人民政府应当建立地质灾害防治工作联动机制，加强对地质灾害防治工作的领导，组织有关部门采取措施，做好地质灾害防治工作，并将地质灾害防治经费列入本级财政预算。

乡（镇）人民政府、街道办事处应当按照相应职责做好本辖区内地质灾害防治工作。

第六条　市、县（区）人民政府国土资源行政主管部门负责本行政区域内地质灾害防治的组织、指导、协调和监督管理工作。

发展改革、建设、规划、水务、交通运输、国资、城市管理、人防、气象、地震、教育、民政、安全生产监督、文化旅游、卫生计生、生态、农业、公安等相关部门按照各自职责，做好地质灾害防治工作。

第七条　市、县（区）人民政府应当建立健全辖区内地质灾害调查评价、监测预警、应急保障和综合治理体系，建设应急救援和避难场所，定期组织演练，提高协同联动和应急处置能力。

第八条　市、县（区）人民政府应当建立地质灾害灾情信息发布制度，按照有关规定统一、准确、及时向社会公众公布本行政区域内的地质灾害灾情、险情信息和应急处置工作信息，及时发布地质灾害预警预报信息。

任何单位和个人不得编造、传播地质灾害灾情、应急处置工作的虚假信息。

第九条　市、县（区）人民政府应当支持和鼓励地质灾害防治科学研究，采取多种形式宣传、普及地质灾害防治知识，增强单位和个人的地质灾害防治意识和自救、互救能力。

鼓励社会和个人在市、县（区）人民政府及国土资源行政主管部门指导下开展和参与地质灾害防治工作，市、县（区）人民政府应当对在地质灾害防治工作中做出突出贡献的单位和个人给予奖励。

第十条　受地质灾害威胁的单位和个人应当积极开展和配合协助地质灾害防治工作。

任何单位和个人不得妨碍或阻挠地质灾害防治工作。

第二章　地质灾害防治规划和年度防治方案

第十一条　市、县（区）国土资源行政主管部门应当会同相关部门，根据本地区地质灾害防治现状，依据上一级地质灾害防治规划，组织编制本级地质灾害防治规划，并广泛征求社会各界意见，经本级人民政府批准后实施，并报上一级国土资源行政主管部门备案。

地质灾害防治规划一经批准，必须严格执行，任何单位和个人不得随意修改；确需修改的，应当按原批准程序进行。

第十二条 地质灾害防治规划内容包括：

（一）地质灾害现状与发展趋势；

（二）防治原则、目标和主要任务；

（三）地质灾害易发区、重点防治区；

（四）地质灾害防治项目及保障措施等。

第十三条 市、县（区）国土资源行政主管部门根据本级人民政府公布的地质灾害防治规划和上年度地质灾害防治工作情况，拟订市、县（区）本年度地质灾害防治方案，对本年度地质灾害防治任务作出明确安排，报本级人民政府批准后实施。

第十四条 年度地质灾害防治方案的内容包括：

（一）本行政区域内受地质灾害威胁的对象、威胁范围；

（二）年度地质灾害趋势预测、重点防范期、重点防范区域、重点预防的地质灾害隐患；

（三）地质灾害调查与监测工作安排；

（四）防治项目与防治措施等。

第十五条 地质灾害防治规划和年度地质灾害防治方案应当及时向社会公布，并为公众查询提供服务。

第三章　地质灾害预防

第十六条 县（区）、乡镇人民政府和街道办事处应当组织建立地质灾害易发区内以基层群众性自治组织为主体的群测群防队伍，组织开展防灾知识技能培训，增强识灾报灾、监测预警和临灾避险应急能力，加强地质灾害险情的巡回检查，建立巡查档案。

群测群防人员有权劝阻、制止可能引发地质灾害的行为，对发现的险情应当及时处理和报告。

群测群防人员补助经费列入当地人民政府年度地质灾害防治经费预算。

第十七条 县（区）国土资源行政主管部门、乡镇人民政府和街道办事处应当做好地质环境群测群防监测的技术指导，帮助群测群防监测人员掌握地质环境监测基本知识，指导基层组织设立群测群防简易监测点。

村（居）民委员会等基层群众性自治组织应当向当地群众宣传地质灾害防治的重要性，协助组织受隐患威胁群众开展简易监测，落实群测群防监测人员做好临灾预报，并协助组织灾害发生前的救助、避险工作。

第十八条 县（区）人民政府应当建立健全地质灾害隐患调查、排查制度，组织对本行政区域内地质灾害隐患点开展经常性巡回检查、核查和调查，掌握隐患发育特征、动态变化情况和防治措施落实情况。对可能威胁城镇、学校、医院、集市、工矿区和村庄、部队营区等人口密集区域的重大隐患点，制定落实监测和防治措施，及时消除灾害隐患。

第十九条 县（区）人民政府应当制作本辖区内的《地质灾害防灾避险明白卡》和《地质灾害防灾工作明白卡》并发放给监测、预防责任人和防治责任单位。

《地质灾害防灾避险明白卡》应当标明：地质灾害类型、规模、灾害体与住户的关系、灾害诱发因素、监测人员及其联系电话、预警信号及发布人、撤离路线、安置地点、负责人及其联系电话、救护单位、住户注意事项等。

《地质灾害防灾工作明白卡》应当标明：地质灾害位置、类型及其规模、诱发因素、威胁对象、监测负责人、监测的主要迹象、预警的主要手段和方法、临灾预报的判据、避灾地点、疏散路线、报警信号、疏散命令发布人、抢险单位负责人、治安保卫单位负责人、医疗救护单位负责人值班电话等。

《地质灾害防灾避险明白卡》和《地质灾害防灾工作明白卡》的主要内容应当在地质灾害隐患范围内公告。

第二十条 市国土资源行政主管部门应当会同市气象行政主管部门建立地质灾害气象风险预警信息系统，联合向公众发布地质灾害气象风险预警信息。

第二十一条 市、县（区）国土资源行政主管部门应当组织建立由地质环境监测点、地质环境监测站和地质环境监测信息系统组成的地质环境监测网络，对地质灾害隐患进行动态监测。

第二十二条 县（区）国土资源行政主管部门负责本行政区域内地质环境监测设施管护工作，保障其防灾减灾效能的发挥。

第二十三条 因工程建设确需占用、挪移地质灾害防治工程设施和监测设施、标志的，应当报设施、标志所在地国土资源行政主管部门批准，并采取补救措施。

第二十四条 县（区）人民政府应当根据地质灾害防治规划和年度地质灾害防治方案确定的主要地质灾害隐患分布情况，设定本辖区内的主要地质灾害隐患的边界警示。

第二十五条 对出现地质灾害前兆、可能造成人员伤亡或者重大财产损失的区域和地段，县级人民政府应当及时划定为地质灾害危险区，予以公告，并在地质灾害危险区的边界设置明显警示标志。

在地质灾害危险区内，禁止爆破、削坡、进行工程建设以及从事其他可能引发地质灾害的活动。

第二十六条 对已建、新建工程可能引发、加剧地质灾害的情形，其所有权人、建设单位等相关监测、预防责任人应当设置警示标志并采取防护措施。

第二十七条 有可能导致地质灾害发生的工程建设项目和在地质灾害易发区内进行工程建设，项目申请人应当在可行性研究阶段同步进行地质灾害危险性评估，评估结果应当作为工程项目可行性研究报告的组成部分。

对经评估认为可能引发地质灾害或者可能遭受地质灾害的建设工程，建设单位应当建设配套地质灾害防治工程。

第二十八条 建设项目的配套地质灾害防治工程应当与主体工程同步设计、施工、验收和交付使用，县（区）人民政府相关监督管理部门应当按照各自职责分工加强对治理项目实施过程的质量监督和安全管理。

主体工程与配套地质灾害防治工程同时验收合格后，其所有权人或者实际使用人应当负责配套地质灾害防治工程日常维护工作，定期巡查，发现问题及时处理并报告县（区）人民政府或国土资源行政主管部门。

配套地质灾害防治工程未经国土资源行政主管部门验收或者经验收不合格的，建设项目主体工程及防治工程均不得投入使用。

第四章 地质灾害应急

第二十九条 市、县（区）人民政府国土资源行政主管部门应当会同相关部门编制突发性地质灾害应急预案，报同级人民政府批准后公布实施。地质灾害应急预案每五年修订一次，遇有重大变故及时修订。

第三十条 发现地质灾害灾情、险情时，群测群防人员、事发单位应当及时报告乡（镇）人民政府、街道办事处。乡（镇）人民政府、街道办事处应当及时报告县（区）人民政府和同级国土资源行政主管部门。

小型以上地质灾害灾情或者险情发生后，事发地县（区）人民政府和县（区）国土资源行政主管部门，应当于一小时内向市人民政府和市国土资源行政主管部门报告，同时将灾情或者险情及时通报相关部门和可能受影响的相邻县（区）人民政府。

第三十一条 地质灾害或者险情发生地的县（区）人民政府、乡（镇）人民政府、街道办事处接到报告后，应当立即组织人员赶赴现场，进行现场调查，采取有效措施，防止灾害发生、险情或者灾情扩大。

情况危急时，基层群众性自治组织应当先行组织受威胁群众躲避险情。

第三十二条 发生地质灾害或者险情，需立即应急抢险处置的，市、县（区）人民政府应当及时启动突发性地质灾害应急预案，开展应急抢险救援工作。

应急抢险处置方案由应急抢险现场指挥部确定，并指定符合要求的勘查、设计、施工、监理单位开展应急抢险排险处置，同时明确排险经费结算原则。

人为因素引发的地质灾害应急抢险费用，县（区）人民政府组织应急抢险处置后，有权向责任单位、责任人依法追偿。

第三十三条 地质灾害应急工程勘查、设计、施工及监理单位应当从应急抢险救援储备库中抽取确定，可不进行招投标，但应当抄送同级招投标行政主管部门备案。

第三十四条 根据地质灾害应急处置需要，市、县（区）人民政府可以调集人员，征用物资、交通工具和相关设施、设备，必要时可以采取交通管制、组织避灾疏散、拆除直接威胁人民群众生命安全或者妨碍抢险救灾的建（构）筑物等措施。

征用单位和个人的物资、交通工具、设施、设备的，事后应当及时归还，并依法给予补偿；拆除建(构)筑物的，应当依法给予补偿。

第三十五条 县(区)人民政府应当妥善安置受灾群众，做好社会稳定工作，并根据地质灾害灾情和防治工作的需要，统筹规划、安排受灾地区的灾后重建工作。

第三十六条 市、(县)区人民政府应当建立地质灾害应急平台和物资储备制度；组建地质灾害应急工程勘查、设计、施工、监理队伍和应急专家队伍等应急抢险救援储备库，并向社会公示；组织开展突发性地质灾害应急预案演练，增强突发性地质灾害的处置保障能力。

第五章 地质灾害治理与搬迁避让

第三十七条 经专业监测、调查认为需采取搬迁避让或工程治理的地质灾害危险区，由县(区)人民政府国土资源行政主管部门明确治理工程或搬迁避让措施。

地质灾害治理工程的确定，应当与地质灾害形成的原因、规模以及对人民生命和财产安全的危害程度相适应。

无法治理或者治理成本过高的，市、县(区)人民政府应当根据实际情况组织生命、财产受威胁的住户搬迁避让。

第三十八条 市、县(区)国土资源行政主管部门应当组织专家分析论证地质灾害的成因，认定治理责任主体。

因工程建设等人为活动引发的地质灾害，由引发地质灾害的责任主体承担治理责任。存在多个治理责任主体的，各自承担相应治理责任。

因自然原因产生的治理费用由市、县(区)人民政府承担。

第三十九条 人为活动引发的地质灾害，其防治责任主体应当履行以下义务：

(一)负责地质灾害治理工程，依法委托具备相应资质的勘查、设计、施工和监理单位开展勘查、设计、施工、监理工作；

(二)在治理工程施工前，应当将勘查、设计资料报国土资源行政主管部门；

(三)负责治理工程实施期间的监测、管理工作；定期向国土资源行政主管部门报送施工进度情况；发现问题及时处理，并报告县(区)人民政府及国土资源行政主管部门；

(四)竣工验收时报请国土资源行政主管部门参加，验收合格的，于三十日内将竣工验收资料送交国土资源行政主管部门。

第四十条 市、县(区)人民政府应当将搬迁避让措施与扶贫开发、生态移民、棚户区改造、经济适用房建设、廉租房建设、新农村建设、小城镇建设、土地开发整理等相结合，统筹安排资金，有计划、有步骤地组织受地质灾害威胁群众的搬迁避让工作。

第四十一条 搬迁避让住房安置可采取集中建房、分散自建、自行购房等多种方式，按照节约、集约用地和因地制宜的原则组织开展。

市、县(区)人民政府应当组织对搬迁避让安置项目进行验收。

第四十二条 实施搬迁避让或无法治理的地质灾害危险区，应当划定为禁建区或慎建区。

地质灾害禁建区内，除进行危岩滑坡整治、绿化和必不可少的市政工程外，严禁其他建设活动。地质灾害慎建区内，从严控制工程建设活动。凡在慎建区内申请选址，必须先进行建设用地地质灾害危险性评估，并经国土资源行政主管部门审查认定。

第四十三条 从事勘查、开采矿产资源活动的单位和个人，应当严格按照国家有关规定处置废渣、废石和尾矿等废弃物，对形成的危岩、危坡等地质灾害进行恢复治理，消除安全隐患，防止产生地质灾害。

第四十四条 市、县(区)国土资源行政主管部门、同级相关部门应当严格遵守地质灾害防治资金管理使用规定，接受审计等有关部门的监督检查。

市、县(区)财政行政主管部门和审计行政主管部门应当加强对地质灾害防治资金的监管。

第六章 法律责任

第四十五条 违反本办法第十条规定，妨碍或阻挠地质灾害防治工作的单位或个人，由县级以上国土资源行政主管部门处三千元以上三万元以下罚款。

第四十六条 市、县(区)人民政府及其有关部门、乡(镇)人民政府、街道办事处及其工作人员有下列行为之一的,对直接负责的主管人员和其他直接责任人员,依法给予行政处分;构成犯罪的,依法追究刑事责任:

(一)截留、挪用地质灾害防治经费的;

(二)未及时向社会公布地质灾害防治规划、年度地质灾害防治方案,或者拒绝提供查询服务的;

(三)接到地质灾害险情或者灾情报告后,未立即派人进行现场调查或者未采取有效措施的;

(四)违反地质灾害防治规定办理建设项目的有关手续的;

(五)其他滥用职权、徇私舞弊、玩忽职守的行为。

第四十七条 违反本办法规定的行为,法律、法规已有处罚规定的,从其规定。

第七章 附 则

第四十八条 本办法自2017年2月15日起施行。

兰州市人民政府令

〔2021〕第4号

《兰州市人民政府关于修改〈兰州市城市房屋使用安全管理办法〉的决定》已经2021年11月20日市人民政府第159次常务会议讨论通过，现予公布，自公布之日起施行。

市长 张伟文

2021年11月25日

兰州市人民政府关于修改《兰州市城市房屋使用安全管理办法》的决定

兰州市人民政府第159次常务会议决定，对《兰州市城市房屋使用安全管理办法》作如下修改：

一、将第五条第二、四款、第七条、第八条、第十条、第十一条、第二十三条第二款、第二十七条、第二十九条、第三十三条、第三十八条、第四十条、第四十一条中“房产行政主管部门”统一修改为“住房和城乡建设行政主管部门”；将第九条中“建设、房产行政主管部门”修改为“住房和城乡建设行政主管部门”；将第十九条中“卫计”修改为“卫健”；将第三十七条第二款中“房产行业主管部门”修改为“县（区）住房和城乡建设行政主管部门”。

二、将第五条第三款修改为“财政、自然资源、城市管理、市场监管、商务、应急管理等部门应当按照各自职责，做好房屋使用安全管理的相关工作。”

三、将第十一条中“十五个工作日”修改为“十个工作日”。

四、将第十二条第三款修改为“因房屋的主体结构、地基基础等出现问题造成房屋使用安全隐患的，按下列规定承担房屋使用安全责任：

“（一）国家直管公有房屋由国家直管公有房屋管理单位承担房屋使用安全责任；

“（二）在使用年限范围内的房屋由开发单位、建设单位、施工单位、管理单位依法承担房屋使用安全责任；

“（三）有关责任单位灭失，但有承继单位或者上级主管部门的房屋，由承继单位或者上级主管部门承担房屋使用安全责任；

“（四）有关责任单位均灭失且无承继单位和上级主管部门或者超出使用年限的房屋，由属地县（区）人民政府承担房屋使用安全责任。”

五、将第十八条第二款中“工程投资额在30万元以上”修改为“工程投资额超过一百万元”；“建筑面积在300平方米以上”修改为“建筑面积超过五百平方米”。

六、将第三十四条修改为：“房屋安全责任人发现房屋出现险情，可能危及公共安全的，应当立即设置明显的警示标志，并及时向所在地街道办事处报告，街道办事处报告县（区）住房和城乡建设行政主管部门。街道办事处或者县（区）住房和城乡建设行政主管部门应当根据需要设置警示区域，提醒过往车辆、行人、相邻人注意安全。”

七、将第三十七条第二款中“组织人员紧急撤离”修改为“采取措施”。

八、将第三十九条修改为：“房屋使用安全责任人违反本办法第十四条第二、三、四、五、六项和第八项规定的，由市、县（区）住房和城乡建设行政主管部门责令其停止违法行为，限期恢复原状或者维修加固；逾期不改正的，处五千元以上三万元以下罚款。”

“违反本办法第十四条第一项规定的，由市、县（区）住房和城乡建设行政主管部门依据《建设工程质量管理条例》的规定予以处罚。

“违反本办法第十四条第七项规定的，由市、县（区）城市管理行政主管部门依据有关法律、法规和规章的相关规定予以处罚。”

九、将第四十条中“施工单位”删去。

十、对部分条文的文字作相应修改。

本决定自公布之日起施行。

《兰州市城市房屋使用安全管理办法》根据本决定作相应修改，重新公布。

兰州市城市房屋使用安全管理办法

（2018年2月25日兰州市人民政府令第4号公布　根据2021年11月20日市政府第159次常务会议通过的《兰州市人民政府关于修改〈兰州市城市房屋使用安全管理办法〉的决定》修正）

第一章　总　则

第一条　为了加强城市房屋使用安全管理，维护公共安全，保障人身财产安全，根据有关法律、法规的规定，结合本市实际，制定本办法。

第二条　本办法适用于本市行政区域内国有土地上合法建造，经竣工验收交付使用的房屋安全管理活动。

军队、宗教团体、历史建筑以及文物保护单位的房屋使用安全管理，房屋的消防安全，电梯、燃气、供水等专业设施设备的使用安全管理，按照有关法律、法规的规定执行。

第三条　本办法所称房屋使用安全管理，是指为保障房屋使用安全所进行的管理活动，包括房屋安全使用、房屋安全鉴定、危险房屋治理和危险房屋监督检查。

第四条　房屋使用安全管理应当遵循属地管理、预防为主、合理使用、规范治理的原则，确保房屋使用安全。

第五条　市、区（县）人民政府应当加强对本行政区域内房屋使用安全管理工作的组织领导和综合协调，制定房屋使用安全监督管理制度和应急预案，组织应对房屋使用安全突发事件。

市、区（县）房产行政主管部门是本行政区域内房屋使用安全监督与管理的行政主管部门。

公安、财政、国土资源、建设、规划、城市管理、工商、质监、安监等部门应当按照各自职责，做好房屋使用安全管理的相关工作。

各乡（镇）人民政府、街道办事处应当配合房产行政主管部门做好房屋使用安全管理工作。

第六条　市、区（县）人民政府应当将房屋使用安全管理经费纳入财政预算予以保障，确保房屋使用安全调查、安全鉴定、解危补助、应急抢险等工作的顺利开展。

第七条　房产行政主管部门应当定期组织房屋使用安全调查，建立房屋使用安全管理档案，建设信息平台，实行动态管理，信息共享。乡（镇）人民政府、街道办事处应当协助做好房屋使用安全调查工作。

第八条　房产行政主管部门应当加强对物业管理、房屋使用安全鉴定等单位工作的指导和监督；建设行政主管部门应当加强对建筑业、装饰装修等行业协会工作的指导和监督，支持行业协会依法开展工作，发挥行业协会在房屋使用安全管理中的作用。

第九条　房屋的勘察、设计、施工、监理单位、房屋装修企业、房屋使用安全鉴定机构以及物业服务企业等违反房屋使用安全管理法律、法规和本办法规定的行为及其关联信息，由建设、房产行政主管部门载入其信用档案，并向社会公布。

第十条　房产行政主管部门、新闻媒体、物业服务企业等单位应当采取多种形式开展宣传教育，普及房屋使用安全管理法律、法规和知识，提高公众安全意识。

第十一条　任何单位和个人都有权对危害房屋使用安全行为或者存在重大安全隐患的房屋进行举报和投诉，房产行政主管部门接到举报、投诉后应当登记受理，在十五个工作日内将处理情况告知举报人、投诉人。

第二章　房屋使用安全管理

第十二条　房屋所有权人是房屋使用安全责任

人,承担房屋使用安全责任。房屋所有权人与实际使用人、管理人不一致的,房屋所有权人不得以与实际使用人、管理人之间的约定为由拒绝承担房屋使用安全责任。

因房屋产权不明晰或者房屋所有权人下落不明等原因造成房屋所有权人无法承担房屋使用安全责任的,房屋实际使用人、管理人应当履行房屋使用安全责任人的责任。

国家直管公有房屋的管理单位是国家直管公有房屋使用安全责任人。

第十三条 房屋使用安全责任人承担下列房屋使用安全责任:

(一)按照设计用途、建筑物使用性质及房屋权属证明记载的房屋用途合理使用房屋;

(二)检查、维修房屋,及时治理房屋使用安全隐患;

(三)房屋的装饰装修不得影响房屋共有部分的使用,不得危及房屋的使用安全和毗邻房屋的使用安全;

(四)委托房屋安全鉴定;

(五)采取其他必要措施保障房屋使用安全。

第十四条 禁止下列危害房屋使用安全的行为:

(一)未经原设计单位或者具有相应资质等级的设计单位提出设计方案,擅自拆除、破坏墙体、梁、板、墩、柱等主体和承重结构;

(二)拆改具有房屋抗震、防火整体功能的非承重结构;

(三)超标准加大房屋荷载;

(四)降低底层室内标高;

(五)安装设施、设备影响房屋结构安全;

(六)擅自改变房屋用途;

(七)开挖、扩建地下室;

(八)其他危及房屋使用安全的行为。

第十五条 建设单位、勘察单位、设计单位、施工单位、工程监理单位应当按照法律、法规、规章规定及合同约定承担房屋质量安全责任,履行保修和质量缺陷治理义务。但因使用不当、第三方责任或者不可抗力造成的损害除外。

第十六条 开发、建设单位销售商品房屋时,应当向买受人提供《房屋质量保证书》《房屋使用说明书》;在《商品房买卖合同》中应告知房屋的基本情况、设计使用年限等事项,就保修范围、保修期限、保修责任等内容做出约定。

第十七条 房屋转让或者出租时,房屋所有权人应当将房屋结构形式、设计使用年限和结构改造情况等基本事项,在房屋买卖合同、租赁合同中注明或者以其他方式书面告知受让人或者承租人。

房屋所有权人、使用人可以向城建档案机构、建设单位、设计单位、物业服务企业或者其他管理人、出卖人或者出租人查询房屋结构形式、设计使用年限和结构改造情况等基本事项。有关单位和个人应当配合查询。城建档案机构应当采取措施,利用已开放的城市建设档案,方便公众查阅。

第十八条 房屋使用安全责任人在住宅房屋室内装饰装修时,应当事先告知物业服务企业。物业服务企业应当将住宅房屋装饰装修中的禁止行为和注意事项告知房屋使用安全责任人。

工程投资额在30万元以上或者建筑面积在300平方米以上的非住宅房屋装修工程,由房屋使用安全责任人按照建筑工程施工管理的有关规定,向建设行政主管部门办理建筑工程施工管理相关手续。

第十九条 对用于教育、民政、交通、国资、文旅、卫计、体育等用途的房屋,相关行业主管部门应当监督房屋使用安全责任人履行相关安全责任。

第二十条 建设单位、房屋的经营管理单位可以与房屋代管人、使用人约定房屋使用安全责任,但不得以此为由拒不承担房屋使用安全责任。

第二十一条 既有建筑幕墙安全责任人应当承担下列安全责任:

(一)按照国家有关标准和《建筑幕墙使用维护说明书》进行常规维护和检修;

(二)按照规定进行安全性鉴定与大修;

(三)制订突发事件处置预案;

(四)建立相关维护、检修及安全性鉴定档案。

第三章 房屋安全鉴定管理

第二十二条 房屋安全鉴定应当由依照国家规定设立的房屋安全鉴定机构进行。鉴定委托人从《甘肃省房屋鉴定资质单位名单》中自主选择房屋安全鉴定机构。

房屋安全鉴定机构应当按照专业规范、标准和规程进行房屋安全鉴定，出具的鉴定结论应当客观、真实。房屋安全鉴定结论，是认定房屋安全状况的依据。

对结构特殊、环境复杂的鉴定项目，房屋安全鉴定机构应当组织专家论证。有关单位或者个人应当积极协助、配合，不得拒绝、阻挠鉴定人员的正常鉴定活动。

第二十三条　有下列情形之一，房屋使用安全责任人应当委托房屋安全鉴定：

（一）房屋达到设计使用年限；

（二）学校、医院、场馆、车站、商场等大中型公共建筑的使用年限达到设计使用年限三分之二的；

（三）房屋地基基础、墙体或者其他承重构件出现明显下沉、裂缝、变形、腐蚀等情形；

（四）因自然灾害或者爆炸、火灾等事故造成房屋出现裂缝、变形、不均匀沉降等情形；

（五）其他可能影响公共安全和他人合法权益需要鉴定的情形。

因自然灾害、爆炸、火灾等事故导致一定区域内大量房屋受损的，由市、区（县）人民政府及其房产行政主管部门委托房屋安全鉴定机构对受损房屋进行安全鉴定。

第二十四条　既有建筑幕墙自竣工验收交付使用后，原则上每十年进行一次安全性鉴定。出现下列情形之一时，其安全责任人应当及时委托具有建筑幕墙检测与设计能力的单位进行安全鉴定：

（一）面板、连接构件或者局部墙面等出现异常变形、脱落、爆裂现象；

（二）遭受风暴、地震、雷击、火灾、爆炸等自然灾害或者突发事件造成损坏的；

（三）相关建筑主体结构经检测、鉴定存在安全隐患。

第二十五条　进行管线开挖施工、地下设施施工、桩基施工和深基坑施工、爆破及降低地下水位等活动致使周边房屋出现裂缝、变形、不均匀沉降等异常现象的，建设单位应当委托房屋安全鉴定。

第二十六条　委托房屋安全鉴定，应当向房屋安全鉴定机构提供下列材料：

（一）房屋安全鉴定委托书；

（二）委托人身份证明；

（三）房屋权属证明、租赁合同或者能够证明与鉴定的房屋有相关权利的有效证件；

（四）法律、法规规定的其他材料。

有明显险情的房屋，房屋安全鉴定机构应当先行鉴定，并要求委托人补交前款规定材料。

第二十七条　房屋安全鉴定机构应当及时向鉴定委托人出具《房屋安全鉴定报告》，并将该鉴定报告同时报房屋所在地的区（县）房产行政主管部门备案。

经鉴定属于非危险房屋的，房屋安全鉴定机构应当在《房屋安全鉴定报告》上注明该房屋在正常使用条件下的有效时限。

经鉴定属于危险房屋的，房屋安全鉴定机构应当在作出鉴定结论后二十四小时内将该鉴定书送达鉴定委托人，并报区（县）房产行政主管部门备案。

房屋安全鉴定机构发现房屋存在重大险情，随时可能出现房屋倒塌等危及公共安全险情的，应当立即报告区（县）房产行政主管部门。

第二十八条　经鉴定属于危险房屋的，房屋安全鉴定机构应当根据鉴定结论在房屋安全鉴定报告中提出以下处理意见：

（一）观察使用，适用于采取适当安全技术措施后，尚能短期使用，但需继续观察的房屋；

（二）处理使用，适用于采取适当安全技术措施后，可解除危险的房屋；

（三）停止使用，适用于暂时不便拆除或者风险难以预测，人员必须撤离，但不危及相邻建筑和影响他人安全的房屋；

（四）整体拆除，适用于危险且无修缮价值，应当立即拆除的整幢房屋。

第四章　危险房屋治理和应急抢险

第二十九条　市、区（县）房产行政主管部门收到危险房屋安全鉴定报告后，应当立即对危险房屋现场查勘，向房屋使用安全责任人发出《危险房屋督促解危通知书》，督促和指导房屋使用安全责任人落实危险房屋治理措施；提出对危险房屋的处理意见和解危期限，同时以书面形式通知安全监管等部门。

危险房屋危及公共安全的，房屋所在地房产行政主管部门应当在二十四小时内报告同级人民政府。

第三十条 房屋使用安全责任人是危险房屋治理的责任主体，应当根据《危险房屋督促解危通知书》和《房屋安全鉴定报告》的处理意见对危险房屋采取加固处理、原址重建或者配合政府成片改造等治理措施。

第三十一条 对危险房屋采取加固处理方式解危的，房屋使用安全责任人应当按照有关程序办理审批手续后，委托原设计单位或者具有相应资质等级的设计单位出具加固设计方案，并委托具有相应资质的施工单位施工。

第三十二条 对危险房屋采取原址重建方式解危的，应当按照有关审批规定执行。市、区（县）人民政府应当组织有关部门进行联合审查，优化审批流程、缩短审批时限，并依法减免相关费用。

第三十三条 市、区（县）人民政府应当将成片危险房屋的改造纳入棚户区改造计划，逐步实施。房产行政主管部门应当加强对危险房屋解危的督促检查，对成片房屋超过设计使用年限或者已经鉴定为危险房屋的，应当及时向同级人民政府报告，并提出具体处理意见。

第三十四条 房屋安全责任人发现房屋出现险情，可能危及公共安全的，应当立即设置明显的警示标志，并及时向所在地的社区居民委员会或者街道办事处、房产行政主管部门报告。社区居委会应当根据需要设置警示区域，提醒过往的行人、相邻人注意安全。

第三十五条 房屋安全责任人对危险房屋确实不具备维护、修缮能力的，经本人申请，市、区（县）人民政府可以与房屋所有人通过协商，对危险房屋采取置换等方式予以治理。

第三十六条 房屋使用安全责任人拒绝或者未采取有效治理措施治理危险房屋，危及毗邻安全或者公共安全的，区（县）人民政府应当组织相关部门采取必要的应急排险措施。

第三十七条 市、区（县）人民政府应当编制房屋应急抢险预案，建立房屋使用安全应急救援组织，定期组织培训和应急演练，并储备抢险救援物资和装备器材。

房产行政主管部门应当积极协调乡（镇）人民政府、街道办事处组织对遭受火灾、地震、洪水、台风等自然灾害或者突发事件后的房屋进行应急检查。对检查中发现房屋存在重大险情的，应当立即采取设置警示标志等安全防范措施，并报告同级人民政府按照突发事件应急预案的相关规定，组织人员紧急撤离。

第五章 法律责任

第三十八条 房屋使用安全责任人违反本办法第十三条规定的，由市、区（县）房产行政主管部门负责督促整改，对拒不履行安全责任的行为，处一千元以上五千元以下罚款。

第三十九条 房屋使用安全责任人违反本办法第十四条规定的，由市、区（县）房产行政主管部门责令其停止违法行为，限期恢复原状或者维修加固；逾期不改正的，处五千元以上三万元以下罚款。

第四十条 建设单位、施工单位违反本办法第二十五条规定，未委托房屋安全鉴定危及公共安全的，由市、区（县）房产行政主管部门处一万元以上三万元以下罚款。

第四十一条 房产行政主管部门和相关部门的工作人员未按规定履行职责，严重影响房屋使用安全管理工作的，依法追究相关工作人员的责任；玩忽职守、滥用职权、徇私舞弊构成犯罪的，移交司法机关，依法追究刑事责任。

第四十二条 违反本办法规定的行为，有关法律、法规已有处罚规定的，从其规定。

第六章 附 则

第四十三条 集体土地上的房屋使用安全管理由各区（县）参照本办法执行。

第四十四条 兰州新区管理委员会、兰州高新技术产业开发区管理委员会行政区域内房屋使用安全管理活动参照本办法执行。

第四十五条 本办法自2018年4月15日起实施。《兰州市城市危险房屋管理办法》（兰州市政府令第7号，1999年8月1日实施）同时废止。

2021年兰州市国民经济和社会发展统计公报

兰州市统计局 国家统计局兰州调查队

（2022年4月13日）

2021年，在中央、省、市党委政府的坚强领导下，全市上下坚持以习近平新时代中国特色社会主义思想为指导，深入贯彻党的十九大和十九届历次全会精神，全面落实习近平总书记对甘肃重要讲话和指示精神，立足新发展阶段，完整、准确、全面贯彻新发展理念，构建新发展格局，推动高质量发展，以“先发力、带好头”的政治自觉和行动自觉，坚持稳中求进工作总基调，沉着应对各种风险挑战，科学统筹推进常态化疫情防控和经济社会发展，坚持“守三线、抓项目、提升首位度”的工作方针，逆势而上打好“六稳”“六保”主动仗，全市高质量发展步伐持续加快，经济延续“稳中加固、稳步提质”的发展态势，实现了“十四五”良好开局，为全面建设社会主义现代化新兰州奠定了坚实基础。

一、综合

初步核算，全年全市地区生产总值3231.29亿元，比上年增长6.1%，两年平均增长4.2%。其中，第一产业增加值62.52亿元，增长7.4%；第二产业增加值1113.91亿元，增长5.6%；第三产业增加值2054.86亿元，增长6.4%。三次产业结构比为1.94:34.47:63.59。按常住人口计算，人均地区生产总值73807元，比上年增长5.0%。

年末全市常住人口438.43万人，比上年末增加1.25万人。其中，城镇人口366.35万人，占常住人口比重（常住人口城镇化率）为83.56%，比上年末提高0.46个百分点。年末全市户籍人口为336.28万人，比上年末增加2.28万人。其中，城镇人口248.34万人，乡村人口87.94万人。全年出生人口3.33万人，出生率为7.61‰；死亡人口2.56万人，死亡率为5.84‰；人口自然增长率为1.77‰。

表1　2021年兰州市年末人口数及其构成

指标	年末数(万人)	比重(%)
全市常住人口	438.43	100
其中：城镇	366.35	83.56
乡村	72.08	16.44
其中：男性	225.71	51.48
女性	212.73	48.52
其中：0~14岁	61.58	14.05
15~64岁	324.01	73.9
65岁及以上	52.84	12.05

全年城镇新增就业8.40万人，其中失业人员再就业3.16万人。年末城镇登记失业率为3.26%。全年输转城乡富余劳动力25.21万人，创劳务收入72.04亿元。

全年居民消费价格累计上涨1.3%。其中，食品烟酒上涨0.9%，衣着上涨1.4%，居住上涨1.4%，生活用品及服务上涨0.5%，交通通信上涨3.6%，教育文化和娱乐上涨0.3%，医疗保健上涨0.2%，其他用品和服务上涨1.3%。商品零售价格累计上涨2.0%。

表2 2021年兰州市居民消费价格

类别	累计指数(%)
居民消费价格总指数	101.3
商品零售价格总指数	102.0
服务项目价格指数	100.6
食品	99.6
其中：粮食	101.5
食用油	102.3
畜肉类	86.3
禽肉类	92.8
蛋类	114.1
水产品	107.7
菜	102.8
糖果糕点	101.9
干鲜瓜果类	107.1
奶类	101.0
在外餐饮	103.7

二、农业

全年全市粮食作物播种面积126.78万亩，比上年增加1.74万亩，增幅1.4%。油料种植面积14.75万亩，减少1.21万亩。蔬菜种植面积91.8万亩，增加4.04万亩。中药材种植面积16.02万亩，增加0.34万亩。果园面积13.35万亩，减少0.04万亩。

全年粮食产量33.3万吨，减产1.04%。其中，夏粮产量11.21万吨，增产1.38%；秋粮产量22.08万吨，减产

2.22%。

全年蔬菜产量208.26万吨，比上年增产8.58%。园林水果产量12.96万吨，减产2%。中药材产量4万吨，增产8.58%。

全年肉类产量5.23万吨，比上年增长15.69%。牛奶产量9.04万吨，增长16.05%。年末大牲畜存栏7.07万头，比上年末增长4.9%，其中牛存栏5.37万头，增长10.27%。羊存栏74.19万只，增长5.03%；生猪存栏51.41万头，增长7.1%。牛出栏1.22万头，增长7.54%；羊出栏47.66万只，增长14.49%；生猪出栏52.71万头，增长25.01%。

表3　2021年兰州市主要农产品产量及其增长速度

产品名称	单位	产量	比上年增长(%)
粮食	万吨	33.3	-1.04
# 夏粮	万吨	11.21	1.38
秋粮	万吨	22.08	-2.22
# 小麦	万吨	7.61	-2.87
玉米	万吨	14.58	-1.72
油料	万吨	2.16	-6.49
# 油菜籽	万吨	0.41	9.41
中药材	万吨	4.0	8.58
园林水果	万吨	12.96	-2.0
蔬菜	万吨	208.26	8.58
# 设施蔬菜	万吨	10.29	31.36
肉类	万吨	5.23	15.69
# 猪肉	万吨	4.00	29.31
牛肉	万吨	0.13	13.50
羊肉	万吨	0.76	-0.69
禽肉	万吨	0.31	-46.08
牛奶	万吨	9.04	16.05
水产品	万吨	0.15	76.24
年末大牲畜存栏数	万头	7.07	4.9
# 牛存栏	万头	5.37	10.27
羊存栏	万只	74.19	5.03
猪存栏	万头	51.41	7.1
牛出栏	万头	1.22	7.54
羊出栏	万只	47.66	14.49
猪出栏	万头	52.71	25.01

三、工业和建筑业

全年全市工业增加值886.6亿元，比上年增长6.7%。规模以上工业增加值增长8.3%。在规模以上工业中，分经济类型看，国有控股企业增加值增长5.9%，集体企业增加值下降15.6%，股份制企业增加值增长8.3%，外商及港澳台投资企业增加值增长15.2%。分隶属关系看，中央企业增加值增长8.2%，地方企业增加值增长8.4%。分轻重工业看，轻工业增加值增长14.3%，重工业增加值增长6.3%。分门类看，采矿业增加值增长8.8%，制造业增加值增长8.2%，电力、热力、燃气及水生产和供应业增加值增长8.3%。

表4　2021年兰州市规模以上工业分行业增加值增长速度

行业	比上年增长(%)
全 市	8.3
煤炭工业	11.1
电力工业	6.8
冶金工业	-5.1
有色工业	30.1
石化工业	8.3
机械工业	1.3
电子工业	94.8
食品工业	2.1
建材工业	-6.1
纺织工业	-20.5
医药工业	51.5
其他工业	11.7

表5　2021年兰州市主要工业产品产量及其增长速度

产品名称	单位	产量	比上年增长(%)
卷烟	万箱	55.2	-2.0
原煤	万吨	537.57	4.38
原油	万吨	2.78	39.03
原油加工量	万吨	915	0.41
发电量	亿千瓦时	168.12	4.77
#火力发电量	亿千瓦时	138.51	5.62
水力发电量	亿千瓦时	28.92	0.89
水泥	万吨	1023.8	-9.0
生铁	万吨	202.8	-12.8
粗钢	万吨	424.2	-6.5
钢材	万吨	491.7	-1.4
原铝	万吨	56.6	4.2
乙烯	万吨	73.9	6.0
平板玻璃	万重量箱	580.8	11.8

年末全市发电装机容量692.51万千瓦，比上年末增长0.26%。其中火电装机容量331.5万千瓦，增长0%，水电装机容量338.4万千瓦，增长0%。并网太阳能发电装机容量22.6万千瓦，增长8.6%。

全年规模以上工业企业利润143.1亿元，比上年增长146.7%。其中国有及国有控股企业利润114.8亿元。规模以上工业企业每百元主营业务收入中的成本为78.44元。年末规模以上工业企业资产负债率为60.4%。每百元营业收入中的费用为6.8元，产成品存货周转天数为6.8天。

全年建筑业增加值228.47亿元，比上年增长1.6%。年末具有资质等级的总承包和专业承包建筑业企业438个，比上年末减少3个。

四、服务业

全年全市交通运输、仓储和邮政业增加值266.93亿元，增长10.7%；住宿和餐饮业增加值44.09亿元，增长13.3%；金融业增加值432.96亿元，下降0.4%；房地产业增加值230.57亿元，增长3.5%。规模以上服务业企业营业收入1068.86亿元，比上年增长12.90%。

全年各种运输方式完成货物周转量263.52亿吨千米，比上年增长16.51%；旅客周转量40.49亿人千米，增长10.59%。兰州中川国际机场完成旅客吞吐量1217.12万人次，比上年增长9.39%；货邮吞吐量7.31万吨，增长4.46%。年末全市公路里程0.98万千米，其中等级公路0.92万千米。全年无新建二级以上公路。

表6　2021年兰州市主要运输方式完成货物、旅客运输量及其增长速度

指标	单位	绝对数	比上年增长(%)
货运量	万吨	16580.55	11.62
#铁路	万吨	791.24	-12.77
公路	万吨	15789.35	13.21
货物周转量	亿吨公里	263.52	16.51
#铁路	亿吨公里	-	-
公路	亿吨公里	263.52	16.51
客运量	万人次	5268.07	8.29
#铁路	万人次	2086.94	5.53
公路	万人次	3181.13	10.18
旅客周转量	亿人公里	40.49	10.59
#铁路	亿人公里	-	-
公路	亿人公里	40.49	10.59

年末全市机动车保有量120.88万辆，比上年末增长5.58%，其中私人汽车保有量79.70万辆，增长7.40%。民用轿车保有量49万辆，增长5.05%，其中私人轿车保有量41.55万辆，增长5.67 %。

全年邮政业务总量17.69亿元，比上年增长11.04%。邮政业完成邮政函件业务453.84万件；包裹业务7.35万件；快递业务量8139.61万件，增长27.37%；快递业务收入15亿元，增长6.08%。电信业务总量86.52亿元，增长25.64%。年末电话用户676.27万户，其中移动电话用户616.18万户，4G移动电话用户297.05万户，5G移动电话用户271.77万户。固定互联网宽带接入用户230.47万户，其中固定互联网光纤宽带接入用户208.05万户。年末互联网宽带接入端口498.06万个，增长26.51%。

五、国内贸易和对外经济

全年全市社会消费品零售总额1757.74亿元，比上年增长7.1%。按经营地统计，城镇消费品零售额1537.45亿元，增长6.8%；乡村消费品零售额220.29亿元，增长8.9%。按消费类型统计，商品零售额1566.74亿元，增长6.9%；餐饮收入额191.00亿元，增长9.0%。

全年全市限额以上企业实现商品零售额535.08亿元，比上年增长3.8%。其中，石油及制品类零售额108.29亿元，增长12.5%；汽车类零售额199.98亿元，下降4.2%；粮油、食品类零售额35.42亿元，增长6.9%；服装鞋帽、针纺织品类零售额40.72亿元，增长0.3%；中西药类零售额37.70亿元，增长1.0%；家用电器和音像器材类零售额13.66亿元，下降10.3%；金银珠宝类零售额12.67亿元，增长41.8%。限额以上批零住餐企业通过公共网络实现零售额6.76亿元，增长32.2%。

全年进出口总额141.8亿元，比上年增长37.8%。其中，出口36.8亿元，增长12.7%；进口105.0亿元，增长49.4%。

全年外商直接投资合同项目16个，实际利用外资额6606万美元。对外承包工程完成营业额32052.18万美元，增长19.25%。对外承包工程新签合同金额42992.28万美元，下降7.94%。

六、固定资产投资

全年全市固定资产投资比上年增长7.7%。按三次产业分，第一产业投资下降64.0%；第二产业投资增长14.8%，其中工业投资增长14.9%；第三产业投资增长10.2%。基础设施投资增长19.8%。民间固定资产投资增长9.0%。高技术产业投资增长41.3%。

全年项目投资比上年增长6.8%。其中，制造业投资增长16.9%，电力、热力、燃气及水的生产和供应业投资增长9.2%，交通运输、仓储和邮政业投资增长19.9%，房地产业投资下降14.2%，水利、环境和公共设施管理业投资增长7.8%。

表7　2021年兰州市分行业项目投资增长速度

行业	比上年增长(%)	占项目投资比重(%)
项目投资	6.8	100
农林牧渔业	-64.0	2.5
采矿业	17.8	1.1
制造业	16.9	16.8
电力、热力、燃气及水的生产和供应业	9.2	6.2
建筑业	-4.8	0.0
批发和零售业	-31.1	0.8
交通运输、仓储和邮政业	19.9	29.1
住宿和餐饮业	-67.9	0.0
信息传输、软件和信息技术服务业	28.7	3.9
金融业	113.8	0.1
房地产业	-14.2	10.5
租赁和商务服务业	14.4	3.4
科学研究和技术服务业	12.7	0.6
水利、环境和公共设施管理业	7.8	10.5
居民服务和其他服务业	-86.5	0.0
教育	95.0	5.7
卫生、社会保障和社会福利业	68.4	4.8
文化、体育和娱乐业	-28.9	3.5
公共管理和社会组织	-44.1	0.4

全年房地产开发投资比上年增长8.8%，其中住宅投资增长12.1%。房屋施工面积5668.76万平方米，增长9.5%，其中住宅施工面积3796.10万平方米，增长11.8%。在房屋施工面积中，房屋新开工面积1108.41万平方米，下降7.4%，其中住宅新开工面积811.83万平方米，下降3.5%。房屋竣工面积438.67万平方米，增长121.2%，其中住宅竣工面积322.96万平方米，增长104.7%。商品房销售面积804.69万平方米，下降5.2%，其中住宅销售面积

766.75万平方米，下降3.9%。

全年全市城镇棚户区住房改造开工7249套，棚户区改造基本建成19210套，新筹集公租房3000套。

七、财政金融

全年全市一般公共预算收入276.73亿元，比上年增长11.98%。其中，税收收入202.83亿元，增长15.15%；非税收入73.89亿元，增长4.11%。从主体税种看，增值税75.22亿元，增长24.08%；企业所得税21.27亿元，增长26.45%；个人所得税6.8亿元，增长20.98%。一般公共预算支出484.59亿元，下降0.34%。其中，民生支出387.67亿元，下降0.34%。扶贫支出12.1亿元，增长5.6%。

年末全市金融机构本外币各项存款余额9577.65亿元，比上年末增长5.44%；金融机构本外币各项贷款余额14231.83亿元，比上年末增长8.08%。金融机构人民币各项存款余额9525.40亿元，比上年末增长5.31%；金融机构人民币各项贷款余额14060.26亿元，比上年末增长8.53%。

表8 2021年兰州市金融机构各项存贷款余额及其增长速度

指标	本外币		人民币	
	年末数(亿元)	比上年末增长(%)	年末数(亿元)	比上年末增长(%)
金融机构各项存款余额	9577.65	5.44	9525.40	5.31
住户存款	4107.56	5.74	4082.97	5.79
非金融企业存款	2983.03	-4.81	2970.65	-4.97
金融机构各项贷款余额	14231.83	8.08	14060.26	8.53
住户贷款	2449.99	16.82	2449.92	16.82
企(事)业单位贷款	11633.07	6.30	11557.83	6.69

年末全市境内上市公司20家。股票总市值1413.52亿元，增长35.16%。全年发行、配售股票筹集资金43.3亿元。

全年保费收入147.18亿元，比上年下降7.83%；赔付额69.6亿元，下降5.55%。

表9 2021年兰州市保险业务情况

指标	绝对数(亿元)	比上年增长(%)
保费收入	147.18	-7.83
财产险收入	40.35	-17.78
人身险收入	106.83	-3.41
赔付支出	69.6	-5.55
财产险赔款	33.63	9.09
人身险赔付	35.97	-16.08

八、居民收入消费和社会保障

全年全市城镇居民人均可支配收入43244元，增长7.7%；农村居民人均可支配收入16191元，增长10.5%。

全年全市城镇居民人均消费支出28376元，比上年增长9.6%，恩格尔系数为30.9%；农村居民人均消费支出12600元，比上年增长9.1%，恩格尔系数为32.8%。

表10 2021年兰州市城乡居民家庭人均收支情况

指标	城镇		农村	
	绝对数(元)	比上年增长(%)	绝对数(元)	比上年增长(%)
可支配收入	43244	7.7	16191	10.5
工资性收入	24956	8.0	8531	15.6
经营净收入	1513	6.0	4954	5.1
财产净收入	4986	8.1	348	12.8
转移净收入	11789	7.0	2356	4.7
生活消费支出	28376	9.6	12600	9.1
食品烟酒	8773	12.2	4138	16.2
衣着	1878	6.0	753	7.4
居住	7593	7.2	2550	2.0
生活用品及服务	1863	10.2	581	6.4
交通通信	2900	9.4	1627	1.3
教育文化娱乐	2959	12.1	1563	10.9
医疗保健	1830	9.4	1127	14.3
其他用品和服务	580	3.5	261	7.6

年末全市共有2.75万人享受城镇居民最低生活保障,3.69万人享受农村居民最低生活保障,0.36万人享受农村特困人员救助供养。全年资助25.62万人参加基本医疗保险,医疗救助资助保险人数10.75万次。全市共有社区服务机构和设施462个。其中,社区服务指导中心53个,社区服务站409个,养老机构32个。

九、科学技术和教育

全市共有国家工程技术研究中心3个。全年登记市级科技成果1114项,其中,基础理论427项,应用技术类成果668项,软科学19项。专利授权量11426件,增长23.01%,其中发明专利授权1756件,增长50.75%。有效发明专利1756件,每万人口发明专利拥有量16.25件。共签订技术合同7256项,增长32.48%;技术合同成交金额98.61亿元,增长21.08%。

全年普通高等教育招生19.3万人,在校生58.96万人,毕业生15.42万人。其中研究生教育招生1.93万人,在校研究生5.38万人,毕业生1.27万人。中等职业教育招生1.44万人,在校生3.58万人,毕业生1.07万人。普通高中招生2.08万人,在校生6.3万人,毕业生1.98万人。普通初中招生3.62万人,在校生10.68万人,毕业生3.31万人。普通小学招生4.32万人,在校生25.38万人,毕业生3.6万人。特殊教育招生43人,在校生447人。幼儿园在园幼儿13.54万人。学龄儿童入学率为100%,九年义务教育巩固率为100 %,高中阶段入学率为99.8%。

表11 2021年兰州市各类教育招生和在校生情况

指标	招生数(万人)	比上年增长(%)	在校生数(万人)	比上年增长(%)	毕业生数(万人)	比上年增长(%)
普通高等教育	19.3	1.85	58.96	5.23	15.42	-2.41
#研究生教育	1.93	7.22	5.38	11.85	1.27	8.55
中等职业教育	1.44	2.86	3.58	2.58	1.07	-12.30
普通高中	2.08	-3.26	6.3	1.45	1.98	-11.61
普通初中	3.62	1.97	10.68	2.59	3.31	0
普通小学	4.32	-7.69	25.38	3.55	3.6	1.41

十、文化旅游、卫生健康和体育

年末广播综合人口覆盖率99.84%，比上年末提高0.08个百分点；电视综合人口覆盖率100%，提高0.01个百分点。

全年累计接待国内外游客6936.1万人次，实现旅游总收入593.5亿元。旅游人均花费856元，同比减少17元。

年末全市共有医疗卫生机构2305个，其中，医院126个，卫生院66个，妇幼保健院（所、站）10个，专科疾病防治院（所、站）2个，社区卫生服务中心（站）253个，诊所、卫生所、医务室959个。卫生技术人员4.49万人，其中，执业医师和执业助理医师1.6万人，注册护士2.24万人。疾病预防控制中心（防疫站）10个，疾病预防控制中心（防疫站）卫生技术人员751人；卫生监督所（中心）8个，卫生监督所（中心）卫生技术人员152人。乡镇卫生院64个，乡镇卫生院卫生技术人员0.15万人。医疗卫生机构拥有床位数3.34万张，其中医院2.96万张、卫生院拥有床位0.11万张。全年总诊疗人次2385.44万人次，出院人数87.65万人。

年末全市共有体育场地9684个，体育场地面积790.54万平方米，人均体育场地面积2.09平方米。全年全市共获得国家级金牌3枚、铜牌1枚，合计全年体育获得各类奖牌4枚。

十一、资源、环境和应急管理

全年总用水量9.1亿立方米。其中，生活用水量2.25亿立方米，增长12.9%；工业用水量1.62亿立方米，增长5.5%；农业用水量4.49亿立方米，下降8.2%；生态用水量1.92亿立方米，增长24.67%。

全年全市规模以上工业综合能源消费量1440.23万吨标准煤，比上年增长0.76%。六大高耗能行业能源消费量1376.71万吨标准煤，比上年增长0.19%。

全年全市空气质量优良天数比率为81.1%，比上年降低4.81个百分点。

市区全年平均气温为11.4℃，比上年偏高0.3℃。年日照1985.9小时数小时，比上年偏少110.2小时。年降水量246.8毫米，比上年偏少94.4毫米。全市气象雷达观测站点1个，卫星云图接收站点1个。

全市地震台站（点）7个。全年未发生5.0级以上的地震。

全年农作物受灾面积41.52万亩，比上年上涨719.69%；农作物成灾面积28.2万亩，上涨929.97%。全年未发生各类地质灾害。

全年共发生各类生产安全事故145起，比上年下降2.68%。死亡109人，下降9.17%；受伤102人，下降3.77%。直接经济损失3905.75万元，下降2.74%。煤矿百万吨死亡人数1人，百万吨死亡率0.186；十二类营运车辆道路交通事故万车死亡人数7.51人，下降28.82%。

注：

1.本公报各项数据均为初步统计数，正式数据以《兰州统计年鉴·2022》为准。部分数据因四舍五入的原因，存在着总计与分项合计不等的情况。

2.公报中地区生产总值、各产业增加值和人均地区生产总值绝对数按现价计算，增长速度按不变价格计算。

3.两年平均增速是指以2019年同期数为基数，采用几何平均的方法计算的增速。

4.农业生产数据增长速度根据第三次全国农业普查结果修订后的2017年数据为基数计算。

5.主要工业产品产量数据均为规模以上工业产品产量。

6.规模以上工业企业增加值增速及变化按可比口径计算。

7.邮政业务总量按2010年不变价格计算，电信业务总量按2015年不变价格计算。

8.基础设施投资包括交通运输、邮政业，电信、广播电视和卫星传输服务业，互联网和相关服务业、水利管理业、生态保护和环境治理业、公共设施管理业。

9.年末电话用户数、移动电话用户数、固定互联网宽带接入用户数、年末互联网宽带接入端口数等指标较之前年份调整统计口径,以省通信管理局提供数据为准。

10.卫生健康数据为2021年报初步数据。

11.资料来源:本公报中物价、粮食产量、人民生活数据来自国家统计局兰州调查队,城镇登记失业率、城镇新增就业人员、社会保障数据来自兰州市人力资源和社会保障局;财政数据来自兰州市财政局;发电装机容量数据来自甘肃省电力公司兰州供电公司;外贸数据来自兰州市商务局;交通运输数据来自兰州市交通运输委员会、兰州市公安局交警支队、中国铁路兰州局集团有限公司、兰州中川国际机场有限公司;邮政数据来自兰州市邮政管理局;通信数据来自甘肃省通信管理局;艺术表演团体、文化馆、公共图书馆、博物馆和旅游数据、广播、电视数据来自兰州市文化和旅游局;金融数据来自中国人民银行兰州中心支行;保险、证券数据来自兰州市政府金融工作办公室;城乡低保、农村特困人员救助供养、社会服务数据来自兰州市民政局;农村贫困人口相关数据来自兰州市扶贫开发办公室;教育数据来自兰州市教育局;科技数据来自兰州市科技局;专利数据来自兰州市市场监督管理局(知识产权局);卫生数据来自兰州市卫生健康委员会;体育数据来自兰州市体育局;用水量数据来自兰州市水务局;棚户区改造数据来自兰州市住房和城乡建设局;安全生产数据来自兰州市应急管理局;环境监测数据来自兰州市生态环境局;地质公园数据来自兰州市林业局;地质灾害数据来自兰州市自然资源局;气象数据来自兰州市气象局;地震数据来自兰州市地震局。

兰州市第七次全国人口普查公报[1]

兰州市统计局
兰州市第七次全国人口普查领导小组办公室
2021年5月27日

根据《全国人口普查条例》和国务院的决定，我国以2020年11月1日零时为标准时点进行了第七次全国人口普查[2]。在国务院、省政府和兰州市政府的统一领导下，在全市各级普查机构和普查人员的共同努力下，在全体普查对象的支持配合下，目前已圆满完成人口普查登记任务。现将2020年11月1日零时全市人口的基本情况公布如下：

一、常住人口

全市常住人口[3]为4359446人，与2010年第六次全国人口普查时的3616163人相比，增加了743283人，年平均增长1.89%。

二、户别人口

全市共有家庭户[4]1488899户，集体户154724户。家庭户人口为3614873人，集体户人口为744573人。平均每个家庭户的人口为2.43人，比2010年第六次全国人口普查时的2.82人减少0.39人。

三、性别构成

全市常住人口中，男性人口为2239998人，占51.38%；女性人口为2119448人，占48.62%。常住人口性别比（以女性为100，男性对女性的比例）由2010年第六次全国人口普查时的104.72上升为105.69。

四、年龄构成

全市常住人口中，0~14岁[5]人口为618719人，占14.19%；15~59岁人口为3018648人，占69.24%；60岁及以上人口为722079人，占16.56%；其中65岁及以上人口为509990人，占11.70%。与2010年第六次全国人口普查相比，0~14岁人口的比重上升1.05个百分点，15~59岁人口的比重下降4.95个百分点，60岁及以上人口的比重上升3.89个百分点，其中65岁及以上人口的比重上升2.93个百分点。

表1 各县(市、区)人口年龄构成

单位:%

县区	占常住人口比重			
	0—14岁	15—59岁	60岁及以上	
				其中:65岁及以上
兰州市	14.19	69.24	16.56	11.70
城关区	13.49	70.30	16.21	11.22
七里河区	14.15	68.90	16.95	11.82
西固区	13.90	66.38	19.72	14.00
安宁区	13.12	73.63	13.25	9.42
红古区	16.33	65.40	18.28	13.42
永登县	16.82	60.35	22.82	16.32
皋兰县	15.04	64.57	20.39	14.96
榆中县	14.92	68.22	16.87	12.48
兰州新区	14.71	76.45	8.84	5.94

五、受教育程度人口

全市常住人口中,拥有大学(指大专及以上)文化程度的人口为1246095人;拥有高中(含中专)文化程度的人口为815998人;拥有初中文化程度的人口为1181965人;拥有小学文化程度的人口为724170人(以上各种受教育程度的人包括各类学校的毕业生、肄业生和在校生)。

与2010年第六次全国人口普查相比,每10万人中拥有大学文化程度的由21294人上升为28584人;拥有高中文化程度的由20557人下降为18718人;拥有初中文化程度的由30532人下降为27113人;拥有小学文化程度的由18505人下降为16612人。

与2010年第六次全国人口普查相比,全市常住人口中,15岁及以上人口的平均受教育年限[6]由10.58年上升至11.33年。

全市常住人口中,文盲人口(15岁及以上不识字的人)为100108人,与2010年第六次全国人口普查相比,文盲人口减少27567人,文盲率[7]由3.53%下降为2.30%,下降1.23个百分点。

六、城乡[8]人口

全市常住人口中,居住在城镇的人口为3622550人,占83.10%;居住在乡村的人口为736896人,占16.90%。与2010年第六次全国人口普查相比,城镇人口增加863992人,乡村人口减少120709人,城镇人口比重上升6.82个百分点。

七、人口分布

全市各县(市、区)常住人口分布如下:

表2 各县(市、区)常住人口

单位:人、%

县 区	人口数	占全市常住人口的比重	
		2020年	2010年
兰州市	4359446	100.00	100.00
城关区	1484016	34.04	35.36
七里河区	712271	16.34	15.51
西固区	407010	9.34	10.07
安宁区	439566	10.08	7.98
红古区	143795	3.30	3.76
永登县	285549	6.55	11.58
皋兰县	125157	2.87	3.65
榆中县	473882	10.87	12.09
兰州新区	288200	6.61	—

注释:

[1]本公报数据均为初步汇总数据。

[2]普查标准时点为2020年11月1日零时,普查对象是普查标准时点在中华人民共和国境内的自然人以及在中华人民共和国境外但未定居的中国公民,不包括在中华人民共和国境内短期停留的境外人员。

[3]全市常住人口是普查登记的2020年11月1日零时的常住人口,不包括现役军人的人口。常住人口包括:居住在本乡(镇、街道)、户口在本乡(镇、街道)或户口待定的人;居住在本乡(镇、街道)、离开户口所在的乡(镇、街道)半年以上的人;户口在本乡(镇、街道)、外出不满半年或在境外工作学习的人。

[4]家庭户是指以家庭成员关系为主、居住一处共同生活的人组成的户。

[5]0~15岁人口为654772人,16~59岁人口为2982595人。

[6]平均受教育年限是将各种受教育程度折算成受教育年限计算平均数得出的,具体的折算标准是:小学=6年,初中=9年,高中=12年,大学(大专及以上)=16年。

[7]文盲率是全市常住人口中15岁及以上不识字人口所占比例。

[8]城镇、乡村是按国家统计局《统计上划分城乡的规定》划分的。

[9]永登县、皋兰县2010年第六次全国人口普查常住人口数据包含现由兰州新区委托管理的中川镇、秦川镇和西岔镇的人口。

[10]本表计算数据因小数取舍而产生的误差,均未作机械调整。

兰州市2021年环境状况公报

兰州市生态环境局

根据《中华人民共和国环境保护法》规定，现发布《兰州市2021年环境状况公报》。

一、总体环境质量状况

2021年，全市空气质量达标天数296天、达标率81.1%，空气质量综合质量指数4.75、同比下降3.7%，空气质量创新标发布以来最优水平，并连续8年持续改善。黄河兰州段地表水国控、省控断面水质达标率100%，城市集中式饮用水源水质达标率100%。土壤环境安全总体可控，全市受污染耕地安全利用率基本达到100%，重点建设用地安全利用得到有效保障。昼间区域环境噪声总体水平等级二级，声环境质量评价为“较好”。城区昼间道路交通噪声强度等级为二级，道路交通噪声评价为“较好”。

二、环境空气质量状况

（一）空气质量状况： 2021年可吸入颗粒物（PM10）年均浓度72μg/m³，同比下降5.3%；细颗粒物（PM2.5）年均浓度32μg/m³，同比下降5.9%，达标并再创历史最优水平；二氧化硫（SO_2）年均浓度15μg/m³，同比持平；二氧化氮（NO_2）浓度46μg/m³，同比下降2.1%；臭氧（O_3）第90百分位数浓度145μg/m³，同比下降3.3%；一氧化碳（CO）第95百分位数浓度2.0 mg/m³，同比持平。其中SO_2、O_3、CO和PM2.5浓度四项污染物达标。2021年未发生人为因素导致的重度及以上污染天气，轻度污染及以上污染天气中PM10为首要污染物的32天，占45.1%；NO_2为首要污染物的22天，占31.0%；O_3为首要污染物的15天，占21.1%；PM2.5为首要污染物的2天，占2.8%；无CO和SO_2为首要污染物的污染天气。

全年共出现输入性沙尘天气20次，同比增加2次；影响天数44天，同比增加15天。

（二）措施与行动： 2021年，按照“冬防颗粒物夏防臭氧、全年防控二氧化氮”的总体思路，我市坚持方向不偏、力度不减、措施不软，持续在重点区域、重点领域、重点行业上下功夫。一是强力实施燃煤污染源治理。严格落实“高污染燃料禁燃区”规定，做好煤炭一、二级配送市场的监管，定期开展煤炭质量抽检，把好源头配送“质量关”；严厉打击私自销售有烟煤、半烟煤的情况，严防劣质煤进入市区销售；督促街道社区进家入户，建立煤炭购置、使用台账，把好使用环节“质量关”，提高用煤质量。对城区内的市场、商场、店铺、饭馆等场所的经营性燃煤小火炉再次“过筛子”登记备案，坚持“疏堵结合”的原则，限期整改，解决影响城区空气质量的“顽症痼疾”。二是深度挖潜工业源减排空间。对全市各类工业企业开展“回头看”，逐台对标、分类整治，确保稳定达标排放。对全市6大行业〔钢铁、建材、有色、火电、焦化（工序）、铸造〕生产工艺过程及相关物料储存、输送等无组织排放持续开展排查整治，对重点排污企业盯死看牢，严格执行地方性管控标准，最大限度压减企业排放量。持续开展燃气锅炉低氮改造。三是发挥机动车管理减排潜力。加大卡口管控，坚决杜绝违规车辆上路行驶，重新调整优化重点部位红绿灯设置，并做好重点路段的交通高峰疏导，同时开展冒黑烟车辆和尾气超标车辆处罚。常态化开展非道路移动机械摸底调查和编码登记，建立较完整的全市非道路移动机械排放情况数据库，同时加强高排放禁用区内工程机械执法检查力度。开展机动车排放检验机构联合专项整治行动，进一步加强和规范了机动车排放检验机构的工作，打击环保检验检测过程中的违法违规行为。四是加大扬尘污染管控力度。全面实行施工工地“七个百分之百”措施，土方作业工地坚决杜绝“一刀切”，全面落实防尘抑尘降尘措施的土方工地可全时段施工。五是着力加强科学分析研判。加强科学分析、精准研判，常态化开展污染天气监测预警预报，及时调整工作部署和力量配备；做好污染天气研究应对，加强重点时段、重点区域污染指数的分析监测，及时提出解决问题的具体举措，确保污染指数控制在相对稳定的范围。六是坚持技防优先策略。将科技手段的综合应用作为治污最大助力，继续开展航拍取证、工地监控、机动车红外遥感监控及城市网格化监测系统建设，加强重点污染源在线监控，拓展网格监测效用，形成可溯源、可量化、可考核的环保大数据系统，实现精准滴灌、靶向治污，为监管和考核提供支撑。

三、水环境质量状况

(一)饮用水源水质:2021年兰州市饮用水水源总取水量为26404.728万吨，年达标供水量为26404.728万吨，饮用水源水质达标率为100%。

(二)地表水水质:2021年兰州市地表水水质总体良好，黄河干流扶和桥、新城桥、包兰桥、什川桥均为Ⅱ类，水质状况为优；一级支流湟水河桥断面优于Ⅲ类；一级支流庄浪河界牌村断面为Ⅱ类水质，水质状况为优；二级支流大通河享堂和先明峡断面为Ⅱ类水质，水质状况为优。

(三)措施与行动:2021年，我市围绕“三水统筹”和“四水四定”，统筹推进各项工作，持续改善水生态环境。一是健全水生态环境问题日巡查工作机制。组织开展重点区域、流域日巡查，形成发现问题、解决问题的闭环工作机制。二是开展枯水期水污染联防联控。组织开展污染源日巡查，水质日监测，水量日调度等措施，确保了枯水期水质安全。三是创新流域监管体制机制。与白银市、临夏州、武威市等上下游城市签订了黄河干支流跨界污染联防联控协议，与白银市签订了干流横向生态补偿协议，形成了流域上下游联动共治的合力。四是持续强化饮水安全保障。组织完成市、县、乡镇饮用水水源地年度环境基础状况调查评估，开展饮用水水源地回头看，对发现各类隐患问题及时整改，保障群众饮水安全。五是稳步推进流域水污染防治项目。湟水流域水污染防治三期和宛川河湿地一期项目有序推进，争取中央水污染防治专项资金8978万元，实施了永登县庄浪河流域水污染防治项目，通过项目治理促进流域水质持续改善。六是持续组织开展入河排污口排查整治。完成了生态环境部反馈所有入河排污口点位的溯源排查、监测和信息录入，编制完成《全市入河排污口布局规划和一口一策整治方案》，并分步有序推进排污口整治。

四、土壤环境质量状况

(一)土壤环境状况:2021年全市重点建设用地安全利用得到有效保障，受污染耕地安全利用率基本达到100%，未发生因耕地土壤污染导致农产品质量超标、疑似污染地块或污染地块再开发利用不当事件。

(二)措施与行动:持续推进净土保卫战，严格农用地分类管理，严格重点建设用地准入管理，有效管控土壤污染风险，努力保障群众人居环境安全和农产品质量安全。一是加强土壤污染源头防控。加大耕地土壤污染源头防控力度，加强农业农村面源污染治理监督指导，农药化肥使用总量实现负增长，农作物秸秆资源化综合利用率达到85%，畜禽养殖粪污资源化利用率达到75%以上，废旧农膜回收利用率达到81%。更新发布土壤污染重点监管单位名单，督导企业开展隐患排查及自行监测，确保所在地及周边土壤环境质量稳中有升。开展现场督导核查，完成全市危化生产企业搬迁改造单位土壤污染状况调查。二是加强农用地污染防治。严格农用地分类管理，完成全市8个县区农用地土壤环境质量类别划分及报告编制。全市8个县区共有耕地425.44万亩，其中优先保护类面积425.39万亩，安全利用类面积485.99亩，无严格管控类耕地。加强林地草地园地土壤环境管控，严格控制林地草地园地的农药使用量，未发生因防治林业有害生物造成土壤污染事件。三是加大建设用地监管。细化重点行业企业用地调查，有序推进全市重点行业企业用地土壤污染状况初步调查收尾工作。完善建设用地准入管理制度，全面摸排疑似污染地块状况，更新发布污染地块和疑似污染地块名单，督促土地所有权人开展土壤污染状况调查。完善建设用地联动监管机制，严格土地征收、收回、收购监管，将建设用地土壤环境管理要求纳入供地管理环节，确保土地开发利用符合土壤环境质量要求。四是推动农村环境综合整治。加大农村生态环境保护，完成2个行政村农村环境综合整治任务。督促各县区编制完成且发布县域农村生活污水治理专项规划，并按规划推进任务落实。完成污水治理村庄数11个，农村生活污水治理率达到47.3%。加大农村黑臭水体排查整治，做到“应查尽查、应统尽统”，有序推动高新区农村黑臭水体治理任务。

五、声环境质量状况

（一）声环境质量总体状况

1. 区域环境噪声：2021年兰州市昼间区域环境噪声平均等效声级52.5dB（A），声环境噪声总体水平等级二级，声环境质量评价为“较好”，昼间区域环境噪声达标率为96.9%。噪声声源构成比例为：生活源占比61.9%、交通源占比26.8%、施工噪声源占比6.1%、工业源占比5.2%，噪声源构成仍以生活噪声源为主。

2. 道路交通噪声：2021年兰州市城区道路交通噪声昼间平均等效声级66.7dB（A），道路交通噪声强度等级为二级，道路交通噪声评价为“较好”。城区道路交通噪声昼间测点达标数111个，测点达标率89.2%。

3. 功能区噪声：2021年兰州市功能区噪声年度均值昼间、夜间平均等效声级分别为：1类区51.2dB（A）和42.4dB（A）、2类区51.9dB（A）和44.9dB（A）、3类区53.1dB（A）和49.5dB（A）、4a类区60.4dB（A）和50.9dB（A）。第一至第四季度各类功能区平均等效声级昼间、夜间均达标。

（二）措施与行动

一是坚持规划引导。严格声环境准入，从源头控制噪声污染源的进入，从工业噪声、建筑施工噪声、交通噪声、社会生活噪声等各方面开展重点领域噪声污染防治。

二是定期开展噪声污染专项整治活动。全市各级生态环境部门、公安部门、城市管理部门、文旅部门等对职责范围内的噪声污染进行专项整治。

三是开展“绿色护考”。在高考、中考、学考等重点时期持续加强噪声监管，严防发生各类噪声污染违法问题，为全市考生创造良好的应考环境。

四是强化噪声监测网络建设。已完成新建8个自动监测站点，对区域环境噪声开展自动监测。

五是加强宣传教育。加大噪声违法舆论监督和曝光力度，提高公众噪声污染防治认识，多方面、多途径地加强噪声污染防治工作。

六、固体废物状况

（一）医疗废物与城市生活垃圾：2021年，全市集中收集处置医疗废物6657.12吨，处理生活垃圾114.67万吨。

（二）措施与行动：一是开展市级危险废物规范化环境管理评估。对辖区内47家危险废物产生和经营单位进行了抽查评估；组织开展2021年度固体（危险）废物规范化管理培训，管理部门、企事业单位共计150余人参加培训；对3家单位（个人）固体废物违法行为进行处罚，罚款金额194.1万元。二是坚持源头动态管理。督促全市纳入甘肃省固体废物管理信息系统的2400余家危险废物产生单位和15家危险废物经营单位完成危险废物管理计划备案和申报登记，掌握全市危险废物产生和处置的动态变化情况，严格执行危险废物转移联单。三是开展黄河流域“清废行动”。组织市直相关部门、各县区进行排查整治。生态环境部交办我市固体废物疑似问题83个均已完成整改，对易反弹问题要求建立长效机制，做好维护。四是深入开展危险废物三年（2020年至2022年）专项整治。对产废单位和经营单位污染环境防治责任落实情况等进行了3轮专项排查整治，对排查出的115个问题逐一跟踪督办，问题整改率达到100%。五是开展处置能力建设。甘肃永固绿能环保科技有限公司水泥窑协同处置危废及一般固废10万吨/每年、甘肃工企危服环保有限公司工业废弃物资源化利用及无害化处置项目一期工程年稳固化填埋处置危险废物10万吨建成运行,极大提升我市危险废物处置能力。

七、生态环境状况

(一)森林状况:全市林地面积219.72万亩,其中乔林地面积80.50万亩,灌木林地面积84.68万亩,疏林地面积9.99万亩,未成林造林地面积25.60万亩,未成林封育地2.43万亩,苗圃地面积1.49万亩,其他林地面积15.03万亩。森林覆盖率8.35%(包括兰州新区和兴隆山)。

(二)生物多样性情况:全市共有陆生野生脊椎动物4纲28目83科427种,其中两栖纲1目3科5种、爬行纲2目6科14种、鸟纲19目56科331种、哺乳纲6目18科77种。野生林木物种33科63属133种。

(三)自然保护区情况:全市现有国家级自然保护区2个,森林公园9个。自然保护区占全市国土面积6.04%。

(四)气候情况:2021年全市平均气温在6.9℃~11.4℃之间,较历年同期偏高0.8℃~1.1℃。年降水量在163.1~298.6毫米之间,与历年同期相比,全市各地偏少1—3成,雨日偏少。年日照时数正常略少。年内冷暖起伏大,入春偏早。主要的气象灾害有干旱、暴雨洪涝、冰雹、大风等,造成部分地方农业损失,总体上看,2021年属于气候条件一般年景。

(五)措施与行动:一是生态建设及国土绿化稳步推进。完成林草生态修复5.93万亩,草原生态修复3万亩;举办"全民植树四十载,精致兰州谱新篇"全民义务植树宣传活动,全年完成义务植树831.97万株;积极支持25个脱贫村开展村庄绿化,栽植各类苗木3.2万株,持续改善乡村生态环境。二是生态资源有效保护。全面落实天然林保护制度和国家级重点公益林保护任务。加强野生动植物资源管理,建立16处野生动物人工繁育场所台账动态运行,全覆盖巡查野生动物栖息地、候鸟迁徙停歇地和10处陆生野生动物疫源病监测点。全面推行林长制,市、县(区)、乡镇(街道)三级共设总林长198名,林长727名,村级设林长780名,副林长1058名。护林员和草管员2262名,进一步落实管护区域。加强城市绿地绿线管理,依法依规处理城市绿地占用办件26件,按期办结率100%。三是"精致园林"建设扎实推进。巩固发展"国家园林城市"创建成果,完成新增、改造绿地99.15公顷,新建改造"三小绿地"20个,主城区补植行道树及绿地内乔木5767株,补栽草坪、野花组合等8.5万平方米,近郊四区在重要绿化节点摆放盆花150万余盆。创建评选精致游园公园10个、星级公园8座。如期举办"金菊雅韵,花开满园"国庆菊花展,不断满足群众精神文化生活需求。

2021—2022年兰州市经济发展形势分析与预测

杨 波 刘旭挺

摘 要:本文在分析研判2021年上半年兰州市经济形势的基础上,突出"重振兰州辉煌"这条生命线,参照兰州在全国、全省和西北片区经济发展中的坐标定位,详细 梳理兰州面临的挑战和机遇,聚焦优化发展布局、重振兰州辉煌、创新驱动发展、强化要素保障、科学统 筹谋划五个方面,提出系统推动兰州实现高质量发展的对策建议。

关键词:经济形势研判;重振兰州辉煌;高质量发展

一、2021年上半年兰州市经济运行分析

今年以来,兰州市坚持"守三线①、抓项目、保目标"的工作方针,坚持"底数清、情况明、方法对、措施实"的工作方法,不断巩固疫情防控和经济社会发展成果,全市经济运行稳中向好,呈现"三次产业增长较快、投资消费稳定恢复、发展质效稳步提升、民生保障有力有效"的良好态势。上半年,全市实现地区生产总值1628.39亿元,增长10.2%,连续两个季度获得全省高质量发展贡献奖。

(一)三次产业增长较快

1.农业生产形势良好。制定《关于全面推进乡村振兴加快农业农村现代化的实施意见》,持续推进农业"1368"行动计划,筑牢粮食安全底线,推动优势特色产业效益倍增。上半年,全市夏粮产量11.08万吨,增长0.3%;蔬菜产量62.88万吨,增长5.78%。畜牧业增势较好,生猪、牛、羊、家禽出栏分别增长16.1%、5.54%、10.76%、18.3%。蛋、奶产量分别增长5%、24.3%。全市第一产业增加值增长7.3%;两年平均增长6.6%,高于全国(4.3%)2.3个百分点。

2.工业生产稳中提质。制定金施振兴兰州制造暨产业链链长制三年行动计划(2021—2023)》,开展延链补链强链行动,推行12个重点产业链链长制度,以47户链主企业为龙头,推进传 统产业高端化、智能化、绿色化转型升级。企业效益持续向好,1—5月全市规模以上工业企业营业收入882.1亿元,增长22.9%,两年平均增长9.8%;规模以上工业企业利润总额64.6亿元,增长412.7%,两年平均增长153.7%。上半年,全市工业用电量103.45亿千瓦时,增长6.2%,两年平均增长6.0%。全市第二产业增加值增长10.0%;两年平均增长6.6%,高于全国(6.1%) 0.5个百分点。其中,规模以上工业增加值增长11.5%;两年平均增长7.9%,高于全国(7.0%) 0.9个百分点,两年平均增速比一季度加快6.8个百分点。

①"守三线"即"生产总值增速不低于全国平均水平、在西北省会城市中力争上游、在全 省经济发展中发挥压舱石作用"。

表1 2021年上半年兰州市主要经济指标完成情况对比表

单位:亿元、元、%、个百分点、位

		一季度				上半年				提升幅度			
		全国	甘肃	兰州市	全省排名	全国	甘肃	兰州市	全省排名	全国	甘肃	兰州	位次
地区生产	绝对量	249310	2207.1	738.69	/	532167	4748.2	1628.39	/	/	/	/	/
总值	增速	18.3	13.2	13.2	8	12.7	10.5	10.2	9	-5.6	-2.7	-3	-1
第一产业	绝对量	11332	164.8	11.5	/	28402	337.7	23.06	/	/	/	/	/
增加值	增速	8.1	7.4	6.6	11	7.8	11.6	7.3	12	-0.3	4.2	0.7	-1
第二产业	绝对量	92623	692	216.58	/	207154	1613.2	540.18	/	/	/	/	/
增加值	增速	24.4	15.9	15.9	10	14.8	9.9	10	7	-9.6	-6	-5.9	3
规模以上工业增加 值	绝对量	/	/	/	/	/	/	/	/	/	/	/	/
	增速	24.5	15.5	14.2	10	15.9	11.4	11.5	8	-8.6	-4.1	-2.7	2
建筑业增	绝对量	12017	/	/	/	33335	/	/	/	/	/	/	/
加值	增速	22.8	/	36.8	3	8.6	/	10.8	6	-14.2	/	-26	-3
第三产业	绝对量	145355	1350.3	510.61	/	296611	2797.3	1065.15	/	/	/	/	/
增加值	增速	15.6	12.6	12.2	9	11.8	10.7	10.3	10	-3.8	-1.9	-1.9	-1
固定资产	绝对量	95994	/	/	/	255900	/	/	/	/	/	/	/
投资	增速	25.6	30.1	30.4	8	12.6	18.2	16.7	7	-13	-11.9	-13.7	1
社会消费品零售总 额	绝对量	105221	1034.7	446.13	/	211904	2030.9	867.12	/	/	/	/	/
	增速	33.9	34	33.5	6	23	24.8	23.4	9	-10.9	-9.2	-10.1	-3
居民消费	绝对量	/	/	/	/	/	/	/	/	/	/	/	/
价格指数	增速	0	0.5	0.4	4	0.5	0.7	0.9	8	0.5	0.2	0.5	-4
城镇居民人均可支配收入	绝对量	13120	9332	10546	/	24125	17142	22008	/	/	/	/	/
	增速	12.2	8.3	9.1	1	11.4	8.2	9	1	-0.8	-0.1	-0.1	0
农村居民人均可支配收入	绝对量	5398	3114	3793	/	9248	5011	7509	/	/	/	/	/
	增速	16.3	13.4	13.7	6	14.6	13.3	13.6	6	-1.7	-0.1	-0.1	0
一般公共	绝对量	57115	221	64.04	/	117116	472.8	133.27	/	/	/	/	/
预算收入	增速	24.2	20.4	38.2	3	21.8	17.4	17.8	5	-2.4	-3	-20.4	-2
一般公共	绝对量	58703	1008.6	114.28	/	121676	2066.4	233.71	/	/	/	/	/
预算支出	增速	6.2	4.6	26.6	1	4.5	3.6	18.5	2	-1.7	-1	-8.1	-1

注:CPI由低到高排序

表 2 2021 年上半年兰州市农作物播种面积表

单位:亩、%

	总播种面积	夏粮	谷物		油料	蔬菜	瓜果	中药材
			小麦	玉米				
2020 年 上半年	2477386.72	471611.85	341101.17	411057	151173.52	592091.95	50016	156758.21
2021 年 上半年	2495469.75	473422.4	330491.62	437599.66	147139.95	586937.09	56676.08	160066.86
同比增长	0.73	0.38	-3.11	6.46	-2.67	-0.87	13.32	2.11

表 3　2021 年上半年兰州市主要农产品产量表

单位:吨、头、%

	夏粮	蔬菜	瓜果	猪出栏	羊出栏	牛出栏
2020年上半年	110486.38	594465.22	24777.38	270717	199421	6248
2021年上半年	110818.92	628849.14	28015.7	314305	220887	6594
同比增长	0.3	5.78	13.07	16.1	10.76	5.54

表 4 2021 年上半年兰州市规模以上工业产值及增加值分类型完成情况表

单位:亿元、%

		同比增长
总计		**11.5**
轻重工业	轻工业	13.9
	重工业	10.7
三大门类	采矿业	18.2
	制造业	11.3
	电力、热力、燃气及水生产和供应业	10.5
隶属关系	中央企业	8.5
	地方企业	17.8
经济类型	国有企业	5.0
	集体企业	-16.2
	股份制企业	12.7
	外商及港澳台商投资企业	6.9
新经济	战略新兴产业	84.7
新动能	高技术产业	54.0
	装备制造业	3.1

表 5 2021 年上半年兰州市重点大宗产品产量生产情况表

产品	同比增长(%)
钢材	28.2
乙烯	10.1
原铝	8.9
平板玻璃	2.7
卷烟	1.1
原油加工量	-0.5
水泥	-0.9

表6　2021年上半年兰州市全社会及各行业用电情况表

单位:亿千瓦时、%

	2021年上半年用电量	2021年上半年同比增长	2020年上半年同比增长	2021年上半年占用电量比重
全社会用电量	149.39	7.75	5.30	/
第一产业	0.91	156.32	31.01	0.61
第二产业	105.94	6.82	5.81	70.91
第三产业	28.70	11.86	2.68	19.21
城乡居民	13.85	2.82	6.08	9.27
工业用电量	103.45	6.2	5.80	67.83(100)
五大高耗能行业	90.80	6.48	3.60	87.78
石油加工、炼焦及核燃料加工业	6.69	−6.27	20.92	6.47
化学原料及化学制品制造业	8.09	11.65	24.32	7.82
非金属矿物制品业	10.50	13.42	−4.31	10.15
黑色金属冶炼及压延加工业	22.90	2.84	2.95	22.13
有色金属冶炼及压延加工业	42.63	8.26	0.23	41.21

3.第三产业运行平稳。交通运输逐步恢复,铁路、公路、航空运输总周转量分别增长21.7%、23.5%、43.6%;接待游客和旅 游综合收入均增长1.37倍。全市规模以上服务业实现营业收入385.96亿元,增长21.0%。上半年,全市第三产业增加值增长10.3%;两年平均增长5.3%,高于全国(4.9%) 0.4个百分点。

(二)投资消费稳定恢复

1.固定资产投资持续增长。全市上下始终把抓项目作为核心工作,制定《兰州市项目建设考核办法》和《关于建立健全重大项目建设协同推进机制的意见》,建立健全项目“前期攻坚”“大比拼” “团队服务”“集中开复工”“三个清单”“领导包抓”工作机制,全力推动项目加快实施。上半年,全市687个续建项目全部复工,复工率100%;593个新建项目手续办结495个、办结率83.5%,开工491个、开工率82.8%,入库312个、入库率63.5%,均创历史同期最高水平。

其中,61个省列重大项目累计完成投资221.37亿元,投资完成率42.42%。120个市列重大项目累计完成投资279亿元,投资完成率43.46%。

资金争取成效显著,已争取到中央预算内投资项目61个、争取资金11.8亿元;争取到省级预算内投资项目14个、争取资金1.7亿元;争取到第一批地方政府专项债券项目18个、资金额度25亿元。

全市固定资产投资增长16.7%,连续13个月实现正增长。高技术产业和基础设施投资势头强劲,高技术产业、高技术制造业、高技术服务业、基础设施投资分别增长77.4%、47.8%、102.8%、56.5%。商品房销售迅速增长,销售面积430.93万平方米,增长35.4%,两年平均增长24.3%;销售额341.46亿元,增长36.4%,两年平均增长27.6%;待售面积31.37万平方米,下降34.0%。

2.消费市场加快复苏。制定《2021年消费促进月暨第四届 “畅享兰州·乐购金城”促消费活动方案》,启动兰州市消费促进月活动。上半年,全市社会消费品零售总额867.12亿元,增长23.4%。批零住餐恢复性增长,批发业、零售业销售额分别增长33.5%、27.4%;住宿业、餐饮业营业额分别增长55.5%、54.1%。

(三)发展质效稳步提升

1.人口集聚效应显现。根据第七次全国人口普查公报,全市常住人口435.94万人,占全省的17.42%,较第六次全国人口普查增加74.46万人，年平均增长1.89%。其中，城镇人口362.25万人、占83.1%，乡村人口73.69万人、占16.9%。0～14岁人口为61.87万人，占14.19%；15-59岁人口为301.86万人，占69.24%；60岁及以上人口为72.21万人，占16.56%；其中65岁及以上人口为51.00万人，占11.70%。拥有大学（指大专及以上）文化程度的人口为124.61万人；拥有高中（含中专）文化程度的人口为81.60万人；拥有初中文化程度的人口为11.82万人；拥有小学文 化程度的人口为72.42万人。

2.财政收支增长较快。上半年，全市一般公共预算收入133.27亿元，增长17.8%。税收收入98.46亿元，增长22.1%；非税收入34.81亿元，增长7.0%。一般公共预算支出233.71亿元，增长18.5%。

3.金融运行总体稳定。开展"融资畅通提速年""百名行长进千企"等活动，发放特色产业贷款329.55亿元，直接融资117.43亿元。发挥保险保障作用，实施24个农业保险品种，支付赔款4495.52万元。6月末，全市金融机构本外币存款余额9740.78亿元，增长0.6%；金融机构本外币贷款余额13977.57亿元，增长8.6%。

4.医药制造业、规模以上工业战略性新兴产业、高技术产业高速增长。落实色州市振兴制造业实施方案（2019—2025年）》，组建的企业创新联合体入选甘肃省第一批企业创新联合体，7项新产品进入省级新产品登记备案流程。上半年，全市医药制造业、规模以上工业战略性新兴产业、高技术产业分别增长52.1%、84.7%、54.0%。

5.营商环境持续优化。兰州市在2020年国家营商环境评价中表现良好，营商便利度综合得分70.59分，较2019年提升27.65分。制定《兰州市全面提升优化营商环境专项行动工作方案》，启动兰州市打造全国优化营商环境实践样本城市工作，选取15项一级指标作为实践样本指标。举办了营商环境评价专题培训会，与18个责任单位签订色州市打造全国优化营商环境实践样本城市责任书》。截至6月底，全市各级市场监管部门累计登记各类市场 主体35.47万户，新增市场主体2.28万户，平均每天新设151户；累计发放"多证合一"营业执照20.64万户。

6.信用体系不断完善。制定段于加快推进社会信用体系建设构建以信用为基础的新型监管机制的实施方案》，开通运行"兰州信易贷"平台，着力缓解企业融资难、融资贵问题。目前平台入驻企业225家，发布融资需求109笔，累计申请贷款1.7亿元；入驻银行机构26家，累计放款7403万元，向国家"信易贷"平台推荐七批115家有融资需求的中小微企业。

7.招商引资成效显著。坚持"两真四有"招商理念，开展"招商引资突破年"活动，制定《兰州市招商引资政策汇编》，举办了第27届兰洽会，兰州市签约省市列合同项目143个，签约总 额994.23亿元，其中，签约10亿元以上项目32个，签约总额792.34亿元，占总签约额的79.69%；"三个500强"及行业龙头 企业投资项目34个，签约总额441.40亿元，占总签约额的44.39%。

（四）民生保障有力有效

1.就业形势保持稳定。坚持就业优先战略，制定《兰州市急需紧缺人才引进实施办法》，开展2021年"春风行动"送岗位下乡进村、"情暖金城、稳岗留工"送补助等活动，保障重点群体 就业。上半年，全市实现城镇新增就业5.07万人，完成目标任务 的63.42%；城镇登记失业率2.98%，控制在4.5%的目标以内；输转城乡富余劳动力25.08万人；创劳务收入34.91亿元。

2.居民收入继续增长。上半年，全市城镇居民人均可支配收入22008元，增长9%；农村居民人均可支配收入7509元，增长13.6%。农村居民收入增速高于城镇居民4.6个百分点。科学研究 和技术服务业，水利、环境和公共设施管理业，教育，卫生和社会工作，公共管理、社会保障和社会组织工资总额保持两位数增长，分别增长24%、15.4%、22.4%、21.4%、22.8%。

3.保供稳价扎实有效。制定《当前重要民生商品保供稳价工作方案》，春节期间及时组织投放冻猪肉53吨，冬储菜1万吨，有力保障了重要民生商品供给。启动天然气价格形成机制改革工作，成功申报直购电交易用户400余户，申请交易电量140亿千瓦时。上半年，全市居民消费价格累计上涨0.9%。

表7 2021年上半年兰州市居民消费价格情况表

单位:%

	总计	食品烟酒	衣着	生活用品及服务	教育文化和娱乐	其他用品和服务	居住	医疗保健	交通和通信
2020年上半年	2.4	6.9	-0.5	0.8	3	5.1	0	0.6	-2.1
2021年上半年	0.9	1.4	1.3	0.4	0	1.8	0	0	2.1
同比增长	-3.3	-5.5	1.8	-0.4	-3	-3.3	0	-0.6	4.2

4.民生实事加快推进。建成五大急危重症救治中心(卒中、胸痛、创伤、危重孕产妇、危重儿童和新生儿救治中心)29个,五大县域医学中心(影像、心电、病理、检验、消毒供应中心)25个。"250+N"种常见病、多发病患者和30种大病80%的患者 实现县域内救治。区域"一体化办学"持续深入推进,城关区新增2所集团化学校,七里河区成立10所集团化学校,全市义务教育阶段学校大班额基本消除,初中大班额、小学及初高中超大班额完全消除。完成全市城乡低保提标任务,上半年累计为全市7.1 万名城乡低保对象发放补助资金1.6亿元。建成公共租赁住房1360套,老旧住宅加装电梯65部。

5.生态安全持续改善。持续打好"蓝天、碧水、净土"保卫战,上半年,全市空气质量平均优良天数142天,优良比率 78.5%; PM2.5浓度32微克/立方米,下降15.8%;全市5个国家考 核断面水质优良比例100%。扎实做好安全生产各项工作,全市未发生重特大安全生产事故。

表8 2021年上半年兰州市生态环境情况表

单位:天、%、微克/立方米

	空气质量平均优良天数		PM2.5浓度	5个国家考核断面水质优良比例
	优良天数	优良比率		
2020年上半年	154	84.6	38	100
2021年上半年	142	78.5	32	100
同比增长	-12天	-6.1	-15.8	/

二、全市"守三线"①基本情况

(一)"十三五"期间"守三线"对比情况

1.对比全国线。"十三五"期间,兰州市GDP2016年、2020年高于全国线,2017年、2018年、2019年低于全国线。从第一产业看,均高于全国线。

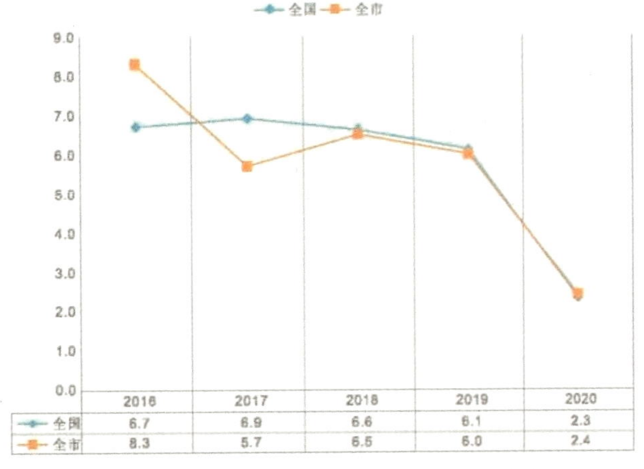

图1 2016—2020年兰州市与全省地区生产总值增速对比

从第二产业看，2020年高于全国线，2016年、2017年、2018年、2019年低于全国线。

从第三产业看，2016年、2019年高于全国线，2017年、2018年、2020年低于全国线。

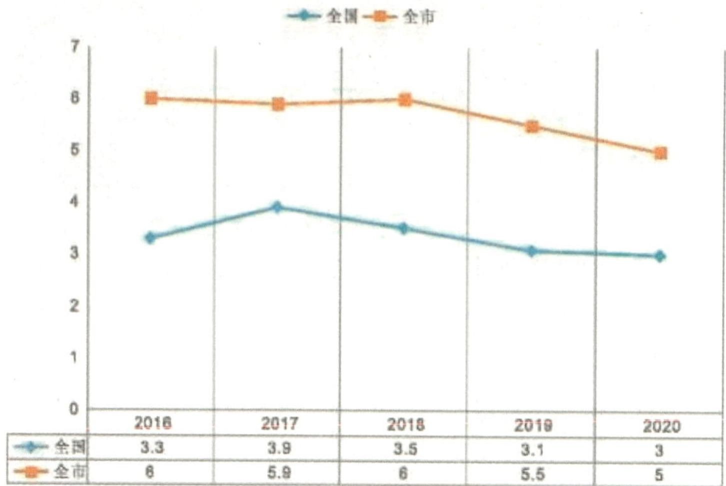

图2 2016—2020年兰州市与全国第一产业增速对比

图3 2016—2020年兰州市与全国第二产业增速对比

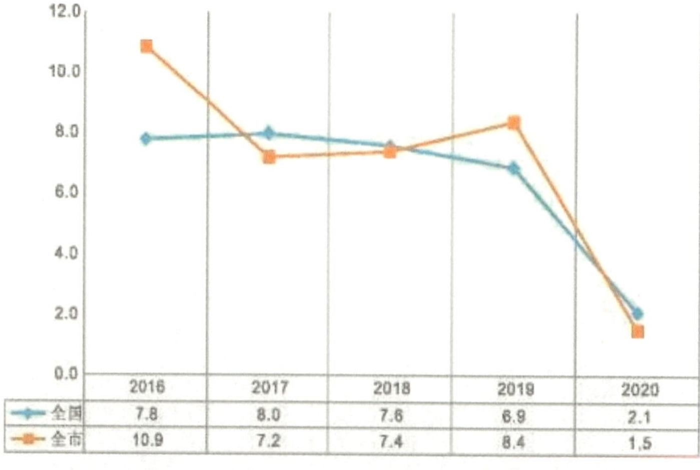

图4 2016—2020年兰州市与全国第三产业增速对比

2.对比全省线。"十三五"期间，兰州市GDP2016年、2017年、2018年高于全省线，2019年、2020年低于全省线。

从第一产业看，2016年、2017年、2018年高于全省线，2019年、2020年低于全省线。

从第二产业看，2017年、2018年高于全省线，2016年、2019年、2020年低于全省线。

从第三产业看，2016年、2017年、2019年高于全省线，2018年、2020年低于全省线。

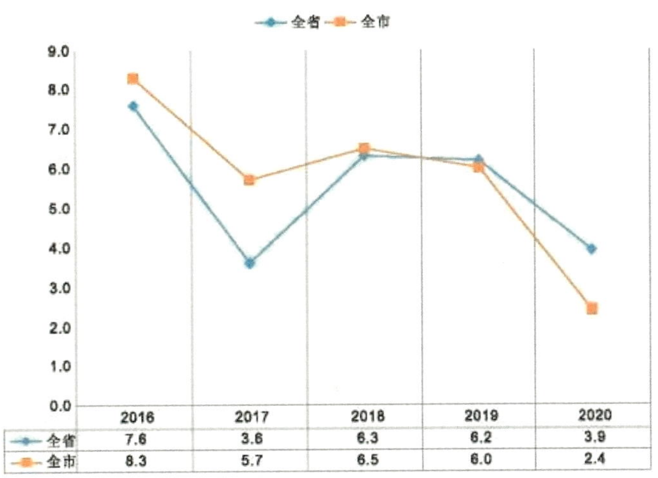

图5 2016—2020年兰州市与全省地区生产总值增速对比

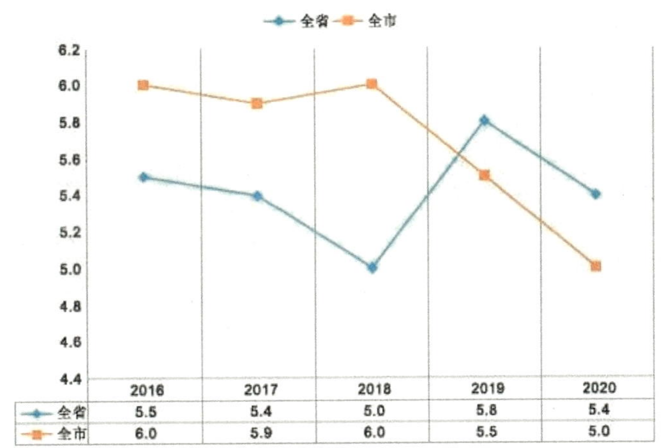

图6 2016—2020年兰州市与全省第一产业增速对比

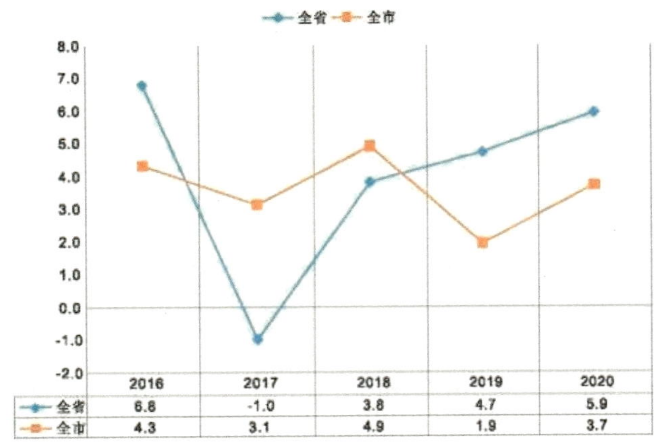

图7 2016—2020年兰州市与全省第二产业增速对比

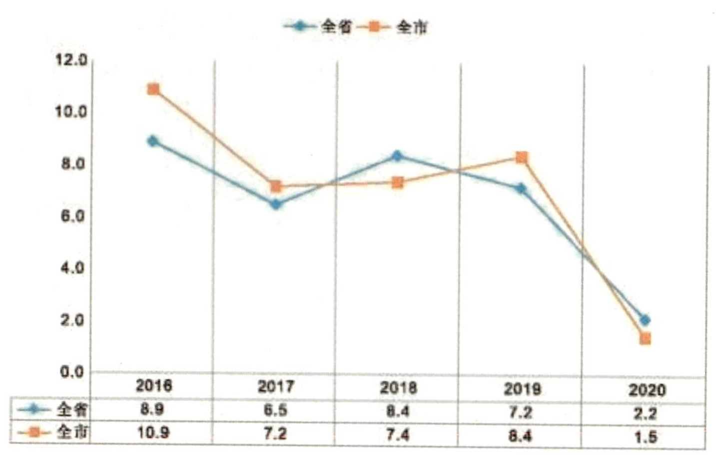

	2016	2017	2018	2019	2020
全省	8.9	6.5	8.4	7.2	2.2
全市	10.9	7.2	7.4	8.4	1.5

图8 2016—2020年兰州市与全省第三产业增速对比

2016—2020 年，兰州市 GDP 增速分别为 8.3%、5.7%、6.5%、6.0%、2.4%，全省首位度分别为 31.7%、32.9%、33.1%、32.5%、32.0%，三次产业结构分别为 2.66∶34.90∶62.44、2.44∶34.94∶62.62、1.57∶34.32∶64.11、1.82∶33.32∶64.86、1.99∶32.33∶65.68。

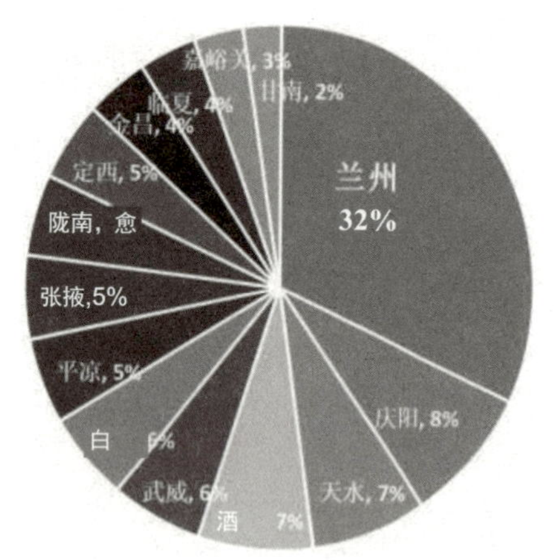

图9 兰州市GDP在全省的首位度(2020年)

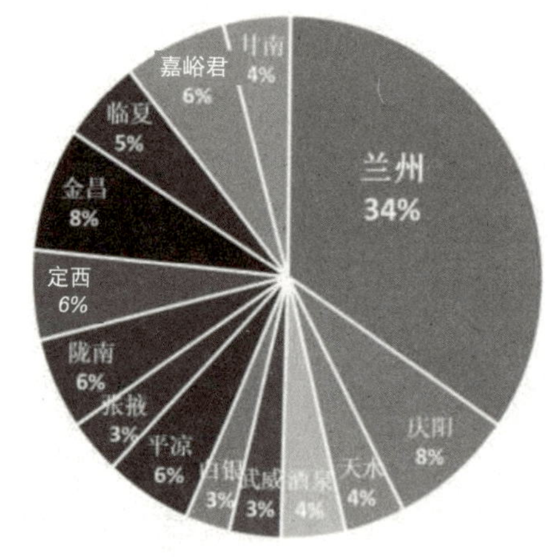

图10 “十三五”期间兰州市GDP增量占全省增量比重

3. 对比西北片区线。“十三五”期间，兰州市GDP2016年(第3)、2020年(第3)在西北片区排名前3，2017年(第5)、2018年(第5)、2019年(第5)在西北片区排名后3。

从第一产业看，在“十三五”期间均排名第1。

从第二产业看，2016年(第5)、2017年(第5)、2018年(第4)、2019年(第5)、2020年(第4)在西北片区排名后3。

从第三产业看，2016年(第1)、2019年(第2)、2020年(第3)在西北片区排名前3，2017年(第5)、2018年(第5)在西北片区排名后3。

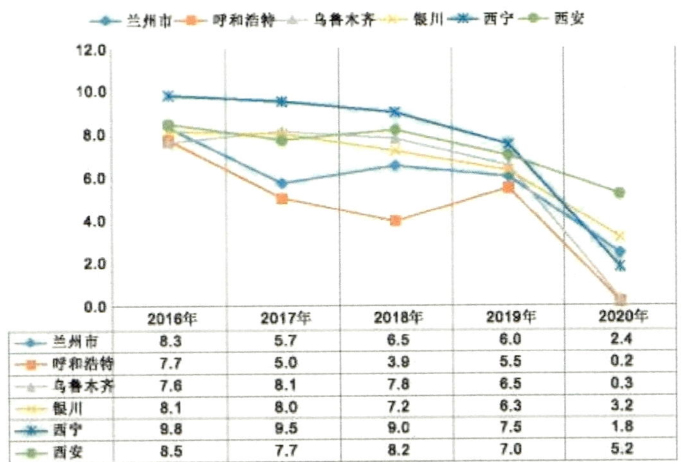

	2016年	2017年	2018年	2019年	2020年
兰州市	8.3	5.7	6.5	6.0	2.4
呼和浩特	7.7	5.0	3.9	5.5	0.2
乌鲁木齐	7.6	8.1	7.8	6.5	0.3
银川	8.1	8.0	7.2	6.3	3.2
西宁	9.8	9.5	9.0	7.5	1.8
西安	8.5	7.7	8.2	7.0	5.2

图11　2016—2020年西北重点城市地区生产总值增速对比

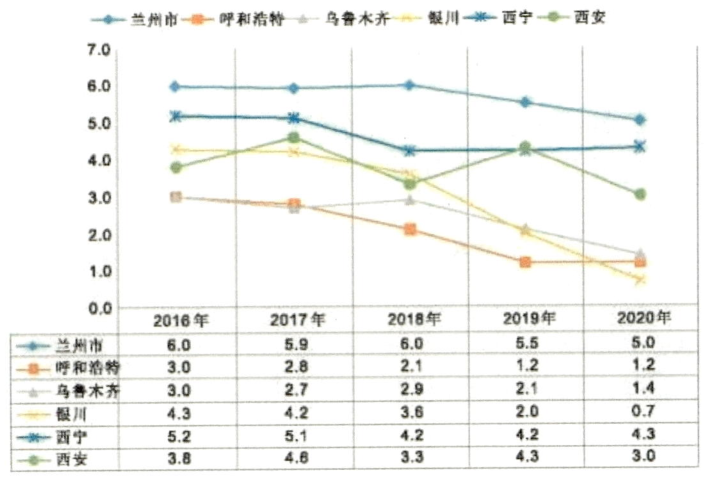

	2016年	2017年	2018年	2019年	2020年
兰州市	6.0	5.9	6.0	5.5	5.0
呼和浩特	3.0	2.8	2.1	1.2	1.2
乌鲁木齐	3.0	2.7	2.9	2.1	1.4
银川	4.3	4.2	3.6	2.0	0.7
西宁	5.2	5.1	4.2	4.2	4.3
西安	3.8	4.6	3.3	4.3	3.0

图12　2016—2020年西北重点城市第一产业增速对比

(二)2021年上半年"守三线"对比情况

1. 对比全国线。8项指标低于全国[地区生产总值(低2.5)、第一产业增加值(低0.5)、第二产业增加值(低4.8)、第三产业增加值(低1.5)、规模以上工业增加值(低4.4)、城镇居民人均 可支配收入(低2.4)、农村居民人均可支配收入(低1.0)、一般公共预算收入(低4.0)]。

2. 对比全省线。5项指标低于全省[地区生产总值(低0.3)、第一产业增加值(低4.3)、第三产业增加值(低0.4)、固定资产投资(低1.5)、社会消费品零售总额(低1.4)]。

3. 对比西北片区线。7项指标在西北片区城市排名靠后(第二产业增加值排第4;地区生产总值、第三产业增加值、规模以上工业增加值、一般公共预算收入、一般公共预算支出、城镇居民人均可支配收入均排第3)。

表9　2021年上半年兰州市主要经济指标"守三线"情况表

单位:%、位

	全国	全省	兰州		西安	乌鲁木齐	银川	西宁	呼和浩特
			增速	位次					
地区生产总值	12.7	10.5	10.2	3	7.8	10.2	11.0	10.9	10.2
第一产业增加值	7.8	11.6	7.3	2	3.0	2.1	8.8	4.2	4.9
第二产业增加值	14.8	9.9	10.0	4	6.3	5.2	10.8	15.8	12.7
规模以上工业增加值	15.9	11.4	11.5	3	5.1	11.1	12.3	22.9	10.5
建筑业增加值	8.6	/	10.8	2					29.4
第三产业增加值	11.8	10.7	10.3	2	8.8	11.9	11.3	9.1	9.4
固定资产投资	12.6	18.2	16.7	2	10.7	4.9	-4.5	10.9	45.6
社会消费品零售总额	23.0	24.8	23.4	1	20.9	17.6	12.4	15.5	15.9
一般公共预算收入	21.8	17.4	17.8	3		4.2	35.8	19.5	13.4
一般公共预算支出	4.5	3.6	18.5	3		-12.2	4.8	19.8	24.8
城镇居民人均可支配收入	11.4	8.2	9.0	3			11.4	7.7	10.2
农村居民人均可支配收入	14.6	13.3	13.6	2			10.6	13.1	13.7

注:指标增速高于兰州市以阴影部分划出

综上所述,无论从绝对量还是增量来看,兰州市在全省的占比较大(均高达30%以上),但增速较慢,兰州市要充分"发挥辐射力、当好排头兵",必须牢牢扭住"重振兰州辉煌"这一生命线,聚焦"首位度",以"全省线"为突破口,在工业上先发力,聚精会神、奋斗追赶,系统推进兰州实现高质量发展。

三、存在的问题

(一)工业增长困难较多

近年来,占全市第二产业近80%的工业增速较慢,是导致GDP增速低于全省线的主要因素。工业结构依然"偏重偏粗",工业增长依赖"油""烟"经济,兰州石化、甘肃烟草2家企业占工业比重达到50%,且受计划指标和市场价格波动影响较大,亟待培育更多工业企业上规入库。部分重点企业主要生产原料和销售 市场"两头"在外,与大型企业相配套的上下游产业链呈现"块大链短"的突出特征,经营压力持续上升。从生产情况看,"十三五"期间,受原油加工量降幅较大、油品需求降低、成品油价 格低位徘徊、高档卷烟消费需求下降、钢铁行业去产能等诸多因素影响,合计占全市工业增加值比重达70%的石化、烟草制品业、能源行业增长缓慢。从行业发展看,占全市工业比重较大的石油化工、有色冶金、能源等传统产业链条较短、产品结构单一、整体附加值不高,具有发展潜力的智能制造、人工智能、新一代信息技术等新兴产业虽然增速较快,但规模小、占比低,加之工业项目招商难、引进难、落地难形势依然严峻,工业稳增长 压力较大。

(二)消费市场增长乏力

全市批发零售业户数占第三产业户数的一半左右,但税收贡献不足四分之一。"新产业""新业态""新商业模式"即"三新"经济发展虽然发展势头较好,但基数较小,呈现"旧"产业 支撑减弱,"新"产业赋能不足的局面,亟待培育壮大骨干服务企业。受外需市场萎缩、全球价值链重构、发达国家对制造业的投资下降以及订单转移、国际市场大宗商品价格持续走低等因素影响,进出口贸易明显放缓。

(三)县域经济发展整体滞后

从城镇化建设看,三个县的发展水平较低,城镇化率、基础设施配套等方面,与省内兄弟市州的很多县有较大差距，与建设现代化中心城市的要求很不相称。从产业园区看，三个县这些年都先后建设了一批产业园区、工业集中区，但产业集聚效应不明显，成长缓慢，还没有形成气候。

（四）创新驱动作用不明显

兰州在科技创新方面既有资源优势，又有人才优势，但从实际情况看，产学研结合不够紧密，科技创新成果的转化利用率不高，高技术产业示范带动能力不强，科技对经济增长贡献率偏低，与省会城市地位不相匹配。

（五）中小微企业发展困难较多

小微企业"糊口型"特征明显，仍有约三分之一的小微经营者季度净利润为负，五分之一的小微经营者盈亏勉强平衡。小微企业经营成本压力较大，主要集中在原材料成本、租金成本和雇工成本。融资难甚至融不到资问题依然突出，一些小微企业面临的用地难、留人难等问题尚未破解。

（六）争取和落实重大政策仍有差距

在推动落实"一带一路"建设、西部大开发形成新格局、黄河流域生态保护和高质量发展、兰西城市群发展等国家重大战略机遇上，缺乏结合实际的具体措施，统筹推动还不够有力，还没有形成工作的整体合力。

四、2022年经济形势研判

（一）面临的挑战

一是经济综合实力不强。经济总量偏小，增长速度较慢，县域经济发展不足，综合实力较弱，省会城市辐射带动作用不强。二是产业内部结构不合理。传统产业占比较大，产业链条短；战 略性新兴产业总量偏小，发展速度不快；服务业以传统业态为主，现代服务业特别是生产性服务业发展滞后；民营企业发展较弱，市场活力不足。三是创新驱动能力不强。创新体系尚不完善，顶尖人才和高端研发团队缺乏，产学研结合不够紧密，创新成果转 移转化率还不够高，新旧动能转换滞后。四是对外开放层次较低。甘肃（兰州）国际陆港、兰州新区综合保税区等开放平台优势作用发挥不足；具备参与国际化竞争实力的骨干企业较少；进出口结构调整步伐缓慢。五是民生保障短板明显。城市基础设施欠账较多，功能配套不够完善；文化、体育、教育、医疗等资源供给不充分不均衡；养老服务质量仍需提升，城乡居民收入水平不高。

（二）面临的机遇

一是"一带一路"建设带来的机遇。共建"一带一路"已成为我国参与全球开放合作、改善全球治理关系、促进全球共同发展繁荣以及推动构建人类命运共同体的中国方案。"十四五"时期，中巴经济走廊和孟中印缅经济走廊的加快建设，将使兰州成为我国西北地区对外开放的重要枢纽和重大支撑点。二是推进西部大开发形成新格局带来的机遇。2019年国务院制定实施的段于新时代推进西部大开发形成新格局的指导意见》，明确了将在培育西部地区新材料和生物医药等战略性新兴产业发展、推进"西部陆海新通道"建设、打造无水港、推动跨省毗邻地区协同开放发展等方面加大政策和资金支持力度，为兰州扩大开放、培育战略性新兴产业、推动现代化中心城市高质量发展提供了良好外部环境。三是推动黄河流域生态保护和高质量发展带来的机遇。"十四五"时期，黄河流域生态保护和高质量发展战略将推动黄河流域中心城市等经济发展条件较好的地区集约发展，提高经济和人口承载能力。兰州市作为黄河上游重要的区域中心城市，将是黄河流域生态保护和高质量发展战略的主要政策受益区，一大批重大生态 保护工程和高质量发展项目将加快实施。四是兰西城市群建设带 来的机遇。"十四五"时期，国家将持续加大对京津冀地区、长江三角洲、珠江三角洲、成渝地区、关中平原、兰州—西宁等城市群建设的支持力度，为提高兰州作为现代化中心城市的辐射带动力提供了良好战略契机。五是获批国家级平台带来的发展机遇。兰白国家自主创新示范区成为全国第19个、欠发达地区首个国家自主创新示范区以及兰州市入围国家物流枢纽承载城市带来的机遇。六是新发展格局带来的机遇。"十四五"时期，我国加快建设现代化经济体系，加快构建以国内大循环为主体、国内国际双循环相互促进的新发展格局。加快发展实体经济，促进消费升级，将给兰州市优化经济结构带来机遇。七是新一轮科技革命带来的机遇。随着第四次科技革命和产业变革孕育兴起，人工智能、大数据、物联网、云计算、虚拟现实、区块链等高新技术快速发展，为兰州市传统产业升级改造、制造业和服务业融合发展以及构建现代产业体系带来重大机遇。

五、下一步工作的对策建议

下一步，兰州市要牢牢扭住“重振兰州辉煌”这条生命线，始终坚持稳中求进工作总基调，科学把握“三新一高”要求，统筹推进常态化疫情防控和经济社会发展，全力抓好做大总量、盘活存量、引入增量、提高质量、增强能量，聚精会神、奋斗追赶，系统推进兰州实现高质量发展，确保“十四五”期间，全市GDP增速高于全国线和全省线，努力为服务全省大局贡献兰州力量。

(一)聚焦科学统筹谋划，着力做大总量促发展

一是抢抓战略机遇。紧盯“一带一路”建设、西部大开发形成新格局、黄河流域生态保护和高质量发展、兰西城市群发展等国家重大战略机遇，准确把握国家深化改革、碳达峰碳中和、中东部产业转移、推动“两新一重”建设等重大政策交汇叠加效应，坚持一张蓝图绘到底，抢抓“十四五”规划前两年关键期，落实好《兰州市“十四五”规划纲要两年行动方案(2021—2022)》《兰州市黄河流域生态保护和高质量发展规划两年行动方案 (2022—2023)》，加快编制各类专项规划，推动各项政策转化为推动兰州高质量发展的具体措施。二是扩大对外开放。牢记习近平总书记关于甘肃的最大机遇在于“一带一路”的指示要求，主动融入国内大市场，依托甘肃(兰州)国际陆港、新区综合保税区、中川国际航空港建设，加快陆港型国家物流枢纽建设，创建商贸服务型国家物流枢纽，推动兰州国际陆港空港协同发展。积极开拓国际市场，加大中欧(亚)、东南亚、南亚国际货运班列开行密度，积极推动与义乌市开展国际班列合作，增开直飞“一带一路”沿线国家全货机国际航线和国际航班腹舱带货业务，实现“铁公空海”等多式联运无缝衔接。深度融入西部陆海新通道，全面建设丝绸之路经济带重要节点城市，强化国际产能合作和经贸文化交流，创建具有兰州特色的外贸自主品牌和特色出口产品品牌。三是加强生态保护。推动绿色低碳发展，大力推行绿色低碳生产方式和生活方式，把壮大新能源产业作为主攻点，紧盯“双碳”目标和进程，落实好《关于培育壮大新能源产业链的实施方案》，研究落地一批风电、光伏、储能、现代绿色高载能产业项目。抓实抓细黄河流域兰州段生态环境问题整改，加快建设雷坛河黑臭 水体治理提升改造工程项目，加快湟水河一大通河交汇段生态环 境综合治理、黄河一级支流宛川河支流夹沟河河洪道治理及生态修复等项目前期。四是积极向上争取。重点围绕新基建、基础设施、农田水利、交通能源、社会事业、工业产业、生态环保、经贸物流、乡村振兴、老旧小区改造、田园综合体、特色小城镇等重点领域和中央预算内资金、省预算内资金、专项债券重点支持领域，强化项目谋划、储备和包装，加大向上汇报衔接，争取更多项目纳入国家和省上规划。

(二)聚焦优化发展布局，着力盘活存量夯基础

按照“强功能、提品质、拓空间”的发展思路，加快构建 “一心两翼多点”城市发展布局和“三区集聚引领、两极崛起带动、多点协同支持”产业发展布局，优化主城四区功能布局，做强功能园区发展支点，推进兰州新区、高新区、经开区等国家级和省级功能平台建设，优化功能配套，做强主导产业，提升对经济发展的支撑力和带动力。一是推进中心城区提档升级。提升主城四区空间品质，加快推进黄河兰州核心段“一河、两岸、立面、两山、两端、两线”改造提升，以跨河桥梁、滨河建筑、城市天际线为重点，构造独特城市景观，大力发展楼宇总部、现代金融等战略主导产业。二是发挥增长极引擎作用。兰州新区充分发挥国家级新区经济主战场和产业主承接地作用，高标准承接东中部产业转移，全力推进绿色化工园区建设，加快完善城市矿产和表面处理产业园基础配套，启动建设光气产业园，做强做精绿色化工、装备制造、新材料、数据信息等优势产业集群。全面提升与中亚、南亚和中东欧地区经贸合作能级，做大通道经济和枢纽经 济。高新区突出疫苗、中医药、多肽创新药、医美大健康、化学药以及新能源动力电池、航空航天装备、纳米材料等细分领域，加大科技型中小企业、高新技术企业、瞪羚企业、上市公司培育力度。经开区统筹推进“一区多园”差异化发展，加快推进基础设施建设。整合引进中国电建系统优秀企业、优质资源和先进研发成果，建设水电装备制造产业基地和清洁能源产业，引进智能制造、专业化“小世人”，关键零部件制造企业。榆中生态创新城围绕生态、创新两大主题,坚持基础设施先行,实施外联内畅快速通道、兰大“双一流”等基础配套项目,加快推进夹沟河河洪 道治理及生态修复、科创中心周边绿地等生态绿化项目。依托兰州大学、西北民族大学等高校资源,大力发展军民整合、健康养老、人工智能、种业小镇、“双碳”技术等主导产业。推进夏官营机场开展通航业务,同步引入航空创造、航空培训等项目,打造“低”“短”“全”特色航空产业。三是加快县域经济发展。持续提升兰州国际陆港、九州、连海、和平、三川口、黑石、树屏等园区综合承载功能,落实各项支持县域经济发展的政策措施,找 准定位、精准施策,着力提升远郊县区经济发展水平和综合实力,推动红古区、永登县、榆中县和皋兰县差异化发展,加快构建特色鲜明、优势互补、繁荣兴旺的县域经济发展新格局。

(三)聚焦“重振兰州辉煌”,着力引入增量建体系

紧盯强龙头、补链条、聚集群,优化提升产业空间布局,促进现代服务业升级,推动产业基础高级化、产业链现代化,加快构建现代产业新体系。一是壮大四大优势产业集群。聚焦兰州优势产业,加快打造先进石化、装备制造、生物医药、绿色冶金四大优势产业集群,大力实施延链强链补链行动,形成完善产业链体系,全面提升兰州制造业发展的整体水平和核心竞争力。二是做强八大支柱产业集群。聚焦兰州产业优势,做大做强航空航天、新材料、新能源、核燃料、新型建材、节能环保、食品加工、烟草制品八大支柱产业集群,加快新技术、新产品、新业态、新模 式发展,打造支撑经济增长的发展引擎。三是推动产业转型升级。坚持“一链一策”,大力实施延链补链行动,谋划推动110个“四梁八柱”产业链提升项目。实施规上工业倍增计划,加快省级产业转型升级示范区建设,加快推进兰州碳中和能化共轨示范园、连铝“源网荷储” 一体化技术改造、兰州算力产业、应急装备制造等带动性工程。四是促进现代服务业繁荣发展。打造总部经济集聚地,加快引进一批跨国公司区域总部和功能性区域总部、区域性龙头企业总部和大型商会,成为西北地区资源配置高地和重要的生产组织管理中心。做大做强文旅产业集群,大力发展文化创意、出版发行、演艺娱乐、影视、体育等文体产业。推动生产性服务业创新发展,大力发展研发设计、检验检测认证、商务咨询、商务会展等生产性服务业。支持生活性服务业优质发展,积极发展模式多样、体验丰富的餐饮、住宿、家政等生活性服务业。五是全面推动乡村振兴。把巩固拓展脱贫攻坚成果作为乡村振兴首要任务,抓实抓细住房、饮水、就医、上学等动态监测和跟进帮扶,推动做好巩固脱贫成果、强化易地扶贫搬迁后续扶持、加强公共服务保障等工作。深入实施新型城镇化战略,加快建设榆中青城(国家级、省级)、皋兰什川(国家级、省级)、永登苦水(国家级)、西固河口(省级)特色小城镇,加快建设榆中新型城镇化示范县,将永登县打造成为全域城乡融合发展示范县,争取创建第二批国家全域城乡融合发展试验区。大力实施“1368”产业发展计划,以“牛羊菜果薯药”为重点,大力发展具有兰州特色的现代丝路寒旱农业,加快蔬菜、马铃薯、中药材、百合、玫瑰等农产品精深加工发展,打造一批区域品牌和产品品牌。提升农业科技含量,加快兰州农业与物联网、云计算等新一代信息技术产业融合。加快发展休闲农业和旅游农业,扶持打造一批田园综合体。

(四)聚焦创新驱动发展,着力提高质量增动能

一是推进创新平台建设。依托兰白国家自主创新示范区、兰州新区、高新区、经开区、榆中生态创新城等创新平台,谋划实施综合性国家科学中心和国家区域医疗中心建设,重点建设电子信息、生物医药、新材料、先进制造、航空航天等领域科技企业孵化器,突出核技术、寒旱农业、真空装备、电子信息、农作物 育种等技术优势,争取实施一批国家科技计划、大科学计划、大科学工程和国家合作项目。二是加速成果转移转化。大力支持在兰高校、科研院所联合攻克“卡脖子”重大关键技术,探索开展 赋予科研人员职务科技成果所有权或长期使用权试点,支持在兰高校、科研院所组建产业技术研究院和科技创新工作站,设立 “科技成果转化岗”,强化与上海张江、北京中关村、成都高新区等国家自主创新试验区和国内知名高校科研院所的交流合作,吸引面向西北市场的科技成果转化孵化项目落地,促进科技成果落地转化。三是提升企业创新能力。加快构建龙头企业牵头、高校和科研院所支撑、各创新主体相互协同的创新联合体,实施高新 技术企业倍增计划、科技型中小企业和专精特新“小巨人”企业培育计划,鼓励企业联合高校、科研院所共建科技成果转化基地和企业研发机构,引导民营企业持续增加创新投入。四是发展数字经济。推动新一代信息基础设施建设,做大做强大数据、云计算、区块链、算力产业等具有较大潜力的新兴产业，积极推广云应用软件和云服务，提高数字信息开放共享水平。五是完善创新体制机制。用足用好兰白国家自主创新示范区相关政策，加快研究编制权力清单，进一步对各类创新主体放权赋能，加快建立有利于科技资源流动、科技供需对接、科技成果转化的政策机制，探索建立有利于人才、资金、技术等各类创新要素汇集的治理体系，积极营造有利于创新创业的社会氛围。

（五）聚焦强化要素保障，着力增强能量补短板

一是优化营商环境。以营商环境为牵引加强对企业"亲""清"服务，坚持用营商环境18个一级指标、87个二级指标来引领政府职能转变、推进营商环境工作落实，建立兰州市"1＋18"营商环境评价政策体系，落实好《兰州市优化营商环境评价方案》《兰州市优化营商环境国家评价填报工作方案》，精准出台各领域 指标整改提升方案，选取15个一级指标作为实践样本，将兰州市打造成为全国优化营商环境实践样本城市，将兰州新区打造成为全域优化营商环境先行区。二是增强人口集聚能力。发挥省会城 市人口聚集优势，实施人口增长战略，实施金城萃英人才、产业平台集聚人才、亟须引进人才等计划，落实"零门槛"落户政策，大幅提高常住人口规模。落实"三孩"生育政策，建立完善出生人口监测和预警机制，完善生育、养育、教育等政策配套，促进人口长期均衡发展。积极探索适老产业发展的路径和模式，谋划布局适老消费品制造产业，推动全市养老事业和养老产业协同发展。三是畅通城市交通。坚持"枢纽做强、通道更快、网络互联"的发展思路，重塑兰州综合交通区位优势，积极开展兰州综合交通枢纽课题研究，推进智慧交通建设，实现互联网与交通领域深度融合，加快推进兰州火车站改造工程前期工作，加快建设兰永临高速公路、天水路高速出入口提升改造、中川机场三期扩建工程项目，实施交通秩序改善、交通组织优化、路网功能完善等"七大行动"带动全市交通畅行，全面形成内畅外联、运行高效的都市交通网络。四是统筹教育均衡发展。完成10所中小学和幼儿园新建、改扩建工程，新增学位1万个。大力发展优质普惠学前教育，实施义务教育强基提质计划，稳妥推进一体化办学。加快 普通高中多元特色化办学，深化职普融通、产教融合、校企合作，加快现代职业教育体系建设。五是健全公共卫生体系。支持兰州新区建设西北公共卫生突发事件战略物资筹备基地和国家区域（西北）救援中心、西北地区综合减灾与风险管理信息平台、省级集中医学观察隔离点。加快推进兰州市优抚医院项目前期，推动市中医医院、市妇幼保健院、市口腔医院、省妇幼保健院、城关区人民医院改扩建等项目建设。积极推进国家、省市级中医药重点专科建设，支持市口腔医院、市三院、市肺科医院建设专科联盟，加强县域医学中心能力建设。六是完善全民健身体系。加强全民健身设施科学规划与布局，全面落实新建居民区和社区体育设施建设标准。合理利用城市公园、公共绿地及空置场所建设体育设施，完善公共体育设施免费或低收费开放政策，有序促进学校等各类体育场地设施向社会开放，打造"15分钟健身圈"。以兰州黄河两岸休闲运动带和南北两山山地运动带为依托，组织策划一批有影响力的体育赛事，不断提升兰州国际马拉松赛影响力，进一步扩大品牌赛事效益，举办国内外具有一定影响力的篮球、足球、排球、游泳、网球等体育赛事，将兰州打造成为全国重要的体育赛事中心。七是推动城市有机更新。加快推进雁青片区城市更新改造项目前期工作，加快政策性保障住房建设，加快实施老旧小区改造，完成老旧楼院加装电梯建设和小街巷线缆整治，完成老旧供热管网改造工作。谋划打造银滩花园社区退役军人服务站样板，谋划一批黄河流域生态保护和高质量发展重大项目，加快兰州黄河文化艺术中心、兰州黄河国家文化公园、黄河会客厅、黄河风情线、"省门第一道"、仁寿山、大兰山、石佛沟、伏龙坪、兰州市烈士陵园（兰州战役纪念馆）提升改造，加快建设"读者印象"精品文化街区项目，向公众开放黄河两岸规划馆、音乐厅、黄河楼。加快推进巩固提升"国家园林城市"创建成果三年行动，重点实施特色街区打造、花园式单位（小区）创建、行道树补植和绿地补种"清零"、新优特园林花卉品种引进推广等"十大工程"，推进9.75千米罗九带状公园建设，城区新改建特色小游园20个。

（市社科院）

说 明

一、本索引采用分析索引法，按标引词首字汉语拼音字母顺序排序；第一字相同，按第二字音序排序。以此类推。

二、标引词后有多个页码，则表示互见、内容所在位置。

三、本年鉴的“特载”“大事记”“法规文件”“附录”等均未作索引。

A

B

C

D

F

G

H

J

K

L

M

N

P

Q

R

S

T

W

X

Y

Z